Veröffentlichungen des Instituts
für Deutsches, Europäisches und Internationales Medizinrecht,
Gesundheitsrecht und Bioethik
der Universitäten Heidelberg und Mannheim 7

Herausgegeben von
Görg Haverkate, Thomas Hillenkamp, Lothar Kuhlen, Adolf Laufs,
Eibe Riedel, Jochen Taupitz (Geschäftsführender Direktor)

Springer
Berlin
Heidelberg
New York
Barcelona
Hongkong
London
Mailand
Paris
Tokio

Jochen Taupitz (Herausgeber)

Das Menschenrechtsübereinkommen zur Biomedizin des Europarates – taugliches Vorbild für eine weltweit geltende Regelung?

The Convention on Human Rights and Biomedicine of the Council of Europe – a Suitable Model for World-wide Regulation?

Springer

Reihenherausgeber:
Professor Dr. Görg Haverkate
Professor Dr. Dr. h.c. Thomas Hillenkamp
Professor Dr. Lothar Kuhlen
Professor Dr. Dr. h.c. Adolf Laufs
Professor Dr. Eibe Riedel
Professor Dr. Jochen Taupitz (Geschäftsführender Direktor)

Herausgeber:
Professor Dr. Jochen Taupitz
Institut für Deutsches, Europäisches
und Internationales Medizinrecht,
Gesundheitsrecht und Bioethik
der Universitäten Heidelberg und Mannheim
Schloß
68131 Mannheim
Deutschland
taupitz@jura.uni-mannheim.de

ISBN-13: 978-3-540-43449-8 e-ISBN-13: 978-3-642-59424-3
DOI: 10.1007/978-3-642-59424-3

Die Deutsche Bibliothek - CIP-Einheitsaufnahme
Das Menschenrechtsübereinkommen zur Biomedizin des Europarates: taugliches Vorbild für eine weltweit geltende Regelung? = The convention on human rights and biomedicine of the Council of Europe / Hrsg.: Jochen Taupitz. - Berlin; Heidelberg; New York; Barcelona; Hongkong; London; Mailand; Paris; Singapur; Tokio: Springer, 2002
(Veröffentlichungen des Instituts für Deutsches, Europäisches und Internationales Medizinrecht, Gesundheitsrecht und Bioethik der Universitäten Heidelberg und Mannheim; Bd. 7)
ISBN-13: 978-3-540-43449-8

Springer-Verlag Berlin Heidelberg New York
ein Unternehmen der BertelsmannSpringer Science+Business Media GmbH

http://www.springer.de

Umschlaggestaltung: Erich Kirchner, Heidelberg
SPIN 10875156 64/2202-5 4 3 2 1 0 - Gedruckt auf alterungsbeständigem Papier

Vorwort

Mit dem vorliegenden Band wird der Ertrag eines internationalen Symposions dokumentiert, das vom 19. bis zum 24. September 2000 in Heidelberg stattgefunden hat. Das Symposion wurde in außerordentlich großzügiger Weise von der Robert Bosch Stiftung und der Fritz Thyssen Stiftung finanziell unterstützt. Beide Stiftungen haben die Reise- und Aufenthaltskosten der auswärtigen Teilnehmer sowie die Kosten für eine Simultan-Übersetzung getragen. Dafür sei ihnen im Namen aller Teilnehmer des Symposions sehr herzlich gedankt.

Herzlichen Dank sage ich ferner allen Mitarbeiterinnen und Mitarbeitern des Instituts und meines Lehrstuhls, die in bewährter Weise die organisatorische Vorbereitung und Durchführung des Symposions unterstützt und die Fertigstellung des Tagungsbandes ermöglicht haben. Stellvertretend für die übrigen Mitarbeiterinnen und Mitarbeiter seien Frau Manuela Brewe und Herr Moritz Moeller-Herrmann genannt. Nicht zuletzt ist den beiden Diplom-Dolmetscherinnen Frau Cathrin Pfeiffer und Frau Miriam Söllch herzlich zu danken, die in souveräner Weise die nicht immer einfache Aufgabe der Übersetzung gemeistert haben.

Mannheim, im Oktober 2001

Jochen Taupitz

Inhaltsübersicht

Teil II Generalberichte

Teil III Landesberichte

Teil IV Ergebnisse

Inhaltsverzeichnis

Part II Generalberichte

Teil III Landesberichte

A – Landesbericht Österreich

Teil IV Ergebnisse

Einführung in die Thematik: Die Menschenrechtskonvention zur Biomedizin zwischen Kritik und Zustimmung

Prof. Dr. Jochen Taupitz

A. Einleitung

Vom 19. - 24. September 2000 wurde vom Institut für Deutsches, Europäisches und Internationales Medizinrecht, Gesundheitsrecht und Bioethik der Universitäten Heidelberg und Mannheim in den Räumen der Akademie der Wissenschaften Heidelberg ein internationales Symposion durchgeführt zu dem Thema: »Das Menschenrechtsübereinkommen zur Biomedizin des Europarates: taugliches Vorbild für eine weltweit geltende Regelung?« Das Symposion hat sich mit dem »Übereinkommen zum Schutz der Menschenrechte und der Menschenwürde im Hinblick auf die Anwendung von Biologie und Medizin: Übereinkommen über Menschenrechte und Biomedizin« des Europarates vom 4. April 1997 befaßt. Nachfolgend seien der Anlaß und die Ziele des Symposions dargestellt.

B. Entstehungsgeschichte des Menschenrechtsübereinkommens zur Biomedizin

Seit Jahren wird auf europäischer Ebene – sowohl im Rahmen des Europarates als auch im Rahmen der Europäischen Union – nach europaweit akzeptablen Normen zum Schutz der Menschenwürde bei Anwendung der Biologie und Medizin gerungen. Der Europarat beschäftigt sich seit den siebziger Jahren mit Fragen des Menschenrechtsschutzes im Bereich der Biomedizin[1].

1991 forderten die Justizminister der Mitgliedstaaten den Europarat auf, einen völkerrechtlichen Vertrag zu diesem Thema auszuarbeiten. Zu diesem Zweck setzte der Europarat 1992 einen »Lenkungsausschuß für Bioethik« ein. In langjährigen, zähen Verhandlungen und nach mehreren Änderungen des ursprünglichen Entwurfs legte dieser Ausschuß einen Vertragsentwurf vor, der am 19.11.1996 vom Ministerkomitee des Europarates mit großer Mehrheit verabschiedet und am 4.4.1997 zur Zeichnung aufgelegt wurde.

---

[1] Rogers/Durand de Bousingen, Bioethics in Europe, Straßburg 1995; Council of Europe, Texts of the Council of Europe on bioethical matters, Straßburg 1999.

C. Funktion und Regelungscharakter des Menschenrechtsübereinkommens

Bei dem Übereinkommen handelt es sich um den weltweit ersten völkerrechtlich verbindlichen Vertrag zum Schutz der Menschenrechte im Bereich der Biomedizin. Zwar gibt es zu einzelnen im Übereinkommen geregelten Themen bereits internationale Regeln, so z.B. die Deklarationen des Weltärztebundes, in denen Regelungen zur medizinischen Behandlung und zur biomedizinischen Forschung am Menschen enthalten sind, oder die Universal Declaration on the Human Genome and Human Rights der UNESCO; diese Regelwerke sind jedoch nicht rechtsverbindlich. Vielmehr handelt es sich bei den Deklarationen des Weltärztebundes um einen Ausdruck ärztlichen Selbstverständnisses, der im nationalen Recht allenfalls mittelbare Wirkung erlangt; auch die Erklärungen der UNESCO haben lediglich deklaratorischen Charakter und enthalten somit weder Pflichten für die Staaten noch Rechte für den einzelnen Bürger[2].

Dagegen verpflichtet das Menschenrechtsübereinkommen zur Biomedizin des Europarates die Staaten, in ihrem nationalen Recht Maßnahmen zu ergreifen, um den Bestimmungen des Übereinkommens Wirksamkeit zu verleihen (Art. 1 Abs. 2). Bereits bestehende nationale Regelungen, die ein höheres Schutzniveau enthalten als die entsprechenden Bestimmungen des Übereinkommens, können jedoch beibehalten werden (Art. 27). Auch sind die Staaten nicht gehindert, später Regeln mit höherem Schutzniveau für ihren nationalen Bereich zu schaffen. Insofern enthält das Übereinkommen lediglich Mindestschutzstandards.

Regelungstechnisch handelt es sich bei dem Übereinkommen zur Biomedizin um eine völkerrechtliche Rahmenkonvention, die durch Zusatzprotokolle ergänzt und präzisiert wird. Das erste Zusatzprotokoll, das ein grundsätzliches Verbot des Klonens von Menschen enthält, wurde bereits verabschiedet; für ein weiteres Zusatzprotokoll, das die Transplantation von Gewebe und Organen regelt, liegt ein endgültiger Entwurf vor.

D. Die wissenschaftliche und politische Kontroverse um das Übereinkommen

I. Grundsätzliche Kritik an dem Menschenrechtsübereinkommen

Obwohl das Übereinkommen bereits seit dem 4.4.1997 zur Zeichnung durch die Mitgliedstaaten aufliegt, haben sich zahlreiche große Staaten wie z.B.

[2]Deutsch, Medizinrecht, 4. Aufl. 1999, S. 388, 448 ff.; Taupitz, Internationale Regeln zur Forschung an Minderjährigen, in: Fegert/Häßler/Rothärmel (Hrsg.): Atypische Neuroleptika in der Jugendpsychiatrie, 1999, S. 50 ff.

Großbritannien und Rußland noch nicht zu einem Beitritt entschlossen. Auch Deutschland gehört bisher nicht zu den Unterzeichnerstaaten. Es ist auch sehr ungewiß, ob ein Beitritt in absehbarer Zeit erfolgen wird, da das Übereinkommen gerade in Deutschland heftig umstritten ist. Aber auch in anderen Mitgliedstaaten des Europarates wurde das Übereinkommen kritisiert[3].

Bereits kurz nach dem Bekanntwerden eines ersten Entwurfs im Jahre 1994 setzte eine Welle des Protests gegen das Übereinkommen ein, in dessen Verlauf sich mehrere Bürgerinitiativen gründeten und zahlreiche Verbände und kirchliche Organisationen Stellungnahmen abgaben[4].

Auch der Deutsche Bundestag und der Bundesrat beschäftigten sich mehrfach mit dem Übereinkommen und einem möglichen Beitritt Deutschlands. Im Deutschen Bundestag gab es sowohl Anträge für einen Beitritt als auch Anträge gegen einen Beitritt zum jetzigen Zeitpunkt[5].

Ebenso gab es in den Anhörungen im Rechtsausschuß des Deutschen Bundestages sowohl Stimmen für als auch Stimmen gegen das Übereinkommen und einen möglichen deutschen Beitritt[6].

Des weiteren haben die Wissenschaftlichen Dienste des Deutschen Bundestages zwei Rechtsgutachten über die Vereinbarkeit des Menschenrechtsübereinkommens mit dem Grundgesetz angefertigt. Diese kommen zu dem Ergebnis, daß einzelne Bestimmungen des Übereinkommens mit dem Grundgesetz unvereinbar sind oder zumindest hinter dem Schutzniveau der Grundrechte zurückblieben[7].

---

[3]Rösler, Biologie im Horizont der Philosophie: Der Entwurf einer europäischen »Bioethik«-Konvention, 1997.

[4]Überblick bei Emmrich, Der vermessene Mensch, 1997, S. 13 ff.; Neuer-Miebach/Wunder (Hrsg.), Bio-Ethik und die Zukunft der Medizin, 1998.

[5]Befürwortend: Antrag der Abgeordneten Altmaier, Catenhusen, Schmidt-Jortzig u.a. vom 10.2.1998; ablehnend: Antrag der Abgeordneten Wodarg, Beck, Hüppe, Antretter u.a. vom 2.7.1998.

[6]Öffentliche Anhörung zu dem Entwurf einer Bioethik-Konvention des Europarates, Protokoll der 17. Sitzung des Rechtsausschusses, der 11. Sitzung des Ausschusses für Gesundheit und der 11. Sitzung des Ausschusses für Bildung, Wissenschaft, Forschung, Technologie und Technikfolgenabschätzung des Dt. Bundestags, 13. Wahlperiode, am 17. Mai 1995. Öffentliche Anhörung zu dem Übereinkommen zum Schutz der Menschenrechte und der Menschenwürde im Hinblick auf die Anwendung von Biologie und Medizin, Protokoll der 113. Sitzung des Rechtsausschusses des Dt. Bundestags, 13. Wahlperiode, am 25. März 1998.

[7]Wissenschaftliche Dienste des Deutschen Bundestages, Zur Vereinbarkeit der »Bioethik-Konvention« des Europarates mit den Grundrechten, Bearbeiter: Kathmann, WF III - 206/94, 24.1.1995. Wissenschaftliche Dienste des Deutschen Bundestages, Zur Vereinbarkeit des Entwurfs des Menschenrechtsübereinkommens zur Biomedizin des Europarates vom 6. Juni 1996 (früher: »Bioethikkonvention«) mit den Grundrechten, Bearbeiterin: Schulz, WF III - 155/96, 7.11.1996.

Verfassungsrechtliche Bedenken wurden darüber hinaus in der rechtswissenschaftlichen Literatur und vom Deutschen Richterbund geäußert[8].

Kritiker wenden gegen das Übereinkommen vor allem ein, daß die darin enthaltenen Schutzstandards zu niedrig und im übrigen viele Rechtsbegriffe des Übereinkommens zu unbestimmt seien, um einen wirksamen Schutz zu gewährleisten. Insbesondere seien zentrale Begriffe wie zum Beispiel »Mensch« oder »Person« nicht definiert. Deshalb sei nicht sicher, ob auch das ungeborene Leben unter den Schutz des Übereinkommens falle. Kritiker vermuten, daß der Vertragstext gezielt zwischen »Mensch« und »Person« unterscheide. Damit stehe das Übereinkommen in einer angelsächsischen Tradition der Bioethik, die z.B. Embryonen und geistig Behinderten das Recht auf Leben abspreche. Insgesamt sei das Übereinkommen Ausdruck einer behindertenfeindlichen Gesinnung, die von einer Unterscheidung zwischen lebenswertem und lebensunwertem Leben ausgehe. Kritiker sehen in den Bestimmungen des Übereinkommens Parallelen zu den Thesen des umstrittenen australischen Philosophen Peter Singer, der für eine völlige Freigabe des Schwangerschaftsabbruchs, des Infantizits und insbesondere der Euthanasie eintritt[9].

Darüber hinaus räume das Übereinkommen den Interessen von Wissenschaft und Forschung implizit den Vorrang vor dem Schutz der Menschenwürde ein. Das Übereinkommen verstoße deshalb gegen die Grundrechte und sei insbesondere mit der Menschenwürdegarantie des Grundgesetzes unvereinbar. Hieran ändere auch die Tatsache nichts, daß das Übereinkommen nur Mindestschutzstandards enthalte und einzelstaatliche Regelungen mit höherem Schutzniveau unberührt blieben (Art. 27). Es sei nämlich zu befürchten, daß von den im Vergleich zum deutschen Recht niedrigeren Schutzniveaus des Menschenrechtsübereinkommens eine negative Signalwirkung ausgehe und die strengeren deutschen Regelungen bei einem Beitritt Deutschlands nicht mehr aufrecht zu halten seien. Deutschland dürfe sich im übrigen schon angesichts seiner Vergangenheit nicht mit den Minimalbestimmungen des Menschenrechtsübereinkommens begnügen, sondern müsse sich auf Grund seiner besonderen historischen Verantwortung international für die Wahrung der Menschenrechte und Menschenwürde im Bereich der Biomedizin einsetzen. Hierfür sei das Menschenrechtsübereinkommen kein taugliches Mittel. Die Kritik richtet sich dabei vor allem gegen die folgenden Bestimmungen des Übereinkommens:

---

[8] Höfling, Menschen mit Behinderungen, das »Menschenrechtsübereinkommen zur Biomedizin« und die Grund- und Menschenrechte, KritV 1998, S. 99 ff.; Deutscher Richterbund, DRB lehnt Beitritt zur Bioethik-Konvention ab, DRiZ 1998, 316.

[9] Singer: Praktische Ethik, 2. Aufl. 1994; Singer/Kuhse: Muß dieses Kind am Leben bleiben? Das Problem schwerstgeschädigter Neugeborener, 1993.

II. Kritik an einzelnen Bestimmungen des Übereinkommens

1. Kapitel II: Einwilligung Die Konvention befaßt sich in mehreren Vorschriften mit dem Problem der Einwilligung. Grundsätzlich darf eine Intervention im Gesundheitsbereich nur auf der Grundlage einer aufgeklärten Einwilligung des Patienten oder Probanden erfolgen. Allerdings blieben, so wird kritisiert, zahlreiche Probleme gerade hier ungelöst, wie etwa das Problem der Behandlungsverweigerung am Ende des Lebens bzw. das Verlangen nach Begleitung im Sterben bis hin zur (passiven oder aktiven) Sterbehilfe. Nach Art. 8 darf eine Intervention, wenn sie »im Interesse der Gesundheit der betroffenen Person medizinisch unerläßlich ist, umgehend erfolgen«, während zu einem früheren Zeitpunkt geäußerte Wünsche nach Art. 9 nur, wie es vage formuliert heißt, »zu berücksichtigen« sind. Das drängende Problem, wie weit die Patientenautonomie am Ende des Lebens reicht, sei daher von der Konvention in keiner Weise adäquat erfaßt worden[10].

2. Nichtdiskriminierung (Art. 11) Nach Art. 11 ist jede Form von Diskriminierung einer Person wegen ihres genetischen Erbes verboten. Da »Diskriminierung« im juristischen Sprachgebrauch aber eine Ungleichbehandlung ohne anerkennenswerten sachlichen Grund bedeute, beinhalte – so die Kritiker – Art. 11 eine Leerformel, die völlig offen lasse, welche Ungleichbehandlung aufgrund des genetischen Erbes tatsächlich erlaubt oder aber verboten ist. Dies gelte insbesondere aus dem Blickwinkel der höchst problematischen Pränatal- und vor allem Präimplantationsdiagnostik.

3. Prädiktive Genetische Tests (Art. 12) Gemäß Art. 12 dürfen Untersuchungen, die es ermöglichen, genetisch bedingte Krankheiten vorherzusagen oder bei einer Person entweder das Vorhandensein eines für eine Krankheit verantwortlichen Gens festzustellen oder eine genetische Prädisposition oder Anfälligkeit für eine Krankheit zu erkennen, nur für Gesundheitszwecke oder für gesundheitsbezogene wissenschaftliche Forschung und nur unter der Voraussetzung einer angemessenen genetischen Beratung vorgenommen werden. Kritisiert wird hieran, daß nicht krankheitsbezogene prädiktive Gentests von dieser Regelung per se nicht erfaßt würden. Zudem sei der Begriff der «gesundheitsbezogenen wissenschaftlichen Forschung« ebenso wie das Erfordernis einer «angemessenen genetischen Beratung« zu unbestimmt. Selbst

[10] Zu den Problemen der Absicherung der Patientenautonomie am Ende des Lebens s. Francke/Hart, Charta der Patientenrechte, 1999, S. 169 ff., 217 ff., 227; Uhlenbruck, in: Laufs/Uhlenbruck, Handbuch des Arztrechts, 2. Aufl. 1999, § 58 Rdnrn. 7 ff., § 132; Taupitz (Hrsg.), Zivilrechtliche Regelungen zur Absicherung der Patientenautonomie am Ende des Lebens – Regulations of Civil Law to Safeguard the Autonomy of Patients at the End of their Life, 2000.

bezogen auf die erfaßten Tests bleibe offen, unter welchen Voraussetzungen sie im Versicherungs- und Arbeitswesen zulässig sind.

4. Interventionen in das menschliche Genom (Art. 13) Art. 13 bindet Interventionen in das menschliche Genom an Gesundheitszwecke und verbietet Eingriffe, die darauf abzielen, eine Veränderung des Genoms von Nachkommen herbeizuführen. Damit werden gentechnische Eingriffe in die menschliche Keimbahn, die das Erbgut des Menschen verändern und sich auch auf die nachfolgenden Generationen auswirken, grundsätzlich verboten. Kritisiert wird hieran, daß Eingriffe, die zwar nicht darauf abzielen, eine derartige Veränderung vorzunehmen, bei deren Vornahme dies aber in Kauf genommen wird, nicht untersagt sind.

5. Forschung an Nichteinwilligungsfähigen (Art. 17) Die Bestimmungen des Art. 17 zur Forschung an Nichteinwilligungsfähigen gehören zu den umstrittensten Regelungen des Übereinkommens. Danach dürfen selbst nichttherapeutische Versuche an Nichteinwilligungsfähigen, die ihnen selbst nicht nützen, in bestimmten Ausnahmefällen durchgeführt werden. Kritiker wenden hiergegen ein, daß fremdnützige Forschung ohne die ausdrückliche und persönliche Einwilligung der Versuchsperson kategorisch abzulehnen sei. Durch derartige Versuche werde die Versuchsperson zum Objekt degradiert und als Mittel für fremde Zwecke instrumentalisiert. Fremdnützige Forschung an Nichteinwilligungsfähigen verstoße deshalb per se gegen die Menschenwürde. Dies gelte selbst dann, wenn die Forschung der gleichen Betroffenengruppe zugute kommen soll, da dies aus dem Blickwinkel der Versuchsperson ebenfalls fremdnützig sei. Speziell bei Minderjährigen oder bei Personen, die trotz Volljährigkeit nie einwilligungsfähig waren, könne auch nicht auf früher geäußerte Wünsche oder Vorstellungen zurückgegriffen werden, wie dies u.U. – in eher seltenen Fällen – bei Personen der Fall sein möge, die einwilligungsunfähig geworden sind. Auch die Schutzkriterien, die der Vertragstext vorsehe, führten zu keiner anderen Beurteilung. Dies gelte nicht zuletzt deshalb, weil die Schutzkriterien sehr unpräzise formuliert seien. So sei z.B. völlig unklar, was unter einem »minimalen Risiko« und einer »minimalen Belastung« im Sinne des Art. 17 Abs. 2 lit. ii) zu verstehen sei. Schließlich werde das drängende Problem, wie weit die Vertretungsmacht des gesetzlichen Vertreters reiche oder reichen dürfe, nicht thematisiert.

6. Embryonenforschung (Art. 18) Das Übereinkommen verpflichtet die Staaten, mit ihrem nationalen Recht einen »angemessenen Schutz« des Embryos zu gewährleisten, sofern die Forschung an Embryonen in vitro nach dem nationalen Recht zulässig ist. Die Erzeugung von Embryonen speziell zu Forschungszwecken wird dagegen grundsätzlich untersagt.

Kritiker wenden ein, daß völlig unklar sei, was »angemessener Schutz« bedeute. Selbst die sog. »verbrauchende Embryonenforschung«, bei der Embryonen getötet werden, werde durch diese Vorschrift nicht hinreichend deutlich untersagt. Im übrigen sei völlig unsicher, ob und inwieweit – etwa über das besonders restriktive deutsche Recht hinausgehend – die Verwendung humaner embryonaler Stammzellen bzw. allgemeiner der Gentransfer mit dem Ziel der Züchtung humanen Gewebes erlaubt sei, um in Zukunft Engpässe der Transplantationsmedizin beheben zu können.

7. Fehlende Klagemöglichkeit vor dem Europäischen Gerichtshof für Menschenrechte Das Menschenrechtsübereinkommen sieht keine individuelle Klagemöglichkeit vor dem Europäischen Gerichtshof für Menschenrechte vor. Die Rolle des Gerichtshofs wird vielmehr beschränkt auf die Erstellung von Gutachten über die Auslegung einzelner Bestimmungen des Übereinkommens.

Angesichts der Bedeutung des Menschenrechtsschutzes im Bereich der Biomedizin halten es Kritiker für unerträglich, demjenigen, der in seinen durch das Übereinkommen garantierten Rechten verletzt wurde, nicht einmal eine individuelle Klagemöglichkeit vor dem Europäischen Gerichtshof zu gewähren.

III. Argumente für das Übereinkommen

Neben der häufig geäußerten Kritik gab es in Deutschland jedoch auch Stimmen für einen Beitritt Deutschlands zum Menschenrechtsübereinkommen[11].

Die Befürworter eines deutschen Beitritts weisen darauf hin, daß angesichts der unterschiedlichen rechtlichen und ethischen Traditionen in Europa und aufgrund der unterschiedlichen Rechtskulturen der 41 Mitgliedstaaten des Europarates eine Rechtsangleichung auf dem Schutzniveau deutscher Gesetze und in der begrifflichen Klarheit, wie man sie von nationalen Gesetzen verlangen könne, kaum zu erreichen sei. Deshalb sei es besser, zumindest Mindestschutzstandards völkerrechtlich verbindlich zu verankern, als auf eine völkerrechtlich verbindliche Regelung ganz zu verzichten. Auf diese Weise könne gerade in den osteuropäischen Mitgliedstaaten des Europarates sichergestellt werden, daß zumindest gewisse Mindestanforderungen hinsichtlich des Menschenrechtsschutzes gesetzlich garantiert werden.

---

[11] Deutscher Anwaltverein, Stellungnahme des Verfassungsrechtsausschusses des Deutschen Anwaltvereins e.V. zu dem Übereinkommen über Menschenrechte und Biomedizin des Europarats, Bonn 1999; Zentralkomitee der Deutschen Katholiken, Stellungnahme zum Menschenrechtsübereinkommen zur Biomedizin des Europarats vom 11.9.1997; Honnefelder/Taupitz/Winter, Das Übereinkommen über Menschenrechte und Biomedizin des Europarates – Argumente für einen Beitritt, 1999.

Im übrigen sei es auch sinnvoll, zunächst eine Rahmenkonvention zu verabschieden, die gerade wegen ihrer begrifflichen Offenheit für möglichst viele Staaten akzeptabel ist. Detailliertere Regelungen blieben zweckmäßigerweise den Zusatzprotokollen vorbehalten. Auf diese Weise werde ein Prozeß der internationalen Diskussion und Regulierung in Gang gesetzt, in dessen Verlauf die eher allgemein formulierten Schutzstandards der Rahmenkonvention sukzessiv durch weitere Verträge oder Zusatzprotokolle präzisiert werden könnten[12].

Darüber hinaus sei auch die Kritik an einzelnen Bestimmungen des Übereinkommens, insbesondere an den Regelungen zur Forschung an Nichteinwilligungsfähigen, verfehlt. Forschung an Nichteinwilligungsfähigen sei für die Verbesserung der Behandlung, Diagnose und Prophylaxe zahlreicher Krankheiten unverzichtbar. Profitierten von derartigen Versuchen Personen, die der gleichen Altersgruppe wie die Versuchsperson angehören oder die von der gleichen Krankheit oder Störung betroffen sind, verletze die Forschung nicht die Menschenwürde und die Grundrechte der Versuchsperson, wenn sie unter engen Voraussetzungen erfolge; hierzu gehöre insbesondere, daß die Einwilligung des gesetzlichen Vertreters vorliegt, daß es keine Alternative zur Forschung gerade an Einwilligungsfähigen gibt, daß der erwartete Nutzen für die Betroffenengruppe besonders groß ist und daß umgekehrt das Risiko bzw. die Belastung für den Betroffenen nur minimal ist. Insbesondere gehe auch das Grundgesetz nicht von einem ausschließlich individualistisch und eigennützig ausgerichteten Menschenbild aus, dem jeglicher Gedanke an Solidarität und Einbindung in die soziale Gemeinschaft fremd ist. Deshalb bestünden – bei Einhaltung der im Menschenrechtsübereinkommen verankerten engen Zulässigkeitsvoraussetzungen – keine durchgreifenden verfassungsrechtlichen Bedenken gegen Forschungsmaßnahmen mit gruppenspezifischem Nutzen[13].

E. Forschungsbedarf hinsichtlich der Rechtslage in anderen Mitgliedstaaten

Die Rechtslage in anderen Staaten hinsichtlich der in dem Übereinkommen geregelten Themen ist aus deutschem Blickwinkel bisher weitgehend unklar.

[12]Taupitz/Schelling, Mindeststandards als realistische Möglichkeit. Rechtliche Gesichtspunkte in deutscher und internationaler Perspektive, in: A. Eser (Hrsg.): Biomedizin und Menschenrechte, 1999, S. 94 ff.

[13]Stellungnahme der »Zentralen Ethikkommission« bei der Bundesärztekammer »Zum Schutz nicht-einwilligungsfähiger Personen in der medizinischen Forschung«, Deutsches Ärzteblatt 1997, A-1011 f.; Eser, Darf nur sein, was einem selber nutzt? in: Frankfurter Allgemeine Zeitung vom 19.11.1996, S. 16; Taupitz/Fröhlich, Medizinische Forschung mit nichteinwilligungsfähigen Personen, VersR 1997, S. 911, 914 f.

Insbesondere gibt es hierzu noch keine umfassenden rechtswissenschaftlichen Untersuchungen, so daß eine fundierte Bewertung des Übereinkommens nach dem heutigen Informationsstand praktisch kaum möglich ist. Während Kritiker des Übereinkommens das zu niedrige Schutzniveau zahlreicher Bestimmungen bemängeln und fordern, Deutschland solle im Europarat auf »Nachbesserungen« drängen, verweisen die Befürworter des Übereinkommens darauf, daß zahlreiche Staaten überhaupt keine bzw. erheblich freizügigere Gesetze hätten und bei der Aushandlung des Übereinkommens deshalb realistischerweise kein höheres Schutzniveau zu erreichen gewesen sei. Ob dies tatsächlich der Fall ist, kann jedoch kaum verläßlich beurteilt werden, da entsprechende Informationen über die Rechtslage in anderen Staaten nahezu völlig fehlen. Sowohl die Argumente der Befürworter als auch die Argumente der Gegner des Übereinkommens beruhen deshalb zu einem großen Teil auf Spekulationen. Auch ist ungewiß, inwieweit einzelne Staaten aufgrund ihres Beitritts zum Übereinkommen Änderungen in ihrer nationalen Rechtsordnung vornehmen und damit den Schutz der Menschenrechte im Bereich der Biomedizin verbessern müssen (Art. 1 Abs. 2 des Übereinkommens). Gerade diese Informationen sind aber als Grundlage einer fundierten Diskussion über den Wert des Übereinkommens unverzichtbar. Um so erstaunlicher ist es, daß ein breiter und auch auf Einzelfragen eingehender Rechtsvergleich bisher nicht vorgenommen wurde.

Doch nicht nur für eine Bewertung des derzeitigen Übereinkommens, sondern auch im Hinblick auf eine Fortentwicklung seiner Regelungen ist die Kenntnis der Rechtslage in anderen Staaten unverzichtbar. Dies gilt insbesondere deshalb, weil der Prozeß der Konkretisierung und Präzisierung des als Rahmenkonvention konzipierten Übereinkommens durch Zusatzprotokolle mit detaillierteren Regelungen erst begonnen hat. Soll z.B. ein Zusatzprotokoll zur Embryonenforschung ausgehandelt werden, in dem der Begriff des »angemessenen Schutzes« gemäß Art. 18 Abs. 1 normativ präzisiert wird, läßt sich eine sinnvolle und sachliche öffentliche Diskussion nur bei Kenntnis der entsprechenden Regelungen in anderen Staaten führen und läßt sich nur auf dieser Basis beurteilen, welches Schutzniveau realistischerweise erreichbar ist.

Mindestens ebenso wichtig ist es, die Kompatibilität des Übereinkommens mit den Rechtsordnungen außereuropäischer Staaten zu untersuchen; dabei sind vor allem diejenigen Staaten von Interesse, die zu den führenden Standorten biomedizinischer Forschung gehören. Diese Frage ist insbesondere deshalb von großer Bedeutung, weil auf Europa beschränkte Regelungen leicht zu einer Verlagerung entsprechender Forschung in das außereuropäische Ausland führen würden. Deshalb sieht das Menschenrechtsübereinkommen ausdrücklich vor, daß auch Nichtmitgliedstaaten auf Einladung des Ministerkomitees des Europarates dem Übereinkommen beitreten können (Art. 34). Die USA, Kanada, Australien und Japan hatten bei den Vertragsverhandlungen z.T.

Beobachterstatus und wurden bereits zum Beitritt eingeladen. Es ist jedoch ungewiß, ob diese Staaten bereit sein werden, sich den Beschränkungen des Menschenrechtsübereinkommens zu unterwerfen. Dies wird nicht zuletzt davon abhängen, wie weit deren bisherige nationale Regelungen von den Bestimmungen des Menschenrechtsübereinkommens abweichen.

Weitergehend stellt sich im Hinblick auf den Beitritt oder Nichtbeitritt außereuropäischer Staaten sogar die Frage, ob das Übereinkommen seinerseits als Vorbild für eine *weltweit* geltende Regelung taugt. Diese Frage erhält aus einem besonderen Anlaß eine ganz besondere Brisanz: Wie bereits angedeutet wurde, enthält unter anderem die Revidierte Deklaration von Helsinki des Weltärztebundes wichtige Regelungen zur biomedizinischen Forschung am Menschen, die weltweite Akzeptanz gefunden haben. Seit einiger Zeit wird jedoch innerhalb des Weltärztebundes intensiv über eine Änderung der Deklaration von Helsinki beraten. Dabei wird von mancher Seite befürchtet, daß das Ergebnis nicht nur in einer Anpassung der Deklaration an die Anforderungen moderner Forschung bestehen wird, sondern daß es zu einer grundlegenden Umgestaltung der Deklaration und zur Aufhebung wichtiger Schutzprinzipien kommen wird. So wird seitens der American Medical Association seit längerem der Vorschlag verfolgt, die Unterscheidung zwischen therapeutischen und nichttherapeutischen Versuchen aufzugeben. Nichttherapeutische Versuche an Einwilligungsunfähigen wären nach dem Entwurf der American Medical Association in weitaus größerem Umfang möglich, als dies das Menschenrechtsübereinkommen zur Biomedizin gestattet. Auch bezüglich weiterer Schutzprinzipien wird die Diskussion im Weltärztebund mit Sorge verfolgt[14].

Vor diesem Hintergrund hat das Institut für Deutsches, Europäisches und Internationales Medizinrecht, Gesundheitsrecht und Bioethik der Universitäten Heidelberg und Mannheim gemeinsam mit der Abteilung für Arzt- und Arzneimittelrecht des Juristischen Seminars der Universität Göttingen ein Internationales Symposion zum Thema »Forschungsfreiheit und Forschungskontrolle in der Medizin« veranstaltet, das vom 7.4. – 11.4.1999 in Göttingen stattgefunden hat[15]. Als »Göttinger Papier« wurden die in 20 Punkten zusammengefaßten Ergebnisse des Symposions in die Beratungen der 153. Sitzung des Weltärztebundes in Santiago de Chile (15. – 18.4.1999) eingebracht. Beratungsgegenstand dieser Sitzung war der Vorschlag einer Arbeitsgruppe unter Vorsitz von Prof. Robert J. Levine (Yale) zur Neufassung der Deklaration von Helsinki, der nur in wenigen Punkten von dem Vorschlag der

---

[14] Deutsch/Taupitz, Freedom and Control of Biomedical Research – the planned revision of the Declaration of Helsinki, World Medical Journal 1999 (Vol. 45 No. 3), S. 40 - 41.

[15] Die Materialien der Tagung sind veröffentlicht in: Deutsch/Taupitz, Forschungsfreiheit und Forschungskontrolle in der Medizin / Freedom and Control of Biomedical Research, Heidelberg 2000.

American Medical Association abwich. Nach längerer Debatte beschloß der Ausschuß »Medizinische Ethik« der WMA, den Vorschlag nicht weiterzuverfolgen. Stattdessen soll eine neu zu bildende Arbeitsgruppe Vorschläge zur Reform der Deklaration unter Wahrung ihrer derzeitigen Struktur erarbeiten. Das »Göttinger Papier« wurde in den Fundus der Materialien der zu bildenden Arbeitsgruppe aufgenommen[16].

Wie die Verhandlungen innerhalb des Weltärztebundes weiter verlaufen werden, ist zur Zeit noch ungewiß. Sollten sich die Forderungen der American Medical Association durchsetzen können, würde die Deklaration von Helsinki ihren Wert als weltweit akzeptiertes Regelwerk zum Schutz von Versuchspersonen weitgehend einbüßen. Aus diesem Blickwinkel stellt sich die Frage, ob das Menschenrechtsübereinkommen des Europarates diese Schutzfunktion zumindest *ergänzend* oder aber gar *anstelle* der Deklaration von Helsinki übernehmen könnte und auch in Staaten, die dem Übereinkommen nicht beigetreten sind, zum Maßstab der Zulässigkeit biomedizinischer Forschung am Menschen werden kann. Hierzu bedarf es eines umfassenden Vergleichs der Regelungen des Menschenrechtsübereinkommens mit den entsprechenden einzelstaatlichen Regelungen auch über Europa hinaus.

F. Ziel und Ablauf des Symposions

Das mit diesem Band dokumentierte Symposion soll zu einer Klärung der vorstehend aufgeworfenen Fragen beitragen. Auf dem Symposion werden die einzelstaatlichen Regelungen zu den besonders umstrittenen Themen dargestellt und miteinander verglichen. Im Vorfeld des Symposiums sind deshalb schriftliche Landesberichte erstellt worden, in denen die entsprechenden Regelungen in den jeweiligen Staaten ausführlich aufbereitet werden. Auf der Grundlage dieser Landesberichte wurden dann Generalberichte erarbeitet, in denen die Unterschiede und Gemeinsamkeiten der nationalen Regelungen deutlich herausgestellt und gewürdigt werden. Diese Generalberichte werden auf dem Symposion vorgetragen und sind die Grundlage einer vertieften Diskussion eines interdisziplinär zusammengesetzten Kreises von Wissenschaftlern (Rechtswissenschaftler, Ethiker, Mediziner). Zusätzlich werden einleitende Referate zur Entstehungsgeschichte und zum Regelungsgehalt des Menschenrechtsübereinkommens, zur Regelungstechnik und völkerrechtlichen Bedeutung des Übereinkommens, zur Bedeutung der Revidierten Deklaration von Helsinki und zur derzeitigen Diskussion um eine Neufassung der Deklaration gehalten.

---

[16] Doppelfeld, World Medical Association: Die Nagelprobe, Deutsches Ärzteblatt 1999, S. A-1400 ff.; Deutsch/Taupitz, Forschungsfreiheit und Forschungskontrolle in der Medizin – zur geplanten Revision der Deklaration von Helsinki, Medizinrecht 1999, S. 402 ff.

Die Teilnehmer kommen aus den wichtigsten Mitgliedstaaten des Europarates sowie aus Drittstaaten, und zwar insbesondere aus jenen Staaten, die vom Europarat bereits eingeladen wurden, dem Übereinkommen beizutreten (USA, Kanada, Australien, Japan).

Für die Generalberichte des Symposions sind folgende Themen vorgesehen; daraus ergeben sich zugleich die wesentlichen Diskussionsschwerpunkte:

a) Die Bedeutung einer unabhängigen und interdisziplinären Prüfung von Forschungsvorhaben.

b) Biomedizinische Forschung an einwilligungsunfähigen Kindern und Jugendlichen

c) Biomedizinische Forschung an einwilligungsunfähigen Erwachsenen

d) Absicherung der Patientenautonomie am Ende des Lebens

e) Das Verbot der Diskriminierung einer Person wegen ihres genetischen Erbes, insbesondere aus dem Blickwinkel der Pränatal- und Präimplantationsdiagnostik, aber auch aus dem Blickwinkel des Arbeits- und Versicherungsrechts

f) Bindung genetischer Tests an Gesundheitszwecke

g) Der Schutz von Embryonen in der Forschung

h) Rechtsfragen einer Züchtung menschlicher Zellen (Verwendung humaner embryonaler Stammzellen, Gentransfer zur Zellentwicklung)

Konferenzsprachen sollen Deutsch und Englisch sein.

Teil I

Referate

Das Menschenrechtsübereinkommen zur Biomedizin: Entstehungsgeschichte und Regelungsgehalt

Prof. Dr. Elmar Doppelfeld

Arbeitskreis medizinischer Ethikkommissionen

Lieber Herr Taupitz, meine sehr verehrten Damen und Herren,

gerne bin ich der freundlichen Einladung gefolgt, Ihnen über Entstehungsgeschichte und Regelungsgehalt der Konvention des Europarates zu berichten, die im Mittelpunkt unseres Symposions steht. Die Angaben zur Genese dieses Werkes stützen sich auf eigene Beobachtungen und Mitarbeit seit 1992. An unserem Symposium wirken langjährige Mitglieder des Straßburger Ausschusses mit, die durch Argument und Gegenargument den Werdegang der Konvention begleitet und insbesondere gefördert haben. Für sie mögen meine Ausführungen eine Erinnerung an oft langwierige, zähe, aber doch letztendlich konstruktive Debatten sein.

Die Ausführungen zum Regelungsgehalt der Konvention erfolgen aus der Sicht eines Arztes, eines Arztes freilich, der seit vielen Jahren ein besonderes Interesse an den angesprochenen Fragen hegt, allerdings kein Rechtsgelehrter ist. Insoweit bitte ich die Rechtskundigen unter den geneigten Zuhörerinnen und Zuhörern schon jetzt um Generalpardon.

Geistesgeschichtlicher Hintergrund für die Erarbeitung der Konvention ist letztlich die zu allen Zeiten, freilich mit unterschiedlicher Intensität aufgeworfene Frage der Vereinbarkeit von wissenschaftlichem Fortschritt in Biologie und Medizin mit Menschenrechten und Menschenwürde. Die einschlägige Diskussion beginnt mit der Einführung des wissenschaftlichen Experimentes in die Medizin im 18. Jahrhundert, sie wurde mehr und mehr beflügelt durch die herausragenden Ergebnisse, die mit dieser Forschungsrichtung, auch unter zunehmender Anwendung naturwissenschaftlicher Methoden gewonnen wurden. Als prägnante, die Entwicklung der Medizin nahezu sprungartig verändernde Meilensteine seien genannt: die medizinische Nutzung der Röntgenstrahlen seit 1895 bis hin zu den abbildenden Verfahren unserer Tage, die Entwicklung der Antibiotika seit den ersten Jahren des zweiten Weltkrieges mit zunächst unvorstellbaren Möglichkeiten zur Bekämpfung von Infektionskrankheiten den alten Traum erfüllt, ein erschöpftes oder erkranktes Organ zu ersetzen. Nicht fehlen darf ein Hinweis auf die Intensivmedizin mit ihren oft segensreichen, freilich häufig auch problematischen Anwendungsgebieten. Die Frage der rechtlichen und ethischen Zulässigkeit dieser und anderer wissenschaftlicher Fortschritte in Medizin und Biologie wurde im Jahre 1979 akzentuiert mit der Geburt von Louise Brown, des ersten mit der Invitro-Fertilisation gezeugten Menschen. Vorgänge, die bisher weitgehend dem analysierenden Blick des Forschers entzogen blieben, boten und bieten Ansätze der vielfältigsten wissenschaftlichen Untersuchungen, Grenzen, die bisher für unerreichbar galten, wurden berührt, ja in unvorstellbarem Maße in Forschung und Praxis überschritten.

Diese mit Fug und Recht als außerordentlich zu bezeichnende Entwicklung in Biologie und Medizin hat nationale sowie internationale politische Gruppen dazu veranlaßt, sich unmittelbar oder mittelbar durch Bildung von Arbeitsgruppen mit der Frage der Zulässigkeit ihrer Anwendung am Menschen zu befassen.

Besonderer Handlungsbedarf wurde für die Gentechnologie gesehen, daher regten die Justizminister der Länder des Europarates die Bildung einer Expertenkommission an, des »Comité ad hoc des experts sur la bioéthique«, bekannt unter dem Kürzel »CAHBI«. Sehr schnell ergab sich in den Beratungen dieses Komitees die Feststellung, dass die im Zusammenhang mit der Gentechnologie auftretenden rechtlichen und ethischen Fragen ein – freilich in seiner Bedeutung nicht bestrittener – Spezialfall einer allgemeinen Problematik sind: Vereinbarkeit der Medizin und Biologie in ihren vielfältigen Aspekten mit der Würde und den Rechten des Individuums. Die Tendenz über den Spezialfall hinausgehende Regelungen zu verabschieden, wurde gefördert durch die Neukonstituierung oder Neubildung zahlreicher Staaten im Osten Europas, die sich von Institutionen wie dem Europarat Hilfe auf lange vernachlässigten Gebieten erhoffen. Neben vielen anderen Bereichen gehört hierzu auch die Bioethik. Das Ministerkomitee des Europarates hat dementsprechend die Aufgabenstellung des »CAHBI« erweitert und es 1990 in einen Lenkungsausschuß umgewandelt, das »Steering Committee on Bioethics«. Von der französischen Bezeichnung dieser Gruppe »Comité Directeur pour la Bioéthique« leitet sich das Ihnen bekannte, im folgenden ausschließlich verwendete Akronym »CDBI« ab.

Dieses Komitee hatte die Aufgabe, unter Beachtung international akzeptierter Grundsätze Bedingungen zu formulieren, die unter den Regeln des demokratischen Rechtstaates die Anwendung von Medizin und Biologie erlauben bei Wahrung der Würde des Menschen.

Bei dem CDBI handelt es sich um ein Gremium, in dem ausschließlich Regierungen der Mitgliedsländer des Europarates und der Länder mit Beobachterstatus vertreten sind. Die Zusammensetzung der nationalen Delegationen wird von den zuständigen Regierungen festgesetzt. Erkennbar ist ein breites Spektrum unterschiedlicher Berufe: Ärzte aus der öffentlichen Gesundheitsverwaltung, Ärzte aus Forschung und Klinik, Soziologen, Biologen, Juristen, Philosophen mit dem Schwerpunkt »Ethik«, Moraltheologen unterschiedlicher Konfessionen oder Kirchenrechtler. Naturgemäß dominieren Persönlichkeiten in offizieller, regierungsamtlicher Position, die in der Regel auch Leiter ihrer Delegationen sind und bei Abstimmungen entsprechend den Anweisungen der entsendenden Regierung zu votieren haben. Selbstverständlich ist die parlamentarische Versammlung des Europarates ebenso repräsentiert wie die Kommission der Europäischen Union, wie die Weltgesundheitsorganisation oder übernationale parlamentarische Ausschüsse, die sich mit Fragen der Bioethik oder Menschenrechten befassen.

»Non governmental organisations«, zum Beispiel nationale oder internationale Patientenverbände, Ärzteorganisationen oder wissenschaftliche Fachgesellschaften, können nach einem Beschluss des Ministerkomitees nicht in die Mitgliederliste des CDBI aufgenommen werden. Das CDBI kann allerdings mit Zwei-Drittel-Mehrheit ihre Beteiligung als Beobachter beschließen. Etwa 30 dieser NGOs hatten Anträge auf Mitgliedschaft oder Mitwirkung gestellt, die mit einer Ausnahme abgelehnt wurden: Das CDBI hat der ökumenischen Vereinigung Europäischer Kirchen Beobachterstatus eingeräumt. Für die katholische Kirche ergibt sich hier insofern eine Besonderheit, als sie nicht als Kirche Mitglied ist, aber mittelbar durch den Heiligen Stuhl, ein Subjekt des Völkerrechtes, als Beobachter an den Arbeiten des CDBI beteiligt ist.

Insgesamt sind im Komitee, das seine Beschlüsse durch Abstimmungen mit Zwei-Drittel-Mehrheit fasst, 41 Staaten vertreten, die Plenarversammlung umfasst je nach aktueller Besetzung der Delgationen 60-80 Personen.

Das CDBI arbeitet nach Regeln, die der Europarat für seine Ausschüsse festgelegt hat. Mit Zustimmung des Ministerrates können innerhalb des Gremiums besondere Arbeitsgruppen gebildet werden. Derzeit gibt es im CDBI Arbeitsgruppen für die auf der Grundlage dieser Konvention zu erstellenden Protokolle »Organtransplantation«, »Embryonenforschung«, »Genetik« und »Biomedizinische Forschung am Menschen«. Ich erwähne diese Gruppen u. a. deswegen, weil sie unter Beachtung der in der Konvention niedergelegten Grundsätze Spezialprobleme zu bearbeiten haben, die nach mehrheitlicher Beschlussfassung nicht in der Rahmenkonvention selbst berücksichtigt werden sollten. Dies wäre bei allfälligen Vorwürfen der Unvollständigkeit zu bedenken.

Die Arbeitsgruppen dürfen sich nicht unmittelbar an den Ministerrat oder gar an die Öffentlichkeit wenden, sie sind verpflichtet, Ergebnisse ihrer Beratungen der Plenarversammlung vorzulegen, die dann über Annahme, Ablehnung oder Modifizierung der Formulierungen zu entscheiden hat. Ob ein auf diese zeitraubende und recht schwerfällige Weise vom CDBI erarbeiteter Text veröffentlicht oder in die politische Beratung eingeführt wird, hat ausschließlich das Ministerkomitee zu entscheiden.

Beratung und Beschlussfassung im CDBI werden durch die Heterogenität der vertretenen Berufe, unter denen die Ärzte eine Minderzahl darstellen, sowie die unterschiedlichen Einstellungen der Mitglieder bestimmt, die ihrerseits von der Geschichte, der Kultur, der Religion, der Philosophie, der Tradition ihrer jeweiligen Länder geprägt sind. An dieser Pluralität der Auffassungen scheitern oft Empfehlungen auch und gerade zu besonders gravierenden Fragen. So ist unter dem Gesichtspunkt »Schutz des Lebens« der Zeitpunkt des Beginns des biologischen Lebens kaum umstritten, kontrovers wurde und wird jedoch die Frage diskutiert, welcher Rechtsschutz von welchem Zeitpunkt an dem werdenden Leben zuteil werden soll. An dieser Pluralität ist letztendlich auch jeder Versuch gescheitert, für die Konvention den Begriff »Human Being« zu definieren.

Die Notwendigkeit zum ständigen mehrheitsfähigen Kompromiss zwingt häufig zu Formulierungen, die vielfach als unbefriedigend, ja inhaltslos kritisiert werden. Prof. Povl Riis hat in diesem Zusammenhang von einer Anaemie, also einer Saft- und Kraftlosigkeit des Textes gesprochen. Die Sprache des Kompromisses ist allerdings auch ein Spiegel des Verlustes einheitlicher Grundauffassungen der europäischen Gesellschaft und ein wesentlicher Grund dafür, dass die Konvention in den europäischen Ländern aus unterschiedlichen Blickwinkeln weiterhin kritisiert wird.

Das Ministerkomitee des Europarates hat die Bedeutung des Bereiches »Bioethik« unterstrichen durch seinen Beschluss, den Text nicht als Empfehlung zu verabschieden, ihm vielmehr durch die Bezeichnung »convention« den Charakter eines völkerrechtlichen Vertrages zu verleihen. Diese an sich sachgerechte Entscheidung führt einerseits dazu, dass Formulierungen, auch im Detail, völkerrechtlichen Normen und geltenden völkerrechtlichen Verträgen zu entsprechen haben. Vor diesem Hintergrund und angesichts des Postulates der Justiziabilität ergibt sich, dass es sich bei dem Text um einen juristischen Kodex, nicht jedoch um eine Zusammenfassung bioethischer Grundsätze handelt. Die irreführende Bezeichnung »Bioethik-Konvention« wurde daher u. a. auch auf Antrag der Bundesrepublik Deutschland ersetzt durch die zutreffendere Fassung »Convention on Human Rights and Biomedicine«.

Einsprüche gegen die jeweiligen Entwurfsfassungen wurden nicht selten von einzelnen Regierungsvertretern unter Bezug eben auf diesen völkerrechtlichen Charakter der Konvention vorgetragen und insbesondere durchgesetzt. Die Regelung der Embryonenforschung in Art. 15 der Fassung vom Juli 1994, im wesentlichen Ergebnis einer offiziellen Intervention des englischen Vertreters, ist ein prägnantes Beispiel dafür. Der Delegierte erklärte kurz und bündig, die Regierung des Vereinigten Königreiches werde keine Konvention unterschreiben, die ein absolutes Verbot der Embryonenforschung enthalte. Der geltende Artikel der Konvention über die Embryonenforschung fußt gedanklich auf dieser Intervention. Bei einer so eindeutigen Festlegung haben die entsendenden Regierungen, nicht die in Straßburg verhandelnden Delegationen, zu entscheiden, ob und in welcher Weise so eindeutige Festlegungen akzeptiert werden, ob man einen umstrittenen Sachverhalt aus dem Vertragswerk ausklammern oder die Möglichkeit eines Vorbehaltes bei Vertragsunterzeichnung einräumen will oder ob die weitere Mitarbeit an der Konvention einzustellen ist, ein späterer Beitritt ausgeschlossen wird.

Bei der Beurteilung des Textes muss also berücksichtigt werden, dass viele Formulierungen nur unter Beachtung unverrückbarer nationaler Standpunkte vereinbart werden konnten. Dabei wurde die Bereitschaft der Delegationen zum Kompromiss oft bis an die Grenze des Möglichen belastet. Die deutsche Delegation war in diesem Spiel der »balance of power« übrigens durchaus auf weiten Strecken erfolgreich, was ja auch von engagierten Kritikern der Konvention bescheinigt wurde.

Andererseits führt die vom Ministerrat vorgenommene Klassifizierung des Textes als völkerrechtlicher Vertrag dazu, dass zeichnungswillige Staaten entsprechend ihrer jeweiligen Verfassung parlamentarische Gremien an den Ratifizierungsverfahren zu beteiligen haben, was aus meiner Sicht im Hinblick auf die angesprochenen Themen unverzichtbar ist.

Nun zur Konvention selbst!

Der darzustellende Text liegt in der von 31 Staaten bei zwei Enthaltungen gegen die Stimme der Bundesrepublik Deutschland vom CDBI angenommenen Fassung vom 6. Juni 1996 vor. Diese Version wurde vom Ministerkomitee am 19. November 1996, diesmal bei Stimmenthaltung der Bundesrepublik Deutschland, beschlossen und am 4. April 1997 in Oviedo, Spanien, zur Zeichnung ausgelegt. Die Konvention wurde unmittelbar von 21 Staaten gezeichnet, insgesamt sind ihr bis heute 28 Staaten beigetreten.

Die Konvention enthält 38 Artikel, gegliedert in 14 Kapitel sowie eine Präambel. Zur Konvention gehört ein Kommentar. Die Präambel fasst die wesentlichen Motive zusammen, die das Ministerkomitee bei seinem Auftrag an das CDBI erwogen hat, und führt die einschlägigen internationalen Konventionen auf. Veröffentlichungen von NGOs, zum Beispiel die Deklaration von Helsinki des Weltärztebundes, blieben unberücksichtigt.

Der Kommentar zu den einzelnen Artikeln der Konvention enthält die Entscheidungsgründe, die das CDBI, überwiegend mehrheitlich, gelegentlich sogar einstimmig, zu den vorgelegten Formulierungen geführt hat. Unter diesem Gesichtspunkt könnte er, je nach Rechtstradition und Rechtspraxis der einzelnen Mitgliedstaaten, auch als Interpretationshilfe dienen.

Im Kapitel 1 »Allgemeine Bestimmungen« definiert Artikel 1 den Zweck und Gegenstand der Konvention, nämlich die Würde und die Identität aller Menschen zu schützen im Hinblick auf die Anwendung von Biologie und Medizin.

Die weiteren Artikel des Kapitels legen den Vorrang des »Human Being« vor dem alleinigen Interesse der Gesellschaft und der Wissenschaft fest. Die Artikel postulieren den gleichen Zugang zur medizinischen Versorgung und fordern die Einhaltung von »Professional Standards« bei medizinischen Eingriffen.

Kapitel 2 regelt das sensible Problem »Einwilligung«. Es gilt der Grundsatz des »informed consent«, also der freiwilligen Zustimmung nach sachgemäßer Aufklärung, für einwilligungsunfähige Personen sind eingehende Schutzbestimmungen vorgesehen, die im Grundsatz das Recht zur Zustimmung auf den gesetzlichen Vertreter übertragen und die Mitwirkung der in ihrer Einwilligungsfähigkeit eingeschränkten Person entsprechend dem Stand der gegebenen Erkenntnisfähigkeit vorschreiben. Hier wird mit gutem Grund die Regelung von Einzelheiten nationalem Recht, nationaler Rechtsprechung überlassen, da innerhalb der einzelnen Mitgliedstaaten doch erhebliche Unterschiede zu bestehen scheinen.

Die Art. 7 und 8 dieses Kapitels sehen Ausnahmen vor. So kann bei einer Person, die an einer schweren psychischen Störung leidet eine Intervention zur Behandlung der psychischen Störung nur dann ohne ihre Einwilligung erfolgen, wenn ihr ohne ein solches Vorgehen ernster gesundheitlicher Schaden droht und die Rechtsordnung entsprechenden Schutz gewährleistet.

Nach Art. 8 sind unmittelbar notwendige, im Interesse der Gesundheit vorzunehmende Eingriffe erlaubt, wenn wegen einer Notfallsituation eine Einwilligung nicht eingeholt werden kann. Der Umfang dieser Maßnahmen ist auf das medizinisch Notwendige beschränkt, keineswegs wird hier ein Freibrief für weitergehende Eingriffe, z. B. im Rahmen der Unfallforschung, erteilt. Nach Art. 9 sind zu einem früheren Zeitpunkt geäußerte Wünsche eines Menschen, bekannt als »living will«oder Patiententestament, zu berücksichtigen. Auch diese Formulierung spiegelt die Vielfalt der in den Mitgliedstaaten herrschenden Regelungen wider.

Kapitel 3 dient dem Schutz der Privatsphäre und dem Recht auf Information, das selbstverständliche Recht auf »Nichtinformation« inbegriffen. Hier können allerdings die Signatarstaaten gesetzliche Ausnahmen zulassen. So sehen bereits jetzt die Gesetze einiger Mitgliedsländer des Europarates vor, dass zum Schütze Dritter, z. B. des Ehepartners oder Lebensgefährten, ein Mensch auch gegen seinen Willen über das Ergebnis einer medizinischen Maßnahme unterrichtet werden kann oder muss.

Kapitel 4 befasst sich mit dem menschlichen Genom. Hier sollen die Diskriminierung eines Individuums wegen seines Genoms sowie die Wahl des Geschlechtes eines künftigen Kindes bei reproduktionsmedizinischen Maßnahmen ausgeschlossen werden. Eine Ausnahme soll lediglich zur Vermeidung schwerer geschlechtsgebundener Krankheiten zulässig sein.

Die Zulässigkeit prädiktiver genetischer Tests, Untersuchungen also, die eine genetische Disposition erkennen und die Wahrscheinlichkeit einer tatsächlichen Erkrankung abschätzen lassen, wird auf gesundheitliche Gründe oder wissenschaftliche Forschungszwecke im Zusammenhang mit gesundheitlichen Gründen beschränkt, eine angemessene human-genetische Beratung ist obligat. Die Weitergabe von Resultaten dieser Tests, z. B. an Versicherungen, Arbeitgeber usw. soll ausgeschlossen werden. Eingriffe in das menschliche Genom sollen gemäß Artikel 13 nur zu präventiven, therapeutischen oder diagnostischen Zwecken erlaubt sein und auch nur dann, wenn sie nicht darauf abzielen, das Genom der Nachkommen zu verändern. Tendenzen einiger Delegationen, diese Bestimmung so zu ändern, dass gegebenenfalls auch die bis vor kurzer Zeit noch einmütig abgelehnte Keimbahntherapie ermöglicht wird, konnten glücklicherweise abgewehrt werden.

Das Kapitel 5 »wissenschaftliche Forschung« findet aus der Sicht der wissenschaftlichen Medizin, der medizinischen Ethik-Kommissionen und insbesondere der Öffentlichkeit besondere Aufmerksamkeit, es dürfte uns in diesen Tagen beschäftigen.

Gemäß Art. 15 ist die medizinische Forschung an die in der Konvention selbst sowie in anderen Rechtsregeln enthaltenen Bestimmungen zum Schutz des »Human Being« gebunden, die ich bereits erwähnte. Sie gelten ohne jede Einschränkung für die Forschung und dürfen z. B. nicht unter Hinweis auf die Interessen der Wissenschaft oder der Allgemeinheit eingeschränkt werden.

Diese Forderung gilt auch für den in Art. 10 enthaltenen Grundsatz des Schutzes der Privatsphäre des Patienten oder eines Probanden im Rahmen der medizinischen Forschung. Ich betone diesen Gesichtspunkt deswegen, weil immer wieder seine Einschränkung im Hinblick auf die Notwendigkeit epidemiologischer Forschung oder öffentlicher Gesundheitspflege diskutiert, ja gefordert wird. Erwähnt werden muß in diesem Zusammenhang auch aus gutem Grunde, dass nach Art. 22 für die Forschung mit entnommenem körpereigenen Material grundsätzlich die Zustimmung der Person einzuholen ist, der dieses Material entnommen wurde.

Die angesprochenen Grundsätze finden sich auch als Leitgedanken in der Deklaration von Helsinki des Weltärztebundes, die zu den in Art. 15 erwähnten sonstigen rechtlichen Bestimmungen zu zählen ist, wenn sie, wie in der Bundesrepublik Deutschland, Teil des ärztlichen Berufsrechtes ist.

Diese Deklaration mit ihren hier nicht weiter zu erwähnenden Einzelheiten bietet auch die Grundlage für die Tätigkeit von Ethik-Kommissionen, wie sie in Art. 16, Nr. 3 der Konvention angesprochen werden.

Die Art. 16 und 17, die übrigens gemäß Art. 26, § 2 der Konvention nicht eingeschränkt werden dürfen, enthalten Bedingungen und Schutzbestimmungen für diese Forschung, wie sie sich auch in vergleichbaren Regelwerken finden, z. B. in der schon genannten Deklaration von Helsinki. Die Unterteilung in einwilligungsfähige und nichteinwilligungsfähige Personen ist ebenso geläufig wie die im Einzelfall oft übrigens schwierige Unterscheidung fremdnütziger Forschung von Projekten mit möglichem Nutzen für den Betroffenen.

Artikel 16 der Konvention führt die Grundbedingungen für eine solche Forschung auf.

- keine Alternative zur Forschung von vergleichbarer Wirksamkeit
- angemessenes Verhältnis von Nutzen und Risiko
- Beratung des Forschungsprojektes durch eine nach den Regeln des Landes gebildete Ethik-Kommission
- Aufklärung der Probanden über ihre Rechte und die geltenden Schutzbestimmungen
- informed consent, d. h. freiweillige Zustimmung nach angemessener Aufklärung, die ausdrücklich für das spezielle Projekt erteilt wird und zu dokumentieren ist.
- das Recht, jederzeit die Zustimmung zurückzuziehen ohne Nachteile.

Für die Forschung mit nichteinwilligungsfähigen Personen – ich weise bewußt darauf hin, dass die Konvention ausschließlich von nichteinwilligungsfähigen Personen, nicht jedoch von behinderten Personen spricht – gelten zusätzlich zu den Vorschriften des Artikels 16 die in Art. 17 aufgeführten Bedingungen:

- potentieller unmittelbarer Nutzen der Ergebnisse für jeden Teilnehmer.
- Forschung vergleichbarer Wirksamkeit kann an Einwilligungsfähigen nicht durchgeführt werden
- das in Artikel 6 der Konvention vorgesehene Verfahren für die Zustimmung bei Nichteinwilligungsfähigen wurde eingehalten
- die betroffene Person weigert sich nicht.

Als Hauptbedingung sei hervorgehoben:

- Forschung vergleichbarer Effektivität ist an Einwilligungsfähigen nicht möglich.

In engen, durch gesetzliche Bestimmungen zu ziehenden Grenzen unter den Bedingungen des Art. 17, Abs. 2 in Verbindung mit den schon zitierten Artikeln 6 und 16 ist auch fremdnützige Forschung an Nichteinwilligungsfähigen möglich, wobei diese Forschung durchaus einen Nutzen für das betroffene Individuum erbringen könnte, wenn er auch vor Forschungsbeginn nicht mit hinreichender Wahrscheinlichkeit erwartet werden kann. Diese zusätzlichen Bedingungen lauten:

- Gesetzliche Regelungen zum Schutz dieses Personenkreises bestehen

- die Forschung verfolgt das Ziel, durch eine bedeutende Verbesserung des wissenschaftlichen Verständnisses des Zustandes eines Individuums, seiner Krankheit oder seiner gesundheitlichen Störung dazu beizutragen, bestmögliche Ergebnisse zu erreichen, die geeignet sind, der betroffenen Person oder anderen Personen zu nützen, die sich in der gleichen Alterskategorie befinden oder die an der gleichen Krankheit oder Störung der Gesundheit leiden oder sich im gleichen Zustand befinden.

Als Hauptkriterium ergibt sich hier, dass die Forschung Bezug zur Krankheit des betreffenden Menschen haben muß.

- die Forschung birgt nur ein minimales Risiko und nur eine geringe Belastung für das betroffene Individuum.

Durch diese Formulierung wird die für andere Forschung zulässige Risiko-Nutzen-Abwägung für die überwiegend fremdnützige Forschung an Nichteinwilligungsfähigen ausdrücklich aufgehoben. Zugelassen wird also nur eine Forschung mit minimalem Risiko und minimaler Belastung für den Betroffenen – Schwierigkeiten, beide Begriffe zu definieren, sind bekannt.

Zur Forschung an Embryonen in vitro wurden in Artikel 18 zwei aus der Sicht der Bundesrepublik Deutschland akzeptable Absätze verabschiedet. In Ländern, in denen diese Forschung durch Gesetz erlaubt ist, soll ein angemessener Schutz des Embryos sichergestellt werden. Das Bundesministerium der Justiz interpretiert diese Formulierung so, dass aus deutscher Sicht unter angemessenem Schutz ein absolutes Verbot der verbrauchenden Forschung zu verstehen ist. Die Erzeugung von menschlichen Embryonen für Forschungszwecke ist zu verbieten.

Kapitel 6 regelt die Entnahme von Organen lebender Spender für Transplantationszwecke. Die Lebendspende wird grundsätzlich ausgeschlossen, es sei denn, geeignete Organe oder Gewebe Verstorbener stehen nicht zur Verfügung und eine alternative Behandlungsmethode vergleichbarer Effektivität gibt es nicht. Die Einwilligung zur Lebendspende kann nur von Einwilligungsfähigen gemäß Artikel 5 erteilt werden, sie muß entweder schriftlich erfolgen oder vor einer offiziellen Institution des betreffenden Landes erklärt werden. Die Lebendspende bei Nichteinwilligungsfähigen wird grundsätzlich ausgeschlossen, mit folgender Ausnahme:

- Es besteht eine gesetzliche Regelung
- die Entnahme ist auf regeneratives Gewebe beschränkt, zur Zeit im wesentlichen also Knochenmark
- es gibt keinen vergleichbar geeigneten einwilligungsfähigen Spender
- der Organempfänger ist Bruder oder Schwester des Spenders
- die Organspende ist zur Lebensrettung erforderlich.

- der Spender weigert sich nicht.

Die Vorschriften über die Erteilung einer Zustimmung bei Einwilligungsunfähigen gemäß Artikel 6, Absatz 2 und 3 sind zu beachten.

Nach Kapitel 7 ist es verboten, aus dem menschlichen Körper insgesamt oder seinen Teilen finanziellen Gewinn zu ziehen, entnommene oder abgetrennte Körperteile dürfen nur zu dem Zweck gelagert bzw. verwendet werden, für den sie entnommen wurden, jede andere Verwendung bedarf der Zustimmung des Patienten.

Kapitel 8 fordert die Signatarstaaten auf, angemessene Maßnahmen zur Einhaltung der Konvention zu ergreifen und Sanktionsmöglichkeiten bei Verstößen vorzusehen. Der hier, übrigens systemfremd, angesiedelte Artikel 24 fordert Entschädigung für einen »ungerechtfertigten« Schaden entsprechend den gesetzlich vorgeschriebenen Bedingungen und Verfahrensweisen des betreffenden Landes.

Kapitel 9 räumt mit Artikel 26 den Staaten das Recht ein, durch innerstaatliches Gesetz Rechte und Schutzbestimmungen der Konvention einzuschränken im Interesse der öffentlichen Sicherheit, zur Vorbeugung von Verbrechen, zum Schutze der öffentlichen Gesundheit und zur Wahrung der Rechte und Freiheiten Dritter. Eine Reihe von Artikeln mit Rechten oder Schutzbestimmungen, darunter das Forschungskapitel, sind ausdrücklich von der Einschränkung durch nationales Recht ausgenommen.

Artikel 27 gibt jedem Staat das Recht, weitergehende Schutzbestimmungen, als in der Konvention vorgesehen, für sein Territorium zu erlassen. Innerstaatliches höheres Schutzniveau muß nicht gesenkt, niedrigeres Niveau allerdings den Bedingungen der Konvention angeglichen werden.

Kapitel 10 fordert eine öffentliche Debatte aller Fragen, die im Zusammenhang mit der Entwicklung von Biologie und Medizin auftreten.

Die Interpretation der Konvention soll gemäß Kapitel 11 durch den Europäischen Gerichtshof für Menschenrechte erfolgen, der zu diesem Zweck von der Regierung eines Signatarstaates oder von dem gemäß Artikel 32 zu bildenden Komitee angerufen werden kann. Ein individuelles Klagerecht der Bürgerinnen und Bürger der Signatarstaaten wurde ausdrücklich nicht gewünscht. Die Einhaltung der Konvention in den Signatarstaaten selbst soll vom Generalsekretär des Europarates, dem Gesprächspartner der nationalen Regierungen, überwacht werden.

Kapitel 12 gibt jedem Staat Entscheidungsfreiheit, auf der Grundlage der Konvention erarbeitete Protokolle zu Spezialfragen, z. B. »Organtransplantation«, zu übernehmen. Unverzichtbare Grundbedingung ist dabei, dass der betreffende Staat die Konvention selbst, die Grundlage also für das betreffende Protokoll, ebenfalls unterzeichnet hat.

Kapitel 13 führt Möglichkeiten zur Änderung der Konvention auf und sieht in Artikel 32 vor, dass das CDBI als Gremium zur ständigen Überarbeitung und Verbesserung des Textes etabliert wird. Um den wissenschafltichen Fortschritt zu berücksichtigen, soll die Konvention von diesem Komitee spätestens fünf Jahre nach ihrem Inkrafttreten überprüft werden. Das Komitee wird einen mit Zweidrittel-Mehrheit angenommenen geänderten Text dem Ministerkomitee zur Genehmigung vorlegen. Weitere Überprüfungen sollen dann in den Abständen erfolgen, die das Komitee als notwendig erachtet.

Kapitel 14 regelt das Inkrafttreten der Konvention. Sie kann von den Mitgliedsstaaten der Europarates, den Nichtmitgliedsstaaten, soweit sie an der Erarbeitung mitgewirkt haben, und von der Europäischen Union unterzeichnet werden. Weitere Staaten können unter bestimmten, erschwerten Bedingungen die Konvention zeichnen. Sie tritt als Konvention des Europarates in Kraft, wenn ihr fünf Staatten, darunter mindestens vier Mitgliedsstaaten des Europarates, beigetreten sind. Inzwischen haben fünf Signatarstaaten die Konvention auch ratifiziert, so dass sie entsprechend der genannten Bedingung als Konvention des Europarates am 1. Februar 2000 in Kraft getreten ist. Mit diesem Datum beginnt die schon genannte 5-Jahresfrist, nach deren Ablauf das CDBI eine Überprüfung des Textes vornehmen kann.

Beitretende Staaten haben das Recht, bei Vertragsunterzeichnung Vorbehalte gegen einzelne Artikel einzulegen, wenn sie sich dabei auf entsprechende innerstaatliche gesetzliche Regelungen stützen können. Wie man hört, sind einige Staaten bemüht, auf ihrem Territorium Gesetze zu verabschieden, um entsprechende Vorbehalte einlegen zu können, so dass sie der Konvention beitreten können.

Mit der Annahme der Konvention am 6. Juni 1996 war eine Zäsur der Arbeit des CDBI verbunden, die auch für mich als Mitglied der deutschen Delegation besonderen Anlaß gab, das Für und Wider des Projektes, auch und gerade im Lichte der zahlreichen in den letzten Jahren geführten Diskussionen zu bedenken.

Die Grundidee, für alle Staaten des Europarates gemeinsame Grundpositionen zu Fragen der Ethik bei der Anwendung von Biologie und Medizin zu formulieren, betrachte ich unverändert als besondere Herausforderung und als hochrangiges Ziel. Wir haben gehofft, über nationale Gesetzgebung, über nationale Prägung hinaus zu verbindenden Grundauffassungen zu gelangen. Die Wirklichkeit hat uns sehr schnell eingeholt, indem wir erkennen mußten, dass es offenbar solche gemeinsamen Grundpositionen in Europa nicht mehr gibt. Als Beleg für diese resignierende Feststellung mag die schon genannte Tatsache gelten, dass es nicht gelang, eine einheitliche Definition des »Human Being« bzw. des »être humain« zu finden. Ja. man ist sogar einen Schritt weiter gegangen und hat bewußt auf eine solche Definition verzichtet. Dass man sich hierbei auf das Jahrzehnte zurückliegende Beispiel der Konvention zum Schutz der Menschenrechte beruft, kann kaum als Trost empfunden werden.

Im Laufe der Beratungen gewann der Charakter der Konvention als völkerrechtlicher Vertrag immer schärfere Konturen. Demgemäß erhielten nationale Gesetze ein zunehmendes Gewicht auch bei der Regelung von Detailfragen. Selbstverständlich müssen Gesetze in demokratischen Staaten ethische Positionen berücksichtigen. Diese liegen allerdings von Land zu Land häufig weit auseinander, überwiegend handelt es sich dabei auch nur um Mindesterfordernisse. Das geschilderte starke Gewicht nationaler Gesetze, wie bei völkerrechtlichen Verträgen offenbar nicht anders möglich, führt dann dazu, dass eine internationale Konvention auch nur Mindestforderungen berücksichtigen kann.

Für eine Konvention spricht, dass sie rechtliche Grundpositionen mit Sanktionsmöglichkeiten vorgeben könnte, insbesondere für Staaten, die auf dem Gebiete der Menschenrechte eine noch junge Rechtstradition haben und hier Grundlagen gewinnen möchten. Man darf es gewiß auch als Vorteil ansehen, dass Signatarstaaten gehalten sind, innerhalb der Mitgliedsländer ethisch unterschiedlich gewertete Bereiche gesetzlich zu regeln, um möglichem Missbrauch vorzubeugen. Wenn beispielsweise Staaten in-vitro-Forschung an Embryonen oder Forschung an Nichteinwilligungsfähigen zulassen wollen, sollten sie hierfür international weitgehend konsensfähige Bedingungen vorgeben. Insgesamt könnte die Konvention bei aller Skepsis als Kodex minimaler Anforderungen mit verbindlicher Wirkung gesehen werden. Dieser Minimalkonsens wäre aus der Sicht der Länder mit höherem Standard nicht erforderlich. In diesem Zusammenhang ist daran zu erinnern, dass kein Staat daran gehindert ist, auf seinem Territorium Schutzbestimmungen zu erlassen, die über die Anforderungen der Konvention hinausgehen. Selbstverständlich ist auch kein Staat verpflichtet, ein innerstaatliches höheres Schutzniveau auf die Ebene der Konvention abzusenken.

Ingesamt komme ich selbst bei aller Kritik an der Konvention zu einer vorsichtigen Befürwortung.

Lassen Sie mich abschließend noch einige kritische Anmerkungen zur Arbeitsweise vortragen.

Nachdem man sich entschlossen hatte, der Konvention den Charakter eines völkerrechtlichen Vertrages zu geben, wäre es möglicherweise effektiver gewesen, mit der Erarbeitung eine Gruppe von Völkerrechtlern und Kennern der Menschenrechte zu beauftragen. Es wären uns sicherlich lange Diskussionen und Rückfragen über Formulierungen erspart geblieben, wenn von vorneherein die auf beiden Rechtsgebieten international üblichen Termini verwandt worden wären und eine Harmonisierung mit entsprechenden internationalen Rechtswerken herbeigeführt worden wäre. Zu einzelnen Sachgebieten, z. B. menschliches Genom, Forschung am Menschen, hätte diese Kerngruppe dann

Sachverständige aus einzelnen Ländern einladen können, um mit ihrer Hilfe die entsprechenden Artikel zu formulieren. Ein nach dem skizzierten Verfahren erarbeiteter, »handwerklich« nicht zu beanstandender Text hätte dann dem Plenum des CDBI zur Beratung und Beschlußfassung vorgelegt werden können. Schließlich hätte der Europarat schon viel früher als im Juli 1994 die öffentliche Diskussion fördern müssen durch die Genehmigung, die jeweils vorliegenden Texte zu publizieren.

Die Menschenrechtskonvention zur Biomedizin des Europarats – Ein effektives Instrument zum Schutz der Menschenrechte oder symbolische Gesetzgebung?

Prof. Dr. Eibe Riedel

Lehrstuhl für deutsches und ausländisches öffentliches
Recht, Völkerrecht und Europarecht
Universität Mannheim

A. Einleitung

Wie kaum ein anderes Thema stellt die moderne Biomedizin die nationalen Rechtsordnungen und das Völkerrecht vor eine Reihe schwerwiegender rechtlicher Probleme. Die besondere Problematik, die sich im Zusammenhang mit der Regulierung der modernen Biomedizin ergibt, beruht auf mehreren Gründen: Erstens handelt es sich hierbei vielfach um Technologien, die einen Quantensprung in der Medizin versprechen, von vielen Menschen aber auch als existentielle Bedrohung betrachtet werden. Wie auch immer die Regulierung dieser Technologien ausgestaltet sein mag, ist man sich der Tatsache bewußt, daß hiervon weitreichende Folgen für die Menschheit ausgehen werden. Zweitens können zahlreiche mit diesen Technologien verbundene Fragen mit unseren traditionellen Werten, die den nationalen Rechtsordnungen zugrunde liegen, nicht gelöst werden; es fehlt uns also bereits auf nationaler Ebene an Maßstäben, an denen wir eine Regelung ausrichten können. Dies gilt um so mehr für das internationale Recht, da auf universeller Ebene die Regelung der Biotechnologie erst begonnen hat[1]. Hinzu kommt, daß der wissenschaftliche Fortschritt den Bereich des medizinisch Möglichen immer weiter ausweitet und damit zum einen neue Ängste hervorruft, zum anderen aber auch neue Perspektiven für die Medizin schafft, die das einmal gefällte Urteil wieder in Frage stellen. Schließlich ist auch unklar, inwieweit es überhaupt Sinn macht, bestimmte Technologien und Forschungsarten im nationalen Recht oder auf europäischer Ebene zu verbieten, wenn diese Verbote durch eine Verlagerung der Forschungsstandorte nur all zu leicht unterlaufen werden können.

---

[1] Vgl. hierzu insbesondere die Universal Declaration on the Human Genome and Human Rights; s. hierzu auch die Tätigkeit des International Bioethics Committee der UNESCO sowie die Resolutionen der UNESCO, 22 C/Res. 13.1, 23 C/Res. 13.1, 24 C/Res. 13.1, 25 C/Res. 5.2 und 7.3, 27 C/Res. 5.15, 28 C/Res. 0.15, 2.1 und 2.2.

Ohne Zweifel hat sich deshalb der Europarat bei der Ausarbeitung des MRÜ-Biomed ein ehrgeiziges Ziel gesteckt. Erstmals wurden in einem völkerrechtlichen Abkommen international verbindliche Regelungen getroffen, die als Vorbild für eine weltweite Regelung dienen sollen. Darüber hinaus wird mit der Bezeichnung des Übereinkommens als »Menschenrechtsübereinkommen« der Anspruch erhoben, die Mitgliedsstaaten hätten etwas geschafft, was im nationalen Recht bisher nicht möglich schien, nämlich einen Konsens über die Regulierung zahlreicher biomedizinischer Technologien zu erzielen, der – dies ist das Charakteristikum eines Menschenrechtspaktes – *unbedingte Geltung* beansprucht.

Wäre dies tatsächlich gelungen, so könnte man das MRÜ-Biomed in der Tat als einen Meilenstein in der Geschichte des Völkerrechts und insbesondere des internationalen Menschenrechtsschutzes betrachten. Ich möchte jedoch im folgenden erläutern, warum ich der Auffassung bin, daß das MRÜ-Biomed diesem Anspruch nicht gerecht wird. Dabei geht es nicht darum zu beurteilen, ob die Beschränkungen, die das MRÜ-Biomed einzelnen biomedizinischen Technologien auferlegt, ethisch vertretbar sind. Vielmehr geht es um die Frage, ob es sinnvoll ist, diese Beschränkungen völkerrechtlich zu vereinbaren und sogar zu einem Gebot des Menschenrechtsschutzes zu erklären.

B. Eine neue Generation von »Menschenrechten«?

I. Einleitung

Der ursprüngliche Arbeitstitel des Übereinkommens – »Bioethics Convention« – wurde in der Endfassung des Vertragstextes aufgegeben und durch die Bezeichnung »Convention for the Protection of Human Rights and Human Dignity of the Human Being with Regard to the Application of Biology and Medicine« oder in der Kurzform »Convention on Human Rights and Biomedicine« geändert. Gegen die Bezeichnung »Bioethics Convention« sprachen in der Tat gute Gründe. Der Begriff »Bioethics« legt nämlich den unzutreffenden Eindruck nahe, es handele sich bei dieser Konvention lediglich um eine Übereinkunft über ethische Maßstäbe, nicht aber um eine völkerrechtliche Vereinbarung. Außerdem wird der Begriff »Bioethik« gerade in Deutschland oft mit einer präferenzutilitaristischen Ethik, wie sie etwa von Peter Singer vertreten wird, assoziiert[2]. Eine solche Assoziation halte ich zwar für abwegig, da der Begriff »Bioethik« lediglich einen Teilbereich, nicht aber eine bestimmte normative Richtung der angewandten Ethik beschreibt. Diese Assoziation wurde in Deutschland jedoch immer wieder hergestellt und mag – gerade wegen des entschiedenen Widerstandes, auf den Singers Thesen in Deutschland

---

[2] *Singer*, Praktische Ethik 2. Aufl., Stuttgart 1994.

stoßen[3] – ein Grund für die heftigen Proteste gegen das Übereinkommen in Deutschland sein.

Die neue Bezeichnung des Übereinkommens tritt beiden Mißverständnissen entgegen: Zum einen wird hinreichend deutlich, daß es sich um einen völkerrechtlichen Vertrag handelt; zum anderen wird der Eindruck vermieden, das Übereinkommen beruhe auf einer ganz bestimmten und umstrittenen normativen Grundhaltung. Statt dessen wird nun durch die Verwendung des Begriffs »Menschenrechte« die besondere Bedeutung der in diesem Übereinkommen geschützten Rechte unterstrichen. Mit dieser Bezeichnung wollte man begrifflich an die Europäische Menschenrechtskonvention und die Menschenrechtspakte der Vereinten Nationen anknüpfen, deren Kerngedanken das MRÜ-Biomed auf den Bereich der Biomedizin übertragen möchte[4]. Da bisher zumindest keine vertraglich fixierten Menschenrechte hinsichtlich der meisten in dem Übereinkommen geregelten Gegenstände existieren[5], könnte man die Anerkennung von Menschenrechten in der Biomedizin möglicherweise sogar als eine neue Generation von Menschenrechten betrachten[6]. Das MRÜ-Biomed könnte dann in der Tat Modellcharakter für die universelle Weiterentwicklung des Menschenrechtsschutzes erlangen.

Ich habe jedoch Bedenken dagegen, das MRÜ-Biomed als einen Menschenrechtspakt zu betrachten. Grundsätzlich möchte ich hierzu feststellen, daß man mit der Verwendung des Begriffs »Menschenrecht« behutsam umgehen sollte. Nicht jedes Recht, das man aus guten Gründen einem Menschen zusprechen kann, ist auch ein Menschenrecht. Zwar mag es im politischen Meinungskampf rhetorisch geschickt sein, seine eigene Forderung als ein Gebot des Menschenrechtsschutzes zu deklarieren; zu bedenken ist jedoch, daß durch die ausufernde Verwendung dieses Begriffs für alle möglichen Forderungen – mögen sie in der Sache auch noch so berechtigt sein – die Idee der Menschenrechte selbst entwertet wird. Wenn alles, was man mit guten Gründen fordern kann, zum Menschenrecht erklärt und die Mißachtung dieser Forderung damit als eine Menschenrechtsverletzung bezeichnet wird, so verliert der Hinweis auf Menschenrechtsverletzungen auch in den Fällen, in denen sie tatsächlich gegeben sind, an Ernsthaftigkeit. Historisch betrachtet

---

[3]Zur Auseinandersetzung über Singer in Deutschland vgl. die Dokumentation von *Anstötz*, Georg (Hrsg.), Peter Singer in Deutschland; eine kommentierte Dokumentation, Frankfurt/Main 1995.

[4]Explanatory report, DIR/JUR (97) 5, Ziff. 8 ff.

[5]Eine Ausnahme bildet hier insbesondere die Bestimmungen zum Erfordernis der Einwilligung in biomedizinische Versuche (Art. 16 und 17 MRÜ-Biomed.). Hierzu gibt es mit Art. 7 S. 2 des Internationalen Pakts über bürgerliche und politische Rechte bereits eine universelle Norm.

[6]Zu den »Menschenrechtsgenerationen« s. *Riedel*, Der internationale Menschenrechtsschutz,. Eine Einführung in: Bundeszentrale für politische Bildung (Hrsg.), Menschenrechte. Dokumente und Deklarationen, Bonn 1999, S. 11-36, 24.

wurde der Menschenrechtsgedanke als Reaktion auf konkrete und massive Unrechtserfahrungen entwickelt; Menschenrechte dienen deshalb dem Schutz des Kernbereichs der physischen und psychischen Integrität. Nur in diesem Zusammenhang sollte man von »Menschenrechten« sprechen.

II. Menschenrechte unter dem Vorbehalt des technischen Fortschritts?

Ganz unabhängig von den einzelnen Schutzvorschriften des Übereinkommens halte ich die Verwendung des Begriffs »Menschenrechte« in Zusammenhang mit diesem Abkommen grundsätzlich für verfehlt: Art. 32 Abs. 4 sieht vor, daß das Übereinkommen spätestens fünf Jahre nach seinem Inkrafttreten durch den Lenkungsausschuß für Bioethik und danach in den von dem Ausschuß bestimmten Abständen überprüft werden soll, um den wissenschaftlichen Entwicklungen Rechnung zu tragen. Soweit diese Vorschrift lediglich dahingehend zu verstehen ist, daß eine *Erweiterung* des Übereinkommens vorgesehen wird, falls von neuen wissenschaftlichen Entwicklungen neuartige Bedrohungen für den Menschen ausgehen, steht dies dem Menschenrechtsgedanken nicht entgegen. Allerdings läßt sich diese Vorschrift aber auch als ein »*Abwägungsvorbehalt*« verstehen. Aus diesem Blickwinkel wäre eine Absenkung des Schutzniveaus denkbar, wenn der wissenschaftliche Fortschritt neue Vorteile in Aussicht stellen würde. Könnte man z.B. durch die Embryonenforschung neue Behandlungsmethoden entwickeln, die zum Zeitpunkt des Inkrafttretens des Übereinkommens noch nicht absehbar waren, so könnte die gem. Art. 32 Abs. 4 vorgesehene Überprüfung des Art. 18 zu einer Lockerung des Embryonenschutzes führen. Für eine solche Auslegung des Art. 32 Abs. 4 spricht, daß zwar die ordre public Klausel des Art. 26 Abs. 1 gem. Art. 26 Abs. 2 keine Einschränkung der Art. 11, 13, 14, 16, 17, 19, 20 und 21 gestattet. Das heißt, daß diese Normen auch im Interesse der öffentlichen Sicherheit und Ordnung nicht eingeschränkt werden dürfen. In Art. 32 Abs. 4 fehlt eine entsprechende Bestimmung jedoch, so daß *alle* Bestimmungen des Übereinkommens überprüft und gegebenenfalls geändert werden können. In der Sache mag man eine solche Änderungsmöglichkeit begrüßen; mit dem Gedanken des *Menschenrechtsschutzes* ist sie jedoch nicht vereinbar. Menschenrechte unterscheiden sich von anderen völkervertraglich vereinbarten Rechten nämlich gerade dadurch, daß man ihre *unbedingte Geltung* mit erga omnes-Wirkung als zwingendes Recht, ius cogens, anerkennt und sich nicht vorbehält, von ihrem Schutz wieder abzuweichen, wenn sich das Interesse des Gemeinwohls durch den wissenschaftlichen Fortschritt oder Änderung des politischen Mehrheitskonsenses gewandelt hat. Nach der Wiener Vertragsrechtskonvention von 1969 ist eine solche Abweichung bei völkerrechtlichen Verträgen unter erschwerten Bedingungen möglich, für Menschenrechte besteht diese Möglichkeit nach verbreiteter Ansicht jedoch nicht.

III. Ein Menschenrecht auf Leben für die befruchtete Eizelle?

Unabhängig von diesen grundsätzlichen Bedenken ist die Verwendung des Begriffs »Menschenrecht« insbesondere in Zusammenhang mit dem Embryonenschutz verfehlt. Von einem solchen Menschenrecht zu sprechen würde nur dann Sinn machen, wenn der Embryo bereits in den ersten Stunden und Tagen nach der Befruchtung Träger von Menschenrechten, insbesondere des Rechts auf Leben, sein könnte. Ein solches Recht wird bisher nur durch Art. 4 Abs. 1 AMRK anerkannt. Allerdings wird in dieser Norm durch die Formulierung, das Recht auf Leben beginne »im allgemeinen ab dem Zeitraum der Empfängnis«, klargestellt, daß es sich hierbei nicht um einen absoluten Lebensschutz handelt. Den Mitgliedsstaaten wird lediglich die Pflicht auferlegt, das Recht auf Leben in einer Abwägung mit anderen Interessen zu berücksichtigen. Für einen menschenrechtlichen Schutz des Embryos könnte weiterhin sprechen, daß zahlreiche Normen in universellen und europäischen Menschenrechtspakten das Recht jedes Menschen auf Leben garantieren, so z.B. Art. 6 IPbürgR oder Art. 2 EMRK. Es besteht jedoch weitgehend Einigkeit darüber, daß diese Normen keinen Lebensschutz ab der Befruchtung gewähren. Die Entstehungsgeschichte des Art. 6 IPbürgR zeigt eindeutig, daß das ungeborene Leben zumindest in den ersten Tagen und Wochen nach der Befruchtung nicht in den Schutzbereich dieser Norm einbezogen werden sollte, da entsprechende Forderungen einiger Staaten von der Menschenrechtskommission der vereinten Nationen mit großer Mehrheit zurückgewiesen wurden[7]. Deshalb besteht auch weitgehende Einigkeit darüber, daß es kein völkerrechtliches Verbot des Schwangerschaftsabbruchs gibt. Zwar wird z.T. behauptet, daß Art. 6 IPbürgR dem Fetus ab dem Zeitpunkt, zu dem er außerhalb des Mutterleibs überlebensfähig ist, ein eigenständiges Lebensrecht verleihe, so daß eine Abwägung mit dem Selbstbestimmungsrecht der Frau erforderlich sei[8]. Doch selbst nach dieser Auffassung besitzt der Embryo zumindest in den ersten Wochen nach der Befruchtung kein eigenes Lebensrecht. Der Embryo kann somit nicht Träger eines Menschenrechts auf Leben sein. Damit möchte ich nicht sagen, daß der Embryo in keiner Weise durch das nationale Recht geschützt werden soll. Es mag durchaus gute Gründe geben, den Embryo bereits ab der Befruchtung, der Verschmelzung der Gameten, durch einfache Gesetze oder gar durch das nationale Verfassungsrecht vor dem ungehinderten Zugriff der Forschung zu schützen und dem Embryo somit ein eigenständiges Lebensrecht zuzusprechen. Um ein *Menschenrecht* im klassischen Sinne und des Völkervertragsrechts handelt es sich hierbei aber nicht.

---

[7] *Nowak*, CCPR Commentary, Art. 6, Rdnr. 35.

[8] *Nowak*, CCPR Commentary, Art. 6, Rdnr. 36.

C. Die Rahmenkonvention – Eine geeignete Regelungstechnik für ein Übereinkommen zur Biomedizin?

I. Die Nutzlosigkeit eines Rahmenübereinkommens bei Vorliegen eines grundlegenden Dissenses über wesentliche Punkte

Bei dem MRÜ-Biomed handelt es sich um eine völkerrechtliche Rahmenkonvention. Diese Regelungstechnik wurde vor allem im internationalen Umweltrecht entwickelt und gewinnt im Völkerrecht immer mehr an Bedeutung[9]. Eine Rahmenkonvention zeichnet sich dadurch aus, daß sie zwar rechtlich verbindliche Normen enthält; diese sind aber sehr »weich« formuliert, d.h. sie enthalten keine weitreichenden Verpflichtungen für die Staaten. Gerade deshalb werden Rahmenkonventionen von Kritikern, die weiterreichende Regelungen erwartet haben, als unzulänglich empfunden. Somit überrascht es nicht, wenn gerade in Deutschland die Gegner des MRÜ-Biomed dieses Abkommen mit dem Argument kritisieren, zahlreiche Bestimmungen des Übereinkommens seien unklar und könnten deshalb sehr unterschiedlich ausgelegt werden[10].

Dabei wird jedoch übersehen, daß durch die »weichen« Formulierungen der Rahmenkonvention eine internationale Regulierung erst möglich wird, da viele Staaten (noch) nicht bereit sind, weiterreichende Verpflichtungen einzugehen[11]. Der Vorteil dieser Regelungstechnik ist deshalb vor allem darin zu sehen, daß weitaus mehr Staaten zu einem Beitritt bereit sind, als dies bei einer Vereinbarung mit weitreichenden, detaillierten Regeln der Fall wäre. Durch die Rahmenkonvention hofft man, einen Prozeß der internationalen Regulierung in Gang zu setzen, in dessen Verlauf durch Zusatzprotokolle die relativ »weichen« Formulierungen der Rahmenkonvention durch detailliertere Bestimmungen konkretisiert werden. Dabei sollen dann auch diejenigen Staaten, die zunächst nicht bereit waren, detailliertere Regelungen zu akzeptieren, durch innen- oder außenpolitischen Druck zur Unterzeichnung der

---

[9] *Riedel*, Paradigmenwechsel im internat. Umweltrecht in: Stober, Rolf (Hrsg.) Recht und Recht 1997, S. 245-279, 261 ff, *ders.:* Global Responsibilities and Bioethics: Reflections on the Council of Europe' s Bioethics Convention in Indiana Journal of Global Legal Studies, 1997, S. 179 ff.

[10] *Neuer-Miebach*, Therese, Stellungnahme zum Entwurf einer BioEthik-Konvention des Europarates, Anlage zum Protokoll der 113. Sitzung des Rechtsausschusses des Dt. Bundestags am 25. März 1998, 13. Wahlperiode, Protokoll Nr. 113, S. 37-42, 41; *Mieth*, Mündliche Stellungnahme, ebenda, S. 38 f.

[11] *Taupitz, Jochen/Schelling, Holger*, Mindeststandards als realistische Möglichkeit. Rechtliche Gesichtspunkte in deutscher und internationaler Perspektive. In Eser, Albin (Hrsg.) Biomedizin und Menschenrechte. Die Menschenrechtskonvention des Europarats zur Biomedizin- Dokumentation und Kommentare, Frankfurt/Main 1999, S. 94-113, 109 ff.

Protokolle bewegt werden[12]. In der Tat gibt es zahlreiche Beispiele für den Erfolg dieser Regelungstechnik[13].

Voraussetzung für den Erfolg dieser Strategie ist jedoch, daß unter den Mitgliedstaaten ein *Konsens* über die wesentlichen Punkte der Rahmenkonvention vorhanden ist. Bei einem grundlegenden *Dissens* über Kernpunkte der in der Rahmenkonvention geregelten Materien ist auch bei Anwendung dieser Regelungstechnik nicht mit einem Harmonisierungserfolg zu rechnen. Ein solcher Dissens ist aber gerade bei Kernfragen des MRÜ-Biomed nicht zu übersehen[14]. Bereits bei der in Art. 1 enthaltenen Beschreibung des Ziels des Übereinkommens, nämlich »die Würde und die Identität aller menschlichen Lebewesen [zu schützen] und ... jedermann ohne Diskriminierung die Wahrung seiner Integrität sowie seiner sonstigen Grundrechte und Grundfreiheiten im Hinblick auf die Anwendung von Biologie und Medizin [zu gewährleisten]«, konnte man sich nicht einigen, was unter »menschlichem Lebewesen« bzw. »jedermann« zu verstehen ist. Deshalb bleibt unklar, ob bereits die befruchtete Eizelle oder erst der Embryo ab einem gewissen Entwicklungsgrad oder möglicherweise erst der geborene Mensch in den Schutzbereich des Übereinkommens fällt. So heißt es denn auch im explanatory report:

> "The Convention does not define the term 'everyone' (in French 'toute personne'). These two terms are equivalent and found in the English and French versions of the European Convention on Human Rights, which however does not define them. In the absence of a unanimous agreement on the definition of these terms among member States of the Council of Europe, it was decided to allow domestic law to define them for the purposes of the application of the present Convention."[15]

Dieser grundlegende Dissens kann auch nicht mit dem darauf folgenden Formelkompromiß des explanatory reports überwunden werden. Dort heißt es zwar:

> "The Convention also uses the expression 'human being' to state the necessity to protect the dignity and identity of all human beings. It was acknowledged that it was a generally accepted principle that hu-

[12] *Riedel*, Eibe: Schriftliche Stellungnahme, Anlage zum Protokoll der gemeinsamen Sitzung des Rechtsausschusses (Protokoll Nr. 17) des Ausschusses für Gesundheit (Protokoll Nr. 11) und des Ausschusses für Bildung, Wissenschaft, Forschung, Technologie und Technikfolgenabschätzung (Protokoll Nr. 11) am 17. Mai 1995, 13. Wahlperiode, S. 110-117, 112 f.; *Taupitz/Schelling*, Mindeststandards als realistische Chance, S. 109 ff.

[13] So z.B. das Rio-Rahmenabkommen zum Klimaschutz.

[14] *Riedel*, Schriftliche Stellungnahme, S. 112 f.

[15] Explanatory Report, DIR/JUR (97) 5, Ziff. 18.

man dignity and the identity of the human being had to be respected as soon as life began."[16]

Wann genau aber das menschliche Leben beginnt, wird damit gerade nicht geklärt. Somit besteht in einem zentralen Punkt des Übereinkommens ein grundlegender Dissens.

II. Symbolische Gesetzgebung am Beispiel des Art. 18

Den oben aufgezeigten grundlegenden Dissens über zentrale Punkte des Übereinkommens versucht das Übereinkommen durch symbolische Gesetzgebung zu kaschieren. Dies gilt z.B. für die Bestimmungen zur Embryonenforschung. Art. 18 Abs. 1 verpflichtet diejenigen Staaten, die Forschung an Embryonen in vitro gestatten, lediglich dazu, einen »angemessenen Schutz« des Embryos zu gewährleisten. Es ist offensichtlich, daß es sich hierbei um einen *Formelkompromiß* handelt. Im Völkerrecht kennzeichnet ein Formelkompromiß eine absichtlich herbeigeführte, erwünschte Ausformulierung eines offenen Dissenses zur Rettung der übrigen, für wichtiger angesehenen Inhalte eines Abkommens. Gegen diese Regelungstechnik der Aushandlung von Formelkompromissen ist im Prinzip nichts einzuwenden, wenn die übrigen Abkommensinhalte zweifelsfrei konsentiert sind. Das ist beim MRÜ-Biomed jedoch nicht der Fall. So ist bereits der Begriff »Schutz« in Zusammenhang mit der Forschung an Embryonen in vitro eine *contradictio in adiecto*. Da bei derartiger Forschung der Embryo stets vernichtet wird, kann es auch keinen Schutz des Embryos geben. Der Wortlaut des Art. 18 Abs. 1 macht also insoweit keinen Sinn. Soweit mit dieser Formulierung gemeint ist, daß die Forschung an Embryonen gewissen Beschränkungen unterworfen sein soll, daß sie z.B. nur bis zu einem bestimmten Zeitpunkt nach der Befruchtung oder nur zu bestimmten Zwecken erfolgen darf, läuft diese Formulierung leer, da kein Staat, der diese Art der Forschung gestattet, seine eigenen Regelungen als »unangemessen« bezeichnen wird. Es ist auch nicht davon auszugehen, daß sich über diesen Punkt im Rahmen des weiteren Normierungsprozesses – etwa bei den Verhandlungen über Zusatzprotokolle – Einigkeit erzielen lassen wird, da die Meinungsverschiedenheiten zwischen den Mitgliedstaaten erkennbar zu tiefgreifend sind, um auch nur einen Minimalkonsens zu erzielen. Als Beispiel sei hier nur auf die erheblichen Unterschiede zwischen der Rechtslage in Großbritannien einerseits und Deutschland andererseits verwiesen: Während in Deutschland jede Maßnahme, die nicht der Erhaltung eines in vitro gezeugten Embryos dient, – und damit ist insbesondere die Forschung gemeint – gem. § 2 Abs. 2 Embryonenschutzgesetz verboten ist, ist diese Art

---

[16] Explanatory Report, DIR/JUR (97) 5, Ziff. 19.

der Forschung in Großbritannien unter bestimmten Voraussetzungen bis zum vierzehnten Tag nach der Befruchtung gestattet[17].

Art. 18 Abs. 2 enthält dagegen mit dem Verbot der Zeugung eines Embryos speziell zu Forschungszwecken eine eindeutige Aussage. Aber auch hier sollte man sich nicht täuschen lassen: Dieses Verbot spiegelt keineswegs einen Konsens zwischen den Mitgliedstaaten wider, da, wie oben gezeigt, hinsichtlich der Frage nach dem Beginn der Schutzwürdigkeit menschlichen Lebens ein grundlegender Dissens besteht. Es ist deshalb davon auszugehen, daß gerade jene Staaten, in denen die Embryonenforschung praktiziert wird, gegen Art. 18 Abs. 1 einen Vorbehalt erklären werden.

Die gesamten Bestimmungen des Art. 18 können somit nur als *symbolische Gesetzgebung* gekennzeichnet werden. Sie suggerieren einen Konsens, der nicht besteht und erwecken den Eindruck eines Schutzes für den Embryo, der durch diese Vorschrift in Wahrheit gerade nicht gewährleistet wird.

D. Das MRÜ-Biomed im weltweiten Kontext

I. Die Konsensfähigkeit des MRÜ-Biomed außerhalb Europas

Nicht nur der fehlende Grundkonsens, sondern auch die Beschränkung des Übereinkommens auf Europa lassen Zweifel an dessen Nutzen aufkommen. So kommentierte z.B. der Generalsekretär des Europarats, Daniel Tarschys, am 4.4.1997 die Unterzeichnung des MRÜ-Biomed durch 21 Staaten mit folgenden Worten:

> "The Convention being opened to signature today is an important achievement. Today research is a transnational activity and western companies can carry out research in any part of the world. That is why it is not enough for developed countries to enact laws on their own territory. It needs the broadest agreement possible, and the measures set out in this Convention can exert an influence beyond Europe's boundaries. With this Convention and the protocols which will follow, the Council of Europe has become a privileged forum for debate and action in bioethics matters, and has made itself an active partner in all action in the bioethics field throughout the world."[18]

Zwar möchte das MRÜ-Biomed, wie diese Äußerung Tarschys' zeigt, ein Vorbild für eine weltweite Regelung sein. Deshalb kann gem. Art. 34 auch jeder Nichtmitgliedstaat unter bestimmten Voraussetzungen dem MRÜ-Biomed

[17] Zur britischen Rechtslage s. *Morgan, Derek/Lee,Robert*, Blackstone's Guide to the Human Fertilisation and Embryology Act 1990, London 1991.

[18] Pressemitteilung des Europarats vom 4.4.1997.

beitreten, und einige Nichtmitgliedstaaten – unter ihnen auch die USA – hatten im Lenkungsausschuß zur Bioethik bereits Beobachterstatus. Es ist aber realistischerweise nicht zu erwarten, daß außereuropäische Staaten sich zu einem Beitritt entschließen werden. Hiergegen sprechen zahlreiche Gründe:

Das MRÜ-Biomed enthält eine Reihe von Bestimmungen, die weitaus restriktiver sind als die entsprechenden Vorschriften beispielsweise des US-amerikanischen Rechts. Zu denken ist hier nur an die Verwendung genetischer Tests im Versicherungswesen, an die Embryonenforschung[19] und an die biomedizinische Forschung am Menschen[20]. Durch einen Beitritt zum MRÜ-Biomed würde sich die USA verpflichten, in all diesen Bereichen z.T. erheblich restriktivere Vorschriften zu erlassen. Daß sich hierfür in den USA eine politische Mehrheit finden läßt, ist mehr als unwahrscheinlich. Gleiches gilt für andere außereuropäische Industrienationen. So verwundert es auch nicht, daß das MRÜ-Biomed in den außereuropäischen Staaten kaum Beachtung findet und ein Beitritt nicht einmal ansatzweise diskutiert wird. Das Übereinkommen ist also heute, nachdem es seit über drei Jahren zur Zeichnung aufgelegt ist, weit davon entfernt, ein Vorbild für eine weltweite Regelung zu sein, und ich bin davon überzeugt, daß sich hieran auch nichts ändern wird.

II. Die Nutzlosigkeit eines Übereinkommens zur Biomedizin ohne Beteiligung außereuropäischer Industrienationen

Angesichts der offensichtlich geringen Beachtung, die das Übereinkommen außerhalb Europas findet, stellt sich die Frage, ob ein auf Europa beschränktes Übereinkommen überhaupt Sinn macht. Hierfür könnte sprechen, daß im Bereich der bürgerlichen, politischen, sozialen und kulturellen Rechte mit großem Erfolg regionale Menschenrechtsregime geschaffen wurden. Insofern könnte man argumentieren, daß auch bei der Regulierung der modernen Biomedizin ein Übereinkommen auf europäischer Ebene sinnvoll sei, daß es jedenfalls besser als überhaupt kein Übereinkommen oder ein universales Abkommen mit noch weniger konkreten Vorschriften sei.

Der Nutzen des regionalen Menschenrechtsschutzes durch den Europarat soll hier keineswegs in Abrede gestellt werden. Er ist vor allem darin zu sehen, daß sich auf europäischer Ebene ein weitergehender Menschenrechtsschutz durchsetzen läßt als auf universeller Ebene. Dies ist darauf zurückzuführen, daß innerhalb Europas weitaus mehr Gemeinsamkeiten zwischen den nationalen

---

[19] Vgl. *National Bioethics Advisory Commission*, Ethical Issues in Human Stem Cell Research, Rockville 1999.

[20] *Jost, Timothey*, Country Report USA. In: Deutsch, Erwin/Taupitz, Jochen (Hrsg.), Freedom and Control of Biomedical and Research, Berlin, Heidelberg, New York 2000, S. 231-245.

Rechtsordnungen bestehen als auf universeller Ebene. Aufgrund dieser Gemeinsamkeiten in den nationalen Rechtsordnungen und Kulturen ist es auch einfacher, eine Einigung über völkerrechtlich verbindliche Normen zu erzielen[21]. Ein weiterer Vorteil des regionalen Menschenrechtsschutzes ist darin zu sehen, daß von völkerrechtlichen Normen auf regionaler Ebene wichtige Impulse für die Weiterentwicklung des universellen Menschenrechtsschutzes ausgehen können; zahlreiche Abkommen des Europarats wurden in der Tat zu Modellen für eine entsprechende Regelung auf universeller Ebene. Als Beispiel möchte ich hier nur auf die Bedeutung der EMRK und der Europäischen Sozialcharta hinweisen. Durch diese Abkommen konnten auf europäischer Ebene völkerrechtlich verbindliche Vorschriften durchgesetzt werden, die auf universeller Ebene – etwa im Rahmen der Vereinten Nationen – zu diesem Zeitpunkt noch an Souveränitätsüberlegungen der Mitgliedstaaten scheiterten. Dieser Erfolg war auf die vergleichsweise große Homogenität der Lebensverhältnisse und der nationalen Rechtsordnungen innerhalb Europas zurückzuführen. Nur wenige Jahre nach ihrem Inkrafttreten dienten diese Regelungen dann als Vorbild bei der Entstehung der bedeutendsten Menschenrechtspakte der Vereinten Nationen, nämlich des Internationalen Pakts über bürgerliche und politische Rechte und des Internationalen Pakts über wirtschaftliche, soziale und kulturelle Rechte aus dem Jahre 1966[22]. Aus diesem Blickwinkel erscheint die Überlegung, im Bereich der Biomedizin zunächst auf europäischer Ebene ein Abkommen zu schaffen, das dann zu einem Vorbild für eine weltweite Regelung werden könnte, durchaus naheliegend. Ich möchte zwar nicht bestreiten, daß von dem MRÜ-Biomed wichtige Impulse für die weltweite Diskussion ausgehen können; jedoch möchte ich auf die gravierenden Unterschiede zwischen dem Schutz bürgerlicher, politischer, sozialer und kultureller Rechte, wie sie in den vergangenen Jahrzehnten durch das Menschenrechtsregime des Europarats geschaffen wurden einerseits und der Regulierung der modernen Biomedizin andererseits hinweisen.

Mit dem MRÜ-Biomed soll vor allem verhindert werden, daß die Erforschung und Anwendung bestimmter Technologien in andere Staaten mit niedrigerem Schutzniveau verlagert werden. Es ist jedoch offensichtlich, daß das MRÜ-Biomed dieses Ziel nicht erreichen kann. Selbst wenn alle Mitgliedstaaten des Europarats dem MRÜ-Biomed beitreten würden und – einschließlich Großbritanniens – keinen Vorbehalt gegen Art. 18 Abs. 2 aussprechen würden und darüber hinaus Art. 18 Abs. 1 sogar zum Anlaß nähmen, strengere Vorschriften zur Embryonenforschung zu erlassen, so würde das MRÜ-Biomed dennoch leerlaufen, da entsprechende Forschungsvorhaben in außereuropäische Staaten, insbesondere in die USA, Korea, Japan, Brasilien und andere

[21] *Riedel*, Der internationale Menschenrechtsschutz, S. 29 ff.

[22] Ebenda; vgl. auch ders.: Universeller Menschenrechtsschutz. Vom Anspruch zur Durchsetzung, in: Baum, Gerhart/Riedel, Eibe/Schaefer, Michael (Hrsg.): Menschenrechtsschutz in der Praxis der Vereinten Nationen, 1998, S. 25 ff.

Länder verlegt würden. Gleiches gilt für Art. 6 und Art. 17, die die Forschung am (geborenen) Menschen betreffen.

Damit droht die Konvention leerzulaufen; schlimmer noch: Gerade die ethisch bedenklichen Technologien und Arten der Forschung würden sich der Aufsicht europäischer Behörden vollständig entziehen, so daß keinerlei Möglichkeit mehr bestünde, sie zu kontrollieren und zumindest in gewissem Maße einzuschränken. Aus diesem Blickwinkel ist eine Regulierung der Biomedizin auf europäischer Ebene ohne Beteiligung der außereuropäischen Industrienationen genauso sinnlos, wie es eine Regulierung des Internets allein auf europäischer Ebene wäre. Allerdings ist zuzugeben, daß dieses Argument nicht auf alle Vorschriften des MRÜ-Biomed in gleichem Maße zutrifft. So ist z.B. das laut explanatory report in Art. 12 enthaltene Verbot einer Diskriminierung genetisch »belasteter« Personen im Versicherungs- und Arbeitswesen sicherlich auch auf regionaler Ebene sinnvoll, da diese Vorschriften nicht durch eine Standortverlagerung umgangen werden können. Überhaupt muß zwischen solchen Bestimmungen unterschieden werden, die sich auf den frühesten Zeitpunkt des Lebens beziehen und solchen Bestimmungen, die biomedizinische Fragen an den bereits geborenen Menschen anknüpfen und damit zweifelsfrei als Träger von Menschenrechten in Betracht kommende Personen erfassen. Bei letzteren konkretisiert eine Bioethik-Konvention allenfalls bestehende Menschenrechtsnormierungen, etwa im Bereich des Datenschutzes oder der Einwilligungsproblematik.

E. Gefahr der Überregulierung

Während hinsichtlich der Frage nach dem Beginn des menschlichen Lebens und der Schutzwürdigkeit des Embryos ein grundlegender Dissens besteht, den das MRÜ-Biomed durch Formelkompromisse und symbolische Gesetzgebung zu verdecken versucht, spiegelt gerade das im ersten Zusatzprotokoll enthaltene Verbot des Klonens von Menschen und das Verbot der Keimbahnintervention in Art. 13 in der Tat einen breiten Konsens in der europäischen Öffentlichkeit wider.

Da gezielte Eingriffe in die menschliche Keimbahn nach dem heutigen Stand der Wissenschaft wohl noch nicht möglich sind und die Möglichkeit des Klonens von Menschen zumindest umstritten ist, bleibt zu fragen, ob es überhaupt angemessen ist, bereits heute ein völkerrechtliches Verbot zu vereinbaren und den Schutz des Menschen vor diesen Techniken sogar als ein Menschenrecht zu postulieren. Warum sollte man etwas verbieten, was technisch nicht möglich ist? Man könnte nun die Gegenfrage stellen: was dagegen spricht, zu verbieten, was technisch ohnehin nicht möglich ist bzw. keinen erkennbaren Nutzen für die Menschheit bringt? Immerhin soll mit diesen Verboten der Befürchtung Rechnung getragen werden, die moderne Biomedizin ermögliche eines Tages die gezielte Züchtung von Menschen mit bestimmten Charaktereigenschaften und Fähigkeiten. Da einerseits niemand in einer solchen »schönen neuen Welt« leben möchte und da andererseits für die Öffentlichkeit auch noch nicht ersichtlich ist, welche Vorteile diese Techniken mit sich bringen können, überrascht es nicht, daß sich gegen diese Verbote noch kein nennenswerter Widerstand formiert hat. Aus Sicht der Befürworter dieser Verbote handelt es sich deshalb um Vorschriften mit hohem Nutzen und geringen Kosten: Der Nutzen besteht darin, ein populäres Verbot zu verhängen und das MRÜ-Biomed auf diese Weise in der Öffentlichkeit zu legitimieren; die Kosten scheinen gering, da mangels Realisierbarkeit und erkennbarer Vorteile dieser Techniken die Befürworter des Verbots nicht unter Rechtfertigungsdruck geraten. Dies könnte sich jedoch bald ändern, wenn die naturwissenschaftliche Erforschung dieser Techniken ihren medizinischen Nutzen erkennen lassen und die Öffentlichkeit über die großen Chancen und geringen Risiken des Klonens und der Keimbahnintervention informiert sein wird.

F. Verbot des Klonens

Nachdem die Klonierung des Schafs »Dolly« bekannt wurde und die Diskussion über die technische Möglichkeit des Klonens von Menschen begonnen hatte, wurde überall auf der Welt der Ruf nach einem Verbot des Klonens von Menschen laut. Gefordert wurde dabei ein Verbot nicht nur im innerstaatlichen Recht, sondern möglichst auch auf universeller Ebene. Bereits im Mai 1997 hatte sich die Beratergruppe der Europäischen Kommission für bioethische Fragen für ein Verbot des *reproduktiven* Klonens von Menschen ausgesprochen[23]. Die Frage nach der Zulässigkeit des Klonens von Embryonen zu *therapeutischen* und zu *wissenschaftlichen* Zwecken wurde dagegen gerade offen gelassen. Die im November desselben Jahres von der UNESCO verabschiedete Universal Declaration on the Human Genome and Human Rights enthält in Art. 11 ebenfalls nur ein Verbot des *reproduktiven* Klonens.

Das MRÜ-Biomed geht hierüber hinaus, in dem es in seinem ersten Zusatzprotokoll auch das Klonen zu therapeutischen und wissenschaftlichen Zwecken verbietet. Ob dieses absolute Verbot angemessen ist, erscheint aber sehr fraglich. Jedenfalls sind bereits die Argumente, die gegen das reproduktive Klonen vorgebracht werden, nicht überzeugend[24].

In seiner Präambel begründet das MRÜ-Biomed dieses Verbot mit der Behauptung, beim reproduktiven Klonen handle es sich um eine »Instrumen-

[23] *Group of Advisers on the Ethical Implications of Biotechnology to the European Commission*, Opinion N° 9, 28.5.1997.

[24] Vgl. hierzu z.B. *Harris, John*, Cloning and Human Dignity, in: Cambridge Quarterly of Healthcare Ethics, 1998, S. 163-167.

talisierung menschlicher Lebewesen durch die bewußte Erzeugung genetisch identischer menschlicher Lebewesen«, die »gegen die Menschenwürde verstößt und somit einen Mißbrauch von Biologie und Medizin darstellt«[25]. Das Argument der Instrumentalisierung wird hier verwendet, um in Anlehnung an Kant einen Verstoß gegen die Menschenwürde zu begründen. Danach ist der Mensch nie als Mittel, sondern stets als Zweck an sich zu behandeln. Von einer solchen Instrumentalisierung könnte man aber nur dann sprechen, wenn sich durch das Klonen tatsächlich gezielt Menschen mit planbaren Charaktereigenschaften, Fähigkeiten und Neigungen – kurz gesagt: zu einem bestimmbaren *Verwendungszweck* – züchten ließen. Dieser Eindruck scheint in der Öffentlichkeit in der Tat weit verbreitet zu sein. Gefördert wird dieser Eindruck nicht zuletzt durch eine grob unsachliche Berichterstattung in den Medien. So erschien z.B. auf dem Titelbild eines bekannten deutschen Nachrichtenmagazins eine Karikatur, die neben mehreren »Kopien« Albert Einsteins und eines bekannten deutschen Fotomodells auch mehrere identische Bilder von Hitler darstellte[26].

Betrachtet man sich jedoch die naturwissenschaftlichen Hintergründe dieser Technik, so wird deutlich, daß eine solche gezielte Menschenzucht durch das Klonen *nicht* möglich ist. Was durch das Klonen ermöglicht werden könnte, ist die Schaffung eines Menschen, der mit einem anderen Menschen genetisch identisch ist. Das, was die Natur bei eineiigen Zwillingen auf natürliche Weise hervorbringt, würde somit vom Menschen bewußt herbeigeführt werden. Die beiden Menschen hätten zwar das gleiche Aussehen und die gleiche genetische Veranlagung z.B. im Hinblick auf die Anfälligkeit für bestimmte Krankheiten; das, was die *Persönlichkeit* eines Menschen ausmacht, nämlich sein Charakter, seine Neigungen und Fähigkeiten, ist jedoch nach dem heutigen Erkenntnisstand nicht oder nur teilweise genetisch bedingt. Ein geklonter Mensch wäre deshalb bei der Gestaltung seines Lebens nicht weniger *autonom* wie ein auf natürliche Weise gezeugter Mensch. Deshalb halte ich es auch nicht für richtig, hier von einer »Instrumentalisierung« des Menschen und von einem »Verstoß gegen die Menschenwürde« zu sprechen.

Die Menschenwürde käme jedem geklonten Menschen zu, wenn dies denn technisch möglich würde und politisch-moralisch verantwortet werden könnte. Dies wären Fragen, die m. E. durch Mehrheitskonsens des demokratisch legitimierten Gesetzgebers nicht als Menschenrechtsfragen, sondern als potentiell wandelbare Moralfragen und Spiegelungen des jeweils bestehenden gesellschaftlichen Konsenses entschieden werden sollten. Die Schwierigkeit der moralischen Grundfragen bliebe erhalten, doch bliebe die Gesellachsft

[25] Auch Art. 11 der Universal Declaration on the Human Genome and Human Rights zählt das reproduktive Klonen zu den »Practices which are contrary to human dignity.«

[26] Spiegel, Ausgabe 10 1997, »Der Sündenfall – Wissenschaft auf dem Weg zum geklonten Menschen«.

offen für neue Erkenntnisse und spätere ethische Umorientierungen, bedingt durch technische Neuerungen und Kenntniszuwachs. Vor allem aber würde die mißliche Konsequenz vermieden, eine einmal als Menschenrechtskonvention angenommene bioethische Orientierung zu einem späteren Zeitpunkt wegen gewandelter gesellschaftlicher Grundorientierungen und geänderter Moralvorstellungen wieder aufgeben zu müssen. Allein schon aus diesem Grund verbietet sich meines Erachtens eine vorschnelle Überregelung der Materie und äußerste Behutsamkeit im Umgang mit der Frage, was konkret als elementares Menschenrecht anzusehen ist. Denn einmal Menschenrecht heißt immer Menschenrecht und involviert die Entziehung der Materie von jeglichem demokratischen Konsens – als Menschenrechtsposition wird eine Moralfrage menschenrechtlich überhöht und außer Streit gestellt. Bei der Bekämpfung von Gefahren, die von neuen Technologien ausgehen können, wird dieser Regelungsaspekt jedoch allzu häufig übersehen: der Gesetzgeber hängt sich ohne Not einen ethischen Mühlstein um den Hals.

Andererseits sind vom reproduktiven Klonen gegenwärtig auch keine erkennbaren Vorteile für die Menschheit zu erwarten, so daß durch dieses Verbot keine Nachteile entstehen. Aus diesem Blickwinkel kann vielleicht noch akzeptiert werden, daß der Europarat Gefahren bekämpft, die in Wirklichkeit nicht existieren.

Anders verhält es sich dagegen mit dem *therapeutischen Klonen*. Die jüngsten Forschungsergebnisse aus der USA geben Grund zu der Annahme, daß eine Reihe von Krankheiten durch die Behandlung mit embryonalen Stammzellen behandelt werden können[27]. Diese Zellen können unter anderem durch die Klonierung totipotenter embryonaler Stammzellen gewonnen werden. Somit wird deutlich, daß das therapeutische Klonen und das Klonen zu wissenschaftlichen Zwecken – anders als das reproduktive Klonen – sehr wohl einen großen Nutzen für eine Vielzahl von Patienten bringen könnte. Wer hier für ein absolutes Verbot eintritt, muß bessere Gründe anführen als die irrationalen Befürchtungen einer uninformierten Öffentlichkeit.

Letztlich wird die Frage nach der Zulässigkeit dieser Form des Klonens wohl davon abhängen, ob man jede totipotente Zelle als »Mensch« betrachten und ihm ebenso wie dem geborenen Menschen Menschenwürde und ein Recht auf Leben zusprechen kann. Bejaht man dies, etwa mit der Begründung, jede totipotente Zelle besitze das Potential, sich weiterzuentwickeln und sei deshalb selbst schon als Mensch zu betrachten, so wird man die Schaffung eines Embryos zu dem alleinigen Zweck, seine Zellen einem Patienten zu transplantieren, in der Tat als eine Instrumentalisierung und somit als einen Verstoß

[27] Vgl. *National Bioethics Advisory Commission*, Ethical Issues in Human Stem Cell Research, Rockville 1999.

gegen die Menschenwürde betrachten müssen[28]. Hält man die bloße Potentialität der totipotenten Zellen jedoch nicht für ausreichend, ihr ebenso wie dem geborenen Menschen Menschenwürde und ein Recht auf Leben zuzusprechen, so ist ein Verbot des Klonens keineswegs geboten. Eine solche Position liegt z.B. in Großbritannien der Gesetzgebung zur Embryonenforschung zugrunde[29]. Insofern ist es auch nicht überraschend, daß in Großbritannien derzeit ernsthaft über die Freigabe des Klonens zu therapeutischen und wissenschaftlichen Zwecken diskutiert wird[30].

Welche Position vorzugswürdig ist, kann und braucht hier nicht beantwortet zu werden. Jedenfalls ist es bedauerlich, daß man sich in Europa durch ein rigoroses Verbot des Klonens von vornherein den Weg zu dieser neuen und vielversprechenden Therapiemethode verschlossen hat. Es wäre wünschenswert gewesen, zunächst eine breite Debatte über die Vor- und Nachteile des Klonens zu führen, statt mit großer Eile ein völkerrechtliches Verbot zu verabschieden, nach der Devise: »Wehret den Anfängen!«, und zudem das Verbot des Klonens als ein Gebot des Menschenrechtsschutzes zu proklamieren. Dies gilt um so mehr, als abzusehen ist, daß spätestens dann, wenn der therapeutische Nutzen des Klonens in der Öffentlichkeit bekannter wird, ein breiter Widerstand gegen dieses Verbot entstehen wird. Es ist wahrscheinlich, daß man diesem Druck dann zumindest im Hinblick auf das therapeutische Klonen nachgeben und das erste Zusatzprotokoll ändern wird, ähnlich wie es ja auch mit der Novellierung des deutschen Gentechnikgesetzes geschah. Auch aus diesem Blickwinkel wäre es besser gewesen, auf die Bezeichnung des Übereinkommens als »Menschenrechtsübereinkommen« zu verzichten.

G. Das Verbot der Keimbahnintervention

Nicht nur mit dem Klonen, sondern auch mit der Keimbahnintervention sind irrationale Ängste vor einer gezielten Menschenzucht verbunden. Angesichts der Tatsache, daß gezielte Eingriffe in die Keimbahn bis heute technisch nur in geringem Maße möglich sind und ein konkreter medizinischer Nutzen deshalb noch nicht ersichtlich ist, überrascht es auch in diesem Fall nicht, daß ein Verbot auf breite Zustimmung stößt. Sollte es eines Tages aber die Möglichkeit geben, bestimmte Erbkrankheiten wirksam und gezielt zu bekämpfen, so wird sich die Haltung der Öffentlichkeit mit Sicherheit sehr schnell ändern. Dabei ist auch zu bedenken, daß es weitaus wahrscheinlicher ist, eines Tages gezielt Erbkrankheiten durch Keimbahn-intervention zu bekämpfen,

---

[28] Vgl. hierzu ausführlich *Riedel, Eibe:* Gentechnologie und Embryonenschutz als Verfassungs- und Regelungsproblem, in: EuGRZ 1986, S. 469 ff., insbes. 476.

[29] *Great Britain Committee of Inquiry,* Report of the Committee of Inquiry into Human Fertilization and Embryology, 1984 (sog. 'Warnock Report'), Rdnrn. 11.11 ff.

[30] Spiegel, 4.4.2000.

als eine Zucht von Menschen mit bestimmten Charaktereigenschaften und Fähigkeiten zu betreiben. Dies folgt schon daraus, daß Charaktereigenschaften und Fähigkeiten gerade nicht nur genetisch bedingt, sondern in hohem Maße umweltbedingt, durch exogene statt endogene Faktoren bestimmt sind und deshalb vermutlich auch niemals allein durch genetische Manipulationen gezielt erzeugt werden können. Dagegen sind viele Krankheiten genetisch bedingt; zwar sind für die meisten Erbkrankheiten mehrere Gene oder gar ein Zusammenspiel zwischen genetischer Veranlagung und Umwelteinflüssen verantwortlich, zumindest einige Erbkrankheiten haben ihre Ursache aber nur in einem einzigen Gendefekt. Es ist also durchaus wahrscheinlich, daß die Keimbahnintervention uns bald in die Lage versetzen wird, diese Krankheiten zu bekämpfen, ohne daß zwangsläufig gleichzeitig die Gefahr einer gezielten Menschenzucht entstehen wird. Selbstverständlich wird man auch in diesem Fall noch medizinische Risiken und ethische Bedenken berücksichtigen müssen. So wird man z.B. zu fragen haben, ob durch einen gezielten Eingriff in die Keimbahn nicht unerwünschte Nebenwirkungen entstehen können, die diese Intervention bei Abwägung von Risiken und Nutzen als unvertretbar erscheinen lassen. Zu welchem Ergebnis diese Abwägung führt, wird dann von Fall zu Fall zu entscheiden sein. Aus diesem Blickwinkel ist aber ein *kategorisches Verbot* der Keimbahnintervention jedenfalls nicht sinnvoll, schon gar nicht, wenn dieses Verbot zum Schutze vor einer Keimbahnintervention zu einem Menschenrecht oder einem Gebot der menschlichen Würde erklärt wird.

H. Schlußbemerkungen

Aus alledem lassen sich erhebliche Bedenken formulieren, die einje Ratifikation des MRÜ-Biomed durch die Bundesrepublik Deutschland zum gegenwärtigen Zeitpunkt wenig sinnvoll erscheinen lassen. Positiv anzumerken bleibt immerhin, daß durch dieses Abkommen des Europarates eine breite Diskussion über sehr wesentliche Probleme der biomedizinischen Forschung und Patientenrechte in Gang gesetzt worden ist, welche die weitere Entwicklung des Medizinrechts maßgeblich beeinflussen wird. Nichts spricht auch gegen die Vereinbarung klar formulierter Rechtsprinzipien in einem normalen völkerrechtlichen Vertrag, allerdings unterhalb eines Menschenrechtsübereinkommens, das später gegenüber gesellschaftlich- technologischem Wandel offen wäre und wie jedes innerstaatliche Gesetz durch Mehrheitsentscheid geändert werden könnte. Die große Gefahr besteht darin, daß der unwandelbare, jeglichem parlamentarischen Willen entzogene Menschenrechtsanspruch überdehnt werden könnte, weil neue Erkenntnisse neue Moralvorstellungen hervorbringen könten und damit entweder eine dogmatische Festlegung für alle Zeit gebieten oder durch Umgehung, oder durch restriktive Umdeutung oder Auslegung bestehender Menschenrechtsforderungen seinen Wert als »droit inviolable et sacré« verlieren könnte. Die Menschenrechte würden dann aber in ihrem Kern disponibel, frei verfügbar, während doch ihr unwandelbarer Charakter erhalten bleiben soll. Der Kern der Menschenrechte würde – wie dies für die Menschenwürde klar formuliert wurde – zu einer Wanderdüne ohne Halt[31]. Meine Kritik am MRÜ-Biomed basiert deshalb vor allem auf dem verfehlten Menschenrechtsbezug des Abkommens, daneben aber auch auf konkreten Regelungsmängeln.

Das Fehlen einer Definition des Menschen und der Person, die unterschiedliche Begrifflichkeit dazu in der Präambel und im operativen Vertragstext, sowie die Ungeklärtheit der Frage des konkreten Lebensbeginns, der für die Forschung von zentraler Bedeutung ist, muß als großes Manko der Konvention angesehen werden. Dies hat gravierende Konsequenzen für die gesamte Problematik des Embryonenschutzes, der folglich inadäquat geregelt wurde. Zudem eröffnet die Vorbehaltsregelung des Art. 36 Umgehungsmöglichkeiten bereits vor der Ratifikation, so daß wichtige Konventionsbestimmungen abbedungen werden können. Die Bestimmung des Art. 36 (1) 2, daß »Vorbehalte allgemeiner Art« nach diesem Artikel nicht zulässig sind, bildet keinen effektiven Vorbehaltsschutz und fällt im übrigen weit hinter den Vorbehaltsschutz im Rahmen der EMRK zurück.

Gravierender Mangel der MRÜ-Biomed ist es darüber hinaus, daß durch strenge europäische Maßstäbe die Tendenz zur Verlagerung von biomedizinischer Forschung in das europäische und außereuropäische Ausland letztlich nur bestärkt wird (Standortfrage).

Grundsätzlich wäre eine Normierung der in der Konvention zahlreich aufgeworfenen Fragen in einem völkerrechtlich verbindlichen Abkommen zum gegenwärtigen Zeitpunkt m. E. verfrüht. Eine Normierung unterhalb einer Konvention in Form einer rechtlich unverbindlichen, politisch-moralisch jedoch überzeugenden feierlichen Deklaration, Empfehlung oder unverbindlicher Richtlinie oder Leitlinie wäre deshalb vorzugswürdig, weil entwicklungsoffener. Verhaltensmaßstäbe ähnlich der revidierten Helsinki-Deklaration oder sonstige Selbstbindungskodizes könnten hier das Mittel der Wahl darstellen[32]. Nicht jede wichtige ethische Frage bedarf sogleich einer Schlechthin-Lösung, die ohnehin selten vorhanden sein dürfte, und vielleicht sollten wir uns daran gewöhnen, daß zum Vertrauen in das demokratisch legitimierte Parlament auch die Befassungs- und Entscheidungskompetenz zu Ethikfragen gehört. Der »noyau dur des droits de l'homme«, der verfassungsfeste Kern der Menschenrechte, sollte demgegenüber nur sehr sparsam berufen werden. Zu Recht hat m. E. das Bundesverfassungsgericht in seiner fünfzigjährigen Geschichte eine sehr behutsame Ausdehnung der Grund- und Menschenrechte vorge-

---

[31] Vgl. *Riedel*, EuGRZ 1986, S. 473 ff.

[32] Zum Ganzen vgl. *Riedel, Eibe*: Standards and Sources. Farewell to the Exclusivity of the Sources Triad in International Law? In: European J. of Int. Law 1991, Band 2, S. 58-84.

nommen und speziell eine Festlegung auf einen bestimmten Zeitpunkt des Lebensbeginns bislang vermieden.

Aus diesen Gründen kann m. E. das MRÜ-Biomed nicht uneingeschränktes Lob verdienen und wird wohl ohnehin aufgrund der zahlreichen Dissense auf absehbare Zeit vor allem Diskussionsstoff bieten, nicht aber die Lösung bioethischer Grundprobleme bereitstellen. Doch im Diskurs und in der offen geführten Auseinandersetzung mit diesen Fragen liegt allein schon ein Wert: den Weg für künftige Entwicklungen auch in rechtstechnischer Hinsicht zu bahnen, ohne abschließende Lösungen versprechen zu können.

Das Konzept des Übereinkommens über Menschenrechte und Biomedizin (ÜMB)

Dr. Ruth Reusser

Stellvertretende Direktorin des Bundesamts für Justiz und zur Zeit Vizepräsidentin des Leitenden Ausschusses für Bioethik des Europarats, Schweiz

A. Einführung

Das Übereinkommen vom 4. April 1997 über Menschenrechte und Biomedizin geht auf eine Initiative der Konferenz der Europäischen Justizminister aus dem Jahre 1990 zurück. Diese wurde von der Parlamentarischen Versammlung unterstützt und in dem Sinne konkretisiert, dass ein Rahmenübereinkommen auszuarbeiten sei, das einen Hauptteil mit allgemeinen Grundsätzen, also einen allgemeinen Teil des internationalen Medizinrechts, und Zusatzprotokolle zu spezifischen Fragen umfassen sollte. Das Ministerkomitee beauftragte in diesem Sinne ein Expertenkomitee, das kurz darauf zum Lenkungsausschuss für Bioethik aufgewertet wurde. Als Vorbild für das Vorgehen kann die Europäische Menschenrechtskonvention (EMRK) selber gelten, die insgesamt durch nicht weniger als zwölf Zusatzprotokolle ergänzt bzw. in der Frage der gerichtlichen Kontrolle auch abgeändert worden ist.

Ist das Konzept des ÜMB überzeugend? Ich meine ja. Es ist zwar Ausdruck einer Politik der kleinen Schritte. Es ist ein Konzept, das viel Zeit braucht, bis ein grösseres Ganzes vorliegt. Indessen ist es gleichzeitig Ausdruck einer weisen Einsicht, dass es einer völligen Überforderung gleichgekommen wäre, wenn auf einen Schlag ein einigermassen befriedigendes umfassendes Übereinkommen zur Biomedizin auszuarbeiten gewesen wäre. Zudem ist die Biomedizin in rascher Entwicklung begriffen. Zusatzprotokolle haben den Vorteil, dass damit einigermassen rasch und flexibel auf Neuerungen reagiert werden kann, ohne dass das schwerfällige Verfahren einer Abänderung bzw. einer Erweiterung des Kernübereinkommens eingeleitet werden muss.

Das Übereinkommen über Menschenrechte und Biomedizin ist somit von Anfang an als dynamisches Vertragswerk geplant worden. Das Konzept der Haupt- bzw. Kernkonvention ist allerdings im Laufe der Zeit aus politischen Gründen etwas nuanciert worden. Um die Kernkonvention anzureichern und ihr eine eigenständige Bedeutung mit einem gemeinsamen Schutzniveau in besonders zentralen Fragen zu geben, haben punktuelle Regelungen Eingang in die Schlussfassung des Übereinkommens gefunden, die eigentlich als Inhalt eines Zusatzprotokolls gedacht gewesen waren. Das trifft vor allem auf die Bestimmungen über die Forschung mit Menschen (Art. 16 und 17 ÜMB) und die Bestimmungen über die Entnahme von Organen und Geweben von lebenden Spendern zu Transplantationszwecken (Art. 19 und 20 ÜMB) zu. Das Konzept eines dynamischen Vertragswerks als solches ist dadurch aber nicht verändert worden. Das Übereinkommen bedarf zwingend der Ergänzung durch Zusatzprotokolle, soll das Ganze nicht ein mehr oder weniger willkürliches Stückwerk bleiben.

Zwei Beispiele sollen dies verdeutlichen. So enthält Art. 12 ÜBM sicher einen ganz zentralen Grundsatz, wenn er festhält, dass prädiktive genetische Untersuchungen nur zu Gesundheitszwecken durchgeführt werden dürfen. Solche Untersuchungen dürfen somit insbesondere nicht im Interesse von Versicherungen oder Arbeitgebern erfolgen[1]. Geregelt wird damit aber nur der eine Teil des Problems. Der andere Teil des Problems, wie weit Versicherungen und Arbeitgeber nach Daten aus früheren genetischen Untersuchungen fragen dürfen, harrt auf internationaler Ebene weiterhin der Antwort, die hoffentlich in einem der kommenden Zusatzprotokolle gegeben wird.

Ohne das Konzept der Zusatzprotokolle wäre auch nicht verständlich, warum das Übereinkommen (Art. 19 und 20) die Transplantationsmedizin lediglich aus der Sicht der Lebendspender abhandelt. Sicher ist der Bedarf nach Menschenrechtsschutz hier besonders evident. Aber der Korb von Fragen rund um die Transplantationsmedizin ist damit keineswegs ausgeschöpft.

Zu betonen ist deshalb noch einmal, dass das Übereinkommen zwingend der Ergänzung durch Zusatzprotokolle bedarf, die zu einem integrierenden Bestandteil des Vertragswerkes werden. Völkerrechtlich gesehen ist allerdings jedes Zusatzprotokoll ein neuer internationaler Vertrag. Jeder Vertragsstaat bleibt frei, ob er ein Zusatzprotokoll ratifizieren will oder nicht. Indessen besteht insofern eine Einschränkung, als ein Zusatzprotokoll nur von einem Staat ratifiziert werden darf, der vorher oder gleichzeitig das Haupt- oder Kernübereinkommen ratifiziert hat. Ein Minimum an Homogenität ist damit gewährleistet. Gleichzeitig ist allerdings die Gefahr nicht von der Hand zu weisen, dass mit der Zeit als Folge der zunehmenden Zahl von Zusatzprotokollen ein verwirrendes Gebilde mit unterschiedlichem Ratifizierungsstand entsteht. Das würde es erschweren oder allenfalls sogar verhindern, dass irgendwann das Ganze bereinigt und in einem einheitlichen Übereinkommen zusammengefasst wird. Soweit sind wir aber noch lange nicht. Aus heutiger Sicht ist das Konzept des Übereinkommens über Menschenrechte und Biomedizin m. E. positiv zu beurteilen.

---

[1] Prädiktive Untersuchungen zur Verhinderung von Berufskrankheiten bei besonderen Arbeitsplätzen und von Unfällen (z. B. bei Piloten eines Jumbojets) sind dagegen zu Recht nicht ausgeschlossen. Hier geht es um prophylaktische medizinische Zwecke bzw. um den Schutz der öffentlichen Sicherheit im Sinne von Art. 26 ÜMB.

Auch wenn nur Staaten ein Zusatzprotokoll ratifizieren können, die dem Hauptübereinkommen beigetreten sind, sind an der Ausarbeitung eines Zusatzprotokolls grundsätzlich alle Mitgliedstaaten des Europarates sowie jede Vertragspartei, die nicht Mitglied des Europarats ist, beteiligt (Art. 32 ÜMB). Das ist auch richtig so. Indessen wird sich m. E. irgendwann in ferner Zukunft die Frage stellen, ob Staaten, die auf Dauer der Konvention fernbleiben, moralisch legitimiert bleiben, einen massgeblichen Einfluss auf den Inhalt eines sich in Vorbereitung befindlichen Zusatzprotokolls auszuüben. Mit einer zunehmenden Zahl von ratifizierenden Staaten könnte der Druck grösser werden, zumindest das Hauptübereinkommen zu ratifizieren. Allerdings muss man fairerweise auch sogleich beifügen, dass Nichtvertragsstaaten unter Umständen nicht einfach völlig ausserhalb des Vertragswerkes stehen werden. Ähnlich wie dies mit dem Datenschutzübereinkommen geschehen ist, darf erwartet werden, dass der Europäische Gerichtshof für Menschenrechte die Konvention und ihre Zusatzprotokolle zur Konkretisierung von Art. 8 EMRK über das Privatleben heranziehen wird, wenn er eine Frage aus dem Bereich der Biomedizin zu beurteilen hat. Auf diese Weise können das Übereinkommen und seine Zusatzprotokolle einen gewissen indirekten Einfluss auch auf Nichtvertragsstaaten ausüben.

B. Die vorliegenden Zusatzprotokolle

I. Das Zusatzprotokoll über das Klonen von menschlichen Lebewesen

1. Allgemeines Heute liegt lediglich ein Zusatzprotokoll (ZP) zur Ratifikation auf, nämlich das Zusatzprotokoll über das Klonen von menschlichen Lebewesen. Bisher haben die 28 Staaten, die das Hauptübereinkommen unterzeichnet haben, auch das Zusatzprotokoll unterschrieben. Dieses tritt in Kraft, wenn fünf Staaten beigetreten sind (Art. 5 Ziff. 1 ZP). Im Gegensatz zum Hauptübereinkommen ist das Zusatzprotokoll indessen noch nicht in Kraft getreten. Von den erforderlichen 5 Ratifikationen liegen erst, aber immerhin doch schon vier[2] vor.

Inhaltlich hat dieses Zusatzprotokoll seinen Ursprung im Schaf Dolly. Nachdem die Weltöffentlichkeit im Februar 1997 durch die Geburt des geklonten Schafes aufgeschreckt worden war, handelte der Europarat rasch. Im Juni 1997 legte der Lenkungsausschuss für Bioethik den Entwurf für ein Zusatzprotokoll über das Verbot des Klonens menschlicher Lebewesen vor. Das Ministerkomitee verabschiedete das Protokoll am 7. November 1997, nachdem sich die Parlamentarische Versammlung positiv geäussert hatte. Am 12. Januar 1998 wurde das Zusatzprotokoll in Paris zur Unterzeichnung aufgelegt.

[2]Slowakei, Slowenien, Griechenland und Spanien.

Dieses erste Zusatzprotokoll verbietet jede Intervention, die darauf gerichtet ist, ein menschliches Lebewesen zu erzeugen, das mit einem anderen lebenden oder toten menschlichen Lebewesen genetisch identisch ist. Dieses Verbot gilt vorbehaltlos. Art. 26 ÜMB findet keine Anwendung. Es gibt also keine Gründe, die einem Vertragsstaat erlauben, das Klonen menschlicher Lebewesen zu rechtfertigen. Das Klonen instrumentalisiert den Menschen und ist deshalb mit der Menschenwürde nicht vereinbar.

Der Beginn des menschlichen Lebens wird sowohl im Übereinkommen wie im Zusatzprotokoll nicht definiert[3]. Damit bleibt bedauerlicherweise ein Interpretationsspielraum offen. Das ist sicher eine Schwachstelle sowohl des Zusatzprotokolls wie des Übereinkommens selber. Indessen zeigt die Entstehungsgeschiche des Zusatzprotokolls, dass das Verbot nicht nur das reproduktive Klonen erfasst, sondern ganz bewusst weitergehen wollte. Der vom Sekretariat vorgelegte Entwurf zum Klonierungsprotokoll enthielt noch folgende Bestimmung:

> **Art. 1 Entwurf**
>
> Verboten ist jede Intervention, die darauf gerichtet ist, genetisch identische Personen im Sinne von Personen, die dassselbe Kerngenom haben, zu erzeugen.

Nach äusserst lebhaften Diskussionen im leitenden Ausschuss wurde »personne« durch »être humain« ersetzt. Der Text lautet nun:

> **Art. 1**
>
> Verboten ist jede Intervention, die darauf gerichtet ist, ein menschliches Lebewesen zu erzeugen, das mit einem anderen lebenden oder toten menschlichen Lebewesen genetisch identisch ist.

Dank dieser Umformulierung erfasst das Zusatzprotokoll nach meinem Verständnis als an der Ausarbeitung mitbeteiligte Vertreterin der Schweiz nicht nur das reproduktive Klonen, sondern auch Forschungsvorhaben mit der Klonierungstechnik: Geschützt wird alles menschliche Leben, von seinem Beginn an. Das wird durch Ziff. 18 und 19 des Erläuternden Berichts[4] zum Übereinkommen bestätigt. Darin werden die Begriffe »Person/person« und »menschliches Lebewesen/human being« wie folgt erläutert:

---

[3] Vgl. Nr. 6 des Erläuternden Berichts zum Zusatzprotokoll zum Übereinkommen über Menschenrechte und Biomedizin betreffend das Verbot des Klonens von menschlichen Lebewesen, Europarat, DIR/JUR (97) 14.

[4] Erläuternder Bericht zum Europäischen Übereinkommen zum Schutz der Menschenrechte und der Menschenwürde im Hinblick auf die Anwendung von Biologie und Medizin: Übereinkommen über Menschenrechte und Biomedizin vom Januar 1997, Europarat DIR/JUR (97), Nr. 167, S. 34.

> "The Convention does not define the term 'everyone' (in French 'toute personne'. These two terms are equivalent and found in the English and French versions of the European Convention on Human Rights, which however does not define them. In the absence of a unanimous agreement on the definition of these terms among member States of the Council of Europe, it was decided to allow domestic law to define them for the purposes of the application of the present Convention.
>
> The Convention also uses the expression 'human being' to state the necessity to protect the dignity and identity of all human beings. It was acknowledged that it was a generally accepted principle that human dignity and the identity of the human being had to be respected as soon as life began."

Wir können nun trefflich darüber streiten, ob menschliches Leben im Sinne des Übereinkommens bereits mit dem Eindringen der Samenzelle in die Eizelle beginnt oder ob der massgebende Zeitpunkt die Kernverschmelzung ist, wie dies die deutsche[5] und schweizerische[6] Rechtsordnung festlegen. Aber wenn eine Regierung anlässlich der Unterzeichnung des Klonierungsprotokolls im Sinne eines interpretierenden Vorbehalts festgehalten hat, dass sie unter menschlichen Lebewesen nur Personen, die geboren sind, versteht, so will mir scheinen, dass diese Interpretation die Grenzen von Treu und Glauben doch etwas überschreitet. Uns soll und darf dies nicht abhalten, dem Zusatzprotokoll den Sinn zu geben, der ihm nach seiner Entstehungsgeschichte zukommt: Verboten ist das Klonen menschlichen Lebens von seinem ersten Stadium an.

2. Die Stammzellforschung im Lichte des Zusatzprotokolls Im Rampenlicht der öffentlichen Diskussion steht zur Zeit die Stammzellforschung und insbesondere das sog. therapeutische Klonen. Unterschieden werden totipotente und pluripotente Stammzellen. Pluripotente Stammzellen sind »Alleskönner-Zellen«, die in ihrer Entwicklung noch nicht festgelegt sind. Zwar sind sie nicht mehr totipotent, so dass kein ganzer Mensch aus ihnen entstehen kann. Aus ihnen können aber fast alle der rund 200 Zelltypen, insbesondere Nervenzellen, Knochenzellen, Blutzellen, Organe und vieles mehr hervorgehen. Mit der Stammzellforschung werden grosse Erwartungen verbunden.

[5] § 8 Ziff. 1 des Embryonenschutzgesetzes.

[6] Art. 2 Bst. i des Bundesgesetzes vom 18. Dezember 1998 über die medizinisch unterstützte Fortpflanzung, das am 1. Januar 2001 in Kraft treten wird (Bundesblatt 1998, S. 5714 ff.). Diese Bestimmung kodifiziert, was in den Materialien zu Art. 24^{novies} der Bundesverfassung (heute Art. 119) festgehalten worden ist, vgl. Botschaft des Bundesrates über die Volksinitiative »zum Schutz des Menschen vor Manipulationen in der Fortpflanzungstechnologie (Initiative für menschenwürdige Fortpflanzung, FMF)« und zu einem Bundesgesetz über die medizinisch unterstützte Fortpflanzung (Fortpflanzungsmedizingesetz, FMedG) vom 26. Juni 1996 (Bundesblatt 1996 III S. 205 ff., Ziff. 142.2).

Man hofft, Therapien für Verletzungen und Krankheiten, insbesondere auch für chronische Krankheiten wie Arthrosen, entwickeln zu können.

Zu unterscheiden sind[7]

- die Forschung mit adulten Stammzellen. Wie gross das Potential adulter Stammzellen ist, ist noch ungeklärt. Neueste Forschungsergebnisse zeigen aber, dass in einigen Anwendungsbereichen möglicherweise auch aus Gewebe von erwachsenen Menschen gewonnene Stammzellen verwendet werden können.
- die Forschung mit Stammzellen aus Nabelschnurblut;
- die Forschung mit Stammzellen, die abgetriebenen Embryonen oder Feten entnommen werden;
- die Forschung mit pluripotenten Stammzellen, die einem überschüssigen Embryo aus einem In-vitro-Fertilisationsverfahren entnommen werden;
- und schliesslich die Forschung mit Stammzellen, die einem bewusst zu Forschungszwecken entwickelten Embryo entnommen werden. Diese Forschung wird - in doch recht irreführender Weise - als sog. therapeutisches Klonen bezeichnet. Der Kern einer Eizelle wird entfernt und durch einen diploiden Kern einer somatischen Zelle eines kranken Menschen ersetzt. Der Embryo soll so durch Zellkerntransplantation im wesentlichen das gleiche Genom wie ein kranker Mensch erhalten, damit Abstossreaktionen bei den zu Transplantationszwecken entwickelten Geweben oder Organen vermieden werden.

Im Zusammenhang mit dem Klonierungsprotokoll interessiert das zuletzt beschriebene Verfahren, da lediglich das Klonen menschlicher Lebewesen verboten ist. Dagegen ist die Anwendung des Klonierungsverfahrens in der Zellbiologie selbstverständlich weiterhin zulässig. Zellkulturen, z.B. menschlicher Blutzellen, die durch ungeschlechtliche Vermehrung von Einzelzellen erzeugt werden, sind definitionsgemäss Klone. Sie sind ein wichtiges Instrument zur Weiterentwicklung der Medizin.

Das Zusatzprotokoll präzisiert ausdrücklich, dass mit »genetisch identischen menschlichen Lebewesen» ein Wesen gemeint ist, »das mit einem anderen menschlichen Lebewesen dasselbe Kerngenom gemeinsam hat« (Art. 1 Abs. 2). Die mitochondrialen Gene fallen für die Beurteilung, ob ein verbotener Klon vorliegt, somit ausser Betracht. Das trägt der Methode der Kernzelltransplantation bzw. der ungeschlechtlichen Reproduktion Rechnung, bei der die mitochondrialen Gene nicht unbedingt identisch sein müssen.

---

[7]Zu den verschiedenen Formen der Stammzell-Technik siehe u.a.: D. Solter/J. Gearhart, Putting Stem Cells to Work, in: Science, Vol. 283, 5. März 1999, S. 1468 ff. Ferner findet sich im Science, Vol. 287, vom 25. Februar 2000 eine Artikelsammlung unter dem Titel "Stem Cell Research and Ethics", S. 1417 ff.

Totipotent sind die durch ein Spermium befruchteten Eizellen, das heisst der gerade gebildete Embryo. Totipotent dürften aber auch die entkernten Eizellen sein, in die man zum Zweck des Klonens eines ganzen Organismus den diploiden Kern einer somatischen Zelle eines kranken Menschen implantiert. Die derart behandelte Zelle, so wird angenommen, verhält sich wie eine soeben befruchtete Eizelle, also wie ein Embryo[8]. Das führt zum Schluss, dass das Zusatzprotokoll dem therapeutischen Klonen unter Erzeugung eines Embryos Schranken setzt. Allerdings hat der Erläuternde Bericht für eine gewisse Verwirrung gesorgt durch den Satz, dass die Verwendung von Embryonalzellen im Klonierungsverfahren vom Anwendungsbereich des Übereinkommens ausgeschlossen sei[9]. Indessen gibt es - wie oben dargestellt, durchaus ein Klonen von pluripotenten Stammzellen eines - Embryos, das weder das Zusatzprotokoll noch das Übereinkommen verletzt[10]. Persönlich bin ich aber der festen Überzeugung, dass vor dem Übereinkommen und dem Zusatzprotokoll nur Zellkulturklone Bestand haben können, die nicht einem eigens dazu hergestellten Embryo entnommen werden.

Nun zur Moral der Geschichte: Wer Hoffnungen in das sog. therapeutische Klonen setzt, dem wird das Zusatzprotokoll als unnötiges Hindernis auf dem Weg in die medizinische Revolution des 21. Jahrhunderts erscheinen. Wem dagegen der Schutz des menschlichen Embryos ein Anliegen ist, das gegenüber allen übrigen Anliegen den Vorrang hat, der sollte lieber den Spatz in der Hand nehmen, statt der Taube auf dem Dach nachzutrauern: Im Zusatzprotokoll findet er einen Verbündeten, der nicht ganz unterschätzt werden darf.

II. Das Zusatzprotokoll über die Transplantation von Organen und Geweben menschlichen Ursprungs

Nach einer langen Vorbereitungsphase und einem sich fast über ein Jahr erstreckenden Konsultationsverfahren hat der Lenkungsausschuss in der Juni-Session 2000 die Arbeiten an diesem Zusatzprotokoll abgeschlossen. Zur Zeit wird noch einmal die Parlamentarische Versammlung konsultiert. Nachher wird das Ministerkomitee das Zusatzprotokoll verabschieden und zur Unterzeichnung und Ratifikation auflegen.

---

[8] Vgl. Prof. Dr. Ulrich Lüke, Den Teufel wird man nie erwischen. Über das therapeutische Klonen menschlicher Embryonen, in: Frankfurter Allgemeine Zeitung vom 21. August 2000, S. 11.

[9] Erläuternder Bericht zum Zusatzprotokoll zum Übereinkommen über Menschenrechte und Biomedizin betreffend das Verbot des Klonens von menschlichen Lebewesen, Europarat, DIR/JUR (97) 14, Nr. 2.

[10] Die embryonale Stammzell-Technik wirft generell heikle ethische Fragen auf, vgl. z.B. G. Annas/A. Caplan/S. Elias, Stem Cell Politics, Ethics and Medical Progress, in: Nature Medicine, Vol. 5, Dezember 1999, S. 1339 ff.

Das Zusatzprotokoll gliedert sich in seinem materiellen Teil in neun Kapitel. Das erste umschreibt den Gegenstand und den Anwendungsbereich. Die Bestimmungen finden Anwendung auf die Transplantation von Organen, Geweben und Zellen (unter Einschluss von Blutstammzellen) zu therapeutischen Zwecken. Nicht anwendbar ist das Protokoll auf reproduktive Organe und Gewebe, auf Organe und Gewebe von Embryonen und Feten sowie auf Blut und Blutderivate. Soweit das Protokoll nichts anderes vorsieht, finden die Bestimmungen über das Gewebe auch auf die Zellen Anwendung.

Das zweite Kapitel enthält die allgemeinen Bestimmungen. Verlangt wird insbesondere, dass die Staaten ein System aufbauen, das eine gerechte und transparente Zuteilung von Organen und Geweben an kranke Menschen erlaubt. Die Vertragsstaaten werden auch verpflichtet, die im Gesundheitswesen tätigen Personen und die Öffentlichkeit über den Bedarf an Organen und Geweben und über die Voraussetzungen einer Entnahme zu informieren.

Das dritte Kapitel regelt die Entnahme von Organen und Gewebe bei lebenden Spendern. Soweit es um urteilsunfähige Personen geht, wiederholt das Zusatzprotokoll nur, was bereits im Übereinkommen steht. Im übrigen wird die Lebendspende nur zugunsten einer Person erlaubt, zu welcher der Spender eine enge persönliche Beziehung hat. Fehlt eine solche, so muss die nationale Rechtsordnung festlegen, unter welchen Voraussetzungen die Spende zulässig ist. Zwingend ist aber in diesem Fall, dass eine unabhängige Instanz die Spende genehmigt.

Im vierten Kapitel über die Entnahme von Organen und Geweben bei Toten wird der Entscheid den Vertragsstaaten überlassen, ob die Zustimmungs- oder Widerspruchslösung massgebend sein soll. Diese Frage wird auch in den meisten Ländern, die sich mit der Transplantationsmedizin befassen, heiss diskutiert. Es darf deshalb nicht erwartet werden, dass auf internationaler Ebene eine einzige Lösung als allein »seligmachend« angepriesen wird.

Die weiteren Kapitel behandeln den Organ- und Gewebehandel, statuieren ein Verbot des Gewinns, regeln die Vertraulichkeit und verlangen von den Vertragsstaaten Massnahmen bei Verletzung von Bestimmungen des Zusatzprotokolls und eine internationale Zusammenarbeit.

Artikel 27 des Zusatzprotokolls schliesslich weist ausdrücklich darauf hin, dass die materiellen Bestimmungen das Hauptübereinkommen ergänzen und dessen Vorschriften auch auf die Transplantationsmedizin anwendbar bleiben. Im Hinblick darauf ist nicht ganz verständlich, warum gewisse Bestimmungen des Hauptübereinkommens praktisch wörtlich im Zusatzprotokoll wiederholt werden.

III. Exkurs: Stand der Ratifikationsdiskussion in der Schweiz

Zur Frage, ob die Schweiz das Übereinkommen und das Klonierungsprotokoll unterzeichnen und ratifizieren soll, hat das Eidg. Justiz- und Polizeidepartement im Auftrag der Landesregierung vom September 1998 bis Ende Februar 1999 ein grosses Konsultationsverfahren bei den Kantonen, politischen Parteien und interessierten Organisationen durchgeführt. Am 28. April 1999 hat die Landesregierung vom Ergebnis des Konsultationsverfahrens Kenntnis genommen und dieses veröffentlicht. Die grosse Mehrheit der 67 eingegangenen Stellungnahmen sprach sich für eine unverzügliche Unterzeichnung und Ratifizierung sowohl des Übereinkommens wie des Klonierungsprotokolls durch die Schweiz aus. Im Anschluss an dieses positive Ergebnis wurden das Übereinkommen und das Zusatzprotokoll anlässlich der Feier zum 50-jährigen Bestehen des Europarats in Budapest am 7. Mai 1998 unterschrieben.

Was die Ratifikation betrifft, so ist vereinzelt zwar beantragt worden, die Ratifikation aufzuschieben, bis die laufenden Gesetzesprojekte des Bundes (Heilmittelgesetz, Transplantationsgesetz, Bundesgesetz über genetische Untersuchungen beim Menschen, Revision des Vormundschaftsrechts, Bundesgesetz über die Forschung mit Menschen) abgeschlossen sind. Das hätte aber eine Verzögerung der Ratifikation auf Jahre hinaus zur Folge. Abgelehnt wurde die Unterzeichnung und Ratifikation insbesondere von der Grünen Partei und von Organisationen, die sich im Kampf gegen die Gentechnologie engagieren.

Für die Unterzeichnung und Ratifikation wurde u.a. geltend gemacht, mit dem Beitritt unterstreiche die Schweiz im Hinblick auf die Globalisierung die Notwendigkeit der Festlegung verbindlicher Normen für den Biomedizinbereich auf internationaler Ebene. Eine Ratifizierung durch möglichst viele Länder in Europa werde insbesondere dem biomedizinischen Tourismus einen Riegel schieben und verhindern, dass Forschungsprojekte in Länder verlegt würden, die keine gleichwertigen Schutzvorschriften kennen. Gleichzeitig werde damit ein aktives Engagement der Schweiz bei der Weiterentwicklung der Konvention durch Zusatzprotokolle legitimiert. Innerschweizerisch gesehen präzisiere das Übereinkommen den privatrechtlichen Persönlichkeitsschutz, harmonisiere durch gemeinsame Grundsätze im öffentlichrechtlichen Gesundheitsbereich die kantonalen Gesetzgebungen und verdeutliche gleichzeitig das Grundrecht der persönlichen Freiheit. Damit leiste das Übereinkommen auch einen Beitrag zur Vereinheitlichung der unübersichtlichen Regelvielfalt im Bereich der Patientenrechte.

Bezüglich der Ratifikation des Zusatzprotokolls war allerdings die Schweizerische Akademie der Naturwissenschaften der Auffassung, dass die Klonierungstechnik für die Züchtung embryonaler Stammzellen zugelassen werden sollte und deshalb wohl das Übereinkommen, nicht aber das Zusatzprotokoll zu ratifizieren sei. Indessen verbietet die Schweizerische Verfassung jegliche

Art von Klonen von Keimzellen und Embryonen sowie alle verändernden Eingriffe in das Erbgut von Embryonen und Keimzellen und schliesslich die Herstellung von Embryonen zu Forschungszwecken ausdrücklich[11]. Dem therapeutischen Klonen sind deshalb auch durch das Landesrecht klare Grenzen gesetzt.

Die Verwaltung hat im Auftrag der Landesregierung eine Ratifizierungsbotschaft vorbereitet. Wenn diese entgegen dem ursprünglichen Fahrplan zur Zeit noch nicht vom Parlament beraten werden kann, so liegt der Grund darin im Vernehmlassungsergebnis zu einem schweizerischen Transplantationsgesetz. Entgegen dem Gesetzesentwurf, der in das Konsultationsverfahren geschickt und auf das Übereinkommen und den Entwurf des Transplantationsprotokolls abgestimmt gewesen war, sind im Vernehmlassungsverfahren die Subsidiarität der Lebendspende und die Regelung der Gewebetransplantation bei urteilsunfähigen Spendern zum Teil als zu restriktiv kritisiert worden. Offen ist zur Zeit, ob die Landesregierung diesen Stimmen Gehör schenken wird. Fest steht auf jeden Fall, dass eine Ratifizierung des Übereinkommens nicht mög-

[11] Art. 119 der Bundesverfassung (SR 101) lautet:

1 Der Mensch und seine Umwelt sind gegen Missbräuche der Fortpflanzungsmedizin und der Gentechnologie geschützt.

2 Der Bund erlässt Vorschriften über den Umgang mit menschlichem Keim- und Erbgut. Er sorgt dabei für den Schutz der Menschenwürde, der Persönlichkeit und der Familie und beachtet insbesondere folgende Grundsätze:

a. Alle Arten des Klonens und Eingriffe in das Erbgut menschlicher Keimzellen und Embryonen sind unzulässig.
b. Nichtmenschliches Keim- und Erbgut darf nicht in menschliches Keimgut eingebracht oder mit ihm verschmolzen werden.
c. Die Verfahren der medizinisch unterstützten Fortpflanzung dürfen nur angewendet werden, wenn die Unfruchtbarkeit oder die Gefahr der Übertragung einer schweren Krankheit nicht anders behoben werden kann, nicht aber um beim Kind bestimmte Eigenschaften herbeizuführen oder um Forschung zu betreiben; die Befruchtung menschlicher Eizellen ausserhalb des Körpers der Frau ist nur unter den vom Gesetz festgelegten Bedingungen erlaubt; es dürfen nur so viele menschliche Eizellen ausserhalb des Körpers der Frau zu Embryonen entwickelt werden, als ihr sofort eingepflanzt werden können.
d. Die Embryonenspende und alle Arten von Leihmutterschaften sind unzulässig.
e. Mit menschlichem Keimgut und mit Erzeugnissen aus Embryonen darf kein Handel getrieben werden.
f. Das Erbgut einer Person darf nur untersucht, registriert oder offenbart werden, wenn die betroffene Person zustimmt oder das Gesetz es vorschreibt.
g. Jede Person hat Zugang zu den Daten über ihre Abstammung.

Diese Verfassungsbestimmung geht auf eine Volksinitiative zurück, die zu einem Gegenvorschlag von Bundesrat und Parlament geführt hat, der in der Abstimmung von 1992 die Zustimmung von Volk und Ständen gefunden hat.

lich ist, bevor diese Fragen ausdiskutiert sind. Denn Vorbehalte können nur zu Regelungen angebracht werden, die bereits in Kraft sind (Art. 36 ÜMB).

C. Die sich in Vorbereitung befindlichen Zusatzprotokolle

Werfen wir noch einen Blick in die Zukunft. Während das Hauptübereinkommen direkt vom Leitenden Ausschuss - unterstützt von einem Redaktionskomitee - vorbereitet worden ist, hat die zunehmende Zahl von Mitgliedern des Europarates eine Vielzahl von Arbeitsgruppen unter der Leitung des Lenkungsausschusses entstehen lassen. Folgende Themen werden zur Zeit mit dem Fernziel eines Zusatzprotokolls bearbeitet:

I. Biomedizinische Forschung

Das geplante Zusatzprotokoll soll die Forschung mit Menschen, mit persönlichen medizinischen Daten und mit biologischem Material menschlichen Ursprungs regeln. Nicht erfasst wird die Forschung am Embryo in vitro.

II. Xenotransplantation

Ein Zwischenbericht über den Erkenntnisstand ist dieses Jahr veröffentlicht worden. Geplant ist auch eine Europäische Konferenz zu diesem Thema.

III. Schutz des Embryos und des Fetus

In diesem Zusatzprotokoll soll Art. 18 Abs. 1 des Übereinkommens konkretisiert werden.

IV. Humangenetik

Dieses Zusatzprotokoll soll auch den Arbeits- und Versicherungsbereich erfassen. Offen ist, ob Bestimmungen über genetische Untersuchungen zu Identifizierungszwecken und zur Abklärung der Abstammung integriert werden sollen.

V. Psychiatrie und Menschenrechte

Ein Weissbuch[12] ist in einem Konsultationsverfahren bis Ende Oktober 2000.

Noch nicht entschieden ist, ob nur eine Empfehlung oder ob ein Zusatzprotokoll ausgearbeitet werden wird.

Am weitesten fortgeschritten sind die Vorarbeiten zu einem Forschungsprotokoll, das von beachtlicher Qualität sein dürfte. Bevor der Lenkungsausschuss dieses endgültig zuhanden des Ministerkomitees verabschieden wird, wird auf jeden Fall noch ein grosses Konsultationsverfahren durchgeführt werden. Damit ist die Partizipation einer breiten Öffentlichkeit gewährleistet. Das Vorgehen ist nicht anders als bei der Vorbereitung von landesinternen Gesetzgebungsprojekten. Entwürfe werden erst dann veröffentlicht, wenn sie eine gewisse Reife erlangt haben.

Vielversprechend ist auch das Projekt eines Zusatzprotokolls über die Genetik. Dagegen frage ich mich, ob das Projekt eines Embryonenschutzprotokolls nicht zu ambitiös ist. Europa ist in der Frage der Embryonenforschung tief gespalten. Die Gefahr besteht deshalb, dass ein Zusatzprotokoll ausgearbeitet wird, das niemanden befriedigt. Den einen wird es zu weit gehen, den anderen wird es als zu restriktiv erscheinen.

D. Technik der Internationalen Verträge

Internationale Übereinkommen sind schwierig zu formulieren, da dabei den unterschiedlichen Rechtssystemen der verschiedenen Länder Rechnung zu tragen ist. Redaktionelle Meisterwerke sind internationale Verträge deshalb wohl nie. Das gilt nicht nur für die Biomedizinkonvention, sondern m. E. für praktisch alle internationalen Verträge unter Einschluss der Europäischen Menschenrechtskonvention und insbesondere auch des EU-Rechts. Bei der Umsetzung von EU-Richtlinien bleibt nicht selten unklar, was eigentlich verlangt wird. Frage ist, ob man diese Situation auch in Zukunft einfach hinnehmen kann und soll. Zu bedenken ist, dass internationale Verträge unsere nationalen Rechtsordnungen immer mehr beeinflussen. Es schadet aber dem Ansehen der Rechtsordnung, wenn gehäuft unklare oder vieldeutige Bestimmungen bestehen. In der Schweiz sind in den letzten 20 Jahren grosse Anstrengungen unternommen worden, um die Gesetzgebungstechnik wissenschaftlich zu durchleuchten und weiterzuentwickeln. Das heisst nicht, dass wir nun perfekte Gesetze schreiben. Aber die Kontrolle durch Gesetzgebungstechniker und

---

[12] Weissbuch über den Schutz der Menschenrechte und der Menschenwürde von Personen mit psychischen Störungen, insbesondere von Personen, die gegen ihren Willen in einer psychiatrischen Klinik untergebracht werden, DIR/JUR (2000) 2, vom 3. Januar 2000.

Redaktionskommissionen wirkt trotzdem segensreich. Zu hoffen bleibt, dass auf internationaler Ebene über kurz oder lang ebenfalls echte Anstrengungen unternommen werden, um die Technik der internationalen Verträge zu verbessern.

E. Schlussbetrachtung

Die moderne Medizin ist derart weit in die Geheimnisse von Leben und Sterben des Menschen vorgedrungen, dass klare rechtliche Rahmenbedingungen unverzichtbar geworden sind. Verrechtlichung der Medizin bedeutet aber, dass das Recht zunehmend in die Rolle des *Schiedsrichters* gedrängt wird. Heute geht es nicht darum, kriminelles Handeln von Ärztinnen und Ärzten im klassischen Sinn zu verhindern. Vielmehr liegen in den heutigen pluralistischen Gesellschaften die Auffassungen über das, was in der Medizin Missbrauch und deshalb zu verbieten ist, und über das, was im Interesse der Hilfe für kranke Menschen zulässig sein soll, weit auseinander. Deshalb wird der Rechtsordnung die Aufgabe überbunden, Grenzziehungen vorzunehmen. Das setzt indessen voraus, dass sich der Gesetzgeber auf Werte stützen kann, über die einigermassen Konsens besteht. Bei internationalen Übereinkommen liegen die Dinge nicht anders. Diese können in einer bestimmten heiss umstrittenen Frage nie eine Maximallösung enthalten; vielmehr muss ein vertretbarer Kompromiss angestrebt werden, dem der grössere Teil der Staaten zustimmen kann. Ich bin aber überzeugt davon, dass auch ein Kompromiss durchaus seinen Wert hat.

Im Hinblick auf die Globalisierung fast all unserer Lebensbereiche ist es wichtig, dass die Staaten die Herausforderungen durch die Entwicklungen in der Biomedizin gemeinsam angehen und einen gemeinsamen Standard im Rechtsschutz formulieren. Blosse Empfehlungen oder Deklarationen genügen hier nicht mehr. Die Kompromisse, die im Rahmen des Übereinkommens über Menschenrechte und Biomedizin und der vorliegenden Zusatzprotokolle gefunden worden sind, lassen sich zwar trefflich kritisieren. Aber letztlich verhält ist sich ähnlich wie mit der Demokratie: Auf internationaler Ebene ist doch nichts Besseres als dieses Vertragswerk in Sicht.

Mängel sind aber in der Überwachung des Übereinkommens und der Zusatzprotokolle auszumachen. Zwar konkretisiert es die Europäische Menschenrechtskonvention für den Bereich der Medizin. Im Gegensatz zu jenem Übereinkommen wird es indessen nicht der Gerichtsbarkeit des Europäischen Gerichtshofs unterstellt. Das ist zwar verständlich, ist doch der Gerichtshof hoffnungslos überlastet. Nur für auslegende Gutachten ausserhalb eines konkreten Streitfalles darf der Gerichtshof nach Art. 29 von der Regierung eines Vertragsstaates oder einem Komitee des Europarates angerufen werden. Das befriedigt aber auf lange Sicht sicher nicht. Vielmehr bleibt zu hoffen, dass über kurz oder lang auch für das Biomedizinübereinkommen und seine Zusatzprotokolle der Rechtsweg an den Gerichtshof in Strassburg eröffnet werden wird. Allerdings – das ist nicht zu übersehen – wird sich damit für Nichtmitgliedstaaten des Europarates die Frage wohl noch pointierter stellen, ob sie das Übereinkommen und das Zusatzprotokoll ratifizieren wollen und können.

Revising the Helsinki Declaration: content of rules and their importance for science

Prof. Dr. Povl Riis

Danish representative on ethics in EU and the Council of Europe

Sometimes revisions ought to start closer to the original basis for the paper, considered for a revision, than to start only with linguistic re-formulations and additions. Such a deeper analysis will be applied here, with a subsequent set of comments to the latest WMA proposal for a new version of the Declaration of Helsinki.

A. The definition of ethics

Still *etymology* is often used to explain what ethics means in a contemporary context. But referring to the Greek language and the meaning of the word *ethos*, i.e. the good life, explains little of the perspectives of using the word ethics today.
With today's value-pluralism in open, democratic societies, a *semantic* definition becomes much broader and more detailed. My own version sounds like this: Ethics is the collection of fundamental values, norms and attitudes, that by a majority of an open democratic society is considered fundamental for individuals' responsibility for their personal lives, their lives with each other and with societies' institutions, including those responsible for human rights in, and necessary support to, human beings in a global perspective, and the global ecology.
Such a definition or similar variants, has an inborn possibility for updating the balance between fixed and changing values and for adjusting it to cultural and religious diversity.

B. The universe of research ethics

Another condition for revising a normative text is to reconsider the contemporary universe for its application. And here the ethical universe has been more structurally stratified than just a few decades ago, especially ethics related to man as a research subject. With a personal restructuring of an international stratification of decision levels in democratic societies, research ethics, its sources, declarations, laws, administration and professional applications to individuals can be structured in this way:

Level	Bodies, functions, individuals involved
Supra-macrolevel	Religion and values as historical bases for national cultures.
Macrolevel	Parliaments, laws, guidelines, conventions etc.
Mesolevel	Ministries, university managements, research ethics committees.
Microlevel	Patients, healthy volunteers, scientists – in their person-to-person-contacts.

C. The principles behind and evaluation of research ethics control

The fundamental ethical principles underlying control with biomedical projects involving man, as for instance expressed in the Helsinki Declaration, must stem from the supra-macrolevel and form the basis of any declaration, convention or guidelines dealing with the topic. The mesolevel must be represented by overall principles for creating a controlling committee system, for instance institutional vs. regional committees, a single vs. twotiered system, the ratio between lay and scientific members etc.

The most important level for evaluating the efficiency and the correspondence with the basic ethical principles from the supra-macrolevel is to be found at the microlevel, i.e. where the actual research work, involving man, takes place. This also means that the structure and wording of declarations must be clear and simple, in order to facilitate committees' and especially scientists' feeling of relevance in a very wide variation of concrete projects, in biomedicine ranging from large scale epidemiology, vaccination programmes, via clinical research to molecular biology, genetics and other types of pathogenetic studies. If declarations involve too many political or administrative concepts and terms from the macro- and mesolevel, the result will be an inappropriate signal-noise-ratio, preventing scientists from applying the basic values in the variety of situations related to the spectrum of biomedical research.

D. The full spectrum of health system research

Even if the range of research disciplines has been touched upon above, it is necessary to elaborate further on the topic, in order to remove any doubt about which projects and scientists are comprised by a declaration as that of Helsinki:

- the basic sciences, related to biomedicine, as anatomy, biochemistry, biophysics, physiology are represented by the prefix *bio-* in biomedicine. Citizens involved in the research of these disciplines are almost exclusively healthy volunteers.

- intermediate sciences as pathophysiology, pathoanatomy, pharmacology, forensic medicine etc., via the inclusion of forensic medicine also including deceased persons.
- clinical research, both basic and applied.
- epidemiological research and research in prevention.

E. The full spectrum of interventions and research subjects

Therapy has been a much used key-word in declarations. In a research context, however, the range of interventions is much bigger:

- basic insight in the healthy human body and its functions via a variety of invasive and nonphysically invasive methods.
- diagnostics
- therapeutics
- preventive methods
- information

The subjects comprise:

- healthy volunteers
- patients
- (patients as healthy control subjects unrelated to their status as patients)
- general citizens.

F. The analysis of the latest proposed version of the Declaration of Helsinki

The critical analysis leads to two different groups of comments:

- general or overall comments, related to the above structures and terms
- detailed editorial remarks, comprising wording and style.

G. General comments

- the change of biomedical to medical narrows the scope too much, cf. above
- even if WMA is the organisation behind the Helsinki Declaration, one ought to move on to the term *health system research*, because the protection of man as patient or healthy volunteer ought to be the same, and controlled in the same way, irrespective of which professionals are involved in a given project (doctors, nurses, physiotherapists, midwives, biochemists, engineers, non-medical epidemiologists, and many more).
- the distinction between projects with a potential benefit for the research subjects and projects with no such potential benefits (for instance healthy volunteers) is still relevant due to differences in:
  - possible health gain
  - recruitment forces
  - dependence/independence
- the spectrum of interventions is often too narrow. The full range, outlined above, is relevant in all contexts (see for instance 27).
- the benefit demand must include not only direct benefit, due to the intervention, but also a further insight in pathoanatomic/-physiologic/genetic processes, as first steps towards a potential, later health benefit.
- scientific dishonesty is not only a question of *preserving* the accuracy of results, but to demand full reliability in all phases of the research process (i.e. to avoid for instance fabrication and plagiarism (see 16)).
- the important necessity of *accessibility*, for instance in very under-priviledged countries has to be mentioned in 24b.
- inter-national multicenter trials and projects in one country carried out / paid for in another country ought to be included, with a demand, that research ethics committees or other official agencies in both countries have ethically accepted them.
- it has to be added, that clinical scientists have to update their knowledge, relevant to a given project, from the global literature; this duty starts with the writing of the protocol to the termination of the project (30).
- if new evidence, relevant to an adopted project appears from the international literature, or if such new evidence stems from the ongoing project, the scientists have a duty to inform the involved research ethics committee and wait for an acceptance of the project's continuation (30).

- after the completion of a project the participating subjects have a right to be informed about the results, the group they were randomized to and the potential consequences for themselves; this aspect is missing in the revised version. Such a duty to inform study participants will depend on their accessibility, for instance in large epidemiological projects.
- it is confusing, that section 22 mixes clinicians' right to make decisions in non-scientific situations and their duty to minimize the use of non-evidence based procedures and to test them scientifically; besides I find the last two sentences non-understandable.
- very needed, even if it is on the mesolevel, is a new section on memberships of research ethics committees, especially lay memberships, their independence etc., applying basic principles from the supra-macrolevel, with the aim of supporting societies' trust in health system research involving man.

H. Positive additions are:

- sections 10 & 17 about the duty to inform research ethics committees about funding sponsors, conflicts of interest and inducements.

I. Postscript

Compared to the ongoing work with a Council of Europe Protocol on biomedical research involving man, supplementing the Council's Bioconvention, the proposed version of the Helsinki Declaration is lagging behind, because it contains a multitude of professional and political viewpoints scattered all over the four levels, mentioned above.
What is needed is in stead still a declaration that complies with the realities of the microlevel and is based on simple ethical principles, as they are expressed on the supra-macrolevel.

Part II

Generalberichte

The Significance of an Independent and Interdisciplinary Assessment of Research Projects – the Role of Ethics Committees in a Worldwide Survey

Prof. Dr. Christian Rittner*

The Medical Chamber of Rhineland Palatine / Germany

A. Introductory remarks

A great variety of regulations for biomedical research on human beings has been enacted in the last few years[1] that came about as a result of an often longlasting and controversial discussion of different groups of experts working in many professions on a governmental and non-governmental basis. These include recommendations for professional research workers as well as binding guidelines that have to be implemented in National law. During the International Symposium in Göttingen it was decided to give advice to an international audience on the following minimum conditions for human trials:

*Chairman of the Ethics Committee, The Medical Chamber of Rhineland Palatine/Germany, Member of the Board of Representatives of Medical Ethics Committees in Germany.

[1]Convention on Human Rights and Biomedicine, Oviedo April 4, 1997, European Treaty Series No. 164. For review see Deutsch/Taupitz, Freedom and Control of Biomedical Research, Springer Berlin,Heidelberg,New York 2000. Reference is also made for a more detailed discussion to the Declaration of Helsinki of October 2000 see Deutsch NJW 2001, 857; Taupitz MedR 2001, 277; to the Operational Guidelines for Ethics Committees that Review Biomedical Research, WHO Geneva 2000;to the Guideline 2001/20/EG of the European Parliament and the European Council of April 4, 2001, Abl. L 121/34 of May 1, 2001; to the ICH Harmonized Tripartite Guideline for Good Clinical Practice, Good Clinical Practice Journal Supplement Vol.3, No.4, September/October 1996.

Tab. 1: The Göttingen Paper 1999 Task-Force "Ethics Committees" (EC) in Favor of Probands and Patients

The discussion on Ethics Committees (EC) during the preceding Symposium was summarized in five items: • It ought to be stressed that *all studies* (including pilot studies, phase I and phase II-studies) should be evaluated by the respective ethics committee. • It should be mandatory that ethics committees will be informed about serious or unexpected *adverse events* and that ethics committees may either change or even *abort a trial.* • The ethics committee should have the right to continuously *monitor* a research project. • *Lay* representation in ethics committees should be encouraged. There should be more *exchange of information* between ethics committees. • The handling of *multicenter trials* ought to be outlined.

In this General Report an attempt is made to summarize the very heterogeneous situation in different countries on the basis of **25 country reports** received. However, only a few reports will be discussed in the light of further published informations on ethics committees in the respective State in more detail.

In the first part of this Report, the issue will be addressed if minimum standards for the composition, the responsibility, the professional peer-review and the significance of a positive or negative vote on a given biomedical research project can be defined.

In the second part of this survey, the author may attempt to formulate the present state of ethics committee procedures and their future development.

B. An idealistic and a minimalistic view on ethics committees (EC)

When we have a look at Article 16 of the Convention we read

Tab. 2: Council of Europe – Convention on Human Rights and Biomedicine

Article 16 iii) iii) the research project has been *approved* by the *competent* body after *independent* examination of its *scientific merit*, including assessment of the *importance* of the aim of the research, and *multidisciplinary* review of its ethical *acceptibility*,...

As can be seen the Convention opens a wide range and does not distinguish neither between therapeutical and non-theurapeutical research, nor which theurapeutical strategy – drug administration, surgical intervention, psychotheurapeutic research or other– is concerned. This definition is in good accordance with the scope of review as stated by the WHO[2] for ethics committees.

With regards to the criteria to be fulfullied by an EC, one may share one of two extreme positions:

Addressing the highest standard, the following requirements can be forwarded:

Tab. 3: Ethics Committees – Institutional Review Boards – Research Ethics Boards – an Idealistic View

1)	EC should have a high ethical standard
2)	EC should be independent from institution(s)
3)	EC should have an interdisciplinary composition with competent personalities of high professional standard
4)	EC should be capable of decisionmaking by consensus in a consultative process and provide on-going monitoring
5)	EC should be stringent and durable in defending their votes
6)	EC should keep confidentiality and discretion to everbody
7)	EC should be flexibly responding to innovative projects
8)	EC should be committed to hard and demanding work
9)	EC members should be free of any conflict-of-interest.

[2]See FN 1, WHO Operational Guidelines, preface:"... biomedical research includes research on pharmaceutical, medical devices, medical radiation and imaging, surgical procedures, medical records, and biological samples, as well as epidemiological, social, and psychological investigations."

Under reduced conditions, at least the following criteria should be constitutional for EC:

Tab. 4: Ethics Committees – Institutional Review Boards – Research Ethics Boards: – A Minimalistic View

1) EC should work on a permanent basis with regular meetings
2) EC should include at least one expert in medical research, in pharmacology, in law and in a non-medical profession
3) EC should be constituted by law or official recognition
4) EC should have an office with competent secretarial help
5) EC should be independent from instititution(s)
6) EC should be aware of any conflict- of- interest
7) EC should have at least one member being committed to hard work
8) EC should not be overloaded and overworked

If one compares the outlines in Table 3 and 4, it may become apparent that the "idealistic" view implements a dynamic element which at least in my opinion is mandatory to promote innovative research ("Neulandmedizin") that in the past has brought about the medical progress. The highest ranking task of EC should be recognized in the repeated attempt to bridge the demanding interest of competent scientists to do innovative research and the risk of patients to be protected from harm, with other words EC being either more restrictive or more open-minded in their voting policy.

Before entering the discussion on the present state of the art in all 25 countries from where experts in the fields of ethics, law and medicine have written reports, some guidelines for judging the degree of heterogeneity may be given:

Tab. 5: Criteria of Heterogeneity of Ethics Review Boards / Committees

1) Authorization: by law, by regulation etc.
2) Radius of action: Central, local, institutional etc.
3) Composition: MD, lawyer, medical expert, lay etc.
4) Scope: Therapeutic, non-therapeutic, scientific research
5) Vote: Legal act, expertise, recommendation etc.
6) Auditing of trials: none, occasional, regular
7) Administration: staff, regular office hours, homepage
8) Financial budget: fee, contributions, sponsoring
9) Public relations: Recognition, presence in media etc.
10) Influence: on politics, legislation, jurisdiction etc.

C. A brief survey on country reports referring to Ethics Committees

In the following table the great diversity of ethical review boards and committees is illustrated:

Tab. 6: Significance of Ethics Review Boards / Committees in Different Countries in Some Detail

1. **Australia**: Human Research Ethics Committees (HRECs) based on National Statement on Ethical Conduct in Research Involving Humans (1999): Assure national ethical guidelines and monitor the conduct of the research. No funding by NHMRC in case of failure. Australian Health Ethics Committee (AHEC) responsible for community debate, consultation with organizations, individuals and government with respect to health and ethics issues. HREC must approve all nationally funded research. **Criticism**: No remedies or sanctions for non-compliance of research workers; EC not involved in all medical research in private institutions.

2. **Austria**: No nation-wide control of clinical drug research, neither by EC, nor by state institution, however for medical products. Not all research projects seen by EC. **Criticism**: EC heterogenous, ethical status of their opinion unclear, primarily in legal and scientific respect.

3. **Belgium**: Rules mainly the result of self-regulation. EC have to be approved by the National Council of the Order of Physicians, giving an advice. 8 members, mainly physicians, two-third quorum of approval. **Criticism**:

Almost uncontrolled proliferation (at present 190 ECs). Tasks and functions very broad, including hospital care, individual cases and research on human beings. Grey zone in medical practice.

4. **Brazil**: Research EC approve all research projects. 7 members, independent from institutions, multidisciplinary, consultation of experts, representative of native population included, abstaining in conflict of interest, no fee but reimbursement.

5. **Canada**: No general provisions for EC with respect to research on humans.The Tri-Council Policy Statement describes composition, procedures and responsibilities of REB comprehensively. Full mandate. **Criticism**: Very little monitoring; growing number of Non-IRBs.

6. **P.R.China**: No information on ECs.

7. **Czech Republic**: Human experimentation not regulated by law. No reference is made to EC.

8. **Denmark**: Ethical Review Committee and Biomedical Research Projects Act (1992): Sharp distinction is made between treatment and research, still open for discussion. EC responsible for all biomedical research projects, wherever carried out, including control functions and sanctions for non-compliance. No distinction is made between (healthy) probands and patients. There exist 7 regional and 1 central ethical review committees with no less than 7 members. No trial must be initiated before a positive vote was granted. Children and young persons may be asked to give assent. **Criticism**: Unclarified questions as to extent of information, participation of vulnerable groups and consent by proxy.

9. **Finland**: Finland has signed the convention among the first signatory states. The Medical Research Act No. 488/99 was enacted to implement the obligation of the Convention. The position of EC is legally regulated (Section 3 and 16-20 of the Act). "They should garantee an independent and interdisciplinary evaluation of research".

10. **France**: New article of the Civil Code (16-3) in 1994 ("..no infringement of human integrity"). "Protections of persons taking part in biomedical research"-Act of 1988, fulfilling Article 16 of the Convention of Oviedo.No hint to existence of ECs.

11. **Georgia**: Law on Biomedical Research 2000. Role of EC unclear.

12. **Germany**: Outstanding report with many details. Clear distinction of therapeutic and non-therapeutic research by law[3]. Also, MD have to obey

[3]For details see Country Report Germany (Taupitz/Brewe/Schelling, Landesbericht Deutschland) and Deutsch, Medizinrecht, 4th edition, no. 602 ff.

the professional law[4]. About 50 ECs are either constituted directly by law as independent "Ärztekammer-Kommissionen" in the "Heilberufegesetz" of the given Land, or they are faculty commissions under the auspices of the Dean. All follow a general procedure ("Verfahrensregeln") which are at present under consideration. It is not clear however if the Votum of the EC should be considered as an expertise or a legal act. In general, the applicants for biomedical research take the votes into strict consideration. In case of non-compliance the research worker may be liable of all damage to the proband or patient. Special law should be taken into consideration which allows the competent body (the Bundesinstitut für Arzneimittel und Medizinprodukte) to release research permission after 60 days (so called Ersatzvornahme[5]). This is only rarely the case. **Criticism**: Full insurance coverage should be demanded also for non-therapeutic research.

13. **Greece**: Law 2619/1998 ratifies Convention including Article 16. However, para iii. reads:... approved by *different groups of specialists* (MDs). National Bioethics Commission advises legislation with respect to moral, social and legal aspects of bio-sciences. No reference is made to the existence of local or institutional boards.
14. **Hungary**: No reference is made to the existence of EC.
15. **Israel**: Public Health Regulations (Human Experimentation) 1980: Central Review Board and IRB's; draft of a "Law on Scientific Research in Human Beings". **Criticism**: Questioned role of EC in non-consensual treatment with respect to end-of-life-decisions.
16. **Italy**: Guidelines for the establishment and function of ethical boards in 1998: EBs review scientific projects and amendments. **Criticism**: Legal status not fully clarified. Liability not regulated.
17. **Japan**: EC at Universities and Faculties, approval of research projects according to ICH-GCP on a legal basis. **Criticism**: EC very heterogenous with respect to composition, tasks and responsibility.
18. **Korea**: No general legal basis for biomedical research. Review of therapeutic trials by IRB constituted by law. Decision of local IRB subject to revision by Central EC. Non-therapeutic research not yet regulated by law, underlies however professional standards.
19. **New Zealand**: Health Research Council: Guidelines on Ethics in Health Research. Extensive network of EC, regional as well as institutional. Most EC are not expressively erected by statute, so that the National Standard for Ethics Committees has no statutory force. This however does not

[4]Obligation to follow an advice given by the EC according to § 15 of the Musterberufsordnung.

[5]§ 40 (1) No. 8 AMG.

reduce the effectiveness of the work of EC. **Criticism**: EC sometimes misinterprete the law by imposing significant restrictions.

20. **Portugal**: Established by Decree-Law no. 97/95 regulating composition, power and working methods, EC are responsible for setting standards in the practice of medical sciences. Having a multidisciplinary membership, comprising 7 members appointed as physicians, pharmacists, jurists, theologians, psychologists, sociologists and professionals from other areas of the social and human sciences, EC issue opinions; IRB votes however are binding. This legislation is considered to be in accordance with article 16 of the Convention.
21. **Slovenia**: There is a long tradition with EC since the late seventies, which was initiated in the mid-sixties by Dr. J.Milcinski, Professor of Forensic Medicine in Lubljana. The National Medical Ethics Committee (NMEC) is reviewing all medical research protocols in the country. However, only a few cases were rejected in 4 decades.
22. **Spain**: First signatory member of the Convention in Oviedo 1997. Royal Decree of 1993 setting out all requirements in clinical trials of medical treatment and establishes Clinical Research Ethics Committee. Evaluation of protocols from an ethical, legal and scientific perspective, as well as cost and benefit. **Criticism**: No formal link between different CRECs. Different decisions of CRECs in multicenter studies appear to be a problem of increasing importance.
23. **Switzerland**: The Bundesrat has signed the Convention, the ratification is still pending. Regulation of EC by IKS (Intercantonal Board of Drug Control) referring to GCP and Guidelines of the Swiss Academy of Medical Sciences (SAMW), Evaluation of ethical and scientific value of therapeutic projects by cantonal and inter-cantonal ECs, Articles 16 and 17 considered as sound basis of future Swiss law.
24. **Turkey**: No reference to EC.
25. **USA**: Comprehensive report with many references to US Federal Common Rule (CR), published jointly by FDA and DHHS in 1981. It protects human subjects in projects funded by the federal government; nonfederal-funded research and clinical experimentation in individual cases are *not subject to CR* and in part regulated by State law. Common law cases involving research are very rare. All research governed by CR must be approved by Institutional Review Boards (IRB).They have a "*primary responsibility*" for regulating research with a delegated authority from the federal government. They are responsible for monitoring research on an on-going basis, conducting reviews at least annually. There exist about *3000 to 5000* IRBs in USA. They are supposed to be diverse in membership (men and women; scientists and nonscientists; at least one

from outside the institution; rules for conflict-of-interest). **Criticism:** IRBs are often overworked and underresourced. Some review *1000 to 2500* proposals annually! They have increasing cost pressure. Quick reviews are asked, otherwise shopping for "customers-focused IRBs" may happen. CR seems to allow research to go forward *over the objection* of an incompetent patient, if surrogate consent is obtained.

D. Discussion

The aim of the Organizers of the Symposium on the Convention on Human Rights and Biomedicine is highlighted in the subtitle:

"(The Convention in Art 16) as a model for a world-wide extension?"

In a first step a preliminary survey was obtained from 25 countries addressing the issues

a) Is there a legislation for the constitution of Ethics Committees?

b) If yes, are the minimal conditions for gaining recognition fulfilled as summarized in Table 4?

Unfortunately, many reports refer only in the margin to Ethics Committees in their respective country. In some cases the Secretary of this General Report could not obtain any information. I like to remind the reader of the Country Reports of the fact that a general questionnaire was not sent out in advance encouraging the Reporters to answer some specific questions. Therefore I have to apologize to all Reporters if not all informations on EC was thoroughly extracted from their paper.

If one considers separately the Reports from countries of the European Union it is apparent that even among those putative signatory states of the Convention at least two subgroups can be considered: States like Denmark, Finland, France, Germany, Greece, Portugal and Spain on one hand – where the constitution of Ethics Committees is regulated by law – and Austria, Belgium and Italy on the other hand where only guidelines for ECs exist. Nevertheless it can be stated that Ethics Committees play a major role in the evaluation of biomedical research in these countries. The minimum conditions as outlined in Table 4 seem generally be fulfilled.

If one asks now the **decisive question** as to an extension of the scope of Ethics Committees from the European Union to other parts of the World, it was clear to me from the discussion in the audience of the Symposium that principles for a Good Clinical Practice of the work of EC could easily be agreed upon among the delegates. No speaker however would garantee when the time could be ripe in his or her respective country for a positive transposition of Article 16 into National law. Some delegates reasoned about a regional conference (for example in South Pacific and other Asian States). Only a few would strictly reject the idea that the whole country could join the principles laied down in Art 16 of the Convention (see the USA Report). In particular, Professor Jost referred to the critical article of the outgoing State Secretary D Shalala under the title "Protecting Research Subjects – What must be done"[6] which complains Jesse Gelsinger's death and the intriguing pitfalls in the clinical practice of some hospitals performing gene therapy. As a result of this discussion, the National Bioethics Advisory Commission (NBAC) will publish a report, the outlines of which can be obtained from the net[7]. In essence, for the first time, a National Board has recognized in the US that there is "a dual commitment to the protection of... volunteers while supporting the advance of science"[8]. Among other improvements the NBAC recommends to the government the systematic analysis of data involving human subjects research. This body also stresses the critical situation concerning conflicts-of-interest of members of –so-called independent – review boards in the US[9,10].

This brief discussion leads me to my preliminary conclusion in Table 7 as a summary of the Country Reports, as far as they were informative, including in part my ideas from Table 3:

---

[6]Shalala D, NEJM 343, No. 11, September 14, 2000.

[7]`http://www.bioethics.gov`.

[8]See also Science of 25 May 2001, p 1466 and 1467 under the heading "Bioethics panel urges broader oversight".

[9]See also Lo/Wolf/Berkeley, Conflict-of-interest policies for investigations in clinical trials. NEJM 343, 1616 ff, 2000.

[10]The critical view as outlined in the Symposium by Prof. Jost gets new impact from the most recent case of the death of volunteer Ellen Roche in a John Hopkins' trial performed by the asthma researcher Alkis Togias. He let probands inhale methacholine to provoke a temporary brochoconstriction and had then administered hexamethonium in order to lower the blood pressure and relax the airways. The young women developed dry cough, shortness of breath and pneumonitis. She was hospitalized and died some days later. From the point of view of the present author this protocol had to be turned down as unethical in the very beginning of this trial. Science, Vol. 292, 22 June 2001, p 2226,2227; Lancet Vol. 357, June 30, 2001, p 2114.

Tab. 7: General Pitfalls for Review by Ethics Committees Can Be Uncovered in:

1) A failure in composition (for example, no clinical pharmacologist)
2) A lack of National Registers for on-going trials
3) A lack of qualification of research-conducting medical person
4) A failure of auditing trials regularly
5) An EC being unable to review all pre-existing evidence for the risk/ benefit relationship if complete previous trial reports are not provided
6) In particular: A Voting before all preclinical data are made available
7) An ethical dilemma in making decisions in randomized studies with unconscious patients
8) A dilemma of handling (hundreds of) reports of serious adverse events, based on incomplete documents, lacking basic information.
9) A failure in consensus-finding on diverse votes from different Ethics committees
10) A lack in making "best-of-interest" decisions in innovative interventions.

In view of future initiatives promoted by the present Symposium, I propose the following suggestions to the Lenkungsausschuss of the European Council for amending the Convention:

Tab. 8: Proposals for a "Heidelberg Paper" on Future Work of Ethics Committees

1) The legal status of votes of ECs should be incorporated in an amendment ("Zusatzprotokoll") to Article 16.
2) The appointment and authorization of ECs should be regulated by law in all Member States, including membership, procedure, function and liability.
3) ECs should publish reports on their decisionmaking in official journals at least once per year.
4) There should be a mandatory and effective consensus-finding procedure in case of diverting votes in multicenter studies as amended to Article 16.
5) All ECs should seek accreditation by the respective National Boards of the Member States.
6) Reference should be made to the revised Helsinki Declaration : *The well-being of the human subject must always take precedence (prevail) over the interest of science and society.*[11]

The answer to my question above **"model for a world-wide extension?"** referring to the constitution of Ethics Committees is:

YES, however:

1) The harmonization by ICH should coincide with a possible extension process;
2) A minimum standard for the recognition – accreditation – of Ethics Committees should be defined;
3) All participants of the Symposium should promote knowledge of EC rules in their respective countries.

[11] See FN 1.

Biomedizinische Forschung mit einwilligungsunfähigen Erwachsenen

Prof. Dr. Hanfried Helmchen

Psychiatrische Klinik der Freien Universität Berlin

Der Auftrag lautet, auf der Grundlage von 29 Landesberichten einen Generalbericht zur »Biomedizinischen Forschung an[1] nichteinwilligungsfähigen Erwachsenen« zu erarbeiten, in dem die Unterschiede und Gemeinsamkeiten der nationalen Regelungen herausgestellt und in Bezug zu den Regeln des Menschenrechtsübereinkommens zur Biomedizin (MRB) des Europarates (insbesondere des Artikels 17 und zu daraus folgenden Änderungen des nationalen Rechtes) gewürdigt werden sollen.
Dazu sollen 1) zunächst das ethische *Grundproblem* dargestellt, 2) dann die Spannbreite der entsprechenden *nationalen Regelungen* in Bezug auf die einzelnen Komponenten des Problems referiert und schließlich 3) *Folgerungen* im Hinblick auf eine Weiterentwicklung des MRB gezogen und 4) in *Empfehlungen* zusammengefaßt werden.

A. Das ethische Grundproblem

Selbstbestimmung wird derzeit als ein fundamentales Menschenrecht angesehen und ist in Deutschland nach Artikel 2, Absatz 1 GG als ein Ausdruck der Würde des Menschen unantastbar. Die Fähigkeit zur Selbstbestimmung, die Selbstbestimmbarkeit, kann jedoch durch Krankheit eingeschränkt oder gar zerstört werden, insbesondere durch Krankheiten, die die Hirnfunktionen beeinträchtigen wie z.B. Vergiftungen, akute schwere Allgemeinerkrankungen, etwa akutes Lungenversagen oder Typhus, Schädel-Hirn-Verletzungen, aber auch Polytraumata, Schlaganfälle, Delirien oder Demenzen, wie sie besonders typisch in der Intensivmedizin und der Anästhesiologie, der Neurologie und der Psychiatrie anzutreffen sind. Ohne Selbstbestimmbarkeit kann aber

[1] Der Begriff der Forschung »mit« Menschen ist demjenigen der Forschung »an» Menschen vorzuziehen, da letzterer den Menschen nur unter der Perspektive der Objektivierung zu sehen scheint, während ersterer das Subjekt der Versuchsperson im Auge hat und auf dessen »Mit«-wirken wert legt, wie dies ja auch in einigen Fassungen der Vorschriften zur Forschung mit Einwilligungsunfähigen explizit verlangt wird (Helmchen H, R Winau (Hrsg) (1986): »Versuche mit Menschen«, Einführung. de Gruyter, Berlin, S. 1 - 12).

das für jede ärztliche Intervention (in allen Rechtsordnungen) allgemein anerkannte und speziell für Forschungsinterventionen vornehmlich in der Deklaration von Helsinki formulierte Erfordernis der Einwilligung nach Aufklärung (auch »aufgeklärte Einwilligung« oder »informed consent«) in die Teilnahme an einem Forschungsprojekt nicht realisiert werden. Es gibt also Krankheiten, die mit der Zerstörung der Einwilligungsfähigkeit eine notwendige Voraussetzung ihrer Erforschung beseitigen, einer Forschung, die auf Erhaltung oder Wiederherstellung eben der Selbstbestimmbarkeit und damit auch der Einwilligungsfähigkeit zielt. Dazu gehören gerade auch Krankheiten, an deren Erforschung ein erhebliches individuelles wie allgemeines Interesse besteht, da sie (intermittierend oder chronisch-progredient) über Jahre verlaufen oder in Residualschäden enden, nicht oder nur unbefriedigend behandelbar sind, mit schwerwiegenden Minderungen der Lebensqualität der Erkrankten wie auch ihrer Angehörigen einhergehen und zudem in beachtlicher Häufigkeit auftreten (Tab.1). Forschungsziele sind dabei die Neuentwicklung oder Optimierung von Behandlungsverfahren sowie – als eine ihrer Voraussetzungen – die Erkennung der Krankheit anhand ihrer Erscheinungen und der Bedingungen ihrer Entstehung und Fortdauer (Tab.2).

Forschungsbedarf besonders bei Krankheiten, die
• chronisch-progredient und langwierig verlaufen,
• nicht oder nur unbefriedigend behandelbar sind,
• mit schwerwiegenden Minderungen der Lebensqualität der Erkrankten wie ihrer Angehörigen einhergehen, und
• in beachtlicher Häufigkeit auftreten

Tabelle 1. Forschungsbedarf

Forschungsziele sind
• Neuentwicklung oder Optimierung von Behandlungsverfahren ⟹ *Therapie*-Forschung
• Erkennung der Krankheit anhand ihrer Erscheinungen ⟹ *Diagnostik*-Forschung
• Kenntnis der Bedingungen von Krankheits-Entstehung und -Verlauf ⟹ *Ätiopathogenese*-Forschung

Tabelle 2. Forschungsziele

Angesichts dieses Konflikts ist zu prüfen, ob und gegebenenfalls welche normativen Regelungen zur Lösung des Konflikts oder zumindest zur Bewältigung einiger seiner vielfältigen Aspekte die einzelnen Länder gefunden haben. Solche Teilaspekte sind:

1. *Forschung*, insbesondere die Frage ihrer Definition bzw. Abgrenzung gegen Nichtforschung und ihrer Differenzierung nach dem Bezug zum individuellen Nutzen sowie ihrer Zulässigkeit;
2. *Nutzen-Risiko-Abwägung*, nicht nur auf der individuellen Ebene und hier besonders bezüglich der Unterscheidung therapeutischer von sogenannter nichttherapeutischer Forschung, sondern auch im Hinblick auf die Angemessenheit des Verhältnisses von individuellen zu allgemeinen Nutzen wie Risiken und nicht zuletzt die Abschätzung der »Stärke« von Nutzen und Risiken;
3. *Einwilligungsfähigkeit*, vor allem ihre definitorische Eindeutigkeit sowie ihre praktische Feststellung in Abgrenzung zur eingeschränkten oder aufgehobenen Einwilligungsfähigkeit;
4. *Schutzmaßnahmen* bei fehlender Einwilligungsfähigkeit, insbesondere Schutzkriterien, Ersatz fehlender Einwilligung, Versicherung und Kontrolle durch Ethikkommissionen.

B. Die Spannweite nationaler Regelungen

Eine allgemeine Regelung der Forschung mit Menschen gibt es nur in wenigen Ländern als allgemeines Forschungsgesetz (z.B. in Dänemark, Frankreich) oder als nationale Richtlinie (z.B. in Australien, Brasilien, Kanada, USA) oder als gesetzliche Adoption der Deklaration von Helsinki (z.B. in Belgien, Israel, Japan). Spezielle gesetzliche Regelungen für Teilbereiche der Forschung, insbesondere zur Arzneimittelprüfung und dabei gelegentlich auch schon unter Einschluß der internationalen Richtlinie für »Good Clinical Practice« (ICH-GCP), finden sich hingegen in vielen Ländern, vereinzelt auch unterschiedliche Regelungen für Forschung mit einwilligungsunfähigen Erwachsenen in unterschiedlichen Kontexten (Einwilligungsunfähigkeit in akuten Notfallsituationen, bei terminalen Erkrankungen, bei psychischen Krankheiten).

In den Grundprinzipien scheint es eine weitgehende Übereinstimmung zwischen den Staaten und mit dem MRB zu geben[2], aber im Verbindlichkeits-

[2] Einige Staaten wie Griechenland haben das MRB voll übernommen (und zur Forschung mit einwilligungsunfähigen Personen bisher offenbar keine eigenen Vorstellungen entwickelt) oder wie Georgien auf dieser Basis überhaupt erst spezifisches Recht entwickelt.

niveau[3], in der Wirksamkeit[4], im Differenzierungsgrad[5] und in der Genauigkeit der begrifflichen Fassung[6] einzelner Bereiche sind erhebliche Unterschiede zu erkennen. Diese Unterschiede finden sich schon innerhalb einzelner, föderal organisierter Staaten (z. B. Australien, Kanada, Schweiz, USA) und noch stärker zwischen den Staaten. Deshalb ist ein ins Detail gehender juristischer Vergleich hier kaum möglich. Es kann vielmehr nur aus primär ärztlicher Sicht die Breite der Lösungen bzw. Lösungsvorschläge zu den wesentlichen Komponenten des Problems skizziert werden.

---

[3]So bewegen sich einzelne Länder auf dem Niveau von Gesetzen, andere auf dem von Richtlinien und wieder andere nur auf dem von Deklarationen oder Empfehlungen.

[4]Die nationale Richtlinie (National Statement) Australiens »does not have the force of law« and »moreover has not established mechanisms for supplying remedies or imposing sanctions for non-compliance. And yet...the fact that the National Health and Medical Research Council (NHMCR) is itself principally composed of scientists and medical practitioners suggests that its guidelines represent a statement of Australian standards and practices in medical law and that a failure to comply with them might be taken as evidence of a failure to take 'reasonable care' and therefore negligence.« (Naffine, S. 266).

[5]Wenn man z.B. die Regelungen in Kanada mit denen Brasiliens vergleicht.

[6]Die mit der verbreiteten und als grundlegend angesehenen Unterscheidung zwischen einwilligungs- und nicht einwilligungsfähigen Personen und zwischen therapeutisch indizierten und therapeutisch nicht indizierten Maßnahmen »vorausgesetzten Tatbestandsmerkmale der 'Einwilligungsfähigkeit' und der 'therapeutischen Indikation' sind freilich nicht immer so klar, wie es die griffigen Schlagworte des Gesetzgebers vermuten lassen. Dies nicht zuletzt deshalb, weil es sich dabei um abstrakte und idealtypische Tatbestandsmerkmale handelt, deren reale Substrate mitunter durch fließende Übergänge, durch schwankende Verläufe sowie durch unterschiedlich bewertete Einzelparameter gekennzeichnet sind. Diese Abgrenzungsschwierigkeiten tauchen zwar auch bei 'normaler' Heilbehandlung auf, sie haben aber im Kontext der Forschung viel weiterreichende Konsequenzen« (Kopetzki, S. 232). Im italienischen Landesbericht wird der Begriff der »Menschenwürde« als weitgehende Leerformel problematisiert (Patti, S. 619.). Obwohl in Israel die Deklaration von Helsinki zum Bestandteil des Forschungsgesetzes gemacht wurde, werden seine »pronouncements« als » rather nebulous in tenor and often vague in formulation« bezeichnet (Shapira, S. 642).
Angesichts der unübersehbaren Vielfalt und Komplexität individueller Situationen erscheint es unmöglich, *unbestimmte Rechtsbegriffe* so zu konkretisieren, daß sie sowohl ihre Allgemeingültigkeit behalten als auch jede individuelle Situation so eindeutig zu erfassen erlauben, daß Auslegungsprobleme ausgeschlossen sind. Eine weitgehende Konkretisierung wäre wohl auch kaum wünschenswert, da sie die Verantwortung unterminieren könnte, die aus der an einen Ermessensspielraum gebundenen Entscheidungsfreiheit resultiert. Vielmehr dürfte es darum gehen, die in unbestimmten Rechtsbegriffen enthaltenen Prinzipien so anschaulich wie möglich (z.B. durch prototypische Ankerbeispiele) zu machen, um den Arzt und Forscher zu einer angemessenen Umsetzung der Prinzipien in konkrete Entscheidungen im Einzelfall zu befähigen.

I. Forschung:

1. Definition von Forschung Da Forschung ein zentraler Gegenstand des Themas ist, soll zuallererst gefragt werden, was darunter, insbesondere unter biomedizinischer Forschung verstanden wird. Es verwundert, daß dazu nur relativ selten Definitionen zu finden sind[7], obwohl die Grenzen keineswegs ganz eindeutig sind. So kann man fragen, ob es sich bei Beobachtungen oder Befragungen, die bei Patienten mit Erkenntnisabsicht durchgeführt werden, noch um *biomedizinische* Forschung handelt oder ob Neulandoperationen als individuelle Heilversuche schon *Forschung* sind[8]; in Dänemark wird z.B. der individuelle Heilversuch durch das allgemeine Forschungsgesetz zur Biomedizin (Committee Act) nicht erfaßt. Merkmale von Forschung werden in der Neuartigkeit von Frage oder Methode[9] und in der gegenüber etablierten Standardverfahren stärkeren Unsicherheit und damit potentiell vermehrtem Risiko[10] gesehen. Genauer wird in Kanada als Forschung definiert, was durch Interventionen oder auf andere Weise Daten über Personen[11] erzeugt, die über das hinausgehen, was für das unmittelbare Wohlbefinden der individuellen Person[12] notwendig ist[13]. Spezieller wurde Forschung, die eine Beurteilung durch eine Ethikkommission erfordert, als systematische Untersuchung beschrieben, die Tatsachen, Prinzipien oder verallgemeinerbares Wissen feststellt[14]. Im dänischen Forschungsgesetz wird darüber hinaus das durch Forschung zu gewinnende Wissen als Erkenntnis »zur Pathogenese, Prävention, Diagnostik und Behandlung von Krankheiten« präzisiert[15]. In

[7] Z.B. in Griechenland nur »jede Tätigkeit, mit der ernsthaft und systematisch die Wahrheit angestrebt wird« (Rokas et al, S. 606).

[8] In USA wird argumentiert, daß Heilversuche dann als Forschung angesehen werden können, wenn ihre Ergebnisse publiziert werden und damit zu generalisierbarem Wissen beitragen (Jost, S. 778).

[9] Taupitz et al, S. 412.

[10] Hybel, S. 490, 493.

[11] Im folgenden werden in Forschung einbezogene Individuen kurz als »Versuchspersonen« oder »Probanden« (»research subjects«) bezeichnet, unabhängig davon, ob es sich um Patienten oder – im Zusammenhang des speziellen Themas allerdings irrelevante – gesunde Personen handelt.

[12] Gemeint sind im gesamten Text immer Personen beider Geschlechter.

[13] The MRC defined research as »the generation of data about persons, through interventions or otherwise, that goes beyond that necessary for the individual person's immediate well-being« (Bergin, S. 321).

[14] The Tri-Council Policy Statement describes research requiring ethics review as that »which involves a systematic investigation to establish facts, principles, or generalizable knowledge« (Bergin, S. 321).

[15] Committee Act:»... planned activities the purpose of which is systematic acquisition of knowledge of pathogenesis, prevention, diagnostics and treatment of diseases« (Hybel, S. 488).

Kanada wird zudem die Wortwahl reflektiert, indem der Begriff »Forschung« eher die Konzentration des Forschers auf die wissenschaftliche Validität der Untersuchung, der Begriff »Experiment« mehr die Fokussierung von Probanden auf das Gefährdungsrisiko im Blick hat. Grenzen dessen, was unter Forschung bzw. unter hier relevanter Forschung verstanden wird, variieren von Land zu Land[16] – wenn sich dazu überhaupt Ausführungen finden.

$\Longrightarrow$ **Schlußfolgerung 1:** als Forschung mit Menschen wird in der Regel jede Intervention bei Menschen verstanden, die in wissenschaftlich-systematischer Weise auf überindividuelle Erkenntnis zielt und damit über das individuelle Interesse der einbezogenen Person und dessen Nutzen hinausgeht.

2. Differenzierung von Forschung Wichtiger ist der Versuch, medizinische Forschung nach ihrem Nutzen für den individuellen Patienten zu differenzieren. In Deutschland wurde vorgeschlagen, das Kontinuum von rein individuellen Interventionen mit ausschließlich individuellem Nutzen und ohne überindividuelle Erkenntnisabsicht (z.B. die Standardbehandlung) bis zur reinen Forschung mit ausschließlicher Erkenntnisabsicht und ohne individuellen Nutzen zu unterteilen (Abb.1) bzw. den möglichen individuellen Nutzen von Forschung noch weiter zu differenzieren: 1) Forschung mit individuellem Nutzen, worunter meist therapeutische Forschung i.S. des klinischen Versuchs verstanden wird, weiter 2) das wissenschaftliche Experiment mit möglichem (z.B. bei langem Krankheitsverlauf in der Zukunft liegendem) individuellem Nutzen, oder 3) mit wenigstens gruppenspezifischem Nutzen für Menschen mit der gleichen Krankheit oder der gleichen Alterskategorie, und 4) schließlich das wissenschaftliche Experiment mit ausschließlichem Erkenntnisinteresse (Tab. 3, S. 91)[17]. Dabei besagt der weitergehende Begriff des Nutzens, daß nicht nur therapeutische Interventionen individuellen Nutzen

---

[16]In Tschechien wird der hier relevante Bereich von Forschung enger als hypothesenprüfendes medizinisches Experiment mit konkreten sozial nützlichen Zielen verstanden und von Gedankenexperimenten, ex post-Analysen und – hier als trial and error-Methode bezeichnetem – individuellen Heilversuch abgegrenzt (Cisarova et al, S. 401). Auch in Dänemark wird letzterer durch den Committee Act nicht erfaßt (Hybel, S. 488). Daß die Grenzen fließend sind, wird deutlich, wenn man die Frage stellt, bei welcher Zahl von individuellen Heilversuchen die Schwelle zur Forschung überschritten wird (Taupitz et al, S. 414). In Israel extends »the term ‚medical experiment on humans' to the experimental administration of medication, radiation, or a chemical, biological, radiological, or pharmaceutical substance, which is bound to affect the health, body or psyche of a person or an embryo, including the genetic code. The term also embraces the performance of any process, procedure, and investigation on a person which is not common.«(Shapira, S. 641).

[17]Helmchen H (1986) Ethische Fragen in der Psychiatrie. In Psychiatrie der Gegenwart, Bd 2, Springer, Berlin, S. 353; Zentrale Ethikkommission (1997) Stellungnahme zum Schutz nicht-einwilligungsfähiger Personen in der medizinischen Forschung, Dtsch Ärztebl. 94: B811 - B812; Taupitz et al, S. 414.

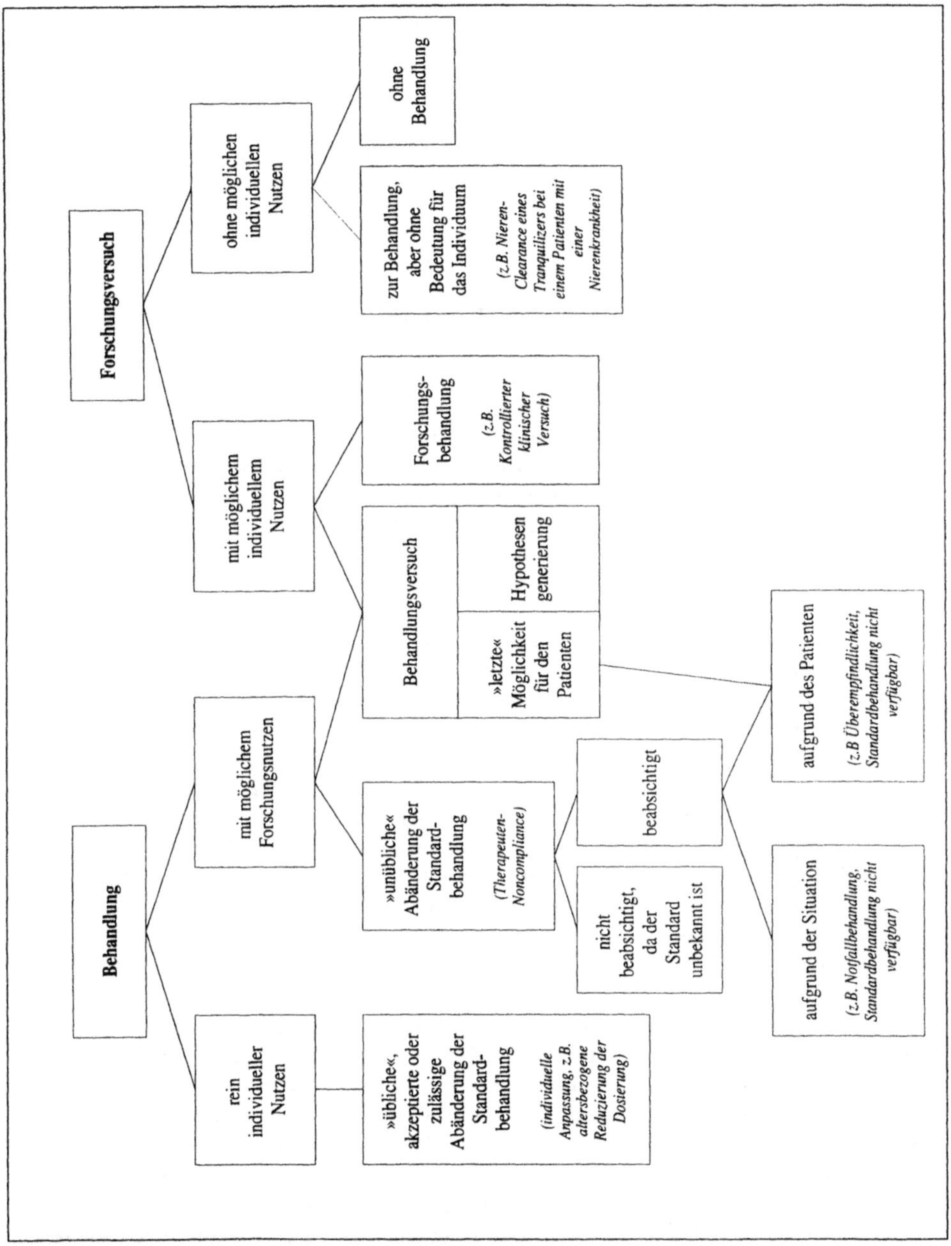

Abbildung 1. Forschungstypen aus Helmchen H , Vollmann J (1999), Ethische Fragen in der Psychiatrie. In Helmchen H, Henn FA, Lauter H, Sartorius N (Hrsg.) Psychiatrie der Gegenwart, Bd. 2 Allgemeine Psychiatrie, Springer, Berlin-Heidelberg-New York, S.537

haben können[18,19]. In Australien orientiert sich eine Gruppierung von besonders schutzbedürftigen Probanden eher an dem jeweiligen Setting[20].

$\Longrightarrow$ **Schlußfolgerung 2:** Eine kategoriale Differenzierung von Forschung nach dem potentiellen individuellen Nutzen gibt wichtige Anhaltspunkte, sollte aber nicht darüber hinwegtäuschen, daß es sich um Setzungen in einem realen Kontinuum mit fließenden Übergängen handelt[21].

---

[18]Die Begriffe therapeutische wie auch nichttherapeutische Forschung sind im Hinblick auf den Nutzen nicht eindeutig, da z.B. therapeutische Forschung mit geringem Nutzen und hohem Risiko ein ungünstigeres Nutzen-Risiko-Verhältnis aufweisen kann als eine nichttherapeutische Forschung, die als diagnostische, präventive, palliative, sowie epidemiologische und Versorgungsforschung durchaus beträchtlichen potentiellen individuellen Nutzen besitzen kann; mit anderen Worten: zwischen therapeutischer Forschung im engen Sinn mit potentiellem direkten individuellen Nutzen auf der einen und nicht-therapeutischer klinischer Forschung ohne individuellen Nutzen auf der anderen Seite gibt es patientenbezogene Forschungsbereiche wie die genannten, in denen jeweils geprüft werden muß, ob ein individueller Nutzen entweder unmittelbar oder nur mittelbar oder überhaupt nicht zu erwarten ist (Helmchen H (1998) Forschung mit nicht-einwilligungsfähigen Patienten. Berlin-Brandenburgische Akademie der Wissenschaften, Ber. u. Abh. 5: 9 - 30; Sprumont D (1993) La protection des sujets de recherche – notament dans le domaine biomedical. Stämpfli, Bern 1993, S 213); auch widersprechen kategoriale Rechtfertigungen dem Grundsatz, daß einzubeziehende Individuen in jedem konkreten Einzelfall gleichgewichtig über individuell zu erwartende Chancen wie Risiken jeglicher Intervention aufzuklären sind; ebenfalls könnten sie zu manipulativ akzentuierter Aufklärung und damit zu Mißverständnissen (ver-)führen: der hoffende »Forschungspatient« könnte Begriffe wie »therapeutische Forschung«, »experimentelle Behandlung« oder »innovative Therapie« zu positiv verstehen, Begriffe wie »unerhebliches« Risiko oder »hohes« Nutzungspotential seien auch von Ethikkommissionen schwer genau zu bestimmen (Vollmann J (2000) »Therapeutische« versus »nicht-therapeutische« Forschung – eine medizinethisch plausible Differenzierung? Eth Med 12: 65 -74).

[19]»Diese Verknüpfung« (von therapeutischen, diagnostischen oder prophylaktischen Interventionen) »mit dem individuellen Nutzen macht auch klar, daß eine Diagnoseforschung dann – aber auch nur dann – der therapeutischen Forschung zuzurechnen ist, wenn aus dieser Diagnose im konkreten Einzelfall überhaupt eine sinnvolle therapeutische Konsequenz gezogen werden kann. Trifft dies nicht zu, dann wäre das bloße «Erkennen» von Krankheiten aus wissenschaftlicher Neugier bereits ins Kapitel der nichttherapeutischen Forschung einzuordnen« (Kopetzki, S. 233).

[20]Das National Statement unterscheidet research involving »persons with an intellectual or mental impairment«, »persons highly dependent on medical care« and »persons in dependent or unequal relationships« (Naffine, S. 269) $\Longrightarrow$ vulnerable persons FN 29.

[21]Näheres dazu bei Taupitz et al, S. 414. Auch in Dänemark wird die Schwierigkeit der vom Gesetz vorgeschriebenen scharfen Trennung von Therapie und Forschung beschrieben (Hybel, S. 488), ebenso in Italien (Patti, S. 620).

Gr.	Definition	Beispiele
1	Heilversuch *mit aktuellem* potentiellen individuellen Nutzen	Anwendung eines neuen antidementiven Arzneimittels, von dem erwartet wird, daß es im Vergleich zu etablierten antidementiven Arzneimitteln wirksamer ist oder weniger unerwünschte Wirkungen hat
2	Forschung *mit zukünftigem* potentiellen individuellen Nutzen	Diagnostische Erfassung pathogenetischer Faktoren als Grundlage einer therapeutischen Entwicklung, die bei langem Verlauf der Erkrankung auch noch dem »Forschungs-Patienten« selbst helfen kann
3	Forschung ohne direkten potentiellen individuellen Nutzen, aber mit solchem für die Gruppe der Patienten mit der *gleichen Krankheit* oder *gleichen Alters*	Ist der Spätverlauf der Demenz durch andere Faktoren als der Frühverlauf bestimmt? Eine positive Antwort könnte Perspektiven eröffnen für die Suche nach Vorbeugung oder ursächlicher Behandlung auch von Spätstadien der Demenz
4	Nicht-klinische biomedizinische Forschung (entspr. Abschn III der Deklaration von Helsinki)	Pharmakokinetische Untersuchung eines Arzneimittels bei Demenzkranken, das für die Behandlung der Demenz irrelevant ist.

Tabelle 3. Fallgruppen nach potentiellem individuellen Nutzen von Forschungsuntersuchungen für nicht-einwilligungsfähige Patienten (aus Zentrale Ethikkommission, Deutsches Ärzteblatt 94: B811 - 812 (1997))

$\Longrightarrow$ **Schlußfolgerung 3:** Forschung mit nicht-einwilligungsfähigen Probanden ist ein ethisches Problem, für das es keine einfachen Lösungen gibt[22]. Für den Zweifelsbereich zwischen (nach den meisten Rechtsordnungen) zulässiger Forschung mit potentiellem individuellen und direkten Nutzen wie besonders in der sogenannten therapeutischen Forschung einerseits und eindeutig unzulässiger Forschung ohne jeden individuellen Nutzen andererseits sollte Forschung nicht grundsätzlich ausgeschlossen werden, sondern als Aus-

[22] S. a. Spanien: »Allowing a mentally handicapped person to take part in a non-therapeutic experiment is an exception to the principle that the individual's interest must be protected when he does not have sufficient capacity to understand to enable him to give consent personally; this priniple is therefore violated, even though the seriousness of the violation is frequently attenuated by the requirement that the experimentation involves minimum risk and inconvenience to the subject and is warranted on the grounds that the relevant scientific knowledge cannot be obtained using alternative means.« (Romeo-Casabona, S. 528). In Georgien hingegen können »auch einwilligungsunfähige Erwachsene... *selbstverständlich* Objekt biomedizinischer Forshung und klinischer Versuche werden«, wenn ihre gesetzlich vorgeschriebenen Rechte beachtet werden (Kalandadse, S. 580 f).

nahme, d.h. mit stichhaltiger Begründung, und unter Anwendung besonderer ($\Longrightarrow$) Schutzmaßnahmen, zulässig sein[23].

3. Zulässigkeit von Forschung Allgemein wird Forschung mit Menschen als zulässig angesehen und damit begründet, daß Laborbefunde oder tierexperimentelle Befunde allein keine vollständige Erkenntnis von Krankheiten des Menschen und insbesondere ihrer Behandlung ermöglichen können. Die Zulässigkeit gilt unter der Voraussetzung, daß die einwilligungsfähige Versuchsperson nach ausreichender Aufklärung einwilligt und mögliche Risiken in einem angemessenen Verhältnis zum erwarteten Nutzen stehen. Der Nutzen wird gelegentlich spezifisch, z.B. sozial[24] definiert; bei besonderen oder gefährlichen Risiken ist die Durchführung unzulässig oder auf den Forscher selbst beschränkt[25].

Der kritischen Position, daß Forschung mit nicht einwilligungsfähigen Menschen grundsätzlich unzulässig sei[26], da das höchstpersönliche Recht der Selbstbestimmung in gesundheitlichen Angelegenheiten nicht delegiert werden könne und ein Vertreter ausschließlich zum »Wohl« oder »im besten Interesse« des Probanden und damit nur zu dessen Nutzen entscheiden dürfe, (erkenntnissuchende Forschung aber darüber hinausgehe), steht die Position

---

[23]»Die Zulassung von der nichttherapeutischen Forschung auf Urteilsunfähige ist in der Schweiz umstritten. Indessen ist es eine Tatsache, daß sich Kinderkrankheiten nicht an Erwachsenen und die Alzheimerkrankheit nicht an gesunden Personen erforschen lassen. Mit einem Verbot jeglicher Grundlagenforschung besteht deshalb die Gefahr, daß bestimmte Gruppen diskriminiert werden, indem sie für ihr bestimmtes Leiden vom medizinischen Fortschritt ausgeschlossen werden.« (Steffen et al, S. 382 f.).

[24]In Tschechien wird der gesellschaftliche Nutzen der Forschung betont (verbunden mit der Pflicht des Staates zu umfassendem Gesundheitsschutz für alle Bürger), indem »der Bürger keinem Forschungsrisiko ausgesetzt werden darf, wenn das nicht im Interesse und zu Gunsten der Gesellschaft ist«, und zwar »nicht nur für Zwecke der Prävention, Diagnostik und Therapie, sondern auch für den Bereich der medizinischen Theorie« (Cisarova et al, S. 399).

[25]Kalandadse, S.581. Eine Beschränkung auch dieser Möglichkeit wird etwa in der Schweiz diskutiert: Die Einwilligungsfähigkeit urteilsfähiger Erwachsener »wird aber durch Art. 27 Abs. 2 ZGB (übermässige Bindung) eingeschränkt. Die Einwilligung zu einem Forschungsexperiment, das zu viele Risiken mit sich trägt, könnte im Sinne dieser Bestimmung eine übermässige Bindung darstellen und demzufolge unwirksam (*ex nunc*) sein (Steffen et al. S. 381).

[26]In der Schweiz haben einige Kantone »nichttherapeutische Forschungsuntersuchungen bei urteilsunfähigen Personen« generell verboten (Steffen et al., S. 383), ebenso Californien »banning research involving the mentally disabled« (Jost, S. 786, s. FN 66). In Japan ist unter möglicherweise fehlinterpretiertem Bezug auf die Deklaration von Helsinki «bei neuen therapeutischen Versuchen und Maßnahmen grundsätzlich die ‚nichttherapeutische Forschung' untersagt» Urakawa, S. 663).

gegenüber, daß solche Forschung in der Kategorie 1 ethisch vertretbar sei und in vielen Ländern auch rechtlich zulässig ist. Während jedoch in einigen Ländern (Deutschland, Österreich, Schweiz) allenfalls Forschung der Kategorie 1 bei einwilligungsunfähigen Menschen (nach spezialgesetzlicher Vorschrift zur Arzneimittelforschung) zulässig ist (bzw. per analogiam auch bei sonstiger Forschung als zulässig angesehen wird[27]), dürfen in anderen Ländern (z.B. Kanada) nicht-einwilligungsfähige Personen auch in Forschung der Kategorien 2 und 3 einbezogen werden[28]. Dabei wird argumentiert, daß die Ungerechtigkeit, solche Patienten vom Nutzen der Forschung auszuschließen, mit der aus ihrer Einwilligungsunfähigkeit folgenden Vulnerabilität[29] in ein Gleichgewicht zu bringen sei[30]. Dementsprechend wird Forschung der Kategorie 3 in

[27] Skepsis gegenüber einer solchen Ausweitung per analogiam wurde mit dem Argument begründet, daß die Tatsache von Spezialgesetzen gerade ein Beleg dafür sei, daß der Gesetzgeber eben keine allgemeine Regelung treffen wollte oder konnte (Taupitz, S. 410). s. FN 70.

[28] In Neuseeland »is uncertainty about the circumstances in which research can be carried out on persons who are incapable of consenting to the research... It is, indeed, arguable that in New Zealand law it is always unlawful to proceed with any form of research intervention on an incompetent person if there is no likelihood of the research being to the benefit of the subject's health.« Jedoch beziehe sich das Recht auf Ablehnung einer Einbeziehung in Forschung nur auf einwilligungsfähige Personen; und selbst wenn dies nicht der Fall wäre, könnte dieses Recht Gegenstand werden von »such reasonable limits prescribed by law as can be demonstrably justified in a free and democratic society«. »It is also noteworthy that the Bill of Rights does not have any direct application to most medical researchers«. Artikel 17 des MRB stimmt zwar weitgehend mit den Regeln überein, nach denen neuseeländische Ethikkommissionen verfahren, kann aber nicht direkt in neuseeländisches Recht überführt werden, weil »the incompetent person will rarely have a personal representative who can consent on that person's behalf. (... Where there is a representative – either a welfare guardian or an attorney with a relevant enduring power of attorney – that representative is precluded by statute from giving an effective to the incompetent person taking part 'in any medical experiment', other than one to be conducted 'for the purpose of saving that person's life or of preventing serious damage to that person's health...)« (Skegg, S. 698 f.). Unklar ist, ob danach in Neuseeland Ethikkommissionen einer Forschung nach Art. 17.2 MRB zustimmen können, wenn kein Vertreter vorhanden ist?

[29] USA: »IRBs are supposed to assure that selection of subjects for research is equitable, and ' should be particularly cognizant of the special problems of research involving vulnerable populations, such as children, prisoners, pregnant women, mentally disabled persons, or economically or educationally disadvantaged persons« (Jost, S. 785). Auch sterbende Kranke und alte Menschen werden als vulnerabel betrachtet.

[30] Arzneimittelprüfungen bei Patienten in Haft oder Unterbringung sind entweder ausgeschlossen oder nur bei Einwilligung des einwilligungsfähigen Probanden und außerdem der Zustimmung des Sachwalters, falls ein solcher vorhanden ist, möglich (Kopetzki, S. 237). Hier relevant wäre nur der Fall eines untergebrachten, unter

Kanada explizit nicht automatisch ausgeschlossen und wird – über die Vorschrift 17.2 des MRB hinausgehend – auch nicht als Ausnahme angesehen[31]. Übereinstimmend ist die Zulässigkeit von Forschung mit nicht einwilligungsfähigen Personen als einer besonders vulnerablen Gruppe an bestimmte (⟹) Schutzkriterien gebunden. Einigkeit besteht auch darin, daß in Übereinstimmung mit der Deklaration von Helsinki Forschung der Kategorie 4, also rein fremdnützige[32] Forschung, bei nicht einwilligungsfähigen Erwachsenen unzulässig ist.

⟹ **Schlußfolgerung 4:** Forschung mit nicht-einwilligungsfähigen Erwachsenen ist ein besonderer Problembereich[33]; sie kann nur dann ethisch gerechtfertigt und rechtlich als zulässig angesehen werden, wenn ein für die Versuchsperson oder die Behandlung ihrer zur Einwilligungsunfähigkeit führenden Krankheit relevanter Nutzen erwartet werden kann und explizite Schutzmaßnahmen angewandt werden.

Betreuung stehenden, nicht-einwilligungsfähigen Patienten; sein Ausschluß aus einer Therapieforschung (o.g. Kategorie 1), wie ihn z.B. das österreichische Gesetz für Medizinprodukte vorsieht (Kopetzki, S. 237), könnte ihm einen potentiellen direkten Nutzen vorenthalten – und somit den Vorteil eines besonders hohen Schutzes in sein Gegenteil verkehren. In Korea ist eine klinische Prüfung nur dann an untergebrachten psychisch Kranken möglich, wenn »die klinische Arzneimittelprüfung, wie z.B. psychochirurgische Versuche oder ein Test neuer Psychopharmaka, außerhalb von Anstalten gar nicht durchführbar ist.« (Min-Joong Kim, S. 744). Forschung bei nicht-einwilligungsfähigen Patienten in Notfallsituationen ist in einigen Ländern auch ohne sofortige Einwilligung eines Vertreters dann zulässig, wenn z.B. nach einem israelischen Gesetzentwurf »the medical experiment in question is designed exclusively for patients in a medical emergency situation and if the contemplated experiment is reasonably expected to bring about an improvement in the patient-subject's medical situation with a higher likelihood than any other accepted treatment« (Shapira, S. 644) oder wenn nach italienischem Gesetz der Arzt »im Interesse des Wohlergehens des Patienten intervenieren muß (Art.8)« (Patti, S. 624).

[31] »...is not viewed as exceptional and no additional conditions need to be met« (Bergin, S. 334).

[32] Fremdnützig ist jede auf über-individuellen Erkenntnisgewinn zielende Forschung, also auch die therapeutische Forschung. Letztere ist aber eben auch eigennützlich. In der öffentlichen Diskussion wird unter fremdnütziger Forschung hingegen meist nur die Forschung ohne jeden Nutzen für die einbezogene Person (z.B. die nichtklinische Forschung der Deklaration von Helsinki) verstanden.

[33] Ein Hinweis auf die kontroverse Diskussion kann daraus entnommen werden, daß die 1978 in den USA von der Commission for the Protection of Human Subjects of Biomedical and Behavioral Research vorgeschlagenen Regeln für »those institutionalized as mentally infirm« bis heute nicht in Kraft gesetzt wurden; immerhin sind sie in den Richtlinien für Institutional Review Boards enthalten. Aber auch der neue Vorschlag der NBAC von 1998 wird so kontrovers diskutiert, daß er noch zu keiner Regulierung geführt hat (Jost, S. 787).

II. Nutzen-Risiko-Abwägung bei Forschung mit einwilligungsunfähigen Erwachsenen

1. Verschiedene Arten von Nutzen Zunächst ist zu unterscheiden zwischen Nutzen einer Forschungsintervention für das Individuum und Nutzen für die Allgemeinheit. Nutzen für das Individuum besteht in der Regel subjektiv in Leidensminderung und objektiv in Krankheitsminderung oder -beseitigung, Nutzen für die Allgemeinheit in Erkenntnisgewinn mit dem letztendlichen Ziel aller medizinischen Forschung, die Therapie zu verbessern, d.h. mit subjektivem wie objektivem Nutzen für die jeweils erkrankten Individuen, für ihre Angehörigen und Pflegepersonen, und auch für die Solidargemeinschaft der Beiträger zu Krankenkasse bzw. für den Steuerzahler. Nutzen entsteht aber nicht nur durch die kurative oder palliative Therapie, sondern kann sich auch aus präventiven Maßnahmen als Folge epidemiologischer oder (früh-)diagnostischer Erkenntnisse oder aus rehabilitativen Interventionen und Erkenntnissen der Versorgungsforschung ergeben.

$\Longrightarrow$ **Schlußfolgerung 5:** Deshalb greift der Begriff des *therapeutischen* Nutzens zu kurz und sollte durch den der Forschung mit *individuellem* Nutzen ersetzt werden.

2. Verschiedene Arten von Risiko Unter dem Oberbegriff »Risiko« werden zum einen objektive Gefährdungen des individuellen Probanden[34], und in einem weiteren Sinn auch Dispositionen für unerwünschte Wirkungen[35], zum anderen aber auch subjektive Belastungen und Unannehmlichkeiten[36] verstanden. In gesellschaftlicher Hinsicht können Risiken entstehen, wenn Forschungsuntersuchungen durchgeführt werden, die sich nicht streng an die geltenden Vorschriften halten und dadurch das erforderliche Vertrauen der Öffentlichkeit untergraben könnten. Forschung ohne öffentliches Vertrauen ist aber nur schwer zu realisieren, der für die Allgemeinheit nützliche Erkenntnisfortschritt[37] wäre behindert oder bliebe gar aus.

3. Zur »Stärke« von Nutzen und Risiken Allgemein gilt, daß das Recht des Individuums – in der Menschenwürde und dem Selbstbestimmungsrecht als einem ihrer Indikatoren durch die Verfassung garantiert – Vorrang vor

[34] Z.B. Vorenthaltung einer spezifischen Therapie in der placebo-kontrollierten Vergleichsgruppe.

[35] Z.B. pharmakogenetische oder aus einer noncomplianten Persönlichkeit des Probanden herrührende Dispositionen.

[36] Z.B. durch eine strenge Standardisierung des Untersuchungsverfahrens.

[37] Z.B. die Evidenz-Basierung der Medizin, deren Ergebnisse zunehmend als Voraussetzung für Kostenerstattungen angesehen werden.

Rechten der Allgemeinheit/Gesellschaft, wie z.B. der Forschungsfreiheit zum Erkenntnisgewinn, hat. Je stärker der individuelle Nutzen hinter den allgemeinen Nutzen zurücktritt, um so stärker sind Vorkehrungen zum Schutz des Individuums ausgeprägt. Wichtige Kriterien sind dabei die »Stärke« des Nutzens und die »Stärke« von Risiken, insbesondere möglicher Schäden. Ganz besonders gilt dies für Forschung mit nicht-einwilligungsfähigen Personen. In Forschungsuntersuchungen mit nicht-einwilligungsfähigen Kranken wird der allgemeine Nutzen, d.h. Erkenntnisgewinn, als »wesentlich«[38] erwartet – und allenfalls ein geringfügiges, jedenfalls nicht mehr als »minimales« Risiko[39] als hinnehmbar angesehen.

a. »Stärke« von Nutzen Nutzen kann immer nur in Bezug auf etwas, z.B. Heilung oder Leidensminderung oder Erkenntnisgewinn, näher bestimmt werden[40]. Es ist offensichtlich, daß ein hoher Nutzen für eine Zielsetzung kei-

[38] »the research is of major scientific importance« (Bergin, S. 335); »the research has the aim of contributing, through significant improvement in the scientific understanding of the individual's condition, disease or disorder« (MRB, Art. 17.2).

[39] Z.B. in dem MRB, Art. 17.2, oder der Stellungnahme der Zentralen Ethikkommission in Deutschland, während – einer Empfehlung von Keyserlingk et al folgend – in Kanada die Formulierung »no more than a minor increment over minimal risk« eine etwas weitere Fassung meint (Bergin, S. 334) und die Formulierung im Mental Health Act des australischen Northern Territory, wonach »a psychiatric patient can only participate in research if ‚it will not be detrimental to the best interest of *that* patient' « wohl noch etwas weiter geht.

[40] »Nutzen ist ebenso wie Wohl, Wohlbefinden, Wohlfahrt ein Aspekt des «besten Interesses», ein Standard, der hier ebensowenig diskutiert werden kann wie sein Verhältnis zu verschiedenen Theorien des Guten, wie sie z.B. einerseits in den Positionen von Parfit oder Veatch zum Ausdruck kommen, nach denen es für den Arzt unmöglich sein soll festzustellen, was das Gute für einen anderen Menschen bedeutet, während dies andererseits nach der aristotelischen Theorie des objektiv Guten doch möglich erscheint (Schramme T. Patienten und Personen. Fischer, Frankfurt 2000). Jedoch soll hier die wichtige Beziehung von »Nutzen« »zu bestem Interesse« zumindest deskriptiv erwähnt werden. Zum Beispiel schließt die Definition des »besten Interesses«, wie sie die britische Rechtskommission 1995 gegeben hat, »vergangene und gegenwärtige Wünsche und Gefühle« der nicht-einwilligungsfähigen Person ebenso ein wie das »Wohlergehen« dieser Person. Im Hinblick auf die Möglichkeit eines Konfliktes zwischen dem »subjektiven« und »objektiven« besten Interesse der betroffenen Person taucht die Frage auf, welcher dieser beiden Aspekte des »besten Interesses« als Nutzen Vorrang haben soll. Im Falle eines Forschungsprojektes ohne direkten Nutzen ist die Intervention wahrscheinlich nicht im »objektiv« besten Interesse der nicht-einwilligungsfähigen Person. Jedoch muß sie deswegen keineswegs (und darf auch nicht) gegen das »objektiv« beste Interesse der nicht-einwilligungsfähigen Person verstoßen und darf nicht gegen ihr »subjektiv« bestes Interesse gerichtet sein. Mit anderen Worten: im Hinblick auf das »beste Interesse« einer in Forschung ohne direkten Nutzen einbezogenen nicht-einwilligungsfähigen Person sind nicht mehr als minimale Risiken oder vernachlässigbare Belästigungen

neswegs einem solchen bei einer anderen Zielsetzung entsprechen muß, ja diesen sogar ausschließen kann[41]. Deshalb soll der Proband – oder sein Vertreter – auch prüfen, ob die Ziele des Forschungsprojektes mit seinen eigenen Wertüberzeugungen - oder im Falle des Vertreters mit denen des Probanden - übereinstimmen oder ihnen zumindest nicht widersprechen. Weiterhin besteht Unsicherheit im Hinblick auf die Direktheit oder Unmittelbarkeit[42] des potentiellen individuellen Nutzens. Der Ausdruck »direkter« Nutzen legt nahe, daß es auch Formen »indirekten« oder »mittelbaren« Nutzens gibt, denn die Spezifizierung eines Nutzens als »direkt« wäre nicht nötig, wenn nur die beiden Kategorien »Nutzen« und »kein Nutzen« existierten[43]. Eine Graduierung der Direktheit wäre auch dann gegeben, wenn die Spezifizierung eines Nutzens als »direkt« nichts anderes als den Wunsch ausdrücken sollte, daß nur ein hoher Grad von »Direktheit« des Nutzens Forschung mit nichteinwilligungsfähigen Personen rechtfertigt. Als ein indirekter Nutzen könnte etwa die Entwicklung einer neuen (oder die spezifiziertere Anwendung einer bereits bekannten) Therapie auf der Grundlage einer durch die Intervention erkannten Krankheitsursache angesehen werden. Unsicherheit besteht weiter im Hinblick auf die Wahrscheinlichkeit (nicht auszuschließen; möglich; wahrscheinlich) des Nutzens, seinen Umfang und seine Stärke (fraglich; nachweisbar; überzeugend bzw. evident i.S. der evidenz-basierten Medizin) und nicht zuletzt seine zeitliche Beziehung zur Intervention. Schließlich bietet der an sich vage Begriff des »wesentlichen« Nutzens einerseits notwendigen Interpretationsspielraum, da die Neuartigkeit oder auch die praktische Erheblichkeit eines Erkenntnisfortschrittes[44] schwierig zu bewerten ist und auch nicht

---

vertretbar, wobei jedes ablehnende Verhalten der Person akzeptiert werden muß« (Helmchen H (1998) Forschung mit nicht-einwilligungsfähigen Patienten. Berlin-Brandenburgische Akademie der Wissenschaften, Ber. u. Abh. 5: 9 - 30).

[41] Z.B. kann eine Pharmakotherapie bestimmte Krebsarten heilen, aber um den Preis erheblicher Nebenwirkungen mit Verstärkung subjektiven Leidens.

[42] Die Begriffe »direkt« und »unmittelbar« werden oft synonym gebraucht. Semantisch könnte man sie indessen unterscheiden: »Direkt« bezöge sich danach eher auf den inhaltlichen, »unmittelbar« mehr auf den zeitlichen Zusammenhang zwischen Intervention und Wirkung bzw. Nutzen.

[43] Diese Interpretation kann in Art. 17. 2 des MRB gefunden werden. Dort wird festgestellt, daß Forschung, die »das Potential, Ergebnisse mit *direktem* Nutzen für die Gesundheit der betroffenen Person zu erbringen, *nicht* hat«, als Ausnahme zulässig ist, wenn sie »das Ziel verfolgt, letztlich Ergebnisse zu erlangen, die in der Lage sind, *zum Nutzen der betroffenen Person* oder anderer Personen beizutragen« (Hervorhebung durch den Autor).

[44] Spanien: »Relevant knowledge shall be obtained from the test with regard to the illness or condition under study, or information will be of vital importance to understand it better, or to palliate or cure it« (Romeo-Casabona, S. 525). Schweiz: »wichtige Erkenntnisse in direktem Bezug auf das Leiden des Forschungssubjekts« (Steffen et al, S. 382).

unbedingt immer sofort erkannt wird; andererseits schließt er jedoch reine Replikationsforschung weitgehend aus[45].

b. »Stärke« von Risiken Zur »Stärke« von Risiken finden sich Formulierungen wie »ohne Gefahr einer Beeinträchtigung«[46], »minimales Risiko«[47], »etwas mehr als minimales Risiko«[48], »nicht unerhebliche Risiken«[49], »serious risk to health«, »möglicherweise irreversible Schädigungen«[50], »Risiken von nicht akzeptablen Dimensionen«[51].

4. Zur Nutzen-Risiko-Abwägung selbst Entscheidend ist ein »angemessenes Verhältnis« zwischen Nutzen und Risiken, das zudem durch absolute

[45] Allerdings läßt das dänische biomedizinische Forschungsgesetz (Committee Act) zumindest allgemein Forschung auch unabhängig von bereits vorhandenem Wissen zu (Hybel, S. 488).

[46] Schweiz: bei nicht-therapeutischer Forschung (Steffen et al, S. 383).

[47] Die Zentrale Ethikkommission bei der Bundesärztekammer hat in ihrer Stellungnahme »Zum Schutz nicht-einwilligungsfähiger Personen in der medizinischen Forschung« zu dem als sehr unbestimmt kritisierten Begriff des »*minimalen Risikos*« ausgeführt, daß er nur schwierig zu bestimmen ist, »aber durch die Unterscheidung von Risikostufen und durch eine Liste von Beispielen konkretisiert werden kann. Dazu können auch die medizinischen Fachverbände und die Ethikkommissionen beitragen. In jedem Fall ist zwischen objektivierbarem Risiko und subjektiver Belastung bzw. Beschwerden zu unterscheiden (z.B. birgt die Magnetresonanztomographie keine objektivierbaren Risiken, kann aber sehr wohl zu einer subjektiven Belastung werden, die zum Abbruch der Untersuchung führt). Insbesondere hinsichtlich subjektiver Beschwerden gibt es eine große individuelle Variation und große Unterchiede zwischen den Gruppen. Von einem 'minimalen' Risiko kann nach Auffassung der Kommission gesprochen werden, wenn z.B. Körperflüssigkeiten oder Gewebe in geringen Mengen im Rahmen von ohnehin notwendigen diagnostischen Maßnahmen oder Operationen gewonnen wird und deshalb kein zusätzliches Risiko für den Patienten beinhaltet. Auch bestimmte körperliche Untersuchungen (z.B. Sonographie, transkutane Gewebemessungen usw.) sowie bestimmte psychologische Untersuchungen (z.B. Fragebogeninterviews, Tests, Verhaltensbeobachtungen) fallen in diese Gruppe« (Zentrale Ethikkommission a.a.O. FN 16).

[48] »minor increment above minimal risk« (Bergin, S. 334).

[49] Der Sachwalter muß bei »nicht unerheblichen« Risiken eine Genehmigung des Pflegschaftsgerichtes einholen. Die Einwilligung eines Sachwalters ohne Zuständigkeit für klinische Prüfungen ist unzulässig (Kopetzki, S. 236).

[50] In Tschechien ist nicht mehr als minimales Risiko durch den Ausschluß dauerhafter Verschlechterung definiert (Cisarova et al, S. 402). Möglicherweise hebt auch die Formulierung »detrimental« (In the Northern Territory a psychiatric patient can only participate in research if it »will not be detrimental to the best interest of *that* patient« (Naffine, S. 270)) auf die Irreversibilität ab?

[51] Als solche werden im dänischen Forschungsgesetz Risiken angesehen, die die Risiken der Krankheit selbst überschreiten (Hybel, S. 493).

Schwellen begrenzt wird. Letztere sind bei Forschung mit potentiellem individuellen Nutzen irreversible Schäden und Tod, bei Forschung mit nur möglicherweise eigenem oder gar nur gruppenspezifischem Nutzen »nicht mehr als minimale Risiken oder Belastungen«. Abzuwägen sind mögliche Risiken gegenüber erwartetem Nutzen zunächst allein für den Probanden, so insbesondere, daß der erwartete Nutzen denjenigen von Alternativmethoden und möglichen Risiken übersteigt[52]. Dieser intraindividuellen Abwägung nachrangig, aber in praxi doch vor allem wird die Feststellung eines »angemessenen Verhältnisses« zwischen Risiken für die Versuchsperson und Nutzen der Forschung für das Gemeinwohl gefordert; es wird in der Regel in »nicht mehr als minimalen« Risiken und Belästigungen für den Probanden und »wesentlichen« Ergebnissen der Forschung bzw. Erkenntnissen für die Allgemeinheit gesehen. Dabei scheint das Kriterium der Angemessenheit juristisch prägnanter zu sein und damit ein höheres Schutzniveau zu sichern als der Ausschluß eines »Mißverhältnisses«[53,54].

In diese Abwägung gehört auch die Frage, »ob es die Menschenwürdegarantie gebietet, bewußt auf Fortschritte in der Erkennung und Behandlung dieser spezifischen Krankheiten zu verzichten« und ob dem »nicht umgekehrt das Recht auf Leben der ebenfalls oder zumindest zukünftig von der fraglichen Krankheit Betroffenen entgegen« steht[55]. Vor allem aber ist die Frage zu beantworten, ob eine Maßnahme, die den Probanden nur gering belastet, selbst dann unzulässig sein soll, wenn anderen von der gleichen Krankheit Betroffenen durch die Maßnahme eine große Hilfe erwiesen werden kann. Zumindest ist es in Deutschland »von Verfassungs wegen keineswegs ausgeschlossen..., unter bestimmten Voraussetzungen auch Forschung mit nur möglichem Eigennutzen für den Betroffenen und solche mit wenigstens gruppenspezifischem Nutzen zu erlauben«[56]

⟹ **Schlußfolgerung 6:** Insgesamt sind erhebliche Unterschiede in Differenzierungsgrad und begrifflicher Präzision von Nutzen und Risiken sowie der Angemessenheit ihres Verhältnisses zueinander festzustellen. Konkretisierungen ihrer Stärke fehlen weitgehend.

---

[52] Warum der erwartete Nutzen bei Forschung mit potentiellem individuellem Nutzen in Georgien »nicht den, durch die Vornahme einer Alternativmethode zu erwartenden Vorteil übersteigen« darf, ist unverständlich (Kalandadse, S. 588).

[53] Wie ihn das MRB oder das dänische Forschungsgesetz (Hybel, S. 493) vorsieht.

[54] Taupitz et al, S. 420.

[55] Taupitz et al, S. 426.

[56] Taupitz et al, S. 427.

III. Einwilligungsfähigkeit

Voraussetzung für eine gültige Einwilligung nach Aufklärung ist die Einwilligungsfähigkeit. Die Feststellung von Einwilligungsfähigkeit bzw. ihre Abgrenzung zu eingeschränkter oder aufgehobener Einwilligungsfähigkeit ist jedoch nicht so einfach, wie dies in den meisten Texten unterstellt zu werden scheint. Sie ist vielmehr oft schwierig, weil allgemein anerkannte Definitionen mit eindeutigen Begriffen sowie valide und praktikable Verfahren zu ihrer Feststellung bisher nicht verfügbar sind.[57]

1. Definition Einwilligungsfähigkeit wird juristisch zwar inzwischen von Geschäftsfähigkeit, Testierfähigkeit und Schuldfähigkeit unterschieden[58], aber für praktische Zwecke bisher nicht ausreichend prägnant und genügend konkret definiert.[59,60,61] Festzuhalten ist jedoch, daß sie keine zeitinvariante Ei-

---

[57] Helmchen H (1995) Kriterien und Konsequenzen von Einwilligungsunfähigkeit. In Toellner R, Wiesing U (Hrsg) Wissen - Handeln - Ethik. Fischer, Stuttgart - Jena. S 117 - 127.

[58] Aber z.B. noch nicht in der Türkei (Dural, S. 774).

[59] In der deutschen (und ähnlich der österreichischen) Rechtsprechung wird die Einwilligungsfähigkeit bisher als Fähigkeit eines Menschen beschrieben, »Wesen, Bedeutung, Tragweite und Risiken« eines Eingriffes (hier: eines medizinischen Versuches) einzusehen und seinen Willen danach zu bestimmen (Kopetzki, S. 240)). Aber die Gesetzestexte verwenden die Begriffe nicht konsistent und zudem in unterschiedlichem Umfang, so besonders hinsichtlich des voluntativen Vermögens, und die in der Judikatur verwendeten Definitionsbestandteile werden fast beliebig gegeneinander ausgetauscht (Amelung K (1995) Probleme der Einwilligungsfähigkeit. Recht Psychiatr 13: 20 - 28). Das voluntative Vermögen kommt etwas mehr zum Ausdruck in der schweizer Formulierung vom »Entscheid« (informed choice), dem der Begriff »Einwilligung« (informed consent) untergeordnet wird, wobei neben letzterer die Verweigerung der vorgeschlagenen Behandlung auch als ein selbständiger Behandlungsvorschlag stehen kann. Einziges Kriterium der Einwilligungsfähigkeit ist die »Urteilsfähigkeit« (, die aber nicht näher bestimmt wird!). (Steffen et al., S. 362, 363).

[60] »... Unsicherheiten betreffen Details, auf die es aus dem Blickwinkel des Art. 6 MRB nicht ankommt. Das betrifft etwa die entscheidende – und in Österreich weithin ungeklärte – Frage, nach welchen *Kriterien die »Einwilligungsfähigkeit«* zu beurteilen ist; offenbar überläßt dies auch die MRB der Konkretisierung durch die nationalen Rechtsordnungen» (Kopetzki, S. 207 f.).

[61] »... bleiben wegen der konkreten Einzelfallbezogenheit der Beurteilung viele Zweifelsfragen offen. Wohl gerade deshalb hat der österreichische Gesetzgeber bei der klinischen Arzneimittel- und Medizinprodukteprüfung einen etwas anderen Weg gewählt, indem er... die *Grenzziehung zwischen einwilligungsfähigen und nicht-einwilligungsfähigen Personen* nicht an der konkreten Einsichts- und Urteilsfähigkeit festmacht, sondern kumulativ auf die zivilrechtliche Geschäftsfähigkeit...

genschaft ist und nicht global[62], sondern immer nur im konkreten Einzelfall zu bestimmen ist. Unverzichtbare Komponenten sind die Fähigkeiten, eine Information[63] zu verstehen, zu bewerten, und sich nach ihr zu bestimmen.[64]

⟹ **Schlußfolgerung 7:** Es besteht ein theoretischer Forschungsbedarf zur Klärung und Vereinheitlichung der juristischen Terminologie zur Einwilligungsfähigkeit[65].

2. Feststellung bzw. Trennung von Einwilligungsfähigkeit und Einwilligungsunfähigkeit Normierungen zur Feststellung der Einwilligungsfähigkeit liegen nicht vor. Allerdings sieht ein Vorschlag der National Bioethics Advisory Commission (NBAC) der USA vor, daß Versuchspersonen Zweifel an ihrer Einwilligungsfähigkeit mitzuteilen sind[66]. Für ihre praktische Erfassung steht bisher nur die klinisch-psychopathologische Untersuchung zur Verfügung. Testpsychologische Untersuchungen, wie z.B. die McArthur-Testbatterie[67], erfassen nur Partialaspekte oder sind zu aufwendig und überdies im Ergebnis doch fragwürdig. Praktikabel zu prüfen wäre, ob die Person die Information so verstanden hat, daß sie Fragen nach dem Was?, Warum?, Warum ich? beantworten[68] und dann auch eine Entscheidung eindeutig zum Ausdruck bringen kann.

---

bzw auf zusätzliche Altersgrenzen (...kumulative Zustimmung der bereits 8jährigen Minderjährigen) abstellt. Diese Regelungen sind zwar schematischer, da sie an fixen Altersgrenzen bzw an einer gerichtlichen Sachwalterbestellung anknüpfen, sie haben dafür aber eine wesentlich größere intersubjektive Nachvollziehbarkeit und somit Rechtssicherheit für sich... daß sich die MRB in dieser Frage nicht festlegt, sie überläßt die Grenzziehung zwischen Einwilligungsfähigkeit und Einwilligungsunfähigkeit dem nationalen Recht« (Kopetzki, S. 232).

[62] A person »may at one time be competent to make decisions and incompetent to make others (keine globale Eigenschaft); may fluctuate from time to time particularly in the presence of illness« (nicht zeitinvariant) (Bergin, S. 329).

[63] Die Vorschriften über den Inhalt der Aufklärung schwanken zwischen sehr allgemeinen »Sinn und Zweck« (Min-Joon Kim, S. 739) und sehr dezidierten Angaben (z.B. GCP) und enthalten gelegentlich auch problematische Informationen wie die »Notwendigkeit« der medizinischen Forschung (Min-Joong Kim, S. 739).

[64] Amelung K, a.a.O. FN 59.

[65] Fröhlich U (1999) Forschung wider Willen? Rechtsprobleme biomedizinischer Forschung mit nichteinwilligungsfähigen Personen. Springer, Berlin - Heidelberg - New York.

[66] Jost, S. 787 f.

[67] Appelbaum PS, T Grisso (1995) The MacArthur treatment competence study. 1 Mental illness and competence to consent to treatment. Law Human Beh 19: 105 - 126.

[68] Helmchen H, H Lauter et al (1995) Dürfen Ärzte mit Demenzkranken forschen? Thieme, Stuttgart; Helmchen H (1995) a.a.O. FN 57:
Was?: z.B. Versuchs- oder Standardbehandlung, Placebokontrolle, Zufallszuteilung,

Unterschiede in Genauigkeit der Bestimmung und im Umfang der Aufklärungsinhalte (»Wesen, Bedeutung, Tragweite« oder »Nutzen und Risiko«) sind hier allenfalls insofern von Belang, als sie die Schwelle zur Feststellung einer Einwilligungsunfähigkeit beeinflussen könnten.

$\Longrightarrow$ **Schlußfolgerung 8:** Es besteht empirischer Forschungsbedarf zur Praktikabilität und Validität der Erfassung von Einwilligungsfähigkeit.

IV. Schutz bei Forschung mit einwilligungsunfähigen Erwachsenen

Da Personen mit eingeschränkter oder aufgehobener Einwilligungsfähigkeit besonders vulnerabel sind, bedürfen sie besonderen Schutzes. Er wird realisiert durch 1) Schutzkriterien, 2) Einwilligungsersatz, 3) Versicherung und 4) Kontrolle durch Ethikkommissionen. Wichtig ist, daß »erst durch das Zusammenwirken der verschiedenen Kriterien ein ausreichender Schutz der Patienten bzw. Probanden erreicht« wird[69].
In den meisten Ländern gibt es dazu keine allgemeine gesetzliche Regelung, z.B. durch ein Forschungsgesetz, sondern nur spezialgesetzliche Regelungen, so insbesondere zur Prüfung von Arzneimitteln und von Medizinprodukten, die oft per analogiam auch auf nicht geregelte Bereiche der Forschung angewandt werden[70]. In manchen Ländern gibt es jedoch nur – aber immerhin verbindliche – Empfehlungen zur Forschung mit Menschen[71].

1. Schutzkriterien $\Longrightarrow$ **Schlußfolgerung 9:** International weitgehende Übereinstimmung besteht darin, daß die Einbeziehung nicht- einwilligungsfä-

---

Freiwilligkeit der Teilnahme, potentieller Nutzen, mögliche Risiken.
Warum?: z.B. kann die Person genannte Sachverhalte begründen?
Warum ich?: kann die Person ihre eigene Entscheidung begründen, z.B. mit Hoffnung auf größere Heilungschancen trotz bestimmter Risiken oder mit Bezug zu nicht krankheitsverzerrten Wertmaßstäben oder Krankheitskonzepten?

[69] Taupitz et al, S. 418.

[70] S. FN 27.

[71] Das australische National Statement hat zwar streng genommen keine Gesetzeskraft, ist jedoch »an indication of acceptable standards within the scientific community« und offenbar sehr wirksam, da »a failure to comply with them might be taken as evidence of a failure to take reasonable care« and therefore »negligence«, zumindest für staatlich durch den NHMCR finanzierte Forschung (Naffine, S. 266).

Zum *Schutz* von Personen bei Forschungsvorhaben (Art.16, MRB) gibt es in der Schweiz nur einige Spezialverordnungen, insbesondere das (Interkantonale Kontrollstelle) IKS-Reglement für Heilmittel (ein AMG ist erst im Entwurf) mit dem Anhang Good Clinical Practice, oder kantonale Gesundheitsgesetze mit Hinweis auf die Richtlinien der Schweizer Akademie der Medizinischen Wissenschaften »Forschungsuntersuchungen am Menschen«. Einige kantonale Gesetze dehnen die IKS-Vorschriften auf Forschung am Menschen allgemein aus (Steffen et al, S. 380f.).

higer Personen in Forschungsuntersuchungen meist nur als Ausnahme[72] möglich ist, und auch dann nur, wenn folgende Kriterien erfüllt sind:

1. Die Forschung kann *nur subsidiär* durchgeführt werden, d.h. nur dann, wenn sie bei einwilligungsfähigen Erwachsenen nicht möglich ist[73].

2. Die Forschung muß einen »*wesentlichen« Nutzen* im Sinne einer neuen und für die Versuchsperson oder für das Gemeinwohl relevanten Erkenntnis erwarten lassen[74].

3. Die Forschung darf nicht mehr als *minimale Risiken* und Belästigungen erwarten lassen[75]. Allenfalls bei therapeutischer Forschung darf ein mehr als minimales Risiko in Kauf genommen werden, wenn es in einem angemessenen Verhältnis zum individuell erwarteten Nutzen für die Versuchsperson steht.

4. Der *Vertreter* der Versuchsperson muß nach Aufklärung schriftlich eingewilligt haben. In einigen Ländern bedarf diese Einwilligung der Zustimmung durch staatliche oder rechtliche Institutionen[76] , entweder in jedem Fall oder nur bei mehr als minimalen Risken[77].

---

[72]S. FN 31.

[73]Dieses Subsidiaritätskriterium gibt es in den USA nach der Common Rule nicht (Jost, S. 787), in Österreich nicht für Arzneimittelprüfungen: sie sind möglich »ohne einen Vorrang der Prüfung bei einwilligungsfähigen Erwachsenen« (§ 43 AMG) (Kopetzki, S. 236). Im weiteren Sinne ist es dort jedoch bei psychisch kranken oder geistig behinderten erwachsenen Personen unter Sachwalterschaft erforderlich, daß die Anwendung des Arzneimittels gerade im Hinblick auf jene psychische »Anlaßkrankheit« medizinisch geboten ist, wegen der die Sachwalterbestellung erfolgte (Kopetzki, S. 236).

[74]S. FN 45.

[75]Das spanische Gesetz betont bei nicht-therapeutischer Forschung »the need for risk prevention measures, as is only to be expected, but – unlike other legal instruments – does not stress that the test itself should pose no risks or that these should be minimal. It is on the innocuous nature of the test itself that emphasis should be placed and not just measures to counter any risks entailed (Romeo-Casabona, S. 524).

[76]Z.B. in Spanien durch »the Office of the Head of Public Prosecutions« (Romeo-Casabona, S. 528); in der Türkei »bedarf es für eine medizinische Forschung neben der schriftlichen Einwilligung des Freiwilligen auch der Genehmigung des Gesundheitsministeriums« (Dural, S. 774).

[77]Z.B. in Österreich beim Pflegschaftsgericht (Kopetzki, S. 236).

5. Auch die Versuchsperson soll nach Maßgabe ihrer Möglichkeiten aufgeklärt werden und einwilligen; dies bedeutet, daß eine *Abwehr* der Intervention durch den Patienten respektiert werden muß[78,79,80].

6. Eine Ethikkommission muß der Forschungsuntersuchung zugestimmt haben. Ein positives *Votum* sollte *begründet* sein. Diskutiert werden könnte außerdem die Begrenzung solcher Forschung auf qualitätskontrollierte Institutionen als einer über definierte Anforderungen an die Qualifikation des Prüfleiters hinausgehenden Sicherung[81].

2. Ersatz fehlender Einwilligung bei Einwilligungsunfähigkeit von Erwachsenen Dieser Ersatz durch Patientenverfügungen, Bevollmächtigungen oder Vertreter ist in vielen Ländern möglich[82]. Begründet wird dies da-

[78] Z.B. Nach dem australischen National Statement »refusal must be respected« (Naffine, S. 269). The Canadian Quebec Civil Code states that »a person... may not be submitted... if he objects.«(Bergin, S. 330). The Danish Committee Act stipulates that »an eventual protest from the patient is always to be observed« (Hybel, S. 497).

[79] In Griechenland nimmt »die betroffene Person... im Rahmen des Möglichen« auch »am Vorgang der Bevollmächtigung« ihres Vertreters teil (Rokas et al, S. 598).

[80] In Italien ist »der Fall des Widerspruchs zwischen der (zustimmenden) Entscheidung des gesetzlichen Vertreters und den (ablehnenden) Aussagen des Betroffenen leider nicht geregelt« (Patti, S. 624), während die Common Rule in den USA »seems to allow research to go forward over the objection of an incompetent, if surrogate consent is obtained« (Jost, S. 787).

[81] Wie sie in den USA für »institutions engaged in research are subject to monitoring« durch das Office for Protection from Research Risks (OPR) und die FDA vorgesehen ist (Jost, S. 816f.), oder wie es das Georgische Gesetz über biomedizinische Forschung generell vorschreibt (Kalandadse, S. 579).

[82] In Belgien jedoch gibt es keine spezielle gesetzliche Regelung der Behandlung von Nichteinwilligungsfähigen, bzw. sie ist widersprüchlich, da der Arzt (außer in Notfällen) ohne informierte Einwilligung nicht behandeln darf, ein Ersatz fehlender Einwilligungsfähigkeit aber nicht möglich ist (»legally not entitled«). Deshalb werden für die Praxis i) die Einwilligung durch nahe Familienangehörige (aber Probleme mit Auswahl des Familienangehörigen, Reihenfolge der Auswahl, Lösung von Konflikten unter Familienangehörigen) oder ii) der mutmaßliche Wille des Probanden erwogen(aber Problem fehlender Kriterien zur Feststellung der Einwilligungsfähigkeit und durch wen?). Jedoch in beiden Fällen fehlt eine rechtliche Grundlage. Nach allgemeinem Vertragsrecht, aber ohne spezielle gesetzliche Regelungen, sind Vorabverfügungen und gewillkürter Stellvertreter zwar möglich, in praxi aber fast nie gebraucht (Nys, S. 294). »Needless to add that if the daily medical treatment of incompetent major persons is confronted with these legal difficulties, this is even more true for biomedical research with these persons.« Es wird nur festgestellt, daß Art. 7 des International Covenant on Civil and Political Rights of the United Nations (1966) »seems to preclude non-therapeutic research with minors and incapacitated

mit, daß anderenfalls die dringend erforderliche Erforschung gerade eine Reihe von zur Einwilligungsunfähigkeit führenden Krankheiten wesentlich behindert würde oder zum Stillstand käme[83]. Dies gilt allerdings nicht für die generell nicht zulässige, rein fremdnützige Forschung[84]

a. Ersatz durch Patientenverfügung oder Bevollmächtigung Interesse, Wunsch oder Wille des nicht-einwilligungsfähigen Erwachsenen können durch Patientenverfügungen oder durch Bevollmächtigungen einer Vertrauensperson zum Ausdruck gebracht werden. Erstere ist zwar authentischer Ausdruck des Patientenwillens, verliert aber mit zunehmendem Abstand zwischen Zeitpunkt der Verfügung und Zeitpunkt ihres Einsatzes an aktueller Authentizität und an Paßgenauigkeit zwischen Verfügung und Forschungsprojekt. Letztere kann durch den gewillkürten Vertreter hergestellt werden, dem es jedoch an der Authentizität der höchstpersönlichen Entscheidung mangelt[85]. Meist

---

persons. However, the exact meaning of article 7 in this respect is disputed. It is interesting to note that *article 17* of the ECHRBio allows non-therapeutic research on subjects not able to consent to it *under very strict* conditions. In its advice on the Convention, the Belgian Federal Committee on Bioethics *has approved this disposition.*« (Nys, S. 292).

[83] Vollkommene Unzulässigkeit von Forschung mit nicht Einwilligungsfähigen würde bedeuten, »that research would come to a standstill, because persons suffering from these diseases would, per definitionem, be incompetent, e.g. severely demented patients. The development of knowledge on this kind of diseases, too, is of vital importance, and it has therefore been accepted... that, when obtaining consent from the experimental subject himself is impossible, consent by proxy is sufficient for carrying through biomedical research« (Hybel, S. 496).

[84] In Österreich ist nach geltendem Recht ebenso wie auch in vielen anderen Ländern nicht-therapeutische Forschung mit Einwilligungsunfähigen grundsätzlich unzulässig. Es gibt auch »niemanden, dem die Zuständigkeit zur Erteilung einer Einwilligung« in ausschließlich fremdnützige Forschung an Einwilligungsunfähigen »zukommt... Die Schwelle für die Bejahung der persönlichen Einwilligungsfähigkeit ist in diesen Fällen untypisch hoch angesetzt: einwilligungsfähig ist hier nur, wer geschäftsfähig *und* in der Lage ist, Wesen, Bedeutung, Tragweite und Gefahren der klinischen Prüfung einzusehen und seinen Willen danach zu bestimmen« (Kopetzki, S. 235).

[85] Einer schweizer Formulierung folgend sind Patientenverfügungen »empfangsbedürftige schriftliche Willenserklärungen, die im Falle der Urteilsunfähigkeit des Urhebers für bestimmte künftige Krankheitssituationen gewisse ärztliche Eingriffe und Therapien verlangen oder ablehnen«. Sie sind ein gewichtiges Indiz für den Willen des Patienten, »entscheidend ist jedoch der gegenwärtige mutmaßliche Wille des Patienten, der nur aufgrund einer sorgfältigen Abwägung aller Umstände des Falles gefunden werden kann. Diese Aktualisierung wird entweder durch den eigenen Willen des Patienten stattfinden oder durch Bezugspersonen. Hier wäre der Idealfall wiederum, daß eine besondere Bezugsperson, d.h. ein gewillkürter Stellvertreter durch den Patienten vorsorglich genannt wurde« (Steffen et al, S. 369 f.).

wird die Patientenverfügung nur als zu beachtendes Indiz[86], gelegentlich jedoch auch als bindende Festlegung bewertet[87].

b. Ersatz durch Vertreter Ein Ersatz fehlender Einwilligung durch einen gesetzlichen Vertreter (Sorgeberechtigter bei Minderjährigen, vom Gericht eingesetzte Betreuer/Sachwalter bei Erwachsenen) oder durch Familienangehörige wird in der Mehrzahl der Länder akzeptiert[88]. In Korea »obliegt es dem Vormund, in die medizinische Forschung am psychisch Behinderten nach der Aufklärung einzuwilligen« (Min-Joong Kim, S. 743) oder – nach dem koreanischen Arzneimittelgesetz – dürfen die »Vertreter (Eltern, Ehepartner, Vormund, Pfleger etc.) an der Stelle des Probanden einwilligen«. Dabei gelten nach dem koreanischen Gesetz über psychische Gesundheit »die Unterhaltsverpflichteten (nahestehende Verwandte, Ehegatte) und Pfleger im Sinne des koreanischen BGB als Betreuer des psychisch Kranken, die sich an ihrem Wohl und Rechtsschutz zu orientieren haben«. (Min-Joong Kim, S. 743)., und

[86] Gelegentlich finden sich auch vagere Formulierungen wie z.B. in Italien: »Wünsche sind zu berücksichtigen, die der Patient eventuell vor Verlust der Handlungsfähigkeit geäußert hat« (Patti, S. 624).

[87] In Korea ist sie nach herrschender Meinung »der stellvertretenden Einwilligung oder der mutmaßlichen Einwilligung vorzuziehen«; ihre Verbindlichkeit ist jedoch umstritten und sie bindet den Forscher nur, »solange sie konkret die Teilnahme an einem bestimmten Forschungsvorhaben (z.B. Demenzforschung) umfassen kann.« (Min-Joong Kim, S. 744). In jedem Fall dürfte sie an Gewicht gewinnen, wenn sie durch eine explizite und konkrete Erhebung der Wertvorstellungen des Patienten vorbereitet worden ist, z.B. durch eine sogenannte »Wertanamnese« (Sass HM, Kielstein R: Die medizinische Betreuungsverfügung in der Praxis. Vorbereitungsmaterial. Modell einer Betreuungsverfügung. Heft 111 der Medizinethischen Materialien des Zentrums für Medizinische Ethik der Ruhruniversität Bochum. 6. Aufl. 2000).

[88] Australien: Consent must be obtained from the person's guardian or an authority or other organisation or person having that responsibility under law (Naffine, S. 269). Belgien: Nahe Familienangehörige (aber Probleme mit Auswahl des Familienangehörigen, Reihenfolge der Auswahl, Lösung von Konflikten unter Familienangehörigen) (Nys, S. 293) Canada: The surrogate decision-maker may be a guardian appointed by the courts, a next-of-kin designated by legislation, or a proxy named in an advance directive. In the research context, however, there are few legislative provisions which specify who can make a decision in regard to the incompetent adult's participation in a research trial (Bergin, S. 329). Schweiz: Ersatz (Art.6,3) ist in den einzelnen kantonalen Gesetzen unterschiedlich geregelt, von fehlender ausdrücklicher Regelung über Einwilligung durch gewillkürten Stellvertreter oder Angehörige oder sogar den Arzt bis zur Patientenverfügung (Steffen et al, S. 364). Dänemark: Informed consent kann durch »next of kin or possibly by a guardian« gegeben werden (Hybel, S. 496). Griechenland: »Die Einwilligung der Angehörigen steht an Stelle der vermuteten Einwilligung des Patienten, so daß Angehörige, die den Patienten nicht gesetzlich vertreten, als Geschäftsführer ohne Auftrag handeln« (Rokas et al, S. 601).

zwar immer subsidiär[89], unter bestimmten Bedingungen nur mit zusätzlicher richterlicher Genehmigung[90], aber nicht für rein fremdnützige Forschung[91]. Allerdings ist oft nur die individuelle Heilbehandlung geregelt, während entsprechende Vorschriften für die Forschung viel weniger prägnant sind.

⟹ **Schlußfolgerung 10:** Die praktische Nutzung von Patientenverfügungen und Bevollmächtigungen auch für Forschungszwecke sollte gefördert und ihre Verbindlichkeit geklärt werden, Unklarheiten zur Autorisierung von Vertretern sollten abgebaut werden.

3. Versicherung Dazu finden sich kaum Festlegungen. In einigen Ländern (z.B. Deutschland, Schweiz, Österreich) muß eine Probandenversicherung abgeschlossen werden, in anderen Ländern (z.B. Georgien[92]) gibt es keine Haftung des Forschers. Es sind (bisher) meist Versicherungen gegen Verschuldenshaftung; es sollte sich jedoch wie in Österreich[93] um eine verschuldensunabhängige Versicherung gegen Gefährdungshaftung handeln. Denn eine Versicherung gegen Verschulden schützt primär den Forscher, nicht aber die Versuchsperson, die gegebenenfalls noch die Beweislast für den Zusammenhang ihres Schadens mit der Forschung trüge[94]. Dies aber wäre bei der hier behandelten Personengruppe ganz besonders unangemessen.

---

[89] Das dänische Forschungsgesetz schreibt – ähnlich wie auch in anderen Ländern – vor, daß auch der nicht einwilligungsfähige Proband immer soweit wie möglich einzubeziehen ist (Hybel, S. 497).

[90] Bei »nicht unerheblichen Risiken« im Rahmen einer Therapieprüfung ist in Österreich zusätzlich die Genehmigung des Pflegschaftsgerichtes einzuholen (Kopetzki, S. 236). In den USA verlangt der NBAC-Vorschlag für Forschung mit »mentally disabled« persons »legally authorized representatives to be authorized by a court or by statute« (Jost, S. 787). In Israel müssen bestimmte Forschungsuntersuchungen in Krankenhäusern vom Gesundheitsminister schriftlich genehmigt werden (Shapira, S. 641 f.).

[91] Laut schweizer Bundesgericht »muß der gesetzliche Vertreter sich ganz nach den Interessen des Vertretenen richten und er darf den Vertretenen grundsätzlich nicht einem wissenschaftlichen Experiment ausliefern. Der Begriff des ‚wissenschaftlichen Experiments' ist nicht ganz klar, meint aber wohl nichttherapeutische Versuche« (Steffen et al, S. 382).

[92] Kalandadse, S. 582.

[93] Kopetzki, S. 230.

[94] Eine Honorierung von Versuchspersonen, wie sie in Tschechien diskutiert wird (Cisarova et al, S. 405), ist generell sehr skeptisch zu beurteilen, käme aber bei nichteinwilligungsfähigen Probanden sicher nicht in Frage, da sie den Schutz vermindern könnte, indem Probanden – oder ihre Vertreter – mehr als nur minimale Risiken auf sich nehmen könnten.

4. Kontrolle durch Ethikkommissionen Ethikkommissionen dienen dem vorrangigen Ziel, das Wohl der Versuchsperson zu schützen. Dazu nehmen sie – in der Regel in multidisziplinärer Beratung von schriftlich vorgelegten Forschungsplänen – eine Nutzen-Risiko-Abwägung des Forschungsprojektes vor und prüfen, ob dessen wissenschaftliche Qualität[95] sowie die Aufklärung zur Einwilligung ausreichen und es damit ethisch vertretbar und rechtlich zulässig ist. Jedoch sind die rechtlichen Grundlagen für Zusammensetzung[96], Beurteilungsmaßstäbe, Verbindlichkeit der Voten, Haftung u.ä.m. von Ethikkommissionen recht unterschiedlich und meist nicht sehr klar[97].

a. Beratungspflicht In vielen Ländern besteht eine Pflicht[98] des Forschers, sich bei biomedizinischer Forschung[99] durch eine Ethikkommission beraten

[95] USA: »A researcher can be sued for 'malresearch' if research is performed negligently... « (Jost, S. 779).

[96] Brasilien: »Die Interessen der Gesellschaft als solche sollen durch mindestens einen Vertreter gewährleistet werden«. Bei Forschungen mit vulnerablen Gruppen empfiehlt es sich, einen ihrer Vertreter zur Diskussion heranzuziehen (Villela, S. 316). Canada: »The make-up of the REB is designed to reflect the interests of both researchers and society in research but most REBs are in fact heavily weighted in favour of researchers and institutional representatives and lacking subject representatives.« (Bergin, S. 324). Dänemark: »to strengthen ... the layman element« (Hybel, S. 491).

[97] Z.B. wirft in Österreich – wie auch anderenorts – die Einordnung der Ethikkommissionen (EK) und ihrer Voten in den Kontext der Rechtsordnung und des Verwaltungsaufbaues zahlreiche Fragen auf: i) die organisationsrechtliche Stellung ist völlig uneinheitlich von staatlich bis privat; ii) unklar ist, ob sie nur beratende oder zustimmende, also genehmigende Aufgaben haben; iii) unklar sind auch die Beurteilungsmaßstäbe: der Schwerpunkt der Beurteilung – in welcher Gewichtung auch immer – liegt auf Rechtsfragen und Fragen der fachlichen Methodik, nicht jedoch auf den »ethischen« Aspekten (Kopetzki, S. 247). Zu ihren Pflichten gehört in Dänemark »to make sure that the projects meet the required scientific quality level, i.e. they meet the requirements of good scientific standard both in terms of purpose and methodic« (Hybel, S. 493). Was die Pflicht zur Vorlage der Unterlagen eines Forschungsprojektes bei einer Behörde, in Deutschland bei Arzneimittelstudien der zuständigen Landesbehörde, tatsächlich bedeutet, ist unklar, z.B. hinsichtlich Haftungsfragen, wenn nach einer Frist von 60 Tagen ohne Widerspruch der Behörde die Studie durchgeführt werden darf (Kopetzki, S. 246). In Italien ist das Bedürfnis nach weiterer Regelung der Grundlagen der Ethikkommissionen »- auch im Hinblick auf ihre eventuelle Haftung – offenbar erheblich (Patti, S. 637), ähnlich in Japan (Urakawa, S. 663).

[98] Vorgeschrieben entweder durch Gesetz wie in Dänemark (Hybel, S. 493), oder durch Berufsrecht wie in Deutschland (Taupitz, S. 422), oder durch Richtlinien wie in Kanada (Bergin, S. 324), oder indirekt durch Bezug auf die Deklaration von Helsinki wie in Belgien (Nys, S. 291).

[99] In Brasilien (Villela, S. 316) oder in Dänemark muß jede Forschung mit Menschen («all research projects which included human subjects») einem Ethikkommittee vor-

zu lassen und ein Votum derselben einzuholen. In manchen Ländern wie z.B. in Dänemark muß jede biomedizinische Forschung einer Ethikkommission vorgelegt werden, unabhängig von der Profession des Forschers und dem Ort der Durchführung und auch unabhängig davon, ob es sich um gesunde oder kranke Probanden oder Patienten handelt[100,101]. In anderen Ländern müssen nur bestimmte Forschungsprojekte einer Ethikkommission vorgelegt werden, z.B. in jedem Fall Forschung mit Kindern oder einwilligungsunfähigen Erwachsenen[102] oder nur Forschung zu Arzneimitteln, Medizinprodukten und neuen medizinischen Methoden[103] oder nur bestimmte Forschungsprojekte mit Patienten in staatlichen Krankenhäusern[104] oder nur solche, für die staatliche Fördermittel in Anspruch genommen werden[105].

---

gelegt werden (Hybel, S. 493), in vielen Ländern nur biomedizinische Forschung, in manchen Ländern ohne allgemeine Beratungspflicht (z.B. Österreich) nur bestimmte Forschung. Unklar ist allerdings, ob «jede Forschung mit Menschen» (Villela, S. 316) auch andere als biomedizinische, z.B. psychologische oder soziologische, Forschung einschließt.

[100] Hybel, S. 490.

[101] Beratungspflichtig ist in Dänemark nicht nur biomedizinische Forschung bei lebenden Menschen, sondern auch bei menschlichem Leben ab der Konzeption und bei Verstorbenen (Hybel, S. 491).

[102] Nur der Quebec Civil Code requires research involving minors or incapable adults to be subjected to approval and monitorung by an ethics committee. No provision with respect to research on humans generally (Bergin, S. 324).

[103] Österreich (Kopetzki, S. 247), Korea (Min-Joong Kim, S. 757).

[104] In Österreich gibt es keine allgemeine Pflicht zur Befassung von unabhängigen Gremien bei der Durchführung von Forschungsvorhaben am Menschen: Therapeutische Forschung mit Patienten bedarf einer Beurteilung durch die Ethikkommission bei klinischer Arzneimittelprüfung – sowohl in als auch außerhalb von Krankenanstalten und bei klinischer Prüfung von Medizinalprodukten, bei Anwendung neuer medizinischer Methoden jedoch nur in Krankenanstalten. »Neue Methoden sind Methoden, die auf Grund der Ergebnisse der Grundlagenforschung und angewandten Forschung sowie unter Berücksichtigung der ärztlichen Erfahrung die Annahme rechtfertigen, daß eine Verbesserung der medizinischen Versorgung zu erwarten ist, die in Österreich jedoch noch nicht angewendet werden und einer methodischen Überprüfung bedürfen«. Nur in Universitätskliniken muß *jede* angewandte medizinische Forschung am Menschen der Ethikkommission der Universitätskliniken vorgelegt werden (Kopetzki, S. 245)(was das MRB für jede Humanforschung vorschreibt).

[105] Canada: The Tri-Council Policy Statement establishes the requirement of ethics review prior to receiving funding from the three agencies: »research ethics board« (REB)(Bergin, S. 324). USA: The Common Rule »provides protection of human subjects involved in research funded by the federal government... not legally subject to this rule... is nonfederally funded research not intended to develop a drug or device that must be approved by the FDA. In fact, however, most research funded through nonfederal government sources is carried on within institutions that monitor research in accordance with the federal Common Rule.« (Jost, S. 778).

⟹ **Schlußfolgerung 11:** Jede Forschung mit Menschen (also nicht nur biomedizinische Forschung) sollte einer Ethikkommission vorgelegt werden.

b. Zustimmungspflicht Soweit dazu überhaupt Äußerungen vorliegen, haben die Ethikkommissionen in der Regel nur eine beratende, selten jedoch auch eine bewilligende Funktion[106]. Immerhin müssen sie in Österreich bei Forschungsprojekten mit Nichteinwilligungsfähigen «grundsätzlich damit einverstanden» sein[107], wodurch sie ein höheres Schutzniveau bewirken sollen und de facto eine Zustimmungskompetenz erhalten. Wenn die Formulierung »has been approved« in Art. 16, iii, MRB, eher als Erfordernis der Bewilligung zu verstehen ist, dann würde dies die Notwendikeit rechtsstaatlicher Garantien nach sich ziehen[108].

c. Begründungspflicht Zumindest[109] für Forschung ohne unmittelbaren Nutzen für die Versuchsperson (ausschließlich der unzulässigen rein fremdnützigen Forschung) sollte die Ethikkommission ihr positives Votum begründen. Denn die in Deutschland übliche Formel der Zustimmung der Ethikkommission als »ethisch und rechtlich vertretbar bzw. keine Einwände« dürfte nicht ausreichen, um die z.B. im dänischen Forschungsgesetz vorgesehene[110] argumentative Abwägung der Ethikkommission zu belegen.

⟹ **Schlußfolgerung 12:** Die erforderliche Zustimmung einer Ethikkommission zu medizinischer Forschung mit nicht-einwilligungsfähigen Personen soll begründet sein.

---

[106] In Österreich hat die Ethikkommission für klinische Arzneimittelprüfungen nur eine Beratungspflicht; bei der Prüfung von Medizinprodukten bedarf es hingegen einer »befürwortenden« Stellungnahme der Ethikkommission, was auf eine Genehmigungsbefugnis hinausläuft. Die IRBs in den USA hingegen haben »responsibility to ... approve, require modification in (to secure approval), or disapprove 'human subjects research'«, ferner »for monitoring research on an on-going basis, conducting reviews of on-going research at least annually« (Jost, S. 816).

[107] Kopetzki, S. 236.

[108] Kopetzki, S. 248.

[109] Wenn aus pragmatischen Gründen zur Vermeidung von Arbeitsüberlastung und damit Verlängerung der Bearbeitungsdauer eine weitergehende Fassung nicht möglich ist; die Feststellung, daß in den USA »IRBs are often overworked and underresourced« (Jost, S. 818), trifft vermutlich auch für andere forschungsintensive Länder zu.

[110] »The appraisal of the ethical review committee... must ensure an adequate balance in each case (Hybel, S. 493).

Ethikkommissionen haben sich als »selbstverwaltete wissenschaftliche Instanzen der Prüfung, Konsultation und Selbstvergewisserung«[111] als wirksam erwiesen. Die Möglichkeiten der Vertrauensbildung in die Öffentlichkeit hinein erscheinen bisher jedoch noch nicht voll ausgeschöpft[112]. Hier sollen insbesondere Nationale Ethikkommissionen die Gesellschaft sensibilisieren und den Staat beraten[113]. Allerdings wären hier eindeutige Verfahrensregelungen zur Wahl der Mitglieder, Zusammensetzung, Unabhängigkeit und Aufgabenstellung erforderlich, um eine mißbräuchliche Instrumentalisierung des Gremiums auszuschließen.

C. Schlußfolgerungen

Die durch den wissenschaftlichen Fortschritt der Medizin erzwungene Diskussion über ethische und rechtliche Grundlagen der medizinischen Forschung mit Menschen, insbesondere den Schutz von Probanden/Patienten durch konkrete Kriterien und Festlegung spezifizierter Begrenzungen von Forschungsinterventionen, wurde durch das Menschenrechtsübereinkommen zur Biomedizin (MRB) intensiviert und hat zu einer erheblichen Beteiligung der Öffentlichkeit geführt. Dies ist positiv zu sehen. Diese Konferenz gezeigt, daß es zwar weitgehende Übereinstimmungen in grundlegenden Prinzipien zwischen den Staaten und mit dem MRB, aber erhebliche Unterschiede im Verbindlichkeitsniveau, in der Wirksamkeit, im Differenzierungsgrad und in der Genauigkeit der begrifflichen Fassung gibt[114].
Wesentlich erscheint, daß das MRB auch außerhalb Europas als ein Dokument angesehen wird, das bei aller Streitigkeit einzelner Punkte oder gerade deswegen als eine Grundlage für einen weitergehenden und weltweiten Meinungsaustausch dienlich ist[115] Dieser Prozeß dürfte angesichts der schnellen wissenschaftlichen Entwicklung in der Biomedizin, die die Gesellschaften vor

[111] Laufs/Uhlenbruck, zit n Rosenau H (2000) Landesbericht Deutschland. In Deutsch E, Taupitz J (Hrsg): Forschungsfreiheit unf Forschungskontrolle in der Medizin. Springer, Berlin - Heidelberg - New York, S 77.

[112] Z.B. durch Stärkung des Laienelementes (s. Dänemark) bei gleichzeitigem Erhaltenbleiben der oft notwendigen Vertraulichkeit.

[113] So ist die Nationale Bioethikkommission in Griechenland »ein beratendes Organ des Staates, das mit der Verfolgung der ethischen, sozialen und rechtlichen Seiten der Anwendung der biologischen Wissenschaft und mit der Ausarbeitung strategischer Vorschläge beauftragt ist« (Rokas et al, S. 611).

[114] S. FN 2 - 5.

[115] So wird in der Schweiz die Meinung vertreten, daß »die Art. 16 und 17 des Übereinkommens den Vorteil haben, daß sie die Voraussetzungen für Forschungsprojekte am Menschen übersichtlich zusammenfassen und damit eine einheitliche Rechtsgrundlage schaffen. Sie könnten als Kern eines künftigen Bundesgesetzes über die Forschung am Menschen betrachtet werden.« (Steffen et al, S. 381).

immer neue Probleme bzw. neue Detailfragen zu alten Problemen stellt, wohl ein kontinuierlicher und notwendiger sein.
Einige allgemeine Probleme seien genannt:

- Während manche Länder (z.B. Georgien, Ungarn) den für das Problem der biomedizinischen Forschung mit einwilligungsunfähigen Erwachsenen relevanten Art. 17.2 des MRB offenbar uneingeschränkt übernommen haben oder akzeptieren, haben andere Länder (z.B. Schweiz) diesbezüglich ein höheres Schutzniveau[116] oder (z.B. Italien) einen diesbezüglichen Vorbehalt für die Ratifizierung des MRB in Aussicht genommen oder (wie Deutschland) u. a. auch deshalb sogar die Signierung des Abkommens in Frage gestellt, um ein höheres Schutzniveau zu bewahren oder zu erreichen.
- Der Differenzierungsgrad und die Genauigkeit von Normierungen der biomedizinischen Forschung und dabei auch der Forschung mit einwilligungsunfähigen Erwachsenen ist in weltweitem Maßstab sehr unterschiedlich weit vorangeschritten. Dies hängt offensichtlich mit der jeweiligen Breite und Intensität entsprechender Forschung, aber wohl auch mit vielfältigen Unterschieden sozialer, religiöser u. ä. Wertüberzeugungen zwischen verschieden Kulturen (wie auch innerhalb zunehmend multikultureller Gesellschaften) zusammen. Vielleicht im Zusammenhang damit scheint die Verbindlichkeit und angesichts der Vielfalt und Neuartigkeit der wissenschaftlichen Entwicklungen auch die Paßgenauigkeit ethischer Normen für die Lösung von gesellschaftlich relevanten Problemen der aktuellen Medizin nicht mehr auszureichen. Gleichzeitig erfordert die grenzüberschreitende Globalität der Probleme jedoch internationale Regelungen. In einer weltweiten Bemühung darum sollte die Vielfalt der Kulturen als Chance verstanden werden, argumentativ zu angemessenen und allgemein akzeptablen Lösungen zu gelangen.

⟹ **Schlußfolgerung 13:** Festzustellen ist, daß in vielen Ländern die Diskussion noch nicht zu umfassenden und gesetzesreifen Klärungen geführt hat und Normierungen – wenn überhaupt – vorerst nur auf dem Niveau von Richtlinien oder Empfehlungen und oft auch nur für Teilbereiche vorliegen. Als solche scheinen sie jedoch in manchen Ländern (z.B. Kanada) durchaus so wirksam zu sein, daß allgemeine gesetzliche Regelungen (noch) nicht als zwingend erforderlich angesehen werden[117] oder noch nicht möglich sind.

---

[116] In der Schweiz haben einige Kantone nichttherapeutische Versuche bei urteilsunfähigen Personen generell verboten. Insofern bietet die insgesamt mit Art.17 übereinstimmende vielfältige schweizerische Gesetzgebung einen weitergehenden Schutz (Steffen et al, S. 383).

[117] Bergin (S. 349) beschreibt die Situation für Kanada: »The ethical assessment of a research protocol may raise a wide range of interests and values, some novel, and may require risk-to-benefit determinations which cannot easily be prescribed or standardized. Guidelines are viewed as being more flexible and responsive to

D. Empfehlungen

Zu speziellen Problemen seien die in den einzelnen Abschnitten bereits markierten Empfehlungen noch einmal zusammengefaßt:

1) Als Forschung mit Menschen sollte jede Intervention bei Menschen verstanden werden, die in wissenschaftlich-systematischer Weise auf überindividuelle Erkenntnis zielt und damit über das individuelle Interesse der einbezogenen Person und dessen Nutzen hinausgeht.

2) Der Begriff der therapeutischen Forschung greift zu kurz und sollte durch den der Forschung mit individuellem Nutzen ersetzt werden.

3) Es sind erhebliche Unterschiede in Differenzierungsgrad und begrifflicher Präzision von Nutzen und Risiken sowie der Angemessenheit ihres Verhältnisses zueinander festzustellen. Konkretisierungen ihrer Stärke fehlen weitgehend. Auch gibt es eine kategoriale Differenzierung von Forschung nach dem potentiellen individuellen Nutzen zwar wichtige Anhaltspunkte, sollte aber nicht darüber hinwegtäuschen, daß es sich um Setzungen in einem realen Kontinuum mit fließenden Übergängen handelt.

4) Forschung mit einwilligungsunfähigen Probanden ist ein ethisches Problem, für das es keine einfachen Lösungen gibt. Für den Zweifelsbereich zwischen nach den meisten Rechtsordnungen zulässiger Forschung mit potentiellem individuellen und direkten Nutzen wie besonders in der sogenannten therapeutischen Forschung einerseits und eindeutig unzulässiger Forschung ohne jeden individuellen Nutzen andererseits sollte Forschung nicht grundsätzlich ausgeschlossen werden, sondern als Ausnahme, d.h. mit stichhaltiger Begründung, und unter Anwendung besonderer Schutzkriterien, zulässig sein.

   Forschung mit einwilligungsunfähigen Erwachsenen kann nur dann ethisch gerechtfertigt und rechtlich als zulässig angesehen werden, wenn ein für die Versuchsperson oder die Behandlung ihrer zur Einwilligungsunfähig-

---

changing mores and circumstances where legislation is wiewed as rigid and not easily changed. Legislation favoured by others, however, for the following reasons: Legislation would apply to all biomedical research. It is debated openly, its provisions are made public, and the process of legislation provides accountability. It promotes uniformity and certainty. It is more readily enforceable. It can offer protection against liability. It is consistent with other fundamental law – for example, in Canada, the Charter of Rights and Freedoms. It makes it possible to clarify the conditions under which vulnerable persons can legally be the subjects of research. It provides the same powerful protections that countries now choosing for regulating embryo research and in vitro fertilization. Legislation has all the advantages thet have been claimed for guidelines, and none of the disadvantages (Starkman in Weisstub 1998)«.

keit führenden Krankheit relevanter Nutzen erwartet werden kann und explizite Schutzmaßnahmen angewandt werden.

5) Schutzkriterien

Die Einbeziehung einwilligungsunfähiger Erwachsener in Forschungsuntersuchungen ist meist nur als Ausnahme möglich, und auch dann nur, wenn folgende Kriterien erfüllt sind:

a. Die Forschung kann *nur subsidiär* durchgeführt werden, d.h. nur dann, wenn sie bei einwilligungsfähigen Erwachsenen nicht möglich ist.

b. Die Forschung muß einen »*wesentlichen*« *Nutzen* im Sinne einer neuen und für die Versuchsperson oder für das Gemeinwohl relevanten Erkenntnis erwarten lassen.

c. Die Forschung darf nicht mehr als *minimale Risiken* und Belästigungen erwarten lassen. Allenfalls bei therapeutischer Forschung darf ein mehr als minimales Risiko in Kauf genommen werden, wenn es in einem angemessenen Verhältnis zum individuell erwarteten Nutzen für die Versuchsperson steht.

d. Der *Vertreter* der Versuchsperson muß nach Aufklärung schriftlich eingewilligt haben. In einigen Ländern bedarf diese Einwilligung der Zustimmung durch staatliche oder rechtliche Institutionen, entweder in jedem Fall oder nur bei mehr als minimalen Risken.

e. Auch die Versuchsperson soll nach Maßgabe ihrer Möglichkeiten aufgeklärt werden und einwilligen; dies bedeutet, daß eine *Abwehr* der Intervention durch den Patienten respektiert werden muß.

f. Eine Ethikkommission muß der Forschungsuntersuchung zugestimmt haben. Ein positives *Votum* sollte *begründet* sein. Diskutiert werden könnte außerdem die Begrenzung solcher Forschung auf qualitätskontrollierte Institutionen als einer über definierte Anforderungen an die Qualifikation des Prüfleiters hinausgehenden Sicherung[118].

6) Es besteht theoretischer Forschungsbedarf zur Klärung und Vereinheitlichung der juristischen Terminologie von Einwilligungsfähigkeit.

7) Es besteht ein empirischer Forschungsbedarf zur Praktikabilität und Validität der Erfassung von Einwilligungsfähigkeit.

8) Die praktische Nutzung von Patientenverfügungen und Bevollmächtigungen auch für Forschungszwecke sollte gefördert und ihre Verbindlichkeit

---

[118] Wie in den USA für »institutions engaged in research are subject to monitoring« durch das Office for Protection from Research Risks (OPR) und die FDA vorgesehen ist (Jost, S. 816f.), oder wie es das Georgische Gesetz über biomedizinische Forschung generell vorschreibt (Kalandadse, S. 579).

geklärt werden; Unklarheiten zur Autorisierung von Vertretern sollten abgebaut werden.

Biomedizinische Forschung an einwilligungsunfähigen Kindern und Jugendlichen

Prof. Dr. em. Franz Josef Schulte

Ehemaliger Direktor der Kinderklinik des Universitätskrankenhauses Hamburg-Eppendorf,
Ehem. Studiendekan des Fachbereichs Medizin der Universität Hamburg

Das Verständnis für die juristischen Details und der Vergleich der komplexen Regelwerke zum Schutz des Menschen in der biomedizinischen Forschung von 21 Ländern ist für einen Mediziner so schwierig, dass ich diese Aufgabe nicht übernommen hätte, wenn ich vorher das Ausmaß meines Wechsels von der Medizin in die Jurisprudenz erkannt hätte. Als Pädiater glaube ich die Notwendigkeit und auch die Defizite des Regelwerkes hinsichtlich der biomedizinischen Forschung an Frühgeborenen, Neugeborenen, Säuglingen und Kleinkindern vielleicht sogar besser als manche Juristen im allgemeinen zu verstehen. Grundsätzlich bewerte ich auch das Übereinkommen als einen wesentlichen Fortschritt für die Wissenschaft und den Wissenschaftler in der Pädiatrie. Durch die juristischen Details der in den Landesberichten dargestellten und verglichenen Regelwerke wandelte ich aber vermutlich wie ein Ahnungsloser, der wichtige Teilaspekte juristischer Formulierungen gar nicht erkennt und deshalb auch nicht bewerten oder miteinander vergleichen kann.

Ich muss Sie also von vornherein bitten, mir diese Defizite meines juristischen Wissens und Denkvermögens nachzusehen. Ich habe diesen Generalbericht schließlich verfasst und trotz erheblicher Skrupel zu Ende gebracht, weil Sie ja heute alle hier sind, um solche Fehlleistungen in meinem Bericht ggf. zu erkennen und in der Diskussion zu korrigieren.

Mein Bericht ist wie folgt gegliedert: Um den Überblick über den Wald vor lauter Bäumen nicht zu verlieren, werde ich zunächst im **Teil 1** (ab S. 117) meines Berichtes auch unter Mithilfe von Tabellen die grundsätzlichen Stellungnahmen aus der Gesamtheit der Landesberichte deutlich zu machen versuchen. Im **Teil 2** (ab S. 122) werde ich dann auf einzelne Landesberichte bzw. auf einige Details genauer eingehen.

A. Teil 1

Mein Bericht umfasst auftragsgemäß die Zusammenschau der Landesberichte zum Problem der Standardtherapie (Intervention), therapeutischer und nichttherapeutischer Forschung sowie von Organ- und Gewebespenden (Tab. 1).

Tab. 1: Übereinkommen über Menschenrechte und Biomedizin

A.	Artikel 6 u. 8: **Interventionen und Notfallbehandlung (Standardbehandlung)** bei Minderjährigen
B.	Artikel 17: **Forschung** bei Minderjährigen
C.	Artikel 20: **Organ- / Gewebsentnahme** bei Minderjährigen

Lassen Sie mich an dieser Stelle und zwar bereits abschließend hinzufügen, dass zu diesem letzten Aspekt (Artikel 20 MRÜ-Biomed: Organ-/Gewebeentnahme) nur wenige Kommentare in den Landesberichten zu finden sind. Sie beschränken sich darüber hinaus auf die Angabe, dass für eine Gewebe- oder Organspende der Donor die Einwilligung selbst geben und 18 Jahre alt sein muss. Es wird dabei nicht differenziert zwischen Organspenden mit endgültigem Verlust, zum Beispiel einer Niere oder des linken Leberlappens auf der einen Seite und der Spende von regenierbarem Gewebe wie z.B. Knochenmark auf der anderen.

Tab. 2: Allgemeingültige Grundlagen zum Schutz von Personen bei Forschungsvorhaben – Artikel 16

$\Longrightarrow$ Informed consent
$\Longrightarrow$ Risk/Benefit-Analyse
$\Longrightarrow$ Keine Alternative zum Versuch am Menschen
$\Longrightarrow$ Geprüftes und gebilligtes Forschungsvorhaben

Insgesamt lagen mir 23 Landesberichte vor. Mit mir nur geringfügig erscheinenden Abweichungen werden die Grundvoraussetzungen zum Schutz von Personen bei Interventionen (Standardtherapie) und Forschungsvorhaben mit möglichem Eigennutz, wie sie in Artikel 16 des MRÜ-Biomed formuliert sind, nicht in Frage gestellt. Auch wird weitgehend einheitlich zwischen Standardbehandlung (Intervention), dem therapeutischen und dem nichttherapeutischen Versuch unterschieden **(Tab. 3)**. Auch gilt einvernehmlich die Regel, dass bei Interventionen (also Standardtherapie) und bei therapeutischer Forschung mit einem möglichen direkten Nutzen für das Kind die Einwilligung der Eltern oder einer anderen dazu berechtigten Person zu fordern und mit einer mehr oder weniger starken Beteiligung der/des Minderjährigen ausreichend ist **(Tab. 5)**. Wo überhaupt eine Dissens zwischen den Landesgesetzen bzw. den Landesberichten einerseits und dem Menschenrechtsübereinkommen des Europarates für die Biomedizin andererseits auftaucht, betrifft er im Wesentlichen den Artikel 17 (2), also die nichttherapeutische oder rein wissenschaftliche Forschung.

Tab. 3: Grundlegende Unterscheidung von...

$\Longrightarrow$ Standardbehandlung: Intervention (Artikel 6) $\Longrightarrow$ Therapeutische Forschung (möglicher Eigennutz): Individueller Heilversuch; klinischer Versuch (Artikel 17(1)) $\Longrightarrow$ Nichttherapeutische Forschung (möglicher Fremdnutzen): Wissenschaftliches Experiment (Artikel 17(2))

Tab. 4: Grundsätze bei einwilligungsunfähigen Personen
(hier: Säuglinge/Kinder/Jugendliche)

1. Standardbehandlung (Art. 6) und therapeutische Forschung (Art. 17(1)) 2. Therapeutische Forschung: Informed consent durch gesetzlichen Vertreter (z.B. Eltern) 3. Nichttherapeutische Forschung (Art. 17(2)): Nur in Ausnahmefällen (1) an Personen aus der gleichen Altersgruppe oder (2) mit der gleichen Erkrankung und (3) bei minimalem Risikos

Tab. 5: Grundsätze bei einwilligungsunfähigen Personen
(hier: Säuglinge/Kinder/Jugendliche)

Weitgehend einheitliche Regelung in den Landesberichten für
1. Standardbehandlung (Art. 6) und therapeutische Forschung (Art. 17(1))
2. Therapeutische Forschung: Informed consent durch gesetzlichen Vertreter (z.B. Eltern)
Unterschiedliche Regelung in den Landesberichten für
3. Nichttherapeutische Forschung (Art. 17(2)):
Nur in Ausnahmefällen
(1) an Personen aus der gleichen Altersgruppe
oder
(2) mit der gleichen Erkrankung und unter der Voraussetzung
(3) eines minimalen Risikos

Zusammenfassung der wichtigsten Unterschiede in den einzelnen Ländern (Tab. 6)

In zwei Ländern – USA und Australien – werden anscheinend oder vielleicht auch nur scheinbar der nichttherapeutischen Forschung im Vergleich zum Schutz der Kinder ein etwas höheres Gewicht beigemessen. Ich habe mir an dieser Stelle ausnahmsweise erlaubt, durch die Formulierung »vielleicht auch nur scheinbar« meine eigene wissenschaftliche Erfahrung in den USA im Vergleich mit Deutschland in die Bewertung eingehen zu lassen: In den USA ist die Peer-Reviewed-Control von Forschungsvorhaben und Forschungsanträgen viel weiter entwickelt, mindestens im Prinzip viel strenger und umfassender als bei uns. Auf diese Weise wurden in den USA bereits Forschungsvorhaben aus ethischen oder Menschenrechtsgründen nicht bewilligt, als noch in Deutschland dieses Bewilligungskriterium bei klinischen Forschungsanträgen jedenfalls von vielen Förderorganisationen nachrangig oder mit nicht ausreichender Kompetenz behandelt wurde. Auf diese Weise könnten am Ende des Bewilligungsprozesses die Restriktionen in den USA strenger sein, auch wenn die Eingangsvoraussetzungen für die rein wissenschaftliche Forschung an Kindern weniger restriktiv gefasst sind. In mehreren Landesberichten – zum Beispiel in Japan – wird dieser für die Praxis wichtige Unterschied ausdrücklich erwähnt.

In sieben Landesberichten wird die Regelung des Art. 17(2) – Einwilligungsverfahren in nichttherapeutische Forschung an Kindern – kritisch bewertet, entweder mit Hinweis auf anderslautende, strengere Landesgesetze oder/und mit Hinweis auf fundamental kritische öffentliche Diskussionen zu diesem Problem.

Aus acht Landesberichten kann ich keine grundlegende Differenz speziell bezogen auf den Art. 17 (1) und 17 (2) des MRÜ-Biomed erkennen. In Einzelberichten aus diesen Ländern wird die Zustimmung sogar ausdrücklich betont.

Aus sechs Landesberichten geht unmissverständlich hervor, dass die Landesgesetzgebung und die Auswertung einer öffentlichen Diskussion zum Thema »Schutz einwilligungsunfähiger Kinder in der biomedizinischen Forschung« noch nicht abgeschlossen ist, so dass dezidierte Aussagen zum europäischen Übereinkommen nicht gemacht werden. Diese Landesberichte bleiben deshalb in meinem weiteren Generalbericht unberücksichtigt.

Tab. 6: Zusammenfassung einer Analyse der Landesberichte für das Heidelberger Symposion

1. Landesgesetze mit der MRÜ-Biomed übereinstimmend oder gut kompatibel: **Kanada, Frankreich, Italien, Spanien, Schweiz, Israel, Georgien, Griechenland**
2. Landesgesetze mit MRÜ-Biomed kompatibel, aber teilweise stärkere Berücksichtigung der Forschungsinteressen: **USA, Australien**
3. Landesgesetze mit MRÜ-Biomed kompatibel, aber teilweise strengere Restriktionen der Forschungsinteressen: **Deutschland, Österreich, Korea, Dänemark, Türkei; Neuseeland, Japan**
4. Unzureichende Regelungen durch Landesgesetze und/oder nicht ausreichende Informationen: **Ungarn, Brasilien, Tschechien, China, Slowenien, Portugal**

Abgesehen von dem alles beherrschenden Problem der gesetzlichen Regelung von Voraussetzungen für eine nichttherapeutische Forschung an einwilligungsunfähigen Kindern enthalten die Landesberichte interessante Hinweise oder sogar ausdrückliche Anregungen zu Detailproblemen **(Tab. 7)**. Diese sonstigen landestypischen Sonderregelungen und/oder Anregungen für das europäische Übereinkommen betreffen praktisch ausschließlich die Altersdefinition bzw. die Reife eines Kindes oder Jugendlichen sowie Bedeutung und Gewicht seiner Ablehnung oder Zustimmung bei Standardtherapie (Interventionen) sowie bei therapeutischer und nichttherapeutischer Forschung.

Tab. 7: MRÜ – Biomed 4. April 1997 versus Landesgesetzgebung

Dissensen bzw. Regelungsbedarf hinsichtlich einwilligungsunfähiger Personen (hier: Säuglinge, Kinder, Jugendliche)
1. Die nicht therapeutische Forschung (Art. 17(2))
2. Definition der Altersgrenzen (Minors) bzw. der Reife (Maturity)
3. Die Rolle der Minderjährigen bei Zustimmung bzw. Ablehnung sowie deren unterschiedliche Vertretung durch Vater oder Mutter oder beide sowie andere Personen und Instanzen
4. Einige Landesberichte weisen auf die unterschiedliche Auslegung der landesüblichen Regelungen durch ethische Komitees und Förderorganisationen hin
5. Diverse Einzelpunkte (z.B. Schutz von Schwangeren, gebärenden und stillenden Müttern und damit von Feten und Neugeborenen)
6. Die Landesberichte enthalten fast alle keine dezidierten Angaben zum Schutz einwilligungsfähiger Personen bei Organ-/ Gewebsentnahmen (Art. 20)

Darüber hinaus bedenkenswert ist der Hinweis in dem französischen Landesbericht, dass auch für Schwangere, gebärende und stillende Mütter eine besondere Regelung für die Einwilligung in ärztliche Maßnahmen und Forschungsvorhaben gefunden werden sollte. Ich gebe zu bedenken, dass in solcher Situation die Einwilligung eines zweiten – nämlich des Feten – unter Umständen mit bedacht werden muss.

B. Teil 2

In den USA ist der Schutz von Kindern eine Domäne der Gesetzgebung der einzelnen Staaten, die allerdings offenbar zum Problem des Schutzes von Kindern im Bereich der biomedizinischen Forschung keine oder wenig Aussagen machen. Diese Bundes- oder föderale Gesetzgebung und insbesondere das National Institut of Health hat deshalb in den letzten Jahren diese Lücke ausgefüllt. Beide beziehen sich dabei auf allgemeine Regeln, in denen Ethik und Legalität in der biomedizinischen Forschung sichergestellt sind, in diesem speziellen Fall auf Common Rule, Subpart B und D.

Volljährigkeit wird in den Vereinigten Staaten generell mit 18 Jahren erreicht. Viele Staaten haben allerdings das Recht von Minderjährigen in eine Behandlung einzuwilligen betont und dabei den Begriff der »Mature Minors« eingeführt, ohne diesen offenbar exakt zu definieren. Generell wird aber erwartet, dass bei Kindern über sieben Jahren eine Zustimmung vorliegt. Dazu ist die Zustimmung eines Elternteiles und – wenn vorhanden – beider Eltern notwendig.

In den USA müssen alle Forschungsprojekte vom »Institutional Review Board« (IRB) bewilligt werden. Das IRB stellt sicher, dass die Voraussetzungen von Subpart D gesichert sind.

Entsprechend der Tradition in den Vereinigten Staaten mit einem hohen gesellschaftlichen Stellenwert der Forschung kann ein Forschungsprojekt mit »greater than minimal risks« und ohne Aussicht auf direkten individuellen Heilerfolg durchgeführt werden, wenn damit neue wissenschaftliche Ergebnisse für spezielle kindliche Erkrankungsformen zu erwarten sind. Unter Umständen muss bei solchen Forschungsvorhaben die Genehmigung des Secretary of Health and Human Services eingeholt werden.

Der Landesberichterstatter Timothy S. Jost, hat die wesentlichen Unterschiede der entsprechenden Regelungen in den USA und in der MRÜ Biomed auf Seite 10 seines Berichtes zusammengefasst **(Tab. 8)**.

Tab. 8: MRÜ – Biomed 4. April 1997 versus Landesbericht USA betreffend Schutz einwilligungsunfähiger Personen
(hier: Säuglinge, Kinder, Jugendliche)

Requirements conform to those of the European Convention in:
⟹ Written consent of the minor's parent or guardian (Art.7(2);17(1)(iv))
⟹ Consideration of the minor's opinion (Art. 7(2))
⟹ The lack of objection by the minor (Art. 17(1)(v))
⟹ Approval by an IRB (Art. 16(iii))
Requirements deviate from the Convention:
⟹ By permitting research of no immediate real und direct benefit to the subject (Art.17(1)(ii))
⟹ even though the research entails more than minimal risk and minimal burden (Art. 17 (1)(ii))
⟹ There is no explicit requirement in the rule that comparable research could not be carried out on subjects capable oft giving consent (Art. 17 (1)(iii))

Auch in **Australien** sind neben der föderalen Jurisdiktion auch die einzelnen Staaten und Territories an der Gesetzgebung beteiligt. In ganz Australien sind Jugendliche mit 18 Jahren volljährig (Age of Majority). Aber auch hier ist diese Altersgrenze nicht entscheidend für Einwilligung oder Verweigerung medizinischer Behandlung. Die entsprechende Altersgrenze ist den einzelnen Staaten mit 14, 16 oder 18 Jahren unterschiedlich geregelt.

In Australien wird die Forschung am Menschen geregelt durch »The National Statement on Ethical Conduct in Research Involving Humans 1999« (NHMRC). Das NHMRC muss überprüfen, ob die wissenschaftliche Fragestellung wichtig für Gesundheit und Wohlfahrt von Kindern ist, ihre Teilnahme an den Versuchen unverzichtbar und die Methode für Kinder angemessen ist. Die Zustimmung des Kindes muss eingeholt werden, »if they are sufficiently competent« und ihre Weigerung muss respektiert werden.

Damit ist auch in Australien ganz offensichtlich entsprechend Art. 17 (2) der MRÜ-Biomed die nichttherapeutische Forschung an Kindern erlaubt, allerdings ohne spezielle Hinweise auf »eine **wesentliche** Erweiterung des wissenschaftlichen Verständnisses« und auf ein »minimales Risiko«.

Auch in **Kanada** liegt die entsprechende Gesetzgebung zum Schutz von Kindern im Rahmen der biomedizinischen Forschung bei den einzelnen Staaten. Dazu gibt es nur in Quebec entsprechende gesetzliche Regelungen. Danach können Minderjährige nicht selbst die Zustimmung zur Teilnahme an einem Forschungsprojekt geben und die Vollmacht liegt allein bei den Eltern, soweit die Kinder Eltern haben (Legally-Recognized Decision-Makers). Die Teilnahme eines/einer Minderjährigen ist aber nicht erlaubt, wenn er selbst die

Mitwirkung ablehnt oder wenn ernste Risiken bestehen. Es ist ausdrücklich vermerkt, dass die Ergebnisse der Forschung entweder ihm oder »others like him« nützen muss. Das Forschungsvorhaben muss von einem ethischen Komitee gebilligt werden, welches vom Gesundheitsminister der Provinz eingesetzt ist.

Für die anderen kanadischen Provinzen ist der Schutz von einwilligungsunfähigen Minderjährigen nicht so klar wie in Quebec geregelt. Insgesamt aber hat die kanadische Berichterstatterin, Frau Fiona Bergin, das kanadische Regelwerk auf Seite 41 ihres Berichtes in einer Weise zusammengefasst, die durchaus den Grundsätzen von Art. 17 (2) MRÜ-Biomed entspricht **(Tab. 9)**.

Tab. 9: MRÜ – Biomed 4. April 1997 versus Kanada Landesbericht betreffend Schutz einwilligungsunfähiger Personen

»A total ban on non-therapeutic experimentation« has been rejected. The LRCC recommended instead that the following conditions should be met before non-therapeutic research was conducted on children:

a) the research is of major scientific importance and it is not possible to properly conduct it using adult sub-jects capable of giving consent;
b) the research is in close, direct relation to infantile diseases or pathologies;
c) the experiment does not involve any serious risks for the child;
d) the consent of a person having parental authority and of an independent third party (a judge, an ombudsman or the child's lawyer) is obtained; and
e) where possible, the consent of the child should be obtained. Moreover, whatever the child's age, his refusal should always be respected.

In **Griechenland** entsprechen die gesetzlichen Regelungen dem Art. 17(1) und dem Art. 20 MRÜ Biomed. Dabei wird die Meinung des Minderjährigen »proportional zum Alter und zum Grad seiner Reife« als ausschlaggebender Faktor berücksichtigt. Der ärztliche Eingriff ist rechtswidrig, wenn der Minderjährige dem Eingriff widersprochen hat, auch wenn die Eltern zugestimmt haben.

Offenbar kann auch nach griechischem Recht »ausnahmsweise« die Beteiligung von Kindern an Forschungsvorhaben gerechtfertigt sein, wenn diese Forschung nicht unmittelbaren Nutzen für die Gesundheit des betroffenen Kindes hat und dabei werden die Einschränkungen von Art. 17(2) MRÜ Biomed ausdrücklich erwähnt. Ein wesentlicher Dissens zu dem europäischen Übereinkommen ist für mich nicht erkennbar.

Das gleiche gilt für **Frankreich.** Der französische Berichterstatter erwähnt ausdrücklich die Übereinstimmung der französischen Gesetzgebung mit der Oviedo-Konvention. Der französische Berichterstatter, Herr Prof. Michel Penneau, weist darauf hin, dass nach französischem Recht die Zustimmung zu einem anerkannten Heilverfahren durch eine »Legal Authority« erzwungen werden kann, auch wenn die Eltern dieser Behandlung nicht zugestimmt haben. Diese Möglichkeit, die meines Erachtens in sehr vielen Ländern – zum Beispiel auch in Deutschland – besteht, ist in der Tat in der europäischen Übereinkunft nicht geregelt.

Der französische Landesbericht nimmt auch Stellung zu Art. 20 (Gewebe-/Organentnahme). In diesem Punkt bevorzugt Herr Prof. Penneau die europäische Übereinkunft gegenüber der französischen Rechtsprechung.

In **Italien** ist die Grenze zwischen Minderjährigkeit und Volljährigkeit in Bezug auf medizinische Behandlung und Teilnahme an medizinischer Forschung nicht klar festgelegt. Einige Bestimmungen legen das 16., andere das 14. Lebensjahr dafür fest und es ist der Begriff des »erwachsenen Minderjährigen« dafür eingeführt. Entsprechend verringern sich die Entscheidungsbefugnisse der Eltern. Insgesamt aber hat Italien das europäische Übereinkommen unterzeichnet und das Ratifikationsgesetz liegt derzeit dem Parlament vor.

In **Spanien** scheint die Gesetzgebung zum Schutz für Minderjährige bei der medizinischen Behandlung und in der biomedizinischen Forschung der europäischen Übereinkunft weitgehend zu entsprechen und das gilt speziell und expressis verbis für den Art. 17(2).

Auch in der **Schweiz** gibt es keine klare Altersdefinition für Minderjährige bei Zustimmung oder Ablehnung einer medizinischen Behandlung bzw. bei der Teilnahme an medizinischer Forschung. Kriterium ist »die Urteilsfähigkeit einer Person im konkreten Fall«. Zwischen 10 und 15 Jahren wird die infrage stehende Urteilsfähigkeit »von Fall zu Fall zunehmend angenommen werden und ab 15 Jahren könnte man die Vermutung der Urteilsfähigkeit aufstellen«. Die Urteilsfähigkeit ist nach der schweizerischen Rechtspraxis nicht für jede Entscheidungssituation dieselbe. Der oder die gleiche Jugendliche »kann beispielsweise im Alter von 14 Jahren die Urteilsfähigkeit für einen gewöhnlichen medizinischen Eingriff haben, jedoch erst im Alter von 18 Jahren für eine Organspende urteilsfähig sein«.

Im Übrigen unterscheidet auch die schweizerische Rechtspraxis in der Forschung zwischen therapeutischen und nichttherapeutischen Vorhaben. Für die nichttherapeutische Forschung gilt, »dass diese Versuche nur ausnahmsweise und unter zwei Bedingungen durchgeführt werden: Die Risiken sind geringfügig und wichtige Erkenntnisse in direktem Bezug auf das Leiden des Forschungssubjektes werden erwartet«. Auch hier gilt der Grundsatz, dass solche Untersuchungen an Kindern nur dann durchgeführt werden, »wenn keine einwilligungsfähigen Personen zur Verfügung stehen«.

Der Landesberichterstatter führt aus, dass »die vielfältige schweizerische Gesetzgebung insgesamt mit Art. 17 des Übereinkommens in Einklang« steht, dass aber die Kantone Genf, Jura, Neuenburg und Thurgau »die nichttherapeutischen Versuche bei urteilsunfähigen Personen generell verboten« haben.

In **Israel** ist die biomedizinische Forschung durch Public Health Regulations (Human Experimentation) geregelt und es wird im Landesbericht lediglich ausgeführt, dass »No medical experiment on humans may be conducted in violation of the provisions of the Helsinki Declaration. Die Helsiniki-Deklaration ist entsprechend der israelischen Gesetzgebung Richtschnur für die biomedizinische Forschung. Im Landesbericht aus Israel wird nicht expressis verbis zwischen therapeutischer und nichttherapeutischer Forschung unterschieden. Die speziellen Probleme bei letzterer sind offensichtlich in Israel nicht in den Public Health Regulations geregelt, sie sind weitgehend den ethischen Komitees überlassen.

In **Georgien** wird man mit der Vollendung des 17. Lebensjahres volljährig, man hat aber mit Vollendung des 16. Lebensjahres das Recht selbst die Einwilligung für eine medizinische Behandlung zu geben oder diese zu verweigern. Im Übrigen können »minderjährige Personen selbstverständlich Objekt biomedizinischer Forschung und klinischer Versuche werden«. Es muss eine schriftlich informierte Einwilligung des gesetzlichen Vertreters vorliegen, es muss erwartet werden, dass die Forschungsergebnisse für die Gesundheit des Patienten oder Probanden oder der in ähnlich kritischen Zustand befindlichen Person von Vorteil sein können, es dürfen nicht andere Personen für dieses Forschungsvorhaben geeignet sein und es darf keine Information darüber existieren, dass die betroffene Person gegen die Durchführung der Forschung gewesen wäre.

In **Österreich** ist es für schwerwiegende Eingriffe jedenfalls in Krankenanstalten zwingend vorgeschrieben, dass bis zum vollendeten 18. Lebensjahr die Eltern in eine Behandlung einwilligen müssen. Einwilligungsunfähige Personen können zwar durch Verweigerung die Behandlung verhindern, es ist aber offenbar nicht ganz eindeutig geregelt, ob sie einen »positiven Behandlungswillen ohne weiteres gegen den Widerstand des Vertreters durchsetzen« können.

Der therapeutische Versuch ist auch in Österreich bei einwilligungsunfähigen Minderjährigen grundsätzlich erlaubt. Dabei wird auch in Österreich unterschieden zwischen dem konkreten Nutzen für den Probanden selbst oder »einem Gruppennutzen für Personen in ähnlichen Situationen«. Beim therapeutischen Versuch an Minderjährigen wird »jedenfalls bei schwerwiegenden Eingriffen ... zusätzlich zur Einwilligung des einwilligungsunfähigen Minderjährigen auch noch die Einwilligung seines gesetzlichen Vertreters zu fordern, wenn der Minderjährige über acht Jahre oder aber bereits konkret einsichtsfähig ist«. »Die nichttherapeutische Forschung an einwilligungsunfähigen –

seien sie minderjährig oder erwachsen – ist nach geltendem (österreichischem) Recht grundsätzlich unzulässig.«

In **Korea** gibt es nach dem Landesbericht für den gesamten Bereich der biomedizinischen Forschung »noch keine allgemeine gesetzliche Regelung«. Grundsätzlich ist aber die biomedizinische Forschung an einwilligungsunfähigen Minderjährigen zulässig. Dabei wird aber zwischen dem »potentiell eigennützigen Versuch« und dem »fremdnützigen Experiment« unterschieden. Das Experiment, bei dem der minderjährige Probant »in den Dienst des medizinischen Fortschritts gestellt wird, ist hingegen nicht zulässig«. Der Berichterstatter fügt hinzu: »... es sei denn, der Gesetzgeber habe es ausdrücklich erlaubt. Zurzeit gibt es in Korea kein Gesetz, was das rein wissenschaftliche Experiment regelt.«

Im Übrigen wird die Zustimmung zu eigennütziger biomedizinischer Forschung an minderjährigen Einwilligungsunfähigen prinzipiell den Eltern übertragen.

In **Belgien** fehlen ebenfalls offenbar weitgehend rechtliche Regelungen für die biomedizinische Forschung. Mit 18 Jahren können Patienten und Probanden über Zustimmung oder Ablehnung von Heilverfahren oder Teilnahme an Forschungsprojekten entscheiden, vorher sind die Eltern zuständig. Grundsätzlich ist auch in Belgien die Deklaration von Helsinki anerkannt als Richtschnur für die Durchführung von biomedizinischer Forschung und sie ist als Teil der belgischen Gesetzgebung formal bindend. Der Landesberichterstatter weist aber darauf hin, dass die Konsequenzen daraus nicht übertrieben (»exaggerated«) werden dürfen und es bestehen offensichtlich für die medizinische Forschung an Minderjährigen speziell mit der Unterteilung in therapeutische und nichttherapeutische Forschung keine gesetzlichen Regelungen. Der Text des Landesberichterstatters besagt in sinngemäßer Übersetzung, dass Experimente an **gesunden Versuchspersonen** nur erlaubt sind, wenn sie das Alter von 18 Jahren erreicht haben und fähig sind, den Experimenten zuzustimmen. Bei **nicht gesunden entscheidungsunfähigen Personen** wird die Zustimmung des gesetzlichen Vertreters erforderlich. Nach meiner Interpretation des Textes im Landesbericht ist damit die notwendigerweise nichttherapeutische Forschung an gesunden Kindern entweder nicht geregelt oder ausgeschlossen.

In **Dänemark** sind Kinder und Jugendliche unter 18 Jahren in elterlicher Fürsorge. Dennoch können solche Minderjährige für sich wichtige Entscheidungen treffen, soweit sie zwischen 15 und 17 Jahre alt sind. Minderjährige unter 18 Jahren können aber nicht selbst entscheiden, an einem Forschungsprojekt teilzunehmen, während Jugendliche über 14 Jahren Entscheidungen über eine medizinische Behandlung fällen können. Auch Kinder unter 15 Jahren müssen »to the largest possible extent« befragt werden, wenn sie an einem Forschungsprojekt teilnehmen. Der dänische Landesberichterstatter äußert abschließend die Meinung, dass es nicht erlaubt ist, an einem solchen Forschungsprojekt teilzunehmen, wenn der Proband nicht selbst die Entscheidung treffen kann oder darf und wenn darüber hinaus seine Teilnahme in irgendeiner Weise für ihn selbst keinen möglichen Nutzen hat. Es heißt dann wörtlich weiter: »Extra ordinary reasons must be presented in order to deviate from this principle«.

In der **Türkei** sind einwilligungsunfähige Personen solche, »die nicht die volle Geschäftsfähigkeit besitzen«. Diese können urteilsfähig sein, dürfen aber trotzdem in keine medizinischen Behandlung oder Intervention einwilligen. In solchen Fällen ist die Einwilligung vom gesetzlichen Vertreter abzugeben. »Steht die Person unter elterlicher Gewalt und besitzen beide Elternteile diese, so ist die Einwilligung von beiden abzugeben. Können sie sich darüber nicht einigen, so ist der Wille des Vaters maßgebend.«

In der Türkei ist die Einwilligung des gesetzlichen Vertreters zu einer wissenschaftlichen Forschung grundsätzlich ungültig, da diese »von der Einwilligung des Freiwilligen abhängt«. Von diesem »Verbot« ist folgende Ausnahme möglich: An Minderjährigen und Entmündigten können mit Einwilligung des gesetzlichen Vertreters Forschungen vorgenommen werden, »wenn die Forschungen nicht rein wissenschaftlich sind, sondern auch dem Patienten helfen würden.« Diese Situation entspricht also ausschließlich dem Art. 17 (1), nicht aber dem Art. 17 (2) des MRÜ-Biomed.

In **Neuseeland** sind die gesetzlichen Regelungen für Eingriffe und Forschung an Minderjährigen komplex und unsicher. Prinzipiell sind Art. 6 und Art. 17(1) in Übereinstimmung mit den Gepflogenheiten in Neuseeland. Nach dem Wortlaut des New Zealand Bill of Rights Act 1990 können aber für die wissenschaftlichen Grundlagenforschung nur Freiwillige herangezogen werden, die einwilligungsfähig sind. Der Berichterstatter selbst aber hält nach dem Wortlaut des Gesetzes Ausnahmen von dieser Regel für möglich, weil andererseits auch nur diejenigen, die einwilligungsfähig sind, eine solche Behandlung bzw. die Beteiligung an einem Forschungsvorhaben ablehnen können (siehe S. 15 letzter Absatz des Landesberichtes). Der Berichterstatter hält es für problematisch, auch unter den Bedingungen von Art. 20(2) MRÜ-Biomed Organ- oder Gewebsentnahmen an Minderjährigen in Neuseeland durchzuführen.

Im Landesbericht aus **Japan** wird nicht exakt zwischen Interventionen und therapeutischen Versuchen einerseits und nichttherapeutischen Experimenten andererseits unterschieden, obgleich ausdrücklich auf die Deklaration von Helsinki verwiesen wird. Unter Bezug auf die Deklaration – so fährt der Berichterstatter fort – ist »somit... die nichttherapeutische Forschung (bei Minderjährigen) untersagt«.

In **Deutschland** ist die Situation im Landesbericht unseres Tagungsvorsitzenden, von Herrn Prof. Jochen Taupitz, ausführlich und mit detaillierter Aufführung der entsprechenden Gesetze dargestellt worden. Ich fühle mich nicht kompetent, Ihnen hierzu Interpretationen zu geben und seine ebenso ausführliche wie umfassende Darstellung kurz zusammenzufassen.

Bekannt ist, dass Deutschland dem Übereinkommen MRÜ Biomedizin vom 4.4.1997 bisher nicht beigetreten ist. Es ist in Deutschland unstreitig, dass eine Standardbehandlung, ein individueller Heilversuch und ein klinischer Versuch auch an nicht einwilligungsfähigen Personen mit bestimmten einschränkenden Voraussetzungen, die dem europäischen Übereinkommen entsprechen, zulässig sind. Ebenso unstreitig ist aber, dass die rein fremdnützige Forschung an einwilligungsunfähigen Personen unter nicht erlaubt ist.

Herr Prof. Taupitz erklärt in seinem Landesbericht, warum diese Rechtslage jedenfalls nach dem Grundsatz problematisch und jedenfalls nicht die einzig mögliche ist. Er führt meines Erachtens richtigerweise aus, dass diese Beschränkung der Forschung unsere Chancen für eine ganz eindeutige Verbesserung der Behandlungsmöglichkeiten zum Beispiel bei Früh- und Neugeborenen ganz erheblich einschränkt. Auf die anderen von ihm angeführten Beispiele (verunfallte Patienten und Patienten mit Alzheimerscher Erkrankung) soll hier nicht eingegangen werden, weil sie Erwachsene betreffen, auch wenn Kinder ebenso davon betroffen sein können. Herr Prof. Taupitz kommt abschließend zu dem **Zwischenergebnis,** »dass von Verfassungs wegen keinesfalls ausgeschlossen ist, unter bestimmten Voraussetzungen auch Forschung mit nur möglichem Eigennutzen für den Betroffenen und so mit wenigstens gruppenspezifischem Nutzen zu erlauben«.

Ich habe gleichsam nach bestem Wissen und Gewissen versucht, die Landesberichte mehrfach sorgfältig durchzusehen und die gesetzlichen Regelungen für die Teilnahme einwilligungsunfähiger Minderjähriger an medizinischen Heilverfahren und biomedizinischer Forschung im Vergleich zum europäischen Übereinkommen (MRÜ-Biomed) vom 4. April 1997 darzustellen. Zusammenfassend ist hoffentlich deutlich geworden, dass

1. in der überwiegenden Anzahl der Länder ein hoher Grad an Übereinstimmung mit dem europäischen Übereinkommen besteht,
2. der entscheidende Dissens auf den Art. 17(2) – **der nicht therapeutische Versuch an Minderjährigen** – beschränkt ist und
3. die Alters- bzw. Reifedefinition des entscheidungsunfähigen Minderjährigen je nach Entscheidungsinhalt zwischen 7 und 18 Jahren unterschiedlich ist.

Absicherung der Patientenautonomie am Ende des Lebens

Prof. Dr. Christian Berger und wiss. Mitarb. Ina Haarhoff

Universität Leipzig

A. Grundlagen des Generalberichts

Der Generalbericht beruht auf den in dieser Dokumentation mit abgedruckten insgesamt 23 Landesberichten[1]. Für die Rechtslage in sechs weiteren Staaten[2] wurde die von *Taupitz* herausgegebene Dokumentation zur Patientenautonomie[3] herangezogen. Dieser Generalbericht spiegelt mithin die Rechtslage in 29 Staaten. In die Untersuchung einbezogen sind 20 Staaten des Europarates ferner Australien, Brasilien, China, Israel, Japan, Kanada, Korea, Neuseeland und Südafrika.

Die Debatte über die Patientenautonomie am Ende des Lebens befindet sich weltweit im Fluß. Nur ausnahmsweise mündete die Diskussion bereits in allgemein anerkannte oder gar gesetzlich verankerte Regeln. Dem Generalbericht liegt die jeweils vorherrschende Auffassung innerhalb eines Staates zugrunde.

Inhaltlich gliedert sich der Beitrag in zwei Teile. Der erste Teil orientiert sich an den Artikeln der Konvention, soweit sie das Thema der Patientenautonomie am Ende des Lebens betreffen, also vor allem an den Art. 5 bis Art. 9 EMB. Er behandelt rechtsvergleichend die Rechtslage in den einzelnen Staaten, überprüft die Vereinbarkeit mit der Konvention und zeigt mögliche Ergänzungen auf.

Der zweite Teil des Vortrags befaßt sich mit der Frage der Fortentwicklung der Konvention im Hinblick auf mögliche Rechte des Patienten auf Vornahme medizinischer Interventionen.

---

[1] Australien, Belgien, Brasilien, China, Dänemark, Deutschland, Frankreich, Georgien, Griechenland, Israel, Italien, Kanada, Korea, Neuseeland, Österreich, Portugal, Schweiz, Slowenien, Spanien, Tschechische Republik, Türkei, Ungarn, Vereinigte Staaten von Amerika.

[2] Neben den in Fn. 1 genannten: England, Japan, Niederlande, Schweden, Südafrika.

[3] *Taupitz* (Hrsg.), Zivilrechtliche Regelungen zur Absicherung der Patientenautonomie am Ende des Lebens – Eine internationale Dokumentation (2000).

B. Erster Teil: Die Regelungen der Patientenautonomie in der Konvention

I. Einwilligung (Art. 5 EMB)

1. Anerkannter Grundsatz: Selbstbestimmung durch Einwilligung, Art. 5 Abs. 1 EMB Nach Art. 5 Abs. 1 EMB setzt jede medizinische Intervention die freie Einwilligung des Patienten voraus. Der Einwilligung hat nach Art. 5 Abs. 2 EMB die Aufklärung des Patienten vorauszugehen, und die einmal erteilte Einwilligung muß jederzeit widerrufbar sein, Art. 5 Abs. 3 EMB.

In allen untersuchten Rechtsordnungen ist die Einwilligung des Patienten Voraussetzung einer medizinischen Behandlung. Das in Art. 5 Abs. 1 EMB festgeschriebene Selbstbestimmungsrecht des Menschen bezüglich einer medizinischen Intervention bildet insoweit den weltweit anerkannten Grundsatz.

Die große Mehrzahl der Länder hält an dem Selbstbestimmungsprinzip auch dann fest, wenn die Verweigerung der Einwilligung dazu führt, daß der Arzt die notwendige medizinische Behandlung nicht durchführen kann und dies den Tod des Patienten zur Folge hat. Der Grundsatz der Selbstbestimmung wird nicht verdrängt von einer Behandlungspflicht des Arztes oder von der Vorstellung, das Sterben sei nicht Gegenstand der Autonomie des Menschen. Die sogenannte »passive Sterbehilfe« durch Unterlassen der Behandlung des Patienten ist insoweit anerkannt. Keine rechtlichen Hindernisse stehen auch der »indirekten Sterbehilfe« entgegen, wenn der Tod als Nebenwirkung der Schmerzbehandlung eintritt oder den Sterbeprozeß auch nur beschleunigt. Selbstverständlich setzt dies ebenfalls die Einwilligung des Patienten voraus.

Eine punktuelle Ausnahme vom Grundsatz der Einwilligung läßt sich vielleicht für Brasilien und mit Sicherheit für Israel festhalten. In Israel kann trotz einer Verweigerung der Einwilligung medizinisch behandelt werden, wenn ein *ethic committee* bestätigt, daß die Behandlung den Zustand des Patienten erheblich verbessern wird und der Patient voraussichtlich im Nachhinein seine Zustimmung geben wird.

Die rechtliche Grundlage der Einwilligung gestaltet sich in den einzelnen Staaten freilich überaus verschieden. Im Vordergrund steht durchweg das Strafrecht. Weil die Verletzung der körperlichen Integrität des Patienten in allen Staaten strafrechtlich verfolgt wird, ergibt sich das Einwilligungserfordernis als Rechtfertigungsgrund. Daneben wird das Erfordernis einer Einwilligung durchaus unterschiedlich zivilrechtlich, verfassungsrechtlich, berufsrechtlich (wichtig wegen Art. 4 EMB) und öffentlichrechtlich (z. B. Österreich: Krankenanstaltenrecht[4]) (teilweise mehrfach) rechtlich verankert. Bedeutung hat

[4] *Taupitz*, Dokumentation (Fn. 3), A 23.

die rechtliche Grundlage für die Rechtsfolgen der Art. 23 ff. EMB. Insoweit lassen sich den Landesberichten allerdings keine Defizite entnehmen.

2. Aufklärung, Art. 5 Abs. 2 EMB

a. Grundsatz Die Einwilligung in eine Behandlung bildet nur unter der Voraussetzung ein vollwertiges Steuerinstrument der Patientenautonomie, daß der Patient die Bedeutung und Tragweite seiner Entscheidung kennt. Der Stellenwert, den der Grundsatz der Selbstbestimmung einnimmt, zeigt sich daher erst am Erfordernis der Aufklärung. Dementsprechend ist es unter der Perspektive der Patientenautonomie richtig und begrüßenswert, daß Art. 5 Abs. 2 EMB die Aufklärung des Patienten vorsieht.

Sämtliche nationalen Rechtsordnungen, die Gegenstand dieses Berichts sind, verlangen als Voraussetzung der Einwilligung in eine medizinische Behandlung die Aufklärung des Patienten, den *»informed consent«*. Dies ist auch für die Patientenautonomie am Ende des Lebens ein positiver Befund.

Die Schwierigkeiten beginnen bei den Einzelheiten. Hinsichtlich des Maßes der Aufklärung fordert Art. 5 Abs. 2 EMB eine »angemessene Aufklärung über Zweck, Art, Folgen und Risiken der Intervention«. Nicht dem Text der Konvention, wohl aber dem erläuternden offiziellen Bericht (*»explanatory report«*) läßt sich entnehmen, daß der Patient auch über Behandlungsalternativen aufgeklärt werden muß; ferner, daß Fragen des Patienten zu beantworten sind[5]. Ob diese Voraussetzungen in allen Ländern gegeben sind, läßt sich auf der Grundlage der mir vorliegenden Berichte nicht endgültig feststellen, in vielen Ländern ist dies zweifelsfrei der Fall[6].

Es stellt sich die Frage, ob die Anforderungen an die Aufklärung in der Konvention noch präziser gefaßt werden sollten. Die Verfasser der EMB haben diese Überlegung mit Recht nicht weiter verfolgt. Es ist bereits problematisch, die Voraussetzungen der erforderlichen Aufklärung innerhalb einer nationalen Rechtsordnung exakt zu fassen. Vielfach spielen Umstände beim Patienten (Alter, Bildungsniveau), die konkrete Krankheit, Risikobewertungen und die Behandlungssituation eine Rolle, alles Umstände, die sich generalisierender Betrachtung entziehen. Das gilt erst recht für eine internationale Konvention.

b. »Therapeutisches Privileg« Ausnahmsweise kann in einer Reihe von Staaten von der Aufklärung des Patienten teilweise abgesehen werden, wenn die

[5] Explanatory report, Nr. 35, `http://conventions.coe.int/treaty/EN/cadreprincipal.htm`.

[6] Etwa Spanien, *Taupitz*, Dokumentation (Fn. 3), E 1.

Aufklärung den Patienten in Lebensgefahr bringen oder ihm schwere körperliche oder psychische Schäden zufügen würde[7]. Für diese Einschränkung der Aufklärungspflicht hat sich der Begriff therapeutisches Privileg durchgesetzt.

Daran knüpft sich die Frage, ob eine Einschränkung der Aufklärung im wohlverstandenen Interesse des Patienten mit der Konvention vereinbar ist. Art. 5 Abs. 2 EMB verlangt eine »angemessene« Aufklärung, nicht eine Aufklärung um jeden Preis. Das läßt die Möglichkeit offen, in besonderen Fällen mit Rücksicht auf den Patienten von der umfassenden Aufklärung abzusehen. Auf dieser Linie liegt auch Art. 10 Abs. 3 EMB. Danach kann das Recht auf Auskunft über die Gesundheit im »Interesse« des Patienten eingeschränkt werden.

Die Konvention sollte in diesem Punkte nicht geändert werden. Die Voraussetzungen des therapeutischen Privilegs lassen sich angesichts der individuellen Dispositionen der Patienten nicht mit der erforderlichen Elastizität abstrakt und allgemeingültig fassen. In der »weichen« Formulierung »*angemessene* Aufklärung« ist die Möglichkeit des »therapeutischen Privilegs« durchaus enthalten. Soweit die Staaten dies wollen, können sie auch unter dem Dach der Konvention an diesem durchaus nicht unproblematischen Institut festhalten.

3. Widerruf Art. 5 Abs. 3 EMB geht von der freien Widerrufbarkeit der Einwilligung aus. Grundsätzlich ist in allen untersuchten Rechtsordnungen der Widerruf der einmal erteilten Einwilligung möglich. Auch insoweit läßt sich mithin eine umfassende Anerkennung der Patientenautonomie feststellen.

Bedeutung hat der Widerruf vor allem für den Behandlungsabbruch. Ist ein Patient unheilbar erkrankt, wird der Behandlungsabbruch nicht selten den Sterbeprozeß beschleunigen und zum Tode des Patienten führen. Lebenserhaltende Maßnahmen müssen abgebrochen werden, wenn der Patient die Einwilligung widerruft. Die passive Sterbehilfe durch Abbruch lebenserhaltender Maßnahmen ist daher in der Konvention vorgesehen. Sie ist in den vorliegenden Staatenberichten durchweg anerkannt.

Möglichkeiten der Stärkung der Patientenautonomie eröffnen sich bei der Aufklärung des Patienten über die Bedeutung seines Widerrufs. Die Aufklärung in Art. 5 Abs. 2 EMB bezieht sich ausdrücklich nur auf die Erteilung der Einwilligung. Art. 5 Abs. 3 EMB verlangt für den *Widerruf* der Einwilligung die Aufklärung des Patienten nicht. Es stellt sich die Frage, ob der Patient über die Folgen des Widerrufs der Einwilligung nicht in gleicher Weise wie für die Erteilung der Einwilligung aufgeklärt werden muß.

---

[7]Ein solches »therapeutisches Privileg« ist etwa in Portugal anerkannt, *Taupitz*, Dokumentation (Fn. 3), P 8. Zu Deutschland vgl. *Laufs/Uhlenbruck*, Handbuch des Arztrechts, § 61 Rdnr. 9; § 65 Rdnr. 19 ff.

Mit der Rechtslage in den einzelnen Staaten wäre eine entsprechende Klarstellung in der Konvention durchaus vereinbar. In den meisten Staaten ergibt sich die Aufklärungspflicht als Voraussetzung des Widerrufs aus dem ärztlichen Behandlungsvertrag oder einer besonderen Pflichtenstellung des behandelnden Arztes (»Garantenpflicht«).

II. Schutz nicht einwilligungsfähiger Patienten (Art. 6 EMB)

Art. 6 EMB befaßt sich mit dem Schutz des nicht einwilligungsfähigen Patienten. Für unser Thema steht der volljährige Patient im Mittelpunkt. Die Einwilligung richtet sich in diesem Fall nach Art. 6 Abs. 3 EMB.

Zu beachten ist, daß die Konvention die überaus schwierige Problematik nicht aufgreift, unter welchen Voraussetzungen ein Patient nicht einwilligungsfähig ist. Insoweit ist das jeweilige nationale Recht maßgeblich.

Ist der Patient danach nicht einwilligungsfähig, so entfällt das Erfordernis der Einwilligung *nicht* völlig. Vielmehr muß die Einwilligung von dem gesetzlichen Vertreter oder von einer anderen dafür von der jeweiligen Rechtsordnung vorgesehenen Stelle erteilt werden. Insoweit beläßt es die Konvention bei den Bestimmungen des nationalen Rechts, ohne den Gestaltungsspielraum zu verengen. Zu beachten ist freilich, daß unter »Person, Behörde oder Stelle« – vorbehaltlich Art. 8 EMB – nicht der behandelnde Arzt fallen darf. Dem scheinen einige kantonale Regelungen in der Schweiz[8] nicht zu entsprechen.

Die ausgewerteten Gutachten berichten regelmäßig davon, daß entweder der gesetzliche Vertreter des Patienten oder – vielfach – Ehegatten oder nahe Angehörige über die Einwilligung entscheiden. Die zur Entscheidung berechtigten Personen oder Stellen sind dabei in der Regel an das »Wohl« des Patienten gebunden. Soweit der gesetzliche Vertreter die Einwilligung erteilt, wird die von Art. 6 Abs. 3 Satz 2 EMB geforderte partielle Mitwirkung des Patienten unterschiedlich geregelt. Die Konvention verlangt eine wenn auch wenig ausgeprägte Beteiligung des Patienten, die in den einzelnen Rechtsordnungen insbesondere durch Anhörungspflichten erfüllt wird.

Entscheiden Ehegatten oder Angehörige, so scheint die Einbeziehung des Patienten in den einzelnen Staaten vielfach als selbstverständlich vorausgesetzt zu werden; ausdrücklich gesetzlich geregelt wird sie selten.

Den Landesberichten konnte kein Hinweis entnommen werden, daß in den untersuchten Staaten die in Art. 6 Abs. 4 EMB geregelte Aufklärung nicht erforderlich ist oder der in Art. 6 Abs. 5 EMB vorgesehene Widerruf der Einwilligung nicht möglich ist.

---

[8] Landesbericht S. 365.

Die Konvention sollte hinsichtlich der Einwilligungsfähigkeit auch weiterhin auf eine eigene Regelung verzichten und diese Fragen den nationalen Rechtsordnungen überlassen. Verbesserungen hinsichtlich der Patientenautonomie könnten erreicht werden durch einen Bezug in Art. 6 Abs. 3 und Abs. 5 EMB auf Art. 9 EMB. Damit würde sichergestellt, daß auch bei der Erklärung oder Verweigerung der Einwilligung durch einen Vertreter früher geäußerte »Wünsche« des Patienten berücksichtigt werden[9].

III. Schutz von Personen mit psychischen Störungen (Art. 7 EMB)

Auf Art. 7 EMB soll an dieser Stelle nur knapp eingegangen werden. Nach der Bestimmung können schwere psychische Störungen ohne Einwilligung behandelt werden. Unter der Perspektive der Patientenautonomie am Ende des Lebens scheint wichtig zu sein, daß typische Alterskrankheiten nicht vorschnell als »psychische Störungen« qualifiziert und ohne Einwilligung behandelt werden. Insbesondere aber dürfen die Art. 5 und Art. 6 der Konvention nicht durch Art. 7 EMB unterlaufen werden. Der Wunsch zu sterben, weil dem Patienten das Leben angesichts großer Schmerzen oder Leiden nicht mehr lebenswert erscheint, ist keine »psychische Störung«.

IV. Notfallbehandlung (Art. 8 EMB)

Eine weitere Ausnahme vom Erfordernis der Einwilligung sieht Art. 8 EMB vor. Danach darf im Notfall eine medizinische Behandlung auch ohne Einwilligung des Patienten durchgeführt werden. Durchweg alle untersuchten Rechtsordnungen sehen diese Ausnahme vor. Sie unterscheiden sich allerdings in Details, soweit es um die Reichweite der Behandlung im Notfall geht. In einigen Ländern ist jede Notfallbehandlung zulässig, in wenigen Ländern nur eine Behandlung zur Abwendung von Lebensgefahr (Dänemark) oder zumindest der Gefahr *schwerer* Gesundheitsschäden (Österreich). Alle diese Varianten stehen in Einklang mit Art. 8 EMB, der jede medizinisch unerläßliche Behandlung erlaubt, auch solche Eingriffe, die nicht der Abwehr von Lebensgefahren dienen[10].

Nicht erfaßt Art. 8 EMB den Fall, daß die Einwilligung nicht eingeholt werden kann, aber erkennbar ist, daß eine Einwilligung verweigert würde. Art. 8 EMB sollte jedenfalls nicht zur Anwendung kommen, wenn zuvor ausdrücklich die Einwilligung verweigert wird. Ferner springt ins Auge, daß Art. 8 EMB allein auf die *medizinische* Notwendigkeit abstellt. Das kann zur Folge haben, daß entgegen dem erkennbaren Wunsch behandelt wird, etwa ein Anhänger

---

[9] Die Frage ist ungeklärt in einigen Staaten der USA, vgl. Landesbericht S. 801.

[10] Vgl. Explanatory report (Fn. 5), Nr. 58 .

der Zeugen Jehovas. Die Definition des »Notfalls« sollte diesen Problemen entgegen kommen. Art. 8 EMB greift nicht ein, wenn nach Art. 6 EMB oder gar Art. 5 EMB eine Entscheidung eingeholt werden kann; auch Art. 9 EMB geht vor.

V. Berücksichtigung zuvor geäußerter Wünsche (Art. 9 EMB)

Die Frage der Berücksichtigung solcher Wünsche, die der im Zeitpunkt der medizinischen Intervention nicht mehr äußerungsfähige Patient zu einem früheren Zeitpunkt geäußert hatte, ist bereits innerhalb der einzelnen Staaten sehr umstritten; im Vergleich der Staaten zueinander lassen sich hier große und sogar fundamentale Abweichungen feststellen. Vor diesem Hintergrund wird verständlich, daß Art. 9 EMB nur sehr geringe Anforderungen stellt. Die von dem Patienten geäußerten Wünsche müssen nur »berücksichtigt« werden; vollauf »bindend« sind sie *nicht*. Der »erläuternde Bericht« erwähnt in diesem Zusammenhang etwa den Fall, daß die Wünsche des Patienten vor langer Zeit geäußert worden sind und die medizinischen Behandlungsmöglichkeiten sich seither verbessert haben[11].

Die Spannweite der untersuchten Rechtsordnungen ist überaus groß: Sie reicht von der Feststellung, die Berücksichtigung von Patientenverfügungen spiele in der Praxis überhaupt keine Rolle[12], bis hin zu der Aussage, Patientenverfügungen seien als Ausübung der Patientenautonomie rechtlich bindend[13]. In der Mehrzahl der Staaten besteht eine strenge Bindungswirkung jedoch *nicht*; die Wünsche sind »nur« zu »berücksichtigen«, etwa bei der Ermittlung des mutmaßlichen Willens. Andererseits ist ein ausdrückliches Verbot der Berücksichtigung von Patientenverfügungen nirgendwo festgeschrieben. Zusammenfassend kann man festhalten, daß die nationalen Rechtsordnungen den Vorgaben des Art. 9 EMB entsprechen.

In den meisten Ländern ist die Frage der Berücksichtigung von Patientenverfügungen in den letzten Jahren intensiv diskutiert worden. Für die Zukunft zeichnet sich eine Tendenz ab, wonach diese Patientenverfügungen (advanced directives; living will) verstärkt berücksichtigt werden. Auch wird Stellvertretung aufgrund einer Vollmacht (proxy directives; health care proxy) durchaus positiv gesehen, wenn auch aufgrund der damit verbundenen Fremdbestimmung noch zurückhaltend.

---

[11] Explanatory report (oben Fn. 5), Nr. 62.

[12] Etwa Belgien und Brasilien, wo sie in der Praxis nicht vorkommen, vgl. Landesbericht Belgien S. 294, *Taupitz*, Dokumentation (Fn. 3), BR 12.

[13] Korea, allerdings str.; Dänemark, das sogar ein *living will register* vorsieht, *Taupitz*, Dokumentation (Fn. 3), DK 36, 58; in Kanada nach common law, *Taupitz*, Dokumentation (Fn. 3), CDN 50; einige Staaten der USA, vgl. Landesbericht S. 792.

Gerade im Hinblick auf Art. 9 EMB besteht die Möglichkeit, die Patientenautonomie weiter zu stärken. Über die Forderung, einer schriftlichen Patientenverfügung Bindungswirkung zuzusprechen, wenn der Patient bei der Errichtung ärztlich aufgeklärt wurde, mag man geteilter Ansicht sein[14].

Nach der EMB muß die Einwilligung nicht schriftlich erteilt werden; auch die Aufklärung kann formlos erfolgen. Einige wenige nationale Rechtsordnungen verlangen hingegen die Schriftform[15]. Die Konzeption der EMB ist in diesem Punkte vorzugswürdig. Soweit Formvoraussetzungen der Einwilligung aufgestellt werden, besteht die Gefahr, daß die Einwilligung – etwa weil nicht namentlich unterzeichnet – unwirksam ist. Das dient nicht der Patientenautonomie. Davon zu trennen ist im Hinblick auf Art. 23 EMB die Frage der Dokumentation und des Beweises der Einwilligung.

Konsensfähig könnte die Erwähnung eines »Stellvertreters in Gesundheitsangelegenheiten« sein. Nachdem Art. 6 Abs. 3 EMB die Möglichkeit einer Einwilligung durch einen *gesetzlichen* Vertreter ausdrücklich vorsieht, sollte man sich auf die Möglichkeit eines vom Patienten selbst bestimmten Vertreters in Gesundheitsangelegenheiten verständigen können.

C. Zweiter Teil: Stärkung der Rechtsstellung des Patienten am Ende des Lebens durch Ansprüche

Die bislang behandelten Artikel der Konvention betrafen die Frage der *Abwehr* unerwünschter medizinischer Interventionen. Dabei wurde deutlich, daß aufgrund der nach Art. 5 EMB erforderlichen Einwilligung die Patientenautonomie weitgehend gesichert ist. Die Konvention schützt damit die körperliche Integrität. Sie verlangt Abwehrrechte des Patienten. Das Selbstbestimmungsrecht des Patienten in der letzten Phase seines Lebens hat aber einen zweiten Aspekt. Konsequent zu Ende gedacht verstößt ein Staat nicht gegen die Konvention, wenn er den Patienten in der letzten Phase seines Lebens sich selbst überläßt, den Zugang von Verwandten, Freunden, Geistlichen, Ärzten und Pflegepersonal verbietet. Diese glücklicherweise konstruierten Beispiele verdeutlichen, daß Patientenautonomie mehr bedeutet als »in Ruhe gelassen« zu werden. Die rechtliche Umsetzung dieser Erkenntnis bereitet hingegen Schwierigkeiten. Ein Abwehrrecht des Patienten kann ohne weiteres postuliert werden, weil von anderen nur ein Unterlassen (der Behandlung) verlangt wird. Ein Anspruch auf positives Tun hingegen greift in die Freiheitssphäre des Arztes, des Pflegers, der Verwandten usw. ein. Vorbehaltlos

---

[14] Vgl. zur Diskussion in Deutschland *Chr. Berger*, JZ 2000, 797, 800 ff. m. w. N.; Beschlüsse DJT 2000 in Leipzig, Beilage zu NJW 3, 2001, S. 13 f. oder http://www.djt.de/63djt/beschluss_zivilrecht.html.

[15] Etwa Niederlande *Taupitz*, Dokumentation (Fn. 3), NL 20, Dänemark *Taupitz*, aaO., DK 56, und einige Staaten Australiens *Taupitz*, aaO., AUS 26.

kann ein Anspruch daher nicht postuliert werden. Soweit allerdings der genannte Personenkreis zur Mitwirkung bereit ist, darf eine Rechtsordnung sich dem nicht durch ein Verbot verschließen.

Weil die Konvention den Schutz der körperlichen Integrität gegen Eingriffe in den Vordergrund rückt, sind solche Rechte im Sinne von Ansprüchen bislang schwach ausgestaltet. Art. 3 EMB gewährleistet *gleichen* Zugang zu medizinischen Ressourcen, ist also ein Gleichheitsrecht. Ansprüche auf Vornahme von Behandlungen lassen sich auch *nicht* aus Art. 4 EMB ableiten; zwar gehört die Vornahme medizinisch indizierter Behandlungen zur Berufspflicht der Ärzte. Art. 4 EMB betrifft jedoch nur den Fall der Intervention, begründet kein Recht auf Behandlung. Auch Art. 9 EMB bildet dafür ebenfalls eine nur sehr schmale Basis.

Daran knüpft sich die Frage, welche Rechte im Sinne von Ansprüchen der Patient hat oder haben sollte. Im Blickfeld liegen etwa ein Recht auf Pflege, Schmerzbehandlung, aber auch auf Vornahme von Intensivbehandlung, wenn sie gewünscht wird. In einem weiteren Sinne zählt dazu auch das Recht des Patienten, daß ihm nahestehende Personen Zugang zu ihm haben, das Recht auf (auch geistlichen) Beistand und Betreuung. Über die Reichweite der in der Konvention in Zukunft vorzusehenden Rechte des Patienten in der letzten Phase seines Lebens wird man im Detail beraten müssen.

Zur Zeit jedenfalls ist trotz punktueller Anerkennung[16] ein Anspruch des Patienten auf *aktive Sterbehilfe* nicht konsensfähig. Aktive Sterbehilfe in Form der »Tötung auf Verlangen« ist in nahezu allen Staaten rechtswidrig. Die Konvention sollte diese Frage daher jedenfalls zum jetzigen Zeitpunkt nicht aufgreifen und der Diskussion in den einzelnen Staaten den Vorrang belassen.

D. Abschließende Bewertung

Es ist durchaus bemerkenswert, daß weltweit das in der Konvention verankerte Selbstbestimmungsprinzip auch in der letzten Phase des menschlichen Lebens Geltung beansprucht. Religiöse, sittliche oder ethische Vorstellungen und die (vermeintliche) ärztliche Pflicht, Leben um jeden Preis zu erhalten, stehen der Autonomie nur noch ganz vereinzelt entgegen. Die Konvention untermauert auch insoweit die Subjektstellung des Menschen. Sie ist damit durchaus taugliches Instrument einer weltweiten Regelung.

Ansatzpunkt der Konvention ist die Abwehr unerwünschter Eingriffe und damit das Unterlassen medizinischer Interventionen. Darin liegt ein erster und begrüßenswerter Schritt. Patientenautonomie ist aber umfassender zu verstehen. Die Konvention sollte Schritt für Schritt dahin erweitert werden, daß

[16] Vgl. die Diskussion in Australien, Landesbericht S. 286 und in den Niederlanden, etwa Süddeutsche Zeitung v. 25.11.2000, The Guardian v. 29.11.2000.

Menschen in der letzten Phase ihres Lebens Ansprüche auf Pflege, Schmerzbehandlung und geistigen Beistand haben. Dabei sollten Menschen, die ihre Wünsche noch mitteilen können, nicht anders behandelt werden als nicht mehr äußerungsfähige Patienten. Patientenverfügungen muß daher ein größeres Gewicht zukommen als dies Art. 9 EMB bislang vorsieht.

E. Ergebnisse in Thesen

These zu Art. 5 EMB: Die aufgeklärte Einwilligung ist unverzichtbare Voraussetzung der medizinischen Behandlung. Mit der Aufklärungspflicht des Art. 5 Abs. 2 EMB ist das »*therapeutische Privileg*« vereinbar. Auch ein Widerruf der Einwilligung in eine lebenserhaltende Behandlung setzt die Aufklärung über seine Folgen voraus.

These zu Art. 6 EMB: Der in Art. 6 EMB erreichte Schutz der nicht einwilligungsfähigen Personen ist unter dem Blickwinkel der Patientenautonomie auszubauen. Die nach Art. 9 EMB erklärten Wünsche sind im Einwilligungsverfahren nach Art. 6 Abs. 3 Satz 2 EMB und beim Widerruf der Einwilligung nach Art. 6 Abs. 5 EMB zu berücksichtigen.

Thesen zu Art. 9 EMB: (1) Eine schriftliche Patientenverfügung ist verbindlich, wenn der Patient bei der Errichtung von einem Arzt aufgeklärt wurde. Die Patientenverfügung bindet jedoch *nicht*, wenn Anhaltspunkte dafür vorliegen, daß die Patientenverfügung die konkrete Behandlungssituation nicht umfaßt, oder daß sich die medizinischen Behandlungsmöglichkeiten seit der Errichtung der Patientenverfügung verbessert haben. (2) Hat der Patient einen Gesundheitsbevollmächtigten benannt, sind dessen Entscheidungen bindend, es sei denn, daß sie dem Wohl des Patienten nicht entsprechen.

These zur Ergänzung der Konvention: Die Konvention ist gerichtet auf die Abwehr unerwünschter Interventionen. Zur Stärkung des Selbstbestimmungsrechts sollte die Konvention um Rechte auf Vornahme medizinischer Interventionen wie Pflege, Schmerzbehandlung und – wenn vom Patienten gewünscht – intensivmedizinische Behandlungen ergänzt werden, soweit der angesprochene Personenkreis zur Mitwirkung bereit ist.

Das Verbot der Diskriminierung einer Person wegen ihres genetischen Erbes

Prof. Dr. iur. Dr. med. h.c. Hans-Ludwig Schreiber

Universität Göttingen
Akademie für Ethik in der Medizin

I.

Artikel 11 des Europäischen Übereinkommens über Menschenrechte und Biomedizin vom 4. April 1997 (MRK-Biomed) stellt seinem vierten Kapitel über das menschliche Genom den Grundsatz der Nichtdiskriminierung voran: »Jede Form von Diskriminierung einer Person wegen ihres genetischen Erbes ist verboten.« Zur Begründung führt der Explanatory-Report (DIR/JUR 97/1) aus, die Erschließung des menschlichen Genoms, die rapide fortschreite, ebenso wie die Entwicklung genetischer Tests, die damit verbunden sind, bringe substantielle Fortschritte in der Prävention von Krankheiten und ihrer Behandlung. Aber die genetischen Tests verursachten auch bedenkenswerte Probleme. Das bedeutendste sei, dass genetische Tests, die eine genetische Krankheit, eine Prädisposition oder Empfänglichkeit für solche genetischen Krankheiten entdecken können, zu Selektion und Diskrimination führen könnten (Nr. 74).

Artikel 11 wird vom Explanatory Report mit Recht im Zusammenhang mit Artikel 14 der Europäischen Konvention zum Schutze der Menschenrechte und Grundfreiheiten vom 4. November 1950 gesehen. Dieser Artikel bestimmt, dass der Genuss der in der Konvention festgelegten Rechte und Freiheiten ohne Unterschied des Geschlechts, der Rasse, der Hautfarbe, der Sprache, der Religion, politischer oder sonstiger Anschauungen, nationaler oder sozialer Herkunft, der Zugehörigkeit zu einer nationalen Minderheit, des Vermögens, der Geburt oder des sonstigen Status gewährleistet werde. Artikel 11 MRK-Biomed fügt zu dieser Liste das genetische Erbe einer Person hinzu. Das Verbot der Diskriminierung gilt also für alle Anwendungsfälle der Konvention.

Ein Fall der Anwendung wird insbesondere in Artikel 12 der MRK-Biomed gesehen, der Untersuchungen, die es ermöglichen, genetisch bedingte Krankheiten vorherzusagen oder bei einer Person entweder das Vorhandensein eines für eine Krankheit verantwortlichen Gens festzustellen oder eine genetische Prädisposition oder Anfälligkeit für eine Krankheit zu erkennen, nur für Gesundheitszwecke oder für gesundheitsbezogene wissenschaftliche Forschung und nur unter der Voraussetzung einer angemessenen genetischen Beratung erlaubt. Die Bindung genetischer Tests an Gesundheitszwecke ist im Einzelnen Gegenstand des folgenden Beitrages von Winter. Soweit es um das Verbot der Diskriminierung geht, wird sich auch mein Bericht damit befassen.

II.

Was ist nun unter Diskriminierung einer Person wegen ihres genetischen Erbes zu verstehen? Liest man den Explanatory Report, so findet sich schon hier eine prinzipiell eingeschränkte Auslegung. Nicht jede, sondern nur eine ungerechtfertigte Ungleichbehandlung wird als Diskriminierung verboten. Ich zitiere (77):

> »If the term ›discrimination‹ has usually a negative connotation in French whereas this is not necessarily the case in English (where one must use the expression ›unfair discrimination‹), it has been however considered to keep the same term in both languages, as it is in the European Convention of Human Rights and in the case law of the Court. Discrimination here must therefore, in French as in English, be understood as unfair discrimination. In particular, it cannot prohibit positive measures which may be implemented with the aim of re-establishing a certain balance in favour of those at a disadvantage because of their genetic inheritance.«

Das Diskriminierungsverbot soll also offenbar nicht als Verbot jeder Unterscheidung wegen des genetischen Erbes, sondern nur als Verbot einer unfairen, einer ungerechtfertigten Ungleichbehandlung verstanden werden. Das würde seinen Anwendungsbereich von vornherein erheblich einschränken und relativieren.

Eine entsprechende Auslegung erfahren die Diskriminierungsverbote in Art. 3 III S. 2 Grundgesetz, der die Diskriminierung Behinderter wegen ihrer Behinderung verbietet, sowie auch Art. 14 der Europäischen Menschenrechtskonvention vom 4. November 1950, der verlangt, dass die in ihr festgelegten Rechte und Freiheiten ohne Benachteiligung zu gewährleisten sind, die insbesondere im Geschlecht, in der Rasse, Sprache, nationaler oder sozialer Herkunft, Zugehörigkeit zu einer nationalen Minderheit, im Vermögen, in Geburt oder sonstigem Status begründet ist.

Im Kommentar von Frowein-Peukert zu Art. 14 MRK wird eine Maßnahme oder Regelung dann als von diskriminierender Natur bezeichnet, wenn die Unterscheidung eines objektiven und angemessenen Rechtfertigungsgrundes entbehrt. Auch die Rechtsprechung des Europäischen Gerichtshofes folgt solcher Auslegung (vgl. die Nachweise bei Frowein-Peukert a. a. O.). Die Lage der Personen, zwischen denen eine Maßnahme differenziert, muss nicht identisch, sondern vergleichbar sein, in der englischen Terminologie wird von »similar« bzw. »comparable situations« gesprochen.

Das Bestehen einer sachlichen Rechtfertigung für die Unterscheidung beurteilt sich im Verhältnis zu Zweck und den Auswirkungen der in Frage stehenden Maßnahme.

Bei der Prüfung, ob im Einzelfall eine willkürliche Unterscheidung vorliegt, dürfen die rechtlichen und tatsächlichen Gegebenheiten nicht außer acht gelassen werden, die das Leben der Gesellschaft in einem Staat kennzeichnen.

Die Frage nach der sachlichen Rechtfertigung einer Unterscheidung stelle letztlich ein »zeit- und umständebezogenes Werturteil dar, das sich einer rationalen Begründung weitgehend entzieht und über das eine volle Meinungsübereinstimmung nur selten zu erreichen sein wird« (Frowein-Peukert, MRK 2. Aufl. 1996, Rn. 23).

Vergleichbar verfährt die Praxis zum allgemeinen Diskriminierungsverbot in Österreich, verstanden als Verbot unsachlicher Wahl. Ähnliches gilt auch in anderen Ländern Europas, etwa in Finnland und der Schweiz. Die Rechtsprechung des EUGH zur Menschenrechtskonvention geht in gleiche Richtung (vgl. Frowein-Peukert a.a.O.).

In der Literatur wird teilweise für eine striktere Anwendung des Benachteiligungsverbotes plädiert. So verlangt Herdegen, dass nicht nur wie beim allgemeinen Gleichheitssatz (Art. 3 III GG) ein sachlich plausibler Grund für eine Ungleichbehandlung ausreichen dürfe. Sie sei als Ausnahme vom Diskriminierungsverbot nur zulässig, insofern sie für die Lösung von Problemen, die in der Behinderung bzw. im genetischen Erbe selbst angelegt sind, zwingend erforderlich sei. Die Ungleichbehandlung müsse ihre Rechtfertigung darin finden, dass eine Gleichbehandlung geradezu als unvernünftig, ja sachwidrig erscheine.

Höfling argumentiert dahin, dass auch das Diskriminierungsverbot des Art. 11 MRK-Biomed, wie das des Art. 3 III S. 2 GG nicht nur den Staat zum Adressaten habe, sondern eine Schutzpflichtdimension besitze, die gerade auch den Privatrechtsbereich berühre.
Der Staat sei mit Art. 11 MRK-Biomed aufgerufen, Behinderte und erblich Belastete vor Benachteiligungen durch andere Private zu schützen, etwa – wir kommen gleich darauf zurück – im Arbeits- und Versicherungsbereich.

Ich kann nun hier nicht im einzelnen der Diskussion um solche Drittwirkung von Grundrechten in Gestalt von Schutzpflichten nachgehen. Ich meine, dass es solche Schutzpflichten gerade bei Art. 3 III S. 2 GG und Art. 11 RRuK geben muss. Aber auch Höfling räumt ein, dass der Umfang solcher Schutzpflichten vage bleibt.

Die einschränkende Auslegung in der Praxis scheint mir bedenklich. Der Schutzbereich des genetischen Diskriminierungverbotes wird dadurch in bedenklicher Weise relativiert. Für die Anwendung der MRK-Biomed sollte die restriktive Interpretation anhand einzelner Anwendungsfälle überdacht werden.

III.

Sehen wir uns zunächst die Länderberichte hinsichtlich der bisherigen Positionen zu den Anwendungsfällen des Diskriminierungsverbotes an.

In der Bundesrepublik Deutschland wird zunehmend diskutiert, ob Art. 11 MRK-Biomed die Vornahme von Präimplantationsdiagnostik und Pränataldiagnostik mit der Folge einer Verwerfung der geprüften Embryonen bei Erkenntnis einer erheblichen erblichen Belastung verbietet. Art. 11 wird hier im Zusammenhang mit Art. 3 III des Grundgesetzes gesehen, der vorschreibt, dass niemand wegen seines Geschlechtes, seiner Abstammung, seiner Rasse, seiner Sprache, seiner Heimat und Herkunft, seines Glaubens, seiner religiösen oder politischen Anschauungen benachteiligt oder bevorzugt werden darf. Satz 2 des Art. 3 schließt dann mit der Vorschrift an: »Niemand darf wegen seiner Behinderung benachteiligt werden.«

Es kann hier nicht das ganze rechtliche Feld der Präimplantationsdiagnostik behandelt werden. Insbesondere nicht die Fragen, die das Deutsche Embryonenschutzgesetz vom 13.12.1990 (ESchG) aufwirft, das die Entnahme und Fertilisation von höchstens drei weiblichen Eizellen innerhalb eines Zyklus zuläßt und verlangt, dass dies nur zum Zweck der Herbeiführung einer Schwangerschaft erlaubt sein dürfe (§ 1 I Nr. 3 und 1 ESchG). Das verbiete eine genetische Prüfung vor der Implantation. In Deutschland besteht zwischen einer liberalen Fristen- und Indikationslösung beim Schwangerschaftsabbruch und striktem Embryonenschutz (§§ 218 StGB, 218a StGB) eine deutliche Differenz.

Werden Embryonen als menschliche Personen angesehen und dem Schutz des Rechtes unterstellt, so erscheint es zweifelhaft, ob nicht eine Diskriminierung wegen des genetischen Erbes vorliegt, wenn solche Embryonen bei Feststellung genetischer Schäden von der Implantation in die Mutter ausgenommen oder dem Schwangerschaftsabbruch nach einer Pränataldiagnostik unterworfen werden. Die sich gegen den Embryo richtende Maßnahme geschieht sicher »wegen des genetischen Erbes«. In den Fällen von Präimplantationsdiagnostik und Pränataldiagnostik geht es aber darüber hinaus wohl primär auch um die Lebensfähigkeit eines solchen Embryos und die Zumutbarkeit für die Mutter. Schwangerschaftsabbruch ist in der Bundesrepublik auf der Grundlage der sogenannten Fristenlösung in den ersten drei Monaten nach Beratung und später nach einer Indikationslösung zulässig. So erscheint zweifelhaft, ob diese Zulässigkeit durch das Verbot der Diskriminierung wegen des genetischen Erbes eingeschränkt werden soll.

Die Frage ist in der Bundesrepublik bisher nicht geklärt, über die lebhaft umstrittene Zulässigkeit der Präimplantatiosdiagnostik wird der Gesetzgeber zu entscheiden haben.
Ich neige dazu, keine Verletzung des Diskriminierungsverbotes zu sehen, weil es sich bei der Entscheidung über die Implantation um eine sachlich begründete differenzierende Entscheidung der potentiellen Mutter handelt, den Embryo nicht anzunehmen, bzw. sich wegen der genetischen Schäden nach der Pränataldiagnostik für den Abbruch der Schwangerschaft zu entscheiden.

In den anderen Ländern gelten unterschiedliche Regelungen.
In Österreich z.B. ist eine pränatale Genomanalyse möglich. Sie bedarf vorheriger genetische Beratung. In Österreich gibt es auch eine »kindliche« eugenische Indikation für den Schwangerschaftsabbruch anders als in Deutschland. Ähnliche Regeln gelten in einer ganzen Reihe von Ländern, u.a. in Korea und Japan, obwohl in Japan die eugenische Indikation verboten ist: ein Abbruch erfolgt aber dort über die gesundheitliche Indikation für die Mutter, ähnlich wie in Deutschland.
In Portugal werden Pränatal- und Präimplantationsdiagnostik für zulässig gehalten. Aber festgehalten wird, dass Frauen weder zur Teilnahme noch zur Ablehnung bei solchen diagnostischen Maßnahmen gezwungen oder genötigt werden sollen.
In der Türkei ist noch wenig geregelt. Aber Pränatal- und Präimplantationsdiagnostik werden grundsätzlich für zulässig gehalten.
Die Präimplantationsdiagnostik ist in den meisten Ländern noch nicht gesetzlich geregelt.
In Österreich ist sie mittelbar nach § 49 I des Fortpflanzungsmedizingesetzes verboten. Dort wird aber der darin liegende Widerspruch zur Zulässigkeit der Pränataldiagnostik gesehen und eine gesetzliche Regelung erwartet.

In Japan gibt es bisher nur Richtlinien der Gynäkologengesellschaft. Präimplantationsdiagnostik ist nur in engen Grenzen zur Feststellung schwerer Erbkrankheiten zulässig. Notwendig ist eine vorherige Anfrage bei einer Ethikkommission. Ähnliches soll in Deutschland nach dem Diskussionsentwurf einer Richtlinie zur Präimplantationsdiagnostik der Bundesärztekammer gelten (vgl. Deutsches Ärzteblatt 2000, S. A 525).
In Brasilien ist Präimplantationsdiagnostik offenbar zur Geschlechtswahl nicht zulässig, außer bei geschlechtsbezogenen Krankheiten. Ähnliches gilt wohl auch in Korea, wo eine Zulässigkeit in engen Grenzen besteht, nicht aber zur Geschlechtsbestimmung.

In den USA scheint der Rechtsstatus des Embryo rechtlich noch unklar. Die Rechtsprechung hat die Position zurückgewiesen, dass das Ungeborene eine Person sei, erkannte aber an, dass es ein Recht des Staates gebe, nach dem ersten Trimester der Schwangerschaft Embryonen zu schützen. Man spricht von einem intermediären Status des Embryos, er ist weniger als Person aber mehr als Eigentum und fordert »some respect«. Pränatale und präimplantative Diagnostik sind generell erlaubt. In einigen Staaten, etwa der Hälfte, ist Forschung an Embryonen verboten oder beschränkt, einige davon verbieten Präimplantationsdiagnostik. Aber im allgemeinen ist auch dort, wo Embryonenforschung verboten ist, pränatale und präimplantative Diagnostik erlaubt. Das hängt wohl auch von der ganz verbreiteten Zulassung der Beendigung einer Schwangerschaft ab.

IV.

Heftig umstritten ist, ob unter dem Gesichtspunkt des Diskriminierungsverbotes prädiktive genetische Tests in Zusammenhang mit Versicherungsverträgen und im Arbeitsrecht verboten sein sollen. Der Länderbericht für die Bundesrepublik hat den bisherigen Diskussionsstand in Deutschland dargestellt (S. 409).

Der Explanatory Report sieht prädiktive Tests strikt begrenzt in ihrer Anwendbarkeit auf Gesundheitszwecke für den Einzelnen in Verbindung mit Art. 12 MRK-Biomed. Er sieht ein offensichtliches Risiko darin, dass von den Möglichkeiten des Tests Gebrauch gemacht wird außerhalb der Gesundheitsfürsorge, z.B. für eine medizinische Prüfung vor einer arbeitsrechtlichen Anstellung oder vor einem Versicherungsvertrag.

Der Bericht führt aus, es sei verboten, prädiktive genetische Tests als Teil einer vor dem Eingehen eines Arbeitsverhältnisses vorgenommenen medizinischen Überprüfung vorzunehmen, wenn es nicht einem Gesundheitszweck für den Einzelnen diene. Er führt aus: »An insurance company will not be entitled to subject the conclusion or modification of an insurance policy to the holding of a predictive genetic test. Nor will be able to refuse the conclusion or modification of such a policy on the ground that the applicant has not submitted to a test, as a conclusion of a policy cannot reasonably be made conditional on the performance of an illegal act« (Nr. 85).

Die deutsche Diskussion unterscheidet: Innerhalb der risikoneutralen Sozialversicherung dürfen individuelle Risikofaktoren nach einhelliger Ansicht keine Rolle spielen, daher dürfen Versicherungsverhältnisse auf diesem Felde grundsätzlich nicht von einer ärztlichen Voruntersuchung oder Auskünften des Versicherten über seinen Gesundheitszustand abhängen. Deshalb können auch prädiktive genetische Tests im Bereich der Sozialversicherung keine Rolle spielen. Das ist ebenfalls so in vielen anderen Ländern.

Anders verhalte es sich jedoch, so wird in Deutschland argumentiert, im Bereich der privaten Versicherung, insbesondere der privaten Kranken- und Lebensversicherung. Sie sei grundsätzlich risikobezogen, d.h. der Versicherer kann den Abschluss eines Versicherungsvertrages von individuellen Risiken eines Bewerbers abhängig machen.

Der Deutsche Landesbericht (S. 23 ff.) wägt die Argumente gegen die Verwendung prädiktiver genetischer Tests im Versicherungsbereich ab. Hier wird als Einwand insbesondere das Recht auf informationelle Selbstbestimmung angeführt, das durch Verwendung und Verlangen genetischer Tests verletzt werde. Dieses Recht auf informationelle Selbstbestimmung schütze nicht nur den Bürger vor der ungerechtfertigten Ausforschung seiner Daten, vielmehr gewähre es ihm auch umgekehrt ein Recht auf Nichtwissen, d.h. darauf, Kenntnisse über seinen Gesundheitszustand nicht gegen den eigenen Willen zu erhalten. Es wird von einem faktischen Zwang bzw. faktischen Druck gesprochen, dem der Versicherungsinteressent ausgesetzt werde, wenn er eine Versicherung abschließen wolle und die Versicherung von ihm die Vornahme eines genetischen Tests verlange.

Argumentiert wird weiter, in dem Verlangen und in der Verwendung genetischer Tests im Versicherungswesen könne eine Diskriminierung genetisch belasteter Personen liegen. Niemand dürfe für seine genetische Veranlagung verantwortlich gemacht werden. Die Berücksichtigung genetischer Tests führe aber dazu, dass Personen, die aufgrund ihrer genetischen Veranlagung ohnehin eine schwere Last zu tragen hätten, hierfür auch noch zusätzlich bestraft würden.

Der deutsche Länderbericht tritt diesen Argumenten entgegen. Mit genetischen Belastungen sei es nicht anders als mit anderen Risiken, die aus konventionellen ärztlichen Untersuchungen schon bisher bekannt würden. Eine Diskriminierung sei im Verlangen eines genetischen Tests nicht zu sehen. Eine Diskriminierung liege nur vor, wenn für die Ungleichbehandlung kein sachlicher Grund bestehe. Da in der Privatversicherung der Grundsatz der Risikoäquivalenz gelte, richteten sich die Versicherungsbedingungen ebenso wie die Entscheidung darüber, ob überhaupt ein Versicherungsvertrag abgeschlossen werde, nach dem festgestellten individuellen Risiko des Versicherungsnehmers. Deshalb sei es üblich und auch angemessen, dass Versicherungsinteressenten mit höheren Risiken schlechtere Versicherungsbedingungen bekämen als Personen mit geringerem Risiko.

Das Abstellen auf ein Risiko und seinen Umfang sei deswegen keineswegs eine ungerechtfertigte Ungleichbehandlung und damit diskriminierend, sondern entspreche gerade dem Sinn des Privatversicherungsvertrages, nämlich der Versicherung von Personen entsprechend ihrem individuellen Risiko. Es sei nicht einzusehen, warum für Risiken, die aus genetischer Veranlagung entstünden, etwas anderes gelten solle als für konventionelle Krankheiten. Abgestellt wird für die Privatversicherung auf die Vertragsfreiheit des Versicherers, der das Recht habe, Verträge zu beliebigen Konditionen anzubieten.

Ein Verbot des Verlangens genetischer Tests sei ein schwerwiegender Eingriff in die unternehmerische Freiheit der privaten Personenversicherer und eine Angleichung an die ganz anders strukturierte Sozialversicherung, in der feststellbare Risikounterschiede zwischen den Versicherungsinteressenten nicht berücksichtigt werden dürfen.

Für die Zulässigkeit des Verlangens von Versicherern auf Durchführung von Gentests vor Abschluss eines Versicherungsvertrages spreche schließlich, dass nur dadurch in effektiver Weise der Gefahr einer Antiselektion begegnet werden könne, also der Gefahr, dass ein Versicherungsinteressent in Kenntnis einer gefahrerheblichen genetischen Disposition und gerade im Hinblick auf sie und ihretwegen Personenversicherungsverträge abschließe, um sich oder von ihm bestimmten Bezugsberechtigten einen ungerechtfertigten Versicherungsschutz und damit erhebliche Vermögensvorteile zu verschaffen.

Der Länderbericht bezieht sich auf Empfehlungen einer Arbeitsgruppe Humangenetik der Europäischen Akademie in Ahrweiler (vgl. Bartram u.a.). Er schlägt vor, dass Deutschland, wenn es sich zum Beitritt zur Konvention entschlösse, einen Vorbehalt im Hinblick auf Artikel 12 erklären müsse. Artikel 11 soll offenbar in der Auslegung, dass nur ungerechtfertigte Ungleichbehandlung verboten sein soll, nicht tangiert werden. Artikel 26 des Abkommens genüge nicht, um darauf eine Ausnahme zu stützen.

Die Länderberichte tragen unterschiedliche Positionen vor.
Die Mehrzahl scheint der Auffassung zu sein, dass auch im privaten Versicherungswesen das Diskriminierungsverbot gelten solle. Teils ist das ausdrücklich, sei es in Gesetzen oder anders geregelt.

In Israel sind genetische Tests nur im Interesse der Gesundheit zulässig. Versicherer seien gehindert, genetische Informationen zu sammeln und Versicherungsdeckung zu verweigern oder Bedingungen zu ändern, bzw. Prämien auf der Basis genetischer Informationen zu erhöhen.

Auch in Österreich ist es nach § 67 des Gentechnikgesetzes von 1994 verboten, Ergebnisse von Genanalysen von Versicherungsbewerbern zu verlangen, anzunehmen oder sonst zu verwerten. Ausnahmen und Verzichte der Einzelnen sollen nicht möglich sein. Kritische Stimmen gibt es im Hinblick darauf, dass es selbst bei manifest gewordenen Erkrankungen eine Schweigepflicht gibt, wenn es sich um eine infolge der Genanalyse festgestellte Erbkrankheit handle.

In Kanada wird unterschieden. In der Charta of Rights and Freedom ist ein Schutz gegenüber staatlichen Arbeitgebern und Versicherungen gewährt, nicht aber gegen Private. Der deutsche Standpunkt wird offenbar in der Sache geteilt.
Berichtet wird, dass praktisch derzeit von Versicherungen und Arbeitgebern keine genetischen Tests verlangt werden wegen der damit verbundenen Ko-

sten. Auch die existierende Privacy-Legislation richtet sich nur gegen öffentliche Stellen. Der Bericht scheint eine Änderung der Lage in Kanada im Hinblick auf Art. 11 MRK-Biomed zu erwägen.

In Spanien soll der Zugang zur gesundheitlichen Regelversicherung auch dort, wo er in privatrechtlichen Formen erfolgt, allen gleich offenstehen, ohne Rücksicht auf genetische Risiken.
In der Schweiz besteht Sorge vor der Übermacht, die dem Menschen von den Möglichkeiten von Gentests droht. Der Vorentwurf eines Gesetzes über genetische Untersuchungen beim Menschen verbietet den Versicherungen ausnahmslos, von der antragstellenden Person eine präsymptomatische bzw. prädiktive Untersuchung als Voraussetzung für die Begründung eines Versicherungsverhältnisses zu verlangen.
Aus Portugal wird berichtet, dass das Problem genetischer Tests und ihrer etwaigen Untersagung angesichts eines freien und universalen Versicherungssystems bisher nicht aufgetaucht sei.
Der Comercial Code verlangt, dass der Versicherungsnehmer alle Fragen auch nach seinem Gesundheitszustand wahrheitsgemäß beantworte. Vorliegende Tests können verlangt werden. Weniger erlaubt erscheine es aber, neue Tests für einen Vertragsabschluß zu verlangen.
In Korea fehlt noch eine gesetzliche Regelung. Es herrscht aber die Praxis vor, auch genetische Tests zu verlangen, wenn Anhaltspunkte für eine genetische Erkrankung vorliegen.

Im amerikanischen Versicherungswesen ist der Einfluss der ADA (American Disabilities Act) offenbar nur begrenzt. Offenbar sind die Versicherer nicht gehindert, Risiken zu berücksichtigen und zu klassifizieren. Die absolute Zurückweisung eines Versicherers gegenüber einem Bewerber mit genetischer Prädisposition würde aber gegen die ADA verstoßen. In den Einzelstaaten gibt es Diskriminierung ausschließende Gesetze in unterschiedlicher Form.

Mir scheint an der deutschen Argumentation fraglich, ob eine so unproblematische Gleichsetzung der genetischen Risiken mit den Risiken anderer offenkundiger Krankheiten gerade auch im Hinblick auf Art. 12 MRK-Biomed erfolgen kann. Wenn das genetische Erbe keine Benachteiligung verursachen darf, dann ist zweifelhaft, ob es nicht anders behandelt werden muss, als sonstige offenkundige, konventionelle Krankheiten. Denn es handelt sich doch um Risiken, die ohne den frühzeitigen Einblick in das genetische Erbe nicht offenbar werden könnten. Die Position des deutschen Länderberichts von Taupitz u.a. halte ich danach für verfehlt. Die Genetik führt zu einer wesentlichen Erweiterung der vorhersehbaren Risiken. Der künftige Eintritt von Krankheiten erscheint möglich aber ungewiß. Die Unsicherheit von Erkrankungen führt zur Gefahr weitgehender sozialer Ausgrenzungen.

V.

Befassen wir uns abschließend mit den möglichen Auswirkungen des genetischen Diskriminierungsverbotes auf das Arbeitsrecht.

In Deutschland ist ein Arbeitnehmerrahmenschutzgesetz, das die Zulässigkeit genetischer Tests im Rahmen eines bereits bestehenden Arbeitsverhältnisses regeln wollte, bisher nicht zustande gekommen (vgl. Entwurf eines Gesetzes über Sicherheit und Gesundheitsschutz bei der Arbeit, BT-Drucksache 12/6752). In diesem Gesetzentwurf war aber auch lediglich die Regelung einer Zulässigkeit genetischer Tests in schon bestehenden Arbeitsverhältnissen vorgesehen. Insoweit war im Gesetzentwurf ein Verbot von Untersuchungen zur bloßen Aufdeckung von Erbanlagen geplant. Dagegen sollten Untersuchungen, durch die bestimmte ererbte Veranlagungen für Erkrankungen zu ermitteln seien, die durch die Beschäftigung an einem bestimmten Arbeitsplatz oder mit einer bestimmten Tätigkeit entstehen könnten, unter engen Voraussetzungen zulässig sein. Solche Untersuchungen sollten allerdings nur dann erlaubt sein, wenn eine schwere, bleibende Störung zu befürchten wäre und der Arbeitnehmer in die Untersuchung einwilligt.

Der Deutsche Länderbericht beschäftigt sich zunächst mit der Frage, inwieweit nach geltendem Deutschen Recht genetische Tests an Stellenbewerbern, also vor dem Abschluss eines Arbeitsverhältnisses, zulässig sein können. Er führt aus, dass der Arbeitgeber nur solche ärztlichen Untersuchungen verlangen darf, an deren Vornahme er ein berechtigtes Interesse hat. Das sei insbesondere dann der Fall, wenn die Untersuchung erforderlich sei, um herauszufinden, ob die angestrebte Tätigkeit aufgrund des Gesundheitszustandes des Bewerbers eine erhöhte Gefahr für ihn selbst oder Dritte bedeuten würde. Die allgemeinen Grundsätze, die die Rechtsprechung für die Zulässigkeit von Fragen des Arbeitgebers zum Gesundheitszustand eines Stellenbewerbers entwickelt hat, sollen auch hier gelten. Ein das Interesse des Bewerbers zum Schutz seiner Privatsphäre überwiegendes berechtigtes Interesse liege für den Arbeitgeber z.B. dann vor, wenn er wissen möchte, ob bei dem Stellenbewerber eine Beeinträchtigung des Gesundheitszustandes vorliege, durch die die Eignung für die vorgesehene Tätigkeit auf Dauer oder in periodisch wiederkehrenden Abständen eingeschränkt ist.
Ebenso zulässig seien Fragen nach ansteckenden Krankheiten, die zu einer Gefährdung der künftigen Kollegen oder Kunden führen könnten. Ferner sei auch die Frage, ob in absehbarer Zeit mit einer Arbeitsunfähigkeit zu rechnen ist, gestattet. Demgegenüber seien andere Fragen, die den allgemeinen Gesundheitszustand des Bewerbers betreffen, unzulässig. Entsprechend wäre auch das Verlangen einer allgemeinen medizinischen Untersuchung, an der kein spezielles berechtigtes Interesse des Arbeitgebers besteht, unzulässig.
Diese allgemeinen Grundsätze sollen für die Frage nach dem Ergebnis bereits durchgeführter genetischer Tests angewandt werden, mit dem Ergebnis, dass

ein berechtigtes Interesse des Arbeitgebers nur unter engen Voraussetzungen zu bejahen ist. Das folge schon daraus, dass die Kenntnis der Erbanlagen allenfalls eine Wahrscheinlichkeitsaussage im Hinblick auf eine spätere Erkrankung rechtfertige. Eine solche Wahrscheinlichkeit von Erkrankung sei aber bei allen Arbeitnehmern vorhanden, sie gehöre zu den Unternehmerrisiken, die der Arbeitgeber bei jeder Einstellung zu tragen habe. Angeführt wird auch das Interesse des Stellenbewerbers an der Wahrung seines Persönlichkeitsrechts, insbesondere auch am Schutz seines Rechts auf Nichtwissen. Deshalb sei in der Regel zumindest kein überwiegendes Interesse des Arbeitgebers an der Kenntnis der genetischen Veranlagung des Stellenbewerbers gegeben. Die Frage nach dem Ergebnis sämtlicher durchgeführter Tests sei daher ebenso unzulässig wie das Verlangen nach der Durchführung eines umfassenden genetischen Screenings.
Für eine solche wesentliche Beschränkung des Fragerechts eines Arbeitgebers spricht, dass sonst ein Arbeitnehmer bei Vorliegen einer Krankheitsdisposition praktisch vom Arbeitsmarkt ausgeschlossen würde. Erst später möglicherweise ausbrechende Erkrankungen würden ihn schon antizipiert an einem normalen Leben und der Integration in die Arbeitswelt hindern.

Ähnliches soll auch in bestehenden Arbeitsverhältnissen gelten, hier soll eine Untersuchung dann verlangt werden können, wenn sich Zweifel an der gesundheitlichen Eignung des Arbeitnehmers für den Arbeitsplatz ergeben. Die Auffassung, dass heute gesetzlich vorgesehene ärztliche Untersuchungsmöglichkeiten genetische Tests nicht umfassen, wird vom Länderbericht kritisiert. Genetische Tests werden auch hier, im Vergleich zu anderen Formen der medizinischen Untersuchungen, nicht als schwerwiegendere Eingriffe in das allgemeine Persönlichkeitsrecht angesehen als sonstige Untersuchungen.

Es bleibt beim Ergebnis, dass genetische Tests nur dann zulässig sind und verlangt werden können, wenn sie erforderlich sind, um konkrete Gefahren von dem Arbeitnehmer oder Dritten abzuwenden, nicht jedoch um festzustellen, mit welcher Wahrscheinlichkeit er eine Krankheit bekommen wird, die mit seiner beruflichen Tätigkeit in keinem Zusammenhang steht.

Auch hier bleibt die Frage, ob nicht damit die durch die genetische Untersuchung außerordentlich ausgeweiteten Vorhersagemöglichkeiten einer späteren Erkrankung hinreichend erfasst und der Arbeitnehmer vor den frühzeitigen Folgen einer Kenntnis solcher genetischer Dispositionen gegenüber dem Arbeitgeber hinreichend geschützt ist. Der Länderbericht vertritt die Auffassung, dass dieses Ergebnis von Art. 11 MRK-Biomed gedeckt sei und es keines Vorbehaltes bedürfe. Ich halte das für nicht richtig.

Eine Mehrzahl der Länderberichte kommt zu ähnlichen Ergebnissen.

Der Israelische Bericht spricht von der Suche nach einer Balance zwischen den Individualinteressen und der Vermeidung von Stigmatisierungen einerseits und den gesundheitlichen Belangen im Arbeitswesen andererseits. Art. 27

des geplanten Gesetzes sieht vor, dass genetische Tests nur zulässig sein sollen, wo es für den Schutz der Gesundheit der Beschäftigten, des betroffenen Arbeitnehmers selbst und der anderen Mitarbeiter wegen der Umstände und Bedingungen der Arbeit nötig ist.

Ähnlich ist die Lage offenbar in den USA. Dort gibt es ein Diskriminierungsverbot in Title I im ADA (American Disabilities Act) bei Begründung oder Beendigung bzw. den Bedingungen eines Arbeitsverhältnisses. Alle Arbeitgeber mit fünfzehn oder mehr Arbeitnehmern sind davon erfasst. Eine genetische Prädisposition gilt als »disability«. Genetische Tests können dann verlangt werden, wenn sie auf die spezielle Beschäftigung bezogen und mit der Notwendigkeit des Geschäftes begründet sind.
In Österreich ist § 67 des Gentechnikgesetzes maßgeblich, der eine Gewinnung von Daten durch genetische Tests verneint. Danach ist offenbar auch den Arbeitgebern Zugang zu solchen Daten versagt.
In Kanada gilt wie im Gebiet der Versicherungen offenbar ebenfalls gegenüber Arbeitgebern die Unterscheidung in öffentliche und private Vertragsverhältnisse. Der Schutz gilt nur gegenüber öffentlichen Arbeitgebern.
In Spanien gilt ähnliches wie in Deutschland: Genetische Tests an Arbeitnehmern mit charakteristisch gefährdeter Disposition sind zum Schutz vor Risiken bei der Arbeit zulässig. Dadurch sollen Gefahren während der Arbeit für den Arbeitnehmer selbst und andere abgewendet werden. Zulässig sollen auch Tests sein, die Gefahren begegnen, die aus Veränderungen in genetischem Material während der Arbeitstätigkeit entstehen.
In der Schweiz soll nach dem Vorentwurf folgendes gelten: Bei Begründung oder während der Dauer eines Arbeitsverhältnisses kann der Arbeitgeber oder sein Vertrauensarzt weder wie es heißt »präsymptomatische« Untersuchungen verlangen noch genetische Daten verwerten dürfen, die aus solchen präsymptomatischen Untersuchungen stammen. Erlaubt sein sollen aber Untersuchungen zur Verhütung von Berufskrankheiten.
In Portugal scheint die Lage ähnlich der deutschen: Der Arbeitgeber sei verpflichtet, alle Maßnahmen zu treffen, die für die Sicherheit und die Gesundheit der Arbeitnehmer erforderlich sind.

Der Bericht will genetische Tests nur zulassen, wenn es in diesem Rahmen bei Bewerbern oder für etwaige Entlassungen, um Überempfindlichkeiten des Arbeitnehmers oder um Risiken für die Gesundheit Dritter am Arbeitsplatz geht.

Offenbar bestehen erhebliche Nuancen im Grade der Zulassung arbeitsmedizinischer genetischer Untersuchungen. Am weitesten zu gehen scheinen mir hier die im deutschen Bericht genannten und geforderten Bedingungen. Unter dem Aspekt möglicher bei der Arbeit und infolge der Tätigkeit auftretender Krankheiten kann sehr viel abgefragt werden, auch das mögliche allgemeine Risiko, an einer Erbkrankheit zu leiden.
Die anderen, nicht unter dem Gesichtspunkt der Diskriminierung stehenden

Probleme, insbesondere die Einschränkung der Tests auf gesundheitliche Bereiche und das Verbot des Eingriffs in das Erbgut zur Therapie, das mir vollständig unbegreiflich und unhaltbar erscheint, wird das Referat von Winter behandeln.

Literatur

Bartram, Claus R. (Hrsg.): Humangenetische Diagnostik: wissenschaftliche Grundlagen und gesellschaftliche Konsequenzen, Berlin 2000.

Casatone, Carlos M. Romeo: The human genome, object of International Law, in: Journal of the International Law of Bioethics, SIBI, 2000, S. 105 ff.

Deutscher Bundestag, 13. Wahlperiode, Drucksache 13/5435 v. 21.8.1996: Unterrichtung durch die Bundesregierung; Bericht über den Behandlungsstand des Menschenrechtsüereinkommens zur Biomedizin (früher Bioethikkonvention).

Diskussionsentwurf zu einer Richtlinie zur Präimplantationsdiagnostik der Bundesärztekammer, Deutsches Ärzteblatt, Jahrgang 2000, S. A 525 ff.

Dreier, Horst: Menschenwürdegarantie und Schwangerschaftsabbruch, Die Öffentliche Verwaltung 1995, S. 1936 ff.

Entwurf eines Gesetzes über Sicherheit und Gesundheitsschutz bei der Arbeit (Arbeitsschutzrahmengesetz), Bundestagsdrucksache 12/6752.

Erklärung zum Schwangerschaftsabbruch nach Pränataldiagnostik, Bundesärztekammer, Deutsches Ärzteblatt 1995, S. C 2126.

Explanatory Report to the Convention on Human Right and Biomedicin, DIR/JUR 97/1.

Frowein, Jochen A./Peukert, Wolfgang: Europäische Menschenrechtskonvention: EMRK-Kommentar, 2. Auflage, Kehl 1996.

Herdegen, Mathias: Das Diskriminierungsverbot für Behinderte im Grundgesetz, hrsg. vom Beauftragten der Bundesregierung für die Belange der Behinderten, 2. Auflage, Bonn 1998, S. 22 ff.

Höfling, Wolfram: Menschen mit Behinderungen. Das Menschenrechtsübereinkommen zur Biomedizin und die Grund- und Menschenrechte, Kritische Vierteljahresschrift 1998, S. 99 ff.

Lorenz: Zur Berechtigung genetischer Tests und ihre Ergebnisse beim Abschluss von Personenversicherungsverträgen, VersR 1999, S. 1309 - 1314 (zitiert S. 1313).

Neumann, Ulrich: Die Tyrannei der Würde, Archiv für Rechts- und Sozialphilosophie 1998, S. 153 ff.

Taupitz-Brewe-Schelling: Landesbericht Deutschland, in diesem Band, S. 409.

Taupitz, Jochen: Genetische Diagnostik und Versicherungsrecht - 4 Thesen, VersMed 2000, S. 147 - 148 (zitiert S. 147).

Wiese, Günther: Genetische Analysen und Rechtsordnung: Unter besonderer Berücksichtigung des Arbeitsrechts, Neuwied 1994.

Der Schutz von Embryonen in der Forschung mit Bezug auf Art. 18 Abs. 1 und 2 des Menschenrechtsübereinkommens zur Biomedizin des Europarats

Prof. Dr. Jan P. Beckmann

Institut für Philosophie, FernUniversität Hagen

Einführung

Die Frage der Sicherung des Schutzes des menschlichen Embryos[1] in der Forschung stellt sich angesichts seiner symbiotischen Einheit mit der ihn austragenden Frau und ihrer autonomiebasierten Selbstbestimmung *in praxi* kaum. Eine evtl. Forschung an ihm unterliegt der ausdrücklichen Zustimmung der Frau, die naturgemäß nur solche Handlungen zulassen wird, die weder sie selbst noch das Wohl des Embryos gefährden und allenfalls mittelbar fremden Forschungszwecken dienen. Das Schutzniveau ist mithin hoch. Außerhalb des Mutterleibes jedoch gibt es den Embryo in der Regel nur – entweder infolge eines natürlichen Aborts oder einer Abtreibung – als nicht mehr lebenden Embryo. Forschung an ihm unterliegt nicht der Norm des Schutzes menschlichen Lebens, sondern den Normen des Respekts vor der Entscheidung der Frau (und darüber hinaus ihres Partners) über eine derartige Forschung, der Beachtung der Forderung nach der Seriosität der Forschungsziele sowie des Respekts vor ehemaligem menschlichen Leben.

Die skizzierte Sachlage hat sich infolge des Verfahrens der künstlichen Erzeugung von Embryonen zu Fertilisationszwecken bei ungewollter Kinderlosigkeit wesentlich verändert: Nunmehr gibt es lebende menschliche Embryonen *in vitro* und damit *außerhalb* des Mutterleibes. Folge: Der menschliche Embryo ist dem Zugriff von außen unvergleichbar stärker ausgesetzt als *in utero*. Es ist nunmehr nicht so sehr sein Status, sondern die Mißbrauchsmöglichkeit, welche die Frage nach seinem Schutz aufwirft. Entsprechend geändert hat sich die Definition: Galt der Embryo bisher als »menschlicher Keim von der Zeit der Einnistung in die Gebärmutter (...) bis zum Ende der Organentwicklung...«[2], so schließt die Embryo-Bestimmung nunmehr auch die

[1] Im Folgenden geht es ausschließlich um den Embryo in den beiden ersten Wochen nach der Verschmelzung von Ei- und Samenzelle.

[2] E. Heywinkel/L. Beck: ›Embryo‹; in: Korff, W./Beck, L./Mikat, P. (Hg.): Lexikon der Bioethik Bd. 1, Gütersloh 1998, 553.

(Noch-)Nichteinnistung ein.[3] Damit stellt sich die Frage nach der Sicherung seines Schutzes bereits *vor* und in gewissem Sinne *unabhängig* von seiner Nidation.

Die zuletzt genannte Frage wird seit geraumer Zeit international intensiv und mit z.T. höchst unterschiedlichem Ergebnis diskutiert. Dabei geht es um Forschung ausschließlich in den beiden ersten Wochen nach der Kernverschmelzung; eine über diesen Zeitraum hinausgehende Forschung wird in keinem der Berichtsländer diskutiert. Nach wie vor unproblematisch ist die Frage nach der Erlaubtheit von Forschung, die dem Wohl des Embryos dient. Problematisch hingegen ist die Frage *fremdnütziger* Forschung an ihm. Im Folgenden geht es um die letztgenannte Frage. Zu diesem Zweck sollen (1.) die Problemstellung fremdnütziger Forschung am menschlichen Embryo näher erläutert und anschließend (2.) verschiedene Lösungsansätze vorgestellt werden. Es folgt (3.) eine strukturierte Übersicht über die faktische Regelungsvielfalt, wobei hinsichtlich der Einzelheiten auf die jeweiligen Länderberichte[4] verwiesen wird. Abschließend geht es (4.) um den Versuch, vor dem Hintergrund der Aussagen der 23 Berichtsländer die Richtung eines möglichen internationalen Konsenses und seiner Bedingungen zu skizzieren, wobei die beiden Bestimmungen des Art. 18 Satz 1 und 2 des Menschenrechtsübereinkommens zur Biomedizin des Europarats[5] – im Falle nationaler Zulässigkeit der Forschung an Embryonen angemessener Schutz derselben sowie in jedem Fall Verbot der Herstellung von Embryonen zu Forschungszwecken – als Fokus dienen.

---

[3] So definiert z.B. das schweizerische Recht den Embryo als »die Frucht nach der Kernverschmelzung bis zum Abschluß der Organentwicklung« (Länderbericht Schweiz, S. 383). Ähnlich die Definition des deutschen Embryonenschutzgesetzes (§ 8 Abs. 1 ESchG): Embryo ist die »befruchtete, entwicklungsfähige menschliche Eizelle, vom Zeitpunkt der Verschmelzung an (...)«. Gesetz zum Schutze von Embryonen vom 13.12.1990, Bundesgesetzblatt I, 2746.

[4] Vgl. Teil III S. 197 ff. des vorliegenden Bandes.

[5] Convention for the Protection of Human Rights and Dignity of the Human Being with Regard to the Application of Biology and Medicine: Convention on Human Rights and Biomedicine (Übereinkommen zum Schutz der Menschenrechte und der Menschenwürde im Hinblick auf die Anwendung von Biologie und Medizin: Menschenrechtsübereinkommen zur Biomedizin); in: Honnefelder, L./Streffer, C. (Hg.): Jahrbuch für Wissenschaft und Ethik 2 (1997), 285-303. Im Folgenden zit. als ›Menschenrechtsübereinkommen‹. Die beiden Absätze des Art. 18 ›Research on embryos in vitro‹ lauten: »1. Where the law allows research on embryos in vitro, it shall ensure adequate protection of the embryo. 2. The creation of human embryos for research purposes is prohibited«.

A. Problemstellung

Die Möglichkeit der extrakorporalen (Er-)Zeugung eines Menschen mit Hilfe des Verfahrens der Injektion eines Spermiums in eine der Frau zuvor entnommene befruchtungsfähige Eizelle (*in vitro* Fertilisation, IVF) zum Zwecke eines anschließenden Embryotransfers (ET) stellt ein seit längerem bekanntes und praktiziertes reproduktionsmedizinisches Verfahren im Zusammenhang mit der Behandlung ungewollter Kinderlosigkeit dar. Die Brisanz des übrigen damit verbundenen Handlungspotentials ist allerdings erst in jüngster Zeit deutlich geworden, und zwar infolge neuerer Entwicklungen in der genetischen Präimplantations- und Pränataldiagnostik[6] auf der einen und therapeutischer Erwartungen auf dem Feld embryonaler Stammzellenforschung[7] auf der anderen Seite. Was erstere angeht, so eröffnen die zunehmenden Einblicksmöglichkeiten in die Funktion einzelner Gene und Gensequenzen im Falle des Embryo in vitro *vor* der Implantation eine Diagnostik in bezug auf schwerwiegende Krankheiten und Fehlbildungen, die sog. Präimplantationsdiagnostik (PID). Dieser Begriff umfaßt sowohl eine Diagnostik auf genetisch bedingte Krankheits- oder Fehlbildungsdispositionen hin, die man *nach* der Implantation im Verlauf der weiteren Entwicklung zu beheben hofft, als auch eine Diagnostik auf schwerwiegende Krankheits- und Fehlbildungsdispositionen hin, die *gegen* eine Implantation zu sprechen scheinen, weil sie (bisher) unbehandelbar sind und die Frau sich selbst und/oder dem Embryo eine Weiterentwicklung nicht zumuten zu können oder zu dürfen glaubt. Die Diskussion um die PID im engeren Sinne ist nicht Gegenstand der folgenden Ausführungen, auch wenn die Forschung am Embryo nicht unerheblichen Einfluß auf die Weiterentwicklung der PID nehmen dürfte.

Den zweiten gegenwärtig vieldiskutierten Bereich fremdnütziger Forschung am menschlichen Embryo bildet die Untersuchung von, und das Experimentieren mit, pluripotenten Zellen (embryonale Stammzellen, sog. ES-Zellen), die dem Embryo im frühen Stadium der Blastozyste entnommen, in Kultur vermehrt und in Zelllinien weiterentwickelt werden.[8] Da im Tiermodell durch Implantation von ES-Zellen erste Erfolge z.B. in der Behandlung neurodegenerativer Prozesse gelungen sind, erhofft man sich von einem Übergang in den

---

[6] Woopen, C.: Sachstandsbericht/Scope Note: Präimplantationsdiagnostik. Medizinische, rechtliche und ethische Aspekte (Typoskr., Deutsches Referenzzentrum für Ethik in den Biowissenschaften (DRZE), Bonn, Nov. 2000.

[7] Heinemann, Th.: Sachstandsbericht/Scope Note: Forschung an menschlichen embryonalen Stammzellen. Naturwissenschaftliche, rechtliche und ethische Aspekte (Typoskr., Deutsches Referenzzentrum für Ethik in den Biowissenschaften (DRZE), Bonn, Dez. 2000.

[8] Thomson, J.A. et al.: Embryonic stem cell lines derived from human blastocysts. Science 282 (1998), 1145-1147.

Humanbereich Erfolge in der Behandlung von Alzheimer-Erkrankungen u.ä.[9]. Die Frage des Schutzes des Embryos ist in diesem Fall insofern erheblich, als die *Gewinnung* der ES-Zellen aus menschlichen Embryonen (einschließlich der Folge kaum vermeidbarer Destruktivität) hinsichtlich ihrer Legalität und Legitimität umstritten ist.[10]

Die PID wäre ohne IVF grundsätzlich, die ES-Zellenforschung ohne IVF praktisch nicht möglich. Keine der beiden Handlungsoptionen gehört zur ursprünglichen und eigentlichen Zielsetzung der IVF und ist insoweit durch deren rechtliche und ethische Begründung – ärztliche Hilfe bei ungewollter Kinderlosigkeit – nicht abgedeckt. Das Verfahren der IVF schafft jedoch nicht nur die Voraussetzung für PID und ES-Zellenforschung, es liefert zugleich das zu Reproduktionszwecken nicht (mehr) benötigte »Material« für fremdnützige Forschung, die sog. »überzähligen« Embryonen.[11] Darf an und mit diesen Embryonen, die keine weitere Entwicklungsmöglichkeit erhalten und zugrunde gehen, Forschung betrieben werden, etwa um die Kenntnis der Frühentwicklung von Embryonen unter reproduktionsmedizinischen Aspekten zu erweitern und/oder Entwicklungen neuer therapeutischer Verfahren in bezug auf schwerste Krankheiten zu fördern?

Darüber hinaus besteht infolge des erfolgreichen Verfahrens der *in vitro* Fertilisation die Möglichkeit, menschliche Embryonen von vornherein auch außerhalb ärztlich assistierter Reproduktions- zu reinen Forschungszwecken herzustellen.[12] Angesichts dieser Forschungsmöglichkeiten ist man international

---

[9]Zu Näherem vgl. die entsprechenden Aussagen der Länderberichte sowie den Generalbericht zur embryonalen Stammzellenforschung von L. Honnefelder im vorliegenden Band, S. 182.

[10]Denker, H.-W.: Embryonale Stammzellen und ihre ethische Wertigkeit; in: Honnefelder, L./Streffer, C. (Hg.): Jahrbuch für Wissenschaft und Ethik 5 (2000), 291-304.

[11]Gemeint sind mit »überzählig« (»supernumerous«) Embryonen, die zwar zu Fertilisationszwecken erzeugt worden sind, aber nicht implantiert werden, weil entweder bereits ein Implantationserfolg vorliegt oder die Gesundheit der Frau unvorhergesehenerweise keinen Embryotransfer zuläßt. In der deutschsprachigen Diskussion wird neuerdings hierfür auch der Ausdruck »verwaiste« Embryonen verwendet. Angesichts der Gefahr der Konnotation von »überzählig« mit »überflüssig« und der Gleichsetzung von »verwaist« mit »elternlos« wird zwecks Erhaltung der *deskriptiven* Bedeutung im Folgenden statt von »überzähligen« von »nicht-transferierten« Embryonen (»not transfered embryos«) gesprochen.

[12]In einigen Ländern, z.B. in der Bundesrepublik Deutschland, hat man diese Situation von Anfang an dadurch zu vermeiden gesucht, daß im Zusammenhang mit einer IVF nur so viele Embryonen hergestellt werden dürfen, wie zum Zwecke der Herbeiführung einer Schwangerschaft erforderlich sind. Weitere befruchtete Eizellen werden im sog. Vorkernstadium kryokonserviert und gelten nicht als Embryo. Diese Maßnahme, mit der man in Deutschland die Ausschließlichkeit der Verwendung menschlicher Embryonen zu Fertilisationszwecken sicherstellen will, wird in anderen Ländern in dieser Form nicht praktiziert.

seit geraumer Zeit bemüht, zu gemeinsamen Grenzziehungen zu kommen. Diesbezüglich hat das Menschenrechtsübereinkommen zur Biomedizin des Europarats in Art. 18 festgelegt, daß in den Beitrittsstaaten gesetzlich untersagt sein muß, menschliche Embryonen zu Forschungszwecken *herzustellen*[13]. Gestatten die Gesetze eines Beitrittslandes Forschung an sog. »überzähligen« Embryonen, so muß denselben ein »angemessener Schutz« zukommen[14]. Was ein »angemessener« Schutz ist und wann derselbe vorliegt, bleibt offen. Wie auch immer: Damit wird dem menschlichen Embryo zwar kein genereller Schutz *vor* der Forschung, immerhin aber ein bestimmter Schutz *in* der Forschung zugestanden. Die Problematik dieser Forschung liegt zum einen darin, daß sie fremdnützig ist, und zum anderen darin, daß sie in der Regel destruktiv, d.h. unvermeidlich mit dem Zugrundegehen des Embryos verbunden ist.

Geht man davon aus, daß Embryonen im Rahmen »ärztlicher Hilfe zur Erfüllung des Kinderwunsches eines Paares« dann in vitro hergestellt werden dürfen, »wenn nicht zu erwarten ist, daß dieser Kinderwunsch auf natürlichem Weg erfüllt werden kann«[15], dann stellt sich *erstens* die Frage, ob man mit denjenigen Embryonen Forschung betreiben darf, die dem genannten Zweck nicht zugeführt werden (können), weil entweder bereits der erste Embryotransfer zur gewünschten Schwangerschaft geführt hat oder weil ein Transfer infolge einer unvorhergesehenen Erkrankung der Frau nicht vertretbar ist. Da man das Verfahren der IVF rein technisch auch außerhalb und unabhängig von der Behandlung ungewollter Kinderlosigkeit anwenden kann, erhebt sich *zweitens* die Frage, ob menschliche Embryonen zu reinen Forschungszwecken hergestellt werden dürfen.

B. Lösungansätze

I. Lebensschutz

Daß das Prinzip ›Lebensschutz‹ auch für pränatales menschliches Leben gilt, ist heute allgemein anerkannt. Schwierigkeiten ergeben sich in bezug auf den frühen Embryo deswegen, weil unklar ist, ob es *das* Leben (als solches) oder *sein* Leben (»la vie ou sa vie«) ist, das es zu schützen gilt. Da aus dem Embryo bei ungehinderter Entwicklung ein Mensch in der Einmaligkeit seiner Existenz und Person wird und diese Entwicklung einen kontinuierlichen Prozeß darstellt, wird man den Embryo in der Petrischale kaum als ein einfaches Forschungsobjekt betrachten können, ohne Auswirkungen auf das

[13] Menschenrechtsübereinkommen Art.18.1.

[14] Art. 18.2.

[15] Bundesärztekammer: Richtlinien zur Durchführung der assistierten Reproduktion. Deutsches Ärzteblatt 95(1998), A 3166-3171.

Selbstverständnis des Menschen als eines in jedem seiner Erscheinungsmomente schutzwürdigen Wesens konstatieren zu müssen. Wenn Forschung am nicht-transferierten Embryo nicht Forschung des Menschen an *seinesgleichen* sein sollte, so ist es doch zumindest Forschung an einem Entwicklungsprozeß, den jeder Mensch durchläuft. *Wie* mit diesem Sachverhalt umzugehen ist, ist zum einen eine Frage danach, wie man den Status des Embryo *in vitro* bewertet, und zum anderen eine Frage, ob man ihn für Nutzen-Abwägungen für grundsätzlich zugänglich hält.

Im Hinblick auf die Schutzbegründung lassen sich zwei Ansätze voneinander unterscheiden: Der eine geht von der Bestimmung des *Status* des Embryos aus, der andere rückt den erwartbaren *Nutzen* in den Vordergrund. Die Frage nach dem Status stellt sich insofern, als der Embryo vom Augenblick seiner Entstehung an einen kontinuierlich verlaufenden Entwicklungsprozess darstellt. In diesem Prozeß sind ohne Willkür keine sog. ›Stufen‹ unterscheidbar[16]. Zu fragen ist, ob dies für den Embryo schon vor der Nidation gilt oder erst für den eingenisteten Embryo. *In utero* ist die Entwicklung des menschlichen Embryos *vor* der Nidation insoweit noch nicht als kontinuierlich zu bezeichnen, als die Natur ca. 70% der befruchteten Eizellen die Einnistung verweigert.

Des ungeachtet ist festzuhalten, daß Forschung an nicht-transferierten Embryonen wie auch an solchen, die eigens für Forschungszwecke hergestellt werden, eine vollständige Fremdverfügung und Verzweckung (»Vernutzung«) darstellt. Dem steht rechtlich wie ethisch die Norm des Lebensschutzes entgegen. Zu fragen ist, ob die Lebensschutznorm in bezug auf den Embryo gegenüber anderen Normen, allem voran gegenüber der Norm, Kranken zu helfen, *abwägungsfähig* ist oder nicht. Begreift man den Embryo als unter demselben Lebensschutz stehend wie alles übrige menschliche Leben, dann ist sein Lebensrecht grundsätzlich nicht abwägungsfähig. Eine Abwägung wäre nur um den Preis einer Kontradiktion möglich: Um menschliches Leben (i.e. Kranke) zu schützen, würde menschliches Leben (i.e. der Embryo) seines Schutzes beraubt. Widerspruchsfrei wäre eine solche Abwägung nur dann, wenn die Lebensschutznorm dem autonomiebasierten Selbstbestimmungsrecht des Menschen als einer übergeordneten Norm unterstellt wird. Dies setzt jedoch die vollständige Aufklärungs- und Entscheidungsfähigkeit eines Individuums voraus, das im übrigen stets nur seinen *eigenen* Lebensschutz, niemals den eines anderen Menschen, seinem Willen unterordnen darf. Der Embryo ist zu einer derartigen Entscheidung nicht in der Lage. Mithin ist sein Lebensschutz bei vollständiger Zuordnung seines Status zu menschlichem Leben nicht abwägungsfähig.

[16] Rager, G.: Embryo – Mensch – Person. Zur Frage nach dem Beginn des personalen Lebens; in: Beckmann, J.P. (Hg.): Fragen und Probleme einer medizinischen Ethik. Berlin, New York 1996, 254-278.

Zu einem anderen Ergebnis gelangt, wer dem Embryo in den beiden ersten Wochen lediglich einen *abgestuften* Lebensschutz zuspricht. In diesem Fall dürfte der Embryo zwar nicht zu allem und jedem verwendet werden; wohl aber wäre sein Lebensschutz gegenüber *bestimmten* Normen wie denjenigen der Hilfe für Kranke oder der Förderung der Forschung in Bezug auf reproduktive Verfahren im Rahmen der Behandlung ungewollter Kinderlosigkeit u.ä., abwägungsfähig. Die Entscheidung über die Abwägungs- bzw. Nichtabwägungsfähigkeit der Lebensschutznorm des menschlichen Embryos hängt mithin von der Bestimmung und Gewichtung seines rechtlichen sowie seines moralischen Status ab.

Wie ist der Umstand zu bewerten, daß der Embryo in der Petrischale, wenn er in den weiblichen Uterus implantiert wird und sich dort ungehindert entwickeln kann, zu einem selbständigen Menschen heranwächst? Ist der Embryo *in vitro* demjenigen *in vivo* gleichzustellen, oder ähnelt der Embryo *in vitro* hinsichtlich der Frage seiner Entwicklungsmöglichkeiten eher der nicht kleinen Zahl von Embryonen, welchen die Natur die Einnistung *in utero* verweigert und sie damit von der weiteren Entwicklung ausschließt? Wie ist der Umstand zu bewerten, daß das, was die Natur tut, auch dem Menschen erlaubt sein soll? Ein solcher Schluß vom Sein (im vorliegenden Fall von Vorgängen in der Natur) auf ein Dürfen (nämlich auf die Erlaubnis, daß das, was die Natur tut, auch dem Menschen erlaubt sein müsse), ist als sog. »naturalistischer Fehlschluß«[17] bekannt und gilt gemeinhin als unzulässig. Wiederum anders stellt sich die Frage der Vergleichbarkeit im Falle derjenigen Embryonen, welche der Mensch durch Nidationshemmer vorsätzlich an der weiteren Entwicklung hindert, mit *in vitro* zu Forschungszwecken hergestellten Embryonen. Im ersten Fall will der Mensch die unbeabsichtigt zustande gekommenen Embryonen an der weiteren Entwicklung hindern, im zweiten Fall schafft er Embryonen von vornherein zu dem Zweck, sie anschließend zu fremdnützigen Forschungszwecken zu verwenden, genauer: zu »verbrauchen«.

Zeigt sich hinsichtlich der Statusfrage des Embryos kein Unterschied zwischen der Beurteilung der Forschung am nicht-transferierten wie am eigens zu Forschungszwecken hergestellten Embryo, so ergibt sich eine andere Situation bei Betrachtung der Herkunftsfrage. Während nicht-transferierte Embryonen nicht zu Forschungs-, sondern zu Reproduktionszwecken hergestellt werden und sich damit dem gemeinsamen Wunsch und Handeln ihrer (künftigen) Eltern verdanken, ist die Herstellung von Embryonen zu reinen Forschungszwecken vollständig vom ursprünglichen reproduktiven Zusammenhang gelöst. Es bedarf nicht einmal mehr notwendig eines gemeinsamen, personalen Zusammenwirkens von Mann und Frau; die Herstellung bestünde vielmehr im Zusammenbringen fremder Ei- und Samenzellen in der Petrischale. Frauen würden anonym Eizellen, Männer anonym Samenzellen zur Verfügung

[17] Moore, G.E.: Principia Ethica. Aus dem Englischen übersetzt von B. Wisser. Stuttgart 1970, 39ff.

stellen. Da es sich bei der Eizellspende der Frau um einen nicht unerheblichen Eingriff in ihre körperlich-seelische Integrität handelt, würde dies mit finanziellen Vorteilen für die Spenderin kompensiert werden.[18] Dies wiederum könnte dazu führen, daß Frauen aus sozialer Not heraus sich zu einer Ei-»Spende« veranlaßt sehen – eine Gefahr, die insbesondere für Frauen aus Ländern der Dritten Welt entstehen könnte.

Neben der Status- und der Herkunftsfrage spielt schließlich auch die Zeitfrage eine bedeutsame Rolle: Wann beginnt menschliches Leben: mit der Verschmelzung von Ei- und Samenzelle[19], mit der Einnistung *in utero*, mit dem Abschluß der Embryonalentwicklung am Ende des zweiten Monats oder erst mit der Geburt? Macht man das Vorhandensein der Anlagen für menschliches Leben zum Kriterium, markiert die Verschmelzung von Ei- und Samenzelle den Beginn, macht man das Gegebensein der Entwicklung eines Individuums zum Kriterium, dann bildet die Nidation den Beginn. Nimmt man den Abschluß der Organentwicklung des Embryos als Kriterium, dann stellt der Übergang vom zweiten zum dritten Schwangerschaftsmonat den Beginn dar. Macht man schließlich separate Existenz zum Kriterium, bildet die Geburt den Beginn[20].

Wie immer diese Frage beantwortet wird, es muß darüber hinaus geklärt werden, ob die Pflicht zum Lebensschutz mit dem Augenblick des Lebensbeginns ansetzt. Wann, so lautet die Gegenfrage, sonst? Geht man davon aus, daß mit der Vereinigung von Ei- und Samenzelle die biologische Anlage zum Menschsein in vollem Umfang gegeben ist, so wird man jede spätere Zäsur als willkürlich ansehen müssen.

1. Zur Begründung des Ansatzes beim Status des Embryo Statusargumente[21] suchen den Zugang zur Diskussion der Legitimität des Umgangs mit dem Embryo über eine Beschreibung seines rechtlichen und moralischen

[18] Lanzendorf, S.E. et al.: Use of human gametes obtained from anonymous donors for the production of human embryonic stem cell lines. Journal Fertility and Sterility 76/1 (2001), 132-137.

[19] So in Deutschland das BVerfG (s. unten, Anm. 25).

[20] Vgl. Kaminsky, C.: Embryonen, Ethik und Verantwortung. Eine kritische Analyse der Statusdiskussion als Problemlösungsansatz angewandter Ethik. Tübingen 1998. Knoepffler,N.: Forschung an menschlichen Embryonen. Was ist verantwortbar? Stuttgart u.a. 1999.

[21] Zu philosophischen Aspekten der Statusfrage vgl. Honnefelder, L.: Natur und Status des Embryos. Bericht im Rahmen des vom Europarat veranstalteten III. Symposions on Bioethics: »Medically assisted procreation and the protection of the human embryo«. Straßburg, 15.-18.12.1996. – Zur rechtlichen Situation vgl. Schütze, H.: Die Bedeutung von Statusargumenten für das geltende deutsche Recht; in: Honnefelder, L./Streffer, C. (Hg.): Jahrbuch für Wissenschaft und Ethik 5 (2000), 305-328.

Status. Dabei spielt der Begriff der Menschenwürde eine zentrale Rolle. Im Gegensatz zur Häufigkeit seiner Verwendung ist dieser Begriff nicht einfach zu bestimmen. Im religiösen Kontext auf dem Gedanken der Gottesebenbildlichkeit beruhend und in der neuzeitlichen Philosophie eng mit dem Vernunfts- und Freiheitsstatus des Menschen verbunden[22], meint der Begriff der menschlichen Würde heute gleichermaßen eine Gegebenheit und eine Aufgabe: Der Mensch besitzt eine unantastbare Würde, weil er seiner Anlage nach sittliches Subjekt seines Handelns und zugleich Rechtssubjekt in der Gemeinschaft der anderen ist. So verstanden ist Würde nicht Resultat einer Leistung[23], sondern Zeichen einer Verfaßtheit; sie verdankt sich nicht einer Zuerkennung, sondern ist Ausdruck geschuldeter gegenseitiger Anerkennung.[24] In ihrem Kern meint Menschenwürde, daß der Mensch um seiner selbst willen (und nicht um seines vorgeblichen »Nutzens« oder anderer Vorzüge willen) zu achten ist und überdies niemals einer totalen Fremdbestimmung überantwortet, niemals zum reinen Objekt werden darf.

Was den Ansatz bei der Menschenwürde angeht, so lassen sich diesbezüglich zwei Varianten voneinander unterscheiden: der Ansatz bei der Gattungswürde und derjenige bei der Individualwürde.

Der Ansatz bei der Gattungswürde spricht dem Embryo einen *humanen*, nicht jedoch einen personalen Status zu. Der Embryo stellt danach zwar unzweifelhaft *beginnendes menschliches Leben*, aber noch nicht einen *Menschen* im Sinne des Individuums dar. Dementsprechend beantwortet sich die Frage der Schutzwürdigkeit des Embryos vom Respekt vor der menschlichen Gattungswürde und von der Pflicht zu generellem Lebensschutz aus. Der Embryo ist zu schützen, weil aus ihm ein Mensch *wird*, nicht, weil er bereits ein *werdender Mensch* wäre. Folgerichtig ist der Embryo noch kein Rechtsträger; da er aber unzweifelhaft Leben darstellt, genießt er Lebensschutz. Ein ungehindertes Hantieren an ihm widerspräche der Gattungswürde des Menschen. Dessen ungeachtet gilt das Wohl des frühen Embryos als abwägungsfähig, beispielsweise im Falle hochrangiger Forschungsziele. Als solche gelten die Klärung und Verbesserung von Fertilisationstechniken sowie diagnostische und/oder therapeutische Ziele, sofern dieselben nicht auf anderen Wegen erreichbar sind.

Demgegenüber spricht der von der Individualwürde ausgehende Ansatz dem Embryo über den humanen Status hinaus einen *personalen* Status zu: Der Embryo *wird* nicht zum Menschen, er *ist* ein werdender Mensch. Der Embryo

---

[22] Maßgeblich für das neuzeitliche Würde-Verständnis: I. Kant: Grundlegung zur Metaphysik der Sitten. Werke, Akademie-Ausgabe Bd. 4, 433 ff.

[23] Anders z.B. Luhmann, N.: Grundrechte als Institution. Berlin ^{3}1965, 65: »Die Würde des Menschen ist keineswegs eine Naturausstattung... Sie ist Ergebnis schwieriger... Darstellungsleistungen...«.

[24] Vgl. Tugendhat, E.: Vorlesungen über Ethik. Frankfurt/M. 1965, 145ff.

ist nicht erst ein ‚etwas', das später (wann?) zu einem »jemand« wird.[25] Er hat damit nicht nur Anteil an der abstrakten Gattungswürde, sondern genießt – wenn nicht *als* Person, so zumindest *wie* eine Person – Würde und Lebensschutz. Er ist damit Träger von Grundrechten[26]: Lebensschutz, körperliche Unversehrtheit, Respekt vor seiner Würde. Damit ist ausnahmslos *jeder* Embryo in gleicher Weise schutzwürdig, ob im Mutterleib oder in der Petrischale, ob implantierbar oder nicht. Grundlage ist die Überzeugung, daß mit der Verschmelzung von Ei- und Samenzelle der Mensch nicht *potentiell* oder als *zukünftiges* Individuum, sondern *aktuell* vorhanden ist. Basis für dieses Argument ist der Umstand, daß mit der Kernverschmelzung die genetische Ausstattung festgelegt und damit die biologische Voraussetzung zur weiteren Entwicklung gegeben ist. Damit greift für diesen Ansatz der Gleichheitsgrundsatz, wonach Gleichem der gleiche Respekt und Schutz zukommen muß – der gleiche Respekt wegen der Menschenwürde, der gleiche Schutz wegen des Gebots des Lebensschutzes.

Der so verstandene Status des Embryos erlaubt keine Abwägung gegenüber noch so hochrangigen Zielsetzungen, er ist grundsätzlich nicht »verrechenbar«. Selbst wenn sich mit Hilfe der Forschung am nicht-transferierten Embryo gewichtige medizinische Heilverfahren etablieren lassen sollten (Alzheimer, Parkinson, Krebs u.ä.), wäre es nicht rechtfertigungsfähig, den Respekt vor dem Embryo oder seinen Schutz diesem Wert unterzuordnen. Dem Versuch einer argumentativen Abkopplung des Lebensschutzes von der Menschenwürdegarantie steht unüberwindlich der Umstand im Wege, daß man den Embryo nicht um seinen *informed consent* bitten kann. Der Embryo ist Grundrechtsträger, so läßt sich diese Position auf den Punkt bringen. Forschung an ihm, die nicht seiner Entwicklung noch in anderer Weise seinem Wohl dient, ist nicht rechtfertigungsfähig und rechtlich zu untersagen.

Beiden Varianten, die den Embryo wesentlich von seinem Status her betrachten, ist gemeinsam, daß sie (a) den Beginn menschlichen Lebens mit dem Augenblick der Verschmelzung von Ei- und Samenzelle ansetzen und daß sie (b) den Beginn der Schutzpflicht nicht später, etwa von der Nidation an, sondern von der Kernverschmelzung an bejahen. Unterschiede ergeben sich aus

---

[25] Vgl. Spaemann, R.: Wer jemand ist, ist es immer; in: Frankfurter Allgemeine Zeitung vom 21.3.2001, 66-67. – Ders.: Gezeugt, nicht gemacht; in: Die ZEIT Nr. 4 vom 18.1.2001, 37-38.

[26] Das Bundesverfassungsgericht (BVerfG) hat in seiner Entscheidung vom 25.2.1975 festgestellt, daß der Embryo »als selbständiges Rechtsgut unter dem Schutz der Verfassung« steht und Träger der Menschenwürde nach Art. 1 und Inhaber des Grundrechts auf Leben nach Art. 2 Abs. 2 des Grundgesetzes ist. In der Abtreibungsentscheidung vom 18.5.1993 im Zusammenhang mit der Fristenlösung hat das BVerfG diese Position bekräftigt. – Vgl. Däubler-Gmelin, H.: Die Würde des Embryos ist unbezweifelbar; in: Frankfurter Allgemeine Zeitung Nr. 118 vom 22.5.2001, 52. – Dagegen Merkel, R.: Rechte für Embryonen?; in: Die ZEIT Nr. 5 vom 25.1.2001, 37-38. – Ders.: Die Abtreibungsfalle; in: Die ZEIT Nr. 25 vom 12.6.2001, 42.

der Begründung: Während der Ansatz bei der Gattungswürde den Embryo *um seiner Zugehörigkeit* zur Spezies ›Mensch‹ willen schützt, schützt ihn der Ansatz bei der Individualwürde *um seiner selbst willen.*

2. Zur Begründung des Ansatzes beim Schaden/Nutzen-Kalkül Ganz anders setzen konsequentialistische Positionen an.[27] Nach dem Grundsatz, daß bei der Bewertung auf die Folgen einer Handlung bzw. Entscheidung zu achten ist, dergestalt, daß entweder im Falle gleicher Ansprüche beide Seiten Einbußen hinnehmen müssen, um beiden Seiten ein gleiches Maß an Gewinn zu sichern (Grundsatz der praktischen Konkordanz), oder daß ein hoher Gewinn einen geringen Schaden vertretbar macht, wägt man den (erhofften) Gewinn für die Therapieforschung gegen den Verlust des (nicht-transferierten) Embryo ab (Grundsatz der Gewinnvermehrung unter Hinnahme eines geringeren Übels). Hinsichtlich konsequentialistischer Ansätze lassen sich ebenfalls zwei Varianten unterscheiden, eine pragmatische und eine utilitaristische. Die pragmatische Variante hält den menschlichen Embryo unter bestimmten Voraussetzungen dann für nutzbar, wenn er nicht-transferiert ist und keine Chance zur natürlichen Weiterentwicklung hat. Da er ohnehin abstirbt, sei er im Falle hochrangiger Forschungsziele wie etwa der Verbesserung von Fertilisierungsmethoden, aber auch der Erforschung schwerer Krankheiten, fremdnützig verwendbar. Da der Embryo nicht empfindungsfähig ist, gilt der Schaden insoweit als gering. Die utilitaristische Variante geht einen Schritt weiter, indem argumentiert wird, nur wer eigene Interessen besitze, genieße besonderen Schutz; der Embryo besitze keine eigenen Interessen, also genieße er keinen besonderen Schutz und könne fremder Nutzung zugeführt werden.

3. Mischansatz Dem Ansatz nach prinzipientheoretisch, im Effekt hingegen konsequenzialistisch ist die sog. »Endziel«-Argumentation. Danach darf ein Embryo nur zum Zwecke der Herbeiführung einer Schwangerschaft hergestellt werden. Da hierfür in der Regel mehrere Embryonen benötigt werden, ist für die ethische Beurteilung entscheidend, daß sie *gemeinsam* zum Zwecke der Herbeiführung einer Schwangerschaft erzeugt wurden. Daß, weil bereits *ein* Embryo zum Ziel führen kann, die übrigen nicht das Endziel erreichen, wird als hinnehmbar bezeichnet bzw. als unvermeidlich hingenommen. Die Herstellung mehrerer Embryonen rechtfertigt sich als *einheitlicher* Vorgang durch die gemeinsame Zielsetzung der Reproduktion und nicht in erster Linie im Blick auf den *einzelnen* Embryo; die Rechtfertigung ist handlungsorientiert, nicht hingegen auf den einzelnen Embryo bezogen. Die Handlung rechtfertigt

[27] Vgl. Birnbacher, D.: Ethische Probleme der Embryonenforschung; in: Beckmann, J.P. (Hg.): Fragen und Probleme einer medizinischen Ethik. Berlin, New York 1996, 228-253.

sich durch die Absicht, *einen* der hergestellten Embryonen zu transferieren, unter Hinnahme des Umstandes, daß im Erfolgsfalle die *übrigen* Embryonen nicht zum Ziel gelangen. Als ethisch und rechtlich entscheidend gilt das Resultat und die Handlungsabsicht, nicht der Schutz jedes einzelnen Embryos.[28]

Dem pragmatischen, dem utilitaristischen und dem Mischansatz gemeinsam ist die Überzeugung, daß der nicht-transferierte Embryo im Vergleich zum transferierten einen geringeren Schutz genießt.

II. Status versus Nutzen: Vorzüge und Nachteile

Statusansätze sind Nutzenansätzen bei der Bestimmung des Embryos insoweit überlegen, als sie Mißbrauchsmöglichkeiten einen wirksamen Riegel vorschieben: *Weil* der menschliche Embryo etwas bzw. jemand ist, bedarf die Entscheidung zu fremdnütziger Forschung an ihm, wenn sie denn überhaupt rechtfertigungsfähig ist, überzeugender Einzelfallbegründungen und strenger Überwachung. Die Schwäche der Statusansätze liegt in der Unvermeidbarkeit ontologischer Konstruktionen wie ‚potentieller Mensch', ›Person‹, ‚human being', ‚être humain', etc. Schwierigkeiten bereitet in diesem Zusammenhang insbesondere die Anwendung des Personbegriffs auf den Embryo. Dieser notorisch vieldeutige und umstrittene Begriff[29] könnte sich geradezu als eine »Falle« erweisen, denn Person im Sinne eines (potentiellen) sittlichen Subjekts wird der Embryo zumindest in den ersten beiden Wochen vor der endgültigen Individualisierung kaum genannt werden können; dies nicht deswegen, weil er es nicht potentiell wäre, sondern weil die Individuation noch nicht stattgefunden hat.

Zu fragen ist darüber hinaus, ob die Gleichsetzung von Embryo und Mensch / Person nicht auf einen biologistischen Reduktionismus hinausläuft. Der Mensch ist nicht ein bloß biologisches Naturwesen, er ist einmal mehr ein selbstbestimmtes Kulturwesen. Vom Embryo läßt sich zwar wie vom geborenen Menschen sagen, daß er (sieht man von eineiigen Zwillingen ab) ein einmaliges Genom besitzt, (noch) nicht aber, wie sich sein Phänotyp entwickeln wird. Der Mensch, auch wenn er ein Genom *besitzt*, *ist* nicht sein

---

[28] Vgl. Beckmann, R.: Der Embryo ist kein Rechnungsposten; in: Frankfurter Allgemeine Zeitung Nr. 108 vom 10.05.2001, 52.

[29] Vgl. Beckmann, J. P.: Über die Bedeutung des Person-Begriffs im Hinblick auf aktuelle medizin-ethische Probleme; in: Ders. (Hg.): Fragen und Probleme einer medizinischen Ethik. Berlin, New York 1996, 279-306. – Ders.: Natur und Person vor dem Hintergrund gegenwärtiger bioethischer Grundprobleme; in: Dreyer, M./Fleischhauer, K. (Hg.): Natur und Person im ethischen Disput. Freiburg 1998, 235-257. – Honnefelder, L.: Person und Menschenwürde; in: Mertens, G./Kluxen, W./Mikat, P. (Hg.): Markierungen der Humanität. Paderborn, Wien, Zürich 1992, 29-46.

Genom. Anders gesagt: Der Embryo *ist* (noch) nicht, zu was er *wird*. So wenig, wie man die biologische Natur des Menschen mit dem Gesamtphänomen Mensch und Person in der Einmaligkeit des Individuums gleichsetzen kann, so wenig kann man den menschlichen Embryo wegen seines – unbestreitbaren – biologischen Potentials mit demjenigen gleichsetzen, was aus ihm – bzw. zu wem – er wird.

Derartige Schwierigkeiten vermeiden konsequentialistische Ansätze. Doch auch sie kommen nicht ohne schwerwiegende Annahmen aus, vor allem derjenigen, daß Schutzwürdigkeit Interessen voraussetzt. Es dürfte kaum möglich sein herausfinden, ob der Embryo *in vitro* »das Interesse hat«, ausgetragen zu werden oder ob er ein solches »Interesse nicht hat«. Am ehesten könnte man eine Vermutung anstellen, dahingehend, daß es »in seinem Interesse« liege, ausgetragen zu werden bzw. nicht ausgetragen zu werden.

Der Umstand, daß die skizzierten Lösungsansätze keine übereinstimmende Antwort auf die Frage der Begründung der Schutzwürdigkeit des frühen Embryo geben, spiegelt sich in der Vielfalt der Positionen und Diskussionen in den verschiedenen Berichtsländern wider. Gleichwohl kann nicht überraschen, daß bei aller Uneindeutigkeit zwei Überzeugungen in der Begründungsdiskussion eine wichtige Rolle spielen:

1. Auch wenn die Antwortansätze schwanken, ob der Embryo bereits *ist*, *was* er wird, oder ob er *noch nicht* ist, *zu* was er wird, so zieht sich doch durch alle Lösungsansätze die Überzeugung von der Notwendigkeit des Respekts vor seinem *humanem* und nicht allein *biologischen* Potential hindurch.

2. Es erscheint als ein gewichtiger Unterschied, ob man einen Embryo, den man für den Zweck der Reproduktion menschlichen Lebens mit Hilfe des personalen Zusamenwirkens zweier Partner erzeugt, der aber aus kontingenten Gründen diesem Zweck nicht zugeführt werden kann und daher untergehen muß, unter strengen Bedingungen für hochrangige Forschungszwecke vorsieht, oder ob man einen Embryo von vornherein unter vollständiger Loslösung von einem solchen personalen Zusammenwirken zweier Menschen und ohne jede Lebensaussicht für reine Fremdzwecke herstellt.

Wie nun die Regelungen und Diskussionen in den einzelnen Berichtsländern aussehen, sei im Folgenden in aller Kürze vorgestellt:

C. Die Regelungsvielfalt des Embryonenschutzes in den Berichtsländern

Im Folgenden geht es um den Versuch einer strukturierten Gruppierung der Vielfalt der Situation des Embryonenschutzes in den Berichtsländern, wobei hinsichtlich der Einzelheiten auf die jeweiligen Länderberichte verwiesen wird[30]. Die Ausführungen der Länderberichte bilden die alleinige Basis der folgenden Ausführungen. Zweck dieser Übersicht ist es, die im abschließenden Punkt 4 des vorliegenden Generalberichts zu entwickelnde Skizze der Konsensrichtung vorzubereiten. Aufschlußreich ist, daß trotz klarer Zuordnung zur jeweiligen Gruppe die Begründungen für die Erlaubtheit bzw. Nicht-Erlaubtheit der Embryonenforschung z.T. höchst unterschiedlich ausfallen.

Nimmt man die beiden Aussagen des Art. 18 Abs. 1 und 2 der Menschenrechtskonvention des Europarats – angemessener Schutz für den Fall der Erlaubtheit der Forschung an nicht-transferierten Embryonen sowie Verbot der Herstellung von Embryonen zu Forschungszwecken – als Bezugspunkte, so lassen sich, grob gesehen, drei Standpunkte voneinander unterscheiden, von denen der eine hinter den Bestimmungen des Art. 18 der Menschenrechtskonvention zurückbleibt, ein zweiter diesen Bestimmungen entspricht und ein dritter über diese Bestimmungen hinausgeht. Diesen drei Standpunkten sind die drei folgenden Gruppierungen zugeordnet:

Gruppe I: Die Länder dieser Gruppe haben z.Zt. keine bzw. noch keine gesetzliche Regelung getroffen, mit der Folge, daß weder die Herstellung von menschlichen Embryonen zu Forschungszwecken noch die Verwendung nicht-transferierter Embryonen derzeit verboten ist. Diese Gruppe ist gleichwohl insofern heterogen, als in einigen dieser Länder Diskussionen im Gange sind, die auf eine erwartbare Regelung verweisen, die das betreffende Land einer der beiden anderen Gruppen II oder III zuordnen würde, während in anderen Ländern der Gruppe I bisher keine Hinweise auf eine sich abzeichnende gesetzliche Regelung zu finden sind. Sonderfälle stellen Länder dar, in denen nationales Recht den einzelnen Bundesstaaten weitgehende Freiheit legislatorischer Regelungen gestattet, so daß eine einheitliche Zuordnung nicht möglich ist.

Gruppe II enthält diejenigen Länder, in denen die Produktion von Embryonen zu Forschungszwecken verboten ist, nicht aber die Forschung an nicht-transferierten Embryonen unter bestimmten, im einzelnen angegebenen Bedingungen. Die Bestimmungen in diesen Ländern entsprechen den Forderungen der Menschenrechtskonvention (unter Vorbehalt der Unbestimmtheit des »angemessenen« Schutzes). Auch diese Gruppe zeigt eine Binnendifferenzierung in diejenigen Länder, welche bereits eine voll der Menschenrechtskonvention entsprechende gesetzliche Regelung getroffen haben, und diejenigen, die gesetzliche Regelungen getroffen haben, die über Bestimmungen der Menschenrechtskonvention hinausweisen.

Gruppe III umfaßt diejenigen Staaten, die weder die Herstellung von Embryonen zu Forschungszwecken noch die Forschung an nicht-transferierten Embryonen erlauben. Die Bestimmungen dieser Länder gehen mithin über die Bestimmungen der Menschenrechtskonvention des Europarats hinaus. Auch

[30] Teil III S. 197 ff. des vorliegenden Bandes.

in dieser Gruppe zeichnet sich eine Differenzierung insofern ab, als in einigen der Länder inzwischen Diskussionen und Entwicklungen im Gange sind, die auf eine unter sehr engen Bedingungen erlaubbare Forschung an nichttransferierten Embryonen hinausläuft, während in den übrigen Ländern an einem strengen Verbot festgehalten wird.

I. Zu Gruppe I

Zu den Ländern, die bisher keine gesetzgeberischen Maßnahmen im Hinblick auf den Schutz der Embryonen in der Forschung getroffen haben, gehören China und Korea. Der Länderbericht zu **China** enthält lediglich allgemeine Hinweise zur Reproduktionstechnologie. In **Korea** wird ein Gesetzesvorschlag erarbeitet, der Forschungsvorhaben jedweder Art und damit auch den Embryo dem Vorbehalt der Entscheidung einer Bioethikkommission unterstellt. Spezielle Bestimmungen zum Schutz des Embryo finden sich nicht, mit Ausnahme der Zulässigkeit der Forschung an embryonalen Zellgeweben, vorausgesetzt, eine Ethikkommission hat das Vorhaben genehmigt.

Keine Regelungen finden sich bisher in der **Tschechischen Republik**. Da sich jedoch eine Übereinstimmung mit der Menschenrechtskonvention abzeichnet, wird eine entsprechende Gesetzgebung erwartet.[31] Der Länderbericht über **Spanien** enthält keine Hinweise auf konkrete Regelungen.

Noch keine gesetzlichen Regelungen hinsichtlich des Embryonenschutzes, dafür aber mehr oder weniger intensive Diskussionen über dieses Thema finden sich in Italien und Belgien. Während es in **Italien** bisher noch nicht gelungen ist, angesichts des Widerstands der Kirche überhaupt zu einer rechtlichen Regelung in diesem Sektor zu kommen, gibt es neuerdings einen Gesetzentwurf. Derselbe verbietet die Herstellung von Embryonen zu Forschungszwecken. Dieser Gesetzentwurf hat jedoch die erforderlichen Beratungen noch nicht durchlaufen. In der italienischen Diskussion wird davon ausgegangen, daß dem Embryo als solchem, weil kein Rechtsträger, kein Schutz zugesprochen werden kann. Gleichwohl aber genieße er als ein zum Menschen sich entwickelnder Prozeß Schutz, weil die »Würde der Menschheit« verletzt würde, wenn am Embryo ungehindert geforscht würde[32]. Auch wird in der italienischen Diskussion davon ausgegangen, daß der Embryo ein »primäres Interesse« daran besitzt, zur Entwicklung und zur Geburt zu kommen. Dieses Interesse lasse sich aber nicht als solches schützen, da ihm die Entscheidung der Frau zur Schwangerschaft vorgeordnet sei[33].

In **Belgien** liegen seit 1998 verschiedene Gesetzesentwürfe vor, die jedoch noch nicht die parlamentarischen Hürden genommen haben. Vorgesehen ist,

[31] S. 398.

[32] S. 632.

[33] S. 632.

Forschung an Embryonen dann zu gestatten, wenn damit alternativlos Fragen der Fertilisierung geklärt oder Erbkrankheiten erforscht werden können. Eugenische und kommerzielle Verwendungen sind verboten. Projektanträger müssen den Nachweis erbringen, daß sich die gesuchten wissenschaftlichen Informationen nicht im Tiermodell gewinnen lassen.

Zu den Ländern, die bisher keine gesetzliche Regelung vorgenommen haben, aber bestimmte ethische Auflagen im Hinblick auf den Umgang mit dem Embryo kennen, gehört **Neuseeland**. Ein Verbot der Erzeugung von Embryonen zu Forschungszwecken existiert nicht; eine Genehmigung von Forschungsvorhaben in diesem Bereich wäre gleichwohl vom Votum eines Ethik-Komitees abhängig[34].

Auch in **Kanada** bestehen bisher keine gesetzlichen Regelungen in bezug auf Herstellung und Forschung am Embryo. Allerdings existiert ein Vorschlag[35], wonach die Herstellung von Embryonen zu Forschungszwecken verboten und die Forschung an nicht-transferierten Embryonen der Zustimmung der Eltern sowie der Genehmigung durch ein multidisziplinäres Komitee bedarf. Das sogenannte »Tri-Council« (Medical, Natural Sciences, and Humanities Research Councils of Canada) hält es für ethisch nicht akzeptabel, Embryos speziell zu reinen Forschungszwecken zu generieren. Wenn auch nicht im rechtlichen, so doch im moralischen Sinne kommen die Bestimmungen Kanadas damit denjenigen der Menschenrechtskonvention durchaus nahe.

Die Menschenrechtskonvention unterzeichnet, wenn auch noch nicht ratifiziert und die notwendige Gesetzesanpassung noch nicht vorgenommen haben **Georgien** und die **Türkei**. In der Türkei, die zu den ersten Unterzeichnerstaaten des Menschenrechtsübereinkommens zur Biomedizin gehört, ist medizinische Forschung nur bei Zustimmung entsprechend aufgeklärter Personen erlaubt. Wie dies auf Embryonen anzuwenden ist, ist offen.[36] Einen Schritt weiter ist **Portugal**, das die Menschenrechtskonvention unterzeichnet hat und seit Jahren eine Reihe von Gesetzesentwürfen diskutiert, ohne daß es bisher freilich zu einer Entscheidung gekommen wäre. Es zeichnet sich gleichwohl ab, daß die Erzeugung von Embryonen zu Forschungszwecken verboten wird. Der Nationale Ethikrat hat die Embryonenforschung für »ethisch nicht akzeptabel« erklärt. Hintergrund ist die Überzeugung, daß Embryonen laut Verfassung Leben darstellen und damit unter den generellen Schutz des Lebens fallen[37]. Embryonen sind »geschütztes Gut« (protected goods), unabhängig von der Frage, ob sie Rechtsträger sind. Als menschliches Leben

[34]»If researchers wish to embark on such activities, they would be expected to obtain the approval of an accredited Ethics Committee«, S. 699.

[35]S. 341.

[36]S. 774

[37]Vgl. S. 724.

unterfallen sie den Bestimmungen des Art. 24 Abs. 1, wonach »menschliches Leben unverletzlich« ist.

Eine Besonderheit stellen Länder dar, bei denen es einen möglichen Unterschied zwischen Bundesgesetzgebung und Ländergesetzgebung gibt. Dies ist in den **USA** der Fall; hier besteht bekanntlich die Besonderheit, daß in die Rechtshoheit der Einzelstaaten nur unter besonderen Bedingungen durch Bundesgesetz eingegriffen werden kann und darf. Die Bundesgesetzgebung enthält keine speziellen Regelungen zum Schutze von Embryonen in der Forschung.[38] Der Kongreß hat 1996 gleichwohl festgelegt, daß Forschung am Embryo nicht durch öffentliche Mittel gefördert werden darf, so daß eine derartige Forschung auf private Unterstützung angewiesen ist. Hintergrund ist die in der amerikanischen Öffentlichkeit mit großer Intensität ausgetragene Diskussion um Verbesserung in der Krankenbehandlung vs. Respekt vor dem Embryo als werdendem menschlichen Leben. Im Hinblick auf nicht-transferierte Embryonen wird im Falle hochrangiger Forschungsziele die Zulassung von Forschung erwogen.[39] Fragen der Biotechnologie kann jeder Staat für sich entscheiden. In einzelnen Staaten der USA ist Embryonenforschung zu anderen Zwecken als zu Fertilisationszwecken verboten, in anderen Staaten wiederum gelten die Verordnungen betreffend Forschung an Föten für Embryonen sinngemäß. Eine Förderung der Embryonenforschung mit nationalen Mitteln erfolgt jedoch nur, wenn Embryonen nicht für Forschungszwecke hergestellt, zerstört oder verworfen werden.

Auch in **Australien**, wo gesamtstaatliche und einzelstaatliche Regelungen nebeneinander bestehen, gibt es in bezug auf die Embryonenforschung keine gesamtstaatliche Regelung. Sechs der neun Teilstaaten (Territories) haben bisher keine gesetzlichen Bestimmungen erlassen. Gleichwohl gilt für diese Staaten das freiwillige Regelwerk des National Health and Medical Research Council (NHMRC). Grundregel zur Embryonenforschung des NHMRC ist, daß den Embryonen die Aussicht auf Einpflanzung, Entwicklung und Geburt erhalten, Embryonenforschung also nicht-destruktiv bleiben muß (non-destructive research). Drei Territories haben darüber hinausgehende Regelungen: ***Victoria***, das die Herstellung von Embryonen zu reinen Forschungs-

[38] Institutes of Health: Guidelines for Research Using Human Pluripotent Stem Cells. Corrected November 21, 2000 (65 Federal Register 69951). Bethesda, Maryland/USA.

[39] National Bioethics Advisory Commission 1999: Ethical Issues in Human Stem Cell Research. Vol. I: Report and Recommendations of the National Bioethics Advisory Commission. Rockville, Maryland/USA (September 1999). Lt. eben veröffentlichter Verlautbarung des NIH (National Institutes of Health) ist weitere Forschung an ES-Zellen (und damit am menschlichen Embryo) erforderlich, um zu klären, wie deren Potential im Vergleich zu Zellen vom Fötus und vom erwachsenen Menschen aussieht. NIH: Stem Cells: Scientific Progress and Future Research Directions. National Institutes of Health, Bethesda, Maryland, July 2001.

zwecken verbietet und Forschung an durch IVF hergestellten Embryonen nur dann erlaubt, wenn sie nicht dem Wohl des Embryos entgegensteht. Auch müssen die beiden Gametenspender mit der Forschung einverstanden sein. ***South Australia*** verbietet speziell den Gewinn von Embryonen durch Auswaschung des Uterus (Embryo Flushing). ***Western Australia*** hat im Human Reproductive Technology Act von 1991 ebenfalls die Gewinnung von Embryonen durch das sogenannte Embryo Flushing verboten, desgleichen jede Embryonenforschung, die nicht ausdrücklich vom Western Australian Reproductive Council genehmigt worden ist.

II. Zu Gruppe II

Zu den Ländern, die den Embryonenschutz im Sinne der Menschenrechtskonvention des § 18 geregelt haben, zählt **Ungarn**. **Griechenland** hat seinen Beitritt zur Menschenrechtskonvention nicht nur erklärt, sondern inzwischen auch ratifiziert. Entsprechend ist die Erzeugung von Embryonen zu Forschungszwecken gesetzlich verboten. Der Embryo genießt als »pronasciturus«[40] Schutz. Da jedoch für eine IVF nicht verwendete Embryonen keine Aussicht auf Weiterentwicklung haben, lasse sich Forschung an ihnen nicht verbieten[41].

Slowenien hat im Juli 2000 ein Gesetz zur medizinisch assistierten Reproduktion (Medically Assisted Reproduction, MAR) verabschiedet, wonach die Erzeugung von Embryonen zu Forschungszwecken verboten, Forschung an nicht-transferierten Embryonen jedoch bei Zustimmung einer Ethikkommission erlaubt ist.

Auch **Dänemark** hat die Erzeugung von Embryonen zu Forschungszwecken verboten. Dagegen ist die Forschung an nicht-transferierten Embryonen unter bestimmten Bedingungen erlaubt. Voraussetzung ist der *informed consent* der Eltern des Embryo sowie die Zustimmung eines Ethik-Komitees. Weitere Bedingung ist, daß derartige Forschung nur erlaubt ist, wenn sie den reproduktiven Techniken dient oder schwere Erbkrankheiten erkennen und therapieren hilft. Näheres regelt der Act on Fertilisation in Connection with Medical Treatment.

In **Brasilien** ist die Herstellung von Embryonen außer zu Fertilisationszwecken verboten.[42] Was die Forschung an nicht-transferierten Embryonen angeht, so sind derzeit verschiedene Gesetzesentwürfe in der Diskussion. Dabei wird zwischen dem Embryo *in utero* als »nasciturus« mit eigenem Rechtsstatus und dem Embryo *in vitro*, der keinen eigenen Rechtsstatus besitzt,

---

[40] S. 609.

[41] S. 608.

[42] Art. 8 Abs. IV lt. Gesetz Nr. 8.974 vom 5.01.1995.

unterschieden. Wieweit diese Unterscheidung einen unterschiedlichen Schutz des Embryos nach sich zieht, ist aus den derzeit vorliegenden Gesetzentwürfen nicht zu ersehen. Insgesamt bewegt sich die Diskussion in Brasilien zumindest auf der Schutzhöhe der Menschenrechtskonvention, wenn nicht darüber.

III. Zu Gruppe III

Zur Gruppe derjenigen Staaten, deren gesetzliche Regelungen über die Schutzbestimmungen der Menschenrechtskonvention hinausgehen und/oder nähere Bestimmungen im Hinblick auf die Forderung nach »adequate protection« enthalten, zählen aus dem Kreis der Berichtsländer die Schweiz, Österreich, Frankreich, Deutschland, Israel und der Bundesstaat (Territory) Victoria/Australien. Einige dieser Staaten sehen die Möglichkeit der Forschung an nicht-transferierten Embryonen unter strengen Ausnahmebedingungen vor, die übrigen halten am grundsätzlichen Forschungsverbot fest, auch wenn es seit neuestem Diskussionen um Ausnahmeregelungen gibt. Im einzelnen:

Israel schließt Forschung an nicht-transferierten Embryonen im Grundsatz aus. Laut Weisung des Gesundheitsministeriums aus dem Jahre 1985 kann im begründeten Ausnahmefall und nach Prüfung durch das Ministerium von diesem Verbot abgesehen werden.[43]

Im australischen Bundesstaat **Victoria** ist nur solche Forschung am Embryo erlaubt, die den Embryo nicht zerstört (non-destructive research). Außerdem muß die Zustimmung der Gametenspender vorliegen.

Frankreich hat bisher die Forschung am nicht-transferierten Embryo verboten.[44] Diskutiert wird neuerdings, ob eine derartige Forschung in streng zu regelnden Ausnahmefällen bei Erlaubnis der Gametenspender und unter Aufsicht einer dafür zuständigen staatlichen Kommission erlaubt werden kann.[45] In der z.Zt. geplanten Reform der französischen Bioethikgesetzgebung von 1994 soll Forschung am nicht-transferierten Embryo zum Zwecke der Verbesserung der künstlichen Fortpflanzung und zwecks Etablierung von Therapiemethoden mit Hilfe von ES-Zellen erlaubt sein.

Auch in **Österreich** ist Forschung am nicht-transferierten Embryo verboten, doch gibt es neuerdings eine Diskussion, in der die Striktheit des Verbots kritisiert bzw. kontrovers diskutiert wird.

---

[43] S. 655.

[44] Loi n. 94-548, loi n. 94-653 und loi n. 94-654 vom 1. bzw. 29.07.1994.

[45] Conseil d'etat. Les lois de bioéthique: cinc ans après. La documentation française. Paris, 25. Novembre 1999. – Vgl. seitens des Comité Consultatif National d'Ethique: Avis sur la constitution de collections de cellules embryonnaires humaines et leur utilisation à des fins thérapeutiques ou scientifiques, no. 53 vom 11.3.1997.

In **Deutschland** verbietet das Embryonenschutzgesetz u.a. jedwede Handlung am Embryo, die nicht seiner eigenen Entwicklung dient.[46] Dies gilt auch für »jede einem Embryo entnommene totipotente Zelle, die sich bei Vorliegen der dafür erforderlichen weiteren Voraussetzungen zu teilen und zu einem Individuum zu entwickeln vermag«[47]. Die totipotente Zelle wird mithin dem Embryo gleichgestellt und genießt daher den gleichen Schutz. Blastomerenseparation ist verboten, weil sie eine Handlung am Embryo darstellt, die »nicht seiner Erhaltung« dient[48]. Außerdem würde dies die Herstellung eines Embryos »mit der gleichen Erbinformation wie ein anderer Embryo« bedeuten, die ebenfalls verboten ist[49]. Angesichts der neuesten Entwicklung in der internationalen Forschung hat die Deutsche Forschungsgemeinschaft (DFG) in Abweichung einer früheren Stellungnahme jüngst »die aktive Teilnahme deutscher Wissenschaftler an der Herstellung embryonaler Stammzellen« als wünschenswert bezeichnet[50]. Genauso wie die Freiheit der Forschung keine absolute sei, sei auch »Schutz des menschlichen Embryos nicht uneingeschränkt gewährt«.[51] Die DFG tritt zwar nach wie vor für die Beibehaltung des Verbots der Herstellung von Embryonen für Forschungszwecke ein, ist aber offen für Forschung an nicht-transferierten Embryonen, wenngleich unter engen Bedingungen. Wieweit diese Position in Deutschland mehrheitsfähig ist, ist derzeit völlig offen. So hat sich der 104. Deutsche Ärztetag ausdrücklich gegen die Empfehlung der DFG ausgesprochen.[52] Umstritten ist auch, wie mit aus dem Ausland importierten embryonalen Stammzellen, die im Ursprungsland legal aus nicht-transferierten Embryonen gewonnen worden sind, in Deutschland rechtlich und ethisch umzugehen ist.

Die **Schweiz**, die zu den Staaten zählt, die bisher die Menschenrechtskonvention ratifiziert haben, sucht Möglichkeiten einer Forschung schon dadurch zu

---

[46]§ 2 Abs. 1 Gesetz zum Schutz von Embryonen 1990 (ESchG). – Vgl. Günther, H.-L./Keller, R./Kaiser, P.: Kommentar zum Embryonenschutzgesetz. Stuttgart, Berlin, Köln 1992.

[47]§ 8 Abs. 1 ESchG.

[48]§ 2 Abs. 1 ESchG.

[49]§ 6 Abs. 1 EschG. Ob damit auch die Gewinnung embryonaler Stammzellen verboten ist, ist derzeit Gegenstand der Diskussion. Vgl. den Generalbericht zur ES-Zellforschung im vorliegenden Band, S. 182.

[50]Empfehlungen der Deutschen Forschungsgemeinschaft zur Forschung mit menschlichen Stammzellen, 3.Mai 2001, 3. Anders die DFG-Stellungnahme zum Problemkreis ›Humane embryonale Stammzellen‹ vom 18.3.1999. Bonn (auch in: Honnefelder, L./Streffer, C. (Hg.): Jahrbuch für Wissenschaft und Ethik 4 (1999), 393-399).

[51]Empfehlungen der DFG vom 3.5.2001 (s. Anm. 52), 4.

[52]104. Deutscher Ärztetag, Top I: Die Unverfügbarkeit menschlichen Lebens; in: Deutsches Ärzteblatt 98, H. 22 vom 1.6.2001, B 1224-26.

unterbinden, daß die Herstellung nicht-transferierter Embryonen im Rahmen eines IVF vermieden werden muß[53].

D. Zur Möglichkeit eines internationalen Konsenses

Im Blick auf die Notwendigkeit konsensfähiger internationaler Regelungsvorschläge gilt es, Gemeinsamkeiten festzuhalten und Unterschiede auf die Möglichkeiten einer Harmonisierung hin zu untersuchen. Das Menschenrechtsübereinkommen zur Biomedizin des Europarats ist hierfür ein gutes Beispiel, stellt es doch den ersten *internationalen* Rechtstext dar, in welchem dem menschlichen Embryo *ein eigener Schutz-Status* zuerkannt wird. Die Kürze des Art. 18 steht freilich in einem offensichtlichen Mißverhältnis zu Bedeutung und Komplexität des Regelungsgegenstandes.

I. Herstellung menschlicher Embryonen zu Forschungszwecken

In der Frage der *Herstellung* von Embryonen zu Forschungszwecken zeichnet sich eine *Verbots*mehrheit ab: Elf der 23 Berichtsstaaten, die der Frage der Herstellung von Embryonen zu Forschungszwecken gesetzliche Regelungen widmen, verbieten dieselbe. Dies dürfte von nicht unerheblichem Einfluß auf die noch »unentschlossenen« Länder zugunsten eines Forschungsverbots sein. Tatsächlich läuft die Diskussion in der Mehrheit der übrigen Länder in die Richtung eines Verbotes.

II. Forschung an nicht-transferierten Embryonen

Was die Frage der Forschung an *nicht-transferierten* (den sog. »überzähligen«) Embryonen angeht, so steht eine deutliche Mehrheit der Berichtsländer dieser Frage offen gegenüber. Insgesamt zeichnet sich diesbezüglich eine *Erlaubnis*mehrheit ab: in zwölf Berichtsländern ist Forschung am nicht-transferierten Embryo nicht verboten, in weiteren sechs Ländern ist die Diskussion noch nicht abgeschlossen, sie läuft aber mehrheitlich ebenfalls auf eine Forschungserlaubnis hinaus. Lediglich in fünf Berichtsländern ist die Forschung am nicht-transferierten Embryo (bis jetzt) gesetzlich untersagt.

Bemerkenswert ist der Umstand, daß in keinem der Länderberichte die Annahme auftaucht, der menschliche Embryo *in vitro* sei lediglich ein »Zellbündel«, mit dem man nach Belieben verfahren könne. Statt dessen zeigt die nahezu überall festzustellende Bemühung um die Etablierung von Regeln im Umgang mit dem Embryo, daß derselbe einen moralischen Status *sui generis*

[53] S. 383.

besitzt. Die Statusbestimmung des Embryos hat ihren Grund in der biologischen Tatsache, daß in ihm die vollständige Anlage zur Ausbildung eines Menschen enthalten ist. Damit gelten die notwendigen Voraussetzungen für seine weitere Entwicklung als gegeben, nicht jedoch die hinreichenden Voraussetzungen. Diese gelten erst dann als gegeben, wenn der Embryo erfolgreich transferiert worden ist. Daß der Embryo *in vitro* über die notwendigen, jedoch noch nicht über die hinreichenden Voraussetzungen für seine weitere Entwicklung verfügt, macht ihn nach Maßgabe der internationalen Diskussion nicht weniger schutzwürdig als den Embryo *in utero*. Es liegt jedoch eine *andere* Weise des Schutzes vor: nicht der Schutz seines Lebens – der nicht-transferierte Embryo hat naturgemäß keine Möglichkeit der weiteren Entwicklung und damit des Lebens –, sondern der Schutz vor Mißbrauch. Schutz vor Mißbrauch impliziert, daß es Möglichkeiten legitimen und legalen Gebrauchs gibt.

In nahezu allen Berichtsländern, die Forschung am nicht-transferierten Embryo erlauben, ist die Erlaubnis an eine oder mehrere Bedingungen gebunden. Dieselben reichen von der Begrenzung auf Verbesserungen bei der ärztlich assistierten Reproduktion (IVF) und/oder die Gewinnung von embryonalen Stammzellen für therapeutische Zielsetzungen über die Forderung nach Zustimmung der Ei- und Samenspender, den Nachweis der Alternativlosigkeit dieser Forschung sowie die Genehmigung und Überwachung durch ein (Ethik-)Komitee bis hin zur Bedingung der Nicht-Destruktivität für den Embryo.

III. Kriterien einer Erlaubnis der Forschung an nicht-transferierten Embryonen

Insgesamt zeichnet sich ab, daß an die Stelle des Schutzes menschlicher Embryonen *vor* der Forschung die Bemühung um den Schutz menschlicher Embryonen *in* der Forschung treten dürfte. Damit steht nicht zur Entscheidung, *ob überhaupt*, sondern *unter welchen Voraussetzungen* und *in welchen Grenzen* fremdnützige Forschung am nicht-transferierten menschlichen Embryo zulässig ist. Sucht man unter den Ländern, die Embryonenforschung unter bestimmten Voraussetzungen zulassen, nach einem gemeinsamen Nenner, so dürfte sich derselbe darin finden, daß dem nicht-transferierten Embryo zwar kein unbedingtes Lebensrecht zugewiesen wird, weil dasselbe schon bisher angesichts der Zulassung von Nidationshemmern sowie von Abtreibungsregelungen nicht verwirklicht ist, ihm aber gleichwohl Schutz vor unkontrollierter Forschung zuerkannt wird.

Insgesamt liegen die Bestimmungen der Berichtsländer entweder schon jetzt oder doch ausweislich der laufenden Diskussionen und der sich abzeichnenden Ergebnisse auf der Linie des Art. 18 des Menschenrechtsübereinkommens zur Biomedizin des Europarats, und zwar sowohl in bezug auf die Forschung am

Embryo *in vitro* nach Art. 18 Abs. 1 als auch in bezug auf das Verbot der Herstellung von Embryonen zu Forschungszwecken nach Art. 18 Abs. 2. Somit erweist sich als wichtigste Aufgabe der Konsensherstellung die Festsetzung der Kriterien für dasjenige, was der Text des Art. 18 Abs. 1 als »angemessenen« Schutz (»adequate protection«) des Embryos in der Forschung fordert. Diese Kriterien müßten aus dem Blickwinkel der entsprechenden Bestimmungen bzw. der noch laufenden Diskussion der Berichtsländer die folgenden Punkte ansprechen:[54]

I. **Gegenstand der Forschung**

Es dürfen nur solche Embryonen für die Forschung verwendet werden, die ursprünglich zum Zwecke der Reproduktion per IVF im Rahmen der ärztlichen Behandlung bei ungewollter Kinderlosigkeit hergestellt worden sind, aber nicht zum Zuge kommen, weil bereits durch einen der Embryonen eine Schwangerschaft herbeigeführt werden konnte oder weil die Frau inzwischen erkrankt ist und eine Embryo-Implantation medizinisch kontraindiziert ist.

II. **Zeitpunkt der Forschung**

Forschung am nicht-transferierten Embryo darf, wenn überhaupt, nur bis zum Ende der zweiten Woche nach der Kernverschmelzung erfolgen.

III. **Hochrangigkeit der Forschungsziele**

Die Forschungsziele müssen hochrangig sein, d.h. es müssen gewichtige, insbesondere Embryonen und ihre weitere Entwicklung betreffende Erkenntnisse erwartet werden können.

IV. **Alternativlosigkeit der Forschung**

Es muß sichergestellt sein, daß dieselben oder vergleichbare Forschungsergebnisse nicht auch auf anderen, weniger problematischen Wegen, etwa durch Verwendung redifferenzierbarer adulter Stammzellen, erreicht werden können.

V. **Zustimmung der Gametenspender**

Die informierte Zustimmung der Gametenspender, insbesondere der Frau, zu einem solchen Forschungsvorhaben muß vorliegen.

VI. **Genehmigung durch (Ethik-)Kommission**

Vorhaben fremdnütziger Embryonenforschung müssen wegen ihrer rechtlichen und moralischen Komplexität in jedem Einzelfall einer dafür spe-

[54] Vgl. die »Ergebnisse des Internationalen Symposions: Das Menschenrechtsübereinkommen zur Biomedizin des Europarates – taugliches Vorbild für eine weltweit geltende Regelung?« im vorliegenden Band S. 821.

ziell zuständigen unabhängigen (Ethik-)Kommission zwecks Begutachtung und Entscheidung vorgelegt werden.

Die genannten sechs Kriterien müssen konjunkt erfüllt sein.

VII. **Zeitliche Grenze**

In Anbetracht des Umstandes, daß in bezug auf die Hilfe für Schwerkranke das Potential von Embryonen vielversprechend ist, zugleich aber nicht ausgeschlossen werden kann, daß es auch andere Wege der Hilfe für diese Schwerkranken gibt, wird erwogen, die vorgenannten sechs Kriterien der Grenzziehung mit der Generalklausel zu versehen, daß die Erlaubnis der Inanspruchnahme nicht-transferierter Embryonen für Forschungszwecke unter den genannten Bedingungen nach Ablauf einer bestimmten Zeit, etwa fünf Jahre, erneut zu prüfen ist.

IV. Schwierigkeiten

Die genannten Kriterien einer möglichst genauen und engen Grenzziehung des Forschungsumgangs mit dem nicht-transferierten menschlichen Embryo, wie er sich als möglicher internationaler Konsens abzeichnet, erfüllen freilich nicht die Forderungen der Minderheit von Ländern, die dem menschlichen Embryo denselben Schutz wie jedem menschlichen Leben zugestehen bzw. darüber hinaus den Status der Person einräumen, der die Möglichkeit einer Abwägung grundsätzlich ausschließt. Zwar genießen über die Bestimmungen der Menschenrechtskonvention *hinausgehende* Schutzbestimmungen eines Beitrittslandes nach Art. 27 ausdrücklich Respekt, sie besitzen aber keine allgemeine Bindungswirkung. Abgesehen davon, daß bei der Bemühung um internationale Konsense kein Land seine eigenen Regelungen zum unhintergehbaren Mindeststandard erheben kann, ohne einen Konsens von vornherein zu verunmöglichen, liegt das Problem der Forderung nach einem strikten Verbot der Forschung an nicht-transferierten Embryonen darin, daß ein solches Land vor dem ethischen Dilemma und der rechtlichen Schwierigkeit steht, eventuelle therapeutische Resultate und Erfolge der Forschung am nicht-transferierten Embryo auch dann seinen Kranken vorenthalten zu sollen, wenn diese Forschung den obengenannten sieben Kriterien genügt.

Literatur

Beckmann, J. P. Natur und Person vor dem Hintergrund gegenwärtiger bioethischer Grundprobleme; in: Dreyer, M./Fleischhauer, K. (Hg.): Natur und Person im ethischen Disput. Freiburg 1998, 235-257

Beckmann, J. P. Über die Bedeutung des Person-Begriffs im Hinblick auf aktuelle medizin-ethische Probleme; in: Ders. (Hg.): Fragen und Probleme einer medizinischen Ethik. Berlin, New York 1996, 279-306

Beckmann, R. Der Embryo ist kein Rechnungsposten; in Frankfurter Allgemeine Zeitung Nr. 108 vom 10.05.2001, 52

Birnbacher, D. Ethische Probleme der Embryonenforschung; in: Beckmann, J.P. (Hg.): Fragen und Probleme einer medizinischen Ethik. Berlin, New York 1996, 228-253

Bundesärztekammer Richtlinien zur Durchführung der assistierten Reproduktion. Deutsches Ärzteblatt 95 (1998), A 3166-3171

Conseil d'etat. Les lois de bioéthique cinq ans après. La documentation française. Paris, 25. Novembre 1999

Däubler-Gmelin, H. Die Würde des Embryos ist unbezweifelbar; in: Frankfurter Allgemeine Zeitung Nr. 118 vom 22.5.2001, 52

Denker, H.-W. Embryonale Stammzellen und ihre ethische Wertigkeit; in: Honnefelder, L./Streffer, C. (Hg.): Jahrbuch für Wissenschaft und Ethik 5 (2000), 291-304

Deutsches Ärzteblatt : 104. Deutscher Ärztetag, Top I Die Unverfügbarkeit menschlichen Lebens; in: Deutsches Ärzteblatt 98, H. 22 vom 1.6.2001, B 1224-26

Günther, H.-L./Keller, R./Kaiser, P. Kommentar zum Embryonenschutzgesetz. Stuttgart, Berlin, Köln 1992

Heinemann, Th. Sachstandsbericht/Scope Note Forschung an menschlichen embryonalen Stammzellen. Naturwissenschaftliche, rechtliche und ethische Aspekte (Typoskr., Deutsches Referenzzentrum für Ethik in den Biowissenschaften (DRZE), Bonn, Dez. 2000

Heywinkel, E./L. Beck ›Embryo‹; in: Korff, W./Beck, L./Mikat, P. (Hg.): Lexikon der Bioethik Bd. 1, Gütersloh 1998, 553

Honnefelder, L. Natur und Status des Embryos. Bericht im Rahmen des vom Europarat veranstalteten III. Symposions on Bioethics: »Medically assisted procreation and the protection of the human embryo«. Straßburg, 15.-18.12.1996

Honnefelder, L. Person und Menschenwürde; in: Mertens, G./Kluxen, W./Mikat, P. (Hg.): Markierungen der Humanität. Paderborn, Wien, Zürich 1992, 29-46

Institutes of Health Guidelines for Research Using Human Pluripotent Stem Cells. Corrected November 21, 2000 (65 Federal Register 69951). Bethesda, Maryland / USA

Kaminsky, C. Embryonen, Ethik und Verantwortung. Eine kritische Analyse der Statusdiskussion als Problemlösungsansatz angewandter Ethik. Tübingen 1998

Kant, I. Grundlegung zur Metaphysik der Sitten. Werke, Akademie-Ausgabe Bd. 4, 433 ff

Knoepffler, N. Forschung an menschlichen Embryonen. Was ist verantwortbar? Stuttgart u.a. 1999

Lanzendorf, S.E. et al. Use of human gametes obtained from anonymous donors for the production of human embryonic stem cell lines. Journal Fertility and Sterility 76/1 (2001), 132-137

Luhmann, N. Grundrechte als Institution. Berlin ^{3}1965

Menschenrechtsübereinkommen: Convention for the Protection of Human Rights and Dignity of the Human Being with Regard to the Application of Biology and Medicine in: Honnefelder, L./Streffer, C. (Hg.) Jahrbuch für Wissenschaft und Ethik 2 (1997), 285-303

Merkel, R. Rechte für Embryonen?; in: Die ZEIT Nr. 5 vom 25.1.2001, 37-38

Merkel, R. Die Abtreibungsfalle; in: Die ZEIT Nr. 25 vom 12.6.2001, 42

Moore, G.E. Principia Ethica. Aus dem Englischen übersetzt von B. Wisser. Stuttgart 1970, 39ff

National Bioethics Advisory Commission 1999 Ethical Issues in Human Stem Cell Research. Vol. I: Report and Recommendations of the National Bioethics Advisory Commission. Rockville, Maryland/USA (September 1999)

Rager, G. Embryo – Mensch – Person. Zur Frage nach dem Beginn des personalen Lebens; in: Beckmann, J.P. (Hg.): Fragen und Probleme einer medizinischen Ethik. Berlin, New York 1996, 254-278

Schütze, H. Die Bedeutung von Statusargumenten für das geltende deutsche Recht; in: Honnefelder, L./Streffer, C. (Hg.): Jahrbuch für Wissenschaft und Ethik 5 (2000), 305-328

Spaemann, R. Wer jemand ist, ist es immer; in: Frankfurter Allgemeine Zeitung vom 21.3.2001, 66-67

Spaemann, R. Gezeugt, nicht gemacht; in: Die ZEIT Nr. 4 vom 18.1.2001, 37-38

Thomson, J.A. et al. Embryonic stem cell lines derived from human blastocysts. Science 282 (1998), 1145-1147

Tugendhat, E. Vorlesungen über Ethik. Frankfurt/M. 1965, 145ff

Woopen, C. Sachstandsbericht/Scope Note: Präimplantationsdiagnostik. Medizinische, rechtliche und ethische Aspekte (Typoskr., Deutsches Referenzzentrum für Ethik in den Biowissenschaften (DRZE), Bonn, Nov. 2000

Ethische Aspekte in der gegenwärtigen deutschen Diskussion um die Stammzellforschung

Prof. Dr. Ludger Honnefelder

Universität Bonn
Institut für Wissenschaft und Ethik

Noch vor kaum zwei Jahren nur den Fachleuten vertraut, ist das Stichwort der »Stammzellforschung« inzwischen zum beherrschenden Schlagwort einer breiten und erregten Debatte geworden. Nicht nur innerhalb der Politik und Öffentlichkeit, sondern auch unter den Naturwissenschaftlern, Rechtswissenschaftlern und Ethikern ist eine tiefgreifende Kontroverse über die Beurteilung dieser Forschungsrichtung entstanden, in der zumindest teilweise ein Dissens über moralische Grundnormen zum Ausdruck kommt. Ein genaueres Verständnis der verschiedenen Einschätzungen und eine mögliche Einigung auf geeignete rechtliche Regelungen in dieser Kontroverse hängen von einer angemessenen Auffassung der mit dem Stichwort »Stammzellforschung« benannten Forschungsvorhaben ab.

A. Naturwissenschaftliche Bedeutung und ethische Herausforderung der Stammzellforschung

Naturwissenschaftlich betrachtet bezeichnet »Stammzellforschung« ein Forschungsfeld, in dem sich Entwicklungs- und Zellbiologie, Embryologie und Reproduktionsmedizin, Humangenetik und Krankheitsursachenforschung zu einem interdisziplinären Ansatz verbunden haben, der auf nicht weniger abzielt, als jene Vorgänge zu verstehen, durch die aus einer befruchteten Eizelle jener komplexe Organismus entsteht, zu dessen Fähigkeiten eine lebenslange, freilich abnehmende Fähigkeit der Selbstergänzung gehört. Die zentralen Fragen, die sich am Ausgangspunkt dieser Forschung stellen, sind, wie aus einer befruchteten Eizelle die verschiedensten Formen hochspezialisierter Zelltypen entstehen, wie sich Zellen eines bestimmten Stadiums in Zellen eines anderen Typs verwandeln können und wie es möglich ist, dass die Differenzierung der verschiedenen Zelltypen aus den jeweils ursprünglicheren Stammzellen nicht jenen irreversiblen Verlauf nimmt, der bislang für den unausweichlichen Weg eines Lebewesens von seiner Entstehung über seine entwickelte Hochform bis hin zum Tod gehalten wurde (Baersches Gesetz).

Indem die Stammzellforschung sich diesen Fragen zuwendet, will sie Kenntnisse in bislang verschlossene Kräfte des Lebens eröffnen und weckt die Hoffnung, den Abbau des Lebens in Form von Krankheit und Altersverfall nicht nur aus seinen Ursachen zu verstehen, sondern ihn womöglich auch dereinst bekämpfen zu können. Stammzellforschung könnte damit in besonderem Maße die eigentliche Pointe der neuen »Lebenswissenschaften« zum Ausdruck bringen: nämlich jene Einsichten in das Leben zu gewinnen, die uns erlauben, Leben in einer nie zuvor gekannten Weise zu schaffen und zu erhalten.

Auch wenn diese Perspektiven weit über den derzeitigen Stand der Erkenntnisse hinausgreifen, deuten sie an, welches *medizinische* Potential der Stammzellforschung zugetraut wird: die »Fehler« des Lebens, denen die Krebserkrankungen oder der Diabetes entspringen, von ihren Ursachen her beheben zu können und den Verfallserscheinungen, die sich etwa in der Parkinsonschen Krankheit zum Ausdruck bringen, im Rückgriff auf das in den Stammzellen des gleichen Organismus liegende Potential begegnen zu können.

Gewiss kann solchen Visionen entgegnet werden, dass die gleiche Einsicht, die es in Zukunft vielleicht erlaubt, die Irreversibilität der Differenzierung hier und da zu durchbrechen, zuletzt immer in der Erkenntnis wenden wird, dass komplexes Leben grundsätzlich durch jene Irreversibilitäten geprägt ist, die bei höher organisierten Lebewesen eben auf die Geburt das Alter und den Tod folgen lassen, und dass folglich die Ausgesetztheit an die Krankheit und den zumindest allmählichen Abbau letztlich nicht aufhebbar sein wird. Dennoch bleiben berechtigte Räume der Erwartung an Einsicht und Eingriff mit Hilfe der Stammzellforschung, die es erklärlich machen, welche Hoffnungen an die Entwicklung dieser Forschung geknüpft werden.

Indessen steht das Stichwort der Stammzellforschung nicht nur für eine medizinische Vision, sondern ebenso für eine *ethische* Herausforderung. Denn wenn die Einsicht in elementare Lebensvorgänge nicht anders zu gewinnen ist als durch Herstellung oder zumindest Zerstörung menschlichen Lebens, dann konfrontiert die Stammzellforschung wie wenige andere Forschungsansätze den Menschen mit einer grundlegenden moralischen Entscheidung: In welchem Maß darf menschliches Leben für menschliches Leben verbraucht werden? Vermag der hochrangige Zweck aussichtsreicher Krankheitsursachen- und Therapieforschung auch problematische Mittel zu sanktionieren? Wo liegt die Grenze, die selbst einer höchsten Zielen dienenden Forschungzu ziehen ist? Die aller Forschung immer schon inhärente Spannung von unbegrenztem Erkenntnisstreben und humaner Nötigung zur Selbstbegrenzung scheint kaum dramatischer auftreten zu können als hier.

Wollen wir eine angemessene Antwort auf die skizzierte ethische Herausforderung finden, erweisen sich zwei Fragen als Schlüsselprobleme: In welchem Maß werden wir in der zukünftigen Stammzellforschung auf die Gewinnung von Stammzellen aus menschlichen Embryonen angewiesen sein und welches Maß an Schutzwürdigkeit haben wir den menschlichen Embryonen im frühen Stadium zuzuordnen?

B. Abwägung von Zielen und Mitteln

Für die erste der beiden Schlüsselfragen ist es sinnvoll, sich an den Leitfaden von Zielen und Mitteln zu halten, die mit einer neuen Forschungstechnologie wie der Forschung an humanen Stammzellen in Zusammenhang stehen. Dabei sind ohne Zweifel auch die gesellschaftlichen Bedingungen in Betracht zu ziehen, in deren Kontext die angestrebten Ziele stehen, ebenso wie die gesellschaftlichen Folgen, zu denen die Wahl der jeweiligen Zweck-Mittel-Zusammenhänge führen können. Und bei den Zielen ist gewiss zu unterscheiden zwischen den Zielen, um derentwillen die derzeitige Forschung betrieben wird, und den Zielen, zu denen ihre Resultate über den intendierten Anwendungsbereich hinaus verwendet werden können.

Was die *Ziele* der Forschung an humanen Stammzellen betrifft, so sind zwei Bereiche zu unterscheiden, denen jeweils unterschiedliche Interessen und Bewertungen zugrunde liegen:

- Zum einen geht es um *Grundlagenforschung* im Bereich der entwicklungsbiologischen Zusammenhänge, die bislang unverstanden sind und ohne deren Aufklärung auch die Entwicklung bestimmter Therapien nicht möglich erscheint. Ziel ist u.a. das Verständnis der Zusammenhänge, die zur Differenzierung der embryonalen Zellen in die verschiedenen gewebespezifischen Zelltypen führen, sowie die Aufklärung der Faktoren, die dazu führen können, dass sich ein somatischer Zellkern nach Implantation in eine entkernte Eizelle redifferenziert.
- Zum anderen geht es um die *Entwicklung von Therapien* in Bezug auf Krankheiten, bei deren Behandlung die Medizin bislang auf deutliche Grenzen stößt und bei denen der Einsatz transplantierbaren Gewebes eine Verbesserung der Behandlung verspricht. Hier werden vor allem neurodegenerative Erkrankungen, Diabetes mellitus, degenerative Herzerkrankungen u.ä. genannt.

Die Grenzen zwischen Grundlagenforschung und Therapieentwicklung sind gerade in der modernen medizinischen Forschung fließend. Auch ist mit jeder Forschung – je nach dem Grad ihrer Fortgeschrittenheit – eine mehr oder minder große Unsicherheit verbunden, ob und in welchem Zeitraum das intendierte Ziel erreicht werden kann. Für die Forschung an humanen Stammzellen gilt dies offensichtlich in besonderem Maß: Während die Forschung in einzelnen begrenzten Bereichen (wie etwa bei der Nutzung von hämatopoietischen Stammzellen im Zusammenhang der Behandlung von Leukämieerkrankungen) bereits in die therapeutische Anwendung übergehen konnte, fehlen in anderen Bereichen noch weitgehend die Grundlagenkenntnisse. Ob es zu der angezielten Behandlung von so komplexen Krankheiten wie der Alzheimerschen Krankheit oder gar zur Züchtung von Organen kommen wird, ist nach Aussagen der beteiligten Forscher noch völlig ungewiss. Für aussichtsreichere

Therapien mit ES-Zellen ist die tierexperimentelle Vorarbeit noch nicht abgeschlossen; auch die Übertragbarkeit der am Tiermodell gewonnenen Erkenntnisse auf den Menschen ist derzeit noch nicht hinlänglich geklärt. Nach Aussage der beteiligten Forscher ist mit Blick auf mögliche Anwendungen in diesen Gebieten mit Zeitszenarien von 10-30 Jahren zu rechnen. Dies macht es erklärlich, dass vergleichende Aussagen über die Chancen und Grenzen der verschiedenen Wege der Stammzellforschung derzeit nur unter großem Vorbehalt möglich sind.

Welches sind aber die *Kriterien*, nach denen Forschungsziele ethisch und rechtlich zu bewerten sind? Geht man von denjenigen moralischen Grundüberzeugungen aus, die auch in den fundamentalen Normen der Verfassung festgehalten sind – also von der Unverletzlichkeit der Menschenwürde und den aus der Menschenwürde folgenden Grundrechten –, so kommt dem unter dem Stichwort der Forschungsfreiheit enthaltenen Ziel des *Erkenntnisgewinns* und dem durch das Recht auf Leben und Gesundheit geschützten Ziel der *Heilung, Linderung und Prävention von Krankheiten* ohne Zweifel ein besonderer ethischer Rang zu.

Bei der ethischen Bewertung und gegebenenfalls Abwägung spielt es freilich eine Rolle, ob es sich um Ziele handelt, die bereits im Rahmen der *medizinischen Praxis* erreichbar sind, oder um solche, die allererst Ziel einer auf Therapie bezogenen, aber von der Realisierung noch mehr oder weniger weit entfernten *Forschung* sind. Darüber hinaus ist die unterschiedliche Dringlichkeit von Bedeutung, die diesen Zielen in der Perspektive der Gesundheitsfürsorge und der medizinischen Ethik zukommt. Dabei spielen Kriterien wie der Schweregrad der betreffenden Krankheit, die Zahl der davon betroffenen Menschen, das Vorhandensein von Behandlungsalternativen, das Maß des therapeutisch erreichbaren Erfolgs und der Umfang der aufzuwendenden Ressourcen eine Rolle. Dadurch werden die Ziele der medizinischen Stammzellforschung nicht zuletzt in eine Konkurrenz mit anderen medizinischen Zielen gestellt und müssen bei der Verteilung knapper Forschungsressourcen gegen diese abgewogen werden.

Unter dieser Voraussetzung, dass Forschungsziele grundsätzlich mit konkurrierenden Zielen oder Ansprüchen verglichen werden müssen, stellt sich die Frage, ob der in der Forschungsheuristik sinnvolle Grundsatz, die verschiedenen mit Blick auf ein Forschungsziel Erfolg versprechenden Wege gleichzeitig zu verfolgen, dahingehend eingeschränkt werden sollte, dass zunächst die ethisch und rechtlich unproblematischen Wege zu verfolgen sind, bevor ein in Spannung zu konkurrierenden ethischen und rechtlichen Ansprüchen stehender Weg auf seine Vertretbarkeit geprüft wird. Dies könnte auch unterschiedliche Wege betreffen, welche innerhalb der Stammzellforschung selbst zum derzeitigen Zeitpunkt eingeschlagen werden können.

C. Status des menschlichen Embryos: Zwei Positionen

Welchen Wegen der Stammzellforschung welche ethische Dignität zuzuordnen ist, hängt wesentlich von der Frage ab, welcher moralische und rechtliche Status dem menschlichen Embryo zuzusprechen ist. Denn unter dem Titel des *moralischen Status des menschlichen Embryos* wird die Antwort auf die Frage verstanden, als welches Gut der menschliche Embryo in moralischer Hinsicht zu betrachten ist und welche Schutzansprüche bzw. Verpflichtungen daraus ethisch (und rechtlich) folgen. Besonders kontrovers ist die Bestimmung des Status für den in vitro erzeugten Embryo in der ersten Phase seiner Entwicklung, nämlich bis zur Ausbildung des Primitivstreifens und der Einnistung in den Uterus.

Unabhängig von der Sicht, die unser Recht bei der Beantwortung dieser Frage zugrunde legt, sind in unserer Gesellschaft – wie in fast allen westlichen Industrieländern – *verschiedene Grundpositionen* bezüglich der Frage nach dem moralischen Status des Embryos anzutreffen. Sie unterscheiden sich danach, ob der Embryo bereits in dieser frühen Phase als ein Gut zu betrachten ist, das *als solches* von Beginn seiner Existenz an uneingeschränkt zu schützen ist, oder als ein Gut, dessen Schutzwürdigkeit mit dem *Maß der Entwicklung* des Embryos zunimmt und das vollen Schutz erst nach einer bestimmten Phase der Entwicklung beanspruchen kann.

Die **erste Position** geht davon aus, dass die Selbstzwecklichkeit, die dem Menschen als verantwortlichem *Subjekt* seines Handelns zukommt, sich auch auf das Lebewesen erstreckt, mit dem das Subjekt identisch ist bzw. dem das Vermögen eignet, sittliches Subjekt zu sein (*Identitäts-/Spezieskriterium*). Da der geborene Mensch in Kontinuität zu dem ungeborenen Menschen steht, aus dem er sich entwickelt (*Kontinuitätsargument*), kommt die Schutzwürdigkeit auch dem ungeborenen Menschen zu, und zwar von dem Zeitpunkt an, an dem ein neues Lebewesen entstanden ist, das als solches das reale Vermögen besitzt, sich zu einem geborenen Menschen zu entwickeln (*Potentialitätsargument*).

Dies ist für die Vertreter der ersten Position der Fall, sobald sich im Prozess der Befruchtung ein neues Lebewesen mit einem individuellen Genom gebildet hat, das die weitere Entwicklung des Lebewesens bestimmt. Da die Entwicklung des mit der Befruchtung entstehenden Lebewesens ein Kontinuum darstellt, würde sich aus der Sicht dieser Position jeder andere Beginn der Schutzwürdigkeit dem Einwand der Beliebigkeit aussetzen. Er widerspräche zudem der im Menschenrechtsgedanken enthaltenen Forderung, die Schutzwürdigkeit des Menschen von keinem anderen Kriterium abhängig zu machen als dem des Menschseins.

Geht man mit den Vertretern der ersten Position davon aus, dass das leibliche Leben die Bedingung für das Vermögen ist, sittliches Subjekt zu sein, dann stehen die *Unverletzlichkeit der Würde* und der *Schutz des Lebens* in einem engen Zusammenhang. Das ruft die Frage hervor, ob aus dieser Sicht jede Verletzung des Lebensschutzes auch eine Verletzung der Würde darstellt oder ob zwischen den beiden Schutzansprüchen unterschieden werden kann.

Bei der Zuschreibung des moralischen Status bzw. der Schutzwürdigkeit stellt sich in der Perspektive der ersten Position zudem die Frage, ob der menschliche Embryo bereits in den frühen Stadien selbst als ein Träger bzw. ein Subjekt von *Rechten* zu betrachten ist oder ob ihm Status und Schutz allein deshalb zukommen, weil er ein mit dem schutzwürdigen Subjekt identisches menschliches Lebewesen darstellt.

Die **zweite Position** geht davon aus, dass die volle Schutzwürdigkeit, die dem Menschen als Subjekt geschuldet ist, erst in einem bestimmten Stadium der Entwicklung des Menschen anzunehmen ist, und dass dem menschlichen Embryo – zumal in seinen frühen Entwicklungsstadien – lediglich Schutzwürdigkeit abgeleiteter und eingeschränkter Art zukommt.

Die **radikale Form der zweiten Position** nimmt an, dass nur derjenige Mensch als *Person* zu betrachten ist und eine entsprechende Schutzwürdigkeit besitzt, dem bestimmte Eigenschaften zukommen, wie der Mensch sie im Lauf seiner Entwicklung erwirbt. Dies kann der Besitz von Interessen sein, die verletzt werden können und deshalb Rechte begründen, oder der Besitz von Fähigkeiten wie Selbstbewusstsein, Zukunftsbezug u.ä., die zur Entwicklung von Interessenpräferenzen notwendig sind und ein generell geltendes Tötungsverbot begründen.

Diese radikale Form der zweiten Position setzt sich dem grundlegenden Einwand aus, nicht der im Menschenrechtsgedanken enthaltenen Forderung zu entsprechen, den dem Menschen eigenen moralischen Status und die daraus resultierende Schutzwürdigkeit nicht von der Zuerkennung durch Dritte, sondern von keiner anderen Eigenschaft abhängig zu machen als der, Mensch zu sein, und von einer entsprechenden fundamentalen Gleichheit aller Menschen in ethischer und rechtlicher Hinsicht auszugehen.

Die **gradualistische Form der zweiten Position** geht davon aus, dass dem Menschen von abgeschlossener Befruchtung an Schutzwürdigkeit zukommt, dass jedoch das Maß dieser Schutzwürdigkeit den Stufen der Entwicklung folgt, die das ungeborene menschliche Lebewesen nach abgeschlossener Befruchtung nimmt, und dass das volle Ausmaß des Schutzes, wie es mit dem Titel der Menschenwürde bzw. mit einem unabwägbaren Recht auf Leben verbunden ist, erst mit dem Erreichen eines bestimmten Entwicklungsstandes anzunehmen ist. Als relevante Zäsuren in der Entwicklung werden genannt der Beginn der Gestaltwerdung durch Ausbildung des Primitivstreifens, der Ausschluss natürlicher Mehrlingsbildung und die damit verbundene endgültige Individuation, die Einnistung in den Uterus, die Ausbildung der neuronalen Voraussetzungen für eine bewusste Verarbeitung von Reizen (Beginn des »Hirnlebens«), die Überlebensfähigkeit außerhalb des Uterus u.ä. Besonderes Gewicht wird dabei den ersten drei genannten Merkmalen zugemessen, insofern sie den Unterschied zwischen dem Embryo in vitro und dem Embryo in utero sowie mehr oder weniger übereinstimmend einen Zeitpunkt der Entwicklung betreffen, der etwa 12-14 Tage nach abgeschlossener Befruchtung erreicht ist.

Die gradualistische Position kann sich auf die Prozesshaftigkeit der Menschwerdung berufen, ist aber – wie viele gradualistische Positionen – dem Einwand ausgesetzt, dass der Versuch, eine moralisch relevante Zäsur innerhalb einer kontinuierlichen Entwicklung geltend zu machen, nicht ohne Willkürlichkeit erfolgen kann. Indessen kann diesem Einwand wiederum entgegengehalten werden, dass auch viele Versionen der ersten Position mit Elementen einer Abstufung des Schutzes verknüpft sein können, sofern etwa das Absterben von Embryonen bei Implantation mehrerer Embryonen im Rahmen von IVF in Kauf genommen wird oder eine Spende von Embryonen, die nicht auf die betroffene Frau übertragen werden können, abgelehnt wird.

Zwischen den geschilderten Positionen bestehen *Differenzen*, die sich bislang – und dies gilt für die meisten westlichen Industriestaaten – nicht haben beheben lassen. Doch bestehen vor allem zwischen der ersten Position und der gradualistischen Form der zweiten Position neben den bereits deutlich gewordenen Differenzen auch *Gemeinsamkeiten*. Ihr Ausmaß ist von Wichtigkeit mit Blick auf die Frage, wie sich in Gesellschaften, die hinsichtlich des moralischen Status des Embryos durch den genannten Dissens gekennzeichnet sind, rechtliche Regelungen finden lassen, die der im Menschenrechtsgedanken und in den verfassungsrechtlichen Grundnormen ausgesprochenen ethischen Grundüberzeugung entsprechen.

Gemeinsam ist der ersten der beiden genannten Positionen zum moralischen Status des menschlichen Embryos – der eines uneingeschränkten Schutzes – und der gradualistischen Version der zweiten Position, dass sie den *Beginn menschlichen Lebens* in der abgeschlossenen Befruchtung sehen, dass sie diesem menschlichen Leben von Beginn an Schutzwürdigkeit zuordnen und dementsprechend menschliches Leben als etwas betrachten, das zu keinem Zeitpunkt seiner Entwicklung zur beliebigen Disposition steht. Hier spricht sich die moralische Grundüberzeugung aus, dass menschliches Leben einen Wert hat, der unabhängig ist von der Zuerkennung durch Dritte und deshalb als solcher Schutzwürdigkeit nach sich zieht.

Die *maßgeblichen Differenzen* der beiden zuletzt genannten Positionen werden bei der Abwägung im Fall der Konkurrenz von Gütern sichtbar: Nach der gradualistischen Auffassung erscheint eine Abwägung der Schutzwürdigkeit des Embryos in seinen frühen Entwicklungsstadien angesichts hochrangiger Ziele deshalb als vertretbar, weil dem Embryo in diesen Entwicklungsstadien noch nicht der volle moralische Status zugeordnet werden muss, wie dies für spätere Stadien gilt. Für viele Vertreter der ersten Position hingegen ist eine Abwägung wenn überhaupt so nur in der Form legitim, wie sie bei einem Konflikt von zwei Gütern gleichen Ranges vorgenommen werden darf.

Was die *verfassungsrechtlichen Normen* betrifft, wie sie durch das Grundgesetz und die Rechtsprechung des Bundesverfassungsgerichts vorgegeben sind, so legen sie eine Wertung des menschlichen Embryos zugrunde, die in die Richtung der ersten Position weist. Da eine explizite Äußerung zum Status des Embryo in vitro fehlt, bleiben hier freilich Fragen offen, die einen wesentlichen Teil der gegenwärtigen Diskussion ausmachen.

D. Ethische Beurteilung verschiedener Alternativen der Stammzellforschung

Was aber folgt aus den angestellten Überlegungen für die konkrete ethische Bewertung der anstehenden Forschungsstrategien innerhalb der Stammzellforschung?

Weltweit ist man sich weitgehend einig, dass unter den *Zielen*, für die die Stammzellforschung verwendet werden kann, einige als ethisch und rechtlich illegitim zu betrachten sind. Dazu gehören vor allem die Ziele, durch Transfer eines somatischen Zellkerns in eine entkernte Eizelle einen geklonten Menschen zur Geburt zu bringen (reproduktives Klonen) oder Veränderungen in den Keimzellen zukünftiger Träger eines Genoms herbeizuführen (Keimbahnintervention). Denn indem reproduktives Klonen einen Menschen hervorbringen soll, der das Genom eines bereits geborenen Menschen besitzt, unterwirft es ihn in einer die Menschenwürde verletzenden Weise den Zwecken Dritter. Und Interventionen in die menschliche Keimbahn sind nicht allein mit derzeit unkontrollierbaren Risiken verbunden und setzen zu ihrer Einführung nicht rechtfertigbare Versuche an Menschen voraus, sondern greifen zudem in das Genom einer unabsehbaren Zahl von zukünftigen Trägern dieses Genoms ohne deren Zustimmung ein, was eine Verletzung der Selbstbestimmung der Betroffenen darstellt, die auch durch eine mögliche therapeutische Zielsetzung nicht legitimiert werden kann.

Überdies ist aber eine Beurteilung der *Mittel* auch derjenigen Ziele vonnöten, die nach allgemeiner Einschätzung als hochrangig und legitimiert gelten können (therapeutische Ziele beim konkreten einzelnen Patienten). Denn diese Ziele können auf sehr unterschiedlichen Wegen erreicht werden, die die Gewinnung des jeweils benutzten Stammzelltyps betreffen und sich in ethischer Hinsicht signifikant unterscheiden. Als ethisch vertretbarer können diejenigen Wege betrachtet werden, in denen die zur Forschung erforderlichen (gewebespezifischen) Stammzellen dem Nabelschnurblut oder dem adulten Organismus entnommen werden. Als ethisch problematisch ist dagegen die Forschung an Stammzellen anzusehen, die aus primordialen Keimzellen abgetriebener Föten (EG-Zellen) oder aus Blastozysten (ES-Zellen) gewonnen werden, da die Entnahme dieser Zellen – wenn auch in unterschiedlicher Weise – die Schutzwürdigkeit des Embryos und die Frage des gesellschaftlichen Umgangs mit ungeborenem menschlichem Leben berührt.

So kann die (neuerdings in den USA praktizierte) Methode, Stammzellen aus *eigens dazu hergestellten Embryonen* zu gewinnen, kaum als legitim betrachtet werden, zumal sie auch in naturwissenschaftlich-medizinischer Hinsicht keine überzeugenden Argumente in Anspruch nehmen kann. Ethisch problematisch erscheint hier die Tatsache, dass ein menschliches Lebewesen ausschließlich zur Verwendung für andere Zwecke hergestellt wird (nämlich um getötet zu werden). In der oben beschriebenen Perspektive der ersten Position und der Rechtsprechung des Bundesverfassungsgerichts stellt dies nicht nur einen Eingriff in das Lebensrecht des Embryos dar, sondern ist auch als eine Instrumentalisierung zu betrachten, die der menschlichen Würde widerspricht, unter deren Schutz auch der zu Forschungszwecken hergestellte Embryo fällt. Aber auch für viele Vertreter einer abgestuften Schutzwürdigkeit des menschlichen Embryos ist ein solches Verfahren einer Nutzung menschlichen Lebens für Zwecke Dritter ethisch nicht zu rechtfertigen.

Ähnliches gilt für das Verfahren, Stammzellen aus Blastozysten zu gewinnen, die durch Transfer eines menschlichen Zellkerns des jeweils betroffenen Patienten in eine entkernte Eizelle, d.h. das so genannte *therapeutische Klonen* hergestellt worden ist. Dieses Verfahren würde zwar das gewünschte transplantierbare Gewebe liefern können, das beim Spender des Zellkerns keinen Abstoßungseffekt auslöst. Allerdings ist es auf der technischen Ebene derzeit mit der Problematik verbunden, dass dazu Eizellspenden in größerer Zahl erforderlich sind – von der Frage des Gelingens bei Übertragung der am Tier entwickelten Verfahren auf den Menschen ganz abgesehen. In ethischer Hinsicht ergibt sich eine ähnliche Bewertung wie bei der Herstellung von Embryonen zu Forschungszwecken, da auch hier gezielt Embryonen zu fremdnützigen Zwecken hergestellt würden. Darüberhinaus ist zu bedenken, dass die erfolgreiche Entwicklung dieses Verfahrens eine Technologie bereitstellt, die auch zum Zweck des reproduktiven Klonens benutzt werden könnte. An dieser Möglichkeit wird zudem deutlich, dass das Argument, eine nicht zur Reproduktion, sondern ausschließlich zur Entnahme von Stammzellen nach dem Dolly-Verfahren hergestellte Blastozyste sei nicht als ein Embryo zu betrachten, wenig überzeugt.

Von den beiden genannten Verfahren unterscheidet sich in ethischer Hinsicht die Entnahme von Stammzellen aus so genannten *überzähligen Embryonen.* Denn hier handelt es sich um einen Embryo, der zum Zweck der Herbeiführung einer Schwangerschaft hergestellt, aber aus Gründen, die bei der Mutter liegen, dazu nicht verwendet wurde. Die ethische Problematik besteht in der Frage, ob ein Embryo, der unter der genannten Zielsetzung hergestellt wurde, für den aber aufgrund unerwarteter Umstände eine Implantation – auch auf dem Weg einer (im deutschen Recht bislang nicht vorgesehenen) »Adoption« – nicht möglich ist und dem damit die intendierten Lebenschancen fehlen, mit Blick auf die genannten hochrangigen Forschungsziele für die Gewinnung von Stammzellen genutzt werden kann. Geht man davon aus, dass auch dem Embryo in vitro der Schutz der Menschenwürde zukommt und dass Menschenwürdeschutz und Lebensrecht untrennbar sind, dann verletzt auch ein solcher Weg das dem Embryo von Beginn an eigene Lebensrecht. Fraglich ist, ob der Verstoß gegen das Lebensrecht auch einen Verstoß gegen den dem Embryo eigenen Schutz der Würde darstellt oder ob die Inkaufnahme der Tötung des ohne Lebenschance verbleibenden Embryos in vitro angesichts der hochrangigen Ziele keinen Verstoß gegen die Würde darstellt und deshalb gerechtfertigt werden kann. Aus der Sicht einer abgestuften Schutzwürdigkeit des Embryos ist eine solche Rechtfertigung möglich, wobei freilich enge Kriterien einzuhalten wären.

Was die *Entnahme von EG-Zellen aus abgetriebenen Föten* und den *Import von pluripotenten ES-Zellen aus anderen Staaten* betrifft, so stellt nicht der Gegenstand der Forschung selbst das ethisch-rechtliche Problem dar, sondern die mit der Nutzung verbundene Billigung oder Mitwirkung von Schwangerschaftsabbruch bzw. Stammzellgewinnung aus überzähligen Embryonen.

Die *Entnahme von EG-Zellen aus primordialen Keimzellen abgetriebener Föten* greift nicht in den Schutz ein, der dem lebenden Embryo gebührt, stellt aber ein ethisches Problem insofern dar, als eine solche Entnahme zu einer nachträglichen Legitimierung des Schwangerschaftsabbruchs bzw. zu einer verstärkten Zahl von Abbrüchen führen und eine zusätzliche Belastung der betroffenen Frau nach sich ziehen könnte. Die Richtlinien der Bundesärztekammer und anderer internationaler Gremien gehen davon aus, dass diese Problematik im begründeten Einzelfall durch strikte Trennung zwischen der Entscheidung zum Schwangerschaftsabbruch und der Zustimmung zur Entnahme der zur Forschung benötigten Zellen in ethisch oder zumindest rechtlich vertretbaren Grenzen gehalten werden kann. Da sich die Entnahme zu Forschungszwecken auf wenige Fälle beschränken kann, weisen die Befürworter darauf hin, dass nicht die gravierenden Folgen zu befürchten sind, wie sie bei der – in verschiedenen Forschungsstudien in Schweden, USA und anderen Ländern praktizierten – Entnahme von größeren Mengen fötalen Gewebes aus mehreren Abbrüchen zur Behandlung der Parkinsonschen Krankheit entstehen.

In der Frage des *Imports von pluripotenten Stammzellen*, die im Ausland aus überzähligen Embryonen gewonnen wurden, lautet hinsichtlich der *rechtlichen* Bewertung die Auskunft der Juristen, dass der pluripotenten Stammzelllinie als solcher keine verfassungsrechtliche Schutzwürdigkeit zukommt und ihre Nutzung zur Forschung auch durch das Embryonenschutzgesetz nicht verboten ist. Daher ist der Import bei fehlender Anstiftung oder Mitwirkung bei der nach Embryonenschutzgesetz verbotenen Gewinnung der Zelllinie nach überwiegender juristischer Meinung nicht nur rechtlich erlaubt, sondern mit Blick auf das Grundrecht der Forschungsfreiheit auch durch einfachgesetzliche Regelung nicht einschränkbar. Offensichtlich nimmt das geltende Recht mit Blick auf den verfassungsrechtlichen Rang der Forschungsfreiheit die verbleibende Diskrepanz in Kauf, die zwischen der Rechtsüberzeugung, die hinter dem Embryonenschutzgesetz steht, und der Legalität eines Imports von pluripotenden Stammzellen verbleibt.

Auch in *ethischer* Hinsicht ist die Nutzung einer ohne eigene Mitwirkung entstandenen Stammzelllinie nicht identisch mit der Gewinnung von Stammzellen; denn der Gegenstand der Handlung ist hier eine pluripotente Zelllinie, nicht ein Embryo. Dennoch nimmt eine solche Nutzung der gewonnenen Stammzelllinie deren Entstehung billigend in Kauf. Die ethische Beurteilung des Imports hängt damit von der Beurteilung der zu ihrer Entstehung führenden Handlung ab, auch wenn Nutzungs- und Gewinnungshandlung von unterschiedlichem Gewicht sind. Dabei muss in ethischer Hinsicht darauf hingewiesen werden, dass rechtliche Zulässigkeit nicht eo ipso ethische Rechtfertigbarkeit impliziert und dass eine rechtliche Regelung auch nicht die ethische Verantwortung des einzelnen Forschers aufhebt. Die Überlegung, ob es vertretbar ist, von der erwähnten Legalität des Imports von pluripotenten Stammzelllinien Gebrauch zu machen, wird sich deshalb *nur auf den zu rechtfertigenden Ausnahmefall* beziehen können und dessen Umstände in Betracht ziehen müssen. Andernfalls verbliebe ein rechtsethisch kaum zu vertretender dauerhafter Wertungswiderspruch.

E. Rechtliche Konsequenzen: Ein Ausblick

Die besondere ethische Problematik der Forschung an embryonalen Stammzellen hat ihren Grund darin, dass sich – und dies gilt für die meisten westlichen Industrienationen – innerhalb der gegebenen pluralistischen Gesellschaft offenbar kein Konsens über den moralischen Status des Embryo in vitro und das daraus resultierende Maß an Schutzwürdigkeit herstellen lässt. Da Ansprüche Dritter und die Kernzone des Rechts berührt sind, kann die Regelung jedoch nicht – wie in anderen Fällen – der Entscheidung des Einzelnen überlassen werden. Damit entsteht die Frage, welchen Kriterien die Rechtsregelung bei fehlendem ethischem Konsens zu folgen hat. Hier spielen die in den Verfassungsnormen festgehaltenen ethischen Überzeugungen eine maßgebliche Rolle. Doch verbleiben Schwierigkeiten, wenn das Verfassungsrecht – wie in Deutschland – den Status des Embryo in vitro bislang nicht abschließend bestimmt hat und die Fortschreibung der vorhandenen Verfassungsnormen ihrerseits an die ethischen Überzeugungen verwiesen ist.

Weltweit werden zur Lösung dieses Problems unterschiedliche Modelle diskutiert. Eines dieser Modelle beruht auf der Trennung zwischen der *rechtlichen* Regelung, die sich auf den *overlapping consensus* beschränkt und der *moralischen* Beurteilung durch den Einzelnen bzw. durch die gesellschaftlichen Gruppen.

Die Rechtsbildung kann in der pluralistischen Gesellschaft nicht die – im Plural auftretende – Moral abbilden, sie kann aber auch nicht ohne Bezug auf die moralischen Überzeugungen erfolgen. Wo liegt – so ist daher zu fragen – das rechtsethische Minimum?

Der Korridor, den die ethischen Überzeugungen lassen, die dem Grundgesetz und der Rechtsprechung des Bundesverfassungsgerichts, aber auch den Menschenrechts-Dokumenten wie der Europäischen Menschenrechtskonvention zugrunde liegen, ist eng. Herstellung von Embryonen zu Forschungszwecken oder therapeutisches Klonen werden nicht ohne tiefgreifende Änderungen in diesen Überzeugungen möglich sein. Aber auch der Weg der Forschung an bereits bestehenden ES-Zelllinien bzw. ihrer Gewinnung aus so genannten überzähligen Embryonen verweist auf die grundsätzliche Frage, die bereits im Zusammenhang mit der Organtransplantation relevant wurde, nämlich inwieweit die Nutzung menschlichen Lebens zur Heilung anderen menschlichen Lebens gerechtfertigt werden kann.

Teil III

Landesberichte

A – Landesbericht Österreich

Prof. DDr. Christian Kopetzki, Wien

Universität Wien, Österreich

A. Einleitung

Österreich hat das Menschenrechtsübereinkommen zur Biomedizin (im folgenden MRB) bislang **weder unterzeichnet noch ratifiziert.** Von wenigen Ausnahmen abgesehen fehlt es auch an einer breiten wissenschaftlichen Auseinandersetzung, sei es aus ethischer, rechtlicher oder rechtspolitischer Perspektive.[1] Der Diskurs wird eher von den Medien und verschiedenen Interessenverbänden dominiert[2], die eine überwiegend negative Position einnehmen. Auch auf bundespolitischer Ebene ist eine vorsichtig abwartende bis kritische Haltung festzustellen,[3] während mehrere Bundesländer sich bereits

---

[1] Aus der spärlichen österreichischen Fachliteratur vgl etwa *Körtner*, Die ethische Dimension der Menschenrechtskonvention des Europarates zur Biomedizin, RdM 1998, 106; *Kopetzki*, Rechtspolitik der Zukunft – Medizinrecht, in: *Holoubek/Lienbacher* (Hrsg), Rechtspolitik der Zukunft – Zukunft der Rechtspolitik. Texte zur Rechtspolitik 3 (1999) 221 (270 ff); *Dujmovits*, Das österreichische Transplantationsrecht und die Menschenrechtskonvention zur Biomedizin, in: *Barta/Kalchschmid/Kopetzki* (Hrsg), Rechtspolitische Aspekte des Transplantationsrechts (1999) 55; *Bernat*, Stellungnahme zum Entwurf einer Bioethik-Konvention des Europarates, ÖAV 1995/4, 114; *derselbe*, Das österreichische Recht der Medizin – eine Bestandsaufnahme, JAP 1999-2000/3, 105 (114 f); *derselbe*, Die Forschung an Einwilligungsunfähigen, in: *Deutsch/Taupitz* (Hrsg), Forschungsfreiheit und Forschungskontrolle in der Medizin (2000) 289; *Baumgartner*, Convention on Human Rights and Biomedicine, BUKO INFO 4/97, 16; *Eder-Rieder*, Klonen von Menschen und der Riegel des Gesetzes, Salzburger Nachrichten 7. 2. 1998, 22.

[2] Vgl statt vieler zB den Sammelband »Bioethik«, hrsg von der Aktion Leben Österreich (1999) 79 ff; *Allmann*, Müssen unmündige Personen als Versuchsobjekte herhalten?, Ärzte Woche 18.6.1997, 9; Stellungnahme der Österreichischen Arbeitsgemeinschaft für Rehabilitation vom 19. 1. 1995.

[3] Vgl zB die parlamentarischen Entschließungsanträge der Grünen 551/A (E) 20. GP betreffend Nicht-Ratifizierung der Menschenrechtskonvention zur Biomedizin; 303/UEA 20. GP betreffend die Einbeziehung des Nationalrates vor der Ratifizierung der Menschenrechtskonvention zur Biomedizin; 554/A (E) 20. GP betreffend Überprüfung der Verfassungskonformität der Menschenrechtskonvention zur Biomedizin, sowie diverse parlamentarische Anfragen. Einen Beitritt befürwortend hingegen die Stellungnahme von *Schwimmer*, Die Biomedizin-Konvention des Europarates, BUKO INFO 1/1998, 17.

eindeutig negativ gegen einen Beitritt ausgesprochen haben.[4] Erst in jüngster Zeit ist im Gefolge der Einrichtung einer nationalen Bioethikkommission des Bundeskanzlers wieder Bewegung in die Diskussion um einen österreichischen Beitritt zur Konvention gekommen.

Die Ursachen für dieses gespannte Verhältnis sind vielfältig und können hier nicht untersucht werden. In der skeptischen Stimmung der veröffentlichten Meinung bestehen durchaus Parallelen zur BRD. Mitunter kann die Ablehnung freilich auf Missverständnisse eines mit juristischen Texten nicht vertrauten Publikums über den spezifisch normativen Gehalt der Konvention – zB was die Aufrechterhaltung eines höheren innerstaatlichen Schutzniveaus gem Art 27 betrifft – oder auf Unkenntnis über die Eigentümlichkeiten einer notwendig kompromisshaften völkerrechtlichen Rechtssetzung insgesamt – etwa im Hinblick auf den Vorwurf der Lückenhaftigkeit – zurückgeführt werden. Ähnliche Widerstände und Bedenken, wie sie heute gegen die Biomedizinkonvention vorgebracht werden, hätte man vor einem halben Jahrhundert schon gegen die Europäische Menschenrechtskonvention richten können, die in ihrem Stammdokument beispielsweise noch die Todesstrafe zuließ und gewisse Rechte gänzlich aussparte, ohne dass Österreich deshalb aus Angst vor der Erosion eines vermeintlich höheren nationalen Standards nicht beigetreten wäre.[5] Bei aller Einsicht in die Unterschiede zwischen den beiden Dokumenten – insb in Bezug auf das in der MRB nur rudimentär ausgeprägte supranationale Kontrollsystem – zeigt doch gerade die Geschichte des Europäischen Menschenrechtsschutzes das Entwicklungspotential und die Chancen eines solchen »normativen« völkerrechtlichen Vertrages auf der Ebene des Europarates.

Was die innerstaatliche Transformation betrifft, so steht nach österreichischem Verfassungsrecht jedenfalls fest, dass ein Beitritt gem Art 50 Abs 1 B-VG wegen des (zumindest) gesetzesergänzenden und gesetzändernden Charakters der MRB nur mit **Genehmigung des Nationalrates** möglich ist und dass hiebei die Möglichkeit eines sog »Erfüllungsvorbehalts« besteht, der die unmittelbare innerstaatliche Anwendbarkeit der Konvention zurückdrängen und eine Ausführung durch spezielle Gesetze erfordern würde.[6] Ob eine Ratifikation gegebenenfalls im Verfassungsrang erfolgen würde – bzw wegen des möglicherweise verfassungsergänzenden Inhalts gem Art 50 Abs 3 B-VG auch erfolgen müsste – ist derzeit wegen einer uneinheitlichen Staatspraxis nicht absehbar; der grundrechtliche Gehalt der MRB spricht eher dafür.

---

[4] Vgl etwa die Entschließung des Tiroler Landtages vom 7. 5. 1998 gegen eine Ratifikation der Bioethikkonvention. Vergleichbar negative politische Signale liegen aus Kärnten, der Steiermark und Salzburg vor.

[5] Vgl näher dazu *Kopetzki*, Rechtspolitik der Zukunft – Medizinrecht, in: *Holoubek/Lienbacher* (Hrsg) 272 ff.

[6] Vgl *Kopetzki*, Rechtspolitik der Zukunft – Medizinrecht, in: *Holoubek/Lienbacher* (Hrsg) 273.

Ohne Detailergebnisse dieses Berichts vorwegzunehmen, lässt sich im Großen und Ganzen vorausschicken, dass das österreichische Recht über weite Strecken mit den materiellrechtlichen Regeln der Konvention im Einklang steht. Gerade in den besonders umstrittenen Bereichen der Forschung an Einwilligungsunfähigen (Art 17 Abs 2), der Gewebsentnahme von Einwilligungsunfähigen (Art 20 Abs 2) und des Embryonenschutzes (Art 18) ist die innerstaatliche Rechtslage sogar wesentlich strenger. In einigen Bereichen würde ein Beitritt allerdings auch einen Druck zur Anpassung an höhere Schutzstandards der Konvention nach sich ziehen (zB Art 19-22).

Die zentrale innerstaatliche Bedeutung der Konvention läge – im Fall eines österreichischen Beitritts – weniger in einem revolutionären Zuwachs an neuen Schutznormen als in der präziseren Ausformulierung von subjektiven Rechten, die tendenziell zwar bereits anerkannt sind, bislang aber oft gar nicht oder nur sehr unbestimmt geregelt sind. Im Falle einer Ratifikation im Verfassungsrang würde überdies ein **neuartiger Katalog von verfassungsgesetzlich gewährleisteten (Grund)Rechten** geschaffen werden, die in ihrer Konkretisierungsdichte weit über den allgemein gehaltenen Schutzbereich des Art 8 EMRK hinaus gehen. Da sich der Regelungswille der MRB ganz offenkundig nicht auf die Staatsrichtung beschränkt, sondern auf jegliche Anwendung der Biomedizin in der Gesellschaft abzielt, käme diesen Rechten möglicherweise eine Drittwirkung im Verhältnis zwischen Privaten zu bzw wäre zumindest eine umfassende staatliche Schutzpflicht zur Umsetzung der Konvention inter privatos abzuleiten. Hier eröffnen sich in der Zukunft mannigfaltige Rechtsprobleme (zB unmittelbare Anwendbarkeit, Zulässigkeit und Reichweite von völkerrechtlichen Vorbehalten etc), die an die Anfangsphase der Implementierung der Europäischen Menschenrechtskonvention erinnern.

Auswirkungen könnte eine Ratifikation überdies aus der Perspektive der – in der öffentlichen Diskussion zumeist unterbelichteten – **formellen Bestimmungen** der Kapitel VIII-X entfalten. Sowohl im Hinblick auf die innerstaatliche Effektuierung (Art 1 Abs 2), die Anforderungen an den Rechtsschutz (Art 23-25) als auch im Hinblick auf die Notwendigkeit gesetzlicher Ausnahmeregelungen bei Inanspruchnahme des Gesetzesvorbehalts (Art 26) könnte die Konvention durchaus wichtige Impulse für eine Verbesserung des Patientenschutzes setzen.

Im folgenden soll ein Überblick über die österreichische Rechtslage im Vergleich zu den Konventionsbestimmungen geboten werden, wobei der Schwerpunkt auf den rechtspolitisch besonders sensiblen Themen (biomedizinische Forschung, Verwendung von Humansubstanzen, menschliches Genom etc) liegt. Mehr als eine grobe Skizze kann im Rahmen dieses Landesberichts freilich nicht angestrebt werden. Die Abklärung vieler Detailfragen bedürfte einer tiefergehenden Untersuchung, zumal einige Punkte auch nach nationalem Recht unklar oder umstritten sind.

B. Allgemeine Bestimmungen – Kapitel I MRB

Die Bestimmungen des 1. Kapitels der Konvention sind in einer Weise allgemein und unbestimmt formuliert, dass wohl kaum ernsthafte Konflikte zur innerstaatlichen Rechtsordnung auftreten können. Im wesentlichen decken sich diese Grundsätze und Zielbestimmungen mit grundlegenden Prinzipien, die in Österreich ebenso anerkannt sind.

I. Schutz der Menschenwürde (Art 1, 2 MRB)

Ein dem Art 1 und 2 MRB entsprechender **Schutz der Menschenwürde** bzw des **Primats des menschlichen Wohls** gegenüber rein wissenschaftlichen oder gesellschaftlichen Interessen lässt sich – auf derselben vagen Abstraktionshöhe wie in der MRB – auch nach österreichischem Recht begründen. Zwar fehlt in Österreich – abgesehen von Art 3 EMRK und einigen bereichsspezifischen Bestimmungen[7] – eine explizite verfassungsrechtliche Verankerung der Menschenwürde, doch können inhaltsgleiche Grundsätze unschwer aus dem zivilrechtlichen Persönlichkeitsschutz gewonnen werden (§ 16 ABGB). Jüngst wurde der Schutz der Persönlichkeitsrechte und der Menschenwürde von Patienten auch in Art 2 der Patientencharta bekräftigt; aus dieser Charta ergeben sich zwar keine subjektiven Patientenrechte, doch wird damit zumindest eine objektive Verpflichtung der beteiligten Gebietskörperschaften sowie eine Interpretationsleitlinie geschaffen.[8]

Was den persönlichen Geltungsbereich der Konvention und die Auseinandersetzung um die konkretisierungsbedürftigen Begriffe »**human being**« und »**everyone**« (Art 1, 2) angeht,[9] so ist für den österreichischen Rechtsbereich nicht weiter strittig, dass jedem Menschen zwischen der Geburt und dem (Hirn)Tod Rechtspersönlichkeit zukommt[10] und er daher unter dem Schutz aller für »jedermann« bzw für »Menschen« geltenden Regeln steht. Für irgendwelche Differenzierungen zwischen Personen im physischen Sinn und Per-

---

[7] ZB § 1 UnterbringungsG (UbG), BGBl 1990/155; Art 1 Abs 4 des BVG zum Schutz der persönlichen Freiheit, BGBl 1988/684.

[8] Vereinbarung zur Sicherstellung der Patientenrechte (Patientencharta), BGBl I 1999/195. Es handelt sich um einen sog »Gliedstaatsvertrag«, der (bislang nur) zwischen dem Bund und den Ländern Kärnten, Oberösterreich und Burgenland abgeschlossen wurde.

[9] Vgl Explanatory Report to the Convention for the protection of human rights and dignity of the human being with regard to the application of biology and medicine: Convention on human rights and biomedicine, DIR/JUR (97) 1 = HRLJ 1997, 135 (Z 18).

[10] Dazu (insb unter dem Aspekt des Lebensendes) *Kopetzki*, Organgewinnung zu Zwecken der Transplantation (1988) 51 ff.

sonen im rechtlichen Sinn besteht hier – abgesehen von der juristischen Person – kein Raum. Ungeborene stehen gemäß § 22 ABGB unter dem »besonderen Schutz« der Gesetze, doch wird daraus kein unbedingtes Existenzrecht des nasciturus abgeleitet (vgl §§ 96 ff StGB – Schwangerschaftsabbruch).[11] Ein verfassungsrechtlicher Lebensschutz vor der Geburt besteht nach wohl überwiegender Meinung nicht und wird auch vom VfGH verneint.[12]

II. Gleicher Zugang zur Gesundheitsversorgung (Art 3 MRB)

Art 3 MRB enthält zunächst ein **Gleichbehandlungsgebot** bzw Diskriminierungsverbot (»equitable access«), welches in Österreich im Grundsatz bereits durch den allgemeinen Gleichheitssatz verbürgt ist. In der Horizontalwirkung, insb in Bezug auf Ärzte und andere private Anbieter, wird dies durch § 49 ÄrzteG (ärztliche Beratung und Behandlung »ohne Unterschied der Person«) sowie durch Art 3 der Patientencharta (Verbot der Diskriminierung wegen Verdachts oder Vorliegen einer Krankheit) umgesetzt.

Differenzierter ist das Bild auf der Ebene eines **sozialen Leistungsrechts**. Ein allgemeines »Grundrecht auf Gesundheit« bzw auf alle notwendigen Gesundheitsleistungen existiert nach österreichischem Recht nicht.[13] Auch gibt es auf Seiten der Anbieter von Gesundheitsleistungen keine generelle Behandlungspflicht. Insb trifft freiberuflich tätige Ärzte von Gesetzes wegen nur bei Lebensgefahr (§ 48 ÄrzteG) eine gesetzliche Behandlungspflicht. In gemeinnützigen Krankenanstalten ist die Aufnahmepflicht nach den Bestimmungen des Krankenanstaltenrechts[14] auf die Leistung unbedingt notwendiger erster Hilfe (§ 23 KAG), in öffentlichen Krankenanstalten auf die Abwehr einer Lebens- oder schweren Gesundheitsgefahr bzw auf unmittelbar bevorstehende Entbindungen beschränkt (§ 22 Abs 2 KAG). Unter Einbeziehung der so gut wie flächendeckenden sozialen Krankenversicherung ergibt sich jedoch ein ganz anderes Bild: Hier besteht nach Sozialversicherungsrecht ein umfassender und gerichtlich durchsetzbarer Leistungsanspruch auf alle notwendigen Maßnahmen der Krankenbehandlung (zB § 133 ASVG). Diese Leistungen werden von den Versicherungsträgern entweder durch eigene Einrichtungen oder durch Vertragspartner (Vertragsärzte, Krankenanstalten) bzw »Wahlärzte« erbracht; in diesem Fall unterliegt sowohl der Vertragsarzt als auch

[11] Vgl mwN *Kopetzki,* Hirntod und Schwangerschaft, RdM 1994, 67 ff.

[12] VfSlg 7400/1974. Die Frage ist allerdings heftig umstritten, mwN *Walter/Mayer*, Grundriss des österreichischen Bundesverfassungsrechts[9] (2000) Rz 1471; für Gegenpositionen vgl zB *Schlag*, Verfassungsrechtliche Aspekte der künstlichen Fortpflanzung (1991); differenzierend *Berka*, Die Grundrechte (1999) Rz 368.

[13] Vgl *Öhlinger*, Ein Menschenrecht auf Gesundheit? FS Schwarz (1991) 767.

[14] Vgl das Krankenanstalten-GrundsatzG des Bundes (KAG), BGBl 1957/1 idF BGBl I 2001/5, sowie die Ausführungsgesetze der einzelnen Länder.

das Krankenhaus einer Behandlungs- bzw Aufnahmepflicht gegenüber dem Versicherten. Ergänzt wird dieser umfassende Anspruch durch eine gesetzliche Verpflichtung der Länder, die ausreichende Versorgung mit öffentlichen Krankenanstalten sicherzustellen (§ 18 KAG). Auch die neue Patientencharta 1999 enthält ein Verbot der Diskriminierung aus Gründen der Krankheit (Art 3) sowie eine umfassende Verpflichtung zur Sicherstellung aller zweckmäßigen und angemessenen Leistungen auf dem Gebiet des Gesundheitswesens ohne Unterschied des Alters, des Geschlechts, der Herkunft, des Vermögens, des Religionsbekenntnisses oder der Art und Ursache der Erkrankung (Art 4).

Gewisse Versorgungsmängel, Engpässe, Zugangshindernisse und faktische Ungleichbehandlungen sind auf diese Weise zwar keineswegs ausgeschlossen; bedenkt man jedoch, dass es sich bei Art 3 MRB nur um eine Zielbestimmung handelt (die noch dazu unter dem Vorbehalt der verfügbaren Ressourcen steht), ist davon auszugehen, dass das österreichische Gesundheits- und Sozialversicherungssystem den Anforderungen des Art 3 durchaus gerecht wird.

III. Berufsrechtliche Standards (Art 4 MRB)

Die Bindung an Berufspflichten und -standards im Gesundheitsbereich ergibt sich zunächst aus den – für alle Gesundheitsberufe bestehenden – **gesetzlichen Berufsordnungen.**[15] Stellvertretend sei hier das ÄrzteG 1998 erwähnt, in dem einzelne (wenngleich nicht alle) Berufspflichten der Ärzte näher ausformuliert werden. Dazu gehört etwa die grundlegende Bindung an die »ärztliche Wissenschaft und Erfahrung« (im wesentlichen also die fachspezifischen leges artis), die Wahrung des Patientenwohls und des Schutzes der Gesunden, sowie ganz allgemein die Einhaltung der bestehenden Vorschriften (§ 49 Abs 1). Zu erwähnen sind weiters die krankenanstaltenrechtlichen Vorschriften über Qualitätssicherung sowie Art 7 der Patientencharta, wonach Diagnostik, Behandlung und Pflege dem jeweiligen Stand der Wissenschaft zu entsprechen haben. Viele ungeschriebene – vielfach als Bestandteil der ärztlichen Ethik anerkannte – Standespflichten werden mittelbar auch über das Disziplinarrecht verbindlich. Dazu kommen vielfältige Sonderbestimmungen für Standards in einzelnen Medizinbereichen (zB Fortpflanzungsmedizin, Genanalyse, Transplantation, psychiatrische Unterbringung). Und schließlich ist die Einhaltung der fachspezifischen Sorgfaltsregeln (»leges artis«) auch im

[15] Vgl etwa – jeweils in der geltenden Fassung – das ÄrzteG 1998, BGBl I 1999/169; das HebammenG, BGBl 1994/310; das BG über die Regelung der gehobenen medizinisch-technischen Dienste (MTD-G), BGBl 1992/460; das Gesundheits- und KrankenpflegeG (GuKG), BGBl I 1997/108; das KardiotechnikerG (KTG), BGBl I 1998/96; das PsychotherapieG, BGBl 1990/361; das PsychologenG, BGBl 1990/360; das DentistenG, BGBl 1949/90.

Umweg über das zivil- und strafrechtliche Haftungsrecht hinreichend abgesichert[16]. Ein Widerspruch zur Konvention ist in alldem nicht ersichtlich.

C. Einwilligung, Autonomie – Kapitel II MRB

I. Informed consent (Art 5 MRB)

a) Der Grundsatz, dass jede medizinische Intervention der vorherigen Zustimmung des aufgeklärten Patienten bedarf, ist in Österreich völlig unbestritten und sogar strafrechtlich abgesichert: Die »eigenmächtige Heilbehandlung« ist gem § 110 StGB ein Justizstrafdelikt, wenngleich nur auf Initiative des Betroffenen zu verfolgen; daneben besteht eine Vielzahl gleichgelagerter Bestimmungen mit mehr oder weniger weitem Anwendungsbereich (zB § 8 Abs 3 KAG).[17] Eine Ausnahme ist – sieht man von den seltenen Fällen der Zwangsbehandlung aus öffentlichem Interesse ab[18] – nur für Gefahr im Verzug beim aktuell einwilligungsunfähigen Patienten vorgesehen (§ 110 Abs 2 StGB). Daraus folgt unter anderem, dass die **Patientenautonomie** auch dann noch den **Vorrang** genießt, wenn sich der Patient durch die Verweigerung der Einwilligung einen gesundheitlichen Schaden zufügt. Im Konflikt zwischen Autonomie und Fürsorge geht also die Autonomie grundsätzlich vor.[19] Abweichendes gilt nur bei stellvertretenden Einwilligungen durch Eltern bzw andere gesetzliche Vertreter, da diese auf den objektiven Maßstab des »Wohls« verpflichtet sind.[20]

b) Ein **Widerrufsrecht iSd Art 5 Abs 3 MRB** ist zwar gesetzlich nicht generell und ausdrücklich verankert,[21] doch gilt die jederzeitige Widerrufbarkeit der Einwilligung als selbstverständliche Folge des Umstandes, dass die Behandlung eben während ihres gesamten Verlaufs vom informed consent gedeckt sein muss.

---

[16] Verletzung der berufsspezifischen Sorgfaltsanforderungen als haftungsbegründender Behandlungsfehler, dazu zB *Juen*, Arzthaftungsrecht (1997) 3 ff.

[17] Statt vieler vgl mwN *Bertel*, § 110 StGB, in: Foregger/Nowakowski (Hrsg), Wiener Kommentar zum StGB (14. Lfg 1982) Rz 4 ff; *Menardi*, Zustimmungs- und Genehmigungspflichten bei der medizinischen Behandlung Minderjähriger, ÖAV 1998/1, 3; *Juen*, Arzthaftungsrecht 48 ff.

[18] ZB nach dem TuberkuloseG, dem EpidemieG oder dem GeschlechtskrankheitenG. Hier kommt eine Rechtfertigung durch Art 26 MRB in Betracht.

[19] ZB *Schmoller*, in: Triffterer (Hrsg), StGB-Kommentar (5. Lfg 1997) § 110 StGB Rz 76.

[20] Zusammenfassende Übersicht bei *Menardi*, ÖAV 1998/1, 3 ff. Näher unten II, S. 205 ff.

[21] Sehr wohl jedoch in speziellen Zusammenhängen, vgl etwa § 38 Abs 2 AMG (klinische Prüfung).

c) Die ärztliche **Aufklärungspflicht** wird vom Gesetzgeber wiederholt vorausgesetzt bzw bekräftigt,[22] wenngleich sie strenggenommen nur für Sonderfälle ausdrücklich verankert ist[23]. Die (Risiko-)Aufklärung wird aber als rechtlich unabdingbare Voraussetzung für die Gültigkeit der Einwilligung angesehen und findet ihre rechtliche Grundlage daher in den Regeln über die Einwilligung.[24] Dazu kommt eine Begründung aus dem Behandlungsvertrag. Die umfangreiche – und im Ergebnis der deutschen Judikatur sehr ähnliche – Rechtsprechung der Gerichte nimmt recht weitreichende Aufklärungserfordernisse an, sowohl hinsichtlich der typischen Risken, Nebenwirkungen und Folgen der Behandlung bzw des Unterbleibens der Behandlung als auch hinsichtlich der Behandlungsalternativen. Verschärft wird dies noch durch die von der Judikatur entwickelte These, wonach die Beweislast für eine hinreichende Aufklärung grundsätzlich beim Arzt bzw Anstaltsträger liegt. Gewisse Unsicherheiten bestehen hinsichtlich der im Einzelfall geforderten Aufklärungsintensität sowie einer möglichen Abschwächung der Aufklärung im gesundheitlichen Interesse des Patienten (»therapeutischer Vorbehalt«).
Im Ergebnis entspricht dieser Befund durchwegs dem Art 5 MRB.

d) Unterschiedliche Auffassungen bestanden lange Zeit über die Rechtslage bei **einwilligungsfähigen Minderjährigen**, die aufgrund ihres fortgeschrittenen Alters bereits die Tragweite ihrer Erklärung einsehen können, jedoch noch nicht volljährig sind. Nach verbreiteter und vom OGH geteilter Ansicht musste bei schwerwiegenden Eingriffen in diesem Fall zusätzlich zum (einwilligungsfähigen) Minderjährigen auch noch der gesetzliche Vertreter zustimmen (und aufgeklärt werden). Für Krankenanstalten war dies bis zum vollendeten 18. Lebensjahr sogar gesetzlich vorgeschrieben (§ 8 Abs 3 KAG alt).[25] Mit dem Kindschaftsrechts-Änderungsgesetz (KindRÄG) 2001 (BGBl I 2001/135) wurde eine solche »doppelte Zustimmung« nun auch ausdrücklich festgeschrieben: Nach § 146c Abs 2 ABGB bedarf die Behandlung eines einsichts- und urteilsfähigen (und damit selbst einwilligungsfähigen) Kindes zusätzlich zur obligaten Einwilligung des Minderjährigen (§ 146c Abs 1 ABGB) auch noch der Zustimmung der mit Pflege und Erziehung betrauten Person, wenn die anstehende Behandlung »gewöhnlich mit einer schweren oder nachhaltigen Beeinträchtigung der körperlichen Unversehrtheit oder der

[22] Vgl zB – wenngleich ohne subjektivrechtliche Qualität – Art 16 Patientencharta; § 5a Z 2 KAG.

[23] ZB § 35 UbG (psychiatrische Unterbringung), § 38 AMG (klinische Prüfung), § 65 Abs 2 GTG (Genanalyse) etc.

[24] Dazu und zum folgenden ausführlich *Engljähringer*, Ärztliche Aufklärungspflicht vor medizinischen Eingriffen (1996); *Kopetzki*, Unterbringungsrecht II (1995) 802 ff, jeweils mit Nachweisen zur Lehre und Rsp.

[25] OGH SZ 57/207. Zum (durch das KindRÄG allerdings überholten) Meinungsstand *Edlbacher*, Körperliche, besonders ärztliche Eingriffe an Minderjährigen aus zivilrechtlicher Sicht, ÖJZ 1982, 365; *Menardi*, ÖAV 1998/1, 4; *Kopetzki*, Unterbringungsrecht II 828 ff.

Persönlichkeit verbunden ist«. Gleichzeitig wurden die Divergenzen hinsichtlich der Altersgrenzen zwischen dem allgemeinen Zivilrecht und dem Krankenanstaltenrecht beseitigt.

Im System der MRB ist der von § 146c Abs 2 ABGB geregelte Sachverhalt der Behandlung einwilligungsfähiger Minderjähriger wohl dem Art 5 MRB zuzuordnen, da es sich eben nicht um einwilligungsunfähigen Personen iSd Art 6 handelt. Auf den ersten Blick ist ein Konflikt mit Art 5 nicht ersichtlich, weil die dort geforderte Einwilligung des einwilligungsfähigen Minderjährigen ja auch im österreichischen Recht zwingend ist. Fraglich könnte aber sein, ob nach Art 5 MRB die persönliche Einwilligung des Patienten nur eine notwendige, oder auch eine hinreichende Bedingung für die Zulässigkeit der Behandlung darstellt. Oder anders formuliert: Ob es zulässig ist, wenn die Wirksamkeit der persönlichen Einwilligung eines Einwilligungsfähigen an die kumulative Einwilligung eines Dritten (des Vertreters) geknüpft wird. Denn immerhin wird durch eine solche Regelung die Autonomie des Patienten insofern begrenzt, als er zwar durch Verweigerung seiner **eigenen** Einwilligung die Behandlung verhindern, er aber seinen positiven Behandlungswillen nicht ohne weiteres gegen den Widerstand des Vertreters durchsetzen kann. Man könnte aber wohl auch die Auffassung vertreten, dass hinsichtlich der Zuerkennung von Einwilligungsfähigkeit bzw den näheren Rahmenbedingungen ein staatlicher Beurteilungsspielraum besteht.

II. Einwilligungsunfähige Personen (Art 6 MRB)

a) Der Grundsatz der Einwilligungsbedürftigkeit jeder medizinischen Behandlung gilt im Prinzip auch gegenüber Personen, denen die rechtliche Einwilligungsfähigkeit – sei es aus Gründen der Minderjährigkeit oder einer psychischen Erkrankung bzw Behinderung – fehlt. Kriterium für die **Einwilligungsfähigkeit** ist in diesem Zusammenhang nicht die zivilrechtliche Geschäftsfähigkeit, sondern die konkrete Einsichts- und Urteilsfähigkeit. Bei mündigen Minderjährigen (ab 14 Jahre) wird diese Einsichts- und Urteilsfähigkeit gem § 146c Abs 1 ABGB idF des KindRÄG 2001 (widerleglich) vermutet, bei psychisch Kranken oder geistig behinderten Erwachsenen ist dies jeweils im Einzelfall zu beurteilen. Fehlt dem Betroffenen die rechtliche Einwilligungsfähigkeit, so geht die Einwilligungsbefugnis auf einen Vertreter – bei Minderjährigen idR auf die mit Pflege und Erziehung betrauten Eltern (§§ 137 ff, insb § 146c Abs 1 ABGB), bei erwachsenen Personen auf einen gerichtlich zu bestellenden Sachwalter (§§ 273, 282 ABGB) – über.[26] Dass in dieser Konstellation die ärztliche Aufklärung (jedenfalls auch) dem Vertreter

[26] Eine ausdrückliche Regelung dieser substituierten Behandlungszustimmung findet sich nun in § 146c ABGB, daneben bestehen Sonderregelungen für einzelne Medizinbereiche (zB Krankenanstalten: § 8 Abs 3 KAG; psychiatrische Unterbringung: § 36 UbG). Nachweise bei *Menardi*, ÖAV 1998/1, 4; *Barth*, Medizinische Maßnahmen

zu erteilen ist, ist eine zwingende Folge aus dem Umstand, dass jede Einwilligung zu ihrer Wirksamkeit der vorangehenden Aufklärung bedarf.[27] Nur bei Gefahr im Verzug, also dann, wenn der Zeitverlust zur Einholung der Einwilligung des Vertreters bzw zur Bestellung eines solchen Vertreters zu einer Lebensgefahr oder Gefahr einer schweren Gesundheitsschädigung führen würde, ist eine Behandlung ohne jegliche Einwilligung (und Aufklärung) zulässig (§ 110 Abs 2 StGB; § 146c Abs 3 ABGB; § 8 Abs 3 KAG).

b) Die Ausübung der Einwilligungsbefugnis durch gesetzliche Vertreter ist auf das **Wohl des Betroffenen** hin orientiert.[28] Fremdbestimmende Einwilligungserklärungen dürfen daher nur dann und insoweit erteilt werden, als dies im individuellen (gesundheitlichen) Interesse des Pfleglings ist. Die Einhaltung dieser Ausrichtung am individuellen Wohl unterliegt einer staatlichen Überwachung, wobei zwischen Minderjährigen und Erwachsenen zu differenzieren ist: Eltern bedürften bei der Ausübung der Behandlungszustimmung gegenüber ihren Kindern – von Ausnahmen abgesehen[29] – keiner staatlichen Genehmigung, doch kann ihnen das Pflegschaftsgericht die Obsorge ganz oder teilweise entziehen, wenn sie – zB durch Verweigerung einer lebensnotwendigen Behandlung – das Kindeswohl gefährden (§ 176 ABGB); in diesem Fall werden die Zustimmungsrechte auf einen staatlichen Jugendwohlfahrtsträger übertragen. Käme diese gerichtliche Intervention zu spät, dürfen und müssen die Ärzte sich über den (insofern als Missbrauch des Sorgerechts gedeuteten) Willen der Eltern hinwegsetzen. Bei erwachsenen Personen, die einen Sachwalter für den Bereich der Behandlungszustimmung gem § 273 ABGB haben, geht die staatliche Aufsicht insofern weiter, als bei allen schweren Behandlungen (zB Operationen) die vorhergehende Genehmigung des Pflegschaftsgerichts einzuholen ist (§ 216 Abs 2 iVm § 282 ABGB). Missbraucht der Sachwalter seine Befugnisse, so ist er vom Gericht zu entheben und ein neuer zu bestellen.[30]

---

bei Personen unter Sachwalterschaft, ÖJZ 2000, 57. Bei Sterilisationen Minderjähriger ist nach dem KindRÄG 2001 eine Zustimmung (sowohl des Kindes als auch der Eltern) künftig überhaupt unwirksam (§ 146d ABGB), bei psychisch Kranken ist die Zustimmung des Sachwalters zur Sterilisation auf sehr enge Indikationen (ernste Lebensgefahr oder Gefahr einer schweren Gesundheitsschädigung aufgrund eines dauerhaften körperlichen Leidens) begrenzt und bedarf überdies der vorherigen gerichtlichen Genehmigung (§ 282 Abs 3 ABGB).

[27] MwN *Kopetzki*, Unterbringungsrecht II 806.

[28] MwN *Bernat*, Das Kindeswohl auf dem Prüfstand des Rechts – Gedanken zur Funktionsbestimmung einer familienrechtlichen Generalklausel, ÖAV 1994/2, 43 ff; *Barth*, ÖJZ 2000, 64 ff.

[29] § 42 Z 4 AMG: klinische Prüfung mit nicht unerheblichen Risken für den Minderjährigen.

[30] MwN zum Ganzen *Menardi*, ÖAV 1998/1, 4 ff; *Barth*, ÖJZ 2000, 64; *Maleczky*, Unvernünftige Verweigerung der Einwilligung in die Heilbehandlung, ÖJZ 1994,

c) Eine **Einbindung** des (einwilligungsunfähigen) Patienten in den **Entscheidungsvorgang** des Vertreters (vgl Art 6 Abs 2 und 3 MRB) ist für erwachsene Personen mit Sachwalter ausdrücklich vorgesehen: Nach § 273a Abs 3 ABGB hat der Sachwalter im Innenverhältnis Wünsche des Betroffenen[31] zu berücksichtigen, wenn diese dem Wohl des Patienten »nicht weniger« entsprechen[32]. Bei Minderjährigen fehlt eine entsprechende ausdrückliche Regel, doch wird eine Pflicht zur Mitberücksichtigung der Meinung des Minderjährigen auch im Verhältnis zu den Eltern (oder anderen Obsorgeberechtigten) von der hL bejaht[33].

d) Eine Einwilligung in **fremdnützige Maßnahmen** seitens eines gesetzlichen Vertreters wird von der ganz hA abgelehnt, weil dies der Leitlinie des »Wohls« des Pfleglings zuwiderläuft;[34] differenzierende Auffassung bestehen nur bei Gewebsentnahmen zur Übertragung auf Geschwister (dazu unten G, S. 249).

e) Im Ergebnis deckt sich die österreichische Zivilrechtslechtslage bei der Behandlung einwilligungsunfähiger Patienten mit den Bestimmungen des **Art 6 MRB**, wenngleich es – abgesehen vom neuen § 146c ABGB und von Spezialvorschriften – vielfach an ausdrücklichen Regelungen fehlt und die wesentlichen Prinzipien eher dem Richterrecht zu entnehmen sind. Die – auch aus diesem Grund – vielfach bestehenden Unsicherheiten betreffen Details, auf die es aus dem Blickwinkel des Art 6 MRB nicht ankommt. Das betrifft etwa die entscheidende – und in Österreich weithin ungeklärte – Frage, nach welchen Kriterien die »Einwilligungsfähigkeit« zu beurteilen ist;[35] offenbar überlässt dies auch die MRB der Konkretisierung durch die einzelnen nationalen Rechtsordnungen.[36] Bedenken könnte man aber gegen § 36 Abs 2 UbG vorbringen, der bei einfachen Heilbehandlungen an einwilligungsunfähigen und unvertretenen erwachsenen Patienten in der psychiatrischen Unterbringung auf eine Einwilligung (eines Vertreters oder einer sonstigen Stelle iSd Art 6 Abs 3 MRB) selbst dann verzichtet, wenn es sich um keinen dringlichen Notfall im Sinne des Art 8 MRB handelt. Bei konventionskonformer

681 ff; *Zankl*, Eigenmächtige Behandlung und Gefährdung des Kindeswohls, ÖJZ 1989, 299.

[31] Dieser hat gem § 273a Abs 3 ABGB ein Informations- und Äußerungsrecht; dazu *Barth*, ÖJZ 2000, 66 f; *Maleczky*, ÖJZ 1994, 684.

[32] Bei Gleichwertigkeit (zB bei medizinisch gleichermaßen vertretbaren Alternativen) ist daher dem Wunsch des Patienten zu entsprechen, vgl *Schlemmer* in: *Schwimann*, ABGB^2 I § 273a Rz 6.

[33] *Resch*, Die Einwilligung des Geschädigten (1997) 133; vgl auch *Bernat*, ÖAV 1994/2, 43 ff.

[34] MwN *Barth*, ÖJZ 2000, 64 ff.

[35] Vgl dazu *Kopetzki*, Unterbringungsrecht II 816 ff; *Barth*, ÖJZ 2000, 60 ff.

[36] MwN *Bernat*, Forschung an Einwilligungsunfähigen, in: *Deutsch/Taupitz* (Hrsg), Forschungsfreiheit 292.

Auslegung kann man aber auch hier die Auffassung vertreten, dass in diesem Fall dann eben im Regelfall ein Sachwalter zur Behandlungszustimmung nach ABGB bestellt werden muss.[37]

III. Schutz von Personen mit geistiger Störung (Art 7 MRB)

a) Im Gegensatz zu den anderen Regeln des II. Kapitels könnte die Umsetzung des Art 7 MRB ins österreichische Recht gewisse Anpassungen erforderlich machen. Die Schwierigkeiten beginnen bereits mit der Auslegung der Konventionsbestimmung, da nach dem Text nicht eindeutig ist, ob es sich um eine lex specialis zu Art 5 (Behandlung Einwilligungsfähiger) oder um eine Ausnahmeregel zu Art 6 (Behandlung Nicht-Einwilligungsfähiger) handelt. Im ersten Fall läge eine Erweiterung der unfreiwilligen Behandlung Einwilligungsfähiger vor, im letzten Fall eine Einschränkung der Zwangsbehandlung Nicht-Einwilligungsfähiger im Hinblick auf die Behandlung seiner psychischen Störung (iS einer Beschränkung auf die Abwehr schwerer Gesundheitsgefahren). Die Erläuterungen sprechen für die erste Variante.[38] Legt man diese Sicht zugrunde, so ermöglicht Art 7 – in Durchbrechung des Art 5 und als Sonderregel zu Art 26 – unter bestimmten Voraussetzungen die **unfreiwillige Behandlung von einwilligungsfähigen Personen mit schweren psychischen oder geistigen Störungen**, nämlich dann, wenn die Behandlung auf die psychische Grundstörung abzielt und diese (idR wohl psychiatrische) Behandlung der Abwehr schwerer Gesundheitsschäden des Betroffenen selbst dient. Zusätzlich bedarf es hiefür gesetzlich vorgesehener Überwachungs-, Kontroll- und Rechtsmitteleinrichtungen.

b) Ein Vergleich zum österreichischen Recht muss in diesem Punkt differenziert ausfallen: Was zunächst die nicht-strafrechtliche **Unterbringung psychisch Kranker** nach dem UbG betrifft[39], sieht das Gesetz überhaupt keine Sonderbestimmungen für die unfreiwillige Behandlung Einwilligungsfähiger vor. Wie bei allen anderen Patienten auch darf die Behandlung bei vorliegender Einwilligungsfähigkeit ausschließlich mit Zustimmung des Betroffenen erfolgen.[40] Nur im Fall der fehlenden Einwilligungsfähigkeit besteht insofern eine vom Normalfall abweichende Rechtslage, als bei bestimmten (weniger

[37] Vgl *Kopetzki*, Unterbringungsrecht II 843 f.

[38] Erläuternder Bericht Z 50.

[39] Unterbringungsgesetz, BGBl 1990/155 idF BGBl I 1997/12. Das Gesetz regelt die Unterbringung psychisch Kranker in psychiatrischen Anstalten und Abteilungen wegen Selbst- oder Fremdgefährdung. Im Unterschied vom strafrechtlichen Maßnahmenrecht wird hier keine rechtswidrige Anlasstat vorausgesetzt. Zum Ganzen ausführlich *Kopetzki*, Unterbringungsrecht; *derselbe*, Grundriss des Unterbringungsrechts (1997).

[40] § 36 Abs 1 UbG.

schweren) Behandlungsmaßnahmen auf die Zustimmung eines Vertreters unter Umständen gänzlich verzichtet wird.[41] Da das UbG somit eine (zwangsweise) Behandlung einwilligungsfähiger Patienten gar nicht zulässt, wird die von Art 7 MRB eröffnete Möglichkeit in diesem Bereich nicht ausgeschöpft und ist die innerstaatliche Rechtslage insofern strenger als jene der MRB.

Würde man hingegen – was sprachlich nicht ausgeschlossen ist – aus Art 7 MRB eine Vorschrift herauslesen, dass auch bei Einwilligungsunfähigen eine Behandlung ihrer psychischen Störung nur unter der zusätzlichen Voraussetzung zulässig ist, dass diese Behandlung der Abwehr eines schweren Gesundheitsschadens dient, dann wäre die Regelung des § 36 Abs 2 UbG insofern konventionswidrig, als ihr eine solche Unterscheidung zwischen somatischen und psychiatrischen Behandlungen fremd ist und sie die Behandlung des einwilligungsunfähigen Patienten für sämtliche Behandlungsmaßnahmen grundsätzlich gleich festlegt.

Anders stellt sich die Rechtslage im **Strafvollzug** bzw im **strafrechtlichen Maßnahmenvollzug** dar. Hier ermöglicht das StVG unter bestimmten Bedingungen eine zwangsweise Untersuchung, Behandlung und Ernährung von Strafgefangenen[42], ohne dass nach der Art der (psychischen/somatischen) Krankheit, der Schwere der abzuwehrenden Schädigung oder der Einwilligungsfähigkeit differenziert wird. Dies dürfte mit Art 7 MRB nicht im Einklang stehen, könnte aber möglicherweise nach Art 26 gerechtfertigt werden. Bedenklich scheint auch, dass das StVG für derartige Zwangsmaßnahmen keinen – jedenfalls keinen klaren – gerichtlichen Rechtsschutz vorsieht.[43]

IV. Notfallsituationen (Art 8 MRB)

Der Grundsatz, dass in Notfallsituationen von einer Einholung der Einwilligung (sei es des Patienten oder seines gesetzlichen Vertreters) im gesundheitlichen Interesse des Patienten abgesehen werden darf, entspricht dem österreichischen Recht (§ 110 Abs 2 StGB; § 146c Abs 3 AGBG; § 8 Abs 3 KAG). Die innerstaatliche Rechtslage ist sogar etwas strenger, weil sie den Verzicht auf die Einwilligung nur zum Schutz vor Lebens- und schweren Gesundheitsschädigungen erlaubt, während nach Art 8 MRB offenbar jede notwendige

[41] Und zwar gem § 36 Abs 2 UbG, wenn der Betroffene keinen Vertreter hat. Nur bei »besonderen Heilbehandlungen« ist in diesem Fall eine gerichtlichen Genehmigung einzuholen.

[42] § 69 StVG, hinsichtlich des Maßnahmenvollzugs bei geistig abnormen Rechtsbrechern iVm § 167 Abs 1 StVG.

[43] Nach § 69 StVG bedürfen Zwangsbehandlungen zwar der Genehmigung des Justizministers; der dagegen bestehende Rechtsschutz vor dem VwGH ist aber aus vielfältigen Gründen mangelhaft (Unklarheiten über die Rechtsform der Genehmigung; beschränkte Kognitionsbefugnis des VwGH bei der Sachverhaltsprüfung).

Behandlung statthaft ist. In Österreich müsste unterhalb der Schwelle der Lebens- und Gesundheitsgefahr hingegen – sofern es die Zeit erlaubt – ein Sachwalter als gesetzlicher Vertreter bestellt werden; in der Praxis ist dies freilich kaum der Fall, derartige Behandlungsnotwendigkeiten werden eher durch die Argumentationsfigur der »mutmaßlichen« Einwilligung legitimiert. Unstrittig ist nach österreichischem Recht auch, dass eine »konsenslose« Notfallsbehandlung nur zulässig ist, wenn – mangels Einwilligungsfähigkeit des Patienten oder Erreichbarkeit des Vertreters – überhaupt keine rechtswirksame Behandlungsentscheidung eingeholt werden kann, nicht hingegen schon dann, wenn der (einwilligungsfähige) Patient diese Einwilligung wirksam verweigert. Auch in diesem Punkt besteht wohl Gleichklang mit Art 8 (arg »cannot be obtained«).

V. Antizipierte Patientenverfügungen (Art 9 MRB)

a) Ob und inwiefern ein Patient durch antizipierte Willenserklärungen eine rechtswirksame Verfügung über die Zulassung bzw Ablehnung ärztlicher Behandlungsmaßnahmen für den Fall treffen kann, dass er seine Einwilligungsfähigkeit später verliert, ist in Österreich weder durch den Gesetzgeber noch durch die Rechtsprechung eindeutig geklärt[44]. Die Palette der im Schrifttum vertretenen Meinungen reicht von der grundsätzlichen Bejahung der Verbindlichkeit[45] über alle möglichen vermittelnden Zwischenpositionen[46] bis hin zur pauschalen Verneinung jeder rechtlichen Bindung[47]. Diese Uneinheitlichkeit des Meinungsstandes mag vor dem Hintergrund eines unstrittigen Verbots der eigenmächtigen Heilbehandlung zunächst erstaunen, da es für die rechtliche Erheblichkeit einer Behandlungsverweigerung für sich genommen nicht darauf ankommen kann, wann und in welcher Form diese Ablehnung artikuliert worden ist. Gerade das Beispiel der Zeugen Jehovas, deren – vielfach

[44] Der OGH hat in seiner (das »psychiatrische Testament« betreffenden) Entscheidung EvBl 1998/21 = RdM 1999/21 die Frage nach der grundsätzlichen Verbindlichkeit von Patiententestamenten bewusst offen gelassen, da er die Unwirksamkeit im konkreten Fall mit der unaufklärbaren Handlungsfähigkeit der (psychisch kranken) Patientin begründete.

[45] So insb zB *Lachmann*, Zur Bindungswirkung des »Patiententestaments«, AnwBl 1991, 74; *Kopetzki*, Unterbringungsrecht II 848 f; *Kienapfel*, BT I^4 § 110 Rz 32; *Bernat*, Behandeln oder sterben lassen?, FS Deutsch (1999) 443 (449 ff).

[46] Umfassend zum Meinungsstand *Memmer*, Das Patiententestament, RdM 1996, 99; *ders*, Das Patiententestament im Alltag, RdM 1996, 167; *Memmer*, Patiententestament und Stellvertreter in Gesundheitsangelegenheiten, in: *Kopetzki* (Hrsg), Antizipierte Patientenverfügungen (2000) 1; *Schmoller*, § 110 StGB Rz 86 ff; *Frauscher*, Rechtsprobleme des Patiententestaments (Linzer Medizinrechtliche Beiträge, Bd 2, 1998).

[47] ZB *Stellamor*, Die Grenzen der Selbstbestimmung aus ethischer und rechtlicher Sicht – das »Patiententestament«, ÖKZ 1998/4, 53.

ja auch durch schriftliche Vorausverfügungen ausgedrückte – Behandlungsablehnung allgemein akzeptiert wird,[48] zeigt, dass die pauschale Ablehnung der Verbindlichkeit solcher Verfügungen in Österreich auf schwachen Beinen steht.

Mittlerweile scheint sich unter Juristen aber zumindest dahingehend ein vorsichtiger Konsens abzuzeichnen, dass eine **Verbindlichkeit** jedenfalls dann anzunehmen ist, wenn der Patient im Zeitpunkt der Abfassung zweifelsfrei **einwilligungsfähig** war[49] und sich seine Voraberklärung auf eine in naher Zukunft liegende sowie einigermaßen **zutreffend vorhergesehene konkrete Situation** bezogen hat[50]. Darin liegt aber im Grunde keine Einschränkung der Verbindlichkeit, da es sich bei diesen Voraussetzungen letztlich bloß um allgemeine Gültigkeitsvoraussetzungen von Willenserklärungen handelt (Handlungsfähigkeit im Erklärungszeitpunkt, entsprechende Sachaufklärung etc). Der österreichische Gesetzgeber hat die Kernfrage nach der Verbindlichkeit von antizipierten Patientenverfügungen nicht geklärt, sondern lediglich eine Dokumentationspflicht von Krankenanstalten vorgesehen, wonach in der Krankengeschichte Verfügungen des Pfleglings zu dokumentieren sind, »durch die dieser erst für den Fall des Verlusts seiner Handlungsfähigkeit das Unterbleiben bestimmter Behandlungsmethoden wünscht, um darauf bei allfälligen künftigen medizinischen Entscheidungen Bedacht nehmen zu können«[51]. Diese Regelung beschränkt sich also auf den Nebenaspekt der Dokumentation, stellt aber immerhin eine Pflicht zur »Bedachtnahme« außer Streit.

b) Die österreichischen Rechtslage entspricht dem Art 9 MRB, da auch dort keine unbedingte Bindungswirkung von Patientenverfügungen normiert wird. Auch Art 9 verlangt nicht mehr als eine Bedachtnahme (»to take into account«), und die dem Erläuternden Bericht zu entnehmenden Kriterien für

---

[48] *Mazal*, Rechtsfragen der ärztlichen Behandlung von Zeugen Jehovas, in: *Mazal*, Grenzfragen der ärztlichen Behandlung (1998) 27; *Maleczky*, ÖJZ 1994, 685.

[49] Vgl zu dieser (insb beim »psychiatrischen Testament« nicht immer eindeutig beantwortbaren) Voraussetzung *Kopetzki*, Unterbringungsrecht II 848 ff; OGH RdM 1999/21 = EvBl 1998/21; danach ist im Zweifelsfall zu behandeln, wenn sich die Handlungsfähigkeit (eines psychisch kranken Patienten) zur Zeit der Erstellung des »Patiententestaments« ex post nicht mehr klären lässt.

[50] Vgl mit unterschiedlichen Akzentuierungen zB *Bernat*, Behandlungsabbruch und (mutmaßlicher) Patientenwille, RdM 1995, 51 (55 f); *ders*, FS Deutsch (1999) 449; *Memmer*, RdM 1996, 106; *Schmoller*, § 110 StGB Rz 88; *ders*, in: Strafrechtliche Probleme der Gegenwart (1999) 57 f. Umfassende Nachweise in *Kopetzki* (Hrsg), Antizipierte Patientenverfügungen (2000).

[51] § 10 Abs 1 Z 7 KAG und gleichlautende Ausführungsgesetze der Länder; ebenso nun wieder Art 18 der Patientencharta.

eine tendenzielle Beachtlichkeit der Verfügung decken sich durchaus mit den in der österreichischen Lehre aufgestellten Gültigkeitsbedingungen.[52]

VI. Exkurs: Absicherung der Patientenautonomie am Ende des Lebens

Besondere gesetzliche Bestimmungen über den Schutz der Patientenautonomie am Ende des Lebens gibt es nur für eng umgrenzte Bereiche: So bestehen etwa für medizinische Eingriffe nach dem Todeseintritt nähere Regelungen über die Organentnahme zu Transplantationszwecken[53] oder über die Obduktion.[54] Auch die Problematik der aktiven Sterbehilfe ist im Rahmen des strafrechtlichen Lebensschutzes (§§ 75 ff StGB) explizit normiert. Und schließlich nimmt sowohl das KAG als auch die Patientencharta auf den Schutz eines würdevollen Sterbens in stationären Einrichtungen Bezug.[55]

Im übrigen richtet sich die rechtliche Absicherung der Patientenautonomie am Lebensende nach den auch sonst geltenden Vorschriften. Daraus lassen sich zusammenfassend folgende Grundsätze ableiten.[56]

a) Der **Vorrang der Patientenautonomie** gegenüber einer aufgezwungenen Fürsorge gilt uneingeschränkt für den sterbenden Patienten, sofern er einwilligungsfähig ist (vgl § 110 StGB – eigenmächtige Heilbehandlung). Die Behandlung ist einwilligungsbedürftig, es sei denn bei Lebens- und schwerer Gesundheitsgefahr und gleichzeitiger Entscheidungsunfähigkeit des Patienten. Der Betroffene hat daher auch das Recht, selbst eine notwendige (Intensiv)Behandlung zu verweigern oder abzubrechen, einschließlich des Abschaltens lebenserhaltender Apparate. Auch für die Frage der grundsätzlichen Beachtlichkeit antizipierter Patientenverfügungen gelten die gleichen Maßstäbe wie für andere Patienten (dazu oben V, S. 210). Die rechtliche Autonomie ist allerdings insofern eine einseitige, als der Patient zwar eine Behandlung ablehnen (im Sinne eines Vetorechts), er aber eine bestimmte gewünschte Behandlung nicht erzwingen kann, wenn sie der Arzt nicht für indiziert hält.

---

[52] Näher zur österreichischen Rechtslage im Licht des Art 9 MRB vgl *Kopetzki*, Verfassungs- und verwaltungsrechtliche Aspekte antizipierter Patientenverfügungen, in: *Kopetzki* (Hrsg), Antizipierte Patientenverfügungen (2000) 38 (49 ff).

[53] §§ 62a ff KAG (im Sinne einer Widerspruchslösung). Dazu unten G, S. 249 ff.

[54] ZB § 25 KAG (weitgehende Zulässigkeit der Obduktion in öffentlichen Krankenanstalten ohne Bezugnahme auf den Patientenwillen).

[55] § 5a Z 9 KAG; Art 15 Patientencharta.

[56] Vgl dazu eingehend und mwN *Kopetzki*, Zivilrechtliche Regelungen zur Absicherung der Patientenautonomie am Ende des Lebens (Landesbericht Österreich), in: Taupitz (Hrsg), Internationale Dokumentation zum deutschen Juristentag 2000 zum Thema »Zivilrechtliche Regelungen zur Absicherung der Patientenautonomie am Ende des Lebens« (2000) 1 ff.

b) Die **Behandlungspflicht** des Arztes findet ihre Grenze nicht nur am Patientenwillen, sondern auch dann, wenn die (weitere) Behandlung nicht mehr erfolgversprechend bzw aussichtslos ist. Es besteht keine Rechtspflicht, das Leben eines Moribunden künstlich zu verlängern. Ob allerdings ein Behandlungsabbruch (insb bei irreversibler Bewusstlosigkeit) schon vor der Schwelle der Aussichtslosigkeit unter Berufung auf eine »mutmaßliche Behandlungsverweigerung« zulässig sein könnte, wird kontroversiell beurteilt.

c) Strittig ist die Tragweite des Patientenwillens nach einem **Suizidversuch**, da in diesem Fall tendenziell zumeist auch die Einwilligungsfähigkeit des Patienten in Zweifel gezogen und daher die Ernstlichkeit des Sterbewillen bestritten wird. In der Praxis ist ein Selbsttötungsversuch oft Anlass für eine unfreiwillige psychiatrische Unterbringung.

d) Ein rechtlicher Anspruch auf **palliativmedizinische Maßnahmen** wird bejaht, wenn auch die faktische Erfüllung nicht immer gewährleistet ist. Insb stehen die möglichen lebensverkürzenden Nebenwirkungen einer indizierten Schmerztherapie nicht entgegen. Von der wohl herrschenden Ansicht wird eine Verpflichtung zur Aufrechterhaltung von Basispflege und Grundernährung auch dann noch generell angenommen, wenn die eigentliche medizinische Behandlung wegen der Unabwendbarkeit des nahen Todes bereits eingestellt werden darf.

e) **Aktive** »direkte« **Sterbehilfe** – also das Setzen von Handlungen, die vorsätzlich den Eintritt des Todes herbeiführen – ist verboten: Eine vorsätzliche Tötung (sei es durch Ärzte oder durch andere Personen) erfüllt den Tatbestand der Tötungsdelikte gem §§ 75 ff StGB, und zwar je nach Lage des Falles Mord (§ 75), Tötung auf Verlangen (§ 77) oder Mitwirkung am Selbstmord (§ 78 StGB). Daher ist die aktive Tötung des schwerstkranken Patienten oder die Mitwirkung an der Selbsttötung auch dann unzulässig, wenn dieser sie ernstlich und eindringlich verlangt. Aus rechtspolitischer Sicht wird aber eine Legalisierung der Tötung auf Verlangen – überaus kontroversiell – diskutiert; eine Änderung der derzeitige Rechtslage ist eher unwahrscheinlich.

Auffallend ist, dass die rechtliche Bedeutung des Patientenwillens beim sterbewilligen Patienten ganz unterschiedlich abgesichert ist, je nachdem, ob die Todesfolge durch aktive ärztliche Maßnahmen oder durch einen Behandlungsabbruch einschließlich des Abschaltens lebenserhaltender Maschinen (»passive« Sterbehilfe) herbeigeführt wird: Auf der einen Seite kann der Patient nach überwiegender Ansicht durch eine Behandlungsverweigerung jederzeit den Abbruch einer lebenserhaltenden Therapie erzwingen und dadurch seinen Tod herbeiführen. Er hat aber andererseits nicht die Möglichkeit, einen Dritten – und sei es auf eindringliches Verlangen – zur aktiven Mitwirkung an der Tötung zu gewinnen, weil dies als Tötung auf Verlangen bzw als Mitwirkung am Selbstmord strafbar wäre. Im Einzelnen ist allerdings vieles strittig; insb bereitet die strafrechtlich erforderliche Abgrenzung zwischen einer (wegen des Verbots der eigenmächtigen Heilbehandlung gem § 110 StGB zu beachtenden) Behandlungsverweigerung und einer (wegen § 77 StGB unzulässigen) Tötung auf Verlangen durch Behandlungsabbruch immer wieder dogmatische Probleme.

f) Beim **nicht einwilligungsfähigen Patienten** gelten auch am Lebensende die allgemeinen Regeln: Grundsätzlich ist ein Sachwalter gem § 273 ABGB zu bestellen, der dann die erforderlichen Behandlungsentscheidungen zu treffen hat. Eine Behandlung ohne Einwilligung ist nur im Rahmen des § 110 Abs 2 StGB zulässig, also dann, wenn durch einen Aufschub der Behandlung bis zur Einholung der Entscheidung – zB wegen Bewusstlosigkeit – das Leben oder die Gesundheit ernstlich gefährdet würde. In der Praxis und in Teilen der Literatur werden konsenslose Behandlungen allerdings auch durch den »mutmaßlichen Willen« legitimiert. Der umgekehrte Fall eines Behandlungsabbruchs kraft »mutmaßlicher Behandlungsverweigerung« ist strittig.

g) Die Möglichkeit einer gewillkürten **Stellvertretung in Gesundheitsangelegenheiten** wird zwar de lege ferenda gefordert, nach geltendem Recht aber kontrovers beurteilt. Zur Beachtlichkeit von antizipierten Patientenverfügungen vgl schon oben V, S. 210.

h) Der **Sachwalter** eines einwilligungsunfähigen Patienten hat sich auch hier ausschließlich am Wohl des Patienten zu orientieren. Das schließt grundsätzlich auch die Möglichkeit ein, dass der Sachwalter seine Einwilligung verweigert. Gerade am Lebensende kann die Leitlinie des »Patientenwohls« allerdings ambivalent werden: So wird etwa auch in Österreich die Frage diskutiert, ob der Sachwalter unter Berufung auf den mutmaßlichen Patientenwillen (und mit gerichtlicher Genehmigung) einer lebenserhaltenden Behandlung die Zustimmung verweigern und damit einen zum Tod führenden **Behandlungsabbruch** genehmigen kann. Eine gerichtliche Klärung gibt es nicht, doch überwiegen die ablehnenden Stimmen.

D. Privatleben und Recht auf Information – Kapitel III MRB

I. Schutz von Gesundheitsdaten (Art 10 Abs 1 MRB)

Der Schutz gesundheitsbezogener Daten ist in Österreich durch ein Vielzahl verfassungsrechtlicher,[57] krankenanstaltenrechtlicher,[58] berufs- und dienst-

[57] Vgl zB Art 20 Abs 3 B-VG (Amtsverschwiegenheit); Art 8 EMRK (Recht auf Privatleben); Datenschutzgesetz 2000, BGBl I 1999/165.

[58] § 9 KAG und die Landesausführungsgesetze.

rechtlicher,[59] sozialversicherungsrechtlicher[60] sowie strafrechtlicher[61] Vorschriften abgesichert. Dazu kommen – mitunter verschärfte – Schweigepflichten für spezielle Bereiche der Medizin.[62] Zusammengefasst kann gesagt werden, dass alle den Gesundheits- bzw Krankheitszustand eines Menschen betreffenden Tatsachen ein geschütztes Geheimnis darstellen, dessen Offenbarung nur bei Vorliegen eines gesetzlichen Ausnahmetatbestandes (zB Meldepflicht, Einwilligung) oder eines anderen Rechtfertigungsgrundes (zB rechtfertigender Notstand) zulässig ist[63]. Auch unter Berücksichtigung der in den Gesetzen vorgesehenen und hier nicht näher darzustellenden Durchbrechungen des Geheimnisschutzes (zB Meldepflichten bei ansteckenden Krankheiten, Zwecke der Rechtspflege etc)[64] wird man zum Schluss kommen können, dass dem Art 10 Abs 1 MRB in Verbindung mit dem Gesetzesvorbehalt des Art 26 MRB grundsätzlich entsprochen wird; in manchen Einzelfällen kann man freilich die berechtigte Frage aufwerfen, ob diese Geheimnisdurchbrechungen tatsächlich in allen Fällen »in einer demokratischen Gesellschaft notwendig« – und somit verhältnismäßig – (Art 26 MRB iVm Art 8 Abs 2 EMRK) sind.[65]

II. Recht auf Information (Art 10 Abs 2 MRB)

Eine ähnlich umfassende und flächendeckende Regelung wie über den Geheimnisschutz gibt es in Bezug auf Informationsrechte über Gesundheitsdaten nicht. Eine – nur die beteiligten Gebietskörperschaften bindende – objektive Pflicht zur Schaffung von Auskunfts- und Richtigstellungsansprüchen sieht nun allerdings Art 13 Abs 3 der Patientencharta vor.

a) Soweit es um die **Aufklärung** des Patienten als notwendige Voraussetzung für die Gültigkeit der Behandlungseinwilligung (»Selbstbestimmungsaufklärung«) bzw um die »therapeutische« Aufklärung im Interesse des Heilerfolges geht, ergibt sich die rechtliche Grundlage der Aufklärungspflicht schon aus den (überwiegend dem Zivil- und Strafrecht entnommenen) Regeln über die Einwilligung sowie aus dem zivilrechtlichen Behandlungsvertrag.

---

[59] Vgl für viele § 54 ÄrzteG; § 15 PsychotherapieG; § 6 Gesundheits- und KrankenpflegeG.

[60] § 406 a ASVG.

[61] § 121 StGB (Verletzung von Berufsgeheimnissen durch Gesundheitsberufe).

[62] Vgl zB § 62b KAG (Transplantation), § 20 FMedG (Fortpflanzungsmedizin), § 15 Abs 5 SMG (Suchtmittel), § 71 GTG (Genanalyse) uam.

[63] Vgl für einen Überblick zB *Klaus*, Ärztliche Schweigepflicht (1991); *Kopetzki*, Unterbringungsrecht II 880 ff.

[64] Vgl zB die Ausnahmen in § 54 ÄrzteG.

[65] Etwa bei Einsichtsrechten Dritter in die Krankengeschichte nach dem KAG, dazu *Kopetzki*, Unterbringungsrecht II 903 f.

b) Abgesehen von der ärztlichen Aufklärungspflicht hinsichtlich einer konkreten Behandlungsentscheidung besteht nach § 51 Abs 1 ÄrzteG 1998 eine weitergehende Verpflichtung jedes Arztes, dem Patienten oder seinem Vertreter **alle Auskünfte** über Inhalte der ärztlichen Dokumentation zu erteilen; dieser Pflicht entspricht wohl ein subjektives Recht jedes Patienten. Da sich die ärztliche Dokumentationspflicht auf alle beratenden, diagnostischen und therapeutischen Leistungen bezieht, ergibt sich daraus ein ebenso weitreichendes Auskunftsrecht. Eine Einschränkung im Interesse des Patienten (vgl Art 10 Abs 3 MRB) ist bemerkenswerterweise nicht vorgesehen.

Schon vor dieser gesetzlichen Verankerung wurde ein vergleichbares Recht auch aus dem zivilrechtlichen Behandlungsvertrag abgeleitet, insb auf **Einsicht in die Krankengeschichte.**[66] Die dogmatische Begründung eines solchen vertraglichen Rechts hängt allerdings vom aufrechten Bestand eines zivilrechtlichen Vertragsverhältnisses ab. Im Hinblick auf dieses vertraglich begründete Einsichtsrecht wurde von der Judikatur ein »therapeutischer Vorbehalt« bejaht und eine Einsichtsverweigerung anerkannt, wenn diese »aus therapeutischen Gründen kontraindiziert« wäre.[67] Nach Inkrafttreten des gesetzlichen Auskunftsrechts gem § 51 ÄrzteG ist dessen Verhältnis zum zivilrechtlich abgeleiteten Einsichts- und Informationsrecht allerdings klärungsbedürftig, insb was die Anerkennung eines solchen therapeutischen Vorbehalts betrifft. Art 19 der Patientencharta bestätigt nun sowohl das grundsätzliche Einsichtsrecht als auch die therapeutische Ausnahme im »unvermeidlichen« Ausmaß.

c) Für den Bereich der Krankenanstalten treffen die Krankenanstaltengesetze der Länder – jeweils unterschiedliche – Regelungen über das Einsichtsrecht in die Krankengeschichte. Tendenziell besteht nun nach vielen KAG ein gesetzliches Einsichtsrecht des Patienten, wobei lediglich die therapeutischen Grenzen dieses Rechts divergieren.[68] Subsidiär kann auch hier ein vertragliches Einsichtsrecht bejaht werden. Für bestimmte Sonderbereiche bestehen überdies spezielle Regelungen über Einsichtsrechte (zB § 39 UbG für die psychiatrische Unterbringung) oder Informationsrechte (zB § 69 GTG betreffend humangenetische Beratung bei Genanalysen).

d) Ein **Recht auf »Nichtinformation«** iSd Art 10 Abs 2 2. Satz MRB ist nicht ausdrücklich geregelt. In bestimmten Zusammenhängen hat der Gesetzgeber aber nähere Vorschriften zum Schutz vor unerwünschten Informationen erlassen und insofern ein »Recht auf Nichtwissen« anerkannt: So etwa im Fall

---

[66] OGH SZ 57/98; näher *Krückl*, Der Anspruch des Patienten auf Einsicht in seine Krankengeschichte, ÖJZ 1983, 281; *Kopetzki*, Unterbringungsrecht II 892 ff.

[67] OGH SZ 57/98.

[68] Vgl zB § 21 Abs 3 nö KAG; § 21 Abs 7 oö KAG. In diese Richtung auch die Zielbestimmung des § 5a Z 1 KAG, die bei der Auslegung von unklaren Bestimmungen zu beachten ist.

der eingehenden Aufklärungs- und Beratungspflichten bei Genanalysen, die den Patienten vor einem möglicherweise voreiligen und belastenden Einblick in seine genetischen Prädispositionen bewahren sollen;[69] ähnliche Informationsschranken bestehen auch bei der heterologen Samenspende hinsichtlich der Person des Spenders[70] sowie bei der Organtransplantation von Verstorbenen hinsichtlich der Identität von Spendern und Empfängern.[71] Doch auch für den übrigen Medizinbereich folgt ein »Recht auf Nichtinformation« zwingend daraus, dass die Aufklärungs- und Einsichtsrechte als subjektive Rechte zu deuten sind und es der Patient in der Hand hat, dieses Recht allenfalls nicht auszuüben. Insb bei der ärztlichen Aufklärung ist die Möglichkeit und Beachtlichkeit eines Aufklärungsverzichts seit jeher anerkannt,[72] was jüngst durch Art 16 Abs 4 der Patientencharta bestätigt wurde. Eine Ausnahme im Sinne einer auch gegen den Willen vorzunehmenden Aufklärung enthält § 5 AIDS-G, wonach jedem Patienten ein positiver HIV-Befund mitzuteilen ist. Dieser Aufklärungszwang findet aber zweifellos in Art 26 MRB eine Rechtfertigung zum Schutz öffentlicher Gesundheitsinteressen.

e) Gegenüber anderen Personen oder Institutionen (außer Ärzte und Krankenanstalten) fehlt es soweit ersichtlich an speziellen gesetzlichen Informationsrechten über Gesundheitsdaten. Das betrifft etwa Informationen, die bei Behörden[73] oder sonstigen Privaten gesammelt wurden. Über weite Strecken werden sich derartige, dem Art 10 Abs 2 MRB entsprechende Ansprüche aber aus dem umfassenden datenschutzrechtlichen Auskunftsrecht[74] sowie dem Auskunftspflichtrecht[75] begründen lassen.

d) **Zusammenfassend** ist auch zu den Informationsrechten festzuhalten, dass die österreichische Rechtslage mit Art 10 MRB grundsätzlich im Einklang steht.

---

[69] §§ 65, 69 GTG; zu diesem »Recht auf Nichtwissen« als Teil der informellen Selbstbestimmung auch *Bernat*, Recht und Humangenetik – ein österreichischer Diskussionsbeitrag, in: FS Steffen (1995) 33 (insb 42 f).

[70] Vgl § 20 FMedG (vertrauliche Behandlung der Aufzeichnungen über den Samenspender, Informationsrecht des gezeugten Kindes (erst) ab dem 14. Lebensjahr.

[71] § 9 Abs 1, § 62b KAG.

[72] OGH SZ 55/114; mwN *Kopetzki*, Unterbringungsrecht II 809.

[73] Man denke an den Strafvollzug oder das Bundesheer.

[74] § 1 Abs 3, § 26 DSG 2000.

[75] Dazu näher *Walter/Mayer*, Grundriss des österreichischen Bundesverfassungsrechts[9] (2000) Rz 586 ff.

III. Ausnahmen vom Informationsrecht (Art 10 Abs 3 MRB)

Regelungen über Ausnahmen vom Informationsrecht im Interesse des Patienten enthalten vor allem manche Krankenanstaltengesetze der Länder,[76] ebenso § 39 UbG hinsichtlich psychiatrisch untergebrachter Patienten. Dagegen bestehen wegen Art 10 Abs 3 MRB keine Bedenken. Problematisch wäre es hingegen, auch außerhalb der gesetzlich geregelten Ausnahmen weiterhin einen therapeutischen Vorbehalt unter Hinweis auf ein (insoweit beschränkbares) vertragliches Einsichtsrecht zu bejahen, wie dies der OGH in ständiger Rechtsprechung tut.[77] Denn hier stellt sich – ebenso wie zum allgemeinen Vorbehalt des Art 26 MRB – die grundlegende Frage nach der notwendigen innerstaatlichen Rechtsform solcher Beschränkungen. Meines Erachtens kann von einer gem Art 10 Abs 3 MRB zulässigen Beschränkung »by law« nur dann gesprochen werden, wenn die jeweiligen innerstaatlichen Bedingungen für die Erlassung generell-abstrakter Normen eingehalten werden. Zumindest für Österreich bedeutet dies vor dem Hintergrund des verfassungsrechtlichen Legalitätsprinzips, dass Beschränkungen von Rechten nur in Gesetzesform bzw aufgrund eines Gesetzes in Verordnungsform erfolgen dürfen, nicht hingegen durch Richterrecht.

E. Menschliches Genom – Kapitel IV MRB

I. Das Verbot der Diskriminierung einer Person wegen ihres genetischen Erbes (Art 11 MRB)

a) Ein Verbot der Diskriminierung und der sachlich nicht gerechtfertigten Benachteiligung von Personen mit bestimmten individuellen Persönlichkeitsmerkmalen – insb aus dem Grund der Rasse, des Geschlechts, der Abstammung oder der ethnischen Herkunft – besteht in Österreich schon ganz allgemein auf Grund des verfassungsrechtlichen Gleichheitssatzes (Art 2 StGG, Art 7 B-VG), des BVG über die Beseitigung aller Formen rassischer Diskriminierung (BGBl 1973/390) sowie – soweit Konventionsrechte betroffen sind – des Art 14 EMRK. Ergänzt wurde dieses **Diskriminierungsverbot** durch eine Novelle zu Art 7 B-VG, wonach die Republik Österreich auch eine Gleichbehandlung behinderter und nichtbehinderter Menschen gewährleistet, sowie durch das Verbot der Diskriminierung auf Grund des Verdachts oder des Vorliegens einer Krankheit gem Art 3 der Patientencharta. Zweifellos ist durch all diese – wenngleich unspezifischen – Bestimmungen auch eine Diskriminierung wegen des genetischen Erbes verboten. Schwierigkeiten ergeben sich freilich daraus, dass die Begriffe der »Diskriminierung« bzw der

[76] ZB § 21 Abs 7 oö KAG.

[77] OGH SZ 57/98.

»Gleichbehandlung« sehr unbestimmt sind und von der hL nur als Verbot »unsachlicher Differenzierungen« verstanden werden. Über die Frage, wann eine Ungleichbehandlung »unsachlich« bzw nicht durch Unterschiede im Tatsächlichen gerechtfertigt ist, besteht wegen der Wertungsabhängigkeit des Problems ein großer Beurteilungsspielraum.

b) Insofern ist es von großer praktischer Bedeutung, dass der Gesetzgeber in § 67 des Gentechnikgesetzes, BGBl 1994/510, mit Wirkung vom 1.1.1995 ein spezifisches »Verbot der Erhebung und Verwendung von Daten aus **Genanalysen** für bestimmte Zwecke« erlassen hat: Danach ist es **Arbeitgebern und Versicherern** einschließlich deren Beauftragten und Mitarbeitern verboten, Ergebnisse von Genanalysen von ihren Arbeitnehmern, Arbeitssuchenden oder Versicherungsnehmern oder Versicherungswerbern zu erheben, zu verlangen, anzunehmen oder sonst zu verwerten. Nach den amtlichen Erläuterungen sollte damit die »genetische Privatsphäre« und deren Unantastbarkeit vor allem in jenen Fällen gewährleistet werden, wo der einzelne faktischen Zwangs- und Abhängigkeitsverhältnissen im Erwerbsleben unterliegt[78]. Dieses – gem § 109 mit Geldstrafe bis zu 500.000 ATS verwaltungsstrafrechtlich sanktionierte – Verbot lässt keine Ausnahme bzw keinen Verzicht zu und gilt daher insb auch für die freiwillige Vorlage von Analyseergebnissen durch Arbeit- bzw Versicherungsnehmer, und zwar selbst dann, wenn die Verwertung dem Bewerber nützen würde. Auf die Art der Diagnosegewinnung kommt es – von der gleich zu erörternden Ausnahme abgesehen – nicht an, das Verbot gilt daher grundsätzlich auch für eine pränatale Diagnose. Rechtspolitisch gibt es freilich auch kritische Stimmen, insb im Hinblick auf den Umstand, dass dem Arbeit- oder Versicherungsnehmer selbst bei bereits manifesten Krankheiten ein »Recht auf Schweigen« nur deshalb zugestanden wird, weil die Erbkrankheit im Wege einer Genanalyse diagnostiziert worden ist.[79]

Der scheinbar umfassend formulierte Schutzbereich dieses Verbots täuscht jedoch etwas. Zunächst fällt auf, dass nur bestimmte Verwendungen im versicherungs- und arbeitsrechtlichen Kontext verboten werden; der Anwendungsbereich ist also begrenzt. Allerdings finden sich in § 71 strenge Datenschutzbestimmungen über die Geheimhaltung der bei Genanalysen gewonnenen Daten, die für jedermann gelten, der Genanalysen durchführt oder veranlasst. Daten dürfen demnach nur an Personen der untersuchenden Einrichtung, den veranlassenden Arzt sowie den Patienten (bzw seinen gesetzlichen Vertreter) weitergegeben werden, andernfalls bedarf es der schriftlichen Zustimmung des Betroffenen (näher § 71 Abs 1 Z 4 GTG). Parallel dazu gilt das Datenschutzgesetz 2000.

---

[78] 1465 BlgNR 18. GP 63. Näher *Bernat*, FS Steffen 42 ff.

[79] *Bernat*, FS Steffen 46 f.

Gravierender ist, dass das GTG einen **eingeschränkten Begriff der »Genanalyse«** verwendet: Denn nach § 4 Z 24 GTG ist unter einer Genanalyse »die molekulargenetische Untersuchung an Chromosomen, Genen und DNS-Abschnitten eines Menschen zur Feststellung von Mutationen« zu verstehen. Demzufolge gilt auch das Verbot des § 67 nicht für jede genetische Analyse, sondern nur für »molekulargenetische Untersuchungen«, und auch das nur, wenn diese zu medizinischen oder wissenschaftlichen Zwecken erfolgt ist (und nicht etwa für ein »DNA-finger printing« im Zuge einer strafrechtlichen Verfolgung). Während die letztgenannte Einschränkung praktisch nicht besonders ins Gewicht fallen dürfte (und hier ohnehin anderweitige Verschwiegenheitspflichten bestehen), bedeutet die Bezugnahme auf »molekulargenetische« Untersuchungen etwa, dass mikroskopische Untersuchungen von Chromosomen keine »Genanalyse« iSd GTG darstellen und daher auch nicht dem Verbot des § 67 GTG unterliegen.

Soweit eine genetische Analyse nicht unter das Verbot des § 67 bzw des § 71 GTG fällt, ist das Analyseergebnis freilich nicht schutzlos. Hier gelten neben den erwähnten Disriminierungsverboten, dem Datenschutzrecht und den allgemeinen arbeits- und versicherungsrechtlichen Grundsätzen insb die allgemeinen Regeln über die Verschwiegenheitspflicht des befassten Gesundheitspersonals sowie der allgemeine Persönlichkeitsschutz gem § 16 ABGB. Im Ergebnis wird daraus zumindest abzuleiten sein, dass jede Verwertung von Informationen über genetische Merkmale eines Menschen der Einwilligung des Betroffenen bedarf.

c) Im **Vergleich mit Art 11 MRB** ist festzuhalten, dass es ein Diskriminierungsverbot wegen des genetischen Erbes im österreichischen Recht zwar nicht ausdrücklich gibt, doch ergeben sich gleichgelagerte Schutznormen aus allgemeinen Schutzbestimmungen (Gleichbehandlung, verfassungsrechtliche Diskriminierungsverbote, Art 3 Patientencharta). Durch das Verbot der Verwertung von Genanalysen für Versicherungszwecke und gegenüber Arbeitgebern (§ 67 GTG) wird dieses Diskriminierungsverbot zusätzlich abgesichert.

Auch das Verbot der Präimplantationsanalyse (unten II) ist in diesem Kontext zu nennen. Hier stellt sich freilich die grundlegende Frage, ob die verfassungsrechtlichen Diskriminierungsverbote überhaupt auf die Leibesfrucht bzw auf dem Embryo in vitro anzuwenden sind. Nach dem Wortlaut der Verfassung (vgl Art 7 B-VG: »Bundesbürger«, »Menschen«) scheint dies ebenso wenig der Fall zu sein wie nach Art 11 MRB, dessen Schutz nur auf Geborene (arg »Person«) bezogen ist. Da nach österreichischem Verständnis aus dem Gleichheitssatz auch ein allgemeines »Sachlichkeitsgebot« für Gesetz abgeleitet wird, könnte allerdings fraglich sein, ob und in welchem Maß die für Geborene geltenden Diskriminierungsverbote auch auf die Beurteilung der »Sachlichkeit« einer gesetzlichen Regelung für Ungeborene ausstrahlen. Von der Lösung dieses Problems hängt letztlich ab, ob ein Schwangerschaftsabbruch aus Gründen einer zu erwartenden kindlichen Schädigung auch über die ansonsten geltenden Abtreibungsfristen hinaus (vgl § 97 Abs 1 Z 2 StGB – »embryopathische« Indikation) verfassungskonform ist oder nicht.

II. Genetische Untersuchungen, Pränatal- und Präimplantationsanalyse (insb Art 12 MRB)

Gem Art 12 MRB dürfen Untersuchungen, die es ermöglichen, genetisch bedingte Krankheiten vorherzusagen oder bei einer Person entweder das Vorhandensein eines für eine Krankheit verantwortlichen Gens festzustellen oder eine genetische Prädisposition oder Anfälligkeit für eine Krankheit zu erkennen, nur für Gesundheitszwecke oder für gesundheitsbezogene wissenschaftliche Forschung und nur unter der Voraussetzung einer angemessenen genetischen Beratung vorgenommen werden. Art 12 MRB bezieht sich wohl nur auf Geborene, nicht auf das vorgeburtliche Entwicklungsstadium, wenngleich die Erläuterungen in diesem Punkt nicht ganz eindeutig sind.[80]

Nach österreichischem Recht ist die Zulässigkeit von Genanalysen zu medizinischen und wissenschaftlichen Zwecken ist in den §§ 65 ff GTG relativ ausführlich geregelt. Darüber hinaus ergeben sich bedeutende Rechtsfolgen aus dem FortpflanzungsmedizinG (FMedG), BGBl 1992/275.[81] Im Detail stellt sich die Rechtslage wie folgt dar:

1. Genanalysen zu medizinischen Zwecken Das GTG unterscheidet der Sache nach zwischen »prädiktiven« Genanalysen, Genanalysen bei manifesten Erkrankungen und pränatalen Genanalysen.

a) Genanalysen zur Feststellung einer **Prädisposition** für eine Krankheit, insb der Veranlagung für eine möglicherweise zukünftig ausbrechende Erbkrankheit, oder zur **Feststellung eines Überträgerstatus** (§ 65 Abs 1 Z 1 GTG) sind unter den näheren Voraussetzungen des § 65 zulässig. Vorgeschrieben sind ua die Veranlassung durch einen in Humangenetik ausgebildeten Arzt oder einen Facharzt, weiters eine schriftliche Bestätigung des Patienten darüber, dass er über Wesen, Tragweite und Aussagekraft der Genanalyse aufgeklärt worden ist und der Analyse zugestimmt hat, sowie schließlich eine Bindung an behördlich zugelassene Einrichtungen (§ 68). Ausführliche Bestimmungen regeln die humangenetische und psychosoziale Beratung vor und nach der Untersuchung (§ 69): Sie soll den Patienten nachdrücklich auf die für ihn möglicherweise einschneidenden Auswirkungen des Analyseergebnisses aufmerksam machen und ihm eine wiederholte bewusste Entscheidung

[80] Erläuternder Bericht Z 83.

[81] Grundlegend *Bernat*, FS Steffen 33. Zum Ganzen vgl auch die Beiträge in *Bernat* (Hrsg), Die Reproduktionsmedizin am Prüfstand von Recht und Ethik (2000).

darüber ermöglichen, ob er vom Ergebnis wirklich Kenntnis erlangen möchte.[82]

b) Für Genanalysen zur **Feststellung manifester Erkrankungen** bzw damit im Zusammenhang stehender allfälliger künftiger Erkrankungen oder zur Vorbereitung bzw Kontrolle einer Therapie (§ 65 Abs 1 Z 2 GTG) gelten weniger strenge Bedingungen (keine behördliche Genehmigung der Einrichtung, kein Schriftlichkeitsgebot bei Aufklärung und Einwilligung, keine umfassende humangenetische Beratung, kein Monopol besonders qualifizierter Ärzte); es genügt im wesentlichen die Veranlassung durch den behandelnden Arzt, die Aufklärung über Tragweite und Wesen der Genanalyse sowie – wenngleich im Gesetz nicht explizit angesprochen – die Zustimmung des Patienten. Insofern weichen diese Kriterien gar nicht von den allgemeinen Zulässigkeitsvoraussetzungen für Heilbehandlungen ab.[83] Sobald jedoch aus Anlass einer solchen Untersuchung auch Merkmale analysiert werden sollen, die nicht mehr im Zusammenhang mit der manifesten Erkrankung stehen, kommen wieder die strengen Voraussetzungen für »prädiktive« Analysen zum Tragen.[84]

c) Eine spezielle Regelung gilt für die Durchführung einer prädiktiven, also auf Feststellung einer Disposition bzw eines Überträgerstatus gerichteten **Genanalyse im Rahmen einer pränatalen Untersuchung** (§ 65 Abs 3 GTG): Sie bedarf wieder einer schriftlichen Bestätigung der Schwangeren über Aufklärung und Zustimmung sowie einer umfassenden humangenetischen Beratung, die gem § 69 »keinesfalls direktiv erfolgen« soll und in deren Verlauf auch auf die Zweckmäßigkeit einer nichtmedizinischen (zB psychotherapeutischen) Beratung hinzuweisen ist. Darüber hinaus ist die Untersuchung nur zulässig, »soweit dies **medizinisch geboten**« ist. Gerade diese – wohl als Einschränkung gegenüber den »postnatalen« Untersuchungen gedachte – Wendung ist freilich recht unklar. Offenbar sollte damit eine Bindung an individuelle Gesundheitszwecke zum Ausdruck gebracht werden. Nach den Erläuterungen dürfen jedenfalls nur Merkmale untersucht werden, die auf zukünftige ernsthafte Erkrankungen des Ungeborenen hinweisen, keinesfalls aber nicht-krankheitsbezogene Eigenschaften oder Persönlichkeitsmerkmale.[85]

Die praktische und auch rechtliche Bedeutung der Regelung der pränatalen Genanalyse durch das GTG ist vor allem vor dem Hintergrund der Rechtslage zum **Schwangerschaftsabbruch** zu sehen. Das österreichische Recht stellt den Schwangerschaftsabbruch innerhalb der ersten drei Monate nach Beginn der Schwangerschaft generell straffrei, sofern der Abbruch nach vorhergehender ärztlicher Beratung von einem Arzt vorgenommen wird (§ 97

---

[82] *Bernat*, FS Steffen 48 f.

[83] Vgl 1465 BlgNR 18. GP 63: die Diagnose und Therapie sollte nicht »verlangsamt oder erschwert werden«.

[84] So ausdrücklich 1465 BlgNR 18. GP 63.

[85] 1465 BlgNR 18. GP 63.

Abs 1 Z 1 StGB; sogenannte »Fristenlösung«). Nach Ablauf der ersten drei Monate ist der Schwangerschaftsabbruch zwar prinzipiell verboten; er bleibt jedoch ausnahmsweise unter anderem dann zulässig, wenn »eine ernste Gefahr besteht, dass das Kind geistig oder körperlich schwer geschädigt sein werde« (§ 97 Abs 1 Z 2 2. Alternative StGB; sogenannte »kindliche« oder »eugenische« Indikation); in diesem Fall ist ein Abbruch bis unmittelbar vor Geburt straffrei. Es liegt auf der Hand, dass das Ergebnis einer pränatalen Diagnose einen ganz erheblichen Faktor für die Entscheidung der Schwangeren darstellen kann, eine Schwangerschaft abzubrechen. Historisch betrachtet war der Entschluss des Gesetzgebers, die Schwangerschaftsunterbrechung aus kindlicher Indikation bis zur Geburt straffrei zu stellen, auch maßgeblich dadurch beeinflusst, dass eben manche pränataldiagnostischen Maßnahmen erst nach dem dritten Schwangerschaftsmonat durchführbar sind. Zutreffend wird daher umgekehrt in der ausdrücklichen gesetzlichen Erlaubnis pränataler Genanalysen durch § 65 GTG auch eine gesetzliche Bestätigung der Rechtmäßigkeit (und nicht bloß der Straflosigkeit) des Schwangerschaftsabbruches erblickt.[86]

2. Genanalysen zu wissenschaftlichen Zwecken und Ausbildungszwecken Genanalysen an Menschen zu wissenschaftlichen Zwecken und zur Ausbildung sind gem § 66 GTG nur mit ausdrücklicher schriftlicher Zustimmung des Probenspenders oder an anonymisierten Proben zulässig. Allerdings geht das Gesetz von einem etwas eigenwilliges Verständnis der »anonymisierten« Probe aus: Nach § 66 GTG letzter Satz gilt nämlich eine Probe auch dann als anonymisiert, wenn sie ohne Namen und nur mit einem Code versehen ist und dieser ausschließlich in der jeweiligen Einrichtung mit dem Namen des Probenspenders in Verbindung gebracht werden kann. Weiters fällt auf, dass die Regelung des § 66 GTG keine (dem Art 12 MRB entsprechende) Limitierung auf »gesundheitsbezogene wissenschaftliche Forschung« enthält.

3. Sonstige Genanalysen (außerhalb medizinischer und wissenschaftlicher Zwecke) Genanalysen, die weder zu medizinischen noch zu wissenschaftlichen Zwecken bzw Ausbildungszwecken erfolgen, unterliegen nicht dem GTG. Lediglich das in § 67 GTG enthaltene Verbot der Erhebung und Verwendung von Daten aus Genanalysen im Bereich des **Arbeitslebens** und des **Versicherungswesens** (vgl oben E.I, S. 219) weist einen breiteren

[86] MwN *Bernat*, FS Steffen, 1995, 38 ff. Vgl in diesem Zusammenhang insb auch die Verordnung über vordringliche Maßnahmen zur Erhaltung der Volksgesundheit, BGBl 1981/274, wo als erklärtes Ziel humangenetischer Vorsorgemaßnahmen und pränataler Diagnosen »die Senkung des Risikos des Auftretens von genetisch bedingten Erkrankungen« genannt wird.

Anwendungsbereich auf, indem es die Durchführung bzw Verwertung von Genanalysen für derartige Ziele generell untersagt. Die Zulässigkeit von Genanalysen für **sonstige Zwecke** ist somit nach anderen Rechtsgrundlagen zu beurteilen. Da es ausdrückliche anderweitige Regelungen aber soweit ersichtlich nicht gibt, müssen die nicht vom GTG erfassten Genanalysen grundsätzlich als zulässig angesehen werden. Ein typischer Fall für solche, nicht unter das GTG fallenden Genanalysen sind DNA-Analysen zu Zwecken der Strafverfolgung[87] oder zur Vaterschaftsfeststellung.[88] Von der Zielsetzung her geht es dabei aber idR nicht um die Ausforschung bestimmter individueller Merkmale per se, sondern lediglich um die »wertneutrale« Identitätsbestimmung.[89]

Die Beschränkung des GTG auf die Regelung von Genanalysen zu bestimmten (medizinischen, wissenschaftlichen) Zwecken hat zur Folge, dass Datenerhebungen mittels Genanalyse zu anderen als den im §§ 65 ff GTG erwähnten Zwecken insgesamt aus dem Regelungsbereich des GTG herausfallen. Wie weit der Regelungsanspruch des GTG aber nun genau reicht, ist **nicht endgültig geklärt**. So scheint es etwa, als wären selbst Genanalysen zur Erkundung von krankheitsunabhängigen Persönlichkeitsmerkmalen durchaus erlaubt, weil und sofern sie nämlich nicht unter den vom GTG ausschließlich geregelten Bereich der »medizinischen« oder »wissenschaftlichen« Genanalysen fallen und es sich nicht um verbotene Zwecke des § 67 (Arbeit, Versicherung) handelt. Eine »medizinische Notwendigkeit« ist explizit nur bei den pränatalen Genanalysen gefordert (§ 67 Abs 3 GTG), nicht jedoch bei den Genanalysen an Geborenen. Dieses auf den ersten Blick erstaunliche Ergebnis wird durch die Erläuterungen bestätigt, wo als Beispiele für die nicht dem GTG unterliegenden Genanalysen neben den strafprozessualen DNA-Analysen auch Spendertypisierungen zu Transplantationszwecken erwähnt werden, und zwar mit der Begründung, dass diese Untersuchungen nicht im Interesse des Spenders durchgeführt werden.[90] Daraus ist wohl zu schließen, dass mit der Überschrift »Genanalysen zu medizinischen Zwecken« überhaupt nur solche Tests erfasst werden, die im **individuellen medizinischen Interesse** der untersuchten Person liegen. Wenn dies zutrifft, dann lässt das GTG nicht nur Genanalysen von krankheitsunabhängigen Merkmalen zu anderen als medizinischen Zwecken (zB Identitätsfeststellung zur Strafverfolgung oder Vaterschaftsfeststellung) unberührt, sondern – abgesehen von den wissenschaftlichen Zwecken und dem Verbot des § 67 – auch andere – gegebenenfalls sehr wohl auf Krankheitsmerkmale bezogene – Genanalysen im Interesse Dritter. Aus diesem Grund fällt es schwer, aus § 65 Abs 1 Z 1 GTG im Umkehrschluss ein dem Art 12 MRB entsprechendes Verbot abzuleiten, die Feststellung einer

[87] ZB erkennungsdienstliche Behandlung gem §§ 64 ff SicherheitspolizeiG.

[88] Vgl OGH EvBl 1994/85.

[89] *Bernat*, FS Steffen 51 f.

[90] 1465 BlgNR 18. GP 62; vgl auch *Bernat*, FS Steffen 51.

Krankheitsdiposition bzw eines Überträgerstatus zu anderen als zu Gesundheitszwecken des Untersuchten vorzunehmen: Denn diese Bestimmung des GTG regelt zwar die rechtlichen Voraussetzungen »prädiktiver« Genanalysen, sie bindet diese Analysen aber eben nicht an einen bestimmten Zweck.

4. Pränatale Diagnosen in vivo

a) Zur Zulässigkeit der **pränatalen Genanalyse** gem § 65 Abs 3 GTG und zur Bindung an Gesundheitszwecke vgl oben 1, S. 222 f.

b) Da § 65 Abs 3 GTG nur die pränatale **Gendiagnose mit molekulargenetischen Methoden** (vgl oben E.I, S. 219) regelt, also an einer bestimmten Analysetechnik anknüpft, fallen alle sonstigen Arten pränataler Diagnosen nicht in den Anwendungsbereich des GTG. Mangels einer speziellen gesetzlichen Regelung der Pränataldiagnose in ihrer Gesamtheit muss daher die Zulässigkeit der nicht vom GTG umfassten pränatalen Diagnosen nach den allgemeinen Regeln für medizinische Eingriffe beurteilt werden. Aus diesen folgt im wesentlichen nur, dass die pränatale Diagnose eine umfassende Aufklärung und Zustimmung der Schwangeren voraussetzt (vgl § 8 Abs 3 KAG; § 16 ABGB; bei körperlichen Eingriffen auch §§ 90, 110 StGB etc.), und dass die Durchführung nach den jeweiligen medizinischen leges artis zu erfolgen hat. Aus § 22 ABGB und dem allgemeinen Haftungsrecht ist selbstverständlich zusätzlich abzuleiten, dass es dabei zu keiner Schädigung des ungeborenen Kindes kommen darf.

Im Ergebnis bedeutet dies, dass sonstige pränatalen Diagnosen keinen spezifischen gesetzlichen Einschränkungen und auch keiner Bindung an besondere (Gesundheits-)Zwecke unterliegen. Sie sind mangels eines Verbots grundsätzlich zulässig (zB Untersuchung auf Chromosomenanomalien, aber auch: Geschlechtsbestimmung). Auch die verschärften Bestimmungen des GTG für pränatale Genanalysen (Schriftlichkeit der Einwilligung, Beschränkung auf bestimmte Einrichtungen, humangenetische Beratung etc.) gelten hier nicht, ebensowenig die Datenschutzregeln des § 71 GTG. Allerdings gelten auch für die Ergebnisse sonstiger Pränataldiagnosen die allgemeinen Regeln über die Schweigepflicht und den Datenschutz in der Medizin.

5. Präimplantationsdiagnose in vitro Die sog Präimplantationsdiagnose, also die diagnostische Untersuchung am Embryo in vitro, ist im österreichischen Recht nicht ausdrücklich geregelt, und zwar weder im Fortpflanzungsmedizingesetz (FMedG) noch im GTG. Mittelbar ergibt sich nach ganz hA aber ein **Verbot** der Präimplantationsdiagnose aus § 9 Abs 1 FMedG: Danach dürfen »entwicklungsfähige Zellen [...] nicht für andere Zwecke als für medizinisch unterstützte Fortpflanzungen verwendet werden. Sie dürfen nur insoweit untersucht und behandelt werden, als dies nach dem Stand der medizinischen Wissenschaft und Erfahrung zur Herbeiführung einer Schwangerschaft erforderlich ist. Gleiches gilt für Samen und Eizellen, die für medizinisch unterstützte Fortpflanzungen verwendet werden sollen«.

Mit dieser Vorschrift wollte der Gesetzgeber in erster Linie ein **umfassendes Forschungs- und Eingriffsverbot** schaffen, das nicht nur die »verbrauchende« Forschung an Embryonen erfasst. In den Erläuterungen zur Regierungsvorlage heisst es dazu: »Eine Untersuchung oder Behandlung zur Abwehr einer möglichen Gefahr für die Frau oder das gewünschte Kind soll – wie bei der natürlichen Fortpflanzung – nicht in Betracht kommen«. Nach dem erklärten Willen des Gesetzgebers werden also mit § 9 Abs 1 FMedG sowohl die Präimplantationsdiagnose als auch therapeutische Maßnahmen am Embryo in vitro untersagt. Zulässig sind ausschließlich solche diagnostische bzw therapeutische Maßnahmen, die unmittelbar der Herbeiführung der Schwangerschaft dienen. Da die in-vitro-Fertilisation nur an Frauen erlaubt ist, bei denen alle anderen möglichen und zumutbaren Behandlungen zur Herbeiführung einer Schwangerschaft durch Geschlechtsverkehr erfolglos gewesen oder aussichtslos sind (§ 2 Abs 2 FMedG), wäre demnach auch eine »eugenisch indizierte« IVF verboten, die der Untersuchung des Embryos auf Erbkrankheiten dienen soll.[91]

Zuwiderhandlungen gegen dieses Verbot sind gem § 22 Abs 1 Z 3 iVm § 9 Abs 1 FMedG mit Verwaltungsstrafe bis zu 500.000,- ATS (Ersatzfreiheitsstrafe bis zu 14 Tagen) sanktioniert. Eine gerichtliche Strafbarkeit besteht nicht.

Aus zivilrechtlicher Sicht ergibt sich aus § 9 FMedG eine Bestärkung der programmatischen Aussage des § 22 ABGB 1. Satz, wonach »selbst ungeborene Kinder [...] von dem Zeitpunkte ihrer Empfängnis an einen Anspruch auf den Schutz der Gesetze« haben. Die verfassungsrechtliche Bedeutung des § 9 Abs 1 FMedG ist allerdings umstritten. Denn da nach der Judikatur des VfGH (Slg 7400) das vorgeburtliche Leben gar nicht unter dem Schutz des verfassungsrechtlichen Lebensschutzes (Art 2 EMRK, Art 63 Abs 2 StV von St. Germain) steht, scheidet das Lebensrecht als Verfassungsmaßstab hier von vornherein aus.

Bedenken entstehen allerdings unter dem Aspekt des Gleichheitssatzes (Art 7 B-VG): Es ist ein auffallender Wertungswiderspruch, wenn das Gesetz zwar die **pränatale Diagnose** zur Feststellung von Krankheiten oder Krankheitsdispositionen **in vivo** (sei es mit oder ohne genanalytischen Methoden: oben 1, S. 221 und 3, S. 223) mit allen Konsequenzen bis hin zum Schwangerschaftsabbruch erlaubt, während es die Präimplantationsdiagnose **in vitro** zu denselben Zwecken ausnahmslos verbietet. Es wurde daher in der Literatur auch vorgeschlagen, das Verbot der Präimplantationsdiagnose in § 9 Abs 1 FMedG im Wege einer verfassungskonformen Interpretation einschränkend

[91] Ausführlich *Bernat*, FS Steffen 36 f.

auszulegen.[92] Es sei unverständlich, weshalb der Embryo in vitro vom Gesetz wesentlich stärker geschützt sei als der Embryo in utero, bei dem ein vergleichbar umfassendes Diagnoseverbot nicht besteht und der im Rahmen der §§ 96 ff StGB (Schwangerschaftsabbruch) sogar getötet werden darf. Eine Präimplantationsdiagnose müsse danach zumindest im gleichen Umfang zulässig sein wie eine pränatale Genanalyse. Auch wenn man eine solche »verfassungskonforme« restriktive Interpretation des § 9 Abs 1 FMedG ablehnt – der Wortlaut dieser Bestimmung ist eindeutig und darf nicht durch verfassungskonforme Interpretation umgedeutet werden –, so zeigt sich in dieser Auseinandersetzung doch, dass die ethische und rechtspolitische Einschätzung der Präimplantationsdiagnose in Österreich durchaus kontrovers ist.

6. Vergleich zur MRB a) Genanalysen zur Feststellung von Krankheitsdispositionen, zur Feststellung eines Überträgerstatus oder zur Diagnose einer manifesten Erkrankung unterliegen relativ genauen Regeln des GTG (§§ 65 ff), wobei allerdings die von Art 12 MRB geforderte Bindung an **Gesundheitszwecke** – was immer man darunter im Detail verstehen mag – im Gesetz nicht hinreichend zum Ausdruck kommt. § 65 GTG regelt zwar die (auch prädiktive) Genanalyse »zu medizinischen Zwecken«, schließt aber die Verfolgung anderer Ziele wegen seines limitierten Regelungsanspruches nicht aus. Nur bei der – von Art 12 MRB ohnehin nicht eindeutig erfassten – pränatalen Genanalyse findet sich eine einigermaßen klare Bindung an eine medizinische Notwendigkeit. Mit Art 12 MRB ist diese weitergehende Zulässigkeit von Genanalysen nur insofern vereinbar, als diese Genanalysen von vornherein auf andere Daten abzielen als auf die Feststellung bzw Vorhersage von Krankheiten oder Dispositionen. Denn dann handelt es sich um gar keine »prädiktiven« Genanalysen im Sinne der MRB; die Genanalyse zur Vaterschaftsfeststellung oder zur Personenidentifizierung ist nicht Regelungsgegenstand des Art 12 MRB. Da das GTG aber auch die prädiktiven Genanalysen iSd § 65 Z 1 – mit Ausnahme der pränatalen Analysen – nicht an einen obligaten Gesundheitszweck knüpft, scheint dem Art 12 MRB nicht entsprochen.

Das Spannungsverhältnis zur MRB wird allerdings durch das Verbot des § 67 GTG erheblich gemindert, wonach Ergebnisse von Genanalysen in bzw im Vorfeld von Arbeits- oder Versicherungsverhältnissen weder erhoben, verlangt, angenommen oder sonst verwertet werden dürfen. Auf diese Weise werden genau jene außergesundheitlichen Zwecksetzungen von Genanalysen, auf deren Verbot Art 12 MRB in erster Linie abzielt,[93] auch nach österreichischem Recht eindeutig verboten. Mehr noch: Da § 67 GTG jegliche – nicht

---

[92] *Bernat*, FS Steffen 41 f.

[93] Der Erläuternde Bericht erwähnt die Eignungsuntersuchungen im Vorfeld von Arbeits- oder Versicherungsverträge als zentrale Beispiele für die von Art 12 verbotenen Zwecke (Z 82 f).

nur die prädiktive – Genanalyse erfasst, geht dieses Verbot weit über den Regelungsanspruch des Art 12 MRB hinaus.

Soweit das GTG auch pränatale Gendiagnosen einer einschränkenden Regelung unterwirft, scheinen diese strenger als von der MRB geboten, weil Art. 12 MRB nicht auf den nasciturus anzuwenden ist.

b) Eine »angemessene genetische **Beratung**« iSd Art 12 MRB ist durch das GTG sichergestellt, sei es durch die umfassende humangenetische Beratung bei prädiktiven Genanalysen (zur Feststellung einer Veranlagung für eine Erbkrankheit oder eines Überträgerstatus) gem § 69 GTG, sei es durch die – zwar weniger ausführliche, aber im Licht des Art 12 wohl immer noch ausreichende – »normale« Aufklärung über die Tragweite und Aussagekraft der Genanalyse zur Diagnose manifester Erkrankungen gem § 65 Abs 2 GTG.

c) Bedenklich im Licht des – nicht nach der Testmethode differenzierenden – Art 12 MRB ist allerdings, dass es nach dem GTG wegen des **eingeschränkten Begriffsverständnisses der »Genanalyse«** (im Sinne einer molekulargenetischen Untersuchung) keine klaren Beschränkungen für solche genetischen Diagnosen gibt, die nicht auf einer Genanalyse im spezifischen (molekulargenetischen) Sinn des GTG beruhen (zB für die mikroskopische Analyse von Chromosomen). Für solche Tests gibt es weder eine Bindung an bestimmte Zwecke noch spezielle gesetzliche Beratungspflichten. Das gilt auch und insb für die pränatale Diagnose.

d) Was die – vom GTG zusätzlich zu den Analysen zu medizinischen Zwecken zugelassenen – Genanalysen zu **wissenschaftlichen** Zwecken bzw Ausbildungszwecken betrifft, so fehlt eine Bindung an »gesundheitsbezogene« Forschungen, wie sie Art 12 MRB vorsieht. Auch der Anonymitätsschutz ist nicht lückenlos, weshalb man wohl kaum argumentieren kann, dass es an einem Bezug zur individuellen Rechtssphäre des Betroffenen insgesamt fehle.

e) Viel strenger als nach der MRB ist hingegen die Rechtslage hinsichtlich der **Präimplantationsdiagnose**, da diese in Österreich schlechthin verboten ist, während die MRB hiefür keine Schranken aufstellt.[94]

III. Interventionen ins menschliche Genom (Art 13 MRB)

a) Eine **somatische Gentherapie** ist gem § 74 GTG nur zum Zweck der Therapie oder Verhütung schwerwiegender Erkrankungen des Menschen oder zur Etablierung hiefür geeigneter Verfahren im Rahmen einer klinischen Prüfung zulässig. Eine Gentherapie darf überdies nur dann durchgeführt werden, wenn eine Veränderung des Erbmaterials der Keimbahn auszuschließen ist. Lässt sich dies nicht völlig ausschließen, so darf die somatische Gentherapie

[94] Erläuternder Bericht Z 83.

nur angewendet werden, wenn dieses Risiko von dem von der Anwendung der Gentherapie zu erwartenden Vorteil überwogen wird und nur bei Menschen, die mit Sicherheit keine Nachkommen mehr haben können (§ 74 Z 2 GTG). Darüber hinaus bestehen für somatische Gentherapien weitreichende administrative Schutzvorkehrungen (behördliche Genehmigung der Einrichtung gem § 75 GTG, Einzelgenehmigung für klinische Prüfungen im Rahmen einer Gentherapie gem § 76 GTG etc).

b) Eingriffe in die menschliche **Keimbahn** wurden vom Gesetzgeber mehrfach ausdrücklich für unzulässig erklärt (§ 9 Abs 2 FMedG; § 64 GTG) und sind verwaltungsbehördlich strafbar (§ 22 Abs 1 Z 3 FMedG). Eine justizstrafrechtliche Sanktion wurde, entgegen ursprünglichen Vorschlägen, nicht vorgesehen. Rechtspolitisch wird dieses strikte Verbot überwiegend akzeptiert; ganz unbestritten ist es freilich nicht.[95]

c) Im Hinblick auf **Art 13 MRB** sind keine Widersprüche ersichtlich: Nach österreichischem Recht sind Eingriffe ins Genom im Rahmen einer somatischen Gentherapie auf die Therapie oder Verhütung schwerwiegender menschlicher Erkrankungen bzw die Etablierung hierfür geeigneter Verfahren beschränkt. Das geht – wegen des zwingenden Bezugs zu »schwerwiegenden« Krankheiten – über die Regelung des Art 13 MRB noch hinaus, der sich ganz allgemein mit einer präventiven, diagnostischen oder therapeutischen Zielsetzung begnügt. Ebenfalls im Einklang mit Art 13 MRB sind Keimbahneingriffe schlechthin untersagt. Auch hier ist die österreichische Regelung tendenziell strenger, weil sie nicht nur gezielte, sondern – jedenfalls dem Wortlaut nach – alle Keimbahneingriffe untersagt.

IV. Geschlechtswahl (Art 14 MRB)

Ein ausdrückliches Verbot der Geschlechtswahl besteht zwar weder im allgemeinen noch in Bezug auf die Reproduktionsmedizin. Nichtsdestoweniger ist die Auswahl des Geschlechts durch Techniken der medizinischen Fortpflanzungshilfe bereits durch das generelle Verbot des § 9 Abs 1 FMedG (keine Eingriffe am Embryo in vitro außer zur Herbeiführung einer Schwangerschaft) mittelbar untersagt. Die Regelung ist überdies strenger als jene des Art 14 MRB, weil sie (entgegen Art 14 MRB) keine Ausnahme für schwere geschlechtsgebundene Erbkrankheiten vorsieht. Eine Geschlechtswahl durch andere Techniken (etwa Schwangerschaftsabbruch) ist an sich nicht verboten, doch wird dieser Fall auch durch Art 14 MRB nicht erfasst.

---

[95] Vgl kritisch und mwN *Bernat*, FS Steffen 53.

F. Biomedizinische Forschung am Menschen – Kapitel V MRB

I. Allgemeines

a) Eine umfassende gesetzliche Regelung biomedizinischer Forschung am Menschen besteht in Österreich – anders als bei der Forschung mit Tieren[96] – nicht.[97]

Größer angelegte Kodifikationen gibt es nur für einzelne Teilbereiche, nämlich für **klinische Prüfungen** von Arzneimitteln und Medizinprodukten: Diese werden durch das AMG[98] bzw das MPG[99] relativ ausführlichen Schutzbestimmungen unterworfen, deren Darstellung den Rahmen dieses Berichts sprengen würde.[100] Erwähnt seien hier nur der obligate Abschluss einer verschuldensunabhängigen Probandenversicherung[101] oder allgemeine Gebote der Schonung der Versuchspersonen bzw der Gefahrenminimierung[102] und der Verhältnismäßigkeit von Nutzen und Risiko. Zusätzlich verlangt § 29 Abs 2 Z 2 AMG, dass die nicht auszuschließende Gefahr einer Beeinträchtigung der Gesundheit der Versuchsperson entweder nicht erheblich sein darf oder aber überwogen wird von dem von der Anwendung des Arzneimittels zu erwartenden Vorteil für ihre Gesundheit. Das bedeutet, dass klinische Prüfungen ohne therapeutischen Nutzen (an gesunden Probanden) in keinem Fall mit einer »erheblichen« Gefahr verbunden sein dürfen, während bei Heilversuchen (an Kranken) auch nicht unerhebliche Gefährdungen in Abwägung zum erhofften therapeutischen Nutzen in Kauf genommen werden dürfen. Zusätzliche Schranken bestehen für die klinische Prüfung an kranken Probanden: Der Heilversuch am Patienten ist grundsätzlich gegenüber der (nichttherapeutischen) Prüfung an Gesunden subsidiär; weiters muss ein individueller therapeutischer Nutzen für den kranken Probanden zu erwarten

---

[96] Vgl das TierversuchsG, BGBl 1989/501 idF BGBl I 1999/169, sowie die VO über die Unzulässigkeit des »LD-50-Tests« nach dem Tierversuchsgesetz, BGBl 1992/792.

[97] Vgl zu organisatorischen und finanziellen Fragen lediglich das Forschungsorganisationsgesetz (FOG), BGBl 1981/341 idF BGBl I 1997/49, sowie das Forschungsförderungsgesetz (FFG), BGBl 1982/434 idF BGBl I 1999/79.

[98] BG über die Herstellung und das Inverkehrbringen von Arzneimitteln (ArzneimittelG–AMG), BGBl 1983/185 idF BGBl I 1998/78; dazu bestehen vielfältige Durchführungsverordnungen.

[99] BG betreffend Medizinprodukte (MPG), BGBl 1996/657 idF BGBl I 1999/117.

[100] Vgl zusammenfassend *Bernat*, Landesbericht Österreich, in: *Deutsch/Taupitz* (Hrsg), Forschungsfreiheit und Forschungskontrolle in der Medizin (2000) 7 ff.

[101] § 32 Abs 2 AMG, § 47 MPG.

[102] Gem § 29 Abs 1 AMG (§ 41 Abs 1 MPG) sind bei der Planung, Anlage und Durchführung klinischer Prüfungen die gesundheitlichen Risken und Belastungen für die Versuchsperson so gering wie möglich zu halten.

sein, außer wenn eine bestimmte Krankheit Voraussetzung dafür ist, für eine im Prüfplan festgelegte Hypothese ein relevantes Ergebnis zu erhalten.[103] Auf die speziellen Bestimmungen über Aufklärung und Einwilligung sowie über den Schutz bestimmter Personengruppen (Minderjährige, psychisch Kranke) wird unten näher einzugehen sein.

b) Alle **anderen Forschungsvorhaben** am Menschen, die keine klinischen Prüfungen iSd AMG oder MPG sind, müssen nach sonstigen – also forschungsunspezifischen – rechtlichen Rahmenbedingungen insb des ärztlichen Berufsrechts sowie des Zivil- und Strafrechts beurteilt werden. Aus diesen Normen ergeben sich nur sehr allgemeine Richtlinien, etwa eine Bindung des ärztlichen Verhaltens an das Wohl des Patienten (§ 49 ÄrzteG) sowie die grundsätzliche Einwilligungsbedürftigkeit körperlicher Eingriffe am Menschen (§§ 83 ff, 90 StGB). Bei Forschungen am Toten greift der strafrechtliche Schutz der Totenruhe (§ 190 StGB) ein. Eine Beachtung des Fürsorge- und des Autonomieprinzips ist somit auch dort verpflichtend, wo es an spezifischen Regelungen fehlt. Die umfassendste Verankerung der Patientenautonomie in Bezug auf die Forschung enthält Art 20 Patientencharta, wonach niemand ohne seine ausdrückliche (und jederzeit widerrufliche) Zustimmung zu Forschungs- und Unterrichtszwecken herangezogen werden darf; freilich leidet diese Bestimmung – wie alle anderen Regeln der Charta – an der fehlenden unmittelbaren Anwendbarkeit. Etwas abgeschwächt wird dieses Zustimmungsprinzip in Bezug auf die klinische Ärzteausbildung dann allerdings durch die – unmittelbar anwendbare – Bestimmung des § 44 KAG: Danach dürfen Patienten, die an Universitätskliniken oder anderen Lehrkrankenanstalten behandelt werden, bei fehlender Einwilligungsfähigkeit auch ohne ihre Zustimmung zu »Unterrichtszwecken« herangezogen werden, sofern diesbezüglich kein Widerspruch des Pfleglings vorliegt.

II. Rechtliche Differenzierungsmerkmale

Die rechtliche Regelung der medizinischen Forschung am Menschen greift – sei es ausdrücklich, sei es durch implizite Anknüpfung an allgemeine Grundsätze –auf zwei geradezu weichenstellende Kriterien zurück, von deren Erfüllung die weitere Einordnung entscheidend abhängt: Zum einen auf die Unterscheidung zwischen **einwilligungsfähigen und nicht-einwilligungsfähigen** Personen. Und zum zweiten auf die Unterscheidung zwischen therapeutisch **indizierten und therapeutisch nicht indizierten** Maßnahmen. Insgesamt ergeben sich daraus vier Fallgruppen, die je und je anderen Regeln unterliegen. Die damit vorausgesetzten Tatbestandsmerkmale der »Einwilligungsfähigkeit« und der »therapeutischen Indikation« sind freilich nicht immer so

[103] § 29 Abs 3 AMG. Zum Ganzen eingehend *Bernat*, Landesbericht Österreich, in: *Deutsch/Taupitz* (Hrsg), Forschungsfreiheit 10.

klar, wie es die griffigen Schlagworte des Gesetzgebers vermuten lassen. Dies nicht zuletzt deshalb, weil es sich dabei um abstrakte und idealtypische Tatbestandsmerkmale handelt, deren reale Substrate mitunter durch fließende Übergänge, durch schwankende Verläufe sowie durch unterschiedlich bewertbare Einzelparameter gekennzeichnet sind. Diese Abgrenzungsschwierigkeiten tauchen zwar auch bei der »normalen« Heilbehandlung auf, sie haben aber im Kontext der Forschung viel weiterreichende Konsequenzen. Bevor auf die für die verschiedenen Fallgruppen jeweils geltenden rechtlichen Normen im Detail zurückzukommen ist, bedarf es daher einiger Vorbemerkungen zu den Kriterien der Gruppenzuordnung:

1. »Einwilligungsfähigkeit« bei der Einwilligung in medizinische Forschungseingriffe Mit dem Tatbestand der »Einwilligungsfähigkeit« meint man im konkreten Zusammenhang üblicherweise die Fähigkeit zu einer eigenverantwortlichen Entscheidung über medizinische Eingriffe.[104] Die maßgebliche Frage lautet, ob eine Person nach entsprechender Aufklärung in der Lage ist, **Wesen, Bedeutung, Tragweite und Risiken eines Eingriffs** (hier: eines medizinischen Versuchs) **einzusehen** und ihren Willen nach dieser Einsicht zu bestimmen. Mit solchen Wendungen hat die »Einwilligungsfähigkeit« auch in viele jüngere Gesetze Eingang gefunden.[105] Für die Kriterien, auf die es dabei im Detail ankommt, lassen sich handhabbare »Checklisten« aufstellen, die zwar in Grenzfällen nicht weiterhelfen, die aber doch die wesentlichen Punkte angeben, auf die es ankommt. Trotzdem bleiben wegen der konkreten Einzelfallbezogenheit der Beurteilung viele Zweifelsfragen offen. Wohl gerade deshalb hat der österreichische Gesetzgeber bei der klinischen Arzneimittel- und Medizinprodukteprüfung einen etwas anderen Weg gewählt, indem er – wie noch zu zeigen ist – die Grenzziehung zwischen einwilligungsfähigen und nicht-einwilligungsfähigen Personen nicht nur an der konkreten Einsichts- und Urteilsfähigkeit festmacht, sondern kumulativ auf die zivilrechtliche **Geschäftsfähigkeit** (§ 38 Abs 1, § 43 AMG) bzw auf **zusätzliche Altersgrenzen** (§ 42 Z 5 AMG – kumulative Zustimmung des bereits 8jährigen Minderjährigen) abstellt. Diese Regelungen sind zwar schematischer, da sie an fixen Altersgrenzen bzw an einer gerichtlichen Sachwalterbestellung anknüpfen, sie haben dafür aber eine wesentlich größere intersubjektive Nachvollziehbarkeit und somit Rechtssicherheit für sich. Angemerkt sei schon an dieser Stelle, dass sich die MRB in dieser Frage nicht festlegt, sie überlässt die Grenzziehung zwischen Einwilligungsfähigkeit und Einwilligungsunfähigkeit dem nationalen Recht, das dabei freilich an elementare Sachlichkeitsgebote gebunden bleibt.

---

[104] Dazu und zum folgenden *Bernat*, Forschung an Einwilligungsunfähigen, in: *Deutsch/Taupitz* (Hrsg), Forschungsfreiheit 291 ff.

[105] Vgl zB § 38 Abs 1, § 42 Z 5, § 43 Z 4 AMG; § 49 Abs 2 MPG; für Heilbehandlungen bei psychiatrisch Untergebrachten zB § 36 UbG; ähnlich § 8 Abs 3 KAG.

2. Therapeutische/nichttherapeutische Forschung Die zweite zentrale Unterscheidung ist jene zwischen therapeutischer und nichttherapeutischer Forschung: Art 17 Abs 1 lit ii der Biomedizinkonvention stellt in diesem Punkt darauf ab, ob die Forschungsmaßnahme für die Gesundheit der betroffenen Person von **tatsächlichem und unmittelbarem Nutzen** ist. Bejahendenfalls liegt ein therapeutischer Versuch vor, anderenfalls spricht man von einem wissenschaftlichen Experiment. Dabei kommt es auf den konkreten Nutzen für den Probanden an, nicht auf einen Gruppennutzen für Personen in ähnlichen Situationen, und nicht auf einen potentiellen Nutzen über den Umweg allenfalls erst zu entwickelnder Arzneimittel. Letztlich geht es also um das, was man üblicherweise die medizinische Indikation nennt, wenngleich natürlich auch der zu erwartende Nutzen immer nur eine mehr oder weniger plausible Zukunftserwartung sein kann. Ein ex ante sinnvoller Heilversuch bleibt auch ein Heilversuch, wenn er misslingt.

Der österreichischen Rechtsordnung nimmt eine durchaus vergleichbare Grenzziehung vor. Diese kommt einmal im strafrechtlichen Begriff der »**Heilbehandlung**« (§ 110 StGB) zum Ausdruck (der ebenfalls die konkrete therapeutische Indikation beinhaltet), sie tritt aber auch in den besonderen Regeln der klinischen Prüfung zu tage. Dort werden therapeutische Versuche mit den Worten umschrieben, dass die Anwendung des zu prüfenden Mittels nach den Erkenntnissen der medizinischen Wissenschaft angezeigt sein muss, um beim Betroffenen eine Krankheit oder deren Verlauf zu erkennen, sie zu heilen oder zu lindern oder ihn vor weiteren Krankheiten zu schützen (zB § 29 Abs 3 Z 2 AMG). Die gemeinsame Klammer ist also auch hier der **individuelle Nutzen** für den Patienten, mag dieser nun ein therapeutischer im engeren Sinn, oder auch nur ein diagnostischer oder prophylaktischer Nutzen sein. Diese Verknüpfung mit dem individuellen Nutzen macht auch klar, dass eine Diagnoseforschung dann – aber auch nur dann – der therapeutischen Forschung zuzuordnen ist, wenn aus dieser Diagnose im konkreten Einzelfall überhaupt eine sinnvolle therapeutische Konsequenz gezogen werden kann. Trifft dies nicht zu, dann wäre das bloße »Erkennen« von Krankheiten aus wissenschaftlicher Neugier bereits ins Kapitel der nicht-therapeutischen Forschung einzuordnen.

III. Therapeutische Forschung (Heilversuch)

Grundsätzlich muss zwischen den sondergesetzlich geregelten Bereichen der klinischen Arzneimittel- und Medizinprodukteprüfung einerseits und den – nicht explizit geregelten – sonstigen Heilversuchen andererseits differenziert werden:

1. Therapeutische Versuche außerhalb spezieller gesetzlicher Regelungen a) Für therapeutische Versuche **außerhalb klinischer Prüfungen**

ist weithin anerkannt, dass diese nach den **allgemeinen Regeln für Heilbehandlungen** (§ 110 StGB, § 8 Abs 3 KAG etc) zu beurteilen sind: Sofern es im konkreten Fall keine allgemein anerkannte konventionelle Methode gibt oder diese eine geringere Erfolgsaussicht bzw höhere Risken aufweist, ist der Heilversuch grundsätzlich zulässig. Auch die Frage nach der **Einwilligung** ist nach den üblichen Grundsätzen zu lösen: Der **einwilligungsfähige** erwachsene Patient – verstanden im Sinne der konkreten Einsichts- und Urteilsfähigkeit – kann idR selbst über die Zulassung des Versuchs entscheiden, und zwar auch bei bestehender Sachwalterschaft. Bei **Minderjährigen** wird aber, jedenfalls bei schwerwiegenden Eingriffen, im Sinne der Rechtsprechung zusätzlich zur Einwilligung des einwilligungsfähigen Minderjährigen auch noch die Einwilligung seines gesetzlichen Vertreters zu fordern sein. Ausdrückliche Schutzvorschriften, wie sie Art 16 MRB vorsieht, gibt es nicht. Da die Einwilligung in einen körperlichen Eingriff aber gem § 90 Abs 1 StGB nur dann wirksam ist, wenn die Verletzung nicht gegen die »guten Sitten« verstößt, werden sich gewisse Schranken allenfalls im Interpretationsweg aus dieser Sittenwidrigkeitsklausel ableiten lassen, wie insb das Verhältnismäßigkeitsgebot des Art 16 lit ii. Auch die in Art 16 lit v festgelegte Dokumentation der Einwilligung ist wohl im Wege allgemeiner ärztlicher Dokumentationspflichten begründbar. In mancher Hinsicht fehlt es allerdings an innerstaatlichen Entsprechungen, so etwa hinsichtlich der – durch § 90 StGB nicht unbedingt nötigen – Ausdrücklichkeit der Einwilligung (Art 16 lit v), oder auch hinsichtlich der Information über Rechte (lit iv) bzw des Vorrangs der Nicht-Humanforschung (lit i). Auch eine Befassung unabhängiger Ethikkommissionen ist in Österreich nicht für jeden Heilversuch verpflichtend, sondern beschränkt auf die Anwendung neuer Methoden in Krankenanstalten (dazu unten VI, S. 243).

b) Ist der Patient **nicht einwilligungsfähig** (=konkret einsichts- und urteilsfähig), so liegt die Entscheidung beim gesetzlichen Vertreter, also bei den Sorgeberechtigten eines Minderjährigen oder bei einem – sofern nach dem Wirkungskreis zuständigen – Sachwalter. Die zivilrechtlichen Vertreter sind dabei strikt an das **Patientenwohl** gebunden. Bei schwereren Eingriffen müsste der Sachwalter überdies die pflegschaftsgerichtliche Genehmigung nach § 216 ABGB einholen. Hat der einwilligungsunfähige Patient keinen für ihn zuständigen gesetzlichen Vertreter (was nur bei Erwachsenen zutreffen kann), dann ist ein Heilversuch – ebenso wie alle anderen Heilbehandlungen – ohne Einwilligung gem § 110 Abs 2 StGB nur bei **Gefahr im Verzug** zulässig, er setzt also voraus, dass das Unterlassen oder die Verzögerung der Maßnahme zu einer Lebens- oder schweren Gesundheitsgefährdung führen würde. Ist diese recht hohe Schwelle der »Gefahr im Verzug« nicht erreicht, müsste zuerst eine Sachwalterbestellung abgewartet werden. Zusätzlich zu alldem bedarf die Anwendung solch neuer medizinischer Methoden, wenn dies in Krankenanstalten stattfindet, einer Beurteilung durch die Ethikkommission.

2. Klinische Prüfungen von Arzneimitteln Im Spezialfall der klinischen **Arzneimittelprüfung** gelten im Großen und Ganzen ähnliche Regeln, sie weisen aber eine wesentlich höhere Genauigkeit und begleitende Formbestimmungen auf:

a) Abgesehen von den noch zu erörternden Sonderbestimmungen für Minderjährige, psychisch Kranke mit Sachwalter und sonst vorübergehend Einwilligungsunfähige iSd § 39 Abs 3 AMG (dazu gleich unten) darf eine klinische Prüfung ausnahmslos nur nach **höchstpersönlicher Einwilligung** der Versuchsperson durchgeführt werden. Diese Einwilligung ist nur dann rechtswirksam, wenn die Versuchsperson geschäftsfähig und in der Lage ist, Wesen und Bedeutung, Tragweite und Gefahren der klinischen Prüfung einzusehen und ihren Willen danach zu bestimmen (§ 38 Abs 1 AMG). Die Einwilligung ist jederzeit **widerrufbar** (§ 38 Abs 2 AMG) und muss in **schriftlicher Form** festgehalten werden (persönliche Unterschrift oder Abgabe vor Zeugen) (§ 39 Abs 1 AMG).

Voranzugehen hat eine umfassende und sowohl mündliche als auch schriftliche ärztliche **Aufklärung** über Wesen, Bedeutung, Tragweite und Risken der klinischen Prüfung. Dabei ist auch klarzustellen, dass die Ablehnung an der Teilnahme oder das Ausscheiden aus der klinischen Prüfung zu einem beliebigen Zeitpunkt ohne nachteilige Folgen, insbesondere für die weitere medizinische Versorgung der Versuchsperson bleibt (§ 39 Abs 1 AMG). Weiters ist über den Versicherungsschutz zu informieren (§ 39 Abs 5 AMG).

b) Bei **Minderjährigen** – das sind hier wegen der Anknüpfung des AMG an die Geschäftsfähigkeit sämtliche Personen unter 18 Jahren – ist eine klinische Prüfung nur unter den verschärften Bedingungen des § 42 AMG zulässig: Erforderlich ist unter anderem, dass das Arzneimittel zur Heilung, Linderung oder Verhütung von Krankheiten bei Minderjährigen bestimmt ist und dass die Anwendung **im konkreten Fall indiziert** ist, um bei dem Minderjährigen, bei dem die klinische Prüfung stattfindet, Krankheiten oder deren Verlauf zu erkennen, sie zu heilen oder zu lindern oder ihn vor Krankheiten zu schützen. Weiters ist erforderlich, dass die klinische Prüfung an Erwachsenen keine ausreichenden Prüfungsergebnisse erwarten lässt. Die klinische Prüfung an Minderjährigen ist also **subsidiär gegenüber jener an Erwachsenen**; und sie muss im therapeutischen Interesse gerade des Minderjährigen liegen. Das impliziert unter anderem, dass eine klinische Prüfung an gesunden Minderjährigen verboten ist, weil diesfalls eine mögliche Indikation fehlt. Durch die Bindung an den konkreten therapeutischen Nutzen wird wohl mittelbar auch ein Verhältnismäßigkeitsprinzip iSd Art 16 lit ii MRB begründet.

Hinsichtlich der erforderlichen **Einwilligung** bestehen weitaus strengere Vorschriften als im sonstigen Medizinbereich: Bei jeder klinischen Prüfung an Minderjährigen ist nicht nur die (am Patientenwohl zu orientierende) **Einwilligung durch Erziehungsberechtigte und gesetzliche Vertreter** obligat, sondern kumulativ noch jene des aufgeklärten Minderjährigen selbst, wenn er **über 8 Jahre oder aber bereits konkret einsichtsfähig** ist (§ 42 Z 5 AMG). Der bereits 8jährige kann daher – unabhängig von einer konkret zu prüfenden Einwilligungsfähigkeit – jedenfalls die Prüfung durch Verweigerung seiner Einwilligung verhindern, er bleibt dadurch aber immer noch gegen eine unbedachte Zustimmung geschützt, weil die Zustimmung des Minderjährigen allein nie (auch nicht bei vorliegender Einsichtsfähigkeit!) ausreicht. Alle diese Einwilligungen sind widerrufbar (§ 38 Abs 2 AMG); fällt eine von ihnen weg, ist die Prüfung unzulässig. Die Einwilligung durch Vertreter bzw Erziehungsberechtigte sowie jene des (über 8jährigen und/oder einsichtsfähigen) Minderjährigen ist »nachweislich« zu erteilen (§ 42 Z 4, 5 AMG), also zu dokumentieren. Im Fall eines nicht unerheblichen Risikos ist – anders als bei der elterlichen Zustimmung zu sonstigen Heilbehandlungen – zusätzlich die **Genehmigung des Vormundschaftsgerichts** einzuholen.

Die ärztliche **Aufklärung** über Wesen, Bedeutung, Tragweite und Risken der klinischen Prüfung ist sowohl den gesetzlichen Vertretern und Erziehungsberechtigten als auch dem Minderjährigen zu geben, sofern dieser das achte Lebensjahr vollendet hat oder er bereits einsichtsfähig ist.

c) Bei psychisch kranken oder geistig behinderten **erwachsenen** Personen unter **Sachwalterschaft** bestehen ganz ähnliche Bestimmungen: Insb gilt gem § 43 AMG eine vergleichbare strikte Bindung an die medizinische **Indikation** wie bei Minderjährigen, nicht jedoch ein Vorrang der Prüfung an geschäftsfähigen Personen. Erforderlich ist außerdem, dass die Anwendung des Arzneimittels gerade im Hinblick auf jene psychische »Anlasskrankheit« medizinisch geboten ist, wegen der die Sachwalterbestellung erfolgte. Das Spektrum der möglichen Medikamente wird damit drastisch eingegrenzt. Die Entscheidung über die zwingend erforderliche **Einwilligung** liegt beim Sachwalter nach entsprechender Aufklärung, bei nicht unerheblichen Risken ist zusätzlich wieder die Genehmigung des Pflegschaftsgerichts einzuholen. Sofern der Betroffene selbst **einwilligungsfähig** ist, bedarf es kumulativ zur Einwilligung des Sachwalters auch noch seiner persönlichen Zustimmung nach umfassender Aufklärung, ist er **nicht einwilligungsfähig**, so genügt die Einwilligung des Sachwalters. Hat der Betroffene zwar einen Sachwalter, der jedoch nach seinem Wirkungskreis nicht für klinische Prüfungen zuständig ist, dann ist die Prüfung unzulässig, weil auf die Einwilligung eines bestellten Sachwalters nie verzichtet werden darf, diese Einwilligung vom unzuständigen Sachwalter aber nicht erteilt werden kann.

d) Hat ein **erwachsener, einwilligungsunfähiger** Patient **keinen Sachwalter**, dann kann gem § 39 Abs 3 AMG der Einschluss in eine Studie dennoch gerechtfertigt sein, wenn die zuständige Ethikkommission grundsätzlich damit einverstanden ist und der Prüfer der Überzeugung ist, dass der aus der Teilnahme zu erwartende Erfolg über die Gesundheit des Patienten mit einer zugelassenen Arzneispezialität voraussichtlich nicht erzielt werden kann.

Dauert dieser Zustand der Einwilligungsunfähigkeit allerdings länger an, so wird aus Gründen des Probandenschutzes die Bestellung eines Sachwalters ins Auge zu fassen sein, welchem dann die entsprechenden Entscheidungsbefugnisse zustehen. Das ändert aber nichts daran, dass in diesem Ausnahmefall – und nur in diesem – eine therapeutisch indizierte klinische Prüfung ohne jegliche Einwilligung des Betroffenen oder eines Vertreters zulässig ist. Die Vereinbarkeit dieser Regelung mit Art 17 Abs 1 lit iv in Verbindung mit Art 6 MRB muss bezweifelt werden (siehe unten V, S. 241).

e) Für bestimmte Personengruppen bestehen verschärfte Schutzbestimmungen: An Wehrpflichtigen, die Präsenzdienst leisten, sind klinische Prüfungen verboten (§ 45 AMG). Bei Schwangeren muss eine konkrete medizinische Indikation entweder bei der Frau oder beim Kind vorliegen (§ 44 AMG). In **Haftverhältnissen** sind klinische Arzneimittelprüfungen nicht generell unzulässig, sie dürfen gem § 45 iVm § 43 AMG aber wieder nur unter derart restriktiven Bedingungen vorgenommen werden, dass dies einem Verbot beinahe gleichkommt: Erstens muss es sich um Personen handeln, die infolge einer **Krankheit** angehalten werden; das betrifft im wesentlichen die psychiatrische Anhaltung sowie rein theoretisch noch die seuchenrechtliche Internierungen. Zweitens muss die Anwendung des Arzneimittels beim konkreten Patienten in dessen therapeutischem Interesse indiziert sein, und zwar genau wegen der jeweiligen Anlasskrankheit, die zur Anhaltung führte. Und drittens ist die Prüfung nur dann zulässig, wenn der Betroffene einen nach seinem Wirkungskreis zuständigen **Sachwalter** hat und dieser Sachwalter auch zustimmt. Dahinter steht der Gedanke, dass selbst Heilversuche an Personen in Haft nur statthaft sein sollen, wenn ein gesetzlicher Vertreter vorhanden ist, der die Rechte des Häftlings wahrnimmt. Eben diese letzte Bedingung ist aber nur ganz selten erfüllt, weil eine krankheitsbedingte Anhaltung nur gelegentlich – und auch das nur bei der psychiatrischen Unterbringung nach dem Unterbringungsgesetz – mit einer Sachwalterbestellung einhergeht.

3. Klinische Prüfungen von Medizinprodukten Für klinische Prüfungen von Medizinprodukten gelten nach §§ 39 ff MPG über weite Strecken ähnliche Regelungen wie für die Arzneimittelprüfung. In einigen Punkten ist die Regelung allerdings strenger:

a) Die Regelungen über die **Einwilligung und Aufklärung** der Probanden (§§ 49 f MPG) entsprechen jenen des AMG.

b) Für die klinische Prüfung von Medizinprodukten an **Minderjährigen** enthält § 51 MPG eine dem AMG entsprechende Regelung.

c) In Bezug auf die klinische Prüfung an psychisch kranken oder geistig behinderten Erwachsenen weicht die Rechtslage nach dem MPG bemerkenswerter Weise ab: § 52 MPG **verbietet** jegliche – auch therapeutisch nützliche – klinische Prüfungen **an Personen mit Sachwalter**. Da auch eine dem § 39

Abs 3 AMG entsprechende Bestimmung über die Einbeziehung unvertretener einwilligungsunfähiger Personen fehlt, ist eine klinische Medizinprodukteprüfung an einwilligungsunfähigen Erwachsenen – auch bei therapeutischem Nutzen – insgesamt unzulässig. Wenngleich die Motive für diese strenge Regel im Dunkeln liegen, so muss wegen der evidenten Abweichung des Gesetzgebers vom systematisch und zeitlich nahestehenden AMG doch angenommen werden, dass es sich dabei um eine bewusste politische Entscheidung handelt, die nicht durch Analogieschlüsse korrigiert werden darf. Die Praxis dürfte in diesem Punkt allerdings nicht einheitlich sein.

d) An Personen in zwangsweisen staatlichen **Verwahrungsverhältnissen**, also etwa bei Strafgefangenen oder bei psychiatrisch untergebrachten Patienten, sind klinische Prüfungen von **Medizinprodukten** – abweichend vom AMG – generell verboten, und zwar selbst bei therapeutischem Nutzen bzw mit Einwilligung (§ 52 MPG), ebenso an Wehrpflichtigen, die Präsenzdienst oder Zivildienst leisten (§ 54 MPG). Bei Schwangeren oder stillenden Müttern muss die Prüfung mit einem direkten Nutzen für die Schwangere oder das Kind verbunden sein (§ 53 MPR).

IV. Nicht-therapeutische Forschung (Humanexperiment)

Auch bei der nicht-therapeutischen Forschung am Menschen, also bei Maßnahmen, die **keinen individuellen Nutzen** für den Probanden versprechen, muss wieder zwischen allgemeinen Grundsätzen und den gesetzlichen Sonderregelungen für die klinische Prüfung von Arzneimitteln und Medizinprodukten unterschieden werden. In den wesentlichen Prinzipien herrscht freilich Übereinstimmung:

1. Nicht-therapeutische Forschung außerhalb spezieller gesetzlicher Regelungen

a) An **einwilligungsfähigen** Personen ist nicht-therapeutische Forschung grundsätzlich **zulässig**: Maßgebliches gesetzliches Regulativ ist zunächst auch hier § 90 StGB, der körperliche Eingriffe außerhalb von Heilbehandlungen an die Einwilligung des Betroffenen bindet. Maßgeblich ist die konkrete Einsichts- und Urteilsfähigkeit, was gegebenenfalls auch bei mündigen Minderjährigen – bei schweren Eingriffe mit zusätzlicher Zustimmung des gesetzlichen Vertreters – zutreffen kann. Darüber hinaus darf die Verletzung als solche nicht den guten Sitten widersprechen. Zentrale und unverzichtbare Voraussetzung für die Zulässigkeit ist also die freie Einwilligung des Betroffenen, wobei an die vorangehende Risikoaufklärung besonders hohe Anforderungen gestellt werden. Zusätzliche, wenngleich nicht sehr exakte Schranken ergeben sich aus dem Sittenwidrigkeitskorrektiv sowie aus der allgemeinen Bindung ärztlichen Verhaltens an die Grundsätze der medizinischen Wissenschaft und an das Wohl der Kranken und Gesunden. All dies impliziert einige elementare Grundsätze wie etwa eine sorgfältige Nutzen/Risiko-abwägung im Sinne des Verhältnismäßigkeitsprinzips, eine vorangehende Evaluierung durch vorklinische Versuche und anderes mehr. Sofern das Forschungsvorhaben in Krankenanstalten durchgeführt werden soll, ist nach den Bestimmungen des KAG überdies eine Beurteilung der Ethikkommission einzuholen. Sonstige spezielle Schutzvorschriften iSd Art 16 MRB (zB Ausdrücklichkeit der Zustimmung) fehlen.

An bestimmten Personengruppen ist nicht-therapeutische medizinische Forschung selbst mit Einwilligung **verboten**, so etwa an Strafgefangenen gem § 67 StVG; nach richtiger Auffassung ist dieses Verbot im Wege der Analogie wohl für alle Personen in sog besonderen Gewaltverhältnissen generalisierbar.

b) **Nicht-therapeutische Forschung an Einwilligungsunfähigen** – seien sie minderjährig oder erwachsen – ist nach geltendem Recht grundsätzlich **unzulässig.**[106] Das entspricht dem völkerrechtlichen Verbot des Art 7 des UN-Weltpaktes über bürgerliche und politische Rechte und ergibt sich innerstaatlich aus allgemeinen zivil- und strafrechtlichen Grundsätzen: Sofern es sich um körperliche Eingriffe (einschließlich der Verabreichung von Medikamenten) handelt, folgt schon aus § 90 StGB, dass die dort vorgeschriebene **Einwilligung** in körperliche Eingriffe **unabdingbar** ist, da in diesem Fall keinerlei Ausnahme zugunsten der Annahme einer mutmaßlichen Einwilligung bei Gefahr im Verzug besteht, wie sie etwa § 110 Abs 2 StGB bzw § 8 Abs 3 KAG für Heilbehandlungen kennt. Auch für andere übergesetzliche Rechtfertigungsgründe besteht nach wohl herrschender Auffassung kein Raum. Entscheidend tritt hinzu, dass diese Einwilligung aber auch **nicht durch Dritte substituierbar** ist, da die gesetzlichen Vertreter sowohl des Kindschafts- als auch des Sachwalterrechts der gesetzlichen Bindung an das **Wohl** des Vertretenen unterliegen und sie daher aus zivilrechtlichen Gründen keine Zustimmung zu Maßnahmen erteilen dürfen, die nicht den Interessen des Pfleglings dienen. Anders formuliert: Auch fremdnützige Forschung an Einwilligungsunfähigen ist einwilligungspflichtig, es gibt aber niemanden, dem die Zuständigkeit zur Erteilung einer solchen Einwilligung zukommt.

2. Klinische Prüfungen von Arzneimitteln und Medizinprodukten

Für den Fall der nicht indizierten **klinischen Prüfungen** enthalten sowohl das AMG als auch das MPG zusätzliche Bedingungen, die hier nicht im Einzelnen dargelegt werden können. Insb darf eine klinische Arzneimittelprüfung an einem Kranken, die nicht mit einem direkten Nutzen für ihn verbunden ist, nur dann durchgeführt werden, wenn aussagekräftige Daten aus klinischen Prüfungen an Gesunden vorliegen und wenn eine bestimmte Erkrankung der

---

[106] Vgl wieder *Bernat*, Forschung an Einwilligungsunfähigen, in: *Deutsch/Taupitz* (Hrsg), Forschungsfreiheit 297 ff.

Versuchsperson Voraussetzung dafür ist, dass ein für die im Prüfplan festgelegte Fragestellung relevantes Ergebnis zu erwarten ist (§ 29 Abs 3 AMG).

a) Soweit es sich um **einwilligungsfähige erwachsene** Patienten handelt, wird das Erfordernis eines »informed consent« im AMG und im MPG detailliert geregelt und durch begleitende Form- und Dokumentationsregeln abgesichert: So bedarf es etwa – wie bei therapeutisch indizierten Prüfungen – einer mündlichen und schriftlichen Aufklärung über Wesen, Bedeutung, Tragweite und Risiken der klinischen Prüfung; die Einwilligung ist jederzeit widerruflich und muss schriftlich dokumentiert werden. Bei therapeutisch nicht indizierten Prüfungen muss die Einwilligung zusätzlich mit **eigenhändiger Unterschrift** gegeben werden (§ 39 Abs 2 AMG; § 50 Abs 2 MPG).

Hervorzuheben ist in diesem Zusammenhang nochmals, dass die **Schwelle** für die Bejahung der persönlichen **Einwilligungsfähigkeit** in diesen Sondergesetzen aus Schutzgründen untypisch hoch angesetzt ist: Einwilligungsfähig in dem Sinn, dass er durch seine eigene und alleinige Zustimmungserklärung eine klinische Prüfung legitimieren kann, ist nach AMG und MPG grundsätzlich nur, wer geschäftsfähig **und** in der Lage ist, Wesen, Bedeutung, Tragweite und Gefahren der klinischen Prüfung einzusehen und seinen Willen danach zu bestimmen (§ 38 Abs 1 AMG, § 49 Abs 2 MPG). Minderjährige und psychisch kranke Personen, die einen für medizinische Maßnahmen zuständigen Sachwalter haben, können demnach auch dann keine für sich genommen hinreichende Einwilligung erteilen, wenn sie über die – für Behandlungsentscheidungen ansonsten ausreichende – konkrete Einsichtsfähigkeit verfügen.

b) Nicht-therapeutisch indizierte klinische Prüfungen an **einwilligungsunfähigen** erwachsenen Personen sowie an **Minderjährigen** sind nach AMG und MPG **unzulässig**: Nach dem AMG ist die Durchführung von klinischen Prüfungen ohne Einwilligung (§ 39 Abs 3) bzw aufgrund einer Einwilligung durch Dritte bei Minderjährigen oder bei Personen unter Sachwalterschaft ausnahmslos nur dann statthaft, wenn aus der Teilnahme an der Prüfung **ein Erfolg für die Gesundheit des Betroffenen** zu erwarten ist (näher §§ 42-43 AMG). Das gleiche gilt für unvertretene einwilligungsunfähige Erwachsene (zB vorübergehend Bewusstlose) gem § 39 Abs 3 AMG. Eine nicht konkret im individuellen Gesundheitsinteresse indizierte Prüfung scheidet an diesen Personen also aus. Dasselbe gilt im Ergebnis für das MPG, zumal dieses klinische Prüfungen an einwilligungsunfähigen Erwachsenen bzw an Personen mit Sachwalter gänzlich verbietet, und zwar selbst bei therapeutischer Indikation (vgl §§ 51 f MPG).

c) Verboten ist eine nicht im individuellen Interesse des Betroffenen liegende klinische Prüfung an Wehrpflichtigen, die Präsenzdienst leisten (§ 45 Abs 1 AMG, § 54 MPG), weiters an Schwangeren (§ 44 AMG, § 53 MPG), sowie an Strafhäftlingen (§ 67 StVG) und anderen angehaltenen Personen (§ 45 AMG, § 52 MPG).

V. Die österreichische Rechtslage zur Forschung am Menschen im Licht der Art 16-17 MRB

Sieht man zunächst von der Problematik der Ethikkommissionen ab (dazu näher unten VI, S. 243.), so ergibt ein Vergleich zwischen dem österreichischen Recht und den Art 16 f MRB folgendes Bild:

1. Einwilligungsfähige Bei biomedizinischer Forschung an **Einwilligungsfähigen** (Art 16 MRB) wird der MRB zumindest in den zentralen Prinzipien entsprochen. In Details bleibt ein Anpassungsbedarf bestehen:

Problematisch könnte etwa sein, dass es **außerhalb besonders geregelter Versuche** (klinische Prüfung) an spezifischen Rechtsgrundlagen überhaupt fehlt. Grundlegende Anforderungen wie zB hinsichtlich Einwilligung und Aufklärung (Art 16 lit v) oder Verhältnismäßigkeit (Art 16 lit ii) lassen sich zwar aus allgemeinen Grundsätzen des Zivil- und Strafrechts hinreichend begründen. In manchen Detailaspekten scheint dies hingegen nicht oder zumindest nicht durchwegs zuzutreffen, so etwa hinsichtlich des Gebotes einer ausdrücklichen Zustimmung (Art 16 lit v), der unabhängigen ethischen Beurteilung (Art 16 lit iii) oder des Vorrangs gleich effektiver nicht humaner Forschung (Art 16 lit i). Man könnte daher zur Auffassung gelangen, dass es zur wirksamen Umsetzung der MBR künftig expliziter gesetzlicher Regelungen bedürfte, welche diese Fragen präzise und zweifelsfrei normieren. Nur ein scheinbarer Widerspruch besteht wohl zu § 44 KAG (Heranziehung von einwilligungsunfähigen Klinikpatienten zu Unterrichtszwecken schon bei fehlendem Widerspruch), weil diese Bestimmung nur die Demonstration für Lehrzwecke erlaubt, nicht hingegen Forschungsmaßnahmen im Sinne des Art 16.

Im Bereich der **klinischen Arzneimittel- und Medizinprodukteprüfung** nach AMG und MPG sind kaum ernsthafte Widersprüche zur MRB festzustellen. Die Grundsätze der Verhältnismäßigkeit (Art 16 lit i),[107] die Beurteilung durch ein unabhängiges Gremium (lit iii),[108] die Information über Rechte und Sicherheitsmaßnahmen (lit iv)[109] sowie die ausdrückliche, dokumentierte und widerrufliche Einwilligung (lit v)[110] sind gesetzlich wohl ausreichend verankert, wenngleich manche Punkte noch klarer zum Ausdruck gebracht werden könnten.[111] Nicht ausdrücklich normiert ist eine dem Art 16 lit i MRB entsprechender Subsidiarität der Forschung am Menschen, doch

---

[107] Vgl § 29 Abs 1, 2 AMG; § 41 Abs 1, 2 MPG.

[108] Näher – auch zu verbleibenden Bedenken – unten VI, S. 243.

[109] Vgl § 39 Abs 1 AMG, § 49 Abs 4 MPG (Information über Ablehnungsrecht); § 39 Abs 5 AMG, § 47 Abs 3 MPG (Information über Versicherungsschutz).

[110] § 38 f AMG; § 49 f MPG.

[111] ZB weitergehende Informationsrechte im Sinne des Art 16 lit iv, +.

könnte dies mittelbar aus dem Verhältnismäßigkeitsprinzip abgeleitet werden. Die übrigen gesetzlichen Schutzbestimmungen sind zum Teil strenger als von der MRB gefordert, so beispielsweise hinsichtlich des obligaten Versicherungsschutzes, des weitgehenden Ausschlusses von Personen in Haftverhältnissen, der restriktiven Sonderbestimmungen für Schwangere oder der Regelung der Einwilligungsfähigkeit bzw der kumulativen Einwilligungserfordernisse bei Minderjährigen.

2. Nicht Einwilligungsfähige und Minderjährige Bei der Forschung an **Einwilligungsunfähigen und Minderjährigen** fällt der Vergleich uneinheitlich aus:

a) Wesentlich strenger ist die österreichische Rechtslage hinsichtlich der **fremdnützigen** Forschung an Einwilligungsunfähigen und (allen) Minderjährigen, die nicht mit einem unmittelbaren und direkten therapeutischen Nutzen für den Probanden einhergeht. Diese ist nach ganz herrschender Auffassung unzulässig, und zwar sowohl nach AMG und MPG als auch in dem nicht durch spezielle Gesetze geregelten Bereich. Der durch **Art 17 Abs 2 MRB** eröffnete nationale Spielraum wird daher **nicht ausgeschöpft**. Auch die durch § 44 KAG ermöglichte Heranziehung von einwilligungsunfähigen Anstaltspatienten in Universitätskliniken zu Lehrzwecken bei fehlendem Widerspruch dürfte den Art 16–17 MRB nicht zuwiderlaufen, da sie sich nicht auf Forschungsvorhaben bezieht und kaum anzunehmen ist, dass die MRB den klinischen Unterricht an solchen Personen (zB Bewusstlose) insgesamt verbieten wollte.

b) Ein gewisser Anpassungsbedarf könnte hingegen bei der **therapeutischen Forschung** an Einwilligungsunfähigen auftreten. Diese ist nur nach dem MPG (klinische Prüfung von Medizinprodukten) verboten, nicht hingegen nach dem AMG bzw außerhalb von klinischen Prüfungen:

Bedenken bestehen zunächst hinsichtlich der Zulässigkeit therapeutisch indizierter klinischer Arzneimittelprüfungen an **nicht einwilligungsfähigen und nicht durch einen Sachwalter vertretenen Personen:** Dies ist gem § 39 Abs 3 AMG erlaubt, soferne – wie es im AMG heisst – die Ethikkommission »grundsätzlich damit einverstanden ist«. Der Text der Konvention begnügt sich für diesen Fall mit der Zustimmung eines Vertreters, einer Behörde oder eines sonstigen »body provided by law« (Art 6). Ob danach auch die Zustimmung der Ethikkommission anstelle eines Vertreters ausreicht, ist jedoch im Lichte der Erläuterungen zweifelhaft:[112] Diese deuten nämlich eher darauf hin, dass unter »authority« bzw »body« die Berufungsinstanz zu verstehen ist, die aufgrund eines Rechtsmittels darüber abspricht, ob die Entscheidung des gesetzlichen Vertreters richtig gewesen ist, nicht jedoch darauf, dass der

[112] Vgl *Bernat*, Forschung an Einwilligungsunfähigen, in: *Deutsch/Taupitz* (Hrsg), Forschungsfreiheit 295 f.

individuelle Vertreter insgesamt durch eine solche Institution ersetzt werden könnte. Dazu kommt, dass das AMG recht dunkel vom »grundsätzlichen Einverständnis« der Ethikkommission spricht, was zumindest darauf hindeutet, dass sie sich mit den Einzelheiten des Falles nicht auseinanderzusetzen braucht. Dem steht aber Art 17 iVm Art 6 Abs 4 der Konvention entgegen, der eine umfassende Aufklärung der zustimmenden Einrichtung fordert. Im übrigen müsste eine Kommission, der der Gesetzgeber die Zustimmungsbefugnis zu klinischen Prüfungen an Einwilligungsunfähigen überträgt, schon nach geltendem Verfassungsrecht gewissen organisatorischen und verfahrensrechtlichen Mindestanforderungen genügen, wie etwa den Tribunalgarantien des Art 6 EMRK oder den Mindeststandards eines fairen Verfahrens (Parteistellung, effektive Vertretung) bzw eines effektiven Rechtsschutzes.

Nicht erfüllt ist im österreichischen Recht weiters die Regel des Art 17 Abs 1 lit v der Konvention, die auch dem nichteinwilligungsfähigen Patienten ein **Widerspruchsrecht** gegen therapeutische Forschungsmaßnahmen einräumt. Dem AMG ist ein derartiges Vetorecht nicht-einwilligungsfähiger Probanden unbekannt. Auch die in Art 17 Abs 1 lit iv geforderte **schriftliche Zustimmung** des gesetzlichen Vertreters lässt sich im Bereich der Arzneimittelprüfung allenfalls durch eine vertragskonforme Auslegung aus dem Gebot der »nachweislichen« Zustimmung (§ 42 Z 4, § 43 Z 3 AMG) ableiten; außerhalb der dem AMG unterliegenden Forschungsmaßnahmen versagt auch diese Begründung, da den relevanten innerstaatlichen Regelungen (insb § 90 StGB) solche Formalvorschriften nicht zu entnehmen sind.

Nicht ganz klar ist schließlich, wie es die österreichische Rechtsordnung mit der **Subsidiaritätsklausel** des Art 17 Abs 1 lit iii der Konvention hält, wonach therapeutische Forschung an Einwilligungsunfähigen nur zulässig ist, wenn Forschung von vergleichbarer Wirksamkeit an einwilligungsfähigen Personen nicht möglich ist. Eine eindeutige korrespondierende Regel enthält das AMG nur für Minderjährige (§ 42 Z 3), soweit ersichtlich jedoch nicht für einwilligungsunfähige Erwachsene.

VI. Unabhängige Prüfung von Forschungsvorhaben (Art 16 lit iii MRB)

1. Allgemeines Eine unabhängige und interdisziplinäre Prüfung von Forschungsvorhaben wurde im österreichischen Recht seit dem Ende der 80er Jahre verpflichtend vorgeschrieben. Auch hier ist allerdings wieder vorauszuschicken, dass es nach österreichischem Recht **keine allgemeine Pflicht** zur Befassung von unabhängigen Gremien bei der Durchführung von Forschungsvorhaben am Menschen gibt. Die in den maßgeblichen Gesetzen vorgeschriebene Pflicht zur Vorlage an eine »Ethikkommission«[113] ist nicht als

---

[113] Zur Zusammensetzung und rechtlichen Einordnung vgl unten 4, S. 245.

Generalklausel formuliert, sondern knüpft vielmehr an ganz bestimmten, taxativ aufgezählten Forschungsvorhaben an. »Ethikkommissionspflichtig« sind demnach 1. die klinische **Arzneimittelprüfung**, 2. die klinische Prüfung von **Medizinprodukten**, sowie 3. die **Anwendung neuer medizinischer Methoden in Krankenanstalten** (§ 8c KAG; §§ 40 f AMG, §§ 57ff MPG; etwas weiter jedoch § 61b UOG für Universitätskliniken). Wenngleich mit dieser Aufzählung zweifellos die wichtigsten Forschungsvorhaben abgedeckt sind, bleiben dennoch manche Bereiche unerfasst, wie insb die – nicht in Form einer klinischen Arzneimittel- und Medizinprodukteprüfung erfolgende – Forschung am Menschen außerhalb von Krankenanstalten.

2. Klinische Prüfungen von Arzneimitteln und Medizinprodukten

Bei der klinischen Prüfung von Arzneimitteln und Medizinprodukten ist – sowohl in als auch außerhalb von Krankenanstalten – vor Beginn der Durchführung die **Stellungnahme** der Ethikkommission einzuholen.[114] Zu beurteilen sind insb die mitwirkenden Personen und Einrichtungen, der Prüfplan im Hinblick auf die Zielsetzung und wissenschaftliche Aussagekraft sowie die Beurteilung des Nutzen/Risiko-Verhältnisses, die Art und Weise der Auswahl der Versuchspersonen (einschließlich Aufklärung und Zustimmung) sowie die Vorkehrungen für den Eintritt eines Schadensfalles.[115] Darüber hinaus besteht eine Informationspflicht für nachträgliche Änderungen des Prüfplans und alle schwerwiegenden unerwünschten Ereignisse während der klinischen Prüfung.[116] Bei klinischen Prüfungen eines Arzneimittels, für das noch keine aussagekräftigen Ergebnisse von klinischen Prüfungen vorliegen, ist überdies ein Gutachten des Arzneimittelbeirates – eines beim Gesundheitsministerium eingerichteten Beratungsgremiums – einzuholen.[117] Eine staatliche Bewilligungspflicht für klinische Arzneimittelprüfungen besteht nicht, und zwar weder durch die Ethikkommission noch durch eine staatliche Behörde.[118] Bei der Prüfung von Medizinprodukten bedarf es hingegen unter den näheren Bedingungen des § 40 Abs 3 MPG einer »befürwortenden« Stellungnahme der Ethikkommission, was insofern auf eine Genehmigungsbefugnis hinausläuft. Ein behördliches Untersagungsrecht seitens des Gesundheitsministeriums gibt es nur im MPG,[119] nicht jedoch – jedenfalls nicht explizit – im AMG.

---

[114] Vgl § 8c KAG sowie (insb hinsichtlich der Vorlagepflicht) die einzelnen Landes-KAG (zB § 15a Abs 10 Wr KAG); § 40 Abs 3 KAG; 57 Abs 1 MPG.

[115] Vgl § 8c Abs 2 KAG; ähnlich § 41 Abs 2 AMG; § 60 MPG.

[116] Vgl zB § 41 Abs 1 AMG; § 61 MPG.

[117] §§ 30, 49 AMG.

[118] Einzige Ausnahme: klinische Prüfungen zum Zweck der somatischen Gentherapie gem § 76 GTG.

[119] § 40 iVm § 66 MPG.

3. Anwendung »neuer medizinischer Methoden« Nach § 8c KAG und den entsprechenden Ausführungsgesetzen der Länder unterliegt auch die »Anwendung neuer medizinischer Methoden« in Krankenanstalten der Beurteilung durch eine Ethikkommission. »Neue Methoden« werden definiert als »Methoden, die auf Grund der Ergebnisse der Grundlagenforschung und angewandten Forschung sowie unter Berücksichtigung der ärztlichen Erfahrung die Annahme rechtfertigen, dass eine Verbesserung der medizinischen Versorgung zu erwarten ist, die jedoch in Österreich noch nicht angewendet werden und einer methodischen Überprüfung bedürfen« (§ 8c Abs 3 KAG). Daraus wird ersichtlich, dass – soweit es sich nicht um klinische Prüfungen handelt – offenkundig nicht jedes Forschungsvorhaben der Ethikkommission vorzulegen ist, wenngleich die dafür maßgeblichen Kriterien (noch keine Anwendung in Österreich, Notwendigkeit einer methodischen Überprüfung) einigen Beurteilungsspielraum offen lassen. Auf der anderen Seite ist der Begriff der »neuen medizinischen Methoden« nicht auf fremdnützige Forschung beschränkt; »neu« im Sinne dieser Bestimmungen können durchaus auch Heilversuche sein. In der Praxis dürfte eine Befassung der Ethikkommission bei der nicht in Form einer geplanten Studie erfolgenden Anwendung neuer medizinischer Heilmethoden freilich nicht üblich sein.[120]

Einen etwas weiteren Aufgabenbereich haben die Ethikkommissionen an Universitätskliniken gem § 61b UOG, weil hier neben der »Anwendung neuer medizinischer Methoden« auch ganz allgemein jede »angewandte medizinische Forschung am Menschen« als Beurteilungsobjekt der Ethikkommissionen genannt wird.

Für biomedizinische Forschung bzw Heilversuche außerhalb von Krankenanstalten (zB ärztliche Ordinationsstätten, pharmazeutische Industrie) besteht – ausgenommen wieder die klinische Prüfung – keine Ethikkommission.

4. Zur grundsätzlichen Problematik von »Ethikkommissionen« im österreichischen Recht Das AMG definiert die Ethikkommission als »unabhängiges Gremium, das sich aus medizinischen Experten, anderen Experten und Laien zusammensetzt und dessen Aufgabe es ist, zu beurteilen, ob die Rechte und die Integrität der an einer bestimmten klinischen Prüfung teilnehmenden Versuchspersonen ausreichend geschützt werden« (§ 2a Abs 5 AMG). Nähere Bestimmungen über die Zusammensetzung finden sich – je nach Kontext – in verschiedenen Gesetzen (§ 8c Abs 4 KAG; § 61b UOG; § 40 AMG, § 58 MPG). Gemeinsames Merkmal ist nach diesen Bestimmungen die interdisziplinäre Zusammensetzung aus Ärzten, Juristen, Pharmazeuten,

---

[120] Vgl (etwa abweichend von § 8c KAG) auch § 12a Tiroler KAG, LGBl 1958/5 idF 1998/85, wo von »biomedizinischen Forschungsvorhaben« die Rede ist, was auf die individuelle Anwendung einer neuen Methode wohl kaum zutrifft.

Patientenvertretern, Vertretern des Pflegepersonals und Seelsorgern, sowie die Weisungsfreiheit ihrer Mitglieder.

Grundsätzliche und weithin ungeklärte Fragen betreffen die allgemeine **Einordnung der Ethikkommissionen und ihrer Voten** in den Kontext der Rechtsordnung und des Verwaltungsaufbaus. Das beginnt damit, dass die Ethikkommissionen schon im Hinblick auf ihre organisationsrechtliche Stellung völlig uneinheitlich (und länderweise verschieden) ausgestaltet sind: Manche Kommissionen sind eindeutig als staatliche Organe konzipiert (zB nach § 61b UOG), andere wiederum sind Organe des jeweiligen Anstaltsträgers, der seinerseits eine Gebietskörperschaft (zB ein Land oder eine Gemeinde) oder aber auch ein beliebiger privater oder kirchlicher Rechtsträger sein kann. Ethikkommissionen sind also nicht notwendigerweise organisationsrechtlich dem Staat zuzuordnen (was ua im Hinblick auf die Haftung und sonstige Verantwortungen entscheidend sein kann). Dementsprechend widersprüchlich sind die Stellungnahmen in der Literatur zur Frage, wer für Schäden haftet, die durch das Votum einer Ethikkommission (mit-)verursacht werden: Manche Autoren nehmen eine »private« Sachverständigenhaftung nach ABGB an, andere Autoren hingegen bejahen eine Amtshaftung des Staates.[121]

Nach den einschlägigen Vorschriften haben die Ethikkommission bei der klinischen Arzneimittelprüfung nur eine »Beurteilung« vorzunehmen, jedoch keine verbindliche Entscheidung zu treffen. Es besteht daher von Gesetzes wegen auch keine Bindungswirkung, wenngleich eine de-facto Bindung (möglicherweise auch eine Bindung im internen Dienstweg) aus unterschiedlichen Motiven anzunehmen ist. In anderen Zusammenhängen – zB im Medizinprodukterecht – bedarf es hingegen sehr wohl eines positiven Votums der Ethikkommission.[122] Die anzuwendenden Beurteilungsmaßstäbe sind sowohl nach AMG als auch nach MPG alles andere als klar, manche Vorschriften erwecken eher den Eindruck einer primär rechtlichen Beurteilung,[123] andere deuten eher auf eine fachlich-methodische Prüfung hin,[124] andere wiederum

[121] Vgl zum Meinungspektrum zB *Berka*, Rechtliche Probleme im Hinblick auf die Tätigkeit der Ethikkommissionen, in: Tomandl (Hrsg), Sozialrechtliche Probleme bei der Ausübung von Heilberufen (1996) 67 ff; *Barta/Kalchschmid*, Zur Haftung der Mitglieder von Ethikkommissionen, SoSi 1998, 365; *Krejci*, Ethikkommission und Versicherungsfragen, RdM 1995, 27; *Kopetzki*, Unterbringungsrecht II 800 ff; *Luf*, Zur Ethik der Ethikkommissionen. Tätigkeit und Rechtsgrundlagen der Ethikkommisionen in Österreich, FS Krejci II (2001) 1969.

[122] Vgl § 40 Abs 3 MPG; im Sinne einer echten Entscheidungsbefugnis auch § 2 Abs 3 BlutsicherheitsG.

[123] § 2a Abs 5 AMG: Schutz der Rechte und Integrität der Versuchspersonen.

[124] § 8c Abs 3 KAG: methodische Überprüfung.

kombinieren beides.[125] Auffallend ist jedenfalls im Hinblick auf die bunte Zusammensetzung, dass der Schwerpunkt der Beurteilung – in welcher Gewichtung auch immer – eher auf Rechtsfragen und Fragen der fachlichen Methodik zu liegen scheint als auf den »ethischen« Aspekten.

Dazu kommt, dass – wie schon erwähnt – der vorgeblich »rein beratende« Charakter der Ethikkommission mitunter auch vom Gesetzgeber konterkariert wird, indem er den Voten der Kommission in Ausnahmefällen sehr wohl eine mehr oder weniger klar erkennbare Verbindlichkeit zuzuerkennen scheint. So dürfen etwa gem § 39 Abs 3 AMG nicht einwilligungsfähige und unvertretene Personen – also solche, für die weder der Betroffene noch ein gesetzlicher Vertreter zustimmen kann – nur dann in eine klinische Arzneimittelprüfung einbezogen werden, wenn die Ethikkommission »grundsätzlich damit einverstanden ist«. Auch im Blutsicherheitsgesetz wird der Ethikkommission eine echte Entscheidungsbefugnis eingeräumt.[126] In derartigen Konstellationen erstarkt die »Meinung« der Kommission also offenbar zu einer – auch rechtlich bedeutsamen – »Entscheidung« über die Zulässigkeit bzw Unzulässigkeit einer bestimmten Maßnahme. Damit stellen sich aber grundlegende rechtsstaatliche Probleme, weil die Kommission dadurch in die Nähe einer entscheidungsbefugten Behörde rückt, für deren Handeln nach österreichischem Verfassungsverständnis gewisse rechtsstaatliche Mindestspielregeln eingehalten werden müssten, wie etwa die Bereitstellung eines geordneten Verfahrensrechts (einschließlich entsprechender Parteirechte) und eines effektiven Rechtsschutzes sowohl aus der Sicht der Rechte der betroffenen Patienten (körperliche Integrität) als auch der Ärzte (Forschungsfreiheit). Beides ist aber nicht der Fall. Zusammenfassend kann man festhalten, dass die Ethikkommissionen in dem Maß, als sie immer mehr Aufgaben zur tendenziell rechtlich relevanten Entscheidung übertragen bekommen, in Widerspruch zu einigen grundlegenden Prinzipien des Rechtsstaates geraten.

5. Ethikkommissionen und MRB Soweit nach österreichischem Recht die Befassung von Ethikkommissionen bei der Forschung am Menschen vorgeschrieben ist (klinische Prüfung, Anwendung neuer Methoden in Krankenanstalten), scheint dies dem Art 16 lit iii MRB **grundsätzlich zu entsprechen**.

Zweifelhaft könnte aber sein, ob eine **bloß beratende Funktion** der Ethikkommission, wie dies die Regel ist, im Einklang mit der MRB steht, da dort

[125] Vgl § 8c Abs 2 KAG (mitwirkende Personen und Einrichtungen; Prüfplan; Auswahl der Versuchspersonen sowie Aufklärung und Einwilligung; Vorkehrungen für den Schadensfall); § 60 MPG.

[126] § 2 Abs 3 BSG.

eher eine Zustimmung gemeint sein dürfte (arg »has been approved«).[127] Allerdings müsste ein solches Zustimmungsrecht – von wem auch immer – nach geltendem Verfassungsrecht mit entsprechenden rechtsstaatlichen Garantien versehen werden. Auch unter dem Aspekt des Beurteilungsmaßstabes bleiben Unklarheiten, weil das von der MRB angesprochene Kriterium der »ethischen Akzeptanz« im österreichischen Recht nicht so klar zum Ausdruck kommt, obgleich dies vom Gesetzgeber als selbstverständlich vorausgesetzt worden sein dürfte.

Unzureichend ist die österreichische Rechtslage jedenfalls insofern, als die Befassung der Ethikkommission **nicht bei jedem Forschungsvorhaben** am Menschen verbindlich ist, sondern nur bei den – in der praktischen Bedeutung allerdings im Vordergrund stehenden – klinischen Arzneimittel- und Medizinprodukteprüfungen sowie bei der Anwendung »neuer« und »überprüfungsbedürftiger« Methoden in Krankenanstalten.

VII. Embryonenschutz in der Forschung (Art 18 MRB)

a) Forschungseingriffe an Embryonen in vitro sind wegen des umfassenden Verbots des § 9 Abs 1 FMedG – Untersuchung und Behandlung entwicklungsfähiger Zellen ausschließlich zum Zweck der Herbeiführung einer Schwangerschaft – generell **verboten** und gem § 22 FMedG (verwaltungsbehördlich) strafbar. Eine justizstrafrechtliche Sanktion besteht nicht.

Wegen dieser eindeutigen Festlegung des Gesetzgebers ist die Frage, ob sich eine ähnliche Schranke möglicherweise auch aus dem allgemeinen Zivilrecht (insb § 22 ABGB) ergeben könnte, praktisch bedeutungslos. Die Frage, ob auch Embryonen (jedenfalls in vitro) »Sachen« im Sinne des ABGB sind, verliert dadurch ebenfalls an Bedeutung, weil die aus der Sacheigenschaft grundsätzlich erwachsenden Verfügungsbefugnisse eben durch § 9 FMedG begrenzt werden.

Das Forschungsverbot an Embryonen wird gesetzlich noch dadurch verstärkt, dass entwicklungsfähige Zellen, die für eine medizinisch assistierte Fortpflanzung verwendet werden sollen, höchstens ein Jahr aufbewahrt werden dürfen (§ 17 Abs 1 FMedG) und weder den Personen, von denen sie stammen, noch anderen Personen oder Einrichtungen überlassen werden dürfen (§ 17 Abs 2 FMedG).

Da gem § 10 FMedG nur soviele Eizellen befruchtet werden dürfen, wie zur Herbeiführung einer Schwangerschaft benötigt werden, ist selbstverständlich

[127] Art 16 lit iii MRB sagt allerdings nichts darüber aus, dass die zustimmende Stelle mit jener identisch sein muss, welcher die interdisziplinäre Prüfung obliegt.

auch die **Erzeugung von Embryonen** zu anderen Zwecken (zB Forschungszwecken) verboten.[128]

b) Da das FMedG jede Intervention am Embryo in vitro untersagt, die nicht der Herbeiführung einer Schwangerschaft dient – es sind neben Forschungsmaßnahmen daher grundsätzlich auch Untersuchungen auf Krankheitsmerkmale sowie die Gewinnung von embryonalen Stammzellen unzulässig – ist der Embryonenschutz in Österreich **wesentlich strenger als nach Art 18 MRB**. In jüngster Zeit ist diese rigorose Rechtslage allerdings in eine kritische und durchaus kontroversielle Diskussion geraten.

c) Relativiert wird der gesetzliche Embryonenschutz allerdings dadurch, dass das FMedG nicht am Begriff des »Embryos«, sondern am Begriff der »entwicklungsfähigen Zelle« anknüpft. »Entwicklungsfähige Zellen« werden gem § 1 Abs 3 als »befruchtete Eizellen und daraus entwickelte Zellen« definiert. Daraus ergibt sich, dass embryonale Zellen, die im Wege des somatischen Kerntransfers in entkernte Eizellen entstehen, nicht als »entwicklungsfähig« im spezifischen Sinn des FMedG zu qualifizieren sind, da ihnen das Merkmal der »Befruchtung« fehlt. Derartige Zellen fallen daher – wenngleich sie im biologischen und umfangssprachlichen Sinn durchaus entwicklungsfähig sein mögen – aus dem Schutzbereich des § 9 FMedG heraus. Einer auf den ersten Blick nahe liegenden analogen Ausdehnung steht wegen des verwaltungsstrafrechtlichen Sanktionssystems des FMedG das strafrechtliche Analogieverbot entgegen. Das österreichische FMedG ist daher insofern nicht mit dem umfassenderen deutschen Embryonenschutzgesetz vergleichbar; seine zentrale Zielrichtung ist die medizinisch unterstützte Fortpflanzung, nicht der Embryonenschutz schlechthin.

G. Organentnahme zur Transplantation – Kapitel VI MRB

I. Leichenspende

Das österreichische Transplantationsrecht (§§ 62a ff KAG) regelt ausschließlich die Organ- bzw Gewebsentnahme von Verstorbenen. Da die MRB hiefür gar keine spezifischen Normen enthält, stellt sich die Frage der Vereinbarkeit derzeit nicht.[129] Eine nähere Beurteilung könnte erst anhand des künftigen Zusatzprotokolls zur MRB erfolgen.[130] In diesem Punkt geht die geltende

[128] Vgl *Radner/Haslinger/Radner*, in: *Radner/Haslinger/Reinberg*, Krankenanstaltenrecht (Loseblattsammlung), Kommentar zu § 9 FMedG, Anm 2.

[129] Zur Frage des Gewinnverbots vgl unten II, S. 253.

[130] Dazu und zu den möglichen Konflikten mit der österreichischen »Widerspruchslösung« vgl *Kopetzki*, Rechtliche Aspekte der Widerspruchslösung, in: *Bar-*

innerstaatliche Rechtslage jedenfalls über den Regelungsanspruch der MRB hinaus.

II. Lebendspende (Art 19, 20 MRB)

a) Die Organ- bzw Gewebsentnahme vom lebenden Spender wird vom Gesetzgeber zwar als zulässig vorausgesetzt;[131] mangels spezieller gesetzlicher Normierung[132] können die näheren Bedingungen ihrer Zulässigkeit aber nur nach allgemeinen zivil- und strafrechtlichen Regelungen beurteilt werden.[133] Da die Organentnahme als Körperverletzung anzusehen ist, kann sie nur durch die wirksame Einwilligung des Spenders gerechtfertigt werden. Für diese Einwilligung besteht nach § 90 StGB ein Korrektiv der Sittenwidrigkeit. Unbestritten ist, dass eine solche Einwilligung rechtlich wirksam sein kann, wenn sie mängelfrei erteilt wird, der Patient einwilligungsfähig ist, er umfassend über sämtliche Risken und Folgen aufgeklärt wurde, und es sich nicht um die Entnahme lebenswichtiger Organe handelt. Ebenso klar ist, dass – schon unter dem Aspekt der Sittenwidrigkeit – ein therapeutischer Nutzen für den Empfänger vorliegen muss,[134] und wohl auch, dass die Entnahme nicht zu Verstümmelungen, Persönlichkeitsveränderungen oder Unfruchtbarkeit führen darf.[135] Bei Personen im Freiheitsentzug (zB Strafgefangenen) wird selbst eine »freiwillige« Organspende von der ganz herrschenden Lehre abgelehnt.[136] Weitergehende Bedingungen wie etwa eine Beschränkung auf Angehörige, eine Subsidiarität der Lebendspende[137] oder Formvorschriften für die Einwilligung bestehen nicht.

b) Verfügt der potentielle Spender **nicht** über die erforderliche **Einwilligungsfähigkeit**, dann kommt – im Unterschied zu Heilbehandlungen – eine

ta/Kalchschmid/Kopetzki (Hrsg), Rechtspolitische Aspekte des Transplantationsrechts (1999) 43 (49 f).

[131] § 120 Abs 2 ASVG (Organspende als Leistung der Krankenversicherung); § 26 Abs 1 Z 5 KAG (Aufnahmezweck der Organ- oder Blutspende).

[132] Vgl nur zur Blutspende das BlutsicherheitsG (BSG), BGBl I 1999/44 idF BGBl I 1999/119.

[133] Dazu und zum folgenden *Kopetzki*, Organgewinnung 250 ff.

[134] Bei geringfügigen Gewebsentnahmen lässt sich dies allerdings nicht aus der Sittenwidrigkeitsklausel begründen. Solche werden daher auch für andere Zwecke als zulässig erachtet.

[135] Zum (nicht immer einheitlichen) Meinungsstand mwN *Kopetzki*, Organgewinnung 255.

[136] MwN *Kopetzki*, Organgewinnung 254.

[137] Für einen Vorrang der Leichenspende jedoch *Kalchschmid*, Die Organtransplantation (1997) 224.

Einwilligung durch einen gesetzlichen Vertreter grundsätzlich nicht in Betracht. Da § 90 StGB – mangels Heilzweck – keine Ausnahme von der Notwendigkeit einer Einwilligung zulässt, andererseits aber jeder gesetzliche Vertreter (Eltern, Sachwalter) bei der Ausübung seines Sorgerechts immer das »Wohl« des Betroffenen zu wahren hat, kann es keine wirksame Einwilligung in fremdnützige Eingriffe geben.[138] Die einzige diskutierte, wenngleich unter Juristen nicht unumstrittene Ausnahme betrifft die **Knochenmarkspende** einwilligungsunfähiger Kinder zu Gunsten von Geschwistern, die auch in Österreich praktiziert wird. Sie wird – unbeschadet einer fehlenden Regelung – von manchen Autoren sowie vom Justizministerium mit der Begründung für zulässig gehalten, dass in diesem Sonderfall der Eingriff immer noch im »Wohl« beider Angehöriger liege.[139]

c) Im Vergleich zu Art 19 MRB[140] bleibt die österreichische Rechtslage in mehreren Punkten **hinter dem Schutzniveau der MRB zurück**: Im Gegensatz zu Art 19 ist die Lebendspende in Österreich nicht subsidiär gegenüber der Leichenspende. Außerdem fordert Art 19 MRB, dass die Einwilligung schriftlich oder vor einem »offiziellen Gremium« erteilt wird, während im österreichischen Recht entsprechende Formvorschriften überhaupt fehlen.[141]

Eine Organ- oder Gewebsentnahme an **Einwilligungsunfähigen** ist im Einklang mit Art 20 Abs 1 MRB unzulässig. Auch die Art 20 Abs 2 MRB begrenzt zugelassene Möglichkeit einer Spende regenerierbarer Gewebe zwischen Geschwistern wird von der österreichischen Gesetzeslage nicht in Anspruch genommen, diese erscheint also insofern **strenger**. Allerdings fällt auf, dass sowohl die Praxis als auch Teile des Schrifttums sehr wohl die Zulässigkeit einer solchen Gewebsspende zwischen Minderjährigen bejahen. Bedenkt man, dass dies nach Art 20 Abs 1 MRB nur »under the protective conditions prescribed by law« zugelassen wird, so kann diese Praxis unter der Konvention nur dann Bestand haben, wenn der Gesetzgeber entsprechende Regelungen im Sinne des Art 20 Abs 2 auch tatsächlich erlässt. In diesem Punkt würde ein Beitritt zur MRB daher zu einem verstärkten Verrechtlichungsbedarf in einem Bereich führen, der bisher nur aufgrund ebenso vager wie umstrittener doktrinärer und judizieller Güterabwägungen legitimiert werden konnte.

---

[138] *Bernat*, ÖAV 1995/4, 114; mwN bei *Kopetzki*, Organgewinnung 255.

[139] MwN *Aigner*, Einwilligung Minderjähriger in eine Knochenmarkspende, RdM 1998, 144; *Dujmovits*, Das österreichische Transplantationsrecht und die Menschenrechtskonvention zur Biomedizin, in: *Barta/Kalchschmid/Kopetzki*, Rechtspolitische Aspekte des Transplantationsrechts (1999) 55 (74 f); vorsichtig in diese Richtung schon *Bernat*, ÖAV 1995/4, 114.

[140] Vgl mwN die eingehende Untersuchung von *Dujmovits*, in: *Barta/Kalchschmid/Kopetzki*, Rechtspolitische Aspekte des Transplantationsrechts 55.

[141] In der Praxis dürfte eine schriftliche Einwilligung allerdings – schon aus Beweisgründen – die Regel sein.

H. Verwendung von Humansubstanzen – Kapitel VII MRB (einschließlich Züchtung menschlicher Zellen, Verwendung embryonaler Stammzellen, Gentransfer zur Zellentwicklung)

I. Allgemeines

Über die Gewinnung, Verwendung oder Züchtung menschlicher Körpersubstanzen (zB Zellen) gibt es kaum spezifische gesetzliche Regeln. Nur in ganz besonderen Konstellationen können derartige Sachverhalte – in ganz unterschiedlichem Ausmaß – von medizinrechtlichen Normen (mit)erfasst werden.[142] Dies führt zu uneinheitlichen rechtlichen Rahmenbedingungen.

a) Was zunächst die **Gewinnung** des Humanmaterials aus dem menschlichen Körper betrifft, können sich etwa bei der Gewebsentnahme aus Leichen gewisse Rechtsfolgen aus dem Transplantationsrecht ergeben (vgl auch oben G, S. 249). Sofern es sich um die Gewinnung von Blut oder Blutbestandteilen aus lebenden Personen handelt, findet das Blutsicherheitsgesetz Anwendung (vgl unten III, S. 254). Im übrigen muss die Phase der Materialgewinnung im wesentlichen nach allgemeinem Zivil- und Strafrecht beurteilt werden.

b) Ähnlich stellt sich die Rechtslage hinsichtlich der weiteren **Verwendung** der – in zulässiger Weise abgetrennten – Körpersubstanzen dar. Eine umfassende systematische Normierung fehlt, doch werden je nach Fallkonstellation wieder verschiedene Rechtsgebiete berührt: Beispielsweise erfüllen Körpersubstanzen (welcher Art auch immer) den Arzneimittelbegriff des **Arzneimittelrechts**, sofern das Material in der Absicht entnommen wurde, die Substanzen oder das daraus hergestellte Produkt am Menschen anzuwenden.[143] Es gelten demnach die allgemeinen Regeln des AMG und der einschlägigen Verordnungen. Sonderbestimmungen bestehen weiters im Hinblick auf **Embryonen** sowie Eizellen bzw Samen, die für medizinisch unterstützte Fortpflanzungen verwendet werden: Hiefür besteht nach § 9 FMedG ein absolutes Manipulationsverbot, es sei denn zur Herbeiführung einer Schwangerschaft. Auch das »reproduktive« **Klonieren** von Menschen ist nach herrschender Auffassung – wenngleich nicht explizit – durch das FMedG verboten.[144] Kein Verbot besteht hingegen für das Klonen einzelner somatischer Zellen und wohl auch nicht für das sogenannte »**therapeutische Klonen**«, also die

---

[142] Außer Betracht bleiben im folgenden allfällige Richtlinien ohne Rechtsverbindlichkeit; so etwa die »Richtlinien zur Transplantation von Stammzellen«, Mitteilungen der Sanitätsverwaltung, Sonderheft Juli 2000.

[143] Vgl mwN *Schwamberger*, Blutsicherheitsgesetz Anm 1 zu § 1. Bei Entnahmen zur Forschungszwecken trifft dies hingegen nicht zu.

[144] Zur Begründung *Miklos*, Das Verbot des Klonens von Menschen in der österreichischen Rechtsordnung, RdM 2000, 35.

Zellgewinnung durch Einbringung von Zellkernen in unbefruchtete entkernte menschliche Eizellen, weil sich der Regelungsgegenstand des FMedG auf das Gebiet der menschlichen Fortpflanzung beschränkt.[145] Unter besonderen Umständen könnten sich allerdings auch bei der Verwendung anderer Zellen näher zu prüfende Schranken aus abfallrechtlichen (Entsorgung) oder gentechnikrechtlichen (Freisetzung gentechnisch veränderter Organismen) Bestimmungen ergeben. Das in diesem Zusammenhang vieldiskutierte Patentrecht[146] regelt hingegen nicht die Anwendung derartiger Methoden, sondern nur den immaterialgüterrechtlichen Aspekt.

Im Hinblick auf die Zellgewinnung gilt folgendes:

II. Entnahme von Toten

Die Entnahme von Körpersubstanzen aus Verstorbenen ist in den **transplantationsrechtlichen Bestimmungen** der §§ 62a ff KAG näher geregelt.[147] Wegen des umfassenden Organbegriffs des § 62a KAG gelten diese Bestimmungen auch für die Entnahme von Geweben, Zellverbänden oder einzelnen Zellen. Im wesentlichen gilt hier, wie bei jeder Organentnahme, die sog **Widerspruchslösung**: Die Entnahme einzelner Organe (und Gewebe) ist – eine entsprechende Todesfeststellung sowie ein dem Gesetz entsprechendes Entnahmekrankenhaus vorausgesetzt (näher § 62a Abs 2, 3 KAG) – zulässig, sofern den Ärzten keine Erklärung des potentiellen Spenders vorliegt, mit welcher dieser eine Entnahme ausdrücklich ablehnt. Im Zweifel und im Fall des Schweigens ist die Entnahme daher grundsätzlich zulässig. Zu beachten ist allerdings, dass die Entnahme von Körperteilen nach dem KAG nur dann gerechtfertigt ist, wenn »durch deren Transplantation« das Leben oder die Gesundheit eines anderen Menschen wiederhergestellt werden soll. Das Transplantationsrecht erlaubt also nur Zellentnahmen zum **Zweck ihrer unmittelbaren Übertragung** auf andere Personen. Sollen die Zellen hingegen zu wissenschaftlichen Zwecken, zu Zwecken der Arzneimittelherstellung oder auch zur Züchtung von Zelllinien entnommen werden, scheidet eine Rechtfertigung durch § 62a KAG selbst bei eindeutig therapeutischer Intention aus. Solche Sachverhalte sind nach anderen Rechtsgrundlagen zu beurteilen; wegen des umfassenden strafrechtlichen Schutzes der Totenruhe gem

[145] Insb dürften menschliche Eizellen, die beim therapeutischen Klonen verwendet werden, trotz ihrer Entwicklungsfähigkeit nicht dem strengen Verwendungsverbot des § 9 Abs 1 FMedG unterliegen, weil sie weder im herkömmlichen Sinn »befruchtet« (§ 1 Abs 3) noch »für medizinisch unterstützte Fortpflanzungen verwendet« (§ 9 Abs 1 letzter Satz FMedG) werden.

[146] Vgl hier nur *Flammer*, Biotechnologische Erfindungen im Patentrecht. Eine Analyse der EU-Richtlinie (1999).

[147] Dazu und zum folgenden ausführlich *Kopetzki*, Organgewinnung 130 ff.

§ 190 StGB bedeutet dies, dass Entnahmen zu anderen als zu Transplantationszwecken grundsätzlich nur mit **Zustimmung** der Verfügungsberechtigten (das ist der Verstorbene selbst oder seine nahen Angehörigen) statthaft sind.

Eine praktisch bedeutsame Ausnahme von diesem strikten Schutz der Totenruhe besteht allerdings im Rahmen des Obduktionsrechts (§ 25 KAG). Danach dürfen Obduktionen in öffentlichen Krankenanstalten unabhängig von einer Zustimmung des Verstorbenen oder der Angehörigen insb auch zu wissenschaftlichen Zwecken durchgeführt werden. Da der Obduktionsbegriff die zur Erzielung der Obduktionszwecke notwendige Entnahme von Körpersubstanzen einschließt, wird auf diese Weise auch die Gewinnung von Gewebsteilen für Forschungszwecke im Rahmen von Obduktionen legitimiert.

Gem § 62a Abs 4 KAG gilt – bezogen auf den Kontext der Transplantationsmedizin – für Leichenorgane und -gewebe überdies ein **Gewinnverbot**: Organe oder Organteile von Verstorbenen dürfen nicht Gegenstand von Rechtsgeschäften sein, die auf Gewinn gerichtet sind. Das schließt insb einen Handel mit solchen Substanzen aus, nicht jedoch die Vergütung von Arbeitsleistungen in Bezug auf die Entnahme. Nicht erfasst ist nach hA weiters der Handel mit Folgeprodukten, für welche die Humansubstanz nur das Ausgangsmaterial war (zB Arzneimittel). Die Grenze zwischen einem von § 62a Abs 4 KAG umfassten »Organ« und seinen – durch einen technischen Prozess veränderten – Nachfolgeprodukten ist allerdings fließend.

III. Entnahme von Lebenden

a) Die **Gewinnung** von **Blut und Blutbestandteilen** vom Menschen unterliegt den Bestimmungen des Blutsicherheitsgesetzes.[148] Dieses regelt die bei der Abnahme von Vollblut oder der Auftrennung von Blut in seine Bestandteile unmittelbar am Spender zu beachtenden Verfahrensschritte, insb die Spenderauswahl, die Spenderuntersuchung, den Spenderschutz (zB schriftliche und jederzeit widerrufbare Zustimmung, Aufklärung[149]), die Qualitätssicherung sowie eine Bewilligungspflicht für Blutspendeeinrichtungen. Gegebenenfalls fällt daher auch die Entnahme von **peripheren Blutzellen** (einschließlich Stammzellen) unter das BSG, nicht jedoch die Zellentnahme aus dem Knochenmark oder anderen Körperteilen. Auch bei der Gewinnung von Blut bzw Blutbestandteilen zu therapeutischen oder diagnostischen Zwecken beim Spender selbst liegt kein Anwendungsfall des BSG vor.[150]

Die weitere **Verarbeitung** des entnommenen Blutes bzw der Blutbestandteile fällt nicht unter das Blutsicherheitsrecht. Hiefür ist in erster Linie das

[148] BSG, BGBl I 1999/44 idF BGBl I 1999/119; Blutspenderverordnung (BSV), BGBl II 1999/100.

[149] Näher § 8 BSG.

[150] ZB Eigenblutspende, therapeutische Plasmapherese; vgl § 2 Abs 1 BSG.

Arzneimittelrecht maßgeblich,[151] doch finden sich dort keine Regelungen, aus denen sich Rechte jener Personen ableiten lassen, von denen die Blutbestandteile stammen. Die damit zusammenhängenden Rechtsprobleme müssen nach allgemeinem Zivilrecht beurteilt werden; insofern stellen sich hier die gleichen Fragen wie bei anderen Geweben (vgl dazu gleich unten im Text).

b) Spezielle und restriktive Regelungen über die Verwendung menschlicher **Ei- und Samenzellen** für Zwecke der medizinisch unterstützten Fortpflanzung finden sich im FMedG. Danach werden bestimmte Formen der Gametenspende entweder ganz verboten (Ei- und Embryospende) oder an nähere materielle und formelle Voraussetzungen geknüpft (Samenspende, In-vitro-Fertilisation).

c) Für die Entnahme von **sonstigen Organen, Geweben oder Zellen** von lebenden Personen gilt – unabhängig vom Entnahmezweck – keine spezielle gesetzliche Regelung. Der Sachverhalt ist nach allgemeinem Zivil- und Strafrecht zu beurteilen. Sofern es sich bei der Entnahme um körperliche Eingriffe handelt, greift der strafrechtliche Schutz der körperlichen Integrität (Körperverletzung); die Entnahme muss daher durch die Einwilligung des (aufgeklärten) Spenders gerechtfertigt werden (§ 90 StGB). Einzige zusätzliche Schranke ist, dass die Entnahme »als solche nicht gegen die guten Sitten verstößt« (§ 90 Abs 2 StGB). Letzteres wird bei Entnahmen vom Lebendspender zu Transplantationszwecken idR verneint, könnte aber bei der – uU ethisch umstrittenen – Entnahme zu anderen Zwecken möglicherweise strittig sein.

Weithin unklar ist die Rechtslage dann, wenn die Entnahme der Körpersubstanzen nicht durch unmittelbaren Eingriff am Menschen erfolgt, sondern durch Gewinnung aus einem **bereits legal abgetrennten** Material (zB Entnahme vom Operationsabfall zu Forschungszwecken). In diesem Fall kann jedenfalls nicht mehr von einer Körperverletzung gesprochen werden und demnach auch aus § 90 StGB kein Zustimmungserfordernis mehr abgeleitet werden. Die zur rechtlichen Bewältigung dieses Sachverhalts angestellten Überlegungen sind im wesentlichen zivilrechtlicher Natur; eine eindeutige herrschende Auffassung fehlt.[152] Die zentrale Frage geht – ähnlich wie in der BRD – dahin, ob das »kommentarlose« Zurücklassen von Körpermaterial in einer Krankenanstalt oder bei einem Arzt als **stillschweigende Dereliktion oder als konkludente Übertragung** an den Anstaltsträger gedeutet werden darf, wofür wohl hinreichende Gründe sprechen. Verneint man dies

[151] Vgl *Schwamberger*, Blutsicherheitsgesetz Anm 2 zu § 3.

[152] Dazu *Taupitz*, Forschung mit menschlichen Zellen in Österreich: Profit auf Kosten des Patienten?, JBl 2000, 152, sowie die Beiträge in *Plöchl* (Hrsg), Ware Mensch (1996).

hingegen, so bedürfte jede Weiterverwendung des Materials zu anderen als therapeutischen Zwecken der Zustimmung des ursprünglichen Trägers.[153]

d) Ein dem § 62a Abs 4 KAG entsprechendes **Gewinnverbot** gibt es in Bezug auf die Gewinnung von Körpersubstanzen Lebender nur hinsichtlich der Spende von Blut und Blutbestandteilen.[154] Ein darüber hinausgehendes umfassendes Kommerzialisierungverbot wird allerdings de lege ferenda seit langem gefordert.[155] Allerdings gilt der entgeltliche Handel mit Lebendsubstanzen nach häufiger, wenngleich nicht unbestreitbarer Ansicht als sittenwidrig iSd § 879 ABGB;[156] daraus folgt jedoch keine Strafbarkeit, sondern nur eine zivilrechtliche Nichtigkeitssanktion.

IV. Entnahme vom Embryo

a) Die Gewinnung embryonaler (Stamm)Zellen aus einem durch Befruchtung entstandenen **Embryo in vitro** unterliegt dem strikten Verbot des § 9 Abs 1 FMedG, weil es sich dabei um keinen (zulässigen) Eingriff zur Herbeiführung der Schwangerschaft handelt. Auch die theoretische Entnahme vom **Embryo in vivo** scheint – obgleich nicht durch das FMedG – verboten, weil die Leibesfrucht grundsätzlich unter dem gesetzlichen Schutz des § 22 ABGB steht, der nur im Kontext des Schwangerschaftsabbruches gelockert ist.

b) Kein klares und jedenfalls kein strafbewehrtes Verbot besteht bei einer Zellentnahme von **tot- oder fehlgeborenen Leibesfrüchten** (zB abortierte Früchte nach Abtreibungen). Sie unterliegen (mangels eines Leichnams im Rechtssinn) weder dem Transplantationsrecht noch dem strafrechtlichen Schutz der Totenruhe gem § 190 StGB. Eine rechtliche Antwort kann derzeit nur über allgemeine zivilrechtliche Überlegungen gefunden werden. Viel mehr als ein Zustimmungsrecht der Mutter zur Zellentnahme (sei es als Eigentümerin, sei als Trägerin eines »postmortalen« Persönlichkeitsrechts) lässt sich daraus aber kaum gewinnen.[157] Sofern nach dem landesrechtlichen Leichen- und Bestattungsrecht auch abortierte Leibesfrüchte zu bestatten sind, könnte sich allenfalls ein Eingriffsverbot aus dem Verwaltungsrecht der Länder ergeben.

[153] So ausdrücklich das BM für Justiz in seiner Stellungnahme GZ 3.503/61-I.1/1998.

[154] § 8 Abs 4 BSG. Das Gewinnverbot gilt allerdings nur für die Spende, nicht hingegen für die weitere Verwendung der Substanzen. Vgl auch das Verbot der Vermittlung von Samen und Eizellen gem § 21 FMedG.

[155] Vgl *Barta/Kalchschmid*, Rechtspolitische Überlegungen zur Organtransplantation, in: *Barta/Kalchschmid/Kopetzki* (Hrsg), Rechtspolitische Aspekte des Transplantationsrechts (1999) 13 (40 f).

[156] ZB *Plöchl*, Leibes-Früchte. Rechtliche Probleme der medizinischen und industriellen Verwertung des menschlichen Körpers (1997) 22.

[157] Näher zur »Embryoverwertung« *Kopetzki*, Organgewinnung 131 ff.

c) Auch für die Zellgewinnung aus **Nabelschnurblut** fehlt es an einer ausdrücklichen Bestimmung. Hier stellen sich ähnliche Probleme wie bei der Zellentnahme vom Lebenden (siehe oben III, S. 254 ff). Weil und sofern die Entnahme nicht unmittelbar am kindlichen Körper, sondern an der bereits abgetrennten Nabelschnur stattfindet, wird allerdings die körperliche Integrität gar nicht tangiert. Die juristische Fragestellung zielt daher im wesentlichen auf die Zuordnung der sachenrechtliche Verfügungsbefugnis im Hinblick auf das Nabelschnurblut ab. Geht man davon aus, dass es sich beim Nabelschnurblut um kindliches Blut handelt, so wird eine Entnahme mit Zustimmung der Mutter bzw der Eltern (als gesetzlicher Vertreter) als zulässig angesehen.[158] Lediglich dann, wenn das Nabelschnurblut (bzw die gewonnenen Zellen) nicht für die spätere therapeutische Verwendung beim Kind bestimmt sind, sondern für andere Zwecke bzw für dritte Empfänger entnommen wird, könnte sich wieder das Problem fremdnütziger stellvertretender Einwilligungen stellen. Da die Spende von Nabelschnurblut für das Kind mit keinen Nachteilen oder Risiken verbunden ist, entstehen unter dem Aspekt des »Kindeswohls« aber diesbezüglich keine Bedenken. Zweifelhaft könnte aber sein, ob eine fremdnützige Zellgewinnung aus Nabelschnurblut dem Blutsicherheitsgesetz unterliegt und – wenn ja – ob sie damit vereinbar ist, da das BSG überhaupt keine vertretungsweise Zustimmung von (kindlicher) Spenderseite vorsieht.

V. Vergleich mit der Konvention

In der Frage der Verwertung von Humansubstanzen bleibt die österreichische Rechtslage hinter den Anforderungen der Art 21, 22 MRB zurück:

1. Eine dem Art 22 MRB korrespondierende und einigermaßen klare Regel, wonach die **Verwendung** von Körpermaterial **zu anderen als den ursprünglichen Entnahmezwecken** nur mit entsprechender Aufklärung und Zustimmung des ursprünglichen Inhabers zulässig ist, gibt es im österreichischen Recht nicht. Zwar wird ein solches Ergebnis mitunter aus dem allgemeinen Zivilrecht hergeleitet, doch sind diese Überlegungen derzeit mit so viel Unsicherheiten und Meinungsunterschieden belastet, dass von einer einigermaßen konsistenten rechtlichen Situation nicht gesprochen werden kann. Überdies wäre eine solche rein zivilrechtlich begründete Regel mangels Strafbestimmung und mangels effektiver schadenersatzrechtlicher Sanktionen[159] nur sehr schwach abgesichert (vgl Art 23 ff MRB).

[158] Für eine Entscheidungsbefugnis der Eltern jüngst *Krejci*, Wem gehört die Nabelschnur?, RdM 2001, 67 (70). Zu weiteren – auch aus rechtlicher Sicht offenen – Fragen zB *Gordjin/Olthuis*, Ethische Fragen zur Stammzelltransplantation aus Nabelschnurblut, Ethik Med 2000, 16.

[159] Dazu *Taupitz*, JBl 2000, 152.

2. Ein **Gewinnverbot** (Art 21 MRB) besteht derzeit nur für Leichenteile (§ 62a Abs 4 KAG) sowie bei der Blutspende (§ 8 Abs 4 BSG). Bei der entgeltlichen Verwertung von sonstigem Material von Lebendspendern besteht – wenn überhaupt – allenfalls eine zivilrechtliche Nichtigkeitssanktion aufgrund der unbestimmten Sittenwidrigkeitsklausel des ABGB.

I. Implementation, Durchsetzung, Rechtsschutz – Kapitel VIII MRB

Gerade wegen des weitgehenden Gleichklangs zwischen dem österreichischen Recht und den materiellen Bestimmungen der Konvention gewinnt die Frage an Bedeutung, ob dieser Befund – eine künftige Ratifikation vorausgesetzt – auch im Hinblick auf die formellen Regeln der Art 23 ff MRB sowie auf die Verpflichtung zur innerstaatlichen Implementierung gem Art 1 Abs 2 MRB zuträfe. Dazu nur einige abschließende Bemerkungen:

a) Gewisse Zweifel könnten sich etwa daraus ergeben, dass das österreichische Medizinrecht über weite Strecken an einer erheblichen Rechtszersplitterung sowie an beträchtlichen Unbestimmtheiten und Widersprüchlichkeiten leidet.[160] Manche Interpretationsergebnisse lassen sich nur durch weit ausholende Überlegungen aus allgemeinen zivil- und strafrechtlichen Grundsätzen erzielen. Das hat nicht zuletzt zur Folge, dass in wichtigen Punkten divergierende Auffassungen bestehen und dass auch dort, wo prinzipielle Übereinstimmung besteht, die praktische Umsetzung nicht immer gewährleistet scheint. Wenngleich dieser Befund kein österreichisches Spezifikum sein dürfte, so wirft er im Licht der MRB doch die Frage auf, wie die innerstaatliche Implementation beschaffen sein muss, damit von einer **wirksamen Umsetzung** iSd Art 1 Abs 2 MRB gesprochen werden kann. Auch wenn man konzediert, dass dem jeweiligen Staat dabei unterschiedliche Techniken offenstehen (zB Verleihung der unmittelbaren Wirksamkeit oder spezialgesetzliche Transformation), so bleiben dennoch Bedenken gegen die Tendenz des österreichischen Gesetzgebers, manch zentrale und ihrer Art nach kodifikatorische medizinrechtliche Regelungen nur als symbolische und nicht unmittelbar anwendbare Normen zu erlassen (so zB den Patientenrechtskatalog gem § 5a KAG oder die Patientencharta 1999). Eine solche »Beschwichtigungsgesetzgebung«, die weder subjektive Rechte noch objektive Verpflichtungen der Ärzte schafft, könnte wohl keine hinreichend wirksame Erfüllungsmaßnahme darstellen. Das gilt umso mehr für bloß empfehlende Richtlinien ohne rechtliche Verpflichtungskraft.

b) Ein Anpassungsdruck zur Schaffung **präziserer und unmittelbar anwendbarer Regelungen** könnte sich insb auch dort ergeben, wo Österreich

[160] Vgl dazu nur *Kopetzki*, Rechtspolitik der Zukunft – Medizinrecht, in: *Holoubek/Lienbacher* (Hrsg) 249 ff.

– in Anwendung des Art 26 Abs 1 MRB oder eines vergleichbaren Gesetzvorbehalts in anderen Bestimmungen – Beschränkungen einzelner Konventionsrechte vorsehen möchte. Legt man nämlich die Rechtsprechung zu den Gesetzesvorbehalten der EMRK (zB Art 8 Abs 2 EMRK) zugrunde, was wegen der systematischen Ähnlichkeit des Art 26 Abs 1 MRB nahe liegt, so bedarf es hiefür hinreichend genauer und vorhersehbarer generell-abstrakter Normen. Hiefür ist in Österreich aber grundsätzlich der parlamentarische Gesetzgeber und nicht das case law der Gerichte zuständig. Es wäre demnach nicht konventionskonform, beispielsweise eine Ausnahme vom Einsichtsrecht in die Krankengeschichte (vgl Art 10 Abs 3 MRB) oder die fremdnützige Knochenmarksspende zwischen Minderjährigen (vgl Art 20 Abs 2 MRB) ausschließlich auf das Schrifttum, auf einzelfallbezogene Gerichtsentscheidungen, behördliche Erlässe oder gar auf eine »ständige Praxis« zu gründen.

c) Klärungsbedürftig ist schließlich, ob das österreichische Rechtsystem ausreichende **Rechtsschutzmechanismen** und Sanktionen im Sinne der Art 23 ff MRB zur Verfügung stellt. Denn das öffentlichrechtliche Rechtsschutzsystem (Verfassungs- und Verwaltungsgerichtsbarkeit, Unabhängige Verwaltungssenate) gewährleistet Schutz nur gegen ganz bestimmte staatliche Verwaltungsakte, was wegen des umfassenden Geltungsanspruchs der Konventionsrechte nicht genügen kann. Und die inter privatos verfügbaren Rechtsbehelfe sind entweder bloß informeller und schlichtenden Natur (Patientenanwaltschaften, Schlichtungsstellen) oder aber – wie insb das zivilrechtliche Schadenersatzrecht bzw das Strafrecht – an limitierende Kriterien (zB Verschulden) gebunden, die jedenfalls keinen flächendeckenden Schutz gegen sämtliche Verstöße gegen die Konvention bieten können. Hier bedarf es möglicherweise neuartiger Formen der Rechtsdurchsetzung.

AUS – Country Report Australia*

Prof. Dr. Ngaire Naffine

Law School
Adelaide University
Australia

Australia is a federation in which law-making powers are shared by the Federal Parliament and the States. Australia is also a common law country, and so its law is a mix of common (judge-made) and statute law. Some areas of law are almost exclusively the province of the Commonwealth,[1] while others are the province of the States.[2] Law-making powers related to health and medicine, which necessarily cover a diversity of subject matters, are possessed variously by the Commonwealth and the States and Territories.[3] There are nine Australian jurisdictions: South Australia, Victoria, the Australian Capital Territory, New South Wales, Queensland, the Northern Territory, Western Australia and Tasmania as well as the Federal jurisdiction. Australian laws that safeguard the human rights of patients and research subjects therefore often differ from State to State, sometimes to a considerable degree. This necessarily complicates the task of expounding the rights of patients and research subjects. Further impeding the task of exposition is the fact that biomedical research in Australia is mainly regulated by national guidelines, rather than by national legislation, except where State Governments have seen fit to pass laws on particular types of research, as in the case of research on human embryos (discussed below). Again, this makes for a patchwork of laws and guidelines, with patients and research subjects possessed of variable rights, depending on their location within Australia.

Australia does not possess a Bill of Rights, despite a number of attempts to enact one.[4] Australia's Constitution contains a few express human rights,

---

*The law reported in this chapter was current at October 2000.

[1] Commonwealth legislative powers are enumerated within the Australian Constitution in sections 51 and 52 and include such things as defence, interstate trade and taxation.

[2] Federal legislation prevails when the two conflict (s 109 *Australian Constitution*).

[3] For example, section 51(xxiiia) of the Constitution gives the Commonwealth Parliament power to make laws with respect to "The provision of maternity allowances, widows' pensions, child endowment, unemployment, pharmaceutical, sickness and hospital benefits, medical and dental services ... benefits to students and family allowances."

[4] See Hilary Charlesworth, "The Australian Reluctance About Rights" in Philip Alston ed, *Towards an Australian Bill of Rights* (Centre for International and Public Law, Human Rights and Equal Opportunity Commission, 1994) 21; and

but none specifically related to health.[5] Furthermore, as Mathew observes, "[t]raditionally, the judiciary has ... displayed reluctance to develop human rights jurisprudence through implied constitutional guarantees or the common law."[6] Australia is party to the main international human rights treaties,[7] but for these rights to become enforceable, they must be incorporated by legislation into domestic law. Australia's federal system of lawmaking has hampered this process, as disputes have arisen about the respective legislative powers of the Commonwealth and the States.[8] It must also be said that the Commonwealth Parliament has not taken full advantage of its legislative powers to protect human rights.[9]

For these various reasons, Australians are poorly endowed with explicit, enforceable health rights. As two leading legal commentators have observed,

> [t]hose rights that do exist in respect of health have been little and narrowly articulated in Australian jurisprudence. By and large, there has been acknowledgment that patients are entitled not to be subjected to treatment that affects their bodily integrity without their having provided their consent and having been advised of the risks

---

Haig Patapan, "Competing Visions of Liberalism: Theoretical Underpinnings of the Bill of Rights Debate in Australia" (1997) 21 *Melbourne University Law Review* 497.

[5] As Charlesworth explains, "At least three provisions of the Australian Constitution deal directly with matters that can be categorised as human rights: s 80, providing for the right of a citizen ... to a jury trial ... ; s 116, denying federal legislative power with respect to religion; and s 117, protecting residents of one state from special disability or discrimination, based upon residence, in other states." Hilary Charlesworth "International Human Rights Law and Australian Federalism" in Brian R Opeskin and Donald R Rothwell eds, *International Law and Australian Federalism* (Melbourne University Press, 1997) 280 at 300 note 19.

[6] Penelope Mathew, "International Law and the Protection of Human Rights in Australia: Recent Trends" (1995) 17 *Sydney Law Review* at 181.

[7] For example, the *International Covenant for Civil and Political Rights* (signed 1972, entered into force 1980); the *International Covenant for Economic and Social Rights* (signed 1972, entered into force 1976); the *Convention Against Torture and Other Cruel, Inhuman or Degrading Treatment or Punishment* (signed 1985, entered into force 1989); the *Covenant on the Elimination of All Forms of Racial Discrimination* (signed 1966, entered into force 1975); the *Convention on the Elimination of All Forms of Discrimination Against Women* (signed 1980, entered into force 1983); the *Convention on the Rights of the Child* (signed 1990, entered into force 1991).

[8] As Mathew explains, "Those who argue for 'states' rights' have succeeded to some extent in their aims of restricting federal implementation of legislation, since the most comprehensive Commonwealth legislation, the *Human Rights and Equal Opportunity Commission Act* 1986 is extremely limited." Mathew, "International Law and the Protection of Human Rights in Australia: Recent Trends", at 182.

[9] It could do so through its external affairs power.

> and options in respect of the treatment. However, even with respect to so fundamental an entitlement, enforceable principally under the civil [as opposed to criminal] law, it has not been the subject of coherent and principled analysis within a rights discourse.[10]

This is not to say that patients and the subjects of medical research are treated poorly in Australia as a matter of practice. For one thing, the national ethical guidelines for the treatment of medical research subjects (discussed below) have considerable influence on researchers throughout Australia. There is also in place a national health system providing universal health coverage for all Australians.

A. The importance of an independent and interdisciplinary evaluation of research

In Australia, the institutional framework for vetting research on human subjects relies on a tacit assumption that researchers and research institutions will behave ethically and that they are capable of monitoring themselves. Consequently there is no national statutory law regulating medical research or providing criminal sanctions or civil remedies for departures from standards of ethical conduct. Instead, the scrutiny, approval and monitoring of biomedical research mainly occur through a decentralised process of review of research protocols by Human Research Ethics Committees (HRECs). These Committees are established by the governing bodies of universities, hospitals and other institutions which conduct research into human subjects, and they are bound by a set of national ethics' guidelines issued by the National Health and Medical Research Council (NHMRC) (*National Statement on Ethical Conduct in Research Involving Humans* (1999) (The National Statement)). The task of the HRECs is to ensure that the proposed research complies with the national ethical guidelines and then to monitor the conduct of the research.

Although there are no specific legal sanctions for failure to comply with *The National Statement*, there are powerful financial incentives for institutions and their researchers to adhere to these guidelines. Before researchers or institutions can obtain funding from the National Health and Medical Research Council (which is also Australia's main medical research public funding body) they must receive ethical approval for their proposed research from their relevant HREC. If a researcher within an institution fails to seek and gain ethics approval from their HREC, the entire institution may be denied NHMRC

---

[10] Ian Freckleton and Bebe Loff, "Health Law and Human Rights" in David Kinley ed, *Human Rights in Australian Law: Principles, Practice and Potential* (The Federation Press , Sydney, 1998) 267 at 290.

funding.[11] Thus compliance to NHMRC Guidelines is strongly connected to the availability of funding for research and it is tacitly assumed that this financial "carrot and stick" is enough to ensure good practices.

Australia's Research Ethics' Institutions

The National Health and Medical Research Council (NHMRC) The NHMRC was established in 1936. It was charged with the task of providing governments with advice on health, medical research and its funding. In 1992, statutory recognition was given to the NHMRC by the *National Health and Medical Research Council Act* which established the Council as a body corporate. The Act also determines the composition of the NHMRC ensuring that it is broadly representative of those with an interest in health and medicine. There must be one representative from each state, a person with knowledge of the health needs of Aboriginal or Torres Strait Islanders, one expert in health care training, one expert in medical training who is also familiar with professional medical standards, one expert in nursing, one independent and eminent scientist with knowledge of health research, as well as representatives from the trade union movement, from business and social welfare. There must also be one person with knowledge of environmental issues and another who is conversant with consumer issues.

The NHMRC Act requires the NHMRC to set and foster national health standards. The Council is also charged with the task of inquiring into, issuing guidelines on, and advising the community on medical research and advising the State and Federal governments on these matters.[12] As one commentator has noted, "the functions of the NHMRC are more akin to those of a

---

[11] See discussion in Loane Skene "The Regulation of Medical Research" (1999) 7 *Journal of Law and Medicine* 170 at 173.

[12] According to section 3, the object of this Act is "to make provision for a national body to pursue activities designed: (a) to raise the standard of individual and public health throughout Australia; and (b) to foster the development of consistent health standards between the various States and Territories; (c) to foster medical research and training and public health research . . . ; (d) to foster consideration of ethical issues relation to health." Section 7 prescribes the functions of the NHMRC. They include the promulgation of guidelines and provision of advice to the Commonwealth, the States and the community on matters relating to health and disease, the provision of health care, medical research and ethical issues connected to health. The NHMRC is also responsible for making recommendations on the use of funds under the Medical Research Endowment Fund (established under s 49 of the Act). Section 8 requires the NHMRC to issue guidelines to govern the conduct of medical research on humans.

Royal Commission; its reports neither directly affecting rights nor a condition precedent to the affecting of rights."[13]

Australian Health Ethics Committee (AHEC) AHEC is one of the principal standing committees of the NHMRC.[14] Its designated task is to regulate the conduct of experimental research: to "advise the Council on ethical issues relating to health; and to develop and give the Council guidelines for the conduct of medical research involving humans".[15] The composition of AHEC is also determined by the *NHMRC Act*. AHEC must consist of persons with diverse expertise, including a knowledge of the ethics of law, philosophy, religion, medical and public health research, social science research, clinical medical and nursing practice, regulation of the medical profession, health consumer issues, and the disabled.[16] AHEC is responsible for the fostering of community debate, consultation with relevant peak organisations and individuals and other governments with respect to health and ethical issues. It is required to monitor and audit HRECs and to keep abreast of international developments in medical research.[17]

Human Research Ethics Committees (HRECs) According to *The National Statement*,

> [t]he NHMRC requires all institutions or organisations that receive NHMRC funding for research to establish a Human Research Ethics Committee (HREC) and to subject all research involving humans, whether related to health or not and whether funded by the NHMRC or not, to ethical review by that committee.[18]

In other words, the central purpose of HRECs is to ensure and monitor compliance with the ethical guidelines contained in *The National Statement*. They are therefore the principal decision-makers concerning the conduct of health research in Australia. HRECs are required to report their activities to the Australian Health Ethics Committee. HRECs also have a set composition which is designed to secure a diversity of relevant expertise. There must be at least two lay persons, one of either sex, who are completely independent

[13] Suzie Laufer, "The Regulation of Medical/Scientific Research Practices Involving Experimentation on Human Beings" (1990) 8(1) *Law in Context* 78 at 84

[14] It was created under s 36 of the *NHMRC Act*.

[15] *NHMRC Act*, s 35(3).

[16] The Act requires the Minister to consult the peak bodies in each of these areas before making a determination as to membership (s 36(6)).

[17] NHMRC, *Function, Compositions and Membership of Council and its Committee Structure for the Triennium 1994-1996* (1994).

[18] *The National Statement*, at 3.

of the institution. There must be at least one person with relevant research experience, another with knowledge and experience in professional health care, a minister of religion (or similar person), and a lawyer.

The National Statement on Ethical Conduct in Research Involving Humans (1999) In 1999 the NHMRC released its current set of national guidelines on human experimentation as a guide to the decisions of all HRECs. The primary purpose of *The National Statement* "is the protection of the welfare and the rights of participants in research".[19] The Statement expounds the responsibilities of researchers wishing to conduct therapeutic and non-therapeutic research on human beings. A HREC must approve research only after having satisfied itself that the protocol conforms to the ethical values of integrity, respect for persons, beneficence and justice. More particularly, the HREC must establish that researchers will obtain the informed consent of subjects, that the participation of subjects will be completely voluntary, and that they appreciate that they have a right of withdrawal at any time. HRECs are required to examine the research merits of any protocol: they must be satisfied 'that the research is justifiable in terms of its potential contribution to knowledge and is based on a thorough study of current literature as well as prior observation". They must also ensure that protocols are designed to ensure "that any risks of discomfort or harm to participants are balanced by the likely benefits to be gained."[20]

Although the *NHMRC Act* required the guidelines to be laid before both Houses of the Australian Parliament, strictly speaking, *The National Statement* does not have the force of law in the sense that it is not contained within an enforceable statute or within statutory regulations. Moreover the *NHMRC Act* has not established mechanisms for supplying remedies or imposing sanctions for non-compliance.[21] And yet, as Skene has observed, the fact that the NHMRC is itself principally composed of scientists and medical practitioners suggests that its guidelines represent a statement of Australian standards and practices in medical law, and that "a failure to comply with them might be taken as evidence of a failure to take 'reasonable care' and therefore negligence".[22] To Magnusson, "[t]he relation of common law principles in their application to medical research and the National Statement is an area that deserves further, detailed consideration."[23] However it seems

[19] *Ibid,* at 1.

[20] *Ibid*, at 13.

[21] See discussion of the legal effect of the *National Statement* in Roger Magnusson "The Use of Human Tissue Samples in Medical Research: Legal Issues for Human Research Ethics Committees" (2000) 7 *Journal of Law and Medicine* 390.

[22] Loane Skene, *Law and Medical Practice: Rights, Duties, Claims and Defences* (Sydney, Butterworths, 1998) at 37.

[23] Magnusson "The Use of Human Tissue Samples in Medical Research", at 392.

clear that the approval of a research project by an HREC would not preclude an action in negligence or contract by the patient/research subject who seeks compensation for any injury suffered in the course of a research project.

We have already observed that *The National Statement* is highly influential, providing the basis of decisions made by institutional ethics committees responsible for approving the conduct of research on human beings. However the current system of ethical review of research in Australia is not without its critics. One major objection to the current scheme is that it does not apply to all medical research in the country. As we have seen, the main adverse consequence of failure to comply with *The National Statement* is the refusal, or withdrawal of, research funding by the NHMRC which admittedly funds most Australian medical research. But not all researchers are reliant on this source of funding and therefore *The National Statement* has no direct application to privately funded research. "Here", as Laufer observes, "the only real means of control lies in the limits that the individual researchers and scientists set for themselves."[24]

The considerable reliance on HRECs, and the absence of any statutory sanctions for breaches of ethics, might suggest that Australian health researchers are insufficiently regulated. Opinions are divided on this. According to Laufer, the failure to regulate the private sector represents "an alarming deficit in the existing regulatory system."[25] She is also critical of the efforts of HRECs to provide sufficient monitoring and surveillance of the research they do approve. By contrast, Magnusson suggests that the "relative lack of direct statutory regulation of medical research in Australia [is] precisely because of the perceived success of the current voluntary, decentralised system of ethics review."[26] Skene also remarks that because "the National Statement is an indication of acceptable standards within the scientific community" there are consequences for non-compliance with the Statement. Those who depart from these standards "would attract adverse publicity, with potential career and commercial impact, even without the sanction of withdrawal of funding."[27] Notwithstanding its detractors, "the National Statement, as applied by research ethics committees, is likely to remain the prime source of regulation for the foreseeable future."[28]

[24] Laufer, "The Regulation of Medical/Scientific Research Practices Involving Experimentation on Human Beings", at 88.

[25] *Ibid.*

[26] Magnusson "The Use of Human Tissue Samples in Medical Research", at 391

[27] Skene "The Regulation of Medical Research", at 173.

[28] Magnusson "The Use of Human Tissue Samples in Medical Research" at 391.

B. Biomedical research on children and young persons without the capacity to consent

Informed Consent

The National Statement declares that before research is undertaken, consent must be obtained from competent participants. Consent is then deemed to have two aspects: "the provision of information and the capacity to make a voluntary choice".[29] Material information "about the purpose, methods, demands, risks, inconveniences, discomforts and possible outcomes of the research" must be provided to participants "at their level of comprehension". Where the person lacks the competence to give a valid consent, "a person with a lawful authority to decide for that participant must be provided with that information and exercise that choice".[30]

Consent needs not be in writing, though it must be "clearly established, whether by a signed form, return of a survey, recorded agreement for interview or other sufficient means". The National Statement also declares: "The consent of a person to participate in research must not be subject to any coercion, or to any inducement or influence which could impair its voluntary character."[31]

Minors Although the general age of majority throughout Australia is 18, this is not a national rule for the purposes of consent to, and refusal of, medical treatment. In New South Wales, for the purposes of medical decision making, a child is a person under the age of 14 (*Minors (Property and Contracts) Act* 1970 s 49(2)); in South Australia a child is someone under 16 (*Consent to Medical Treatment and Palliative Care Act* 1995 s 6); in all other jurisdictions a child is someone under 18.

The mere fact of being a child does not in itself render a person incompetent to make their own health decisions. The validity of a child's consent depends on their maturity and, more particularly, on their ability to understand the nature and consequences of medical research and treatment. For those minors who are incompetent to consent to, or refuse, medical research and treatment, it is normally the parent who has the power to decide for the child. This "parental responsibility" is defined at a Federal level by s 61B of the *Family Law Act* 1975 (Cth) and entails "all the duties, powers, responsibilities and authorities which by law parents have in relation to children." Even when the

[29] *The National Statement*, at 12.

[30] *Ibid.*

[31] *Ibid.*

parent has full authority to decide for the child, the parent is still obliged to make decisions in the best interests of the child.[32]

The powers of the parent in relation to the medical treatment of the child are therefore more circumscribed than the powers of the competent adult in relation to their own treatment. Competent adults are able to make medical decisions about themselves which are manifestly not in their best interests. They should not make the same decisions for their children. Although parents generally have the right to make decisions for their children, the "best interests" requirement means that a court may therefore overrule a decision if it regards that decision as not being in the interests of the child.

According to *The National Statement*, when research on children is proposed, the HREC should ensure that "the research question posed is important to the health and well-being of children" and that their participation "is indispensable because information available from research on other individuals cannot answer the question". The HREC must also be satisfied that "the study method is appropriate for children" and that "the circumstances in which the research is conducted provide for the physical, emotional and psychological safety of the child". Consent must be obtained from the child, if they are sufficiently competent, and either from the parents/guardian or an organisation or person required by law. The research must not be "contrary to the child's... interests", which essentially restates the common law, and the child's refusal must be respected.[33]

C. Biomedical research on adults without the capacity to consent

The National Statement has separate sections dealing with research involving "persons with an intellectual or mental impairment" (s 5), "persons highly dependent on medical care" (s 6) and "persons in dependent or unequal relationships" (s 7). When proposed research subjects are intellectually impaired, HRECs are required to "weigh the potential benefits against risks and undue burden". Consent must be obtained from the research subject if they are of sufficient competence "or failing that the person's guardian or an authority or other organisation or person having that responsibility under law." Research must not be approved if it is "contrary to the best interests of the person". Finally, refusal by the person must be respected.[34]

---

[32] This was made clear in *Marion's Case (Secretary, Department of Health and Community Services v JWB and SMB* (1992) 175 CLR 218.

[33] *The National Statement*, at 25.

[34] *Ibid*, at 26.

The National Statement also declares that when research involves persons who are highly dependent on medical care "there is a need to acknowledge that the giving of free and informed consent can be compromised by the effect of the medical condition". The Statement recognises that significant ethical concerns are raised by emergency care research, intensive care research, neonatal intensive care research, terminal care research, research involving persons with impaired capacity for communication and research involving unconscious persons. If the nature of the research precludes the possibility of obtaining consent, "and neither the individual nor the individual's representative can consider the proposal and give consent in advance", a HREC may nevertheless approve the research if it "is not contrary to the interests of the patient" and "the research is intended to be therapeutic" and the person or their representative is given the chance to withdraw as soon as reasonably possible.[35]

There are also some statutory provisions governing research on the incompetent. In New South Wales, under the *Guardianship Act* 1987 (NSW) ss 45AA, 45AB, the Guardianship Tribunal may approve the participation of adult incompetents in a clinical trial if the trial is related to a condition from which those people suffer and it is in their best interests to participate. In the Northern Territory, under the *Mental Health Act* (NT) s 37, a psychiatric patient can only participate in research if it "will not be detrimental to the best interests of that patient".

D. Embryo protection in research

Notwithstanding considerable government interest in the social and scientific implications of assisted reproductive technology (ART) since the early 1980s,[36] Australia is still without a uniform national law on ART and on the treatment of embryos.[37] It has been suggested that "[l]egislation is much needed in this area of medical science to allay public fears that the technology will be abused."[38] This is the clear view of AHEC. In its background discussion to the NHMRC *Ethical Guidelines on Assisted Reproductive Technology* (1996), the Committee stated that the practice of artificial reproductive technology (upon which embryo research necessarily depends), involved such

[35] *Ibid*, at 28-9.

[36] Many Australian jurisdictions have produced reports recommending the passage of national laws in this area.

[37] A concise history of legal responses to ART in Australia is to be found in Helen Szoke, "Regulation of Assisted Reproductive Technology: The State of Play in Australia" in Ian Freckleton and Kerry Petersen eds *Controversies in Health Law* (Federation Press, Sydney 1999) 240.

[38] *Australian Health and Medical Law Reporter* (CCH, Australia 2000) 21-360.

wide-ranging social issues that they went "beyond the remit of AHEC in relation to medical research." AHEC resolved "that these social issues should be addressed by complementary ART legislation in all States and Territories".[39] In the absence of uniform legislation, AHEC considered that "the regulation of national data collection and maintenance of a centralised data base of research in this area cannot be achieved."[40] AHEC has therefore referred its proposal for legislation to the Commonwealth Minister for Health and Family services, "recommending unanimously and strongly that ART legislation be enacted in those States and Territories that have not yet introduced such legislation."[41] Notwithstanding these vigorous urgings for parliamentary intervention, only three Australian States have enacted dedicated legislation governing ART and research on embryos. The other jurisdictions are governed by the *Ethical Guidelines on ART.*

Victoria

In 1984, Victoria was the first jurisdiction in the world to enact legislation regulating research on embryos with the passage of the *Infertility (Medical Procedures) Act.* Restrictions were imposed on certain types of embryo research. As Chalmers explains the provisions of the Act, "research [was] to be limited to excess embryos produced by patients (ie those not transferred); the embryo should not be allowed to develop beyond the stage of implantation, ie 14 days (the primitive streak stage) and the research had to be scrutinised by a Standing Review and Advisory Committee".[42]

Following an exhaustive review of the operation of the *Infertility (Medical Procedures) Act* 1984 (Vic), the *Infertility Treatment Act* was passed in 1995. As Szoke summarises the effect of the Act, it creates

> for the first time in Australia, an 'arms-length' statutory authority that has been given responsibility to administer the Act. It specifies guiding principles with the paramount interests of the child born as the result of these procedures as the most important, followed by the preservation of human life, consideration of the interests of the family and finally that infertile couples should be assisted in fulfilling their desire to have children.[43]

---

[39] NHMRC, *Ethical Guidelines on Assisted Reproductive Technology (ART)* (NHMRC, 1996), v.

[40] *Ibid.*

[41] *Ibid.*

[42] Donald Chalmers "The Challenge of Human Genetics" in Ian Freckleton and Kerry Petersen eds *Controversies in Health Law* (Federation Press, Sydney, 1999) 202 at 209.

[43] Szoke, "Regulation of Assisted Reproductive Technology", at 244.

The Act also contains an extensive set of prohibitions in relation to the treatment of embryos with criminal sanctions for breaches of the Act. These provide a major impediment to scientists wishing to conduct research on embryos and thus inhibit the acquisition of new therapeutic knowledge in this area.

Section 22 states that only approved doctors or scientists or persons working under their supervision can "carry out research, outside the body of a woman, involving a zygote or embryo" and then only in "a place licensed for the purpose" (s 23). There is a ban on destructive research on embryos (s 24). Thus

> A person must not carry out research, outside the body of a woman, involving the use of an embryo –
>
> (a) if the embryo is unfit for transfer to a woman; or
>
> (b) in the case of an embryo which is fit for transfer to a woman, if the research would –
>
> (i) harm the embryo; or
>
> (ii) make the embryo unfit for transfer to a woman; or
>
> (iii) reduce the likelihood of a pregnancy resulting from the transfer of the embryo."

The penalty can entail four years imprisonment.

Under section 27, research involving an embryo cannot be carried out unless it "was formed for use in a treatment procedure" and before commencement of the research "each person who produced a gamete ... consented to the use of the ... embryo for the carrying out of the particular procedure". The Act also lists a number of prohibited procedures. They include alteration of the genetic constitution of an embryo "except to alter the somatic cells for therapeutic purposes" (s 39); procedures involving gametes produced by children (s 41); procedures involving gametes of people known to be dead (s 43); use of embryos removed from the body (s 44); mixing human and animal gametes (s 45); mixing gametes, zygotes or embryos from more than one person (s 46); cloning (s 47); the transfer of an embryo into the body of a man or an animal; sex selection (s 50).

South Australia

In 1988, South Australia enacted the *Reproductive Technology Act* which established the South Australian Council on Reproductive Technology and introduced a civil "licensing model" of ART control, rather than the "criminal sanctions" model preferred by Victoria.[44] The South Australian Council was charged with the task of implementing the process of ART regulation, licensing clinics and practitioners (upon whom it could place conditions) and establishing research guidelines. The penalty for failure to comply with such conditions was therefore loss of licence rather than a criminal sanction.

The current guidelines on South Australian research on embryos are to be found in the Regulations to the *Reproductive Technology Act* (the *Reproductive Technology (Code of Ethical Research Practice) Regulations* 1995. These establish a number of prohibited practices. A licensee must not "carry out ... the procedure of embryo flushing"; "continue ... the culture of an embryo outside the human body after the embryo has reached a developmental age of 14 days after fertilization"; "maintain an embryo ... outside the human body for more than 10 years after fertilization"; "in any research, use ... an embryo of a developmental age of more than 14 days after fertilization"; "carry out ... the procedure of cloning"; "place any cells extracted from an embryo into the body of any person or cause ... cells to be so placed"; "alter ... the genetic structure of a cell while the cell forms part of an embryo or an ovum in the process of fertilization"; "replace ... the nucleus of a cell of an embryo, or of an ovum in the process of fertilization, with any other nucleus."; "place reproductive material ... in the body of an animal"; "in any research ... [mix] ova with sperm produced by more than one man; or [mix] sperm with ova produced by more than one woman or [mix] embryos other than those resulting from fertilization of ova produced by the one woman by sperm produced by the one man"; "in any research, mix ... human reproductive material with animal reproductive material"; 'give or offer valuable consideration ... to any person for donation of reproductive material of that person or of any other person." A further way in which research on embryos is restricted in South Australia is through the imposition of conditions on the grant of licences. Under s 14(1) of the Act, "A person must not carry out research involving experimentation with human reproductive material except in pursuance of a licence granted by the Council". Section 14(2) then states that "A licence will be subject to ... a condition prohibiting research that may be detrimental to an embryo ...".

Western Australia

In 1991, Western Australia became the third Australian State to regulate ART with the enactment of the *Human Reproductive Technology Act* 1991 which also prohibits certain practices in relation to the treatment of embryos.

[44] Loane Skene invokes these two models in, "Why Legislate on Assisted Reproduction?", at 269.

Section 7 creates a number of offences under the Act. They include the conduct of research on an embryo which is not approved by the WA Reproductive Technology Council; the maintenance of an embryo outside the body of a woman after 14 completed days; human cloning; "the obtaining of an embryo by means of embryo flushing"; the replacement of "the nucleus of a cell of an egg in the process of fertilisation or any embryo"; the alteration of "the genetic structure of any cell ... while the cell forms part of ... any embryo"; the placement of "an embryo ... in the body of any animal"; the placement of a non-human embryo in the body of any woman; and the supply of embryos for valuable consideration. Criminal sanctions apply for breaches of the Act. Body corporates are liable to a fine not exceeding $50,000 and individuals are liable to a fine not exceeding $25,000 or five years imprisonment or both.

The Rest of Australia

Outside Victoria, South Australia and Western Australia, reproductive research and technology are more appropriately described as self-regulated: they operate under the guidance of the NHMRC's *Ethical Guidelines on Assisted Reproductive Technology* (1996) (Ethical Guidelines on ART). However according to Skene, "[i]t is not true that there is no law on IVF in those jurisdictions [without ART legislation]. The law that applies is the same as the law that applies to all doctor-patient consultations – the duty to take reasonable care in contract and negligence."[45] Professional disciplinary law also regulates medical practitioners. Skene further suggests that the NHMRC guidelines "Although 'voluntary' ... provide a standard which may be considered in deciding what is reasonable care in a given case. In this way they are indirectly enforceable in contract, negligence and disciplinary proceedings."[46]

As the Ethical Guidelines on ART explain, the system which operates outside Victoria, South Australia and Western Australia is one of

> self-regulation and accreditation comprising the Reproductive Technology Accreditation Committee (RTAC) and its Code of Practice for units using IVF and related reproductive technologies, with RTAC setting professional and laboratory standards for clinical practice under this system of accreditation.[47]

The Reproductive Technology Accreditation Committee (RTAC) was established by the Fertility Society of Australia, which is made up of clinicians, scientists, nurses and counsellors. The purpose of the RTAC is to provide

[45] *Ibid*, at 270.

[46] *Ibid.*

[47] *Ethical Guidelines on ART*, at iv.

accreditation to ART clinics around Australia.[48] Although this is essentially a system of self-regulation by the ART industry, there are significant consequences for failure to secure accreditation. For example, the Health Insurance Commission, a national government body, will only approve the subsidy of extremely expensive fertility drugs if a clinic is accredited.

According to the *Ethical Guidelines on ART*,

> 2.2 A specific research project including the use of gametes and[/or] embryos in an ART procedure must comply with the specific legislation of the particular State and must be approved by an Institutional Ethics Committee (now called HREC).
>
> In deciding whether to grant this approval the HREC is required to consider "whether all procedures in the project satisfy the Code of Practice of the accreditation body and these guidelines are subject to satisfactory arrangements."
>
> 2.5 Research protocols approved by an [HREC], involving gametes and embryos in ART procedures ... should be notified to a national body, such as the National Perinatal Statistics Unit in order that a national data base, listing all research involving this type of material in Australia, may be maintained.
>
> The Guidelines further specify in relation to research on embryos that:
>
> 6.1 [it] must take place within the limits prescribed by law. In those States and Territories where there is no relevant legislation such research may only take place according to these guidelines.
> 6.2 Embryo experimentation should normally be limited to therapeutic procedures which leave the embryo, or embryos, with an expectation of implantation and development."
>
> 6.3 Non-therapeutic research which does not harm the embryo may be approved by a [HREC].
>
> In other words, research should normally not be destructive of the embryo. But clearly this also means that research which destroys the embryo *is* permissible in certain defined circumstances. The Guidelines explicitly acknowledge that the benefits to science which may accrue from such research may sometimes justify its approval. Thus:

[48]"Accreditation is granted for up to 3 years, and clinics are assessed against RTAC guidelines. RTAC issue very strict guidelines that cover every aspect of patient care. It requires that the clinics work under the direction of the Institutional Ethics Committee, which are constituted under the NHMRC Guidelines." Helen Szoke, "Regulation of Assisted Reproductive Technology", at 244.

6.4 Non-therapeutic research which involves the destruction of the embryo, or which may otherwise not leave it in an implantable condition, should only be approved by an [HREC] in exceptional circumstances. Approval requires:

- a likelihood of significant advance in knowledge or improvement in technologies for treatment as a result of the proposed research;
- that the research involves a restricted number of embryos; and
- the gamete providers, and their spouses or partners, to have consented to the specific form of research.

The Guidelines further specify that ART clinics should "Seek to avoid the likelihood of production of embryos in excess of the needs of the couple". Moreover "Techniques and procedures which create embryos surplus to the needs of the infertility treatment should be discouraged." The Guidelines also enumerate the "prohibited/unacceptable practices" of ART. They are: "Developing embryos for purposes other than for their use in an approved ART treatment program"; "Culturing of an embryo in vitro for more than 14 days"; "Experimentation with the intent to produce two or more genetically identical individuals, including development of human embryonal stem cell lines with the aim of producing a clone of individuals"; "Using fetal gametes for fertilisation"; "Mixing of human and animal gametes to produce hybrid embryos"; "Mixing of gametes or embryos of different parental origin so as to confuse the biological parentage of the conceptus"; "Placing an embryo in a body cavity other than in the human female reproductive tract"; "Embryo flushing"; "Commercial trading in gametes of embryos"; "Paying donors of gametes or embryos beyond reasonable expenses"; and "The use in ART treatment programs of gametes or embryos harvested from cadavers."

E. Legal questions with regard to the creation/cultivation of human cells (eg use of embryonic stem cells, therapeutic cloning)

The reproductive technology legislation of Victoria, South Australia and Western Australia prohibits human cloning, as do the NHMRC guidelines (*The National Statement*). This means that private research into cloning (ie non-NHMRC funded research) outside of Victoria, SA and WA is unregulated. However, as AHEC observed in 1998, there was "no evidence of such research or practices being undertaken in any private institution." [49]

[49] NHMRC, *AHEC Report: "Scientific, Ethical and Regulatory Considerations Relevant to Cloning of Human Beings"* (NHMRC, 1998) 4.

In 1998, AHEC responded to a request from the Commonwealth Health Minister for advice on possible Australian legislation on cloning. The resulting Report recommended that "the remaining States and Territories ... which have not legislated in this area" should be urged "to introduce legislation prohibiting the application of techniques to clone a new human individual."[50] Despite this prompting from AHEC, such legislation has not been forthcoming. AHEC also recommended that "[t]he Commonwealth Government ... should reaffirm its support for the UNESCO Declaration on the Human Genome and Human rights, in particular Article 11 which states that: 'Practices which are contrary to human dignity, such as reproductive cloning of human beings, shall not be permitted."'

Since 1984, guidelines issued by the NHMRC have prohibited germ cell gene therapy.[51] Although somatic cell therapy is regarded as experimental in Australia, it is not prohibited. According to NHMRC *Guidelines for Ethical Review of Research Proposals for Human Somatic Cell Gene Therapy and Related Therapies*,[52] "[a]ll attempts to introduce DNA, RNA, or cells whose genetic material has been modified into humans should be considered experimental and are subject to the NHMRC *National Statement* ... and these Guidelines." Therefore such research is permitted in certain circumstances. The guidelines require a research proposal to be approved by a HREC which in turn must submit the protocol to the NHMRC's Gene and Related Therapies Research Advisory Panel "for comment on its medical, scientific, ethical and safety aspects".[53]

Researchers are required to comply with the ethical guidelines of *The National Statement.* In addition, the following matters also need to be considered when protocols for gene therapy are before an HREC.

(a) The balance of potential risks and benefits associated with the gene therapy experiment. Diseases for which gene therapy is being considered

[50] *Ibid.*

[51] NHMRC, *Statement on Human Experimentation* (NHMRC, 1992) Supplementary Note 7, Gene Therapy. This prohibition is restated in the current guidelines: NHMRC, *Guidelines for Ethical Review of Research Proposals for Human Somatic Cell Gene Therapy and Related Therapies* (NHMRC, 2000) 27. Thus: "AHEC recognises the concerns which exist in the community regarding the potential use of genetic manipulation for genetic enhancement rather than for the treatment or prevention of disease ... For the present, prohibition of germ line genetic manipulation is an appropriate way of responding to people's legitimate concerns while research continues to expand our basic knowledge."

[52] Effective 1 Jan 2000.

[53] The Gene and Related Therapies Research Advisory Panel is a subcommittee of the NHMRC's Research committee. It was established in 1994 "to provide HRECs with advice about medical, scientific, ethical and safety issues related to gene therapy protocols" Appendix to the Guidelines, at 11.

should be those which impose a severe burden on affected individuals and for which there is no treatment or only inadequate treatment. There is accumulating evidence that gene therapy is relatively safe for humans, but the choice of diseases for clinical trials or research remains critical. ...

(b) The objectives and rationale of the proposed gene therapy or research should be clear, based on sound understanding of the biological system being studied, and where possible and appropriate, based on prior studies in animals.

(c) The structure and characteristics of the DNA or RNA, and of the vector (carrier of the DNA or RNA), to be used for gene transfer must be known.

(d) It should be possible to measure the effects of treatment and research.

(e) Procedures should be in place which ensure the long-term follow-up of those studied or treated. These must include provision of information required by the gene therapy register administered through the Gene and Related Therapies Research Advisory Panel ...

(f) How consent to participation is obtained, and on what information it is to be based should be carefully considered. In particular:

  (i) In view of the experimental nature and emotive connotations of gene therapy, care should be taken to ensure that participants in gene therapy research or clinical trials do not have unrealistic expectations of the gene therapy, particularly in terms of its potential to improve their prognosis.

  (ii) Participants in gene therapy research or clinical trials will usually have serious and often life-threatening diseases...

F. Ban on discrimination against persons because of their genetic makeup, particularly with regard to prenatal and pre-implantation diagnosis

At present, there is no Commonwealth or State law that specifically prohibits discrimination against a person on the basis of their genetic makeup, although such legislation has recently been proposed and rejected. However, there is in place a Commonwealth *Disability Discrimination Act* 1992 (Cth)[54] which prohibits discrimination in the provision of certain services and employment and which may well have a bearing on genetic discrimination, depending on whether a genetic defect can be brought within the definition of a "disability". Under the Act, "disability" is defined, *inter alia*, as a "malfunction,

[54] Anti-discrimination legislation also exists at state level.

malformation or disfigurement of part of the body" and specifically includes disabilities that "may exist in the future or ... imputed to a person' (s 4(1)). According to Keays, "[a] genetic mutation which directly causes part of the body to function abnormally would appear to fit within the definition of 'disability'." So too would "a genetic predisposition which manifests itself in an abnormality in a later stage".[55] However, the Act contains major exceptions for insurers and employers, and these are precisely the two groups which might have good economic reason to discriminate against those with a genetically-related disability or a genetic predisposition to certain diseases. Life insurers are permitted to refuse to accept the risk of insurance, or may adapt the terms of a contract, if such discrimination is based on relevant actuarial or statistical data upon which it is reasonable to rely (s 46).[56] Similarly, employers are permitted to discriminate against a person on the basis of their disability if it prevents the person carrying out the inherent requirements of the job or if it requires the employer to provide services or facilities which represent an unjustifiable hardship for the employer (s 15).

In 1996, the Privacy Commissioner[57] in response to a request from the Common-wealth Government, issued an information paper entitled "*The Privacy Implications of Genetic Testing.*" The Privacy Commissioner here expressed concern that "[u]nlike New Zealand and most European Union Countries, Australia does not yet have a coherent system of privacy protection that applies to the private sector". The *Privacy Act* (1998) (Cth) regulates the collection, storage, use and disclosure of personal information, which would include genetic information. However, the Act has very limited coverage: it applies only to Commonwealth Government agencies, leaving the private sector unregulated.[58] Moreover, the Act specifically excludes State banking and insurance. The Privacy Commissioner urged the introduction of "[a] comprehensive, national legislative scheme ... to provide information privacy protection in all sectors, including the private sector and those parts

[55] David Keays, "The Legal Implications of Genetic Testing: Insurance, Employment and Privacy" (1999) 6 *Journal of Law and Medicine* 357 at 362.

[56] In Australia there is no room for discrimination in the provision of basic health insurance. There is in place a government scheme of universal health coverage (based on compulsory contributions) supplemented by optional private health insurance. Under the *National Health Act* 1953 (Cth), private insurers are prevented from adjusting their premiums according to risk. Contributions to the government scheme are also at a fixed rate.

[57] The principal task of the Privacy Commissioner is to oversee the operation of the Common-wealth *Privacy Act* 1988.

[58] An amendment to the Commonwealth *Privacy Act* (*Privacy Amendment (Private Sector) Bill* 2000) providing "a light-touch legislative regime" designed to "support and strengthen self-regulatory privacy protection in the private sector" is currently under consideration. *NHMRC Guidelines under Section 95 of the Privacy Act 1988* (NHMRC, Mar 2000) 9.

of the federal public sector that are not currently subject to the Privacy Act."[59]

The Commissioner recognised the particular interests of insurance companies and employers in genetic information relevant to health. Neither group is currently regulated. Insurers operate according to their own code of professional conduct that allows them to demand complete disclosure of medical information from applicants, including genetic information. In fact, a legal duty is imposed on persons seeking insurance to disclose any matter relevant to the insurer's decision to accept the risk.[60] Although the Commissioner generally expressed faith in the self-regulation of insurers, he was concerned that "[t]he life insurance industry has no written code of conduct setting out recommended ways of dealing with the personal information companies collect", and noted that "[t]here are no impediments to insurance companies sharing information or selling to one another or to other parties."[61]

Although the Government has not required it to do so, the society of insurers known as Investment and Financial Services Association (IFSA) has adopted its own policy on genetic testing. IFSA takes the view that "the results of genetic tests performed prior to the application for insurance should be treated no differently to any other information relevant to the risk". However, IFSA also "believes that it is inappropriate for insurance companies to request or coerce applicants for insurance to undergo testing."[62] Australians are fortunate that the industry has chosen to act responsibly in this matter, in the absence of any statutory compulsion to do so.[63]

In relation to employers, the Privacy Commissioner has noted that "[a]part from possible application of anti-discrimination legislation, there are no statutory limitations in Australia on the amount or nature of the medical (including genetic) information that an employer may require as a precondition of employment." Industrial relations law has yet to address genetic testing by employers, though when the Commonwealth is the employer, it is bound by the principles set down in the Commonwealth *Privacy Act.* Trade unions have yet to show an active interest in genetic privacy. In short, "[t]here are currently no specific restrictions in Australian statute law on the collec-

---

[59] Privacy Commissioner, "The Privacy implications of genetic testing", at 9.

[60] *Insurance Contracts Act* 1984 (Cth), s 21(1).

[61] Privacy Commissioner, "The Privacy implications of genetic testing", at 4.

[62] IFSA, *Draft Policy on Genetic Testing* (IFSA, Melbourne, 1999).

[63] These draft guidelines however have been the subject of a draft determination by the Australian Competition and Consumer Commission (ACCC) which has found them to be anti-competitive. The ACCC has noted that "legislation may be an appropriate solution to some of the issues raised in recent public discussion" about genetic testing. ACCC, Media Release, 9 August 2000.

tion, retention, use or disclosure of genetic monitoring information held by an employer other than the Commonwealth."[64]

In 1998, a private Senator's Bill on genetic discrimination was tabled in the Australian Senate (the upper house of the Commonwealth Parliament). The *Genetic Privacy and Non-discrimination Bill* 1998 (Cth), which was modelled on its United States counterpart, was the first Australian attempt to regulate this form of discrimination. The Act declared it to be unlawful

> for a person to do any act involving a distinction, exclusion, restriction or preference based on genetic information which has the purpose or effect of nullifying or impairing the recognition, enjoyment or exercise, on an equal footing, of any human right or fundamental freedom in the political, economic, social, cultural or any other field of public life (s 17(1)).[65]

The Bill not only sought to outlaw genetic discrimination but also to protect genetic privacy. It defined the circumstances in which genetic data could be collected, stored, analysed and disclosed.[66] Special provisions, however, were made for employers[67] and insurers.[68]

The Bill was referred to the Senate Legal and Constitutional Legislation Committee which, in 1999, recommended that "the bill not proceed, pending the further examination of the issues ... and the development of appropriate amendments to existing legislation, in relation to genetic privacy and discrimination".[69] The Committee recognised "the complex benefits and dangers inherit in emerging genetic technology" and the consequent need for "the de-

[64] Privacy Commissioner, "The Privacy implications of genetic testing", at 49.

[65] As the Senator introducing the Bill explains, "Under this bill, the individual will have to provide written authorisation for the collection, storage and analysis of a DNA sample. The genetic information can only be disclosed ... if the individual has authorised the disclosure" and in other specified circumstances. Senator Stott Despoja, *Australian (Cth) Senate Hansard* (11 Mar 1988) 838.

[66] See *Explanatory Memorandum (circulated by authority of Senator Stott Despoja) on the Genetic Privacy and Non-discrimination Bill 1998.*

[67] Employers were permitted to require genetic information in order to allow "a genetically susceptible employee to avoid occupational exposure to substances with a mutagenic or teratogenic effect" or to determine "a genotype that is otherwise directly related to the work and is consistent with business necessity". But an employer was prohibited from requiring genetic information "for any purpose restricting any right or benefit otherwise due ... to the employee" (s 18).

[68] Insurers were permitted to require genetic information if the relevant test had already been undertaken but could not, on that basis, limit or refuse insurance to a healthy individual. Nor must the insurer "require an applicant for insurance coverage ... to be subjected to a genetic analysis" (s 19).

[69] The Parliament of the Commonwealth of Australia, Senate Legal and Constitutional Legislation Committee, Consideration of Legislation Referred to the Committee:

velopment of a national approach to issues of genetic privacy and discrimination, led by the Commonwealth." And yet the Committee thought that it was premature to enact legislation "at a time when the exact nature of the technology and the ensuing ethics and legal issues are still unclear."[70] Only a year later, however, the Commonwealth Government was of the view that it was, after all, appropriate to consider the need for regulation in this area. Thus in August 2000 the Commonwealth Attorney General and the Minister for Health announced a joint inquiry by the Australian Law Reform Commission and the National Health and Medical research Council into gene technology. At the time of writing, the terms of reference of this inquiry have yet to be determined.[71]

In the meantime, the NHMRC has been active in this area. In 1999 it published *Guidelines for Genetic Registers and Associated Genetic Material 1999* (effective January 2000) which expand upon an earlier set of guidelines issued in 1991. The current guidelines cover all aspects of the operation of genetic registers (which address heritable disorders) including consent and confidentiality. These guidelines have the same force as *The National Statement* and are intended to be read alongside them.

In February 2000, the NHMRC published *Ethical Aspects of Human Genetic Testing: an Information Paper*. This is purely a discussion paper designed to inform, rather than to regulate conduct. It expresses concern that the current policy of life insurers requiring disclosure of the results of any genetic testing "may cause some people to forego the personal health benefits of genetic testing in order to access life insurance".[72] In relation to employment, the paper notes that "genetic information about future health could potentially be used to distinguish between job applicants in terms of their ability to remain productive".[73] Because of the exemption provisions of the *Disability Discrimination Act* such discrimination could be perfectly lawful.

Provisions of the Genetic Privacy and Non-Discrimination Bill 1998 (as introduced in the 38th Parliament) (March 1999) par 5.32.

[70] *Ibid*, at par 5.33.

[71] This announcement is to be found on the Australian Law Reform Commission Website: ALRC On Line.

[72] NHMRC, *Ethical Aspects of Human Genetic Testing: an Information Paper*, at 54

[73] *Ibid*, at 55.

G. Safeguarding the autonomy of patients at the end of their life

Research on those in terminal care

According to *the National Statement*, persons in terminal care represent a highly dependent population. The Statement notes that "[r]esearch in terminal care is distinguished by the short remaining life expectancy of participants and their potential vulnerability to unrealistic expectations of benefits." Accordingly researchers are required to take care "that the prospect of benefit from research participation is neither exaggerated nor used to justify a higher risk than that involved in the patient's current treatment." Researchers are also obliged to "respect the needs and wishes of participants to spend time as they choose, particularly with family members." [74]

Termination of Treatment

Competent Adults Consistent with the principle of patient autonomy and the right to consent to, or refuse, treatment, the adult competent patient may demand the termination of treatment as well as refuse the performance of treatment. In fact it would be a civil and a criminal offence to continue treatment against the will of the patient. The right to refuse treatment is a common law right[75] and it is also enshrined in the statutes of four jurisdictions.[76]

Incompetent Adults Persons can anticipate incompetence and issue instructions about the future withdrawal of treatment through advance directives and medical powers of attorney.[77] A doctor who fails to treat a patient or terminates treatment must have an excuse in law such as the perceived

[74] *The National Statement*, at 28.

[75] See *Re T (Adult: Refusal of Treatment)* [1992] 4 All ER 649.

[76] See *Natural Death Act* 1988 (NT) s 12; *Consent to Medical Treatment and Palliative Care Act* 1995 (SA) s 16; *Medical Treatment Act* 1988 (Vic) s 9; and *Medical Treatment Act* 1994 (ACT) s 22.

[77] There is statutory provision in some Australian States for the competent patient to decide about their treatment should they become incompetent. Provisions vary from jurisdiction to jurisdiction. South Australia and the Northern Territory have enacted specific provisions governing advanced directives. In South Australia, the *Consent to Medical Treatment and Palliative Care Act* 1995 s 7(1) provides that a competent adult may give a direction about their medical treatment should they be at some time in the future in "the terminal phase of a terminal illness, or in a persistent vegetative state; and [are] incapable of making decision about medical

futility of treatment. The leading authority on the termination of treatment of an adult incompetent patient is the House of Lords decision of *Airedale NHS Trust v Bland.*[78] This decision stands for the principle that futile treatment may be withdrawn when there is no discernible benefit to the patient. Although Australia has no specific authority on withdrawal of treatment from incompetent adults, Australian courts are likely to follow *Bland.*

Minors The right of the parent to decide for the child is constrained by the "best interests" principle and if a parent's decision is challenged it will be up to a court to decide "objectively" what those interests entail. In the case of the incompetent adult, the House of Lords (in *Bland*) approved the termination of futile treatment that is not in the best interests of the patient and logically this principle should apply equally to adults and children. However, as Skene observes: "Courts have traditionally been conservative in deciding when it is permissible for treatment to be withdrawn or withheld from a critically ill newborn infant".[79] There is English authority for the principle that treatment may be terminated or withheld in the case of severely disabled babies when the anticipated quality of their life is extremely poor.[80] However, there is very little Australian case law on the withholding and termination of treatment of extremely disabled babies. It is within the discretion of doctors to withhold

---

treatment". Under the *Natural Death Act* 1988 (NT) s 4(1) a competent adult who wishes not to be subjected "to extraordinary measures in the event of his or her suffering from a terminal illness, may make a direction" to that effect. In Victoria under the *Medical Treatment Act* 1988 (Vic) ss 5A-5F there is provision for a competent adult person to ratify a refusal of treatment certificate which enables them to refuse medical treatment generally. The patient need not be terminally ill for a certificate to be effective, but the certificate only applies to treatment for a medical condition a patient has when it is signed. The certificate continues to be effective should the person become incompetent. Similar provisions operate in the Australian Capital Territory under the *Medical Treatment Act* 1994 (ACT) s 6 which allows for a competent adult to make a written direction for refusal of medical treatment generally. A medical practitioner who fails to respect the terms of the certificate commits an offence. A doctor who withdraws or withholds treatment under any of these provisions would incur no civil or criminal liability.

[78] [1993] 1 All ER 859.

[79] Skene, *Law and Medical Practice*, 247.

[80] For discussions of omission of treatment of disabled babies see Karin Clark, "The 'Baby M' Inquest: Some Legal Aspects of Treating Disabled Infants" (1992) 66 *Law Institute Journal* 394; Loane Skene, "The Quality of Life and Disabled Infants" (1992) 66 *Law Institute Journal* 998; M Davies, "Selective Non-Treatment of the Newborn: In Whose Best Interests? In Whose Judgment?" (1998) 49 *Northern Ireland Leg Q* 82; Helga Kuhse and Peter Singer, *Should the Baby Live? The Problem of Handicapped Infants* (Oxford University Press, 1985).

treatment from any patient if in their medical judgment it is futile or the burden of treatment outweighs the possible benefits.

Palliative Medicine

A major qualification to the rule that it is murder intentionally to cause the death of another is the doctrine of double effect. Only one Australian State has given this doctrine statutory support.[81] The South Australian law however merely reflects the Australian[82] and English common law position on the doctrine of double effect as stated by Lord Devlin in *R v Adams (Bodkin)*[83] and reaffirmed more recently in the leading House of Lords case of *Bland.*[84]

Incompetent Patients

Persons who are granted the authority to make medical decisions on behalf of others (medical agents) do not thereby acquire the right to refuse palliative care;[85] see *Consent to Medical Treatment and Palliative Care Act* 1995 (SA) s 8; *Medical Treatment Act* 1988 (Vic) s 5A; *Medical Treatment Act* 1994 (ACT) s 13. These sections grant the power to refuse "medical treatment",

---

[81] Section 17(1) of the *Consent to Medical Treatment and Palliative Care Act* 1995 (SA) states that medical treatment which is intended to relieve the pain or distress of a terminally ill patient and incidentally hastens death incurs no liability. The doctor must administer medical treatment "with the intention of relieving pain or distress – (a) with the consent of the patient or the patient's representative; and (b) in good faith and without negligence; and (c) in accordance with proper professional standards of palliative care". Section 17(3) then makes it clear that this is not to be regarded as killing the patient. Thus "the administration of medical treatment for the relief of pain or distress... does not constitute an intervening cause of death; and... the non-application or discontinuance of life sustaining measures... does not constitute an intervening cause of death", ie "a cause that breaks a pre-existing chain of causation". Section 18 then asserts that this is not to be regarded as assisted suicide or euthanasia. Thus: "This Act does not authorise the administration of medical treatment for the purpose of causing the death of the person... [and] this Act does not authorise a person to assist the suicide of another."

[82] Though there is no Australian case law which deals specifically with the doctrine, it is generally agreed by legal commentators to form a part of Australian common law based on the case law of other jurisdictions, especially England.

[83] [1957] *Crim Law Rev* 365.

[84] [1993] 1 All ER 859 at 868 per Lord Goff.

[85] In SA palliative care is defined as "measures directed at maintaining or improving the comfort of a patient who is, or would otherwise be, in pain or distress" (s 4). In Victoria palliative care is defined to include the provision of food and water (s 3).

which is defined to exclude palliative care, explicitly in the Victorian Act (s 3) and implicitly in the other Acts. There are limits to what parents can consent to and refuse for their children and this would include palliative medicine. Parents only have authority to make decisions which are in the best interests of their children and, should a parent's decision be challenged, it is unlikely that a court would regard the refusal of palliative care as being in the child's interests.

Active Euthanasia

Intentionally to cause the death of another person by the administration of a lethal dose of drugs is murder both at common law and according to statute in all Australian jurisdictions. It is irrelevant that the person is already dying, or that death will ensue shortly without the intervention of another. Moreover, motive is irrelevant to criminal responsibility. "Mercy" killing to alleviate suffering is just as much murder as killing for sinister reasons. It makes no difference whether the person killed is competent or incompetent, an adult or a child, as long as they are considered to be legally alive. To be a person capable of being killed, one must (at the one end of the human life cycle) be considered legally born alive and (at the other end of life) not yet legally dead.

It is no excuse that the person who is killed has asked to be killed as consent does not provide a defence to murder. In the Australian code jurisdictions of the Northern Territory, Queensland, Tasmania and Western Australia, this is made explicit in the relevant Criminal Codes. For example, s 261 of the Western Australian Criminal Code states: "Consent by a person to the causing of his own death does not affect the criminal responsibility of any person by whom such death is caused." This is also true at common law.[86] The rationale for this rule is that there is a clear limit to the overriding principle of autonomy, which is the ability to have another end one's life. The principle of the sanctity of life trumps the principle of patient autonomy.

Euthanasia Legislation

In 1995 the Northern Territory was the only jurisdiction in Australia with legislation to permit active euthanasia. A medical practitioner was permitted to assist a terminally ill person to die in certain clearly-defined circumstances. According to the *Rights of the Terminally Ill Act* 1995 (NT), the person had to be in the course of a terminal illness, and experiencing pain, suffering

[86] *R v Cato* [1976] 1 All ER 260. Also see *R v Donovan* [1934] 2 KB 498; *R v Brown* [1993] 2 All ER 75.

and/or in distress to an extent which they found unacceptable. They could then request their medical practitioner to assist them to terminate their life (s 4). However the doctor could for any reason and at any time refuse to give that assistance (s 5). The patient was not to promise or give any reward or advantage for this service (other than reasonable payment for services) (s 6).[87]
In 1997, after considerable public debate, and the use of the Northern Territory Act by four people, the Commonwealth Government, which has power to make laws for the Territories (but not for the States), used its Territories power to enact legislation to the effect that the legislative assemblies of the territories do not have the power to enact laws which permit euthanasia or assisted suicide (*Euthanasia Laws Act* 1997 (Cth)).

In response to the Commonwealth repeal of their *Euthanasia Act*, the Northern Territory Legislative Assembly debated the *Criminal Code (Euthanasia) Amendment Bill 1997* which would have imposed a token fine of $50 for physician-assisted suicide. The bill was defeated. Two other Australian jurisdictions have endeavoured to pass euthanasia laws without success. In 1995 the *Medical Treatment (Amendment) Bill* (ACT) was defeated. In 1995 and 1996 in South Australia there were unsuccessful endeavours to introduce a Voluntary Euthanasia Bill.

Concluding Remarks

This Report has brought together those parts of Australia's law and ethical codes of practice that have a direct bearing on the European Convention on Human Rights in Biomedicine. It reveals that much of Australian law is already compatible with the Convention, though there remain important differences. The federal nature of Australian law-making perhaps countenances against the adoption of a uniform national approach to health rights. Nevertheless there are already in place important protections for Australian patients and research subjects. Notably, the common law right to bodily integrity ensures that any medical or research interventions require the free consent of the person who has been advised of the nature of the intervention and of the material risks.

[87] Section 7(1) then set down the conditions under which suicide could lawfully be assisted, which included a requirement that the patient be 18, that the medical practitioner be satisfied on reasonable grounds that the patient was suffering from illness that would in the normal course and without the application of extraordinary measures result in the death of the patient and that there was no medical measure acceptable to the patient that could reasonably be undertaken in the hope of effecting a cure.

B – Country Report Belgium

Prof. Dr. Herman Nys

Professor in medical law KU Leuven, Professor in international health law University of Maastricht, Guestprofessor in medical law UC Louvain

A. Introduction: The Convention on Human Rights and Biomedicine (ECHRBio) and Belgium

Up to now Belgium has not signed nor ratified the ECHRBio. On 19 November 1996, the Belgian Minister in the Committee of Ministers of the Council of Europe abstained in the vote on the Convention. According to DE WACHTER Brussels abstained because it did not want to anticipate the opinion of the Belgian Federal Committee on Bioethics and the still-undecided bill on human experimentation.[1] The real motive for not signing the Convention was the internal division of opinions within the Belgian government on several articles. Especially article 18 on the creation of and research with embryos created a lot of tension within the Government and the Parliament. This has resulted in an "implicit decision not to decide" which means not signing the Convention.

Also the Federal Committee on Bioethics was hopelessly divided on the Convention in its advice of 7 July 1997. The advice contains a short enumeration of articles on which the Committee reached consensus (requirement of informed consent; protection of research subjects; removal of organs from living donors) but a much longer list of articles where only dissensus had appeared (eg. article 10 and the right not to know; article 13 on interventions in the humane genome; article 18 on research on embryos in vitro).

In the spring of 1998 several members of the Senate have tried to reach a compromise to enable the Belgian govenrment to sign the Convention. On 16 July 1998 these efforts have lead to the approval by a great majority of Senators of a resolution asking the Belgian government to ratify as soon as possible the Convention, having regard possible reservations based upon article 36. These reservations had to deal with the protection of the embryo in vitro. We will come back to them later on in this report. After the parliamentary elections of 13 June 1999 a new goverment has entered on the scene. The Green party has some ministers in this government. This party did not approve the resolution of 16 July 1998 because it is firmly against

[1] DE WACHTER, M.A.M., "The European Convention on Bioethics", *Hastings Center Report*, January-February 1997, 22.

the creation of human embryos for research purposes while the resolution left some margin for such research. Up to now, this government has not taken an official position on the Convention.

B. General remarks regarding the legal regulation of biomedical research in Belgium[2]

Up to now, Belgian law does not provide specific guarantees for the protection of the integrity as well as other rights and fundamental freedoms with regard to biomedical research. However, this does not mean that medical research in Belgium is practised in a legal vacuum.

Article 6bis par.1 of the law of 25 March 1964 (the socalled Medicines Law) empowers the Crown to determine the general conditions under which manufacturers, importers and wholesale dealers in pharmaceutical products may allow clinical trials with pharmaceutical products or may encourage them. This article has been incorporated in the Medicines Law by the law of 21 June 1983. It is of fundamental significance, in this sense that it may be considered as a principal recognition of the lawfulness of clinical trials with pharmaceutical products. It is unthinkable that the Crown should be competent to regulate activities that are as such illegal. The exact meaning of "clinical trial" in article 6bis of the Medicines Law remains however unclear. In the 1996 version of the Declaration of Helsinki, clinical research ("medical research combined with professional care") is treated differently from non-clinical research. In this sense, the meaning of clinical trial or clinical research would be limited to therapeutic research, so that article 6bis does not offer a solid legal basis to non-therapeutic research.

It is furthermore questionable whether article 6bis §1 of the Medicines Law offers the possibility to regulate medical research with human beings in a satisfactory way. First, it enables the Crown only to determine "general" conditions, not detailed prescriptions. Second, these general rules cannot be directed towards physicians and researchers but to manufacturers, importers and wholesale dealers. Third, this article only regards (therapeutic?) experiments with (new) pharmaceutical products, not with procedures, techniques, other products and so on. Finally, up to now article 6bis §1 of the Medicines Law has not been implemented, although some efforts have been made between 1983 and 1988 by different ministers of health.

---

[2] This paragraph is based on NYS H., "National Report on Belgium" , International Academy of Comparative Law, XVth International Congress of Comparative Law, Topic II.A.4. Civil Law: Protection of the person in medical research, Bristol, 26 July - 1 August, 1998. No new developments have occured since the writing of this report.

With regard to the testing of new medicines we also have to refer to a royal decree of 22 september 1992 taken to comply with the Directive 91/507/EEC of the European Commission of the E.C. This directive has modified the Annex to Council Directive 75/318/EEC on the approximation of the laws of Member States relating to analytical, pharmatoxicological and clinical standards and protocols with respect to the testing of medicinal products. Part 4 of this Annex relates to the clinical documentation accompanying applications for marketing authorizations. Evaluation of these applications shall be based on clinical trials. The Annex contains general requirements (Part.4, A) as well as rules (part.4, B) regarding the conduct of trials. Of great importance are the rules under the heading "1. Good Clinical Practice" and more specifically provision 1.2. It states that all clinical trials shall be carried out in accordance with the ethical principles laid down in the current revision of the Declaration of Helsinki. One can argue that through this royal decree of 22 september 1992 the current revision of the Declaration of Helsinki has become part of the Belgian law and is formally binding.

The consequences of this conclusion may, however, not be exaggerated.[3] The Declaration of Helsinki is recognised by most as providing the fundamental guiding principles for conduct in biomedical research involving human subjects. One did not need a reference in a formally binding text for this. Further, the obligation to conform to the Declaration of Helsinki is only directed to the application of marketing authorization. This implies a double limitation: one in a personal sense (the researchers themselves do not fall under the legally binding obligation to adhere to the Declaration of Helsinki; for them it remains an ethical obligation) and one in a material sense (research on human beings other than clinical trials with new medicines is outside the scope of this legal obligation). Most important is that the reference to the Declaration of Helsinki in the royal decree of 22 september 1992 has left one of the main deficiencies of the Declaration of Helsinki unchanged, namely the lack of a statutory mechanism to control its application and to interpret its dispositions. Admittedly, permission to market a pharmaceutical may not be agreed when a clinical trial did not respond to the principles of the Declaration of Helsinki. This kind of *post factum* control is however not satisfying from the point of view of the protection of the rights and interests of the trial' s subjects.

The Declaration of Helsinki is also referred to in the document entitled "Good Clinical Practice for Trials on Medicinal Products in the European Community". Provision 1.1. of this document states: "The current revision of the Declaration of Helsinki is the accepted basis for clinical trial ethics, which must be fully known and followed by all engaged in research on human be-

[3] See also NYS H., "Legislation in Belgium concerning animal and human experimentation" in DE DEYN P.P. (ed), The ethics of animal and human experimentation, John Libbey & Company, London, 1994, 65.

ings" while provision 1.8. declares: "The principles of informed consent in the current revision of the Helsinki Declaration should be implemented in each clinical trial". The legal status of this document is not clear not the least because it has been replaced by the I.C.H. - Harmonised tripartite Guideline for Good Clinical Practice. The objective of this I.C.H./ G.C.P. Guideline is to provide a unified standard for the European Union, Japan and the United States to facilitate the mutual acceptance of clinical data by the regulatory authorities in these jurisdictions.

C. Biomedical research on children and young persons without the capacity to consent

As stated earlier, there are no specific legal regulations. This lack of specific legal rules is compensated to a certain extent by self regulatory mechanisms. Article 90 of the code of professional ethics of the Order of physicians permits experiments on a *healthy* subject only insofar as the subject has reached the age of majority (18 years) and is capable of giving free consent. Aricle 91 requires the consent of the legal representatives of an *unhealthy incompetent* subject without specifying the reason of incompetency (age, mental state and so on). In practice, this disposition is mainly of relevance for children and young persons because most other imcompetent patients do not have a legal representative. Most minor patients have one or two: their parents.

D. Biomedical research on adults without the capacity to consent

Also in this respect, national legal rules are absent. Belgium is a party to the International Covenant on Civil and Political Rights of the United Nations (1966). According to article 7, no one shall be subjected to torture or to cruelty, inhuman or degrading treatment. In particular, no one shall be subjected without his free consent to medical or scientific experiments. Article 7 thus seems to preclude non-therapeutic research with minors and incapacitated persons. However, the exact meaning of article 7 in this respect is disputed. It is interesting to note that article 17 of the ECHRBio allows non-therapeutic research on subjects not able to consent to it under very strict conditions. In its advice on the Convention, the Belgian Federal Committee on Bioethics has approved this disposition.

In Belgium, the great majority of major patients who are unable to give consent for physical or mental reasons such as geriatric patients, mental patients, comatose and other unconscious patients and so on do not fall under a protective legal statute. When such a patient is in need of a medical treatment, the physician has to obtain an informed consent from him personally. A third party is legally not entitled to give consent for the medical treatment of an adult person. On the other hand the physician has no right to treat an adult patient without his consent, except in an emergency situation.

Up to now, the Belgian law does not regulate how to deal with this problem. Legally, the family has no right to give a substituted consent because the right to physical integrity is a strictly personal right. It would be unacceptable that a patient who is unable to give consent for a medical treatment he is in a need of, cannot receive it because nobody is entitled to give a consent in his place whereas the physician has no right to treat him on his own initiative. In the medical and the legal practice, two solutions have been developed in this respect.

The most commonly accepted solution in the (very rare) jurisprudence and the literature is the socalled theory of the "natural protectors" or "necessary confidants". According to this theory the relatives of the incompetent patient can give the required consent for a medical treatment in his place. The nearest family members are considered to be in the best place to evaluate the interests and the will of the incompetent patient. The problem with this socalled theory is that it lacks a sound legal basis in existing law. Moreover, it does not allow selecting which family members and in what order being entitled to give consent. Nor does it provide for a mechanism to solve conflicts between family members when they have different opinions on the treatment needed by the incompetent patient. Moreover, the practice shows that relatives do not always behave themselves as natural "protectors" and that conflicts of interest between the patient and his family are not imaginary.

The other solution is to acknowledge that a physician who is confronted with an incompetent patient has a right to act according to the so-called "presumed will" of that patient. A normal and reasonable patient wishes to be medically treated if he is in a need for such treatment but cannot voice his will anymore. The physician therefore may presume that the patient would have consented if he were able to give his consent. In order to know the presumed will of the patient, the physician may rely upon the relatives of the patient or other persons who have known the patient well. The decision-making capacity of the physician can legally be based on his acting as the care-taker of the patient. In this case no medical (services) contract is formed between the physician and the patient, because the presumed will is a pure legal fiction and cannot be considered as an expression of the consent of the patient. Also this solution leaves many questions unanswered. No control exists on the use a physician makes of his competence as a caretaker of the patient. No rules determine whom and according to what criteria a patient may be considered as being unable to give an informed consent.
Another problem is that the Convention on Human Rights and Biomedicine leaves no room in the future for this solution. According to article 6.3, where

according to law an adult does not have the capacity to consent to a medical intervention, it may only be carried out with the authorisation of his representative or an authority or a person or body provided for by law. According to article 6.4 the representative, the authority, the person or the body has to be given the information that in general has to be given to the patient. Can one imagine that a physician has to inform himself?

In theory, there exists yet another solution. Under Belgian law, a person may give at the moment he is still capable to do so instructions to a relative or a friend regarding his medical treatment for the time he will not have the competence anymore to do this himself. Or he may give decisionmaking competence regarding his medical treatment to a person he has indicated. After the patient has become incompetent the indicated person may enter into an agreement with the physician and give consent for the medical treatment on behalf of the incompetent patient. In this case application is made of the general rules governing the contract of agency (mandate).[4]

No specific legal rules exist however regarding advance directives and personally appointed health care representatives. In practice these theoretical possibilities are almost never used in the medical practice.

Needless to add that if the daily medical treatment of incompetent major persons is confronted with these legal difficulties, this is even more true for biomedical research with these persons.

E. Safeguarding the autonomy of patients at the end of their life [5]

I. Omission of medical treatment (non-treatment decision)

Up to now, the discussion in Belgium regarding omission of medical treatment only concerned the criminal consequences of this decision. Withholding or withdrawing futile treatment is at first sight violating different articles of the Belgian Criminal Code. Article 401bis sanctions anyone who intentionally withholds food or care from a child under 16 years or from a person who is unable to look after himself due to his physical or mental condition to the point of endangering his health. Article 420bis of the Criminal Code sanctions anyone who negligently withholds care of such a child or person to the point of endangering his health. Article 422bis sanctions the failure of procuring assistance to a person who is in serious danger. It is commonly accepted that

---

[4] HERBOTS J., *Contract law in Belgium*, Brussel, Kluwer/Bruylant, 1994, 219.

[5] This is a summary of NYS H., "Country Report Belgium" in TAUPITZ J.,(ed), Regulations of Civil Law to Safeguard the Autonomy of Patients at the End of their Life - an International Documentation, Berlin, Springer Verlag, 2000, 69-95.

none of these dispositions place a duty on a physician to start or to continue a treatment, even a treatment that has become futile.

The civil law aspects of the participation of the patient in a non-treatment decision have not received much attention. In much of the literature informed consent by the patient is not related to the concept of "medical decisions" but to the narrower concept of "intervention" or even "treatment". For example, article 5 of the Convention on Human Rights and Biomedicine limits the right to give informed consent to such "intervention". Although the term "intervention" must be understood in a broad sense it nevertheless is limited to "acts". If informed consent is only required before a medical intervention is carried out, in fact only one albeit important aspect of patient participation in medical decision-making (the possibility to refuse an intervention after adequate information has been provided) has the status of a legal obligation for the physician. This creates the risk that in other medical decisions regarding the patient, such as non-treatment decisions, he may be left at the discretion of the health professional or that it may be considered only a matter of good practice to ask for the opinion of the patient, and not necessarily a legal duty.[6]

This limited approach of patient participation in medical decisions may be explained because informed consent is viewed traditionally and essentially as a justification for a violation of the bodily integrity of the patient. Moreover, in this opinion a medical intervention is only justified when the physician acts with a therapeutic intention. If, however, according to the physician the situation of the patient is such that his intervention cannot serve any therapeutic purpose, he has not only a right but also a duty to withdraw the treatment. This reasoning leaves no room for a patient or his relatives to participate in a non-treatment decision.

For this purpose, it is useful to make a distinction between two kinds of clinical reasons for non-treatment decisions. First, with regard to a particular patient an intervention that in other cases may be effective may not be expected to have a demonstrable effect. Secondly, an intervention may be considered to be of no net benefit to the patient in question. In that case, it is not the lack of effectiveness, but the lack of proportionality (in terms of burden and benefit for the patient concerned) which makes the intervention futile.

More and more the conviction is growing that the right to privacy (article 8 ECHR) brings with it that also in the case of a non-treatment decision, self-determination and shared decision-making should be taken seriously. Although a physician is not required to accede to a patient's insistence on treatment the doctor considers futile (in the strict sense of being non-effective)

[6]NYS H., "Physician involvement in a patient's death: a continental European perspective" , *Medical Law Review*, 1999,**7**, 213.

he must at least inform the patient of the fact that he proposes to abstain from treatment he considers futile, if only so that he can seek a second professional opinion. The greater the role that proportionality or "quality-of-life" considerations play, the greater the role of the patient in the decision-making should be. In that case, the patient has a direct interest in being enabled to express his own views on his situation. In that case, the decision should at least be discussed with the patient.[7]

II. Termination of treatment (at the request of the patient)

A patient may at any moment refuse his consent for a treatment or withdraw the consent that has already been given. One cannot imagine that the permission to violate the right to physical integrity cannot be revoked. The consent of the patient is not only required the moment the medical (services) contract is agreed upon, but also on the occasion of the violation of the physical integrity.[8] If a competent patient refuses a medical treatment, the physician has no other choice than to withdraw the treatment. The physician has only a right to treat insofar as the patient has given his consent.

The refusal of a given treatment does not bring with it the end of the medical (services) contract. The physician has to check whether the refusal of the patient is an "informed refusal" and that it has not been unduly influenced or forced by a third party. Moreover, the physician has to inform the patient about the consequences of his refusal.

When the physician reaches the conclusion that the refusal of the patient is not an informed one or that is has been unduly influenced by others, this does not give him a right to treat that patient against his wishes. He may try to convince the patient to accept the treatment or offer him alternative solutions. If eventually he cannot accept the decision of the patient he may make an end to the medical (services) contract.

A competent patient has the legal right, for whatever reason, to refuse (further) treatment, even if the treatment is in the opinion of the doctor indicated and necessary to continued life (life-sustaining treatment).

When the competent patient refuses a life-sustaining treatment that has already started, the physician has to make an end to that treatment. This

---

[7]GEVERS S., Patient involvement with non treatment decisions, *European Journal of Health Law,*1997,4, 152.

[8]VAN OEVELEN A., & DE BOECK A., "De begrenzing van de contractuele vrijheid ten aanzien van de beschikkingsmacht over het menselijk lichaam" in *over zichzelf beschikken? Juridische en ethische bijdragen over het leven, het lichaam en de dood*, Antwerp, Maklu, 1996, 311.

may imply more than a mere cessation (e.g. in the case of artificial nutrition and hydration; reanimation). In such instances an active attitude may be required in order to accomodate to the wish of the patient, e.g. pull the plug of the ventilator. However, this is not considered as actively killing the patient (euthanasia). Because of the request of the patient to make an end to the treatment, the right of the physician to continue that treatment does no longer exist. The medical (services) contract that still exists between the patient and the physician and the right to physical integrity obliges the physician to take every legal step that is necessary to bring the patient in the situation that he wishes, namely being free of that particular treatment. If we accept that the patient has a right to refuse a treatment before it starts, we also have to accept that the patient may ask to make an end to further treatment, even if this is followed by the death of the patient and that a physician has the right and duty to accommodate to this question.

Even after the refusal of (further) life-sustaining treatment, the medical (services) contract between patient and physician does not come to end as long as none of both parties has taken the initiative to do so. As a consequence the duty of the physician and the health care team towards the patient remains to exist. Basic nursing care must still be provided to ensure dignified and respectful treatment of the patient. Care must be taken not to abandon, avoid or neglect the patient.

The right to refuse life-supporting treatment also includes the right of a competent patient to refuse lifesaving blood transfusions. This is accepted by the Order of Physicians in an advice concerning the refusal of a blood transfusion by a Jehovah's Witness.

Until very recently, an important obstacle to the right to refuse a treatment was formed by article 33 of the code of professional ethics of that Order of Physicians. It stated: "In principle, the patient must be informed of the prognosis. However, a serious prognosis may legitimately be concealed from the patient. A fatal outcome may only be revealed in exceptional circumstances, with great care unless the patient has previously prohibited such revelations". If this guideline were to be accepted by a large majority of physicians, it would seriously inhibit a patient from taking an informed decision concerning the termination of treatment. On 15 April 2000 the national council of the Order of Physicians has amended article 33. The actual version obliges a physician to inform his patient in due time of the diagnosis and the prognosis, even a serious and a fatal one. The physician has to respect the carrying-capacity of the patient and his wishes not to be informed. In this way, the code of professional ethics has fully recognised the right of a competent patient to refuse a treatment.

There is no legislation concerning the advance refusal of a medical treatment in Belgium. However, even in the absence of an explicit recognition of an advance refusal, a competent patient may refuse his consent for a given treatment in advance. The medical treatment of a competent adult patient is unlawful if he has given an effective refusal of consent to treatment. Whether this refusal is the result of an up-to-date or advance refusal does not matter in principle. However, one should not be blind for the practical difficulties surrounding advance refusal of life-supporting treatment that are difficult to overcome without specific legislation such as availability of the advance refusal on the right moment; doubts as to the authenticity and so on.

III. Pain relief

The use of drugs by a physician to alleviate pain even though the dose will more or less certainly hasten the moment of death is an accepted medical practice in Belgium. According to article 96 of the Code of Professional Ethics of the Order of Physicians, it is a duty of the physician to alleviate the mental and physical pain of his patient and to let him die in dignity. However, the legal basis for this acceptance is far from clear up to now. There is no jurisprudence about this problem.

One widely spread view is that shortening the dying process in the way that leads to a death without suffering can be a legitimate subsidiary objective of the administration of pain relief. This reasoning is based on the doctrine of double effect. Shortening life as a result of alleviating pain is morally (and by analogy, legally) permissible because, although it can be foreseen, death in such a case is not desired either for itself or as a means of achieving the goal of alleviating suffering. What is desired is the alleviation of the patient's suffering. His death is not a means to achieve that goal, and administering the same drug to cause the patient to die in order to put an end to this suffering would not be permissible.

To put it in other terms: the physician who administrates the pain relieving drugs has no "intention" to end the life of the patient; he has only "foreseen" this consequence. From a moral point of view the distinction between "intention" and "foresight" has been criticised. The critics argue that it is questionable whether the distinction can be made in the clear-cut way that adherents to the doctrine of double effect suppose. From a legal point of view it is even more important that the Belgian criminal law does not make that distinction between intention and foresight. Article 393 of the Belgian Criminal Code prescribes that "homicide with the intention of causing death is treated as murder". According to legal writers there is no difference between a direct intention and socalled indirect or possible intention. One speaks of an indirect intention if the author acts deliberately, without wanting the undesired consequences of his action directly. But he foresees the possibility that these consequences may arrive and this does not refrain him from acting.[9] If the consequences appear (the patient dies) the physician cannot defend himself arguing that he did not wanted them; that he had not the intention to end the life of the patient.

Thus, under the present Belgian law, the distinction between intentional and non-intentional shortening of the life of the patient is untenable.

Does it mean that the use of drugs to alleviate pain with the not directly intended but foreseen consequence that the death of the patient will more or less certainly be hastened, is always a punishable act? Not necessarily. There may exist circumstances that make that a crime in a specific case is justified. One of these socalled grounds of justification is the consent of the victim, *id est* the patient. In the first part it has been made clear that even for a violation of the right to physical integrity it is disputed whether the consent of the patient may justify this violation. *A fortiori*, the consent of the patient will not justify the shortening of the life.

Another ground of justification is the socalled "situation of necessity" or conflict of duties. In the particular case of pain relief this conflict may arise between the general duty to respect the life of the patient and the professional duty following from the medical (services) contract to alleviate the pain and suffering of the dying patient. This situation of necessity is sometimes called the "sedative necessity". Although this justification may in particular cases offer a solution, we must come to the conclusion that the Belgian law is unsatisfactory in this respect. In the treatment by pain relief of the patient whose life has become to him an intolerable burden, the legal rule is far from clear. Everything ultimately turns on what the doctor claims he was trying to achieve.

Obviously, this criminal state of affairs has important consequences for the civil law aspects of pain relief. The autonomy of the patient is in this respect not yet recognised. The medical (services) contract obliges a physician to alleviate pain at the request of or in agreement with the dying patient. However, when the administration of the drugs has the fore-seeable consequence that the life of the patient will be shortened, it is up to the physician to decide whether he accepts this consequence. The medical (services) contract cannot oblige him to accept this consequence. In other words: the patient is in this respect at the mercy of the physician who himself is at the mercy of the judicial system.

---

[9]DUPONT L.,& VERSTRAETEN R., Handboek Belgisch Strafrecht, Leuven, Acco, 1990, 255-256.

IV. (Active) Euthanasia

Unlike other countries, the Belgian Criminal Code does not contain a provision that explicitly criminalises any act by a physician aimed at shortening (ending) the life of a patient at his request. Socalled (active) euthanasia - the notion does not even exist in the Belgian law - is not an autonomous crime in the Belgian criminal code. When a physician intentionally shortens the life of a patient on his explicit request, article 393 of the Criminal Code is applicable. It provides that "homicide with the intention of causing death is treated as murder". The consent of the victim does not justify the shortening of someone's life. The right to life is not at his disposal.[10]

The code of professional ethics of the Order of Physicians is uncompromising on the matter of euthanasia. Article 95 provides for the following: "A physician may not deliberately cause the death of his patient".

Although there is no jurisprudence in this respect, one may argue that in the exceptional case of a patient with socalled refractionary symptoms that make him immune to standard methods to alleviate pain, the shortening of his life may be justified. This justification follows from the conflict of duties that places the physician in a situation of necessity. The conflicting duties are on the one hand the duty to respect the life of the patient and on the other hand the duty to alleviate the pain of the dying patient.

Needless to add that an advance request (living will) for euthanasia is under Belgium law not valid. An advance request can never justify a doctor providing treatment for the sole purpose of ending a patient's life if the law prohibits ending the patient's life at his request.

With regard to assisting suicide the legal state of affairs in less clear. Suicide is not a crime according to Belgian criminal law nor is it an autonomous crime to aid and abet someone in the act of suicide. However, many authors agree that article 422bis (general duty to rescue a person in great danger) of the Belgian Criminal Code could apply to anyone who fails to provide help in case of a suicide. Since the mere fact of failing to provide assistance to a suicidant may be punished, *a fortiori* is assisting someone in his suicide. However, there are no examples in jurisprudence.

Article 95 of the code of professional ethics of the Order of Physicians expressly prohibits aiding suicide by a physician.

---

[10]DUPONT and FYNAUT, op.cit., 180.

F. Ban on discrimination of a person because of his/her genetic make-up[11]

On 18 June 1992 the Belgian Parliament approved an entirely new law on insurance contracts. This law also contains some provisions that are of direct importance to the use of genetic tests and genetic data in an insurance context.

Article 5, subsection 1 of the new law obliges the applicant to give accurate information of all known circumstances of which he can reasonably assume to be of influence on risk-assessment by the insurer. However, genetic information may not be communicated.

Article 5, subsection 2 of the same law authorises the insurer to ask for information that is relevant to evaluate the application. No exception is made for genetic information.

These subsections are not easily to reconcile with each other. Only when the first subsection is considered in a sense that it prohibits the communication of genetic information either spontaneously or at the request of the insurer there is a complete ban on the use of genetic information in an insurance context. Whether this broad interpretation will be accepted by the insurance companies remains to be seen. During the parliamentary discussion of the new law the insurers refrained from public comments. A possible explanation for this could be that subsection 2 of article 5 leaves sufficient margin to the insurers to ask for existing genetic information. It is now up to the courts to decide on the exact meaning of article 5.

Another provision in the insurance law that is of great importance to genetics in an insurance context is article 95. According to this article medical information for the conclusion and implementation of an insurance contract may only be based on the anamnesis of the present health condition of the applicant and not on genetic testing techniques which are meant to determine the future health conditions. According to the legislator, the use of such techniques has to be prohibited to avoid adverse risk selection. Also the phrasing of article 95 has already given rise to questions. For instance, does testing for carriership of a recessive autosomal disease is prohibited?

An absolute ban on the use of genetic tests and genetic data in an insurance context may itself give rise to problems. It may stimulate the socalled adverse selection or self-selection.This means that individuals insure their lives who

[11] NYS, H., NEDERVEEN-VAN DE KRAGT C.J.M., ROSCAM ABBING, H.D.C., GEVERS, J.K.M., Predictive genetic information and life insurance: legal aspects. Towards European Community Policy? Maastricht, Rijksuniversiteit Limburg, 1993, 42 blz.

would otherwise not have considered it and for excessively high sums, on the basis of unfavourable results of genetic testing.

The Belgian law of 18 June 1992 does not contain a solution for adverse selection unless article 5, subsection 2 is understood as giving a right to the insurer to ask for genetic information.

The effect of adverse selection could be mitigated if the ban on the use of genetic tests and data is limited to the insurance that can be viewed as essential, taking into account the social and economic position of the applicant. For the insurance that can be considered as luxurious, the use of genetic tests and data would still be allowed.

G. Embryo protection in research

There is no legislation in Belgium that protects the human embryo subjected to biomedical research.

The recommendations of the British Warnock Committee on "Human Fertilisation and Embryology" are accepted by the Committee of Medical Ethics of the National Scientific Research Fund. Each research protocol requires approval by the University and/or hospital ethical committee. The relevant guidelines for research are:

- each research project involving human embryos must be examined separately and must clearly mention why the relevant information cannot be obtained in animal models;
- research embryos cannot be replaced in humans except if the aim of the protocol was to enhance the chance of implantation in the uterus;
- modifications of the humane genome and cloning of embryos cannot be accepted as research projects;
- research embryos cannot be cultured in vitro for more than 14 days.[12]

Article 18 section 1 ECHRBio provides that where the law allows research on embryos in vitro, it shall ensure adequate protection of the embryo. Belgian law does not prohibit research on embryos in vitro and , at least implicitly, allows this research. Neither does Belgian law ensure adequate protection of the embryo. Ratification of the Convention by the Belgian State would have as a consequence a ban on research on embryos in Belgian laboratories. This is the main reason why Belgium abstained from signing and ratifying

[12] MACKELLAR C., Reproductive medicine and embryological research. A European handbook of bioethical legislation, 1997-1998, Edinburgh, European Bioethical Research, 1997, 3.

the Convention. In its resolution of 16 July 1998 the Belgian Senate asked the Government to ratify the Convention and at the same time to make a reservation in respect of article 18 of the Convention. Because article 36 of the Convention only allows a reservation "to the extend that any law then (at the moment the reservation is made HN) in force in its territory is not in comformity with the provision" the resolution also contained the details of what had to become a law on the protection of embryos that are subjected to biomedical research.

The main principles of this law were the following. Only research on embryos with a therapeutic purpose concerning fertility problems or the progress of knowledge on severe hereditary diseases would be allowed. Research on embryos with commercial or eugenic purposes would be prohibited. Also the cloning of embryos had to be prohibited. In general research with embryos had to be considered as a subsidiary policy and first all other alternatives had to be tried out (animal embryos; cellmaterial). The creation of embryos for research purposes was prohibited unless no possibility existed for making use of surplus-embryos. Informed consent of the persons who made available the gametes was always required and could always be withdrawn. Embryos used for research might never be transferred to the uterus of a woman. Research on embryos had to be performed in licensed institutes and all researchprotocols had to be subjected to an ethical and democratic supervision. This supervision would be a task for the institutional ethics committees and a national commission. As already mentioned, this resolution has not been implemented up to now.

H. Independent and interdisciplinary evaluation of research

Rules governing the evalution of research protocols are mainly the result of self-regulation.

According to an advice of the National Council of the Order of physicians of 15 February 1992 biomedical research with human beings always requires that an experimental protocol should be transmitted to an ethics committee approved by the said Council.

A physician who participates in biomedical research with human beings must ascertain whether the experimental protocol has been transmitted to such an ethics committee and whether its advice was favourable.

A physician who participates in biomedical research with human beings that has not previously been submitted to an ethics committee is liable to disciplinary prosecution and sanctions.

Physicians and researchers are obliged to answer the questions asked by that committee. They have to submit the full text of the advice of the committee to the research subjects. Any change of the experimental protocol has to be transmitted to the ethics committee. This committee has to be informed on the course and results of the experiment (rule 1 of the advice of 15 february 1992).

The composition of an ethics committee has to be such that its members are capable of understanding biomedical as well as ethical problems. An ethics committee may consult experts. Persons who are directly responsible for managing or financing a health care institution cannot be a member of the ethics committee of this institution (rule 2).

An ethics committee is composed of at least eight members. The majority of them have to be physicians. Some members should come from outside the health care institution; at least one of these has to be a physician. Both sexes are to be represented (rule 3).

A member of an ethics committee who is directly or indirectly involved in a research project has to abstain from taking part in the decision-making process (rule 4).

A favourable advice about an experimental protocol requires the approval of at least two-thirds of all the members of the ethics committee. All members and all persons consulted are bound to a duty of secrecy (rule 5).

The experimental protocol has to describe the purpose, object and risks of the project, the information to be given to the subjects and the way these subjects will give their consent (oral or in writing). The protocol also has to mention whether an insurance policy covers the risks inherent to the project (rule 6).

When publishing or presenting the results of the experiment, the researcher has to mention the ethics committee to which the experimental protocol has been submitted and its advice (rule 7).

It is obvious that these rules are more of a formal nature and do not contain substantial requirements. However, these requirements are to be found in the revised Declaration of Helsinki and also in the I.C.H./G.C.P. rules (supra).

One of the main deficiencies of this evaluation system is the almost uncontrolled proliferation of ethics committees approved by the Order of physicians. At the end of 1999 more than 190 ethics committees have been approved. A royal decree of 12 August 1994 has given an important impetus to the creation of such committees.[13] This royal decree obliges every general and psychiatric hospital to establish its own ethics committee. The tasks and functions of

[13]NYS H., "Ethical committees in Belgium", European Journal of Health Law, 1995, 2, 175-176.

such committee are very broad. First, the committee has a supporting and advisory task with regard to the ethical aspects of hospital care. Second, the committee has a supportive task regarding ethical aspects of decisions in individual cases.Third, the committee has an advisory competence with regard to research protocols concerning research on human beings.

I. Conclusion

With the exception of organ removal and euthanasia[14] the political world in Belgium has shown little or no attention for topics related to bioethics. Together with other countries such as Italy, Belgium has become in recent years a country noteworthy for its lack of regulation of bioethical problems.[15] In a certain sense Belgium has been qualified as a "bioethics paradise" or a "bioethics marketplace".

This lack of regulation is especially notable regarding the protection of the rights of the patient. There are several elements that may explain the absence of interest of the Belgian legislature to strengthen the position of the patient regarding the physician.[16] First, Belgium has a long tradition of regulating duties of physicians. The law on the practice of medicine of 1967 contains several of these duties. Also the Order of physicians is competent to elaborate a code of professional ethics that contains duties of physicians towards their patients. The Belgian legislator still places great confidence in medical professional ethics as a source of duties of physicians towards their patients. Another element is the strong development of local (hospital) ethics committees in Belgium. From my own experience I know that often legal problems are discussed in these committees although disguised as ethical problems. In some instances physicians regard the outcome of the deliberations of these committees (most of the time simply called: advice) as sufficiently reassuring and take them as a basis for decisions in individual cases. In a certain way, the committees function as a source of self-regulation. In this sense they may contribute to the widespread belief among physicians that legislation on patients' rights is superfluous. A final element is the lack of international pressure upon the Belgian legislator to introduce such legislation. The examples of organ transplantation, protection of the mental patient and protection of medical data show that the Belgian legislator only becomes active in this field if he is so to speak forced to do so. He will not take the lead. For this reason alone, the European Convention on Human Rights and Biomedicine

[14] See note 5.

[15] MAZZONI C.M., "Bioethics needs legal regulation" in MAZZONI C.M. (ed), A legal framework for bioethics, The Hague, Kluwer Law International, 1998, 5.

[16] NYS H., Legislative developments in patients' rights in Belgium,*European Journal of Health Law*,1994,**1**, 137-146.

has to be welcomed. Although not yet signed by Belgium, this Convention has already influenced the discussion on patient's rights and it will continue to do this in a decisive way.

As long as no consistent legislation exists regarding the rights of patients in general and of incompetent patients in particular, regarding medical experiments, medical decisions at the end of life and so on, one is obliged to deal with these problems in the framework of general principles such as the civil and criminal protection of the right to physical integrity. This however creates a climate of legal uncertainty and a grey zone where medical practice is deviating from what the law prescribes or at least pretends to prescribe.

BR – Landesbericht Brasilien

Prof. Dr. João Baptista Villela

Bundesuniversität von Minas Gerais, Belo Horizonte, Brasilien

A. Forschung und Recht: Grundlage und positive Basis

I. Grundlage der Forschung an Menschen überhaupt

Die Planung und Durchführung jeder Forschung, die den Menschen zum Gegenstand hat, findet in Brasilien ihre Hauptregelung in der Resolution CNS Nr. 196 vom 10. Oktober 1996 (im folgenden als *Resolution CNS Nr. 196/96* angegeben) des Nationalrates des Gesundheitswesens (*Conselho Nacional de Saúde*, CNS).

Die Resolution CNS Nr. 196/96 berief sich in ihrer Präambel sowohl auf Normen des brasilianischen internen Rechts als auch auf Erklärungen und Richtlinien, die weltweite Geltung beanspruchen. Unter den letzten sind die folgenden genannt: Der Nürnberg-Kodex (1947); die Allgemeine Erklärung der Menschenrechte (1948); Die Helsinki-Erklärung von 1964 und ihre späteren Versionen von 1975, 1983 und 1989; der Internationale Pakt über Bürgerliche und Politische Rechte (UNO, 1966); die Vorschläge für Internationale Ethische Richtlinien zu Biomedizinischen Forschungen an Menschen (CIOMS/WHO, 1982 und 1993) und die Internationalen Richtlinien zur Ethischen Revision der Epidemiologischen Studien (CIOMS, 1991).

Als Rechtsnormen des brasilianischen internen Rechts, auf sich die Präambel der Resolution CNS Nr. 196/96 beruft, können u.a. folgende genannt werden: die Verfassung der Föderativen Republik Brasiliens (1988); das Zivilgesetzbuch (1916); das Strafgesetzbuch (1940); das Verbraucherschutzgesetz (1990); das Statut des Kindes und des Jugendlichen (1990); das Allgemeine Gesetz des Gesundheitswesens (1990); das Gesetz Nr. 8.142 vom 28. Dezember 1990 bezüglich der Mitverantwortung der Bevölkerung an der Gestaltung und Durchführung des staatlichen Gesundheitswesens; Gesetz Nr. 8.489 vom 18. November 1992 und das Dekret Nr. 879 vom 22. Juli 1993, die über die Entnahme von Organen, Geweben und Teilen des menschlichen Körpers zu Transplantationszwecken und Therapie verfügen[1]; das Gesetz Nr. 8.501 vom

[1] Das genannte Gesetz Nr. 8.489 wurde vom Gesetz Nr. 9.434 vom 4. Februar 1997 abgelöst. An Stelle des Dekrets Nr. 879, ebenfalls außer Kraft gesetzt, gilt zur Zeit das Dekret Nr. 2.268 vom 30. Juni 1997. Zur Frage des Geltungsbeginns des

30. November 1992, das Regelungen für den Gebrauch nicht beanspruchter Leichen für Studien oder wissenschaftlicher Forschung trifft; das Gesetz Nr. 8.974 vom 5. Mai 1995, das über die Techniken der genetischen Engineering und Freisetzung von genetisch veränderten Organismen verfügt; das Gesetz Nr. 9.279 vom 14. Mai 1996, das über Rechte und Pflichten verfügt, die sich auf das gewerbliche Eigentum beziehen.

Die Resolution CNS Nr. 196/96 macht sich noch an der Präambel »unter dem Gesichtspunkt des Individuums und der Bevölkerung«, u.a. (nicht benannt), vier Meilensteine der Bioethik zu eigen, nämlich die Autonomie, die Unschädlichkeit, die Wohltätigkeit und die Gerechtigkeit. Darüber hinaus verspricht die Resolution, um ihrer Grundlage gerecht zu werden, sich periodisch einer Überprüfung zu unterziehen.

II. Verfassung und Freiheitsgrenzen

Die von der Resolution CNS Nr. 196/96 angegebenen Voraussetzungen für die medizinische Forschung an Menschen erweisen sich eher als Schranken der Freiheit. Wenn man aber nach einer positiven Norm fragt, die es erlaubt, solche Forschungen durchzuführen, findet man sie in der Verfassung Brasiliens, deren Artikel 5, II besagt, dass niemand zu einem Tun oder Unterlassen außer kraft des Gesetzes gezwungen werden darf. Ist die Forschung einmal durchgeführt, so steht die Verbreitung ihrer Grundlagen, Methoden, Ergebnisse, Projektionen usw. unter keinerlei Kontrolle mehr. Dies ist wiederum in der Verfassung verankert, die den freien »Ausdruck der intellektuellen, künstlerischen, wissenschaftlichen und kommunikativen Tätigkeit unabhängig von Zensur oder Lizenz« gewährleistet (Art. 5, IX). Es versteht sich von selbst, dass bei Veröffentlichung die Würde des Menschen und der Schutz der Privatsphäre gewahrt bleiben müssen.

III. Nicht einwilligungsfähige Kinder

Die Resolution CNS Nr. 196/96 sieht vor, dass bei einer minderjährigen Person, die nicht in der Lage ist, in eine Intervention einzuwilligen, ist diese nicht gestattet, es sei denn, ihre gesetzlichen Vertreter erklären sich damit einverstanden. Es muss auch eine ausreichende Begründung vorliegen, die von dem Forschungsethikkomitee zu genehmigen ist.

Im Hinblick auf das Recht sich zu äußern, das ihm das Gesetz gewährleistet, ist der Minderjährige immer dann anzuhören oder zu befragen, wenn er über

---

Gesetzes Nr. 9.434 vgl. VILLELA, João Baptista. Quando Entrou em Vigência a Lei dos Transplantes? [Wann ist das Transplantationsgesetz in Kraft getreten?] *Repertório IOB de Jurisprudência*, São Paulo, n. 6/98, 2. quinz. mar. 1998, cad. 3:126-125.

einen gewissen Grad von Verstandesreife verfügt. Die Resolution sagt es nicht ausdrücklich, doch ist sie so ergänzend auszulegen. Das Statut des Kindes und des Jugendlichen (Gesetz Nr. 8.069 vom 13. Juli 1990) gewährleistet dem einen und dem anderen das Freiheitsrecht (Art. 15). Darunter schließt das Gesetz u.a. »Meinung und Ausdruck« ein (Art. 16, II).

IV. Nicht einwilligungsfähige Erwachsene

Die Situation einer erwachsenen Person, die nicht in der Lage ist, in eine Intervention einzuwilligen, ist nahezu der eines nicht einwilligungsfähigen Kindes gleichzustellen. Das hat mit dem Grundgedanke der aufgeklärten Einwilligung zu tun, der auf dem Gebiet der humanmedizinischen Forschung und Behandlung in Brasilien wie überall eine immer dominierendere Rolle spielt.

Die Resolution CNS Nr. 196/96 schweigt darüber, was zu tun ist, wenn der Erwachsene unfähig ist, seine Einwilligung in die Intervention auszudrücken. Die ärztliche Berufsordnung sieht aber vor, dass bei Notfallsituationen ein lebensrettendes Einschreiten geboten ist[2].

B. Patientenautonomie am Ende des Lebens

I. Patientenautonomie versus Erhaltung des Lebens

Einen deutlichen Gegensatz kennzeichnet heute in Brasilien die Debatte um die Autonomie des Patienten am Ende des Lebens. Auf der einen Seite scheint ein großer Teil der Bevölkerung noch an dem überlieferten Glauben festzuhalten, man soll das Leben auf jeden Fall so lange wie möglich erhalten. Andererseits setzt sich immer mehr die Idee durch, wonach der Wille des Patienten maßgebend sein sollte. Begriffe wie Autonomie, aufgeklärte Einwilligung und Bekenntnisfreiheit erfahren in diesem Zusammenhang eine zunehmende Akzeptanz, nicht nur unter Juristen und Ärzten.

In einer neueren Studie über das Verhältnis Arzt-Patient beschreibt der Verfasser den Übergang von bloßer *formell* aufgeklärten zur *materiell* aufgeklärten Einwilligung[3]. In diese Richtung sollte sich m.E. das Verhältnis Arzt-Patient auch in Brasilien zukünftig immer mehr stabilisieren. Es besteht kein Anhaltspunkt anzunehmen, dass es anders sein wird, wenn sich der Patient unmittelbar mit dem Tod konfrontiert sieht.

---

[2] »Código de Ética Médica«: Resolution der Bundesärztekammer (*Conselho Federal de Medicina*) Nr. 1.246 vom 8. Januar 1988), Art. 56.

[3] Vgl. STANCIOLI, Brunello Souza. *Relação Jurídica Médico-Paciente* [Juristisches Verhältnis Arzt-Patient]. Belo Horizonte: Faculdade de Direito UFMG, 2000, p. 71-77.

Wie dem auch sei, muss man sich vor Augen halten, dass Brasilien kein kulturell homogenes Land ist. Das Verhalten, das sich während einer langen und schweren Krankheit entwickelt, hat viel mit dem Glauben, kulturellen Niveau und sonstigem *Ethos* des Einzeln zu tun. Selbst unter denen, welche die Behandlung irgendwie ausüben (Ärzte, Pflegepersonal, Psychologen, usw.), ist vermutlich kaum ein weiter Konsensus über diesbezüglich grundlegende Fragen zu erzielen. Wenn man daher nach einer weltweit geltenden Regelung sucht, ist es angebracht, die kulturellen und ideologischen Unterschiede zu berücksichtigen, damit die Anwendung der Normen auf die konkreten Fälle im Rahmen einer erwünschten Flexibilität erfolgen kann. Der Fall *Brasilien* ist wahrscheinlich dafür nicht das einzige Beispiel.

II. Aufklärung über den Sinn des Todes

Darüber hinaus gibt es keinen tragfähiges Argument, die Entscheidung des Patienten am Ende des Lebens außerhalb des Gebotes des *informed consent* zu lassen. Der Tod ist zwar in weiten Kreisen immer noch ein Tabu. Es ist aber auch wahr, dass das Tabu ein Konstrukt ist, das dem Menschen dazu dient, das Leben zu genießen oder vielleicht häufiger das Leben erträglich zu machen. Kurz und gut: das Tabu ist eine *Überlebens-Technik*. Man kann sich kaum eine andere Situation vorstellen, in der dieses Tabu unbrauchbarer ist, als dann, wenn jemand sich bewusst wird, dass *der eigene Tod* bevorsteht. Die klare Nähe des Todes ist eine ausgesprochen gute Gelegenheit, ihn einem Prozess der *Enttabuisierung* zu unterwerfen. Es scheint daher eine Pflicht nicht nur des Seelsorgers aber auch des Behandlungspersonals zu sein, eventuell auch auf eigene Initiative das Thema *Tod* mit dem Patienten zu besprechen. Gemeint ist hier nicht in erster Linie der philosophische oder metaphysische Begriff des Todes, selbst wenn er auf den Tod des konkreten Patienten angewandt wird. Vielmehr handelt es sich dabei um den Tod als biologisches Phänomen oder um den kulturell bedingt biologischen Sinn des Todes. Ziel dieser Empfehlung ist nicht nur das Wohlbefinden des Patienten, sondern auch die Möglicheit ihm zu einem seiner Freiheit konformeren Entscheidungsvermögen über Nebenfragen wie z. B. Entnahme von Organen und Gewebe zu Transplantationszwecken zu verhelfen. Es gilt, ernsthaft über folgende Überlegungen von Robert M. Veatch nachzudenken:

»Wether the new definition-of-death laws authorizing a conscience clause should also impose a duty on health professionals to notify patients or their surrogates of alternative concepts of death is a pragmatic question that would have to be addressed. I do not think that would be necessary. Just as Orthodox Jews presently carry the burden of notifying others of their requirements for a kosher diet and Jeovah's Witnesses carry the burden of notifying about refusal of blood transfusions, so those with alternative concepts of death would plausibly carry that burden. Something akin to the subjective standard for informed consent would apply. According to that standard, health professionals, when they negotiate a consent, are required to inform the patient of what the patient would reasonably want to know, but they are not expected to surmise all unusual views and interests of the patient. According to this approach, they woud be expected to initiate discussions on alternative definitions of death only when they knew or had reason to know that the patient plausibly would have an interest in such a discusssion. A clinician who knew that his patient was an Orthodox Jew and knew that many Orthodox Jews prefer a more traditional concept of death would have such an obligation, but there would be no obligation if he or she had no reason to believe the patient might be inclined toward an alternative concept«[4].

C. Genetisches Erbe und genetische Test

I. Verbot der Diskriminierung wegen des genetischen Erbes

Ein generelles Verbot der Diskriminierung wegen genetischen Erbes ist zur Zeit im brasilianischen Recht nicht zu finden. Man kann es aber aus dem Gesamtheit der Verfassungsnormen ableiten, wobei die Würde des Menschen und das Prinzip der Gleichheit wiederholt und nachdrücklich betont werden.

Eine Form der Diskriminierung, auf die sich das Übereinkommen über Menschenrechte und Biomedizin des Europarates vom 14. April 1997 bezieht, kann auf dem Gebiet der künstlichen Befruchtung und der Behandlung von Gameten und Embryonen erkannt werden. Gemeint ist die Geschlechtswahl. In diesem Sinn verdient es, auf die Resolution CFM Nr. 1.358 vom 11. November 1992 (im folgenden *Resolution CFM Nr. 1.358/92*) des Bundesrates der Medizin (*Conselho Federal de Medicina*, CFM) hinzuweisen. Diese Resolution bestimmt u.a.:
»Die Techniken der RA [[5]] dürfen nicht mit der Absicht angewandt werden, den Geschlecht oder irgendein anderes biologisches Merkmal des künftigen Kindes auszuwählen, ausgenommen wenn es sich darum handelt, geschlechtsgebundene Krankheiten des künftigen Kindes zu vermeiden« (I, 4).

Wie man sieht, deckt die brasilianische Bestimmung ein breiteres Spektrum als das des Europarates.

---

[4]The Conscience Clause: How Much Individual Choice in Defining Death Can Our Society Tolerate? In: YOUNGNER, Stuart J., ARNOLD, Robert M. & SCHAPIRO, Renie (ed.). *The Definition of Death: Contemporary Controversies.* Baltimore and London: The Johns Hopkins University Press, 1999, p. 155-156.

[5]RA steht für *Reprodução Assistida*, d.h., »unterstützte Fortpflanzung«.

II. Bindung genetischer Tests an Gesundheitszwecke

Soweit ersichtlich, besteht zur Zeit in der brasilianischen juristischen Ordnung keinen Anhaltspunkt, der einen sozialrelevanten Ausschluß (zum Beispiel im Versicherungs- und Arbeitswesen) aufgrund eines genetischen Tests legitimiert. Das Thema kommt des öfteren auf der Presse vor. Eine theoretische Stellungnahme darüber, die irgendwelche Berechtigung der Ablehnung auf der Basis eines genetischen Tests befürwortet, ist mir unbekannt. In der Literatur wird selbst der Gebrauch des Tests zu Gesundheitszwecken mit Bedenken oder wenigstens mit Vorsicht betrachtet. Es wird empfohlen, dass der Arzt vor einem in Betracht gezogenen Test die Frage ausführlich mit dem Patienten bespricht.

Meiner Ansicht nach sollte man die negative Einflüsse abwägen, die die Kenntnisnahme der Befunde auf das geistige Wohlbefinden des Patienten bewirken kann, zumal wenn eine Möglichkeit der Behandlung noch nicht vorhanden ist. Auf der anderen Seite können die Befunde auch den Angehörigen des Patienten behilflich sein, indem eine früh erkannte Anfälligkeit möglicherweise dazu führt, dem Auftreten einer genetisch bedingten Krankheit vorzubeugen. Das schneidet aber seinerseits in dem weiten Feld der Diskussion eine anderes, sehr heikles Thema an: das der Verschwiegenheit oder Vertraulichkeit.

III. Recht auf Kenntnis der eigenen Abstammung

Auf der Diskussion des Gesetzentwurfes SF/PLS 90/1999 wurde vom Senator Roberto Requião einen Alternativentwurf vorgelegt. Da wird dem Kind, das durch künstliche Insemination gezeugt wurde, das Recht zugesprochen, mit dem Eintritt der Volljährigkeit oder bei dem Aufgebot der Verlobten die Kenntnis seiner Abstammung zu erfahren. Das Recht betrifft sowohl die Kenntnis des Samenspenders als die der Ersatzmutter. Ein Verwandtschaftsverhältnis zwischen dem Samenspender oder der Ersatzmutter und der Verwandte beider auf einer Seite und auf der anderen Seite der Person, die durch Verfahren der ärztlich unterstützten Mutterschaft geboren ist, entsteht aber nicht, außer im Falle der Eheschließung. Diese Lösung entspricht dem Gedanken, der das (deutsche) Bundesverfassungsgericht in seinem Beschluss vom 26. April 1994 bereits geäußert hat, nämlich einer »Klärung der Abstammung ohne Auswirkung auf das Verwandtschaftsverhältnis«[6].

Ohne dass hier das sogenannte *Recht des Kindes auf Kenntnis der eigenen Abstammung* eingehend zu diskutieren, trägt eindeutig die Trennung zwischen ihm und dem Recht, einen Vater zu haben, erheblich dazu bei, die Frage

[6]Vgl. dazu GAUL, Hans Friedhelm. Die Neuregelung des Abstammungsrechts durch das Kindschaftsrechtsreformgesetz. In: SCHWAB, Dieter (Hrsg.). *Das neue Familienrecht.* Bielefeld: Giseking, 1998, S. 55.

zu entdramatisieren und die Vaterschaft in ihrem innersten Wesen wahrzunehmen[7].

IV. Rechtsfragen der Züchtung menschlicher Zellen

Allgemein betrachtet, steht das brasilianische Recht der Züchtung menschlicher Zellen eher skeptisch als aufgeschlossen gegenüber. Sowohl das Gesetz Nr. 8.974/1995 als auch die Normative Instruktion Nr. 08/1997 der CTNBio[8], die die genetische Manipulation und das Klonieren an menschlichem Wesen regelt, untersagen die genetische Manipulation von Stammzellen (Gesetz Nr. 8.974/1995, Art. 8., II; Normative Instruktion CTNBio Nr. 08/1997, Art. 2., I). Die Normative Instruktion CTNBio Nr. 08/1997 erweitert das Verbot auf die Manipulation von totipotenten Zellen (Art. 2., I). Diese Erweiterung des Wortlautes des Gesetzes Nr. 8.974/1995 scheint mir seinem Geist perfekt zu entsprechen. Wie Kaiser aufzeigt, sind totipotente Zellen diejenigen, die über die Fähigkeit verfügen, »sich jeweils unter gegebenen Umständen zu vollständigen und sich zu selbständigen Individuen zu entwickeln«[9]. Dies zu vermeiden, ist ganz bestimmt auch das Ziel des Gesetzes Nr. 8.974/1995, Art. 8., II. Was Günther im Hinblick auf das Bonner Grundgesetz, Art. 1, Abs. 1, über das Klonen sagt, trifft auf die brasilianische Verfassung, Art. 5, vollkommen zu:

> »Nach allgemeiner Ansicht [...] verdient das Klonen menschlicher Lebewesen Strafe. Dem auf diese Weise erzeugten Menschen würden seine Erbanlagen von anderen zugeteilt, die Individualität der menschlichen Persönlichkeit würde missachtet, menschliches Leben instrumentalisiert. Es handelt sich um Fälle einer Verletzung der Menschenwürde (Art.1 Abs. 1 GG). Das Verbot des § 6 [EschG] schützt also als Rechtsgut die Menschenwürde [...]«[10].

Der Eingriff *in vivo* auf menschliches genetisches Material, selbst wenn es sich nicht um Stammzellen handeln, ist auch verboten, es sei denn, das Ziel ist die Behandlung genetischen Fehler. Kommt diese Ausnahme in Betracht,

---

[7] Vgl dazu VILLELA, João Baptista. O Modelo Constitucional da Filiação: Verdade & Superstições [Das konstitutionelle Modell des Abstammungsrechts: Wahrheit & Aberglauben]. *Revista Brasileira de Direito de Família.* Porto Alegre, v.1, n. 2, jul./set. 1999, p. 141.

[8] CTNBio steht für *Comissão Técnica Nacional de Biossegurança*, d.h., »Nationaler Technischer Ausschuß für Biosicherheit«.

[9] KAISER, Peter. In: KELLER, Rolf, GÜNTHER, Hans-Ludwig & KAISER, Peter. *Embryonenschutzgesetz: Kommentar zum Embryonenschutzgesetz.* Stuttgart: Kohlhammer, 1992, S. 14.

[10] GÜNTHER, Hans-Ludwig. In KELLER, GÜNTHER & KAISER. *Embryonenschutzgesetz...*, cit., S. 236.

dann ist es pflichtig, die vorherige Genehmigung der CTNBio einzuholen. Die Beachtung der ethischen Grundsätze ist auch verlangt, ausdrücklich genannt das der Autonomie und das der Wohltätigkeit (Gesetz Nr. 8.974/1995, Art. 8., III). Die Normative Instruktion CTNBio Nr. 09/1997 fügt die Grundsätze der Nicht-Schädlichkeit und der Gerechtigkeit hinzu (Präambel des Anhangs, 1). Was unter »genetische Fehler« zu verstehen ist, definiert die Normative Instruktion CTNBio Nr. 09/1997, Anhang, 2. Aus dem Inhalt der Normative Instruktion CTNBio Nr. 09/97 kann man entnehmen, dass der Gentransfer erlaubt ist, sofern er strikt als Gentherapie verwendet wird (Anhang, 2).

Wer gegen Art. 8., II und III verstößt macht sich strafbar. Der Strafrahmen liegt zwischen drei Monaten bis einem Jahr Freiheitsstrafe.

D. Schutz von Embryonen

I. Der Schutz von Embryonen in der Forschung

Über den Schutz des Embryos wird zur Zeit in Brasilien viel diskutiert. Es gibt aber nicht viele einschlägige rechtliche Vorschriften. Die wichtigste darunter, wenn man ihre Stelle in der Hierachie der Normen berücksichtigt, ist das Gesetz Nr. 8.974 vom 5. Januar 1995, das die Techniken des genetischen Engineering und der Freisetzung von genetisch veränderten Organismen regelt.

In dem Zusammenhang mit dem Schutz des Embryos sind Art. 8, IV und Art. 13 besonders hervorzuheben. Art. 8 besagt:

> »In den Tätigkeiten, die mit dem OGM [[11]] in Verbindung stehen, ist es verboten:
> ... die Herstellung, die Aufbewahrung oder die Manipulation von menschlichen Embryonen mit dem Ziel, sie als biologisches verfügbares Material zu verwenden«.

Auf Übertretung dessen, was in Art. 8, IV verboten ist, steht Freiheitsstrafe von sechs bis zu zwanzig Jahren (Art. 13, III).

II. Befruchtung und menschliches Leben

Die Resolution CFM Nr. 1.358/92, in der sich die technische Normen für die unterstützte Reproduktion finden, tritt auch für das Wohl des Embryos ein, wenn sie zum Beispiel jede Befruchtung von Oozyten untersagt, die nicht zum Ziel hat, ein menschliches Leben zu erzeugen (I, 5).

[11] OGM steht für *Organismo geneticamente modificado*, d.h., »genetisch veränderter Organismus«.

III. Embryonale Reduktion

Ferner verbietet die Resolution CFM Nr. 1.358/92 bei multipler Schwangerschaft den Gebrauch von Verfahren, die eine embryonale Reduktion bezwecken (I, 7). In einer noch nicht veröffentlichten Mitteilung hält Fátima de Oliveira die embryonale Reduktion für »ein der vielen Dilemmas«, die auf die *Medikalisierung* der Fortpflanzung zurückzuführen sind. Sie sei ein Ergebnis der mangelhaften medizinischen Praxis. Fátima Oliveira sieht das Verfahren der embryonale Reduktion als ein Fall der »absichtlichen Iatrogenie« an[12].

IV. Gesetzentwürfe

Zur Zeit sind beim Nationalkongress — dem obersten gesetzgeberischen Organ im Lande — mindestens drei Entwürfe in Vorbereitung, die sich auch auf den Schutz des Embryos beziehen. Die sind der Gesetzentwurf SF/PLS 90/1999 (Sen. Lúcio Alcântara), der Gesetzentwurf PLCD 3.638/1993 (Abg. Luiz Moreira) und PLCD 2.855/1997 (Abg. Confúcio Moura).

Bei dem Gesetzentwurf PLCD 3.638/1993 wird in der Begründung ausdrücklich erklärt, seine Absicht bestehe ausschließlich darin, die Resolution CFM Nr. 1.358/92 in ein Gesetz umzuwandeln. Hierzu abweichend, nimmt der Gesetzentwurf PLCD 2.855/1997 bei dem Verbot der embryonale Reduktion den Fall aus, in dem das Leben der Mutter Gefahr läuft (Art. 8.).

Der Gesetzentwurf PLS 90/1999 hat dem Schutz des Embryos gegenüber eine eher restriktive Haltung. So ist es zum Beispiel dort zu lesen, dass dem Embryo, soweit er (noch) nicht in den Fortpflanzungsorganen der Frau eingepflanzt ist, die Rechte des *nasciturus* im Sinne des Zivilgesetzbuches nicht zugesprochen werden (Art. 9., § 1.)[13].

Was die Verwendung des Embryos zum Forschungszweck angeht, verdient eine Bestimmung des Gesetzentwurfes PLCD Nr. 2.855/1997 besonders betont zu werden. Im Fall einer Kriokonservierung bleiben die Keimzellen oder Präembryonen nach fünf Jahren zur Verfügung der Samenbanken, die diese entsorgen oder der Forschung widmen sollen (vgl. dazu Art. 23 bis 27). Es

---

[12] OLIVEIRA FERREIRA, Maria de Fátima. A Necessidade de »Redução de Embriões« é uma Decorrência de Iatrogenia Intencional [Die Notwendigkeit der »embryonalen Reduktion« ist eine Folge von absichtlicher Iatrogenie]. Aktualisierte Version zum Seminar *Biotechnologie: Zwischen Fiktion und Realität* (São Paulo, vom 8. bis 10. November 1999), p. 1.

[13] Brasilianisches Zivilgesetzbuch, Art. 4.:
»Die bürgerliche Persönlichkeit des Menschen beginnt mit der Lebendgeburt. Das Gesetz gewährleistet aber der noch ungeborenen Leibesfrucht seit der Empfängnis Rechte«.

ist darauf aufmerksam zu machen, dass der Gesetzentwurf den Begriff *Präembryo* nicht definiert, was erhebliche Unsicherheiten zur Folge haben kann. *Präembryo*, so Kaiser, ist kein »einheitlich gebrauchter Begriff für die ersten Entwicklungsstadien eines Keimes vor der Differenzierung in Embryo- und Trophoblast« und sei »im amerikanischen Sprachgebiet« eine Bezeichnung für *Zygote*, einen Terminus, der »im allgemeinen Sprachgebrauch bereits als Embryo bezeichnet« werde[14].

E. Prüfung von Forschungsvorhaben

Die Gesamtheit der brasilianischen Vorschriften, welche die Biomedizin im allgemeinen regeln, legt einen großen Wert auf die äußerliche Kontrolle, unter deren die betreffenden Tätigkeiten auszuüben sind.

Folgende Richtlinien kann man u.a. daraus ableiten:

- Jedes Forschungsvorhaben muss einem Forschungsethikkomitee vorgelegt werden.
- Ist kein Forschungsethikkomitee vorhanden, soll der Verantwortliche das Forschungsvorhaben dem Forschungsethikkomitee einer anderen Institution unterziehen. Vorzuziehen sind in dem Fall die Komitees, die von dem Gesundheitsministerium empfohlen sind.
- Das Forschungsethikkomitee soll aus nicht weniger als 7 Mitglieder bestehen.
- Das Forschungsethikkomitee soll multi- und transdisziplinären Charakter haben. Darin sollen Juristen, Soziologen, Theologen, Philosophen, Bioethiker sowie Leute aus den Gesundheitswissenschaftlichen vertreten sein. Die Interessen der Gesellschaft als solche sollen ebenfalls durch mindestens einen Vertreter gewährleistet werden. Die Teilnahme von Männern und Frauen ist erwünscht. Eine einzige Gruppe soll nicht mehr als die Hälfte der Sitze haben.
- Über seine Mitglieder hinaus kann sich das Forschungsethikkomitee des Beitrages von *ad hoc*-Beratern bedienen.
- Wenn es um Forschungen geht, bei denen besonders belastete Gruppen oder Gemeinschaften beteiligt sind, empfiehlt es sich, einen ihrer Vertreter zur Teilnahme an der Diskussion heranzuziehen.
- Bei Forschungen über die indigene Bevölkerung soll einen Berater zu der Diskussion herangezogen werden, der mit den Sitten und Überlieferungen der betreffenden Gruppe vertraut ist.

[14] *Embryonenschutzgesetz...*, cit., S. 295 u. 14.

- Die Mitglieder des Forschungsethikkomitees sollen sich der Stimme enthalten, wenn es sich um Entscheidung über Forschungsvorhaben handelt, an denen sie beteiligt sind.

- Die Arbeit an dem Forschungsethikkomitee wird nicht vergütet. Es empfiehlt sich aber, dass die Mitglieder von ihren üblichen Beschäftigungen frei gestellt werden, soweit sie von dem Komitee beansprucht werden. Sie dürfen auch dann für die finanziellen Aufwendungen zur Beförderung, Unterbringung und Verpflegung entschädigt werden.

- Es wird von jedem Mitglied des Forschungsethikkomitees erwartet, seine Tätigkeit in voller Freiheit und Unabhängigkeit auszuüben. Darum ist es notwendig, alle Formen des Drucks auf ihn streng zu vermeiden.

CDN – Country Report Canada

Dr. Fiona Bergin

Health Law Institute
Dalhousie University

A. Introduction

Like many countries, Canada is grappling with extremely complex legal and ethical issues arising from research conducted on human subjects. Currently, research conducted on humans is governed by ethical codes and guidelines established by professional, national or international groups who profess an interest in the regulation of human research. Although in Canada, there are some federal and provincial laws which apply to human research, "law applies almost inadvertently to biomedical research." [1]

This paper is intended to describe the current legal, ethical and regulatory framework governing research on humans in Canada, and secondly, to compare this with the regulatory framework proposed by the Council of Europe in the *Convention for the Protection of Human Rights and Dignity of the Human Being with Regard to the Application of Biology and Medicine* (the "Convention").[2] This comparison will focus on the following topics: the independent evaluation of research; biomedical research on minors and adults who lack capacity to consent; safeguarding the autonomy of incompetent adults to participate in research at the end of life; embryo research; and, discrimination on the basis of genetic heritage.

Before describing Canada's current regulatory regime, this paper will briefly describe some of the major milestones in the history of regulation of human research in Canada.

I. Background

In 1978, the Medical Research Council of Canada (MRC) developed its first set of ethical guidelines to be applied to all MRC-funded research projects.[3]

---

[1] B. Dickens, "Governance Relations in Biomedical Research" in Law Commission of Canada. *The Governance of Health Research Involving Human Subjects (HRIHS)* (Ottawa: Law Commission of Canada, 2000) 93 at 93 [hereinafter HRIHS].

[2] Council of Europe, 4 April 1997, European Treaty Series – No. 164.

[3] Medical Research Council, *Ethics in Human Experimentation* (Ottawa: Minister of Supply and Services, 1978).

These guidelines were re-named and revised in 1987 to place much greater emphasis on the need for and the role of research ethics boards to review and monitor research studies.[4]

In 1989, the National Council on Bioethics in Human Research (NCBHR) was founded by the Medical Research Council of Canada, the Royal College of Physicians and Surgeons of Canada, and Health Canada. NCBHR was established "to support the interpretation and implementation of ethical guidelines on research involving human subjects."[5] It was created as an advisory, not a regulatory, body and, on request, "assisted Canadian research ethics boards (REBs) and others (researchers, granting agencies, governments and research institutions) in determining their ethical obligations with respect to research on human subjects."[6]

In addition to guidelines established by funding agencies like MRC, and advisory bodies like NCBHR, industry (pharmaceutical manufacturers) has also established guidelines which reflect an "international ethical and scientific quality standard" for conducting human research. The current industry guidelines, *Good Clinical Practice: Consolidated Guideline (GCP Guideline),* claim to be consistent with the ethical principles set out in the *Declaration of Helsinki.*[7] The GCP Guideline, adopted as policy by the Therapeutic Products Directorate of Health Canada in 1997, established the standard for all clinical trial data presented to Health Canada in support of new drug approvals.[8] Researchers conducting clinical trials which are funded by industry must comply with the GCP Guideline.

The most recent policy statement regarding human research to be developed in Canada is the *Tri-Council Policy Statement: Ethical Conduct for Research Involving Humans* (Tri-Council Policy Statement).[9] The Tri-Council Policy

[4] Medical Research Council, *Guidelines on Research Involving Human Subjects, 1987* (Ottawa: Minister of Supply and Services, 1987).

[5] National Council on Bioethics in Human Research, "An Expanded NCBHR Mandate" (1995) 6:2 *Communiqué* 1.

[6] *Ibid.*

[7] International Conference On Harmonisation Of Technical Requirements For Registration Of Pharmaceuticals For Human Use, *Good Clinical Practice: Consolidated Guideline* (Ottawa: Minister of Public Works and Government Services, 1997) at 11 [hereinafter GCP Guideline].

Although the Declaration of Helsinki has no legal force in Canada, it is a frequently-cited statement of ethical principles governing research on humans which has been referenced by at least one Canadian court (see *Weiss* v. *Solomon,* discussed *infra* at note 60).

[8] *GCP Guideline, ibid.*

[9] Medical Research Council of Canada, Natural Sciences and Engineering Research Council of Canada, Social Sciences and Humanities Research Council of Canada, *Tri-Council Policy Statement: Ethical Conduct for Research Involving Humans* (Ot-

Statement is the result of several consultations and draft documents which attempted to establish common ethical principles that would apply to all types of research conducted with humans. This document replaces the separate ethical guidelines established by the Medical Research Council of Canada (MRC), the Social Sciences and Humanities Research Council (SSHRC), and the National Science and Engineering Research Council (NSERC) and sets the standards to be met by researchers in order to receive funding from these funding agencies.[10] Although there is increasing non-government funding of research in Canada, government funding through these agencies is still significant for many researchers.[11] For these researchers, the Tri-Council Policy Statement is viewed as the predominant ethical statement on how research on humans is to be conducted in this country.[12]

II. Defining Research

There is no statutory definition of research in Canada and what is considered 'research' is not always clear.[13] The Medical Research Council of Canada (MRC) defined research as "the generation of data about persons, through interventions or otherwise, that goes beyond that necessary for the individual person's immediate well-being."[14] The Tri-Council Policy Statement describes research requiring ethics review as that "which involves a systematic investigation to establish facts, principles, or generalizable knowledge."[15] Who decides whether an activity is research or not? As Joly points out, it may be left to the investigator to decide this and determine whether a treatment protocol requires ethics review.[16]

---

tawa: Public Works and Government Services, 1998) [hereinafter "Tri-Council Policy Statement"]. These three Councils are the major government funders of research.

[10]The Canadian Institute of Health Research (CIHR) is a newly-created funding agency which will replace MRC.

[11]Depending on the research site surveyed, between 30-90% of research was said to be industry-funded. B.Beagan, "Ethics Review for Human Subjects Research: Interviews with Members of Research Ethics Boards and National Organizations" in HRIHS, *supra* note 1, 173 at 209.

[12]*Ibid.* at 208. For others however, and particularly when the research is being conducted with industry funding, the view has been expressed that the Tri-Council Policy Statement has no jurisdiction.

[13]K.C. Glass, "Research Involving Humans" in J. Downie and T. Caulfield, eds., *Canadian Health Law and Policy* (Toronto: Butterworths, 1999) 375 at 386.

[14]MRC, *supra* note 3 at 18.

[15]Tri-Council, *supra* note 9 at 1.1.

[16]J. Joly "Public Health Research and Public Health Non-Research: or Who Governs What?" in Law Commission of Canada, *supra* note 1, 153 at 160.

The characterization of an activity as research has significance in Canadian law with respect to the standard of disclosure required of the person obtaining informed consent from the subject. The case of *Halushka v. University of Saskatchewan,* decided in 1965 by the Saskatchewan Court of Appeal, established the right of research subjects to be told of any significant risks of undergoing a procedure even if the risks were remote.[17] In that case, a university student was paid a small sum of money to participate in the testing of a new anaesthetic drug. He was not told of the potential risks associated with the advancement of a catheter through his heart nor of the fact that the drug had not been tested by these researchers before. He was told that it was a safe drug and there was nothing to worry about. He suffered a cardiac arrest and successfully sued the researchers on the basis that they were negligent in not having adequately informed him of the risks before he consented to participate in the study. The court said that a "subject of medical experimentation is entitled to a full and frank disclosure of all the facts, probabilities and opinions which a reasonable man might be expected to consider before giving his consent." [18]

It was clear from the facts that Halushka was a subject in a research study. In other cases before the courts, it has not been as clear whether the patient was in a research study and this has had bearing on the patient's ability to be compensated in a negligence action. In both *Cryderman* v. *Ringrose*[19] and *Zimmer* v. *Ringrose*,[20] the courts found that a physician employing novel sterilization techniques and performing additional investigations to determine the effects of that treatment was performing experimental treatments and not conducting research. The court in *Zimmer v. Ringrose* explicitly refused to apply the higher standard of disclosure set out in *Halushka*, stating that:

> to hold that every new development in medical methodology was 'experimental' in the sense outlined in *Halushka* v. *University of Saskatchewan* would be to discourage advances in the field of medicine. In view of these considerations, the application of the standard of disclosure stated in the *Halushka* case would be inappropriate in this instance.[21]

In another case, involving an orthopedic surgeon who used homemade devices in conducting experimental surgical techniques, a British Columbia Court did not refer to *Halushka* and employed the less rigorous standard of disclosure applied in the therapeutic setting.[22] Although the plaintiffs in two of the three

---

[17] (1965) 52 W.W.R. (Sask. C.A.) 608 [hereinafter "*Halushka*"].

[18] *Ibid. at* 617.

[19] (1978) 89 D.L.R. (3d) 32 (Alta. S.C.).

[20] (1981) 28 A.R. 69 (C.A.).

[21] *Supra* note 20 at 223.

[22] *Coughlin* v. *Kuntz* (1987), 17 B.C.L.R. (2d) 365 (S.C.).

cases were awarded damages for the harms they suffered, in the third case the court did not award damages because it found that the patient would not have refused the treatment had she known the treatment was experimental.

III. Canadian Legislation

There is minimal legal regulation of research on humans in Canada. At the federal level, the *Food and Drugs Act* regulates the sale of new drugs and requires sound clinical research to support a new drug's submission for approval.[23] At the provincial level, Quebec is the only province to have legislative provisions in its Civil Code which specifically deal with human research.[24] Other legislation could be applied in the human research context if, for instance, the research activities were viewed as discriminatory or criminal.[25]

B. Independent and Interdisciplinary Evaluation of Research

The Canadian system of regulating human research places great importance on the need for research protocols to be evaluated by those with the requisite scientific, ethical and legal expertise to impartially weigh the merits and demerits of the research protocol from the perspectives of both the scientific community and society generally. The reality in practice is that the majority of the members of these ethics review committees are often well-intentioned volunteers lacking the necessary ethics training or resources to review research protocols properly[26] and are often closely linked to the institution seeking the research funds and thereby subject to overt pressure to approve the protocols.[27]

---

[23] R.S.C., c. F-27, s.1.

[24] C.C.Q.

[25] The *Canadian Charter of Rights and Freedoms* (Part I of the *Constitution Act, 1982*, being Schedule B to the *Canada Act 1982* (U.K.), 1982, c. 11 [hereinafter the Charter]) establishes and protects the basic rights of all individuals, such as the "right to liberty and security of the person," and the "right not to be wrongfully discriminated against."

The Canadian *Criminal Code* (R.S.C. 1985, c. C-46) prohibits the commission of assaults, batteries, and other wrongful actions.

[26] *Supra* note 11 at 216.

[27] *Ibid.* at 211.

I. Legislation

Two provinces in Canada, Quebec and British Columbia, have legislative provisions requiring ethics review of research involving humans. The Quebec Civil Code has a provision requiring research involving minors or incapable adults to be approved and monitored by an ethics committee "formed by the [Quebec] Minister of Health and Social Services or designated by that Minister."[28] There is no general requirement for ethics review of all human subject research. British Columbia's *Health Care (Consent) and Care Facility (Admission) Act* refers to medical research programs which are "approved by an ethics committee" and lists twelve such ethics committees in the regulations to the Act but does not elaborate on the roles of these committees.[29]

II. Guidelines

Currently in Canada, the Tri-Council Policy Statement establishes the requirement of ethics review prior to receiving funding from the agencies comprising the Tri-Council (MRC, SSHRC, NSERC). It calls the entity which will provide the ethics review a research ethics board (REB).[30] The REB is expected "to help ensure that ethical principles are applied to research involving human subjects."[31] The Tri-Council Policy Statement sets out the guiding ethical principles which the REB is expected to apply in undertaking an ethics review. These are: respect for human dignity; respect for free and informed consent; respect for vulnerable persons; respect for privacy and confidentiality; respect for justice and inclusiveness; balancing harms and benefits; minimizing harm; and maximizing benefit.[32]

On a five-person REB, at least two members are expected to represent the scientific perspective, one the ethical perspective, one the community's perspective, and, if the research is biomedical, one member should convey the legal perspective.[33] The make-up of the REB is designed to reflect the interests of both researchers and society in research but most REBs are in fact heavily weighted in favour of researchers and institutional representatives and

---

[28] Art. 21 *C.C.Q.*

[29] S.B.C. 1999, c. 25, s. 1; B.C. Reg. 20/2000, s. 2(1).

[30] *Supra* note 9, Art. 1.1 (a): "All research that involves living human subjects requires review and approval by an REB in accordance with this Policy Statement, before the research is started, except as stipulated below."

[31] *Supra* note 9 at 1.1.

[32] *Ibid.* at i.6.

[33] *Ibid.* Art. 1.3 As the HRIHS study reveals, many REBs experience difficulties in meeting these requirements. See *supra* note 11 at 202.

lacking subject representatives.[34] The close affiliation between REBs, researchers, and research institutions has fostered a governance process which has been criticized for favouring the "vested interests" of the research community.[35]

This bias in favour of research on the part of the governance structure of REBs is very concerning when coupled with the fact that REB members admit to feeling extraordinary pressures both to approve research protocols because of the much-needed funds they bring into the institution and to do so in a timely manner for fear of losing the research funds to another institution where review can be accomplished more quickly.[36] The recent study commissioned by the LCC noted that Canadian REBs are facing greater pressure this way than their American counterparts because American institutions have a greater variety of research revenue sources available to them.[37]

The Tri-Council Policy Statement clearly anticipates that the research ethics board will be affiliated with, if not based within, an institution and that the research will be conducted within the institution or by members of the institution.[38] The REB is mandated by the institution to "approve, reject, propose modifications to, or terminate any proposed or ongoing research involving human subjects which is conducted within, or by members of, the institution."[39] However, when research protocols being reviewed are part of multicentre trials already underway, the REB's options are in fact limited to approval or rejection of the protocol in its entirety as it has been presented to them because any alteration made at one site jeopardizes the entire study.[40] REB members note this as another pressure they face.[41]

Ongoing monitoring of research protocols by REBs is required by the Tri-Council Policy Statement (as it was by the former MRC Guidelines). The Tri-Council Policy Statement requires that "ongoing research shall be subject to continuing ethics review... in accordance with a proportionate approach to ethics assessment."[42] At a minimum, the REB is to review the annual reports

---

[34] P.M. McNeill, *The Ethics and Politics of Human Experimentation* (Cambridge: Cambridge University Press, 1993) at 192-194. See also Glass, *supra* note 13 at 379.

[35] *Supra* note 1 at xi.

[36] *Supra* notel1 at 211.

[37] *Supra* note 1 at xii.

[38] *Supra* note 9, Article 1.4(a). "Institution" has not been defined within the document but in practice, is most often a university, college, research institute, or health care facility.

[39] *Ibid.* Art. 1.2.

[40] *Supra* note 11 at 211-212.

[41] *Ibid.*

[42] *Supra* note 9, Art. 1.13.

submitted by researchers. The commentary following this provision however states that "beyond scrutinizing reports, the REB itself should not normally carry out the continuing ethics review...",[43] which begs the question then of who should do the monitoring. This philosophy has been translated into practice. The results of a study conducted in 1989 by the National Council on Bioethics in Human Research found that only a small percentage of REBs were performing any kind of monitoring at all despite the recommendation to do so.[44] This was also the finding of a more recent Canadian study which found that REBs have "limited knowledge of what happens after... [they approve]... a research protocol."[45] This lack of monitoring has been criticized and viewed as inadequate, particularly for studies involving significant risks for subjects.[46]

It is of interest to note that although the Tri-Council Policy Statement speaks only about institutional research ethics boards, there are in Canada an increasing number of non-institutional review boards (NIRBs) cropping up. These boards are either proprietary boards or commercial boards created as independent, for-profit ventures.[47]

According to a survey conducted on behalf of the Canadian National Council on Ethics in Human Research (NCEHR, formerly NCBHR), several factors have contributed to the growth of these NIRBs: a growing demand for research review, increasing commercial involvement in research, and the reluctance of institutional REBs to conduct reviews of research not being conducted within the institution.[48] The survey was very limited because of difficulties in identifying these NIRBs as there is little available information on them.[49] This in itself is a significant concern given that these review boards are supposed to be "accountable to the public" and playing "a crucial role in safeguarding the welfare and rights of human subjects."[50]

Some of these NIRBs exist to conform with the GCP Guideline which requires the establishment of an institutional review board (IRB) or independent ethics committee (IEC) mandated "to safeguard the rights, safety, and well-

---

[43] *Ibid.* at 1.11.

[44] McNeill, *supra* note 34 at 95.

[45] HRIHS, *supra* note 1 at viii.

[46] T. Lemmens and A. Thompson, "Non-Institutional Commercial Review Boards in North America: a Critical Appraisal and Comparison with IRBs" in *IRB: a Review of Human Subjects Research* (forthcoming). See also C. Weijer et al., "Monitoring Clinical Research: An Obligation Unfulfilled" (1995) *Canadian Medical Association Journal* (152)12: 1973.

[47] *Ibid.*

[48] *Ibid.*

[49] *Ibid.*

[50] *Ibid.*

being of all trial subjects."[51] In accordance with the GCP Guideline, the IRB/IEC is expected to "have the qualifications and experience to review and evaluate the science, medical aspects, and ethics of the proposed trial"[52] and to monitor trials "at intervals appropriate to the degree of risk to human subjects, but at least once a year."[53] Where the Tri-Council Policy Statement indicates that review beyond once a year will normally not be required, the GCP Guideline seems to imply that more frequent review would be the norm.

The GCP Guideline also deals clearly with the responsibility of the IRB/IEC to ensure that investigators promptly report to them any adverse drug reactions, changes in the risks to which subjects are exposed, or changes in protocols that have been made to "eliminate immediate hazards to the trial subjects."[54] The relevant passage in the Tri-Council Policy Statement refers to a "review of reports of adverse events" but does not require them to be reported nor state what should be done with any reports that are received.[55] In regard to these provisions, the GCP Guideline is clearer and more stringent than the Tri-Council Policy Statement.

The greatest concern with NIRBs arising from the survey results is the lack of clear conflict of interest provisions. Since NIRBs are likely to be dependent for their continued existence "on the goodwill of their clients", the potential for conflicts of interest is high. The fact that the GCP Guideline does not contain provisions on conflicts of interests for IRB/IEC members or for researchers is concerning.[56]

Conflicts of interest are a concern for institutional REB members as well. Allegiances to institutions, colleagues, or fellow researchers certainly can affect the decision-making of institutional REB members assessing research protocols. This concern has led some to call for more members of REBs to be independent of the institutions in which the research is being carried out.[57]

The Tri-Council Policy Statement requires REB members to disclose "actual, perceived or potential conflicting interest" to the REB and imposes on the

[51] *Supra* note 7, s.3.1.1.

[52] *Ibid.* note 6, s.3.2.1. In addition to that general statement, the recommendation is made that the IRB/IEC should include "at least five members", "at least one member whose primary area of interest is in a non-scientific area", and "at least one member who is independent of the institutional trial/site."

[53] *Ibid.*,s.3.1.4.

[54] *Ibid.*,s.3.3.8.

[55] *Supra* note 9 at 1.11.

[56] *Supra* note 46.

[57] McNeill, *supra* note 33 at 194.

REB the responsibility to address and resolve the conflicts.[58] This issue was not addressed in the recent HRIHS study so one can only speculate as to how well this provision is being implemented in practice. It is clearly an issue that should be addressed if REBs are to have credibility as impartial reviewers of protocols.

III. Case Law

In practice, one of the main functions performed by the research ethics board is to review the research protocol to assess the degree of risk it entails for a subject and then to require that the subject be properly informed of the risk. The REB members rely on the information provided by the researcher in assessing the risk and scrutinize the consent form which the subject is given to see that it does in fact disclose the risks. A Quebec court case questioned the REB's responsibility to acquire scientific knowledge beyond that provided by the researchers with respect to the risks inherent in the study. REB members stated that they relied upon the researchers' assessment of risk because the researchers are the ones "who commonly possess the highest expertise the institution has available."[59] The court ultimately found the REB negligent in the death of a research subject because the REB did not properly assess the risk for this particular patient and did not ensure the necessary emergency procedures were in place in the event the risk did materialize.[60]

IV. The Convention

Article 16 requires a research project involving human subjects to have "been approved by the competent body after independent examination of its scientific merit, including assessment of the importance of the aim of the research,

[58] *Supra* note 9, Art. 4.1.

[59] B. Freedman and K.C. Glass, "Weiss v. Solomon: a Case Study in Institutional Responsibility for Clinical Research" (Winter 1990) 18:4 *Law, Medicine and Health Care* 395 at 399.

[60] In *Weiss* v. *Solomon* (1989), 48 C.C.L.T. 280 (Que. S.C.) 300, an individual consented to serve as a research subject in a study involving ophthalmic drops and a fluorescein angiography. When injected with the fluorescein, he experienced a severe reaction and died of ventricular fibrillation. The risk of such an outcome was minute and the participant had not been informed that the risk existed at all. The court held that the risk should have been disclosed, however, and found that both the researcher and the hospital's research committee were negligent in failing to do so. This case provided further support for the standard of disclosure demanded of researchers which had been established many decades earlier by the decision in *Halushka* v. *University of Saskatchewan* (*supra* note 16) .

and multidisciplinary review of its ethical acceptability."[61] The "competent body" is not described or defined elsewhere in the document but the description of what it does is clearly consistent with that of a REB in Canada.

V. Conclusion

In the absence of comprehensive legislation and regulation governing research on humans, industry-developed guidelines (GCP Guideline) and funding councils' policy statements (Tri-Council Policy Statement) form the basis of the regulation of human research in Canada. However, the current system of ethics review of human research is admittedly one of self-regulation by researchers and research institutions.[62] Research ethics boards and committees are the bodies charged with the responsibility of implementing this regulatory regime. Since these research ethics boards are largely composed of researchers, representatives of research institutions or industry, they are clearly engaged in a form of self-regulation. While the Canadian government appears to be content with the present situation, others believe the regulation of research on humans requires more government input and control in the form of legislation to ensure the safety of subjects and the integrity of research initiatives.

C. Biomedical Research Involving Adults Without Capacity to Consent

Adults are presumed to be competent according to Canadian common law. This legal presumption has been enshrined in provincial legislation governing hospitals, mental health facilities, consent to treatment, guardianship, and advance directives.[63] The common law also recognizes that an individual may be competent to make some decisions while incompetent to make others and that one's competency may fluctuate over time, particularly in the presence of illness. When an adult is incompetent to make treatment decisions, a surrogate decision-maker is sought to make treatment decisions as needed. The surrogate decision-maker may be a guardian appointed by the courts[64],

---

[61] *Supra* note 2, Art. 16 (iii).

[62] *Supra* note 13 at 380.

[63] For example, see *Hospitals Act*, R.S.N.S 1989, c. 308 s. 56 as am. by S.N.S. 1994-95, c. 7, ss. 29-37, 150; *Representation Agreement Act*, S.B.C. 1993, c. 67, s.3; *Health Care Directives Act*, S.M. 1992, c. H27, s.4(2).

[64] *Incompetent Persons Act*, R.S.N.S. 1989, c. 218.

a spouse or next-of-kin[65], or a proxy named in an advance directive.[66] The *Nuremburg Code* did not allow research to be conducted on anyone who could not give consent because it did not acknowledge surrogate decision-making in regard to research. It was the *Declaration of Helsinki* which first permitted surrogate consent for incompetent adults and children to participate in research.[67]

I. Legislation

There are few legislative provisions (excepting those contained in the Quebec Civil Code) which specify who can make a decision in regard to the participation of an incompetent adult in a research trial. Article 21 of the Quebec Civil Code states that: "a person of full age who is incapable of giving consent may not be submitted to an experiment if the experiment involves serious risk to his health or, where he understands the nature and consequences of [the] experiment, if he objects."

Where the risk is not serious to health and the incompetent adult would be the sole subject of research, the incompetent adult can only participate when the experiment "has the potential to produce benefit to the person's health."[68] If the incompetent person is one subject of many in the study, then s/he can participate if there is "potential to produce results capable of conferring benefit to other persons in the same age category or having the same disease or handicap."[69] As well, the research must be "part of a research project approved and monitored by an ethics committee... formed by the Minister of Health and Social Services or designated by that Minister..."[70] Consent then can be given by "the mandatory, tutor, or curator."[71]

In the event of the adult having become incompetent suddenly, and in the case where there would not be a mandatory, curator or tutor, and where it was necessary for the experiment to begin right away, consent could be given by the "person authorized to consent to any care the person requires, but the

---

[65] *Hospitals Act*, R.S.N.S. 1989, c. 208.

[66] For example, see *Health Care Directives and Substitute Health Care Decision Makers Act*, S.S. 1998, c. H-0.001; *Health Care (Consent) and Care Facility (Admission) Act*, S.B.C. 1999, c. 25.

[67] D.N Weisstub, J. Arboleda-Florez & G.F. Tomossy "Establishing the Boundaries of Ethically Permissible Research With Vulnerable Populations" in D.N. Weisstub, ed. *Research on Human Subjects: Ethics, Law, and Social Policy* (Netherlands: Elsevier Science, 1998) 355 at 356.

[68] Art. 21 *C.C.Q.*

[69] *Ibid.*

[70] *Ibid.*

[71] *Ibid.*

ethics committee would be obliged to determine whether in fact there was the requisite urgency calling for these special measures."[72]

The Law Reform Commission of Canada (LRCC) recommended legalizing non-therapeutic research on incompetent adults "because a complete ban would very probably amount to hindering progress in the fight against mental illnesses and disorders..."[73] At the same time, it noted that "historically the most flagrant abuses have been of the mentally disordered."[74] For that reason, it recommended that certain conditions be met before research was conducted on this vulnerable population. These conditions were that:

(a) the research is of major scientific importance and it is not possible to properly conduct it using adult subjects capable of giving consent;

(b) the research is in close, direct relation to the subject's mental illness or deficiency;

(c) the research does not involve any serious risks for the subject;

(d) the consent of the incompetent person's representative and of an independent third party (a judge, an ombudsman or the incompetent person's lawyer) is obtained; and

(e) where possible, the incompetent person's consent is to be obtained, and his refusal is always to be respected.[75]

These recommendations have not formed the basis of any legislation or regulations to date but, with some modifications (especially regarding degree of risk), do appear in the Tri-Council Policy Statement to be discussed below.

II. Guidelines

The Tri-Council Policy Statement asserts that the "ethical considerations around research involving those who are not competent to give a free and informed consent on their own behalf must seek to balance (1) the vulnerability that arises from their incompetence with (2) the injustice that would arise from their exclusion from the benefits of research."[76] Articles 2.5 ,2.6,

[72] *Ibid.* B. Knoppers notes that this provision makes it easier to obtain consent for the involvement of incompetent adults in emergency research than in non-emergency research in Quebec ("Ethics and Human Research: Complexity or Confusion?" in Law Commission of Canada, *supra* note 1, 109 at 111.

[73] Law Reform Commission of Canada, *Biomedical Experimentation Involving Human Subjects* (Ottawa: LRCC, 1989) at 44 [hereinafter "LRCC 1989"].

[74] *Ibid.*

[75] *Ibid.* at 45.

[76] *Supra* note 9, Art. 2.9.

and 2.7 of the Tri-Council Policy Statement deal generally with participants who lack capacity to consent to participation.

Article 2.5 incorporates the requirements set out in the LRCC Working Paper in regard to research done on this population. The first requirement is that "the research can only be addressed" using individuals within this population.[77] As well, there must be consent obtained from the "authorized representative" and the incompetent subject must not be exposed to "more than minimal risks" without there being "the potential for direct benefits" for him/her.[78]

Article 2.6 imposes responsibility on the REB to ensure that free and informed consent has been obtained from an appropriate third party.[79] If an incompetent subject expresses a desire not to participate in research, based on an understanding of the nature and consequences of the research, that dissent should preclude participation whether or not there has been third party consent.[80] When a subject becomes competent, his or her consent is to be sought regardless of the fact that third party authorization has already been obtained, and that consent or refusal is to be respected.[81]

In recognition of the historical exclusion of some groups from participation in research, the Tri-Council Policy Statement does not support a ban on research involving incompetent adults. Article 5.3 of the Tri-Council Policy Statement states that incompetent subjects "should not be automatically excluded from research which is potentially beneficial to them as individuals, or to the group that they represent."[82]

The GCP Guideline also sets out specific criteria for the enrolment of incompetent research subjects in non-therapeutic clinical trials which echo those in the Tri-Council Policy Statement in that: " the objectives of the trial cannot be met" using competent individuals; "the foreseeable risks to the subjects are low"; "the negative impacts on the subject's well-being is minimized and low"; and, " the approval/favourable opinion of the REB/IRC is expressly sought on the inclusion of such subjects".[83] Such subjects are to be closely monitored and withdrawn from the study if they "appear to be unduly distressed."[84]

---

[77] *Ibid.*, Art. 2.5(a).

[78] *Ibid.*, Arts. 2.5(b), (c).

[79] *Ibid.*, Art. 2.6(e).

[80] *Ibid.*, Art. 2.7.

[81] *Ibid.*, Art. 2.6(g).

[82] *Ibid.*, Art. 5.3.

[83] *Supra* note 7, s.4.8.14.

[84] *Ibid.*

III. The Convention

Under the terms of the Council of Europe Treaty, research may only be undertaken on an incompetent person if special conditions, in addition to those which apply to all research subjects, are met.

The general conditions to be met for all human research are set out as follows in Article 16:

i) There is no alternative of comparable effectiveness to research on humans;

ii) The risks which may be incurred by that person are not disproportionate to the potential benefits of the research;

iii) The research project has been approved by the competent body... and,

iv) The persons undergoing research have been informed of their rights and the safeguards prescribed by law for their protection.[85]

The special conditions to be met in the case of research on incompetent persons are that: "the results of the research have the potential to produce real and direct benefit" to that person; the research cannot effectively be carried out on capable individuals; third party authorization has been obtained, and, the person has participated in the discussion as much as possible and has not dissented to participation.[86] When the research does not have the potential to benefit the individual subject, the research may still be allowed if " the research has the aim of contributing, through significant improvement in the scientific understanding of the individual's condition, disease or disorder, to the ultimate attainment of results capable of conferring benefit to the person concerned or to other persons in the same age category or afflicted with the same disease or disorder or having the same condition" and as long as the research "entails only minimal risk and minimal burden for the individual concerned."[87]

IV. Academic Literature

Keyserlingk et al. have made specific recommendations with respect to the sub-group of adult incompetent patients who are suffering from dementia.[88] This group of patients, unlike some who may have been incompetent their entire adult lives, were competent at one time and had the opportunity to

---

[85] *Supra* note 2, Art. 16.

[86] *Ibid.*, Art. 17.

[87] *Ibid.*, Art. 17(2).

[88] E.W. Keyserlingk et al, "Proposed Guidelines for the Participation of Persons with Dementia" (Winter 1995) 38:2 *Perspectives in Biology and Medicine* 319.

formulate and express wishes with respect to their desire to participate in research. The fact that they did not give consent to do so is significant in the eyes of Keyserlingk et al. and leads them to recommend that "incompetent patients with dementia who did not previously indicate consent [to participation] while competent should [n]ever be enrolled in research projects that present more than a minor increment over minimal risk and do not hold out the prospect of direct benefit to [them]."[89] This view is consistent with that expressed in the Tri-Council Policy Statement.

V. Conclusion

The European Convention, the GCP Guideline, and the Tri-Council Policy Statement are very similar in respect to their provisions dealing with research on incompetent individuals. All documents recognize the need to have special provisions to deal with this vulnerable population in the research context. They require that research not be conducted on the incompetent adult population unless it is established that they are the only group on whom it can be conducted, and third party authorization must be given before the research could begin.[90] They also agree that when there is no direct benefit to the subject from participating in the research, the subject should not be exposed to more than minimal risks. Where they differ is that, in the European Convention, research which does not benefit the subject is viewed as exceptional and additional conditions apply whereas, in the Tri-Council Policy Statement, that scenario is not viewed as exceptional and no additional conditions need be met.

D. Children and Younger Persons Who Lack Capacity to Consent

Children are also viewed as a vulnerable group deserving special consideration in the context of participation in research. Parents are usually viewed as the child's legally-recognized decision-makers without explicitly being designated as such by the courts or legislation. Parental decision-making authority may be questioned however when a child wants to make his/her own decisions regarding treatment or participation in research or when the parents' decision is viewed as not being in the child's best interests.

In all Canadian provinces and territories except Quebec, there is no legislation governing a minor's participation in research. The common law (judge-made

[89] *Ibid.* at 334.

[90] Article 2.6(b) of the Tri-Council Policy Statement expressly excludes members of the research team from providing that authorization.

law) regarding a minor's consent to be a research subject is not clear. In the treatment context, the common law jurisdictions recognize that some minors can sufficiently understand and appreciate the information given to them such that they should be allowed to make their own treatment decisions, especially when those decisions are viewed as being in their best interests.[91] This has formed the basis of the mature minor rule which holds that minors who are adjudged by the attending health care provider to be mature enough to make treatment decisions are legally permitted to do so. Some provinces have enacted legislation which supports the common law mature minor rule but none of these legislative provisions address consent for research purposes.[92] Some contend however that this rationale has been implicitly adopted in the research context as well.[93]

Another contentious legal issue is whether a parent or guardian can consent on an immature minor's behalf to participate in research when there will likely be no benefit to the child and/or when there are significant risks incurred in being a research subject. The difficulty lies in the fact that parents and guardians are expected in law to act in the best interests of minors.[94] It becomes difficult to rationalize the minor's participation in research as being in the minor's best interests when there is no expected benefit and some risk of harm with participation in the research study. In the treatment context, parents' decisions have been successfully challenged in the courts by health care providers when the parents' decisions were not viewed as being in the child's best interests. There have not been any cases challenging parental decision-making in the research context.

Although some would support a complete ban on non-therapeutic research involving minors, the LRCC claimed that, in Canada, "a total ban on non-therapeutic experimentation involving children" had been rejected. Instead, it recommended that the following conditions be met before non-therapeutic research is conducted on children:

(a) The research is of major scientific importance and it is not possible to properly conduct it using adult subjects capable of giving consent;

(b) The research is in close, direct relation to infantile diseases or pathologies;

(c) The experiment does not involve any serious risks for the child;

---

[91] There is some uncertainty as to whether a court would uphold a decision that is *not* in the child's best interests. See J. Gilmour, "Minors" in T. Caulfield and J. Downie eds. *Canadian Health Law and Policy* (Toronto: Butterworths, 1999) 179 at 186-187.

[92] For example see *Medical Consent of Minors Act*, S.N.B. 1976, c. M-6.1, s. 2.

[93] E. Picard & G. Robertson, *Legal Liability of Doctors and Hospitals in Canada*, 3rd ed. (Scarborough: Carswell, 1996) at 91.

[94] *Ibid.*

(d) The consent of a person having parental authority and of an independent third party (a judge, an ombudsman or the child's lawyer) is obtained; and

(e) Where possible, the consent of the child should be obtained. Moreover, whatever the child's age, his refusal should always be respected.[95]

Although the LRCC recommended the enactment of federal legislation containing these provisions, there has been no legislation to date. Most of these provisions are however found in the Tri-Council Policy Statement which will be discussed below.

I. Legislation

Quebec's Civil Code contains the only legislative provisions in Canada regarding research involving minors. Article 21 does not allow a minor to consent to research at all and places restrictions on those who can give consent on behalf of the minor.[96] The same conditions which apply to incompetent adults also apply in the case of minors. Participation by a minor is not permitted where the minor objects to participation or where the research involves "serious risk to his health."[97] The research should potentially benefit the subject or others like him and it must be approved by a research ethics committee designated by the provincial Minister of Health. Third party consent to participate in research is to be given by a parent, person with parental authority, or tutor.[98]

II. Guidelines

The Tri-Council Policy Statement discusses children and minors as a distinct population with unique characteristics but does not contain any specific provisions dealing with them. The same provisions which apply to incompetent adults apply to minors as well. As with incompetent adults, the research should not be conducted on children unless the "research question can only be addressed" using them and they should not be exposed to "more than minimal risks without the potential for direct benefits for them."[99] The Tri-Council Policy Statement does not indicate the amount of risk the child might be expected to assume when there *is* potential for direct benefit. "Potential for direct benefit" is surely open to an array of interpretations in the research

[95] *Supra* note 73 at 42.

[96] Art. 21, *C.C.Q.*

[97] *Ibid.*

[98] *Ibid.*

[99] *Supra* note 9, Art. 2.5.

context. How great a potential or how much benefit justifies the assumption of a particular risk is not clearly articulated in the Tri-Council provisions.

III. The Convention

The Convention requires a third party to consent on behalf of a minor "where, according to law, a minor does not have the capacity to consent to an intervention".[100] Where the minor is, by law, lacking capacity to consent, "the opinion of the minor shall be taken into consideration as an increasingly determining factor in proportion to his or her age and degree of maturity."[101] This Article would appear to allow a minor to consent to research in the absence of law stating minors were incapable of consenting.

If this interpretation of Article 6(2) is correct, then the general protections for all subjects set out in Article 16 apply.[102] These are: that research should only be undertaken on humans if there is no other research that can be done other than on humans; the risks are "not disproportionate to the potential benefits of the research"; the research project has been approved by a "competent body"; "the persons undergoing research have been informed of their rights and the safeguards prescribed by law for their protection"; and, that the necessary consent has been given "expressly, specifically and is documented."[103]

In the case of a minor lacking capacity to consent, the provisions relating to incompetent adults as set out in Article 17 apply.[104]

IV. Conclusion

The law in Canada regarding children and research is not at all clear. The mature minor rule may or may not apply in the research context and, even if it does, given how it is applied differently across the country depending on whether the treatment is or is not viewed as being in the child's best interests, there is no assurance that mature minors would be allowed to make decisions regarding research in all circumstances. The Tri-Council Policy Statement does not contain specific provisions dealing with minors. It is clear that immature minors will be dealt with similarly to incompetent adults but it is

[100] *Supra,* note 2, Art. 6(2).

[101] *Ibid.*

[102] *Ibid.*, Art. 16. Also, see discussion of these provisions under section entitled "Biomedical Research Involving Adults Without Capacity to Consent".

[103] *Ibid.*

[104] *Ibid.*, Art. 17.

not clear whether this document recognizes mature minors. The Convention appears to leave the issue of whether a minor can be capable of consenting to research or not to be decided by the laws of each jurisdiction. It does state that a minor's opinion should be given consideration even if the minor lacks capacity. As with the Tri-Council Policy Statement, any provisions dealing with incompetent subjects would seem to apply to incapable minors as well.

E. Safeguarding Autonomy to Participate in Research at the End-of-Life

There is wide acceptance in Canada of the use of advance health care directives in the treatment setting. One could argue that the rationale justifying their use, that is, respect for a competent person's wishes when they have become incompetent, would also hold true in the research setting. The creation of an advance research directive would be one way in which individuals might attempt to safeguard their autonomy to participate in research once they have become incompetent to give consent.

I. Legislation

Presently, most provinces and territories have legislation regarding advance directives for health care.[105] Of those that do, all of them, with the exception of Nova Scotia, have legislation that permits the creation of an instruction directive ("living will") and the naming of a proxy as the legally recognized surrogate or substitute decision-maker. None of these statutes specifically refer to "advance research directives" but most do address the issue of a proxy consenting to participation in research.[106] The prototypical provision allows a proxy to consent to the individual's participation in research *if the proxy has been expressly authorized to do so by the terms of the proxy directive* [my emphasis].[107] British Columbia's legislation, *The Health Care (Consent) and Care Facility (Admission) Act* appears to be the only Act that does not require a specific authorization to be given to the proxy to consent to participation in research. This Act is also the only provincial legislation that includes

[105] New Brunswick, Northwest Territories, and Nunavut do not.

[106] Advance research directives are defined as: "devices that document individual preferences about the appointment of a substitute decision-maker (SDM) in the event of incapacity, while providing documentation about a person's wishes pertaining to research involvement." See D.N Weisstub & A. Moorhouse, "The Advance Directive in Research: Prospects and Pitfalls" in D.N. Weisstub, ed. *Research on Human Subjects: Ethics, Law, and Social Policy* (Netherlands: Elsevier Science, 1998) 195 at 195.

[107] For example, see Alberta's *Personal Directives Act*, S.A. 1997, c. P-4.03, s.15.

participation in medical research in its definition of "health care." [108] This inclusion might support the view that decisions regarding research should be treated in the same manner as those regarding treatment.

II. Guidelines

The Tri-Council Policy Statement makes no mention of advance research directives. The MRC Guidelines do not either, but they recommend respecting the prior competent wishes of individuals at a time when they are no longer competent to express those wishes. For example, if a competent patient expressed a desire not to be subjected to a procedure when competent, then s/he should not be subjected to it once incompetent.[109]

III. The Convention

The Convention does not refer to advance research directives nor any other means of safeguarding the autonomy of patients to participate in research at the end of life. Like the MRC Guidelines, it supports acknowledging previously expressed wishes, but not explicitly in the research setting. It states: "The previously expressed wishes relating to a medical intervention by a patient who is not, at the time of the intervention, in a state to express his or her wishes shall be taken into account." [110]

IV. Academic Literature

Several authors have written on the topic of advance research directives. Keyserlingk *et al.* have expressed some concerns about their use in dementia research studies but have not dismissed them outright as having no value especially if they were drafted when the person was contemplating participation in the current or a similar research project with the same risk profile.[111]

---

[108] *Supra* note 66. Section 1 of the Act provides that "'health care' means anything that is done for a therapeutic, preventive, palliative, cosmetic or other purpose related to health, and includes (a) a course of health care, for example, a series of immunizations or dialysis treatments or a course of chemotherapy, and (b) participation in a medical research program approved by an ethics committee designated by regulation."

[109] *Supra* note 4 at 30.

[110] As mentioned earlier, "intervention has been defined to include research." *Supra* note 2, Art. 9.

[111] *Supra* note 90 at 351. The authors make the following recommendation:

Weisstub and Moorhouse have called for legislation to recognize advance research directives to redress the uncertainty in the common law regarding whether a substitute decision-maker has the authority to enrol an incompetent subject in research. If the subject had an advance research directive which clearly expressed his/her wishes to participate in research, then the proxy would be legally supported in consenting to the incompetent subject's participation. In the absence of such a research directive, especially when the research involves some risk and/or little benefit for the individual subject, it would be difficult for a proxy to legally justify enrolling the subject.[112]

Weisstub and Moorhouse would not advocate supporting research directives in all circumstances. In their view, research directives "should not generally permit the involvement of incapable persons in non-therapeutic research involving substantial risk" and substitute decision- makers "ought not be required to respect wishes that will lead to exposing the vulnerable person to unacceptable risks."[113]

It seems clear that the authors cited are uncomfortable with granting research directives the same authority as treatment directives. In cases where the research directive is clear and the risk of harm is minimal, the directive should be relied upon but, in other situations, where the incompetent person may be subjected to a significant risk of harm, the directive should be overruled by the substitute decision-maker. This approach is reminiscent of how some courts treat minors, recognizing their decision-making authority when they make decisions which are viewed by the court as being in their best interests but not when they appear not to be in their best interests.

V. Conclusion

There is no recognition of advance research directives in Canadian legislation nor in the Tri-Council Policy Statement. There would appear to be some support for legislation among academics in Canada, where they represent clear and well-informed wishes of individuals and are not contrary to a best interests assessment.

[W]hen there is no anticipated direct personal benefit for a subject, an advance research directive cannot normally authorize participation in research involving more than a minor increment over minimal risk. On the other hand, we suggest the following exception to the general rule. If a subject who provides a directive specifying a willingness to undergo a higher risk level also provides evidence of having already experienced a similar level of physical or psychological pain or discomfort in another therapeutic or research setting, then the cap of allowable risk for that subject could be raised accordingly.

[112] Weisstub & Moorhouse, *supra* note 108 at 201.

[113] *Ibid.* at 221.

F. Embryo Research

I. Legislation

Under Canadian law, neither embryos nor fetuses are entitled as "persons" to the protection of the law.[114] Embryo research has not been the subject of legislation in this country although a Law Reform Commission of Canada Report in 1989[115] and an extensive Royal Commission study in 1993 both recommended that legislation be enacted to deal with this issue.[116] In 1995, in response to the Report of the Royal Commission on New Reproductive Technologies, a voluntary moratorium was announced by the federal government as an interim measure until legislation could be enacted to regulate practice in this field.[117] The moratorium sought to address the most concerning practices and applications of human reproductive and genetic technologies including germ-line genetic alteration, cloning of human embryos, and research involving the maturation of sperm or eggs outside the human body but did not include the use of human embryos in research. Several prohibitions regarding embryo use in research were recommended.

First, embryos were not to be *created* for the purpose of research. Secondly, research was to be conducted on embryos only within the first 14 days after conception. The fourteen day restriction on embryo research has long been accepted in this country, although it has been acknowledged to be somewhat "arbitrary" and lacking a "philosophical basis".[118] Lastly, research was not

---

[114] B. Sneiderman, J.C. Irvine,& P.H. Osborne, *Canadian Medical Law*, 2nd edition, (Toronto: Thompson Canada, 1995) p.314-317.

[115] LRCC 1989, *supra* note 75 at 51: Recommendation 6

> Non-therapeutic biomedical experimentation on embryos and foetuses should be recognized, in a general federal statute on experimentation, provided that all the following conditions are met:
> a) the experimentation has received the prior approval of a multidisciplinary ethics committee responsible for ensuring that the research is ethical and scientifically genuine and having direct authority to monitor and control it;
> b) the embryo or foetal research is carried out in centres or hospitals recognized by the appropriate public authorities; and
> c) the consent of both parents of the embryo or foetus has been obtained.

[116] Royal Commission on New Reproductive Technologies, *Proceed with Care: Final Report of the Royal Commission on New Reproductive Technologies* (Ottawa: Minister of Government Services, 1993) (Hereinafter: "RCNRT").

[117] Health Canada, News Release 1996-44, (14 June 1996).

[118] MRC, *supra* note 3 at 33; LRCC 1989, *supra* note 75 at 53; RCNRT, *supra* note 118 at 636.

permitted without the explicit consent of the donors, who were not to be coerced to donate zygotes for research purposes in order to receive treatment for infertility.[119]

The Royal Commission found a "clear international consensus that the buying and selling of zygotes" was "inconsistent with respect for human life" and proposed that these practices be prohibited.[120] The RCNRT Report also discussed the difficulties in according donors some control over the use of their gametes without treating them according to a "pure property law regime" and concluded that "explicit legislation is needed to address the issue of control over zygotes *ex utero*."[121]

These prohibitions, with the exception of research on zygotes greater than 14 days, were addressed in Bill C-47.[122] Bill C-47 was introduced in the Canadian Parliament in 1996. It was criticized by several organizations, including the Canadian Bar Association[123] and the Canadian Medical Association, because it sought to "criminaliz[e] medical and scientific activities on vague and arbitrary grounds" rather than regulate them.[124] The Bill was not passed prior to an election being called and was not re-introduced once Parliament re-convened. The federal Minister of Health has indicated his intention to re-introduce draft legislation but, as of April 2001, has not done so though some consultations have occurred in regard to what form the new legislation should take.

II. Guidelines

Embryo research is also discussed in the Tri-Council Policy Statement which supports many of the RCNRT Report's recommendations. Both the Royal Commission Report and the Tri-Council Policy Statement agree that practices such as the cloning of human beings, creation of human-animal hybrids,

---

[119] RCNRT, *supra* note 118 at 640: Recommendation 187 – "The Commission recommends that a woman's or couple's consent to donate zygotes generated but not used during infertility treatment for research never be a condition, explicit or implicit, of fertility treatment. Potential donors must be informed that their refusal to consent does not jeopardize or affect the continuing treatment in any way."

[120] RCNRT, *supra* note 118 at 627.

[121] *Ibid* at 626-7.

[122] Bill C-47, *Human Reproductive and Genetic Technologies Act*, 2d Sess., 35th Parl., 1996, (1st reading 14 June 1996).

[123] *Submission on Bill C-47: Human Reproductive and Genetic Technologies Act* (Ottawa: CBA, April 1997).

[124] *Submission to Sub-Committee on Bill C-47: Human Reproductive and Genetic Technologies Act* (Ottawa: CMA, January 1997) 2.

interspecies embryo transfers, and ectogenesis should be condemned. In keeping with the character of each document, the Royal Commission Report speaks in terms of prohibited practice and criminal sanctions[125] while the Tri-Council Policy Statement speaks in terms of ethical acceptability.[126]

Like the Royal Commission Report, the Tri-Council Policy Statement also adopts the position that embryos should not be created for research purposes.[127] The Tri-Council Policy Statement elaborates on the conditions that should be met before embryos, which have already been created for reproductive purposes, can be used in research:[128]

i. The ova and sperm from which they were formed are obtained in accordance with Articles 9.1 and 9.2;[129]

ii. The research does not involve the genetic alteration of human gametes or embryos;

iii. Embryos exposed to manipulations not directed specifically to their ongoing normal development will not be transferred for continuing pregnancy; and

iv. Research involving human embryos takes place only during the first 14 days after their formation by combination of the gametes.

III. The Convention

Article 18 of the Convention also prohibits the creation of human embryos for purposes of research and recommends that where research on embryos is being done there should be "adequate protection of the embryo."[130] The Convention does not elaborate on what protections would be considered adequate.

IV. Conclusion

The federal government appears willing to legislate in the area of reproductive technologies and embryo research having made one attempt already. Any

[125] RCNRT, *supra* note 118 at 637.

[126] Tri-Council, *supra* note 9, Art. 9.5.

[127] *Ibid.*, Art. 9.4. "It is not ethically acceptable to create human embryos specifically for research purposes." See also LRCC 1989, *supra* note 75 at 52; RCNRT, *supra* note 118 at 640.

[128] *Ibid.*, Art. 9.4.

[129] Articles 9.1 and 9.2 of the Tri-Council Policy Statement require that donors of gametes give free and informed consent for their use in research and that these gametes not be obtained through "commercial transactions."

[130] Council of Europe, *supra* note 2, Art. 18.

future legislation will likely draw heavily from the recommendations of the Royal Commission on New Reproductive Technologies. The legislation will likely be comprised of both criminal or quasi-criminal prohibitions and a regulatory scheme. Currently, with respect to embryo research in Canada, the Tri-Council Policy Statement and the Report of the Royal Commission on New Reproductive Technologies provide researchers with some guidance on what is or is not viewed as ethically acceptable but without the threat of legal sanction.

G. Discrimination on the Basis of Genetic Heritage

The problem of discrimination based on genetic heritage is a real one and likely to become more pervasive when the new information generated by the Human Genome Project is accessible and genetic testing becomes more readily available. The problems that are likely to arise as a result of predictive genetic testing are most likely to be felt initially in the insurance and employment domains because of the use to which information can be put in assessing the health risks of employees and insured persons. Existing anti-discrimination legislation may not provide enough protection for individuals in those contexts and, according to a study paper prepared for the Law Reform Commission of Canada in 1991, more legislative protection may be needed "to protect the inherent dignity and self-worth of individuals with respect to their genetic heritage."[131]

I. Legislation

Canada does not have any legislation which specifically prohibits discrimination on the basis of genetic heritage. The *Canadian Charter of Rights and Freedoms,*[132] human rights legislation, and privacy legislation do however provide some basis for assessing how genetic discrimination would be dealt with by existing legislative provisions.

II. Canadian Charter of Rights and Freedoms

Sections 7 and 15 of the *Charter* are the most relevant provisions in a discussion of genetic discrimination. Section 7 protects the right to life, liberty and

---

[131] B.M. Knoppers, *Human Dignity and Genetic Heritage* (Ottawa: LRCC,1991) at 33.
[132] *Supra* note 25.

security of the person from unwarranted interference by the state.[133] Section 15 of the *Charter* prohibits discrimination on the basis of race, national or ethnic origin, colour, religion, sex, age and mental or physical disability.[134] It is very likely that an individual's genetic make-up would be a prohibited basis for discrimination under the *Charter* whether it was categorized as race, physical disability or an analogous ground.[135] The difficulty an individual would face though would be in arguing the *Charter* applies in a particular situation because the Charter does not protect individuals from any private (non-governmental) organization's actions which, in most cases, means it has little application in the workplace (unless the individual is employed by the federal or a provincial government) or with respect to the insurance industry (which is generally private, although subject to some governmental regulation). Unfortunately, these are the two situations in which most individuals would most likely be requested to undergo genetic testing and suffer the effects of genetic discrimination. At the present time in Canada, insurance companies and employers are not requiring genetic testing but it is expected that, as the costs of testing decrease, the demand for their use will increase.[136]

---

[133] Section 7 of the *Charter* provides that: "Everyone has the right to life, liberty and security of the person and the right not to be deprived thereof except in accordance with the principles of fundamental justice."

[134] Section 15 of the *Charter* provides that:

> (1) Every individual is equal before and under the law and has the right to the equal protection and equal benefit of the law without discrimination and, in particular, without discrimination based on race, national or ethnic origin, colour, religion, sex, age or mental or physical disability.
> (2) Subsection (1) does not preclude any law, program or activity that has as its object the amelioration of conditions of disadvantaged individuals or groups including those that are disadvantaged because of race, national or ethnic origin, colour, religion, sex, age or mental or physical disability.

This is not an exhaustive list as the Supreme Court of Canada has acknowledged there can be other analogous grounds of discrimination if they share the features of these enumerated grounds. (*Andrews* v. *Law Society of British Columbia*, [1989] 1 S.C.R. 143).

[135] Knoppers, *supra* note 131 at 40.

[136] T. Lemmens and P. Bahamin, "Genetics in Life, Disability and Additional Health Insurance in Canada: A Comparative Legal and Ethical Analysis," in B.M. Knoppers ed., *Socio-Ethical Issues in Human Genetics* Cowansville, PQ: Yvon Blais, 1998) at 121-123.

III. Human Rights Statutes

The *Canada Human Rights Act* "prohibits discrimination in the provision of goods, services, facilities, or accommodation customarily available to the general public." [137] It is limited in its application to federal employers.[138] Where it does apply, the regulations allow for exclusions from employee insurance programs where the applicant has failed to meet medical eligibility criteria and this has not been viewed as a discriminatory practice.[139]

Provincial and territorial human rights acts also prohibit discrimination on the basis of disability.[140] The *Ontario Human Rights Code* extends the definition of handicap to that which is *perceived* [my emphasis] to affect one negatively.[141] This could encompass genetic susceptibility to disease when knowing one's genetic susceptibilities negatively affects one's abilities. However, the *Canada Human Rights Act* and most of the provincial human rights acts expressly exclude insurance contracts from their provisions.[142]

In summary, it would appear that human rights legislation in Canada has not been directed towards preventing discrimination on the basis of physical or mental handicap in the insurance context. It has been suggested that protective measures for those suffering from genetic conditions or perceived genetic disabilities should be incorporated into anti-discrimination legislation.[143]

IV. Privacy Statutes

Existing federal privacy legislation deals only with personal information held by federal ministries and other federal government institutions.[144] A new federal act deals with personal information held in both public and private sectors but the relevant sections have not yet been proclaimed.[145] Quebec is

[137] C.S.C. c. H-6, s.5 [hereinafter "C.H.R.A."].

[138] *Ibid.* s.2.

[139] *Canadian Human Rights Benefit Regulation,* SOR/80-68.

[140] See Lemmens & Bahamin, *supra* note 138 at 215-27, for a comprehensive discussion of each jurisdiction's legislative provisions.

[141] R.S.O., 1990, c. H.19, s.10(1).

[142] For example, see: *British Columbia Human Rights Act,* S.B.C. 1984, c. 22, s.3; *Manitoba Human Rights Act,* R.S.M. 1987, c. H-170, ss. 7(1) and (2).

[143] B.M Knoppers, "Genetics and the Law" in J. Downie & T. Caulfield eds., *Canadian Health Law and Policy* (Toronto: Butterworths, 1999) 353 at 372-73.

[144] *Privacy Act,* R.S.C. 1985, c. P-21.

[145] *Personal Information and Electronic Documents Act,* S.C. 2000, c. 5. Section 2 defines "personal health information" as:

(a) information concerning the physical or mental health of the individual;

the only province to have enacted legislation dealing with private information[146] although Alberta has also drafted legislation.[147] The Quebec legislation, while restricting who can collect personal information and for what purposes, does allow some exceptions for the insurance industry.[148]

V. Case Law

1. Discrimination It has been established in common law that insurance companies can discriminate by denying coverage or charging higher premiums for certain types of insurance coverage (such as health, life, or disability) when medical criteria are used in the assessment of risk and are established as statistically relevant to the risk assessment.[149]

The case of *Nova Scotia (Human Rights Commission) v. Canada Life Assurance Co.* illustrates how Canadian courts typically have applied human rights legislation in the context of a claim of discrimination against an insurance company.[150] In that case, an individual was applying for group mortgage insurance. He suffered from diabetes and polymyositis which placed him in a higher risk category that would attract higher than average premiums. The Nova Scotia Court of Appeal stated:

It is not irrelevant and therefore not unjust for an insurance company to refuse to insure at standard rates a person who fits into an above-average

---

(b) information concerning any health service provided to the individual;
(c) information concerning the donation by the individual of any body part or any bodily substance of the individual or information derived from the testing or examination of a body part or bodily substance of the individual;
(d) information that is collected in the course of providing health services to the individual; or
(e) information that is collected incidentally to the provision of health services to the individual.

The new Act will not apply to personal health information until 1 January 2002. See J. Craig, *Bill C-6: Personal Information Protection and Electronic Documents Act.* Online: Library of Parliament Research Branch `http://www.parl.gc.ca/36/2/parlbus/chambus/house/bills/summaries/c6-e.htm` (last modified: 15 May 2000).

[146] L.Q. 1993, c. 17.

[147] *Health Information Act,* S.A. 1999, c. H-4 (awaiting proclamation).

[148] The Quebec Privacy Act allows for exception from some of its provisions when the collection of the information "is necessary for the conclusion or performance of a contract" including an insurance contract. Lemmens & Bahamin, *supra* note 138 at 234.

[149] See discussion in Lemmens & Bahamin, *supra* note 138 at 197-227.

[150] [1992] 109 N.S.R. (2d) 40 (S.C. (A.D.)).

risk category as determined by acceptable underwriting principles. It is not discrimination to treat such a person differently than those without physical disabilities because the treating of the applicant differently is not based on an irrelevant personal difference.[151]

2. Privacy The law allows third parties to have access to patient records when the patient has consented to disclosure or when disclosure has otherwise been authorized by law.[152] Insurance companies request and are given access to patient records which may contain results of genetic testing or information about genetic predispositions or heritage. The Supreme Court of Canada supported the insurance company's right to access information in a patient chart when they had been given the patient's consent to do so and the record holder was refusing to provide it.[153] Although that case did not deal with genetic information, it is reasonable to assume that the court would similarly uphold the access authorization where patient consent had been given.

VI. Guidelines

The Tri-Council Policy Statement does not directly confront the issue of genetic discrimination. It does however address the privacy concerns in genetic testing and the obligations of researchers and REBs to prevent access by unauthorized third parties.

It requires the researcher and REB to "ensure that the results of genetic testing and genetic counselling records are protected from access by third parties unless free and informed consent is given by the subject."[154] The reality is that most individuals at risk of discrimination feel compelled to release requested information or are ignorant that their consent has allowed such information to be accessed. It is not realistic to expect that individuals can refuse to provide that information when asked to do so without suffering consequences. Only legislation prohibiting the use of that information by employers or insurers will yield the desired result of preventing discrimination on that basis.

[151] *Ibid.* at 48. See also *Vitcoe* v. *The Dominion life Insurance Company* (1984), 5 C.H.R.R. D/2029 (Bd. Inq.).

[152] *McInerney* v. *MacDonald*, (1992) 93 D.L.R. (4th) 415.

[153] *Frenette* v. *Metropolitan Life Insurance Co.*, [1992] 1 S.C.R. 647.

[154] Tri-Council, *supra* note 9, Art. 8.2.

VII. The Convention

Article 11 of the Convention prohibits "any form of discrimination against a person on the grounds of his or genetic heritage."[155] Article 1 urges each party to the treaty to "take in its internal law the necessary measures to give effect to the provisions of this Convention".[156] Canada could not give effect to Article 11 without making changes to legislation which currently exempts the insurance industry from charges of discrimination on the basis of genetic characteristics. There are no such changes being proposed.

VIII. Conclusion

Canada currently does not have any effective means of preventing discrimination on the basis of genetic heritage and, in fact, has legislative provisions and court decisions that would support the use of genetic information for risk assessment purposes. The Tri-Council Policy Statement does not demand any stronger protections than already exist at law with respect to the privacy of genetic information.

H. General Conclusion

This paper describes how research on humans in Canada is currently governed primarily by ethical guidelines rather than by legislation. Although the Law Reform Commission of Canada and the Royal Commission on New Reproductive Technologies recommended legislation with respect to various aspects of research, legislation has not been enacted. Why Canada has chosen to rely on ethical documents like the Tri-Council Policy Statement to regulate research rather than enact legislation has been the subject of much debate. The MRC in 1987 considered the option of legislating when it reviewed its guidelines and ultimately decided in favor of maintaining guidelines because: "the ethical assessment of a research protocol may raise a wide range of interests and values, some novel, and may require risk-to-benefit determinations which cannot easily be prescribed or standardized by legislation. "[157] Guidelines were viewed as being more flexible and responsive to changing mores and circumstances where legislation was viewed as rigid and not easily changed. Proponents of legislation argue its merits as follows:

[155] Council of Europe, *supra* note 2, Art. 11.

[156] *Ibid.*, Art.1.

[157] MRC, *supra* note 3 at 10.

[L]egislation would apply to all biomedical research. It is debated openly, its provisions are made public, and the process of legislation provides accountability. It promotes uniformity and certainty. It is more readily enforceable. It can offer protection against liability. It is consistent with other fundamental law.... It makes it possible to clarify the conditions under which vulnerable persons can legally be the subjects of research. It provides... powerful protections.... Legislation has all the advantages that have been claimed for guidelines, and none of the disadvantages.[158]

Canada's regulation of human research relies to a great extent on research ethics boards to evaluate research protocols, ensure the safety of human subjects, and interpret ethical guidelines. Despite concerns regarding the ability of these research ethics boards to perform these functions and calls for serious reform in how human research is regulated in Canada,[159] there does not appear to have been much impetus for changing the status quo evidenced by the development of the Tri-Council Policy Statement rather than the enactment of legislation or regulations.

[158] B. Starkman, "Models for Regulating Research: The Council of Europe and International Trends" in D.N. Weisstub ed., *Research on Human Subjects* (Netherlands: Elsevier Science, 1998) 264 at 274.

[159] Law Commission of Canada, *supra* note 1 at iii.

CH – Landesbericht Schweiz

Gabrielle Steffen, LL.M. Amsterdam und Prof. Dr. Olivier Guillod

Institut de droit de la santé, Université de Neuchâtel

A. Einleitung

Ziel dieses Berichtes ist es, die schweizerische Gesetzgebung mit dem europäischen Übereinkommen zum Schutz der Menschenrechte und der Menschenwürde im Hinblick auf die Anwendung von Biologie und Medizin (im Text: das Übereinkommen) zu vergleichen, und allfällige unterschiedliche Auffassungen hervorzuheben. Zu diesem Zwecke werden die Art. 1 bis 28 des Übereinkommens, bzw. die entsprechenden Bestimmungen des schweizerischen Rechts in der Reihenfolge analysiert.

Der vorliegende Bericht bezieht sich weitgehend auf zwei Dokumente, die im Hinblick auf die Vernehmlassung des Übereinkommens in der Schweiz bereits erstellt wurden:

- Olivier Guillod, Dominique Sprumont und Jean-François Dumoulin: »*Analyse de quelques articles de la Convention européenne sur les droits de l'homme et la biomédecine*«[1].
- Bundesamt für Justiz: *Vernehmlassungsbericht. Europäisches Übereinkommen zum Schutz der Menschenrechte und der Menschenwürde im Hinblick auf die Anwendung von Biologie und Medizin (Übereinkommen über Menschenrechte und Biomedizin) und das Zusatzprotokoll über das Verbot des Klonen menschlicher Lebewesen; Entstehungs-geschichte und Inhalt – Vereinbarkeit des schweizerischen Rechts mit dem Übereinkommen und dem Zusatzprotokoll* (im Text: der Vernehmlassungsbericht)[2].

Im Unterschied zu diesen zwei Dokumenten, die vor der Unterzeichnung des Übereinkommens erstellt wurden, geht jedoch der vorliegende Bericht vom unterzeichneten Übereinkommen aus. Das Gewicht wird deshalb nicht so sehr auf den Kommentar der Bestimmungen des Übereinkommens gesetzt, als auf die Darstellung des schweizerischen Rechtes.

---

[1] `http://www.admin.ch/bag/transpla/gesetz/f/gutacht.pdf`.

[2] `http://www.admin.ch/bj/vernehm/bioeth/bericht-d.pdf`.

Die Schweiz kennt seit dem 1. Januar 2000 eine neue Bundesverfassung (im Text: BV)[3]. Dieser Beitrag wird sich vor allem auf die neuen Bestimmungen konzentrieren. In wenigen Fällen wird es nötig sein, die Bestimmungen der alten Bundesverfassung (im Text: aBV) auch zu erwähnen.

[3]Vom 18. April 1999, SR 101.

B. Das Übereinkommen in der schweizerischen Rechtsordnung

I. Das internationale Recht in der schweizerischen Rechtsordnung

In bezug auf das internationale Recht, gilt in der Schweiz das monistische System, d.h., dass ratifizierte und in Kraft gesetzte internationale Abkommen, unmittelbar Bestandteil des schweizerischen Rechtes werden.

Allerdings stellt sich die Frage der direkten Anwendbarkeit dieser Bestimmungen, d.h. der Möglichkeit für den Einzelnen, sich auf diese Bestimmungen vor Gericht zu berufen (Justiziabilität). Die schweizerischen Rechtsbehörden überprüfen die Bestimmungen im einzelnen und erklären sie nur dann direkt anwendbar, wenn sie nicht nur den Charakter eines Programmes für den Gesetzgeber haben, d. h. wenn sie inhaltlich hinreichend bestimmt und klar sind, um im Einzelfall Grundlage eines Entscheides zu bilden[4]. In der Regel sind die individuellen Menschenrechte direkt anwendbar, nicht aber die Sozialrechte[5]. Dies kommt mit den beiden UNO Pakten[6] besonders gut zum Ausdruck: die Bestimmungen des ersten Paktes sind nicht direkt anwendbar, wohl aber diejenigen des zweiten Paktes. In diesem Zuge muss erwähnt werden, dass die Europäische Menschenrechtskonvention in der schweizerischen Rechtsordnung auch direkt anwendbar ist[7].

Die Unterscheidung zwischen den zwei Bestimmungsformen (individuelle Menschenrechte und Sozialrechte) liegt viel mehr in der Konsistenz des Bundesgerichts mit seiner Rechtsprechung betreffend den Sozialrechten im allgemeinen[8], als in einer Hierarchie der inländischen Bestimmungen gegenüber dem internationalen Recht.

II. Das Übereinkommen über Menschenrechte und Biomedizin

Der Bundesrat hat das Übereinkommen am 7. Mai 1999 unterzeichnet. Die Bundesversammlung hat es jedoch noch nicht ratifiziert. Das Übereinkommen wird deshalb frühestens im Laufe des Jahres 2001 in Kraft treten.

---

[4] Bundesgerichtsentscheide BGE 124 III 90 (UNO Kinderrechtekonvention) und 120 Ia 11-12 (UNO Pakt I).

[5] Siehe u. a.: Jeanine de Vries Reilingh: *L'application des Pactes des Nations Unies relatifs aux droits de l'homme de 1966*, Helbing & Lichtenhahn, Basel 1998, S. 139.

[6] Internationaler Pakt über wirtschaftliche, soziale und kulturelle Rechte (Pakt I), SR 0.103.1; Internationaler Pakt über bürgerliche und politische Rechte (Pakt II), SR 0.103.2.

[7] BGE 101 Ia 69.

[8] Z. B.: BGE 100 Ia 194 (Recht auf Arbeit); BGE 103 Ia 378 (Recht auf Ausbildung); BGE 125 I 176 (Recht auf berufliche Ausbildung).

Art. 1 Abs. 2 des Übereinkommens verpflichtet jede Vertragspartei, in ihrem internen Recht die notwendigen Massnahmen zu treffen, um dem Übereinkommen Wirksamkeit zu verleihen. Diese Bestimmung hat aber nicht zur Folge, dass das ganze Übereinkommen in der internen Rechtsordnung direkt anwendbar (gerichtlich durchsetzbar) ist.

Aus dem oben erwähnten darf man schliessen, dass folgende Kernnormen des Übereinkommens in der Schweiz direkt anwendbar wären: Art. 5-9 (Einwilligung), Art. 10 Ziff. 1 und 2 (Schutz der Privatsphäre und Recht auf Auskunft), Art. 11-14 (menschliches Genom), Art. 16 und 17 (Schutz von Personen bei Forschungsvorhaben), Art. 18 Ziff. 2 (Verbot der Erzeugung von Embryonen zu Forschungszwecken), Art. 19 und 20 (Organ- und Gewebetransplantation), Art. 21 (Verbot finanziellen Gewinns) und Art. 22 (Verwendung eines menschlichen Körperteils)[9].

Gemäss der heutigen Rechtsprechung zu den Sozialrechten in der Schweiz, ist es nicht denkbar, dass z. B. Art. 3 (gleicher Zugang zur Gesundheitsversorgung) direkt anwendbar ist. Es handelt sich hier um ein typisches Beispiel einer Norm mit dem Charakter eines Programmes für den Gesetzgeber und die Ausführungsbehörden. Eine ähnliche Bestimmung gibt es auch im Pakt I (Art. 12). Wie bereits erwähnt, gilt in der Schweiz der ganze Pakt I als nicht direkt anwendbar.

C. Die einzelnen materiellen Bestimmungen des Übereinkommens und die schweizerische Rechtsordnung

I. Allgemeine Bestimmungen

1. Gegenstand und Ziel (Art. 1) Ziel des Übereinkommens ist es, in den Gebieten der Medizin und der Biologie, die Würde des Menschen zu schützen und demzufolge die Menschenrechte in diesen Gebieten weiterzuentwickeln.

Das Grundprinzip der Menschenwürde wird im schweizerischen Recht durch Art. 7 der neuen Bundesverfassung (BV) gewährleistet. Konkretisiert wird es u. a. durch das Recht auf Leben (Art. 10 Abs. 1 BV) und das Recht auf persönliche Freiheit (Art. 10 Abs. 2 BV). Das Recht auf persönliche Freiheit beinhaltet folgende Elemente: das Recht auf körperliche und psychische Integrität, das Recht sich frei zu bewegen und das Recht auf ein gewisses Mass an persönlicher Entfaltung. Zur materiellen Konkretisierung der Menschenwürde zählt auch das bisher von der Rechtsprechung angenommene[10], und in der

---

[9] Vernehmlassungsbericht, S. 9-10.

[10] Siehe auch BGE 121 I 367 und 122 I 101.

neuen Bundesverfassung (Art. 12) festgelegte Recht auf Existenzsicherung, d.h. dass Recht auf die minimal notwendigen Mitteln um eine menschenwürdige Existenz zu führen[11].

Gemäss Art. 36 BV können diese Grundrechte unter folgenden Bedingungen eingeschränkt werden: die Einschränkung beruht auf einer genügenden gesetzlichen Grundlage, dient einem öffentlichen Interessen oder dem Schutz von Grundrechten Dritter, ist verhältnismässig und tastet den Kern des Grundrechtes nicht an.

Beginn und Ende des Menschenlebens, bzw. der Persönlichkeit, werden im schweizerischem Recht durch Art. 31 des Schweizerischen Zivilgesetzbuchs (ZGB)[12] festgelegt. Gemäss dieser Bestimmung beginnt die Persönlichkeit mit dem Leben nach der vollendeten Geburt und endet mit dem Tod. Im schweizerischen Recht ist jedermann Träger der Persönlichkeitsrechten, von der Geburt bis zum Tode und sogar vor der Geburt, wenn das Kind lebend geboren wird. Der Tod wird in der schweizerischen Gesetzgebung nicht explizit definiert[13]. In seiner Rechtsprechung anerkennt das Bundesgericht die Definition der Schweizerischen Akademie der Medizinischen Wissenschaften (SAMW)[14], die den Tod als den Herz-Kreislaufstillstand oder den zerebralen Tod definiert[15].

Der Embryo wird sowohl vom Übereinkommen, wie auch vom schweizerischen Recht, nicht definiert. Im schweizerischen Zivilrecht ist der Embryo nur dann geschützt, wenn es zu der Geburt eines lebenden Kindes kommt (Art. 31 Abs. 2 ZGB). Art. 119 BV schützt u.a. den Embryo gegen genetische Manipulationen und gegen das Klonen, aber er garantiert ihm kein eigentliches Grundrecht auf Leben[16].

Art. 7, 10 und 119 BV sowie die Bestimmungen des ZGB stimmen mit dem Übereinkommen überein. Das Übereinkommen verlangt nicht, dass die Vertragsstaaten dem Embryo ein Grundrecht auf Leben gewährleisten.

---

[11] Dazu: Jörg Paul Müller: *Grundrechte in der Schweiz*, Stämpfli, Bern 1999, S. 166 ff.

[12] SR 210.

[13] Siehe u.a.: Olivier Guillod, Jean-François Dumoulin, *Définition de la mort et prélèvement d'organes. Aspects constitutionnels*, 1999, `http://www.admin.ch/bag/transpla/gesetz/f/gutacht.pdf`.

[14] BGE 98 Ia 513. Siehe auch BGE 123 I 112.

[15] Richtlinien für die Definition und die Diagnose des Todes im Hinblick auf die Transplantation von Organen, SAeZ 1996, S. 1821 ff.

[16] Siehe Rainer Schweizer, Commentaire de l'art. 24^{novies}, in: Commentaire de la Constitution Fédérale de la Confédération Suisse du 29 mai 1874, Helbing & Lichtenhahn, Basel / Schulthess polygraphischer Verlag, Zürich / Stämpfli, Bern, 1996.

2. Vorrang des menschlichen Lebens (Art. 2) Das Übereinkommen setzt den Grundsatz fest, dass das menschliche Leben als solches (Interesse und Wohl) gegenüber dem blossen Interesse der Gesellschaft oder der Wissenschaft Vorrang habe.

Dieser wichtige Grundsatz wird im schweizerischen Recht durch das Recht auf Leben (Art. 10 Abs. 1 BV) verkörpert. Es handelt sich hier um ein absolutes Recht, das nicht eingeschränkt werden kann, welches auch das Motiv ist[17], u.a. nicht durch den Grundsatz der Forschungsfreiheit. Mit anderen Worten gibt es grundsätzlich »kein lebensunwertes menschliches Leben«[18].

Dieser Kerngrundsatz des Übereinkommens wird durch das verfassungsrechtliche Grundrecht auf Leben gewährleistet.

3. Gleicher Zugang zur Gesundheitsversorgung (Art. 3) Gemäss Art. 3 des Übereinkommens treffen die Vertragsstaaten – unter Berücksichtigung der Gesundheitsbedürfnisse und der verfügbaren Mittel – geeignete Massnahmen, um in ihrem Zuständigkeitsbereich gleichen Zugang zu einer Gesundheitsversorgung von angemessener Qualität zu schaffen. Wie es der Wortlaut bereits andeutet, ist Art. 3 grundsätzlich programmatischer Natur und schafft kein subjektives, gerichtlich durchsetzbares Recht des Einzelnen auf eine angemessene Gesundheitsversorgung. Es handelt sich demzufolge nicht um ein Sozialrecht im eigentlichen Sinne, sondern um ein Sozialziel, dass heisst um ein Ziel, dass der Staat im Rahmen seiner Mitteln aber mit vollem Einsatz erreichen sollte.

Eine ähnliche Verpflichtung ist die Schweiz bereits mit dem Pakt I eingegangen. Nach Art. 12 dieses Paktes wird »das Recht eines jeden auf das für ihn erreichbare Höchstmass an körperlicher und geistiger Gesundheit« anerkannt. Die Vertragsstaaten haben zudem die erforderlichen Voraussetzungen zu schaffen, »die für jedermann im Krankheitsfall den Genuss medizinischer Einrichtungen und ärztlicher Betreuung sicherstellen«[19]. Auch diese Bestimmungen bieten dem Einzelnen kein subjektives Recht, sondern stellen ein Sozialziel[20] für die Vertragsstaaten dar.

---

[17] BGE 98 Ia 514 und Jörg Paul Müller: *Grundrechte in der Schweiz*, Stämpfli, Bern 1999, S. 14.

[18] BGE 98 Ia 515.

[19] Siehe auch Präambel der Verfassung der Weltgesundheitsorganisation, SR 0.810, Art. 24. der UNO-Konvention über die Rechte des Kindes, BBl 1994 V 1 ff, und Olivier Guillod, Dominique Sprumont, *Le droit à la santé: un droit en émergence*, in: Etudes en l'honneur de Jean-François Aubert, Helbing & Lichtenhahn, Basel 1996, S. 337 ff.

[20] Zum Unterschied zwischen Sozialrecht und Sozialziel, BGE 125 I 176; Pascal Mahon: *Droits sociaux et réforme de la Constitution*, in: Etudes en l'honneur de Jean-François Aubert, Helbing & Lichtenhahn, Basel 1996, S. 386.

Art. 41 Abs. 1 lit. b BV sieht unter dem Titel »Sozialziele« vor, dass »jede Person die für ihre Gesundheit notwendige Pflege erhält« (Abs. 1 lit. b). Wie Art. 3 des Übereinkommens, will diese Bestimmung den diskriminierungsfreien Zugang zu einer Gesundheitsversorgung von angemessener Qualität sicherstellen. Massnahmen zur Erreichung dieses Ziels sind indessen unter Berücksichtigung der wirtschaftlichen Leistungsfähigkeit zu treffen. Damit unterstützt die Bestimmung auch die Bestrebungen zur Eindämmung der Kostenexplosion im Gesundheitswesen unter Wahrung eines qualitativ hohen Standards der medizinischen Versorgung[21].

In der Schweiz hat jeder Kanton seine eigene Verfassung. Zwei Kantone haben ein Sozialrecht auf eine Basisgesundheitsvorsorge – ohne jedoch diesen Begriff zu definieren – in ihre Verfassung aufgenommen[22] und verschiedene andere erkennen den Zugang zur Gesundheitsvorsorge als ein Sozialziel[23]. Zum Teil sind solche Bestimmungen auch in den meisten kantonalen Gesundheitsgesetzen enthalten.

Das Bundesgesetz über die Krankenversicherung vom 18. März 1994[24] ist sozusagen die konkrete Realisierung dieses Sozialzieles auf Bundesebene, indem einen allgemeinen finanziellen Zugang zu einer Gesundheitsversorgung guter Qualität für jedermann gewährleistet wird.

Ein besonderes Problem des Zugangs zur Gesundheitsvorsorge bietet ferner die Organtransplantation. Hier ist Art. 119a BV von Bedeutung, der die Bundesgesetzgebung verpflichtet, Kriterien für eine gerechte Zuteilung von Organen festzulegen[25].

Die Vielfalt der Bestimmungen auf Bundes- oder Kantonsebene entsprechen dem Grundsatz des gleichen Zugangs zur Gesundheitsvorsorge. Auch das Übereinkommen verlangt von den Vertragsstaaten nicht die Gewährleistung eines eigentlichen Rechtes auf Gesundheitsvorsorge ohne Berücksichtigung der verfügbaren wirtschaftlichen Mitteln.

---

[21] Gemäss Bundesgericht ist die Eindämmung der Gesundheitskostenexplosion ein wichtiges öffentliches Interesse »*intérêt public reconnu comme important* «, s. BGE 110 Ia 105.

[22] Art. 29 der Verfassung des Kantons Bern und Art. 13 der Verfassung des Kantons Tessin.

[23] Z.B.: Art. 30 der Verfassung des Kantons Appenzell ausser Rhoden und Art. 32 der Verfassung des Kantons Glarus.

[24] In Kraft ab 1. Januar 1996, SR 832.10.

[25] BBl 1998, 3473; vgl. dazu auch die Botschaft des Bundesrates in BBl 1997 III 653 ff. Siehe auch Jean-François Dumoulin, *Organtransplantation in der Schweiz*, Collection de l'Institut de droit de la santé n° 1, Stämpfli, Bern 1998, S. 119 ff.

4. Berufspflichten und Verhaltensregeln (Art. 4) In der Schweiz ist das Verhältnis zwischen Arzt und Patient entweder privatrechtlicher oder öffentlich-rechtlicher Natur. Das Verhältnis zwischen Arzt und Patient im Privatrecht wird seit Jahren sowohl von der Rechtsprechung wie auch von der Lehre als *Auftrag* im Sinne von Art. 394 ff. OR qualifiziert[26]. Wesensmerkmale des Auftrages sind das Erbringen einer Dienstleistung, keine Erfolgspflicht, wohl aber eine Pflicht zur sorgfältigen Ausführung und das Vorliegen eines besonderen Vertrauensverhältnisses. Im Bereich der Verträge über die Gesundheitsvorsorge besteht der Auftrag darin, dass der Arzt im Rahmen des Standards des ärztlichen Berufs und in Anbetracht des Patientenwillens, seine Fähigkeiten einsetzt, mit dem Ziel, eine Heilung, eine Verbesserung des Gesundheitszustandes oder eine Schmerzlinderung herbeizuführen (Heilauftrag). In diesem Sinne muss der Arzt zwar auf einen erwünschten Erfolg hinwirken, kann ihn aber nicht garantieren[27].

Die öffentlich-rechtliche Beziehung vom Patienten zum öffentlichen Spital wird in der Schweiz durch die kantonale Gesetzgebung geregelt[28]. Die ärztliche Tätigkeit am öffentlichen Spital ist eine amtliche Verrichtung im Sinne von Art. 61 OR. Demzufolge unterliegt die Haftung aus der medizinischen Behandlung auch dem kantonalen öffentlichen Recht[29]. Viele kantonale Gesetze haben entweder Bestimmungen übernommen, die analog zum OR sind oder auf die Artikel des OR verweisen. Oft wird kein Verschulden vorausgesetzt[30], aber das Bundesgericht legt den Begriff der Widerrechtlichkeit so aus, dass die Haftung einer Verschuldenshaftung nahe kommt[31]. Was die Verletzung der Aufklärungspflicht betrifft, kann hier die gleiche Bemerkung wie für die vertragliche Haftung gemacht werden.

---

[26] BGE 109 II 462, 112 II 45, 115 II 464; Heinrich Honsell (Hrsg.): *Handbuch des Arztrechtes*, Schulthess Polygraphischer Verlag, Zürich 1994, S. 22 ; Christian Conti, *Die Pflichten des Patienten im Behandlungsvertrag*, Stämpfli, Collection de l'Institut de droit de la santé n° 3, Bern 2000, S. 4.

[27] BGE 116 II 519.

[28] Jean-Daniel Rumpf, *Médecins et patients dans les hôpitaux publics,* thèse Lausanne 1991 ; Thomas Eichenberger, *Die Rechtsstellung des Arztes am öffentlichen Spital*, Verlag Paul Haupt, Bern-Stuttgart-Wien 1995.

[29] U. a.: BGE 102 II 45, 111 II 151.

[30] Paul Ramer und Josef Rennhard: *Patientenrecht*, Beobachter Buchverlag, 2. Auflage, Zürich 1998, S. 202.

[31] Franz Werro: *La responsabilité civile médicale: vers une dérive à l'américaine?: les barrages du droit suisse*, in: La responsabilité médicale, Cahier n° 2 de l'Institut de Droit de la Santé, Neuchâtel 1996, S. 3 ff ; Olivier Guillod und Christophe Rapin: *La responsabilité médicale. Rapport suisse*, Congrès de l'Association Henri Capitant, Panama, März 1999, S. 18.

Das Standesrecht der Ärztinnen und Ärzte begleitet das eigentliche Arztrecht. Die Standesordnung der schweizerischen Ärztegesellschaft (FMH)[32] schreibt das Verhalten des Arztes oder der Ärztin bei der Berufsausübung generell vor. U.a. ist der Arzt oder die Ärztin verpflichtet, die Regeln der medizinischen Wissenschaft, wie sie zur Zeit der Behandlung bestehen, anzuwenden. Ferner regelt sie auch das Verhältnis zwischen Art und Patient. Zu erwähnen ist auch die Meinungsäusserung der SAMW zur Gestaltung der Beziehungen zwischen Arzt und Patient[33].

Mit Art. 4 des Übereinkommens wird verlangt, dass Interventionen im Gesundheitsbereich innerhalb gewissen Regeln durchgeführt werden. Die Schweiz kennt solche Regeln und steht deshalb mit dieser Bestimmung im Einklang.

II. Die Einwilligung

1. Allgemeine Regel (Art. 5)

a. Selbstbestimmungsrecht (Art. 5 Abs. 1) Das zweite Kapitel des Übereinkommens regelt in den Art. 5 bis 9 die Einwilligung, Grundwert der Patientenautonomie, d.h. des Selbstbestimmungsrechts.

In der Schweiz wird das *Selbstbestimmungsrecht* einerseits aus dem Privatrecht (Art. 27 ZGB), andererseits aus dem eidgenössischen[34] und dem kantonalen[35] öffentlichen Recht, hergeleitet. Es schützt die Würde und den Wert des Menschen[36] und beinhaltet zwei wesentliche Komponenten: die Entscheidungs- und die Verfügungsfreiheit.

Der Begriff »Patientenwille« entspricht dem Selbstbestimmungsrecht im medizinischen Bereich. Er konkretisiert sich in einem *Entscheid*[37], der sowohl die Verweigerung einer vorgeschlagenen Behandlung, einen selbständigen Behandlungsvorschlag oder eine Einwilligung beinhalten kann[38]. Demgemäss

---

[32] SaeZ 1997, S. 373 ff und, für spätere Ergänzungen, SaeZ 1998, S. 2128 ff.

[33] SAeZ 1992, S. 548 ff.

[34] Grundrecht der persönlichen Freiheit (Art. 10 Abs. 2 BV)

[35] Die meisten Kantone haben in das Gesetz über das Gesundheitswesen, über die Medizinalberufe oder über die Patientenrechte Bestimmungen über die Einwilligung aufgenommen.

[36] BGE 113 Ia 262.

[37] Der Begriff »choix éclairé« (*informed choice*; Entscheid) sollte dem Begriff »consentement éclairé« (*informed consent* ; Einwilligung) vorgezogen werden. Siehe Olivier Guillod: *Le droit médical: quelques (r)évolutions récentes*, in: Médecin et droit médical, Editions Médecine & Hygiène, Chêne-Bourg 1998, S. 27.

[38] Mehr dazu: Olivier Guillod: *Le consentement éclairé du patient – autodéterminati-on ou paternalisme?*, Editions Ides et Calendes, Neuchâtel 1986 ; Pascal Payllier,

darf der Patient eine Behandlung selbst dann ablehnen, wenn dadurch seine Gesundheit geschädigt oder sein Leben verkürzt wird[39].

Die *Einwilligung* ist gemäss Art. 28 ZGB, Voraussetzung dafür, dass eine medizinische Behandlung nicht als widerrechtlich erachtet wird. Das Bundesgericht hat in konstanter Rechtsprechung festgehalten, dass eine ärztliche Massnahme die die körperliche Integrität antastet, den strafrechtlichen Tatbestand der Körperverletzung erfüllt und auch im Zivilrecht grundsätzlich widerrechtlich ist[40]. Die Einwilligung ist ein Rechtfertigungsgrund, der die Widerrechtlichkeit ausschliesst, was wiederum bedeutet, dass eine ärztliche Intervention ohne Einwilligung des Patienten grundsätzlich widerrechtlich ist.

b. Aufklärung (Art. 5 Abs. 2) Die Entscheidung des Patienten setzt sich aus zwei Elementen zusammen: die Aufklärung und der eigentliche Entscheid. Die Aufklärung über alle wesentlichen Elemente, insbesondere über Zweck, Art, Risiko und Folgen der Intervention dient der Willensbildung, gleichwohl ob die Intervention diagnostischer, prophylaktischer, therapeutischer oder rehabilitierender Natur ist. Sie ist die *conditio sine qua non* eines eigentlichen freien Entscheides der auf einer echten und aktiven Wahlmöglichkeit beruht und ist demzufolge die Voraussetzung dafür, dass eine medizinische Intervention nicht als widerrechtlich betrachtet wird.

Die Aufklärungspflicht ist auf Bundesebene nur in den neuesten spezifischen Gesetzen[41] ausdrücklich festgehalten. Fast alle kantonale Gesundheitsgesetze sehen sie ausdrücklich vor[42]. Die Aufklärungspflicht wird in der Schweiz vor allem durch die Rechtsprechung umschrieben[43]. Kurz gefasst, muss der Arzt

---

Rechtsprobleme der ärztlichen Aufklärung, Schulthess Polygraphischer Verlag, Zürich 1999.

[39]Siehe Gabrielle Steffen und Olivier Guillod: *Landesbericht Schweiz*, in: *Zivilrechtliche Regelungen zur Absicherung der Patientenautonomie am Ende des Lebens – Eine internationale Dokumentation*, Springer, Berlin Heidelberg 2000, S. 244 ff.

[40]BGE 124 IV 258, SJZ 1999, S. 76 (Bestätigung von BGE 99 IV 208).

[41]Z.B.: Bundesgesetz über die medizinisch unterstützte Fortpflanzung, vom 18. Dezember 1998, BBl 1998 4992 (noch nicht in Kraft); Vorentwurf eines Bundesgesetzes über genetische Untersuchungen beim Menschen, September 1998, `http://www.ofj.admin.ch/d/index.html` ; Verordnung über die Qualitätssicherung bei Programmen zur Früherkennung von Brustkrebs durch Mammographie, vom 23. Juni 1999, SR 832.102.4.

[42]Z.B.: Gesundheitsgesetze der Kantonen Freiburg (Art. 47), Neuenburg (Art. 23), Ticino (Art. 6), Waadt (Art. 21), Wallis (Art. 18).

[43]Der Umfang der ärztlichen Aufklärungspflicht ist vom Bundesgericht schrittweise präzisiert worden (z.B.: BGE 105 II 284, 108 II 59, 114 Ia 350, 116 II 519, 117 Ib 203, 119 II 456). Ausführlich zu diesem Thema, Olivier Guillod, Dominique Sprumont, Jean-François Dumoulin: *Analyse de quelques articles de la Convention européenne sur les droits de l'homme et la biomédecine*, S. 8 ff.

dem Patienten alle Informationen geben, die seinen Entscheid beeinflussen könnten.[44]

Der Umfang der Aufklärung ist um so grösser, je schwerwiegender der Eingriff ist. »Allgemein gilt [...], dass der Arzt bei gewöhnlich mit grossen Risiken verbundenen Operationen, die schwerwiegende Folgen haben können, den Patienten ausführlicher aufklären und informieren muss, als wenn es sich um einen im allgemeinen unproblematischen Eingriff handelt«[45]. Der Arzt ist nicht dazu verpflichtet, über Komplikationen aufzuklären, die mit einem grösseren Eingriff regelmässig verbunden sind oder ihm folgen können, wie zum Beispiel Blutungen, Infektionen, Thrombosen oder Embolien»[46]. Er ist aber dazu verpflichtet, auch Informationen wirtschaftlicher Art abzugeben, z.B. Deckung durch die Krankenversicherung[47].

c. Einschränkungen der Aufklärungspflicht und therapeutisches Privileg Einschränkungen der Aufklärungspflicht gibt es in der Schweiz – unter Vorbehalt von Notfällen oder der Weigerung des Patienten, sich aufklären zu lassen – nur im Rahmen des sogenannten therapeutischen Privilegs. Wie das Bundesgericht festgehalten hat, ist der Arzt oder die Ärztin nicht verpflichtet, dem Patienten Informationen über seinen Gesundheitszustand weiterzugeben, wenn diese ihn so erschrecken könnten, dass der körperliche oder psychische Zustand gefährdet wird (z. B. bei einer sehr schlechten Prognose)[48]. Das heisst aber nicht, dass eine Zustimmung zu einer medizinischen Intervention ohne irgendwelche Aufklärung gültig ist. Vielmehr bedeutet dies nur, dass die Aufklärung nicht bis zur Mitteilung der ganz genauen Diagnose und Prognose gehen muss, wenn diese eine Gefahr für die Patientin oder den Patienten bedeuten[49]. Das – nicht unumstrittene - therapeutische Privileg ist in einigen kantonalen Gesetzgebungen übernommen worden[50].

Art. 5 des Übereinkommens äussert sich zum therapeutischen Privileg nicht direkt, aber im Abs. 2 ist vorgesehen, dass die betroffene Person *angemessen* über Zweck und Art der Intervention sowie über deren Folgen und Risiken aufzuklären ist. Im übrigen sieht Art. 10 Ziff. 3 ausdrücklich vor, dass das

---

[44] U.a.: Wolfgang Wiegand: *Die Aufklärungspflicht und die Folgen ihrer Verletzung*, in: *Handbuch des Arztrechtes*, Heinrich Honsell (Hrsg.), Schulthess Polygraphischer Verlag, Zürich 1994, S. 119 ff.

[45] BGE 117 Ib 204.

[46] BGE 117 Ib 203 f.

[47] BGE 114 II 350; 119 II 456.

[48] BGE 105 II 284 (bestätigt in BGE 108 II 59).

[49] Vernehmlassungsbericht, S. 13.

[50] Z.B. Art. 10 Abs. 2 Patientendekrets des Kantons Bern vom 14. Februar 1989; Art. 4 des Patientendekrets des Kantons Basel-Stadt vom 1. November 1988; Art. 21 Abs. 3 des Gesundheitsgesetzes des Kantons Waadt, vom 29. Mai 1985.

Recht von Patientinnen und Patienten, alle Informationen über ihren Gesundheitszustand zu kennen, in deren Interessen und nur in Ausnahmefällen eingeschränkt werden kann.

Zusammenfassend ist festzustellen, dass sich das schweizerische Recht für das ganze Thema »Einwilligung« (inkl. Aufklärung), weitgehend im Einklang mit Art. 5 des Übereinkommens befindet. Eine Unsicherheit besteht betreffend des therapeutischen Privilegs, besonders wenn die kantonalen Gesetzgebungen es unbeschränkt (d.h. nicht nur in Ausnahmefällen) vorsehen. Auch das Bundesgericht müsste das therapeutische Privileg eindeutig auf Ausnahmefälle beschränken.

2. Schutz einwilligungsunfähiger Personen (Art. 6)

a. Allgemeine Grundsätze (Art. 6 Ziff. 1, 4 und 5) Das Recht der Patienten über eine medizinische Intervention selbst zu entscheiden, wird aus dem Selbstbestimmungsrecht hergeleitet und muss in allen Fällen gewährleistet werden, in denen eine informierte mängelfreie Willensbildung möglich ist, d.h. im Prinzip bei jeder informierten urteilsfähigen Person. Einwilligungsunfähige Personen bedürfen gemäss Art. 6 des Übereinkommens besonderen Schutz.

Die Urteilsfähigkeit ist nach schweizerischem Recht das entscheidende Kriterium für die freie Willensbildung. Art. 16 ZGB stellt die Vermutung auf, dass jedermann urteilsfähig ist, dem nicht wegen seines jungen Alters oder aus einem anderen, vom Gesetz vorgesehenen Grund (z. B. wegen Geisteskrankheit oder Geistesschwachheit), die Fähigkeit mangelt vernunftgemäss zu handeln. Die Urteilsfähigkeit könnte wie folgt definiert werden: die Fähigkeit, die Bedeutung und die Folgen einer Handlung einzuschätzen und anschliessend danach zu handeln[51].

Soweit eine Person urteilsfähig ist, entscheidet sie selber über eine Behandlung, gleichgültig ob sie unmündig oder entmündigt ist (Art. 19 Abs. 2 ZGB)[52]. Urteilsunfähige Personen können gemäss Art. 18 ZGB keine gültige Zustimmung (oder Verweigerung) erteilen. An ihrer Stelle handelt ihr Vertreter[53] (meistens ein gesetzlicher Vertreter), der den mutmasslichen Wil-

[51] Franz Werro: *La capacité de discernement et la faute dans le droit suisse de la responsabilité*, Fribourg 1986, S. 26.

[52] BGE 114 Ia 350; Max Nägeli, *Die ärztliche Behandlung handlungsunfähiger Patienten aus zivilrechtlicher Sicht*, Juris Druck und Verlag, Zürich 1984.

[53] Mehr zum Thema Vertretung: Olivier Guillod und Philippe Meier: *Représentation privée, mesures tutélaires et soins médicaux*, in: Familie und Recht, Festgabe zum 65. Geburtstag von Bernhard Schnyder, Universitäts-verlag, Freiburg 1995, S. 325 ff; Gabrielle Steffen und Olivier Guillod: *Die Rechte des Patienten am Ende des Lebens nach schweizerischem Recht*, Neuchâtel 1999, S. 9 ff.

len des Urteilsunfähigen herauskristallisiert und durchsetzt. In Fällen von vorübergehender Urteilsunfähigkeit, kann auch ein gewillkürter Vertreter in Frage kommen.

Im schweizerischen Recht geniesst der Urteilsunfähige einen besonderen Schutz durch die Begriffe des »Kindeswohls« beim Minderjährigen und der »objektiv schützenswerten persönlichen Verhältnissen«[54] im allgemeinen. Überall wo dieser Schutz gefährdet ist, sollte grundsätzlich die Vormundschaftsbehörde benachrichtigt werden.

b. Einwilligungsunfähige Minderjährige (Art. 6 Ziff. 2) Urteilsfähige Unmündige können gemäss Art. 19 Abs. 2 ZGB selbst in eine Behandlung einwilligen, da es sich um ein höchstpersönliches Recht handelt. In diesem Bereich ist deshalb nur das Kriterium der Urteilsfähigkeit entscheidend.

Die *Relativität der Urteilsfähigkeit*, wie sie von der Lehre[55] und der Rechtsprechung[56] anerkennt wird, hat zur Folge, dass die Urteilsfähigkeit einer Person im konkreten Fall beurteilt werden muss. Dies bedeutet, dass es im Falle der Einwilligung in eine medizinische Behandlung, kein allgemeingültiges Alters- oder »Situations«- Kriterium gibt. Bei Minderjährigen kann das Alter einen Hinweis geben. Es scheint schwierig, beispielsweise bei einem unter 10 Jahre alten Kind die Urteilsfähigkeit anzuerkennen (Vermutung der Urteilsunfähigkeit)[57]. Zwischen 10 und 15 Jahre kann die Urteilsfähigkeit von Fall zu Fall zunehmend angenommen werden und ab 15 Jahre könnte man die Vermutung der Urteilsfähigkeit aufstellen[58]. Weil die Urteilsfähigkeit relativ ist, sind die Alterskriterien nicht für jede Entscheidungssituation dieselben. Der gleiche Jugendliche kann beispielsweise im Alter von 14 Jahren die Urteilsfähigkeit für einen gewöhnlichen medizinischen Eingriff haben, jedoch erst im Alter von 18 Jahren für eine Organspende urteilsfähig sein[59].

---

[54] Max Nägeli: *Die ärztliche Behandlung handlungsunfähiger Patienten aus zivilrechtlicher Sicht,* Juris Druck und Verlag, Zürich 1984, S. 52 ff.

[55] Eugen Bucher: *Die natürlichen Personen 2. Abt. des Personenrechts Art. 11-26 ZGB,* Berner Kommentar, dritte Ausgabe, Bern 1976, ad Art. 16, N 90 ff ; Martin Stettler: *Les droits des patients en psychiatrie: où en sommes-nous à l'heure de la révision du droit de la tutelle?*, in: Les droits des patients en psychiatrie, Cahier n° 5 de l'Institut de droit de la santé, Neuchâtel 1997, S. 19 f.

[56] BGE 109 II 273.

[57] Max Nägeli: *Die ärztliche Behandlung handlungsunfähiger Patienten aus zivilrechtlicher Sicht,* Juris Druck und Verlag, Zürich 1984, S. 106 ; Olivier Guillod: *Le consentement éclairé du patient – autodétermination ou paternalisme?*, Ides et Calendes, Neuchâtel 1986, S. 214.

[58] Olivier Guillod:*Le consentement éclairé du patient – autodétermination ou paternalisme?*, Ides et Calendes, Neuchâtel 1986, S. 214 f.

[59] Max Nägeli: *Die ärztliche Behandlung handlungsunfähiger Patienten aus zivilrechtlicher Sicht,* Juris Druck und Verlag, Zürich 1984, S. 105.

Unmündige unterstehen in der Schweiz der elterlichen Sorge (Art. 296 ff. ZGB) oder haben einen Vormund (Art. 368 ZGB). Soweit Jugendliche nicht selber über eine medizinische Intervention entscheiden, weil sie urteilsunfähig sind, muss deren gesetzlichen Vertreter diese Entscheidung treffen. Der Vertreter hat, grundsätzlich, auf die Meinung des Kindes Rücksicht zu nehmen (Art. 301 Abs. 2 ZGB). Treffen die Eltern einen Entscheid, der mit dem Grundsatz des Kindeswohls im Konflikt steht, so muss die Vormundschaftsbehörde benachrichtigt werden und eventuelle Kindesschutzmassnahmen nach Art. 307 ff. ZGB erwägen oder einen Vertretungsbeistand nach Art. 392 Ziff. 2 ZGB ernennen.

c. Einwilligungsunfähige Erwachsene (Art. 6 Ziff. 3) Auch hier ist das Kriterium der Urteilsfähigkeit allein massgebend. Zu unterscheiden ist zwischen dauernder und vorübergehender Urteilsunfähigkeit.

Wenn eine erwachsene urteilsunfähige Person unter vormundschaftlichen Massnahmen steht, d.h. – je nach Umfang der Handlungs- bzw. Urteilsunfähigkeit – einen Vertretungsbeistand oder einen Vormund hat (Art. 368 ff., 392 ff. ZGB) oder ausnahmsweise wieder der elterlichen Sorge unterstellt worden ist (Art. 385 Abs. 3 ZGB), muss der gesetzliche Vertreter anstelle des Patienten der Intervention zustimmen oder sie ablehnen.

Vor allem bei einer vorübergehenden Urteilsunfähigkeit kann es aber vorkommen, dass keine zustimmungsberechtigte Person vorhanden ist. Auf Bundesebene gibt es ausser den Bestimmungen über die Geschäftsführung ohne Auftrag (Art. 419 ff. OR) keine spezifische Regelung zu dieser Problematik.

Das Bundesgericht lässt, entgegen der Meinung der Lehre[60], dem kantonalen Gesetzgeber die Möglichkeit offen, den Ärztinnen oder Ärzten die Entscheidungskompetenz zu geben – indem die Zustimmung des Patienten oder bei hohen Risiken, die Verweigerung der Zustimmung vermutet wird – oder die Meinung einer Drittperson (z. B. Familienmitglied) einzuholen[61]. Die ideale Lösung wäre eine vorhandene Patientenverfügung mit Bestimmung einer Vertrauensperson.

Die Durchsicht der kantonalen Gesetzgebungen zeigt, dass sich die Kantone in vier Gruppen einteilen lassen:

- In der ersten Gruppe befinden sich die Kantone, welche die Frage nicht ausdrücklich regeln. Hier ist davon auszugehen, dass entsprechend dem Bundesrecht ein Beistand ernannt werden muss. Das gleiche gilt für die

[60] In der Lehre wird vertreten, dass in solchen Fällen, soweit nicht Dringlichkeit gegeben ist, ein Vertretungsbeistand nach Artikel 392 Ziffer 1 ZGB ernannt werden muss : Olivier Guillod: *Patient incapable et consentement au traitement*, Plädoyer 1989 Nr 3, S. 51 f.

[61] BGE 114 Ia 350.

Kantone, wie beispielsweise Genf, die lediglich festhalten, dass die Patientin oder der Patient oder ihr gesetzlicher Vertreter zustimmen muss.

- Freiburg, Neuenburg und Wallis erlauben dem Patienten oder der Patientin, in einer Patientenverfügung festzulegen, wer an ihrer Stelle entscheiden soll.
- Beispielsweise Jura, Tessin und Waadt sowie Neuenburg – hier nur subsidiär – sehen die Zustimmung einer nahestehenden Person oder eines Familienmitglieds vor.
- Weitere Kantone (z. B. Aargau, Appenzell ARh., Bern, Luzern) räumen dem Arzt das Recht ein, zu entscheiden, wobei zum Teil die Angehörigen konsultiert werden müssen.

Das schweizerische Recht steht mit Art. 6 des Übereinkommens weitgehend im Einklang. Ein Vorbehalt muss aber im Zusammenhang mit dem Art. 6 Abs. 3 und unseren kantonalen Regelungen erbracht werden. Was die ersten drei Gruppen von kantonalen Gesetzgebungen anbelangt, so darf man grundsätzlich davon ausgehen, dass die getroffenen Lösungen mit dem Übereinkommen im Einklang stehen. Allerdings muss bestimmbar sein, wer unter »Familienmitglied« oder »Verwandten« zu verstehen ist. Dagegen dürfte die Lösung der vierten Gruppe, wonach der Arzt entscheidet, dem Übereinkommen kaum entsprechen. Der Text des Übereinkommens spricht von der Einwilligung einer Behörde, Person oder Stelle, d.h. dass diese Instanz mit der Person, die den Eingriff durchführt, nicht identisch sein darf, da das Übereinkommen gerade den Schutz der individuellen Rechte des Einzelnen gegenüber medizinischen Interventionen gewährleisten will. Damit lässt sich das Entscheidungsrecht des Arztes kaum vereinbaren, ausser es liegt eine Notfallsituation vor (Art. 8).

3. Schutz von Personen mit psychischer Störung (Art. 7) Diese Bestimmung betrifft Personen, die an sich zwar noch einwilligungsfähig bzw. urteilsfähig wären, deren Einsicht in ihre Behandlungsbedürftigkeit aber wegen der psychischen Störung stark vermindert ist. In Frage steht hier vor allem das Thema Zwangsbehandlung, d.h. der Behandlung die gegen den bekannten Willen des Patienten durchgeführt wird.

Da in der Schweiz einzig das Kriterium der Urteilsfähigkeit massgebend ist, hat der urteilsfähige Patient sowohl im somatischen wie auch im psychiatrischen Bereich, grundsätzlich das Recht, über eine Behandlung frei zu entscheiden, wie zum Beispiel das Recht Neuroleptika zu verweigern[62]. Gerade im Bereich der Psychiatrie ist aber der Kern der Persönlichkeit, wo Empfin-

[62] Verwaltungsgericht des Kantons Genf, 7. März 1995, in Plädoyer 1995 Nr 3, S. 55 ff.; BGE 125 III 169.

dung und Willen verarbeitet werden, manchmal angetastet[63]. Immer häufiger in Frage gestellt wird, ob es überhaupt Sinn macht, den Begriff der Urteilsfähigkeit als Massstab im Bereich der Psychiatrie anzuwenden[64].

Das schweizerische Recht kennt in diesem Gebiet auf rein rechtlicher Ebene nur das Mittel der *fürsorgerischen Freiheitsentziehung*. Sie ist in Artikel 397a ZGB festgehalten, d.h. im Vormundschaftsrecht. Voraussetzung für den Freiheitsentzug ist, dass die nötige persönliche Fürsorge u.a. wegen Geisteskrankheit nicht anders erwiesen werden kann. Diese Bestimmung stellt aber gemäss dem Bundesgericht keine Grundlage für eine Zwangsbehandlung (z. B. Medikation oder Zwangsimmobilisierung[65]) dar, sondern betrifft einzig und allein den Entzug der Bewegungsfreiheit[66].

Die Zwangsbehandlung stellt einen Eingriff in die persönliche Freiheit des Betroffenen dar[67]. Wie jede Einschränkung von Grundrechten kann sie nur unter folgenden Bedingungen gerechtfertigt sein: sie beruht auf einer genügenden gesetzlichen Grundlage, dient einem öffentlichen Interessen, ist verhältnismässig und tastet den Kern des Grundrechtes nicht an. Besonders heikel ist die Frage der gesetzlichen Grundlage, da es auf Bundesebene keine gibt.

Gemäss Bundesgericht darf grundsätzlich keine Zwangsbehandlung durchgeführt werden, wenn keine gesetzliche Grundlage dafür gegeben ist[68]. Da es auf Bundesebene keine Bestimmung für die Zwangsbehandlung gibt, haben die Kantone deshalb die Kompetenz, diese Problematik zu regeln[69]. In einem ganz neuen Entscheid hat das Bundesgericht den oben erwähnten Grundsatz etwas abgeschwächt in dem es in einem konkreten Fall – Verabreichung von

---

[63]Mehr dazu: François Ferrero: *Les droits des patients en psychiatrie: point de vue du psychiatre*, in: Les droits des patients en psychiatrie, Cahier n° 5 de l'Institut de droit de la santé, Neuchâtel 1997 S. 7 ff.

[64]Martin Stettler: *Le placement (die Unterbringung)*, ZVW 1995, S. 207.

[65]Mehr zum Thema Zwangsimmobilisierung, siehe: Gabrielle Steffen und Olivier Guillod: *Landesbericht Schweiz*, in: *Zivilrechtliche Regelungen zur Absicherung der Patientenautonomie am Ende des Lebens – Eine internationale Dokumentation*, Springer, Berlin Heidelberg 2000, S. 252.

[66]BGE 125 III 169 und befestigt in 126 I 116 ; Martin Stettler: *Droit civil I. Représentation et protection de l'adulte*, 4. Ausgabe, Universitätsverlag, Freiburg 1997, S. 211.

[67]Gemäss BGE 126 I 115, stellt die Verabreichung von Psychopharmaka einen schweren Eingriff in die persönliche Freiheit dar.

[68]BGE 125 III 174.

[69]Da gibt es die unterschiedlichsten, aber meistens unbefriedigenden Lösungen. Z.B. die Loi genevoise sur les rapports entre membres des professions de la santé et patients, Art. 5 Abs. 4, die dem Selbstbestimmungsrecht einen eindeutigen Vorrang gibt. In den Kantonen Neuenburg, Bern und Basel Stadt gibt es zur Zeit keine gesetzliche Grundlage für die Zwangsbehandlung bei Urteilsfähigen Patienten.

Psychopharmaka im Kanton Bern, d.h. in einem Kanton ohne gesetzliche Grundlage für die Zwangsbehandlung – die Behandlung gutgeheissen hat.[70]

Der umstrittene Bericht zur Reform des Vormundschaftsrechtes schlägt gesetzliche Bestimmungen für die Zwangsbehandlung vor, die in gewissen Fällen eine Abweichung vom Grundsatz der Einwilligung ermöglichen[71]. Die Problematik ist vor allem politischer Natur, nämlich zu entscheiden, ob der Schutz einer Person gegen sich selbst eine öffentliche Aufgabe ist oder nicht[72].

Der heutige Rechtszustand in der Schweiz ist unbefriedigend und mit Art. 7 des Übereinkommens nicht konform. Aufgabe der sich in Vorbereitung befindender Revision des Vormundschaftsrechts wird es sein, in diesem Gebiet klare Verhältnisse zu schaffen. Nicht zu erwarten ist indessen, dass die materiellen Voraussetzungen über Art. 7 des Übereinkommens hinausgehen. Es ist durchaus denkbar, dass die künftige Lösung restriktiver sein wird, was indessen mit dem Übereinkommen vereinbar ist.

4. Notfallsituation (Art. 8) Es handelt sich hier um eine Ausnahme vom Grundsatz, wonach eine medizinische Intervention die freie Zustimmung der betroffenen Person, die angemessen aufgeklärt worden ist, erfordert. Eine Notfallsituation liegt vor, wenn die Einwilligung einer Person nicht eingeholt werden kann, weil sie beispielsweise bewusstlos ist oder weil der gesetzliche Vertreter einer urteilsunfähigen Person nicht erreichbar ist. Die Notfallsituation beschränkt sich nicht nur auf Fälle, in denen Lebensgefahr besteht. In Frage stehen aber nur Eingriffe die zu einer wahrscheinlichen und echten Verbesserung des Gesundheitszustandes führen, ohne dass damit zu grosse Risiken verbunden sind[73].

Das ärztliche Handeln in Notfallsituationen richtet sich in der Schweiz grundsätzlich nach den Bestimmungen über die Geschäftsführung ohne Auftrag

[70] BGE 126 I 119: »Das beanstandete ärztliche Vorgehen erweist sich demnach trotz fehlender Rechtsgrundlage nicht als verfassungswidrig, soweit es in sachlicher und zeitlicher Hinsicht zum Schutz von Leib und Leben erforderlich war«.

[71] Unter dem Titel Erwachsenenschutz , s. Art. 201 ff. des Vorentwurfes, Juni 1998. Diese Bestimmungen gelten aber nur für Personen die einen Beistand haben oder einer fürsorgerischen Freiheitsentziehung unterstehen. Diese Einschränkung ist in den Debatten über das neue Vormundschaftsrecht sehr umstritten.

[72] Siehe Bernhard Schnyder, Martin Stettler, Christoph Häfeli: *Zur Revision des schweizerischen Vormundschaftsrecht*, Berne 1995, und den Vorentwurf von Juni 1998; siehe auch Thomas Geiser: *Die fürsorgerische Freiheitsentziehung als Rechtsgrundlage für eine Zwangsbehandlung?*, in: Familie und Recht, Festschrift Schnyder, Freiburg 1995, S. 313.

[73] Olivier Guillod, Dominique Sprumont, Jean-François Dumoulin: *Analyse de quelques articles de la Convention européenne sur les droits de l'homme et la biomédecine*, S. 26.

(Art. 419 ff. OR). Die Geschäftsführung ohne Auftrag ist nicht eine Vertretung im eigentlichen Sinne, weil sie nicht durch den Willen des »Vertretenen« eingesetzt wird, sondern sozusagen spontan, durch den Einsatz des Geschäftsführers zustande kommt. Gemäss Art. 419 OR, muss das Geschäft so geführt werden, dass es dem Vorteile und der mutmasslichen Absicht des Geschäftsherrn (in unserem Fall des Patienten) entspricht. Der Geschäftsführer muss dabei zwei Aspekte berücksichtigen: der objektive Vorteil des Patienten (Patientenwohl) und der (subjektive) mutmassliche Patientenwille[74]. Die Regeln des Standesrechts werden den Arzt bei dieser Beurteilung helfen, aber sein eigener gesunder Menschenverstand wird das wichtigste Entscheidungskriterium sein[75]. Wenn er irgendwelche Zweifel hat, sollte der Arzt sich an die Vormundschaftsbehörde wenden.

In öffentlichen Spitälern findet grundsätzlich das kantonale öffentliche Recht Anwendung. Zahlreiche kantonale Gesetze sehen für Notfälle ausdrücklich eine Ausnahme vom Zustimmungsprinzip vor[76].

Eine unvorhergesehene Situation die sich im Laufe einer Operation ergibt und die eine Ausweitung der Behandlung verlangt, ohne dass die Zustimmung der betroffenen Person hierfür vorliegt, stellt auch einen Notfall im Sinne von Art. 8 des Übereinkommens dar. Das Bundesgericht hat entschieden, dass sich der Arzt über die fehlende Zustimmung nur hinwegsetzen darf, wenn die Behandlung dringlich und ohne Zweifel für die Gesundheit des Patienten oder der Patientin notwendig ist[77]. Diese Praxis ist in gewissen kantonalen Erlassen kodifiziert worden[78].

Das schweizerische Recht steht mit dem Art. 8 des Übereinkommens im Einklang.

5. Zu einem früheren Zeitpunkt geäusserte Wünsche (Art. 9) Diese Bestimmung betrifft die Problematik der *Patientenverfügung* und der Verfügungsfreiheit als zweites Element des Selbstbestimmungsrechtes. Diese vorsorgliche Erklärung könnte wie folgt definiert werden: »empfangsbedürftige schriftliche Willenserklärung, die im Falle der Urteilsunfähigkeit des Urhebers

---

[74] Kathrin Reusser: *Patientenwille und Sterbebeistand*, Schulthess Polygraphischer Verlag, Zürich 1994, S. 125.

[75] Martin Stettler: *Droit civil I. Représentation et protection de l'adulte,* 4. Ausgabe, Editions Universitaires, Freiburg 1997, S. 120.

[76] Z. B. Art. 22 Abs. 2 der luzernischen Patientenverordnung vom 16. November 1993; Art. 25 Abs. 3 der Loi de santé des Kantons Neuenburg vom 6. Februar 1995.

[77] BGE 108 II 59.

[78] Z. B. in Art. 15 des bernischen Patientendekrets vom 14. Februar 1989 und in Art. 21 der luzernischen Patientenverordnung vom 16. November 1993.

für bestimmte künftige Krankheitssituationen gewisse ärztliche Eingriffe und Therapien verlangt oder ablehnt«[79].

Auf Bundesebene ist dieses Thema nicht grundsätzlich geregelt, aber es wird in die Diskussionen über das neue Vormundschaftsrecht miteinbezogen.[80] Nur das eigentliche Testament (die erbrechtliche Verfügung über materielle Güter) wird im ZGB erwähnt. Gewisse kantonale Gesundheitsgesetze haben den Begriff »Patientenverfügung«, in Form eines Weisungsrechtes aufgenommen[81]. Die SAMW hat sich diesem Thema auch angenommen[82] und die Schweizerische Ärztegesellschaft (FMH) hat sogar ein Muster einer solchen Verfügung ausgearbeitet[83].

Auch das Bundesamt für Justiz hat sich mit diesem Thema in einem Gutachten vom 25. November 1986 befasst[84]. Danach ist eine vorsorgliche schriftliche Erklärung, worin der Patient auf jede künstliche Lebensverlängerung verzichtet, für die Ermittlung seines Willens ein gewichtiges Indiz. Entscheidend ist jedoch der gegenwärtige mutmassliche Wille des Patienten, der nur aufgrund einer sorgfältigen Abwägung aller Umstände des Falles gefunden werden kann. Diese Aktualisierung wird entweder durch den eigenen Willen des Patienten oder durch Bezugspersonen stattfinden[85]. Hier wäre der Idealfall wiederum, dass eine besondere Bezugsperson, d.h. ein gewillkürter Vertreter, durch den Patienten vorsorglich genannt wurde[86].

Die heutige Lehre bejaht die Möglichkeit von Patientenverfügungen nicht nur am Lebensende, sondern für alle Fälle, in denen eine Person einer medizinischen Intervention nicht mehr rechtsgültig zustimmen kann[87].

---

[79] Mark-Oliver Baumgarten: *The Right to Die?*, Peter Lang AG, Bern 1998, S. 304.

[80] Art. 203 Abs. 2 des Vorentwurfes, Juni 1998.

[81] Z.B. Art. 5 Abs. 3 des Gesetzes vom 6. Dezember 1987 »concernant les rapports entre membres des professions de la santé et patients« des Kantons Genf; Art. 21 und 22 des Gesundheitsgesetzes vom 6. Dezember 1996 des Kantons Wallis; Art. 49 und 50 des Gesundheitsgesetzes vom 16. November 1999 des Kantons Freiburg.

[82] *»Medizinisch-ethische Richtlinien für die ärztliche Betreuung sterbender und zerebral schwerst geschädigter Patienten«* vom 24. Februar 1995, SaeZ 1995, S. 1226.

[83] Unter `http://www.fmh.ch` zu finden.

[84] VPB 1987, S. 259 ff.

[85] Kathrin Reusser: *Patientenwille und Sterbebeistand*, Schulthess Polygraphischer Verlag, Zürich 1994, S. 156.

[86] Olivier Guillod und Philippe Meier: *Représentation privée, mesures tutélaires et soins médicaux*, in: Familie und Recht, Festgabe zum 65. Geburtstag von Bernhard Schnyder, Universitätsverlag, Freiburg 1995, S. 353.

[87] Olivier Guillod und Jean Guinand: *Validité et efficacité du testament biologique*, ZSR 1988 I S. 414 ff ; Olivier Babaïantz, *Les directives anticipées et la représentation thérapeutique*, Cahier n° 6 de l'Institut de droit de la santé, Neuchâtel 1998, S. 12 ff.

Die Patientenverfügung ist ein Ausdruck des Selbstbestimmungsrechtes und verstösst nach schweizerischem Recht nicht gegen die guten Sitten[88]. *Auch wenn auf Bundesebene die Frage nicht explizit geregelt ist, kann man davon ausgehen, dass das schweizerische Recht dem Art. 9 des Übereinkommens konform ist.*

III. Privatsphäre und Recht auf Auskunft (Art. 10)

1. Schutz der Privatsphäre (Art. 10 Ziff. 1) Gesundheitsangaben sind besonders sensible und intime Daten einer Person. Der Schutz der persönlichen Daten wird bereits durch Art. 8 der Europäischen Menschenrechtskonvention (EMRK) garantiert.

In der Schweiz gehört das Privatleben im allgemeinen zu den Persönlichkeitsgütern, die einer Person kraft ihrer Existenz eigen sind. Es wird einerseits ausdrücklich durch Art. 13 BV und anderseits durch den zivilrechtlichen Persönlichkeitsschutz (Art. 28 ff. ZGB) geschützt[89]. Ohne besonderen Schutz der Gesundheitsangaben wäre das Vertrauensverhältnis zwischen Patienten und Arzt, das im Medizinalbereich fundamentale Bedeutung hat[90], gestört. Deswegen sanktioniert Art. 321 des Strafgesetzbuchs (StGB)[91] die Verletzung des Arztgeheimnisses.

Am 1. Juli 1993 ist das Bundesgesetz vom 19. Juni 1992 über den Datenschutz (DSG)[92] in Kraft getreten. Nach Art. 3 lit. c DSG gehören Gesundheitsdaten wie z. B. alle persönlichen Angaben die sich in der Kartei einer Arztpraxis befinden[93], zu den besonders schützenswerten Personendaten. Verletzungen der beruflichen Schweigepflicht können neben Art. 321 StGB auch nach Art. 35 DSG strafrechtlich geahndet werden. Der Anwendungsbereich des DSG ist allerdings auf Datenbearbeitungen durch Privatpersonen und Bundesorgane beschränkt (Art. 2). Die Patientenakten eines öffentlichen kantonalen Spitals oder Gesundheitsdienstes unterstehen grundsätzlich den kantonalen Datenschutz-bestimmungen[94].

---

[88] Olivier Guillod und Jean Guinand: *Validité et efficacité du testament biologique*, ZSR 1988 I S. 401 ff.

[89] BGE 113 Ia 257.

[90] U.a. BGE 75 IV 74.

[91] SR 311.0.

[92] SR 235.1.

[93] BGE 119 II 222.

[94] Siehe dazu Rainer J. Schweizer und Beat Lehmann: *Datenschutzrecht*, 6. Lieferung, Zürich 1997.

Die Pflicht zur Wahrung des Patientengeheimnisses wird auch in Art. 11 der Standesordnung der FMH vorgesehen[95]. Eine Verletzung dieser Pflicht kann Disziplinarmassnahmen der zuständigen kantonalen Standesorganisation zur Folge haben.

Der von der Rechtsordnung gewährleistete Schutz des Privatlebens kann unter bestimmten Voraussetzungen eingeschränkt werden. Nach Art. 28 Abs. 2 ZGB und Art. 13 Abs. 1 DSG ist eine Verletzung der Persönlichkeit nicht widerrechtlich, wenn sie durch die Einwilligung des Verletzten, durch ein überwiegendes privates oder öffentliches Interesse oder durch eine gesetzliche Bestimmung gerechtfertigt ist. Da die Gesundheitsdaten zum Geheimbereich einer Person gehören, sind diese Bedingungen im Lichte von Art. 321 StGB und von Art. 8 EMRK streng auszulegen.

Die schweizerische Regelung über den Schutz der Gesundheitsdaten steht mit Art. 10 Abs. 1 des Übereinkommens im Einklang. Einschränkungen dieses Schutzes, sind mit dem Übereinkommen, insbesondere Art. 26 auch vereinbar.

2. Recht auf Auskunft (Art. 10 Ziff. 2 und 3) Wie bereits erwähnt, steht das Recht auf Auskunft in engem Zusammenhang mit dem Selbstbestimmungsrecht einer Person und ist die *conditio sine qua non* ihres freien Entscheides. Insbesondere die Einsicht in die Krankengeschichte ist eine grundlegende Informationsquelle[96] für den Patienten und ist daher ein zentrales Freiheitsrecht[97].

Der Auskunftsanspruch ist zudem in Art. 8 DSG und in verschiedenen kantonalen Gesetzen[98] ausdrücklich verankert. Sämtliche Akten von Privatärzten oder Privatspitäler fallen in den Anwendungsbereich des DSG. Das Recht auf Auskunft ergibt sich auch aus dem Auftragsrecht (insbesondere Art. 398 OR), welches das privatrechtliche Arzt/Patienten Verhältnis beherrscht. Die Akten der kantonalen öffentlichen Spitäler oder Anstalten fallen nach wie vor in den Bereich von Art. 8 BV (rechtliches Gehör)[99] und der kantonalen Gesetzgebung[100].

---

[95] SAeZ 1997, S. 373.

[96] Dominique Sprumont: *Droits des patients: survol de la législation*, Plädoyer 4 / 1998, S. 45.

[97] BGE 122 I 162.

[98] Gewisse kantonale Gesetze, beispielsweise Artikel 22 des Gesundheitsgesetzes des Kantons Wallis, präzisieren, dass sich der Auskunftsanspruch nicht auf Daten über Dritte bezieht, die vom Berufsgeheimnis geschützt werden.

[99] Bundesgerichtsentscheid vom 15. September 1997 in: Semaine judiciaire 1998, S. 141 ff. (Art. 4 aBV).

[100] Z.B. Loi de santé des Kantons Neuenburg, vom 6. Februar 1995, Artikel 26.

Auch das *Recht auf Nichtwissen* (Recht in Ruhe gelassen zu werden[101]) ist ein Aspekt des Selbstbestimmungsrechts und damit des Grundrechts der persönlichen Freiheit. Das Recht auf Nichtwissen hat im Medizinalbereich eine besondere Bedeutung, denn jede medizinische Intervention setzt voraus, dass die Patientin oder der Patient angemessen aufgeklärt worden ist. Der Umstand, dass die betroffene Person die genaue Diagnose oder Details der geplanten Behandlung nicht kennen möchte, entbindet den Arzt nicht davon, die Zustimmung einzuholen. Das Recht auf Nichtwissen ist zu respektieren aber wichtig ist, dass versucht wird, das Motiv dafür zu verstehen, damit man sich vergewissern kann, dass der Wille des Patienten nicht auf einem Missverständnis beruht oder durch eine paternalistische Haltung des behandelnden Arztes erzeugt wird.

Das Recht auf Nichtwissen kann im Interesse der Öffentlichkeit, der betroffenen Person selber oder – während einer Schwangerschaft – des werdenden Kindes eingeschränkt werden. Wer an einer schweren ansteckenden Krankheit (z. B. Tuberkulose, HIV-Infektion, Hepatitis, Syphilis, etc.) leidet, muss dies wissen und kann sich nicht auf sein Recht auf Nichtwissen berufen. In der Schweiz tragen das Epidemiegesetz[102] wie auch Art. 321 Ziff. 2 StGB diesen Fällen Rechnung. Gemäss Art. 321 StGB kann sich der Arzt bei der zuständigen kantonalen Behörde vom Berufsgeheimnis entbinden lassen, wenn dies zur Wahrung überwiegender Interessen von Drittpersonen erforderlich ist.

Eine Einschränkung des Rechtes auf Nichtwissen der Mutter kann auch durch das Interesse des werdenden Kindes notwendig sein. Wer durch eine problemlose Therapie Schaden von sich oder dem werdenden Kind abwenden kann, soll dies wissen. Gemäss Art. 15 Abs. 2 des Vorentwurfs zu einem Bundesgesetz über genetische Untersuchungen beim Menschen[103], ist der Arzt verpflichtet, das Ergebnis einer pränatalen Untersuchung mitzuteilen, wenn eine Gefahr für die Mutter oder das werdende Kind droht. Allerdings kann in diesen Fällen keine Behandlung erzwungen werden.

Bezüglich des Rechtes auf Auskunft und auf »Nichtauskunft« steht das schweizerische Recht mit den Art. 10 und 26 des Übereinkommens im Einklang.

IV. Menschliches Genom

1. Nichtdiskriminierung (Art. 11) Auch wenn die Gentechnologie mit grossen Hoffnungen auf Linderung menschlichen Leids verbunden ist, beste-

---

[101] Olivier Guillod, Dominique Sprumont, Jean-François Dumoulin: *Analyse de quelques articles de la Convention européenne sur les droits de l'homme et la biomédecine*, S. 36.

[102] SR 818.101.

[103] `http://www.admin.ch/bj/vernehm/genom/vorent-d.pdf`.

hen grosse Ängste vor der menschlichen Übermacht. Im Gebiet der prädiktiven genetischen Untersuchungen ist ein Teil der Bevölkerung beunruhigt wegen des Umstands, dass der Mensch so durchsichtig wird, dass er aufgrund seiner genetischen Konstitution den verschiedensten Diskriminierungen ausgesetzt sein könnte[104]. Art. 11 des Übereinkommens verbietet jegliche Diskriminierung wegen des genetischen Erbguts.

In der Schweiz ist ein allgemeines Diskriminierungsverbot in der neuen Bundesverfassung (Art. 8 Abs. 2 BV) explizit verankert. Der Wortlaut dieses Artikels stimmt mit Art. 14 EMRK ziemlich genau überein. Nicht abschliessend erwähnt werden Diskriminierungen aufgrund von Herkunft, Rasse, Geschlecht, Alter, Sprache, sozialer Herkunft, Lebensgestaltung, Religion, den politischen oder sonstigen Anschauungen, körperlichem, geistigem oder psychischem Gebrechen. Das Diskriminierungsverbot verlangt nicht eine absolute Gleichbehandlung, sondern lässt differenzierten Behandlungen Raum, solange sie durch objektive Unterschiede begründet sind[105].

Der Vorentwurf für ein Bundesgesetz über genetische Untersuchungen beim Menschen[106], hält in Art. 2 – in Analogie zu Art. 11 des Übereinkommens – ausdrücklich fest, dass jede Form von Diskriminierung einer Person wegen ihres Erbguts unzulässig ist. Diese Bestimmung konkretisiert im Bereich der genetischen Untersuchungen das allgemeine Diskriminierungsverbot von Art. 8 Abs. 2 BV.

Der Schutz im Sinne von Art. 11 des Übereinkommens dürfte in der Schweiz gewährleistet sein. Ausserdem gehört Art. 11 zu den Bestimmungen, die gemäss den Kriterien des Bundesgerichtes direkt anwendbar sind.

2. Prädiktive genetische Untersuchungen (Art. 12) Prädiktive genetische Untersuchungen ermöglichen die Vorhersage von genetisch bedingten Krankheiten, vom Vorhandensein eines für eine Krankheit verantwortlichen Gens oder von einer genetischen Prädisposition (Anfälligkeit) für eine Krankheit, bevor ein Krankheitssymptom aufgetreten ist.

Art. 12 des Übereinkommens beschränkt den Anwendungsbereich der genetischen Untersuchungen im allgemeinen auf reine Gesundheitszwecke oder auf die gesundheitsbezogene wissenschaftliche Forschung. Voraussetzung zur Durchführung solcher Untersuchungen ist eine angemessene genetische Beratung.

Gemäss Art. 119 BV muss der Mensch gegen Missbräuche der Gentechnologie geschützt werden. Im Rahmen des Ausführungsprogramms zu dieser

[104] Vernehmlassungsbericht, S. 23.

[105] BGE 121 I 100.

[106] `http://www.admin.ch/bj/vernehm/genom/vorent-d.pdf`.

Verfassungsbestimmung hat eine Expertenkommission den bereits zitierten Vorentwurf für ein Bundesgesetz über genetische Untersuchungen beim Menschen (im Text: VE) erarbeitet. Gemäss Art. 8 VE darf eine genetische Untersuchung nur zu folgenden Zwecken durchgeführt werden: prophylaktisch, therapeutisch, Familienplanung oder Lebensgestaltung.

Der VE legt insbesondere für präsymptomatische genetische Untersuchungen – dieser Begriff wurde dem der prädiktiven Untersuchungen vorgezogen[107] – Regeln fest. Die genetische Beratung (Art. 12 VE) spielt dabei eine ganz wichtige Rolle.

In Art. 3 VE werden die präsymptomatischen Untersuchungen sehr weit definiert[108]. Sie schliessen auf jeden Fall die prädiktiven Untersuchungen im Sinne des Übereinkommens mit ein. Was aber Art. 8 VE betrifft (Zwecke der Untersuchungen), könnte man in Frage stellen, ob die Lebensgestaltung und die Familienplanung unter Gesundheitszwecke subsumiert werden können. Gemäss dem Vernehmlassungsbericht[109] ist dies im Hinblick auf die Lebensgestaltung mit folgender Begründung zu bejahen: »geht es einer Person darum, eine präsymptomatische Untersuchung durchzuführen, um sich von Ängsten zu befreien oder ihre Berufswahl auf ihre genetische Prädisposition auszurichten (beispielsweise vor dem Antritt einer Bäckerlehre zu erfahren, ob eine Prädisposition für eine Mehlstauballergie vorliegt), so werden damit letztlich auch Gesundheitszwecke verfolgt«[110].

Zum Schutze des Selbstbestimmungsrechtes, legt Art. 8 Abs. 2 VE fest, dass die Untersuchung nur mit der Einwilligung der betroffenen Person durchgeführt werden kann. Bei einer einwilligungsunfähigen Person darf der gesetzliche Vertreter einer genetischen Untersuchung nur zustimmen, wenn sie zum Schutz der Gesundheit des Vertretenen notwendig ist, d.h. wenn dank dieser Untersuchung der Gesundheitszustand des Vertretenen voraussichtlich positiv beeinflusst werden kann. Unzulässig ist es dagegen, ein urteilsunfähiges Kind, insbesondere auf Wunsch der Eltern, daraufhin zu testen, ob es Träger

---

[107] Begleitbericht zum Vorentwurf für ein Bundesgesetz über genetische Untersuchungen beim Menschen, September 1998, S. 19, `http://www.ofj.admin.ch/themen/genomanalyse/vn-ber-d.pdf`.

[108] »Präsymptomatische Untersuchungen sind genetische Untersuchungen die mit dem Ziel durchgeführt werden, Erbkrankheiten vor dem Auftreten der Symptome zu erkennen«.

[109] Vernehmlassungsbericht, S. 25.

[110] Gemäss dem Begleitbericht zum Vorentwurf für ein Bundesgesetz über genetische Untersuchungen beim Menschen, kann der Begriff Lebensgestaltung aufgrund der heutzutage sehr breiten Definitionen der Gesundheit angenommen werden, s. `http://www.ofj.admin.ch/themen/genomanalyse/vn-ber-d.pdf`, `http://www.ofj.admin.ch/themen/genomanalyse/vn-ber-d.pdf`, S. 27.

eines Gens ist, das im Erwachsenenalter eine Krankheit auslösen wird, für die weder vorbeugende Massnahmen noch Therapien bestehen[111].

Ausnahmsweise kann der gesetzliche Vertreter nach Art. 8 Abs. 2 VE einer genetischen Untersuchung zustimmen, wenn sich eine schwere Erbkrankheit in der Familie nicht auf eine andere Weise abklären lässt. Es handelt sich hier um einen Notstandsfall, der sich auf die Beistandspflicht in der Familie abstützt und der durch Art. 26 des Übereinkommens gedeckt sein sollte. Diese Bestimmung erlaubt, von den Vorschriften der Konvention abzuweichen, wenn dies zum Schutz der Rechte und Freiheiten Dritter erforderlich ist.

Ferner werden folgende Gebiete speziell geregelt:

- Arbeitsverhältnis: im Art. 18 VE ist der Grundsatz festgelegt, dass bei der Begründung oder während der Dauer des Arbeitsverhältnisses der Arbeitgeber und sein Vertrauensarzt weder die Durchführung präsymptomatischer Untersuchungen noch bereits vorhandene Resultate verlangen dürfen. Vorbehalten bleiben, unter restriktiven Voraussetzungen, präsymptomatische Untersuchungen zur Verhütung von Berufskrankheiten und Unfällen (Art. 19).
- Versicherung: der VE verbietet den Versicherungseinrichtungen grundsätzlich, von der antragstellenden Person die Durchführung einer präsymptomatischen Untersuchung als Voraussetzung für die Begründung eines Versicherungsverhältnisses zu verlangen (Art. 22 Abs. 1 VE). Unter gewissen restriktiven Umständen kann sich eine private Versicherung über die Resultate bereits vorhandener Tests erkundigen (Art. 23 Abs. 2 VE), wenn dies einen Einfluss auf die Prämienkalkulation (d.h. auf die Risikoeinstufung) haben könnte[112]. Der Antragsteller kann dem Versicherer freiwillig die Resultate bereits vorhandener Tests mitteilen, um eine zu hohe Risikoeinstufung zu vermeiden (Art. 23 Abs. 1 VE).
- Haftpflichtrecht: das Durchführen einer präsymptomatischen Untersuchung oder der Gebrauch bereits vorhandener Resultaten zum Zweck einer Schadensbemessung im Haftpflichtbereich ist gemäss Art. 25 VE untersagt.

Der VE steht grundsätzlich, bis auf den kleinen Zweifel betreffend der Frage, ob die Lebensgestaltung einen Gesundheitszweck darstellt, mit Art. 12 des Übereinkommens im Einklang.

---

[111] Vernehmlassungsbericht, S. 25 ; Olivier Guillod, *Tests génétiques et protection de la personnalité. Quelques réflexions*, in: Mélanges en l'honneur de Jacques-Michel Grossen, Helbing & Lichtenhahn, Basel 1992, S. 63.

[112] Die Resultate der bereits duchgeführten Tests müssen dem Antragsteller bekannt sein, die Tests müssen von der zuständigen Stelle als zuverlässig erklärt werden und der wissenschaftliche Wert der Untersuchungsergebnisse muss für die Prämienberechnung nachgewiesen sein.

3. Interventionen in das menschliche Genom (Art. 13)

a. Einleitung Hier handelt es sich nicht mehr um genetische Analysen, sondern um Interventionen, die auf die Veränderung des menschlichen Genoms gerichtet sind. Eine solche Intervention ist deshalb nur beschränkt durchzuführen: nur zu präventiven, diagnostischen oder therapeutischen Zwecken und nur dann, wenn sie nicht darauf abzielt, eine Veränderung des Genoms der Nachkommen herbeizuführen. Interventionen in das menschliche Genom können in zwei Hauptgruppen aufgeteilt werden: die somatische Gentherapie und die Keimbahntherapie.

In der Schweiz wird dieses Thema durch Art. 119 BV und das neue noch nicht in Kraft gesetzte Bundesgesetz über die Fortpflanzungsmedizin (Fortpflanzungsmedizingesetz)[113] geregelt. Allerdings ist nur die Keimbahntherapie davon betroffen.

b. Keimbahntherapie Unter Keimbahntherapie ist der Versuch der Heilung genetischer Erbleiden durch Veränderung des genetischen Codes von Samen- und Eizellen oder von totipotenten Embryonenzellen zu verstehen. Im Gegensatz zur somatischen Gentherapie führt die Keimbahntherapie zu einer Veränderung der Erbinformationen eines Menschen, die sich auf die nachfolgenden Generationen weitervererbt. Das im Übereinkommen wie auch in Art. 119 Abs. 2 lit. a BV enthaltene Verbot der Keimbahntherapie ist darauf begründet, dass die Unvollkommenheit zum Wesen des Menschen gehört und Teil seiner einmaligen Individualität ist[114].

Zu beachten ist allerdings, dass gewisse Methoden wie zum Beispiel die Strahlen- oder Chemotherapie bei Hodenkrebs zu einer Veränderung von Samenzellen führen können. Hier handelt es sich um eine höchst unerwünschte Nebenwirkung einer Therapie für einen Menschen, der lebensgefährlich erkrankt ist. Diesem Menschen die Behandlung nur deswegen vorzuenthalten, weil seine Keimzellen als nicht beabsichtigte Nebenwirkung tangiert werden könnten, wäre unmenschlich. In diesem Fall wird nicht die Manipulation des Erbguts der Nachkommen, sondern die Heilung des Patienten durch die Therapie angestrebt. Diese Fälle werden vom Verbot der Keimbahntherapie ausgenommen. Erfasst werden nur Interventionen, die bewusst darauf abzielen, das Erbgut von Nachkommen zu verändern.

Art. 35 des neuen Fortpflanzungsmedizingesetzes sichert das in Art. 119 Abs. 2 lit. a BV verankerte Verbot der Keimbahntherapie strafrechtlich ab. Nach dieser Bestimmung wird mit Gefängnis bestraft, wer in das Erbgut einer Keimbahnzelle oder einer embryonalen Zelle verändernd eingreift. Kein

---

[113] BBl. 1998 4992. Das Gesetz wird am 1.1.2001 in Kraft treten.

[114] Vernehmlassungsbericht, S. 26.

Straftatbestand liegt gemäss Art. 35 Abs. 3 vor, wenn die Veränderung von Keimbahnzellen die unvermeidliche Begleiterscheinung einer Chemotherapie, einer Strahlentherapie oder einer anderen ärztlichen Behandlung ist, der sich eine Person unterzieht.

Das Verbot der Keimbahntherapie in der schweizerischen Gesetzgebung entspricht demjenigen des Art. 13.

c. Somatische Gentherapie Die somatischen Gentherapie ist eine Intervention in das menschliche Genom die nicht zu einer Veränderung der Erbinformationen eines Menschen führt. Das Übereinkommen verbietet es, die somatische Gentherapie zu anderen als medizinischen (präventiven, diagnostischen oder therapeutischen) Zwecken einzusetzen. Beispielsweise darf nicht durch eine solche Massnahme die Leistungsfähigkeit von Sportlern gesteigert werden. Da die somatische Gentherapie sich immer noch im Versuchsstadium befindet, sind in der Schweiz die Bestimmungen über die Forschung am Menschen deshalb bis auf weiteres anwendbar[115].

In der Schweiz gibt es auf Bundesebene noch keine spezifische Regelung für die somatische Gentherapie. Die SAMW hat Richtlinien zur somatischen Gentherapie am Menschen entworfen[116]. Gemäss diesen Richtlinien muss eine somatische Gentherapie folgende Bedingungen erfüllen:

- Sie muss den Richtlinien der SAMW für Forschungsuntersuchungen am Menschen[117] entsprechen;
- die Eidgenössische Fachkommission für biologische Sicherheit muss das Verfahren wissenschaftlich und technisch beurteilt und gebilligt haben;
- der Schutz der Vertraulichkeit der persönlichen genetischen Daten muss gewährleistet sein;
- die Nachkontrolle der Auswirkungen ist durch eine zentrale Stelle langfristig gewährleistet;
- es muss unbedingt eine medizinische Indikation vorliegen.

Die somatische Gentherapie ist in der Schweiz noch nicht gesetzlich geregelt. Die Richtlinien der SAMW bieten einen weitergehenden Schutz als das Übereinkommen. Ferner dürfte Art. 13 direkt anwendbar sein.

---

[115] Damian König, *Les mécanismes de régulation des thérapies géniques*, Zeitschrift für Schweizerisches Recht 1998 I, S. 417f.

[116] Medizinisch-ethische Richtlinien zur somatischen Gentherapie am Menschen, SAeZ 1998, S. 2498 ff.

[117] SAeZ 1997, S. 1585 ff.

4. Verbot der Geschlechtswahl (Art. 14) Nach Art. 14 des Übereinkommens dürfen die Verfahren der medizinisch unterstützten Fortpflanzung nicht dazu verwendet werden, das Geschlecht des künftigen Kindes zu wählen, es sei denn, um eine schwere geschlechtsgebundene erbliche Krankheit zu vermeiden. Das Ziel dieses Verbotes ist es zu verhindern, dass sogenannte »Kinder nach Mass«, d.h. nur Kinder mit erwünschten genetischen Eigenschaften herzustellen[118]. Der Art. 14 muss auch im Lichte des Art. 11 (Nichtdiskriminierung) gelesen werden.

Art. 119 BV wie auch das neue Fortpflanzungsmedizingesetz stimmen mit der Zielsetzung des Übereinkommens überein. Nach Art. 33 des Fortpflanzungsmedizingesetzes wird mit Gefängnis oder mit Busse bestraft, wer bei einem Fortpflanzungsverfahren die Keimzellen nach dem Geschlecht oder aufgrund einer genetischen Untersuchung auswählt, ohne dass damit die Übertragung einer schweren, unheilbaren Krankheit auf die Nachkommen verhindert werden soll. Diese Bestimmungen werden durch Art. 5 Abs. 3 des Fortpflanzungsmedizingesetzes noch verstärkt. Gemäss dieser Bestimmung ist jegliche Zellenentnahme auf *in vitro* Embryonen und deren Analyse (Präimplantationsdiagnostik) untersagt und wird gemäss Art. 37 strafrechtlich verfolgt.

Das schweizerische Recht steht mit Art. 14 des Übereinkommens im Einklang. Die Regelung der Präimplantationsdiagnostik im neuen Fortpflanzungsmedizingesetz ist sogar strenger als das Übereinkommen, was allerdings gemäss Art. 27 des Übereinkommens kein Hindernis darstellt.

V. Wissenschaftliche Forschung

1. Allgemeine Regel (Art. 15) Der bereits im Art. 15 Abs. 3 des Internationalen Paktes über wirtschaftliche, soziale und kulturelle Rechte[119] enthaltene Grundsatz der Forschungsfreiheit ist gemäss Bundesgericht ein Ausfluss der Meinungsfreiheit und auch der persönlichen Freiheit[120]. Neuerdings verankert die Bundesverfassung den Grundsatz der Wissenschaftsfreiheit in Art. 20 BV[121] und Art. 64 BV gibt dem Bund die Kompetenz, die Forschung zu fördern. Besonders im Bereich der Biomedizin bedeutet das aber nicht, dass es ein durchsetzbares Recht auf Forschung gibt. Letztere

[118] Vernehmlassungsbericht, S. 27.

[119] SR 0.103.1.

[120] BGE 119 Ia 501.

[121] Diese Bestimmung beinhaltet die Freiheit der wissenschaftlichen Lehre und der Forschung; siehe dazu Jörg Paul Müller: *Grundrechte in der Schweiz*, Stämpfli, Bern 1999, S. 317.

muss vor den Menschenrechten immer in den Hintergrund treten[122] und die Menschenwürde aller Personen muss gewährleistet bleiben, was u.a. zur Folge hat, dass Experimente auf Menschen eine *ultima ratio* sind und nur dann durchgeführt werden können, wenn alle anderen Möglichkeiten erschöpft sind. Die Forschungsfreiheit garantiert aber die intellektuelle Unabhängigkeit des Forschers gegenüber staatlichen Interventionen[123].

Zu beachten ist, dass Fortschritte in der Bekämpfung von Krankheiten und in der Schmerzlinderung ohne medizinische Forschung am Menschen nur beschränkt möglich sind[124]. Aus Laborversuchen und Tierversuchen allein, lassen sich keine verbindlichen Schlüsse über die Wirkung neuer Therapien und Medikamente beim Menschen ziehen. Die Medizin kommt deshalb nicht ohne Forschung am Menschen aus. In diesem Gebiet geht es deshalb mehr darum, den Menschen gegen Missbräuche zu schützen, als die Forschung einfach zu beschränken oder gar zu verbieten[125].

In Anbetracht der intensiven Forschungsanstrengungen in der Schweiz, ist es wichtig, dass Menschen, die sich für Forschungsuntersuchungen zur Verfügung stellen, besonders geschützt werden. In der Schweiz gibt es aber noch keine allgemeine und umfassende Gesetzgebung über die Forschung am Menschen.

Die Schweiz erkennt die Forschungsfreiheit als einen Teil des im Art. 20 BV verankerten Grundrechtes der Wissenschaftsfreiheit.

2. Schutz von Personen bei Forschungsvorhaben (Art. 16) Folgende Bestimmungen kommen in der Schweiz zur Anwendung: das Reglement der interkantonalen Kontrollstelle für Heilmittel (IKS Reglement) und insbesondere für Heilmittel im klinischen Versuch, der wichtige Anhang 1 »Gute Praxis der klinischen Versuchen« (*Good Clinical Practice*)[126], sowie die Verordnung über klinische Versuche mit immunbiologischen Erzeugnissen[127].

---

[122] Olivier Guillod, Dominique Sprumont und Jean-François Dumoulin: *Analyse de quelques articles de la Convention européenne sur les droits de l'homme et la biomédecine*, S. 38.

[123] Andreas Auer / Giorgio Malinverni / Michel Hottelier: *»Droit constitutionnel suisse volume II – Les droits fondamentaux«*, Stämpfli, Berne 2000, S. 292.

[124] Gemäss Bassiouni u.a., *Le contrôle de l'expérimentation sur l'homme*, in: Revue internationale de droit pénal 1980, S. 274, würden wir uns – medizinisch gesehen – noch in prähistorischen Zeiten befinden, wenn sich der medizinische Fortschritt nur auf Erfahrungen stützen könnte, die bei der therapeutischen Behandlung von Patientinnen und Patienten gesammelt werden.

[125] Olivier Guillod, Dominique Sprumont und Jean-François Dumoulin: *Analyse de quelques articles de la Convention européenne sur les droits de l'homme et la biomédecine*, S. 40.

[126] IKS Bestimmungen 230.1.

[127] SR 818.124.1.

Zwei Entwürfe beinhalten auch Bestimmungen zu diesem Thema: der Entwurf eines Bundesgesetzes über Heilmittel (im Text: der Entwurf)[128] und der Vorentwurf eines Transplantationsgesetzes (Art. 60 - 65)[129]. Ferner wird im schweizerischen Recht die Frage der medizinischen Forschung an Menschen in verschiedenen kantonalen Gesundheitsgesetzen geregelt, manchmal mit dem Hinweis auf Anhang 1 IKS »Gute Praxis der klinischen Versuchen«[130]. Mangels einer allgemeinen und umfassenden Regelung spielen die Richtlinien der SAMW für »Forschungsuntersuchungen am Menschen«[131] eine wichtige Rolle und werden durch verschiedene kantonale Gesetze zitiert. Schlussendlich werden auch erste Schritte zur Erstellung eines Bundesgesetzes über die Forschung am Menschen unternommen.

Klinische Versuche mit Heilmitteln unterstehen dem IKS Reglement und dem Anhang 1 »Gute Praxis für klinische Versuche«. Das IKS Reglement findet auch Anwendung auf klinische Versuche mit immunbiologischen Erzeugnissen[132] und der Entwurf bezieht sich auf die »Gute Praxis für klinische Versuche« die als Richtlinien für klinische Versuche auf Menschen gelten (Art. 52 Abs. 1 des Entwurfes).

Soweit ein Forschungsvorhaben nicht unter das interkantonale oder eidgenössische Recht fällt, beurteilt es sich nach der kantonalen Gesetzgebung. Zahlreiche Kantone haben Bestimmungen über die Forschung am Menschen erlassen. Die jüngeren kantonalen Gesetze (z.B. Freiburg, Jura, Neuenburg, Tessin und Wallis) erklären die »Gute Praxis für klinische Versuche« auch für anwendbar, wenn es nicht um Heilmittel oder immunbiologische Erzeugnisse geht. Der Anwendungsbereich des IKS Reglements wird demzufolge auf die Forschung am Menschen allgemein ausgedehnt, so dass dem Reglement eine gewisse Harmonisierungsfunktion zukommt, was wiederum einer allgemeinen Tendenz in anderen Länder entspricht[133].

Grundsatz ist natürlich, dass ein Forschungsexperiment nur mit der ausdrücklichen Einwilligung der betroffenen Person durchgeführt werden kann, nachdem eine besonders gründliche Aufklärung durch den Arzt vorgenommen

---

[128] BBl 1999 3151, 3310.

[129] `http://www.admin.ch/bag/transpla/gesetz/d/txg.pdf`.

[130] Z. B. Art. 38 Gesundheitsgesetz des Kantons Wallis. Siehe Dominique Sprumont, *La protection de la personne dans le domaine de la recherche médicale*, in: Rapports présentés au XVe Congrès international de droit comparé, Schulthess Polygraphischer Verlag, Zürich 1998.

[131] SAeZ 1997, S. 1585 ff.

[132] Art. 4 der Verordnung vom 26. Juni 1996 über klinische Versuche mit immunbiologischen Erzeugnissen, SR 818.124.1.

[133] Olivier Guillod, Dominique Sprumont und Jean-François Dumoulin: *Analyse de quelques articles de la Convention européenne sur les droits de l'homme et la biomédecine*, S. 41.

wurde. Gemäss dem IKS Reglement und den Richtlinien der SAMW muss die Einwilligung schriftlich gegeben werden. Der Entwurf stellt selbst keine förmliche Bedingung aber Art. 53 Abs. 2 gibt dem Bundesrat die Kompetenz, das Einholen der Einwilligung zu regeln. Für urteilsfähige Erwachsene richtet sich die Entscheidungskompetenz für ein Forschungsexperiment grundsätzlich nach den gleichen Regeln wie für die medizinische Behandlung (Patientenwillen)[134]. Die Einwilligungsfähigkeit wird aber durch Art. 27 Abs. 2 ZGB (übermässige Bindung) eingeschränkt. Die Einwilligung zu einem Forschungsexperiment das zu viele Risiken mit sich trägt, könnte im Sinne dieser Bestimmung eine übermässige Bindung darstellen[135] und demzufolge unwirksam (*ex nunc*)[136] sein.

Gemäss dem IKS Reglement[137] kann in der Schweiz kein Heilmittelversuch ohne eine vorausgehende ethische und wissenschaftliche Evaluation beginnen, die u. a. auch eine Evaluation der Risiken und die Prüfung des wissenschaftlichen Wertes eines solchen Experimentes beinhaltet. Deshalb ist auch ein ziemlich dichtes Netz von kantonalen oder interkantonalen Ethikkommissionen entstanden[138].

Auch wenn es an gesetzlichen Vorschriften auf Bundesebene noch mangelt, sind die Voraussetzungen, die das Übereinkommen für die Forschung am Menschen aufstellt, in der Schweiz – nicht zuletzt durch die Harmonisierungsfunktion des IKS Reglements – praktisch erfüllt. Die Art. 16 und 17 des Übereinkommens haben den Vorteil, dass sie die Voraussetzungen für Forschungsprojekte am Menschen übersichtlich zusammenfassen und damit eine einheitliche Rechtsgrundlage schaffen. Sie könnten als Kern eines künftigen Bundesgesetzes über die Forschung am Menschen betrachtet werden.

3. Schutz einwilligungsunfähiger Personen bei Forschungsvorhaben (Art. 17) Urteilsunfähige sowie unmündige oder entmündigte Personen sind natürlich auch im Bereich der Forschung besonders schutzbedürftig. Dabei kann zwischen der sogenannten therapeutischen Forschung (auch Heilversuch genannt), bei der ein unmittelbarer Nutzen für die betroffene Person erwar-

---

[134] Mehr dazu: Gabrielle Steffen und Olivier Guillod: *Landesbericht Schweiz*, in: *Zivilrechtliche Regelungen zur Absicherung der Patientenautonomie am Ende des Lebens – Eine internationale Dokumentation*, Springer, Berlin Heidelberg 2000, S. 255 ff.

[135] BGE 101 II 177.

[136] Eugen Bucher: *»Berner Kommentar – Kommentar zum schweizerischen Privatrecht – Das Personenrecht – Die natürlichen Personen – Kommentar zu Art. 27 ZGB«*, Stämpfli, Bern 1993, S. 88.

[137] Auch Art. 56 des Entwurfes sieht Ethikkomissionen vor und umschreibt deren Zusammensetzung und Aufgaben.

[138] Rapport des Bundesamtes für Justiz zum Uebereinkommen betreffend Menschenrechte und Biomedizin, S. 28.

tet wird, und der nichttherapeutischen Forschung (Grundlagenforschung), die der betroffenen Person keinen direkten Nutzen bringt und erst in späterer Zukunft zu besseren Behandlungsmethoden führen kann, unterschieden werden[139].

Das Bundesgericht hat den besonderen Schutz, den die Urteilsunfähigen im Zusammenhang mit der Forschung geniessen, verdeutlicht: der gesetzliche Vertreter muss sich ganz nach dem Interessen des Vertretenen richten und er darf den Vertretenen grundsätzlich nicht einem wissenschaftlichen Experiment ausliefern[140]. Die Tragweite dieses Entscheides ist nicht eindeutig. Der Begriff »wissenschaftliches Experiment« gibt einen Hinweis dazu, dass der Anwendungsbereich dieses Entscheides auf nicht therapeutische Experimente beschränkt ist[141].

Das IKS Reglement sowie Art. 54 Abs. 1 des Entwurfes schliessen therapeutische Versuche an Urteilsunfähigen nicht grundsätzlich aus und setzen dazu zwei Bedingungen: die Person hat sich nicht widersetzt und der gesetzliche Vertreter hat in den Versuch eingewilligt (Anhang 1 IKS, Ziff. 1.14). Was die nichttherapeutischen Versuche betrifft, gilt gemäss Anhang 1 IKS Ziff. 16, sowie gemäss Art. 54 Abs. 2 des Entwurfes, dass diese Versuche nur ausnahmsweise und unter zwei Bedingungen durchgeführt werden: die Risiken sind geringfügig und wichtige Erkenntnisse in direktem Bezug auf das Leiden des Forschungssubjektes werden erwartet. Ferner gilt der allgemeine Grundsatz, dass der Versuch an diesen besonders schutzbedürftigen Personen nur dann durchgeführt werden kann, wenn keine einwilligungsfähigen Personen zur Verfügung stehen (Grundsatz der Subsidiarität)[142], z. B. bei spezifischen Erkrankungen wie die Alzheimerkrankheit. Der Grundsatz der Subsidiarität wird sowohl durch das IKS Reglement[143] wie auch durch die Richtlinien der SAMW[144] festgelegt.

---

[139] Für eine einheitliche Regelung der Forschungsexperimente, ob sie therapeutisch sind oder nicht, ist Dominique Sprumont: *La protection des sujets de recherche – notamment dans le domaine biomédical*, Stämpfli, Bern 1993, S. 69 ff. Max Nägeli unterscheidet klar zwischen den therapeutischen und den nichttherapeutischen Experimenten: *Die ärztliche Behandlung handlungsunfähiger Patienten aus zivilrechtlicher Sicht,* Juris Druck und Verlag, Zürich 1984, S. 175.

[140] BGE 114 Ia 363.

[141] Dominique Sprumont: *La protection des sujets de recherche – notamment dans le domaine biomédical*, Stämpfli, Bern 1993, S. 213.

[142] Siehe dazu Olivier Guillod, Dominique Sprumont und Jean-François Dumoulin: *Analyse de quelques articles de la Convention européenne sur les droits de l'homme et la biomédecine*, S. 47.

[143] Anhang 1 »Gute Praxis«, 1.13 - 1.14.

[144] SAMW: Richtlinien für Forschungsuntersuchungen am Menschen, SAeZ 1997, S. 1589.

Die Zulassung von der nichttherapeutischen Forschung an Urteilsunfähigen ist in der Schweiz umstritten. Indessen ist es eine Tatsache, dass sich Kinderkrankheiten nicht an Erwachsenen und die Alzheimerkrankheit nicht an gesunden Personen erforschen lassen. Mit einem Verbot jeglicher Grundlagenforschung besteht deshalb die Gefahr, dass bestimmte Gruppen diskriminiert werden, indem sie für ihr bestimmtes Leiden vom medizinischen Fortschritt ausgeschlossen werden.

Die Richtlinien der SAMW bestimmen, dass Forschungsuntersuchungen an handlungsunfähigen Personen nur mit Zustimmung des gesetzlichen Vertreters und nur dann zulässig sind, wenn sie aus medizinischen Gründen nicht an handlungsfähigen Personen durchgeführt werden können. Nichttherapeutische Forschungsuntersuchungen an urteilsunfähigen Personen sind unzulässig, wenn sie die Gefahr einer Beeinträchtigung bedingen.

Die Kantone Genf (nur auf genetische Interventionen beschränkt)[145], Jura[146], Neuenburg[147] und Thurgau[148] haben die nichttherapeutischen Versuche bei urteilsunfähigen Personen verboten. Die Bestimmung des Kantons Thurgaus wurde nach einem Skandal in einer psychiatrischen Einrichtung eingeführt. Die anderen Kantonen haben sich vor allem durch den oben erwähnten Bundesgerichtsentscheid[149] inspirieren lassen.

Die vielfältige schweizerische Gesetzgebung steht insgesamt mit Art. 17 des Übereinkommens im Einklang. Gewisse Bestimmungen bieten einen weitergehenden Schutz, was mit Art. 27 des Übereinkommen vereinbar ist.

4. Forschung an Embryonen in vitro (Art. 18) Artikel 119 Abs. 2 lit. c BV verbietet die Forschung an Embryonen dadurch, dass nur soviel Embryonen erzeugt werden können, wie es für die Einpflanzung nötig ist, so dass möglichst keine überschüssigen Embryonen entstehen. Damit wird die Forschung an Embryonen verunmöglicht[150]. Diese Bestimmung wird durch das neue Fortpflanzungsmedizingesetz noch strafrechtlich abgesichert. Das Fortpflanzungsmedizingesetz definiert den Embryo wie folgt: die Frucht nach der Kernverschmelzung bis zum Abschluss der Organentwicklung (Art. 2 lit. i).

---

[145] Art. 4 Règlement concernant les recherches cliniques comportant des interventions relevant du génie génétique humain, 13. April 1994.

[146] Art. 30 Abs. 2 Loi sanitaire, 14. Dezember 1990.

[147] Art. 28 Abs. 4 Loi de santé, 6. Februar 1995.

[148] Art. 27 Abs. 2 Verordnung des Regierungsrates über die Behandlung der Patienten und Patientinnen, 3. Dezember 1996.

[149] 114 Ia 362.

[150] Siehe dazu Olivier Guillod, Dominique Sprumont und Jean-François Dumoulin: *Analyse de quelques articles de la Convention européenne sur les droits de l'homme et la biomédecine*, S. 50.

Im Rahmen eines künftigen Forschungsgesetzes wird es u.a. auch darum gehen, die therapeutische Forschung an einem Embryo von der sogenannten verbrauchenden Forschung abzugrenzen. Bis ein solches Forschungsgesetz vorliegt, gelten die Richtlinien der SAMW, welche die nichttherapeutische Embryonenforschung standesrechtlich untersagen[151].

Art. 18 Ziff. 1 des Übereinkommens beschränkt sich darauf, die Staaten zu verpflichten, einen angemessenen Schutz des Embryos in vitro zu gewährleisten, wenn sie Embryonenforschung zulassen. Die strengere Regelung der Schweiz steht daher mit dem Übereinkommen in Einklang.

VI. Entnahme von Organen und Gewebe von lebenden Spendern zu Transplantationszwecken

1. Allgemeine Regel (Art. 19) Das Übereinkommen äussert sich nur zur Organ- und Gewebetransplantation mittels lebender und menschlicher Spender. Einem lebenden Spender dürfen nicht lebenswichtige Organe oder Gewebe nur zum therapeutischen Nutzen des Empfängers entnommen werden und nur wenn weder ein geeignetes Organ (oder Gewebe) einer verstorbenen Person noch eine alternative therapeutische Methode von vergleichbarer Wirksamkeit zur Verfügung steht. Demzufolge wird die Organentnahme zu Forschungszwecken ausgeschlossen. Ziel einer Regelung der Transplantationen ist es u.a. in Anbetracht des Mangels an Organen, dem lebenden Spender einen besonderen Schutz zu gewähren.

Seit dem 7. Februar 1999, gibt es eine Bestimmung zur Organtransplantation in der Bundesverfassung (Art. 119a BV). Aufgrund dieses Artikels wird zur Zeit der Vorentwurf eines Transplantationsgesetzes[152] *ausgearbeitet. Gemäss Art. 119a BV müssen anlässlich einer Transplantation folgende Interessen geschützt werden: die Menschenwürde, die Persönlichkeit und die Gesundheit. Dabei müssen zwei Grundsätze berücksichtigt werden: die Unentgeltlichkeit der Spende und die gerechte Zuteilung der (seltenen) Organen. Ferner sind auf Bundesebene auch der Bundesbeschluss über die Kontrolle von Blut, Blutprodukten und Transplantaten und die Verordnung gleichen Namens zu erwähnen*[153]*. Der Bundesbeschluss regelt u.a. die Fragen der Qualität und der Kontrolle der Transplantaten menschlichen oder tierischen Ursprungs, sowie die Unentgeltlichkeit der Organspende. Grundsätze für die Organ- und Gewebeentnahme lassen sich aus dem Grundrecht der persönlichen Freiheit und dem Persönlichkeitsschutz (Art. 27ff. ZGB) ableiten. Auf strafrechtlicher Ebene gibt es keine spezifischen Bestimmungen für die Organtransplantation.*

---

[151] Richtlinien vom 31. Dezember 1990 über die ärztlich assistierte Fortpflanzung, SAeZ 1991, S. 376 ff.

[152] `http://www.admin.ch/bag/transpla/gesetz/d/txg.pdf`.

[153] SR 818.111 und SR 818.111.3.

Da die Kantone bis jetzt die einzige Kompetenz in diesem Bereich hatten, wurde die Frage der Organtransplantation und insbesondere der Einwilligung des Spenders in den meisten kantonalen Gesundheitsgesetzen geregelt. Die meisten Kantone haben den Grundsatz der stillschweigenden Einwilligung des verstorbenen Spenders angenommen[154], *aber nur wenige regeln die Entnahme auf einem lebenden Spender*[155] *und nur vier Kantone setzen die schriftliche Einwilligung voraus*[156].

Bis das Transplantationsgesetz in Kraft tritt, sind die Richtlinien der SAMW[157] von besonderer Bedeutung. Sie setzen folgende Bedingungen voraus:

- Die Einwilligung muss schriftlich sein;
- die Organentnahme darf natürlich das Leben des Spenders selbst nicht aufs Spiel setzen, darum muss das Organ im Prinzip regenerierbar sein oder die Entnahme muss nicht lebensgefährdend sein (z. B. eine Niere);
- der Spender muss urteilsfähig sein. Grundsätzlich können keine Entnahmen bei Minderjährigen durchgeführt werden. Ausnahme dazu bildet die Entnahme regenerierbaren Organe, wenn sie mit wenig Risiken verbunden ist und sie für einen nahen Blutsverwandten, der sich in einer lebensgefährdeten Position befindet, bestimmt ist. Die Einwilligung des minderjährigen Spenders muss durch die Eltern schriftlich bestätigt werden. Die Entmündigten sind den Minderjährigen gleichzustellen[158];
- der Gesundheitszustand des Spenders muss diesen Eingriff erlauben. Das Spenderrisiko muss vom Arzt sehr genau überprüft werden.

Art. 19 des Übereinkommens kann als übersichtliche Zusammenfassung der Grundsätze die in der Schweiz Geltung haben, angesehen werden. Einziges Problem scheint in vielen Kantonen noch die schriftliche Einwilligung zu stellen. Das Problem wird dadurch etwas abgeschwächt, dass die Richtlinien der SAMW und der Entwurf zu einem Transplantationsgesetz die schriftliche Form vorsehen.

---

[154] Z. B. Gesundheitsgesetz des Kantons Aargau, Artikel 52; Gesundheitsgesetz des Kantons Bern, Artikel 41; loi de santé des Kantons Neuenburg, Artikel 30. Siehe Jean-François Dumoulin, *Organtransplantation in der Schweiz*, Collection de l'Institut de droit de la santé n° 1, Stämpfli, Bern 1998, S. 46 ff.

[155] Aargau, Basel-Land, Neuenburg, Tessin, Wallis und Freiburg.

[156] Aargau, Basel-Land, Neuenburg und Freiburg.

[157] Medizinisch-ethische Richtlinien zur Transplantation, SAeZ 1995, S. 1392 ff.

[158] Rolf Schöning: *Rechtliche Aspekte der Organtransplantation*, Schulthess polygraphischer Verlag, Zürich 1996, S. 221.

2. Schutz einwilllligungsunfähiger Personen (Art. 20) Die kantonalen Gesundheitsgesetze enthalten bis auf vier Ausnahmen keine ausdrückliche Regelung der Frage, ob eine Urteilsunfähige Person als Spender in Frage kommen kann. Die vier Ausnahmen sind:

- Kanton Neuenburg: jegliche Entnahme nichtregenerierbaren Gewebes bei einer urteilsunfähigen Person ist untersagt, aber zur Entnahme regenerierbaren Gewebes äussert sich das Gesetz nicht[159];
- Kanton Tessin: die Transplantation regenerierbaren Gewebes ist bei eineiigen Zwillingen zugelassen; im übrigen kommt eine urteilsunfähige Person als Spender nicht in Frage[160];
- Kanton Wallis: die Organ- und Gewebeentnahme bei urteilsunfähigen Personen ist grundsätzlich verboten. Die Bestimmung lässt aber in Ausnahmefällen eine Entnahme regenerierbaren Gewebes oder eines nichtregenerierbaren Organs bei einer unmündigen oder einer urteilsfähigen entmündigten Person zu, wenn die Vormundschaftsbehörde zustimmt, der Empfänger ein naher Verwandter ist (Vater, Mutter, Geschwister oder das eigene Kind) und dieser ohne Transplantation in seiner Gesundheit schwer geschädigt würde[161];
- Kanton Freiburg: die Organ- und Gewebeentnahme bei urteilsunfähigen Personen ist grundsätzlich verboten, mit den gleichen Ausnahmen wie im Kanton Wallis[162].

Nach den Richtlinien der SAMW[163] kann eine Ausnahme vom Verbot des Beizugs urteilsunfähiger Personen als Spender gemacht werden, sofern es sich um eine risikoarme Entnahme regenerierbaren Gewebes handelt, die Transplantation sich auf die nächsten Blutsverwandten beschränkt und zur Behebung einer anders nicht abzuwendenden Lebensgefahr oder schweren Gesundheitsstörung beim Empfänger dient.

Der Vorentwurf zu einem Transplantationsgesetz sieht den Grundsatz vor, dass der Spender urteilsfähig und mindestens 18 Jahre alt sein muss (Art. 17 Abs. 2). Nur regenerierbare Gewebe oder Zellen dürfen ausnahmsweise und unter restriktiven Bedingungen von einer unmündigen oder urteilsunfähigen Person entnommen werden (Art. 20).

Die heutige Regelung ist liberaler als Art. 20, insbesondere Abs. 2 Ziff. v des Übereinkommen (Ablehnung durch den einwilligungsunfähigen Spender). Das dürfte sich mit der Einführung eines Transplantationsgesetzes verändern. Im

---

[159] Art. 30 Abs. 1 des Gesundheitsgesetzes vom 6. Februar 1996.

[160] Art. 15 Abs. 2-3 des Gesundheitsgesetzes vom 18. April 1989.

[161] Art. 47 des Gesundheitsgesetzes vom 9. Februar 1996.

[162] Art. 62 Abs. 3 des Gesundheitsgesetzes vom 16. November 1999.

[163] Medizinisch-ethische Richtlinien zur Transplantation, SAeZ 1995, S. 1392 ff.

übrigen wäre Art. 20 des Übereinkommens im schweizerischen Recht direkt anwendbar.

VII. Verbot finanziellen Gewinns bei der Verwendung eines Teils des menschlichen Körpers

1. Verbot finanziellen Gewinns (Art. 21) Es geht hier darum, die elementarste Menschenwürde zu schützen und zu verhindern, dass der menschliche Körper verkommerzialisiert und letztlich nur noch als Handelsware betrachtet wird. Art. 21 behandelt die Frage der Patentierbarkeit menschlichen Materials nicht und betrifft nicht die Teile des menschlichen Körpers, deren Vermarktung nicht als Verletzung der Menschenwürde gelten kann[164].

Der menschliche Körper gehört zu den Persönlichkeitsgütern im Sinne von Art. 28 ZGB und gilt nicht als Vermögenswert. Separate Teile des menschlichen Körpers sind eigentlich Sachen[165] aber ihre menschliche Herkunft unterscheiden sie von anderen Sachen. Auch Teile des menschlichen Körpers können nicht Gegenstand von entgeltlichen Rechtsgeschäften sein. Der Verkauf (oder jegliche andere Transaktion) von solchen Körperteilen wäre ein Verstoss gegen die guten Sitten und deshalb nach Art. 20 OR nichtig.

Diese Grundsätze sind in Art. 17 des Bundesbeschlusses über die Kontrolle von Blut, Blutprodukten und Transplantaten[166] bestätigt worden. Nach dieser Bestimmung ist es verboten, menschliche Transplantate gegen Entgelt in der Schweiz oder von der Schweiz aus im Ausland in Verkehr zu bringen oder gegen Entgelt erworbene menschliche Transplantate zu transplantieren. Nicht als Entgelt gilt der Ersatz von Kosten für Entnahme, Transport, Aufbereitung, Aufbewahrung und Transplantation sowie des, bei der spendenden Person unmittelbar entstehenden Aufwandes.

Der Grundsatz der Unentgeltlichkeit einer Organ-, Gewebe- oder Zellentnahme ist mit Art. 119a BV auch auf Verfassungsstufe verankert. Der Handel mit menschlichen Organen ist verboten. Dieser Grundsatz ist auch im Vorentwurf eines Transplantationsgesetzes vorgesehen (Art. 6 - 8).

Im Fortpflanzungsmedizingesetz[167] hält Art. 21 den Grundsatz der Unentgeltlichkeit der Samenspende fest.

Das schweizerische Recht steht zur Frage der Unentgeltlichkeit mit Art. 21 des Übereinkommens im Einklang.

---

[164] Siehe dazu Olivier Guillod, Dominique Sprumont und Jean-François Dumoulin: *Analyse de quelques articles de la Convention européenne sur les droits de l'homme et la biomédecine*, S. 58.

[165] Paul-Henri Steinauer: *Les droits réels*, Band I, 3. Auflage, Bern 1997, S. 28.

[166] SR 818.11.

[167] BBl 1998 4992.

2. Verwendung eines dem menschlichen Körper entnommenen Teils (Art. 22) Es geht hier darum, die Rechte der Personen, namentlich das Selbstbestimmungsrecht, zu schützen, denen im Rahmen einer medizinischen Intervention, insbesondere einer Operation, ein Körperbestandteil entnommen worden ist, der anschliessend zu einem anderen Zweck aufbewahrt oder weiterverwendet werden soll, als derjenige wofür der Körperbestandteil entnommen worden ist. Ferner regelt diese Bestimmung auch den besonderen Schutz der persönlichen Daten, da jeder Teil des menschlichen Körpers eine Vielzahl von Angaben beinhaltet mit denen man eine Person identifizieren könnte.

Aufgrund der allgemeinen verfassungsrechtlichen und zivilrechtlichen Bestimmungen zum Persönlichkeitsschutz setzt die Verwendung eines Körperbestandteils zu einem anderen Zweck, als er entnommen worden ist, die Zustimmung der betroffenen Person voraus. Die Zustimmung kann auf unterschiedliche Art und Weise erteilt werden, aber eine angemessene Aufklärung muss erfolgt sein.

Der Vorentwurf für ein Bundesgesetz über genetische Untersuchungen beim Menschen[168] sieht in Art. 17 Abs. 2 vor, dass biologisches Material, das zu anderen Zwecken entnommen worden ist, für eine genetische Untersuchung zu Forschungszwecken verwendet werden darf, wenn die betroffene Person über ihre Rechte informiert worden ist und dies nicht ausdrücklich untersagt hat. Zudem muss ihre Anonymität gewährleistet sein.

Das Datenschutzgesetz könnte auch Anwendung finden, was zur Folge hätte, dass die Einwilligung des Patienten – nachdem er ausreichend über den Zweck der Entnahme informiert worden ist – Bedingung wäre[169]. Im Bereich des Strafverfahrens gibt es neuerdings eine Verordnung über das DNA-Profil-Informationssystem[170].

Das schweizerische Recht befindet sich grundsätzlich mit Art. 22 des Übereinkommens im Einklang.

VIII. Verletzung der Bestimmungen des Übereinkommens

1. Verletzung von Rechten oder Grundsätzen (Art. 23) Nach Art. 23 müssen die Vertragsstaaten einen geeigneten gerichtlichen Rechtsschutz gewährleisten, der darauf abzielt, eine widerrechtliche Verletzung der im Über-

[168] BBl 1998 4735.

[169] Siehe dazu Olivier Guillod, Dominique Sprumont und Jean-François Dumoulin: *Analyse de quelques articles de la Convention européenne sur les droits de l'homme et la biomédecine*, S. 63.

[170] Verordnung vom 31. Mai 2000, SR 361.1.

einkommen verankerten Rechte und Grundsätze innert kurzer Frist zu verhindern oder zu beenden.

Unter diese Bestimmung fallen ausdrücklich auch vorsorgliche Klagen. Unerlässlich ist, dass die betroffene Person innert kürzester Frist ein Gericht anrufen kann, denn meistens geht es um die körperliche Integrität einer Person, und eine Verletzung könnte irreversible Folgen haben. In der Schweiz sind die Art. 28 ff. ZGB massgeblich[171]. Das angerufene Gericht kann in seinem Urteil oder im Rahmen vorsorglicher Massnahmen namentlich eine drohende Verletzung der Persönlichkeitsrechten verbieten oder eine bestehende Verletzung beseitigen.

Die Bestimmung des Übereinkommens gilt nur für widerrechtliche Verletzungen. In der Schweiz ist eine ärztliche Massnahme die die körperliche Integrität des Patienten antastet grundsätzlich widerrechtlich. Eine Einschränkung der Persönlichkeitsrechte ist jedoch nicht widerrechtlich, wenn die betroffene Person gemäss Art. 28 ZGB in die Handlung eingewilligt hat, diese Handlung einem übergeordneten öffentlichen oder privaten Interessen dient oder gar gesetzlich vorgeschrieben ist.

Es ist davon auszugehen, dass die Bestimmungen über den Schutz der Persönlichkeitsrechte nach Art. 28 ff. ZGB den Anforderungen von Art. 23 des Übereinkommens genügen.

2. Schadenersatz (Art. 24) In Frage steht der Schadenersatz, den ein Patient gegenüber Medizinalpersonen geltend machen kann. In der Schweiz ist die Frage der Haftung unterschiedlich geregelt und abhängig davon, ob das Verhältnis zwischen Patient und Arzt privatrechtlicher oder öffentlichrechtlicher Natur ist.

Der Privatarzt haftet vertraglich gemäss Art. 97 ff. OR, d.h. er unterliegt einer Verschuldenshaftung mit umgekehrter Beweislast für das Verschulden. Da der Patient aber u.a. die Vertragsverletzung durch den Arzt beweisen muss, und die Verletzung einer gehörigen Sorgfaltspflicht[172], sollte dieser umgekehrten Beweislast für das Verschulden, keine zu hohe Achtung gegeben werden. Diese Bemerkung wird durch eine gewisse Vermischung der Begriffe »Vertragsverletzung« und »Verschulden« noch bekräftigt[173]. Das Bundesgericht anerkennt aber eine umgekehrte Beweislast für die Vertragsverletzung, wenn der Arzt seiner *Aufklärungspflicht* ungenügend nachgekommen ist. Anders gesagt, muss der Arzt beweisen, dass er den Patienten genügend aufgeklärt

---

[171] S. dazu: Hans Michael Riemer: *Personenrecht des ZGB*, Stämpfli, Bern 1995.

[172] BGE 105 II 284, 108 II 422.

[173] Heinrich Honsell (Hrsg.): *Handbuch des Arztrechtes, Schulthess Polygraphischer Verlag, Zürich 1994, S. 42f.*

hat[174]. Das führt natürlich dazu, dass die Verletzung der Aufklärungspflicht durch die Patienten in den letzten Jahren fast systematisch erhoben wird[175].

Die Beziehung zwischen dem Patienten und einem privaten Spital wird als sogenannter *Spitalvertrag* qualifiziert. Es handelt sich um einen Innominatkontrakt d. h., dass er im OR nicht erwähnt wird. Typische Leistungsinhalte sind: medizinische Behandlung, Pflege und Fürsorge, Unterkunft, Verpflegung usw.[176] Da es aber eine Vielzahl von verschiedenen Spitalverträge gibt, beinhalten sie nicht immer sämtliche Leistungen. Grundsätzlich ist das Spital Vertragspartner des Patienten und der Arzt handelt als Hilfsperson des Spitals. Das Spital haftet für seine Hilfspersonen gemäss Art. 101 OR kausal. Da im Normalfall kein Vertrag zwischen dem Arzt und dem Patienten besteht, haftet der Arzt nur ausservertraglich gemäss Art. 41 ff. OR, d.h. er unterliegt einer gewöhnliche Verschuldenshaftung.

Die öffentlich-rechtliche Beziehung vom Patienten zum öffentlichen Spital wird in der Schweiz durch die kantonale Gesetzgebung geregelt. Im weitesten Sinne handelt es sich ebenfalls um einen Spitalvertrag. Die ärztliche Tätigkeit am öffentlichen Spital ist eine amtliche Verrichtung im Sinne von Art. 61 OR. Demzufolge unterliegt die Haftung aus der medizinischen Behandlung auch dem kantonalen öffentlichen Recht[177]. Viele kantonale Gesetze haben entweder Bestimmungen übernommen, die analog zum OR sind oder auf die Artikel des OR verweisen. Oft wird kein Verschulden vorausgesetzt[178], aber das Bundesgericht legt den Begriff der Widerrechtlichkeit so aus, dass die Haftung einer Verschuldenshaftung nahe kommt[179]. Was die Verletzung der Aufklärungspflicht betrifft, kann hier die gleiche Bemerkung wie für die vertragliche Haftung gemacht werden.

Ob eine Kausal- oder eine Verschuldenshaftung vorgesehen wird, entscheidet das nationale Recht. Das Übereinkommen sieht keine allgemeine Kausalhaf-

---

[174] BGE 115 Ib 175, 117 Ib 197; Olivier Guillod und Christophe Rapin: *La responsabilité médicale. Rapport suisse*, Congrès de l'Association Henri Capitant, Panama, März 1999, S. 9.

[175] Olivier Guillod und Christophe Rapin: *La responsabilité médicale. Rapport suisse*, Congrès de l'Association Henri Capitant, Panama, März 1999, S. 8.

[176] Pascal Payllier: *Rechtsprobleme der ärztlichen Aufklärung*, Schulthess Polygraphischer Verlag, Zürich 1999, S. 157.

[177] U. a.: BGE 102 II 45, 111 II 151.

[178] Paul Ramer und Josef Rennhard: *Patientenrecht*, Beobachter Buchverlag, 2. Auflage, Zürich 1998, S. 202.

[179] Franz Werro: *La responsabilité civile médicale: vers une dérive à l'américaine?: les barrages du droit suisse*, in: La responsabilité médicale, Cahier n° 2 de l'Institut de Droit de la Santé, Neuchâtel 1996, S. 3 ff ; Olivier Guillod und Christophe Rapin: *La responsabilité médicale. Rapport suisse*, Congrès de l'Association Henri Capitant, Panama, März 1999, S. 18.

tung vor. Das schweizerische Recht steht mit Art. 24 des Übereinkommens im Einklang.

3. Sanktionen (Art. 25) Nach Art. 25 haben die Vertragsstaaten angemessene Sanktionen für Verletzungen von Bestimmungen des Übereinkommens vorzusehen, um dessen Durchsetzung zu gewährleisten. Angemessene Sanktionen müssen dem Verhältnismässigkeitsprinzip entsprechen.

In der Schweiz schützen die Art. 122 bis 126 StGB die körperliche Unversehrtheit in umfassender Weise. Verschiedene künftige Spezialgesetze ergänzen diese Strafbestimmungen im biomedizinischen Bereich, wie z. B. das Fortpflanzungsmedizin-gesetz (Art. 29 - 38), der Vorentwurf für ein Bundesgesetz über genetische Untersuchungen beim Menschen (Art. 35 - 40)und der Vorentwurf für ein Bundesgesetz über die Organtransplantation (Art. 87 - 89).

Auch standesrechtliche Sanktionen müssen in Betracht gezogen werden. Schwere Verstösse gegen Rechtsnormen können zu einem Berufsausübungsverbot für Ärztinnen und Ärzte führen.

Das schweizerische Recht entspricht dem Art. 25 des Übereinkommens.

IX. Einschränkung der Rechte (Art. 26)

Art. 26 wurde bereits mehrmals im Zusammenhang mit anderen Bestimmungen des Übereinkommens erwähnt. Er stellt eine vollständige Liste der möglichen Einschränkungen der Bestimmungen des Übereinkommens durch die Vertragsstaaten dar. Die Liste der öffentlichen und privaten Interessen des Art. 26 ist abschliessend.

Die Bedingungen von Art. 26 Abs. 1 stimmen mit der Rechtsprechung des Bundesgerichtes über die Grundrechte der Persönlichkeit grundsätzlich überein. Gemäss dieser Rechtsprechung, kann ein Grundrecht unter folgenden Bedingungen eingeschränkt werden: es beruht auf einer genügenden gesetzlichen Grundlage, dient einem öffentlichen Interessen, ist verhältnismässig und tastet den Kern des Grundrechtes nicht an[180]. Ferner gilt, dass je stärker die Einschränkung ist, desto strenger werden die Bedingungen überprüft, namentlich die Präzision der gesetzlichen Grundlage[181].

[180] BGE 123 I 121, 120 Ia 150, 119 Ia 353, 119 Ia 478, 118 Ia 73, 118 Ia 436.

[181] Jörg Paul Müller: *Introduction aux droits fondamentaux*, in: Commentaire de la Constitution fédérale de la Confédération Suisse du 29 mai 1874, Helbing & Lichtenhahn, Bâle / Schulthess polygraphischer Verlag, Zürich / Stämpfli, Berne, 1987, n° 116; BGE 108 Ia 35; 106 Ia 366.

Einschränkungen im Sinne von Art. 26 können im medizinischen Bereich aus folgenden Gründen durchgeführt werden:

- Die Person stellt eine Gefahr für die Gemeinschaft dar (bspw. Zwangseinweisung, Zwangsbehandlung, Blutentnahme.[182])
- Der Schutz der öffentlichen Gesundheit[183] (bspw. Quarantäne aufgrund des Epidemiegesetzes[184])

Der Schutz der Person gegen sich selbst (z. B. fürsorgerische Freiheitsentziehung) fällt nicht unter Art. 26, sondern unter Art. 7 des Übereinkommens.

Gemäss Art. 26 Abs. 2 haben gewisse Rechte die durch das Übereinkommen gewährleistet werden solch ein absoluten Charakter, dass sie keine Einschränkung ertragen. Es handelt sich um Art. 11 (Nichtdiskriminierung), Art. 13 (Interventionen auf das menschliche Genom), Art. 14 (Verbot der Geschlechtswahl), Art. 16 (Schutz der Forschungssubjekten), Art. 17 (Schutz der einwilligungsunfähigen Forschungssubjekte), Art. 19 und 20 (Organentnahme auf dem lebendigen Spender) und Art. 21 (Unentgeldlichkeit). Bis auf Art. 19 und 20, ist die schweizerische Gesetzgebung im Einklang mit den erwähnten Bestimmungen (siehe weiter oben aufgeführte Kommentare zu jedem einzelnen Artikel). Was die Organtransplantation betrifft, ist zur Zeit ein neues Bundesgesetz im Entwurf der die noch bestehenden Probleme im Zusammenhang mit dem Übereinkommen lösen sollte.

Art. 26 des Übereinkommen dürfte für die Schweiz kein Problem darstellen.

X. Weiterreichender Schutz (Art. 27)

Das Übereinkommen stellt gewissermassen einen Minimalstandard dar. Die Staaten haben natürlich die Möglichkeit, einen weitergehenden Schutz vorzusehen. Selbstverständlich ist, dass der Schutz nur im Interessen der Personen ausgedehnt werden darf und nicht beispielsweise im Interessen der Forschungsfreiheit.

Im Zusammenhang mit der Forschung am Embryo in vitro gewährleistet die Schweiz z. B. einen weitgehenderen Schutz als das Übereinkommen.

Art. 27 des Übereinkommen dürfte für die Schweiz kein Problem darstellen.

---

[182] BGE 112 Ia 248

[183] Markus Müller: *Zwangsmassnahmen als Instrument der Krankheitsbekämpfung*, Helbing & Lichtenhahn, Basel 1992.

[184] SR 818.101.

XI. Öffentliche Diskussion (Art. 28)

Die Öffentlichkeit muss über die Grundsatzfragen, die durch die Entwicklungen in Biologie und Medizin aufgeworfen werden, sensibilisiert werden. Es geht u.a. um den Einsatz von Ethikkommissionen oder um die Aufnahme der Bioethik als Unterrichtsfach in die Studienpläne der medizinischen Fakultäten, der Ausbildungsinstitute für medizinisches Hilfspersonal oder der Schulen ganz allgemein.

Das System der direkten Demokratie der Schweiz gewährleistet die Durchführung von Konsultationsverfahren in Form von Vernehmlassungsverfahren (verschiedene wurden in diesem Text bereits erwähnt). Im übrigen führen Volksinitiativen immer wieder zu breiten öffentlichen Diskussionen. Zu denken ist beispielsweise an die Beobachter-Initiative von 1987 gegen Missbräuche der Fortpflanzungs- und Gentechnologie beim Menschen, an die Gen-Schutz-Initiative, über die im 1998 abgestimmt wurde, oder an die Initiative über eine Menschenwürdige Fortpflanzung die am 12. März 2000 abgelehnt wurde.

Der Art. 28 des Fortpflanzungsmedizingesetzes sieht den Einsatz einer nationalen Ethikkommission vor, die multidisziplinär zusammengesetzt sein muss[185]. Diese Kommission soll die Entwicklung in der Fortpflanzungs- und Gentechnologie im medizinischen Bereich verfolgen und zu den damit verbundenen naturwissenschaftlichen, gesellschaftlichen und rechtlichen Fragen aus ethischer Sicht beratend Stellung nehmen. Der Bundesrat kann der Kommission weitere Aufgaben übertragen. Angestrebt wird eine nationale Ethikkommission für den ganzen Humanmedizinbereich.

Mit der Schaffung einer solchen Ethikkommission und des Unterrichtes der Bioethik an den Hochschulen würde das schweizerische Recht mit Art. 28 des Übereinkommens besser übereinstimmen. Die durch die Volksinitiativen erzeugten Diskussionen genügen nicht, da es gemäss Art. 28 letztlich Aufgabe des Staates ist, diese Auseinandersetzung zu fördern.

D. Schlusswort

Die meisten Bestimmungen des Übereinkommens stellen für die Schweiz keine Probleme dar, insbesondere nicht in Anbetracht der verschiedenen neuen Gesetze die in naher Zukunft in Kraft treten dürften.

Vier Bereiche müssen aber weiterentwickelt werden:

---

[185] Siehe dazu Olivier Guillod, *Le rôle des comités nationaux d'éthique*, in: Bioéthique: de l'éthique au droit, du droit à l'éthique, Publications de l'Institut suisse de droit comparé n° 30, Schulthess Polygraphischer Verlag, Zürich 1997, S. 257 ff.

- Die Einwilligungsfähigkeit; es wurden zwei Probleme festgestellt: die Zustimmungs-kompetenz bei vorübergehender Einwilligungsunfähigkeit und die Einwilligungsfähigkeit von Personen die unter psychischen Störungen leiden. Diese Probleme deuten an, dass vor allem in den Grenzgebieten der Grundsatz des Selbstbestimmungsrechts weiterentwickelt werden könnte.
- Die Forschung am Menschen; in diesem Gebiet wäre vor allem eine übersichtliche und allgemeine Zusammenfassung der verschiedenen Teilregelungen notwendig. Ein Bundesgesetz über die Forschung am Menschen wäre sicher willkommen.
- Die somatische Gentherapie; in diesem Gebiet gibt es zur Zeit überhaupt keine gesetzliche Bestimmungen.
- Die Organ- und Gewebeentnahme; zwei Probleme wurden festgestellt: die schriftliche Einwilligung wird nicht in allen Kantonen vorausgesetzt und die heutigen Regelungen sind in bezug auf urteilsunfähige Spender liberaler als das Übereinkommen. Das Transplantationsgesetz (noch im Stadium des Vorentwurfes) wäre hier sehr willkommen.

CZ – Landesbericht Tschechische Republik

Prof. Dr. Dr. Dagmar Císařová und Dr. Olga Sovová

Karlsuniversität Prag

I.

Artikel 6 Abs. 1 der Urkunde der Grundrechte und Freiheiten der ČR führt an: Jeder hat das Recht auf Leben. Das menschliche Leben ist bereits vor der Geburt schützenswert.

Das Recht auf Leben ist das Grundrecht des Menschen, das universell ist. Darauf beziehen sich vollumfänglich die Bestimmungen von Art. 1 der Urkunde, über die Gleichheit aller Menschen in diesem Recht auch im Hinblick darauf, dass dieses Recht weder aufgegeben, veräußert noch aufgehoben werden kann und nicht verjährt. In diesem Absatz wird dieses Recht im ersten Satz allgemein und in dessen voller Breite formuliert, in den Absätzen 2 und 3 wird es konkretisiert, in Absatz 4 wird festgelegt, welche Handlungen keine Verletzung des Rechts auf durch diesen Artikel geschütztes Leben sind und wird damit im Sinne von Artikel 4 der Urkunde die verfassungsmäßige Grenze festgelegt. Als Subjekt des Rechts auf Leben hat jeder das Recht, über sein Leben zu entscheiden. Dieses Recht ist jedoch nicht veräußerlich und kann nicht vergeben und auf niemanden anderen übertragen werden, damit dieser über den Entzug des Lebens entscheidet oder daran teilhat. Damit hängt das Verbot der Euthanasie und die Strafbarkeit der Beteiligung am Selbstmord zusammen. Soll das Recht auf Leben sichergestellt sein, kann dies nicht ohne Wirken des Staates geschehen. Der Staat ist allgemein verpflichtet, dieses Recht in Bezug auf Angriffe anderer und in besonderen Fällen wie im Bereich der öffentlichen Gesundheit – beim Schutz vor Epidemien und ansteckenden Krankheiten, beim Schutz beliebiger Personen, insbesondere von besonders gefährdeten Menschen, z.B. Kinder, alten und hilflosen Personen – und in ähnlichen Fällen, sicherzustellen. Dieses Recht hängt so mit weiteren, in der Urkunde enthaltenen, Rechten zusammen.

Artikel 31 der Urkunde führt an: Jeder hat das Recht auf Gesundheitsschutz. Die Bürger haben aufgrund der öffentlichen Versicherung zu gesetzlich festgelegten Bedingungen ein Recht auf kostenlose Gesundheitsfürsorge und Gesundheitshilfen. Hierzu heißt es im Kommentar:

> Das verfassungsmäßig garantierte Recht auf Gesundheitsschutz wird in dem ersten Satz dieses Artikels zum Ausdruck gebracht und be-

zieht sich auf jeden, also auf jede physische Person. Es handelt sich um ein Menschenrecht, um kein Zivilrecht und hängt mit dem Recht auf Leben zusammen. Subjekt der Pflicht, das für die Sicherstellung dieses Rechts verantwortlich ist, ist der Staat.

Das Recht auf Gesundheitsschutz hat jeder, also auch dauerhaft gesundheitlich geschädigte Personen. Der Inhalt des Begriffs Gesundheit und Gesundheitsschutz ist bei ihnen zweifellos ein anderer, als bei denen, die nicht gesundheitlich geschädigt sind. Diese Begriffe sind aus juristischer Sicht als verallgemeinert und abstrakt zu verstehen.

Der Staat ist vollumfänglich für den Schutz der öffentlichen Gesundheit, den sachlichen Schutz vor Epidemien und anderen Fällen übertragbarer Krankheiten und für die Durchführung präventiver hygienischer Maßnahmen u.ä. verantwortlich.

1996 hat der Ausschuß der Minister des Europarates die bioethische Konvention verabschiedet, d.h. die Konvention über den Schutz der Menschenrechte und der Würde des Menschen im Hinblick auf die Anwendung von Biologie und Medizin. Die Tschechische Republik hat deren Text zwar 1998 gebilligt, jedoch nicht verabschiedet und ratifiziert. Erst in der letzten Zeit, im Bewußtsein des großen Umfangs der Möglichkeiten von Wissenschaft und Technik, die es ermöglichen, früher völlig unheilbare Krankheiten und Störungen zu behandeln, das Leben zu verlängern, den Menschen zu transformieren und dessen Möglichkeiten zu erweitern, sein eigenes Schicksal rationell zu lenken, wurde die Notwendigkeit begriffen, sich systematisch nicht nur mit den wissenschaftlichen, sondern auch juristischen und ethischen Aspekten des Schutzes der Biomedizin zu befassen.

Es kommt zu einer grundsätzlichen Änderung der Auffassung der kurativen Medizin. Der biotechnologische Fortschritt hat weitreichende Möglichkeiten der Intervention in die grundlegenden Lebensprozesse entwickelt, mit der Transplantation von Gewebe und Organen sind neue Bedingungen für die Lösung traditioneller Vorgehensweisen der Medizin und Konzepte entstanden und haben sich umfangreiche Möglichkeiten für die Anwendung der Genetik eröffnet.

Die Lösung der damit verbundenen Fragen ist in verschiedenen Ländern unterschiedlich, mehrheitlich wird überall von gesellschaftlich bedeutsamen Werten ausgegangen. Gleichzeitig werden diese Fragen des traditionellen Verständnisses Gegenstand spezifischer Bewertungen von Ärzten, Biologen. Wissenschaftlern, Theologen, Philosophen und Juristen in jedem einzelnen Land, somit können die Lösungen unterschiedlich und nicht immer gleich sein. Es handelt sich um die wichtigsten Fragen für die Menschheit und die Freiheit des Individuums: Die Herkunft und der Anfang des Lebens, das Konzept der Herangehensweise an den Tod und der Pflege Sterbender, die Aufrechterhaltung aller Menschenrechte – vom Recht auf Menschenwürde, auf menschliches Leben und die Privatsphäre des Menschen, bis zur völligen Autonomie bei der Entscheidung über das eigene Schicksal, den Umfang und die Möglichkeiten der Individualisierung der Gesundheitspflege unter Wahrung der dominierenden Position des Staates in der Gesundheitspolitik – das sind die Grundprobleme, die neue, interdisziplinäre Lösungen verlangen, bei denen die Erkenntnis der internationalen Rechtsregelung und deren Anwendung in der innerstaatlichen Rechtsordnung keine geringe Rolle spielt. Zu diesem Zweck wurde beim Ministerium für Gesundheitswesen der Tschechischen Republik eine Sonderarbeitsgruppe eingerichtet.

Gegenwärtig setzt sich zwar in der CR der Schutz der Menschenrechte in allen Rechtsbereichen durch, aber das medizinische Recht nimmt in der Gesellschaft keinen gebührenden Platz ein und findet in der Öffentlichkeit geringe Unterstützung, die sich insbesondere daraus ergibt, dass diese Problematik der Öffentlichkeit wenig bekannt ist und die Informationen in den Medien lückenhaft und oft auf für Medien attraktive Themen, wie verschiedene Fehlgriffe von Ärzten bei der Behandlung, beschränkt sind.

Die Konvention über die Bioethik kann als spezielle Norm zur Allgemeinen Deklaration der Menschenrechte gelten, die klar festlegt, dass alle vor dem Gesetz gleich sind und ein Recht auf gleichen gesetzlichen Schutz ohne jegliche Unterscheidung haben, sowie alle ein Recht auf den gleichen Schutz vor jeglicher Diskriminierung haben.

Der Staat ist verpflichtet, die Gleichheit und den Schutz jener sicherzustellen, die sich ihr Recht deshalb nicht selbst verschaffen können, weil es ihnen ihre persönliche, vermögensseitige oder andere Position nicht ermöglicht. Die Konvention zeigt die Notwendigkeit der grundsätzlichen Veränderungen in unseren Gesundheitsvorschriften der CR. Zu diesen Fragen wurde in der CR eine Reihe von Artikeln in Fachzeitschriften publiziert, in denen die Probleme aufgeführt wurden, auf die das tschechische Recht in verschiedenen Fachbereichen reagieren sollte, damit Übereinstimmung mit dem europäischen Recht erreicht wird und damit den Anforderungen der erwähnten Konventionen Rechnung getragen wird.

II.

Die erste von ihnen ist die Frage der wissenschaftlichen Forschung bzw. des medizinischen Versuchs am Menschen. Die Konvention spricht in Artikel 15-18 ausdrücklich über wissenschaftliche Forschung. Die Forschung an menschlichen Individuen darf allein dann erfolgen, wenn alle folgenden Bedingungen von Art. 15 - 18 eingehalten werden.

Der Charakter des medizinischen Experiments am Menschen wurde bei uns seit Ende der 70. Jahre überwacht.[1]

Soll über ein medizinisches bzw. pharmazeutische Experiment gesprochen werden, müssen wir uns bewußt machen, dass es sich nur um einen Teil der bedeutsamen bioethischen Problematik handelt. Die gesamte Problematik des Experiments geht von den allgemeinen Richtlinien der Konvention über den Schutz der Menschenrechte und der Menschenwürde im Hinblick auf die Anwendung der Biologie und Medizin auf der einen Seite und davon aus, dass die juristische Regelung der Forschung – sei es der Forschung als solche oder der therapeutischen Forschung, überall, nicht nur bei uns, sehr unvollständig.[2]

Für den Versuch ist es wesentlich, dass es sich um eine neue Vorgehensweise handelt, die von der Voraussetzung des gesellschaftlichen Beitrages der getesteten Methode ausgeht, wobei hier eine bestimmte Unsicherheit im Effekt vorhanden ist, insbesondere wenn es um die notwendigen Risiken geht. Würde die Vorgehensweise a priori ohne Risiko bzw. ohne Unsicherheit angewendet werden, handelte es sich um keinen Versuch mehr. Weil es sich um einen Eingriff in die bürgerlichen Freiheiten handelt, ist dieser sorgfältig einzugrenzen.

In der Fachliteratur wird angeführt[3] : *Ein medizinisches Experiment am Menschen kann also als zielbewußte ärztliche Tätigkeit definiert werden, die am lebenden menschlichen Organismus die gegebene Hypothese mit dem Ziel des Erwerbs neuer, gesellschaftlich vorteilhafter Erkenntnisse über den Schutz und die Entwicklung der Gesundheit der Menschen, insbesondere im Bereich der Theorie oder Prävention, der Diagnostik und der Behandlung von Krankheiten prüfen soll, wobei die angewendete Methode bisher nicht als Vorgehensweise lege artis anerkannt ist.* Zu den begrifflichen Zeichen des Experiments am Menschen gehört, das davon *die Rechte des Bürgers betroffen* sein können, insbesondere es zur Gefährdung der Gesundheit oder Integrität oder zur Einschränkung der Handlung der Versuchsperson führen kann.

Ein Versuch ist ein Eingriff in die bürgerlichen Freiheiten, derer sich der Bürger – sofern es die Rechtsordnung nicht zuläßt – gültig entledigen kann

---

[1]Insbesondere Drgonec, J. Holländer, P.: Rechtliche Fragen des medizinischen Experiments, Pravny obzor 8/1979, Štěpán Jaromír. Recht und moderne Medizin, Praha 1989, S. 251ff. vgl. Císařová, D. - Sovová, O. Strafrecht und Medizin, ORAC, Prag 2000, S. 91 ff.

[2]Štěpán im zit. Werk von 1989 weist er auf S. 253 darauf hin, dass die rechtliche Regulierung des Experiments nach einigen Meinungen, wenn es ausführlich ist, eigentlich ein Instrument sein kann, das die Möglichkeiten der Forschung und auch der Wissenschaft einschränkt (s. auch dort zitierte Literatur).

[3]S. 255 ff. der zit. Arbeit und die dort angeführte Literatur.

und die erga omnes wirken, in bestimmter Richtung auch gegen den Bürger selbst zum Schutze seiner Gesundheit.

Die Rechtsordnung *toleriert* jedoch *auch höchst riskantes Umgehen mit der eigenen Gesundheit* (einige sportliche, aber auch Arbeitsleistungen, z.B. die Tätigkeit von Testpiloten) *zu gesellschaftlich aprobierten Zwecken,* schränkt im Grunde keine gesundheitlich schädlichen (einschließlich Gewohnheiten) Handlungen ein, nur in Ausnahmefällen werden bestimmte Maßnahmen zur Sicherheit und zum Gesundheitsschutz, Pflichtuntersuchungen und -therapien festgelegt, und nur vereinzelt wird auch die vorsätzliche Selbstschädigung geahndet.

Von der grundsätzlichen Freiheit, mit der eigenen Gesundheit umzugehen und darüber zu verfügen, wird auch die Zulässigkeit der Versuche von Ärzten (medizinischem Personal) an sich selbst – sog. *Autoexperimente* – abgeleitet.

Der Grundsatz der Freiheit des Umgangs mit der eigenen Gesundheit und Integrität bei experimentellen Vorgehensweisen ist jedoch *durch die Rechtsordnung indirekt eingeschränkt,* und zwar dadurch, dass Bedingungen festgelegt sind, zu denen die Bereitschaft des Bürgers akzeptiert werden kann.

Die erste Bedingung ist mit dem *Versuchsziel* verbunden. Der Bürger darf *keinem Forschungsrisiko* ausgesetzt werden, wenn das nicht *im Interesse und zu Gunsten der Gesellschaft* ist. Deshalb wird verlangt, dass die Versuchsmethoden, denen sich der Einzelne unterzieht, die Gewinnung neuer Erkenntnisse zum Ziel (gemäß einer im voraus ausgearbeiteten Hypothese) hat, die für die Gesellschaft im Interesse des Schutzes und der Entwicklung der Gesundheit der Bürger genutzt werden können. (Nicht nur für die Zwecke der Prävention, Diagnostik und Therapie, sondern auch für den Bereich der medizinischen Theorie). Die angeführten Begriffe schließen die Zulässigkeit des Selbstzweckversuchs aus. Es ist jedoch daran zu denken, dass Experimente, von denen ein Beitrag nur im Bereich der Theorie erwartet wird, kein Selbstzweck sein müssen, auch wenn die Beziehung zur praktischen Nutzung erheblich entfernt und vermittelt sein kann.

Aus dem Prinzip des Schutzes der Bürgerrechte ergibt sich eine weitere grundsätzliche Forderung der *Ausschließlichkeit des Experiments zur Erzielung einer bestimmten Erkenntnis.* Es kann also kein Versuch zugelassen werden, wenn die Prüfung der Hypothese mit anderen Mitteln (z.B. durch statistische Auswertung verschiedener in der Praxis benutzter Methoden) erreicht werden kann.

In der Fachliteratur und Praxis werden unterschieden:

- *reiner Forschungsversuch* (danach nicht völlig treffend als biologisch oder nicht therapeutisch bezeichnet): aus dessen Anwendung kann die Versuchsperson keinen Vorteil für ihre Gesundheit erwarten und Ziel ist hier nur die Vertiefung der wissenschaftlichen Erkenntnis;

- *klinischer Versuch* (therapeutischer Versuch), bei dem die Versuchsperson Vorteil für ihre Gesundheit (aus der Sicht der Prävention, Diagnostik oder Therapie) in der gegebenen Situation erwarten kann; gleichzeitig jedoch, wenn nicht sogar vor allem geht es wieder laut Stepán um die Gewinnung neuer wissenschaftlicher Erkenntnisse.

Am vollständigsten haben sich mit der Frage der juristischen Aspekte des ärztlichen Experiments an lebenden Menschen die Juristen bereits vor fünfzehn Jahren befasst, als das medizinische Experiment als Antimonie des grundsätzlichen Bürgerrechts auf Gesundheitsschutz verstanden wurde, da die strikte Aufrechterhaltung des absoluten Schutzes der menschlichen Gesundheit den medizinischen Versuch ausschließen würde, der immer per Definition mit einem gewissen Risiko für die Versuchsperson verbunden ist.[4]

Für den medizinischen Versuch an lebenden Menschen können aufgrund von Abstraktionen aus den bisherigen Definitionen Merkmale des Begriffs medizinischer Versuch aus der Sicht der Voraussetzung von dessen Erlaubtsein angeführt werden.

1. Gewünschtes Ziel des Experiments, ist ein letztendlich Erfolg für die menschliche Gesundheit bringendes, bzw. deren Schädigung verhinderndes Ziel. Konkret müssen also Ziel des Experiments insbesondere Prävention oder Therapie einer bestimmten Krankheit, bzw. bestimmter Krankheiten sein. Das zulässige ärztliche Experiment kann jedoch auch andere konkrete sozial nützliche Ziele haben, wie z.B. die experimentelle Klärung, wie sich der menschliche Organismus in der Schwerelosigkeit verhält, die der Kosmonautik dient, wie sich der menschliche Organismus in großen Tiefen verhält, was den Bergarbeitern dient, usw. Auch diese und ihnen ähnliche Ziele implizieren jedoch schließlich das grundsätzliche Ziel, nämlich die Fürsorge um die menschliche Gesundheit. Allgemein wird umgekehrt anerkannt, dass ein medizinisches Experiment unzulässig ist, das nur die Selbstzweckerkenntnis verfolgen würde, also eine Erkenntnis, die konkret kein sozial nützliches Ziel hätte. Hieraus wird manchmal abgeleitet, dass das medizinische Experiment im Rahmen der Grundlagenforschung überhaupt unzulässig ist und es nur in der angewandten Forschung zugelassen werden kann. Diese Meinung teilen einige Rechts- und Medizinexperten nicht und nehmen an, dass auch in der Grundlagenforschung das medizinische Experiment unter der Voraussetzung nicht ausgeschlossen werden kann, dass nicht nur das unmittelbare Ziel des Experiments klar ist, sondern auch das Ziel der Grundlagenforschung klar und sozial nützlich ist, in deren Rahmen der Versuch stattfinden soll.
2. Eine weitere Voraussetzung dafür, dass irgendeine Handlung als medizinischer Versuch qualifiziert werden kann, ist die subjektive Absicht des

[4]Knapp, V., Ärztlicher Versuch an lebenden Menschen, Československé zdravotnictví, Nr. 8-9/1985.

objektiv nützlichen, unter 1 genannten Ziels, die genaue Beschreibung der Vorgehensweise (ggf. Algorithmisierung) des beabsichtigten medizinischen Versuchs und die konkrete Hypothese, die durch den medizinischen Versuch bewiesen ggf. auch widerlegt werden soll. Diese Hypothese ist keine Hypothese des unter 1. genannten sozialen Ziels, sondern ist durch dieses gebunden. Die Hypothese des medizinischen Experiments ist dessen vorausgesetztes Ergebnis, bzw. aus logischer Sicht die Aussage, deren Wahrscheinlichkeit mit dem Versuch bewiesen (oder ggf. widerlegt) werden soll. Hat jedoch die Hypothese den Versuch gerechtfertigt, so muß der Versuch mit dem in 1 genannten gesellschaftlichen Ziel übereinstimmen und deren etwaige Widerlegung durch den Versuch darf die Gesundheit der Versuchspersonen nicht schädigen.

3. Aus dem Aufgeführten geht hervor, dass ein sog. Gedankenexperiment, d.h. ein Experiment an einem simulierten Modell, und auch ein Experiment ex post, d.h. die Analyse, Abstraktion usw. und schließlich die Deduktion allgemeiner Fazits aus medizinischen Vorgehensweisen der Vergangenheit nicht als medizinisches Experiment gelten können. Auch die Klärung gewisser anatomischer, biologischer, physiologischer u.a. Faktoren des menschlichen Körpers, sei es, dass sie zum Zwecke der Wissenschaft erfolgt ist, ist kein medizinisches Experiment, sofern diese Klärung in Routine erfolgt, bzw. überhaupt lege artis. So wird z.B. der Blutdruck von an einer gewissen Krankheit leidenden Personen periodisch geprüft, damit eine eventuelle Beziehung von dessen Änderungen mit der Entwicklung der betroffenen Krankheit erforscht wird. Dabei handelt es sich zwar um wissenschaftliche Tätigkeit, jedoch nicht um einen medizinischen Versuch.

4. Der medizinische Versuch ist im juristischen Sinne von der Anwendung der sog. trial and error Methode bei der Behandlung eines bestimmten Patienten zu unterscheiden, die darin besteht, dass, wenn eine Methode (die Standardmethode) der Behandlung einer bestimmten Krankheit bei einem bestimmten Patienten keinen Erfolg hat, der Arzt eine andere bekannte und (z.B. bei der Behandlung anderer Krankheiten) angewendete Methode anwendet, von der er im Hinblick auf alle Umstände annehmen kann, dass sie im konkreten Falle erfolgreich sein könnte, ohne dass umgekehrt eine Verschlechterung des Gesundheitszustandes des Patienten drohen würde. Außer der Unterschiede, die aus dieser Beschreibung ersichtlich sind, beruht der Unterschied des medizinischen Experiments zur trial and error Methode auch darin, dass die zuletzt genannte Methode individuell bei einem bestimmten Patienten zur Anwendung kommt, während der medizinische Versuch das Erzielen von allgemein verwendbaren Ergebnissen verfolgt, woraus sich ergibt, dass nur der bezüglich vergleichbarer Situationen an mehreren Personen und in der Regel über einen längeren Zeitraum erfolgte Versuch als medizinischer Versuch qualifiziert werden kann.

5. Zu den begrifflichen Kennzeichen des medizinischen Versuchs gehört weiterhin dessen Notwendigkeit zur Prüfung der in 2. genannten Hypothese. Sofern deren Überprüfung auch auf andere Weisen möglich ist, könnte der medizinische Versuch nicht als berechtigt gelten.

6. Schließlich muß das minimale Risikomaß als Voraussetzung für die Berechtigung des medizinischen Versuchs gelten. Ausgangspunkt für die Festlegung des Risikomaßes ist das allgemeine Postulat, dass der medizinische Versuch den Gesundheitszustand der Versuchsperson nicht dauerhaft verschlechtert. Das bedeutet, dass das medizinische Experiment nur dann zugelassen werden kann, wenn dabei alle nach dem gegebenen Stand der ärztlichen Erkenntnis vorhersehbaren Möglichkeiten der ständigen Verschlechterung des Gesundheitszustandes der Versuchsperson ausgeschlossen sind, was a fortiori natürlich auch die Möglichkeit seines Todes voraussetzt.

Ein wichtiges Problem ist die Frage, ob das genannte abstrakte zulässige Risikomaß im konkreten Falle vom Gesundheitszustand der Versuchsperson beeinflußt ist, ob hier also das allgemeine Prinzip favoris vitae so zu interpretieren ist, dass zum Zwecke der Lebenserhaltung des Menschen berechtigterweise dessen Tod riskiert werden kann, oder so, dass favor vitae ein solches Risiko ausschließt. Die überwiegenden Gründe sprechen eher für die an letzter Stelle genannte Lösung, wohl mit einer Ausnahme dann, wenn der Zustand der Versuchsperson praktisch schon überhaupt nicht mehr verschlechtert werden kann, d.h. beim Experimentieren in articulo mortis. Daraus geht hervor, dass der einen Versuch an einer bestimmten Person durchführende Arzt verpflichtet ist, diesen zu unterbrechen, wenn er sieht, dass der Versuch für die Versuchsperson unvorhergesehene Gefahr bringt, und wenn die Unterbrechung ohne gesundheitliche Nachteile für die Versuchsperson möglich ist. Unterbricht der Arzt den Versuch, ist er gleichzeitig verpflichtet, alles erforderliche zu unternehmen, damit die Versuchsunterbrechung keine gesundheitlichen Nachteile für die Versuchsperson bewirkt.

Als Sondertyp des Experiments wird in der Literatur und Praxis oft der sog. *klinische Test von Heilmitteln,* Seren und Impfstoffen angeführt. Auch wenn es hier bestimmte Besonderheiten gibt, wie der einfache und doppelte *Blindtest* und die Verwendung sog. *Plazebos, bleibt die Unterscheidung des Versuchscharakters aus im Hinblick auf das Interesse des Patienten grundsätzliches Kriterium.* In der Praxis handelt es sich hier überwiegend um eine rein klinischen Versuch, in bestimmtem Umfang auch um einen Forschungsversuch; danach werden dann die für beide Versuchstypen festgelegten juristischen Garantien geltend gemacht. Die Forderungen einiger Autoren daran, dass das Experiment kostenlos erfolgt und sich die Versuchspersonen den Versuchen freiwillig unterziehen ist unhaltbar, weil es gerade beim pharmazeutischen Versuch, wo beim Testen neuer Heilmittel und Seren gesunde Studenten die Freiwilligen sind, schwer wäre, die entsprechenden Personen unter der Bedingung der Unentgeltlichkeit zu gewinnen.

Welche Schlüsse ergeben sich aus dem oben gesagten für das Recht in der Tschechischen Republik? Grundfehler der juristischen, Versuche betreffenden Regelungen ist, dass diese ernsthaften Eingriffe in die Freiheiten des Bürgers nicht per Gesetz ordnungsgemäß gehandhabt werden, sondern durch Normen mit niedrigerer Rechtskraft.

Im Strafrecht bedeutet das, dass es notwendig sein wird, sich sehr ausführlich mit dem neuen Konzept der die Rechtswidrigkeit ausschließenden Umstände zu befassen. Ferner sind schnellstens die Regeln des zulässigen Risikos zu formulieren, damit der medizinische als auch der pharmazeutische Versuch gedeckt sind, als auch eventuell weitere Risikohandlungen, die bei der Anwendung der Konvention notwendigerweise entstehen. Im Zusammenhang mit dem Strafrecht stellt sich weiterhin die Frage der Zustimmung der Person, an der das Experiment erfolgt, damit es sich um eine erlaubte Handlung handelt. Die juristische Regelung kennt die Zustimmung des Geschädigten als einen die Rechtswidrigkeit ausschließenden Umstand.[5] In den gegenwärtigen Lehrbüchern werden Bedingungen für die juristische Relevanz der Einwilligung des Geschädigten angeführt (Interessen, zu denen der Einzelne selbst entscheiden kann, ernsthafte und freiwillige Einwilligung, persönlich in der Lage ist, in dieser Richtung eine verbindliche Äußerung, Erlaubnis vor der Tat oder während der Tat vorzunehmen), jedoch wird dessen Bedeutung vor allem für Eigentumsdelikte hervorgehoben. Die Frage für Fälle von Delikten gegen die Gesundheit wird nicht gelöst, bei Delikten gegen das Leben wird die Einwilligung ausgeschlossen (was besonders für Euthanasie von Bedeutung ist).

In der Tschechischen Republik gilt der Grundsatz des römischen Rechts »Volenti non fit iniuria« nur beschränkt, und ist deshalb die Zustimmung des Geschädigten insbesondere aus der Sicht des Experiments zu präzisieren. Das gilt nicht nur für den Bereich des Strafrechts.

Das tschechische Gesetz über die Gesundheit des Volkes Nr. 20/1966 Gbl. ist noch immer gültig und mit dieser Konvention entschieden inkompatibel. Es ist sehr häufig novelliert worden und sehr unübersichtlich.

Alle bisherigen Vorschriften über die Bioethik in der CR hatten einen grundsätzlichen Mangel - es handelte sich um interne Richtlinien und um keine gesetzliche Regelung. Auch das ist so früh wie möglich zu ändern.

Aus der Sicht der Zulässigkeit des medizinischen Versuchs ist auch das Risikomaß in Betracht zu ziehen, dem das Versuchssubjekt ausgesetzt sein kann.

Man kann nämlich dort, wo eine gewisse Unsicherheit herrscht, die Gefahr des ernsthaften Nachteils für die Gesundheit oder sogar den Tod nicht ausschließen. Der Begriff Risiko ist relativ klar- die Möglichkeit, dass das Ergebnis

[5] Lehrbuch, Novotný, O u. Coll. Sachliches Strafrecht Bd. I, allgemeiner Teil, Codex, Praha 1997 S. 149.

einer bestimmten Handlung (des Versuchs) ein anderes als das vorausgesetzte sein wird.

Jetzt geht es darum, wie ein solches Risiko für das Recht überhaupt und für das Strafrecht zu formulieren ist, damit auch bei einem gewissen Maße der Wahrscheinlichkeit des schlechten Ergebnisses einer bestimmten Tätigkeit zugelassen werden kann, dass die Risikohandlung die Rechtswidrigkeit ausschließt. Es sind die Erfahrungen aus anderen Ländern abzuwägen und die Möglichkeit der Anwendung dieser Rechtsregelung auch für die CR zu überlegen. Diese Überlegungen sind insbesondere dann wichtig, wenn eine bestimmte Tätigkeit mit einem anderen Ergebnis endet, als ursprünglich angenommen worden war. Es geht darum, welches Maß an Risiko zugelassen wird.

Der Begriff selbst sollte nicht betonen, in wieweit ein Risiko erlaubt ist, sondern die Zulässigkeit des Risikos unterstreichen, damit der Ausnahmegrad dessen hervorgehoben wird, dass eine gewisse Tätigkeit riskant sein darf. Dieses zulässige Risiko sollte nur dort erlaubt sein, wo bei einem Versuch ein ungünstiges Ergebnis dann riskiert werden muß, wenn hier ein bedeutender Erfolg der Forschungstätigkeit erwartet wird, sofern Erfolg und Risiko gegenseitig proportional sind. In der Medizin wird angeführt, dass je höher der Beitrag für die Gesundheit des Patienten sein kann, ein desto ernsthafteres Risiko zu akzeptieren ist.

Wesentlich ist jedoch die ausführliche Information und qualifizierte Zustimmung der Versuchsperson, was oftmals unterschätzt wird, obwohl es ohne diese Information und Zustimmung offensichtlich dazu kommen würde, das die Rechtswidrigkeit nicht ausgeschlossen würde.

Manche Autoren (Mitlöhner) betonen, dass es sich um ein professionelles Risiko handeln muß, d.h. nicht jeder kann Versuche zu einem bestimmten Risiko für die Versuchsperson machen, sondern nur der Profesionelle. Das ist eine sehr wichtige Forderung, die bei der Risikodefinition nicht immer in Betracht gezogen wird.[6]

Auch wenn einige Autoritäten die Meinung unterstreichen, dass die Beteiligung an medizinischen Versuchen grundsätzlich *ohne Vergütung* erfolgen soll, wird diese Anforderung in der Praxis und bei der überwiegenden Mehrheit der Vertreter der Wissenschaft nur auf *klinische Versuche* beschränkt. *Weil hier mit Zustimmung des Bürgers eine Methode angewendet wird, bei der die Möglichkeit des Erfolgs für dessen Gesundheit vorausgesetzt wird, besteht kein Grund, dessen Bereitschaft, sich der Ausübung zu unterziehen, noch gesondert zu vergüten.*

[6] Mitlöhner, M. Zur Problematik und Verantwortlichkeit im Gesundheitswesen, Právní praxe 5/98 u.a.

Dem gegenüber kann *die erforderliche Beteiligung an reinen Forschungsversuchen* nur in begrenztem Umfang aus den Reihen unbezahlter Freiwilliger (z.B. des medizinischen Personals, gemäß der traditionellen Ethik, die empfiehlt, dass der Arzt die neue Methode zunächst an sich selbst testet) sichergestellt werden; in etwas breiterem Umfang dann überwiegend nur bei physiologisch orientierten und z.B. unter Beteiligung von Studenten, Sportlern u.a. sichergestellten Versuchen. Zum Teil auch für diese Versuche, und damit eher für Experimente, wo ein gewisses Risiko für die Gesundheit drohen kann, ist die *Möglichkeit der Vergütung* der Teilnehmer anzuerkennen. Die gewährte Kompensation, auch wenn verständlicherweise mit dem Motivationseffekt gerechnet wird, sollte im wesentlichen den Charakter einer äquivalenten Satisfaktion haben, die vor allem die Erstattung z.B. des Erwerbsverlusts, Entschädigung für eventuelle Freiheitsbegrenzungen und Schmerzen während des Versuchs u.ä. beinhaltet. Es ist selbstverständlich, das die Vergütung im tschechischen Recht keine *»pauschale Erstattung eines eventuellen Schadens«* darstellen kann, schon allein deshalb, weil der Bürger nicht im voraus gültig auf den Schadensersatzanspruch verzichten kann (§ 91, Abs. 2 des Zivilgesetzbuches der Tschechischen Republik).

Es ist schwer vorstellbar, dass ein Gesunder ohne Vergütung z. B. an pharmazeutischen Versuchen teilnehmen würde, wenn es insbesondere beim Testen neuer Medikamente bzw. Seren notwendig ist, dass die Freiwilligen gesund und jung sind. Bei diesen Tests neuer Medikamente ist nicht nur die persönliche Freiheit erheblich eingeschränkt (z.B. Aufenthalt im Bett), sondern kann auch sehr gefährdet sein.

Neben dem Experiment befasst sich die Konvention über Bioethik in den Artikeln 19-22 auch mit der Nutzung von Organen und Geweben von lebenden Spendern zu Transplantationszwecken. Auch hier existiert aus der Sicht des tschechischen Rechts keine ausreichende gesetzliche Regelung.

Laut Art. 19 der Konvention kann die Entnahme von Organen oder Geweben bei einer lebenden Person zu Transplantationszwecken nur dann im Interesse des therapeutischen Beitrags für den Empfänger vorgenommen werden, wenn kein geeignetes Organ oder Gewebe einer verstorbenen Person oder keine andere alternative Behandlungsmethode vergleichbarer Wirkung existiert. Die notwendige Zustimmung gemäß Artikel 5 muß ausdrücklich und konkret entweder schriftlich oder vor einem offiziellen Gremium gegeben werden. In Artikel 20 werden die Fragen des Schutzes von Personen geregelt, die nicht befähigt sind, die Zustimmung zur Organentnahme zu erteilen.

Artikel 21 und 22 beachtet (Kapitel VII.) das Verbot des finanziellen Profits und des Verfügens über Teile des menschlichen Körpers. In diesem Zusammenhang ist anzuführen, dass diese Fragen bei uns in der CR durch Normen niedrigerer Rechtskraft geregelt werden und die Praxis bei der Auslegung nicht immer eindeutig ist. Die Mehrheit dieser Problematik wird durch Normen des Verwaltungs- und teilweise des Zivilrechts gelöst, wobei die Theorie als auch die Praxis die Meinung vertreten, dass die Gewebeentnahme ex mortuo nur dann nicht erfolgt, wenn der Bürger zu Lebzeiten schriftlich erklärt hat, der Entnahme nicht zuzustimmen.

Diese Fragen sind in der Praxis nicht ordnungsgemäß erläutert und sind deshalb oft Ursache für Unklarheiten und Proteste der Hinterbliebenen. Es treten Bemühungen auf, diese Fragen nicht nur gerichtlich, sondern auch in den Medien zu lösen. Insbesondere aus vielen praktischen Gründen halten wir diejenige für die eindeutig bessere Lösung, die keine schriftliche Zustimmung zur Organentnahme nach dem Tod verlangt, sondern die schriftliche Ablehnung gegenüber einer solchen Vorgehensweise. In der Öffentlichkeit sind in einigen Ländern Meinungen vertreten worden, dass bei solchen Patienten, die der Organentnahme nach dem Tode ausdrücklich zugestimmt haben oder sich sogar manchmal als Spender registrieren ließen, die Gefahr droht – insbesondere dort, wo ein Mangel an Organen besteht – ihnen keine ausreichende ärztliche Fürsorge zuteil wird, damit im Todesfall schneller deren Organe gewonnen werden. Außerdem befürchten einige Leute den organisierten Handel mit menschlichen Organen. Allerding sind dort, wo begonnen wurde, den Moment der Registration von Spendern hervorzuheben, sind diese potentiellen Spender im Gegenteil weniger geworden.

Artikel 21. der Konvention führt an, dass der menschliche Körper und dessen Teile als solcher die Entstehung finanziellen Gewinns verursachen darf. In Artikel 22 wird das Problem des Umgangs mit entnommenen Teilen des menschlichen Körpers angesprochen. Leider sind die Bemühungen, z.B. den (internationalen) Handel mit Transplantaten in juristischer Form eventuell auch im Strafrecht zu ahnden, ins Leere gegangen. In der CR ist die Situation nicht gelöst.

III.

In diesem Zusammenhang sind auch weitere – entweder überhaupt nicht oder schlecht gelöste – Probleme anzusprechen, die einen wichtigen zivilrechtlichen und strafrechtlichen Aspekt aufweisen.

a) Vor allem ist die Frage des juristischen Regimes der entfernten Föten bei künstlicher Schwangerschaftsunterbrechung auf keine Weise gelöst. Wer und zu welchen Bedingungen verfügt über sie? Ist deren Nutzung zu allen beliebigen Zwecken möglich? Wer kann darüber entscheiden? Diese Frage sollte bei der juristischen Regelung der künstlichen Schwangerschaftsunterbrechung gelöst werden, was nicht geschehen ist, auf den Umgang mit diesen entnommenen Föten wurde in der Fachliteratur hingewiesen. Die gesamte Frage kann damit auch einen strafrechtlichen Aspekt haben.

b) bereits über Jahre werden Zweifel darüber geäußert, wie und zu welchen Bedingungen die Plazenta verwendet werden kann, die nach der Geburt entfernt wird und ohne Zustimmung der Mütter verschiedentlich verwendet und benutzt wird. Bereits in früheren Jahren wurde über deren Verwendung in der Kosmetikindustrie gesprochen. Auch heute ist diese Angelegenheit nicht gelöst. Die Zustimmung der Frauen wird nicht verlangt. Zusammen mit der Privatisierung des Gesundheitswesens kommt auch die kommerziellen Nutzung in Frage. Die Sache sollte gesetzlich gelöst werden, weil es sich hier um eine ernste Frage der Rechte der Frauen handelt.

c) Was den künstlichen Ersatz von Körperteilen betrifft, ist die Frage, welcher ein Rechtsregime hat. Sofern der künstliche Ersatz abnehmbar ist (einige Zahnprothesen), sollte es kein Problem sein. Herzschrittmacher und andere Organstimulatoren sind auch im Ausland nicht einheitlich gelöst. Manchmal gilt das Entnehmen von Herzschrittmachern aus dem Körper des Verstorbenen als Diebstahl, anderswo nicht. Das hängt jedoch mit dem juristischen Regime des menschlichen Körpers nach dem Tode zusammen. Das ist kein Mensch, und nur schwerlich kann jemand Eigentümer einer Leiche sein. Eine Leiche ist jedoch keine »Sache« und auch keine »verlassene Sache«, sie ist ein Objekt extra commercium. Aus dieser Sicht ist die Judikatur bereits vor 1990 kritisiert worden, die Fälle, bei denen jemand fixierte Goldzähne aus einer Leiche entfernt hat, als Diebstahl von Vermögen in sozialistischem Eigentum betrachtete. Bestraft wurden hier die Totengräber, wenn sie einem Toten die Goldkronen entfernten, ebenso wie die Mitarbeiter der Pathologie und insbesondere der Krematorien, die das Gold, das nach der Verbrennung als Schmelze im Ofen blieb, behielten. Bereits damals hatte die Judikatur keine Rechtsgrundlage und ging nur davon aus, dass das Gesundheitsministerium mit einer Norm geringerer Rechtskraft verboten hatte, fest eingesetzte Kronen herauszunehmen und sie den Verwandten des Verstorbenen zu geben. Damit ist dieses Gold jedoch kein sozialistisches Eigentum geworden.

Auch heute ist die Sache überhaupt nicht gelöst. Es ist überhaupt nicht klar, weshalb – insbesondere dort, wo heute der Patient hierfür erhebliche Summen bezahlt – diese Edelmetalle nicht herausgegeben werden sollten. Offensichtlich handelt es sich jedoch um einen Teil des Erbes, und als solches sollte es dem Notar übergeben werden oder sollte zumindest dem Notar eine ausführliche Information zugeleitet werden, damit die Erbschaftsgebühren bzw. Erbschaftssteuern bezahlt werden.

Die Angelegenheit muß wieder gesetzlich gehandhabt werden, und nicht mit einer niederen Norm und es ist auch an die entsprechenden Sanktionen zu denken.

IV.

Die oben genannten Probleme beziehen sich vollumfänglich auch auf den Nachtrag zur Konvention, mit das Protokoll über den Verbot des Klonens menschlicher Wesen bezieht. Eine spezifische Problematik der Tschechischen Republik in diesem Zusammenhang ist auch die Frage der vollständigen Information des Patienten über alle Möglichkeiten und Risiken der Therapie.

Ein Teil der derzeitigen juristischen und medizinischen Theorie und Praxis vertritt die zusätzliche Meinung, die der vom Gesetz über die Pflege der Gesundheit des Volkes von 1966 gegebenen Regelung nicht nachkommt und ermöglicht es ihren Patienten, sogar auch Eltern minderjähriger Kinder zum Beispiel nicht, sich mit der ärztlichen Dokumentation vertraut zu machen. Dieser Zustand sollte jetzt behoben sein, da in Übereinstimmung mit den europäischen Richtlinien mit Wirkung vom 1. Juni 2000 die neue juristische Regelung des persönlichen Datenschutzes verabschiedet wurde. Das Gesetz Nr. 101/2000 Gbl. der tschechischen Republik ordnet Angaben über den Gesundheitszustand seinem Regime unter und schafft so Voraussetzungen für die bessere Information. Daraus leitet sich die Notwendigkeit ab, die qualifizierte Zustimmung des Patienten zur Therapie zu erhalten.

Abschließend läßt sich sagen, dass die Tschechische Republik seit 1998 in der Frage des Schutzes der menschlichen Würde bei medizinischen Eingriffen und Versuchen bereits einen erheblichen Fortschritt gemacht hat, jedoch vieles für die Zukunft nicht nur an die moderne Regelung oder Erziehung zur Ethik und Erhöhung des Rechtsbewußtseins gebunden ist, sondern auch an ausreichende ökonomische Quellen und in diesem Zusammenhang an das Gesamtkonzept des Verständnisses der öffentlichen Gesundheitspflege, deren Gestaltung gegenwärtig bei uns diskutiert wird.

D – Landesbericht Deutschland

Prof. Dr. Jochen Taupitz, Manuela Brewe und Holger Schelling

Universität Mannheim, IMGB

A. Die Bundesrepublik Deutschland und die Menschenrechtskonvention zur Biomedizin

Die Bundesrepublik Deutschland gehört bisher nicht zu den Unterzeichnerstaaten der Menschenrechtskonvention zur Biomedizin des Europarates[1]. Schon bei der Verabschiedung der Konvention durch das Ministerkomitee des Europarates am 19.11.1996 enthielt sich Deutschland der Stimme, um einer innerstaatlichen Diskussion nicht vorzugreifen[2]. Deutschland steht damit nach wie vor vor der Frage, ob es der Menschenrechtskonvention beitreten soll. Diese Entscheidung ist hoch umstritten. Die Menschenrechtskonvention ist ein völkerrechtlichen Vertrag und würde durch einen Beitritt Deutschlands in Deutschland Gesetzeskraft erlangen[3]. Es ist daher zu prüfen, welchen Schutzstandard die bisherige Rechtslage in Deutschland bietet und welche Veränderungen ein Beitritt zu der Menschenrechtskonvention mit sich bringen würde.

B. Medizinische Forschung am Menschen

I. Einleitung

Im deutschen Recht gibt es kein allgemeines Gesetz zur Regelung der medizinischen Forschung am Menschen. Zwar wurde die Einführung einer umfassenden Regelung der medizinischen Forschung in der Vergangenheit immer

---

[1] Die Menschenrechtskonvention zur Biomedizin des Europarates wird im folgenden nur als Menschenrechtskonvention bezeichnet oder mit MRB abgekürzt. Die MRB wird in anderen Publikationen auch als Menschenrechtsübereinkommen zur Biomedizin des Europates bezeichnet und dann oft als MRÜ-Biomed abgekürzt.

[2] Taupitz, Die Menschenrechtskonvention zur Biomedizin – akzeptabel, notwendig oder unannehmbar für die Bundesrepublik Deutschland?, VersR 1998, 542 (542).

[3] Taupitz, Vereinbarungen zur Bioethik – Ziele, Möglichkeiten und Grenzen aus juristsicher Sicht, in: Honnefelder/Taupitz/Winter, Das Übereinkommen über Menschenrechte und Biomedizin der Europarates, Argumente für einen Beitritt (1999), S. 17 (18).

wieder gefordert; entsprechende Vorschläge, wie sie etwa vom Deutschen Juristentag 1978 unterbreitet wurden, hat der Gesetzgeber jedoch nicht umgesetzt. Verfassungsrechtliche Rahmenbedingungen liefern auf seiten des Forschers Art. 5 III S. 1 GG (»Kunst und Wissenschaft, Forschung und Lehre sind frei«), die Berufsfreiheit gemäß Art. 12 I GG und die allgemeine Handlungsfreiheit gemäß Art. 2 I GG, auf seiten des Patienten/Probanden das Recht auf freie Entfaltung der Persönlichkeit und das Recht auf Leben und körperliche Unversehrtheit nach Art. 2 I und II GG sowie letztlich auch die Menschenwürdegarantie des Art. 1 I GG.

Relativ umfassende (einfachgesetzliche) Regelungen finden sich lediglich in einigen Spezialgesetzen, die zwar einen großen Teil, keineswegs aber alle medizinischen Forschungsvorhaben am Menschen betreffen (und selbst innerhalb ihres Anwendungsbereichs vielfältige Fragen ungelöst lassen): Die Zulässigkeit der klinischen Prüfung von Arzneimitteln ist in den §§ 40 bis 42 des Arzneimittelgesetzes (AMG) und die Prüfung von Medizinprodukten in den §§ 17 bis 19 des Medizinproduktegesetzes (MPG) geregelt. Ergänzende Vorschriften für die Verwendung radioaktiver Substanzen in der medizinischen Forschung finden sich in § 41 der Strahlenschutzverordnung (StrSchVO). Soweit diese Vorschriften Bestimmungen zur Zulässigkeit medizinischer Forschungseingriffe am Menschen enthalten, sind sie innerhalb ihres Regelungsbereichs grundsätzlich abschließend[4].

Außerhalb des Anwendungsbereichs der spezialgesetzlichen Normen ist weitgehend unklar, wie die Zulässigkeit der Forschung am Menschen zu bewerten ist[5]. Dies betrifft etwa die Erprobung neuartiger Operationsmethoden oder Behandlungstechniken, aber auch Anwendungsbeobachtungen und Beobachtungsstudien zu bereits eingeführten und zugelassenen Arzneimitteln. Die im Schrifttum verbreitete Argumentation, die Bestimmungen der Spezialgesetze seien analog auf spezialgesetzlich ungeregelte Forschungsvorhaben zu übertragen[6], kann nicht ohne weiteres überzeugen[7]. Denn das Argument, die Spezialvorschriften seien ohnehin nichts anderes als Ausdruck allgemeiner rechtlicher Wertungen, erklärt nicht, warum der Gesetzgeber sich dann auf die (ihrerseits nicht einheitliche) Regelung einiger weniger Bereiche (Arznei-

---

[4] Taupitz/Fröhlich, Medizinische Forschung mit nichteinwilligungsfähigen Personen, VersR 1997, 911 (911).

[5] Ausführlich zu den Fragen medizinischer Forschung: Deutsch, Das Recht der klinischen Forschung am Menschen (1979); ders., Medizinrecht 4. Aufl. (1999), Rdnrn. 525 ff.; Fischer, Medizinische Versuche am Menschen (1979); Fröhlich, Forschung wider Willen? (1999); Lippert/Eisenmenger (Hrsg.), Forschung am Menschen (1999).

[6] So z.B. Kern, Die Bedeutung des Betreuungsgesetzes für das Arztrecht, MedR 1991, 66, (70); Rieger, Lexikon des Arztrechts (1984), Rdnr. 967; Laufs, Die klinische Forschung am Menschen nach deutschem Recht, VersR 1978, 385; differenzierend Deutsch, Medizinrecht (o. Fn. 5) Rdnr. 535.

[7] Taupitz/Fröhlich, VersR 1997, 911 (912).

mittelforschung, Medizinprodukteforschung und Strahlenschutz) beschränkt hat, anstatt *allgemeine* gesetzliche Vorschriften zur Forschung am Menschen zu schaffen oder für die geregelten Spezialbereiche zumindest untereinander *deckungsgleiche* Normen zu erlassen. Zutreffender ist daher der Ansatz, nach allgemeinen Rechtsgrundsätzen für medizinische Eingriffe am Menschen zu suchen (die natürlich u.U. – jedenfalls z.T. – *auch* in den spezialgesetzlichen Bestimmungen Ausdruck gefunden haben mögen)[8].

Im Zentrum der folgenden Darlegungen sollen neben der Menschenrechtskonvention die Schutzkriterien stehen, die in den vorhandenen *spezialgesetzlichen* Bestimmungen enthalten sind. Daneben ist aber auch die (revidierte) Deklaration von Helsinki des Weltärztebundes in der Neufassung vom Oktober 2000[9] einzubeziehen, gibt sie doch standes-gewohnheitsrechtlich – wenn auch sehr allgemein formuliert und als »Empfehlung« bezeichnet – im wesentlichen das wieder, was – jedenfalls bisher – nach allgemeiner Auffassung als Kernbestand der Schutzkriterien begriffen wurde[10].

Wenig ergiebig sind dagegen die Berufsordnungen der Ärztekammern. Soweit sie – wie überwiegend – der Musterberufsordnung des Deutschen Ärztetages folgen, enthalten sie mit § 15 lediglich eine einzige spezielle Vorschrift zur Forschung. Darin ist die Pflicht des Arztes enthalten, sich vor Durchführung biomedizinischer Forschung am Menschen durch eine bei der Ärztekammer oder bei einer medizinischen Fakultät gebildete Ethik-Kommission über die mit seinem Vorhaben verbundenen berufsethischen und berufsrechtlichen Fragen beraten zu lassen (wobei dieser Beratung die Deklaration von Helsinki zugrunde zu legen ist[11]). Zudem wird auf die Schweigepflicht eingegangen und wird der Arzt verpflichtet, in Publikationen von Forschungsergebnissen seine Beziehungen zum Auftraggeber und dessen Interessen offenzulegen. Neben diese wenigen speziellen Bestimmungen treten die allgemeinen Vorschriften zur ärztlichen Berufsausübung, die jedoch nicht auf die Besonderheiten der Forschung ausgerichtet sind.

---

[8]Taupitz/Fröhlich, VersR 1997, 911 (912); Fröhlich, Forschung wider Willen? (o. Fn. 5), S. 125 f.

[9]Text der Neufassung bei Taupitz, MedR 2001, 277 (278 ff.).

[10]Taupitz, Schutzmechanismen zugunsten des Probanden und Patienten in der klinischen Forschung in: Lippert/Eisenmenger (o. Fn. 5), S. 13 (13 f.). In den (satzungsförmigen) Berufsordnungen der Ärztekammern, die der Musterberufsordnung des Deutschen Ärztetages folgen, wird die Deklaration von Helsinki allerdings nur als Grundlage jener Beratung genannt, die die Ethikkommission dem Arzt auf dessen Anforderung hin (zu der er verpflichtet ist) vor Durchführung biomedizinischer Forschung am Menschen erteilt (§ 15 II MBO, derzeitige Fassung DÄBl. 1997, A-2354 mit Änderung DÄBl 2000, A-2730 ff.).

[11]Siehe Fn. 10, allerdings werden die Berufsordnungen nur zögerlich auf die Neufassung der Deklaration von Helsinki »umgestellt«.

II. Die Unterscheidung zwischen therapeutischer und nicht-therapeutischer Forschung

Von zentraler Bedeutung für die Beurteilung medizinischer Forschung am Menschen ist die Unterscheidung zwischen Standardbehandlung, therapeutischer Forschung und wissenschaftlichem Experiment[12]. Diese Unterscheidung läßt sich letztlich zurückführen auf ein Kontinuum, an dessen einem Pol das individuelle Wohl des Betroffenen und an dessen anderem Pol das (All)Gemeinwohl steht. Übersichtsweise läßt sich dies wie folgt darstellen:

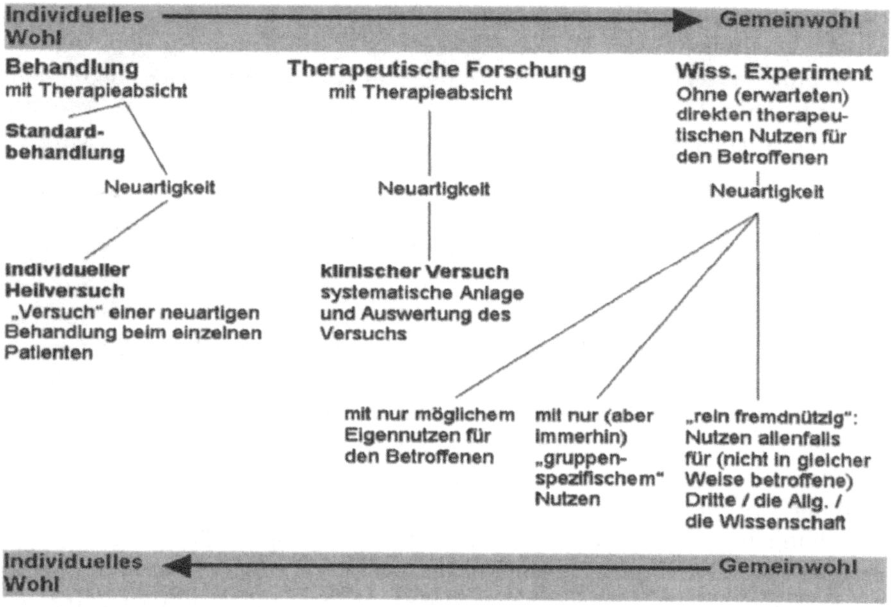

Erläuterungen:

Die Standardbehandlung dient ebenso wie die therapeutische Forschung der Behandlung eines kranken Menschen, also eines Patienten. Therapeutische Forschung unterscheidet sich von der »normalen Heilbehandlung« durch die Neuartigkeit der Maßnahme. Hinsichtlich dieser Neuartigkeit im Unterschied zur schon eingeführten Standardtherapie, stimmen dabei der individuelle Heilversuch und der klinische Versuch überein[13]. Während aber der indi-

[12] Näher (auch zur nicht einheitlichen Terminologie) Fröhlich, Forschung wider Willen? (o. Fn. 5), S. 9 ff.; Fischer, Medizinische Versuche (o. Fn. 5), S. 4 f.

[13] Zum Begriff des Heilversuches siehe Habermann/Lasch/Gödicke, Therapeutische Prüfungen an Nicht-Einwilligungsfähigen im Eilfall - ethisch geboten und rechtlich zulässig?, NJW 2000, 3389 (3391), m.w.Nwen.; Hirsch, Heilversuch und medizinisches Experiment: Begriff, medizinische und rechtliche Grundsatzfragen, in: Kleinsorge/Hirsch/Weißauer (Hrsg.), Forschung am Menschen (1985), S. 13 (13 f.).

viduelle Heilversuch wie die Standardbehandlung ganz auf das Wohl des individuellen Patienten ausgerichtet ist, beim Heilversuch nämlich zu seinem Nutzen bei ihm eine neuartige Maßnahme »ausprobiert« wird (etwa weil sie die letzte Chance auf Rettung beinhaltet), tritt beim klinischen Versuch eine systematische, forschungsorientierte Planung des Versuchs und eine systematische Auswertung der Ergebnisse hinzu. Anders gesagt dient der klinische Versuch auch der Erweiterung medizinischen Wissens über den Einzelfall hinaus, dient also auch dem Gemeinwohl. Sowohl beim klinischen Versuch als auch beim Heilversuch handelt es sich aber, wie gesagt, um therapeutische Maßnahmen im Interesse des Patienten, so daß sich beide in die klassische Arztrolle einfügen, aufgrund derer der Arzt als Helfer vom hilfsbedürftigen, kranken Patienten in Anspruch genommen wird und aufgrund derer das individuelle Wohl des Betroffenen, der individuelle Nutzen im Vordergrund steht[14]. Dabei ist der Begriff der therapeutischen Forschung bei genauer Betrachtung allerdings insofern mißverständlich, als er zu eng auf Behandlung und Heilung ausgerichtet ist, also nur die kurative Tätigkeit des Arztes ins Auge faßt. Richtigerweise meint Therapie in diesem Zusammenhang auch Diagnostik sowie palliative und präventive Tätigkeiten, soweit ein konkreter Nutzen für den Betroffenen beabsichtigt ist.

Beim wissenschaftlichen Experiment[15], der nicht-therapeutischen Forschung, tritt dagegen der konkrete Nutzen für den Betroffenen in den Hintergrund. In allererster Linie geht es hier um die Fortentwicklung der medizinischen Wissenschaft. Hier ist es der Arzt, der als Bittsteller an den Probanden herantritt und ihn zur Teilnahme an einem dem Probanden nicht unmittelbar nützenden Projekt zu bewegen versucht. Hier besteht deshalb auch in viel stärkerem Maße die Sorge, daß der Proband als Objekt mißbraucht, nämlich für Zwecke anderer »instrumentalisiert« wird. Dabei läßt sich das wissenschaftliche Experiment weiter unterteilen in Experimente mit möglichem Eigennutzen für den Betroffenen, in Experimente mit gruppenspezifischem Nutzen und in rein fremdnützige Experimente[16]. Experimente mit nur möglichem, potentiellem Eigennutzen für den Betroffenen sind Maßnahmen wie z.B. Impfversuche, die der betroffenen Person vielleicht irgendwann einmal in ihrem Leben nützen können. Davon zu unterscheiden sind Maßnahmen, die dem Betroffenen selbst voraussichtlich nicht oder nicht mehr nützen (etwa weil seine Lebenserwartung nur noch gering ist), die aber doch immerhin Personen nützen sollen, die entweder an derselben Störung oder Krankheit leiden (etwa Personen, die ebenso wie der Betroffene an Alzheimer erkrankt sind) oder aber solchen Personen nützen sollen, die zur selben altersmäßigen Betroffenengruppe gehören (etwa Säuglinge oder Kinder). Ganz am Ende der Skala beim gemeinwohlori-

[14]Zum folgenden s. Taupitz in: Lippert/Eisenmenger (o. Fn. 10), S. 13 (15).

[15]Hirsch in: Kleinsorge/Hirsch/Weißauer (Hrsg.), Forschung am Menschen (o. Fn. 13), S. 13 (13, 15 f.).

[16]Taupitz in: Lippert/Eisenmenger (o. Fn. 10), S. 13 (15 f.).

entierten Experiment steht die sogenannte rein fremdnützige Forschung, die allenfalls für die Wissenschaft (etwa als Grundlagenforschung) oder sonst für die Allgemeinheit von Nutzen ist.

Von großer Bedeutung ist allerdings bei diesen Unterscheidungen, daß die Grenzen zwischen den verschiedenen Arten von Maßnahmen weithin fließend sind:

- Zwischen Standardbehandlung und individuellem Heilversuch ist die Grenze fließend, weil das Neuartige eben erst langsam zur etablierten Therapie wird;
- zwischen individuellem Heilversuch und klinischem Versuch ist die Grenze fließend, weil aus einem ersten ein zweiter, ein dritter und ein weiterer individueller Heilversuch werden kann und dabei u.U. die systematische Betrachtung (anders formuliert: die wissenschaftliche Absicht) erst langsam immer stärker in den Vordergrund tritt;
- zwischen Forschung mit Therapieabsicht und wissenschaftlichem Experiment mit möglichem Eigennutzen für den Betroffenen ist die Grenze fließend, da auch die eigennützige Forschung einen unmittelbaren Nutzen natürlich nicht garantieren kann und »Absichten« nun einmal mehr oder weniger stark ausgeprägt sein können.

Trotz dieser fließenden Übergänge ist es aber wichtig, festzuhalten, daß je nach Nähe einer Maßnahme zu einem der beiden Pole unterschiedliche Anforderungen an die Maßnahme, also unterschiedliche Zulässigkeitsvoraussetzungen zu stellen sind:

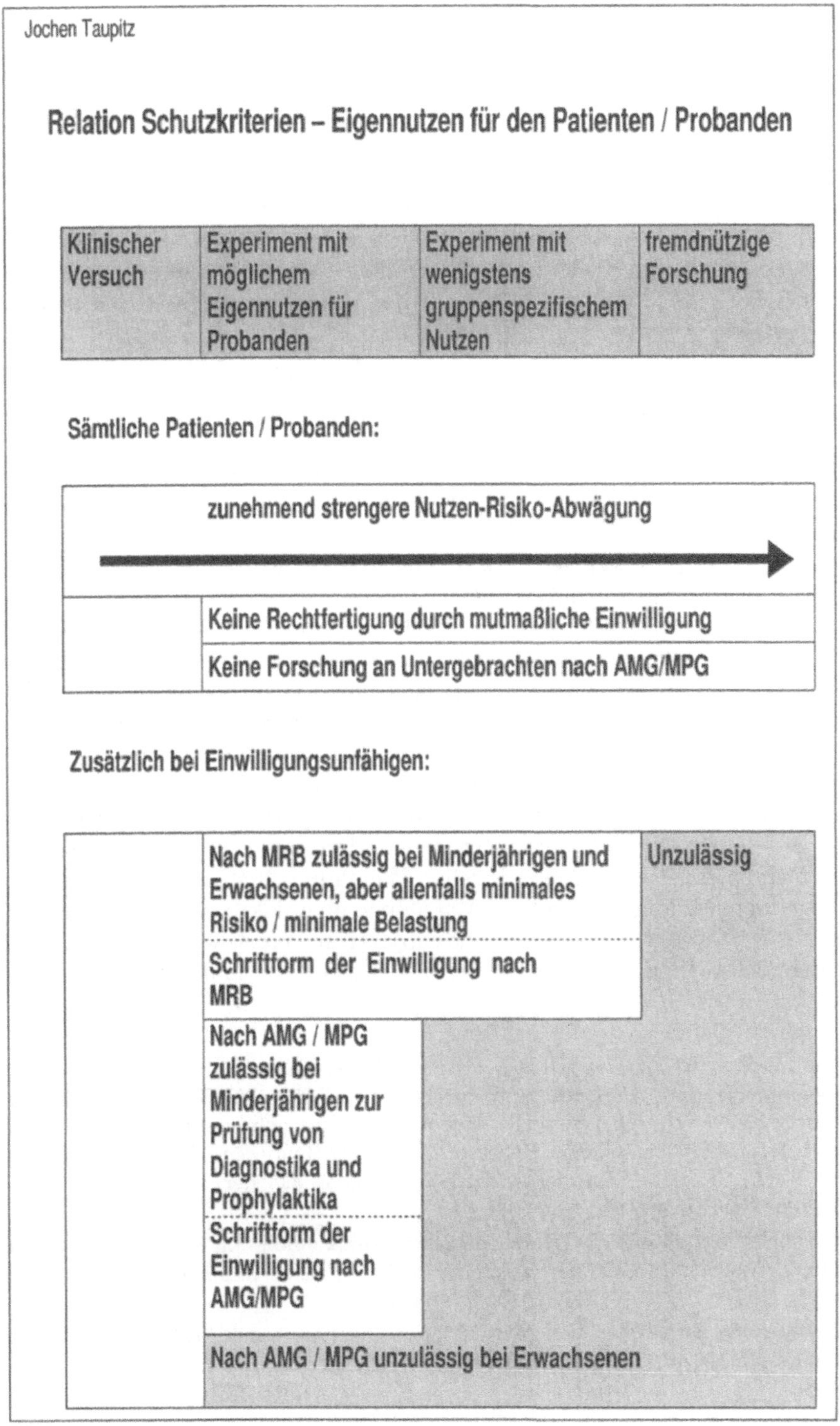
Jochen Taupitz
Relation Schutzkriterien – Eigennutzen für den Patienten / Probanden
Klinischer Versuch
Experiment mit möglichem Eigennutzen für Probanden
Experiment mit wenigstens gruppenspezifischem Nutzen
fremdnützige Forschung
Sämtliche Patienten / Probanden:
zunehmend strengere Nutzen-Risiko-Abwägung
Keine Rechtfertigung durch mutmaßliche Einwilligung
Keine Forschung an Untergebrachten nach AMG/MPG
Zusätzlich bei Einwilligungsunfähigen:
Nach MRB zulässig bei Minderjährigen und Erwachsenen, aber allenfalls minimales Risiko / minimale Belastung
Schriftform der Einwilligung nach MRB
Unzulässig
Nach AMG / MPG zulässig bei Minderjährigen zur Prüfung von Diagnostika und Prophylaktika
Schriftform der Einwilligung nach AMG/MPG
Nach AMG / MPG unzulässig bei Erwachsenen

Erläuterungen:
Von zentraler Bedeutung ist zunächst die Risiko-Nutzen-Abwägung, also die Frage, welche Vor- und Nachteile mit der Maßnahme verbunden sind[17]. Bei einer Maßnahme, die im unmittelbaren Eigeninteresse des Betroffenen durchgeführt wird, darf u.U. auch ein sehr hohes Risiko für den Betroffenen eingegangen werden – zu denken ist etwa an eine lebensgefährliche Herzoperation als letzte Chance für den Betroffenen. Demgegenüber darf mit einer Maßnahme, die vor allem dem Gemeinwohl dient, allenfalls ein geringes und vielleicht sogar nur minimales Risiko für den Betroffenen verbunden sein, während umgekehrt der zu erwartende Nutzen für das Gemeinwohl hier besonders groß sein muß.

Ein zweiter Bereich, in dem die Frage des Nutzens für den Betroffenen von Bedeutung ist, ist die mutmaßliche Einwilligung[18] : Sie kann unstreitig dann rechtfertigen, wenn die fragliche Maßnahme im objektiv verstandenen Interesse des Betroffenen liegt. Das ist bei einem Experiment, von dem der Betroffene keinen Nutzen hat und das allenfalls der Wissenschaft dient, nicht der Fall. Deshalb meinen manche Autoren, daß ein wissenschaftliches Experiment nicht auf eine mutmaßliche Einwilligung gestützt werden könne. Diese Auffassung dürfte in ihrer Allgemeinheit allerdings nicht zutreffend sein[19]. Denn wenn man – richtigerweise – die Vorabverfügung einer Person für zulässig und wirksam hält, die – beispielsweise mit dem Inhalt des Verlangens nach einem Behandlungsabbruch[20] – durchaus dem »objektiv« bestimmten Interesse dieser Person sogar *zuwiderlaufen* kann, und wenn man sich weiter vor Augen führt, daß die Grenze zwischen vorab erklärter *Einwilligung* und anderen Willensäußerungen durchaus fließend ist, dann leuchtet es nicht ein, dem mutmaßlichen Willen bezogen auf nicht unmittelbar nützende Maßnahmen jede Bedeutung abzusprechen. Richtig ist allerdings, daß die Anhaltspunkte für einen entsprechenden individuellen Willen um so stärker sein müssen, je weniger offenkundig die fragliche Maßnahme im objektiv verstandenen Interesse des Betroffenen liegt – so wie die subjektiven Wünsche und Vorstellungen richtigerweise ganz allgemein bei Ermittlung des mutmaßlichen Willens um

[17]Deutsch, Medizinrecht (o. Fn. 5), Rdnr. 559.

[18]Dazu Taupitz, in: Taupitz (Hrsg.), Zivilrechtliche Regelungen zur Absicherung der Patientenautonomie am Ende des Lebens (2000), S. 273, 379; Taupitz, in: Die mutmaßliche Einwilligung bei ärztlicher Heilbehandlung – insbesondere vor dem Hintergrund der höchstrichterlichen Rechtsprechung des Bundesgerichtshofs, in: Canaris u.a. (Hrsg.), 50 Jahre Bundesgerichtshof, Festgabe aus der Wissenschaft, Bd. 1, München 2000, S. 497 ff.

[19]Siehe auch die Stellungnahme der Zentralen Ethikkommission bei der Bundesärztekammer zum Schutz nicht-einwilligungsfähiger Personen in der medizinischen Forschung, DÄBl. 1997, A-1011, A-1012 unter V. Abs. 3.

[20]Dazu Taupitz, Empfehlen sich zivilrechtliche Regelungen zur Absicherung der Patientenautonomie am Ende des Lebens?, 2000, S. A 105 ff. mit umfangreichen Nachweisen.

so stärker zum Ausdruck kommen müssen, je weiter sie sich vom objektiv verstandenen Interesse entfernen[21]. Denn das objektive Interesse gibt das *Referenzmaß* dafür ab, *wie deutlich* der Betroffene seinen abweichenden Willen zum Ausdruck bringen muß: Die Indizien für einen abweichenden Willen müssen um so ausgeprägter sein, je größer die gewünschte Abweichung vom »Normalen« sein soll. Dies sollte auch bezogen auf wissenschaftliche Experimente gelten.

Ein dritter Bereich, in dem der mögliche Nutzen für den Betroffenen von Bedeutung ist, betrifft die Behandlung und Forschung bei Personen, die auf gerichtliche oder behördliche Anordnung in einer Anstalt untergebracht sind; bei diesen Personen ist nach § 40 I Nr. 3 AMG und § 17 I Nr. 3 MPG kein wissenschaftliches Experiment zulässig.

Viertens schließlich gelten in Abhängigkeit vom (möglichen) Eigennutzen der Maßnahme besondere Regeln für nicht Einwilligungsfähige, indem Experimente mit nur möglichem Eigennutzen bei einwilligungsunfähigen *Erwachsenen* nach Hinsichtlich dieser Neuartigkeit im Unterschied zur schon eingefnhrten Hinsichtlich dieser Neuartigkeit im Unterschied zur schon eingefnhrten Hinsichtlich dieser Neuartigkeit im Unterschied zur schon eingefnhrten Hinsichtlich dieser Neuartigkeit im Unterschied zur schon eingefnhrten Hinsichtlich dieser Neuartigkeit im Unterschied zur schon eingefnhrten Hinsichtlich dieser Neuartigkeit im Unterschied zur schon eingefnhrten Hinsichtlich dieser Neuartigkeit im Unterschied zur schon eingefnhrten in diesem Bereich per se unzulässig sind, bei *Minderjährigen* dagegen nur zur Prüfung von Diagnostika und Prophylaktika erlaubt sind. Auf diese und weitere Fragen ist nachfolgend noch besonders einzugehen. Zunächst bleibt festzuhalten, daß die Unterscheidung zwischen therapeutischer und rein wissenschaftlicher Forschung (klinischer und nicht-klinischer Forschung) unterschiedliche Abwägungskriterien bedingt, die auch die Diskussion der Ethikkommission in der Regel grundlegend prägt und sie in die jeweilige Richtung lenkt.

Unter Aspekten des Patientenschutzes wird es gelegentlich als problematisch angesehen, daß die Schutzvorschriften des AMG und des MPG dann nicht anwendbar sind, wenn kein Erkenntnisgewinn über den Einzelfall hinaus erstrebt wird, wenn also ein *individueller Heilversuch* vorliegt. Insoweit greifen allerdings die allgemeinen Regeln über die Zulässigkeit einer *ärztlichen Behandlung* ein, so daß insbesondere eine Einwilligung des betroffenen Patienten nach ausreichender Aufklärung erforderlich ist[22]. Richtigerweise ist zudem nach Sinn und Zweck des AMG/MPG und unter Berücksichtigung der Grundsätze über die Rechtsumgehung jedenfalls dann von einer dem AMG/MPG unterliegenden Forschungsmaßnahme auszugehen, wenn ein Arzt

[21] Taupitz, in: 50 Jahre Bundesgerichtshof (o. Fn. 18), S. 497, 507 ff.

[22] Dabei sind die Anforderungen an die Aufklärung beim Heilversuch im Vergleich zur Standardbehandlung sogar besonders hoch.

bzw. Forscher mehrere im wesentlichen gleichartige Maßnahmen durchführt oder durchzuführen beabsichtigt. Davon ist beim ersten Mal vielleicht noch nicht auszugehen, während beim zweiten Mal schon eine gewisse Wahrscheinlichkeit dafür spricht und beim dritten Mal eine besondere Begründung gegeben werden müßte, daß es sich noch immer um einen Einzelfall handelt.

III. Das Zusammenspiel verschiedener Schutzkriterien

Grundlegend für das Verständnis *aller* Regelwerke ist, daß stets eine Reihe von Schutzkriterien *kumulativ* zusammenwirkt. Es hat also nicht ein einzelnes Kriterium für sich allein die gesamte Rechtfertigungslast zu tragen, sondern es findet eine *Aufgabenverteilung* zwischen verschiedenen Kriterien statt. Erst durch das Zusammenwirken der verschiedenen Kriterien wird ein ausreichender Schutz der Patienten bzw. Probanden erreicht, so daß man nicht isoliert auf ein einzelnes Kriterium blicken und dieses ggf. als unzureichend abqualifizieren darf[23].

Hinsichtlich der verschiedenen Schutzkriterien können in einer groben Dreiteilung einerseits objektive Gesichtspunkte, andererseits solche, die auf das individuelle Selbstbestimmungsrecht des Betroffenen ausgerichtet sind, und drittens verfahrensförmige Sicherungen unterschieden werden. Zu den objektiven Kriterien gehören z.B. die Nutzen-Risiko-Abwägung oder Anforderungen an die Qualifikation des Prüfleiters. Auf das individuelle Selbstbestimmungsrecht ausgerichtet ist dagegen vor allem das Erfordernis der Einwilligung des Betroffenen und bei Einwilligungsunfähigen das Erfordernis der Einwilligung des gesetzlichen Vertreters. Bei den verfahrensförmigen Sicherungen schließlich geht es um die Einbeziehung unabhängiger Dritter, insbesondere durch das Erfordernis eines zustimmenden Votums einer Ethikkommission oder durch die Pflicht zur Vorlage der Unterlagen bei einer Behörde.

IV. Übersicht über die Schutzkriterien der verschiedenen Regelwerke bezogen auf Forschung an Einwilligungsfähigen

Im Interesse einer besseren Übersicht sei nachfolgend versucht, bezogen auf die angesprochenen Regelwerke die wichtigsten Kriterien zum Schutz der Patienten und Probanden in Tabellenform zu erfassen, wohl wissend, daß solche Übersichten immer nur mit Vorbehalten zu gebrauchen sind, weil Nuancen und unterschiedliche Formulierungen mit ihnen kaum darzustellen sind. Aber es dürfte doch dem Verständnis dienen, sich einmal vor Augen zu führen, welches Schutzkriterium für welches der zentralen Regelwerke überhaupt ein *ausdrücklich* angesprochenes Thema ist; dabei zeigen sich z.T. recht erhebliche Unterschiede.

---

[23] Taupitz, in: Lippert/Eisenmenger (o. Fn. 10), S. 13 (21 ff.).

Schutzkriterien bei Forschung mit Einwilligungsfähigen im AMG, MPG, in der Revidierten Deklaration von Helsinki (RDH) (Fassung Okt. 2000) und in der Menschenrechtskonvention zur Biomedizin des Europarates (MRB)		
	Klinischer Versuch	Experiment
Keine Alternative zur Forschung am Menschen	AMG — MPG — RDH — MRB Art. 16 i)	AMG — MPG — RDH — MRB Art. 16 i)
Vorrang der Individualinteressen vor dem Gemeinwohl	AMG — MPG — RDH Nr. 5 MRB Art. 2	AMG — MPG — RDH Nr. 5 MRB Art. 2
Nutzen-Risiko-Abwägung	AMG § 40 I S. 1 Nr. 1 MPG § 17 I Nr. 1 RDH Nr. 16, 17, 18, 28, 29 MRB Art. 16 ii)	AMG § 40 I S. 1 Nr. 1 MPG § 17I Nr. 1; RDH Nr. 16, 17, 18 MRB Art. 16 ii)
Wahrung von Unversehrtheit der Privatsphäre	AMG — MPG — RDH Nr. 10, 21 MRB Art. 10 I	AMG — MPG — RDH Nr. 10, 21 MRB Art. 10 I
Einwilligung nach Aufklärung	AMG § 40 I S. 1 Nr. 2; § 41 Nr. 6 MPG § 17 I Nr. 2; § 18 Nr. 4 RDH Nr. 20, 22, 23, 31, 32 MRB Art. 16 v) iVm Art. 5	AMG § 40 I S. 1 Nr. 2 MPG § 17 I Nr. 2 RDH Nr. 20, 22, 23 MRB Art. 16 v) iVm Art. 5
Ausnahme: Mutmaßliche Einwilligung/ therapeutisches Privileg	AMG § 41 Nr. 7 MPG § 18 Nr. 5 RDH — MRB Art. 8	AMG — MPG — RDH — MRB —
Einwilligung jederzeit widerruflich	AMG § 40 II S. 2 MPG § 17 II S. 2 RDH Nr. 22 MRB Art. 5 III	AMG § 40 II S. 2 MPG § 17 II S. 2 RDH Nr. 22 MRB Art. 5 III
Schriftform der Einwilligung	AMG § 40 II Nr. 2 MPG § 17 II Nr. 2 RDH Nr. 22 MRB —	AMG § 40 II Nr. 2 MPG § 17 II Nr. 2 RDH Nr. 22 MRB —
Aufklärung über Rechte	AMG — MPG — RDH Nr. 22 MRB Art. 16 iv)	AMG — MPG — RDH Nr. 22 MRB Art. 16 iv)
Ablehnung darf Arzt-Patientenbeziehung nicht beeinträchtigen	AMG — MPG — RDH Nr. 31 MRB —	AMG — MPG — RDH — MRB —
Besonderer Schutz bei möglichem Abhängigkeitsverhältnis	AMG § 40 I S. 1 Nr. 3 MPG § 17 I Nr. 3 RDH Nr. 8, 23, 28 MRB —	AMG § 40 I S. 1 Nr. 3 MPG § 17 I Nr. 3 RDH Nr. 8, 23 MRB —
Votum einer Ethikkommission	AMG § 40 I S. 2-4 MPG § 17 VI, 7 RDH Nr. 13 MRB Art. 16 iii)	AMG § 40 I S. 2-4 MPG § 17 VI, 7 RDH Nr. 13 MRB Art. 16 iii)
Qualifikation des Prüfarztes	AMG § 40 I S. 1 Nr. 4 MPG § 17 I Nr. 4 RDH Nr. 15 MRB —	AMG § 40 I S. 1 Nr. 4 MPG § 17 I Nr. 4 RDH Nr. 15 MRB —
Behördliches Verfahren	AMG § 40 I S. 1 Nr. 6 MPG § 17 VI RDH — MRB —	AMG § 40 I S. 1 Nr. 6 MPG § 17 VI RDH — MRB —
Vorherige Sicherheitsprüfung	AMG § 40 I S. 1 Nr. 5 MPG § 17 I Nr. 5, 6 RDH — MRB —	AMG § 40 I S. 1 Nr. 5 MPG § 17 I Nr. 5, 6 RDH — MRB —
Versuchsprotokoll / Prüfplan	AMG § 40 I S. 1 Nr. 6 MPG § 17 I Nr. 8 RDH Nr. 13, 14 MRB —	AMG § 40 I S. 1 Nr. 6 MPG § 17 I Nr. 8 RDH Nr. 13, 14 MRB —
Ethische Erwägungen im Versuchsprotokoll	AMG — MPG — RDH Nr. 14 MRB —	AMG — MPG — RDH Nr. 14 MRB —
Hinweis auf mögliche Interessenkonflikte im Versuchsprotokoll	AMG — MPG — RDH Nr. 13 MRB —	AMG — MPG — RDH Nr. 13 MRB —
Pflicht zum Abbruch in Gefahrensituation/ Hinweis an Ethikkommission	AMG § 40 I S. 3 MPG — RDH Nr. 13 MRB —	AMG § 40 I S. 3 MPG — RDH Nr. 13 MRB —
Probandenversicherung	AMG § 40 I S. 1 Nr. 8; III MPG § 17 I Nr. 9; Abs. 3 RDH — MRB —	AMG § 40 I S. 1 Nr. 8; III MPG § 17 I Nr. 9; III RDH — MRB —
Veröffentlichungsverbot bei unzulässigen Versuchen	AMG — MPG — RDH Nr. 27 MRB —	AMG — MPG — RDH Nr. 27 MRB —

Anmerkungen und Erläuterungen:

Mit unterschiedlichen Formulierungen verlangen alle Regelwerke eine Nutzen-Risiko-Abwägung. Im AMG und MPG heißt es, daß die Risiken, die mit der klinischen Prüfung für den Betroffenen verbunden sind, gemessen an der voraussichtlichen Bedeutung des Arzneimittels für die Heilkunde »ärztlich vertretbar« sein müssen. Die Menschenrechtskonvention verlangt, daß die möglichen Risiken für die Versuchsperson nicht »im Mißverhältnis« zum möglichen Nutzen der Forschung stehen. Beides verbindend wird man wohl sagen können, daß Risiken, die im Mißverhältnis zum möglichen Nutzen der Forschung stehen, auch nicht ärztlich vertretbar sind. Sehr viel enger verlangt demgegenüber die Revidierte Deklaration von Helsinki in ihrer Neufassung vom Oktober 2000, daß die Bedeutung des Versuchsziels die Risiken und Belastungen für die Versuchsperson überwiegen muß (Nr. 18).

Neben der objektiven Nutzen-Risiko-Abwägung verlangen alle Regelwerke zu Recht die Einwilligung des Betroffenen – sicher das zentrale Kriterium zur Wahrung des verfassungsrechtlich geschützten Selbstbestimmungsrechts des Betroffenen[24]. In Übereinstimmung mit Art. 16 Abs. 5 i.V.m. Art. 5 MRB ist gem. § 40 Abs. 1 S. 1 Nr. 2 AMG / § 17 Abs. 1 Nr. 2 MPG ein Versuch nur dann zulässig, wenn die Versuchsperson ihre Einwilligung hierzu erteilt hat, nachdem sie durch einen Arzt über Wesen, Bedeutung und Tragweite der klinischen Prüfung aufgeklärt worden ist. Die Einwilligung muß sich nach § 40 Abs. 1 S. 1 Nr. 2 AMG (im Unterschied zum MPG) außerdem auf die Weitergabe der im Zusammenhang mit der klinischen Prüfung stehenden Krankheitsdaten erstrecken. Sie muß schriftlich erteilt werden und kann jederzeit widerrufen werden (§ 40 Abs. 2 AMG). Als einwilligungsfähig gelten Personen, die geschäftsfähig sind, d.h. das 18. Lebensjahr vollendet haben (§ 104 BGB) und außerdem zum Zeitpunkt der Einwilligung in der Lage sind, Wesen, Bedeutung und Tragweite der klinischen Prüfung einzusehen und ihren Willen hiernach zu bestimmen.

§ 41 Nr. 7 AMG und § 18 Nr. 5 MPG enthalten das sog. therapeutische Privileg (das man auch als Ausprägung des mutmaßlichen Willens verstehen kann), d.h. von einer Aufklärung und Einwilligung des Kranken (und, wie § 18 Nr. 5 MPG ausdrücklich erklärt, auch seines gesetzlichen Vertreters) kann in besonders schweren Fällen abgesehen werden, wenn durch die Aufklärung der Behandlungserfolg gefährdet würde und ein entgegenstehender Wille des Kranken nicht erkennbar ist. In vergleichbarer Weise besagt Art. 8 MRB, daß jede Intervention, die im Interesse der Gesundheit der betroffenen Person medizinisch unerläßlich ist, umgehend erfolgen kann, wenn die Einwilligung wegen einer Notfallsituation nicht eingeholt werden kann. Erstaunlicherweise findet sich in der Neufassung der Deklaration von Helsinki die Möglichkeit,

[24] Fröhlich, Forschung wider Willen? (o. Fn. 5), S. 70 f., 78 f., 89 f.

aufgrund mutmaßlicher Einwilligung einen therapeutischen Versuch im Eilfall durchzuführen, nicht mehr. Hierauf wird noch zurückzukommen sein.

Interessant ist, daß zwar alle Regelwerke dem Betroffenen das Recht geben, die erteilte Einwilligung jederzeit zu widerrufen, daß aber das AMG und das MPG im Gegensatz zu den anderen Regelwerken nicht verlangen, daß der Betroffene auf diese Möglichkeit ausdrücklich hingewiesen wird. Nach der Menschenrechtskonvention muß der Betroffene darüber hinaus sogar über die von der Rechtsordnung zu seinem Schutz vorgesehenen Sicherheitsmaßnahmen unterrichtet werden, eine Regelung, die in die gleiche Richtung geht wie der Vorschlag, die Patientenrechte in einer Patientenrechtscharta niederzulegen und dem Patienten bzw. Probanden vor Beginn der Maßnahme auszuhändigen[25]. Schriftform der Einwilligung wird dagegen von der Menschenrechtskonvention im Unterschied zu den anderen hier erörterten Regelwerken nicht verlangt.

Unter dem Stichwort »Besonderer Schutz bei möglichem Abhängigkeitsverhältnis« ist nach AMG und MPG die strikte Unzulässigkeit von Forschung an Untergebrachten zu verstehen[26], nach der Deklaration von Helsinki dagegen die allgemeine Forderung, daß der Arzt beim Einholen der Einwilligung besonders zurückhaltend sein soll, wenn die Versuchsperson in einem Abhängigkeitsverhältnis zu dem Arzt steht oder die Zustimmung möglicherweise unter Druck erfolgte. In einem solchen Fall soll die Einwilligung durch einen gut unterrichteten Arzt eingeholt werden, der mit dem Versuch nicht befaßt ist und der vollkommen außerhalb des Abhängigkeitsverhältnisses steht. In der Menschenrechtskonvention ist zu dieser Thematik bisher keine Bestimmung enthalten.

Bezüglich des erforderlichen Votums einer Ethikkommission bestehen Unterschiede zwischen AMG und MPG in der Frage, ob das Votum irgendeiner Ethikkommission genügt – so das MPG – oder ob es sich um das Votum einer nach Landesrecht gebildeten (öffentlich-rechtlichen) Ethikkommission handeln muß – so das AMG -. Unterschiede bestehen ferner darin, ob ein zustimmendes Votum erforderlich ist – so AMG, MPG – oder ob ein Votum an sich, also auch ein beratendes Votum mit ablehnendem Inhalt ausreicht – so die Deklaration von Helsinki, die lediglich sehr vage davon spricht, daß die Zustimmung »soweit angemessen« eingeholt werden muß. Interessant ist ferner, daß ein Versuch nach AMG und MPG auch ohne zustimmendes Votum der Ethikkommission begonnen werden kann, wenn die zuständige Bundesoberbehörde dem nicht innerhalb von 60 Tagen nach Eingang der Unterla-

---

[25] Siehe hierzu auch Sachverständigenrat für die Konzertierte Aktion im Gesundheitswesen, Jahresgutachten 1992, S. 111 f.; Francke/Hart, Charta der Patientenrechte (1999).

[26] Richtigerweise ist diese Vorschrift teleologisch restriktiv zu interpretieren bei klinischen Versuchen, soweit keine etablierte Therapie besteht, s. Fröhlich, Forschung wider Willen? (o. Fn. 5), S. 77 f. m. w. N.

gen widersprochen hat[27], wobei dieser Widerspruch nach dem AMG offenbar nicht begründet werden zu werden braucht, während der Widerspruch nach dem MPG begründet werden muß und dabei zudem nur auf Gründe der öffentlichen Gesundheit oder der öffentlichen Ordnung gestützt werden kann. In der Menschenrechtskonvention wiederum ist eine sehr undeutliche Regelung enthalten. Hier heißt es, daß die zuständige Stelle das Forschungsvorhaben gebilligt haben muß, nachdem eine unabhängige Prüfung seinen wissenschaftlichen Wert einschließlich der Wichtigkeit des Forschungsziels bestätigt hat und eine interdisziplinäre Prüfung ergeben hat, daß es ethisch vertretbar ist. Sieht man genau hin, ist hier nur eine unabhängige und interdisziplinäre *Prüfung* sowie eine *Billigung* erforderlich; nichts gesagt ist dagegen zur Funktion und Stellung der prüfenden und ggf. billigenden Institution. Die Prüfung und ggf. Billigung kann somit offenbar auch von und in einer Behörde erfolgen – wie es in Frankreich vorgesehen ist – , so daß eine Kontrolle von seiten einer institutionellen Selbstkontrollkommission der Wissenschaft – wie die deutschen Ethikkommissionen trotz ihres behördennahen Charakters verstanden werden – nicht gefordert ist. Hinzuweisen ist schließlich darauf, daß durch die 8. Novelle des AMG von 1998 nunmehr im Anwendungsbereich des AMG nur noch eine einzige Ethikkommission eingeschaltet werden muß, nämlich diejenige, die für den Leiter der klinischen Prüfung zuständig ist (§ 40 Abs. 1 S. 1 Nr. 6 AMG)[28]. Damit wurde eine erst 1995 in das Gesetz aufgenommenen probandenschützende Regelung beseitigt, wonach Ethik-Kommissionen an allen Orten, an denen eine klinische Studie durchgeführt wurde, der geplanten Prüfung zustimmen mußten. Nur unvollkommen wird diese Änderung durch das ärztliche Standesrecht ausgeglichen, wonach sich jeder Arzt vor der Durchführung biomedizinischer Forschung am Menschen durch die für ihn zuständige Ethikkommission beraten lassen muß. Zum einen erfaßt das ärztliche Standesrecht nur Ärzte, nicht aber andere Berufsangehörige[29]. Zum anderen wird lediglich eine Beratung, nicht aber ein zustimmendes Votum der Ethikkommission verlangt.

Die vordringlichste Aufgabe der Ethikkommissionen ist der Schutz von Patienten und Probanden vor gefährlicher, überraschender oder rechtswidriger

[27] Unberührt bleibt die berufsrechtliche (nämlich in den Berufsordnungen der Landesärztekammern enthaltene) Pflicht des Arztes, sich vor Durchführung der Forschungsmaßnahme von seiner zuständigen Ethikkommission beraten zu lassen. Diese Pflicht wird durch das AMG nicht berührt. Sie kann aus verfassungsrechtlichen (kompetenzrechtlichen) Gründen (vgl. Taupitz, Die Standesordnungen der freien Berufe (1991), S. 295 f.) durch den Bundesgesetzgeber auch nicht beeinträchtigt werden.

[28] Im MPG hieß es schon bisher, daß bei multizentrischen Studien ein Votum genügt.

[29] Ganz allgemein wird eine Ausdehnung der Pflicht zur Beratung durch eine Ethikkommission vor Durchführung von Forschungsvorhaben über den Anwendungsbereich des AMG und MPG hinaus auch für nicht-ärztliche Berufe gefordert, etwa für Psychologen, Toxikologen und Pflegeberufe.

Forschung[30]. Um die mit dem Versuch verbundenen Gefahren auf ein Minimum zu reduzieren, prüft die Ethikkommission vor allem, ob die mit dem Versuch verbundenen Risiken vertretbar sind und ob er aus wissenschaftlicher Sicht überhaupt erforderlich ist. Letzteres ist z.B. dann nicht der Fall, wenn die angestrebten Erkenntnisse auch auf andere Weise, etwa durch einen Tierversuch, erlangt werden können oder wenn sie bereits durch frühere Versuche erlangt wurden. Darüber hinaus hat die Ethikkommission zu prüfen, ob bei gefährlichen Versuchen ausreichende Sicherungsvorkehrungen vorgesehen sind und ob der Versuchsplan Kriterien für den Abbruch oder Ausschluß einzelner Versuchsteilnehmer enthält[31]. Eine weitere wichtige Aufgabe besteht darin zu prüfen, ob eine umfassende, ausreichende Aufklärung der Versuchsteilnehmer vorgesehen ist. Die Prüfung durch eine Ethikkommission dient jedoch nicht nur dem Schutz der Patienten und Probanden; sie schützt gleichzeitig auch den Forscher und die Forschungseinrichtung selbst. Den Forscher soll sie davor bewahren, aus wissenschaftlichem Eifer ethisch oder rechtlich unvertretbare Versuche durchzuführen, die möglicherweise haftungs- und strafrechtliche Folgen nach sich ziehen. Ebenso wird die Forschungseinrichtung selbst vor Schadenersatzansprüchen und einem Verlust ihrer Reputation geschützt. Zwar bedeutet ein zustimmendes Votum der Ethikkommission nicht, daß haftungs- und strafrechtliche Folgen ausgeschlossen sind; ist in einem zivil- oder strafrechtlichen Verfahren jedoch unklar, ob der Versuchsplan sorgfaltswidrig erstellt wurde, so kann ein positives Votum der Ethikkommission die Position des Forschers bzw. der Forschungsinstitution wesentlich verbessern und insbesondere den Vorwurf des Verschuldens aus der Welt schaffen.

Besonders wichtig ist das Erfordernis des Abschlusses einer Probandenversicherung, das bisher nur im AMG und MPG enthalten ist, lege ferenda aber auch bei Forschungsvorhaben außerhalb des AMG und MPG verlangt werden sollte. Interessant ist ferner der Unterschied zwischen AMG und MPG bezüglich des Verhaltens bei schwerwiegenden und unerwarteten Ereignissen. Hier verlangt das AMG eine Mitteilung an die Ethikkommission, während das MPG eine solche Pflicht nicht enthält. In Konkretisierung der Risiko-Nutzen-Abwägung verlangt die Deklaration von Helsinki den Abbruch des Versuchs, sobald sich herausstellt, daß das Wagnis den möglichen Nutzen übersteigt.

Von Bedeutung ist des weiteren, daß nur die Deklaration von Helsinki und die Menschenrechtskonvention ausdrücklich den Schutz der Privatsphäre ansprechen – AMG und MPG setzen möglicherweise unausgesprochen den ergänzenden Schutz des detaillierten deutschen Datenschutzrechts voraus –, daß nur die Deklaration von Helsinki verlangt, daß Berichte über Versuche, die nicht in Übereinstimmung mit den in der Deklaration niedergelegten Grundsätzen durchgeführt wurden, nicht zur Veröffentlichung angenommen werden

[30] Deutsch, Medizinrecht (o. Fn. 5), Rdnr. 602.

[31] Deutsch, Medizinrecht (o. Fn. 5), Rdnr. 602.

sollten, daß nur die Menschenrechtskonvention verlangt, daß Versuche an einer Person nur dann durchgeführt werden sollen, wenn es keine Alternative von vergleichbarer Wirksamkeit zur Forschung am Menschen gibt, und daß schließlich nur die Deklaration von Helsinki und die Menschenrechtskonvention in programmatischer Weise darauf verweisen, daß die Individualinteressen Vorrang vor dem Gemeinwohl haben müssen.

V. Forschung mit Einwilligungsunfähigen

1. Grundlagen Besonders umstritten ist in Deutschland derzeit die Zulässigkeit der Forschung mit Personen, die nicht einwilligungsfähig sind. Bisher fehlt es an allgemeinen Regelungen über die Forschung am Einwilligungsunfähigem. Eine im Schrifttum verbreitete Auffassung, wonach sich die Spezialregelungen von AMG und MPG analog auf ungeregelte Forschungsvorhaben übertragen lassen, kann nicht überzeugen[32]. Dabei läßt sich die umstrittene Frage der Forschung am Einwilligungsunfähigen allerdings insofern einengen, als es unbestritten ist, daß eine Standardbehandlung und ein individueller Heilversuch nach allgemeiner Auffassung grundsätzlich zulässig sind, wobei allerdings bestimmte einschränkende Voraussetzungen zu beachten sind, auf die noch einzugehen sein wird. Demgegenüber ist ebenso unstreitig die rein fremdnützige Forschung an einwilligungsunfähigen Personen per se ausgeschlossen, also unter gar keinen Umständen erlaubt[33]. Streitig ist also nur der mittlere Bereich, nämlich das Experiment mit möglichem Eigennutzen für den Betroffenen und vor allem das Experiment mit nur gruppenspezifischem Nutzen.

Die Forschung mit Einwilligungsunfähigen war und ist auch in der Diskussion um die Menschenrechtskonvention einer der umstrittensten Regelungsbereiche[34]. Hier existieren allerdings explizit Vorschriften, die die Konflikte lösen sollen[35].

Gegenüber möglicher Forschung an Einwilligungsunfähigen in den genannten beiden Fallgruppen wird von verschiedener Seite Fundamentalkritik vorgebracht[36]. Argumentiert wird, daß das betroffene Individuum für Zwecke anderer instrumentalisiert werde, daß es zum bloßen Objekt der Interessen anderer herabgewürdigt werde und daß damit die Menschenwürde im Sinne des Art. 1 Abs. 1 GG verletzt werde. Da wiederum die Menschenwürdegarantie

---

[32] Taupitz in: Lippert/Eisenmenger (o. Fn. 10), S. 32.

[33] Taupitz/Fröhlich, VersR 1997, 911 (915).

[34] Fröhlich, Forschung wieder Willen? (o. Fn. 5), S. 113.

[35] Art. 6, 7 und 17 MRG.

[36] Siehe näher die Darstellung in der Stellungnahme des Verfassungsrechtsausschusses des Deutschen Anwaltvereins e.V. zu dem Übereinkommen über Menschenrechte und Biomedizin des Europarates vom 4. April 1997, Bonn, im August 1999.

eine absolute, unantastbare Schranke darstelle, könne auch das Grundrecht der Forschungsfreiheit nach Art. 5 Abs. 3 GG nichts daran ändern, daß solche Maßnahmen per se unzulässig seien. Auch die Einwilligung eines gesetzlichen Vertreters könne den Eingriff nicht legitimieren, da es um ein höchstpersönliches Recht des Betroffenen gehe, das von vornherein keiner Vertretung zugänglich sei; zumindest könne die Vertretungsmacht des gesetzlichen Vertreters eine entsprechende Maßnahme deshalb nicht rechtfertigen, weil die Vertretungsmacht per se nur Maßnahmen zum »Wohl« des Betroffenen umfasse und die fragliche Maßnahme gerade nicht dem individuellen Wohl des Betroffenen diene. Ein striktes Verbot entsprechender Forschung müsse, so wird weiter argumentiert, gerade in Deutschland gelten, da die schlimmen Erfahrungen aus der Zeit des Nationalsozialismus mit ihren menschenverachtenden Versuchen hier zu einer besonderen Sensibilität führen müßten und deshalb gerade in Deutschland schon den Anfängen gewehrt werden müsse.

An dieser Auffassung ist sicher richtig, daß man sich gerade in Deutschland der besonderen Problematik von Forschung an Einwilligungsunfähigen bewußt sein muß. Beim Interessenkonflikt zwischen Menschenwürde und Forschungsfreiheit ist den Grundrechten der Patienten und Probanten daher grundsätzlich und unumgänglich Vorrang vor der Forschungs- und Wissenschaftsfreiheit einzuräumen[37]. Daher muß am Prinzip der freiwilligen und selbstverantwortlichen Einwilligung in der medizinischen Forschung als grundsätzlicher Vorraussetzung von Forschungsvorhaben festgehalten werden[38]. Die Frage ist aber, ob ein Verbot von Experimenten mit nur möglichem Eigennutzen oder nur gruppenspezifischem Nutzen tatsächlich der zu Recht ins Blickfeld gerückten Menschenwürdegarantie und den sonstigen Grundrechten in ausreichendem Maße gerecht werden. Bedenken weckt insoweit die Tatsache, daß es unbestreitbar spezifische Krankheiten gibt, an denen nur Einwilligungsunfähige leiden, so daß in weitgehendem Umfang Forschung zur Heilung oder Linderung dieser Krankheiten auch nur an diesen Einwilligungsunfähigen erfolgen kann[39]. Zu diesen spezifischen und bisher nicht ausreichend behandelbaren Krankheiten Einwilligungsunfähiger gehören solche, die ihrerseits zum Verlust der Einwilligungsfähigkeit der davon betroffenen Patienten führen, wie etwa Demenzen, Schlaganfall, Suchterkrankungen und andere schwere seelische Störungen. Hier sind die Betroffenen gerade wegen ihrer Krankheit einwilligungsunfähig, so daß die Forschung letztlich dazu dient, Einwilligungsunfähigkeit gleichartig Betroffener in der Zukunft so weit wie möglich zu verhindern. Zu nennen sind aber auch Krankheiten, die nicht die Ursache der Einwilligungsunfähigkeit darstellen, die aber z.B. als

[37] Taupitz in: Lippert/Eisenmenger (o. Fn. 10), S. 28; siehe auch Habermann/Lasch/Gödicke, NJW 2000, 3389 (3389).

[38] Taupitz/Fröhlich, VersR 1997, 911 (911).

[39] Hierzu und zum folgenden s. die Stellungnahme der ZEKO bei der BÄK, DÄBl. 1997, A-1011, A-1012; dazu Taupitz/Fröhlich, VersR 1997, 911 (911).

spezifische Kinderkrankheiten in bestimmtem Umfang eben nur an Kindern erforscht werden können, wie etwa manche Leukämiererkrankung oder der körperlich bedingte Sauerstoffmangel bei Frühgeborenen. Schließlich sind viele Intensivpatienten, deren Vitalfunktionen (etwa nach einem Unfall) massiv verändert sind und deren Blut-, Herz-Kreislauf- und Stoffwechselparameter nicht mit denen anderer Patienten vergleichbar sind, bewußtlos, also einwilligungsunfähig. Aus diesem Blickwinkel stellt sich die zugespitzte Frage, ob es die Menschenwürdegarantie gebietet, bewußt auf Fortschritte in der Erkennung und Behandlung dieser spezifischen Krankheiten zu verzichten. Steht dem nicht umgekehrt sogar das Recht auf Leben und körperliche Unversehrtheit der ebenfalls oder zumindest zukünftig von der fraglichen Krankheit Betroffenen entgegen?

Richtigerweise gibt es zwar in der Tat einen bestimmten absoluten Kernbereich menschlicher Existenz, der als unantastbar von Art. 1 Abs. 1 GG geschützt wird. Außerhalb dieses Bereichs, in dem kein Fall denkbar ist, daß ein Eingriff in den Tatbestand des Art. 1 GG durch höherrangige Interessen legitimiert sein kann, gibt es aber doch einen weiten Bereich, in dem eine Abwägung unterschiedlicher Positionen – insbesondere Grundrechtspositionen – notwendig ist. Insbesondere leuchtet es aus dem Blickwinkel der Menschenwürdegarantie nicht ein, daß eine Maßnahme, die den konkret Betroffenen nur gering belastet, selbst dann unzulässig sein soll, wenn anderen von der gleichen Krankheit Betroffenen durch die Maßnahme eine große Hilfe erwiesen werden kann. Es gibt eben nicht nur – wie in der vorstehenden Übersicht dargestellt – das Kontinuum vom individuellen Wohl zum Gemeinwohl, sondern auch umgekehrt das Kontinuum vom Gemeinwohl hin zum individuellen Wohl: Was als Maßnahme mit »nur« gruppenspezifischem Nutzen erscheint, ist aus dem Blickwinkel der übrigen Gruppenangehörigen eben doch auf ihr individuelles Wohl ausgerichtet. Und insofern ist von besonderer Bedeutung, daß gerade dem Grundgesetz kein ausschließlich individualistisch und eigennützig ausgerichtetes Menschenbild entnommen werden kann, dem jeglicher Gedanke an Solidarität und Einbindung in die soziale Gemeinschaft fremd ist und dessen Konsequenz es wäre, daß ohne ausdrückliche Einwilligung per se nur das erlaubt wäre, was dem von der Maßnahme Betroffenen unmittelbar selbst nützt[40] – ganz im Gegenteil hat das Bundesverfassungsgericht wiederholt hervorgehoben, daß das Grundgesetz die Spannung Individuum – Gemeinschaft im Sinne der Gemeinschaftsbezogenheit und Gemeinschaftsgebundenheit der Person entschieden habe, ohne dabei deren Eigenwert in Frage zu stellen[41]. Deshalb ist es nicht von vornherein ausgeschlossen, eine Maßnahme, die den von ihr Betroffenen nur gering belastet, selbst ohne dessen ausdrückliche Einwilligung dann zu erlauben, wenn damit anderen Per-

[40] Gegen ein derartiges ichbezogenes Menschenbild zu Recht Eser, FAZ vom 19.11.1996, S. 16.

[41] BVerfGE 4, 7, 15 f.; 7, 320, 323; 8, 274, 329.

sonen der gleichen Betroffenengruppe eine große Hilfe erwiesen werden kann und dies nicht auf andere Weise, insbesondere durch Einbeziehung von einwilligungsfähigen Personen erreichbar ist. Wäre demgegenüber aus der Menschenwürdegarantie tatsächlich zwingend die Unzulässigkeit von drittnützigen Eingriffen abzuleiten, dann dürfte es auch den Rechtfertigungsgrund des Notstandes (§ 34 StGB) von Verfassungs wegen nicht geben, wird doch auch hier eine Abwägung zwischen verschiedenen Rechtspositionen vorgenommen und erlaubt, daß in ein individuelles Rechtsgut ohne Einwilligung des Rechtsgutsinhabers zum Schutz eines anderen Rechtsgutes eingegriffen wird. Zwar lassen sich die Fälle der Forschung an Einwilligungsunfähigen zumeist nicht über den rechtfertigenden Notstand erfassen, weil nicht konkret genug auf den Schutz eines höherrangigen Rechtsguts eines anderen Betroffenen gezielt wird. Der anerkannte Rechtfertigungsgrund des Notstandes zeigt aber doch, daß eine Abwägung verschiedener Rechtsgüter und auch eine Abwägung von Nutzen und Risiko für diese Rechtsgüter von Verfassungs wegen nicht per se ausgeschlossen ist und eine Inanspruchnahme eines Individuums für andere nicht von vornherein gegen die Menschenwürde verstößt. Der Eigennutzen für den Betroffenen ist also keineswegs das Maß aller Dinge.

Diese Schlußfolgerung, wonach der Eigennutzen nicht alles ist (und sich auch übrigens das »Wohl« des Betroffenen nicht im physischen »Eigennutzen« erschöpft), gewinnt noch dadurch an Gewicht, daß ja, wie dargestellt, auch die »eigennützige Forschung« einen unmittelbaren Nutzen für den Betroffenen keineswegs garantieren kann. Zudem wäre es kaum verständlich, wenn man Forschungsmaßnahmen mit jenen Patienten, die möglicherweise noch selbst von der fraglichen Forschung profitieren können, weil sie nach ihrem Alter und dem zu erwartenden Verlauf ihrer Krankheit noch eine vergleichsweise hohe Lebenserwartung haben, unter bestimmten Voraussetzungen erlaubt, man aber zugleich Forschung bei akut lebensgefährlichen Krankheiten oder Unfällen ausnahmslos unter Hinweis darauf verbietet, daß sie dem konkret Betroffenen ja ohnehin nichts mehr nützen können. Eine solche Auffassung geriete zum einen in die Gefahr, daß der »mögliche« oder »beabsichtigte Eigennutzen« für den Betroffenen alibihaft vorgeschoben würde. Vor allem aber hätte diese Auffassung letztlich die absurde Konsequenz, daß Erkankungen und Unfallfolgen um so weitergehend von jeglicher Verbesserung in der Erkennung und Behandlung ausgeschlossen wären, je lebensbedrohlicher die Erkankungen oder Unfallfolgen für die von ihnen Betroffenen sind.

Das Zwischenergebnis lautet daher, daß es von Verfassungs wegen keineswegs ausgeschlossen ist, unter bestimmten Voraussetzungen auch Forschung mit nur möglichem Eigennutzen für den Betroffenen und solche mit wenigstens gruppenspezifischem Nutzen zu erlauben.

2. Die Schutzkriterien zugunsten Einwilligungsunfähiger Angesichts dieses Ergebnisses tritt die Notwendigkeit strenger Schutzkriterien zugunsten der Probanden und Patienten um so deutlicher hervor. Diese Kriterien seien im folgenden dargestellt. Wesentlich ist dabei, daß diese Kriterien *ergänzend* zu jenen (vorstehend aufgezeigten) Schutzkriterien treten, die für die Forschung mit einwilligungsfähigen Patienten und Probanden gelten.

Ergänzende Regeln zur Forschung mit Nichteinwilligungsfähigen im AMG, MPG, der Revidierten Deklaration von Helsinki (RDH) (Fassung Okt. 2000), der Menschenrechtskonvention zur Biomedizin des Europarates (MRB) und der Stellungnahme der Zentralen Ethikkommission (ZEKO)

	Klinischer Versuch	Experiment mit möglichem Eigennutzen für den Betroffenen	Experiment mit gruppenspezifischem Nutzen
Grundsätzliche Zulässigkeit bei Erwachsenen	AMG § 41 Nr. 3 MPG § 18 Nr. 2 RDH — MRB Art. 17 ZEKO Ziff. I, 1	AMG — MPG — RDH Nr. 24 MRB Art. 17 Abs. 2 i) ZEKO Ziff. I, 2	AMG — MPG — RDH Nr. 24 MRB Art. 17 Abs. 2 ii) ZEKO Ziff. I, 3
Grundsätzliche Zulässigkeit bei Minderjährigen	AMG § 41 Nr. 3 MPG § 18 Nr. 2 RDH — MRB Art. 17 ZEKO Ziff. I, 1	AMG § 40 Abs. 4 MPG § 17 Abs. 4 RDH Nr. 24, 25 MRB Art. 17 Abs. 2 i) ZEKO Ziff. I, 2	AMG — MPG — RDH Nr. 24, 25 MRB Art. 17 Abs. 2 ii) ZEKO Ziff. I, 3
Dabei: Beschränkung auf Diagnostika / Prophylaktika	AMG — MPG — RDH — MRB —	AMG § 40 Abs. 4 Nr. 1 MPG § 17 Abs. 4 Nr. 1 RDH — MRB — ZEKO —	AMG entfällt* MPG entfällt* RDH — MRB — ZEKO —
Keine Alternative zur Forschung mit Nichteinwilligungsfähigen	AMG — MPG — RDH entfällt* MRB Art. 17Abs. 1 iii)	AMG § 40 Abs. 4 Nr. 3 MPG § 17 Abs. 4 Nr. 3 RDH Nr. 24 MRB Art. 17 Abs. 1 iii) ZEKO Ziff. III, 1. SpS	AMG entfällt* MPG entfällt* RDH Nr. 24 MRB Art. 17 Abs. 1 iii) ZEKO Ziff. III, 1. SpS
Ziel: *Wesentliche* Erweiterung des wiss. Verständnisses	AMG — MPG — RDH entfällt* MRB —	AMG — MPG — RDH — MRB Art. 17 Abs. 2 i) ZEKO Ziff. III, 2. SpS	AMG entfällt* MPG entfällt* RDH — MRB Art. 17 Abs. 2 i) ZEKO Ziff. III, 2. SpS
Nur minimales Risiko / minimale Belastung	AMG — MPG — RDH entfällt* MRB —	AMG — MPG — RDH — MRB Art. 17 Abs. 2 ii) ZEKO —	AMG entfällt* MPG entfällt* RDH — MRB Art. 17 Abs. 2 ii) ZEKO Ziff. III, 7. SpS
Einwilligung des gesetzlichen Vertreters erforderlich	AMG § 41 Nr. 3 MPG § 18 Nr. 2 S. 2 RDH entfällt* MRB Art. 17 Abs. 1 iv), Art. 6 Abs. 3	AMG § 40 Abs. 4 Nr. 4 MPG § 17 Abs. 4 Nr. 4 RDH Nr. 24, 25 MRB Art. 17 Abs. 1 iv), Art. 6 Abs. 3 ZEKO Ziff. III, 4. SpS	AMG entfällt* MPG entfällt* RDH Nr. 24, 25 MRB Art. 17 Abs. 1 iv), Art. 6 Abs. 3 ZEKO Ziff. III, 4. SpS
Ausnahme: Mutmaßliche Einwilligung	AMG § 41 Nr. 5 S. 2 MPG § 18 Nr. 3 S. 3 RDH entfällt* MRB Art. 8	AMG — MPG — RDH — MRB — ZEKO —	AMG entfällt* MPG entfällt* RDH — MRB — ZEKO —
Zusätzlich Einwilligung des zustimmungsfähigen Einwilligungsunfähigen erforderlich	AMG § 41 Nr. 3 MPG § 18 Nr. 2 RDH entfällt* MRB —	AMG § 40 Abs. 4 Nr. 4 S. 3 MPG § 17 Abs. 4 Nr. 4 S. 3 RDH Nr. 25 MRB — ZEKO —	AMG entfällt* MPG entfällt* RDH Nr. 25 MRB — ZEKO —
Keine Ablehnung des Einwilligungsunfähigen	AMG — MPG — RDH entfällt* MRB Art. 17 Abs. 1 v)	AMG — MPG — RDH — MRB Art. 17 Abs. 1 v) ZEKO Ziff. III, 5. SpS	AMG — MPG — RDH — MRB Art. 17 Abs. 1 v) ZEKO Ziff. III, 5. SpS
Schriftform der Einwilligung speziell bei Einwilligungsunfähigen	AMG — MPG — RDH entfällt* MRB Art. 17 Abs. 1 iv)	AMG — MPG — RDH — MRB Art. 17 Abs. 1 iv) ZEKO —	AMG entfällt* MPG entfällt* RDH — MRB Art. 17 Abs. 1 iv) ZEKO —

Anmerkungen und Erläuterungen:

Die Übersicht zeigt, wie unterschiedlich die verschiedenen Regelwerke die Forschung mit Einwilligungsunfähigen behandeln. Überraschendes hat allerdings

*entfällt, da stets unzulässig

die Neufassung der Deklaration von Helsinki vom Oktober 2000 erbracht: Entweder ein unbeabsichtigtes Versäumnis oder Ausdruck falsch verstandenen Patientenschutzes ist es nämlich, daß der individuelle Heilversuch und der klinische Versuch bei Einwilligungsunfähigen nach der Neufassung offenbar überhaupt nicht mehr erlaubt sein sollen, und zwar selbst dann nicht, wenn die begründete Hoffnung besteht, daß durch den entsprechenden therapeutischen Versuch das Leben des Patienten gerettet, seine Gesundheit wiederhergestellt oder sein Leiden verringert wird: Nr. 32 verlangt ausnahmslos die Einwilligung des Patienten nach dessen Aufklärung (wobei auch nicht etwa pauschal - ohne Personenbezug - von der Einwilligung nach Aufklärung gesprochen wird, so daß nicht diejenige des gesetzlichen Vertreters im Sinne der Nr. 24 mit gemeint sein kann), ebenso wie Nr. 31 eine umfassende Information des Patienten fordert. Auch im übrigen findet sich im neuen Abschnitt über medizinische Forschung in Verbindung mit medizinischer Versorgung keine vergleichbare Aussage wie früher unter II 5, wonach der Arzt in Verbindung mit ärztlicher Versorgung u.U. auf die Einwilligung nach Aufklärung verzichten kann (nämlich wenn er dies für »unentbehrlich« hält). Richtigerweise hätten therapeutische Versuche unter Anbindung an den mutmaßlichen Willen des Patienten ermöglicht werden sollen. Nimmt man die Deklaration wörtlich, sind jetzt zwar die sehr umstrittenen nicht-therapeutischen wissenschaftlichen Experimente bei Einwilligungsunfähigen erlaubt, nicht mehr dagegen die früher allgemein akzeptierten therapeutischen Versuche, was die internationale Diskussion auf den Kopf stellt.

Die wichtigsten Unterschiede zwischen den verschiedenen Regelwerke bestehen im übrigen darin, daß wissenschaftliche Experimente mit einwilligungsunfähigen Erwachsenen nach AMG und MPG per se verboten sind, daß umgekehrt aber die Menschenrechtskonvention strenger ist bei wissenschaftlichen Experimenten mit Minderjährigen, indem hier allenfalls minimale Risiken erlaubt sind. Auch verlangt die Menschenrechtskonvention über das AMG und MPG hinaus eine »wesentliche Erweiterung des wissenschaftlichen Verständnisses«, während sich AMG und MPG mit einer vertretbaren Risiko-Nutzen-Abwägung begnügen. Zudem wird der Wille des Minderjährigen nach AMG und MPG nur dann berücksichtigt, wenn der Minderjährige in der Lage ist, Wesen, Bedeutung und Tragweite der klinischen Prüfung einzusehen und seinen Willen hiernach zu bestimmen; nur in diesem Fall ist auch seine schriftliche Einwilligung erforderlich. Demgegenüber ist nach der Deklaration von Helsinki stets eine »billigende Äußerung« des Einwilligungsunfähigen zu Entscheidungen bezüglich seiner Teilnahme an der Forschung notwendig, wenn der Einwilligungsunfähige zu einer solchen Billigung in der Lage ist; sie ist dann neben der Einwilligung des Vertreters erforderlich. Hierdurch wird dem Selbstbestimmungsrecht des Einwilligungsunfähigen in ganz besonderem Ausmaß Rechnung getragen. Mit gleicher Zielrichtung (allerdings mit unterschiedlicher Beweislast) ist nach dem Menschenrechtsübereinkommen eine Ablehnung des Betroffenen stets beachtlich[42]. Die Stellungnahme der ZEKO versucht, die Frage des Selbstbestimmungsrechts des Betroffenen noch stärker differenziert in den Griff zu bekommen: Zum einen ist - wie nach dem Menschenrechtsübereinkommen - eine Ablehnung des Betroffenen stets beachtlich. Zum anderen wird ausdrücklich darauf verwiesen, daß der gesetzliche Vertreter seinerseits aufgrund von Anhaltspunkten, die sich aus der Lebenshaltung und -auffassung des Betroffenen ergeben können, davon ausgehen können soll, daß die Teilnahme an dem Experiment im Interesse des Betroffenen liegt. Insbesondere diese Regelung (die natürlich davon ausgeht, daß der Betroffene einmal einwilligungsfähig war und entsprechende Äußerungen getätigt hat, so daß die Regelung auf Kinder nicht anwendbar ist) dürfte dem Selbstbestimmungsrecht einwilligungsunfähig Gewordener eher gerecht werden als eine pauschale Ablehnung jeglicher nicht ihm selbst nützender Forschung[43].

Zu betonen ist im übrigen nochmals, daß in Deutschland keineswegs jedes Forschungsvorhaben am Menschen spezialgesetzlich geregelt ist. Die rechtliche Beurteilung der Forschung außerhalb des Anwendungsbereichs von AMG und MPG ist unklar und äußerst umstritten. Gerade hier könnte deshalb das Menschenrechtsübereinkommen dazu beitragen, auch in Deutschland klare Schutzstandards zu schaffen[44].

VI. Zusammenfassender Vergleich der Bestimmungen des AMG / MPG mit den Schutzvorschriften des MRB

AMG und MPG sehen zwar in manchen Vorschriften ein im Vergleich zum MRB höheres Schutzniveau vor. Das Schutznivau im deutschen Recht ist aber zugleich in mehrfacher Hinsicht *niedriger* (muß also bei einem Beitritt zur Menschenrechtskonvention angepaßt werden):

- Eine mit Art. 17 Abs. 2 Unterpunkt ii vergleichbare Beschränkung auf Forschungsuntersuchungen mit *minimalem* Risiko und *minimaler* Belastung für den Probanden findet sich in den deutschen Vorschriften nicht.
- Das deutsche Recht verlangt keine »*wesentliche* Erweiterung des wissenschaftlichen Verständnisses« (Art. 17 Abs. 2 Unterpunkt i), begnügt sich vielmehr mit einer *vertretbaren* Risiko-Nutzen-Abwägung (§ 40 Abs. 1 AMG, § 17 Abs. 1 MPG).

---

[42] Siehe dazu Taupitz, Internationale Regeln zur Medizinischen Forschung an Minderjährigen, in: Fegert/Häßler/Rothärmel, Atypische Neuroleptika in der Jugendpsychiatrie (1999), S. 47; die Stellungnahme der ZEKO bei der BÄK, DÄBl. 1997, A-1011, A-1012; Taupitz/Fröhlich, VersR 1997, 911 (917).

[43] Taupitz/Fröhlich, VersR 1997, 911 (914).

[44] Taupitz, VersR 1998, 542 (545).

- Der Wille des Minderjährigen wird nach § 40 Abs. 4 AMG, § 17 Abs. 4 MPG nur dann berücksichtigt, wenn der Minderjährige in der Lage ist, Wesen, Bedeutung und Tragweite der klinischen Prüfung einzusehen und seinen Willen hiernach zu bestimmen; (nur) in einem solchen Fall ist auch seine schriftliche Einwilligung erforderlich. Umgekehrt formuliert sind nichttherapeutische (potentiell eigennützige) Versuche auch an Minderjährigen zulässig, die zwar nicht in der Lage sind, Wesen und Bedeutung des Versuchs zu verstehen und ihren Willen hiernach zu bestimmen, aber den Versuch dennoch ablehnen. Demgegenüber ist nach Art. 17 Abs. 1 Unterpunkt v des MRB eine *Ablehnung* der betroffenen Person stets beachtlich.

C. Das Verbot genetischer Diskriminierung und die Bindung genetischer Tests an Gesundheitszwecke

I. Einleitung

Gem. Art. 12 der MRB dürfen prädiktive genetische Tests nur zu Gesundheitszwecken vorgenommen werden. Folgt man der – allerdings nicht verbindlichen[45] – Auslegung des Explanatory Reports, so werden damit prädiktive Tests in Zusammenhang mit dem Abschluß eines Versicherungsvertrages generell untersagt:

> An insurance company will not be entitled to subject the conclusion or modification of an insurance policy to the holding of a predictive genetic test. Nor will it be able to refuse the conclusion or modification of such a policy on the ground that the applicant has not submitted to a test, as the conclusion of a policy cannot reasonably be made conditional on the performance of an illegal act[46].

Im Arbeitsrecht sollen genetische Tests von Stellenbewerbern nur unter engen Voraussetzungen zulässig sein:

> [W]hen the working environment could have prejudicial consequences on the health of an individual because of a genetic predisposition, predictive genetic testing may be offered without prejudice to the aim of improving working conditions. The test should be clearly used in the interest of the individual's health...[47]. However, national law may allow for the performance of a test predictive of a genetic disease

[45] Siehe hierzu das Vorwort des Explanatory Report zur Menschenrechtskonvention, DIR/JUR (97) 5, Mai 1997.

[46] Explanatory Report (o. Fn. 45), Nr. 86.

[47] Explanatory Report (o.Fn. 45), Nr. 85.

> outside the health field for one of the reasons and under the conditions provided for in Article 26.1 of the Convention[48].

Art. 12 erfaßt jedoch lediglich die *Vornahme* von genetischen Tests in Zusammenhang mit dem Abschluß eines Versicherungs- oder Arbeitsvertrages[49]. Inwieweit ein Versicherer oder Arbeitgeber berechtigt ist, nach dem Ergebnis von bereits vorgenommenen Tests zu fragen und den Abschluß des Vertrags oder dessen inhaltliche Ausgestaltung hiervon abhängig zu machen, ist anhand des Art. 11 MRB zu beurteilen. Danach ist die Diskriminierung einer Person wegen ihres genetischen Erbes verboten. Dabei ist zu berücksichtigen, daß durch Art. 11 MRB nicht jede, sondern nur eine ungerechtfertigte Ungleichbehandlung verboten wird[50]:

> If the term »discrimination« has usually a negative connotation in French, whereas this is not necessarily the case in English (where one must use the expression »unfair discrimination«); it has, however, been decided to keep the same term in both languages, as it is in the European Convention of Human Rights and in the case law of the Court. Discrimination here must, therefore, in French as in English, be understood as unfair discrimination. In particular, it cannot prohibit positive measures which may be implemented with the aim of re-establishing a certain balance in favour of those at a disadvantage because of their genetic inheritance[51].

In Deutschland bestehen bisher weder Regelungen hinsichtlich der Zulässigkeit von prädiktiven genetischen Tests in Zusammenhang mit dem Abschluß eines Versicherungs- oder Arbeitsvertrags noch Vorschriften hinsichtlich der Frage, inwieweit sich ein Versicherer oder Arbeitgeber über das Ergebnis bereits durchgeführter Tests erkundigen darf[52]. Diese Fragen müssen deshalb anhand der allgemeinen Bestimmungen des Versicherungs- und Arbeitsrechts bzw. anhand der allgemeinen Grundsätze, die von der Rechtsprechung entwickelt wurden, beantwortet werden.

II. Versicherungsrecht

1. Einleitung Im deutschen Versicherungsrecht gibt es eine grundlegende Unterscheidung zwischen der *risikoneutralen Sozialversicherung* einerseits

[48] Explanatory Report (o. Fn. 45), Nr. 87.

[49] Taupitz, Genetische Diagnostik und Versicherungsrecht (2000), S. 19.

[50] Taupitz, Genetische Diagnostik (o. Fn. 49), S. 19.

[51] Explanatory Report (o. Fn. 45), Nr. 77.

[52] Lorenz, Zur Berücksichtigung genetischer Tests und ihrer Ergebnisse beim Abschluß von Personenversicherungsverträgen, VersR 1999, 1309 (1311); Wiese, Genetische Analyse und Rechtsordnung (1994), S. 40 ff., 77.

und der *risikobezogenen Privatversicherung* andererseits[53]. Durch die einzelnen Teilbereiche der *Sozialversicherung* soll für jeden Versicherten ein Schutz vor elementaren Lebensrisiken sichergestellt werden. Hierzu zählen der Schutz vor den finanziellen Folgen von Krankheiten durch die gesetzliche Krankenversicherung, die Sicherung der Hinterbliebenen bei vorzeitigem Tod des Ernährers durch die gesetzliche Rentenversicherung sowie der Schutz vor den wirtschaftlichen Nachteilen eines Arbeitsunfalls und einer Berufskrankheit durch die gesetzliche Unfallversicherung. Deshalb spielen in der Sozialversicherung individuelle Risikofaktoren grundsätzlich keine Rolle. Dies bedeutet, daß die Entstehung eines Versicherungsverhältnisses (die hier durch Gesetz oder private Willenserklärung erfolgen kann) *nicht* von einer ärztlichen Voruntersuchung oder Auskünften des Versicherten über seinen Gesundheitszustand abhängt. Auch die Höhe der Beiträge bestimmt sich in der Sozialversicherung grundsätzlich nicht nach dem Gesundheitszustand des Versicherten, sondern nach anderen Kriterien, insbesondere der wirtschaftlichen Leistungsfähigkeit. Es findet somit ein prämienneutraler sozialer Ausgleich zwischen »guten« und »schlechten« Risiken statt; folglich können auch prädiktive genetische Tests im Bereich der Sozialversicherung keine Rolle spielen.

Anders verhält es sich jedoch im Bereich der *Privatversicherung*, d.h. insbesondere der privaten Kranken- und Lebensversicherung. Sie ist grundsätzlich *risikobezogen*, d.h. der Versicherer kann den Abschluß einer Privatversicherung von den individuellen Risiken des Bewerbers abhängig machen; ferner steht es ihm frei, die Ausgestaltung des Versicherungsvertrages, insbesondere die Höhe der Prämie, nach den individuellen Risiken des Versicherten auszurichten. Inwieweit zur Einschätzung des individuellen Risikos prädiktive genetische Tests herangezogen werden dürfen, ist umstritten und soll im folgenden erörtert werden.

2. Die Risikoprüfung in der Privatversicherung

a. Grundlagen: Das Recht des Versicherers auf Kenntnis der erheblichen Umstände Der Privatversicherer ist anerkanntermaßen berechtigt, vor Vertragsschluß eine individuelle Risikoprüfung vorzunehmen. Diese besteht aus zwei Elementen; nämlich einer *Anzeigeobliegenheit* des Versicherungsinteressenten und einer gegebenenfalls vom Versicherer verlangten *ärztlichen Untersuchung*[54]. Die *Anzeigeobliegenheit* des Versicherungsinteressenten gem. § 16 VVG bezieht sich auf alle dem Versicherungsinteressenten bekannten und für die Annahmeentscheidung des Versicherers *erheblichen* Umstände. Erheblich

---

[53] Näheres hierzu bei Taupitz, Genetische Diagnostik (o.Fn. 49), S. 7 ff.

[54] Berberich, Zur Zulässigkeit genetischer Tests in der Lebens- und privaten Krankenversicherung (1998), S. 51 ff., 267 ff.

sind im Zweifel alle Umstände, nach denen der Versicherer den Versicherungsinteressenten ausdrücklich fragt; darüber hinaus hat der Versicherungsinteressent aber auch alle anderen gefahrerheblichen Umstände anzuzeigen[55]. Der Umfang der *ärztlichen Untersuchung* ist im VVG nicht ausdrücklich geregelt; überhaupt ist das Recht des Versicherers, eine solche Untersuchung zu verlangen, nur indirekt in § 160 VVG, der die Lebensversicherung betrifft, gesetzlich geregelt[56]. Es entspricht aber der allgemeinen Auffassung, daß eine solche Untersuchung hinsichtlich aller für den Vertragsschluß erheblichen Umstände verlangt werden kann[57].

Nach dem klaren Wortlaut des § 16 VVG und den allgemeinen Grundsätzen zur ärztlichen Untersuchung scheint von daher sowohl die Frage des Versicherers nach dem Ergebnis bereits durchgeführter prädiktiver genetischer Tests als auch das Verlangen nach einer Durchführung solcher Tests speziell anläßlich des angestrebten Vertragsschlusses uneingeschränkt zulässig. Bei der genetischen Disposition für eine Krankheit kann es sich nämlich unzweifelhaft um einen Umstand handeln, der für den Abschluß des Versicherungsvertrages erheblich ist. Zwar ermöglichen prädiktive genetische Tests lediglich Rückschlüsse über die Wahrscheinlichkeit des Eintritt des Versicherungsfalls, da in aller Regel nicht sicher ist, ob der Versicherungsinteressent während der Vertragslaufzeit tatsächlich erkranken bzw. sterben wird; gerade in dieser Wahrscheinlichkeit ist aber ein für den Abschluß und die inhaltliche Ausgestaltung des Versicherungsvertrages erheblicher Umstand zu sehen.

Dennoch wird die Verwendung prädiktiver genetischer Tests im Versicherungswesen von einer verbreiteten Auffassung für unzulässig gehalten[58]. Im folgenden sollen die Argumente, die zur Begründung dieser Auffassung angeführt werden, dargestellt und auf ihre Tragfähigkeit geprüft werden.

---

[55] Taupitz, Genetische Diagnostik (o. Fn. 49), S. 9.

[56] Näheres zur ärztlichen Untersuchung: Berberich, Zulässigkeit genetischer Tests (o. Fn. 54), S. 92 f., 277 f.

[57] Taupitz, Genetische Diagnostik (o. Fn. 49), S. 10.

[58] Hofmann, Rechtsfragen der Genomanalyse (1999), S. 197 f.; Wiese, Genetische Analysen (o. Fn. 52), S. 80 ff. m.w.Nwen.

b. Argumente gegen die Verwendung prädiktiver genetischer Tests

(1). Das Recht auf informationelle Selbstbestimmung Zu den am häufigsten vorgebrachten Einwänden gegen die Verwendung genetischer Tests im Versicherungswesen gehört das Argument, die Verwendung solcher Tests verletze das Recht auf informationelle Selbstbestimmung des Versicherungsinteressenten. Das Recht auf informationelle Selbstbestimmung wird von der Rechtsprechung und Literatur aus der Garantie der Menschenwürde (Art. 1 Abs. 1 GG) und der allgemeinen Handlungsfreiheit (Art. 2 Abs. 1 GG) hergeleitet und genießt somit Verfassungsrang[59]. Entwickelt wurde diese Rechtsfigur vor allem in Zusammenhang mit dem Datenschutz, um den Bürger vor einer ungerechtfertigten Ausspähung seiner Daten durch den Staat zu schützen und zu verhindern, daß der Bürger zum »gläsernen Menschen« wird. Das Recht auf informationelle Selbstbestimmung schützt den Bürger jedoch nicht nur vor der ungerechtfertigten Ausforschung seiner Daten; vielmehr gewährt es dem Bürger auch umgekehrt ein *»Recht auf Nichtwissen«*, d.h. ein Recht darauf, Kenntnisse über seinen Gesundheitszustand nicht gegen den eigenen Willen zu erlangen[60].

Das Recht auf informationelle Selbstbestimmung ist nicht nur im Verhältnis zwischen Staat und Bürger, sondern auch zwischen Privaten von Bedeutung. Es ist nämlich allgemein anerkannt, daß die Grundrechte den Bürger nicht nur vor staatlichen Übergriffen, sondern auch vor Beeinträchtigungen durch Private schützen sollen (sog. »Drittwirkung«)[61]. Rechtlich wird dieser Schutz zum einen durch eine staatliche *Schutzpflicht* verwirklicht. Der Staatsgewalt werden durch die Grundrechte somit nicht nur Schranken auferlegt; vielmehr ist der Staat auch verpflichtet zu verhindern, daß die Grundrechte des Bürgers durch andere Private ungerechtfertigt beeinträchtigt werden. Darüber hinaus müssen die Grundrechte bei der *Auslegung privatrechtlicher Normen* berücksichtigt werden. So gelten insbesondere generalklauselartige Bestimmungen wie die des Verbots sittenwidriger Rechtsgeschäfte (§ 138 BGB) oder das Gebot von Treu und Glauben (§ 242 BGB) als »Einfallstore« der Grundrechte, da die Grundrechte bei der normativen Konkretisierung dieser generalklauselartigen Bestimmungen zu berücksichtigen sind.

Aus diesem Blickwinkel erscheint es zwar in der Tat nicht abwegig, in der Durchführung von genetischen Tests auf Verlangen des Versicherers oder in der Frage des Versicherers nach dem Ergebnis von bereits durchgeführten Tests eine Beeinträchtigung des Rechts auf informationelle Selbstbestimmung

---

[59] Siehe statt vieler BVerfGE 65, 1, (43 f.).

[60] Berberich, Zulässigkeit genetischer Tests (o. Fn. 54), S. 62 ff.; Taupitz, Genetische Diagnostik (o. Fn. 49), S. 23 ff. m.w.Nwen.

[61] Berberich, Zulässigkeit genetischer Tests (o. Fn. 54), S. 69 f.; Hofmann, Rechtsfragen der Genomanalyse (o. Fn. 58), S. 41 f.

zu sehen. Immerhin erlangt der Versicherer hierdurch Kenntnisse über die genetischen Veranlagung des Versicherungsinteressenten, mithin also über den Kernbereich seiner Persönlichkeit. Dabei ist jedoch auch zu berücksichtigen, daß niemand zum Abschluß eines privaten Versicherungsvertrages gezwungen ist. In der Privatversicherung gilt nämlich, anders als in der gesetzlichen Pflichtversicherung als Teil der Sozialversicherung, der Grundsatz der *Vertragsfreiheit*[62]. Hieraus folgt nicht nur die grundsätzliche Freiheit, den Inhalt des Vertrags frei auszuhandeln, sondern auch die Freiheit, von einem Vertragsschluß ganz abzusehen. Dies gilt für den Versicherungsnehmer und den Versicherungsinteressenten gleichermaßen. Mehr noch, aus § 160 VVG folgt, daß eine gegebenenfalls vereinbarte Pflicht zur Vornahme eines prädiktiven Gentests selbst dann nicht besteht, wenn bereits eine entsprechende Vereinbarung geschlossen wurde. Der Versicherer kann bei der Verweigerung einer ärztlichen Untersuchung lediglich den Abschluß des Vertrags ablehnen. Die Ermittlung und Weitergabe von Daten über die genetische Veranlagung des Versicherungsinteressenten ist also nur mit dessen Zustimmung möglich. Durch eine *freiwillige* Ermittlung und Weitergabe von Daten wird das Grundrecht auf informationelle Selbstbestimmung aber nicht beeinträchtigt.

Hiergegen könnte man allerdings einwenden, daß zumindest einige Versicherungsinteressenten unter einem *faktischen Zwang* zum Abschluß einer Privatversicherung stehen[63]. Zu denken ist hier an den Selbständigen, der keinen Zugang zur Sozialversicherung hat und der deshalb zur Absicherung seiner Familie auf eine Krankenversicherung angewiesen ist; gleiches gilt für jemanden, der eine Lebensversicherung zur Sicherung seines Immobilienfinanzierungskredits benötigt. Möchte der Versicherungsinteressent in derartigen Fällen nicht auf die Absicherung seiner Familie oder den Hausbau verzichten, so bliebe ihm – wenn irrealerweise *alle* Privatversicherer genetische Tests verlangen würden[64] – nichts anderes übrig, als derartige Tests auf Verlangen des Versicherers durchführen zu lassen. Damit würde er Kenntnisse über seine genetische Veranlagung erlangen, die er möglicherweise gar nicht haben möchte. Ebenso wäre er gezwungen, das Ergebnis von bereits durchgeführten Tests mitzuteilen.

Selbst wenn man in derartigen Fällen einen *»faktischen Druck«* annehmen möchte, spricht dies jedoch nicht gegen die Zulässigkeit der Verwendung genetischer Tests im Versicherungswesen. Zu bedenken ist nämlich, daß hinsichtlich des Rechts auf informationelle Selbstbestimmung und des Rechts auf Nichtwissen kein grundsätzlicher Unterschied zu den bereits heute üblichen

[62] Lorenz, VersR 1999, 1309 (1312) m.w.Nwen.

[63] Taupitz, Genetische Diagnostik (o. Fn. 49), S. 24 f. m.w.Nwen.

[64] Es ist sehr unwahrscheinlich, daß alle Versicherer dies tun werden. Zu erwarten ist vielmehr, daß zumindest einige Versicherer durch den Verzicht auf genetische Untersuchungen einen Wettbewerbsvorteil anstreben.

ärztlichen Untersuchungen besteht[65]. Zu diesen bereits heute üblichen Untersuchungen gehört z.B. bei einer Lebensversicherung ab einer bestimmten Versicherungssumme die Durchführung eines HIV-Tests. Dabei kann es durchaus geschehen, daß ein Versicherungsinteressent Kenntnis von einer HIV-Infektion erlangt, mit der er nicht zu rechnen brauchte. Ebenso ist denkbar, daß bei der ärztlichen Untersuchung ein »schlummernder Krebs« diagnostiziert wird. Die Kenntnis derartiger Befunde kann den Versicherungsinteressenten möglicherweise noch mehr belasten als die Kenntnis einer genetischen Disposition für eine bestimmte Krankheit. Es ist nicht einzusehen, warum im einen Fall das Recht auf Nichtwissen in unzulässiger Weise beeinträchtigt sein soll, im anderen aber nicht. Ebensowenig ist einzusehen, warum die Weitergabe von Befunden, die aus einer »konventionellen« ärztlichen Untersuchung stammen, mit dem Recht auf informationelle Selbstbestimmung vereinbar sein sollen, die Weitergabe des Ergebnis genetischer Tests aber nicht. Im übrigen steht es jedem Versicherungsinteressenten frei, mit dem Versicherer einen Verzicht auf die Vornahme eines genetischen Tests zu vereinbaren. Es ist zwar zu erwarten, daß der Versicherer hierzu nur gegen Zahlung eines Risikozuschlags bereit sein wird; die Zahlung eines solchen Zuschlags ist dem Versicherungsinteressenten aber durchaus zumutbar, da der Zuschlag als Preis dafür zu sehen ist, daß der Versicherer ein erhöhtes Maß an Unsicherheit bei der Risikokalkulation in Kauf nimmt.

(2). Diskriminierung aufgrund des genetischen Erbes Ein weiteres Argument gegen die Verwendung genetischer Tests im Versicherungswesen stellt auf eine vermeintliche Diskriminierung von genetisch »belasteten« Personen ab[66]. So wird behauptet, die Schlechterstellung solcher Personen sei diskriminierend, weil niemand für seine genetische Veranlagung verantwortlich sei. Die Berücksichtigung genetischer Tests führe dazu, daß Personen, die aufgrund ihrer genetischen Veranlagung ohnehin ein schweres Schicksal haben, hierfür auch noch »bestraft« werden.

Unbestreitbar ist an diesem Argument, daß niemand Schuld hat an seiner genetischen Veranlagung. Es ist auch nicht zu bestreiten, daß die Verwendung genetischer Tests zu einer Schlechterstellung genetisch »belasteter« Personen führen kann. Allerdings ist hierin keine Diskriminierung zu sehen. Von einer Diskriminierung zu sprechen ist nämlich nur dann gerechtfertigt, wenn für die Ungleichbehandlung *kein sachlicher Grund* besteht. Da in der Privatversicherung aber der Grundsatz der Risikoäquivalenz gilt, richten sich die Versicherungsbedingungen ebenso wie die Entscheidung darüber, ob überhaupt ein Versicherungsvertrag abgeschlossen wird, nach dem *individuellen Risiko*

---

[65] Taupitz, Genetische Diagnostik (o. Fn. 49), S. 36 ff. m.w.Nwen.

[66] Siehe hierzu Hofmann, Rechtsfragen der Genomanalyse (o. Fn. 58), S. 197; Lorenz, VersR 1999, 1309 (1312 f.); Taupitz, Genetische Diagnostik (o. Fn. 49), S. 29 ff.

des Versicherungsinteressenten[67]. Deshalb ist es üblich, daß Versicherungsinteressenten mit höheren Risiken schlechtere Versicherungsbedingungen angeboten bekommen als Personen mit geringeren Risiken. Bei sehr hohen Risiken wird der Versicherer unter Umständen sogar vollständig vom Abschluß eines Vertrages absehen. Eine solche Ungleichbehandlung ist keineswegs ungerechtfertigt und damit diskriminierend, sondern entspricht gerade dem Sinn und Zweck des Privatversicherungsvertrages, nämlich der Versicherung von Personen entsprechend ihrem individuellen Risiko. Dabei kommt es auch nicht darauf an, ob der Versicherungsinteressent für sein höheres Risiko »verantwortlich« ist, ob er es also in einer ihm zurechenbaren Weise (mit-) verursacht hat. Auch Personen, deren erhöhtes Risiko auf einer Krankheit beruht, für die sie in keiner Weise – beispielsweise durch eine ungesunde Lebensweise – verantwortlich sind, stehen bei der Aushandlung eines Versicherungsvertrages schlechter als Personen mit geringerem Risiko. Es ist nicht einzusehen, warum für ein »schlechtes« Risiko, das auf einer genetischen Veranlagung beruht, etwas anderes gelten soll. Weiterhin macht es auch keinen Unterschied, ob die ungünstige Risikoprognose auf der genetischen Veranlagung oder auf einer bereits ausgebrochenen Krankheit beruht. Entscheidend ist in beiden Fällen einzig und allein die in die Zukunft gerichtete Risikoprognose.

Im übrigen ist auch zu bedenken, daß bereits heute die genetische Veranlagung zu einer Schlechterstellung des Versicherungsinteressenten führen kann. Im Rahmen der *Familienanamnese* wird nämlich untersucht, wie hoch die Wahrscheinlichkeit einer »genetischen Belastung« des Versicherungsnehmers ist[68]. Es ist nicht einzusehen, warum eine auf der Familienanamnese beruhende Schlechterstellung zulässig, eine auf einem genetischer Test beruhende Schlechterstellung jedoch als diskriminierend anzusehen und unzulässig sein soll[69]. Im Gegenteil: Der genetische Test gestattet eine weitaus präzisere Einschätzung des individuellen Risikos; er ermöglicht damit auch eine dem genetisch bedingten Risiko viel genauer entsprechende Vertragsgestaltung. Da das Gleichbehandlungsgebot nicht nur gebietet, wesentlich Gleiches gleich, sondern auch *wesentlich Ungleiches ungleich* zu behandeln, bewirkt die durch prädiktive genetische Tests ermöglichte risikoäquivalente Vertragsgestaltung genau das *Gegenteil einer Diskriminierung.*

(3). Auflösung der Risiko- und Solidargemeinschaft durch Beseitigung der Unsicherheit Ein weiteres Argument, das gegen die Verwendung genetischer Tests im Versicherungswesen vorgebracht wird, stellt auf die Risiko- und Solidargemeinschaft ab. Die Unsicherheit darüber, ob sich bei dem jeweiligen Antragsteller das versicherte Risiko realisieren wird, sei gerade die Grundlage

[67]Breyer in: Bartram u.a., Humangenetische Diagnostik (2000), S. 165.

[68]Siehe hierzu Lorenz, VersR 1999, 1309 (1311).

[69]Taupitz, Genetische Diagnostik (o. Fn. 49), S. 31.

des gesamten Privatversicherungswesens. Diese Unsicherheit werde durch genetische Tests gefährdet, da sie dem Versicherer genaue Prognosen über den Eintritt des Versicherungsfalles gestatten[70].

Dieses Argument überzeugt jedoch schon deshalb nicht, weil durch die Ergebnisse prädiktiver genetischer Tests allenfalls eine Aussage über die Wahrscheinlichkeit des Eintritts des Versicherungsfalls gemacht werden kann. Viele genetisch bedingte Krankheiten kommen nur durch ein Zusammenwirken zwischen genetischen Faktoren und Umwelteinflüssen zum Ausbruch, so daß eine zuverlässige Voraussage in der Regel unmöglich ist. Doch selbst bei genetischen Veranlagungen, die mit Sicherheit zum Ausbruch der Krankheit führen werden, kann der Zeitpunkt, zu dem die Krankheit ausbricht, nicht genau vorausgesagt werden. Es ist durchaus möglich, daß der Versicherungsfall auch durch Unfall oder Tod aus anderen Gründen eintreten wird. Damit steht auch nicht fest, ob der »genetisch bedingte« Versicherungsfall überhaupt während der Vertragslaufzeit eintreten wird.

c. Argumente für die Zulässigkeit prädiktiver genetischer Tests: Vertragsfreiheit und Verhinderung von Antiselektion Ein herausragendes Argument *für* die Zulässigkeit des Begehrens eines Versicherers, der Versicherungsinteressent möge vor der Entscheidung des Versicherers über die Annahme des Versicherungsantrags einen genetischen Test durchführen lassen, besteht im verfassungsrechtlich garantierten Recht (auch) des Versicherers auf Vertragsfreiheit (Art. 2 i.V.m. Art. 19 Abs. 3 GG) sowie im ebenfalls verfassungsrechtlich geschützten Recht des Versicherers auf unternehmerische Gestaltungs- und Betätigungsfreiheit (Art. 12 i.V.m. Art. 19 Abs. 3 GG)[71]. Aufgrund dieser Rechte steht es einem Privatversicherungsunternehmen grundsätzlich frei, Verträge zu beliebigen Konditionen anzubieten. Dazu gehört u.a. das Recht, keinen Vertrag abzuschließen, wenn der Antragsteller die Herausgabe risikoerheblicher Informationen verweigert, sowie das Recht, Verträge nur mit solchen Personen abzuschließen, die sich zuvor einem bestimmten Test mit dem Ziel der Risikobeurteilung unterzogen haben. Ein Verbot des genannten Verlangens bedeutete einen schwerwiegenden Eingriff in die verfassungsrechtlich geschützte unternehmerische Freiheit der privaten Personenversicherer und eine Angleichung an die ganz anders strukturierte und motivierte Sozialversicherung, weil feststellbare Risikounterschiede zwischen den Versicherungsinteressenten nicht berücksichtigt werden dürften. Ein entsprechendes Verbot hätte damit zur Folge, daß »die guten Risiken« nicht nur – und dies völlig zu Recht – die *nach* dem Vertragsabschluß entstehenden Risikoerhöhungen

---

[70] Taupitz, Genetische Diagnostik (o. Fn. 49), S. 32 ff. m. w. Nwen.

[71] Lorenz, VersR 1999, 1309 (1313); Berberich, Zulässigkeit genetischer Tests (o. Fn. 54), S. 202; dies., Zur aktuellen Bedeutung genetischer Tests in der Privatversicherung, VW 1998, 1190 (1191 f.); Herdegen, Die Erforschung des Humangenoms als Herausforderung für das Recht, JZ 2000, 633 (635 f.).

bei anderen Risikoträgern mitzutragen und damit für einen Risikoausgleich zu sorgen hätten, sondern auch die schon *vor* dem Abschluß der Verträge bekannten[72]. Das aber widerspricht der Risikobezogenheit der Konditionen in der Privatversicherung.

Für die Zulässigkeit des Begehrens der Versicherer auf Durchführung eines Gentests vor Abschluß eines Versicherungsvertrages spricht schließlich und vor allem, daß nur dadurch in effektiver Weise der Gefahr einer Antiselektion begegnet werden kann, also der Gefahr, daß ein Versicherungsinteressent in Kenntnis einer gefahrerheblichen genetischen Disposition und gerade deswegen Personenversicherungsverträge abschließt, um sich oder von ihm bestimmten Bezugsberechtigten einen ungerechtfertigten Versicherungsschutz zu verschaffen[73]. Schon bisher dient die ärztliche Untersuchung, die ein Versicherer vor Abschluß eines Privatversicherungsvertrages verlangen *kann*, *auch* der Möglichkeit, die vom Versicherungsinteressenten gegebenen und für die Risikobeurteilung des Versicherers relevanten »körperbezogenen« Informationen auf Richtigkeit und Vollständigkeit überprüfen zu können. Daß das an sich zulässige Kontrollinstrument der ärztlichen Untersuchung gerade *bezogen auf genetische Informationen* unanwendbar sein soll, läßt sich nicht plausibel begründen. Ganz im Gegenteil wäre eine nicht zu rechtfertigende Ungleichbehandlung die Folge, wenn derjenige, der über Kenntnisse aus Gentests verfügt, die Möglichkeit erhielte, daraus individuelle Vorteile gegenüber demjenigen zu erzielen, der vergleichbare Informationen z.B. aus einer »traditionellen« Blutuntersuchung gewonnen hat.

Für die Zulässigkeit des Begehrens eines Versicherers nach Durchführung eines Gentests vor Abschluß eines Versicherungsvertrages (und erst recht für die Zulässigkeit der Frage nach den Ergebnissen schon durchgeführter Gentests) spricht aber vor allem, daß sich Informationen, die aufgrund eines Gentests gewonnen wurden, nicht *als solche* von anderen medizinischen Informationen unterscheiden. Zwar besteht gegenüber »traditionellen« medizinischen Untersuchungen ein Unterschied in der Art der *Methode*. Vom *Inhalt* der Informationen und ihrer *Bedeutung* her betrachtet kann dies jedoch nicht gesagt werden. Denn genetische Analysen werden mehr und mehr dazu verwendet, um auch bereits ausgebrochene und nicht-erbliche Krankheiten zu diagnostizieren, während umgekehrt zahlreiche traditionelle Methoden zum Teil seit langem dazu dienen, genetisch bedingte Krankheiten festzustellen[74]. Beispielsweise sind Café-au-lait-Flecken Symptom einer Neurofibromatose I oder Zystennieren Ausdruck einer autosomal-dominant erblichen polyzystischen Nierenerkrankung. Damit kann man durch bloßes Ansehen der Person

[72] Breyer, in Bartram u.a., Humangenetische Diagnostik (o. Fn. 67), S. 179 f.

[73] Lorenz, VersR 1999, 1309 (1314 f) m.w.Nwen.

[74] Siehe Bartram/Fonatsch, Humangenetische Beratung und Diagnostik im Zeitalter der Molekularen Medizin, in: Bartram u.a., Humangenetische Diagnostik (o. Fn. 67), S. 59 f.; ferner Berberich (o. Fn. 54) S. 163.

oder durch bildgebende Verfahren (Röntgen, CT) den zugrundeliegende Gendefekt diagnostizieren. Ebenso kann man bestimmte genetische Erkrankungen biochemisch oder physikalisch feststellen: Erhöhtes Serum-Cholesterin, Blutzucker, Bestandteile des Urins und der Salzgehalt des Schweißes z.B. können hochspezifische Indikatoren genetischer Störungen sein[75]. Man kann also mit *unterschiedlichen Methoden* die jeweils *gleiche Information* gewinnen, so daß sich die Frage stellt, mit welcher Berechtigung eine Information *dann* gegenüber der Versicherung »unter Verschluß« bleiben muß, wenn sie durch eine DNA-Analyse ermittelt wurde, dagegen verwendet werden darf, wenn sie durch eine *andere* Methode festgestellt wurde. Es läßt sich auch keine unterschiedliche Beziehung zur *Therapiefähigkeit* herstellen. Man kann nämlich nicht sagen, daß aufgedeckte bereits ausgebrochene Krankheiten oder *nicht* genetisch bedingte Krankheiten stets, aufgedeckte gefahrerhebliche genetische *Dispositionen* dagegen nie therapiefähig und deshalb belastender wären[76]. Und schließlich besteht auch kein grundlegender Unterschied im Hinblick auf die *Art der Erkrankung* (z.B. Krebserkrankung, Stoffwechselerkrankung, Entwicklungsstörung). Denn gleichartige Erkrankungen können sowohl Folge einer *vererbten* genetischen Disposition sein als auch spontan (z.B. durch Umweltfaktoren) hervorgerufen worden sein. Insgesamt verbietet daher vor allem der *Gleichheitssatz* (Art. 3 GG), speziell die *Erhebung* oder gar die *Verwendung* bereits bekannter Ergebnisse *genetischer Analysen* im Privatversicherungsbereich zu *untersagen*, gleichartige Informationen dagegen *zuzulassen*, nur weil sie mit Hilfe einer *anderen* Methode ermittelt wurden. Dies liefe vielmehr auf eine reine Methodendiskriminierung hinaus.

Hinzu kommt, daß eine genetische Analyse auch im Kontext eines Versicherungsvertrages ja keineswegs zwangsläufig »*lange*« vor Ausbruch der entsprechenden Krankheit durchgeführt wird: Genetisch bedingte Krankheiten brechen keineswegs typischerweise erst im höheren Lebensalter aus[77] und keineswegs jeder Versicherungsvertrag wird schon »in jungen Jahren« des Versicherten geschlossen. Damit ist nicht nur die Grenze zwischen Diagnose einer bereits ausgebrochenen und prädiktiver Vorhersage einer zukünftig ausbrechenden Krankheit fließend, sondern auch die jeweilige Nähe zum Abschluß eines Versicherungsvertrages. Von daher ist es aber mehr als zufällig (und kein hinreichender Grund für eine unterschiedliche Behandlung), ob eine genetische Analyse mehr oder weniger unmittelbar *vor* oder *nach* Auftreten der ersten (möglicherweise noch nicht zutreffend gedeuteten) Sym-

---

[75] Schmidtke, Vererbung und Ererbtes – ein humangenetischer Ratgeber, 1997, S. 86.

[76] Lorenz, VersR 1999, 1309, 1311.

[77] Beispiele für den ungefähren Zeitpunkt der Entwicklung von Erstsymptomen, verursacht durch genetische Störungen: Zystische Fibrose: bei Geburt (event. schon pränatal); Phenylketonurie: 1. Lebensjahr; autosomal-dominant erbliche polyzystische Nierenerkrankung: ab 2. Lebensjahrzehnt; Chorea Huntington: 4. bis 5. Lebensjahrzehnt; M. Alzheimer (familiäre Form): um 60. Lebensjahr.

ptome erfolgt. Dabei ist auch zu berücksichtigen, daß selbst der *aktuelle* (Krankheits-)Zustand der zu versichernden Person für die Personenversicherung nur deshalb relevant ist, weil sich daraus mehr oder weniger sicher (nämlich versicherungsmathematisch-statistisch berechenbar) *zukünftige* Leistungsverpflichtungen ableiten lassen. Selbst das (genetisch bedingte!) Geschlecht ist anerkanntermaßen ein *sachgerechtes* Differenzierungskriterium im Privatversicherungsrecht, obwohl nach Art. 3 GG niemand aufgrund seines Geschlechts ungerechtfertigt benachteiligt werden darf: Weil das über die gesamte Lebensspanne berechnete *statistische Risiko* unterschiedlich hoch ist (Frauen leben länger, sind aber häufiger krank als Männer), zahlen Frauen in der Krankenversicherung höhere, in der Lebensversicherung aber geringere Prämien. Wer sich deshalb gegen die Verwertung prädiktiver Informationen im Privatversicherungsrecht ausspricht, müßte konsequenterweise jegliche Risikotarifierung ablehnen, was auf eine völlige Umgestaltung unter Auflösung der bisherigen Strukturprinzipien dieser Versicherung und zur Gleichstellung mit der Sozialversicherung führte. Eine derartige »Versozialisierung« wird aber bisher zu Recht von niemandem auch nur ansatzweise postuliert.

Unerheblich ist bei dieser Beurteilung, daß das Risiko der Antiselektion zur Zeit noch als gering anzusehen ist, weil Versicherungsinteressenten bisher – soweit erkennbar – praktisch nicht von der Möglichkeit Gebrauch machen, eigenes genetisches Wissen im Versicherungsbereich »auszunutzen«, und die Versicherer deshalb faktisch auch keine Tests verlangen. Denn zu erörtern ist hier die prinzipielle *Zulässigkeit* eines entsprechenden Verlangens der Versicherer und die Frage, ob der Gesetzgeber ein entsprechendes Verlangen *für die Zukunft* ausschließen sollte bzw. ausschließen darf. Gerade ein solches Verbot kann aber – wie vorstehend dargelegt wurde – nicht begründet werden.

d. Ergebnis Im Ergebnis läßt sich damit festhalten, daß in einem Staat, in dem eine Sozialversicherung für eine ausreichende Daseinsvorsorge unabhängig von der jeweiligen genetischen Disposition der Bürger sorgt, kein einziges Argument wirklich durchgreifend ist, um das Begehren der Privatversicherer nach Durchführung genetischer Tests vor Abschluß von Versicherungsverträgen zu verbieten[78]. Im Gegenteil widerspricht ein solches Verbot den Grundprinzipien des Privatversicherungsrechts und verletzt wesentliche verfassungsrechtlich geschützte Freiheitsrechte der Privatversicherer. Angesichts

[78] So auch Empfehlungen der Arbeitsgruppe »Humangenetik« der Europäischen Akademie, in: Bartram u.a. (o. Fn. 67), S. XXXI; Breyer, in: Bartram u.a. (o. Fn. 67), S. 183 f.; Herdegen, JZ 2000, 633 (635 ff.); Lorenz, VersR 1999, 1309 (1309 ff.); Fischer/Berberich, Impact of Modern Genetics on Life Insurance (1999), S. 96 ff.; Sahmer, Private Krankenversicherung und Gentests, in: Thiele (Hrsg.), Genetische Diagnostik und Versicherungsschutz. Die Situation in Deutschland (2000), S. 47 (47 ff.); Taupitz, Genetische Diagnostik und Versicherungsrecht (o. Fn. 49), S. 40 f.; siehe dazu auch Hofmann, Rechtsfragen der Genomanalyse (o. Fn. 49), S. 196 ff., 201.

der Tatsache, daß Versicherer im Vorfeld des Abschlusses eines Versicherungsvertrages unstreitig andere (auch prädiktive) medizinische Untersuchungen ebenso wie eine Familienanamnese verlangen dürfen und kein *grundlegender* Unterschied zwischen genetischen Analysen und anderen medizinischen Analysen besteht, widerspräche ein an die Privatversicherer gerichtetes gesetzliches Verbot, von den Versicherungsinteressenten ggf., nämlich soweit dies für die Risikobeurteilung erheblich ist, genetische Untersuchungen als Entscheidungsgrundlage für den Abschluß eines Versicherungsvertrages zu verlangen, zudem dem Gleichheitsgrundsatz.

e. Vergleich der deutschen Rechtslage mit Art. 11 und Art. 12 MRB Angesichts des vorstehenden Befundes sollte und müßte Deutschland einen Vorbehalt bezogen auf Art. 12 MRB erklären, wenn Deutschland sich (endlich) zum Beitritt zu dieser Konvention entschlösse. Redlicherweise könnte eine Ausnahme von dem Verbot des Art 12 auch nicht auf Art. 26 Abs. 1 des Abkommens gestützt werden. Zwar kann die nationale Rechtsordnung nach dieser Vorschrift eine Einschränkung der Ge- und Verbote des Abkommens vorsehen, soweit dies eine Maßnahme darstellt, die in einer demokratischen Gesellschaft u.a. »zum Schutz der Rechte und Freiheiten anderer notwendig ist«. Nach dem zwar nicht verbindlichen, die Intention des Abkommens aber doch zum Ausdruck bringenden Explanatory Report sollen jedoch ökonomische Gründe insofern gerade nicht maßgeblich sein[79]. Damit können die (vor allem ökonomisch ausgerichteten) Interessen der Versicherer und der Versichertengemeinschaft nicht zur Begründung einer Ausnahme von Art. 12 herangezogen werden. Hierfür spricht letztlich auch Art. 2 des Übereinkommens, wonach das Interesse und das Wohl des menschlichen Lebewesens Vorrang gegenüber dem bloßen Interesse der Gesellschaft haben, so daß kollektive Interessen und Interessen von juristischen Personen und Unternehmen offenbar wertungsmäßig hinter die Individualinteressen von natürlichen Personen zurückgestellt werden.

Fraglich ist allerdings, ob das MRB auch die nach deutschem Recht zulässige Frage nach dem Ergebnis bereits durchgeführter Tests verbietet. Hierin könnte allenfalls ein Verstoß gegen Art. 11 MRB zu sehen sein. Folgt man jedoch der hier vertretenen Auffassung, liegt keine ungerechtfertigte, sondern eine gerechtfertigte Ungleichbehandlung – und damit keine Diskriminierung – vor, wenn der Versicherer den Vertragsschluß und die Versicherungsbedingungen von dem Ergebnis eines bereits durchgeführten genetischen Tests abhängig macht. Einer Änderung des deutschen Rechts oder eines Vorbehalts zum Übereinkommen bedarf es deshalb nicht.

---

[79] Explanatory Report (o. Fn. 45), Nrn. 156, 157; s. zur engen Auslegung des Art. 26 I s. dort ferner Nr. 159.

III. Arbeitswesen

1. Einleitung Mit dem zu Beginn der neunziger Jahre im Rahmen der Umsetzung verschiedener EWG-Richtlinien geplanten Arbeitnehmerrahmenschutzgesetz[80] sollte die Zulässigkeit von genetischen Tests im Rahmen eines bereits bestehenden Arbeitsverhältnisses geregelt werden. Eine Regelung der Zulässigkeit genetischer Tests bei Stellenbewerbern oder Fragen nach dem Ergebnis bereits durchgeführter Tests war dagegen nicht vorgesehen. Im Hinblick auf ein bereits bestehendes Arbeitsverhältnis sah der Gesetzesentwurf ein Verbot von Untersuchungen zur bloßen Aufdeckung von Erbanlagen vor. Dagegen sollten Untersuchungen, durch die bestimmte ererbte Veranlagungen für Erkrankungen zu ermitteln sind, die durch die Beschäftigung an einem bestimmten Arbeitsplatz oder mit einer bestimmten Tätigkeit ausbrechen können, unter engen Voraussetzungen gestattet sein. Insbesondere sollten diese Untersuchungen nur dann zulässig sein, wenn eine schwere bleibende Störung zu befürchten ist und der Arbeitnehmer in die Untersuchung eingewilligt hat. Darüber hinaus sollten derartige Untersuchungen nur dann in Betracht kommen, wenn sie durch ein spezielles Gesetz oder eine Rechtsverordnung ausdrücklich zugelassen werden.

Dieser Gesetzesentwurf wurde jedoch nicht umgesetzt. Da auch sonst keine spezialgesetzlichen Regelungen für die Anwendung genetischer Tests im Arbeitswesen bestehen[81], muß die Frage nach deren Zulässigkeit anhand der allgemeinen Bestimmungen über medizinische Untersuchungen von Arbeitnehmern und Stellenbewerbern beurteilt werden[82]. Im folgenden soll zunächst untersucht werden, ob bzw. inwieweit das deutsche Recht – entgegen Art. 12 und Art. 11 MRB – genetische Tests an Stellenbewerbern gestattet; anschließend wird die Rechtslage im Hinblick auf bereits bestehende Arbeitsverhältnisse untersucht.

2. Genetische Tests bei der Einstellung von Arbeitnehmern Inwieweit ein Arbeitgeber von einem Stellenbewerber Informationen über dessen Gesundheitszustand einholen darf, ist nur im Hinblick auf ganz bestimmte Berufe spezialgesetzlich geregelt[83]. Für das Recht des Arbeitgebers, Fragen zum Gesundheitszustand des Stellenbewerbers zu stellen, gelten im übrigen

---

[80] Entwurf eines Gesetzes über Sicherheit und Gesundheitsschutz bei der Arbeit (Arbeitsschutzrahmengesetz – ArbSchRG), BT-Drucks. 12/6752.

[81] Wiese, Genetische Analyse (o. Fn. 52), S. 40; Pletke, Die Zulässigkeit von Genomanalysen an Arbeitnehmern im deutschen und US-amerikanischen Recht (1997), S. 153.

[82] Pletke, Zulässigkeit von Genomanalysen (o. Fn. 81), S. 154 ff.

[83] Siehe hierzu die Listen bei Wiese, Genetische Analyse (o. Fn. 52), S. 40, Fn. 8 und Pletke, Zulässigkeit der Genomanalyse (o. Fn. 81), S. 154 Fn. 19, S. 209 ff.

die Grundsätze, die das Bundesarbeitsgericht für das Fragerecht des Arbeitgebers ganz allgemein entwickelt hat[84]. Danach sind Fragen des Arbeitgebers zum Gesundheitszustand des Stellenbewerbers nur dann zulässig, wenn der Arbeitgeber ausnahmsweise ein berechtigtes Interesse an den gewünschten Informationen hat[85]. Ein das Interesse des Bewerbers am Schutz seiner Privatsphäre überwiegendes berechtigtes Interesse des Arbeitgebers liegt z.B. dann vor, wenn er wissen möchte, ob bei dem Stellenbewerber eine Beeinträchtigung des Gesundheitszustandes vorliegt, »durch die die Eignung für die vorgesehene Tätigkeit auf Dauer oder in periodisch wiederkehrenden Abständen eingeschränkt ist.«[86] Ebenso zulässig sind Fragen nach ansteckenden Krankheiten, die zu einer Gefährdung der künftigen Kollegen oder Kunden führen können[87]. Ferner ist auch die Frage, ob in absehbarer Zeit mit einer Arbeitsunfähigkeit zu rechnen ist, gestattet[88]. Dagegen sind Fragen, die den allgemeinen Gesundheitszustand des Bewerbers betreffen, unzulässig. Entsprechend wäre auch das Verlangen einer allgemeinen medizinischen Untersuchung, an deren Ergebnis kein berechtigtes Interesse des Arbeitgebers besteht, unzulässig.

Wendet man diese allgemeinen Grundsätze auf die Frage nach dem Ergebnis von bereits durchgeführten Tests an, so wird deutlich, daß ein berechtigtes Interesse des Arbeitgebers nur unter engen Voraussetzungen zu bejahen ist[89]. Dies folgt schon daraus, daß die Kenntnis der Erbanlagen des Bewerbers keine hinreichend sichere Auskunft darüber gibt, ob der Bewerber tatsächlich während der Dauer des angestrebten Arbeitsverhältnis erkranken wird[90]. Da die meisten erblich bedingten Krankheiten erst durch ein Zusammenwirken mehrerer Faktoren zum Ausbruch kommen, gibt die Kenntnis der Erbanlagen weder im Hinblick auf eine bevorstehende noch auf eine dauerhafte oder periodisch wiederkehrende Arbeitsunfähigkeit zuverlässige Auskunft. Sie gestattet allenfalls eine Wahrscheinlichkeitsaussage im Hinblick auf eine spätere Erkrankung. Eine gewisse Wahrscheinlichkeit von Erkrankungen oder sogar einer späteren Berufsunfähigkeit ist aber bei jedem Arbeitnehmer vorhanden; sie gehört zu den Unternehmerrisiken, die der Arbeitgeber bei jeder Neueinstellung zu tragen hat[91]. Hinzu kommt, daß der Stellenbewerber ein erhebliches Interesse an der Wahrung seines Persönlichkeitsrechts, insbesondere am

[84] Ausführlich zum Fragerecht: Buchner, in Münchener Handbuch Arbeitsrecht, 12. Aufl. (2000), § 41.

[85] BAG, DB 1984, 2706 m.w.Nwen.; Pletke, Zulässigkeit von Genomanalysen (o. Fn. 81), S. 165.

[86] BAG, DB 1984, 2706.

[87] BAG, DB 1984, 2706.

[88] BAG, DB 1984, 2706.

[89] Schaub, Arbeitsrechts-Handbuch, 9. Aufl. (2000), § 24 Rdnr. 19.

[90] Hofmann, Rechtsfragen der Genomanalyse (o. Fn. 58), S. 165.

[91] Wiese, Genetische Analyse (o. Fn. 52), S. 45.

Schutz seines Rechts auf Nichtwissen, hat. Deshalb wird in aller Regel zumindest kein *überwiegendes* Interesse des Arbeitgebers an der Kenntnis der genetischen Veranlagung des Stellenbewerbers vorliegen. Die Frage nach dem Ergebnis sämtlicher bereits durchgeführter Tests ist deshalb ebenso unzulässig wie das Verlangen nach der Durchführungen einer umfassenden genetischen Untersuchung.

Die Verwendung genetischer Tests ist im Bewerbungsverfahren allerdings dann zulässig, wenn nur mit dem Ergebnis eines bereits durchgeführten Tests oder der Vornahme eines genetischen Test geklärt werden kann, ob von der angestrebten Tätigkeit eine erhebliche Gesundheitsgefährdung für den Bewerber ausgeht[92]. Gleiches gilt, wenn geklärt werden soll, ob von dem Bewerber aufgrund seiner genetischen Veranlagung Gefahren für Dritte ausgehen, was z.B. bei einem Piloten anzunehmen sein kann[93]. Auch in diesen Fällen bedarf es jedoch einer Zustimmung des Stellenbewerbers nach umfassender Aufklärung; außerdem unterliegt der untersuchende Arzt der Schweigepflicht; er darf also nicht das Ergebnis des Tests selbst, sondern lediglich die fehlende Eignung des Stellenbewerbers an den Arbeitgeber mitteilen[94].

3. Genetische Tests im Rahmen von bestehenden Arbeitsverhältnissen Zahlreiche Spezialgesetze sehen eine ärztliche Untersuchungen im Rahmen bestehender Arbeitsverhältnisse vor[95]. Darüber hinaus kann im Rahmen jedes Arbeitsverhältnisses der Arbeitgeber vom Arbeitnehmer verlangen, sich einer ärztlichen Untersuchung zu unterziehen, wenn hierfür ein besonderer Anlaß besteht. Ein solcher besonderer Anlaß ist z.B. dann gegeben, wenn sich Zweifel an der gesundheitlichen Eignung des Arbeitnehmers, die ihm übertragenen Aufgaben zu erfüllen, ergeben[96]. Eine allgemeine Ausforschung des Gesundheitszustandes ist dagegen im Rahmen eines bestehenden Arbeitsverhältnis ebenso unzulässig wie bei Stellenbewerbern[97].

Fraglich ist, ob im Rahmen der zulässigen ärztlichen Untersuchung auch genetische Untersuchungen an Arbeitnehmern durchgeführt werden dürfen. Soweit die Zulässigkeit von ärztlichen Untersuchungen spezialgesetzlich vorgeschrieben ist, steht der Wortlaut der einschlägigen Vorschriften einer genetischen Untersuchung jedenfalls nicht entgegen, da die ärztliche Untersuchung

[92] Buchner, in Münchener Handbuch Arbeitsrecht (o. Fn. 84), § 41 Rdnr. 229; Deutsch, Die Genomanalyse im Arbeits- und Sozialrecht – Ein Beitrag zum genetischen Datenschutz, NZA 1989, 657 (660).

[93] Mit Einschränkungen: Wiese, Genetische Analyse (o. Fn. 52), S. 47 f.

[94] Schaub, Arbeitsrechts-Handbuch (o. Fn. 89), § 24 Rdnr. 19.

[95] Siehe o. Fn. 83.

[96] Keller, NZA 1988, 561 (564).

[97] Wiese, Genetische Analysen (o. Fn. 52), S. 54.

nicht auf bestimmte Untersuchungsmethoden beschränkt wird. Grundsätzlich darf die Untersuchung deshalb alle Methoden umfassen, die aus ärztlicher Sicht gerechtfertigt sind[98].

Allerdings wird in der Literatur die Auffassung vertreten, daß genetische Tests hiervon nicht erfaßt werden[99]. Dies folge bereits daraus, daß der Gesetz- bzw. Verordnungsgeber bei Erlaß dieser Vorschriften noch nicht davon ausging, daß möglicherweise auch genetische Tests im Rahmen der vorgesehenen ärztlichen Untersuchung in Betracht kommen. Angesichts des mit einer genetischen Untersuchung verbundenen schwerwiegenden Eingriffs in das Persönlichkeitsrecht des Arbeitnehmers seien die bestehenden Vorschriften deshalb *restriktiv* auszulegen. Genetische Untersuchungen seien nur dann zulässig, wenn sie durch ein Gesetz ausdrücklich erlaubt werden. Verfassungsrechtlich zulässig sei eine gesetzliche Erlaubnis nur in Ausnahmefällen, etwa dann, wenn keine anderen, gleichwertigen Untersuchungsmethoden zur Verfügung stünden oder wenn eine genetische Untersuchung zur Abwendung von Gefahren für Dritte geboten seien[100].

Gegen die Auffassung, daß die bereits heute gesetzlich vorgesehenen ärztlichen Untersuchungen genetische Tests nicht umfassen, bestehen jedoch Bedenken. Diese ergeben sich aus der bereits oben – im Zusammenhang mit dem Versicherungswesen – erwähnten Feststellung, daß genetische Tests im Vergleich zu anderen Formen der medizinischen Untersuchung nicht durchgängig einen schwerwiegenderen Eingriff in das allgemeine Persönlichkeitsrecht bedeuten. Deshalb spricht viel dafür, erforderliche genetische Tests immer dann als gerechtfertigt anzusehen, wenn auch andere ärztliche Untersuchungen durch spezielle Vorschriften gestattet sind[101]. Gleiches gilt für den oben genannten Fall, daß sich die allgemeine Zulässigkeit einer ärztlichen Untersuchung zwar nicht aus einer speziellen Vorschrift, wohl aber aus dem Arbeitsvertrag ergibt.

Selbst nach der hier vertretenen, weitergehenden Auffassung bleibt jedoch festzuhalten, daß genetische Untersuchungen nur dann zulässig sind, wenn sie erforderlich sind, um Gefahren von dem Arbeitnehmer oder Dritten abzuwenden, nicht jedoch, um festzustellen, mit welcher Wahrscheinlichkeit er eine Krankheit bekommen wird, die mit seiner beruflichen Tätigkeit in keinem Zusammenhang steht.

4. Vergleich der deutschen Rechtslage mit Art. 11 und Art. 12 MRB Zwar ist umstritten, inwieweit genetische Tests an Stellenbewerbern

[98] Wiese, Genetische Analysen (o. Fn. 52) , S. 52.

[99] Wiese, Genetische Analysen (o. Fn. 52), S. 52 ff.

[100] Wiese, Genetische Analysen (o. Fn. 52), S. 55 ff.

[101] Mit Einschränkungen: Pletke, Zulässigkeit von Genomanalysen (o. Fn. 81), S. 219 f.

und Arbeitnehmern nach der geltenden Rechtslage überhaupt zulässig sind; sofern man dies nicht generell verneint, bleibt jedenfalls festzuhalten, daß sie sowohl de lege lata als auch de lege ferenda nur zulässig sind, um Gefahren für den Arbeitnehmer oder Dritte abzuwenden. Damit besteht kein Widerspruch zu Art. 12 MRB, da genetische Untersuchungen, die dazu dienen, Gefahren vom Arbeitnehmer abzuwenden, die sich angesichts seiner genetischen Veranlagung aus einer bestimmten Tätigkeit ergeben, zu Gesundheitszwecken i.S.v. Art. 12 MRB erfolgen. Sofern sie erfolgen, um Gefahren für Dritte abzuwenden, ergibt sich ihre Zulässigkeit aus Art. 26 Abs. 1 MRB. Eine gem. Art. 11 MRB verbotene Diskriminierung einer Person ist ebenfalls nicht zu befürchten, da die Ergebnisse von in der Vergangenheit bereits durchgeführten Tests nur dann von Bedeutung sind, wenn sie Hinweise darauf geben, daß von einer (Weiter-)Beschäftigung erhebliche Gefahren für den Betroffenen oder Dritte ausgehen.

D. Der Schutz von Embryonen in der Forschung

Die Forschung an und mit menschlichen Embryonen[102] umfaßt Untersuchungen, die bereits das früheste, der Vereinigung von Ei- und Samenzelle unmittelbar folgende Entwicklungsstadium betreffen[103]. Die Reproduktionsmedizin, die in den vergangenen zwanzig Jahren innovative Methoden zur Behandlung der ungewollten Kinderlosigkeit[104] entwickelt hat, eröffnete zugleich erstmals den unmittelbaren Zugriff auf das frühe menschliche Leben, den extrakorporal gewonnenen Embryo als Forschungsobjekt. Dabei gilt das Forschungsinteresse nicht nur den Sterilitätstherapien, sondern zunehmend auch

---

[102] Man unterscheidet im wesentlichen zwischen Forschung *an* Embryonen im Rahmen einer Heilbehandlung, bei der Leben und Gesundheit des Embryos im Vordergrund stehen, und verbrauchender Forschung *mit* Embryonen, vgl. Lange, Aktuelle Fragen der Fortpflanzungsmedizin und Humangenetik – Naturwissenschaftliche Erläuterungen, in: Günther/Keller (Hrsg.), Fortpflanzungsmedizin und Humangenetik – Strafrechtliche Schranken?, 2. Aufl., Tübingen 1991, S. 3.

[103] Vgl. schon die Definition in den »Richtlinien zur Forschung an frühen menschlichen Embryonen« der Bundesärztekammer von 1985 (DÄBl 1985, S. B-3757 ff.), die unter bestimmten Voraussetzungen die Forschung an Embryonen zuließen. Die Richtlinien wurden mittlerweile ersetzt durch die Verbotsvorschriften der Musterberufsordnung für die deutschen Ärztinnen und Ärzte (MBO-Ä (1997) D. IV. Nr. 14.), die entsprechend dem am 01.01.1991 in Kraft getretenen Embryonenschutzgesetz die Erzeugung von menschlichen Embryonen zu Forschungszwecken sowie den Gentransfer in Embryonen und die Forschung an menschlichen Embryonen und totipotenten Zellen verbieten.

[104] Die ungewollte Kinderlosigkeit wird nach der Gesundheitsdefinition der Weltgesundheitsorganisation (WHO) als Krankheit betrachtet (vgl. *Iliadou*, Forschungsfreiheit und Embryonenschutz, 1999, S. 24).

der Entwicklung neuer Methoden für die Krankheitsvorbeugung, -diagnose und -therapie, die durch die Humangenetik eine eigenständige Dimension erlangt. Den hochrangigen Forschungszielen steht der Schutz des Embryos gegenüber. Die Zulässigkeit der Embryonenforschung wird auch nach Inkrafttreten des Embryonenschutzgesetzes[105] in Deutschland kontrovers diskutiert. Insbesondere das medizinische Potential der Forschung mit humanen embryonalen Stammzellen hat die Diskussion um das derzeit bestehende absolute Verbot der fremdnützigen Forschung mit menschlichen Embryonen neu entfacht.

I. Die verfassungsrechtlichen Grundlagen der Embryonenforschung

Art. 5 Abs. 3 S. 1 GG garantiert die Freiheit der Wissenschaft und Forschung und gewährleistet somit jegliche Form der Embryonenforschung, die »nach Inhalt und Form als ernsthafter planmäßiger Versuch zur Ermittlung der Wahrheit anzusehen ist«[106]. Der Schutzbereich der Forschungsfreiheit umfaßt sowohl die Forschung im Rahmen einer Heilbehandlung als auch die sog. »verbrauchende«[107] Embryonenforschung, bei der die Vernichtung des Embryos in Kauf genommen wird. Als klassisches Abwehrrecht gewährt Art. 5 Abs. 3 S. 1 GG einen *vorbehaltlos* geschützten Freiraum, in dem »absolute Freiheit von jeder Ingerenz öffentlicher Gewalt« herrscht[108]. Die Forschungsfreiheit ist gleichwohl nicht *schrankenlos* gewährleistet, sie unterliegt den immanenten Schranken, die aus der Verfassung selbst und den in ihr enthaltenen Wertentscheidungen herzuleiten sind. Kollidierende Verfassungsgüter, mit denen die Forschungsfreiheit vorliegend in Konflikt geraten kann, sind grundgesetzlich geschützte Rechtsgüter des Embryos.

---

[105] Gesetz zum Schutz von Embryonen (Embryonenschutzgesetz – ESchG) vom 13.12.1990 (BGBl. I, 2746), in Kraft getreten am 01.01.1991.

[106] BVerfGE 35, 79 (113).

[107] Der Begriff »verbrauchende« Embryonenforschung wurde von Wuermeling gewählt, um die Fragwürdigkeit dieser Experimente schon in der Begriffswahl zum Ausdruck zu bringen (siehe *Wuermeling*, Verbrauchende Experimente mit menschlichen Embryonen, MMW 1983, 1189 ff.; vgl. dazu und zur Kritik *Iliadou*, Forschungsfreiheit und Embryonenschutz (o. Fn. 104), S. 31, Fn. 67).

[108] BVerfGE 35, 79 (112 f.). Eine »Enttabuisierung« der vorbehaltlos gewährleisteten Forschungsfreiheit deutete sich in den Verfassungsdiskussionen in den neuen Bundesländer an, die teilweise zu einer positivrechtlichen Beschränkung der Forschungsfreiheit durch die Landesverfassungen geführt hat. So sieht die Verfassung des Landes Sachsen-Anhalt vom 16.07.1992 in Art. 10 Abs. 3 S. 2 vor, daß die Freiheit der Forschung nicht von der Achtung der Menschenwürde und der Wahrung der natürlichen Lebensgrundlagen entbinden kann. Die Frage der Vereinbarkeit solcher Beschränkungen mit dem Grundgesetz ist allerdings umstritten (siehe dazu: *Iliadou*, Forschungsfreiheit und Embryonenschutz (o. Fn. 104), S. 82 f.).

Der Embryonenschutz ist im Grundgesetz nicht ausdrücklich normiert[109]. Verfassungsbestimmungen, die eine Schutzwirkung für den Embryo entfalten könnten, sind der Schutz des Lebens gemäß Art. 2 Abs. 2 S. 1 GG sowie die Garantie der Menschenwürde gemäß Art. 1 Abs. 1 GG[110]. Schutzgut des Art. 2 Abs. 2 S. 1 GG ist das menschliche Leben in seiner biologisch-physischen Existenz. Die Frage, ob das embryonale Leben bereits menschliches Leben im Sinne dieses Grundrechts darstellt, wird in der Literatur nicht übereinstimmend beantwortet. Die überwiegende Auffassung bezieht den Beginn menschlichen Lebens im normativen Sinn auf den biologisch bestimmbaren Zeitpunkt der Chromosomenverschmelzung[111], und zwar unabhängig davon, ob der Embryo innerhalb oder außerhalb des Mutterleibs gezeugt wurde[112]. Mit der Verschmelzung von Ei- und Samenzelle sind die genetischen Merkmale des Individuums festgelegt und die befruchtete Eizelle entwickelt sich kontinuierlich bis zu einem vollständigen menschlichen Organismus. Jede weitere Zäsur (z. B. mit der Nidation oder der Herausbildung des Hirns) wird daher als willkürlich betrachtet und abgelehnt.

Das Bundesverfassungsgericht hat die Frage nach dem Beginn menschlichen Lebens bislang nicht beantwortet. Bereits in dem ersten Abtreibungsurteil vom 25.02.1975 wird die verfassungsrechtliche Beurteilung des Embryos während der Pränidationsphase ausdrücklich offengelassen, indem das Gericht formuliert: »Leben im Sinne der geschichtlichen Existenz eines menschlichen Individuums besteht nach gesicherten biologisch-physischen Erkenntnissen jedenfalls vom 14. Tage nach der Empfängnis (Nidation, Individuation) an«[113]. Auch im zweiten Abtreibungsurteil vom 28.05.1993 bedurfte es »keiner Entscheidung, ob, wie es Erkenntnisse der medizinischen Anthropologie nahelegen, menschliches Leben bereits mit der Verschmelzung von Ei und Samenzelle entsteht«[114]. Jedenfalls betont das Gericht hier den medizinisch-

---

[109] Die Brandenburgische Landesverfassung vom 20.08.1992 dagegen enthält in Art. 8 Abs. 2 eine Schutzklausel zugunsten des ungeborenen Lebens (vgl. *Iliadou*, Forschungsfreiheit und Embryonenschutz (o. Fn. 104), S. 107, Fn. 454).

[110] Der Schutz der körperlichen Unversehrtheit scheidet sachlogisch aus, wenn es an einer schutzwürdigen körperlichen Gestalt fehlt. Dies wird jedenfalls für den in-vitro gezeugten Embryo angenommen (vgl. *Schulze-Fielitz,* in: Dreier (Hrsg.), Grundgesetz-Kommentar, Bd. 1 (1996), Art. 2 II Rdnr. 24; a. A. *Lorenz*, Recht auf Leben und körperliche Unversehrtheit, in: Isensee/Kirchhoff (Hrsg.), Handbuch des Staatsrechts der Bundesrepublik Deutschland, VI (1989), § 128 Rdnr. 1) und dürfte auch für den in-vivo gezeugten Embryo in seiner frühesten Entwicklungsphase gelten.

[111] vgl. *Schulze-Fielitz* in: Dreier, Grundgesetz-Kommentar (o. Fn. 110), Art. 2 II Rdnr. 16.

[112] *Schulze-Fielitz* in: Dreier, Grundgesetz-Kommentar (o. Fn. 110), Art. 2 II Rdnr. 24.

[113] BVerfGE 39, 1 (37).

[114] BVerfGE 88, 203 (251).

anthropologischen Befund, den die herrschende Literatur ihrer Bestimmung des Lebensbeginns zugrunde legt und scheint dieser Definition nicht ablehnend gegenüberzustehen.

Das Grundrecht auf Leben gewährt dem Embryo nach z.T. vertretener Auffassung ein subjektives Abwehrrecht gegen jegliche Eingriffe staatlicher Gewalt[115]; jedenfalls besteht im Grundsatz eine Schutzpflicht des Staates für das embryonale Leben, die mit der Aufgabe des Gesetzgebers für ihre Umsetzung korrespondiert. Art und Inhalt der Umsetzung sind dagegen nicht bereits durch die Verfassung festgelegt, sondern unterliegen der gesetzgeberischen Prärogative. Bei der Abwägung zwischen den kollidierenden Verfassungswerten der Forschungsfreiheit einerseits und des Embryonenschutzes andererseits sowie der Auswahl seiner Regelungs- und Handlungsmöglichkeiten bleibt der Gesetzgeber frei[116]. Er muß allerdings einen gewissen Mindestschutz gewährleisten, und der Entscheidungsspielraum verengt sich, je größer die Gefahr für Leben oder Gesundheit ist[117].

Jede Form der Embryonenforschung berührt darüber hinaus die Garantie der Menschenwürde des Art. 1 Abs. 1 GG. In beiden Abtreibungsurteilen hat das Bundesverfassungsgericht auf die Menschenwürde Bezug genommen und das Vorhandensein menschlichen Lebens für den Schutz des Art. 1 Abs. 1 GG ausreichen lassen: »Wo menschliches Leben existiert, kommt ihm Menschenwürde zu«[118]. Auch die überwiegende Auffassung in der juristischen Literatur betrachtet die Zugehörigkeit zur menschlichen Gattung als alleinige Voraussetzung für die unmittelbare Zuordnung zum Schutzbereich des

---

[115] Die Grundrechtsberechtigung menschlicher Embryonen ist sehr umstritten (vgl. hierzu ausführlich *Iliadou*, Forschungsfreiheit und Embryonenschutz (o. Fn. 104), S. 139 ff.).

[116] *Classen*, Verfassungsrechtliche Rahmenbedingung der Forschung mit Embryonen, WissR 1989, 235 (237).

[117] *Schulze-Fielitz* in: Dreier, Grundgesetz-Kommentar (o. Fn. 110), Art. 2 II Rdnr. 53 f. Umstritten ist im Rahmen der Embryonenforschung, ob das Lebensschutzgebot eine absolute Schranke auch für kollidierende Bedürfnisse der medizinisch-naturwissenschaftlichen Forschung beinhaltet oder ein grundsätzlich einschränkbares, mit der Forschungsfreiheit vermittelbares Prinzip darstellt (vgl. *Losch*, Lebensschutz am Lebensbeginn: Verfassungsrechtliche Probleme des Embryonenschutzes, NJW 1992, 2926).

[118] BVerfGE 39, 1 (41); 88, 203 (251). Das Bundesverfassungsgericht beruft sich in seiner Begründung schon auf das Allgemeine Landrecht für die Preußischen Staaten von 1794, das bestimmte: »Die allgemeinen Rechte der Menschheit gebühren auch den noch ungebornen Kindern, schon von der Zeit ihrer Empfängniß« (ALR I, 1 § 10). Der Leistungstheorie, die die Menschenwürde nicht als eine Naturausstattung versteht, sondern mit der Leistung einer Identitätsbildung verknüpft, wird in diesem Zusammenhang eine klare Absage erteilt.

Art. 1 Abs. 1 GG[119]. Dies bedeutet nach der allgemein anerkannten Objektformel im wesentlichen, daß der konkrete Embryo vom Zeitpunkt der Chromosomenverschmelzung an nicht zum Objekt, zu einem bloßen Mittel, zur vertretbaren Größe herabgewürdigt werden darf[120]. Die Würde des Menschen ist unantastbar und infolgedessen keiner Abwägung zugänglich. Jede Beeinträchtigung der Menschenwürde stellt sich somit als verfassungswidrige Verletzung derselben und damit zugleich als verfassungsimmanente Schranke der in Art. 5 Abs. 3 S. 1 GG garantierten Forschungsfreiheit dar. Die fundamentale richtungsweisende Wertentscheidung der Unantastbarkeit der Menschenwürde beinhaltet das Gebot an alle Träger staatlicher Gewalt, sie zu achten und zu schützen[121].

Gerade weil die Menschenwürde als *wichtigstes* Prinzip des Grundgesetzes *Vorgaben* für *sämtliche* Bereiche des gesellschaftlichen Lebens liefert, die nicht zur Disposition des »einfachen« Gesetzgebers stehen, wird die Bezugnahme auf die Menschenwürde allerdings nicht selten als Scheinargument mißbraucht: Wer sich auf die Menschenwürde beruft, ist einer weiteren Begründung offenbar enthoben. Der Verweis auf die Menschenwürde wird als hinreichend für die Forderung nach einem strikten gesetzgeberischen Verbot betrachtet.

Gegen eine solche Argumentationsweise spricht nicht nur der Umstand, daß der Begriff der Menschenwürde von der Verfassung keineswegs statisch konzipiert ist. Er definiert und entwickelt sich erst in Wechselwirkung mit den gesellschaftlichen Wertvorstellungen, die ihrerseits dem Wandel der Zeit unterliegen. Vor allem aber hat es das Bundesverfassungsgericht bisher stets und aus gutem Grund vermieden, die Menschenwürde positiv zu bestimmen, also zu sagen, was von ihr alles umfaßt ist, was mit anderen Worten »dem Menschenbild entspricht«. Eine solche positive Festlegung würde nämlich zu einer schleichenden Versteinerung führen, weil im Laufe der Zeit immer mehr in die Menschenwürde hineininterpretiert und damit festgeschrieben würde. Vielmehr hat das Gericht lediglich einzelfallbezogen entschieden, ob durch eine bestimmte Handlung oder Maßnahme in concreto ein *Verstoß* gegen die Menschenwürde gegeben ist. Damit ist keine a-priori-Antwort auf *neue* Situationen gegeben; sie müssen vielmehr stets neu auf dem Boden der dann geltenden Auffassungen beurteilt werden. Allgemeine Formeln wie die, der

---

[119] Siehe zu weiteren Nachweisen: *Iliadou*, Forschungsfreiheit und Embryonenschutz (o. Fn. 104), S. 125.

[120] *Dürig*, in Maunz/Dürig, Grundgesetz, Stand August 2000, Art. 1 Abs. 1 Rdnr. 28; BVerfGE 27, 1 (6).

[121] *Dreier* in: Dreier, Grundgesetz-Kommentar (o. Fn. 110), Art. 1 I Rdnr. 67; *Kannengießer* in: Schmidt-Bleibtreu/Klein, Kommentar zum Grundgesetz, 9. Aufl., 1999, Art. 1 Rdnr. 1. Ob Art. 1 Abs. 1 GG darüber hinaus ein Individualgrundrecht gewährt, ist seit jeher umstritten (vgl. dazu *Dreier* in: Dreier, Grundgesetz-Kommentar (o. Fn. 110), Art. 1 I Rdnrn. 68 ff.).

Mensch dürfe nicht zum bloßen Objekt der Staatsgewalt herabgewürdigt werden, können – so das Gericht – lediglich die *Richtung* andeuten, in der Fälle der Verletzung der Menschenwürde gefunden werden können[122]. Hinzukommen müsse, daß der Mensch einer Behandlung ausgesetzt wird, die seine Subjektqualität prinzipiell in Frage stellt, oder daß in der Behandlung im konkreten Fall eine *willkürliche* Mißachtung der Menschenwürde liegt. *Subjektqualität* (und zwar in *prinzipieller* Hinsicht) und *Willkür* erscheinen so als Schlüsselbegriffe der Diskussion um die Menschenwürde – was auf eine *Abwägung* (vor allem mit anderen Verfassungsgütern) und auf die Suche nach einer *Rechtfertigung* der in Frage stehenden Maßnahme hinausläuft, womit – und das ist besonders wichtig – die *Ziele* der fraglichen Maßnahme in das Blickfeld gerate. Zudem muß – insbesondere aus dem Blickwinkel der Willkür – der Blick auf *vergleichbare* Sachverhalte fallen, dürfen vergleichbare Sachverhalte nämlich nicht ohne hinreichenden Grund *ungleich* behandelt werden. Genau das aber ist es, was aus dem Blickwinkel des slippery-slope-Arguments immer wieder gegeißelt wird, daß nämlich dem ersten Schritt unaufhaltsam der zweite und dann der dritte und vierte folgen wird. So richtig diese Sorge auch ist, so wichtig ist aber auch die Erkenntnis, daß – nicht zuletzt aus verfassungsrechtlicher Sicht – nur *dort* eine Zäsur gemacht werden darf, wo wirklich ein *entscheidender* Unterschied auszumachen ist. Wenn sich dagegen der zweite Schritt nicht wirklich vom ersten unterscheidet, dann kann und darf der Gesetzgeber nicht willkürlich den *zweiten* Schritt verbieten, wenn er denn einmal den ersten Schritt zugelassen hat. Und auch der vermeintlich erste Schritt ist – natürlich – sorgfältig darauf zu überprüfen, ob er wirklich der erste Schritt ist, was häufig gar nicht der Fall ist.

Vor diesem Hintergrund beruht die juristische Argumentationsweise und damit auch und vor allem verfassungsrechtliche Argumentationsweise ganz wesentlich auf dem *Vergleich* verschiedener Sachverhalte, auf dem Bemühen um *Konsistenz* innerhalb der Rechtsordnung, auf der Notwendigkeit, *willkürliche Ungleichbehandlungen zu vermeiden.* Und das bedeutet, daß jeder Schritt der technologischen oder medizinischen Entwicklung an der Beurteilung der vorherigen Schritte zu messen ist.

Zugleich ist die Argumentationsweise damit insofern rückwärts gewandt, als *bisherige* Argumente oder Regeln, die zur Lösung schon in der *Vergangenheit* aufgetretener Fragen und Konflikte verwendet wurden, auf die neue Fragestellung anzuwenden und dabei ggf. Schritt für Schritt zu modifizieren und zu verfeinern sind. Damit hat die Rechtsordnung sehr wohl eine *retardierende* Funktion, indem neue Sachverhalte an *bisherigen* Lösungen zu messen sind. Sie hat vor allem auch insofern eine *retardierende* Funktion, als neuen Entwicklungen nicht *leichtfertig* und *gedankenlos* gefolgt werden darf, sondern ein *Abwägungsvorgang* einsetzen muß und insbesondere auch auf seiten

[122] BVerfGE 30, 1, 25.

der Wissenschaft eine *Begründungspflicht* für ihr Tun oder auch Unterlassen besteht.

Der Wissenschaft sind somit im Interesse von Leben und Würde des Embryos verfassungsrechtliche Schranken gesetzt. Diese verfassungsrechtlichen Grundlagen bestimmen den Rahmen, in dem sich der Gesetzgeber bei der Regelung der Embryonenforschung bewegt. Auch in den allgemeinen Bestimmungen des Menschenrechtskonvention zur Biomedizin des Europarates bleibt der Schutz des Embryos nicht unerwähnt. So wird in Art. 1 MRB das Ziel zum Ausdruck gebracht, Würde und Identität des menschlichen Lebens von Anfang an zu schützen. In Art. 2 MRB wird dem Interesse und dem Wohl menschlicher Lebewesen gegenüber dem bloßen Interesse der Wissenschaft der Vorrang eingeräumt. Kritiker wenden in diesem Zusammenhang ein, daß zentrale Begriffe wie zum Beispiel »Mensch« oder »Person« in der Menschenrechtskonvention nicht definiert seien. Es sei daher nicht garantiert, daß auch das ungeborene Leben unter den Schutz der Menschenrechtskonvention falle. Die gezielte Unterscheidung zwischen »Mensch« und »Person« lasse vielmehr vermuten, daß ein Lebensrecht des Embryos grundsätzlich nicht anerkannt werde. Das Schutzniveau des Grundgesetzes würde jedoch auch im Falle des Beitritts zum Übereinkommen nicht in Frage gestellt, soweit es über die Bestimmungen des Menschenrechtskonvention hinausgeht.

II. Regelung der Embryonenforschung durch das Embryonenschutzgesetz

Mit Erlaß des Embryonenschutzgesetzes ist der Gesetzgeber seiner verfassungsrechtlich begründeten Schutzpflicht angesichts der mit den Fortpflanzungstechniken und der Humangenetik verbundenen Gefahren nachgekommen und hat damit zugleich die immanenten Schranken der Forschung an und mit Embryonen festgeschrieben. Das Embryonenschutzgesetz ist ein strafrechtliches Nebengesetz, das sich bewußt darauf beschränkt, möglichen Mißbräuchen neuer Fortpflanzungstechniken zu begegnen und strafrechtliche Verbote nur dort vorzusehen, wo sie zum Schutze besonders hochrangiger Rechtsgüter vorab unverzichtbar erscheinen[123]. Es bietet somit keine umfassende Regelung aller mit der Fortpflanzungsmedizin zusammenhängenden Probleme, sondern lediglich eine fragmentarische Lösung[124], die zudem nicht im

[123] *Keller* in: Keller/Günther/Kaiser, Embryonenschutzgesetz: Kommentar zum Embryonenschutzgesetz, 1992, Einführung: B II. Rdnr. 1; Gesetzentwurf der Bundesregierung, Entwurf eines Gesetzes zum Schutz von Embryonen vom 25.10.1989, BT-Drs. 11/5460, S. 6.

[124] *Keller* in: Embryonenschutzgesetz (o. Fn. 123), Einführung: B II. Rdnrn. 2, 9. Die Gesetzgebungskompetenz des Bundes war bei Erlaß des Embryonenschutzgesetzes gem. Art. 74 Nr. 19 und 19a GG auf bestimmte Bereiche des Gesundheitswesens beschränkt. Eine umfassende Regelung der Fortpflanzungsmedizin hätte eine Grund-

Sinne einer »Ewigkeitsgarantie« zu verstehen sind, sondern die Beurteilung zum Zeitpunkt des Gesetzeserlasses wiederspiegeln. Das Embryonenschutzgesetz verfolgt dabei zwei Hauptziele: Zum einen soll die mißbräuchliche Anwendung der extrakorporalen Befruchtung verhindert werden, zum anderen sollen mißbräuchliche Zugriffe auf den extrakorporal erzeugten oder verfügbar gewordenen[125] Embryo ausgeschlossen werden[126]. In Bezug auf die Embryonenforschung ergeben sich dabei konkret folgende Zielsetzungen:

- Die extrakorporale Befruchtung soll auf Fortpflanzungszwecke beschränkt werden.
- Die Entstehung überzähliger Embryonen soll verhindert werden.
- Die Verwendung des extrakorporal verfügbaren Embryos zu anderen als Fortpflanzungszwecken soll ausgeschlossen werden.
- Der Einstieg in die Eugenik soll verwehrt werden.

1. Der Embryo im Sinne des Embryonenschutzgesetzes Der Anwendungsbereich des Embryonenschutzgesetzes beschränkt sich entsprechend seiner Ausrichtung auf den Mißbrauch neuer Fortpflanzungstechniken auf den Embryonenschutz vom Zeitpunkt der Befruchtung bis zur Nidation[127]. Bestehende Strafbarkeitslücken in Fällen der mißbräuchlichen Verwendung eines Embryos nach dem Zeitpunkt der Einnistung in die Gebärmutter[128] sollten durch ein in Vorbereitung befindliches Strafrechtsänderungsgesetz zu schlie-

---

gesetzänderung erfordert, die die Gesetzgebungsbefugnis auch in diesem Bereich dem Bund zuweist. Dies wurde aus Zeitgründen abgelehnt, und der Bund hat sich unter Berufung auf seine konkurrierende Zuständigkeit für das Strafrecht (Art. 74 Nr. 1 GG) auf die Pönalisierung bestimmter Handlungen beschränkt. Durch Gesetz vom 24.10.1994 (BGBl. I S. 3146) wurde Art. 74 Abs. 1 um Nr. 26 GG ergänzt, der die konkurrierende Gesetzgebungskompetenz des Bundes auf die künstliche Befruchtung beim Menschen, die Untersuchung und die künstliche Veränderung von Erbinformationen sowie Regelungen zur Transplantation von Organen und Gewebe erweitert.

[125] Mißbräuchliche Zugriffe sind auch zu Lasten von Embryonen denkbar, die zwar auf natürliche Weise gezeugt, jedoch dem mütterlichen Eileiter oder der Gebärmutter entnommen worden sind (*Günther* in: Embryonenschutzgesetz (o. Fn. 123), Vor § 1, Rdnr. 2).

[126] *Günther* in: Embryonenschutzgesetz (o. Fn. 123), Vor § 1, Rdnr. 2.

[127] Entwurf eines Gesetzes zum Schutz von Embryonenen, BT-Drs. 11/5460 (o. Fn. 123), S. 7.

[128] So sind Forschungsexperimente an Embryonen denkbar, die im Wege eines Schwangerschaftsabbruchs oder infolge eines spontanen Abgangs extrakorporal verfügbar geworden und noch lebend sind (Vgl. *Günther* in: Embryonenschutzgesetz (o. Fn. 123), Vor § 1, Rdnr. 7).

ßen sein[129]. Als Embryo im Sinne des Gesetzes gilt bereits die befruchtete, entwicklungsfähige Eizelle vom Zeitpunkt der Kernverschmelzung an. Mit dieser Begriffsbestimmung in § 8 Abs. 1 ESchG geht das Gesetz im Einklang mit der herrschenden Auffassung in der Literatur davon aus, daß mit der Kernverschmelzung innerhalb der befruchteten Eizelle menschliches Leben entsteht[130].

Dem Embryo gleichgestellt wird jede einem Embryo entnommene totipotente Zelle, die sich zu teilen und zu einem Individuum zu entwickeln vermag (§ 8 Abs. 1 ESchG). Von zentraler Bedeutung ist daher die Frage, bis zu welchem Zeitpunkt embryonale Zellen noch die Fähigkeit zur Ganzbildung (Totipotenz) besitzen. Während die Stellungnahme der Wissenschaftlerkommission in dem Regierungsbericht vom 29. April 1997 noch davon ausging, daß in der Regel alle Embryozellen bis hin zum 16- bis 32-Zellstadium die Eigenschaft der Totipotenz besitzen[131], sprechen mittlerweile alle wissenschaftlichen Befunde dafür, daß das Stadium der Totzipotenz auf die befruchtete Eizelle und die Zellen der ersten Teilungsstadien (Blastomeren) begrenzt ist[132]. Aus Tierversuchen gibt es bislang keine Hinweise darauf, daß embryonale Zellen jenseits des 8-Zellstadiums eine eigenständige Entwicklung in einen Organismus durchlaufen können. Da entsprechende Versuche *am Menschen* nicht möglich sind, läßt sich das Stadium der Totipotenz *humaner* Embryonalzellen nur näherungsweise durch In-vitro-Untersuchungen eingrenzen. Derartige im Ausland durchgeführte Studien lassen darauf schließen, daß einzelne Blastomeren bereits vor dem 8-Zellstadium die Fähigkeit zur Ganzbildung verloren haben. Insgesamt kann aufgrund der vorliegenden Daten davon ausgegangen werden, daß embryonale Zellen jedenfalls ab dem 8-Zellstadium nicht mehr totipotent sind[133].

---

[129] Entwurf eines Gesetzes zum Schutz von Embryonenen, BT-Drs. 11/5460 (o. Fn. 123), S. 7.

[130] Entwurf eines Gesetzes zum Schutz von Embryonenen, BT-Drs. 11/5460 (o. Fn. 123), S. 6; *Keller* in: Embryonenschutzgesetz (o. Fn. 123), § 8 Rdnr. 7. Vorausgesetzt wird allerdings, daß die Eizelle entwicklungsfähig ist, was in den ersten 24 Stunden nach der Kernverschmelzung widerlegbar vermutet wird (§ 8 Abs. 2 ESchG). Das Gesetz bezieht also richtigerweise nur den lebenden Embryo in seinen Schutzbereich ein (*Keller* in: Embryonenschutzgesetz (o. Fn. 123), § 8 Rdnr. 8).

[131] Unterrichtung durch die Bundesregierung vom 29.04.1997, Klonierung beim Menschen, Biologische Grundlagen und ethisch-rechtliche Bewertungen – Stellungnahme der Wissenschaftlerkommission, BT-Drs. 13/7590, S. 2.

[132] Stellungnahme der Senatskommission für Grundsatzfragen der Genforschung der Deutschen Forschungsgemeinschaft »Humane embryonale Stammzellen« vom 3. Mai 2001, S. 5.

[133] Stellungnahme der Senatskommission für Grundsatzfragen der Genforschung der Deutschen Forschungsgemeinschaft »Humane embryonale Stammzellen« vom 3. Mai 2001, S. 5.

Eine gesetzliche Festlegung, bis zu welchen Stadium die einem Embryo entnommene Zelle als totipotent gilt, existiert bislang nicht. Der Bericht des Bundesministeriums der Justiz zur Frage eines gesetzgeberischen Handlungsbedarfs beim Embryonenschutzgesetz vom 26.06.1998 schlägt vor diesem Hintergrund eine klarstellende Regelung in § 8 Abs. 1 ESchG vor, die verbietet, einem Embryo bis zu einem bestimmten Zellstadium oder einem anderen bestimmten biologischen Zeitpunkt Zellen zu entnehmen[134]. Eine derartige Regelung würde zwar zu größerer Rechtssicherheit führen, sich aber in Bezug auf den sich oftmals rasant entwickelnden naturwissenschaftlichen Erkenntnisstand als wenig flexibel erweisen. Das Problem, den Begriff der Totipotenz naturwissenschaftlich exakt zu bestimmen, würde zudem lediglich auf die Legislative verlagert. In Anbetracht des strafrechtlichen Bestimmtheitsgebot ist eine gesetzliche Klarstellung des fraglichen Tatobjekts, die gleichzeitig die Grenze des größtmöglichen Schutzes embryonaler Zellen und des geringstmöglichen Eingriffs in die Freiheit des Forschers festlegt, jedoch trotz dieser Schwierigkeiten zu empfehlen und aufgrund der Schutzpflicht des Staates für das embryonale Leben geboten.

Darüber hinaus wird vorgeschlagen, den totipotenten Gewebeverband einem Embryo im Sinne des Embryonenschutzgesetzes gleichzustellen[135]. Ein totipotenter Gewebeverband ist ein zusammenhängender Zellverband (z. B. eine Keimscheibe oder eine Blastozyste), der sich nach Teilung wiederum zu einem Individuum zu entwickeln vermag. Durch das Durchschneiden der Keimscheibe oder Blastozyste lassen sich auf diese Weise künstlich eineiige Zwillinge mit der gleichen Erbinformation erzeugen, was im Ergebnis den Tatbestand des Klonens gemäß § 6 Abs. 1 ESchG erfüllt. Die einzelnen Zellen dieses Gewebes sind jedoch für sich genommen nicht mehr totipotent[136], so daß eine Strafbarkeit nach dem Embryonenschutzgesetz bislang nicht eindeutig geregelt ist.

2. Die Gewinnung menschlicher Embryonen zu Forschungszwecken

Die Erzeugung menschlicher Embryonen zu Forschungszwecken ist in Übereinstimmung mit Art. 18 Abs. 2 MRB verboten. Eine Ausnahme, wie sie gemäß Art. 26 Abs. 1 MRB zum Schutz der öffentlichen Gesundheit oder zum Schutz der Rechte und Freiheiten anderer denkbar wäre, ist nicht vorgesehen.

---

[134] Vgl. den Bericht der Bundesregierung zur Frage eines gesetzgeberischen Handlungsbedarfs beim Embryonenschutzgesetz aufgrund der beim Klonen von Tieren angewandten Techniken und der sich abzeichnenden Entwicklungen vom 26.06.1998, BT-Drs. 13/11263, S. 23 f.

[135] Regierungsbericht zur Frage eines gesetzgeberischen Handlungsbedarfs beim Embryonenschutzgesetz, BT-Drs. 13/11263 (o. Fn. 134), S. 23.

[136] Ebensowenig liegt eine befruchtete menschliche Eizelle im Sinne des § 8 Abs. 1 ESchG vor.

Gemäß § 1 Abs. 1 Nr. 2 ESchG wird bestraft, wer eine künstliche Befruchtung zu einem anderen Zweck als der Herbeiführung einer Schwangerschaft unternimmt. Die ausschließliche Reservierung der künstlichen Befruchtung für den Zweck der Herbeiführung einer Schwangerschaft verbietet es ausnahmslos, menschliche Embryonen zu Forschungszwecken zu erzeugen, selbst wenn es sich dabei um wissenschaftlich oder medizinisch hochrangige Zwecke handelt[137]. Mit der in Art. 2 Abs. 2 S. 1 GG getroffenen Entscheidung zugunsten des menschlichen Lebens wäre es kaum in Einklang zu bringen, menschliches Leben zu erzeugen, um es alsbald wieder zu vernichten[138]. Zudem wäre die Menschenwürde des Embryos, die utilitären Nützlichkeitserwägungen schlechterdings entzogen ist, verletzt[139], indem der Embryo zum Objekt außerhalb seiner selbst liegender Zwecke medizinischer oder gar merkantiler Art gemacht wird[140]. Die Regelung will die Entstehung überzähliger Embryonen verhindern und dadurch bereits vorbeugend jeglicher mißbräuchlicher Verwendung menschlicher Embryonen entgegenwirken. Das gleiche Ziel verfolgt § 1 Abs. 1 Nr. 5 ESchG, der es untersagt, mehr Eizellen einer Frau zu befruchten, als ihr innerhalb eines Zyklus übertragen werden sollen[141]. Die Gewinnung von Embryonen zu Forschungszwecken will auch § 1 Abs. 1 Nr. 6 ESchG

---

[137] Im Gegensatz zu diesem ausdrücklichen gesetzlichen Verbot haben früher die Richtlinien zur Forschung an frühen menschlichen Embryonen der Bundesärztekammer (o. Fn. 103) in Punkt 3.2 sowie der Bericht der Benda-Kommission (Bundesminister für Forschung und Technologie (Hrsg.), In-vitro-Fertilisation, Genomanalyse, Gentherapie, Bericht der gemeinsamen Arbeitsgruppe des Bundesministers für Forschung und Technologie und des Bundesministers der Justiz, Reihe Gentechnologie – Chancen und Risiken, Bd. 6, 1985, S. 28) nur die grundsätzliche Unzulässigkeit der Erzeugung von Embryonen mit dem Ziel der Verwendung zu Forschungszwecken vorgeschlagen, da innerhalb dieser Gremien in dieser Frage keine Einigkeit erzielt werden konnte (vgl. dazu *Günther* in: Embryonenschutzgesetz (o. Fn. 123), § 1, Rdnr. 4).

[138] Entwurf eines Gesetzes zum Schutz von Embryonenen, BT-Drs. 11/5460 (o. Fn. 123), S. 8.

[139] *Günther* in: Embryonenschutzgesetz (o. Fn. 123), § 1 Abs. 1 Nr. 2, Rdnr. 4. Gesteht man dem Embryo in der Frühphase seiner menschlichen Existenz allerdings nur einen moralischen Status zu, wie dies von Teilen des Schrifttums vertreten wird, könnte ein kategorisches Verbot die Forschungsfreiheit des Art. 5 Abs. 3 GG unverhältnismäßig einschränken (vgl. zu weiteren Nachweisen *Günther*, a. a. O.).

[140] *Fink*, Der Schutz des menschlichen Lebens im Grundgesetz, 2000, 210 (215).

[141] Gemäß § 1 Abs. 1 Nr. 3 dürfen einer Frau innerhalb eines Zyklus nicht mehr als drei Embryonen übertragen werden. Allerdings ist es aus medizinischen Gründen häufig angezeigt, mehr Eizellen von der Frau zu gewinnen, als für die Übertragung innerhalb eines Zyklus benötigt werden. Die überzähligen Eizellen werden im Vorkernstadium, d. h. nach Eindringen der Samenzelle, aber vor der Verschmelzung der Vorkerne, kryokonserviert und bei Mißlingen des ersten Behandlungsversuchs später aufgetaut. Diese Vorgehensweise wird vom Tatbestand des § 1 Abs. 1 Nr. 5 ESchG nicht erfaßt. Standesrechtlich ist für den Fall der Kryokonservierung eine Mitteilungspflicht gegenüber der Zentralen Kommission der Bundesärztekammer vorgese-

verhindern, der die Entnahme von Embryonen vor Abschluß der Nidation zu einem nicht seiner Erhaltung dienenden Zweck verbietet[142]. Offengelassen wird in allen Regelungen, was mit überzähligen Embryonen geschehen soll, die nicht mehr auf eine Frau übertragen werden können.

3. Die Forschung an und mit vorhandenen Embryonen

a. Das Verbot der fremdnützigen Verwendung menschlicher Embryonen § 2 Abs. 1 ESchG verbietet jede Verwendung des extrakorporal verfügbar gewordenen Embryos zu einem nicht seiner Erhaltung dienenden Zweck. Der Regierungsentwurf zum Embryonenschutzgesetz begründet dies wie folgt: »Dahinter steht die Erwägung, daß menschliches Leben grundsätzlich nicht zum Objekt fremdnütziger Zwecke gemacht werden darf. Dies muß auch für menschliches Leben im Stadium seiner frühesten embryonalen Entwicklung gelten«[143]. § 2 Abs. 1 ESchG soll demnach vornehmlich die Menschenwürde schützen[144]. Darüber hinaus werden Leben und Gesundheit des Embryos gewährleistet, denn die Absicht des Täters, den Embryo gerade zu einem *nicht seiner Erhaltung* dienenden Zweck zu verwenden, ist Voraussetzung der Strafbarkeit[145].

(1). Der Heilversuch Der Erhaltung des Embryos im Reagenzglas dient alles, was seinen Gesundheitszustand und damit seine Überlebenschance verbessern soll[146]. Im Rahmen der Forschung ist zu differenzieren. Der Heilversuch dient der Erkennung, Heilung oder Verhütung einer Krankheit oder eines Leidens mit neuen Methoden und damit den Gesundheitsinteressen des Embryos[147].

---

hen, um dem Mißbrauchsrisiko entgegenzuwirken (»Richtlinien zur Durchführung der In-vitro-Fertilisation mit Embryotransfer und des intratubaren Gameten- und Embryotransfers als Behandlungsmethode der menschlichen Sterilität« der Bundesärztekammer von 1988, 4.4. Kryokonservierung imprägnierter Eizellen).

[142] Die Regelung berücksichtigt die Möglichkeit, Embryonen aus dem Mutterleib auszuspülen (sog. uterine Lavage). Die Mißbrauchsgefahr wird bei dieser Möglichkeit noch größer eingeschätzt als bei der In-vitro-Fertilisation, da sie einen geringeren Aufwand erfordert (vgl. den Abschlußbericht der Bund-Länder-Arbeitsgruppe »Fortpflanzungsmedizin« vom August 1988, Landtag von Baden-Württemberg, Drs. 10/831, S. 29 (51) im Zusammenhang mit der Embryospende).

[143] Entwurf eines Gesetzes zum Schutz von Embryonenen, BT-Drs. 11/5460 (o. Fn. 123), S. 10.

[144] *Günther* in: Embryonenschutzgesetz (o. Fn. 123), § 2, Rdnr. 5.

[145] *Günther* in: Embryonenschutzgesetz (o. Fn. 123), § 2, Rdnr. 6.

[146] *Günther* in: Embryonenschutzgesetz (o. Fn. 123), § 2, Rdnr. 38. Schon aus einem argumentum e contrario zu § 2 Abs. 2 ESchG folgt, daß dieser Zweck nicht nur in der Herbeiführung einer Schwangerschaft bestehen kann.

[147] vgl. *Laufs* in: Laufs/Uhlenbruck, Handbuch des Arztrechts, 2. Auflage, 1999, § 130, Rdnr. 5.

Diagnostische oder therapeutische Experimente mit dem Ziel, Leben und Gesundheit des Embryos zu erhalten, sind daher als zulässiger Heilversuch zu qualifizieren, wenn sie einer Chancen-Risiko-Abwägung aus der Sicht des Embryos standhalten[148]. Erforderlich ist zudem die stellvertretende Einwilligung der Gametenspender[149].

(2). Methodenverbesserung der In-vitro-Fertilisation Experimente mit dem Ziel der Methodenverbesserung der In-vitro-Fertilisation sind unter diesen Voraussetzungen zulässig, wenn sie dem Embryo selbst zugute kommen sollen. Die Modifizierung der Kultivierungsbedingungen in vitro oder des Implantationsverfahrens muß ein angemessenes Verhältnis von Vorteil und Gefahr beinhalten[150]. Die größere Wahrscheinlichkeit spricht allerdings schon ohne die Modifikation für den Fehlschlag des gesamten Verfahrens, da die In-vitro-Fertilisation mit anschließendem Embryotransfer bei einmaliger Anwendung nur mit einer Wahrscheinlichkeit von etwa 20 % zum Erfolg, das heißt zur Schwangerschaft führt[151]. Dies bedeutet, daß mit dem Verbesserungsversuch nicht unerheblichen Risiken für den Embryo in Kauf genommen werden dürfen, ohne daß die Chancen einer erfolgreichen Implantation merklich verringert würden. Letztlich entscheidet die Intention des Täters über die Strafbarkeit der fortpflanzungsmedizinischen Maßnahme. Auf seine Absicht im Sinne eines zielgerichteten Willens kommt es an, um strafrechtlich verbotene von gesellschaftspolitisch tolerierten Fortpflanzungstechniken abzugrenzen[152].

(3). Die Präimplantationsdiagnostik Die Präimplantationsdiagnostik[153] (PID), die bislang in Deutschland noch nicht angewandt wird, steht nach

[148] *Günther* in: Embryonenschutzgesetz (o. Fn. 123), § 2, Rdnr. 42; Schirmer, Status und Schutz des frühen Embryos bei der In-vitro-Fertilisation, 1987, S. 242.

[149] *Günther* in: Embryonenschutzgesetz (o. Fn. 123), § 2, Rdnr. 42.

[150] Vgl. dazu *Deutsch*, Medizinrecht, (o. Fn. 5), Rdnr. 540.

[151] *Laufs* hält aus diesem Grund schon den Einsatz der künstlichen Befruchtung an sich für fraglich und das Verhältnis zwischen Nutzen und Risiko der In-vitro-Fertilisation für keineswegs überzeugend. Das Embryonenschutzgesetz erscheint ihm vor diesem Hintergrund auch deshalb verfehlt, weil es die problematischen Methoden der In-vitro-Fertilisation legitimiert (*Laufs*, in: Laufs/Uhlenbruck, Handbuch des Arztrechts (o. Fn. 147), § 129, Rdnr. 34 - 36). Der Strafgesetzgeber akzeptiert die extrakorporale Befruchtung ausnahmsweise als ultima ratio für die Erfüllung des Kinderwunsches eines kinderlosen Paares (*Günther* in: Embryonenschutzgesetz (o. Fn. 123), Vor § 1 II, Rdnr. 32).

[152] *Günther* in: Embryonenschutzgesetz (o. Fn. 123), Vor § 1 II, Rdnrn. 31 f.

[153] Die Präimplantationsdiagnostik wurde bereits in den »Richtlinien zur Forschung an frühen menschlichen Embryonen« der Bundesärztekammer von 1985 (o. Fn. 103) als »anwendungsorientierte diagnostische und therapeutische Forschung« definiert (Definitionen 1.1.1) und dürfte angesichts des medizinischen Wissensstandes auch heute noch als Forschung an Embryonen einzuordnen sein. In einem neuen Fort-

wie vor im Zentrum einer kontroversen gesellschaftspolitischen Diskussion. Einigkeit besteht allein darüber, daß mit der PID schwerwiegende ethische und rechtliche Probleme aufgeworfen werden.

Die genetische Diagnostik des in-vitro verfügbaren Embryos[154] zur Feststellung genetischer Defekte oder Anlagen war zunächst nur während der Phase der ersten Zellteilungen an einer totipotenten Zelle möglich und in dieser Form mit dem Embryonenschutzgesetz nicht zu vereinbaren[155]. Die Abspaltung der totipotenten Zelle erfüllt den Tatbestand des Klonens gemäß § 6 Abs. 1 ESchG. Der diagnostische Verbrauch der Zelle selbst stellt eine fremdnützige Verwendung des Embryos im Sinne des § 2 Abs. 1 ESchG dar[156]. Zudem zwingt die zeitaufwendige cytogenetische Untersuchung[157] zur zwischenzeitlichen Kryokonservierung des »Rest«-Embryos, die dieser mit etwa 50 %iger Wahrscheinlichkeit nicht überlebt[158]. Dies dürfte nur dann einer Verbesserung der Überlebenschance des Embryos dienen und der erforderlichen Chancen-Risiko-Abwägung standhalten, wenn das ererbte genetische Risiko ebenfalls mindestens 50 % beträgt[159]. Hinzu kommt die Gefahr, daß der Embryo durch die Zellentnahme geschädigt und seine Nidationschance erheblich beeinträchtigt wird[160], die nicht zuletzt für ein Verbot der PID an totipotenten Zellen spricht[161].

Seitdem es möglich ist, die Präimplantationsdiagnostik in einem späteren Stadium der Embryonalentwicklung an Trophektodermzellen, d. h. nicht mehr

---

pflanzungsmedizingesetz soll die Präimplantationsdiagnostik explizit geregelt werden.

[154] Verfügbar ist der Embryo unmittelbar durch die In-vitro-Fertilisation oder im Wege der uterinen Lavage (*Kaiser* in: Embryonenschutzgesetz (o. Fn. 123), Einführung A VIII, Rdnr. 13).

[155] So auch der Abschlußbericht der Bund-Länder-Arbeitsgruppe »Genomanalyse« vom Mai 1990, Bundesanzeiger Nr. 161 a, S. 33.

[156] Die »Richtlinien zur Forschung an frühen menschlichen Embryonen« der Bundesärztekammer von 1985 (o. Fn. 103) dagegen hielten die Präimplantationsdiagnostik zur Aussonderung kranker Embryonen bei Vermeidung eines späteren Schwangerschaftsabbruchs unter bestimmten Voraussetzungen für vertretbar (vgl. den Kommentar zu 2.1.2.).

[157] Die cytogenetische Analyse einer Zelle, d. h. die Darstellung der Chromosomen, erfordert eine zeitaufwendige Kultur (*Kaiser* in: Embryonenschutzgesetz (o. Fn. 123), Einführung A VIII, Rdnr. 14).

[158] *Günther* in: Embryonenschutzgesetz (o. Fn. 123), § 2, Rdnr. 55.

[159] *Günther*, a. a. O.

[160] *Günther*, a. a. O.

[161] So auch der Abschlußbericht der Bund-Länder-Arbeitsgruppe »Genomanalyse« vom Mai 1990 (o. Fn. 155), S. 33 und der Abschlußbericht der Bund-Länder-Arbeitsgruppe »Fortpflanzungsmedizin« vom August 1988 (o. Fn. 142), S. 55 f.

totipotenten Zellen, durchzuführen[162], wird die PID als Heilversuch diskutiert. Sie führt bei Anwendung dieser Methode innerhalb kurzer Zeit zu Ergebnissen, ohne im Falle eines negativen Befundes die Nidationschancen des Embryos zu beeinträchtigen[163]. Im Falle eines pathologischen Befundes wird ein Transfer des Embryos jedoch in der Regel ausbleiben, er stirbt ab[164]. Die PID wird vor diesem Hintergrund als gezielte Embryonenselektion und als Eugenik kritisiert. Die »Zeugung auf Probe« und die anschließende Aussonderung von Embryonen aufgrund bestimmter Eigenschaften verstoße gegen die Menschenwürde. Sie ermögliche eine Bewertung menschlichen Lebens, die zugleich die *gesellschaftliche* Einstellung zu Behinderung oder Krankheit beeinflussen werde[165]. Befürchtet wird zudem ein Dammbruch hin zur verbrauchenden Embryonenforschung. Den Befürwortern erscheint die PID dagegen insbesondere unter Berücksichtigung der gesundheitlichen und sozialen Interessen der Mutter in bestimmten Fällen als das kleinere Übel gegenüber einer späteren Abtreibung aus medizinischer Indikation.

Die Bundesärztekammer will mit ihrem »Diskussionsentwurf zu einer Richtlinie zur Präimplantationsdiagnostik«[166] zu einer Lösung des Konflikts im gesellschaftspolitischen Diskurs beitragen: Sie hält eine Regelung für angemessen, »die einerseits die Möglichkeit der modernen Diagnostik nicht unsachgemäß einengt, zum anderen aber auch das Schutzbedürfnis des menschlichen Lebens und die Achtung der Menschen ernst nimmt, die an der Furcht vor einem genetisch bedingt schwerstkranken Kind gesundheitlich zu zerbrechen drohen«[167]. Als Indikation für die PID soll daher nur die Gefahr der Verer-

---

[162] Im Rahmen dieser Methode werden Trophektodermzellen aus der »Außenhaut« der Blastozyste kultiviert. Anhand des genetischen Materials dieser Zellen werden mittels PCR (Polymerase-Chain-Reaction) mögliche Erbkrankheiten diagnostiziert. Die Trophektodermzelle ist nicht mehr totipotent und somit kein Embryo im Sinne des § 8 Abs. 1 ESchG, ihre Verwendung stellt daher keine verbrauchende Embryonenforschung dar.

[163] Abschlußbericht der Bund-Länder-Arbeitsgruppe »Genomanalyse« vom Mai 1990 (o. Fn. 155), S. 33.

[164] Da die Testergebnisse der PID bislang nur eine geringe Verläßlichkeit bieten, ist es derzeit üblich, den Embryo zunächst zu implantieren und die Ergebnisse der PID durch eine pränatale Diagnostik zu kontrollieren.

[165] So auch die ehemalige Bundesgesundheitsministerin Andrea Fischer auf dem Symposium Fortpflanzungsmedizin in Deutschland, Berlin 24. - 26. Mai 2000 (vgl. Klinkhammer, Leitartikel Fortpflanzungsmedizin – Absage an jede Art eugenischer Zielsetzung, DÄBl 2000, A-1503).

[166] DÄBl 2000, C-423 ff.; Laufs hält den Diskussionsentwurf der Bundesärztekammer für voreilig und verfehlt, da standesrechtliche Regelungen dem Gegenstand nicht gerecht werden könnten (Laufs, Präimplantationsdiagnostik – Juristische Leitsätze, Abstracts zum Symposium Fortpflanzungsmedizin in Deutschland, Berlin 24. - 26. Mai 2000, S. 49).

[167] DÄBl 2000, C-423 (C-424).

bung einer schwerwiegenden, genetisch bedingten Erkrankung gelten. Auch die Bioethik-Kommission des Landes Rheinland-Pfalz hat in ihrem Bericht »Präimplantationsdiagnostik – Thesen zu den medizinischen, rechtlichen und ethischen Problemstellungen«[168] unter eng beschriebenen Voraussetzungen die Anwendung der PID befürwortet.

(4). Die Forschung mit überzähligen Embryonen Das absolute Verbot der verbrauchenden Forschung mit überzähligen Embryonen zählt zu den besonders kontrovers diskutierten Fragen des Embryonenschutzes. § 2 Abs. 1 ESchG untersagt ausnahmslos auch die Forschung mit Embryonen, die nicht mehr transferiert werden können oder sollen und daher ohnehin keine Überlebenschance besitzen. Während grundsätzlich Einigkeit darüber besteht, daß das verfassungsrechtliche Lebensschutzgebot auch dem künstlich erzeugten Embryo zugute kommt, ist gerade im Bereich der Forschung mit überzähligen Embryonen umstritten, wie sich dieses Lebensschutzgebot konkret auswirkt: als absolute Schranke auch für kollidierende Bedürfnisse der medizinischen Forschung[169] oder als grundsätzlich einschränkbares, mit anderen Verboten vermittelbares Prinzip[170].

Die generelle Ablehnung der embryonenverbrauchenden Forschung basiert auf der kategorischen Erwägung, daß das menschliche Leben und die Menschenwürde als höchstrangige Rechtsgüter auch dem »zum Tode geweihten« Embryo zukommen müßten[171]. Die Verzweckung menschlichen Lebens sei in keinem Fall ethisch zu rechtfertigen. Darüber hinaus besteht die Sorge, daß eine Freigabe der Forschung in diesen Fällen die Achtung vor dem Wert menschlichen Lebens generell in Frage stellen und eine Entwicklung einleiten könnte, die mit der objektiven Idee der Menschenwürde nicht mehr zu vereinbaren sei[172]. Befürchtet wird zudem ein zunehmender Bedarf an Embryonen, der der mißbräuchlichen Erzeugung überzähliger Embryonen Vorschub

---

[168] Bericht der Bioethik-Kommission des Landes Rheinland-Pfalz vom 20.07.1999, Ministerium der Justiz Rheinland-Pfalz.

[169] Für ein absolutes Forschungsverbot sprachen sich u. a. aus: Abschlußbericht der Bund-Länder-Arbeitsgruppe »Fortpflanzungsmedizin« vom August 1988 (o. Fn. 143), S. 55; Gesetzentwurf der Bundesregierung zum Embryonenschutzgesetz vom 25.10.1989, BT-Drs. 11/5460 (o. Fn. 123), S. 10; Antrag von einzelnen Abgeordneten und der SPD-Fraktion im Bundestag vom 18.1.1988 über die Regelung der Anwendung neuer Methoden der künstlichen Befruchtung und bei Eingriffen in menschliche Keimbahnzellen, BT-Drs. 11/1662, S. 2; Entwurf eines Gesetzes zur Regelung von Problemen der künstlichen Befruchtung beim Menschen und bei Eingriffen in menschliche Keimzellen der Fraktion SPD vom 16.11.1989, BT-Drs. 11/5710, S. 5 u. 14.

[170] *Losch*, Lebensschutz am Lebensbeginn (o. Fn. 117), S. 2926.

[171] *Keller*, Rechtliche Schranken der Humangenetik, JR 1991, 441 (445).

[172] Abschlußbericht der Bund-Länder-Arbeitsgruppe »Fortpflanzungsmedizin« vom August 1988 (o. Fn. 143), S. 55.

leisten und langfristig die Forderung verstärken könnte, die Erzeugung von Embryonen zu Forschungszwecken zuzulassen[173].

Das Argument, das menschliche Leben sei jeder Abwägung mit nicht in gleicher Weise konkret bestehenden Schutzinteressen entzogen[174], wurde häufig durch den pragmatischen Einwand ergänzt, die Wissenschaft sei ihrer Begründungslast bislang nicht nachgekommen und habe keine hochrangigen Forschungsziele definiert, die es erforderten, das Leben menschlicher Embryonen der wissenschaftlichen Forschung zu opfern[175]. Mit der Gewinnung und Kultivierung humaner embryonaler Stammzellen sind nun allerdings solche hochrangigen diagnostischen und therapeutischen Ziele erstmals in greifbare Nähe gerückt: Die Forschung verspricht eine ganze Reihe von revolutionären wissenschaftlichen und medizinischen Neuerungen, zum Beispiel bei der Behandlung von Krebs, der Parkinsonschen Krankheit, der Alzheimerschen Krankheit oder der Züchtung von menschlichen Geweben zu Transplantationszwecken[176]. Obwohl das medizinische Potential in seiner ganzen Reichweite noch nicht genau abgeschätzt werden kann, wird der Ruf nach einer Lockerung des strikten Forschungsverbots seitens der medizinischen Wissenschaft lauter.

Die Forderung, Versuche mit menschlichen Embryonen unter bestimmten Voraussetzungen zuzulassen, ist in Deutschland nicht neu. So hielten die Richtlinien der Bundesärztekammer zur Forschung an frühen menschlichen Embryonen von 1985, die bis zum Erlaß der Embryonenschutzgesetzes Geltung beanspruchten, solche Versuche für vertretbar, wenn sie unter anderem zur Verwirklichung eines hochrangigen Forschungsziels erforderlich seien[177]. Entsprechend wurden vor Erlaß des Embryonenschutzgesetzes von verschiedenen Seiten Regelungskonzepte in die Diskussion eingebracht, die eine Ausnahmeklausel oder einen Genehmigungsvorbehalt für die fremdnützige Forschung mit Embryonen vorsahen. Die im Mai 1984 einberufene Arbeitsgruppe In-vitro-Fertilisation, Genomanalyse und Gentherapie (nach ihrem Vorsitzenden, dem ehemaligen Präsidenten des Bundesverfassungsgerichts, kurz »Benda-Kommission« genannt) einigte sich auf folgendes Votum: »Die Erzeugung von menschlichen Embryonen zu Forschungszwecken ist grundsätz-

---

[173] Abschlußbericht der Bund-Länder-Arbeitsgruppe »Fortpflanzungsmedizin« vom August 1988 (o. Fn. 143), S. 55.

[174] *Losch*, Lebensschutz am Lebensbeginn (o. Fn. 117), S. 2926 (2928).

[175] *Günther* in: Embryonenschutzgesetz (o. Fn. 123), § 2, Rdnr. 55; ders., Strafrechtliches Verbot der Embryonenforschung?, MedR 1990, 161 (163); Abschlußbericht der Bund-Länder-Arbeitsgruppe »Fortpflanzungsmedizin« vom August 1988 (o. Fn. 143), S. 55.

[176] Vgl. die Stellungnahme der Deutschen Forschungsgemeinschaft zum Problemkreis »Humane embryonale Stammzellen« vom 19. März 1999.

[177] »Richtlinien zur Forschung an frühen menschlichen Embryonen« der Bundesärztekammer von 1985 (o. Fn. 103).

lich nicht vertretbar. Im übrigen sind Versuche mit menschlichen Embryonen nur insoweit vertretbar, als sie dem Erkennen, Verhindern oder Beheben einer Krankheit bei dem betreffenden Embryo oder der Erzielung definierter, hochrangiger medizinischer Erkenntnisse dienen«[178]. Die Kommission hielt es für denkbar, daß in Zukunft eine solche Notwendigkeit der Forschung an Embryonen ethisch begründet werden könnte. Als Voraussetzung wurde unter anderem gesehen, daß »ein Embryotransfer auf die genetische Mutter nicht möglich ist oder sich ein Transfer wergen krankhafter Veränderung der Embryonen verbietet«[179]. Der Rohentwurf eines Bayerischen Gesetzes zur Regelung von Fragen der Fortpflanzungsmedizin von 1986 sah für die Forschung mit Embryonen einen Genehmigungsvorbehalt des Staatsministeriums des Innern vor, wenn ein bis zum Nidationsstadium befindlicher Embryo auf keine Frau übertragen werden könne und es um eine Forschung gehe, die der Bewahrung des menschlichen Lebens diene und die erhofften Erkenntnisse nicht anderweitig gewonnen werden könnten. Erforderlich sollten darüber hinaus die Befürwortung einer Ethikkommission und die Einwilligung der Gametenspender sein[180]. Der Diskussionsentwurf eines Gesetzes zum Schutz von Embryonen, in Umlauf gebracht vom Bundesminister der Justiz am 29. April 1986, sah ebenfalls einen Erlaubnisvorbehalt durch zuständige oberste Landesbehörden vor[181]. In der öffentlichen Anhörung zum Regierungsentwurf des Embryonenschutzgesetzes, den der Rechtsausschuß des deutschen Bundestages am 9. März 1990 veranstaltete, plädierten die Bundesärztekammer und die Deutsche Forschungsgemeinschaft nochmals mit Nachdruck für die Zulassung der Forschung mit menschlichen Embryonen[182].

Die Forderung, die verbrauchende Embryonenforschung jedenfalls in bestimmten Bereichen zuzulassen, korrespondiert mit der Auffassung, daß zwar eine *Berechtigung*, nicht aber eine verfassungsrechtliche *Verpflichtung* des Gesetzgebers zum uneingeschränkten Verbot der Forschung mit Embryonen bestehe[183]. Dogmatisch werden verschiedene Ansätze vertreten, um eine »Auf-

---

[178] Bundesminister für Forschung und Technologie (Hrsg.), In-vitro-Fertilisation, Genomanalyse, Gentherapie, Bericht der gemeinsamen Arbeitsgruppe des Bundesministers für Forschung und Technologie und des Bundesministers der Justiz, Reihe Gentechnologie – Chancen und Risiken, Bd. 6, München 1985, S. 28.

[179] Bundesminister für Forschung und Technologie (Hrsg.), In-vitro-Fertilisation, Genomanalyse, Gentherapie (o. Fn. 178), S. 29.

[180] *Hülsmann/Koch* in: Eser/Koch/Wiesenbart (Hrsg.), Regelungen der Fortpflanzungsmedizin und Humangenetik, Bd. I, 1990, S. 102 (105).

[181] *Hülsmann/Koch*, in: Eser/Koch/Wiesenbart (Hrsg.), Regelungen, Bd. I (o. Fn. 78), S. 90; vgl. dazu auch *Iliadou*, Forschungsfreiheit und Embryonenschutz (o. Fn. 104), S. 48.

[182] *Günther*, MedR 1990, 161.

[183] *Classen*, WissR 1989, 235 (237).

lockerung« des bestehenden strafrechtlichen Forschungsverbots zu begründen.

Allein die Tatsache, daß eine Weiterentwicklung des Embryos ausscheidet und der Embryo somit zwangsläuftig seinem Schicksal überlassen wird, steht einer Pönalisierung der Forschung mit diesen Embryonen dabei nicht entgegen. Die Sachverhalte des reinen Absterbenlassens im Sinne eines Unterlassens einerseits und des aktiven Einsetzens für Forschungszwecke, d. h. eines Handelns, andererseits sind strafrechtlich unterschiedlich zu bewerten. Ein Unterlassen ist nur dann rechtswidrig, wenn dem Betroffenen überhaupt die Möglichkeit zum Handeln zur Verfügung steht. Diese ist im Falle des nicht transferierbaren Embryos aber gerade nicht gegeben[184].

Der Versuch einer Rechtfertigung über § 34 StGB setzt voraus, daß im Rahmen der geforderten Abwägung das Forschungsinteresse die Interessen des Embryos wesentlich überwiegt. Das Grundrecht auf Leben und der verfassungsrechtliche Schutz der Menschenwürde sind jedoch einer qualitativen oder quantitativen Abwägung entzogen. Auch die Tatsache, daß der Embryo ohnehin dem Tode geweiht ist, kann diese Interessenabwägung nicht beeinflussen, solange man das embryonale Leben konsequent als menschliches Leben betrachtet[185].

In diesem Zusammenhang wird häufig ein Wertungswiderspruch zur strafrechtlichen Regelung des Schwangerschaftsabbruchs angeführt, mit der der Staat ein Recht auf Tötung anerkannt habe[186]. Die zu regelnden Interessenkonflikte unterscheiden sich indessen wesentlich: Dem Schwangerschaftsabbruch liegt eine der symbiotischen Verbindung zwischen der Frau und ihrem ungeborenen Kind entspringende höchstpersönliche und gegenwärtige Konfliktsituation zugrunde[187], bei der die Rechte der Frau zwingend in die Abwägung einfließen. Eine solche persönliche Notlage ist im Fall der Embryonenforschung nicht gegeben, die zum potentiellen Wohl der Menschheit durchgeführt werden soll[188].

---

[184] *Classen*, WissR 1989, 235 (237).

[185] Auch bei einem im Sterben liegenden Patienten wird die Zulässigkeit verbrauchender Experimente nicht diskutiert, s. *Classen*, WissR 1989, 235 (243); *Günther*, MedR 1990, 161 (164), der als Beispiel die aktive Tötung eines im Sterben liegenden Schwerverletzten anführt, um seine Organe für eine lebensrettende Operation zu verwenden. Hier handelt es sich zudem – im Unterschied zur Embryonenforschung – um eine akute, gegenwärtige Notstandslage.

[186] Vgl. dazu *Beckmann*, Embryonenschutz und Grundgesetz, ZRP 1987, 80 (85).

[187] *Günther*, MedR 1990, 161 (164).

[188] *Günther*, MedR 1990, 161 (164). Angelehnt an das Indikationsmodell des § 218 a Abs. 2 StGB hält *Keller* eine »Forschungsindikation« mit strafausschließender Wirkung dennoch gesetzgeberisch jedenfalls dann für möglich, wenn »im Dienste höchstrangiger Forschungsziele im Interesse des allgemeinen Lebensschutzes die verbrauchende Forschung an ohnehin chancenlosen Embryonen in Betracht gezogen

Allerdings ist der kategoriale Schutz des Embryos, wie ihn das Embryonenschutzgesetz gewährt, nach geltendem Recht keinewegs nur in der »einzigartigen Situation« der Schwangerschaft aufgehoben, sondern auch durch die Hinnahme der alltäglichen und routinemäßigen Verwendung von Spiralen und anderen Nidationshemmern. Wenn aber damit nach den heutigen gesellschaftlichen Vorstellungen keineswegs nur eine gravierende und konkret gefühlte bzw. erlebte *Konfliktsituation* für die Frau und werdende Mutter den Lebensschutz der frühen Leibesfrucht relativieren kann, dann müßte zumindest näher begründet werden, warum selbst hochrangige Heilungsziele nicht zu einem auch im Einzelfall abgewogenen und im Ergebnis abgestuften Lebensschutz frühester menschlicher Zellverbände (Embryonen) führen dürfen. Dementsprechend wird denn auch gerade in Bezug auf die Forschung mit überzähligen, dem Tode geweihten Embryonen eine Verletzung der Menschenwürde in Frage gestellt. Bezweifelt wird, daß ausschließlich und allein die sog. Objektformel als Beurteilungsmaßstab für die Verletzung eines sich im Stadium der ersten Zellteilungen befindlichen Embryos angewandt werden könne[189]. Zwar habe das Bundesverfassungsgericht ausdrücklich festgestellt: »Wo menschliches Leben existiert, kommt ihm Menschenwürde zu«[190], in einer anderen Entscheidung jedoch selbst darauf hingewiesen, daß die Objektformel »lediglich die Richtung andeutet, in der Fälle der Verletzung der Menschenwürde gefunden werden können«. Im Einzelfall kann es somit zusätzlich darauf ankommen, ob der Betroffene einer Behandlung ausgesetzt wird, die Ausdruck der Verachtung des Wertes darstellt, der dem Menschen Kraft seines Personseins zukommt[191]. Dies ist bei Verwendung frühester Formen menschlichen Lebens für hochrangige (therapeutische) Zwecke aber nicht der Fall.

Von Teilen der Literatur wird sogar darauf verwiesen, daß das überzählige embryonale Leben, das zum Untergang verurteilt ist, durch den Einsatz für die Forschung möglicherweise gerade erst einen letzten Sinn erhalte. Auf diese Weise könne es einem humanem Zweck, dem Wohl entwickelten Lebens, dienen und werde dadurch nicht *bloß* zum Objekt menschlichen Handelns gemacht und vor allem nicht dazu »herabgewürdigt«[192].

---

würde« (*Keller*, Beginn und Stufung des strafrechtlichen Lebensschutzes, in: Günther/Keller (Hrsg.) Fortpflanzungsmedizin und Humangenetik (o. Fn. 102) S. 111 (134 f.).

[189] So *von Bülow* in seinem Vortrag »Verantwortete Wissenschaft – Rechtliche und ethische Grenzen der Stammzellenforschung«, gehalten am 29.03.2000 in Berlin auf dem Statusseminar des Bundesministeriums für Bildung und Forschung »Die Verwendung humaner Stammzellen in der Medizin – Perspektiven und Grenzen«.

[190] BVerfGE 39, 1 (41).

[191] BVerfGE 30, 1 (26).

[192] *Fechner*, Menschenwürde und generative Forschung und Technik, JZ 1986, 653 (659), der seiner Argumentation ein Verständnis der Menschenwürde zugrunde legt, die zugleich Opfer und Dienste für das Allgemeinwohl beinhaltet; *Graf Vitzthum*,

Obwohl die überwiegende Auffassung den Schutz der Menschenwürde des Embryos im Prinzip bejaht, ist die Diskussion also keineswegs abgeschlossen. Entscheidende Unterschiede sind bereits in *embryologischen* und *ethischen* Fragen erkennbar, die der rechtlichen Regelung zugrunde liegen. Diese Fragen sind letzlich nicht kompromißfähig, sondern nur entscheidungsfähig.

b. Das Verbot der Extogenese § 2 Abs. 2 ESchG verbietet die extrakorporale Weiterentwicklung eines menschlichen Embryos zu einem anderen Zweck als der Herbeiführung einer Schwangerschaft[193]. Die Vorschrift will verhindern, daß Versuche mit Embryonen durchgeführt werden, um eine »künstliche Gebärmutter« zu entwickeln[194]. Untersagt sind danach Humanexperimente, die Kultivierungsbedingungen in vitro bereitstellen und den Embryo über das Ende der Implantationsphase hinaus dem Kulturmedium aussetzen[195].

c. Das Verbot des Klonens § 6 Abs. 1 ESchG verbietet, künstlich Embryonen zu erzeugen, welche die gleiche Erbinformation wie ein anderer Embryo, ein Foetus, ein Mensch oder ein Verstorbener besitzen. § 6 Abs. 2 ESchG untersagt die Übertragung des Klons auf eine Frau.

Nach der Begründung des Gesetzentwurfs würde es in besonders krasser Weise gegen die Menschenwürde verstoßen, gezielt einem künftigen Menschen seine Erbanlagen zuzuweisen[196]. Eine über diese Feststellung hinausgehende weitere Begründung enthält der Gesetzesentwurf allerdings nicht. Bezogen auf das Grundgesetz spricht gegen eine solche Argumentation jedoch schon der Umstand, daß die Menschenwürde als Rechtsbegriff - wie dargestellt - keineswegs statisch konzipiert ist. Sie definiert und entwickelt sich erst in Wechselwirkung mit den gesellschaftlichen Wertvorstellungen, die ihrerseits dem Wandel der Zeit unterliegen. Das Bundesverfassungsgericht hat daher bislang stets einzelfallbezogen entschieden, ob durch eine bestimmte Handlung *in concreto* ein Verstoß gegen die Menschenwürde gegeben ist und dabei

---

Das Verfassungsrecht vor der Herausforderung von Gentechnologie und Reproduktionsmedizin, in: Braun/Mieth/Steigleder (Hrsg.), Ethische und rechtliche Fragen der Gentechnologie und der Reproduktionsmedizin, Reihe Gentechnologie – Chancen und Risiken, Bd. 13, München 1987, S. 263 (281).

[193] § 2 Abs. 2 ESchG regelt damit als lex specialis einen besonderen Fall der fremdnützigen Verwendung eines Embryos im Sinne des § 2 Abs. 1 ESchG.

[194] Entwurf eines Gesetzes zum Schutz von Embryonenen, BT-Drs. 11/5460 (o. Fn. 123), S. 10.

[195] *Günther* in: Embryonenschutzgesetz (o. Fn. 123), § 2, Rdnrn. 60 u. 63.

[196] Entwurf eines Gesetzes zum Schutz von Embryonenen, BT-Drs. 11/5460 (o. Fn. 123), S. 11; ebenso *Günther* in: Embryonenschutzgesetz (o. Fn. 123), § 6, Rdnr. 3; Bericht der gemeinsamen Arbeitsgruppe des Bundesministers für Forschung und Technologie und des Bundesministers der Justiz von 1985 (o. Fn. 137), S. 35; Bernat, Rechtsfragen medizinisch assistierter Zeugung, 1989, S. 263.

vor allem gefragt, ob der Mensch einer Behandlung ausgesetzt wird, die seine Subjektqualität *prinzipiell* in Frage stellt oder ob die Behandlung im konkreten Fall eine *willkürliche* Mißachtung der Menschenwürde beinhaltet. So muß auch der verfassungsrechtliche Blick auf das Klonen die denkbaren Ziele und Motive sowie - aus dem Blickwinkel der Willkür - die Vergleichbarkeit mit anderen Sachverhalten einbeziehen. Dabei ist es nicht die genetische Identität als solche, die verfassungsrechtliche Bedenken hervorruft: Die Menschenwürde eines Zwillings wird nicht deshalb angezweifelt, weil er genetisch nicht einzigartig ist. Es ist vielmehr der Umstand, daß ein Mensch gezielt wiederholt werden soll, der das «Produkt» des Klonvorgangs als Subjekt und in seiner Einmaligkeit prinzipiell und willkürlich in Frage stellt. Zudem sind die Auswirkungen auf die Psyche (z. B. Identitätsfindung) eines Kindes, das als Klon geboren wird, kaum vorhersehbar. Das Verbot des «reproduktiven» Klonens von Menschen ist daher verfassungsrechtlich legitim, zumal das Klonen selbst bei Tieren noch mit enormen Risiken wie der Gefahr von Mißbildung und Tod verbunden ist.

Das «therapeutische» Klonen dagegen zielt nicht auf die Reproduktion eines Menschen; vielmehr soll durch die Übertragung eines Zellkerns in eine entkernte Eizelle in einem allerersten Stadium menschlicher Zellentwicklung Gewebe erzeugt werden, das für die Heilung schwerwiegender, bislang unheilbarer Krankheiten verwendet werden kann. Diesen hochrangigen therapeutischen Zielen kommt sowohl aus gesellschaftlicher als auch aus verfassungsrechtlicher Sicht erhebliche Bedeutung zu. Der verfassungsrechtlich gewährleistete Schutz des Lebens und der Gesundheit von Kranken stellt einen Abwägungsfaktor dar, den der Gesetzgeber bei der gebotenen Konkretisierung des Schutzes der Menschenwürde nicht außer acht lassen darf[197].

Das Verbot des Klonens bezieht auch die Abspaltung totipotenter Zellen eines Embryos zu Zwecken der Forschung oder Diagnostik ein, da diese einem Embryo im Sinne des Gesetzes gleichgestellt sind[198]. Als Begründung dient nicht in erster Linie das unerwünschte Ziel der Entstehung eines Klons, sondern die Gefahr, daß der Eingriff zu einer Schädigung des verbleibenden Embryos führt. Diesem Rechtsgut wird allerdings schon in § 2 Abs. 1 ESchG Rechnung getragen, der jede fremdnützige Verwendung des Embryos untersagt.

---

[197] Zum therapeutischen Klonen siehe in diesem Bericht noch genauer E. I. 1.

[198] Entwurf eines Gesetzes zum Schutz von Embryonenen, BT-Drs. 11/5460 (o. Fn. 123), S. 11. Der gegenteiligen Auffassung zufolge sollte die Entnahme einer totipotenten Zelle zu diagnostischen Zwecken gerade nicht vom Verbot des Klonens erfaßt werden (Bernat, Rechtsfragen medizinisch assistierter Zeugung (o. Fn. 196), S. 263 f.) Der Diskussionsentwurf zum Embryonenschutzgesetz hatte dementsprechend vorgeschlagen, die Strafbarkeit des Klonens von der »Entstehung und Weiterentwicklung eines menschlichen Embryos« abhängig zu machen (Der Diskussionsentwurf eines Gesetzes zum Schutz von Embryonen, abgedruckt in GA 1987, S. 456 f., § 7 DE).

Genetisch identische Embryonen können durch Abspaltung einer totipotenten Zelle oder Teilung des embryonalen Zellverbandes im Morula- oder Blastozystenstadium (sog. Embryosplitting) hergestellt werden. Eine weitere, besonders effektive Technik des Klonens ist die Kerntransplantation, bei der ein Zellkern in eine entkernte, unbefruchtete Eizelle übertragen wird[199]. Die Empfängereizelle wird durch einen elektrischen Impuls zur Embryonalentwicklung aktiviert. Gleichzeitig wird der Kern der Spenderzelle reprogrammiert und so entwicklungsmäßig dem Stand einer Zygote angeglichen[200]. Auch der auf diese Weise entstandene Embryo wird vom Embryonenschutzgesetz erfaßt. Die Begriffsbestimmung in § 8 Abs. 1 ESchG ist entsprechend der ratio legis, den Embryo umfassend zu schützen, keineswegs abschließend. Die Formulierung »bereits« macht hinreichend deutlich, daß der strafrechtliche Schutz vom Zeitpunkt der Kernverschmelzung an sichergestellt werden soll, ohne andere Formen der embryonalen Entstehung von diesem Schutz auszunehmen[201]. Die Formulierung des Art. 1 des Zusatzprotokolls über das Verbot des Klonens von menschlichen Lebewesen des Europarates, die jede Intervention verbietet, die auf die Erzeugung eines Klons gerichtet ist, ist in diesem Zusammenhang umfassender und bezieht bereits alle auch in Zukunft denkbaren Methoden des Klonens ein.

Ein mit Hilfe der Kerntransplantation erzeugter Embryo besitzt zwar nicht zu 100 % die gleiche Erbinformation wie der Spender des Zellkerns. Methodenbedingt wird ein geringfügiger Anteil der Erbinformation nicht über den ausgewechselten Zellkern, sondern über die sog. mitochondriale DNA der entkernten Eizelle übertragen[202], wodurch sich eine Abweichung von etwa 0,01 % bis 0,02 % des Gesamtgenoms ergibt. Der Tatbestand des Klonens ist jedoch trotz dieser geringfügigen Unterscheidung erfüllt. Das Verbot will eine Ko-

---

[199] Diese Technik wurde beispielsweise bei der Entstehung des geklonten Schafs »Dolly« angewandt.

[200] Die Komponenten, die zur Reprogrammierung führen, sind noch weitgehend unbekannt. Zu den naturwissenschaftlichen Grundlagen und zum Ablauf des Kerntransfers siehe den Regierungsbericht zur Frage eines gesetzgeberischen Handlungsbedarfs beim Embryonenschutzgesetz, BT-Drs. 13/11263 (o. Fn. 134), S. 7 ff.

[201] Regierungsbericht zur Frage eines gesetzgeberischen Handlungsbedarfs beim Embryonenschutzgesetz, BT-Drs. 13/11263 (o. Fn. 134), S. 13 f.; Stellungnahme der Wissenschaftlerkommission, BT-Drs. 13/7590 (o. Fn. 131) S. 6 f.; nicht festgelegt ist allerdings, ab wann bei der Kerntransplantation frühestens von einem Embryo auszugehen ist. Der Regierungsbericht empfiehlt deshalb angesichts des strafrechtlichen Bestimmtheitsgebots, die Vorschrift des § 8 Abs. 1 ESchG dahingehend zu ändern, daß als Embryo bereits die menschliche Eizelle vom Zeitpunkt der Fähigkeit zur ersten Zellteilung an gilt (S. 15).

[202] Als mitochondriale Gene werden eine geringe Zahl von Genen im Zellplasma bezeichnet. Die humane mitochondriale DNA besteht aus etwa dreizehn Genen (Regierungsbericht zur Frage eines gesetzgeberischen Handlungsbedarfs beim Embryonenschutzgesetz, BT-Drs. 13/11263 (o. Fn. 134), S. 13).

pie menschlicher Lebewesen umfassend unterbinden und geht entsprechend von einem rechtlichen Gleichheitsbegriff aus, den die Abweichung infolge der marginale DNA nicht in Frage stellen kann[203]. So bestimmt auch das Zusatzprotokoll zum Klonen in Art. 1, daß ein menschliches Lebewesen mit einem anderen menschlichen Lebewesen genetisch identisch ist, wenn es mit diesem dasselbe *Kerngenom* gemeinsam hat.

Die genetische Identität liegt allerdings dann nicht mehr vor, wenn der Zellkern vor Übertragung in die entkernte Eizelle gezielt genetisch verändert wird. Die Kombination der Kerntransplantation mit der genetischen Manipulation schafft neue, vereinfachte Möglichkeiten, Lebewesen mit bestimmten genetischen Eigenschaften zu erzeugen[204]. Führt die Genmanipulation dazu, daß der durch den anschließenden Kerntransfer entstandene Embryo nicht mehr die gleiche Erbinformation wie der ursprüngliche Zellkern, d. h. wie der Spender dieses Zellkerns besitzt, scheidet eine Strafbarkeit wegen Klonens gemäß § 6 Abs. 1 ESchG aus. Ebensowenig kommt eine Strafbarkeit nach § 5 ESchG in Betracht, soweit der Zellkern der *somatischen* Zelle eines Embryos, Foetus oder Menschen entnommen wird[205]. Es handelt sich in diesem Fall nicht um die künstliche Veränderung einer *Keimbahnzelle* im Sinne des Gesetzes (vgl. die Begriffsbestimmung in § 8 Abs. 3 ESchG). Zwar wird durch den Austausch des Zellkerns zugleich die Erbinformation der Eizelle künstlich verändert, jedoch scheidet auch in dieser Hinsicht eine Strafbarkeit aus, da die Keimzelle nicht zur Befruchtung verwendet wird (§ 5 Abs. 1, Abs. 4 Nr. 1, § 5 Abs. 2 ESchG)[206]. Im Ergebnis kann ein Forscher somit durch die Kerntransplantation unter Verwendung genetisch veränderter Spenderzellen straflos menschliche Embryonen auf eine Art und Weise erzeugen, die der ratio legis des Embryonenschutzgesetzes widerspricht. Auch wenn der

---

[203] Regierungsbericht zur Frage eines gesetzgeberischen Handlungsbedarfs beim Embryonenschutzgesetz, BT-Drs. 13/11263 (o. Fn. 134), S. 13; Stellungnahme der Wissenschaftlerkommission, BT-Drs. 13/7590 (o. Fn. 131) S. 6; *Günther* in: Embryonenschutzgesetz (o. Fn. 123), § 6, Rdnr. 7; *von Bülow*, Dolly und das Embryonenschutzgesetz, DÄBl. 1997, S. A-718 ff. (A-720).

[204] Diese Technik wird bereits für die Herstellung von Tieren mit besonderen genetischen Eigenschaften genutzt, um z. B. Arzneimittel in Tieren zu produzieren. So wurden auf diese Weise u. a. Lämmer erzeugt, die das Gen für den menschlichen Gerinnungsfaktor IX tragen (Regierungsbericht zur Frage eines gesetzgeberischen Handlungsbedarfs beim Embryonenschutzgesetz, BT-Drs. 13/11263 (o. Fn. 134), S. 10 mit Hinweis auf Schnieke et al. (1997): Human factor IX transgenic sheep produced by transfer of nuclei from transfected fetal fibroblasts, Science 278, 2130 bis 2133).

[205] Regierungsbericht zur Frage eines gesetzgeberischen Handlungsbedarfs beim Embryonenschutzgesetz, BT-Drs. 13/11263 (o. Fn. 134), S. 17.

[206] Stellungnahme der Wissenschaftlerkommission, BT-Drs. 13/7590 (o. Fn. 131) S. 7; Regierungsbericht zur Frage eines gesetzgeberischen Handlungsbedarfs beim Embryonenschutzgesetz, BT-Drs. 13/11263 (o. Fn. 134), S. 17.

erzeugte Embryo nicht die Kopie eines anderen Lebewesens ist, ist er doch das Produkt seines Schöpfers und nicht der zufälligen Vermischung väterlichen und mütterlichen Erbgutes, die die Einmaligkeit seiner Erbinformation und die Freiheit von Manipulation garantiert[207]. Die Persönlichkeitsverletzung liegt hier zwar nicht in der *identischen* Vervielfältigung eines Menschen, doch wird ebenso wie beim Vorgang des Klonens die genetische Konstitution gezielt zugewiesen und dadurch die Identität der menschlichen Persönlichkeit mißachtet[208]. Letztlich wird auch in diesem Fall menschliches Leben instrumentalisiert und so die Würde des Menschen verletzt. Zugleich besteht bei der beschriebenen Methode ebenso wie bei der künstlichen Veränderung von Keimbahnzellen die Gefahr, daß sich nach dem Stand der Wissenschaft unvermeidbare Fehlschläge nicht nur auf den betroffenen Embryo, sondern auch auf dessen Nachkommen auswirken. Sowohl der Schutz der Menschenwürde als auch des Lebens und der körperlichen Unversehrtheit sind somit betroffen und durch das Embryonenschutzgesetz nicht hinreichend gewährleistet.

Es wurden verschiedene Vorschläge unterbreitet, um diese Strafbarkeitslücke des Gesetzes zu schließen[209]:

- In § 6 ESchG könnte generell die Einbringung eines menschlichen Zellkerns in eine entkernte Eizelle untersagt werden.
- Der Tatbestandsausschluß des § 5 Abs. 4 Nr. 1 könnte enger gefaßt werden und nur dann Anwendung finden, wenn ausgeschlossen ist, daß die künstlich veränderte Keimzelle zur Befruchtung oder *zur Erzeugung eines Embryos auf andere Weise* verwendet wird.
- Das Embryonenschutzgesetz könnte um einen Tatbestand ergänzt werden, der generell untersagt, das Entstehen eines menschlichen Embryos zu bewirken, ohne daß es zur Befruchtung einer menschlichen Eizelle durch eine menschliche Samenzelle kommt.

Der Regierungsbericht zur Frage eines gesetzgeberischen Handlungsbedarfs beim Embryonenschutzgesetz hält insbesondere die letztgenannte Alternative für geeignet, den besonderen Unrechtsgehalt der Kerntransplantation mit vorausgehender Genmanipulation zum Ausdruck zu bringen, der gerade in der künstlichen Herstellung eines menschlichen Lebewesens besteht[210].

---

[207] Regierungsbericht zur Frage eines gesetzgeberischen Handlungsbedarfs beim Embryonenschutzgesetz, BT-Drs. 13/11263 (o. Fn. 134), S. 17.

[208] Vgl. die Begründung zum Verbot des Klonens in BT-Drs. 11/5460 (o. Fn. 123), S. 11.

[209] *von Bülow*, DÄBl. 1997, A- 718 (A-720); Regierungsbericht zur Frage eines gesetzgeberischen Handlungsbedarfs beim Embryonenschutzgesetz, BT-Drs. 13/11263 (o. Fn. 134), S. 17; Stellungnahme der Wissenschaftlerkommission, BT-Drs. 13/7590 (o. Fn. 131) S. 7.

[210] Regierungsbericht zur Frage eines gesetzgeberischen Handlungsbedarfs beim Embryonenschutzgesetz, BT-Drs. 13/11263 (o. Fn. 134), S. 18.

d. Das Verbot der Chimären- und Hybridbildung § 7 ESchG untersagt die Chimären- und Hybridbildung. Chimären sind Lebewesen, deren Körper Zellen mit verschiedener Chromosomenstruktur besitzen[211]. Sie werden erzeugt, indem Embryonen mit unterschiedlicher Erbinformation unter Verwendung mindestens eines menschlichen Embryos vereinigt werden (§ 7 Abs. 1 Nr. 1 ESchG) oder ein Embryo mit einer genetisch fremden Zelle verbunden wird (§ 7 Abs. 1 Nr. 2 ESchG). Die Hybridbildung erfaßt die Zeugung von Lebewesen mit Keimzellen von Mensch und Tier (§ 7 Abs. 1 Nr. 3 ESchG). Ergänzend verbietet § 7 Abs. 2 ESchG den Transfer eines durch Chimären- oder Hybridbildung entstandenen Embryos auf einen Mensch oder ein Tier sowie die Übertragung eines menschlichen Embryos auf ein Tier.

Die Anwendung der beschriebenen Methoden an menschlichen Embryonen ist nicht zu verantworten und würde in besonders schwerwiegender Weise gegen die Würde des Menschen verstoßen[212].

III. Zusammenfassung

Im Rahmen der Abwägung zwischen der Forschungsfreiheit und den Wertentscheidungen des Grundgesetzes zugunsten der Menschenwürde und des embryonalen Lebens hat sich der Gesetzgeber für strikte strafrechtliche Verbote der Forschung an und mit menschlichen Embryonen entschieden[213]. Das Embryonenschutzgesetz geht in Inhalt und Umfang deutlich über die Regelung der Menschenrechskonvention zur Forschung an Embryonen in vitro hinaus. In Art. 18 der Menschenrechtskonvention ist lediglich die Erzeugung menschlicher Embryonen zu Forschungszwecken ausdrücklich untersagt. Zur Zulässigkeit der Forschung mit extrakorporal verfügbaren Embryonen nimmt die Menschenrechtskonvention keinen Standpunkt ein. Jedoch werden die Staaten verpflichtet, mit ihrem nationalen Recht einen »angemessenen Schutz«

---

[211] In der griechischen Mythologie ist die *Chimära* ein Ungeheuer mit dem Kopf eines Löwen, dem Körper einer Ziege und dem Schwanz einer Schlange.

[212] *Günther* in: Embryonenschutzgesetz (o. Fn. 123), § 7, Rdnr. 4; Entwurf eines Gesetzes zum Schutz von Embryonenen, BT-Drs. 11/5460 (o. Fn. 123), S. 12; Bericht der gemeinsamen Arbeitsgruppe des Bundesministers für Forschung und Technologie und des Bundesministers der Justiz von 1985 (o. Fn. 137); *Deutsch*, Artifizielle Wege menschlicher Reproduktion: Rechtsgrundsätze – Konservierung von Sperma, Eiern und Embryonen; künstliche Insemination und außerkörperliche Fertilisation; Embryotransfer, MDR 1985, S. 177 (182); *Starck*, Die künstliche Befruchtung beim Menschen – Zulässigkeit und zivilrechtliche Folgen. Verfassungsrechtliche Probleme, in: Verhandlungen des 56. Deutschen Juristentages 1986, Bd. I, S. A 46 (Mensch-Tier-Verschmelzung).

[213] Vgl. Entwurf eines Gesetzes zum Schutz von Embryonen, BT-Drs. 11/5460 (o. Fn. 123, S. 6; *Keller*, Das Recht und die medizinische Forschung, MedR 1991, 11 (12 f.).

des Embryos zu gewährleisten, sofern die »Forschung an Embryonen in vitro«[214] nach dem nationalen Recht zulässig ist. Kritiker wenden ein, daß völlig unklar sei, was ein »angemessener Schutz« bedeute. Selbst die sog. verbrauchende Embryonenforschung, bei der Embryonen getötet werden, werde durch diese Vorschrift nicht hinreichend deutlich untersagt.

Durch die strafrechtlichen Verbote des Embryonenschutzgesetzes ist jedenfalls die Forderung der Menschenrechtskonvention nach einem angemessenen Schutz des Embryos hinreichend erfüllt. Darüber hinausgehend ist die fremdnützige Forschung mit menschlichen Embryonen generell untersagt. Obwohl die weiterreichenden Schutzbestimmungen des Embryonenschutzgesetzes im Falle der Ratifikation der Menschenrechtskonvention keinesfalls aufgehoben oder gesenkt werden müßten (Art. 27), befürchten Gegner des Menschenrechtskonvention zur Biomedizin gleichwohl, daß eine Zustimmung zu den Mindestregelungen, die die Menschenrechtskonvention in Bezug auf die Embryonenforschung vorsieht, einen Anpassungsdruck nach unten auslöse und das höhere deutsche Schutzniveau gefährde[215]. Diese Befürchtung hat sich allerdings in der Vergangenheit beim Beitritt Deutschlands zu anderen Abkommen nicht bewahrheitet.

E. Rechtsfragen einer Züchtung menschlicher Zellen

I. Verwendung humaner embryonaler Stammzellen

Unter einer Stammzelle versteht man jede noch undifferenzierte Zelle eines Organismus, die sich selbst unbegrenzt vermehren und reifere Tochterzellen bilden kann. Embryonale Stammzellen, die in einem frühen Stadium der Embryonalentwicklung in der sogenannten Blastozyste enthalten sind, besitzen die Fähigkeit, sich noch in jeden Zell- und Gewebetyp des menschlichen Organismus zu entwickeln[216].

Die Ziele der Forschung mit embryonalen Stammzellen erscheinen ebenso vielseitig wie vielversprechend:

- Als Spenderquelle für die Transplantationsmedizin könnten sie das Problem des Mangels an Spenderorganen und das Risiko immunologischer Abstoßungsreaktionen verringern. Im Bereich der Transplantation komplexer Gewebe mit geringem Regenerationspotential (wie insbesondere

[214] Wortlaut der inoffiziellen deutschen Übersetzung.

[215] *Schweidler*, Bioethische Konflikte und ihre Regelung in Europa: Stand und Bewertung, 1998, S. 18 f.

[216] *Brüstle/Wiestler*, Zellersatz aus embryonalen Stammzellen – Neue Perspektiven für die Transplantationsmedizin, DÄBl 2000, A-1666.

des Nervensystems) könnten erstmals Zellersatzstrategien entwickelt werden, die eine erfolgreiche Behandlung bislang unheilbarer Krankheiten ermöglichen würden (wie z. B. Chorea Huntigton, Morbus Parkinson, Multiple Sklerose)[217].

- Das Verfahren der homologen Rekombination ist an embryonalen Stammzellen sehr gut etabliert, wodurch die gezielte Manipulation einzelner Gene vor einer Transplantation möglich ist.
- Im Rahmen der Grundlagenforschung ließen sich die embryonale Entwicklung sowie normale und pathologische Zelldifferenzierungsmechanismen studieren. Rückschlüsse sind zugleich für den therapeutischen Einsatz adulter Stammzellen und ausdifferenzierter Körperzellen zu erwarten.
- Das krankheitserregende Risiko von chemischen Verbindungen und anderen Noxen sowie die Wirkung von Pharmaka auf den menschlichen Organismus könnte in-vitro studiert werden. Die Anzahl der Tierversuche, deren Ergebnisse zudem nur bedingt auf den Menschen übertragbar sind, würde deutlich verringert.

1. Möglichkeiten und Grenzen der Gewinnung humaner embryonaler Stammzellen Zur Gewinnung humaner embryonaler Stammzellen kommen mehrere Methoden in Betracht, die mit unterschiedlichen rechtlichen Problemen verbunden sind.

Embryonale Stammzellen (ES-Zellen) können aus der inneren Zellmasse (dem Embryoblasten) der Blastozyste isoliert werden. Die Blastozyste entsteht etwa am vierten Tag nach der Befruchtung. Die innere Zellmasse differenziert in der weiteren Entwicklung zum eigentlichen Embryo, während die äußere Zellmasse (das Trophektoderm) die Vorstufe zur späteren Placenta darstellt. Am siebten Tag hat die Blastozyste etwa das 125-Zellstadium erreicht und nimmt den ersten Kontakt zur Gebärmutterschleimhaut auf (Nidation)[218]. Die Entnahme der Stammzellen führt mit großer Wahrscheinlichkeit zur Zerstörung der Blastozyste[219], jedenfalls verfolgt sie einen nicht der Erhaltung des Embryos dienenden Zweck und ist daher gemäß § 2 Abs. 1 ESchG verbo-

---

[217] Erforderlich für eine Zellersatztherapie sind unreife Vorläuferzellen, die in das komplexe System integriert und dort zur Ausreifung gebracht werden können. In Transplantationsexperimenten mit myelindefizienten Ratten ist es bereits gelungen, aus embryonalen Stammzellen hergestellte Vorläuferzellen zu transplantieren und myelindefiziente Regionen des Zentralnervensystems mit Markscheiden zu versorgen (*Brüstle/Wiestler*, DÄBl 2000, A-1666 (A-1670)).

[218] *Kaiser* in: Embryonenschutzgesetz (o. Fn. 123), Einführung: A II, Rdnr. 34.

[219] Embryonale Stammzellen wachsen nur, wenn sie im Gewebeverband von ca. 50 Zellen entnommen und kultiviert werden.

ten. Ebenso ist es verboten, eine menschliche Eizelle eigens zum Zweck der Entnahme von Stammzellen zu befruchten (§ 1 Abs. 1 Nr. 2 ESchG)[220].

Eine weitere Methode zur Gewinnung embryonaler Stammzellen ist die Kerntransplantation das sog. »therapeutische« Klonen[221]. Durch die Übertragung eines somatischen Zellkerns in eine entkernte, unbefruchtete Eizelle lassen sich autologe Spenderzellen gewinnen, die bei Übertragung auf den Patienten keine immunologischen Probleme hervorrufen[222]. Durch die weitgehende Reprogrammierung, die die Eizelle im Rahmen des Kerntransfers erfährt, wird eine totipotente Zelle erzeugt. Dieser Vorgang ist nach dem Embryonenschutzgesetz als Klonen definiert und damit bereits im Versuch strafbar[223]. Auch die Weiterentwicklung der totipotenten Zelle zur Blastozyste und die Entnahme der embryonalen Stammzellen daraus wären, ebenso wie der Versuch, strafbar (§ 2 ESchG). Ohne den bislang erforderlichen Umweg über die totipotente Zelle wäre die Gewinnung pluripotenter Stammzellen mittels Zellkerntransfer mit dem Embryonenschutzgesetz zu vereinbaren. Angesichts der Versuchsstrafbarkeit des Klonens kommt diese Technik jedoch nur in Betracht, wenn die Reprogrammierung gezielt auf die Entstehung embryonaler Stammzellen beschränkt werden kann und die Entstehung eines menschlichen Embryos mit Sicherheit ausgeschlossen ist. Hier bleibt die naturwissenschaftliche Entwicklung abzuwarten.

Rechtlich unbedenklich ist letzlich die Entwicklung embryonaler Stammzellen aus primordialen Keimzellen. Diese Vorläufer der Ei- und Samenzellen werden nach induziertem oder spontanem Abort aus Feten isoliert und unter Kulturbedingungen zu embryonalen Keimzellen (EG-Zellen) entwickelt. Die Entnahme der primordialen Keimzellen aus den wenige Wochen alten Feten wird nicht vom Embryonenschutzgesetz erfaßt; dieses beschränkt sich auf den Embryonenschutz vom Zeitpunkt der Befruchtung bis zur Nidation[224]. Ausdrücklich nimmt auch das Transplantationsgesetz embryonale und fetale Organe und Gewebe aus seinem Anwendungsbereich heraus (§ 1 Abs. 2 TPG)[225].

---

[220] Vgl. hierzu bereits die Ausführungen zu A. II. 2. und 3. a).

[221] Zum therapeutischen Klonen siehe bereits oben S. 469.

[222] Vgl. die Stellungnahme der Deutschen Forschungsgemeinschaft vom 19. März 1999 (o. Fn. 176), S. 3.

[223] § 6 Abs. 1 und Abs. 3, § 8 Abs. 1 ESchG; vgl. zur rechtlichen Problematik des Klonens mittels Kerntransplantation bereits die Ausführungen zu A. II. 3. c).

[224] Entwurf eines Gesetzes zum Schutz von Embryonen, BT-Drs. 11/5460 (o. Fn. 123), S. 7.

[225] Der Gesetzentwurf der Abgeordneten Monika Knoche, Gerald Häfner und der Fraktion BÜNDNIS 90/DIE GRÜNEN (Entwurf eines Gesetzes über die Spende, die Entnahme und die Übertragung von Organen (Transplantationsgesetz – TPG), BT-Drs. 13/2926 vom 7.11.1995) sah demgegenüber ein Verbot der Verwendung embryonalen Gewebes vor (S. 15 ff.).

Die Begründung des Gesetzesentwurfs[226] verweist diesbezüglich auf andere, zum Teil gesetzliche Regelungen wie das Embryonenschutzgesetz oder die »Richtlinien zur Verwendung fetaler Zellen und fetaler Gewebe« der Zentralen Ethikkommission der Bundesärztekammer[227]. Zellen und Gewebe toter Feten dürfen danach für fremdnützige experimentelle und therapeutische Zwecke verwendet werden[228]. Die Entscheidung zum Schwangerschaftsabbruch muß jedoch unabhängig von einer solchen Verwendung erfolgen und die Schwangere muß ihre Einwilligung in die Verwendung nach erfolgter Aufklärung schriftlich erteilen. Vergünstigungen, mit denen die Entscheidung zum Schwangerschaftsabbruch oder zur Verwendung des Feten beeinflußt werden sollen, dürfen weder angeboten noch gewährt werden.

EG-Zellen zeichnen sich ebenso wie ES-Zellen durch ihre unbegrenzte Vermehrbarkeit und Entwicklungsfähigkeit aus. Trotz ihrer Pluripotenz kann jedoch derzeit noch nicht abgeschätzt werden, ob und in welcher Weise sie sich differenzieren und in den menschlichen Organismus integrieren lassen. Versuche mit humanen EG-Zellen an Mäuseembryonen haben gezeigt, daß sich das integrierte Gewebe nicht normal entwickelt[229]. So läßt sich derzeit noch nicht endgültig beurteilen, ob sich allein durch die rechtlich unbedenkliche Verwendung von EG-Zellen die hochrangigen medizinischen Ziele der Stammzellenforschung verwirklichen lassen. Wissenschaftler fordern daher, beide Stammzellsysteme vergleichend auf ihre Eignung als Zellersatzsystem untersuchen zu können, und halten die Forschung mit humanen ES-Zellen weiterhin für unverzichtbar[230].

---

[226] BT-Drs. 13/4355, S. 16.

[227] Richtlinien zur Verwendung fetaler Zellen und fetaler Gewebe, Stellungnahme der »Zentralen Kommission der Bundesärztekammer zur Wahrung ethischer Grundsätze in der Reproduktionsmedizin, Forschung an menschlichen Embryonen und Gentherapie«, DÄBl 1991, B-2788 ff.

[228] In der Begründung führt die Zentrale Ethikkommission aus, daß der über den Tod hinaus wirkende allgemeine Achtungsanspruch des Ungeborenen sowie das Pietätsgefühl gegenüber seinen Angehörigen und der Allgemeinheit zu wahren und gegen den medizinischen Nutzen für Lebende abzuwägen seien. Die Verwendung müsse daher theoretische oder praktische Erkenntnisse der Medizin auf prophylaktischem, diagnostischem oder therapeutischem Gebiet zum Ziel haben (Richtlinien zur Verwendung fetaler Zellen und fetaler Gewebe, DÄBl 88, B-2788 (B-2789)).

[229] Science Vol. 286, 1.10.1999, S. 31.

[230] An dieser Auffassung konnten auch die jüngsten Forschungsergebnisse mit adulten Stammzellen nichts ändern. Danach besitzen Stammzellen des erwachsenen Organismus ein breiteres Differenzierungspotential als bisher angenommen. Es könnte daher in Zukunft möglich sein, Gewebe und Organe im Reagenzglas zu züchten, ohne embryonale Stammzellen zu verwenden. Zudem stünden autologe Zellsysteme für die Transplantation zur Verfügung.

2. Die Forschung mit humanen embryonalen Stammzellen Während die *Gewinnung* embryonaler Stammzellen auf die Entwicklung von EG-Zellen beschränkt ist, ist die *Forschung* mit allen Arten embryonaler Stammzellen erlaubt. Es handelt sich bei den pluripotenten Stammzellen nicht um Embryonen im Sinne des Embryonenschutzgesetzes, so daß sie von dem Verbot der fremdnützigen Verwendung des § 2 Abs. 1 nicht erfaßt werden[231]. Nach Auffassung der Deutschen Forschungsgemeinschaft muß für die Forschung jedoch in jedem Fall ausgeschlossen sein, daß sich aus menschlichen Stammzellen Keimzellen oder Embryonen entwickeln[232].

Um die Forschung mit humanen ES-Zellen in Deutschland zu ermöglichen, wird ein begrenzter und streng kontrollierter Import embryonaler Stammzellen aus dem Ausland in Erwägung gezogen. Das Verbot des fremdnützigen Erwerbs gemäß § 2 Abs. 1 ESchG erfaßt nur die Einfuhr totipotenter Zellen und steht dem Import pluripotenter Stammzellen nicht entgegen. Der deutsche Forscher kann allerdings der Anstifung oder Beihilfe zur fremdnützigen Verwendung von Embryonen beschuldigt werden, auch wenn die Gewinnung der ES-Zellen im Ausland selbst nicht strafbar ist[233]. Die Grenze der Strafbarkeit ist überschritten, wenn durch den Import die Erzeugung der Stammzellen veranlaßt oder unterstützt wird. Die Einfuhr von ES-Zellen ist also beispielsweise strafbar, wenn die Zellen quasi auf Bestellung des deutschen Forschers oder der deutschen Firma im Ausland entnommen werden. Ebenso ist es strafbar, einen Mitarbeiter zur Entnahme von Stammzellen ins Ausland zu entsenden oder die Entnahme finanziell zu unterstützen. Dagegen ist die Einfuhr nicht strafbar, wenn die ES-Zellen bereits vor der Anfrage entnommen worden sind oder sonst keinerlei Zusammenhang zwischen der Entnahme und der Anfrage besteht.

Wenn auch insoweit *rechtlich* keine Bedenken gegen den Import embryonaler Stammzellen bestehen, so erscheint doch der Vorwurf der Doppelmoral angesichts einer solchen Vorgehensweise nicht unberechtigt. Allerdings ist es moralisch ebenso inkonsequent, die Gewinnung von ES-Zellen zu verbieten, ohne zugleich die spätere Anwendung ausländischer Forschungsergebnisse in Deutschland zu untersagen. Ohne Zweifel werden jedoch deutsche Patienten von den therapeutischen Erfolgen profitieren. Erneut taucht in diesem

[231] Hingewiesen sei an dieser Stelle nochmals auf die wissenschafltiche Diskussion um Begriff und Abgrenzung der Totipotenz (vgl. bereits A. II. 1.). Werden die Stammzellen der Blastozyste zu Beginn ihrer Entwicklungsphase, d. h. im 16- oder 32-Zellstadium, entnommen, könnte es sich nach Auffassung der Wissenschaftlerkommission durchaus noch um totipotente Zellen handeln. Ebenso könnte eine Stammzellenkultur einen totipotenten Gewebeverband darstellen.

[232] Pressemitteilung Nr. 10 der Deutschen Forschungsgemeinschaft vom 19. März 1999.

[233] Hat der Teilnehmer an einer Auslandstat im Inland gehandelt, gilt für ihn das deutsche Strafrecht, und zwar unabhängig davon, ob die Tat im Ausland mit Strafe bedroht ist (§ 9 Abs. 2 S. 2 StGB).

Zusammenhang die Frage auf, ob der Embryonenschutz in Deutschland zu kompromißlos hochrangige medizinische Forschungziele übergeht.

II. Gentransfer zur Zellentwicklung

Im Rahmen der Gentherapie, das heißt der Behandlung genetisch bedingter Erkrankungen durch Veränderung des Genoms, wird genetisches Material gezielt in menschliche Zellen eingebracht. Diesen Vorgang bezeichnet man als Gentransfer[234]. Für den Gentransfer stehen zwei Verfahren zur Verfügung:

- Im Rahmen des Ex-vivo-Verfahrens werden dem Patienten Körperzellen entnommen, vermehrt und mittels Vektoren im Reagenzglas gentechnisch verändert. Die veränderten Zellen werden anschließend in den Körper zurückgebracht, beispielsweise durch Injektion.
- Bei der In-vivo-Methode werden die fehlenden Erbinformationen dem Körper des Patienten direkt verabreicht. Vektoren, die das Gen transportieren, werden in die entsprechenden Zellen injiziert.

Man unterscheidet zwischen der somatischen Gentherapie und der Keimbahntherapie: Der somatische Gentransfer ist auf die Übertragung von Genen in menschliche Körperzellen beschränkt, während die Keimbahntherapie Veränderungen des Erbmaterials erfaßt, die an die nachfolgenden Generationen weitergegeben werden. Entsprechend unterschiedlich sind die rechtlichen Regelungen.

1. Die künstliche Veränderung menschlicher Keimbahnzellen § 5 ESchG schränkt die künstliche Veränderung menschlicher Keimbahnzellen ein (§ 5 Abs. 1, Abs. 4 ESchG) und untersagt die Verwendung künstlich veränderter Keimzellen zur Befruchtung (§ 5 Abs. 2 ESchG). Keimbahnzellen sind alle Zellen, die an der Weitergabe der Erbinformationen beteiligt sind[235]. Veränderungen dieser Keimbahnzellen wirken sich somit nicht nur auf das betroffene Individuum, sondern auch auf dessen Nachkommen aus. Genetische

[234] Die »Richtlinien zum Gentransfer in menschliche Körperzellen« des Wissenschaftlichen Beirats der Bundesärztekammer vom 20. Januar 1995 definieren Gentransfer als gezielte Einführung von Genen oder Polynukleotiden (ausgenommen sind ausschließlich transkriptionshemmende Oligonukleotide) in Zellen; als Gentherapie wird der Gentranfer in menschliche Zellen oder Gewebe mit therapeutischer Zielsetzung definiert (1. Begriffsbestimmung).

[235] Gemäß der Begriffsbestimmung in § 8 Abs. 3 ESchG sind dies alle Zellen, die in einer Zelllinie von der befruchteten Eizelle bis zu den Ei- und Samenzellen des aus ihr hervorgegangenen Menschen führen, ferner die Eizelle vom Einbringen oder Eindringen der Samenzelle an bis zu der mit der Kernverschmelzung abgeschlossenen Befruchtung.

Eingriffe in die menschliche Keimbahn wurden wegen der irreversiblen Folgen der in der Experimentierphase zu erwartenden Fehlschläge für nicht vertretbar gehalten[236]. Sie seien weder mit dem objektiv-rechtlichen Gehalt des Grundrechts auf Leben und körperliche Unversehrtheit noch mit dem Schutz der Menschenwürde vereinbar. § 5 ESchG dient somit als konkretes Gefährdungsdelikt dem Schutz nicht nur des Betroffenen, sondern in erster Linie der nachfolgenden Generationen. Ratio legis ist dagegen nicht die Verhinderung einer positiven Eugenik aus fundamental-kategorischen Gründen[237].

§ 5 Abs. 1 ESchG untersagt umfassend jede künstliche Veränderung der Erbinformation einer menschlichen Keimbahnzelle. Verboten ist demnach auch die Keimbahntherapie als Versuch, monogene Erbkrankheiten durch Veränderung des ererbten genetischen Codes zu heilen[238]. Die Keimbahntherapie wird für unvertretbar gehalten, solange die Techniken zum Austausch oder zur Reparatur des defekten Gens nicht beherrscht werden und daher mit unkalkulierbaren Risiken für das Individuum und Unbeteiligte verbunden sind[239]. Solange ein gezielter Gentransfer in die DNS nicht möglich ist, ist nicht sichergestellt, daß das Gen nicht durch seinen Einbau ein anderes Gen zerstört. Auch ist nicht gewährleistet, daß das Gen unter die Kontrolle der für die Steuerung seiner Funktion entscheidenden Gene gelangt[240]. In der Begründung zum Gesetzesentwurf betont die Bundesregierung zudem

---

[236] Entwurf eines Gesetzes zum Schutz von Embryonen, BT-Drs. 11/5460 (o. Fn. 123), S. 11.

[237] *Günther* in: Embryonenschutzgesetz (o. Fn. 123), § 5, Rdnrn. 3 und 5: Der Gesetzgeber hat sich aus dem philosophischen Disput über die ethische Unzulässigkeit jedes Eingriffs in menschliches Erbgut (Züchtung eines Menschen, der seine genetische Identität einem ärztlichen »Schöpfer«, nicht mehr nur der elterlichen Abstammung verdankt) herausgehalten.

[238] *Günther* in: Embryonenschutzgesetz (o. Fn. 123), § 5, Rdnr. 2.

[239] *Günther* in: Embryonenschutzgesetz (o. Fn. 123), a. a. O.; Abschlußbericht der Bund-Länder-Arbeitsgruppe »Fortpflanzungsmedizin« vom August 1988 (o. Fn. 143), S. 56; »Richtlinien zum Gentransfer in menschliche Körperzellen« des Ständigen Arbeitskreises »Biomedizinische Ethik und Technologiefolgenabschätzung« beim Wissenschaftlichen Beirat der Bundesärztekammer vom 20. Januar 1995, 2.1. Der Bericht der gemeinsamen Arbeitsgruppe des Bundesministers für Forschung und Technologie und des Bundesministers der Justiz von 1985 (o. Fn. 137) hält die Keimbahntherapie nach Beseitigung dieser Risiken bei schwersten monogenen Erbkrankheiten, die für die Betroffenen mit unmenschlichen Leiden verbunden sind, für vertretbar (S. 46).

[240] Bericht der gemeinsamen Arbeitsgruppe des Bundesministers für Forschung und Technologie und des Bundesministers der Justiz von 1985 (o. Fn. 137), S. 45.

die Mißbrauchsgefahr, insbesondere im Hinblick auf die Genmanipulation zu Zwecken der Menschenzüchtung[241].

§ 5 Abs. 4 ESchG sieht bestimmte Ausnahmen für das Verbot des § 5 Abs. 1 ESchG vor, bei denen eine Gefährdung der geschützten Rechtsgüter ausgeschlossen erscheint und eine Beschränkung der Forschungsfreiheit somit nicht erforderlich ist[242]. Das strafrechtliche Verbot findet keine Anwendung auf die genetische Veränderung einer außerhalb des Körpers befindlichen Keimzelle, wenn ausgeschlossen ist, daß diese zur Befruchtung verwendet wird (§ 5 Abs. 4 Nr. 1 ESchG). Darüber hinaus gilt es nicht für körpereigene Keimbahnzellen, die einer toten Leibesfrucht, einem Menschen oder einem Verstorbenen entnommen worden sind, wenn ausgeschlossen ist, daß diese auf einen Embryo, Foetus oder Menschen übertragen werden oder aus ihnen eine Keimbahnzelle entsteht (§ 5 Abs. 4 Nr. 2 ESchG). Der Embryo scheidet somit als »Spender« der Keimbahnzelle aus. Innerhalb dieser Schranken ist die Forschung mit Keimzellen und Keimbahnzellen zulässig, wodurch insbesondere die zellbiologische Grundlagenforschung ermöglicht wird[243].

§ 5 Abs. 4 Nr. 3 ESchG erlaubt darüber hinaus bestimmte Therapieformen (insbesondere Impfungen sowie strahlen- und chemotherapeutische Behandlungen), die typischerweise das Risiko der Veränderung von Keimbahnzellen des Patienten beinhalten. Der Arzt darf eine Veränderung des Erbguts von Keimbahnzellen infolge einer solchen Behandlung ernsthaft für möglich halten und billigend in Kauf nehmen oder sogar als sicher voraussehen, diese Nebenwirkungen jedoch nicht beabsichtigen[244].

Während § 5 ESchG also im Regelfall den bedingten oder direkten Vorsatz für die Strafbarkeit von Keimbahneingriffen ausreichen läßt, ist gemäß Art. 13 des MRB eine Intervention unabhängig von der Form der Behandlung stets nur dann untersagt, wenn sie *gezielt* eine Veränderung des Genoms von Nachkommen herbeiführen will. Ausgenommen sind damit auch hier jene unbeabsichtigten Veränderungen, die in § 5 Abs. 4 EschG genannt werden. Kritisiert wird, daß über diese Therapieformen hinaus Eingriffe erlaubt sind, die eine Veränderung von Keimbahnzellen billigend in Kauf nehmen oder gar vorhersehen.

---

[241] Entwurf eines Gesetzes zum Schutz von Embryonen, BT-Drs. 11/5460 (o. Fn. 123), S. 11; Bericht der gemeinsamen Arbeitsgruppe des Bundesministers für Forschung und Technologie und des Bundesministers der Justiz von 1985 (o. Fn. 137), S. 45 f.

[242] *Günther* in: Embryonenschutzgesetz (o. Fn. 123), § 5, Rdnr. 14.

[243] *Herdegen*, § 2 GenTG, Rdnr. 35 f., in: Eberbach/Lange/Ronellenfitsch (Hrsg.), Recht der Gentechnik und Biomedizin – Kommentar und Materialien, Bd. 1, Heidelberg, Stand: 27. Ergänzungslieferung, April 2000. Gentechnische Arbeiten an den Keimzellen und Keimbahnzellen unterliegen den Bestimmungen des Gentechnikgesetzes.

[244] *Günther* in: Embryonenschutzgesetz (o. Fn. 123), § 5, Rdnr. 19.

2. Die somatische Gentherapie Die somatische Gentherapie ist bislang spezialgesetzlich nicht geregelt. Die Risiken für Patienten und Dritte werden im Gegensatz zur Keimbahntherapie nach dem Stand der medizinischen Erkenntnisse als vergleichsweise gering eingeschätzt. Der Gentransfer beschränkt sich auf solche Körperzellen, die nicht an der Weitergabe von Erbinformationen beteiligt sind und läßt somit keine irreversiblen Folgen für die Nachkommenschaft befürchten. Gleichwohl bringt die Gentherapie, wie jede neue Behandlungsmethode, spezifische Gefahren mit sich. Diese resultieren in erster Linie aus der Verwendung von Viren als Vektoren für den Gentransfer, so daß sich eine Infektion des Patienten und eine Übertragung auf andere Menschen bisher nicht mit letzter Sicherheit ausschließen lassen. Zudem läßt sich der Gentransfer noch nicht mit der erforderlichen Zielgenauigkeit durchführen. Neben den Zielzellen können unbeabsichtigt andere Zellen und folglich auch Keimbahnzellen genetisch verändert werden. Die Mehrheit der Forscher hält diese Risiken jedoch für unwahrscheinlich. Gleichwohl wird die somatische Gentherapie derzeit auf Patienten beschränkt, bei denen alternative Therapien nicht zum Erfolg geführt haben und bei denen ein Kinderwunsch nicht mehr besteht[245].

Die Bund-Länder-Arbeitsgruppe »Somatische Gentherapie«, die 1993 vom Bundesministerium für Gesundheit einberufen wurde, beschäftigte sich mit der Frage, ob für den Bereich der somatischen Gentherapie gesetzliche Maßnahmen erforderlich sind[246]. Der Abschlußbericht kommt zu dem Ergebnis, daß ein spezielles Gentherapiegesetz nicht erforderlich sei. Die Überprüfung der geltenden Regelungen habe vielmehr gezeigt, »daß klare rechtliche Vorschriften bestehen, die auf die somatische Gentherapie Anwendung finden«[247]. Von zentraler Bedeutung seien dabei das Arzneimittelrecht und das ärztliche Berufsrecht. Lediglich hinsichtlich einzelner Regelungen bestehe ein gesetzlicher Anpassungsbedarf. Insbesondere sieht die Bund-Länder-Arbeitsgruppe keinen Anlaß für einen gesetzlichen Arztvorbehalt, wobei die weitere Entwicklung jedoch aufmerksam zu verfolgen sei[248].

---

[245] *Wagner/Morsey*, Rechtsfragen der somatischen Gentherapie, NJW 1998, 1565 (1566).

[246] Abschlußbericht der Bund-Länder-Arbeitsgruppe »Somatische Gentherapie«, abgedruckt in Eberbach/Lange/Ronellenfitsch (Hrsg.), Recht der Gentechnik und Biomedizin – Kommentar und Materialien, Bd. 3, Stand April 2000, S. 10. Da das 1990 verabschiedete Gentechnikgesetz schon vor der Neufassung im Jahre 1993 nicht die unmittelbare Anwendung gentechnisch veränderter Organismen am Menschen erfaßte, stellte der Freistaat Bayern einen Antrag auf eine »Entschließung des Bundesrates zur Anwendung gentechnischer Methoden am Menschen« (BR-Drs. 424/92), der zur Einrichtung der Bund-Länder Arbeitsgruppe führte.

[247] Abschlußbericht der Bund-Länder-Arbeitsgruppe »Somatische Gentherapie« (o. Fn. 246), S. 2 (Zusammenfassung der Aussagen und Empfehlungen).

[248] Abschlußbericht der Bund-Länder-Arbeitsgruppe »Somatische Gentherapie« (o. Fn. 246), S. 131.

Die im Rahmen der somatischen Gentherapie angewandten Gentherapeutika sind Arzneimittel im Sinne des § 2 Abs. 1 AMG[249]. Es handelt sich um Stoffe, die dazu bestimmt sind, durch Anwendung im menschlichen Körper Krankheiten zu heilen oder zu lindern[250]. Eine einheitliche Abgrenzung von Wirkstoffen und Arzneimitteln bei Gentherapeutika wird allerdings für notwendig gehalten. Für die Herstellung der Gentherapeutika, die Zulassung und die Überwachung gelten die Vorschriften des Arzneimittelrechts. Die Herstellung unterliegt in jedem Fall einer Anzeigepflicht und, soweit eine Abgabe an andere erfolgt, zusätzlich einer Erlaubnispflicht. Den Besonderheiten der somatischen Gentherpie soll durch Anpassung des § 15 AMG, der den Nachweis der erforderlichen Sachkenntnis für die Herstellungserlaubnis regelt, Rechnung getragen werden[251]. Als Fertigarzneimittel dürfen Gentherapeutika nur nach Zulassung durch die zuständige Bundesoberbehörde in Verkehr gebracht werden.

Die Anwendung für nicht zugelassene gentherapeutische Arzneimittel ist nach dem Abschlußbericht der Bund-Länder-Arbeitsgruppe grundsätzlich als klinische Prüfung einzustufen[252]. Die somatische Gentherapie ist in diesem Fall durch die §§ 40 bis 42 AMG normiert. Wesentliche Voraussetzungen sind danach u. a. der Arztvorbehalt, die Qualitätssicherung des Gentherapeutikums sowie dessen Wirksamkeit und Unbedenklichkeit für den Patienten, Dritte und die Umwelt. Der Prüfplan ist der zuständigen Ethikkommission vorzulegen. Ein Klarstellungsbedürfnis besteht hier allerdings bezüglich der gemäß § 40 Abs. 1 Nr. 8 AMG erforderlichen Patientenversicherung: In den derzeit geltenden »Allgemeinen Versicherungsbedingungen für klinische Prüfungen von Arzneimitteln« sind Leistungen für »genetische Schäden« gerade ausgenommen, so daß in jedem Fall eine Individualabrede erforderlich wäre, um

---

[249] Geklärt werden muß, inwieweit z. B. bei Ex-vivo-Verfahren das Vektorkonstrukt lediglich einen Wirkstoff im Sinne von § 4 Abs. 19 AMG darstellt. Siehe dazu den Abschlußbericht der Bund-Länder-Arbeitsgruppe »Somatische Gentherapie« (o. Fn. 246), S. 3 (Zusammenfassung der Aussagen und Empfehlungen); *Vesting*, Somatische Gentherapie – Regelung und Regelungsbedarf in Deutschland, 1997, S. 59 f.

[250] Kritisch dazu *Möller*, Die rechtliche Zulässigkeit der Gentherapie, in: Hallek/Winnacker (Hrsg.), Ethische und juristische Aspekte der Gentherapie, München 1999, S. 27 (48 f.).

[251] Abschlußbericht der Bund-Länder-Arbeitsgruppe »Somatische Gentherapie« (o. Fn. 246), S. 3 (Zusammenfassung der Aussagen und Empfehlungen).

[252] Eine klinische Prüfung im Sinne des Gesetzes soll auch der individuelle Heilversuch darstellen, der beim heutigen Wissensstand in jedem Fall über den Einzelfall hinausgehende Erkenntnisse verspreche (Abschlußbericht der Bund-Länder-Arbeitsgruppe »Somatische Gentherapie« (o. Fn. 246), S. 101).

ein angemessenes Verhältnis von Versicherungsumfang und den mit der somatischen Gentherapie verbundenen Risiken zu gewährleisten[253].

Die Beurteilung der Zulässigkeit von klinischen Versuchen mit somatischem Gentransfer ist darüber hinaus Gegenstand der »Richtlinien zum Gentransfer in menschliche Körperzellen« der Bundesärzekammer vom 20. Januar 1995, die detaillierte Vorschriften über die Vorbereitung, den Ablauf und die Vertretbarkeit der somatischen Gentherapie enthält. Diese darf danach nur auf schwere Krankheiten angewendet werden, insbesondere solche, die mit anderen Mitteln nicht heilbar sind und häufig tödlich verlaufen. Der verantwortliche Leiter des klinischen Versuchs muß ein approbierter Arzt sein. Das Vorhaben ist von der zuständigen Ethikkommission zu begutachten. Selbstverständlich müssen die betroffenen Patienten beziehungsweise ihre gesetzlichen Vertreter nach ausführlicher und verständlicher Aufklärung in den Versuch eingewilligt haben. Zudem verlangen die Richtlinien einen angemessenen Versicherungsschutz für die behandelte Person, für den der Leiter des Versuchsvorhabens Sorge zu tragen hat. Nach Auffassung der Bund-Länder-Arbeitsgruppe sind die Richtlinien der Bundesärztekammer über klinische Studien hinaus bei *jeder* Anwendung der somatischen Gentherapie zu beachten, und zwar entweder nach Umsetzung durch die Landesärztekammern oder, soweit eine Umsetzung nicht erfolgt, als Standard ärztlicher Berufsausübung[254]. Eine entsprechende ausdrückliche Klarstellung in den Richtlinien wird angeregt[255]. Nach den Richtlinien der Bundesärztekammer ist der Anwendungsbereich der somatischen Gentherapie enger begrenzt als in Art. 13 MRB: Danach darf die somatische Gentherapie zu präventiven, diagnostischen oder therapeutischen Zwecken durchgeführt werden. Nach dem erläuternden Bericht ist zwar jede genetische Intervention untersagt, die nicht Krankheit oder Leiden zum Anlaß hat. Nicht verlangt wird jedoch der Einsatz als ultima ratio bei einer schweren, häufig letal verlaufenden Krankheit.

Das Gentechnikgesetz ist auf die somatische Gentherapie nur teilweise anwendbar. Es gilt insbesondere nicht für die Anwendung gentechnisch veränderter Organismen am Menschen (§ 2 Abs. 2 GenTG). Die Behandlung eines Patienten mit gentechnisch veränderten Zellen oder der unmittelbare Gentransfer mittels Injektion werden somit nicht vom Geltungsbereich des

[253] Vgl. dazu *Möller*, Die rechtliche Zulässigkeit der Gentherapie, in: Hallek/Winnacker (Hrsg.) (o. Fn. 250), S. 27 (51).

[254] Abschlußbericht der Bund-Länder-Arbeitsgruppe »Somatische Gentherapie« (o. Fn. 246), S. 131.

[255] Teilweise wird allerdings die Wirksamkeit der Richtlinien im Hinblick auf die Wesentlichkeitstheorie und die Kompetenzkollision mit dem Bundesarzneimittelrecht bezweifelt: *Möller*, Die rechtliche Zulässigkeit der Gentherapie, in: Hallek/Winnacker (Hrsg.) (o. Fn. 250), S. 27 (52).

Gesetzes erfaßt[256]. Der Anmelde- oder Genehmigungspflicht gemäß §§ 8 ff. GenTG unterliegen dagegen die gentechnischen Vorarbeiten im Labor, d. h. die Manipulation der menschlichen Zellen in vitro[257]. Umstritten ist, ob die eigentliche Anwendung am Menschen schon an der Tür zum Behandlungszimmer oder erst mit der Applikation beginnt. Im letzteren Fall wäre der Behandlungsraum als gentechnische Anlage anzumelden bzw. genehmigen zu lassen, was den realen Bedürfnissen nicht entsprechen dürfte. Medizinische Einrichtungen sollen bereits nach dem Willen des Gesetzgebers vom Anwendungsbereich des Gentechnikgesetzes ausgenommen sein[258].

F. Schlußfolgerung

Zusammenfassend ist zu sagen, dass keine juristischen Bedenken gegen einen Beitritt Deutschlands zum Menschenrechtsübereinkommen bestehen. Die Menschenrechtskonvention gewährleistet nur einen Mindestschutz. In den wesentlichen Bestimmungen entspricht das deutsche Recht diesem Mindeststandard, in manchen Punkten bieten die deutschen Regelungen einen weitergehenden Schutz. Eine Absenkung des Schutzstandards ist aber nicht zu befürchten, da Art 27 MRB den Mitgliedsstaaten ausdrücklich höhere Schutzstandards erlaubt[259]. Deutschland sollte daher dem Abkommen beitreten, um die weitere Entwicklung der Konvention als Mitglied begleiten zu können.

---

[256] *Möller*, in: Hallek/Winnacker (o. Fn. 250), S. 27 (48); *Wagner/Morsey*, NJW 1998, 1565 (1568).

[257] *Vesting*, Somatische Gentherapie (o. Fn. 249), S. 149 f.

[258] *Vesting*, a. a. O., S. 150; *Herdegen* in: Eberbach/Lange/Ronellenfitsch (Hrsg.), Recht der Gentechnik und Biomedizin (o. Fn. 243), § 2 GenTG, Rdnr. 30.

[259] Taupitz, in Honnefelder/Taupitz/Winter, Das Übereinkommen über Menschenrechte und Biomedizin (o. Fn. 3), S. 20.

DK – Country Report Denmark

Dr. Ulla Hybel

Aarhus Universitet

Foreword

The following report was submitted in July 2000. According to my conclusion there was at that time a need for a more detailed protection in Danish legislation on this matter, especially concerning the group of experimental subjects who are not themselves able to consent.

On December 1, 2000, Government Order No. 935 on Informed Consent Involving Experimental Subjects in Biomedical Research came into force. At the same time Guidance No. 161 on Informed Consent Involving Experimental Subjects in Biomedical Research and the Submission and Assessment of Biomedical Research Projects in the Ethical Review Committees together with Guidance on Biomedical Research Projects, November 2000, were issued.

These documents were drawn up in the light of the Danish ratification of Convention on Human Rights and Biomedicine and comply with the above mentioned conclusion in my report. The documents mentioned above are not incorporated in the report.

A. Introduction

A substantial part of biomedical research is based on human beings and human material. The fact that human beings form part of the research material entails various problems because of the special protection status of human life.

In the legislative material to the Danish act on biomedical research it is stated as a main principle, that the consideration for patients and healthy experimental subjects and their safety is most important. In addition to this, it must be ensured that the projects are of an adequate quality (i.e. that its purpose and methodology meet the sound scientific standard requirements). These principles can also be found in the Convention for the Protection of Human Rights and Dignity of the Human Being with Regard to the Application of Biology and Medicine (Convention on Human Rights and Biomedicine) from 1996, which in article 2 states that the "interest and welfare of human beings shall prevail over the sole interest of society or science". It is thus an indispensable principle that human beings can never be used only as a means, but must always itself be the goal.

B. Legal Protection

The primary act in Denmark on the participation of human subjects in biomedical research is the Ethical Review Committee and Biomedical Research Projects Act (the Committee Act) from 1992[1]. In case the project consists of testing pharmaceuticals, also the Medicine Act will be of importance. Certain rules apply to certain groups of experimental subjects. For patients suffering from psychiatric diseases the Act on Confinement and Other Constraint in Psychiatric Treatment shall be taken into consideration. Special rules also apply for corpses, where the Inquest, Autopsy and Transplantation Act sets certain restrictions on research conducted on deceased persons. Also the Act on Artificial Fertilization puts limits to biomedical research.

According to section 1 the aim of the Committee Act is to establish a legal framework for the ethical evaluation of biomedical research projects. The task of the ethical review system is to secure the protection of the experimental subjects participating in biomedical research projects, while possibilities for developing new valuable knowledge are created.

The Committee Act is based on a sharp distinction between research and treatment. The act governs biomedical research projects but not medical treatment or diagnostics, which have no research aims. The focus of the act is solely on *research*. In the legislative material of the Committee Act, research is defined as: "... planned activities the purpose of which is systematic acquisition of knowledge of pathogenesis, prevention, diagnostics and treatment of diseases. The activities must be planned and their purpose must be systematic acquisition of knowledge". Research aims at acquisition of knowledge which applies to situations other than the one in which it is acquired, and it must be possible for others to evaluate the way in which it has been acquired. Whether the knowledge searched for has already been the object of systematic scientific testings, is of no consequence, as it is the subjective aim that is decisive.

The concept of research, thus forms a contrast to that of *treatment* where the individual patient is in focus. The purpose of treatment is primarily to improve the condition of the individual patient through an unveiling of the pathological picture followed by an adequate medical treatment. In the legislative material to the Committee Act it is stated: "... this is what separates research from prophylactic, diagnostics and therapeutic methods used in specific situations or in relation to specific individuals/patients, where the sole

[1] Most recently: Government Order no. 69 of 8. January 1999.

purpose is to improve the quality of life of these persons." In other words, it is the purpose of a treatment or an operation that decides whether it is characterised as treatment or research.

Furthermore, treatment is characterised by the fact that its effect, to a certain extent, is predictable, just as possible side effects will be welldocumented through empirical observations. If a treatment is in the nature of an experiment then its effect will not be predictable to the same extent, and subsequently the risk and the uncertainty will be increased compared to a normal medical treatment. Falling outside of the scope of the Act is treatment, experimental treatment included, in those cases where the physician has no other aim than to try out an untraditional treatment on one individual or maybe a group of patients hoping for a better treatment result. It is to this distinction that most of the uncertainty is attached, especially the question of what exactly the terminology covers. In the legislative material it is stated that in those cases where the treating physician, strictly for the purpose of treatment, and in the interest of the patient, tries out a new kind of treatment hoping to obtain a better result, this must be termed test treatment or experimental treatment. The essential and decisive factor is thus, whether the physician's purpose is research (a wish to acquire knowledge which can be generalized) or treatment (a wish to obtain an improvement in the condition of a specific patient) through the treatment he chooses for the patient. According to this definition approaches that can be categorised as treatment are not covered by the act. This is so regardless of whether it concerns one single patient or a group of patients.

Neither the so called *quality control* (or follow-up study) is covered by the Committee Act. The reason for this must be found in the lack of ethical aspects in for instance a continuous registration of the complication frequency of a treatment or the side effects of a medication. In these situations the aim of such a registration is a product- or quality control, and not a search for new knowledge.

The clearcut distinction between treatment and research in the Committee Act - research shall be submitted to the ethical review committees, treatment shall not - has raised a good deal of discussion. It has been discussed whether its limitation answers the purpose. A common feature in research, experimental treatment and quality control is that they all share the characteristics of research, in the sense that there is an increased uncertainty, and thus an increased risk to the individuals who put their bodies at stake. It applies both to research, experimental treatment and quality control that the result of the treatment is less predictable than normally, and seen on this background it can be claimed that there is a need for a prior, impartial review authority in all these cases. Furthermore, it will often be uncertain for the patients whether they participate in a research project or an experimental treatment, as the term "experiment" is used in both cases. The distinction between research and either experimental treatment or quality control can in fact be difficult to decide, and there will often be uncertainties as to what category the testing may belong[2]. This alone makes the distinction problematic, as it can entail uncertainty for both researchers and committees as well as create an evasion risk. On the other hand, the ethical committees first and foremost appraise the ethical aspects, including the appraisal of whether a project is justifiable. When it comes to aspects which relate solely to treatment, it goes outside the strict ethical sphere. Besides, it cannot be claimed that no assessments are made in cases that do not fall within the committees' authority. All medical treatment, regardless of whether it is termed research, treatment or follow up studies, is covered by the rules of the Act on Practising Medicine, governing all medical treatment (to be performed with diligence and conscience). No plans aiming at an extension of the scope of the Committee Act seems to be at present.

The aim of the ethical committee system is to protect experimental subjects who voluntarily participate in biomedical research. According to the legislative material to section 1 of the Committee Act, the term "experimental subject" is to be understood in the widest possible sense, and to be applied whether the research project is carried out on live born human individuals, embryos, foetuses, gametes intended for fertilization, or on deceased human subjects. Experimental subjects protected by the act are thus human life in all possible circumstances.

Projects applied by the submission duty are, according to section 6(1)(i-iv) all projects carried out on:

1) live born human individuals,
2) human gametes intended to be used for fertilization, fertilized human ova, embryos, foetuses,
3) tissue, cells and genes from human subjects, foetuses and the like and
4) deceased persons.

Research projects of which this kind of research constitutes a substantial part shall be submitted. (section 6(2))[3].

It should be noted that the act does not distinguish between healthy experimental subjects (i.e. persons who do not suffer from a disease or persons who suffer from a disease which is irrelevant to the research project) and sick experimental subjects (persons who participate in a research project that aims at improving diagnostics, treatment etc. of the disease these patients

[2] For this reason the National Board of Health has published "Guidelines on introducing new kinds of treatment in the health sector" of 2 July 1999.

[3] Special rules govern projects based on questionnaire and registers containing data on biomedical aspects. These rules will not be discussed here.

suffer from). The legal status for experimental subjects in relation to the Committee Act is the same, regardless of what category they belong to.

According to section 6(1) of the Committee Act "all biomedical research projects" shall be submitted. The focus of the act is on the research *object* - the biomedical research. The researcher's educational background is of no importance. In principle, it is of no consequence whether the research is carried out by a physician, a psychologist, a sociologist, a nurse or a counsellor. The important thing is whether the project is biomedical. *Where* the research is carried out has no influence on the submission duty, whether it is at a public hospital, at a university, in a medical or dental clinic or in a private company.

C. The ethical review committees

According to the Convention on Human Rights and Biomedicine all research projects must be approved by a competent authority after an impartial and interdisciplinary assessment. This requirement is implemented in the Danish legislation.

In the beginning of the 1980's the establishment of the Danish ethical review committee system began. The basis for the activity of the committees was, first and foremost, the Helsinki Declaration II. On October 1, 1992 the Committee Act came into force, making the committees a statutory part of the Danish legislation. This meant that researchers were now obliged to submit all research projects which included human subjects or human materials to a committee.

According to the minister's explanatory notes in connection with introducing the Bill, there were several reasons for wanting the old system, based on agreements, replaced with a statutory prescription. One of these reasons was the need for having clarified the authorities and responsibilities of the committees within the health sector in general, and the web of authorities with whom the committee system did and does cooperate. In addition to this there was a wish to strengthen both the layman element in the committees as well as the committees' control function, expanding their authority to cover not only the initial phase but also to check up on the projects. Finally, it was also concluded that in order to clarify the legal position of experimental subjects the principles for the committee's evaluation of research projects should be laid down by law. Now submission to the committee's became a duty to the researchers, and the area to which this duty applies has been extended compared with the Helsinki-declaration, in as much as the Committee Act also includes research projects on deceased persons and on human life from conception to birth.

Today there are 7 regional and 1 central ethical review committee. The composition of both the regional committees and the central committee appears from sections 3 and 4 of the act. According to section 3 a regional committee consists of at least 7 members, of whom the 3 are active researchers, and 4 members are laymen. Thus laymen constitute the majority in the regional committees. The Central Ethical Review Committee is set up in pursuance of section 4 by the Minister of Research. The committee consists of 2 members nominated by each of the regional committees, and 2 members nominated by the Minister of Research and 2 members by the Minister of Health. Among the members nominated by the regional committees, one of the specialist members and one of the laymen are selected. One member appointed by the Minister of Research shall represent national research interests. The second member plus the two members appointed by the Minister of Health shall represent general public informative, cultural and social interests of importance for the activities of the Central Committee. These members must not be members of a municipal or count council or be a member of Parliament.

When a researcher wants to carry out a project which includes biomedical elements, he shall submit the protocol of the project to the regional committee within the area where he works. This appears from section 6(1) of the act. Although the project has been submitted it may not be initiated before the ethical review committee has made an ethical evaluation of the project and has approved of their being initiated, cf. section 7(1)(i). If a project is initiated before permission is granted, fines or imprisonment sanctions can be imposed, cf. section 17. In certain cases a submitted project has to be passed on to the Central Committee before permission can be granted. This will be the case both when the regional committee is unable to reach an agreement, and when a project raises principle questions, cf. section 7(4) of the act.

If the experiment involves a clinical test of pharmaceuticals there is a double obligation to notify the project before it may be initiated. With regard to the Committee Act the project must go through the normal notification procedure, i.e. it must be submitted to the regional committee within the area where the person responsible for the project works. The final permission, however, is not granted by the regional committee, in as much as the National Board of Medication shall also appraise the project. The regional committee to which the project is notified makes a report on the ethical aspects to the National Board of Medication, which then grants the final approval of the project, cf. section 7(3) of the Committee Act.

D. The ethical review

The purpose of the ethical review committees was primarily to create a forum where representatives from both the researchers and the society in general could discuss and refine the ethical research principles and evaluate the submitted research projects in accordance with these principles.

In its evaluation the ethical review committee takes a variety of aspects into consideration, including medical, ethical and social aspects. The regional committees shall in particular ensure the observance of general principle requirements of all biomedical research projects laid down in section 8 of the Committee Act. First of all, the task of the committees is to protect healthy experiment subjects, patients and others who participate in research projects. In section 8 two general principles are laid down - a risk weighing requirement and a requirement of informed consent from the participants. Next, the committees are to make sure that the projects meet the required scientific quality level, i.e. they meet the requirements of good scientific standard both in terms of purpose and methodic.

I. Weighing of risk

The acquisition of new knowledge within the field of medicine is in principle based on something untested being tested on human subjects. This, unavoidably, entails a built-in risk for the subject participating in the research project - a risk which may be more or less severe.

Before a project may be approved the ethical review committee shall ensure that the "risks that might be connected with implementation of a project, have been meticulously judged and that they not in themselves or in relation to the foreseeable advantages of the project have an unjustifiable magnitude", cf. section 8(1)(i). The fact that risks are to be assessed in themselves entails that no experimental subject must be put at a risk which exceeds that of the disease itself. Furthermore, the provision prescribes that the risk also be assessed relatively, i.e. in relation to the foreseeable advantages of the project for the experimental subjects. According to article 16(ii) of the Convention on Human Rights and Biomedicine "the risk which may be incurred" by a person must not be "disproportionate to the potential benefit of the research."

It is difficult judicially to define the extent of an acceptable risk any further. According to the legislative material an outer limit will be that healthy experimental subjects may only be exposed to risks which can be characterized as minimal[4]. Where the patient is incapable of receiving information and of giving consent the expected benefits for the patient must be very large in order to justify a risk which corresponds to that which is acceptable in relation to legally competent patients. The appraisal of the ethical review committee

[4]In Statutory Order no. 765 of 6 October 1999 on Xray treatment equipment for the treatment of patients chapter 14 lays down detailed rules on biomedical research projects in which X-ray is applied, e.g. X-ray treatment of healthy experimental subjects is not allowed according to section 85.

(and possibly the National Board of Medication) must ensure an adequate balance in each case. At the one end of the scale there is no risk at all, at the other end is a risk so large that it is directly threatening to the well-being of the experimental subject. The limit is to be found somewhere on this scale as the researcher may under no circumstances risk the well-being of the subject. Thus, a researcher is never allowed to jeopardise the welfare of an experimental subject in the interest of research.

II. Informed consent

Respect for human integrity and dignity is closely connected with the idea of the autonomy of the individual human being - that each individual has a right to decide over his own life and body. A fundamental principle connected to including human subjects in biomedical research is that an informed consent to participating be obtained in advance. The experimental subject's consent must be based on sufficient information and be an expression of that person's free will.

In its appraisal of a submitted biomedical research project the ethical review committee is, according to the act, to ensure that the informed consent requirement is observed. The requirements are laid down in section 8(1)(ii) of the Committee Act according to which patients and healthy experimental subjects who participate in a project must be informed orally and in writing about the contents of the project, its foreseeable risks and benefits, and that their free and explicit consent is obtained and given in writing This corresponds with the requirements in article 5 of the Convention on Human Rights and Biomedicine.

III. Scientific necessity and quality

The demand that a research project must be valuable to society, is stated in the Nürnberg-code as a fundamental precondition for considering scientific experiments carried out on human beings as ethically acceptable. In the Nürnberg-code it is stated that the nature of an experiment must be such that it can contribute with fruitful findings beneficial to society and that these findings cannot be acquired using an alternative experimental method or -means (i.e. without human beings). According to the Convention on Human Rights and Biomedicine it is a precondition that "there is no alternative of comparable effectiveness to research on humans" (article 16(i)).

In consequence of this principle the ethical review shall also include the scientific content and methodic of the project. One aspect which the act obliges the committee to ensure is thus that "the project according to its aim and as regards its methodology represents good scientific standards, besides the existence of sufficient reasons for carrying through the project.", cf. section 8(1)(vi).

The explanatory notes of the act give as examples that obligatory experiments on animals have been carried out, and the necessity that the project be performed on human beings or human material as referred to in the project submission. Furthermore the submitted project must have a valuable aim. That is, it must be able to contribute to the advancements of new, relevant knowledge. The requirements to be met by the concrete research project are in accordance with the words and the aim of the act both that carrying through the project in question is in the interest of the society, i.e. there has to be an element of something new, and also that the examination cannot be carried through in any other way by either laboratory research or animal research.

E. Biomedical research on competent adults

The consent of the experimental subject is mandatory. Thus, according to Danish Law a researcher can never make an adult, competent person part of a research project without that person's acceptance[5], and the consent must explicitly concern a particular project. According to section 8(1)(ii) of the Committee Act the consent of the experimental subject must be given freely and in an explicitly written form. Thus, an oral consent is not sufficient for participation. The voluntariness requirement is, when it comes to research projects, an important aspect, and the committee is thus to ensure, that a possible economic compensation for participating is not of such a size that it may influence the one giving his consent in an unduly way. Based on the voluntariness requirement it has also been discussed whether certain groups of people should in advance be excluded from participating. The question is relevant in relation to imprisoned persons for example. These considerations, though, have not had any legislative results and the only group who, as such, based on the voluntariness requirement, is excluded by law from participating in research projects is those who are put under mental restraint. This group is excluded in consequence of the Psychiatry Act[6].

A consent can at any time freely be withdrawn. Thus, the researcher cannot keep a participant to his consent in case he no longer wants to participate in the research project. No formal requirements have been established as to

[5] With the modification that projects based on questionnaire and registers are only to be reported to a regional committee in case the project constitutes a substantial element of biomedical research or forms part of such a project, and if said project presents a health risk or in any other way can put a strain on the experimental subject in question, cf. section 6(3) of the act.

[6] Section 23.

how to withdraw a consent, therefore, a consent can be withdrawn orally, or even expressed through action.

Full information is required. The information must be given both in writing and orally and it must cover the content of the project plus foreseeable risks and advantages. It must be stated explicitly that the consent can at any time be withdrawn, and furthermore, it must also be explicitly stated in the written material what economical support the researcher has obtained from private companies, funds etc. for carrying out that particular research project, and whether the researcher in general is financially connected to private companies, funds or the like with interests in that particular project. The requirement of full information cannot be exempted from, regardless of whether the researcher finds it expedient to conceal certain pieces of information either with regard to difficulties by carrying out the project or because he finds that the patients will not be able to cope with full information about the project and the expected results. If the physician in charge finds that a particular patient will not be able to cope with this kind of information (e.g. survival rates), or that the patient does not want detailed information, the physician can choose not to include that patient in the project. In this case the patient shall instead be offered the traditional treatment. A prior assumption of this kind concerning all the potential participants is not acceptable.

F. Biomedical research on adults without the capacity to consent

Not everyone is capable of entering into a legally valid agreement on participation in a research project. If the requirement that only the individual person himself can allow that his personal integrity is interfered with for research purposes is insisted upon, this will mean that research which has incompetent subjects as its target group cannot be allowed. According to section 8(1)(iii) of the Committee Act, consent, in cases where the project is carried out under circumstances where consent from the experimental subject himself is impossible, can be given by next of kin or possibly by a guardian. The consent requirement is, thus, maintained in this situation, but a substitute consent is legally accepted. Arguments both for and against the expediency of such a system can be made. One can take the position that if the experimental subject is not capable of making a decision on participating himself, participation should not be considered at all. Naturally, this attitude would mean that research in a number of diseases would come to a standstill, because persons suffering from these diseases would, per definition, be incompetent, e.g. severely demented patients. The development of knowledge of this kind of diseases, too, is of vital importance, and it has therefore been accepted - both before, and also after adopting the current act - that, when obtaining consent from the experimental subject himself is impossible, consent by proxy is sufficient for carrying through biomedical research.

Crucial for whether a person can be regarded competent in a research situation is whether that person is capable of understanding the information and the consequences of participating. If the experimental subject is found competent he may enter into such an agreement on his own, as the capacity of next of kin or guardian is always subsidiary regarding agreements on personal matters. Pursuant to the wording of the act, surrogate decision making only becomes an issue in cases where it is not at all possible that the experimental subject himself can make the decision. Consequently, an experimental subject is to be included as far as possible. Even if an experimental subject must be considered incompetent regarding the decision whether to be included in research, and thus not capable of making a decision, an eventual protest from the patient is always to be observed. The voluntariness requirement in research participation is absolute, also when it comes to incompetent persons.

The group of people who are authorized to make the decision on an incompetent participant's behalf is "next of kin or guardian, in case a guardian is appointed in pursuance of the Act on Guardianship section 5, regarding personal matters, the authority to consent to participation in biomedical research projects included ", cf. section 8(1),(3),(4) of the Committee Act. As a guardian will only rarely have this kind of authorization, it is primarily the next of kin's authority to consent which is of interest. The Committee Act does not define specifically who belongs to this group. In connection with a revision of the Committee Act in 1997 an appointed committee discussed the delimitation of the concept "next of kin". The committee stressed[7] that kinship alone was not enough, and that importance should also be attached to the closeness of a relationship. The main consideration should, thus, be that the person who consent is acting solely in the interest of the incompetent person. It can be added that in special circumstances this could be a close friend. The Committee Act uses the term "next of kin", which, as point of departure, must be defined as a relative. I can only agree with the above mentioned consideration of the committee, and based on that consideration it must be assumed that a cohabiting partner will on a par with a spouse look after the incompetent person's best interest under such circumstances - at least if the cohabitation has lasted for a number of years and is stable. In my opinion, the question is, however, whether a close friend can consent to the participation of an incompetent person in a research project. Is the incompetent experimental subject a living person there are decisive considerations to be made. In addition to this, it is uncertain whether participating will give the participant any benefits. Based on these circumstances the Committee Act does, in my opinion, not establish a sufficiently clear basis for authorising that a close friend or acquaintance of the patient can consent to research

[7]Report no. 1335, 1997, Informed Consent in Connection with Research, p. 98.

participation. After all a research situation does differ substantially from an ordinary treatment situation where focus is on the individual patient. Is the experimental subject dead, there are not quite the same considerations to be made, and a consent given by a close friend may, depending on the circumstances, be sufficient in this case. In case the relatives disagree on the research participation question, participation should be avoided.

A consent by proxy is mandatory. The physician cannot let an incompetent patient take part in a research project without the explicit consent from next of kin or guardian. This is so regardless of the nature of the treatment, also in case it is a project regarding lifesaving treatment, such as the treatment of acute heart failure. In a situation like that the physician is allowed to treat the unconscious patient without consent, but not let the patient be part of an experiment without the consent of the relatives. The consent requirement from next of kin or guardian is also mandatory when research is carried out on deceased persons, research on embryos etc. It is, thus, according to Danish law not allowed to include any kind of human life in biomedical experiments without consent.

G. Biomedical research on children and young persons without the capacity to consent

As far as participation of children in biomedical research is concerned, it must be clarified, first, the authority of the custodial parents, and next, to what extent the minor himself can, or shall, participate in making the decision. Children and adolescents under the age of 18 are under parental custody, this appears from section 1 of the Act on Parental Custody and Visitation Rights. In order for a minor to be capable of making an independent decision of importance on personal matters special statutory is required. Such an authority is for those between the ages of 15 to 17 years old, laid down in the Act on the Rights of Patients, which governs the legal position of patients in connection with treatment and care within the health sector. This Act however only concerns treatment questions. In the Committee Act, which is the primary act on research questions, it is stated that consent by proxy must be obtained in cases where informed consent from the experimental subject himself is not possible. It is not likely that this statement should be interpreted to grant an independent decision capacity to a minor, but rather that a valid consent requires both competence and full age. Consequently, a child or adolescent under the age of 18 cannot enter into an agreement on research participation on their own. In order for such an agreement to be valid the consent of the custodial parent is required. Regarding the minor's participation in deciding on whether or not to participate, the Act on Patients' Rights establishes that a young person who has attained the age of 15 does have the competence to make decisions on treatment issues. Thus, when the minor is between 15 and 18 years old, the parents cannot on their own consent, because participation in a medical research project also requires that the rules of the Act on Patients' Rights be followed. According to the Act on Patients' Rights it is the parents who have the authorization to consent to medical treatment on the child's behalf, when the child is under 15 years of age, but according to the Committee Act the child must, to the largest possible extent, be consulted on the question of whether or not s/he wish to participate. No strict age limit has been established as for when the child's opinion must be heard, e.g. at 12 or 15, but what is instead important is whether the child has an understanding of the situation. If the child understands fully what is being consented to, consent from the child would not be impossible and, in my opinion, a consent from the parents alone would consequently not be enough in this case. According to the wording of the Committee Act consent shall (also) be obtained from the experimental subject to the extent that he is capable of understanding the situation. Should the child and the custodial parent disagree on the question, participation in the research project is out of the question.

H. Limits to the Consent by Proxy

The rules of the Committee Act do not delimit the area to which a consent by proxy to research participation can be given, that is the limits which may be set for the relatives' capacity to consent on somebody else's behalf.

If it is a question of an incompetent adult's participation in an experiment which may have a positive effect on the participant's disease or condition, the incompetent patient's best interest should be decisive for the guardian's authority. This follows from section 24 of the Act on Guardianship, according to which the guardian shall, within the boundaries of the guardianship, look after the best interest of the one placed under the guardianship. This is the main purpose of a guardianship. If the experimental subject is healthy, i.e. someone to whom participation will not offer any health benefits, the possibility for consent by proxy must be very limited. A question to be asked is therefore, whether participation in the project may at all be in the interest of the experimental subject, and in my opinion the point of departure should be that participation is not allowed if the experimental subject is not himself capable of making the decision as to whether or not to participate and if, furthermore, participation cannot in any way be expected to be to the benefit of the participant. Extraordinary reasons must be presented in order to deviate from this principle.

As with a normal treatment situation, the requirements of the Act on Practising Medicine must also be taken into consideration when it comes to research. When carrying out a research project the physician has at least the same obligations and responsibilities as when carrying out other medical tasks. During the whole process the physician must be diligent and conscientious and not incur the patient to any unnecessary risks.

With regard to the boundaries as to what parents can agree to on their children's behalf, the same considerations as those concerning incompetent adults will apply, as they are outlined above. Parents are first and foremost to look after the best interests of their children, and the Committee Act does not expand the parents' competence to consent to matters which are not in the child's best interest.

In article 17 the Convention on Human Rights and Biomedicine stipulates the conditions which are to be observed in order to carry out research on persons who are incapable of consenting. In comparison with the Danish Committee Act the provisions of the Convention are more detailed. For example, the Convention demands that research projects with comparable effects may not be carried out on persons who are capable of consenting (iii) and that the person in question has no objections to participating (v). These requirements are not enumerated in the Danish act. In practice such norms are observed, but they are not laid down in a binding form.

In a few areas research is not allowed regardless of whether the relatives consent to it or not. The reason may be that such research is in fact prohibited, or that the area of what can be allowed under the law is restricted. These areas will be closer examined in the following.

I. Patients suffering from psychiatric diseases

One of the most important ethical principles in research is to ensure that the decision to participate is made on a voluntary basis. It is especially in relation to severely ill patients, who naturally feel dependent on the treating physicians, that the problem is most pronounced, as it can be difficult for at patient in a situation like that to refuse the treatment suggested by the physician.

There are special rules when it comes to persons who are committed to a mental hospital because of their disease. In section 23(1) in the Psychiatry Act is laid down a ban against letting patients who are under mental restraint in accordance with the Psychiatry Act participate in experiments. That is, psychiatric patients who are under mental restraint cannot participate in research projects, not even if both the patient and the relatives consent to it. The Psychiatry Act makes this clear.

The reason for this provision is that these patients are strongly dependent on the physician. In the report which preceded the provision[8] a serious concern was expressed that some patients should (wrongly) get the impression that their treatment, including the prospect of increased freedom and an earlier discharge depended on whether they accepted to participate in experiments. It was found that it would be so difficult to ensure the voluntariness of the patient in this kind of situation that is was better to lay down a ban. This kind of protection is not found in the Convention on Human Rights and Biomedicine.

J. Research carried out on human gametes intended for insemination and fertilized human ova

There are certain restrictions on the latitude of research when a biomedical research project concerns fertilized human ova or human gametes intended for insemination. There are thus strict limitations for which project of this kind can at all be allowed. These legal limitations are laid down in articles 25(1) and 28 of the Act on Artificial Fertilization in Connection with Medical Treatment, Diagnostic and Research etc.[9].

According to section 28 it is not legal to carry out:

1. experiments intended to make possible the creation of genetically identical human individuals[10],
2. experiments intended to make possible the creation of human individuals by fusing genetically different embryos or parts of embryos before nidation in the womb,
3. experiments intended to make possible the creation of living human individuals, who are hybrids with a genetic constitution comprising components from different species,
4. experiments intended to make possible the development of a human individual in a uterus from a different species.

In the explanatory notes to these provisions it is mentioned that a ban against these kinds of experiments concerns ethically "clear" situations, i.e. situations where the experiment does not aim at improving diagnostics or treatment, and furthermore would clearly overstep the limits for what is ethically acceptable, insofar as the boundaries between individuals or species could be blurred.

[8] Report no. 1068, 1986: Principle Considerations on the Use of Force in Psychiatry.

[9] Act no. 460 of 10 June 1997.

[10] The provision does not cover all kind of cloning of cells, but aims only at cloning intended for the creation of a human being.

A partial ban is laid down in section 25 of the Act on Artificial Fertilization etc. According to this provision biomedical research on fertilized human ova and gametes intended for insemination is only allowed if the aim of the research is to improve in vitro-insemination or similar technics that aim at provoking pregnancy (section 1(1)), or if the research aims at improving technics for genetical examination of fertilized ova in order to detect serious hereditary diseases or major chromosome abnormalities (pre implantation diagnostic) (section 1(2)). It is not mentioned explicitly, neither in the provision nor in the explanatory notes, what diseases or chromosome abnormalities are "serious" or "major". The provision has to be seen in connection with section 7 of the act (which governs treatment), in pursuance of this section genetic examination of an fertilized ovum is only allowed in cases where there is a known and substantially increased risk that the child may inherit a serious disease. A genetic examination may also be made when fertilization is performed outside the woman's body, because of sterility, if such an examination can decide a possible major chromosome abnormality. The concepts "serious hereditary disease" and "major chromosome abnormality" are, in relation to section 7, to be understood in correspondence with the same concepts within the diagnostics of foetuses in the uterus[11]. Article 12 in the Convention on Human Rights and Biomedicine establishes the framework for the use of predictive genetic tests, insofar as such tests may only be made for health reasons or in connection with health research and on the condition of appropriate genetic counselling. According to the elaborating report the provision does not limit the access to carry out diagnostics on foetuses for the purpose of deciding whether a foetus carries a hereditary gene that will make the child seriously ill.

Harvesting and fertilization of ova with the intention of carrying through other studies than those mentioned above are not permitted, cf. section 25(2) of the act. Furthermore, it appears from section 2 that fertilization is not allowed unless it is to unite a genetically unmodified ovum cell with a genetically unmodified sperm cell.

Also when the research is of the above mentioned kind (that is, it stays within the limits of what is allowed) an evaluation by the ethical review committee will be required before it can be initiated. This appears explicitly from the Act on Artificial Fertilization, section 27(2). It means that the general research requirements, i.e. informed consent etc., are also to be observed in relation to this kind of research.

According to the Act on Artificial Fertilization etc., section 12, to sell, arrange a sale or in any other way participate in selling unfertilized or fertilized human ova, are prohibited. To donate unfertilized ova and semen for research

[11]See the National Board of Health's guidelines on prenatal genetic information, counselling and examination, 1994.

is permitted. Both the donor of ova and the donor of semen shall give their written consent to the donation. According to article 18(2) of the Convention on Human Rights and Biomedicine it is not permitted to create a human embryo for the sake of research only. As it must be assumed that the Danish legislation shall be interpreted in correspondence with the convention, it follows that only fertilized ova which are left over from treatment for childlessness or from a carried out pre implantation diagnostic may be used. This can also be deduced from section 5 of the Act on Artificial Fertilization which says that artificial fertilization may only be performed when the ovum stems from the woman who will eventually give birth to the child or the semen stems from her partner. According to section 16 of the act it is prohibited to bring unfertilized or fertilized human ova taken out in Denmark for the purpose of fertilization or research abroad (e.g. to countries with a more liberal attitude towards this kind of research).

A fertilized ovum must only be kept alive outside the womb of a woman 14 day from the time of fertilization (section 26). The further development of a human individual is not allowed to take place outside a woman's uterus (section 9). A further protection of the fertilized ovum is laid down in the rule saying that fertilized human ova that have been subject for biomedical research must only be inserted in a woman's womb if the fertilized ovum is genetically unmodified and if the previous research on a professionally estimate has not been damaging the ovum in its further development, cf. section 27(1) of the act. The main purpose of this provision is to ensure that children born as a result of artificial fertilization are healthy and no different than children born as a result of natural fertilization. The fact that the fertilized ovum, before being inserted, has been made the subject of biomedical research may not in any way mean changes in the abilities or the genome of the coming child.

According to article 14 of the Convention on Human Rights and Biomedicine the use of technics for fertilization which aims at choosing the gender of the child is not permitted, except in those cases where serious hereditary gender bound diseases are to be avoided. This provision is laid down in section 8 of the Act on Artificial Fertilization, where it is stated that it is not legal to select sperm cells or fertilized ova with regard to gender, unless this is done in order to prevent a serious, gender bound disease in the child.

K. Experiments carried out on foetuses[12]

Cells and tissue from aborted foetuses contain special biological advantages, and for several years they have been used for medical purposes. In recent

[12] In this account the term "foetus" is applied from the time when the fertilized ovum is embedded in the womb.

years there has been a substantial increase of possible uses of tissue from foetuses, primarily in consequence of the development within medical science and technology. Hand in hand with the development in biotechnology, the debate on what uses are ethically justifiable has intensified, and the question on the legal status of foetuses has come into focus. Research on foetuses and research which includes tissue from foetuses are covered by the Committee Act. This appears explicitly from section 6(1)(ii and iii).

I. Live foetuses in the womb

Research projects carried out on live foetuses, still in their mother's womb, shall be submitted to an ethical review committee. If the project gets permitted "next of kin's" informed consent is then required. As the intervention is made in the woman's body, it must be assumed that her consent will be enough.

On research which includes foetuses, the Minister of Health stated in connection with enacting the Committee Act: "Regard for the foetus/neonate is decisive of which type of research may be permitted on pregnant women/nursing mothers. At the same time the foetus/infant are entitled to special watchfulness as regards which types of research are permitted because they - like mentally disabled and larger children - are in the custody of others, i.e. are totally dependent on the care by others. Also in this case the general rule must be that only projects which hold benefits for the foetus/infant or for the mother, or the purpose of which is to study pregnancy (lactation) problems should be permitted - and only if the mother and the foetus are not exposed to major risks". These points of view do not appear in the binding guidelines.

II. Foetuses outside the womb (abortions)

A keen interest is directed at the use of aborted foetuses for research[13]. It is frequently discussed to what extent it is ethically correct and justifiable to use aborted foetuses for biomedical research and under what circumstances it may, if possible, be carried out. According to a pragmatic point of view it can be considered "waste" if a valuable research material which would be destroyed anyway could no longer be used for the kind of research which will be to the benefit of numerous patients. According to this point of view the life of the foetus is already wasted when the abortion is carried out and

[13] Cells from foetuses have a number of special characteristics which make them very well suited for various research purposes. They have a tremendous ability to continued growth and differentiating and are easy to cultivate. Besides being very like cells of born individuals they also have characteristics that are no longer present after birth.

the mother has determined that the foetus shall not develop into a child. Still others maintain that the foetus is a human life with a right of protection, and maybe even an increased protection because of its vulnerable state. Also respect for the biological mother and respect for the foetus' process of dying is stressed. Another point of view stresses the beneficial use of tissue from foetuses in order to improve life quality and freedom for the sick, living persons. Dead foetuses can no longer be damaged. Respect for the mother's integrity is ensured through her informed consent. The integrity of the foetus has already been violated when the abortion was performed and in this connection it is the mother's wish that is decisive.

A research project which includes aborted foetuses shall be submitted to an ethical review committee and the committee will then evaluate the ethical aspects of using foetuses. Also in this case written informed consent from next of kin shall be obtained before the project can be initiated. Undoubtedly, it must be the mother, as in the previous situation, who consents to using the aborted foetus tissue for research. It cannot be supposed that the father is also to consent.

With regard to aborted foetuses the protection interest is somewhat different in as much as such a foetus will never develop into a child. The mother does not have the same protection interest, and in both the Committee Act and the Transplantation Act rules are laid down to prevent profits through sale of foetuses. According to section 8(5) of the Committee Act it is up to the ethical review committee to approve a possible salary or any other kind of remuneration in return for participation in the project, and to control that it is not influencing the consenting improperly. According to section 20(3) of the Inquest, Autopsy and Transplantation Act any person who offers or receives payment or any other kind of economic advantage for removal or transplantation of tissue and other kinds of biological material for transplantation will be punished.

Danish legislation does not establish any special conditions for the use of tissue from foetuses for research, except for those requirements which are in general to be met by research. It is thus entirely up to the ethical review committees to evaluate the individual research projects which include this kind of material.

L. Biomedical research involving deceased subjects

The medical study of the dead human body has a long history. Thus attitudes towards the use of deceased human beings for research purposes, in contrast to for example the use of aborted foetuses, can be traced way back in time. Ecclesiastical attitudes towards the use of dead bodies for medical research has to a large extent influenced the general opinion on this matter in the various periods of time. But also today the predominant religious convictions of a given society is of importance to how the dead body is perceived, if it should be left intact, or if certain interventions are possible, and under which circumstances these interventions may be performed.

When a person dies, a number of legal problems occurs. First, the dead person ceases to be a legal subject, which among other things has the consequence that the deceased do no longer have the same legal protection, as living people have. This however does not mean that you can do anything you like with a dead body. As a dead person cannot be violated physically or psychologically, it is no longer a question of integrity, but instead a question of respect for the deceased. To require that the dead body be treated with respect is a basic principle in most societies today. To the dying awareness of this respect can be important. Knowing that, in general dead bodies are treated with respect, is important to many people, as it reassures them that also their own bodies will be treated respectfully after they are dead themselves. This way respect for the dead can be of importance to the psychological integrity of the living, as fear of what sort of things one's body will undergo after death can be a source of uneasiness and anxiety.

When it comes to biomedical research based on biological material from dead human beings the provisions of the Committee Act come into focus, in as much as such projects are also covered by the act with its demand for a previous permission. This appears from section 6(1)(iv). The consent requirement is also mandatory when research is carried out on dead bodies. Next of kin may consent on behalf of the deceased. There are no exceptions to the consent requirement laid down in the Committee Act.

When dead human beings are made the subject of medical intervention the Inquest, Autopsy and Transplantation Act must also be taken into consideration, as this act offers a certain protection of the deceased. A restraint on research can be found in section 16 of this act. According to section 16 (1) surgical interventions for research reasons are only allowed in connection with an autopsy or a transplantation unless the deceased himself after attaining the age of 18 has decided otherwise in a written statement. This rule does not allow a consent by proxy. An actual ban can be found in section 16 (2) of the same act according to which research is never to be performed on a brain dead person, i.e. a person whose brain functions have irreversibly stopped but whose breathing and blood circulation are still functioning. It makes no difference if the patient himself consented to it while still alive. There can be no doubt as to the fact that a physically well functioning body in medical research, especially in the testing of pharmaceuticals, would have a large range of applications - especially as the technological possibilities of artificially keeping the bodies of brain dead persons functioning for a longer period are increased. It would be possible to test medical side effects beyond what is now permitted for live experimental subjects because of the risks involved. Needless to say that this kind of testing is no longer possible when the blood circulation has ceased. A body still functioning could, furthermore, be used as a "bank" for e.g. tissue products or blood products, hormones or anti-substances against certain deceases. In Danish legislation the attitude is, cf. section 16(2), that the only purpose for which it is allowed to maintain the body functions of brain dead persons is transplantation. The kind of use described above is not wanted. Regardless of whether the deceased has himself accepted it when still alive.

M. Conclusion

The Committee Act has established the legal framework for carrying through biomedical research in Denmark. The fact that the ethical review committee system has been put into statutory form has meant an improvement of the experimental subject's legal position. Many questions are, however, still not clarified, especially questions about the extent of information, the participation of especially vulnerable groups and the use of consent by proxy.

A comparison between the provisions of the Convention on Human Rights and Biomedicine and the Danish legislation shows that the convention, in a limited number of cases, establishes a more detailed protection. The convention sets up in details the conditions for consent by proxy, e.g. a requirement that the experimental subject himself must have no objections against the project, and that the project be not carried out on persons who are capable of consenting. This kind of demands does not appear directly from the Danish legislation, only from practice. As far as patients suffering from psychiatric diseases are concerned Danish legislation offers a better protection than the convention does, likewise the convention does not take a direct stand on research carried out on deceased persons, brain dead included. Neither in the convention nor in the Danish legislation is there an established set of rules with regard to research carried out on foetuses or tissue from foetuses, and it can be discussed whether the general rules offer sufficient protection for the foetuses. In my opinion there is a need for at clarification of circumstances under which it is acceptable to use foetuses for research.

A lot of attention has been given to the biomedical field in recent years, and there is no doubt this will continue along with the biotechnological development, which in so many ways is now on a collision course without perception of what it is to be a human being.

Government Order of the Ethical review Committee and Biomedical Research Projects Act (extract)

(no. 69 of 8. January 1999)

Chapter 1

The Committee-system

S 1. The aim of the act is to establish a legal framework for the ethical evaluation of biomedical research projects.

(2) The task of the ethical review committee system is to secure the protection of research subjects, participating in biomedical research projects, while possibilities for developing new valuable knowledge are created.

S 2. The county councils appoint regional ethical review committees. A county council can appoint one or more committees within its geographical area. A committee may also be set up by more than one county council.

(2) The term county council includes the municipalities of Copenhagen and Frederiksberg.

S 3. A regional committee consists of at least 7 members, of whom the 3 are appointed by the Health Sciences' Research Council.

(2) If a county council finds that the activities of a regional committee, the number of projects or other reasons speak in favour of an increase, a committee can consist of 9, 11, 13 or 15 members. In committees with 9, 11, 13 or 15 members the number of member appointed by the Health Sciences' Research Council shall be 4, 5, 6 or 7 respectively.

(3) A regional committee elects its own chairman and deputy chairman from among the members appointed. The committee may elect two deputy chairmen.

(4) A regional committee works out its own bye-laws, which have to be approved by the Central Ethical Committee.

(5) The electoral period for committee members are four years, corresponding to the electoral period for members of county councils. Members may only be reappointed once.

S 4. The Minister of Research appoints the Central Ethical Review Committee. The committee consists of two members nominated by each of the regional committees as well as two members nominated by the Minister of Research and two members by the Minister of Health.

(2) Among the members nominated by the regional committees one is elected among the members, appointed by the Health Sciences' Research Council. The second is elected among the residual members.

(3) One of the members appointed by the Minister of Research shall represent national research interests. The other member as well as two members appointed by the Minster of Health shall represent educative, common cultural interests or social interests of importance for the activities of the Central committee. The said persons must not be members of a municipal council or the Danish Parliament.

(4) The committee elects its own chairman and a deputy chairman among the members appointed.

(5) The committee works out a proposal for bye-laws, to be approved by the Minister of Research.

(6) The electoral period for committee members is four years, corresponding to the electoral period of county councils. Members may only be reappointed once.

S 5. The Central Committee shall cooperate with the Danish Council of Ethics through meetings etc. Together the committee and the council shall work out current reports on principle ethical problems which they have discussed.

Chapter 2

Registration and permission

S 6. Every biomedical research project which includes research on:

1) live born human individuals
2) human gametes intented to be used for fertilization, fertilized human ova, embryos and foetuses.
3) tissues, cells and genetic material from human beings, foetuses and the like and
4) deceased persons

shall be submitted to the regional committee within the area, where the person responsible for the projects works.

(2) The same applies to research projects in which biomedical research as defined in (1) constitutes a substantial part of the total project.

(3) Projects based on questionnaire and registers shall be submitted to the regional committee only to the extent that biomedical research constitutes a substantial part of the project or the project is part of a project in which biomedical research constitutes a substantial part, and in case the project entails a health risk to the individual experimental subject or in any other way can become a strain to the experimental subject in question.

(4) The Central Committee may lay down rules for evaluating projects carried out by more than one research institution (multi centre research).

S 7. Projects covered by section 6 must not be initiated before an ethical appraisal has been made and the regional committee has approved of their being initiated. The regional committee and the Central Committee may require changes to be made in the project and may otherwise give advice and guidance concerning the project plan.

2) Project approved in accordance with(1) must not be initiated and carried through with substantial changes, without the permission of the committee.

3) Dealing with projects, of which a clinical test of pharmaceuticals is a part, and thus covered by the Medicines Act, the regional committee submits its report on the ethical review of the project to the National Board of Medication. The report shall be submitted no later than six weeks after the regional committee has concluded its appraisal. The National Board of Medication grants the final permission to initiate the project.

4) If the regional committee cannot reach an agreement on a project or if the project gives rise to principle questions, said project shall be submitted to the Central Committee, cf. section 11.

5) The committees shall consult experts in areas where they do not themselves have sufficient knowledge to assess the submitted projects.

Chapter 3

The tasks of the committee system

S 8. When appraising a project the committee will have to secure, that

i) the risks that might be connected with implementation of a project, have been meticulously judged and that they not in themselves or in relation to the foreseeable advantages of the project have an unjustifiable magnitude.

ii) the patients, or healthy subjects participating in the project will be informed orally and in writing about its content, foreseeable risks and advantages and that their free and explicit consent to participate will be obtained and given in writing, cf. however (3),

iii) where a project is carried through under circumstances that exclude information and attainment of consent in accordance with (2), the said information will be given to and consent obtained from next of kin or guardian if a guardianship has been established in accordance with section 5 of the Act on Guardianship, which covers personal matters, authority to consent to participation in biomedical research included,

iv) it is apparent from the information given that patients and healthy subjects, and next of kin or guardian who have consented in accordance with (3) may at any time withdraw the consent,

v) it is apparent from the written information what the researcher receives in terms of financial support from private companies, funds etc. in connection with carrying out the project in question and whether the researcher has any other connections to private companies, funds etc. with interests in the research project, and

vi) the project according to its aim and as regards its methodology represents good scientific standards, besides the existence of sufficient reasons for carrying through the project.

2) The Minister of Research may lay down rules regarding the provisions in section1, (1) to (5).

3) The committee may, in certain cases, decide that data research shall not be covered by the rule in section 1, (2) and (3) on informed consent.

4) The committee may require the researcher to submit all information necessary for the appraisal as described in section 1.

5) If research subjects receive a salary or other remuneration in return for their participation in the study, the committee will have to approve such remuneration and to control that it is not influencing the consenting improperly.

6) The Minister of Research may lay down detailed rules on section 4.

S 9. The committee controls that projects are carried through in accordance with the permission granted, cf. s 7.

(2) A committee can follow up individual projects and as a part of this follow-up demand, that the final scientific report or publication is submitted to the committee. If projects are not completed, the committee can demand that the person responsible for the project reports the reasons for the non-completion.

(3) Once a year the Central Ethical Review Committee shall make an account of one or more topics related to the committee's follow up on and control of permitted projects.

(4) The topic, or topics, for the annual account is agreed upon with the Minister of Research.

S 10. The committees follow the development in biomedical research and promote within their region the knowledge of ethical problems that might be related to such research.

S 11. The Central Committee has as its tasks to

i) coordinate the work of the regional committees and lay down guidelines and render advise in questions on ethical aspects of research.

ii) follow the development within biomedical research and promote the understanding of ethical problems created by the development, in relation to the public, the authorities etc. and

iii) appraise research projects submitted to the committee in accordance with section 7(4) and section 12

(2) If the Central Committee cannot reach an agreement on a project the committee can decide by simple majority provided that this majority is formed by a majority of members appointed on recommendation from both the Danish Research Council for Health sciences as well as a majority of members appointed to the Central Ethical Review Committee by others, cf. section 4(2).

(3) Decisions made by the Central Committee cannot be appealed to any other administrative authorities.

S 12. A researcher who has not obtained a regional committee's permission of initiating a project can submit the decision to the Central Committee. Similarly everyone having a particular interest in a project can submit it to the Central Committee.

S 13. The regional committees and the Central Committee shall publish an annual report containing a review of the committee's activities and practice during the previous year. In the annual reports essential ethical problems discussed by the committees shall be described, and an account shall be given to explain the outcome of essential cases. Finally, a list of all submitted projects shall be included.

Chapter 6

Penalty

S 17. Any person initiating a project against sections 6 and 7 shall be liable to fine or to imprisonment.

Act on the use of health data, etc, on the labour market

Part I

Purpose and scope of the Act

S 1. The purpose of the Act is to ensure that health data are not used wrongfully to limit the possibilities of employees for obtaining or maintaining employment. This shall apply irrespective of whether the data relate to genetic tests, ordinary examinations or come from any other sources.

(2) The Act shall apply to the use of health data on the labour market. However, the Act shall not apply to the extent that rules on the use of health data have been laid down by special legislation or by provisions issued on the basis of such legislation.

(3) In this Act requests for and collection of health data shall also be taken to mean the carrying out of examinations to the extent that these are requested in order to obtain the health data concerned.

Part II

Collection of data

S 2. In connection with recruitment or during an employment relationship an employer shall only be entitled to request health data to be provided for the purpose of ascertaining whether the employee is suffering from or has suffered from a disease or has or had symptoms of a disease will be of significant importance for the employee's capacity for work in the job function concerned, cf. however, sections 3 to 6.

(2) However, the employer may only request information, cf. subsection (1), of which the employees is not himself informed, if the conditions in connection with the work concerned specifically justify that such data should be provided.

(3) When requesting data under subsection (1) and (2) the employer shall inform the employee of the diseases or symptoms of diseases on which he seeks information.

(4) An employee shall not - in connection with recruitment or during an employment relationship - request, collect, receive or make use of health data for the purpose of ascertaining the employee's risk of developing or contracting diseases, cf. however, section 3.

S 3. An employer may offer that health data be collected for the purposes mentioned in section 2(1) and (4) if working environment conditions make it reasonable and appropriate to do so for considerations of the employee himself or other employees.

(2) Collection of data under subsection (1) shall be instrumental in the prevention of work conditioned diseases or improvements in the working environment legislation on examination methods and use of experts shall be correspondingly applicable.

(3) The employer shall notify the local working environment service before such examinations are carried out. The notification shall include detailed information on the examination, including its extent, method, etc. and on the persons assisting in and in charge of the examination. The examination may not take place until 4 weeks after the working environment service has received the notification.

(4) When a health examination takes place the employer shall –

1. give the person who carries out the examination the necessary information to be used in the connection
2. pay the cost in connection with the examination, and
3. ensure that the examination can take place without any loss of income for the employee and, if possible, during normal working hours.

(5) The director of the National Working Environment Service may decide that an examination should not be carried out or should be suspended if it does not satisfy the requirements laid down in subsection (2).

(6) An appeal may be brought against the decisions of the Director in accordance with the same rules as those applying to decisions under the Working Environment Act. However, an appeal shall not have suspensive effect in relation to the decision.

S 4. The Minister of Labour may - after having obtained the opinion of the Council mentioned in section 8 - permit that an employer arranges for data to be provided on whether the employee is suffering from a disease, has symptoms of a disease or may be carrier of an infectious disease, to the extent that this is necessary in the interest of

1. the safety and health of consumers or other persons
2. the external environment, or
3. other community interests.

(2) It is a condition for requesting health data that the interests concerned outweigh the interests of the employee and that it is not possible for the enterprise to take these interests into consideration in any other way.

(3) Health examinations shall be carried out by using the least radical method which will serve the purpose.

(4) Section 3(4) shall be correspondingly applicable.

S 5. An employer may arrange for provision of data on whether the employee is suffering from a disease, has symptoms of a disease or may be may be carrier an infectious disease when this is considered necessary for considerations of the operation of the enterprise, cf. however, subsection (2).

(2) It is a condition that the employer or the organisation of the employer concludes an agreement about this with the opposite employee organisation(s), cf. however, subsection (3)- The agreement shall be sent to the Minister of Labour for the purpose of information.

(3) In those cases where no agreement can be concluded according to subsection (2), the Minister of Labour may - after having obtained the opinion of the Council mentioned in section 8 - give permission to a request for provision of health data.

(4) Section 3(4) and section 4(2) shall be correspondingly applicable.

Part III

The employer's duty of disclosure

S 6. Before the recruitment the employee shall of his own free will or if questioned by the employer inform the latter whether he is cognizant of suffering from a disease or has symptoms of a disease which would be of significant importance for the employee's capacity to carry out the job function concerned.

S 7. If the employer should - on the basis on the data obtained by virtue of section 4 and section 5 - take special measures in connection with the work or make other dispositions, the employee shall ensure that the employer is informed hereof.

Part IV

The Council of Experts

S 8. The Minister of Labour shall set up a Council which shall submit opinions at the request of the Minister of Labour or on its own initiative in cases which are sent to the Minister in accordance with section 4(1) and section 5(2) and (3).

(2) The Minister of Labour shall appoint the chairperson of the Council. In addition to the chairperson, the Council shall be composed of 16 members to be appointed by the Minister of Labour at the recommendation of the following authorities and organisations:
1 representative of the Ministry of Labour
1 representative of the Working Environment Institute
1 representative of the Ethical Council
1 representative of the Directorate of the Working Environment Services
1 representative of the Directorate of the Business and Industry
1 representative of the Association of General Practitioners
1 representative of the Ministry of Justice
1 representative of the National Board of Health
1 representative of the Central Organisation of Professional Associations
1 representative of the Federation of Salaried Employees' and Public Servants' Organisations
1 representative of the Main Organisation of Managers
1 representative of the Federation of Danish Trade Unions
1 representative of the Danish Employers' Confederation
1 representative of the Ministry of Finance, the National Organisations of Municipal Authorities and the National Organisations of County Authorities, jointly
1 representative of the Association of Employers in the Finance Sector
1 representative of the Association of Employers in Agriculture

(3) The members shall be appointed for a term of 3 years at a time. They may be reappointed.

(4) The Council shall lay down its own rules of procedure.

Part V

Informed consent

S 9. Before an examination is carried out for the purposes mentioned in section 2(1) and (4), cf. section 3, the person who carries out the examination shall ensure that the employee has been informed in writing and orally about:

1. the purpose and nature of the examination
2. the examination method
3. any risks in connection with the examination
4. any consequences which the result of examination may have for the employee
5. the nature of the information which may result from the examination, including the degree of the risk of future diseases, etc.

6. the conditions for passing the data, cf. sections 7 and 11
7. follow-up to the examination, including notification of the employer
8. how the results of the examination will be stored
9. where warranted by the nature of the examination, also the possibility that the result of the examination may have an impact upon the expectations to life and self-opinion of the person examined.

(2) Before the examination is carried out, the employer shall ensure that the employee is informed about any possible consequences which a refusal to undergo the examination may have for the employee.

(3) The examination may only be carried out, if the employee has given his consent in writing. The employee shall be given a time limit of at least 2 working days for giving his consent after having been informed as mentioned in subsection (1).

(4) If an employee expresses a wish for restrictions in the data concerning the evaluation of the consequences which the results of the examination may have for the employee or if the examination will have an impact on the expectations of life and the self-opinion of the person examined, the person who informs the employee about the results and interpretation of the examination under section 10(4) shall respect such a wish.

Part VI

Experts

S 10. A request for the carrying out of an examination under section 2, 4 and 5 shall be made by the employee and at the employee's own choice either to the general practitioner normally used by the employee concerned to a similar expert in the occupational health service to which the enterprise may be attached.

(2) The person who receives the request shall involve the necessary and sufficiently qualified medical or other expertise, including occupational hygiene, clinical-chemical, genetic or biomedical expertise, both in connection with the actual examination as well as the interpretation of the clinical consequences of the examination.

(3) Any person who - on the basis of an examination - issues a certificate concerning an employee's state of health and risk of developing or contracting diseases shall at the same time give an evaluation which illustrates the degree of uncertainty in connection with the interpretation of such examinations.

(4) Certificates concerning the results of an examination shall be passed on to the employee of the person who received the request under subsection (1), cf. however, section)(4).

Part VII

Professional, secrecy, etc.

S 11. Physicians, clinics, laboratories, public authorities, etc. are not allowed to pass on health data covered by this Act to other persons that the person to whom the data relates, cf. however, section 2.

(2) However, passing on of the data mentioned in subsection

(3) may take place to the extent that this is necessary in order to serve the purpose. It is further a condition that the passing on of data -

(4) follows from another Act or provision issued on the basis of such acts

(5) takes place for research purposes with the consent of the person concerned, or

(6) is necessary to avoid risks of the type mentioned in section 4(1).

(7) The employer may not request or receive and use a power of authority to obtain health data.

Part VIII

Sanctions

S 12. Persons whose rights have been violated by infringements of the provisions laid down in section 2 and 9 may be awarded compensation.

S 13. Any person who acts in violation of section 2, section 3(3) or sections 9 to 11 will be liable to a fine, unless a more severe sanction applies under other legislation.

S 14. If the violation has been committed by a company, an association, an independent institution, a fund or a similar body the fine may be imposed upon the legal person as such. If the violation has been committed by the state, a municipal authority or a municipal association, the fine may be imposed upon the state, the municipal authority or the municipal association as such.

Amendments to the act on insurance agreements and the act on supervision of corporate pension funds

(no. 413 of 10. June 1997)

(A ban against the use of certain health information related to agreements on insurances and pensions)

In the insurance agreement act:

"Section 3a. The company must not, in connection with or after entering into agreements in accordance with this act, request, obtain or receive and make use of information which may expose a person's genetic heritage and risks for developing or contracting diseases, the request of examinations necessary in order to obtain such information included. This, however, does not apply to information concerning present or previous state of health of the person in question or other persons."

In act on supervision of company pension funds:

"Section 9a. The pension fund must not, in connection with or after the admittance of members, request, obtain or receive and make use of information which may expose a person's genetic heritage and risks for developing or contracting diseases, the request of examinations necessary in order to obtain such information included. This, however, does not apply to information concerning present or previous state of health of the person in question or other persons."

E – Country Report Spain

Prof. Dr. iur. Dr. med. Carlos María Romeo-Casabona

The University of the Basque Country. Director, Inter-University Chair BBVA Foundation – Provincial Government of Biscay, in Law and the Human Genome, University of Deusto and The University of the Basque Country, Bilbao (Spain)

A. Introduction

I. The European Convention on Human Rights and Biomedicine, into force in Spain

1. Spain has participated in a very actively way in the elaboration and approval of the European Convention on Human Rights and Biomedicine from 1997 (ECHRB).

Its was opened for signature by the member States of the Council of Europe in Spain, in the city of Oviedo, on the 4th April 1997 and for that reason it is also called "Convention of Oviedo".

It is not a casual fact that Spain was chosen as a host country for this dignified ceremony. During the period of elaboration of the Convene, several Spanish experts had a very important and active participation. The chairman of the Committee ad hoc about Bioethics (CAHBI) of the Council of Europe, time after called Committee of Bioethics (CDBI), was Spanish[1], as Spanish was also the official of the Council of Europe and the Secretary of that same Committee – and is still at present[2]– Finally, it was also Spanish the member of the Parliamentary Assembly of the Council of Europe that was a lecturer in that of the Draft of the ECHRB and the representative of that Parliamentary Assembly in front of the CDBI[3].

2. Likely on these previous grounds, the ECHRB entered into force in Spain very soon. In fact, its entry into force was the 1st January 2000, a month later than it entered into force in the minimal number of States that it was needed to this (art. 33.3 ECHRB)[4]. Kingdom of Spain signed the Convention on 4th April 1997, in Oviedo, and it was ratified later by Spanish Parliament (*Cortes*

[1]Dr. med. Octavi Quintana Trías, Counselor, Spanish Ministry of Health and Consumption.

[2]Carlos de Sola, Lawyer.

[3]Dr. med. Marcelo Palacios, Chairman, International Society of Bioethics (SIBI).

[4]This European Countries are: Danemark, Greece, San Marino, Slovakia and Slovenia.

Generales)[5], as well as it was published at the Official Journal of the State, under the royal ratification and signature[6]. Finally, Spain has also signed[7] and ratified[8] the first Protocol of the ECHRB: the Protocol concerning the prohibition of cloning of human beings, which has been yet entered into force[9].

3. For these reasons, it is specially urgent for the Spanish law to analyze deeply in which way biomedical Spanish law has been affected by the entering into force of the new ECHRB. At this moment may I emphazise that art. 10.2 of Spanish Constitution of 1978 provides that "rules concerning fundamental right and freedoms included in Constitution, will interpreted according to Universal Declaration on Human Rights as well as to international Treaties and Conventions on said matters which have been ratified by Spain".

B. Biomedical research involving minors

I. General legal framework

1. The Spanish General Health Law (GHL) of 25 April 1986 (*Ley General de Sanidad*) outlines patients' rights in a general perspective. Among them, it details the patient's rights to be informed and to give his or her informed consent to treatment (art. 10.5 & 6):

> The right of a patient to choose freely between options given by the physician in charge of his case. The written consent of the user shall be necessary for all interventions, save for the following cases: (...) b) Where the patient is incompetent to take decisions, in which case the right shall pass on to his next-of-kin or those closest to him.

In the case where the patient is not qualified to take decisions, as in the case of a minor, the consent will be given by his/her family or close persons to him/her (art. 10.6 b GHL). But more exactly from a legal point of view, when it deals with minors, consent must be given exclusively by his/her legal representatives, that is to say, the parents, according to the rights derived from the paternal authority, as the Spanish Civil Code establishes (art. 154).

2. The principles of preservation of dignity and privacy and the avoidance of discrimination, underpin a specific legislation, namely, the Drugs and Medicines Law (Law 25/1990 of 20 December, *Ley del Medicamento*) and Royal Decree (RD) 561/1993 of 16 April, which set out the requirements governing

---

[5] On 23th July 1999.

[6] On 20th October 1999.

[7] At Paris, the 12th January 1998.

[8] On 24th January 2000.

[9] On 1st March 2001.

the carrying out of clinical trials of medical treatments[10]. In both regulations the specific requirements are previewed when the subject of the experiment is a minor, and consequently, they are applied to newborns too.

II. Rules concerning research with minors: purposes

1. General considerations First of all, there are three questions that we must answer to justify the participation of minors or even newborn children:

i. Whether it is possible to equate the needs of research (acting in the best interest of the subject), with the societal need of obtaining new scientific knowledge, which can be used to treat other persons in the future;

ii. The principle of proportionality between the risks of the research and benefits for the subject; and,

iii. If it is possible to obtain with guarantees the consent of third persons on behalf of the subject concerned.

In these cases there would be grounds for restricting the scope of, or even banning, experimentation. Note that the ECHRB sets out the basic principle that the interests and welfare of the human being shall prevail over the sole interest of society or science (art. 2).

Generally speaking, the view taken is that experimentation in incompetent persons and minors should be permitted only where it entails, at the very least, a direct potential benefit for the health of the individual concerned (therapeutic experimentation). In this way, also the ECHRB (art. 17.1, ii).

Exceptionally, national bodies may authorise research involving an incapacitated person which has not the potential to produce results of direct benefit to his or her health, when the research is to the benefit of persons in the same category and where the use of other individuals (i.e. adult persons) would not provide a valid model for comparison of experimental results.

In this way, the ECHRB exceptionally recognises that a non-therapeutic research may be authorised, subject to some additional conditions: 'the research has the aim of contributing, through significant improvement in the scientific understanding of the individual's condition, disease or disorder, to the ultimate attainment of results capable of conferring benefit to the person concerned or to other persons in the same age category or afflicted with the same disease or disorder or having the same condition' (art. 17.2, i).

[10] See further, CM ROMEO CASABONA, "Country Report Spain", in E. DEUTSCH / J. TAUPITZ (Hrsg.), *Forschungsfreiheit und Forschungskontrolle in der Medizin. Zur geplanten Revision der Deklaration von Helsinki*, Springer, Berlin – Heidelberg – New York, 2000, 169 ff.

As a general principle, it is commonly accepted that a person can only endanger his own life or health voluntarily, in other words, if that person has previously accepted the risk that is involved. However, there are those who would argue that pure or non-therapeutic experimentation is also possible with these incompetent individuals, provided no risk or minimum risk is involved. In the words of the ECHRB: 'the research entails only minimal risk and minimal burden for the individual concerned' (art. 17.2, ii).

As it can be verified, in the particular case of persons not able to consent and when there is no direct benefit expected for them from the research, the principle of proportionality between individual risks and collective benefits is less of a consideration than a valuation of both the risks and other burdens by themselves.

2. Clinical trials involving minors with therapeutic purposes In the first place, the experimentation with minors can only take place when[11]:

i. it will have a particular interest for the health of the minor, and

ii. it could not be carried out in cases not affected by these special conditions. Thus the illness of the study should be specific, and one that is characteristic of children.

3. Non-therapeutic neonatal clinical trials Exceptionally, however, non-therapeutic clinical trials are allowed for children and minors, as long as the following requirements are met, and the trial has been examined by a Clinical Research Ethics Committee (RD 1993, art. 11.3):

i. All necessary measures will be taken to guarantee minimum risk. It is important to note that the Royal Decree emphasises the need for risk prevention measures, as is only to be expected, but – unlike other legal instruments – does not stress that the trial itself should pose no risks or that these should be minimal, in the same way as it is established in the ECHRB (art. 17.2, ii). It is on the innocuous nature of the test itself that emphasis should be placed and not just on measures to counter any risks entailed, assuming that the latter are also necessary. Having in this concern the Convention a broader framework of protection for the subjects involved, in my opinion and according to its art. 27 it has preference despite the former regulation.

ii. The experiments to be undergone by the subject must be suited to his or her medical, psychological, social or educational situation. This requirement is unclear and inadequately worded: it would appear to mean

[11]See art. 11.2 RD 1993.

that the trial must aim to verify aspects of the person's medical, psychological, social or educational situation, in the case of an incapacitated person. This requirement brings out clearly just how inappropriate it is to place in the same category minors, mentally incompetent persons or those with diminished capacity as regards the legal treatment of experimentation, when clearly their situations are entirely different. Worse still, jurists are in no position to gauge whether an experiment is of interest and suited to the social and educational situation of the subject. The law refers exclusively to drugs and like substances, which merely serves to confirm the impression of uncertainty as to the objectives pursued by the Royal Decree.

iii. Relevant knowledge shall be obtained from the trial with regard to the illness or condition under study, or information which will be of vital importance to understand it better, or to palliate or cure it.

iv. The knowledge cannot be obtained by any other means. From this it can be inferred that laboratory investigations or experimentations on animals will be used preferably, or adults with capacity for consent will be used if their characteristics are suited to the purpose of the research, without comparison of the results being necessary in an incapacitated person; similarly, it can be inferred that less onerous procedures will be used before others, if the former suffice to meet the objectives pursued. And,

v. Guarantees must exist that informed consent has been obtained, in accordance with the provisions of the Royal Decree, which are the same as those established for therapeutic experimentation.

III. Obtaining informed consent

The research subject's informed consent (art. 12.1, RD 1993) constitutes the most important element in guaranteeing that the person may freely exercise his or her will and accept any risks involved. The subject may withdraw his or her consent at any time and is not obliged to give reasons for withdrawal, which under no circumstances will give rise to liability or loss of any kind (art. 12.7). Moreover, as will be see below, the exception provided for in emergency cases where it proves impossible to obtain consent from the subject or his or her legal representative is admissible only if the clinical test has particular therapeutic interest for the patient (art. 12.6).

The scope and efficacy of consent are conditioned by various factors – particularly relating to legal capacity to give consent – and the potential dangers to the subject's health.

There is no provision establishing a duty to provide information to the research subjects concerning the findings and final results of the trial, but in my view it should be compulsory for every research project that has been approved.

The way of obtaining of consent when there is an attempt to do research in children (or newborns) with therapeutic purpose or without this purpose (non-clinical biomedical research), is subject to the following requirements: the legal representative of the minor must be previously informed about all the details of the research, in the general conditions that are established for the information that must be given (Royal Decree, art. 12.1); secondly, it must be verified that the legal representative has understood the information that has been given, and if the legal representative thinks that it is appropriate, he/she will give the consent, which must be in writing. Additionally, if the child has comprehension capacity (and always, if he/she is twelve years old), he/she must give his/her consent. Before starting the research, the consent given by the legal representative will be communicated to the Public Attorney (RD 1993, art. 12.5).

The consent given by the legal representative may be revoked at any time during the research process, without giving reasons for the decision and without affecting the treatment of the minor (RD 1993, art. 12.7).

IV. Pregnant or breast-feeding women

Given her relation with the newborn, we must point out that the pregnant woman or women who are breast-feeding could only take part in a non-therapeutic clinical trial when the Clinical Research Ethics Committee determines that there does not exist any predictable risk for the health of the woman, of the foetus or newborn, and that useful knowledge related to the pregnancy or lactation will result (RD 1993, art. 11.4).

V. Clinical emergency

In urgent cases, research in children and newborns can be done, under the following conditions:

i. the research persons will inform the Clinical Research Ethics Committee and the sponsor of the research, explaining the reasons for the urgency,

ii. this possibility must be anticipated in the research protocol approved by the Clinical Research Ethics Committee,

iii. the research will have a specific relevance for the health of the minor patient, and

iv. the legal representative of the minor will be informed as soon as possible in order to give his/her consent, if he/she thinks it is appropriated (RD, art. 12.6).

Also, the so-called 'compassionate treatment' (in the case that no standard treatment seems to be effective for a patient, but a drug in a phase of research could be more appropriate for him or her) is governed by Spanish law under some strict requirements and allowed for children and newborns (Law 1990, art. 38.5).

To sum up, it could be argued that the provisions concerning trials involving minors by the former legislation is more strict than ECHRB, even though that their foundations are very close (to allow research with minors).

C. Biomedical research involving incompetent adults

National legislation also considerably restricts the participation of adult incompetent persons in clinical trials, including research for psychiatric purposes. These adults can be unconscious patients as well as mentally incompetent persons. The provisions for biomedical research involving incompetent adults are very close to these for minors, as we have seen them above.

Spanish legislation allows consent for clinical trials of drugs or other products to be given by the legal representatives of persons who are incapable of giving their consent freely, although the person concerned, if in a position to understand the nature, importance, scope and risks of the test, must express his agreement also[12]. Though the law does not make express provision or draw the distinction, it would appear to permit the use of mentally handicapped as subjects of clinical trials. Endorsement of this interpretation can be found in the RD of 1993.

The RD sets out the regimens applicable to each of the two types of experimentation. With regard to therapeutic experimentation or innovative therapy, it stipulates that incapacitated persons or those with limited autonomy or diminished competence to give consent may undergo tests under the following conditions: the trials must be of interest to their own health; they cannot be carried out on persons not affected, but by the condition given that the pathology under study is present only in the mentally handicapped; consent given by the legal representative must be given in writing, after receiving and having understood the information required by law, as well as by the subject if he is an a position to give consent, once he has been given all the relevant information adapted to his level of comprehension; lastly, the

[12] Art. 60.6, Drugs and Medicines Law 1990.

consent given by the legal representative must be notified to the Office of the Head of Public Prosecutions prior to the performance of the test[13].

In the case of non-therapeutic research, the requirements established for incompetent adults are the same than for minors, as we have seen them above, and they must be determined previously also by the clinical research ethics committee[14]. Concerning guarantees on that informed consent has been obtained, in accordance with the provisions of the Royal Decree -which are the same as those established for therapeutic experimentation-. Here the problem consists of that unconscious patient normally has not any legal representative (he or she is not legally incapacited) to give their substitute informed consent.

There are no specific regulations in Spanish law concerning experimentation that is not for the purpose of testing drugs or like substances. This poses problems when invasive procedures are used which entail risk of serious or irreversible injury and which, as is known, in Psychiatry can influence the subject's personality. Nonetheless, criteria similar to those established for clinical drug trials should be followed to ensure that such risks are not actually produced.

Here again we can see just how difficult it is in the area of Psychiatry to reconcile and strike a balance between the collective interest of the promotion of medical research and advancement, on the one hand, and respect for individual interests affecting personal autonomy and integrity. Allowing a mentally handicapped person to take part in a non-therapeutic experiment is an exception to the principle that the individual's best interest must be protected when he or she does not have sufficient capacity to understand to enable him or her to give consent personally; this principle is therefore violated, even though the seriousness of the violation is frequently attenuated by the requirement that the experimentation involves minimum risk and inconvenience to the subject and is warranted on the grounds that relevant scientific knowledge cannot be obtained using alternative means.

---

[13] Articles 11.2 and 12.5 RD 1993.

[14] Article 11.3 RD 1993. For further explanations and criticisms see above, II 3, p. 524.

D. Safeguarding the autonomy of patients at the end of their life[15]

Where a patient is terminally-ill, that is, on the verge of death, the physician is faced with two questions: how far should he or she go in taking curative or symptom-relieving measures without breaching his or her duties or bringing forward death in a punishable way? Secondly, how should he or she appraise the wishes of his or her patient, in particular when the latter decides (where he or she is in a position to do so) to refuse all forms of treatment, including life-saving treatment?

At this concern we have to compare previous Spanish legislation with ECHRB, when establishes that "the previously expressed wishes relating to a medical intervention by a patient who is not, at the time of the intervention, in a state to express his or her wishes shall be taken into account" (art. 9).

I. Respecting a Patient's Wishes Regarding the Cessation of Treatment

1. General criteria If a patient asks his or her physician to suspend or discontinue treatment his or her wish should be respected, particularly where recovery is completely ruled out. The question arises here of whether the physician may be liable for omitting to give treatment, a situation which has been raised in connection with so-called passive euthanasia. Where there is no hope of recovery the patient's wishes can be said to pose no problems whatsoever. However, where treatment is crucial to keeping the patient alive during the (pre)terminal phase of his illness, and death is not imminent, and where failure to give the treatment will accelerate the process, the answer is rather more complex. We stated in other work,[16] that the patient is entitled to refuse treatment, although in this regard the GHL imposes a series of restrictions where the right is not enforceable, for example, where public health is placed at risk, where the patient is incompetent to take decisions, and where treatment is so urgent that delay might cause irreversible injuries or entail risk of death (art. 10.9). The first two restrictions are self-explanatory, unlike the third which is ambiguous[17] and might be construed as suggesting that

[15] See further, CM ROMEO CASABONA and A. EMALDI CIRIÓN, "Country Report Spain", in J. TAUPITZ (Hrsg.), *Zivilrechtliche Regelungen zur Absicherung der Patientenautonomie am Ende des Lebens. Eine internationale Dokumentation*, Springer, Berlin – Heidelberg – New York, 2000, 529 ff.

[16] See CM ROMEO CASABONA / JU HERNANDEZ PLASENCIA / E SOLA RECHE, *Medical Law. Spain*, "Encyclopaedias of Law", Kluwer Publishers, Deventer, 1994, 125 ff.

[17] E. VILLANUEVA CAÑADAS, 'El límite del deber de curar', in *Los Derechos del Enfermo*, (Murcia 1987), 139 f.

life-saving treatment cannot be refused. It also raises problems concerning the duty to protect the patient's life in certain circumstances[18].

Article 15 of the Spanish Constitution is crucial to this issue. It states that "everyone has the right to life and to moral and physical integrity; under no circumstances can any person be subjected to torture or to inhuman or degrading punishment or treatment (...)". Clearly, then, life is the basis on which the exercise and enjoyment of all other rights to which human beings are entitled rest, and this circumstance justifies the special protection afforded to life in our legal order. It does not need to be stressed, therefore, that the scope of protection extends to all individuals, particularly those in a critical situation or who are at a disadvantage: incurable or terminal patients, invalids, the elderly, mentally-ill or mentally-deficient persons. The provision poses several problems of interpretation, some of which have been resolved by the Constitutional Court's ruling[19] on an appeal lodged by prisoners who went on an indefinite hunger strike until the prison authorities met their demands. Of most interest for our purposes here is the question of whether or not there exists a constitutional right to do as one pleases with one's own life, an issue which has a direct bearing on the lawfulness of euthanasia and refusal to accept treatment on the grounds of religion or conscience or for other personal reasons. A great deal of debate surrounds this highly complex and controversial grey area and the entire constitution needs to be examined in order to arrive at a satisfactory answer.

To begin with, it cannot be inferred from art. 15 of the Constitution alone that a person is entitled to do as he pleases with his own life, since the provision serves first and foremost as the guarantor of the right to life. Neither does it empower third persons to intervene in the lives of others.[20] However, precisely as a result of this role of guarantor (vis à vis the State and third persons), it cannot be inferred either that there is a duty to live against one's wishes, that is, that the State's obligations allow it to intervene when someone has expressed his desire not to carry on living. Lastly, a re-reading of art. 15 in the light of the superior value of freedom (art. 1.1 of the Constitution) and of respect for human dignity (art. 10.1) leads us to conclude that the absence of a duty to live against one's wishes becomes not a right but rather the freedom to do as one pleases with one's own life. A further conclusion to be derived from this is that a physician cannot continue to treat a patient against his wishes, even if this means that his death will be hurried along.

[18]ROMEO CASABONA, *El Derecho y la Bioética ante los límites dela vida humana*, Ed. CERA, Madrid, 1994, 95 ff.

[19]Constitutional Court Ruling of 27 June 1990.

[20]In this regard, see Constitutional Court Rulings of 27 June 1990 (f.j. n.7) and 19 July 1990 (f.j. n.5); see also, prior to these rulings, CM ROMEO CASABONA, 'Los derechos del enfermo a la luz de la Constitución española', in *Todo Hospital*, n. 62, 1989, 29.

Thus, to discontinue or interrupt treatment of a person who has no objectively-determinable prospects of continuing to live does not run contrary to the notion of the dignity of the person. Rather, the exact opposite is true. To do otherwise could well be tanatamount either to using the patient as an instrument for the physician's own interests or even to unnecessary and aggressive treatment ("acharmenement thérapeutique"), in violation of the ban on inhuman and degrading treatments (art. 15 of the Constitution), which in turn is a specific violation of human dignity.[21] The Constitutional Court ruling of 27 June 1990 (juridical ground no. 9) states that no torture or inhuman or degrading treatment exists "where authorisation is given for medical intervention, such as that challenged by the appellants [force feeding], which in this case was not ordered to inflict physical or mental punishment or to cause harm to the integrity of those subjected to the treatment, but rather to prevent where medically possible the irreversible effects of voluntary starvation and to mitigate or lessen the harm caused to the body". The ruling goes on to state that "the fact that force feeding, aimed at preventing the deaths of the appellants, cannot be deemed as constituting inhuman or degrading treatment due to the nature of the goal pursued, does not mean that it may not be considered as such, due to the means used to achieve this goal or in the sense that it prolongs suffering without in the process managing to prevent death". It may be deduced from this that adequate treatment to maintain life is neither inhuman nor degrading, which is not the case when it serves only to prolong suffering without preventing (but merely delaying) death.

In the light of the above considerations, the GHL, where it declares as a right the dignity of the patient (art. 1.1) and does not recognise the right to refuse emergency treatment when delay might cause irreversible injuries or entail risk of death (art. 10.9), should be interpreted in the restrictive sense, ie that intervention by a third party may be ruled out if the patient does not wish to continue living. The Constitutional Court would appear to share this view when it rules that "one thing is the decision of the person who assumes the risk of dying through an act of his own volition which affects him and him alone, in which case it could be held that compulsory medical assistance or any other means of preventing the fulfilment of this wish is unlawful; however, a totally different case is that of persons who in a special context of imprisonment...". "Thus, this constitutional right [to physical and moral integrity] shall be affected when medical assistance is imposed upon a person against his wishes, which may be based on a variety of reasons and not just a desire to die; coercive medical assistance shall, therefore, constitute a restriction which vulnerates the fundamental right, unless justification for the assistance can

[21] See C. ALVAREZ-LINERA, 'El derecho a la vida y a la integridad. Prohibición de la tortura', in *La Ley*, n. 1763, 1987, pp. 1 ff; F. BUENO ARUS, 'Límites del consentimiento en la disposición del propio cuerpo desde la perspectiva del Derecho Penal', in *Poder Judicial*, 1985, p. 14; ROMEO CASABONA, ibidem.

be found in the Constitution".[22] A revised constitutional interpretation of the aforementioned GHL provision (art. 10.9) would imply that even in this case refusal of treatment is possible, and that the exception included in the law refers only to cases in which the patient is unable to give consent (eg an unconscious patient) and his or her next-of-kin or persons close to him or her are unavailable to give it on his or her behalf; thus, in view of the situation of life-threatening danger (or irreversible injuries) treatment is proceeded with without first awaiting the consent that would otherwise be required. Put another way, and in criminal law jargon, the physician may intervene because he is legally protected by the existence of a situation of necessity (and is thus covered by art. 20.5 of the Penal Code). Of similar meaning are the provisions of ECHRB, when allows the practitioner to act immediately in such situations without waiting until the consent of the patient or the authorisation of his or her legal representatives (art. 8).

There is a common opinion that ommission of treatment by physician doesn't fall on the crime of helping for suicide or for euthanasia (art. 143 of Spanish Penal Code), both by ommission, because expressed will of the patient shall eliminate the so-called guarantee's position of the physician, as well as these crimes structurally are not compatible with their punishment through the ommission form.

2. The living will The Spanish Law makes no reference to the validity or effect of a 'living will', but neither does it expressly prohibit such a thing. In fact the Spanish Association for the Right to Die with Dignity ('Asociación Derecho a Morir Dignamente') and the Spanish Episcopal Conference have drafted a model for this type of declaration (even though the objectives it might seek to fulfil are many and various), which leads one to suppose that in the future physicians may have to confront the issue of how to act legally in response to such a document furnished by the patient or his legal representatives. There are two fundamental issues to resolve: the validity of advance directives stating the patient's wishes, and, secondly, the validity and scope of the contents, that is to say, whether or not one can refuse life-sustaining treatment in writing (as is the case of living wills).

To take the first issue, the main argument that is usually raised against recognising the effectiveness of such directives is that the individual's feelings and state of mind frequently change when they are confronted by a life threatening situation. People often subsequently question their reasons for signing a document refusing treatment, though this in no way implies that they made the declaration lightly. The psychological state of a healthy person is very different from that of someone faced with death and it should not be forgotten

[22] Constitutional Court Ruling of 27 June 1990, juridical grounds 7 and 8 respectively.

that this is very special type of statement of wishes is particularly susceptible to subjective changes. At the critical moment, it is argued, the person often changes his mind and 'clings' to even the remotest chance of survival. Clearly, this is a very delicate issue, which affects the validity of any consent given in the document in so far as the signatory cannot appreciate fully the specific circumstances in which the advance directive might be implemented. However, the difficulty only arises when the patient is unconscious (this is where the crux of the issue of how to act in such situations lies), since a conscious patient can confirm or revoke the contents of his directive. Factors which condition the patient's ability to express his free will should always be taken into account, in the same way as they would be in any request for the cessation of treatment (depressive states, mental confusion caused by the illness itself, a sense of uselessness or of being a burden on others, etc.). In this regard it is indicated that even when the patient is unconscious the validity ('authenticity') of the document has to be accepted if it is seen to be coherent with the patient's value system and general attitude to life, particularly in the period immediately preceding the illness.

Starting from the hypothesis that recognises the patient as being capable of making a decision, there should be no obstacle to also accepting the declaration as valid, so long as there are sufficient guarantees that it was produced soberly and after a period of reflection. The hypothesis as to the patient's change of mind at the vital moment still holds good, but in this case, since the patient is unconscious there is no way of knowing whether such a change of heart has indeed occurred.

Having not any expressly provision in Spanish Medical Law concerning this matter, art. 9 of ECHRB is a very definitively and relevant argument to reinforce the former interpretation.

Therefore, the other question still remains: should these documents be considered valid when the patient has lost consciousness? The answer is conditioned by the legal recognition of the patient's right to forego life-sustaining treatment. As we have said earlier, such a right is compatible and coherent with Spanish law.

Even so, all possible precautions must be taken at the time that the directive comes into effect and any real doubt should be resolved in favour of continuing the treatment: *in dubio pro vita*. For example, validity should not be accepted if the person is overcome by mental illness after making the declaration and later falls ill or is seriously injured in an accident. In such a case we would not have sufficient information at hand to be certain as to his wishes or whether or not he would still have agreed with the instructions if he had not become mentally ill.

In brief, if all the above-mentioned precautions have been satisfied, the same force should be given to so-called living wills as to any declaration made at the moment in which the decision to continue or discontinue treatment is taken, so that the physician who chooses not to intervene out of respect for the patient's wishes as expressed in the will could not be accused of unlawful passive euthanasia. In any case, the value of advance directives as an indication of the patient's wishes should not be underestimated.

II. Euthanasia

1. Lawful Conduct in Relation to Euthanasia Earlier, in discussing the terminally ill, we outlined the requirements governing the actions of physicians in such situations. It was argued that the doctor should respect the patient's decision to discontinue treatment, a situation that brings us into the realms of what is known as passive euthanasia.

Beginning or continuing treatment when it is no longer called for because there is no realistic hope of the patient's regaining consciousness, demonstrates at the very least a serious lack of respect for the dignity of the human being, since it amounts to simply delaying death. It is also, therefore, a serious violation of a basic legal principle and limitation of positive law[23] which is explicitly recognised in our Constitution art. 10.1).[24] For this reason it has been rightly contended that such actions constitute "inhuman and degrading treatment", explicitly prohibited by the Spanish Constitution in art. 15.[25] Respect for human dignity is applicable also to the death of the individual, although it can often prove somewhat complex. It might be deemed indignant (subjectively-speaking) to subject the patient to artificial means or machinery which serve an objectively therapeutic purpose, although such an approach, if adopted, would considerably lessen knowledge of the ways and means that medicine can combat disease and death. If there is something that identifies the science of medicine and sets it apart, it is precisely this capacity to alter the course of nature in our favour. On the other hand, dying with dignity can also be understood in the sense of an individual who withstands physical pain and moral suffering and is able to rely on others (the doctor, the family) to do everything possible to fight death, even in hopeless situations where the prognosis is grim. This positive view of life should also be respected. Nevertheless, prolonging the life of the person when it is not in his interests to do so or assisting him to die, would amount to an offence in cases where

---

[23] J. CEREZO MIR, *Curso de Derecho Penal Español, II*, 6th ed. Tecnos, Madrid, 1998, 268 ff.

[24] Art. 10.1 of the Spanish Constitution can be translated as follows: 'The dignity of the individual, the independent development of personality, respect for the law and the rights of others are fundamental to public order and peace in society'.

[25] BUENO ARUS, 'Límites del consentimiento en la disposición del propio cuerpo desde la perspectiva del Derecho Penal', cit., 14.

the decision is not based on ethical principles, but for the economic benefit of the family, the health care system or for political or other reasons.[26]

The primary purpose of medicine continues to be health care, which implies preserving and prolonging human life, but this does not mean that suffering should not be alleviated or eliminated, as we said above. Nevertheless, the doctor's duty of care is limited to the obligations imposed by *lex artis*; *lex artis* in fact demands that all treatment and any artificial measures to prolong biological life that are unnecessarily cruel should be discontinued where there is no rational reason to believe that the patient might recover (excluded from this of course are palliative measures to alleviate pain that are appropriate in the circumstances). Meeting these demands would not, therefore, constitute a punishable omission. This is worth clarifying and underlining.

In accordance with this function, fulfilment of the duty of care for the doctor is limited, (*limitations of the duty of care*) as are all legal duties to act, to circumstances in which effectively prolonging life —not death— is practicable from the outset. The treatment must imply objective and rational possibilities of recovery. This is not the case, for example, of individuals in irreversible comas who will not regain consciousness because the reactivation of cerebral function is not possible, even when the situation arises as a result of a substantial deterioration in the patient's condition. The same goes for newborn infants with incurable abnormalities that will inevitably result in death in the short term. It is even less the case if there is some other pathological condition that occurs jointly with the abnormality or illness in question. Once the situation has been recognised, it is irrelevant for the criminal law that the decision involves the cessation of treatment with drugs, non-performance of a surgical operation or the switching off of any machines that are maintaining vital functions.

2. Legal Evaluation of Strictly Passive Euthanasia What remains therefore of passive euthanasia in the strict sense of the term and what is its legal position in the eyes of our positive Law? It is from this point onwards that the wishes of the individual concerned become relevant (and the issue more disputed). If the patient himself refuses life-saving treatment, however, the law recognises his right to do so, as we said above.

Withdrawing treatment from a seriously-ill patient where the *possibility of survival* still exists, even though the quality of life will be worse than prior to the illness or accident that has led to the condition (e.g. hemiplegic patients, non-terminal cancers, non-terminal kidney failure) constitutes legally punishable passive euthanasia if the patient has not given his consent, even where death is foreseeable in the long term. In such cases it does not matter

[26] A. ESER, 'Límites del deber del tratamiento médico desde el punto de vista jurídico', in *Nuevo Foro Penal*, 1985, 447.

if the person's life is being maintained by means of machines (respirators, pace-makers, kidney machines etc.). The criminal law's response is to consider such cases as unlawful homicide (or murder or parricide depending on the circumstances) committed by omission, since the physician is in a position to guarantee life in such cases, as we shall see below, and has not been relieved of this responsibility by the patient giving his consent. This position as guarantor is a necessary condition for homicide by omission to exist. However, accurate apparaisal by the criminal law requires further consideration of the nature of the physician's duty of care in such cases. If the physician has breached his duty, liability may arise, but not otherwise.

The legal duty of care occurs (*source of duty of care*), in principle, when the person wo treats the individual in need of treatment has a special relationship with this person, a relationship known literally as 'a position of guarantor'.[27] This is to be understood as the situation of vulnerability that arises in relation to the legally protected interest (in this case, the patient's life) as a result of the special relationship created between the physician and the legal interest. The vulnerability of the life or health of the patient is the result of his submitting to treatment, from the point when the patient or his representatives cease to avail themselves of the services of all other doctors apart from the one treating the patient. Once the position of guarantor has been established it follows that a duty of care exists. To establish the limits of this duty of care the wishes of the patient must be taken into account. If the doctor wishes to begin or continue a treatment but the patient is opposed to this, the doctor is not obliged to act in all cases. In fact, the GHL recognises the right of all who avail themselves of the public and private health care services "to refuse treatment, except in those circumstances indicated in section 6. Patients refusing treatment shall request voluntary discharge in accordance with section 4 of the following article" (art. 10. sections 9 and 15).

There are two objective criteria that may help those concerned decide how to act in such circumstances. The first of these is from the patient's point of view (as we shall see, it is in reality an objective-subjective criterion), the second is from the point of view of the doctor.

The appropriateness or lack of appropriateness of a treatment or operation depends primarily on whether or not it is necessary from a therapeutic perspective, that is to say, once the possible risks and advantages that the treatment involves have been weighed up. The more delicate the patient's health, the greater the risks entailed and the lack of certainty with regard to outcome. This means that its therapeutic indication is reduced accordingly, and the treatment becomes elective. The weighing up of the therapeutic indica-

---

[27] See on this issue J.M. SILVA SANCHEZ, 'La responsabilidad penal del médico por omisión', in *La Ley*, n. 1632, 1987, 1 and f.

tion of the treatment corresponds to the physician who shall base his decision on his scientific and technical knowledge; however, the actual taking on of the risk must always rest with the patient regardless of the seriousness of the illness (all the more so when the illness is serious and prognosis uncertain). The patient is entitled to refuse treatment, even vital treatment, if the risks are very high and there is no guarantee of improvement. The physician's decision is an objective evaluation, which should be arived at without taking the patient's ulterior motives into account, since these may influence the objective considerations. For example, the patient may wish to die so as to put an end to the suffering caused by the illness or to refuse a blood transfusion for religious reasons (however, let us just suppose that there is good reason to believe that the blood is contaminated by some pathogen: the hepatitis virus or hiv. This would constitute an objective fact with regard to the indication, in this case, a contraindication), etc. In a wider context, and as has been recalled above, the doctor must not use professional regulations or superior knowledge (principle of paternalism) as grounds to decide what is best for the well-being of the patient. It is the patient who is best able to decide with respect to the risks he is willing to take (principle of autonomy or self-determination).

Beginning, continuing and extending treatment is obligatory only when there is a possibility that the physician (or to be more accurate, medical science) can bring about a cure. In the light of the patient's condition, if this is not possible and it has been established thus in accordance with the criteria of *lex artis*, there is no duty to treat the patient (aside from palliative measure to counteract pain and suffering). This would be the case in the terminal phases of an illness for which, by medical standards, no effective treatment exists. If, on the other hand, there is some chance of improvement or of the patient's regaining consciousness (or of this occurring at a later stage of development in the case of newborn babies) the obligation to treat the patient holds good, and if it is not fulfilled the physician risks prosecution for homicide by omission (art. 138 of the Penal Code), provided that the position of guarantor exists. All these considerations are particularly relevant in cases where the patient cannot express his wishes for whatever reason (comatose state, newborn etc.), although similar criteria apply also when the family and legal representatives act on the patient's behalf, in accordance with the terms of the GHL (art. 10 n° 6, b).

3. Active Euthanasia Direct active euthanasia is always punishable. If the patient has asked that the act be performed (only a conclusive statement from the individual concerned to the effect that he wishes to die will make the person who performed the act a mere accessory), the individual who performed the act should be punished as an accessory to suicide,[28] even when

[28] BUSTOS RAMIREZ, *Manual de Derecho Penal, Parte Especial*, cit., p. 50.

this person is a member of the family, in which case the crime of parricide (which applies in principle when one kills a parent, child or spouse), which carries a heavier penalty, is not applicable.

If, on the other hand, the patient did not consent because he was unable to as a result of his condition (unconsciousness due to a somatic illness, mental illness or deficiency, age), or was opposed to the act (a situation in which it would be difficult to imagine anyone committing homicidal euthanasia) or simply 'allowed it to happen' (a completely passive attitude), the act falls within the bounds of wilful homicide or, most probably, murder, because it is considered that there is premeditation — one of the necessary conditions for murder — when one takes the life of a helpless and defenceless person. The Criminal law responds to such cases with uncompromising force, and the Penal Code imposes its maximum punishment for the crime of murder.

Finally, Spanish Penal Code of 1995, art. 143.4 establishes that a mildered punishment will be endorsed to which perfoms or cooperates directly to the death of other, which has requested this in some circumstances.

E. The prohibition of discrimination of any person on grounds of his or her genetic heritage, specially in connection with prenatal and preimplantation tests

1. Spain was the first European State that passed specific rules concerning diagnosis tests on in vitro embryo (preimplantation diagnosis). Also prenatal diagnosis was ruled on in the Law 35/1988 of 22 November, on *Techniques of Assisted Reproduction.*

2. Preimplantation or pre-nidation diagnosis is carried out in embryos obtained *in vitro* prior to their transfer to the woman, and extreme precautions are always taken in view of the complexity involved (high risk of morbidity and lethality), the limited number of applications at present and the current gaps in knowledge as regards some effects[29]. In the case of the division of the zygote into two other ones (at this stage the two resulting ones are totipotent) and the performance of the test on one of the two for the purpose of evaluating the implantation of the other depending on the results obtained[30], the law is not expressly opposed, although this does not mean that doubts have not arisen in connection with the appropriateness of the technique[31],

[29] See Noëlle LENOIR, *Aux frontières de la vie: une éthique biomédicale à la française.* T. I. La Documentation Française, Paris, 1991, 57 ff.

[30] Miguel A. SOTO LAMADRID, *Biogenética, filiación y delito,* Ed. Astrea, Buenos Aires, 1990, p. 233 f.

[31] Hans-L. SCHREIBER, *Der Schutz des Lebens durch das Recht an seinem Beginn und an seinem Ende,* in "Festschrift für Günter Schewe" Springer Verlag, Berlin,

due to the tremendous eugenics potential involved – bear in mind that the technique permits intervention on several embryos, not just one, and could be used not only to reject an embryo or embryos (for transfer to the woman) because of a pathology which is present, but also, on the contrary, to select the most suitable one from the standpoint of health or of other non-pathological interests[32].

Preimplantation diagnosis is generally accompanied by (non-directive) genetic counselling or advice to the future parents. Pre-nidation or pre-implantation diagnosis is expressly permitted by Spanish Law[33], provided that one of the following aims is pursued: evaluation of viability or non-viability; detection of herditary diseases for the purposes of treatment, if such treatment exists and can be carried out (germ-line gene therapy – the lawfulness of which is discussed by us elsewhere), or to advise against transfer to a woman for procreation, using in both cases gene technology[34]. With regard to this last point it should be stressed that even though the presence of hereditary diseases has been detected, or certainty exists that they will develop, the wishes of the recipient or the couple from whom the preimplantation embryo or one of its gametes has been taken must be respected if they decide to proceed with implantation (e.g. if no other healthy embryos are available or there are no gametes to perform a second *in vitro* fertilisation, as would be the case if the male partner had died). I am of the opinion that this option should be excluded, given that techniques are being made available to promote procreation and, where possible, this procreation should be as healthy as possible. However, one has to acknowledge the difficulty which arises in determining which hereditary diseases that are not treatable *in vitro* (or later, *in utero* and even after birth) would justify the exclusion of embryo transfer; a point of reference might be the list of diseases susceptible to therapy referred to in the aforementioned Law (art. 13.3.c), which I examine below.

1991, 128: the author considers – and views as unsatisfactory – that under the German Embryo Protection Law of 1990, the offence of cloning would exist (parag. 6).

[32] Jacques TESTART, in *La procreación artificial*, Ed. Debate, Madrid, 1994, 95 ff., argues that for these reasons the technique should not be permitted.

[33] Law 35/1988 of 22 November, on Techniques of Assisted Reproduction, art. 12.1: "All interventions on live, *in vitro* embryos for diagnostic purposes shall aim solely to assess their viability or otherwise, to detect hereditary diseases so as to treat them where possible or to advise against transfer for procreation". See also art. 8.2.a of Law 42/1988.

[34] Art. 8.2.a of Law 42/1988 of 28 December, on the donation and use of human embryos and foetuses or the cells, tissues or organs therefrom, staes as follows: "2. The application of gene technology may be authorised in pursuit of the aims and in the cases listed hereafter: a) for diagnostic purposes, which shall be considered as being prenatal diagnosis, *in vitro* or *in vivo*, of genetic or hereditary diseases, in order to avoid transmission or to treat or cure them".

In truth, this proposed restriction is not imposed explicitly by the Law, alhough the underlying motive does tie in with disease prevention (art. 1.3 of Law 35/1988).

3. Prenatal diagnosis is a preliminary condition before practicing a voluntary interruption of pregnancy, when the foetus suffers from a physical or psychological abnormality and the newborn will be born affected by this (art. 417 bis 1.3 of Spanish Penal Code)[35].

The lawfulness of prenatal diagnosis in Spanish law is further endorsed by Law 35/1988, which states that "all interventions on *in utero* embryos or on foetuses, inside or outside the uterus, which are live, for diagnostic purposes are unlawful except if they aim to achieve the well-being of the *nasciturus* and to favour its development or if they are supported by the law" (art. 12. 2)[36]; express authorisation is given even for the use of gene technology for prenatal diagnosis[37]. In consequence, diagnosis is permissible only, in the first place, when it is an instrument used for the benefit of the foetus; it should be interpreted that this excludes diagnosis carried out for the purpose of investigation or experimentation or for other non-therapeutic purposes.

The First Final Provision, letter d, of the aforementioned Law 35/1988 charges the government with the task of compiling a list of genetic or hereditary diseases detectable through prenatal diagnosis[38]; this list has still not been approved and thus one wonders whether such tests are not permissible until such times as it is published. In truth, article 12 does not render the performance of diagnostic tests conditional on the existence of a list, unlike the interpretation that could be made of the requirements laid down for foetal therapy; indeed, this form of therapy (and also *in vitro* embryo therapy) is conditional on the availability of a specific list of diseases, and hence it should be understood that the above-mentioned Final Provision refers logically also to embryo and foetal therapy, and therefore it would not be valid to consider that the absence of a list is not a hindrance to the performance of such therapy (art. 13.2 and 3 of Law 35/1988). In this regard, further delay in the publication of the list could have highly negative effects in the near future;

---

[35]The *Royal Decree* of 21 November of 1986 rules out the conditions for the Centres to be authorised to perform these tests, as well the requisites to be filled in by practitioners concerned.

[36]Art. 12.2: "Every intervention on the embryo in the womb or on the foetus, in the uterus or outside it, alive, with diagnostic purposes, is not legitimate if it does not have as its goal the well-being of the unborn child and the fostering of its development, or if it is legally allowed".

[37]In conformity with art. 8. 2 a, Law 42/1988, cited above.

[38]Final Provision. First. "The Government, by Royal Decree, and in the period of six months from the enactment of the present Act, shall establish: d) The list of genetic or hereditary diseases which can be detected with prenatal diagnosis, for prevention or therapeutic purposes, this list being subject to modifications as scientific".

however, non-compliance with this requirement does not give rise to an administrative offence or sanction. In any case, one should not forget that that the approval of such a list could have important consequences for abortion performed for eugenic reasons, given that in limiting the possible indications for prenatal diagnosis to the serious diseases included in the list, the existence of such diseases alone can provide the grounds for the indication for abortion (depending also on the specific characteristics of seriousness, likelihood, etc., present in each case).

The second indent of the Law 35/1988, governing legal recognition of diagnosis for other purposes ("or if supported by the law"), refers to embriopatic abortion, as provided for in the Penal Code (art. 417 bis. 1 2ª), in which case the opinion of two specialists is required beforehand and shall consist of a prenatal diagnosis and the corresponding forecast (art. 417 bis. 1 2ª: "it is presumed that the foetus will be born...").

The Law 35/1988 requires that the couple or, where appropriate, the single woman must be thoroughly informed of the procedures, diagnostic investigations, possibilities and risks of the proposed therapy and must accept these beforehand (art. 13.3). It should be noted that the Law makes consent a requirement not just for therapeutic action, but also for all procedures, diagnostic investigations, etc., and this is a conclusive argument in favour of the view that all such tests should be voluntary. For similar reasons, we should rule out the use of invasive procedures as a form of indiscriminate genetic screening, which should be used only when indicated, ie if a parent or family member has a history of risk or when previous children of the couple have suffered disorders or if situations of risk have occurred during pregnancy (infectious diseases in the mother, exposure to radiation etc.).

F. Performance of genetic tests for health related purposes

I. General legal framework

The legal concerns on Genetic Testing in Spain may have a direct bearing on:

i. Personal freedom by collecting samples for testing (ie if genetic testing is conducted without consent),

ii. Privacy concerning the access to the test results (if the results are accessed, even legitimately or for a lawful purpose), as well as

iii. Other fundamental rights, depending on the use which is made of the information reached (if misused, or used for discrimination or for a purpose other than that originally authorised). Hence, a careful weighing up is required in each case and the appropriate safeguards need to be put in place to achieve the correct solution.

II. General provisions

1. Personal freedom Concerning the submission to genetic tests by adults, there is no specific rule in current Spanish Law. But freedom of individuals to consent to be submitted to any medical tests is granted through GHL: the right of a patient to choose freely between options given by the physician in charge of his/her case (art. 10.6).

Art. 10. 6. "The written consent of the patient shall be necessary for every intervention, except for the following cases:

a) Where non-intervention entails a public health risk.

b) Where the patient is incompetent to make decisions, in which case the right shall pass on to his/her next-of-kin or those closest to him/her.

c) Where the emergency situation rules out delays which might cause irreversible injuries or where there is a risk that the patient may die".

2. Privacy Protection of data related to health may be reached through general rules concerning personal data protection, as well as through provisions which recognise the duty of confidentiality in the health field:

The Organic *Law regulating the automated processing of personal data*, of 13th December 1999, provides special measures of protection for personal health data and lays down the conditions for automated processing by health professionals and public and private health institutions. In short, this provisions are limited to the remit made to health legislation on access to information and confidentiality (articles 7.3 and 8), which time will show to be insufficient, given the nature of such information and the persons who might be given access:

Specially protected data. "Data of personal character that refer to racial origin, health and sexual life could only be gathered, automatically processed and handed over for general interest reasons, being disposed in an act or if the concerned person gives expressly his/her consent" (art. 7.3).

Data related to health. "Despite what it is disposed in former paragraphs, personal data as previewed in paragraphs 2 and 3 of this article shall be processed when this is necessary for medical prevention or diagnosis, for health care or medical treatment or for madical management, given that processing of those data will performed by a health care professional submitted to a professional duty of secrecy or by other professional submitted to a similar duty of secrecy. Also these personal data may be processed when it is necessary to safeguard a vital interest of the subject or of another person, given that the subject is not able to give his or her consent by ground of his or her physcial or legal situation" (art. 7.6).

GHL also recognises confidentiality as a right of the patients and users (articles 10.3 and 61). This rule is applicable also to genetic data:

Rights of Patients. "Every person enjoys the following rights: (...) The right to confidentiality with regard to all information concerning his/her medical condition and his/her stay in public health institutions and in private institutions which cooperate with the public system" (art. 10.3).

3. Other fundamental rights The general legal principle of non discrimination is stated by the Spanish Constitution of 1978, which forbids any kind of discrimination on grounds of any personal or social circumstance or condition (art. 14). This prohibition should be concerned for employers as well as for insurers, if they try to refuse to contract with some applicants being carriers of genetic susceptibility for certain diseases, taking into account art. 12 ECHRB, which restricts genetic tests for health purposes or for scientific research linked to health purposes, and subject to appropriate genetic counselling.

III. Legal provisions on specific fields

1. Identifying tests In some Spanish Autonomous Communities (ie The Basque Country) there are provisions for collecting samples of newborns in hospitals for identification purposes through DNA-profile tests.

Concerning DNA-Profile tests for civil and criminal procedure goals there is no specific provisions. Notwithstanding, Courts have stablished that compulsory obtention of samples for these tests is not allowed, in despite of the evidences taking of the refusal by the person required to do it.

2. Genetics Tests by Human Genome Research Diagnosis tests for research or therapeutic goals by means of genetic technology is allowed by Act 42/1988, on the Use of foetuses and embryos and their organs, tissues and cells (ie preimplantation and prenatal diagnosis, or to select the sex in case of illness concerning sexual chromosomes):

"Application of the genetic technology could be authorised for the purposed ends and supposed cases that are stated as it follows:

a) With diagnostic ends, that will have prenatal diagnostic character, *in vitro* or *in vivo* of genetic diseases or hereditary ones, in order to avoid its transmission or to treat or cure them.

b) With industrial purposes of preventive, diagnostic or therapeutic character, as it is the manufacturing, by molecular or genetic cloning of substances or products of sanitary or clinical use in enough quantities and without biological risks, when it is not suitable by other means, as hormones, proteins of blood, controllers of the immunology responses, antiviral, antibacterial, anticancer or vaccines without immunology or infectious risks.

c) With therapeutic ends, mainly to select the sex in case of illness concerning sexual chromosomes and specially chromosome X, avoiding its transmission, or to create genetic mosaics that are profitable through surgery, to transplant cells, tissues or organs of the embryo or the foetus to ill people where these are genetically and biologically modified or missing.

d) With research and study purposes of the sequences of the DNA of the human genome, its localisation, its functions and its pathology, in the study of the recombinant DNA inside the human cells or simple organisms, with the purpose of perfectioning the knowledges of molecular recombination of expression of the genetic message, of the development of its cells and structures, as well as the dynamism and organisation, the processes of cellular, tissues and organ ageing and general mechanisms of the reproduction of illnesses, among others" (art. 8.2).

3. Genetic testing in the workplace At this moment we are referring to the genetical analysis in the workplace, we should take into account that in the Spanish Law we can distinguish two types in this context:

i) "Genetic screening", that refers to the identification of workers with characteristics or particular inherited illnesses, even of those that present a major susceptibility of being affected in their health by the environment.

This kind of tests addressed to the protection of the specially sensitive workers to determined risks is ruled in the *Labour Risk Preventive Act* of 8 November 1995, but there is no provision for applicants to a job:

Art. 25. "Protection of the specially sensitive workers to determined risks. 1. The employer will guarantee in a specific way the protection of the workers, that by their own personal characteristics or known biological status, included those that will have recognised the physical, psychic, or sensorial handicap situation will be specially sensitive to the risk derived from work. To that end, these aspects should be taken into account in the evaluations of risks, and considering this, adopt the preventive and protective necessary measures.

Workers will not be employed in those posts where, because of their personal characteristics of known biological status or by their physical, psychic, or sensorial recognised handicap situation, themselves, the other workers or any other person related to the firm, may be in danger, or in general, when they will be evidently in states or transitory situations that will not answer to the psycho physical requeriments of the respective posts of work".

It is a clear inclusion in this precept of the genetical characteristics, but it is doubtful that it also refers to the situations of susceptibility to known genetic predispositions or to future monogenic illnesses also known without any type of sintomatology in the moment of entering the work post. The answer to this doubt is negative. In relation to the other, it is given priority to the adoption of measures of protection and prevention, in a way that dangers which deal with the quoted act as a cause of not employing, would be avoided.

ii) "Genetic monitoring", that refers to the periodical examinations to workers with the purpose of identifying mutations in the genetic material of a person induced by the environment, allowing to establish and prevent the damage that because of this matter could happen to the worker, at the time of identifying the risks in a given labour environment, with the purpose of eliminating or reducing them (Labour Risk Preventive Act, art. 23).

Specially significant is the provision that tends to protect the capacity of procreation of the workers as well as of their future descendants:

Art. 25.2. "Equally, the employer will have to take into account the evaluations of the risk factors that may incise in the function of procreation of the workers (males and females), in particular by the exposition to the physical, chemical and biological agents, that may run into mutagenic effects or into a great toxicity for reproduction, in fertility aspects, as well as in the development of the descendants, with the object of adopting the necessary preventive measures".

This Act is a great step in the field of risk precautions and of health protection of the workers in the Spanish legislation without propitiating rejecting discriminations, with the lack of the testing of the effective completion of its important previsions.

4. Genetic tests for insurance purposes Genetic analysis should pay in a close future a relevant importance for insurance companies, as well as a potential condition to close a contract.

In Spain there is no specific provisions concerning the lawuful or unlawful of perfomring genetic tests for insurance contracts. Taking into account that there is an universal and public coverage for comon illnesses as well as for accidents and pathologies suffered by workers the problems are reduced to health and life private insurances. Notwithstanding, there is a duty by the side of the policyholder to declare all circumstances which could have any relevance for the insurer, as risk assessment[39], with the exception of those circumstances not included at the questionnaire form given by the insurer to the holderpolicy.

IV. Conclusions

It is a common opinion that a specific regulation is needed in Spain, taking into account that the former explained national current rules are not enough for these purposes. It is why Spain was expecting the achievement of an European common legal framework in this field and took part in the joint works addressed to this main purpose of harmonisation of standards and regulations. In this concern, art. 12 ECHRB shall offer a more comprehensive legal protection.

G. The protection of human embryo by research

I. Introductory Considerations

Physicians, researchers and jurists are fully aware of the ethical and legal problems raised by scientific breakthroughs which have proven to be effective in certain types of treatment and which have contributed to a marked reduction in child mortality and morbidity, (such as pathologies linked to Rh and the respiratory system). They have served also to increase our understanding of aspects of nutrition, foetal endocrinology and pharmacology, prenatal diagnosis, improved delivery and abortion techniques, human fertility, etc.

In spite of the proven advantages of such practices, many people have stressed the need for control and regulation in order to prevent risks to and manipulations of live foetuses during pregnancy, which may give rise to malformations which in turn would manifest themselves after birth, and also to prevent the risk of deliberately provoking pregnancies and/or abortions for the purposes of undertaking research with the fetus or to make use of its tissues, with the consent of the mother (perhaps in return for financial or other type of reward). Equally important is the question of how the law should appraise and treat experiments carried out with live human foetuses extracted surgically in the course of legal terminations of pregnancy. Lastly, embryos obtained in vitro, prior to implantation in a woman (or even those which are not intended to be implanted) are valuable research material which is relatively easy to obtain. Furthermore, all such human biological components are liable to be

---

[39]See arts. 10 and 89 of Act 50/1980 of 8th October, on Insurance Contract.

used, and indeed are used on occasions, in the making of pharmacological and cosmetic products.

Hence the differing positions which have been adopted with regard to the problem of foetal investigation. Along with the promotion of freedom to engage in research (which is recognised as a fundamental right in the Spanish Constitution, art. 20.1.b), and, through it, scientific progress which will benefit future (and present) generations, protection must be afforded to embryos and foetuses, irrespective of their state or ultimate destiny (alive or dead; viable or inviable; inside or outside the womb; conceived naturally or in vitro; whether from an abortion or otherwise; presenting serious or non-serious risks; for the benefit of the foetus or for that of science in general, etc.).

One result of this controversy is the provision of the ECHRB, which reflects a rather open compromise position, given the lack of consensus achieved except in the case of the creation of embryos for experimentation, which is expressly prohibited: "1. Where the law allows research on embryos in vitro, it shall ensure adequate protection of the embryo. 2. The creation of embryos for research purposes is prohibited." (art. 18). In accordance to this provision, Spanish Penal Code contains as a crime the banning of fertilization of human ovules with a different purpose than human reproduction (art. 161.1).

The Spanish Constitutional Court has considered the following provisions to be adequate in relation to Spanish Constitution, as this Court considers that prenatal human life is an objective juridical good protected by the Constitution, specifically by art. 15, were the fundamental right to life is recognised[40]. Notwithstanding, foetus and embryo are not entitled to have a right to life[41]. According to Constitutional Court, this juridical protection can be also extended to the in vitro or preimplantation embryo, although in a lower level than foetus or implanted embryo are[42]. According to these criteria, only non-viable embryo has no protection in Spanish legal system.

II. Embryos which are the Result of Medically Assisted Reproduction Techniques ("in vitro" embryos)

As was stated above, the ease with which pre-embryos or pre-implantation embryos can be obtained in laboratories for subsequent implantation in a woman to enable her to fulfil her wish of motherhood raises a number of problems concerning the ultimate use which is made of them. For example, in order to achieve a successful pregnancy by implanting an embryo obtained *in vitro*, several ovules are fertilised and these produce a similar number of

[40] Constitutional Court, ruling 53/1985 of 11th April.

[41] Constitutional Court, ruling 53/1985 of 11th April.

[42] Constitutional Court, rulings 212/1996 of 19th December and 116/1999 of 17 June.

embryos, which are then used for multiple implantations given that successful first attempts are quite rare. Thus, spare embryos are frequently left over after the pregnancy is achieved and scientists have asked to be able to use them for their research.

This is a question which, like others, relating to medically assisted reproduction techniques, has given rise to a wide body of opinions, ranging from calls for a total ban to acceptance under certain (or no) conditions.

Similar concerns have been expressed in Spain, as reflected in the Report and workings of Parliament's Select Committee on the study of human in vitro fertilisation and artificial insemination, which was set up in 1986. However, Spain has gone even further in promulgating the aforementioned Law which regulates the donation and use of human embryos and foetuses or their cells, tissues or organs, and the Law on Techniques of Assisted Reproduction. The former, in its Explanatory Statement, falls closely into line with the guiding principles behind Spain's Law on the removal and transplant of organs, which was passed on 27 October 1979.

Law 35/1988 (on Techniques of Assisted Reproduction) authorises the use of gametes for basic or experimental research, although they can not then be used for reproduction (art. 14.1 and 3). Research into the obtaining and maturation of ovocytes, the cryopreservation of ovules and the hamster test with human spermatozoa (art. 14.2 and 4) are also allowed. It seems somewhat excessive that fertilisation between human and animal gametes may be authorised by the authorities (art. 14.4).

Law 35/1988 also imposes limitations on investigation or experimentation with pre-embryos (that is, those which have not yet been implanted in the woman). Such investigation is permitted for diagnostic or therapeutic purposes where a real benefit is involved: if for the purpose of diagnosis, it can only be for assessment of viability or non-viability, detection of hereditary diseases in order to treat them where possible, or to advise against transfer for procreation (art. 12.1); if for therapeutic reasons, it can only be used to treat a disease or prevent transmission thereof, as long as reasonable and proven guarantees exist (art. 13.1).

Where intervention serves a different purpose, particularly investigation and experimentation, the following general conditions (among others) are required also: informed consent must be obtained from the persons from whom the pre-embryos are taken, including the donor; the pre-embryos must not be developed more than fourteen days following fertilisation, not counting any period of cryopreservation; the investigation must be carried out in approved and qualified centres (art. 15.1). In the case of viable in vitro pre-embryos the investigation must be a diagnostically-applied one, for therapeutic or preventive purposes, and the non-pathological genetic heritage/patrimony must not be altered (art. 15.2). Where the pre-embryo is non-viable, the intervention may be extended to other types of investigation, provided that it is not possible to perform the same type with an animal model; the project must be submitted for monitoring and the authorised time-limits complied with (art. 15.3). Lastly, aborted pre-embryos are deemed to be dead or non-viable and can, therefore, be used for investigation or experimentation; in the case of the former (dead) they may be used for scientific, diagnostic or therapeutic purposes, whereas if they are non-viable they may be used for pharmaceutical, diagnostic or therapeutic purposes (art. 17). Certain investigative actions using gametes and pre-embryos are expressly authorised, while prohibitions are placed on a long list of others which are deemed to be undesirable (art. 16). However, the provision allowing any other type of investigation authorised by the regulations (no indication is given as to which) or, in their absence, the multidisciplinary National Committee (created in 1997 as the Human Assisted Reproduction National Commission, see below), would appear to be somewhat excessive given the ambiguity and potential scope involved, in an issue of such complexity; in any case, it should be understood that this procedure cannot be used to override prohibitions.

By way of conclusion, it may be said that, the legislation, in spite of several technical shortcomings – most notably its casuist and repetitive nature –, does appear to be quite appropriate as far as its general content is concerned, although in many places it is rather imprecise; it is in keeping with the guidelines of Council of Europe Recommendation 1046 (1986) and Recommendation 1100 (1989).

To sum up, although regulatory provisions do exist in Spanish legislation, these issues should remain open to discussion and reflection, until such times as the widest possible agreement is reached as to what should and should not be allowed.

III. Embryos or Fetuses in Utero or Expelled from the Uterus

Experts generally coincide in rejecting investigation or experimentation in live human fetuses. Where these have not been taken from the mother's uterus, therapeutic measures only should be applied, that is, measures which attempt to improve the foetus itself rather than another person. Experts also advocate a ban on sales of fetuses, in accordance with he prevailing general principle that no trade should take place with anything connected with the human body (for example, the sale of transplant organs is usually banned; see Spain's Law on the removal and transplant of organs of 27 October 1979, art. 2).

Although by no means an exhaustive list, bearing in mind that we have attempted to address a number of complex issues and set them in their legal context with the corresponding limitations and prohibitions, the following are some of the most important points as contained in the aforementioned Laws 35/1988 and 42/1988.

Law 42/1988 deals with the donation of embryos and foetuses or their biological structures. Donation corresponds to the parents provided they consent to do so or to the use of the embryos and foetuses and they have been given the appropriate information; in the case of non-emancipated or incompetent minors, consent is given by their legal representatives; in case of death, consent is deemed to be given as long as no express opposition is known and, where death was accidental, authorisation must be sought from the judge. Financial gain from, or commercial transactions involving, the donation or subsequent use of embryos and foetuses is prohibited. Lastly, only clinically non-viable or dead embryos or foetuses may be used (art. 2).

The fertilisation of human ovules for any purpose other than procreation is also banned (art. 3 of Law 35/1988). Specific limitations and prohibitions are laid down for actions involving live and dead embryos and foetuses. In the case of the former, while they are still in the uterus only diagnostic or therapeutic actions, or actions to perform a legal abortion, are permitted (art. 12.2, Law 35/1988); if no longer in the uterus, they may only be used if they are non-viable, and if they are viable any clinical manipulation must aim exclusively to favour their development and own vital autonomy; dead embryos or fetuses, once verification of death has taken place, may be used and donated for diagnostic, therapeutic, pharmacological clinical or surgical purposes, or for experimentation or investigation (articles 5 to 7, Law 42/1988). In the case of transplants of these biological human elements, the reference made to consent on the part of the recipient (art. 4, Law 42/1988) is similar to the terms contained in the Law of 27 October 1979 governing the removal and transplant of organs.

H. Culture of human cells: the use of embrionic stem cells and genetransfer for cells development

The creation of cloned embryos as sources of organs or tissues for transplantation should the person from whom the replicated genome is obtained fall ill, is ruled out because of the protection the law grants to *in vitro* embryos, specifically the prohibition of fertilisation for any purpose other than procreation (art. 161.1 of Penal Code).[43] My own view is that research efforts should be concentrated on xenotransplants, since although it involves the use of isolated human genes with animals, the procedure gives rise to fewer ethical

[43] The banning of human reproductive cloning (art. 161.2 of Penal Code and Protocol of the Council of Europe, enacted in Spain on 1rst March 2001) is not concerned here.

reservations, some of which have more to do with the risks (for instance, the passing on of animal pathogens to humans – eg viruses) of all new innovative or experimental treatments for the patient-recipient than with the use itself of human genes.

That said, let us recall that cloning, as a scientific research and experimentation procedure, entails the use of human gametes and embryos. Any procedure which gives rise to embryos for research implies by definition that they will not be used for reproduction, and thus any possibility that an embryo on which research has been conducted might be transferred to the uterus of a woman is – or should be – excluded. This is a possibility that must be prohibited totally. Most legal systems prohibit the creation of embryos for a purpose other than research, and some even expressly ban their creation for experimental, research, industrial or commercial purposes.

The issue is directly liked to the positions adopted in connection with the general possibility of using embryos for research or experimentation, a subject which has failed to produce unanimously-accepted criteria.

The cloning of isolated genes or of a genome in the laboratory poses – or should pose – few objections as long as it does not lead to the formation of a viable zygote. Consequently, the application of cloning techniques in human cells or tissues for research should be allowed and, where necessary, supported within the context of general experimentation regulation, given that it can help provide crucial biological and medical information as well as further insight into cell structure and development, the processes of some diseases such as cancer, etc. The same is true also of other techniques involving the use of human genes in animals to obtain therapeutic products for humans, or experimentation with animals for medical purposes or for livestock enhancement etc, provided that the principles of good practice are adhered to.

I. The proof of research projects by independent and interdisciplinary bodies

I. The legal status and functions of Clinical Research Ethics Committees

As we have seen above, the Clinical Research Ethics Committees have to approve every research protocol prior to its commencement and their main function is to protect the subjects of experimentation. They have to be set up in every public or private hospital or health centre intending to perform research involving human beings[44].

These Committees are competent to evaluate the different features of a trial, not only from an ethical and legal focus, but also from a purely methodological and scientific perspective, as well as the balance of costs and benefits. In fact, all clinical protocols must conform to the previous evaluation report of the Committee concerned. Specifically, they have the following functions, among others[45]:

i. They will evaluate the suitability of the medical protocol in relation to the objectives of the research, its scientific efficiency (the possibility of reaching valid conclusions, with the minimum exposure to risk for the subjects) and the justification of the risks and anticipated burdens, balanced with the expected benefits for the subjects and society.

ii. They will evaluate the suitability of the research team for the proposed trial. This will take into account its experience and research capacity to carry the study forward, paying attention to its duties of care and current commitments in relation to other research medical protocols.

iii. They will evaluate the written information about the trial that will be given to the possible subjects of the research, or failing them, to their legal representatives, the way that such information will be given and the type of consent that is going to be obtained.

iv. They will test the provision of compensation and treatment that will be offered to the subjects taking part, in case of injury or death that could be attributed to the clinical trial, and of the insurance or indemnification to cover the responsibilities specified in art. 13.2.

v. They will be informed of and will assess the scope of the financial benefits that will be offered to the researchers and the subjects of the research for their participation.

vi. They will monitor the clinical trial from its start until receiving the final report.

At least one lay person as well as a lawyer must be members of these Committees; the other membership is reserved for medical and nursing staff and experts. The Committees and their members are independent; they do not receive any kind of payment or material compensation for their work[46].

---

[44]The legal framework for Clinical Research Ethics Committees is provided at the Drugs and Medicines Law 25/1990 (art. 64) as well as at the RD 563/1993 (arts. 39-43), quoted above.

[45]See art. 42 RD 1993.

[46]See art. 64 Law 1990 and 43 RD 1993.

On the other hand, there is no formal link between the Committees of other centres, so it could happen that differing decisions are made when they are dealing with multi-centre clinical research. This is a very important and increasing problem, which should be resolved by the public health authorities passing new specific rules on the matter.

II. The Human Assisted Reproduction National Commission

The Spanish Government created the Human Assisted Reproduction National Commission (*Comisión Nacional de Reproducción Humana Asistida*, CNRHA), who, according with the legal disposal[47] has established the creation, composition, functions and attributions to its functioning[48].

Concerning its functions, in brief, general objectives of orientation and collaboration are established with the Health Public Administrations regarding the matter[49], concretely with the fundamental functions of information and assessing that are specified in art. 4th, where other evaluation commitments are also referred (art. 4th). Number 14 of this article constitutes an open clause about the functions of the CNRHA, when attributing "whatever other that were commended or required by the competent health Administrations"; we will have to determine which are such competent Administrations that are quoted in several parts of the articles of the RD. In this same article 4th, it is fixed as a global finality "to watch over the protection of the human dignity and to promote actions in favour of the fundamental rights of the persons", which means a direct reference to the Constitution and to the other laws concerning the matter, specially other applicable Convenes about the matter.

Some reports of the Commission are perceptive (art. 2 and 3); concretely the ones related to the parts 3, 4, 5 and 8 of the art. 4th of the RD 415/1997, as well as the ones related to the projects of general dispositions about human assisted reproduction techniques, what at least is extended o the functions established in the points 2, 6, 10 and 12 of the same article.

Concerning the functions of the Commission related to research, these are the ones of informing the protocols and projects of research and experimentation with gametes, pre-embryos, embryos and human foetuses that may appear, according arts. from 14 to 17 of the Law of Assisted Reproduction Techniques (art. 4.8 RD 415/1997), that regulate the legal frame of the research and

---

[47] The creation and functions of the CNRHA is previewed in the article 21 of the Law RTA, as well as in its Fourth Final Disposition.

[48] The functioning of the CNRHA is established by its internal regime regulation, elaborated by it and approved by the Council of Ministers of 26 June 1998.

[49] See 1st. art. of the RD 415/1997.

experimentation with those, according to what is exposed above. In relation with this function, the Commission has already issued several reports.

According with art. 1.2 of the RD 415/1997, the initiative for the CNRHA to elaborate reports or make functions of assessment corresponds to:

1. Superior Organs of the Health State Administration. Although it is not understood who are these yet, I understand that they are at least the Ministry of Health and Consumption and the Inter-territorial Council of the National Health System (art. 47 of the GHL).

2. The own components of the CNRHA. Concerning this, the regulation of the internal regimen states in its art. 13.2 that an agreement of the Commission will be necessary, in the conditions and with the established requirements on it. According this, I understand the ones that can be applied are art. 8.2, letter g (and in some part, letter f) and 15; and in some way, it could also be art. 14.2 (2nd paragraph) and 3, all of them of the quoted regulation of the internal regime.

3. The homologue Commissions of the Provincial Communities. It is possible – but not dispensable – that these will not make it by its own initiative, but it can be done by request of the centres or services to which refers the art. 18 of the Law 35/1988, that is to say, "all the Centres or Services in which the Assisted Reproduction Techniques will be done, or its derivations, as well as the reception Banks, conservation and distribution of human biological material Banks".

The CNRHA began to work in November 1997 and in December of the following year it finished its First Report, which was presented on the 3rd of March 1999. The matters to deal with that were chosen by the CNRHA in this First Report were these: 1st The crioconservation of semen, concerning this, it is recommended to allow its freeze for unlimited time, against the maximum current legal limit of five years, at the time that the measures to protect the integrity of the semen while is frozen should be reinforced. 2nd The crioconservation of ovocites, concerning this, it is thought that it should be made easier – until nowadays it is excluded by the Law –, but at the moment in an isolated and controlled way, until its efficacy is shown and, consequently, the aptitude of the ovocites for the reproduction once they are defrosted. 3rd To which refers to the crioconservation of embryos, knowing that at the moment, more than twenty-five thousand are the ones that are frozen in Spain, of which around 15% have gone beyond the maximum legal period of crioconservation (five years), some co-ordinated measures are suggested: to foment the decrease of the number of embryos to be frozen in the future to the minimum indispensable to achieve the procreation, to allow its freeze until the age when the woman usually looses her fertility (usually when she is fifty years old), that couples take responsibility of the destiny of their embryos through all the process of their relationship with the centre where they are staying, so the staff of the banks could know always what their behaviour should be, to foment the donation to other couples for their own reproduction and, of course, take into account the subsidiary use for the research, inside the current legal framework (about this matter it is told that the Commission will specifically take other measures in the future) and not to reject their destruction, as last resort; 4th Human cloning, concerning this, the risks the insecurity and unknowledge that these techniques provoke are pointed out, the different ethical consideration that deserves artificial gemelation, the convenience of improve the redaction of the offence of human reproductive clonation of the Spanish Penal Code. 5th Finally, concerning the possibility of retribution by the donation of gametes (semen and ovules), its purpose is to maintain a difficult balance between its gratuity, as Law demands, with the compensation for the disturbances and expenses the donation requires, getting closer in this way to the generalised practice. As it can be tested, some of these recommendations could be started now, as other mean a reform in the current legislation about the matter, as it admits openly the onw Commission.

The Second Report, approved in 2000, is about the research with remaining human embryos of the assisted reproduction techniques, in which other recommendations are proposed about this delicate matter, after analysing the scientifical matters (the first phases of the development of the human embryo, the possibility of research that it offers), ethical and juridical.

In any case, it will correspond to the public powers, fundamentally to the executive and legislative, to gather and make of theirs these recommendations of the CNRHA.

J. Other relevant topics of the ECHRB in relation with Spanish biomedical law

I. Rights and duties of patients

From the standpoint of Medical Law and human rights without doubt the most important aspect is the consolidation of the rights and duties of patients and users of health services. This importance stems from the radical change this represents for the concept of hospital patient, viewed now as a subject possessing rights which, logically, are still enforceable the course of his illness. These rights are set out in art. 10 of the GHL and can be divided up into some different groups: 1) rights relating to the provision of medical care services, 2) rights relating to the principle of autonomy or self-determination, among them informed consent and the right of information, 3) rights relating to privacy and confidentiality. These are truly subjective rights, and their violation can give rise to the corresponding claims.

In this field, there is not an accurate correspondence with ECHRB. For instance, the right to be informed is too much comprehensive at this Law: it states that information given to the patient or his or her relatives shall be "complete" (art. 10.5, GHL)[50]. Being in fact impossible to do this, at the contrary the ECHRB states that information shall be "appropriate" (art. 5.3), which is more rational and feasible.

The so-called right not to know is expressly recognised at ECHRB (art. 10), but there is no similar provision at the previous internal Spanish law, notwithstanding that it could be protected through the provisions concerning the protection of intimacy and/or the right to private life. Taking into account that the european provision is broader than Spanish in this field, the former should have priority for Spanish law.

II. Informed consent

Informed consent is another patient right which has been naturalised in Spanish legislation, particularly in the GHL: "the right to choose freely between options given by the physician in charge of his or her case. The written consent of the user shall be necessary for all interventions..." (art. 10.6).

Some observations are necessary with regard to consent-related information. In general, information is a requirement which conditions the validity of subsequent consent to the medical act; however, the act need not necessarily lead to treatment or intervention, which is why information in its own right is construed as an autonomous right enjoyed by the patient, regardless of whether he or she is to give his or her consent. On the other hand, consent and information are frequently linked and hence the two rights are not entirely unrelated given that when the patient has to give his or her consent he or she must know what he or she is consenting to and needs information to do so. Moreover, whoever provides him with the information should be the person(s) who will treat him or perform the intervention. Hence the references to informed consent, which Spanish jurists had called for in precisely these terms prior to the passing of the GHL and which is now a legal requirement beyond all doubt.

Very little needs added to what has been said above, especially with regard to the need for information, the amount of information, disclosure, understanding ("comprehensible information"), form ("verbal and written"), and persons

[50] Art. 10.5 GHL: "All persons enjoy the rights listed below in relation to the different public health administrations: 5. The right of patients and their next-of-kin or relations to be given full and constant verbal and written comprehensible information on the process, including diagnosis, prognosis and alternative forms of treatment".

to whom it shall be given (the patient and his or her next-of-kin, although, in the case of the latter, without violating the respect for the privacy of the patient), etc., given that everything can be inferred from the aforementioned paragraphs of the GHL. It should be noted however that not all the information has to be given in both verbal and written form: the choice will depend on the nature of the information and the link between it and a subsequent intervention requiring patient consent. In addition, it should be noted that although Spanish jurists are generally in favour of the criteria governing so-called "therapeutic privilege", case law support is not yet at hand because the courts have yet to give rulings on the issue. It could be said, however, that restrictions on the right to information on the grounds of therapeutic privilege can be justified to a certain extent.

From the legal standpoint, and in the light of the explicit wording of the GHL, the duty to inform admits no exceptions. As we have seen, information must be full and constant and cover the entire process, including diagnosis, prognosis and alternative treatments. In Spain, however, some debate exists as to whether in spite of this (and in particular in view of the situation which existed prior to the passing of the GHL) some restrictions of or exceptions to this duty to inform may be admitted, especially where a serious or fatal diagnosis and/or prognosis is involved. In line with Latin and Germanic tradition, as opposed to that which prevails in English-speaking countries, and in keeping more with the principle of paternalism than that of patient autonomy, physicians have been allowed a certain degree of discretion in their observance of this duty, although this does not in any way constitute an undermining or derogation of the patient's right, which is recognised fully by the GHL. Although the physician is obliged to give clear and adequate information to his or her patient, it is possible for him or her to give partial or gradual information only, provided that in doing so his or her intended purpose is not to fraudulently evade his or her duty and that in his or her sound judgement, and in view of the specific circumstances of the case, he or she considers that full information might seriously impair the patient's recovery and hinder beyond repair the success of the treatment. Where information is restricted, the patient should be given an approximate idea of the seriousness of his or her condition, and under no circumstances should he or she be totally misinformed. Brief or limited information given to a patient should in all cases be accompanied and compensated for by fuller information given to the next-of-kin, since at the end of the day they will have to serve as substitutes for or complement the self-determination of the patient.

Clearly, then, physicians have to tread extremely carefully in such situations, since they are bound by the provisions of recent legislation, which unquestionably comes down on the side of information. As a result, we cannot now reaffirm beyond all doubt that it is possible to dispense with information in extremely serious cases or where prognosis indicates death, contrary to what was advocated previously – albeit in exceptional circumstances – prior to the passing of the GHL. Spain's Code of Medical Ethics of 1990 coincided with the view that a certain amount of discretion could be used where prognosis is very serious, and in exceptional circumstances only, in order to safeguard the patients's right to decide on his own future (art. 11). Nevertheless, it should be remembered that the Code serves as a guideline only and has no legal force, and thus does not take precedence over the GHL. From the disciplinary point of view it is interesting to note that whereas the GHL does not envisage sanctions for violations of recognised patient rights (although some indirect disciplinary avenues do exist), it might be possible to invoke the General Statutes of the Organisation of Colleges of Physicians, which stipulate that "failure to meet a request for a certificate or information in ethical terms where this does not entail danger to the patient" (art. 64.2.a) is considered to be a less serious offence; hence, if it can be shown that providing information does entail danger to the patient, failure to give the information shall not be construed as being an offence and therefore no punishment is due; conversely, where this is not the case, the physician is obliged to provide information and renders himself liable to disciplinary action if he does not do so. Lastly, it should be noted that the patient may legitimately and of his own accord (that is, he or she must be free from any kind of pressure or outside influence) waive his or her right to be informed, in which case the physician is exonerated from his or her duty to provide the information.

As was stated above, there can be no doubt that an adult patient who has received adequate information, that is, a patient who is conscious of the repercussions of his or her decision, is entitled to refuse treatment. The GHL could not be more explicit on this point: "All patients have the following rights... the right to refuse treatment" (art. 10.9). To do so, the patient must ask to be discharged and sign the appropriate discharge form; should he refuse, the hospital management, at the suggestion of the physician in charge of the case, may discharge the patient (art. 11.4). To sum up, physicians must respect a patient's refusal of treatment where the latter is aware of the repercussions of his or her decision. If, in spite of this – and notwithstanding opposition on the part of the patient or, in the case of an incompetent patient, his or her guardian, next-of-kin or those close to him or her – a physician chooses to intervene, and performs surgery or any other form of treatment requiring hospitalisation, he or she shall be held to be criminally liable as the author of arbitrary curative treatment, provided that all the measures taken were of a clearly curative nature (otherwise liability would probably be more serious, if the patient's personal integrity were undermined), or even for having unlawfully deprived the patient of his or her freedom, if the appropriate authorisation was not sought and obtained from a judge.

However, the Law also establishes certain exceptions to the above, which have given interpreters of the law cause for confusion: "...except in the cases described in section 6...”; cases in which consent is neither necessary nor admissible: “a) Where non-intervention entails a public health risk. b) Where the patient is incompetent to take decisions, in which case the right shall pass on to his or her next-of-kin or those closest to him or her. c) Where the emergency situation rules out delays which might cause irreversible injuries or where there is a risk that the patient may die.

III. The right to information: access to records

1. Although it is closely bound up with consent to the medical act, it should not be forgotten that the *right to information* is justified in its own right and is wholly independent of all others.

Information given to a patient entails a number of considerations. The first is clearly tied to consent. However, the right to information goes beyond this and need not even be linked to a voluntary act on the part of the patient, as is acknowledged by art. 10.5 of the GHL, which is defined in very broad terms (“the right of patients and their next-of-kin or those closest to them to be given full and constant verbal and written comprehensible information on the process, including diagnosis, prognosis and alternative forms of treatment”); it is stated that the information in question need not always be conceived as being a prior condition for a patient to choose freely and give his or her consent. It implies also that the patient has the right to know about his or her condition (diagnosis) and the treatment process, as well as the right to be given therapeutic information. Reference is made also to his or her right to receive a discharge report on leaving hospital (art. 10.11), and to be granted access to his or her health or clinical records (art. 61). However, in view of the close ties between information and consent to a medical act, we will dwell on the subject for a moment.

2. Spanish law has resolved the issue of patients’ access to their hospital records by granting unrestricted access under the GHL, which stipulates that hospital or health records “shall be made available to patients” and that “the authorities shall adopt measures to guarantee these rights and duties” (art. 61).

Two comments need to be made with regard to this statutory provision. Firstly, in referring to hospital records in a general sense, regardless of whether they are stored on computer or in written from, the provision covers all forms in which records may be kept; hence, the right of access to the record as recognised in the GHL extends also to any information stored on computer. Secondly, a question mark surrounds exactly which parts of the record a patient is entitled to from the point of view of the precautions provided for in comparative law to avoid negative consequences for a patient who is granted direct access which is not "filtered" by the physician. Similarly, the requirements of the physician who wishes to safeguard his or her own privacy if the record includes his or her subjective opinions concerning the patient must be borne in mind. As we have seen, the GHL entrusts the job to the authorities, albeit in a partial sense since it refers only to measures to guarantee the rights and duties mentioned in the same Law (art. 61). In this case, a doubt arises as to whether restrictions to access that cannot be inferred from the Law may be introduced. However, no form of restriction which is currently applicable can be deduced from the aforementioned Law.

With regard to how recognition of access to the hospital record ("shall be made available") can be reconciled with the presence of highly subjective components (the physician's subjective appreciations concerning the patient's attitude or behaviour and his or her reactions), which might affect the physician's own privacy (it should be remembered that the Law does not actually list rights and duties, but merely entrusts the job of establishing them to the authorities), it is important to consider the patient's intended purpose in making use of the records made available to him or her: a) to obtain further personal information; b) to continue or commence treatment in another hospital or under another physician; c) to use in legal proceedings.

IV. Living donors for transplantation purposes

Spain, like many other countries, has specific legislation with regard to human organ transplants. The key piece of legislation is the 1979 Law governing Removal and Transplant of Organs[51]. The foundations of its provisions do not differ from the rules established in the ECHRB (arts. 19 and 20).

Although the giving of organs by living persons for subsequent transplant to a person suffering from an illness who requires the organ affects the integrity of the body, which is in principle punishable by law[52], it is explicitly permitted by the 1979 Law and by the Penal Code itself (art. 428.2). It is not enough for the operation to be performed by qualified personnel (a surgeon) for this exemption to come into effect. The donor must also give his consent and all other requirements of the Law (art. 4) and the 1980 RD (articles 2 and 5) must be strictly adhered to.

1. Age and legal capacity restrictions The donor *must have reached the age of legal majority* (18 years), *be in full possession of his mental faculties and in sufficiently good health* for the removal to be performed[53]. This means

[51] Law No. 30/1979, of 27 October, on "Extracción y Trasplante de Organos".

[52] See arts. 418 and ff. of the Spanish Penal Code on bodily harm offences.

[53] See art. 4. a and b of the Law.

that minors may not give their organs (for example for use by a brother or sister who is suffering from an illness and who is also a minor), even where consent is given through the parents, as this is considered to exceed the scope of the rights and duties inherent in parental authority[54]. This is intended to safeguard the interests of the minor, who, without such protection from the Law, would have difficulty in not succumbing to the moral pressure brought to bear by the family and would be subject to the danger of the family consenting on his behalf (if he is unable to express his own consent) in the interests of the recipient and at his expense. The same principles underlie the exclusion of the intellectually disabled, those suffering from a psychiatric illness or persons who for any other reason[55] are unable to give their explicit, free and conscious consent.

However, the 1996 and 1999 RD make an exception for bone marrow because of its capacity for regeneration and because donation and transplant usually concern siblings. For reasons similar to those given above, the donation of organs by the intellectually handicapped or mentally ill is not allowed.

2. Limitations related to the organ The organ must be one whose removal is *compatible with the continuing life of the donor* and which does not seriously affect his bodily functions. As a result, the law allows the donation of organs or tissue provided that removal does not permanently affect the health or endanger the life of the donor. The donor's physical or psychological capacities should not be diminished by the removal of the organ nor should it result in the loss of any important bodily function. For this reason single vital organs may not be removed nor may single remaining organs from pairs (in cases of the prior damage to or loss of the second organ as a result of illness or injury). Limbs are also excluded, as are any parts of the body the removal of which would involve diminished bodily functions. The removal of paired or double organs is permissible when the remaining organ can act as a functional substitute. The same is true of regenerable tissue (blood, bone marrow, bones, cartilage, etc.). A full and thorough medical examination of the donor is therefore needed to determine whether or not his current health would result in him being seriously affected by the removal of the organ. If the donor's physical and mental health are good enough for the removal to go ahead, a physician other than the one(s) who will perform the operation must make a statement to that effect. This physician is also responsible for providing the donor with all necessary information.

---

[54] See arts. 154 and ff. and 162 and ff. of the Civil Code.

[55] P.e., prisoners seeking a reduction in their sentence. See Spanish Prison General Law 1/1979, of 26 September, art. 3.

3. Donor information and consent The donor must previously have been informed of all consequences stemming from his decision and must have freely, consciously and impartially given his express consent (informed consent). This is the key to the donor consent requirement, which is fundamental. In the first place, for consent to be valid it is essential that the donor has previously been fully informed about the foreseeable somatic, emotional and psychological consequences involved and the long-term implications that donation may have in terms of his personal, family and professional life. At the same time he should be provided with information about the benefits that the transplant might be expected to imply for the recipient. The relevant information must be given in writing. Consent must also be given in writing in the presence of the judge in charge of the Civil Registry, the physicians who provided the information and the doctor who is to perform the removal of the organ.

Clearly, valid consent can only be given for the donation of the organs and tissues referred to above, in view of the fact that in Law valid consent to endangering one's own life cannot be given (for example, consent to donating a vital organ). Neither is consent valid if it has been obtained under pressure nor through coercion (e.g. from members of the family of the would-be recipient of the organ) or where financial or material interests have influenced the decision to give the organ concerned, as we will see below. The possibility of the donor withdrawing consent is considered. Consent may be withdrawn at any time prior to the operation without any further formality being required. Withdrawal of consent cannot give rise to any kind of claim for compensation.

4. Restrictions governing the subsequent use made of the organ The Law stipulates that *the organ must be for transplant in a specific individual with the purpose of substantially improving the person's chances of survival or quality of life*[56]. This requirement, which may seem obvious, implies that the whole process of donation must revolve around a specific potential recipient[57], in most cases a member of the donor's family. The process, therefore, begins with histocompatibility studies of both parties along with all other tests deemed necessary to guarantee the viability and success of the transplant operation. As a result, the process of donation by a living person may not commence until a candidate recipient has been selected, nor can the organ subsequently be donated to someone else as this would mean beginning the process all over again in order to comply with all the requirements of the Law. The clearly therapeutic nature of the operation, as stipulated by the Law, rules out donations for primarily experimental or research purposes, although this does not mean that the operation may not involve a certain degree of uncertainty as regards a successful outcome.

[56] See art. 4. d, Law 1979.

[57] Cfr. arts. 4. d, 4.b and 6.b, Law 1979.

5. Anonymity of the recipient Finally, the law stipulates that the anonymity of the recipient must be guaranteed. Clearly, we are faced here with a 'lapsus legislatureis' if this is also to be understood to apply to the living donor, which would run counter to the other requirements noted above, particularly the latter. Donations by living donors are usually made for members of their own family as a sign of solidarity and affection. This requirement, which is not adhered to in practice, does make sense in the case of donations after death as it would thus prevent members of the donor's family later taking advantage of the situation by demanding some kind of material or financial compensation from the recipient (alleging, for example, that the donor was the sole source of financial support for the family). It is, however, possible to arrive at a more satisfactory interpretation that eliminates this apparent incoherence.

F – Country Report France

Prof. Dr. Michel Penneau

Université de Angers

In French law, the applicable rules concerning the protection of human rights and human dignity in biological and medical applications mainly result from the special laws that have been the object of a codification including them in the Code of Public Health. However, for certain aspects, these rules result from a case law interpretation of general legal principles or from the general provisions of the Civil Code and their observance of provisions of the Penal Code.

Chronologically speaking, the first of the special laws now in force in the field concerned is the Act of 20th December 1988 "concerning the protection of persons taking part in biomedical research", from which Volume II bis of the Code of Public Health, Articles L 209-1 to 209-23, results. The next acts to be adopted were the acts of 29th July 1994, called "bioethical", which tried to give a general legal framework to any intervention on a human being, from the conception to death, and which have been codified in various parts of the Code of Public Health, but also in the Civil Code and in the Penal Code. Details of these laws have since been amended, but their general economics remain the same.

It is principally in the field of informing people that the applicable rules above all depend on case law interpretations, in practice if not in principle, and indeed a number of in-depth developments have been noted in this field over the past three years.

There is a question that has never been approached by French positive law, apart from in the form of a clear-cut general prohibition: that of euthanasia. The fact remains that the prospect of developments on this point, object of passionate debates, as for others, are foreseeable at short time. Indeed, the Government has expressed its desire to include bills on the agenda of a future parliamentary session that would deal with the rights of the sick, on one hand, and on the other, would modify the "bioethical" laws of 1994.

A comparison between the French positive law and the Oviedo Convention underlines the following points:

A. General principles

Act n° 94-653 of 29th July 1994, under its first heading entitled "Respect of the human body", sets out a series of principles in the form of new articles to the Civil Code (articles 16 to 16-9) which endows them with an undeniable formality.

Article 16 stipulates that "the law ensures the primacy of the person, prohibits any infringement of human dignity and guarantees the respect of human beings from the beginning of life". The article 16-1 stipulates that "The human body is inviolable" and that "its elements and products" cannot "be the object of a patrimonial right"; the conventions signed for this purpose are declared null and void (art. 16-5); remuneration with a view to experimentation, sampling of parts of the body or produced by it, is prohibited (art. 16-6); any convention on procreation of gestation on behalf of others is null and void (art. 16-7).

Article 16-8 stipulates that the gift of organs or elements produced by the human body should remain anonymous and only the doctors of the donor and receiver shall be entitled to reveal the identity when therapeutic requirements make it necessary.

Article 16-3 stipulates that "no infringement of human integrity may be made except in the event of therapeutic necessity for the person" and that "the person's prior consent should be obtained, except in the event that a therapeutic intervention is necessary and that the person is unable to consent".

Article 16-4 prohibits any breach of "the integrity of human space", in particular any "eugenic practice tending to select people", and any transformation that could be made to genetic characteristic for the purpose of modifying the person's lineage, "without the prejudice to the research on the prevention and treatment of genetic diseases".

Thus, the previously unwritten general principles of French law are consecrated: safeguarding of the human body except in therapeutic necessity and with the person's consent; non-patrimonial character of the human body and its consequence: anonymity of product and organ donations.

This principles are taken up and developed in the legal provisions specific to each of the medical applications concerned.

It can be noted, however, that in comparison with Chapter I of the Oviedo Convention, two aspects have not been mentioned: that of fair access to medical treatment, and the necessary compliance with professional standards for any intervention in the health field. This second aspect is however fully envisaged within the framework of the Act of 20th December 1988 concerning the protection of persons who accept to take part in biomedical research, under Art. L209-2 of the Code of Public Health. Furthermore, under the aspect of the necessary conformity of medical care with professional practices and the data acquired from science, it is one of the points on which French courts found their case law concerning medical responsibility.

B. Consent

Chapter II of the Oviedo Convention deals with consent. Apart from Art 16-3 of the Civil Code mentioned above, French law is silent in the concrete applications of this general principle, only occasionally taking it up for special provisions in relation to experimentation, the donation of organs or gametes, genetics studies and medically assisted procreation.

On the other hand, case law in French courts has recently been enriched in this field with very important innovative decisions and which focuses on ensuring that a person's consent is actually obtained for the medical treatment offered to them. Indeed, by a series of decisions pronounced by the Cour de Cassation in 1997, the content of which was taken up again by the Conseil d'Etat in 2000, doctors and hospitals are obliged to prove the reality and the content of information given to patients. Moreover, it is their duty to provide information, not only on the frequent risks involved, but also on the exceptional risks if they are serious, implying the vital prognosis or a disability. If the doctor or the hospital is unable to provide this proof, he/it is liable to indemnify the patient for the resulting loss of choice.

Furthermore, case law is constant in ruling that a patient is free to withdraw his/her consent at any time. The principles brought out by French case law are also in keeping with those set out by Oviedo Convention for the protection of persons unable to give their consent, either because they are under age or due to a mental illness. To this should be added a bill now being prepared, which should back up these principles and concerning "patients' rights". As things stand today, the bill is expected to be presented to the government next autumn.

However, French law considers a situation that the Convention does not: that in which the legal representative of a minor refuses to allow essential treatment to be given to the child. Section 28 of the Decree n° 74-27 of 14th January 1974 stipulates that in such an event a hospital doctor may refer to the legal authority to disregard this refusal. Strictly speaking, this text only applies to people under the age of 18 and while hospitalised in a public establishment. But the principle of primacy of the interests of a person under disability, event in the event of refusal by his/her family to allow the person to benefit by the treatment his/her condition implies, in reality applies to all the other identical situations through various uncontested legal devices. It might be wise for the Oviedo Convention to consider this point.

Regarding the treatment of the mental illnesses, when the consent of the person concerned cannot be obtained, the French Act of 27th June 1990 (Section L326 to 355 of the Code of Public Health) fully meets the principle set out in Article 7 of the Convention. By increasing the number of precautions, linked with the fear of wrongful internment, it has instituted a number of judicial and administrative controls that make such abuse virtually impossible.

On the other hand, French law is silent on the question of the respect of the wishes previously expressed by a patient when the said patient's conditions does not allow him/her to renew these wishes at the time when a medical act is necessary, such as set out in the Article 9 of the Convention. Opinions, wether given by the general public, politicians, doctors and probably law courts, differs on this point. It would seem, however, that the majority feeling, no matter what group is considered, is not favourable to previously expressed wishes being absolutely taken into account, but considering that by nature an expressed desire is liable to change, and that it is only valid in the presence of present and precise data, it seems unwise for most people to give it absolute preeminence when the person is unable to confirm it for him/herself. Article 9 of the Convention perhaps needs to be more explicit and moderate or amended in this sense.

C. Private life and right to information

The respect of Section 10 of the Convention is fully ensured in French law by the implementation of article 226-13 of the Penal Code concerning professional confidentiality, which strictly applies to all the members of the health profession who care for patients. This obligation of professional confidentiality is also constantly referred to in all the special laws concerning medical activities.

Patients' right to information, mentioned in section L.710-2 of the Public Health Code concerning hospitals, is a general principle of which case law ensures the observance, and on which a legislative intervention is planned within the near future (see above). As set out in the Convention, the patient's desire not to be informed, or the exceptional hypothesis that his/her interest prevents him/her of being informed, are departures from the principle set out by case law.

D. Human genome

Heading II of the above mentioned Act n° 94-653 of 29 July 1994 is entitled "De l'étude génétique des caractéristiques d'une personne et de l'identification d'une personne par ses empreintes genetique" (Genetic study of the characteristics of a person and identification of a person through his/her genetic markers). This result in the inclusion in the Civil Code of the articles 16-10 to 16-12, in articles 226-5 to 226-32 and 511-1 of the Penal Code and in the first two indents of the article L.611-17 of the Code of Intellectual Property Rights, which all directly concern the protection of human genome. Subject to heavy penal sanctions, these texts stipulate that the study of the genetic characteristics of a person cannot be conducted without his/her consent and for medical or scientific research purposes, thereby eliminating any discriminative sex or eugenic practice purpose. The identification of a person by his/her genetic markers can also be realised within the framework of legal proceedings. The authorisation to carry out these markers is subject to a special procedure.

The Act also stipulates that "the human body, its elements and products as well as the knowledge of the total or partial structure of a human gene cannot, as such, be the object of patents". Furthermore, Act n° 94-654 of 29 July 1994 creates articles L145-15 to L145-21 of the Code of Public Health dedicated to "Predictive medicine and genetic identification". The necessity of a written consent is repeated as well as all the principles already mentioned above.

In this field, French law therefore appears to be in harmony with the principles set out in the Oviedo Convention. It should be noted however that the Convention does not evoke the patentability of all or part of the human genome that would seem to be a regrettable shortcoming.

E. Scientific research

Act n° 88-1138 of 20 December 1988 is entirely dedicated to the "Protection of persons taking part in biomedical research". It forms articles L.209-2 to L.209-23 of the Code of Public Health.

The principles set out in article 16 of the Oviedo Convention are fully present: scientific founding, absence of disproportional risk, prior scientific and ethic control by an independent committee, informing the persons concerned, express (written) consent with the possibility of withdrawing it at any time. Similarly, the rules concerning the protection of persons incapable of giving their consent are strictly identical.

As sole significant differences, we can note the Convention's silence on certain categories of persons who, under the French law, benefit by a special protection and which form two groups: pregnant women, parturients, nursing mothers, on one hand, and on the other persons deprived of freedom, sick persons in emergency situations, mentally sick hospitalised without their consent Within the first group, the 1988 Act stipulates that research without a direct therapeutic purpose cannot be undertaken unless it does not present any foreseeable serious risk, or is useful for the knowledge of phenomena occurring during pregnancy, childbirth or breast feeding and cannot be realised in any other way. For the second group, only research with a direct therapeutic purpose and with an expected major benefit for their health for the persons undergoing this research can be undertaken.

Research on the embryo in vitro, not mentioned in this act, but taken into account by the above Act n° 94-654 of 29th July 1994, gives rise to article L. 152-8 of the Code of Public Health. The conception in vitro of human embryos for study, research or experimentation purposes is prohibited. Any experimentation on the embryo is prohibited. However, the law stipulates that, exceptionally, "studies" can be carried out on an embryo conceived in vitro on condition that the couple whose request was at the origin of this conception has consented to it in writing, that they have received a favourable opinion from the Commission Nationale de Médecine et de Biologie de la Reproduction (composed of specialist doctors and biologists, lawyers, representatives of various associations, including the French Medical Association, chaired by a magistrate). It would seem that the requirements of Article 18 of the Convention are therefore met.

F. Organ and tissue removal from a living donor for transplantation purposes

Articles L671-3 to L671-6 of the Code of Public Health (resulting from Act n° 94-654 of 29 July 1994) are dedicated to the removal of an organ and tissue from a living person for transplantation purposes.

Such removal can only be realised in the therapeutic interest of a receiver. However, unlike the Convention, French law does not stipulate that it is only authorised if it is not possible to remove the organ from a dead body and if there is no other therapeutic alternative. This is no doubt unfortunate.

On the other hand, French law requires the donor to be the father, the mother, a son, a daughter, a brother, a sister or in an emergency the spouse, for any organ other than bone marrow. The conditions for informing the donor are reinforced and his/her consent should be taken by a magistrate.

This type of removal is generally prohibited in persons under the age of eighteen or in mentally disabled persons. However, it is possible for bone marrow to be removed from a minor for a brother or a sister. Each of the holders of the parental authority or the legal representative must consent to it, as well as the minor if he/she is concretely apt. In addition, a favourable opinion must be obtain from a board of experts appointed by the Minister of

Health, composed of two doctors, including a paediatrician, and a personality not belonging to the medical profession.

These provisions are very similar to those of the Convention. It should however be noted that under French law there is no possible deviation from a removal of an organ from a person adjudged to be legally incapable.

G. Prohibition of financial gain and disposal of of the human body

We will not repeat the non-patrimonial character of the human body already mentioned in the general principles.

Article 22 of the Convention prohibits the preservation or the use of an element of the human body for a purpose other than that which motivated its removal, unless the person from whom it has been removed has received sufficient information as has consented to it.

This provision does not exist under French law except implicitly when the purpose is a transplant. But the wording of the Convention seems to concern much more widely any removal, including that performed for a therapeutic purpose for the person having undergone it. Our law considers that, under such hypotheses, the organ or tissue removed are pathological waste, entering into the res derelictae category on which no control are carried out, providing that their destination is not contrary to morals or accepted standards of behaviour.

With the same limits, it might be preferable for the Convention to make these provisions more flexible and that it does not subject the use of such elements removed for a therapeutic purpose to the person's consent.

H. Sanctions

A large number of penal sanctions concern the rules summarised above. It would be tedious to mention them all here since there are so many of them and since the breach of all these rules has been considered. Similarly, the victim of any damage resulting from such a breach can always claim compensation from the person having caused the damage.

FIN – Country Report Finland

Prof. Dr. Raimo Lahti

University of Helsinki

A. Introduction

Finnish governmental position has been generally positive as to the acceptability of the major principles of the Convention for the Protection of Human Beings and Dignity of the Human Being with regard to the Application of Biology and Medicine (Convention on Human Rights and Biomedicine, European Treaty Series 164/4.IV.1997; below *Convention).* Finland signed the Convention among the first one signatories, and the Finnish government aims at the ratification of the Convention by the end of this year 2000, obviously without intending to make any reservation.

In Finnish health care, patients' rights are protected by a comprehensive legislation. A special law on the rights of patients was enacted in 1992, internationally among the first legal charters of this kind; this Act *on the Status and Rights of Patients* (= No. 785/1992; as *Appendix 1* = an appendix to *Lahti 1994)* came into force on the 1st of March 1993. This Act belonged to a legislative scheme where the *Patient Injury Act* was an earlier law (= No. 585/1986; amended essentially by the Act No. 879/1998, the revised Act as Appendix 2). The enactment of these laws can be seen as an expression of »consumerism« and an increased awareness of the individual human rights. At the same time the confidential relationship between the physician and other health personnel and the patient, as well as the participation of patients in the decision-making that concern them, were recognized as key elements of an expedient and fair functioning of the health care system. The strengthening of patients' rights was regarded as a qualitative improvement in health and medical care after the extensive widening of health services and after the allocation and reorganization of health care resources. (See in more detail *Lahti* 1994, 1995 and 1997.)

Medical Research Act (No. 488/1999, as Appendix 3) is the newest important law in the field of the Convention. One of the main reasons for its enactment was the implementation of the obligations derived from the Convention.

It should also be noticed that Finland has ratified the UN Covenant on Civil and Political Rights (1976) and the European Convention of Human Rights

(1990). The Constitutional reform on basic rights in 1995 and the fully revised Constitution of Finland (Act No. 731/1999) have confirmed i.a. such individual rights which are relevant with regard to the application of biology and medicine.

As for the general provisions of the Convention, the just-mentioned recent constitutional and legal reforms have produced their national counterparts. For instance, the Constitution shall guarantee the inviolability of human dignity (Section 1, subpara 2), and the equality principle is now defined more precisely than earlier – including e.g. the prohibition of discrimination on grounds of (i.a.) health, disability or other personal reason (Section 6). Regarding access to health care, the Constitution obligates the public authorities to guarantee for everyone adequate medical services and to promote the health of the population (Section 19, subpara 3, of the Constitution; in more detail see Section 4 of the Status and Rights of Patients).

B. Consent, private life and right to information

The right to personal liberty and integrity as well as the right to privacy are guaranteed by the Constitution (Section 7, subpara 1, and Section 10), and the international human rights conventions include relevant provisions on the matter. More detailed provisions are in the Act of the Status and Rights of Patients, Sections 5-9 and 12-13, as well as in the Medical Research Act, Sections 5-10. Generally, the Finnish legal provisions are substantially equivalent with the Convention provisions. The Medical Research Act was specifically formulated in such a way which would correspond the Convention requirements. (See also *Lahti* 1994 and *Lötjönen* 1998.)

An interesting slight difference can be seen in the Article 9 of the Convention concerning previously expressed wishes. These kinds of advance directives are intended to be legally binding (ratio legis), although the formulation in the Section 8 of the Act of the Status and Rights of Patients is rather vague: »... if the patient has earlier steadfastly and competently expressed his/her will concerning treatment given to him/her, he/she must not be given a treatment that is against his/her will.«

C. Human genome

The discrimination against a person on grounds of his or her genetic heritage is prohibited and it is, among other forbidden acts, punishable as an offence called 'discrimination' under following conditions:

> A person who in his/her trade or profession, service of general public, exercise of official authority or other public function or in the arrangement of a public amusement or meeting, without a justified reason, 1) refuses someone service in accordance with the generally applicable conditions, 2) refuses someone entry to the amusement or meeting or ejects him/her, or 3) places someone in an unequal or an essentially inferior position, owing to his/her race..., state of health, shall be punished ... (See Finnish Penal Code, Chapter 11, as amended by the Act No. 578/1995, Section 9.)

As for the predictive genetic tests and non-selection of sex (Articles 12 and 14 of the Convention), the Finnish legislation does not fully guarantee the observance of those provisions. The legal regulations of predictive genetic testing, at least in some respects, and of medically assisted procreation are under preparation. In the just-described provision of the Penal Code there is the restrictive clause »without a justified reason«, which makes it discretional and dependent on the possible justification on grounds of relevant material legislation.

Regarding the Article of the Convention, Section 15 of the Medical Research Act is particularly relevant:

> Research on embryos and gametes for the purpose of developing procedures for modifying hereditary properties shall be prohibited, unless the research is for the purpose of curing or preventing a serious hereditary disease.

There is some disagreement among the scholars whether this provision is fully in accordance with the Article 13 of the Convention or not.

Unlawful intervention on the genome is criminalized: it is prohibited to conduct research with the aim of 1) cloning human beings, 2) creating a human being by combining embryos, and 3) creating a human being by combining human gametes and genes from animals. The penal scale is fine or imprisonment for a maximum of two years. (See Section 26 of the Medical Research Act.)

D. Some special questions concerning scientific research and organ and tissue transplantation

The Medical Research Act applies to medical research carried out on persons, human embryos and human foetuses. To the important common provisions belong those which, for the first time, legally regulate the position of the ethics committees (see in detail Sections 3 and 16-20 of the Act). They should guarantee an independent and interdisciplinary evaluation of research (see generally *Lötjönen* 1998).

The Medical Research Act allows research on embryos in vitro but puts conditions and restrictions on such research (see esp. Section 13 of the Act). Unlawful research on embryos and gametes is punishable (under Section 25 of the Act); however, the penal scale is milder than for the above-mentioned offence of unlawful intervention on the genome.

Organ and tissue transplantation has been legally regulated in Finland already from the 1950s. A substantially revised legislation is now (2000) as a Government Proposal under the Parliament's consideration. Some minor amendments concerning removal of organs or tissue from a living person were regarded as needed also for the implementation of the Convention.

Concluding remarks

The ratification of the Convention is generally accepted in Finland. There have not been any crucial points of disagreement in the implementation obligations. The Convention as it balances the rights of the individuals and right to human dignity and genetic integrity, on one hand, and the interests of the society and science, on the other, seems to be satisfactory for most citizens of the pluralistic and secular state Finland. It may also be said that the Convention followed in many respects that line of thinking which was reflected in the Finnish medical law reforms already from the 1980s.

References:

- Lahti, Raimo (1994): Towards a Comprehensive Legislation Governing the Rights of Patients: The Finnish Experience. In: WesterhŠll, L. / Phillips, Ch. (eds.), Patient's Rights. Nerenius & Santerus, Stockholm, pp. 207-221.

- Lahti, Raimo (1995): The Finnish Patient Injury Compensation System. In: McLean. S.A.M. (ed.), Law Reform and Medical Injury. Aldeshot etc. Dartmouth, pp. 147-162.

- Lahti, Raimo (1997): Finnland: Perspektiven der Patientenrechtspolitik. In: Kranich, Chr. / Böcken, J. (Hrsg.), Patientenrechte und Patientenunterstützung in Europa – Anregungen und Ideen für Deutschland. Nomos, Baden-Baden, 21-30.

- Lötjönen, Salla (1998) : The Protection of Human Subjects in Medical Research in Finland. In: Modeen, T. (ed.), Finnish National Reports to the Fifteenth Congress of the International Academy of Comparative Law. Finnish Lawyers' Publishing, Helsinki, 49-72.

GEO – Landesbericht Georgien

Nino Kalandadse

Universität Mannheim

A. Einleitung

Das 20. Jahrhundert ist im Bereich der Medizin mit einer Reihe neuer Entwicklungen gekennzeichnet. Der wissenschaftlich – technische Prozeß hat der Medizin die Gelegenheit geboten, auf das menschliche Leben und seine Entwicklung einen positiven Einfluß auszuüben. In der heutigen Zeit ist es dem Menschen möglich, sich in den Ablauf natürlicher Ereignisse zu integrieren, und oft gelingt es ihm sogar den Eintritt unerwünschter Folgen zu vermeiden. Doch brachte die medizinische Entwicklung auch Probleme mit sich, die unter anderem die rechtliche Seite der Gesellschaft und die Rechtswissenschaft berührt haben, denn sie führte zwingendermaßen zum Erfordernis, neue gesetzliche Regelungen und einen neuen rechtlichen Rahmen im Hinblick auf den Schutz der Menschenrechte herauszuarbeiten bzw. zu schaffen. Die entstandenen Probleme haben auch auf das georgische Rechtssystem neues Licht geworfen.

In den Vordergrund stellte sich dabei das Verhältnis der rechtlichen und ethischen auf der einen, und der Medizin auf der anderen Seite, insbesondere die Bereiche der biomedizinischen Forschung, der Transplantation, der Genetik und der nichtsanktionierten Einwirkungen auf die menschliche Psyche. Es zeigten sich vor allem neue Hindernisse und Schwierigkeiten in Bezug auf den Schutz der Menschenrechte.

Zur Bewältigung dieser Probleme stützte sich die Rechtsordnung und Literatur Georgiens auf die Vorschläge und zu diesem Gebiet neu entwickelten Regelungen, die sich während der 2. Hälfte des 20. Jahrhunderts zur Erweiterung der Gesundheitsrechte zwischen Menschenrechtsschutz und der Medizin bildeten und sich in den international-rechtlichen normativen Regelungen niederschlugen. Diese waren unter anderem die »Allgemeine Erklärung der Menschenrechte der Vereinten Nationen« von 1948, die Deklaration von Genf von 1948, die vier im Jahre 1949 in Genf entstandene Konventionen, der »Internationale Pakt der Vereinten Nationen über wirtschaftliche soziale und kulturelle Rechte« von 1966, die Erklärung der Vereinten Nationen über die Rechte der Behinderten von 1975, die 1977 zustande gekommenen zusätzlichen Protokolle, die im Jahre 1982 entstandenen »Prinzipien der medizinischen Ethik« und schließlich das Übereinkommen der Vereinten Nationen über die Rechte des Kindes von 1989. Die oben erwähnten Entwicklungen der sozialpolitischen Rechte des Menschen bieten auch im georgischen Recht die Grundlage für die Schaffung eines neuen Zweiges des Rechts, nämlich dem Medizinrecht. Unter dieses sollen die Angelegenheiten des Gesundheitsschutzes fallen, ferner soll es das rechtliche Regime der medizinischen Versorgung regeln (z. Teil die Krankenversicherung), sowie die Familienplanung und die Entwicklung anderer bisher ungeklärter Bereiche in der Medizin und ihr rechtliches System betreffen. Doch stellt das Medizinrecht heutzutage in Georgien, sowie in anderen GUS Ländern kein selbständiges Lehrgebiet des Rechts dar. Die Entwicklung schreitet im Vergleich zu den westlichen Ländern bzw. den USA sehr langsam voran.

Somit wurde im Jahre 1996 das Menschenrechtsübereinkommem zur Biomedizin des Europarates zum Gegenstand einer Diskussion in der rechtswissenschaftlichen Lehre und der Rechtsprechung Georgiens. Im Anschluß gründlicher Überlegungen wurde vom georgischen Staat, um die bisher geltenden Bestimmungen über den Schutz der Menschenrechte und die erzielten Ergebnisse der modernen Medizin ins Gleichgewicht zu bringen, im Mai 2000 die Biomedizin-Konvention unterzeichnet und dem Parlament zur Ratifikation vorgelegt. Ratifiziert ist sie jedoch zum heutigen Zeitpunkt noch nicht.

Infolge der Anlehnung an die Konvention des Europarates, sowie der Anerkenntnis der Gesundheitsrechte, sind in den vergangenen Jahren im georgischen Recht, insbesondere im Bereich des Gesundheitsschutzes, eine Reihe normativer Regelungen konzipiert und verabschiedet worden. Zu diesen Gesetzen aus den Jahren 1997 bis 2000 zählen insbesondere: Das »Gesetz über Gesundheitsschutz«, das »Gesetz über Medikamente und pharmazeutische Tätigkeit«, das »Gesetz über Krankenversicherung«, das »Gesetz über psychiatrische Hilfe«, das »Gesetz über HIV-Infizierte«, das »Gesetz über Transplantation«, das »Gesetz über Patientenrechte«, das »Gesetz über Kinder Ernährung und Versorgung«, sowie das »Gesetz über biomedizinische Forschung«.

Des weiteren sind Gesetze über medizinische Tätigkeit und über berufliche Haftung des Hilfspersonals, bereits herausgearbeitet und dem Parlament zur Bestätigung vorgelegt worden. Sie sind jedoch bis zum heutigen Zeitpunkt noch nicht in Kraft getreten. Dennoch gibt es in der Praxis auf bestimmten Gebieten der Biomedizin Hindernisse bei der Umsetzung genannter Vorschriften und folglich auch Unstimmigkeiten in der juristischen Literatur Georgiens bezüglich ihrer Anwendung. Diese sind heutzutage zum größten Teil überwunden worden, doch gibt es aufgrund häufig auftretender, problematischer Einzelfälle noch immer ungeklärte und umstrittene Fragen. Den Gegenstand der juristischen Diskussion stellen insbesondere die Einwilligungsfragen innerhalb der biomedizinischen Forschung, sowie der Transplantation, ferner der Schutz von Embryonen in der Forschung, die Genforschung, schließlich der Schutz der menschlichen Psyche vor nichtsanktionierten Eingriffen bzw.

der Schutz der Rechte psychisch kranker Menschen dar. Deshalb werden im folgenden überwiegend die oben genannten Probleme und die heutige Rechtsansicht diesbezüglich erörtert.

B. Problemfälle im Einzelnen

I. Zulässigkeit der biomedizinischen Forschung

Wie bereits dargelegt sind im georgischen Recht eine Reihe nationaler Gesetze unter Berücksichtigung internationaler Bestimmungen verabschiedet worden. Die bedeutendsten Grundlagen boten im Bereich der biomedizinischen Forschung u.a. das Nürnberger Abkommen von 1947, die Genfer Deklaration von 1948 und die Konventionen von 1949 bzw. ihre zusätzlichen Protokolle von 1977, weiter die Deklarationen von Venedig aus den Jahren 1964, 1975, 1989, die Deklaration von Tokio von 1975, die Deklarationen von Helsinki und Lissabon 1981, schließlich die Konvention des Europarates von 1996, und die UNESCO-Deklaration von 1997. Auch der föderale Codex der USA spielte dabei eine entscheidende Rolle.

Die Regelung zur biomedizinischen Forschung sind in allgemeiner Hinsicht im »Gesetz über Gesundheitsschutz« und in spezieller Hinsicht im »Gesetz über biomedizinische Forschung« enthalten. Das Letztere gilt als der erste, wesentliche Schritt für das Realisieren der im Rahmen des Gesundheitsschutzes erforderlichen rechtlichen Gewährleistung der Menschenrechte – als ein einheitliches Konzept – und stellt eine logische Entwicklung und Erweiterung jener Bestimmungen dar, die das georgische »Gesetz über Gesundheitsschutz« enthält. Das »Gesetz über biomedizinische Forschung« regelt insbesondere die Rechte und Pflichten der Forscher sowie des Menschen, der Objekt der biomedizinischen Forschung ist und betrifft jede Art der Forschung, die tauglich ist, Informationen über den menschlichen Körper und dessen gesundheitlichen Zustand zu liefern oder die zur Verwendung menschlicher Biomasse bestimmt ist, § 2 des »Gesetzes über biomedizinische Forschung«. Gem. § 6 desselben Gesetzes ist eine solche Forschung nur zulässig, wenn keine alternative Methodik vorhanden ist, die unter analogen Kostenbedingungen durchführbar wäre ohne einen Menschen zum Gegenstand zu haben. Die Forschung kann lediglich in einer medizinischen Einrichtung mit entsprechender Lizenz und ausschließlich von den Forschern durchgeführt werden, die eine vom entsprechenden Dissertations- und Koordinationsrat, sowie von der Ethikkommision bestätigte Qualifikation besitzen.

1. Allgemeines Einwilligungserfordernis der Probanden. Für die Durchführung biomedizinischer Forschung und klinischer Versuche stellt die freiwillige Einwilligung der Probanden, die einer Schriftform bedarf, eine unentbehrliche Voraussetzung dar. In der juristischen und medizinischen Praxis ist eine solche als eine »informierte Einwilligung« bekannt. Eine freiwillige, informierte Einwilligung hat sich von ethischen Normen in ein rechtliches Erfordernis umgewandelt und in den georgischen Gesetzen niedergeschlagen.

Aufgrund der Verankerung der Rechte der Versuchsperson in den normativen Regelungen, hat sich herauskristallisiert, dass die an der Forschung bzw. am klinischen Versuch beteiligte Person das Recht besitzt, sowohl freiwillig in die Forschung einzuwilligen, als auch diese zu verweigern, wenn eine berechtigte Annahme besteht, das Experiment könnte sich negativ auf die Gesundheit der beteiligten Person auswirken oder ihren Tod zur Folge haben. Dabei geht der georgische Gesetzgeber von der Volljährigkeit und Geschaftsfähigkeit (Einwilligungsfähigkeit) der betroffenen Versuchsperson aus. Unzulässig ist eine physische oder psychische Einflußnahme, auch in finanzieller Form, auf die Person zum Zwecke der Erziehlung einer notwendigen Einwilligung, § 12 des »Gesetzes über biomedizinische Forschung«.

Von der Einwilligung kann jedoch gem. § 11 des »Gesetzes über biomedizinische Forschung« abgesehen werden, wenn die Forschung lediglich eine retrospektive Analyse der medizinischen Dokumentation beinhaltet, bei der das vorhandene medizinische Material unter strikter Wahrung der Anonymität verwendet wird. Gem. § 109 des »Gesetzes über Gesundheitsschutz« und § 16 des »Gesetzes über biomedizinische Forschung« muss der Mensch als Objekt der Forschung in Bezug auf den Nutzen für den Betroffenen sowie für die Menschheit allgemein, über die Ziele, die Methodik und die Vorgehensweise, die möglichen Folgen und Risiken der Forschung ausführlich und, in einer für den Betroffenen verständlichen Sprache, informiert werden. Er ist gem. § 22 des »Gesetzes über biomedizinische Forschung« unbedingt im Hinblick auf seine Rechte zu belehren und aufzuklären, er ist insbesondere über sein Recht zu unterrichten, die Teilnahme an der Forschung auf jeder Forschungsstufe zu verweigern, sowie seine Einwilligung jederzeit zu widerrufen.

2. Einwilligungsunfähige Erwachsene und Minderjährige Auch einwilligungsunfähige Erwachsene und minderjährige Personen können selbstverständlich Objekt biomedizinischer Forschung und klinischer Versuche werden. Auch hier ist die Beachtung ihrer Rechte eine gesetzlich vorgeschrieben Voraussetzung. Gem. § 32 des »Gesetzes über biomedizinische Forschung« ist ein solcher Eingriff zulässig, wenn: 1. eine schriftliche informierte Einwilligung des gesetzlichen Vertreters der Versuchsperson vorliegt, 2. es zu erwarten ist dass die Forschungsergebnisse für die Gesundheit des Patienten oder Probanden oder der im ähnlich kritischen Zustand befindlichen Person von Vorteil sein könnten, 3. innerhalb eines anderen Kontingents der Forschungsobjekte dieselben Ergebnisse nicht zu erzielen sind und 4. vorherige

Informationen darüber existieren, dass das betroffene Forschungsobjekt nicht gegen die Durchführung der Forschung gewesen wäre.

Sollte das Forschungsobjekt aufnahmefähig aber in seiner Handlungsfähigkeit eingeschränkt sein, ist neben der Einwilligung seines gesetzlichen Vertreters auch seine ausdrückliche Einwilligung einzuholen. Im Übrigen gilt hier das zur allgemeinen Erfordernis der Einwilligung Gesagte. In Bezug auf die Einwilligungsfragen bei den Minderjährigen verhält es sich ähnlich. Im Sinne des georgischen Zivilgesetzbuches wird man mit der Vollendung des 17. Lebensjahres volljährig. Stellt ein Minderjähriger das Forschungsobjekt dar, ist seinen Eltern oder gesetzlichen Vertretern eine ausführliche, objektive und rechtzeitige Information von Seiten des behandelnden Arztes über die Forschungsziele, die Methodik, die mit der Forschung verbundener Risiken, die finanziellen Kompensationsmöglichkeiten im Falle eines Schadenseintritts, sowie die Entscheidung der Ethikkommission über die ethische Seite der Forschung, zu erteilen. Anschließend müssen die Eltern bzw. der gesetzliche Vormund eine schriftliche Einwilligung erteilen. Hierbei ist auch die Einwilligung des Minderjährigen selbst unter Berücksichtigung seines Alters und seiner persönlichen Entwicklung einzubeziehen. Ein Minderjähriger, der das 16. Lebensjahr überschritten hat, hat nach dem Erhalt der notwendigen Informationen, das Recht selbst eine Einwilligung zu erteilen. Dies ist jedoch den Eltern oder Verwandten oder dem gesetzlichen. Vormund des Minderjährigen unverzüglich mitzuteilen. Von der Einwilligung eines Minderjährigen darf abgesehen werden, wenn die Forschung der Gesundheit des Minderjährigen dient und keine alternative Behandlungsmöglichkeit im Rahmen der Forschung in Betracht kommt.

3. Risikofaktoren im Bereich der biomedizinischen Forschung In der georgischen juristischen Literatur war lange Zeit die Frage umstritten, inwieweit die Forscher sowie die Forschungsobjekte das durch die Durchführung der Forschungsexperimente an Menschen zu wissenschaftlichen Zwecken, geschaffene Risiko beachten und in Kauf nehmen mussten und wie seine rechtliche Bewertung auszusehen hatte. Inzwischen hat sich diesbezüglich in Anlehnung an den Nürnberger Prozeß von 1947 und dessen Erweiterung durch die Deklaration von Helsinki 1964 das sogenannte »Proportionalitätsprinzip« durchgesetzt und ist heute im »Gesetz über biomedizinische Forschung« sowie im »Gesetz über Gesundheitsschutz« ausdrücklich geregelt. Dieses besagt, dass kein Experiment durchgeführt werden kann, wenn, a priori die Möglichkeit des Todeseintritts oder der Behinderung des Forschungsobjektes während der Durchführung existiert, es sei denn, das Forschungsobjekt stellt der behandelnde Arzt bzw. der Forscher selbst dar.

Die Risikoschaffung ist auch dann zulässig, wenn durch alle approbierten Behandlungsmethoden keine positiven Ergebnisse erzielt wurden, der Risikograd dabei aber im Verhältnis zum Gesundheitszustand des Patienten steht. Die

Perfektionierung medizinischer Entwicklung arbeitet heutzutage darauf hin, die zu erwartenden Risiken während der Vornahme eines Experiments an einem Menschen zu minimalisieren. Gesetzlich festgelegt ist der Gedanke, das die Gewinnung eines gesellschaftlichen oder wissenschaftlichen Vorteils die Durchführung eines Experiments keinesfalls rechtfertigen kann, wenn es tauglich ist die Gesundheit des Forschungsobjekts zu gefährden. Neben den Erfordernissen, wie die Einwilligung des Forschungsobjekts, die Rechtfertigung der Forschung durch wissenschaftliche Gesichtspunkte, die Genehmigung des Experiments durch das zuständige Organ bzw. durch die Ethikkommission, wird für die Einleitung eines Forschungsexperiments weiter vorausgesetzt, dass das zu erwartende Risiko durch den Versuch im angemessenen Verhältnis zur Bedeutung der Forschungsziele stehen muss.

Doch gibt es neben der festgelegten Relation keine gesetzlich vorgegebene Haftungsmöglichkeit des Experimentators im Falle des Verstoßes gegen die oben genannte Regel. Die georgischen Juristen sind der Ansicht, dass in einem solchen Fall des Gesetzesverstoßes, bei dem auch die negativen Folgen herbeigeführt werden, dem behandelnden Arzt eine juristische Haftung auferlegt werden soll und hoffen in naher Zukunft eine Regelung entsprechenden Inhalts zu konstruieren.

II. Einwilligung in der Transplantation

Die Transplantation, Organentnahme und die Verwendung der Organe wurde zu einer der effektivsten Möglichkeiten Menschenleben zu retten und ihre Gesundheit zu verbessern. Diese hat aber nicht nur ethische, moralische und religiöse, sondern auch rechtliche Probleme mit sich gebracht. Die rechtlichen Aspekte der Transplantation sind vielseitig und betreffen neben dem internationalen auch das georgische Zivil- und Strafrecht, vor allem aber den Schutz der Menschenrechte. In der klinischen Praxis der Medizin sind die Transplantation sowie die Organentnahme an sich mit dem Schicksal zweier Personen - der des Spenders und der des Empfängers (Rezipienten) verbunden, deren Rechte mit den leitenden Grundsätzen der Weltgesundheitsorganisation reglementiert sind. Gerade diese Prinzipien bilden auch für die nationale Gesetzgebung Georgiens eine Grundlage.

1. Allgemeines Einwilligungserfordernis Die Organtransplantation betrifft, wie oben bereits dargestellt, unmittelbar nur zwei Subjekte, den Spender und den Rezipienten. Dabei kommen für die Transplantation Organe sowohl lebendiger (ex vivo), als auch bereits verstorbener Spender (ex muerto), in Betracht. Die Entnahme eines Organs, Organteile oder Gewebe zu Lebzeiten des Spenders, sowie nach seinem Tod stellt gem. § 114 des »Gesetzes über Gesundheitsschutz« zum Zwecke der Transplantation, der Krankheitsheilung sowie der biomedizinischen Forschung einen freiwilligen Akt des Spenders dar, und jeder Bürger Georgiens hat das Recht in die Entnahme seiner Organe zu Lebzeiten sowie nach seinem Tod einzuwilligen bzw. diese zu verweigern. Die Organ- und Gewebeentnahme von einem Spender zu seinen Lebzeiten ist nur dann zulässig, wenn er eine schriftliche freiwillig geäußerte Einwilligungserklärung abgegeben hat. Diesbezüglich sieht die nationale Gesetzgebung Georgiens ein spezielles Verbot vor, bei dem der Spender oder die Person, die befugt ist im Namen des Spenders in den Eingriff einzuwilligen, frei von jeglichen (physischen sowie psychischen) Einflüssen sein muss. Bekanntlich regeln einige Länder die Haftungsmöglichkeit eines Transplanteurs oder eines Arztes für eine zwangsweise vorgenommene Organentnahme. Eine analoge Regelung sieht heute auch das neue georgische Strafgesetzbuch vor. Der Spender hat das Recht von der medizinischen Einrichtung eine vollständige Information über die eventuelle Verschlechterung seines Gesundheitszustandes nach der Vornahme des Eingriffs zu verlangen. Bei der Entschlußfassung muss der Spender eine umfassende Aufklärung besitzen, um in der Lage zu sein die Risikofaktoren einzuschätzen sowie die positiven und negativen Seiten seiner Einwilligung zu beurteilen. Der Spender ist außerdem befugt die Entnahme jederzeit zu verweigern. Damit sich diesbezüglich keine Schwierigkeiten ergeben, halten es die Wissenschaftler für angemessen den Willen des Spenders in einem schriftlichen sogenannten »Spenderausweis« festzuhalten. Was die Spendertauglichkeit der sich in Gefangenschaft befindlichen Personen anbetrifft, hat sich die georgische Gesetzgebung der Rechtsprozesse von Nürnberg und Tokio bzw. der Konvention von Genf (1949) und den Deklarationen von Helsinki und Hongkong angeschlossen und die Eigenschaft eines Gefangenen der Transplantation als Spender zu Verfügung zu stehen, als unzulässig erklärt, mit der Begründung, auf dem Hintergrund eine gefangene Person die sich unter ständigem Einfluß befinde und Angst habe vor einer erneuten Bestrafung bzw. Einschränkung ihrer minimalen Rechte sei nicht in der Lage frei zu entscheiden oder ihren Willen zu äußern. Außerdem könne man hier mit der Verletzung der Menschenrechte konfrontiert werden, da die Gefahr bestehe, die Einwilligung einer sich in Haft befindenden Person erst gar nicht einzuholen (wie z.B. in China). Auch was die Rechte des Rezipienten betrifft räumt ihm das Gesetz die Möglichkeit ein nach einer ausgiebigen Information und Aufklärung schriftlich in die Durchführung der Operation einzuwilligen. Ein volljähriger Rezipient äußert seine Einwilligung selbst, doch ist eine solche entbehrlich wenn ein Risiko besteht, dass das Abwarten der Einwilligung das Leben des Patienten gefährden würde.

2. Besondere Situation Für die Transplantation kommen, wie oben bereits erwähnt, auch verstorbene Personen als Spender in Betracht. In diesem Zusammenhang gibt es bekanntlich zwei Modelle für die Normierung des Einverständnisses. Die georgische Gesetzgebung hat sich für das »Modell des Einverständnisses« entschieden, bei dem keine Absprache bzw. kein Vertrag über die Organ- und Gewebeentnahme (in Form eines Formulars mit einer ausdrücklichen schriftlichen Einwilligung bzw. eines Testaments in dem eine solche enthalten ist) zwischen der für die Transplantation in Frage kommenden Person, und der konkreten medizinischen Einrichtung existiert. In diesem Fall wird eine Orgenentnahme eines verstorbenen Spenders dann vorgenommen, wenn festgestellt wird, dass er zu seinen Lebzeiten nicht gegen eine solche gewesen ist, oder die ihm nahestehenden Verwandte die Entnahme innerhalb der gesetzlich vorgeschriebenen Fristen nicht verweigern. Dabei ist auch der Personenkreis bestimmt, der gesetzlich befugt ist, in die Organentnahme des Verstorbenen einzuwilligen bzw. diese zu verweigern. In diesem Zusammenhang ist allerdings ein großer Teil der juristischen Literatur der Ansicht, einer solchen Regelung könne nicht zugestimmt werden. Dies wird mit dem Argument begründet, dass in einem Land wie Georgien, in dem sich die Transplantation auf der anfänglichen Entwicklungsstufe befindet, keine festen Garantien im Bereich des Menschenrechtsschutzes geschaffen und die sozial - wirtschaftlichen Probleme nicht bewältigt seien. Ferner existiere auch keine gesetzgeberische Basis in diesem Bereich. Deshalb sei das genannte Einwilligungsmodell nicht angemessen, denn es unterstütze die Ausführung gesetzwidriger Handlungen innerhalb der Transplantation, weshalb man sich für das andere Modell entscheiden müsse, in dem eine vorherige ausdrückliche Einwilligung bereits zu den Lebzeiten des Spenders einzuholen ist. Für den Fall, dass der für die Transplantation in Frage kommende Spender oder Rezipient noch minderjährig ist, wird eine informierte schriftliche Einwilligung der Eltern, der gesetzlichen Vertreter oder des Vormundes mit der Besonderheit gefordert, dass bei der Entnahme eines Organs von einem Minderjährigen seine eigene Einwilligung Priorität im Verhältnis zu der seiner Eltern oder seines gesetzlichen Vormundes genießt, während bei einem operativen Eingriff beim Rezipienten lediglich die Einwilligung der Eltern bzw. des gesetzlichen Vormundes verlangt wird. Anschließend gilt zu bemerken, dass die georgischen Rechtswissenschaftler der Ansicht sind, die Entwicklung der Transplantation bedürfe insgesamt einer neuen und ernsthaften Behandlung und Überarbeitung der Regelungen auf staatlicher Ebene. Als Fortschritt in diese Richtung wird dabei die Tatsache angesehen, dass das neue Strafgesetzbuch Georgiens die Rechte des Spenders berücksichtigt und erwähnt, vor allem aber, dass die begangenen Tötungen zum Zweck der Organ- und Gewebetransplantation sowie die Körperverletzung oder Handel mit Minderjährigen zum selben Zweck, mit einer verschärften Haftung aufgrund der Verwirklichung eines besonders schweren Falls versehen sind.

III. Forschung und klinische Versuche im Bereich der Genetik und ihre rechtliche Bewertung

Die Entwicklung der Biologie, in erster Linie aber der Genetik zeigte deutlich, dass die, mit rein juristischen, dogmatischen Forschung beschäftige Rechtswissenschaft, die Veränderungen innerhalb der Medizin, der Biologie und der Genetik sowie die mit ihnen zusammenhängenden Probleme des Menschenrechtsschutzes, außer Acht ließ. Der modernen Medizin wird oft eine übermäßig aktive Manipulation der Menschen, sogar die Unterdrückung ihrer Sicherheit vorgeworfen. Die internationale, sowie die georgische Gesellschaft nimmt an, dass ein falsches Tätigwerden innerhalb der Genetik lebensbedrohlich für einen Menschen werden kann. Die Gesellschaft war auf derartig drastische Entwicklungen in der Genetik und ihr intensives Einmischen ins menschliche Dasein nicht gefaßt. Die Genforschung bot eine Grundlage für das Entstehen und Entwickeln biologischer (bakteriologischer) Waffen. Eine solche lehnt sich an biologische Kampfmöglichkeiten an, gewisse Krankheiten hervorzurufen. Die mit der Genetik zusammenhängenden rechtlichen Probleme beschränken sich nicht auf ein spezielles rechtliches Gebiet, sondern beschäftigen sich vielmehr mit der allgemeinen Frage, inwieweit sich der Genforschungsprozess ins Dasein des menschlichen Individuums einmischt. In rechtswissenschaftlicher Hinsicht stellen sich also die Fragen, inwiefern das rechtliche Eingreifen in die Medizin, die Biologie und andere Bereiche, zulässig ist, ohne die Fundamentalrechte des Menschen anzutasten; wann und unter welchen Voraussetzungen die Gesellschaft und der Staat Versuche genetischer Art zum Zwecke der Bekämpfung bestimmter Krankheiten und der Forschung vornehmen darf; ob solche Versuche für die Perfektionierung des menschlichen Daseins überhaupt zulässig sind bzw. ob es auch aus ethischer und rechtlicher Sicht gerechtfertigt ist, Menschen zu klonen und Menschen mit programmierten Eigenschaften zu schaffen. Nachdem die Biomedizin-Konvention des Europarates sowie die allgemeine Erklärung der UNESCO über das menschliche Genom und Menschenrecht die Durchführung klinischer Versuche und den Schutz der Menschenrechte im Rahmen der Genetik reglementiert haben, war auch die georgische Rechtslehre der Ansicht, dass neben den bereits gewährleisteten privaten Rechten eines Menschen, aufgrund seines Geschlechts, seiner Nationalität, seines Glaubens, seiner politischen Sichtweise und anderer Merkmale, nicht diskriminiert zu werden, das Verbot der Diskriminierung eines Menschen aufgrund seiner genetischen Merkmale und Kennzeichen eingeführt werden könnte. Daraufhin wurden jegliche Genmanipulationen innerhalb der Forschung – das Klonen, die Auswahl des Geschlechts und andere Manipulationen auf genetischer Ebene- auch im Rahmen nationaler Gesetzgebung verboten.

Im Bereich der Medizin fanden auch aktive Versuche an der DNS statt, deren Ergebnisse deutlich zeigten, dass jeder Mensch an Hand seiner DNS-Strukturen individualisierbar ist. Diese Erkenntnis machte es möglich, genetische Erzeugnisse für die Identifikation krimineller Personen effektiv einzusetzen (genetischer Fingerabdruck).

Trotz einer Reihe erfolgreicher Ergebnisse im Rahmen der genetischen Untersuchung war es möglich, durch einen breiten Einsatz der genetischen Merkmale Menschenrechtsverletzung im rechtlichen Sinne hervorzurufen. Ein generelles Verbot solcher Versuchsmöglichkeiten folgte dieser Feststellung zwar nicht, doch hat die georgische Gesetzgebung für derartige Experimente und die darauf basierende Expertise strenge rechtliche Anforderungen gestellt und sie unter den folgenden Voraussetzungen zugelassen § 375 georgisches StGB: 1. Anordnung der gesetzlich vorgesehenen Expertise durch das befugte Organ; 2. Unmöglichkeit der Identifikation der Person anhand anderer Merkmale; 3. Ausdrückliches Verlangen des Verdächtigen, bzw. des Opfers; 4. Ausdrückliches Verlangen der verwandten Personen oder des gesetzlichen Vertreters des Verstorbenen.

Es gilt also festzuhalten, dass die Rechtswissenschaftler und die Rechtsordnung Georgiens der Meinung sind, die Deklaration von 1997 (UNESCO) und ihr Grundsatz »jeder Mensch besitze das Recht auf Schutz seiner Ehre und Freiheit, unabhängig von den, ihn genetisch kennzeichnenden, Merkmale«, sei unabweichlich zu beachten und das georgische Recht bedürfe auf dieser Grundlage einer genaueren rechtlichen Regelung.

IV. Schutz der menschlichen Psyche bzw. psychisch kranker Menschen vor nichtsanktionierten Eingriffen im Rahmen der biomedizinischen Forschung

Das Konzept der Sicherheit der menschlichen Psyche untersucht auch in der juristischen Literatur Georgiens die menschliche Psyche in zweierlei Hinsicht. Zum einen die menschliche Psyche als ein Schutzobjekt, zum anderen die Psyche als eine Gefahrenquelle. Bekannt sind unterschiedliche Wege auf die menschliche Psyche Einfluß auszuüben. Hierunter fällt der, infolge einer paraphysischen und psychotechnischen Einflußnahme hervorgerufene Zustand.

Die Information über die Ausübung psychotropischen Einflusses auf einen Menschen und die juristische Analyse, des durch diese Methodik hervorgerufenen Zustands, wurde erst in den letzten Jahren bekannt.

Basierend auf den Angaben internationaler Forschungsergebnisse, stellten sich die Möglichkeiten der vom Standard abweichenden Einflußnahme auf das menschliche Bewußtsein, sowie die Gefährdungsmöglichkeit der Menschen bei der Anwendung psychotropischer Handlungen und dem Einsatz von außersinnlichen Fähigkeiten eines Menschen (Extrasens) heraus, deren Anwendung zur Orientierungsstörung und absoluter Unterdrückung der Abwehrmöglichkeiten und des Willens des Menschen führen kann. Doch fehlt auch in Georgien eine soziale und rechtliche Kontrolle der paraspsychischen und außersinnlichen Tätigkeiten. Die georgische Gesellschaft hält zwar Forschungen im psychotropischen Bereich für zwingend erforderlich, doch sieht sie auch die Notwendigkeit der wissenschaftlichen Perfektionierung derartiger Forschung und der Gewährleistung einer rechtlichen Kontrolle diesbezüglich. Deshalb hält die juristische Literatur es für angemessen, jede Tätigkeit im Bereich der Parapsychologie in rechtliche Grenzen zu setzen und hierfür gesetzliche Regelungen zu schaffen. Des weiteren teilen sie die Ansicht, dass einem Menschen, der sich in einem lenkbaren Zustand befindet und nicht in der Lage ist, die von ihm vorgenommenen Handlungen wahrzunehmen bzw. meint seinem eigenen Willen entsprechend zu handeln, keine juristische Haftung auferlegt werden kann, denn er stellt lediglich ein Werkzeug des Operators dar. Bei einem solchen Menschen ist seine eigene Willensbildung eingeschränkt oder unterdrückt, doch ist er sowohl psychisch als auch physisch gesund, lediglich sein Verstand befindet sich also unter Kontrolle eines anderen Menschen. Deshalb wird ein Ausgleich zwischen ihm und einem bestimmten physischen Zustand für zwingend erforderlich gehalten, der zunächst einer speziellen medizinischen und weiter einer rechtlichen Bewertung bedarf. Wie die hierzu entstandene Literatur erkennen läßt, sind nichttraditionelle Fähigkeiten eines Menschen in rechtlicher Hinsicht nicht ausreichend erforscht und bearbeitet worden. Die Praxis zeigt, dass beispielsweise eine, mit außersinnlichen Fähigkeiten tätigwerdende Person, mit einer nichtqualifizierten Handlung einem Menschen Schaden zufügen, negative Folgen bei diesem hervorrufen oder selbst dessen Tod verursachen kann. In einem solchen Fall stellt sich die Frage nach der Qualifikation der Tätigkeit. Das geltende Strafgesetzbuch Georgiens berücksichtigt dabei lediglich eine gesetzwidrige Ausübung einer ärztlichen Tätigkeit, setzt also als Haftungsobjekt einen ausgebildeten Arzt voraus. Eine mit außersinnlichen Fähigkeiten praktizierende Person (Extrasens) ist aber kein Arzt und bedarf auch keiner medizinischen Ausbildung. D. h. auch im Falle ihres nichtqualifizierten Tätigwerdens, kommt ihre strafrechtliche Haftung nicht in Betracht, selbst dann nicht wenn ein Schaden oder eine Verletzung tatsächlich eingetreten ist. Zu den Fragen bzgl. des Schutzes der Sicherheit der menschlichen Psyche zählt auch der Einsatz der Psychiatrie für gesetzwidrige Zwecke. Der nichtbestimmungsgemäße und nicht für Heilungszwecke wirkende Einsatz der Psychiatrie bedeutet einen zweckentfremdeten und falschen Gebrauch der Psychiatrie. Der Mißbrauch der Psychiatrie beinhaltet einen Verstoß gegen die im Bereich des Gesundheitsschutzes geltenden Normen. Einen solchen Fall stellt beispielsweise vorsätzliches Erstellen einer falschen Diagnose dar. Gesetzwidriger Gebrauch der Psychiatrie stellt insbesondere für ideologische und politische Zwecke eine Gefahr dar. Eine äußerst gefährliche Gestalt nahm ein solcher Mißbrauch der Psychiatrie in den ehemaligen Sowjetstaaten in den 30er-80er Jahren an. In der georgischen Literatur wird heute dem groben Einwirken auf die Psyche der Gefangenen sowie dem Schutz der Menschenrechte in diesem Bereich eine große Bedeutung geschenkt. Es wird vertreten, dass das gesetzwidrige Einwirken auf die Psyche eines Gefangenen, einen Verstoß gegen seine Unantastbarkeit darstelle, insbesondere mit dem Hintergrund, dass Lobotomie, Elektroschock und andere chirurgische Methoden in der Lage sind, eine Degradation des Betroffenen hervorzurufen, seine persönliche Entwicklung behindern, dem Schuldigen keine Verbesserungschancen geben und die Verwirklichung der Strafziele stören. Was den Schutz der psychisch kranken Menschen betrifft, existiert im georgischen »Gesetz über biomedizinische Forschung« eine explizite Regelung, die sich sinngemäß mit der Erklärung der Vereinten Nationen über die Rechte der geistig Zurückgebliebenen von 1971 deckt und ihre sozialen, kulturellen und fundamentalen Rechte festlegt. § 30 des »Gesetzes über biomedizinische Forschung« sieht eine generelle Möglichkeit geistig kranke Person zum Objekt der Forschung werden zu lassen vor, wenn: 1. das Forschungsziel mit Hilfe eines geistig gesunden Menschen nicht erreichbar ist, 2. das Forschungsziel die Erhaltung der, für den Schutz der geistig kranken Personen erforderlichen, Informationen darstellt, 3. eine informierte Einwilligung des Forschungsobjektes vorliegt (im Falle seiner Handlungsunfähigkeit jedoch, die seines gesetzlichen Vertreters gegeben ist und bei Aufnahmefähigkeit des Forschungsobjektes auch seine Einwilligung berücksichtigt wird), 4. im Falle dass die Forschung nicht unmittelbar der Gesundheit des Forschungsobjektes von Nutzen ist, das mit der Forschung verbundene Risiko minimal ist und 5. im Fall, dass die Forschung der Gesundheit des Forschungsobjektes von Nutzen ist, dieser Vorteil nicht den, durch die Vornahme einer Alternativmethode zu erwartenden Vorteil übersteigt.

V. Schutz von Embryonen in der biomedizinischen Forschung

Zu den problematischen und äußerst umstrittenen Fragen in der georgischen rechtswissenschaftlichen Literatur, die einer moralisch-ethischen und rechtlichen Bewertung bedürfen, zählt das Definieren und Erläutern des anfänglichen Zeitpunkts des menschlichen Daseins und des Status des noch im Mutterleib befindlichen Embryos. Dieses Problem zeigte sich in den 90er Jahren, als man anfing embryonale Gewebe zum Zwecke der Transplantation und Forschung einzusetzen. Die Verwendung embryonaler Zellen in der klinischen Medizin und der Bereitung spezifischer Präparate aus ihnen, wurde mit den positiven Ergebnissen zusammen auch von bestimmten negativen begleitet. Häufig trifft man in diesem Zusammenhang auf gesetzwidrige Tätigkeiten, es sind beispielsweise Fälle der Vornahme eines Schwangerschaftsabbruchs bekannt geworden, um den Fötus gegen ein angemessenes Entgelt, medizinischen Einrichtungen zu Forschungszwecken zu überlassen. Heutzutage finden in der georgischen Medizin Forschungen und Untersuchungen an embryonalen Geweben statt. Solche Maßnahmen rufen zwar in der Gesellschaft eine negative Resonanz hervor, unterliegen aber bis zum heutigen Tag keiner speziellen gesetzlichen Regelung. Obwohl die juristische Literatur der festen Überzeugung ist, dass derartige Forschungen bzw. Untersuchungen einer strengen rechtlichen Kontrolle und Haftungsmaßstäben bedürfen. Die Bestimmung des menschlichen Daseins stell seit eh und je den Gegenstand einer Polemik dar. Vom medizinischen Gesichtspunkt aus gilt als Anfangszeitpunkt der menschlichen Existenz die Befruchtung der Eizelle. Die rechtliche Ansicht der georgischen Rechtswissenschaft teilt jedoch die, in der internationalen, juristischen Literatur vertretene Meinung, der Anfangszeitpunkt liege im Beginn des physiologischen Geburtsprozesses an sich, da der Mensch als Rechtssubjekt gelte und seine Rechte ab dem Zeitpunkt seiner Geburt geschützt seien. Ein Ungeborener ist also in rechtlicher Hinsicht nicht von Interesse, so dass lediglich ein geborener Mensch fähig ist Rechte zu besitzen. Folgt man der juristischen Auffassung, läßt es sich leicht erkennen, dass der Embryo nicht zureichend geschützt ist. Denn das georgische Strafgesetzbuch sieht zwar für einen gesetzwidrigen Schwangerschaftsabbruch eine Strafbarkeit vor, als Ansatzpunkt der Strafbarkeit steht im Vordergrund jedoch die Gesundheit der Frau. Weiter regelt es eine Strafbarkeit wegen Mordes an einer schwangeren Frau, bei der als Strafmaßstab das Leben der Frau gilt, der Schwangerschaftsumstand jedoch lediglich als eine Voraussetzung für die Verwirklichung eines besonders schweren Falls angesehen wird. Für die Verletzung des Embryos selbst kennt das georgische Strafrecht keine Haftungsmöglichkeit. Die Frage des Schutzes von Embryonen ist besonders in den Vordergrund getreten, seit Experimente des Klonens, sowie Genmanipulationen innerhalb der Genforschung durchgeführt wurden. Hierbei stellte sich die Frage der ärztlichen Haftung, im Falle der medikamentösen Behandlung einer schwangeren Frau, bei der die Gesundheit der Frau nicht gefährdet war, wohl aber der Eintritt eines physischen bzw. psychischen Schadens des Kindes nach seiner Geburt zu erwarten war. Die genannte Frage ist innerhalb der georgischen juristischen Literatur heftigst umstritten. Eine Haftungsmöglichkeit des Arztes in einem solchen Fall ist zur Zeit jedoch gesetzlich noch nicht vorgesehen. Die Perfektionierung der medizinischen Technologien zeigte, dass ein Embryo nicht nur im Mutterleib, sondern auch bestimmte Zeit außerhalb des mütterlichen Körpers (in vitro) existieren kann. Die moderne Medizin ist heute in der Lage das Leben des Embryos auch künstlich aufrecht zu erhalten, selbst im Falle des Todeseintritts der Mutter. Das medizinische Vorangehen der letzten Jahre machte es möglich Embryonen künstlich einzufrieren und vor der Implantation bis zu einer bestimmten Stufe zu entwickeln. Aufgrund dieser Tatsachen stellte sich erneut die Frage nach der Bedeutung eines Embryos, weiter ob ein künstlich geschaffener Embryo eines rechtlichen Schutzes bedarf bzw. wer es schützen könnte. Da sich der Sinn im genetischen Bereich befindlichen Rechtsreform, nicht auf Genforschung beschränkt, kommt weiter die Frage auf, inwieweit die genetische Entwicklung im allgemeinen als Instrument der Einwirkung auf das menschliche Individuum eingesetzt werden kann. Gerade diese Fragen schufen in letzter Zeit die Grundlage für die Überlegungen, dass eine rechtliche Regelung bzgl. des Schutzes von Embryonen generell und insbesondere innerhalb der Forschung unvermeidlich ist. Doch hat sich diese rechtliche Bewertung noch in keiner gesetzlichen Normierung niedergeschlagen.

C. Euthanasie – umstrittener Fall

Jahrelang stellte sich die Frage nach der Zulässigkeit der Euthanasie, in philosophischer und theologischer Hinsicht, sowie ihre rechtliche Behandlung, einen äußerst umstrittenen Diskussionsgegenstand dar. Denn das Recht auf Leben war in allen internationalen Normen und der Verfassung verankert. Die Analyse genannter Dokumente zeigten jedoch deutlich, das hierin lediglich von Recht auf Leben, aber nicht von einer freien Verfügung über das Leben die Rede war.

Die georgische Rechtsordnung hat dieses Problem dahingehend gelöst, das sie jegliche Agitation auf ausdrückliche oder konkludente Art für unzulässig erklärt hat, mit der Begründung Euthanasie sei eine Frage, die in erster Linie mit ethischen Normen beantwortet werden müßte und erst dann sei ein Raum für rechtliche Diskussionen gegeben.

Nach dem heute geltenden »Gesetz über Gesundheitsschutz« ist lediglich die indirekte aktive Euthanasie, also die Anwendung von Maßnahmen, die dazu bestimmt sind unerträgliche Schmerzen und Leiden eines todkranken Patienten zu lindern, zulässig, auch dann, wenn sie in der Lage sind unerwünschte Nebenwirkungen (wie z.B. Verkürzung der Lebensdauer) herbeizuführen.

Dagegen ist jede Art der sog. »passiven Euthanasie«, also die Weigerung des behandelnden Arztes, lebenserhaltende oder verlängernde Maßnahmen bei einem Patienten im kritischen Zustand bzw. im Endstadium zu ergreifen, grundsätzlich verboten und strafbar. Eine Ausnahme ist gegeben wenn, der sich bei vollem Bewußtsein befindende Patient, von seinem Recht auf weitere Behandlung zu verzichten (§ 148 des »Gesetzes über Gesundheitsschutz«) Gebrauch macht, und den Verzicht dem behandelnden Arzt ausdrücklich mitteilt. Im Falle der Bewußtlosigkeit eines solchen Patienten, sind seine nahen Verwandten oder gesetzlichen Vertreter befugt unter Berücksichtigung der persönlichen Ansicht des Patienten selbst, einen solchen Verzicht auf reanimationelle, sowie lebenserhaltende oder verlängernde Behandlungen auszusprechen. Ohne einen solchen Verzicht des gesetzlichen Vertreters des Bewußtlosen sind die Ärzte verpflichtet entsprechende Behandlungen durchzuführen, es sei denn, der Patient hat, während der Zeit, in der er sich bei vollem Bewußtsein befand und entscheidungsfähig war, auf die Behandlung im voraus ausdrücklich verzichtet.

Auch die sogenannte aktive direkte Euthanasie, also die tödliche Wirkung in der Absicht zu erzielen, den Schmerzen und dem Leiden des todkranken Patienten ein Ende zu setzen, unterliegt einem gesetzlichen Verbot und ist selbst im Fall einer vorhandenen Einwilligung oder eines wiederholten Verlangens des betroffenen Patienten nicht gerechtfertigt und zieht eine straf- und zivilrechtliche Verantwortung des Arztes nach sich.

D. Fazit

Die im vorliegenden Bericht erläuterte Thematik, die angesprochenen Fragen des Verhältnisses zwischen medizinischer und rechtlicher Institutionen, sowie die Wiedergabe medizinischer Probleme in der Rechtsordnung und der Rechtswissenschaft Georgiens, wurde erst in den letzten 5 Jahren aktuell. Die Entwicklung der Medizin hat die, mit ihr verbundenen rechtlichen Ansichten, überholt. Im Ergebnis läßt sich folgendes festhalten: In der letzten Zeit entwickelt sich eine neue Richtung des Rechts, nämlich das Medizinrecht. In Georgien stellt dieses Rechtsgebiet noch keinen selbständigen Ausbildungsgegenstand dar. Die Rechtswissenschaftler sind heute der Ansicht, dass die Einführung des Medizinrechts in das georgische Rechts- und Ausbildungssystem einen Garant im Bereich des Gesundheitsschutzes des Menschen bilden könnte. Weiterhin ist die Rechtswissenschaft der Überzeugung, dass neben den neuen Richtlinien der Medizin (Transplantation, Genforschung, etc.) innerhalb der Wissenschaft, auch die Gründung einer rechtlichen Basis im medizinischen Bereich hilfreich und angemessen wäre. Da die Einführung neuer Technologien in der Medizin deutlich die Schutzlosigkeit der Menschenrechte auf dem medizinischen Gebiet aufweisen, sind die Wissenschaftler der Meinung, in Georgien müßten die Fragen und Angelegenheiten des Menschenrechtsschutzes, im Hinblick auf die Medizin, im Rahmen der Rechtswissenschaft gemeinsam mit Medizinern und Biologen auf wissenschaftlicher Ebene erforscht werden. Außerdem müßten bei der Erarbeitung der gesetzgeberischen Basis im Bereich der Medizin international – rechtliche Aspekte und Normen berücksichtigt und wiedergegeben werden, es müßte also eine Implementation der internationalen Rechtsakte in der nationalen Gesetzgebung Georgiens stattfinden. Darüber hinaus verlangen die georgischen Rechtswissenschaftler das Herausarbeiten neuer normativer Regeln und Änderung bereits geltender Vorschriften bezüglich folgender Gebiete: künstliche Befruchtung; Einwirkung auf die menschliche Psyche; Entnahme und Transplantation von Organen und Gewebe; sowie rechtlicher Schutz von Embryonen. Der Ansicht der juristischen Lehre nach kann zwar das heutige Rechtssystem in Georgien, im Hinblick auf die Medizin, nicht ohne weiters innerhalb kürzester Zeit geändert werden. Doch müßte zumindest mit dem Studieren der neuen rechtlichen Probleme im medizinischen Bereich, deren theoretischen Bearbeitung und deren praktischen Umsetzung unverzüglich begonnen werden.

Die Untersuchung rechtlicher Fragen bzgl. der Medizin setzt sich zwar innerhalb der Wissenschaft fort, doch wird der technische und wissenschaftliche Prozeß der modernen Medizin, Biologie, Genetik und anderer Bereiche zukünftig zahlreiche neue rechtliche Fragen und Probleme aufwerfen, wobei die Rechtswissenschaftler Georgiens zuversichtlich sind, dass deren Beantwortung und Überwindung in nicht allzu weiter Ferne liegt.

GR – Landesbericht Griechenland

Prof. Dr. Ioannis K. Rokas und Dr. Georgios K. Siganidis, LL.M.*

Athen

A. Einleitung

Die technologische Entwicklung hat besonders in den letzten Jahrzehnten neue Fragen mit weiteren ethischen, sozialen und juristischen Aspekten hervorgebracht. Die verschiedenen Anwendungen der Biologie, der Biotechnologie, der Genetik aber auch der Fortschritt der Medizin, üben einen entscheidenden Einfluss sowohl auf den Menschen, als auch auf sein Umfeld aus.[1] Es wurde ganz früh klar, dass viele von solchen Anwendungen, wie Neukombinationen von Genen, neue Methoden für künstliche Befruchtung oder das Experimentieren mit Menschen, nicht nur die Grundrechte aber auch die allgemeinen Auffassungen der Gesellschaft über Grundbegriffe, wie z.B das Leben, die Selbstbestimmung, die persönliche Sphäre, die Familie u.s.w. betreffen.

Schon seit Anfang 1980 ist diese Problematik mit der Gründung von beratenden Sonderkomitees (der so genannten Bioethik-Komitees[2]) verbunden, welche die zuverlässige Informierung der Gesellschaft und des Staates über die Entwicklung der Gentechnologie und deren praktischen Anwendungen aufgenommen haben. Diese Komitees haben konkrete Vorschläge zur Gesetzgebungspolitik bearbeitet und Ehrenkodeces erstellt, indem sie vor allem das Einverständnis über die maßgeblichen Ethik- und Sozialgrundsätze zwischen denjenigen, die sich mit der entsprechenden Forschung beschäftigen mit denjenigen, die ihre Resultate anwenden, als auch mit denjenigen die mit ihrer Kontrolle beauftragt sind, bezwecken. In den 90er Jahren wurden ähnliche Komitees sowohl im Rahmen von internationalen Organisationen[3] als auch im

*Bester Dank geht an *Herrn RA Grigoris Vlachos*, Athen, für seine hilfreiche Unterstützung bei der Erstellung des Manuskripts.

[1] Über Gentechnologie im allgemeinen, siehe Catenhusen/Neumeister, Enquête-Kommission »Chancen und Risiken der Gentechnologie«, 1987.

[2] Die bekanntesten sind die Komitees Warnock in Großbritannien, Benda in Deutschland, Comite'Consultatif National d'Ethique in Frankreich, Pallacios in Spanien, Waller in Australien.

[3] Comité International de Bioethique im Rahmen von UNESCO und CDBI im Rahmen vom Europäischen Rat.

Rahmen der Europäischen Gemeinschaft[4] gegründet. Ihr Ziel ist, den Staaten eine einheitliche Meinung über diese technologische Entwicklungen zu geben, welche naturgemäß die Reichweite der nationalen Grenzen überschreitet. Gleichzeitig wurden in manchen Ländern die ersten Gesetze zur Regelung der erlaubten Verwendung des menschlichen Genmaterials (insbesonderem zur Regelung der künstlichen Befruchtung) und der entsprechenden Haftung festgelegt[5].

Als letzter und wichtigster Punkt dieser gesetzgeberischen Bemühung gilt heute die Annahme des »Menschenrechtsübereinkommen zur Biomedizin« vom Europäischen Rat im Jahr 1997[6]. Durch diese Konvention wird ein fester Korpus von Rechtsregeln, sowohl auf nationalem als auch auf internationalem Gebiet ergänzt.

B. Die Entwicklung in Griechenland

Bis vor kurzem gab es in Griechenland keine besondere Gesetzgebung zur Regelung der Rechtsfragen über die Eingriffe auf dem Gebiet der Genetik. In der griechischen Gesetzgebung wird natürlich die Gesetzmäßigkeit der künstlichen Befruchtungsmethoden anerkannt[7], zumindest wenn sie von Ehepaaren angewandt werden, um der Ehefrau die Empfängnis zu ermöglichen. So ist kraft Art. 1471 § 2 gr. ZGB die Anfechtung der Vaterschaft vom Ehemann der Mutter verboten, wenn sie durch künstliche Befruchtung mit seinem Einverständnis das Kind empfangen hat. Diese Vorschrift ist zwar die einzige im griechischen Zivilrecht, deckt aber die Fragen die sich aus der Vielfalt der Anwendungsmethoden der künstlichen Befruchtung ergebenen, nicht. Insbesonderem, verursachen die neuen Möglichkeiten der extrakorporalen Befruchtung im Zusammenhang mit der Heilung genetischer Krankheiten große Sorgen, im Bezug auf die Eingriffsmöglichkeiten auf den Menschen selbst. Es besteht also offensichtlich die Notwendigkeit des Schutzes des Menschen, welche eine entsprechende Staatspflicht, nämlich die notwendigen Maßnahmen zu treffen, um den Grundrechtsschutz hinsichtlich der biomedizinischen Anwendungen zu sichern, gebietet.

---

[4] Komitee GAEIB im Rahmen der Kommission.

[5] In der Schweiz wurde sogar zu diesem Zweck die Verfassung durch Zusatz von Artikel 24 novies geändert. In den meisten Staaten wurde das Gesetzesabstimmungsverfahren angewendet (siehe auch Kriaris-Katranis, Biomedizinische Entwicklung & Verfassungsrecht, S. 37 u.a.).

[6] Siehe auch die Konventionsvorlage »Zum Schutze der Menschenrechte und der Menschenwürde betreffs der Biologie- und Medizinanwendungen: Bioethik-Konvention«, welche am 30.06.1994 beschlossen wurde.

[7] Siehe Papadopoulou Artikel 1463-1464 in Georgiadis-Stathopoulos BGB, Nr. 79 u.a.

Zur Füllung dieser Gesetzeslücke und nach dem immer stärker werdenden Ruf nach einer gesetzlichen Regelung hat der griechische Staat die Konvention zum Schutze der Menschenrechte und Menschenwürde im Bereich der Anwendungen der Biologie und Medizin (Menschenrechtsübereinkommen zur Biomedizin) durch das Gesetz 2619 am 15/19.06.98 ratifiziert. Es folgte der Ministerialbeschluss F 0546/1/AS 723/M. 4898 (Außenministerium, Gesundheitsministerium) am 21/29.10.98. Dadurch wurde das Zusatzprotokoll der oben genannten Konvention über das Verbot des Klonens von Menschen genehmigt.

In Griechenland liegt die Auseinandersetzung mit der Genetik nur auf theoretischem Niveau, besonders im Rahmen des Zivil- und Strafrechts, da der Gesetzgeber noch keine entsprechende Regelung geschaffen hat. Die durch das Gesetz 2619/1998 ratifizierte Konvention des Europäischen Rates ist eigentlich die erste gesetzliche Norm über die Verwendung von menschlichem Genmaterial, im griechischen positiven Recht. Da sie den Schutz von Grundrechten betrifft, ist sie auch von großem Interesse für das Verfassungsrecht[8].

C. Die Einwilligung

Das Prinzip der aufgeklärten Einwilligung war der Inhalt eines neuen Rechts, das sich im zwanzigsten Jahrhundert sprunghaft entwickelt hat. Nunmehr beinhalten alle Texte medizinischer Ehrenkodeces die Bedingung, dass Ärzte die aufgeklärte Einwilligung der Patienten vor jedem Eingriff benötigen[9].

Das Prinzip der aufgeklärten Einwilligung wird durch die grundlegende bioethische[10] Theorie der Autonomie begründet. Die entscheidende Rolle bei der Bildung der Autonomietheorie in der Bioethik, hat die Theorie der Metaphysik von Kant gespielt. Kant führte aus, dass sowohl jedes Menschen Autonomie als auch der Respekt vor der Autonomie anderer, maßgebliche Eigenschaften des vernünftigen Subjektes, i.e. des Menschen, sind.

Laut Artikel 5 des neuen Gesetzes 2619/1998: »Der Eingriff in Gesundheitsfällen kann nur mit freier Einwilligung der betreffenden Person, nach ihrer vorherigen entsprechenden Aufklärung, durchgeführt werden.

Diese Person wird vom Anfang an über den Zweck und die Natur des Eingriffs, wie auch über die Folgen und die Risiken des Eingriffs aufgeklärt.

Die betreffende Person kann jederzeit frei die Einwilligung widerrufen.«

---

[8] Siehe Vidalis, Zoi choris prosopo, S. 34 u.a.

[9] S. Anaplioti-Vazaiou, Allgemeines Medizinrecht, S. 37.

[10] Bioethik ist ein moderner Zweig der Philosophie, der die Annäherung der Grundbegriffe der Philosophie auf die Gedanken über den sozioökonomischen Bereich der Gesundheit und der Rechtswissenschaft betrifft.

Worin besteht eigentlich die Einwilligung des Patienten[11]? Einwilligung ist die Zustimmung des Patienten gegenüber dem Arzt zurVornahme einiger spezieller Untersuchungen am Patienten, zur Diagnose der Krankheit, zur Anwendung von Techniken, zu den möglichen Risiken, wie auch zu den Ergebnissen aus diesen Handlungen.

Die Einwilligung des Patienten drückt sein Einverständnis über die Vornahme einer Handlung, die Inhalt eines bereits abgeschlossenen Vertrages ist, aus. Es stellt sich die Frage, ob die Einwilligung des Patienten ein Rechtsgeschäft ist oder nicht[12]. Die Einwilligung des Patienten als Ergebnis der vertraglichen Verpflichtung des Arztes zur Aufklärung, betrifft nicht nur das rechtliche Verhältnis zwischen Arzt und Patienten, sondern vor allem das Recht des Patienten zur Selbstbestimmung und die Ermächtigung zum Eingriff in den Körper zum Zweck der Heilbehandlung. Die Selbstbestimmung des Patienten wird durch seine Einwilligung in die vorgeschlagene Therapie zum Ausdruck gebracht, die den Arzt zur Vornahme ärztlicher Heileingriffe legitimiert. Sie kann also nur indirekt mit der Rechtsgeschäftsfähigkeit in Zusammenhang stehen, und zwar nur hinsichtlich der Bildung eines freien und bewussten Willens. Das bedeutet, dass zwar keine Rechtsgeschäftsfähigkeit vorliegen muss, aber die Einwilligungsfähigkeit. Es stellt sich also die Frage, welche Personen einwilligungsfähig sind.

I. Die biomedizinische Forschung an Kindern und Minderjährigen, die nicht einwilligungsfähig sind

Vergleiche hierzu Art. 6 des Gesetzes 2619/1998 über den Schutz nicht einwilligungsfähiger Personen:

1. Gem. Art. 17 und Art. 20, ist der Eingriff in eine nicht zustimmungsfähige Person nur möglich wenn es zum unmittelbaren Wohl dieser Person ist.

2. In den Fällen in denen nach dem Gesetz der Minderjährige nicht die Fähigkeit hat in einen Eingriff einzuwilligen, ist der Eingriff nur erlaubt, wenn ein Vertreter oder eine Behörde oder Person oder Körperschaft, die vom Gesetz vorgesehen ist, dazu bevollmächtigt wird.

Die Meinung des Minderjährigen wird proportional zum Alter und zum Grad seiner Reife als ausschlaggebender Faktor berücksichtigt.

Kraft des griechischen Zivilrechts schließen rechtsgeschäftsunfähige Minderjährige oder Minderjährige mit eingeschränkter Rechtsgeschäftsfähigkeit den Behandlungsvertrag durch ihren gesetzlichen Vertreter.

---

[11] S. Androulidaki-Dimitriadou, Die ärztliche Aufklärungspflicht, S. 201.

[12] S. Androulidaki-Dimitriadou, am angegeben Ort, S. 203, Anmerkung 6.

Ist der Minderjährige absolut rechtsgeschäftsunfähig, so haben seine gesetzlichen Vertreter das Einwilligungsrecht nicht nur auf Grund ihrer Sorgepflicht, sondern auch weil der Minderjährige, der das zehnte Lebensjahr noch nicht erreicht hat, noch nicht die geistige Reife zur Einwilligung oder Ablehnung der ärztlichen Handlung hat. In diesen Fällen legitimiert die Einwilligung der gesetzlichen Vertreter des Minderjährigen den Arzt zur Vornahme des ärztlichen Eingriffs.

Probleme entstehen, wenn ein Minderjähriger mit eingeschränkter Rechtgeschäftsfähigkeit, auf eigene Initiative, ohne die gleichzeitige Anwesenheit seiner gesetzlichen Vertreter sich einer Heilbehandlung unterzieht. Die Lösung dieses Problems liegt im Bereich des Persönlichkeitsrechts und überschreitet die Grenzen der Rechtsgeschäftsfähigkeit, die vom Zivilrecht als Voraussetzung für die Rechtsgeschäfte im Rahmen des Vermögensrechts gefordert wird. Die Einwilligungsfähigkeit des Menschen ist nicht identisch mit der Rechtsgeschäftsfähigkeit. Die Einwilligungsfähigkeit, die für die Einwilligung in den ärztlichen Eingriff erforderlich ist, wird an der Reife (geistige und tatsächliche) des Minderjährigen, der sich einer Heilbehandlung unterzieht, gemessen und ist rechtlich bindend, mit der Folge, dass sie den rechtswidrigen Charakter des ärztlichen Eingriffs aufhebt, ohne gleichzeitig den Heilbehandlungsvertrag wirksam zu machen, für den in jedem Fall die Rechtgeschäftsfähigkeit erforderlich ist.

Nachdem der Arzt den minderjährigen Patienten korrekt und gemäß den Regeln der ärztlichen Heilkunst aufgeklärt hat und dieser auf Grund seiner Reife diese verstanden hat und seine Einwilligung zu dem nachfolgenden ärztlichen Heileingriff gegeben hat, haftet der Arzt weder gegenüber den Eltern noch gegenüber dem Minderjährigen selbst wegen der Nichterfüllung der Aufklärungspflicht.

In diesem Zusammenhang spricht es für den Arzt, dass der Minderjährige nach dem 14. Lebensjahr die Fähigkeit hat, die Bedeutung der ärztlichen Behandlung zu verstehen. Dieses Kriterium ist aber nicht verlässlich, da die Reife des Minderjährigen ein Tatbestandsmerkmal ist, das für jeden Minderjährigen persönlich zu bestimmen ist, auch wenn es laut Gesetz dem Minderjährigen nach dem 14. oder 15. Lebensjahr gestattet ist, Arbeit aufzunehmen und über die Vergütung selbst zu entscheiden. In der ärztlichen Praxis ist die Einwilligung der Eltern erforderlich, denn es geht um die Gesundheit und das menschliche Leben, also um Rechtsgüter, die höher zu werten sind als die Einnahmen aus eigener Arbeit. So muss jeder Fall einzeln behandelt werden ohne Altersbestimmung unter der gesetzlichen Volljährigkeit.

In jedem Fall, in dem der Arzt an der geistigen Reife des minderjährigen Patienten zweifelt, ist er verpflichtet, seine Eltern oder Personen, denen seine Vormundschaft obliegt, aufzusuchen.

Die Einwilligung der Eltern oder generell der gesetzlichen Vertreter des Minderjährigen ist nicht ausreichend um den ärztlichen Heileingriff zu legitimieren, wenn der beschränkt rechtsgeschäftsfähige Minderjährige selbst in der Lage ist seine Situation zu begreifen. Insbesondere ist der ärztliche Eingriff dann rechtswidrig, wenn der Minderjährige dem Eingriff widerspricht, während seine Eltern diesem zustimmen.

Außer wenn Gefahr für seine Gesundheit oder für sein Leben besteht darf der Eingriff nicht mittels Gewaltanwendung durchgeführt werden, selbst wenn es zum Nutzen des Minderjährigen ist. Die Einwilligung des Minderjährigen wird vermutet, wenn die Personen denen seine Vormundschaft obliegt, dem Eingriff zustimmen und der Minderjährige nicht ausdrücklich widerspricht. Dies ist für das griechische Recht in Art. 1511 gr.ZGB verankert.

Die Eltern entscheiden hinsichtlich der ärztlichen Behandlung des Minderjährigen gemeinsam. Wenn aber einer der beiden Elternteile den anderen beauftragt hat, die Entscheidung über die ärztliche Behandlung des Kindes zu treffen, so hat dieser auch das Recht vom Arzt informiert zu werden.

Entscheidungen der Personen, denen die Vormundschaft über den Minderjährigen obliegt, die nach allgemeiner ärztlicher Erfahrung der Gesundheit des Minderjährigen schaden, werden vom Arzt nicht zwingend berücksichtigt. Dies betrifft vor allem Fälle der Verweigerung der Einwilligung der Eltern in den Eingriff aus religiösen Gründen.

Im griechischen Recht wurde dieses Thema, durch den Art. 1534 gr. ZGB ausdrücklich geregelt. Ein spezielleres Problem stellt die Einwilligung einer minderjährigen Schwangeren in den vom griechischen Strafgesetzbuch erlaubten Schwangerschaftsabbruch,dar.

Nach vorzugswürdiger Auffassung, kann ein Schwangerschaftsabbruch nicht vorgenommen werden, ohne der Einwilligung der Schwangeren, unabhängig von ihrem Alter, und unabhängig von der Situation in der es zur Empfängnis gekommen ist. Das Recht der Frau, auch wenn sie minderjährig ist, sich für ihr Kind zu entscheiden ist ein absolutes Recht das nur ihr zusteht.

II. Unzurechnungsfähige Volljährige

Artikel 6
Schutz der nicht einwilligungsfähigen Personen

1. In Fällen, in denen das Gesetz bestimmt, dass der Volljährige die Einwilligungsfähigkeit in einen ärztlichen Eingriff auf Grund einer geistigen Behinderung, Krankheit oder aus ähnlichen Gründen, nicht hat, darf dieser Eingriff nur aufgrund einer gesetzlich vorgesehenen Bevollmächtigung seines gesetzlichen Vertreters oder einer Behörde oder einer Person oder Körperschaft vorgenommen werden.

Die betroffene Person nimmt im Rahmen des Möglichen am Vorgang der Bevollmächtigung teil.

Artikel 7 Schutz der Personen, die an geistiger Störung leiden

Mit dem Vorbehalt der Schutzvorschriften, die das Gesetz bestimmt, dem Aufsichts-, dem Kontroll- und dem Aufhebungsverfahren einbegriffen, die Person, die an schwerer geistiger Störung leidet, kann einem ärztlichen Eingriff ohne seine Einwilligung unterzogen werden, wenn dieser die Heilung seiner geistigen Störung dient, allerdings nur in den Fällen, in denen ohne diese Behandlung ernsthafter Schaden an seiner Gesundheit droht.

Artikel 8: Wenn aufgrund der Dringlichkeit der Situation die notwendige Einwilligung nicht eingeholt werden kann, ist die sofortige Vornahme jedes erforderlichen ärztlichen Eingriffs zum Nutzen der Gesundheit der betroffenen Person geboten.

Artikel 9: Die vorherig ausgedrückten Wünsche des Patienten hinsichtlich des ärztlichen Eingriffs werden berücksichtigt, wenn es sich um einen Patienten handelt, der zum Zeitpunkt des Eingriffs nicht in der Lage ist seine Wünsche auszudrücken.

Gemäß dem Gesetzes 2447/1996, das als Kodex den Gesetzesvorschlag »Adoption, Vormundschaft und Pflegschaft, gerichtlicher Betreuung, gerichtliche Betreuung fremder Angelegenheit und damit zusammenhängende grundsätzliche verfahrensrechtliche Vorschriften und Übergangsvorschriften« ratifiziert hat, wurden die Kapitel sechzehn (Art. 1686 bis 1700) und achtzehn (Art. 1705 bis 1709) und das vierte Buch des Zivilgesetzbuches, das die Vormundschaft eines Entmündigten und die gerichtliche Pflegschaft regelt, aufgehoben. Die neuen Vorschriften sehen Folgendes vor:

Artikel 1666: Unter gerichtliche Betreuung wird der Volljährige gestellt: 1. Wenn er wegen psychischer oder geistiger Störung oder wegen körperlicher Behinderung gänzlich oder teilweise nicht in der Lage ist, sich alleine um seine Angelegenheiten zu kümmern, 2. Wenn er wegen unvernünftigen Lebenswandels, Drogenabhängigkeit oder Alkoholismus, sich selbst, seinen Ehepartner, seine Nachkommen oder Vorfahren der Gefahr des Entzuges aussetzt.

Artikel 1667: Das Gericht entscheidet nach Antrag der betroffenen Person oder seines Ehepartners oder seiner Eltern oder seiner Kinder oder des Staatsanwalts oder von Amts wegen über die gerichtliche Betreuung.

Artikel 1676: Das Gericht, das eine Person unter gerichtliche Betreuung stellt, entscheidet im Einzelfall, entweder: 1) dass sie für die Vornahme aller oder bestimmter Rechtsgeschäfte unfähig ist, weil sie nicht in der Lage ist, selbständig zu handeln (entziehende gerichtliche Betreuung, vollständig oder teilweise), oder 2) dass für die Vornahme aller oder bestimmter Rechtsgeschäfte die Einwilligung des gerichtlichen Betreuers erforderlich ist (unterstützende gerichtliche Betreuung, vollständig oder teilweise), oder 3) über eine Kombination der oben erwähnten Regelungen. Der Antrag ist für das Gericht nicht bindend, es ist aber verpflichtet, dem unter Betreuung Gestellten die geringst möglichen Einschränkungen in seinem Interesse aufzulegen.

Artikel 1679: Wird der Betroffene vom Gericht unter Betreuung in Form der Kombination der entziehenden und unterstützenden Betreuung gestellt, so bestimmt das Gericht mittels Beschlusses, welche Handlungen der unter Betreuung Gestellte nicht selbständig vornehmen kann und welche er nicht ohne die Zustimmung des Betreuers vornehmen kann.

Artikel 1683: Die Einwilligung des Betreuers, von welcher die Wirksamkeit aller oder bestimmter Rechtsgeschäfte des unter Betreuung Gestellten abhängt, wird vor der Vornahme der Handlung schriftlich erteilt. Verweigert der Betreuer die Zustimmung, so entscheidet das Gericht auf Antrag des unter Betreuung Gestellten. Die Handlungen des unter Betreuung Gestellten für die das Gesetz die Zustimmung des Betreuers verlangt, sind unwirksam, wenn sie ohne die Zustimmung vorgenommen wurden. Die Unwirksamkeit kann nur der gerichtliche Betreuer, der unter Betreuung Gestellte und seine allgemeinen und speziellen Nachkommen geltend machen.

Artikel 1684: Alle Handlungen, die vom gerichtlichen Betreuer, vom Aufsichtsgremium oder vom Gericht vorgenommen werden, müssen im Interesse des unter Betreuung Gestellten sein. Vor jeder Handlung oder Entscheidung muss persönlicher Kontakt zu dem unter Betreuung Gestellten aufgenommen werden und seine Meinung berücksichtigt werden.

Artikel 1687: Verlangt die Situation einer Person ihre unfreiwillige Behandlung in eine Nervenheilanstalt, so geschieht dies auf Grund der vorausgehenden Erlaubnis des Gerichts und gemäß spezieller gesetzlicher Regelung.

Falls der Patient sein Bewusstsein auf Grund eines Unfalls oder unerwarteter Krankheit verloren hat, so gilt die Grundregel, d.h. das Aufklärungsrecht und das Einwilligungsrecht stehen dem Patienten, unabhängig von seiner Rechtsgeschäftsfähigkeit, selbst zu. Das Kriterium für die wirksame Einwilligung des Patienten gegenüber dem Arzt ist seine Einwilligungsfähigkeit und nicht seine Rechtsgeschäftsfähigkeit.

Hat der Patient sein Bewusstsein verloren, so ist die Wahrnehmungsfähigkeit auf Grund der Krankheit eingeschränkt. In den Fällen, in denen offensichtlich der Patient ständig oder vorübergehend den Verstand verloren hat, wird der Arzt zum therapeutischen und speziell zum chirurgischen Eingriff weder ohne weiteres ermächtigt, noch von seiner Aufklärungspflicht befreit. Die Aufklärungspflicht besteht nunmehr gegenüber der Person, die die Betreuung des Patienten aufgenommen hat, auch wenn der Patient unter normalen Umständen die Wahrnehmungsfähigkeit haben würde.

In dringenden Fällen kann der Arzt unmittelbar ohne Aufklärung oder Einwilligung des Patienten in dessen Interesse handeln.

Besteht genug Zeit um Personen zu befragen, die an Stelle des Patienten die Einwilligung zu einer dringenden Heilbehandlung erteilen können, so sind seine direkten Angehörigen zu kontaktieren.

Die Einwilligung der Angehörigen steht an Stelle der vermuteten Einwilligung des Patienten, so dass Angehörige, die den Patient nicht gesetzlich vertreten, als Geschäftsführer ohne Auftrag handeln. Die vermutete Einwilligung des Patienten wird anhand von objektiven Kriterien hinsichtlich des Interesse des Patienten untersucht. Was würde der durchschnittliche logisch denkende Patient im Fall des Bewusstseinsverlustes wollen. Falls keine Angehörigen vorhanden sind und der Fall dringend ist, so reicht auch die Aufklärung und Einwilligung des Lebenspartners oder Freundes, die dem Patienten beistehen, aus. In dringenden Fällen handelt der Arzt selbst nicht als Geschäftsführer ohne Auftrag, was die herrschende Meinung vertritt, aber nach den Regeln des vom Arzt erwarteten beruflichen Verhaltens im Rahmen des Respekts der Persönlichkeit des Patienten.

Hinsichtlich der Verpflichtung des Arztes die Heilbehandlung im Interesse und laut dem vermuteten Willen des Patienten durchzuführen, sind die Regelungen für die Geschäftsführung ohne Auftrag beschränkt anwendbar (Art. 732 gr. ZGB). Artikel 731 Satz 2 ist analog anzuwenden, denn der Arzt, der die Heilbehandlung gegen den tatsächlichen oder vermuteten Willen des Patienten vornimmt, obwohl er dies erkennen hätte müssen, trägt die Gefahr seiner Handlung, die dem von ihm zu erwarteten beruflichen Verhaltens entgegensteht. Dies triff nicht zu, wenn er nachweisen kann, dass der Schaden auch ohne seine Intervention eingetreten wäre, oder dass es sich um eine ärztliche Tätigkeit handelt, zu der er auch gegen den tatsächlichen oder vermuteten Willen des Patienten verpflichtet war.

Bis zum Beweis des Gegenteils wird vermutet, dass der Arzt gemäß dem vermuteten Willen des »verhinderten Patienten« handelt, denn jeder durchschnittliche, logisch denkende Patient wünscht nicht nur die Rettung seines Lebens, sondern erwartet auch vom Gesundheitsträger (Ärzte, Krankenhäuser) im Fall der Bewusstlosigkeit eine direkte, ärztliche Hilfe, Pflege und Behandlung.

Manchmal verlangt die ärztliche Pflicht (salus aegroti) die Vornahme einer ärztlichen Handlung zur Rettung des Lebens des Menschen auch gegen seinen tatsächlichen Willen.

D. Verbot der Diskriminierung auf Grund genetischer Veranlagungen(besonders hinsichtlich der progenetischen-protransplantativen Diagnose)

Das neue Gesetz 2619/1998 regelt im Kapitel IV (unter dem Titel: »Menschliche Gene«), Artikel 11 das Verbot jeder Diskriminierung auf Grund des menschlichen Erbmaterials.

Es besteht kein Zweifel, dass die genetischen Methoden in den letzten Jahrzehnten bedeutende Fragen auf dem Gebiet des Verfassungsrechts aufgeworfen haben, sofern es um die Enthüllung der Angaben des menschlichen genetischen Codes vor oder nach der Geburt mit Hilfe technischer Mittel geht[13].

Die entsprechende Problematik bezieht sich auf die Methoden zur Vorbeugung und Heilung von Krankheiten, welche einen Eingriff in die genetische Substanz des embryonalen Organismus verlangen. Es entsteht hier eine Kollision zwischen der Sicherung des »Gesundheitsgutes« des Embryonen und der »genetischen« Vorbestimmung der biologischen Eigenschaften einer Person. Man sollte deshalb besonders unterscheiden: zwischen der »positiven« und »negativen« Genetik zum einen und zum anderen zwischen einer extremen Form der Genetik des Klonvorgangs.

E. Der Vorgang des Klonens

Die Möglichkeit einer erfolgreichen Anwendung der Methode des Klonens auf den Menschen wirft verschiedene Fragen im konstitutionellen Gebiet auf[14]. Der Unterschied zwischen Klonen und anderen Methoden zur künstlichen Befruchtung liegt darin, dass bei der Methode des Klonens nicht nur die Geburt eines Kindes bezweckt wird, sondern die Geburt eines Kindes, das ähnlich mit einem bestimmten »Vorbild« ist. Auf diese Weise können »Reihen« von identischen Personen (Mehrlinge) entstehen. Die Grundfrage dazu ist, ob eine solche Erweiterung des Befruchtungrechts gesetzmäßig ist. Dies wird zu verneinen sein, denn sowohl die Nachahmung eines solchen Vorbildes, als auch die einfache Idealisierung von jemand als »Vorbild« stützt sich eigentlich auf die Verneinung des Verschiedenheitsprinzips, eines der wichtigsten konstitutionellen Prinzipien[15]. Die äußerliche Eigenartigkeit des Menschen gilt als eine Art von »Abguss« seiner Subjektivität, beeinflusst seine Entscheidungen über seinen eigenen privaten Lebensverlauf. So begünstigt sie die Freiheit

---

[13] S. Protokolle der Vereinigung griechischer Zivilrechtler, Moderne Probleme des Zivilrechts über das System des Zivilbuches hinaus, Sakkoulas Verlag, 1995.

[14] S. Kriaris-Katranis, Biomedizinische Entwicklung und Verfassungsrecht.

[15] S. Vidalis, am angegeben Ort S. 117.

der Person und orientiert sich an seiner Autonomie: die Verschiedenheit beweist sich als grundlegende Voraussetzung für die Organisation des sozialen Lebens. Denn sie bringt ein generelles Gemeinschaftsinteresse zum Ausdruck, da sie den »Autonomiewirkungskreis« des Menschen hinsichtlich seinen Beziehungen sowohl zum Staat als auch zu den anderen aufrecht erhält.

Der Vorgang des Klonens steht der »menschlichen Natur« entgegen, weil die Einzigartigkeit der Persönlichkeit jedes Menschen bewahrt werden muss[16]. Kraft Artikel 1 des Zusatzprotokolls der Konvention zum Schutze der Menschenrechte und Menschenwürde hinsichtlich der Anwendungen der Biologie und der Medizin (Menschenrechtsübereinkommen zur Biomedizin) wird Folgendes bestimmt:

1. Jeder Eingriff, der die Erschaffung eines menschlichen Wesens bezweckt, das genetisch mit einem anderen lebenden oder toten menschlichen Wesen ähnlich ist, ist verboten.

F. Die Problematik der Genetik

Bei der Befruchtung ist die Bearbeitung der genetischen Zelle möglich, um die Eigenschaften eines Elternteils aus der embryonalen DNS völlig zu entfernen, so dass nur die des anderen bleiben; damit werden Menschen mit nur einem biologischen Elternteil, die einzelelterlichen Personen, erschaffen. Die Erschaffung mit den Genen einzig und allein des einen Elternteils verletzt die Persönlichkeit des Kindes und widersetzt sich den Normen der Ethik der Genetik.

Ist ein Eingriff, der die äußeren Merkmale des neuen Organismus – Geschlecht, Haar-, Augenfarbe u.s.w. – verändert und sich dabei an einem bestimmten Vorbild orientiert, welches die Lebensqualität des Menschen ausdrückt, als Gesundheitsfrage zu werten?

Die Gesundheit als Rechtsgut unterscheidet sich von der Genetik, und genießt Schutz im Rahmen des Menschenswerts. Dieser erlaubt eigentlich jeden ärztlichen Eingriff zum Schutze der Gesundheit, auch wenn dieser Eingriff zeitweise als erhebliche Beschränkung der Selbstbestimmung der Person zu werten ist.

Die Genetik kann sich dagegen nicht auf eine solche konstitutionelle Grundlage stützen. Die Vorbestimmung des Geschlechtes oder der äußeren Eigenschaften der Person verbindet sich notwendig mit einem ästhetischen Auswahlverfahren, das nichts mit dem Schutz der biologischen Grundlage des

[16] S. Papazisis, Protokolle der Vereinigung der griechischen Zivilrechtler, am angegeben Ort S. 247 ff.

Organismus und folglich nichts mit dem Wert des Menschen zu tun hat. Voraussetzung ist, dass dieser Bestimmungsvorgang nicht die Vorbeugung der plötzlichen Abnutzung einer organischen Funktion, bezweckt[17]. Sofern das ästhetische Auswahlverfahren hinsichtlich der gewünschten äußeren Merkmale durch den freien Willen bestimmt wird, ist es als Ausdruck der Entwicklung der Persönlichkeit zu werten und hält sich im Rahmen der Vorschrift des Art. 5 § 1 der Verfassung, wie z.B. der Fall der plastischen Chirurgie. Der genetische Eingriff in den Embryo ist aber ein anderer Fall. In diesem Fall wird auch das Recht zur Entwicklung der Persönlichkeit von demjenigen, der sich diesen Eingriff wünscht, so ausgeübt, dass der entsprechende Vorbehalt des Art. 5 § 1 der griechischen Verfassung verletzt wird[18]. Das passiert, weil das Recht auf freie Entwicklung der Persönlichkeit nicht am »Berechtigten« selbst ausgeübt wird, so dass ein ästhetisches Auswahlverfahren irgendeiner Art, sei es noch so absurd oder extrem, gerechtfertigt wäre. Es wird jedoch an einem neu erschaffenen Organismus ohne autonomen Willen ausgeübt und verletzt die von der Gemeinschaft aufgestellten Bedingungen für die zukünftige Entfaltung des freien Willens. Mit der bewussten Vorherbestimmung einiger äußere Merkmale wird das für die Qualität der sozialen Struktur erhebliche Verschiedenheitsprinzip, welches sich aus dem Liberalitätsprinzip herausgebildet hat, die ganze verfassungsrechtliche Ordnung beeinflusst und das Interesse der Allgemeinheit zum Ausdruck bringt, verletzt. Man sollte die Verfassungsvorschrift über den Schutz der Menschenwürde weit interpretieren, damit sie auch die Zeit vor der Empfängnis umfasst. Damit wird jede Möglichkeit zur Erschaffung von Menschen mit Merkmalen, Eigenschaften und »Eigenarten«, die kein Ergebnis einer beliebigen Gestaltung, sondern Auswahl und Wünsche anderer sind, ausgeschlossen[19].

So sind die Vorschriften der Artikel 13 und 14 des Übereinkommens des Europäischen Rates zum Verbot des Eingriffs in das menschliche Gen und zum Verbot der Vorauswahl[20] des Geschlechts des Kindes vor der Geburt – außer wenn es dieser zum Schutz der Gesundheit bedarf – verfassungskonform und binden den Gesetzgeber hinsichtlich dieses Themas für die Zukunft.

G. Genetische Tests aus Gesundheitsgründen

Im Kapitel V des Gesetzes 2619/1998, das den Titel »Wissenschaftliche Forschung« hat und die strittige Frage über das Verhältnis und die Grenzen

[17] S. Vidalis, am angegeben Ort, S. 123.

[18] S. Manesis, Verfassungsrecht, Grundfreiheiten, S. 111-112.

[19] S. Vidalis, am angegeben Ort, S. 129.

[20] S. Kriari-Katrani, wie oben S. 106 ff. Der Auswahl bestimmter Eigenschaften des Spenders steht den Sitten entgegen. Es wird auch die Meinung vertreten, dass diese Praxis die Menschenwürde indirekt verletzt.

zwischen wissenschaftlicher (medizinischer) Forschungsfreiheit und ähnlicher genetischer Probleme regelt, wird Folgendes vorgeschrieben:

Artikel 15
Allgemeine Vorschrift

Die wissenschaftliche Forschung im Bereich der Biologie und Medizin wird Kraft den Vorschriften des gegenständlichen Übereinkommens und den übrigen gesetzlichen Vorschriften zum Schutz des Menschen ausgeführt.

Artikel 16
Die Durchführung der Forschung an einer Person ist nur unter folgenden Voraussetzungen erlaubt:

i. Es gibt keine andere Alternative mit vergleichbarer Wirksamkeit als die der Forschung am Menschen.

ii. Die möglichen Gefahren, in welche die Person gebracht wird, sind nicht unverhältnismäßig zu dem wahrscheinlichen Nutzen der Forschung.

iii. Das Forschungsprogramm wurde von der zuständigen Behörde nach der Untersuchung seines wissenschaftlichen Wertes, einschließlich der Bedeutung der vertretenen wissenschaftlichen Ansicht und des Forschungszweckes und Forschungsgegenstands, von verschiedenen Gruppen von Ärzten unterschiedlicher Fachrichtungen darüber, ob es ethisch zulässig ist, genehmigt.

iv. Die Personen, an denen die Forschung durchgeführt wird, wurden über ihre Rechte und den Schutz den das Gesetz vorsieht, informiert.

v. Die notwendige Genehmigung, die in Artikel 5 vorgesehen ist, muss ausdrücklich, speziell und begründet sein. Diese Genehmigung kann jederzeit widerrufen werden.

Artikel 17
Der Schutz der Personen, die in die Durchführung der Forschung nicht einwilligen können.

1. Die Forschung an Personen ohne Einwilligungsfähigkeit ist nur unter folgenden Voraussetzungen erlaubt:

   i. Die im Artikel 16 §§ i bis iv vorgesehenen Voraussetzungen müssen erfüllt sein.

   ii. Die Forschung muss tatsächlichen und direkten Nutzen für die Gesundheit haben.

   iii. Es kann keine Forschung mit vergleichbarer Wirksamkeit an einwilligungsfähigen Personen durchgeführt werden.

iv. Die im Artikel 6 vorgesehene notwendige Befugnis muss ausdrücklich und schriftlich erteilt worden sein, und

v. Die betroffene Person widersetzt sich nicht.

2. Ausnahmsweise und gemäß den gesetzlichen Schutzvorschriften, in den Fällen in denen die Forschung keinen Nutzen für die Gesundheit der betroffenen Person hat, kann diese Forschung unter den Voraussetzungen des Paragraph 1 Abschnitt i, iii, iv und v, (s.o) und den Voraussetzungen folgender Vorschriften durchgeführt werden:

   i. Das Ziel der Forschung ist es durch die erhebliche Verbesserung der wissenschaftlichen Wahrnehmung des Leidens, der Krankheit oder Störung des Patienten zu nutzbringenden Ergebnissen für die betroffene Person oder andere Personen im selben Alter, in der selben Kategorie oder die an der selben Krankheit oder Störung leiden, beizutragen.

   ii. Die Forschung bringt geringe Gefahr und noch geringe Belastung für den Betroffenen.

Die verfassungsmäßige Forschungsfreiheit umfasst jede Tätigkeit, mit der ernsthaft, und systematisch die Wahrheit angestrebt wird. In Artikel 16 § 1[21] der Verfassung wird einerseits die Freiheit des Einzelnen zur wissenschaftlichen Forschung, d.h. sowohl der Forschungsinhalt, als auch die -methode geschützt: es handelt sich nämlich um ein Grundrecht, in dem ein Anspruch gegenüber dem Staat verankert ist, dass dieser nicht restriktiv in das Verfahren der Erlangung und Mitteilung der wissenschaftlichen Kenntnisse eingreift. Diese Freiheit umschließt auch das Recht auf Bekanntmachung, Veröffentlichung und Verbreitung der Forschungsergebnisse. Andererseits wird die Freiheit der wissenschaftlichen Forschung und Lehre funktionell gewährleistet[22].

Träger dieser Grundfreiheit sind natürliche und juristische Personen des Privatrechts, sowohl des inländischen als auch ausländischen, unabhängig davon, ob sie Forschung im Rahmen der Universität oder außerhalb des Rahmens der Universität, im staatlichen oder privaten Bereich durchgeführt wird. Aus der verfassungsmäßigen Pflicht des Staates, die Wissenschaft die Forschung und die Lehre zu entwickeln und zu fördern, ergibt sich die Pflicht zur Bildung der gesetzlichen Ordnung, die die Entwicklung dieser Tätigkeiten möglich macht.

Die Forschungsfreiheit wird, soweit sie nicht andere verfassungsmäßige Rechte verletzt, ohne gesetzlichen Vorbehalt festgelegt.

Zum Teil wird die Meinung vertreten, dass die Forschungsfreiheit von allgemeinen Rechtsnormen, die ein gesetzliches Gut allgemein und objektiv schützen, eingeschränkt wird[23]. Die Kritik gegen diese Meinung liegt darin, dass

---

[21] S. Papadimitriou, Verfassung und Wissenschaftsfreiheit, ToS 18, 1992, S. 516-522.

[22] S. Tsatsos, Verfassungsrecht, Grundrechte, Allgemeiner Teil, S. 172 ff.

[23] S. Kriari-Katrani, am angegeben Ort S. 159 ff.

dadurch dieses Grundrecht unter Gesetzesvorbehalt gestellt wird, was eigentlich nicht in der Absicht der Verfasser dieses Artikels lag. Außerdem widerspricht es dem Schutzzweck des Grundrechts. Der Staat ist im Fall einer Einschränkung verpflichtet, die Motive dafür zu rechtfertigen. Der Forscher kann sich darauf berufen, dass seine Untersuchungen verfassungsgemäß sind.

Die Schaffung der Möglichkeit zur Durchführung der wissenschaftlichen Arbeit und dazugehörender Versuche ist selbstverständlich als Voraussetzung zu betrachten. Das Übereinkommen des Europäischen Rates gibt spezielle Bedingungen für die Forschung allgemein, im Bereich der Biologie und der Medizin, vor. Der zentrale Punkt ist der Schutz des menschlichen Wesens. Falls sich die Forschung auf Personen bezieht, müssen über die Gewährleistung der Verfahrensart hinaus a) ihre Wirksamkeit, b) die Verhältnismäßigkeit zwischen eventueller Gefahren und zu erwartende Ergebnisse, und c) die freie Einwilligung dieser Personen, gegeben sein[24].

Grundlegend stellt sich die Frage worin die Grenzen der Vorschrift 16 § 1 der griechischen Verfassung, hinsichtlich des Grundsatzes zum Schutze der Menschenwürde liegen: denn jede Forschung oder jedes Experiment, die den Zweck des oben angeführten Grundsatzes gefährden, liegt außerhalb des Schutzrahmens der Verfassung. Die Grenze der erlaubten genetischen Forschung kann nicht allgemein und abstrakt, sondern nur im Zusammenhang mit dem jeweils verfolgten Ziel (in concreto) gesetzt werden.

H. Die Forschung als Selbstzweck

Die Forschung im Bereich der Genetik kann sich als grundlegende Forschungsart entwickeln, und dabei das Ziel der Erweiterung der Kenntnisse über die menschliche biologische Existenz verfolgen. Die Ergebnisse solcher Forschung und die Erkenntnisse, die aus den Experimenten mit dem genetischen Material resultieren, können in der Zukunft die Anwendung der Methoden der Genetik auf verschiedenen Ebenen erleichtern.

Die grundlegende Forschung, auch wenn sie bis zu einem Punkt ungenutzt bleibt, stellt trotzdem eine notwendige Bedingung für die Entwicklung einer verfassungsgemäßen Anwendung der genetischen Technologie, dar. Sie verschafft die erforderlichen Kenntnisse für die Verbesserung der Methoden der künstlichen Befruchtung oder für die genetische Diagnose, Vorbeugung oder Heilung von Krankheiten. In diesem Rahmen schließt die Verfassung die Durchführung solcher Forschung nicht aus[25].

---

[24] S. Vidalis, am angegeben Ort, S. 135 ff.

[25] S. Vidalis, am angegeben Ort, S. 135 ff.

I. Der Schutz des Embryonen im Rahmen der Forschung

Die bedeutsame Frage in diesem Zusammenhang ist, inwiefern die Erzeugung menschlicher Embryonen, um sie als Forschungsmaterial zu verwenden und sie hinterher zu zerstören, erlaubt ist:

Artikel 18 des Gesetzes 2619/1998 sieht Folgendes vor: 1) Erlaubt das Gesetz die Forschung an Embryonen in vitro, so muss es ihren ausreichenden Schutz gewährleisten, und 2) die Erzeugung menschlicher Embryo für Forschungszwecke ist verboten.

Der Gesetzgeber orientiert sich also an der im mitteleuropäischen Raum herrschenden Meinung, dass das menschliche Leben nicht das Mittel zur Erreichung anderer Ziele sein kann[26]. Die Erzeugung menschlicher Embryonen, damit sie als Forschungsmaterial dienen, ist absolut verboten, weil es gegen den Verfassungsgrundsatz der Menschenwürde und den Respekt vor dem menschlichen Leben verstößt (Verfassung, Artikel 2 § 1).

In Griechenland hat die Befürwortung dieser Regelung bereits Gegenmeinungen[27] hervorgebracht. Diese vertreten die Ansicht, dass eine so strenge Betrachtungsweise zu einem Verkümmern der Forschung auf dem Gebiet der Genetik führen wird und schlagen dagegen (contra legem) nur für die Fälle in denen bewiesenermaßen kein anderes Material zur Verfügung steht, die Befruchtung von Eizellen für Forschungszwecke, vor.

Ein weiteres Thema ist das Thema der in vitro fertilization und speziell, ob die überschüssigen befruchteten Eizellen in der wissenschaftlichen Forschung verwendet werden dürfen. Es handelt sich hier um »Embryonen«, die nicht für die Befruchtung verwendet werden, und also zerstört werden. Dies spielt nur in verfassungsrechtlicher Hinsicht eine Rolle, da der zivilrechtliche Schutz nicht auf Embryonen, die zerstört werden, ausgeweitet werden kann, denn diese werden niemals lebend geboren (gr. ZGB, Artikel 36).

Sicherlich wird auch in diesem Fall der menschliche Embryo zum Gegenstand (als Mittel, mit dem die Ziele anderer Personen erreicht werden). Experimente diesbezüglich bedeuten eine Verletzung der Menschenwürde[28].

Trotzdem wird vielfach die Meinung vertreten, dass das zur Verfügungstellen dieser Embryonen ausnahmsweise[29] zu Forschungszwecken und nachdem die

[26] S. Kriari-Katrani, am angegeben Ort, S. 163.

[27] S. Vidalis, am angegeben Ort, S. 138, Anmerkung 101.

[28] S. Kriari-Katrani, am angegeben Ort S. 167.

[29] Es wird die Meinung vertreten, dass Experimente an Embryos, die dadurch zerstört werden, nicht dem Prinzip des Schutztes der Menschenwürde entgegenstehen, s. Kriari-Katrani, am angegeben Ort, S. 169.

Möglichkeiten einer Einpflanzung erschöpft sind, erlaubt ist[30]. Diese Meinung wird auf ähnliche Weise begründet wie das verwandte Thema der Erlaubtheit des Schwangerschaftsabbruchs. Im griechischen Recht[31] gilt die Fristenregelung, und ein Schwangerschaftsabbruch ist bis einschließlich des dritten Schwangerschaftsmonats erlaubt, es wäre also widersprüchlich die Forschung an Embryonen zu verbieten, die aus objektiven Gründen nicht überleben werden.

Welcher ist eigentlich der Schutzstatus der menschlichen Embryonen in allen Stadien bis zu seiner vollständigen Entwicklung? Die entscheidende Frage ist, wann das genetische Material zum Menschen wird. Würde das bedeuten, dass es bis dorthin als Sache zu behandeln ist?

In Griechenland hat sich die Problematik wie folgt entwickelt:

Das griechische Recht behandelt den Menschen als Person vom Zeitpunkt der Empfängnis an (Artikel 36 gr. ZGB)[32]. Es handelt sich dabei um die Rechtsgestalt des nasciturus, das heißt ein Kind in utero das natürlich empfangen wurde in der Gebärmutter seiner Mutter mit ihrer Eizelle und ohne ärztlichen Eingriff.

Als Beginn der Schwangerschaft (Empfängnis) muss das Befruchten der Eizelle betrachtet werden, der Begriff »Empfängnis« als Beginn der Schwangerschaft im Artikel 36 gr. ZGB ist als gleichbedeutend mit Befruchtung i.S. des Gesetzgebers zu interpretieren. Der juristische Begriff der Existenz der Person wird mit Hilfe rein genetischer Kriterien bestimmt: die Existenz des Menschen als Rechtssubjekt beginnt mit dem Zeitpunkt der Verbindung der beiden Gameten zu einer Zelle[33]. Die befruchtete Eizelle (natürlich oder künstlich) ist ein »an sich lebender Organismus«, wie auch der in die Gebärmutter der Frau eingepflanzte Embryo, und so muss ihm auch der Status eines menschlichen Wesens zugesprochen werden[34]. Auf diese Weise wird im griechischen Recht auch der pro-nasciturus geschützt, d.h. der Embryo ex utero der in die Gebärmutter der Frau eingepflanzt werden soll oder der in einer Samenbank eingefroren ist.

---

[30] S. Vidalis, am angegeben Ort, S. 107.

[31] S. Vidalis, am angegeben Ort, S. 53, Kriari-Katrani, am angegeben Ort S. 168, Anmerkung 37.

[32] Artikel 36 gr. ZGB: »Hinsichtlich der Rechte, die ihm zustehen, wird das Embryo als geboren behandelt, wenn es lebend zur Welt kommt«.

[33] S. Christodoulou in KritE, 1995/1, S. 263 mit ähnlicher Literatur.

[34] S. Androulidaki-Dimitriadi, Nomiki Epitheorisi IA, S. 9 ff.

Daraus folgt, dass die befruchtete Eizelle, da sie nach der herrschenden Meinung[35] als Rechtssubjekt betrachtet wird, den Schutz des Artikel 2 § 1 der griechischen Verfassung (Grundsatz des Respekts des menschlichen Wertes) genießt[36]. In der griechischen verfassungsrechtlichen Theorie wird angenommen, dass die Norm des Artikel 2 § 1[37] nicht nur »rechtsweisend«, sondern »rechtsbindend« ist. Sie beinhaltet darüber hinaus keine Interpretationsregel für den Anwender, weder der Verfassung noch des gesamten Rechts, da der menschliche Wert und die Menschenwürde das höchste Rechtsgut in einer liberalen Demokratie sind. Der »Wert des Menschen« gehört zum Kern der Persönlichkeit als Rechtssubjekt, welcher den Menschen von den übrigen Wesen und von den Rechtsobjekten unterscheidet. Sein Schutz beginnt bereits vor der Geburt und betrifft auch den nasciturus. Er unterliegt keiner Einschränkung und keinem Gesetzesvorbehalt. Darüber hinaus ist die Regelung des Artikel 2 § 1 einer von den wenigen Fällen, in denen die griechische Verfassung dem Staat ausdrücklich nicht nur Grenzen setzt, sondern Pflichten, die die erforderlichen Gesetzgebungs- und Verwaltungsmaßnahmen betreffen, auferlegt. Der Staat muss den Wert des Menschen nicht nur selbst respektieren, sondern auch im Falle einer Verletzung oder Bedrohung schützen.

J. Eingriff in Gene

Auf Grund der Entwicklung der Technologie ist der genetische Eingriff in die Körperzellen oder in den Embryo, mittels der Gentherapie. Die Gentherapie bezweckt die Therapie der genetischen Dysfunktion schwacher Zellen durch den Eingriff in die betreffenden Zellen eines normalen exogenen Gens, seine Integration in die DNS und die Ersetzung des kranken durch ein normales exogenes Gen. Diese Eingriffe bezwecken sowohl die Therapie der kranken Gene und der Beseitigung von erblich bedingten Krankheiten oder Viren, die gesundheitsgefährdend sind, als auch die Verbesserung der menschlichen Zellen generell.

Es werden viele Vorbehalte[38] zum Ausdruck gebracht, bezüglich der Grenzen zwischen dem therapeutischen Eingriff in die DNS im Bereich der therapeutischen Genetik und der Bedeutung der Krankheit, die geheilt werden muss. Es

[35] S. Androulidaki-Dimitriadi, NoV 34, 1986, S. 13, Papachristou, NOMOS, Festschrift für N. Papantoniou, Heft 4, S. 649. CONTRA, Vidalis, wie oben, S. 45, 66 Anmerkung 64.

[36] Artikel 2 § 1 der gr. Verfassung: »Das Respekt und der Schutz des menschlichen Wertes ist die grundlegende Pflicht des Staates«.

[37] S. darüber, Raikos, Vorlesungen vom Verfassungsrecht, Heft B, S. 31 ff., Manesis, Verfassungsrecht, Grundfreiheiten, S. 111-112, Dagtoglou, Verfassungsrecht, Heft B, S. 1139 ff.

[38] S. Kriari-Katrani, am angegeben Ort, S. 173 ff.

wird die strikte Beschränkung der Krankheiten, in deren Rahmen ein Eingriff in die Gene erlaubt ist, vorgeschlagen[39].

Ob diese Eingriffe in das konkrete genetische Material (in einfache Gameten-Eizellen, Samenzellen- und den Kern der Zellen) erlaubt sind, hängt ausschließlich von der rechtlichen Behandlung dieses genetischen Materials (s.o.) ab. In Griechenland wird die Meinung[40] vertreten, dass das konkrete genetische Material als »Sache« Rechtsobjekt ist. Diese Meinung ist mit dem neuen Gesetz 2619/1998 konform.

K. Bioethik-Kommissionen

Der Fortschritt im Bereich der Technologie, speziell in den letzten Jahrzehnten, wirft neue Fragen mit ethischen, sozialen und rechtlichen Dimensionen auf. Die weiten Anwendungsgebiete der Biologie, der Biotechnologie, der Genetik, aber auch die Fortschritte der Medizin beeinflussen sowohl den Menschen als auch seine Umwelt. Die traditionellen Behandlungsmethoden reichen nicht mehr aus, da die Technologie und der Markt sich schneller als die Gesetzgebungs- und Verwaltungsmaßnahmen entwickeln.

Das Bewusstsein diesbezüglich hat sich aufgrund der ethischen und sozialen Bedeutung der Fortpflanzungsproblematik im vorigen Jahrzehnt entwickelt. Aus dieser Notwendigkeit heraus wurden Bioethik-Kommissionen gegründet, welche die zuverlässige Informierung des Staates über die Dimensionen der Entwicklung der Technologie und ihrer Anwendung in der Praxis aufgenommen haben.

Diese Kommissionen[41] haben konkrete Vorschläge gesetzgeberischer Politik bearbeitet und Moralkodeces erstellt. Ihre Absicht ist, das Einvernehmen über grundlegende ethische und soziale Werte aller, die sich mit der Forschung beschäftigen, ihre Ergebnisse anwenden und die mit ihrer Aufsicht beauftragt sind, zu erreichen. Das Werk der Kommissionen bietet wertvolle Erfahrung und die Basis für eine spezielle Gesetzgebung.

Aufgrund der oben ausgeführten Tatsachen hat die Gründung einer Nationalen Bioethikkommission in Griechenland die Förderung der Sensibilisierung der griechischen Gesellschaft und des Staates erreicht.

Vor kurzem wurde das Gesetz 2667 vom 18.12.98 erlassen, das die Gründung der Nationalen Bioethikkommission festsetzt. Wie aus der Präambel

---

[39] S. Papazisis, Kritiki Epitheorisi 2/1998, S. 353.

[40] S. Vidalis, am angegeben Ort, S. 39 ff., CONTRA Androulidaki-Dimitriadi, Nomiki Epitheorisi IA, S. 14.

[41] S. Koutsobina, DiDik 1994, S.1091ff, Kriari-Katrani, s.o. S. 36ff.

des oben genannten Gesetzes hervorgeht, handelt es sich dabei um ein beratendes Organ des Staates, das mit der Verfolgung der ethischen, sozialen und rechtlichen Seiten der Anwendung der biologischen Wissenschaft und mit der Ausarbeitung strategischer Vorschläge beauftragt ist. Eine besondere Bedeutung hat hier sowohl die Zusammenarbeit mit internationalen Organisationen und ähnlichen Institutionen anderer Länder mit größerer Erfahrung in diesen Themenbereichen, als auch die Informierung der Allgemeinheit zum Zweck des besseren Verständnisses der sensiblen Themen der Bioethik.

Die Gründung dieser Kommission soll die notwendigen Voraussetzungen für die Festlegung von Gesetzgebung und Ehrenkodeces sichern, die nach dem Vorbild anderer Staaten geschaffen werden sollen und an die griechischen Gegebenheiten angepasst werden sollen.

L. Schlusswort

Aus dieser Untersuchung ergibt sich, dass Griechenland eigentlich zögernd gehandelt hat, was die spezielle Gesetzgebung über die erheblichen und vielfältigen Probleme, die die Entwicklung der Genetik hervorruft, betrifft. Griechenland hat nämlich die internationalen Fortschritte in diesem Bereich genau verfolgt. Offensichtlich hat dabei das international strittige Thema[42], ob es notwendig ist, wissenschaftliche Bereiche, die sich ständig verändern, gesetzlich zu regeln, eine Rolle gespielt.

Mit dem »Menschenrechtsübereinkommen zur Biomedizin« des Europäischen Rates 1997, hat unser Staat diese gesetzgeberische Tendenz befolgt, indem er das Europäische Übereinkommen ratifiziert und somit den gesetzlichen Rahmen für die Institutionalisierung der Nationalen Bioethikkommission geschaffen hat.

Bereits im Rahmen der zu erwartenden Verfassungsänderung wird eine Regelung über die Festsetzung des Verhältnisses des Menschen zu den Neuerungen der Genetik vorgeschlagen.

Es ist Pflicht der Rechtsordnung, einerseits die Anwendungsgrenzen der neuen Methoden der Biologie und der Medizin[43] und andererseits dessen, was verfassungsmäßig erlaubt ist, zu bestimmen. Dabei ist zu berücksichtigen, dass die neuen Methoden der künstlichen Befruchtung im Zusammenhang mit der Gentherapie Angst vor den Eingriffsmöglichkeiten, nicht nur im menschlichen Umfeld, sondern auch beim Menschen selbst, hervorgebracht haben.

---

[42] S. Vidalis, wie oben S. 29ff.

[43] Siehe über die Notwendigkeit des Einschreitens des Gesetzgebers: Androulidaki-Dimitriadi, Nomiki Epitheorisi IA, S. 18.

H – Country Report Hungary

Dr. Jenő Lőrincz

Semmelweis University

1. It is no overstatement to claim, that the "Convention for the Protection of Human Rights and Dignity of the Human Being with regard to the Application of Biology and Medicine: Convention on Human Rights and Biomedicine" on the basis of its general provisions is a new generation of rights with regard to the advance of the new biomedical technologies.[1]

In the past decade the biomedical revolution raised the question of the human personality's protection both in the legal approach to the problem and in medical practice.

What devices does the protection of personality comprise? Regarding the bioethics, traditionally, we generally set out from the physician-patient relationship. This relationship is subjected to rules of medical ethics. These rules (and their formulation as positive law) are very often of natural law origins. Their effect is international, but on the other hand, it depends on the accepted scale of social values in a given society. From the beginning rights to life, health, and physical soundness have been accepted on the biological bases of the human being. It seems, however, the full-scope protection of the personality rights, including the changes in the field of biomedicine has been partly emphasized. These changes require more detailed regulation. It means to a certain extent the protection of the law, e.g. in the case of organ transplantation, genetics, cloning, and embryo research.

In this respect, we experience movement from ethical rules to the legislation. Some of them have already been incorporated in the legislation of certain states, according to the provision of the „Convention". Before I try to come to the point, I stress the importance of the comparison of the different legal systems, as a contribution to the unification of law. "Whenever it is proposed to adopt a foreign solution which is recognised as being better, two questions must be asked: first, whether it has proved satisfactory in its own country, and secondly, whether it will work elsewhere" - wrote K. ZWEIGERT and H. KÖTZ[2]. Thus, we have to investigate the social and economic reasons which explain the development of different legal institutions in our society.

---

[1] OBERFRANK, Ferenc: Biomedical Ethics and Human Rights: European Overview: Acta Humana No 25. Budapest, 1996. 3-28.

[2] ZWEIGERT, Konrad - KÖTZ, Hein: An Introduction to Comparative Law. Vol. I. North-Holland Publishing Company, Amsterdam - New York - Oxford 1977. 5-10.

The Hungarian healthcare system rests on a comprehensive, compulsory, employment-based health insurance scheme that provides near universal coverage both in terms of treatments and in terms of population. Although the quality of care available to Hungarians is generally satisfactory and the dedication of healthcare professionals is good, the health status of the population appears to be alarming.[3] Hungary now has the lowest life expectancy in the area. Over-work, poor diet, alcohol and tobacco addiction, depression and stress are considered to be the principal factors contributing to high mortality.
Health policy is determined by the government with the Ministry of Health. Ministry of Health develops health promotion and healthcare, supervises public health and medical research, implements legislation. Hungary has relatively few hospitals but, in terms of beds, they are on average among the largest in the area. Hungarians make the second highest (14.6) number of medical visits per capita in the OECD. The stock of hi-technology medical equipment is lower than in most OECD countries. Dialysis stations deliver services of a European standard to anyone in need. Kidney transplantation and open heart surgery are routine procedures, catheter therapy is underdeveloped. Since 1988 many reforms have been introduced, which have improved the quality of care. As regards the legislation, they include acts the following: Act on National Public Health and Medical Officer Service (1991), Act for the Protection of the Life of Foetus (1992), Act on the Hungarian Medical Chamber (1994), Act on Norms of Hospital Capacity (capacity reduction) (1996), Act for Protection of Personal and Medical Data (1997), Act on Health (1997), Act on Services of Compulsory Health Insurance (1997), Act on Human Medicaments (1998).

2. The Hungarian Act CLIV of 15 December 1997 on Health Care generally conforms to the provisions of the "Convention".

The preamble to the Act reads as follows:

(Parliament) "...guided by the conviction that the interest of the individual in his or her state of health and his or her welfare should take priority, and that the achievements of the development of medical science should be utilised for the benefit of present and future generations ,
...with regard to the scientific, technical, ethical, and social changes which have taken place and the changes involving the legal system, as well as our international obligations... creates the following Act determining the complex system of conditions for the promotion and improvement of the state of health of the individual..."

In Hungarian health care patients' rights are protected in this Act: "In the course of the provision of health care service and measures, the protection

---

[3]OECD Economic Surveys 1998-1999 Hungary. OECD Publications, Paris 1999. 91-116.

of the rights of patients shall be ensured. A patient's personal freedom and right of self-determination may only be restricted in the cases justified by his or her state of health and in cases and manner defined in this Act" (Basic Principles, Chapter I, Title 2., Sec.2)

The Chapter II Title 2 comprises the "Rights and obligations of patients" (Section 6-27): right to health care provision, right to human dignity, right of keeping in contact, right to leave the institution, right to obtain information, right of self-determination, right of refusal of provision, right of becoming acquainted with the health care documentation, right to secrecy by physicians. Hungary has ratified the UN Covenant on Civil and Political Rights and the European Convention of Human Rights. The Hungarian Constitution is in harmony with them. Constitutional rights which are relevant with regard to the application of biology and medicine, are formulated as patients' rights. E.g. "An intervention in the health field may only be carried out after the person concerned has given free and informed consent to it. This person shall beforehand be given appropriate information as to the purpose and nature of the intervention as well as on its consequences and risks. The person concerned may freely withdraw consent at any time" (Convention, Chapter II Article 5 - General rule). In comparison with the Hungarian Act on Health Care, we can see, that the latter one grants more detailed protection standards to patients: "The patient is entitled to receive full information in an individualised form. The patient is entitled to receive detailed information on: his or her state of health, including its medical evaluation, the recommended examinations and interventions, the possible advantages and risks of performing or not performing the recommended examinations and interventions, the planned dates for performing the examinations and interventions, his or her rights to decide in respect of the recommended examination or intervention, the possible alternative procedures and methods, the course of the provision and the expected outcome, further provisions, and the recommended lifestyle... The patient is entitled to receive information in a way which is comprehensible for him or her, with regard to his or her age, education, knowledge, state of mind and his or her wish expressed on the matter." (Section 13, 14) "Within the framework of exercising the right of self-determination, the patient is free to decide whether he or she wishes to use health care services or not, and which interventions to consent to or to refuse in the course of using such services, taking into account the restrictions set out in Section 20." (Section 15) "With the exception of the conditions set out in subsections (2).(3) and the cases defined in subsection (6), a patient with full disposing capacity is entitled to refuse provision, unless its lack would endanger the lives or physical safety of others." (Section 20)

3. Safeguarding of "patient autonomy at the end of their life" has regulations in the field of medical and criminal law. The Act on Health Care sets out in sections 20, 21, 22 and 23 the facts of life-supporting or life saving inter-

ventions: "Life-supporting or life-saving interventions may only be refused, allowing the illness to follow its natural course, if the patient suffers from a serious illness which, according to the current state of medical science, will lead to death within a short period of time even with adequate health care provision, and is incurable." (Any provisions may only be refused by a patient in a public deed or in a fully conclusive private deed or in the case of inability to write, in the joint presence of two witnesses.) Refusal shall only be valid "if a committee composed of three physicians examines the patient and makes a unanimous, written statement to the effect that the patient took his or her decision being fully aware of its consequences... further that on the third day following the statement by the medical committee the patient again declares -in the presence of two witnesses - the intention of refusal." "A patient may not refuse the life-supporting or life-saving intervention if she is pregnant and is able to bear the child." "A patient may, at any time, withdraw his or her statement regarding refusal without any restriction upon the form thereof." "A person with full disposing capacity may, for the event of subsequently losing his or her disposing capacity, reject in a public deed... certain life-supporting or life-saving interventions if he or she has an incurable disease and as a consequence of the disease is unable to care for himself or herself physically or suffers pain that cannot be eased with appropriate therapy." According to the Criminal Code (Section 166) (direct, active) euthanasia is always punishable in Hungary. Refusal of certain forms of treatment for reasons of religion (blood transfusions by Jehovah's Witnesses) can induce danger of death, thus resulting in a legal conflict. "The patient's consent is not required if failure to carry out the given intervention or action a/ would seriously endanger the health or physical safety of others - including also the foetus beyond the 24th week of pregnancy - further b/ if the patient's life is in direct danger..." As we know, blood transfusion itself is risky as well. Physician can overcome the situation and can offer alternative (blood-saving) forms of treatment.[4]

4. Medical researches (for the purpose of increasing knowledge of the causes, diagnosis, treatment, rehabilitation and prevention of diseases) shall be carry out freely, on persons, human embryos and human foetuses, according to the restrictions prescribed by the Act on Health Care (Section 157-164). Biomedical research on children, young persons and adults without the capacity to consent may be lawful, but the conditions are strict. In medical research the interests and well-being of the research subject shall always put before any benefits to science or society. Medical research on persons may not be conducted without the research subject's informed consent in writing. The case of soldiers and prisoners is special. They may be research subjects only where the research yields direct benefit to their own health or to health of their

[4] Family care and Medical Management for Jehovah's Witnesses. International Bible Students Association, Brooklyn, New York 1995. 4.1-4.13.

closest relatives. Regulation of the Convention and the Hungarian Health Act is very similar. Regarding the Article 13 of the Convention, Section 162 of the Act on Health Care is particularly relevant: an intervention seeking to modify the human genome may only be undertaken for preventive, diagnostic or therapeutic purposes and only if its aim is not to introduce any modification in the genome of any descendants or not to create any new individual. (Unlawful intervention on the genome is criminalised in Hungary.)

Before any research provided for in the Act on Health Care is undertaken, an independent and interdisciplinary committee shall have given a favourable opinion on the research plan. After it the Ministry of Health shall have given a permission for the research.

5. In vitro fertilisation is now a routine approach to infertility in Hungary. IVF raises ethical and legal problems in connection with the status of human embryo, the need for embryo research, the right to reproduce and the right to life. In Hungary IVF is allowable procedure. Its rules are worked out in detail in the spirit of Convention. The law stresses the adequate protection of the embryo and the importance of informations for patients. The processes aimed at selecting the sex of children before birth may be used in order to diagnose sex-linked hereditary diseases or prevent the development of such diseases, and the genetic characteristics may be modified with a view to preventing or treating a foreseeable disorder in the unborn child.

The relationship between ethical and legal regulation and other cultures has religious, political, individual and other factors. At present, the basic ethical and practical duty of physicians, patients and policy-makers is the realization of the Health Act's provisions in Hungary.

I – Landesbericht Italien

Prof. Dr. Salvatore Patti*

Università degli Studi di Roma »La Sapienza«

A. Einführung

Die im »Übereinkommen zum Schutz der Menschenrechte und Menschenwürde im Hinblick auf die Anwendung von Biologie und Medizin« vom 4. April 1997 behandelten Themen konfrontieren den Juristen mit einer unter diversen Aspekten neuen und besonders schwierigen Aufgabe.

Bevor auf die Problematik eingegangen wird, ist allerdings der Titel des Übereinkommens zu analysieren, d.h. man muß sich fragen, ob eine Unterscheidung zwischen Menschenrechten und Menschenwürde angebracht ist. Es könnte eigentlich davon ausgegangen werden, daß das Recht auf Würde – auf einer der ersten Stufen einer imaginären Wertskala angeordnet und – bereits Bestandteil der Menschenrechte ist, ohne einer besonderen Erwähnung zu bedürfen.

Die Menschenwürde ist dagegen spezifisch in einigen Verfassungstexten verankert. Das aussagekräftigste Beispiel ist das deutsche Grundgesetz, welches unter Art. 1, Abs. 1, 1. Satz folgendes vorsieht: »Die Würde des Menschen ist unantastbar«. Die Opportunität der Verfolgung des Modells könnte aber gerade durch die geschichtlichen Ereignisse, die der Formulierung dieser Bestimmung vorausgingen, in Frage gestellt werden.

Darüber hinaus wurde jüngst die Möglichkeit verneint, von der menschlichen Würde Regeln für konkrete Entscheidungen abzuleiten. Die »Menschenwürde« diene einzig und allein als Formel, mit der einem bereits bestehenden Konsens zur Lösung bestimmter Probleme (Kaufmann) in verschiedenen (atheistischen, liberalen, marxistischen und religiösen) Kreisen ein Name gegeben wird. Diesbezüglich ist jedoch zur Kenntnis zu nehmen, daß derzeit in zahlreichen Rechtsordnungen gerade eben dieses Konzept eingesetzt wird, um u.a. zu versuchen, der Individualität – die durch die eventuelle Klonen menschlicher Wesen gefährdet ist – und anderen, nach dem geltenden Recht nicht auf ein mit juristischer Kapazität ausgestattetes Subjekt zurückführbare Interessen – z.B. der Embryonen – einen minimalen Schutz zu gewährleisten.

*Der Autor dankt Herrn Prof. Francesco Donato Busnelli, Mitglied des *Comitato nazionale di bioetica* für die erhaltenen Auskünfte.

Die mit den »Formeln« verbundene Unsicherheit ist allerdings ein Anzeichen für wesentliche Ungewißheiten und Schwierigkeiten. Es ist nicht leicht, die am »Schnittpunkt« von zwei Regelungen liegenden Themen in Angriff zu nehmen. Dies gilt vor allem für jene Bereiche, die den Juristen mit der grundsätzlichen Frage konfrontieren, ob ein Eingriff der Rechtsnorm auf Sektoren – die durch individuelle und an die Intimsphäre der Person geknüpfte Entscheidungen und durch wissenschaftliche Innovationen, mit denen antike Überzeugungen und im Laufe der Jahrhunderte entstandene Prinzipien in Frage gestellt werden können, geprägt sind – opportun ist, und innerhalb welcher Grenzen dieser Eingriff angemessen ist.

Dies erklärt u.a. die Oberflächlichkeit und die vereinzelte Unbestimmtheit einiger Formulierungen des Übereinkommens, an denen aus diesem Grund keine Kritik geübt werden kann. Das Problem ist angesichts der Zusammenhänge zwischen der Rechtsnorm und ethnischen, moralischen und religiösen Überzeugungen und Traditionen mit Vorsicht in Angriff zu nehmen, um zu analysieren, in welchem Ausmaß die Norm im Sozialgefüge der verschiedenen Rechtsordnungen »akzeptiert werden kann«, um anschließend – wie es bereits der Fall war – präzise Entscheidungen zu treffen, die durch Verbote unter Einsatz des Systems der Zusatzprotokolle ausgedrückt werden.

B. Eine kurze Übersicht zur Situation in Italien

In Italien befassen sich die Juristen seit den sechziger Jahren mit dem Thema der medizinischen Experimente am Menschen. Die Zulässigkeit dieser Experimente beruht vor allem auf der Behauptung, daß mit Hilfe der Laborversuche grundsätzlich keine komplette Aussage zur Wirksamkeit der Behandlung getroffen werden kann und daß auch die Ergebnisse der Tierversuche nicht immer auf den Menschen übertragbar sind.

Im Rahmen der Experimente am Menschen wird auch in Italien traditionell zwischen therapeutischen und rein wissenschaftlichen bzw. biologischen Experimenten unterschieden, wobei die zuerst genannten an kranken Personen durchgeführt werden, mit deren Pathologie im Zusammenhang stehen und in erster Linie auf die Gesundheit des Patienten abzielen; mit Bezug auf die zweite Gruppe sind keine unmittelbaren therapeutischen Ziele gesetzt, und die Experimente werden an gesunden oder kranken Personen vorgenommen.

Abgesehen von der Schwierigkeit, eindeutige Grenzen zwischen den zwei Gruppen von Experimenten zu ziehen, wird behauptet, daß in beiden Fällen eine persönliche und bewußte Einwilligung der Person unabkömmlich ist. Einerseits wird die Rechtmäßigkeit der Experimente, insbesondere der wissenschaftlichen Forschung, mit der sozialen Solidarität begründet; andererseits sieht man in der Einwilligung der Person die konkrete Basis für das Experiment im Einzelfall. Dieser Grundaussage folgen allerdings die erforderlichen

Präzisierungen im Hinblick auf zahlreiche »Sonderfälle«: ausgehend von der Situation der unheilbar Kranken, für die das Experiment den einzigen Versuch zur Verlängerung des Lebens darstellt, bis hin zur Lage der einwilligungsunfähigen Personen. Das Prinzip der Einwilligung unterliegt somit Einschränkungen und Ausnahmen: Man spricht diesbezüglich von einer »vermuteten« Einwilligung bzw. von einer Forschung, die ohne Einwilligung, jedoch nicht ohne den Willen des Betroffenen durchgeführt wird, und beruft sich auf die Notfallsituation. Die Einwilligung der betroffenen Person stellt letztendlich eine erforderliche Voraussetzung dar, reicht aber manchmal zur Durchführung von Forschungstätigkeiten nicht aus. Eine Bestätigung in diesem Sinne kann aus dem Gesetz Nr. 675 vom 31. Dezember 1996 abgeleitet werden, das die Einwilligung des Betroffenen als wesentlichen Grundsatz der Regelung über die personenbezogenen Daten festlegt (Art. 11), aber für die sog. sensiblen Daten – dazu gehören jene Daten, mit denen der Gesundheitszustand ermittelt werden kann – eine besondere Genehmigung fordert, die durch eine unabhängige und durch dasselbe Gesetz ins Leben gerufene Behörde – den Datenschutzbeauftragten – erteilt wird (Art. 22).

Italien hat das europäische Übereinkommen unterzeichnet. Das entsprechende Ratifikationsgesetz liegt derzeit dem Parlament zur Prüfung vor, das sich ebenfalls mit dem Gesetz zur Umsetzung der EG-Richtlinie über die Biotechnologie auseinandersetzt.

Bis Oktober 2000 wird der Datenschutzbeauftragte eine neue Genehmigung für die Verarbeitung von genetischen Daten erlassen, mit der die besonders strengen einschlägigen Bestimmungen bekräftigt werden, um sämtliche Möglichkeiten der mißbräuchlichen oder diskriminierenden Verwendung auszuschließen. Darüber hinaus wird ein Ausschuß eingerichtet, dessen Aufgabe in der Überwachung der Laboratorien besteht, in denen Gentests durchgeführt werden und deren Anzahl in Italien erheblich angestiegen ist (ca. 100).

Abgesehen von den feierlich ausgesprochenen Absichten und Grundsätzen wurde Italien im Hinblick auf das hier behandelte Argument jedoch als Land der fehlenden Regelungen bezeichnet. Dieser Mangel hat häufig zu willkürlichen und unkontrollierten Vorgehensweisen geführt.

C. Biomedizinische Forschung an nicht einwilligungsfähigen Kindern und Jugendlichen

Auf Kinder und Jugendliche (von einigen spezifischen Bestimmungen des Familienrechts abgesehen, unterscheidet das italienische Recht nicht zwischen diversen Altersgruppen) findet die allgemeine Regel Anwendung, nach der die Einwilligung zur Behandlung von den Eltern oder vom gesetzlichen Vertreter erteilt werden muß.

Diese – im italienischen ZGB von 1942 für Handlungen vermögensrechtlicher Natur vorgesehene – Bestimmung erscheint jedoch für die Regelung von im Interesse des Minderjährigen zu ergreifenden Maßnahmen (nicht vermögensrechtlicher Natur) unangebracht. Genauer gesagt geht die Tendenz dahin, die Autonomiefreiräume der – auch minderjährigen – Person im Hinblick auf Entscheidungen im Bereich der Gesundheit bzw. auf persönliche Entschlüsse aufzuwerten.

Die Krise des herkömmliche Schemas Minderjährigkeit / Handlungsunfähigkeit beginnt bereits mit der Reform des Familienrechts von 1975, mit der – wenn auch unter Bezugnahme auf spezifische Fälle – Bewertungselemente unter Berücksichtigung der wachsenden Reife des Minderjährigen eingeführt wurden. So weisen einige Bestimmungen der Vollendung des sechzehnten oder vierzehnten Lebensjahres die Befugnis zur Abgabe oder Ablehnung der Einwilligung für die Anerkennung (Art. 250 ital. ZGB); für die Legitimation (Art. 284 ital. ZGB); für die Adoption (Art. 25 Gesetz 184/1983); für die Beantragung der Ermächtigung zur Eheschließung (Art. 84 ital. ZGB) sowie für die Teilnahme an der Lösung von Konflikten innerhalb der Familie (Art. 145, 316 ital. ZGB) zu. Die Unterscheidung zwischen Volljährigen und Minderjährigen wird dadurch weniger eindeutig, und unter zahlreichen Aspekten wird die Figur des erwachsenen Minderjährigen eingeführt, der in der Lage ist, seinem Urteil und seinem Willen Ausdruck zu verschaffen. Mit zunehmendem Alter des Kindes verringern sich folglich die Entscheidungsbefugnisse der Eltern, die unter Rücksichtnahme auf die Fähigkeiten, die natürlichen Neigungen und die Bestrebungen des Kindes zur Ausübung der (nunmehr als Funktion verstandenen) elterlichen Gewalt verpflichtet sind (Art. 147 ital. ZGB).

Dieser allgemeine Rahmen wird – zur Bestätigung der o.g. Tendenz – durch Sondergesetze zum Thema Gesundheitswesen ergänzt, welche minderjährigen oder handlungsunfähigen Personen – im konkret möglichen Ausmaß – den Ausdruck ihres Willens mit Bezug auf die jeweils vorzunehmende Behandlung zugestehen.

Weiter ist zu beobachten, daß die durch diese Bestimmung geregelte Einwilligung nicht mit der von der strafrechtlichen Tradition vorgesehenen Einwilligung identifiziert werden kann, d.h. mit der Einwilligung des Berechtigten, die ein sonst unerlaubtes Verhalten des Arztes rechtfertigt, und auch nicht mit der Einwilligung, die noch an die vertragsrechtliche Auffassung der Verfügungen über den eigenen Körper geknüpft ist (Art. 5 ital. ZGB). Sie wird dagegen als Ausübung des Rechts auf Gesundheit angesehen, als Gelegenheit zur Teilnahme des Patienten am therapeutischen Verfahren, die als solche von der Erreichung der für die Durchführung von vermögensrechtlichen Handlungen geforderten Volljährigkeit unabhängig ist.

Besonders interessant ist in diesem Zusammenhang der Ministerialerlaß vom 18. März 1998 über die Erprobung von Arzneimitteln, der für die Experimente an Minderjährigen die Pflicht der persönlichen Information vorsieht und die Abgabe der persönlichen Einwilligung fordert (Art. 3.7.9).

D. Biomedizinische Forschung an nicht einwilligungsfähigen Erwachsenen

Eine analoge Tendenz liegt im Hinblick auf nicht einwilligungsfähige Erwachsene vor. Bereits das Gesetz Nr. 833 von 1978, mit dem der *Servizio santiario nazionale* (Nationaler Gesundheitsdienst) gegründet wurde, hat – in Umsetzung der auf den Schutz der Persönlichkeit gerichteten Verfassungsgrundsätze – die Einwilligung des Patienten als Grundlage für sein Verhältnis mit dem Arzt angesehen. Auch für den Geisteskranken (psychische Leiden) werden Beteiligung und Einwilligung gefordert, insofern die Geisteskrankheit die Autonomieräume und die Entscheidungsfähigkeit in den meisten Fällen nicht vollkommen eliminiert.

Weitere Gesetze haben die antike Korrelation zwischen Geisteskrankheit und Handlungsunfähigkeit mit Bezug auf die medizinische Behandlung unterbrochen. Art. 13 des Gesetzes Nr. 194 vom 22. Mai 1978 zum Thema Abtreibung bestimmt z.B., daß auch die wegen Geisteskrankheit entmündigte Frau den entsprechenden Antrag stellen kann und daß der Antrag – auch wenn er vom Ehemann oder vom Vormund stammt – persönlich von der Frau bestätigt werden muß, die sich diesem Antrag auch widersetzen kann.

Das Gesetz Nr. 685 vom 22. Dezember 1975 zum Thema Rauschgift bestimmt ebenfalls, daß der Antrag auf diagnostische Feststellung und Therapie- oder Rehabilitationsbehandlungen neben den die elterliche Gewalt oder die Vormundschaft ausübenden Personen auch vom Minderjährigen oder vom Handlungsunfähigen gestellt werden kann (Art. 95).

Keine Bedeutung wird der Einwilligung der Handlungsunfähigen dagegen vom Ministerialerlaß über die Erprobung von Arzneimitteln vom 18. März 1998 beigemessen, der – wie gesagt – die Einwilligung der Minderjährigen fordert. Neben der Lückenhaftigkeit und den vereinzelten Widersprüchen zwischen einigen der hier behandelten Gesetze, stellte sich das konkrete Problem dann, wenn der gesetzliche Vertreter des Handlungsunfähigen die Einwilligung zur Forschung erteilt hat, während sich der Handlungsunfähige widersetzte.

Ein Fortschritt wurde kürzlich mit dem neuen Standesrecht der Ärzte von 1998 erzielt, nach dem die Einwilligung für den Minderjährigen und für den Handlungsunfähigen vom gesetzlichen Vertreter erteilt werden muß, wobei der Arzt jedoch auf jeden Fall verpflichtet ist, dem minderjährigen oder volljährigen geisteskranken Patienten Auskünfte zu erteilen und »seinen Willen entsprechend dem Alter und der Verstandsfähigkeit zu berücksichtigen« (Art.

34). Somit wird der Selbstbestimmung des Minderjährigen und des Handlungsunfähigen Bedeutung beigemessen, während der Fall des Widerspruchs zwischen der Entscheidung des gesetzlichen Vertreters und den Aussagen des Betroffenen leider nicht geregelt wurde.

Somit berücksichtigt das neue Standesrecht in gewisser Weise die Bestimmung des europäischen Übereinkommens, nach dem der Eingriff im Hinblick auf eine Person, die zur Erteilung ihrer Einwilligung nicht fähig ist, grundsätzlich nur dann erfolgen darf, wenn diese einen »unmittelbaren Nutzen« daraus zieht (Art. 6.1). Auch wenn die Einwilligung durch den gesetzlichen Vertreter oder durch andere, von den Gesetzen der einzelnen Staaten festgelegte Subjekte oder Organismen erteilt werden kann, muß der Betroffene – soweit wie möglich – an dem Verfahren teilnehmen, somit sämtliche erforderlichen Auskünfte erhalten und seine Einwilligung erteilen (Art. 6.3.). Ebenso wurden mit dem italienischen Gesetz (nicht nur im Standesrecht) die Bestimmungen über die Notfallsituation umgesetzt, nach denen der Arzt, falls es ihm nicht möglich war, die vorgesehene Einwilligung zu erhalten, trotzdem im Interesse des Wohlergehens des Patienten intervenieren muß (Art. 8); sowie die Bestimmung, nach der die Wünsche zu berücksichtigen sind, die der Patient eventuell vor Verlust der Handlungsfähigkeit geäußert hat (Art. 9).

Grundsätzlich wurde somit die allgemeine Regel umgesetzt, nach der – unabhängig von der Einwilligung des gesetzlichen Vertreters – versucht werden muß, soweit wie möglich die Einwilligung und die Einbeziehung des handlungsunfähigen Patienten herbeizuführen. Darüber hinaus muß die Behandlung auf jeden Fall auf den »unmittelbaren Nutzen« der Person gerichtet sein.

Es wird davon ausgegangen, daß die Regelung des Übereinkommens im wesentlichen den von der italienischen Rechtsordnung umgesetzten Grundsätzen – auch unter Bezugnahme auf einige Sonderfälle, die einer aufmerksamen Kontrolle bedürfen – entspricht. Die Art. 17 und 20 erlauben ausnahmsweise die Spende von erneuerbaren Geweben durch eine handlungsunfähige Person, falls kein Spender zur Verfügung steht, der zur Abgabe seiner Einwilligung in der Lage ist, falls der Empfänger ein Bruder oder eine Schwester des Spenders ist und falls es sich um eine Spende handelt, die potentiell für die Lebensrettung des Empfängers bestimmt ist. Hierzu ist jedoch die schriftliche Genehmigung des gesetzlichen Vertreters erforderlich, und der Spender darf sich nicht widersetzen. Man fragt sich im übrigen, warum nach dem Übereinkommen z.B. ein sechzehnjähriger Jugendlicher keine analoge Spende zu Gunsten der Mutter vornehmen darf, um zu versuchen, ihr das Leben zu retten.

Einschränkungen liegen in der italienischen Rechtsordnung für Forschungen an Freiwilligen vor, d.h. an Personen, die selbst keine Patienten sind, falls es sich um Minderjährige oder Handlungsunfähige handelt. Da diese Art der

Forschung demjenigen, der sich dem Experiment unterzieht, in der Regel keinen therapeutischen Nutzen bringt, wird die Vermeidung sämtlicher Risiken für Minderjährige und Handlungsunfähige als vorrangig erachtet.

Eine kürzlich eingeschlagene Tendenz unterstreicht im übrigen, daß die Forschung an Minderjährigen und Handlungsunfähigen manchmal – auch ohne Vorliegen einer therapeutischen Notwendigkeit – ein unabkömmlicher Schritt für die Entwicklung neuer Arzneimittel und neuer Therapien für die Behandlung von Kinderkrankheiten oder pathologischen Bewußtseinszuständen ist. Diesbezüglich verweist der Ministerialerlaß vom 18. März 1998 (3.7.9) auf die europäischen Leitlinien über die Forschung im Kindesalter, die von der europäischen Agentur für die Beurteilung von Medikamenten (Doc. CPMF (EWP/462/1995 vom 17. März 1997), »Note for Guidance on Clinical Investigation of Medical Products in Children« genehmigt wurden.

Dieser Punkt war bekanntlich bei der Ausarbeitung des europäischen Übereinkommens vom 4. April 1997 sehr umstritten (vgl. Art. 6 über den Schutz einwilligungsunfähiger Personen), und es war nicht leicht, eine einvernehmliche Lösung herbeizuführen. In der Tat kann die mangelnde Erprobung die Entwicklung eines nützlichen Arzneimittels behindern bzw. der Verkauf eines nicht ausreichend erprobten Arzneimittels kann bei der klinischen Anwendung Komplikationen oder unerwünschte Nebenwirkungen hervorrufen, die durch eine angemessene Erprobung hätten verhindert werden können.

Im hier kurz geschilderten Rahmen lösen die zu Art. 17, 2. Absatz des europäischen Übereinkommens geäußerten Zustimmungen – jedoch auch die entsprechenden Bedenken – keine Verwunderung aus, nach dem Forschungen an nicht einwilligungsfähigen Personen auch dann erfolgen können, wenn die erwarteten Ergebnisse für die Gesundheit der betroffenen Person nicht von unmittelbarem Nutzen sind, vorausgesetzt, daß die Forschungen derselben Altersgruppe angehörenden bzw. an derselben Krankheit leidenden Personen nützen können.

In diesem Zusammenhang wurde die Möglichkeit einer Abweichung der italienischen Rechtsordnung von der oben genannten Bestimmung in Aussicht gestellt, indem die Gelegenheit ergriffen wird, zum Zeitpunkt der Ratifizierung des Übereinkommens einen Vorbehalt mit Bezug auf Art. 17, 2. Absatz, auszusprechen, oder mit Hilfe des Art. 27, der den Parteien des Übereinkommens die Befugnis zugesteht, die Rechte der Person in umfangreicherem Sinne zu schützen (Busnelli).

E. Absicherung der Patientenautonomie am Ende des Lebens

In Italien fehlt eine gesetzliche Regelung zur Privatautonomie des Patienten in der Endphase seiner Existenz. Abgesehen von einigen spezifischen Normen (z. B. zum Thema Transplantationen), ist somit auf die allgemeinen Grundsätze Bezug zu nehmen.

Diesem Mangel an einer spezifischen Regelung steht eine ziemlich reichhaltige und anregende Diskussion der Lehre gegenüber. Man fragt sich nämlich seit längerer Zeit, ob und in welchem Ausmaß die Rechtsordnung es der Person ermöglicht, über die höchst persönlichen Güter, die geistig-körperliche Integrität bzw. das Leben zu verfügen.

Derzeit liegen auch keine entsprechenden Gesetzesentwürfe vor. Dies ist u.a. auf den vorsichtigen Standpunkt des *Comitato Nazionale per la Bioetica (CNB* – Nationaler Ausschuß für Bioethik) zurückzuführen. Dieser Ausschuß hat Richtlinien mit Bezug auf das »Ende des menschlichen Lebens« ausgesprochen: Um zu verstehen, welche Entwicklung die italienische Rechtsordnung im hier besprochenen Bereich wahrscheinlich einschlagen wird, sind somit vor allem diese Richtlinien in Erwägung zu ziehen.

Der *CNB* setzt voraus, daß der Tod nicht als rein biologisches oder medizinisches Ereignis angesehen werden kann, zumal er an eine Bedeutung geknüpft ist, in der die Wurzeln der Würde des menschlichen Wesens verankert sind. Der Tod weist dem menschlichen Wesen eine moralische Aufgabe zu, die darin besteht, einen Sinn zur Verfolgung und Absicherung seiner Freiheit zu finden.

Angesichts dieses Grundgedankens zur Problematik steht der *CNB* jedem therapeutischen Beharren kritisch gegenüber, das – da es den irreversiblen Sterbeprozeß um jeden Preis zu verlängern beabsichtigt – gegen das Bewußtsein des Menschen über seine unbesiegbare Vergänglichkeit gerichtet ist.

Das sog. Beharren auf die Therapie wird als eine Behandlung mit dokumentierter Unwirksamkeit angesichts des verfolgten Ziels definiert. Hierzu kommt ein erhöhtes Risiko für den Patienten, weiteren Schmerzen ausgesetzt zu sein. Die Besonderheit der verwendeten Mittel steht darüber hinaus in einem klaren Mißverhältnis zu den Zielsetzungen. Das Konzept der Zwecklosigkeit ist auch im Art. 20 des italienischen Standesrechts der Ärzte (1995) enthalten, der das Beharren auf die Therapie als »... unvernünftiges Bestehen auf Behandlungen, von denen kein begründeter Vorteil für den Patienten bzw. keine Verbesserung der Lebensqualität erwartet werden kann« bezeichnet. Kein therapeutisches Beharren liegt dagegen im Falle von anspruchsvollen, komplizierten und kostspieligen Therapien vor, wenn auf jeden Fall ein Wohlbefinden des Patienten erzielt wird.

Große Aufmerksamkeit widmen der *CNB* sowie die Presse dem Problem der *palliativen Behandlungen.* Das Problem der palliativen Medizin stellt sich dann, wenn die Pathologie des Patienten irreversibel erscheint und durch besondere Leiden gekennzeichnet ist. Die Aufgabe des Arztes besteht letztendlich darin, den »Sterbeprozeß« zu begleiten.

Die palliativen Behandlungen werden sehr positiv beurteilt, da sie ihren Ursprung nicht in der Illusion haben, den Patienten dem Tod zu entreißen – oder sogar diesen Zeitpunkt einfach zu verzögern –, sondern in dem Vorsatz, ihn nicht allein zu lassen und ihm dabei zu helfen, die Endphase seiner Existenz – sowohl körperlich als auch spirituell – auf die menschlichste Art und Weise zu leben. Vor allem mit Bezug auf die sog. Kranken im Endstadium werden die palliativen Behandlungen als eine der Aufgaben der modernen Medizin angesehen, welche die *Behandlung* des Patienten im globalen und nicht nur im körperlichen Sinne umfaßt. Daher ist es wünschenswert, daß dem Studium der palliativen Behandlungsmethoden in der Ausbildung des Arzt- und Pflegepersonals stets größere Beachtung geschenkt wird.

Die politisch-legislative Tendenz geht somit in Italien in Richtung einer Entwicklung und Intensivierung der palliativen Behandlungen. Die Anzahl der mit diesen Methoden behandelten Patienten ist in den letzten Jahren erheblich angestiegen. Dies ist sowohl auf die anwachsende Häufigkeit von Krankheiten, welche die Indikation palliativer Behandlungen mit sich bringen (Krebs, AIDS, Alzheimer, Multiple Sklerose), als auch auf die Verlängerung der durchschnittlichen Überlebenszeit zurückzuführen.

Man beobachtet u. a., daß die durch den Einsatz der palliativen Behandlungen – auch in der Endphase – erzielbare Erhaltung einer akzeptablen Lebensqualität das beste Argument gegen den Ruf nach Euthanasie darstellt. Erfahrungswerte zeigen, daß die Euthanasie häufig nach Therapieabbruch verlangt wird. Das Gefühl der Einsamkeit und Verlassenheit des Patienten und somit seine Entscheidung zur »Kapitulation« sind an die Einstellung der Behandlungen geknüpft.

Die palliativen Behandlungen schränken das Bewußtsein des Patienten normalerweise nicht ein. Man geht jedoch davon aus, daß es in Fällen, in denen keine anderen therapeutischen Lösungen möglich sind, zulässig ist, den Schmerz des Patienten zu lindern, auch wenn dadurch sein Bewußtseinszustand eingeschränkt wird, nachdem er darüber informiert wurde, seine Zustimmung erteilt hat und ihm die erforderliche Zeit gelassen wurde, um seinen letzten Willen zu erfüllen.

Die palliativen Behandlungen werden grundsätzlich im Wohnsitz des Patienten durchgeführt, wobei mit reduzierten Kosten die bestmögliche Assistenz gesichert wird. Der Patient lebt nämlich weiterhin in seinem Umfeld, behält seine Gewohnheiten bei und genießt häufig die Zuneigung seiner Verwandten.

In diesem Zusammenhang ist die relevante Tätigkeit der zahlreichen Freiwilligenverbände zu unterstreichen, die sich aufopfernd für die Assistenz der Leidenden einsetzen. Die Tätigkeit dieser Verbände ist – u.a. auf steuerlicher Ebene – durch das Gesetz Nr. 266 von 1991 unterstützt worden, das den ersten organischen Eingriff des italienischen Gesetzgebers zum Thema der *non profit organizations* darstellt.

Eine Gesetzeslücke liegt in Italien auch mit Bezug auf die Patienten in dauerhaft vegetativem Zustand (*Persistent Vegetative State*) vor. Bei diesem Begriff handelt es sich um Patienten, in denen die (nicht reversible) Zerstörung eines Großteils der »sopratentorialen« Strukturen ohne Verletzung des Gehirnstammes eingetreten ist. Diese Situation unterscheidet sich daher vom sog. Gehirntod (*brain death*), der dagegen eine komplette und nicht reversible Verletzung des gesamten Enzephalons voraussetzt.

In diesem Zusammenhang wird diskutiert, welche Relevanz dem vom Patienten ausgesprochenen Willen beizumessen ist, der vor Eintreten des beschriebenen Zustandes seine diesbezügliche Entscheidung getroffen hat.

Eine Studiengruppe der *Società Italiana di Neurologia* (Italienische Gesellschaft für Neurologie) hat vorgeschlagen, die Einstellung jeder Therapie zur Lebenserhaltung, einschließlich der künstlichen Ernährung, als zulässig anzusehen. Diese Stellungnahme wurde damit begründet, daß die Bedingungen des *Persistent Vegetative State* im wesentlichen dem Tode der Person gleichzusetzen seien. Der *Comitato Nazionale per la Bioetica* (Nationaler Ausschuß für Bioethik) hat diese Schlußfolgerung kritisiert und u.a. darauf hingewiesen, daß die geltende Rechtsordnung kein »die Hirnrinde betreffendes« Kriterium für die Feststellung des Todes vorsieht.

Im italienischen Standesrecht der Ärzte werden die in dauerhaft vegetativem Zustand befindlichen Patienten dagegen nicht erwähnt. Hier ist auf jeden Fall vorgesehen, daß »der Arzt ohne die Zustimmung des ordnungsgemäß aufgeklärten Patienten keine diagnostische oder therapeutische Tätigkeit vornehmen darf« (Art. 31) und daß »der Arzt bei Beeinträchtigung des Bewußtseins die Therapie zur Lebenserhaltung über einen rationellen und zweckmäßigen Zeitraum hinweg fortsetzen muß« (Art. 36). Die zuletzt genannte Norm bestimmt darüber hinaus, daß »die Lebenserhaltung bei Gehirntod so lange aufrechtzuerhalten ist, bis der Tod in den gesetzlichen Arten und Zeiten festgestellt wurde«.

Im übrigen ist daran zu erinnern, daß nach dem Rechtsgrundsatz, auf dem derzeit die Feststellung des Todes beruht, der irreversible und komplette Verlust der Funktion des Enzephalons in der italienischen Rechtsordnung dem Tod des vollständigen Organismus entspricht (Gesetz Nr. 578 vom 29. Dezember 1993, Normen zur Feststellung und Bescheinigung des Todes).

Hinsichtlich des Problems der Euthanasie ist der *Consiglio Nazionale per la Bioetica* (Nationaler Ausschuß für Bioethik) gegen einen Eingriff des Gesetzgebers. Obwohl die dramatische Situation vieler Kranker im Endstadium zur Kenntnis genommen wird, hält man in der Tat eine Beurteilung des Einzelfalles für erforderlich und ist somit der Ansicht, daß Normen mit allgemeinem und abstraktem Charakter zur Legalisierung von die Euthanasie betreffenden Handlungen wenig zweckmäßig seien.

In diesem Zusammenhang ist anzumerken, daß in der Umgangssprache mit dem Ausdruck Euthanasie unterschiedliche Tatbestände vereint werden. Aus diesem Grund wird darauf hingewiesen, daß unter diesem Begriff »die direkte und vorsätzliche Tötung eines schweren Leiden ausgesetzten Patienten im Endstadium auf seine Forderung hin« zu verstehen ist.

Dies vorausgeschickt, können die Beurteilungen des *CNB* folgendermaßen zusammengefaßt werden: Die Ablehnung eines Patienten im Endstadium, sich einer Therapie zu unterziehen, wird als zulässig erachtet – und ist der Einhaltung seitens des Arztes würdig –, vorausgesetzt, daß diese Willensäußerung frei, gegenwärtig und bewußt abgegeben wurde. Darüber hinaus wird es als Pflicht angesehen, daß der Arzt jedes »Beharren auf die Therapie« einstellt. Jede Form von Euthanasie am nicht damit einverstandenen Patienten sowie eugenische oder an Neugeborenen mit Mißbildungen vorgenommene Euthanasie wird dagegen als nicht zulässig erachtet.

Die gegen einen Eingriff des Gesetzgebers gerichtete Auffassung wird damit begründet, daß eine angemessene Regelung der einzelnen Situationen mit nicht wiederholbarem Charakter unmöglich ist. Man fragt sich insbesondere, welche juristische Relevanz dem vom Patienten gegenüber dem Arzt erteilten Auftrag beizumessen ist. Sollte festgelegt werden, daß der Arzt in diesem Zusammenhang keinen Ermessensspielraum hat, wäre er auch dann – nach seinem Wissen und Gewissen – zu dessen Durchführung verpflichtet, wenn seiner Ansicht nach nicht alle sachlichen Umstände vorliegen, die der Patient zur Rechtfertigung der Euthanasie angibt – bzw. angegeben hatte –?

In diesem Falle würde die Euthanasie nicht nur dem medizinischen Standesrecht widersprechen, sondern auch der Überzeugung des einzelnen Arztes. Würde der Auftrag dagegen einer Entscheidungsmöglichkeit unterworfen, hätte der Patient nicht die Sicherheit, daß sein Wille vom Arzt respektiert wird. Mit anderen Worten: Der Arzt hätte die Macht über Leben und Tod des Patienten, und man geht davon aus, daß – sollte diese Macht gesetzlich verankert werden – die Identität und die Funktion des Arztberufs verzerrt würden. Weitere Bedenken betreffen schließlich die wahrscheinliche Abschwächung des Sozialbewußtseins des Lebenswertes, die Möglichkeit dramatischer Mißbräuche und die erhöhte Tendenz zu Formen der nicht freiwilligen Euthanasie.

Ein ausgewogener Hinweis ist in Art. 36 des italienischen Standesrechts der Ärzte zu finden, nach dem: »der Arzt im Falle von Krankheiten mit gewiß tödlichem Ausgang seine Tätigkeit im Endstadium – auf *spezifischen* Wunsch des Patienten – auf die moralische Assistenz und auf eine Therapie zur Vermeidung unnötiger Leiden beschränken kann, indem er den Patienten mit den geeigneten Behandlungen versorgt und die Lebensqualität so lange wie möglich aufrechterhält«.

Die Materie der Transplantationen wurde in Italien zuletzt durch das Gesetz Nr. 91 vom 1. April 1999 geregelt. Art. 4 Nr. 1 dieses Gesetzes bestimmt, daß »die Staatsbürger gehalten sind, ihren freien Willen mit Bezug auf die Spende von Organen und Geweben ihres Körpers nach dem Tode zu erklären«. Derselbe Artikel bestimmt weiter, daß die Staatsbürger darüber informiert sein müssen, daß »das Fehlen der Willenserklärung als Zustimmung zur Spende angesehen wird«. Art. 4 Nr. 3 sieht vor, daß »die Willenserklärung zur Spende bei Minderjährigen von den die elterliche Gewalt ausübenden Elternteilen abgegeben wird«. Sind die Eltern nicht damit einverstanden, ist die Spende nicht möglich. Handlungsunfähige dürfen ihre Organe auch nicht durch Willenserklärungen seitens der mit ihrer Vormundschaft beauftragten Personen spenden.

Die Entnahme ist jedoch nicht erlaubt, wenn »innerhalb des Beobachtungszeitraums zur Feststellung des Todes eine gegen die Organentnahme gerichtete handschriftliche Willenserklärung der Person vorgelegt wird, deren Tod festgestellt wurde« (Art. 4 Nr. 5). Daher kann die Person – vorausgesetzt, sie ist in der Lage zu schreiben – ihren Willen bis zu den letzten Augenblicken ihres Lebens ändern.

Zusammenfassend ist die Organ- und Gewebeentnahme – nach der Todeserklärung einer Person – in zwei Fällen erlaubt:

a) falls aus den in einem eigens zu diesem Zweck eingerichteten Informatiksystem eingespeicherten bzw. aus den in den Sanitätsunterlagen der Person registrierten Daten hervorgeht, daß die Person der Entnahme mit einer (im nachhinein nicht widerrufenen) Willenserklärung zugestimmt hat;

b) falls aus den Daten hervorgeht, daß die Person aufgeklärt wurde und keinen Willen ausgesprochen hat, außer es wird eine gegen die Organentnahme gerichtete handschriftliche Willenserklärung der Person vorgelegt, deren Tod festgestellt wurde.

Im zweiten Falle liegt somit die sog. stillschweigende Zustimmung vor, die von einigen kritisiert wird, da auf diese Weise ein zur Umgehung der Untätigkeit der öffentlichen Verwaltung geschaffenes Rechtsinstitut in einem wesentliche Interessen der menschlichen Person betreffenden Bereich verwendet wird. In der vom Gesetzgeber getroffenen Wahl wird der Triumph einer öffentlichrechtlichen Konzeption gesehen, welche den menschlichen Körper nach dem

Tode als ein der Allgemeinheit zur Verfügung stehendes Gut betrachtet und somit eine ausdrückliche Willensäußerung des einzelnen nicht für unabkömmlich hält.

F. Schutz der Embryonen und Diskriminierungsverbote

Unter Bezugnahme auf die gesamte, die Embryonen betreffende Problematik ist vorauszuschicken, daß in Italien trotz der Ausarbeitung einiger Gesetzesentwürfe eine spezifische Regelung fehlt. Leider wurde diesem Mangel nicht einmal teilweise durch die Verwaltungsakte des Gesundheitsministeriums von 1985 und 1997 Abhilfe geschaffen.

Andererseits verwundert das Fehlen einer gesetzlichen Regelung über die Embryonen keinesfalls, wenn man bedenkt, daß es dem italienischen Parlament – trotz der langen Diskussion bis zum Monat Juni 2000 – nicht gelungen ist, ein Gesetz über die künstliche Befruchtung zu verabschieden, da sich die rechtsorientierten und katholischen Kreise der künstlichen heterologen Insemination sehr energisch widersetzt haben.

Daher ist es unwahrscheinlich, daß – zumindest in absehbarer Zeit – folgende Probleme gesetzlich geregelt werden: Die wissenschaftliche und klinische Forschung in vivo und in vitro bzw. – allgemeiner ausgedrückt – die pränatale Forschung, die Interventionen, die auf die Veränderung des menschlichen Genoms gerichtet sind, das Klonen, die embryonale Reduzierung bei multiplen Schwangerschaften, die Befruchtung in vitro, das Schicksal der restlichen Embryonen, usw.

Die Juristen diskutieren in erster Linie über die Zweckmäßigkeit einer Abänderung des Art. 1 des ital. ZGB, um die Zuweisung der Rechtsfähigkeit auf den Zeitpunkt der Zeugung (anstatt des Zeitpunkts der Geburt) vorzuverlegen. Vorherrschend erscheint jedoch die Ansicht, nach der auf empirischere Weise vorzugehen ist, indem ein unterschiedlicher Schutz des Embryos je nach den spezifischen Bedürfnissen und den diversen Zusammenhängen vorgesehen werden muß. Andererseits wird daran gezweifelt, daß der Embryo juristisch als Person qualifiziert werden kann, und davon ausgegangen, daß ein Schutz des menschlichen Embryos als solcher ausreichend ist.

Zu analogen Schlußfolgerungen gelangt man auch angesichts des europäischen Übereinkommens, das die Erzeugung von Embryonen zu Forschungszwecken verbietet (Art. 18) und präzisiert, daß die Forschung am Embryo in vitro – falls sie gesetzlich zulässig ist – einen »angemessenen« Schutz des Embryos gewährleisten muß. Mit anderen Worten gibt die Regelung des europäischen Übereinkommens ebenfalls dem Schutz der Menschenwürde und des Menschenlebens den Vorrang, ohne auf das Konzept der Rechtsfähigkeit Bezug zu nehmen.

Im selben Sinne hatte sich die Kommission Busnelli ausgesprochen, die im Mai 1996 im Auftrag des Justizministers einen Gesetzesentwurf ausgearbeitet hatte. Art. 1 des Entwurfes sah in der Tat vor, daß »das Gesetz das Leben, die Gesundheit, die menschliche Würde bei der künstlichen Befruchtung und insbesondere bei der Erzeugung und der Verwendung des Embryos schützt. Der Schutz des Lebens, der Gesundheit, der Menschenwürde hat gegenüber anderen individuellen und kollektiven Interessen Vorrang.«

Auf der Grundlage der oben wiedergegebenen Formulierungen wird die Überzeugung offensichtlich, daß es sich bei dem Recht des aus dem Embryo entstehenden menschlichen Wesens, nicht programmiert oder keinen eugenischen bzw. an Rassenvorurteilen orientierten Behandlungen unterzogen zu werden, nicht um ein Recht des Embryos als solcher handelt, sondern um ein Recht der Menschheit, d.h. um ein gemeinschaftliches Vermögen, das an die Werte des Respekts für die menschliche Würde geknüpft ist. Diese Werte sind von der italienischen Verfassung geschützt, da sie auf Art. 2 zurückführbar sind, in dem die unantastbaren Menschenrechte verankert sind. Die Tendenz geht letztendlich in Richtung eines Schutzes des Embryos, der nicht darauf beruht, dem Embryo Rechte zuzuerkennen, sondern als Konsequenz der Rechte des Menschen und seiner »Würde« und somit der gesamten Menschheit verstanden wird.

Diese Grundsatzaussagen werden in den diversen konkreten Situationen geprüft, wobei jeweils nach der – angesichts der auf dem Spiel stehenden Interessen – zu bevorzugenden Lösung gesucht wird. Somit steht das Schutzbedürfnis des Embryos dem Bedürfnis der Wissenschaft, insbesondere der Forschung, bzw. dem Bedürfnis kranker Menschen nach embryonalen Geweben gegenüber.

In diesem Zusammenhang ist zu beobachten, daß die Möglichkeiten des in vitro gezeugten Embryos, sich weiter zu entwickeln und somit die Geburt eines menschlichen Wesens herbeizuführen, von der Bereitschaft einer Frau abhängen, eine Schwangerschaft in die Wege zu leiten und diese zu Ende zu führen. Ohne diese Bereitschaft ist es für den Embryo unmöglich, das Ziel zu erreichen, in dem sein primäres Interesse gesehen wird, d.h. ein menschliches Wesen zu werden, da seine Aufbewahrung einzig und allein ein Mittel zum Zweck erscheint. Dieses Interesse scheint jedoch autonom nicht geschützt werden zu können, da es von der freien Entscheidung einer Frau für eine Schwangerschaft abhängt.

Heftige Diskussionen hat – unter Beteiligung der Tagespresse und aller anderen Medien – eine am 14. Februar dieses Jahres erlassene Verfügung des Gerichts von Rom (die in sämtlichen primären Rechtszeitschriften veröffentlicht ist) zum Thema künstliche Befruchtung ausgelöst. Im Urteilstenor der Entscheidung ist folgendes zu lesen: »Die zwischen zwei Ehepartnern und einem Arzt getroffene Vereinbarung, welche die Übertragung von eingefrorenen

Embryonen der Eheleute zum Gegenstand hat – falls diese Embryonen aus einer Fusion des Samens der beiden stammen und in die Gebärmutter einer hiermit einverstandenen Frau eingepflanzt werden sollen – ist rechtmäßig, da sie schutzwürdige Interessen verfolgt. Der Richter kann somit den Arzt zur Übertragung ermächtigen«.

Als sich die italienische Rechtsprechung in der Vergangenheit mit der Ersatzmutterschaft auseinandergesetzt hatte, entschied sie dagegen, daß der entsprechende Vertrag wegen Verstoß gegen die öffentliche Ordnung und Sitten nichtig war. Im Unterschied zum römischen Fall war jedoch eine Vergütung für die schwangere Frau vorgesehen (Gericht Monza, 27. Oktober 1989, Giur. it., 1992, I, 2, 72).

Diesbezüglich ist anzumerken, daß das Standesrecht der Ärzte derartige Eingriffe untersagt (Art. 41). Die vom Gericht von Rom erteilte Genehmigung (die im übrigen in der höheren Instanz widerrufen wurde) hat deshalb einen Konflikt und energische Reaktionen der Ärztekammer ausgelöst.

Auch die italienische Lehre sprach sich zum Großteil kritisch aus und hielt das zwischen den Ehepartnern und der Ersatzmutter abgeschlossene Rechtsgeschäft wegen Verstoß gegen die öffentliche Ordnung für nichtig. Weiter wurde die vom Richter vorgenommene Abwägung verfassungsrechtlich relevanter Interessen für nicht korrekt gehalten. Dem rechtmäßigen Wunsch nach einem Kind – der mit fragwürdigen Formeln zu einem wahrhaftigen Recht erhoben wird – wurde nämlich nicht das Recht des ungeborenen Kindes auf eine geordnete anthropologische und kulturelle Dimension der Eltern-Kind-Beziehung gegenübergestellt. Unter diesem Gesichtspunkt ist die Tatsache interessant, daß die Entscheidung des Gerichts von Rom nicht das Recht der schwangeren Frau ausschließt, deren Leistung als »Ausdruck familiärer Solidarität« bezeichnet wurde, das Kind weiterhin zu sehen, es zu betreuen und einige Stunden pro Tag mit ihm zu verbringen. Dadurch wird letztendlich eine Situation der »doppelten Mutter« zugelassen.

Auch mit Bezug auf die Behandlung der Embryonen ist die italienische Situation schließlich in erster Linie durch das Fehlen von Regelungen geprägt.

Die Gesetzeslücke wurde durch einige ausgleichende Eingriffe der Rechtsprechung ergänzt, die – auf der Grundlage der verfassungsrechtlichen Grundsätze – häufig die passende Regelung für den Einzelfall gefunden hat. Mit einer Entscheidung des Gerichts von Palermo vom 29. Dezember 1998 (Famiglia e diritto, 1999, 52) wurde z.B. einer Frau das Recht auf Einpflanzung der Embryonen zuerkannt, um eine Schwangerschaft in die Wege zu leiten, obwohl der Ehemann verstorben war.

Das oben erwähnte Urteil gibt somit einen Hinweis auf eine Orientierung, die der von einigen französischen Urteilen verfolgten Tendenz entgegensteht. Hier wurde der analoge Antrag einer Witwe abgewiesen oder sogar die Zerstörung der Embryonen angeordnet.

G. Genetische Tests und Schutz der Gesundheit

Für den Einsatz von Gentests werden einige Voraussetzungen für unabkömmlich gehalten, und zwar die bewußte Einwilligung, die genetische Beratung und vor allem die Möglichkeit einer effektiven Ausübung des Rechts des Patienten auf Selbstbestimmung.

Die Gentests müssen auf den Schutz der Gesundheit gerichtet sein, während für die Verwendung dieser Tests durch Versicherungen oder Arbeitgeber strenge Einschränkungen vorgesehen sind.

In Italien wird dieses Thema an das Diskriminierungsverbot geknüpft: Die Gentests dürfen nicht für Zwecke verwendet werden, die von der Zielsetzung im Hinblick auf den Schutz der Gesundheit abweichen, insbesondere, um ein Konzept der »genetischen Normalität« einzuführen, mit der dann Menschenkategorien verglichen werden, die hiervon mehr oder weniger abweichen.

Die genetischen Tests müssen dagegen dem Kampf gegen die Verbreitung von Krankheiten dienen, welche Behinderungen, Handikaps im allgemeinen bzw. den frühzeitigen Tod verursachen.

In diesem Zusammenhang werden allerdings einige der im Übereinkommen getroffenen Entscheidungen kritisiert, vor allem mit Bezug auf die Unveränderbarkeit des Genoms von Nachkommen. Hier hätte man elastischere Lösungen bevorzugt, vor allem um die Übertragung von – z.B. mit dem mitochondrialen Genom verbundenen – Erbkrankheiten zu vermeiden.

Die außerordentliche Strenge der oben genannten Bestimmung erscheint weitere Kritik auszulösen, wenn man sie Art. 18 gegenüberstellt, nach dem die Forschung an Embryonen zulässig ist, sofern sie »einen angemessenen Schutz des Embryos« vorsieht. Es ist in der Tat nicht nachvollziehbar, worin der angemessene Schutz bei Forschungen bestehen könnte, die eine unvermeidbare Zerstörung herbeiführen.

Mit anderen Worten ist man in Italien zum Großteil der Ansicht, daß die Besorgnisse derjenigen, die sich für ein Verbot der Gentests einsetzen, und deren Bedenken über die eventuellen Folgen der genetischen Eingriffe auf die Entwicklung des Menschen nicht unterschätzt werden dürfen. Andererseits wird jedoch behauptet, daß die gebotene Vorsicht – z.B. im Hinblick auf die Erhaltung der genetischen Unterschiedlichkeit – nicht zu einer Bevorzugung dieser ablehnenden Haltung führen darf. Dies würde letztendlich den Verzicht auf die Entwicklung effizienter Behandlungsmethoden bedeuten.

H. Rechtsfragen einer Züchtung menschlicher Zellen

Italien ist eines der Länder, die das Zusatzprotokoll zum Übereinkommen des Europarates über die Menschenrechte und die Biomedizin vom Januar 1998, das u.a. das Verbot der reproduktiven Klonen vorsieht, sofort unterzeichnet haben.

In der – wahrhaft nicht umfangreichen – juristischen Literatur sickert im wesentlichen eine Zustimmung zu dem auf die reproduktive menschliche Klonen beschränkten Verbot durch. Aber auch im Hinblick auf dieses Verbot diskutiert man über die Grundlage der Einschränkung, die – mit mehr oder weniger Überzeugung – im Grundsatz der Menschenwürde, im Konzept der Einzigkeit der Person sowie im Recht auf die freie Entwicklung der Persönlichkeit gesehen wird. Wie es auch in anderen Ländern der Fall ist, dringt jedoch die Besorgnis durch, daß die Rechtsnorm übereilt zum Diktat von Werten verwendet wird, die nur von einem Teil der Mitgliedstaaten anerkannt werden. Somit ist man sich einerseits bewußt, daß die Rechtsordnung eine Leit- und Kontrollfunktion ausüben muß, während andererseits die Befürchtung besteht, daß eine an Verbote und strafrechtliche Sanktionen geknüpfte Gesetzgebung einen »Reproduktionstourismus« in tolerantere Länder auslösen könnte, der den vor nicht allzu langer Zeit bekannt gewordenen Abtreibungstourismus in traurige Erinnerung ruft. Das Problem besteht somit in einer eventuellen Abwertung des gesetzgeberischen Instruments, das nicht in der Lage ist, dem Druck der individuellen Autonomie Stand zu halten und somit seine regelnde Funktion auszuüben.

Unter Bestätigung der Bedenken, die bereits in anderen Rechtserfahrungen aufgezeigt worden waren, wurde vor allem das vereinfachte Konzept reproduktive menschliche Klonen/andere Formen des Klonens kritisiert.

In diesem Zusammenhang wurde die Möglichkeit unterstrichen, Embryonen mit besonderen Eigenschaften zu klonen, um die Erfolgsaussichten für eine Schwangerschaft bei der eventuellen zukünftigen Einpflanzung zu erhöhen. Diesbezüglich geht man davon aus, daß weder Art. 18 des Übereinkommens – der einzig und allein die Erzeugung von Embryonen zu Forschungszwecken untersagt – noch Art. 1 des Zusatzprotokolls zum Übereinkommen ein derartiges Verbot vorsehen, da sich die Untersagung im zuletzt genannten Artikel nur auf die Erzeugung eines menschlichen Wesens bezieht, das mit einem anderen – lebenden oder toten – menschlichen Wesen identisch ist. Mit anderen Worten betrifft das Verbot ausschließlich Prozeduren, mit denen die Reproduktion oder Duplikation einer anderen Person bezweckt wird, d.h. die Schaffung eines »Ebenbildes«. Der geklonte Embryo dürfte dagegen nur dann eingepflanzt werden, wenn die Einpflanzung des ersten Embryos erfolglos war, und somit wäre die Erzeugung eines Ebenbildes unmöglich.

Andererseits legitimiert das Protokoll »das Klonen als biomedizinische Technik«, die für die Entwicklung der Medizin von Bedeutung ist, und im erklärenden Bericht zu diesem Protokoll ist zu lesen, daß die Bestimmungen des Art. 1 nicht als Verbot von Klonenstechniken in der Zellbiologie auszulegen sind. Derselbe Bericht verweist auf ein weiteres Protokoll über den Schutz des Embryos mit Bezug auf die Verwendung von embryonalen Zellen bei Klonierungstechniken (Nr. 2).

Angesichts dieses gesetzgeberischen Rahmens gelangt man zur Schlußfolgerung, daß neben der verbotenen Klonen zum Zwecke der menschlichen Reproduktion andere, den Embryo betreffende Formen des Klonens bestehen, für die auf ein nachfolgendes Protokoll verwiesen wird und die derzeit – mangels Verbot – als rechtmäßig angesehen werden. Zweifellos rechtmäßig ist schließlich das Klonen von Zellen und Geweben.

I. Die Bedeutung einer unabhängigen und interdisziplinären Prüfung von Forschungsvorhaben

Die Aufgabe der Kontrolle, daß die Forschung unter Einhaltung der vorhandenen (geschriebenen und nicht geschriebenen) Regeln erfolgt, ist in Italien unabhängigen ethischen Ausschüssen übertragen.

Auf der Grundlage der EG-Richtlinie von 1991 wurden durch einen Ministerialerlaß vom 15. Juli 1997 einige Bestimmungen über die Zusammensetzung der ethischen Ausschüsse zur Kontrolle der Forschungsvorhaben und über die zu verfolgenden Prozeduren eingeführt. Eine vollständigere Bestimmung wurde mit dem Ministerialerlaß vom 18. März 1998 erreicht (Gazz. uff. 28. Mai 1998, Nr. 122), der »Leitsätze für die Einrichtung und die Funktion der ethischen Ausschüsse« festlegt.

Laut der oben genannten Gesetzgebung muß der unabhängige ethische Ausschuß die mit dem Forschungsvorhaben verbundenen Risiken, die Wissenschaftlichkeit und die Nützlichkeit der Forschung, die Kompetenz des Forschers, die Angemessenheit der Strukturen – auch unter dem Gesichtspunkt der Fähigkeit, eventuelle Notsituationen zu bewerkstelligen – auswerten.

Der ethische Charakter der Forschung ist dann ausgeschlossen, wenn keine soliden wissenschaftlichen Grundlagen gegeben oder wenn auf therapeutischer Ebene keine nutzbringenden Ergebnisse vorauszusehen sind.

Der ethische Ausschuß muß darüber hinaus gewährleisten, daß im Laufe der Prozeduren die persönlichen und das Gesundheitswesen betreffenden Informationen über die am Forschungsvorhaben beteiligten Personen (Freiwillige) vertraulich behandelt werden. Zu diesem Zweck ist nicht nur eine anfängliche Kontrolle des Forschungsprogramms und der Unterlagen über die bewußte

Einwilligung der Betroffenen vorgesehen, sondern auch eine Kontrolle während der Forschung, um eventuelle Abänderungen des Forschungsprogramms zu genehmigen und die entsprechenden Ergebnisse auszuwerten.

Insbesondere hat der ethische Ausschuß die Angemessenheit des Forschungsvorhabens anhand folgender Kriterien zu überprüfen: ihre Qualifikation, das beteiligte Personal und die zur Verfügung stehenden Strukturen, die Angemessenheit des Programms im Verhältnis zu den Zielsetzungen der Forschung, deren wissenschaftlicher Wert und die Möglichkeit, daß die Ergebnisse mit einem minimalen Risiko für die betroffenen Personen erreicht werden, die Angemessenheit und die Vollständigkeit der schriftlichen und an die betroffenen Personen zu übergebenden Informationen, die Abgabe der Einwilligung der zuletzt genannten; das Bestehen von Versicherungen oder von Ressourcen zum Ersatz der eventuell verursachten Schäden, das eventuelle Vorhandensein von Sponsoren und Vergütungen für die beteiligten Personen.

Auf der Grundlage der geltenden Bestimmung ist die Rechtsnatur der ethischen Ausschüsse nicht vollkommen klar. Diese stellen auf jeden Fall unabhängige Strukturen dar, setzen sich aus Ärzten, Juristen, Soziologen und Philosophen zusammen und liegen auf halbem Weg zwischen privatrechtlichen Vereinigungen und Strukturen öffentlichen Rechts. Deshalb wird von zahlreichen Seiten auf das Bedürfnis nach einer weiteren Regelung dieser Ausschüsse – auch im Hinblick auf ihre eventuelle Haftung – hingewiesen.

IL – Country Report Israel

Prof. Dr. Amos Shapira

Tel Aviv University
The Lubowski Chair of Law and Biomedical Ethics

A. Biomedical Research On Minors And Adults Without the Capacity to Consent

The law presumes that an adult person of sound mind is competent to consent for himself to medical interventions. By contrast, a medical procedure sought to be performed on an incompetent (such as a minor or a mentally incapacitated person) requires the surrogate consent of a duly authorized guardian or representative. In performing their task, such guardian or representative are duty bound to take care of the incompetent's needs and to act in his or her best interests.

Clause 3 of the Capacity and Guardianship Law, 5722-1962 as amended in 1983[1] defines a minor as "a person who has not reached the age of eighteen". Clause 14 decrees parents to be the natural guardians of their minor children. Clause 17 instructs parents to act, in the exercise of their guardianship, "in the best interests of the minor in such a manner as devoted parents would act in the circumstances". Clause 42 directs guardians to consider, in guardianship matters, the views of the ward "provided he is capable of understanding the matter and his views can be ascertained". Furthermore, clause 68(a) authorizes the judiciary "... at any time, on application of the Attorney General... or of an interested party or of its own motion, [to] take temporary or permanent measures... for protecting the interests of a minor... or a ward, either by appointing a... guardian... or otherwise. The Court may also do so on application of the minor... or the ward". Clause 68(b) specifically addresses instances of an application to the judiciary for a direction to perform surgery or to take any other medical measure concerning minors or wards. Courts are exhorted not to issue the direction unless they are satisfied, on the basis of a medical opinion, "that the measure is necessary in order to protect the physical or mental well-being of the minor... or ward".

While parental consent to medical intervention in a minor would ordinarily suffice and be regarded as tantamount to the minor's own consent (provided the parents fulfilled their parental duty under Clause 17 to act in the best interest of the minor), when prior judicial authorization is sought under clause

[1] Official Gazette, Statutes, no. 1080 p. 79, 31 March 1983.

68(b) the court seized on the matter is required not to sanction the requested medical measure unless it is "necessary" for the protection of the minor's well-being. The Israeli Supreme Court has held that such authorization must be granted cautiously and sparingly only in situations where the adjudicator is convinced that the proposed medical intervention is supported by an objective and reliable medical opinion, that without it the incompetent's welfare is likely to be compromised, that there is no viable alternative to safeguard the incompetent's welfare, and that the incompetent's welfare is clearly and materially bound to be promoted by the suggested procedure.[2] These legal standards were pronounced in a case raising the issue whether a guardian or representative should be empowered to agree to the removal of an organ from the body of his ward for transplantation purposes, and if so, under what circumstances and conditions. Conceivably, such standards – that lay stress on the incompetent's overall best interest – may be applied by analogy also to the situation of involving incompetents in scientific and clinical biomedical trials. In a more recent case,[3] the Israeli Supreme Court has decreed that a medical intervention in a minor is "necessary" if its benefit outweighs its risk. One must examine the proposed medical measure in terms of the proportionality of the prospects of improving the minor's condition to the possible risk of damage and to the available treatment alternatives. In making this assessment one should be mindful of the minor's overall vulnerability and inability to express his or her own will. These pronouncements of the Israeli Supreme Court appear to attest to a normative reluctance to expose incompetents to medical risks which are not demonstrably necessitated, and hence justified, by their own health needs. The Court, so it seems, is likely to frown upon the idea of involving minors in non-therapeutic research that incurs more than minimal risk or burden and promises them no real benefit.

The field of human biomedical experimentation in Israel is regulated by the Public Health Regulations (Human Experimentation) promulgated in 1980 by the Director-General of the Ministry of Health.[4] The Regulations provide, inter alia , that no medical experiment on humans may be conducted in violation of the provisions of the Helsinki Declaration. The Helsinki Declaration, the text of which is reproduced in the Appendix to the Regulations, has thus been incorporated into Israeli law and become the official guide to the conduct of human biomedical research in Israel, including the recruitment of minors and other incompetents as biomedical research subjects. The Guidelines for Medical Experimentation in Humans (promulgated by the Ministry of Health in 1999) provide in section 2.5.2 that a research subject who is a minor above

---

[2]Leave for Appeal 698/86, 184/87 Attorney General v. Anonymous, 151/87 Anonymous Ward v. Anonymous, Supreme Court Judgments vol. 42(2) p. 661.

[3]3. Civil Appeal 5587/97 Attorney General v. Ben Ikar, Supreme Court Judgments vol. 51(4) p. 830.

[4]Official Gazette, Regulations, no. 292, 1980.

the age of twelve should receive personally (in addition to his or her guardian or representative) an explanation of the proposed medical experiment and the investigator must take into consideration the minor's position concerning participation in the experiment. A committee of experts appointed by the Ministry of Health has drafted recently a text for a draft bill entitled "Law on Scientific Research in Human Beings". Under clause 26 of the draft bill, the informed consent of a guardian or another legal representative to the participation in research of a subject who is a minor of the age of sixteen requires the further agreement of the subject himself or herself, provided that the subject is able to understand the matter. Where the subject's own agreement cannot be obtained, and the experiment entails a high risk, the consent given by the subject's guardian or other legal representative must be approved by a court of law.

B. The Evaluation of Biomedical Research By Ethics Committees

Under the Public Health Regulations (Human Experimentation), 1980, the term "medical experiment on humans" extends to the experimental administration of medication, radiation, or a chemical, biological, radiological, or pharmacological substance, which is bound to affect the health, body or psyche of a person or an embryo, including the genetic code. The term also embraces the performance of any process, procedure, and investigation on a person which is not common. The Human Experimentation Regulations impose a blanket prohition on medical experiments conducted in a hospital, unless such experiment has been authorized by a "Helsinki committee", i.e., an institutional review board, at the hospital where the experiment is to be carried out. Certain experiments require the further approval of the Director-General of the Ministry of Health and are subject to any conditions set forth by the Director-General. In addition, prior to deciding on the matter, the Director-General may obtain an opinion from the Supreme Helsinki Committee (the Central Review Board) for Medical Experiments on Humans appointed by the Director-General on a general or ad hoc basis. As already indicated, the Regulations further provide that no medical experiment on humans may be conducted in violation of the provisions of the Helsinki Declaration. Finally, it is explicitly stated in the Human Experimentation Regulations that their provisions are "in addition to any law and canons of ethics; any right, authorization or permission conferred by or under these regulations are not in derogation from any obligation imposed by any law or canons of ethics". That is to say, the requirements set up by the Human Experimentation Regulations (including the prescriptions of the Helsinki Declaration) constitute the necessary minimum legal standard for the sanctioning of biomedical human research. It is evident from the above survey that the Regulations are essentially procedural in nature. Substantive standards for biomedical human research are to be found in the Helsinki Declaration, which provides a medley of principles, guiding considerations, and some procedural provisions. The two principal criteria prescribed in it are the Risk-Benefit calculus and the Informed Consent requirement. These prescriptions are rather nebulous in tenor and vague in formulation. For instance, in assessing risks against benefits ought one to abide by a "red light" restriction of a maximal risk ceiling, namely, a certain level of high risk beyond which no human experiment should be sanctioned, not even with the subject's free and informed consent and irrespective of the significant benefit expected (if the experiment proves to be successful)? And with regard to informed consent, should the patient-subjects' autonomy invariably trump physician-investigators' treatment commitments and professional-ethical conscience? And also, what role – if any – ought the "therapeutic privilege" exception play in clinical human research conducted in a therapeutic setting?

One major dilemma brought to the attention of the Supreme Helsinki Committee (the Central Review Board) for Medical Experiments on Humans, that was established by the Regulations, was the requested administration of an unlicenced drug to a terminally ill patient. This case, which reached the Israeli Supreme Court, merits brief elaboration. The late Reuven Ma'ayan suffered from terminal cancer. His attending physicians were unable to administer any effective treatment – his illness proved irresponsive to accepted therapeutic measures. His condition rapidly deteriorating, Ma'ayan sought permission to be treated with D.M.B.G. – a laetrile-related substance, unlicenced as a certified drug according to Israeli law and under development at that time by a group of Israeli researchers. The principal researcher in that group and the Director of Internal Medicine at the medical center expressed their willingness to treat the terminally ill patient with this new substance. However, Ma'ayan's attending physicians at the medical center refused to administer D.M.B.G. to him, and a similarly negative position was taken by the Clinical Trials Committee – a body then operating under the Pharmacists Regulations. The Director-General of the Ministry of Health declined to authorize the experimental use of D.M.B.G., and the Israeli Supreme Court, petitioned in the matter by the patient and members of his family, upheld the Director-General's refusal.[5]

Although dismissing the petitioner's application "with a heavy heart", the Supreme Court nevertheless expressed its confidence in the legal correctness and moral-humanistic rightness of its decision. The principal ground for rejecting Ma'ayan's plea was that there had hardly been any adequate laboratory and animal research findings that could support the initiation of human experimentation. In the absence of such findings, no sound determination could be

[5] High Court of Justice 30/82 Ma'ayan et al. v. Director-General of the Ministry of Health, Supreme Court Judgments vol. 36(2) p. 477.

made that treating humans with the substance offered any hope of saving life, re-establishing health or alleviating suffering, nor could there be any assessment of the risks involved in the administration of the substance in question. Although the informed consent of the terminally ill Ma'ayan to the application of the experimental substance could be assumed, the lack of meaningful pre-clinical research precluded the possibility of any risk-benefit assessment. Informed consent is a necessary but not a sufficient condition-precedent to the conduct of human biomedical experimentation.

The Ma'ayan case attracted much public attention, complete with extensive mass media coverage and emotional debates in governmental and parliamentary circles. Many accused the Ministry of Health of formalistic insensitivity and bureaucratic delay in handling the matter. On 11 January 1983, the Knesset (Parliament) Labour and Welfare Committee issued a statement of conclusions in the wake of the Ma'ayan affair. Albeit endorsing the stand taken by the Director-General in refusing to approve the experimental application of the substance in question, the Committee nevertheless criticized the Ministry of Health for failing to furnish full and unobscured information to the public, such failure creating unnecessary confusion and embarrassment. The Committee also expressed its concern that the proscriptions inscribed in the Pharmacists and Human Experimentation Regulations might be abused, deliberately or otherwise, thus unnecessarily hindering the progress of scientific medical research. To forestall such an undesirable eventuality, the Committee recommended to enshrine in primary legislation the composition and appointment procedures of the organs authorized to licence drugs and approve clinical trials on humans. In the Committee's view, such legislation is bound to guarantee the scientific qualifications and full independence of such organs. The Committee also endorsed the establishment of a special Appeals Board for exceptional instances and the subjecting to scientific and public scrutiny, possibly leading to legislation, of the special predicaments entailed in the treatment of terminal patients.

The plea for the regulation of human biomedical experimentation by primary legislation has not been heeded for many years. Only recently a committee of experts has been assembled by the Ministry of Health and assigned the task of drafting a text for a law that, if enacted by the Israeli Knesset (Parliament), will provide a statutory framework for the conduct of biomedical research on human beings in Israel. In its current – probably not final – version, the draft bill is entitled "Law on Scientific Research in Human Beings." It provides, inter alia, that where the subject himself is unable, for any reason whatever, to consent, and the experiment is of a high-risk nature, a surrogate consent given by the subject's guardian or representative requires the further approval of a hospital's ethics committee. It addresses also the special dilemma of a medical emergency situation, when prospective patient-subjects usually are unable to give informed consent. A national human experimentation committee is authorized by the draft bill to waive the requirement of informed consent in emergency circumstances where neither the patient-subject nor his or her guardian or representative can give it, if the medical experiment in question is designed exclusively for patients in a medical emergency situation and if the contemplated experiment is reasonably expected to bring about an improvement in the patient-subject's medical situation with a higher likelihood than any other accepted treatment. Again, these are proposed provisions of a draft bill on human experimentation. At the present time one can hardly predict if and when this draft bill, with or without revisions, will be legislated into law by the Israeli Knesset (Parliament).

C. Patients' Autonomy At The End Of Life

The doctrine of informed consent to medical treatment was enshrined in legislation when the Israeli Knesset (Parliament) adopted in 1996 the Patients' Rights Act[6] the aim of which, under clause 1, is "to establish the rights of every person who requests medical care... and to protect his dignity and privacy". Chapter 4 (clauses 13-16) is titled "Informed Consent to Medical Care". Clause 13(A) asserts in unequivocal, autonomy-grounded terms the basic requirement of patient consent as a pre-condition to medical treatment: "No medical care shall be given unless and until the patient has given his informed consent to it, in accordance with the provisions of this chapter". "Medical care" or "medical treatment" is defined in clause 2 as including "medical diagnostic procedures, preventive medical care, psychological care, and nursing". According to clause 13(B), in order to obtain informed consent the clinician is obliged to supply the patient medical information "to a reasonable extent, such as to enable the patient to decide whether to agree to the treatment proposed".

Clause 15 is titled "medical care without consent." It provides for three type-situations where medical treatment may be performed with no patient consent. The most common and least problematic of the three is the familiar emergency situation, dealt with in clause 15(3) as follows:
"In a medical emergency a clinician may give urgent medical treatment without the patient's informed consent if, because of the emergency circumstances, including the patient's physical or mental state, it is not possible to obtain his informed consent; a treatment cited in the Supplement to this Act shall be given with the consent of three physicians, unless the emergency circumstances do not permit this."
"Medical emergency" is defined in clause 2 as "a situation threatening immediate danger to life or severe, irreversible disability, if medical care is not given urgently." The emergency exception is delineated carefully and narrowly. It is

[6] Official Gazette, Statutes, no. 1591 p. 327, 12 May 1996.

properly restricted to dire circumstances of immediate danger to life or limb and urgent necessity to give medical treatment. It is only under such pressing conditions and as long as they last that emergency medical care may be given to a patient without his informed consent. One should note that emergency treatment under clause 15(3) is authorized only where "it is not possible to obtain... informed consent." This authorization does not seem to apply to instances of pre-existing informed refusal of treatment, namely, where there is clear indication (in, e.g., a documented expression of will or by a duly appointed representative) that the patient – who is presently unable to consent or object – previously formed and expressed an informed and voluntary refusal to the treatment in question.

Another type-situation where medical treatment may be given without informed consent is formulated in clause 15 (1) as follows:

> A clinician may give medical treatment that is not one of the treatments enumerated in the Supplement to this Act without the informed consent of the patient if all the following conditions are met:
>
> (A) The patient's physical or mental state does not permit obtaining his informed consent;
>
> (B) The clinician has not been made aware that the patient or his legal guardian objects to his receiving medical treatment;
>
> (C) It is impossible to obtain the consent of the patient's representative, should such a representative have been appointed under Clause 16 of this Act, or of the patient's legal guardian, where the patient is a minor or an incapacitated person.

Clause 16 stipulates:

> (A) A patient may appoint an official representative who shall have the authority to consent in his place to medical treatment; the power of attorney shall detail the circumstances and conditions in which the representative shall have the authority to consent in place of the patient to medical treatment.
>
> (B) The Minister [of Health] may issue directions as to the manner in which a power of attorney may be given under this Clause.

The authorization to treat with no consent under 15(1) is limited to treatments other than major surgery, blood vessel catheterization, dialysis, radiotherapy, in-vitro fertilization and chemotherapy. It is not, however, restricted only to imminent threats to health that require urgent medical care. If the patient is capable of deciding for himself, or if his – or his legal guardian's – refusal of treatment is known, or if the consent of the patient's representative – if appointed – or guardian can possibly be obtained then non-consensual treatment may not be given according to clause 15(1). Also, the exemption from the duty to obtain informed consent does not necessarily relieve the clinician from the obligation to attempt, as much as the circumstances allow, to involve the patient in the therapeutic process by providing explanatory information. And the license to treat without consent expires once the patient's state improves to a degree permitting the obtaining of his informed consent. Yet in spite of all these built-in qualifications, it appears that the authorization of non-consensual medical care under clause 15(1) is rather wide in scope and readily amenable to paternalistic manipulation. Thus one could possibly argue that physicians may act upon their sole discretion in performing life prolonging medical procedures (not enumerated in the Supplement) on terminal patients who are considered unable to give (or refuse) informed consent and who failed to leave advance directives or appoint a legal representative.

The non-consensual treatment authorization under clause 15(2) goes much further in eroding the autonomy rationale underlying the informed consent principle. It reads as follows:

> "Should the patient be deemed to be in grave danger but reject medical treatment, which in the circumstances must be given soon, the clinician may perform the treatment against the patient's will if an Ethics Committee has confirmed that all the following conditions obtain:
>
> - The patient has received information as required to make an informed choice;
> - The treatment is anticipated to significantly improve the patient's medical condition;
> - There are reasonable grounds to suppose that, after receiving treatment, the patient will give his retroactive consent".

"Grave danger" is defined in clause 2 as "a situation threatening danger to life or severe, irreversible disability, if medical care is not given". A comparison to the above mentioned definition of "medical emergency" (for purposes of clause 15(3)) reveals that in the case of "grave danger" (for purposes of clause 15(2)) the danger need not be "immediate" and medical care need not be given "urgently". Clinicians are explicitly authorized under clause 15(2) to perform any medical treatment not only without the patient's informed consent but also "against the patient's will", that is, in the teeth of the patient's informed and voluntary refusal. Such is a blatantly compulsory treatment, not merely a non-consensual one, coerced upon adult, competent and autonomous patients who are regarded to be in grave danger and in need of treatment that must be given soon. The authorization to treat is conditioned upon an ethics committee's advance confirmation that the information given to the patient prior to treatment was of the kind required to make an informed choice, that the treatment meets the beneficence standard by promising to significantly improve the patient's condition, and that the patient can reasonably be expected to give a post-treatment, retroactive consent.

Compulsory treatment and autonomous choice are a contradiction in terms. True, a strict adherence by ethics committees to the pre-conditions to the authorization of compulsory treatment may reduce the adverse impact on patients' autonomy. Thus, insistence on the beneficence standard (an anticipated significant improvement of the patient's condition) could minimize the authorization of futile, grossly invasive or overly burdening treatment of terminal patients. Conversely, however, speculations as to the reasonable likelihood that refusing (and, by definition, irrational) patients will change their mind after receiving treatment and give consent retroactively provde a fertile soil for paternalistic manipulation. Ethics committees required to decide on treatment within the normative framework of clause 15(2) are prone to be reluctant to allow patients in grave danger to behave "unreasonably" in rejecting medical treatment that is "reasonably" deemed as required under the circumstances. The wholesale attribution to supposedly irrational patients of a post-treatment consent given in retrospect is notoriously fictitious. It also posits a frontal challenge to the very notion of patient autonomy. In taking such a paternalistic stance, the legislature was probably influenced by statements previously made by certain Justices of the Israeli Supreme Court, in which they expressed a communitarian value preference for preserving endangered life over libertarian individual autonomy. This value preference accords with the sanctity-of-human-life ethos which permeates the Jewish religious tradition. Still, an opinion has been voiced in a recent District Court decision to the effect that treatment refusals indicated in advance directives could be taken as presumptive evidence against a postulated retroactive consent.

Most judicial decisions concerning end-of-life medical treatment to date were rendered prior to the enactment of the Patients' Rights Act, 1996. The Israeli Supreme Court ruled twice in cases involving minors and two other cases regarding adults were dismissed on essentially procedural or evidentiary grounds. The six district court decisions concerned adult patients suffering from Amiotropic Lateral Sclerosis, Alzheimer's disease or emphysema. In all these cases patients, or their representatives, sought declaratory judicial authorization of withholding or withdrawal of future or present life-sustaining treatment (such as artificial respiration) in allegedly terminal or incurable situations. Absent specific legislative directives or unequivocal administrative guidelines, the piecemeal judicial handling of end-of-life medical treatment dilemmas has been fraught with inconsistency, ambivalence and normative ambiguity. Ad hoc judicial determination of concrete controversies has been vacillating between the constitutional values of human dignity and liberty and the autonomy-grounded rights to bodily integrity and privacy enshrined in Basic Law: Human Dignity and Liberty,[7] on the one hand, and the preeminence accorded in the Jewish religious tradition to the sanctity of the divine gift of human life and its preservation, on the other. Judicial ambiguity has thus joined, and reinforced, the medical profession's own ethical ambivalence, uncertainty as to the legal limits of clinical discretion and "defensive medicine" tendencies leading physicians to shift decisionmaking responsibility to the judiciary and to seek its advance guarantee against possible future legal action.

The issues of active euthanasia and physician-assisted suicide have not yet been confronted head-on by the Israeli judiciary. There seems to be a widespread consensus that such practices of direct and deliberate hastening of death are unacceptable under current Israeli law. On the other hand, palliative care – such as pain management – is assumed to be lawful with no explicit reservations or elaborate qualifications. Physicians, who are professionally and ethically obliged to prevent or alleviate patients' suffering, do not need court approval of the administration of palliative care. It is also generally understood that futile medical treatment, particularly if invasive and burdening, may be withheld from terminal patients and that physicians must not be compelled to behave contrary to their professional conscience and code of ethics. In appropriate circumstances they should endeavor to transfer the patient to the care of another physician. Treatment decisions that err in favor of sustaining life are tolerated if not indeed commended.

The absence of legislation on the validity, effect and formalities of advance directives has prompted patients, while still competent, to seek declaratory judicial assurance that their preferences regarding end-of-life treatment would be heeded when they are no longer capable to decide for themselves. Judicial attitudes to treatment refusals have been ambivalent and occasionally inconsistent. Factors such as the patient's pain and suffering (possibly including emotional distress in consequence of violation of his dignity and autonomy) and the invasiveness of the procedure in question are prone to enhance the prospects that the patient's treatment refusal will be respected. The often problematic diagnosis of the patient's condition as irreversibly terminal or otherwise, as well as the characterization (that is frequently dubious and vague in itself) of the proposed treatment as routine or exceptional, ordinary or extraordinary, natural or artificial, beneficial or risky, and easily administrable or burdening are sometimes invoked by judges to buttress their reasoning in support or rejection of patients' treatment refusals. The particular patient's diminished quality of life as such is not likely to militate in favor of forgoing life-sustaining treatment of a disease that is unrelated to the patient's general impaired condition. In one case the Supreme Court was petitioned by the parents of a minor, afflicted by cerebral palsy, to sanction their refusal to an invasive treatment for the child's life-threatening kidney

[7] Official Gazette, Statutes, no. 5754 p. 90, 10 March 1994.

disease. Dismissing the parents' petition, the Court expressed its wariness of having to evaluate the quality of human life and its concern about the perils of disrespect and discrimination against disabled and vulnerable persons who might be regarded as a burden to their families and to society at large. The utility of a life-preserving medical procedure to a handicapped person must not be measured in terms of our judgment as to his overall quality of life or value to society. This is not to say, however, that quality of life considerations (in cases such as persistent vegetative state or paraplegia) may never weigh in end-of-life medical decisionmaking. Divergent opinions have been voiced as to whether the legitimate forgoing of life-sustaining medical treatment may extend to nutrition and hydration. An accommodating attitude toward the asserted right to forgo nutrition and hydration at the end of life could arguably be inferred from the most recent Supreme Court decision on treatment refusal (concerning a 91-year old woman in a persistent vegetative state).

In several of the above mentioned district court cases the petitioning patients sought declaratory judicial approval of their refusal to be subjected to artificial respiration. While considering these requests, a distinction was made by the adjudicator between a temporary respiratory relief, which may be needed to ease the patient's acute distress, and a life-prolonging connection to a respirator for an indefinite period of time. Whereas physicians must never be forced to deny oxygen to a suddenly suffocating patient they should, nonetheless, respect the informed and voluntary wish of a terminal patient not to be artificially ventilated permanently once his capacity for spontaneous breathing has been lost forever. All early cases of refusal of artificial respiration that reached the courts concerned treatment withholding, namely, patients who were still breathing spontaneously applied for declaratory relief against possible administration of artificial respiration in the future. In subsequent cases the question has arisen whether the principle endorsing a qualified patient's right of respiration refusal should also apply in treatment-withdrawing cases, that is, where a ventilated patient wishes to be disconnected from a respirator. Judicial response to this issue has not been uniform. According to one view (patently shaped by the traditional religious Jewish law position on the matter), the withdrawal of life-preserving treatment is akin to active euthanasia and therefore forbidden. Other judges have held that there is neither logic nor merit in distinguishing between withholding and withdrawal of life support such as artificial respiration and nutrition. Hence both forms of treatment refusal ought to be dealt with alike and permitted under the same circumstances. One must realize, however, that many medical practitioners seem to find it psychologically and emotionally far more difficult to unplug the respiratory machine.

As noted above, there is no legislation on the validity, effect and formalities of advance directives such as a living will. In 1996, the Ministry of Health issued guidelines on "Treatment of the Dying Patient".[8] These administrative guidelines, which per se do not have the force of binding law, take a negative position on the effect of advance directives in view of the possibility that patients may subsequently change their mind and opt for life, even if debilitated. One district court decision has followed the guidelines' disapproving stance on advance directives. In another case, a district court has granted the requested declaratory relief and allowed the withholding of life support from an elderly woman suffering from Alzheimer's disease. Before becoming demented, and when already facing approaching death, she expressed her wishes in an affidavit and a videotape that the court was prepared to accept as evidence of her informed and voluntary refusal of treatment. The most recent judicial pronouncements on the matter explicitly recognize that a patient's autonomy encompasses the right of informed refusal of treatment that was exercized through advance directives given while still competent to decide. Such advance directives may give rise to a rebuttable presumption in support of the patient's refusal of treatment. He who seeks to rebut that presumption must bear the burden of proving otherwise.

The ambivalence generally characterizing Israeli law and practice regarding consent to and refusal of end-of-life medical treatment typifies also the allocation of decisionmaking authority in these matters. Even where patient autonomy is acknowledged in principle, additional decisionmakers are involved almost invariably. In one district court case, the judge expressly opted for a strictly limited judicial role in such matters. In his opinion, end-of-life medical decisionmaking entails questions of ethics, morality and world view as to which the law can hardly provide satisfactory answers and judges do not possess any inherent advantageous position over others, notably members of the medical profession. Hence it would be best if matters of end-of-life care could be resolved in the intimacy of the physician-patient setting. There is some judicial support for hospital ethics committees as the preferred locus of decisionmaking. A similar view is expressed also in the above mentioned 1996 administrative guidelines promulgated by the Director General of the Ministry of Health and in the Patients' Rights Act, 1996. The multidisciplinary composition of ethics committees is claimed as the best available guarantee that the multifaceted end-of-life dilemmas would be deliberated and resolved properly. Yet in other, pro – patient autonomy judicial decisions, ethics committees were marked as an undesirable – indeed, unacceptable – alternative to treatment choices made by adult, competent and informed patients. In this view, surrogate decisionmaking by ethics committees ought to be restricted to instances involving minors or adult patients who are unconscious or otherwise incompetent to decide for themselves (and have not left reliable advance directives). To be sure, the expert medical opinion of physicians is appropriately sought for matters such as the gravity and prospects of a patient's

[8] Ministry of Health, Director-General Circular No. 2/96, 31 January 1996.

health condition and the anticipated burdens and utility of a proposed care. Other than that, professional medical opinion hardly deserves any special weight and certainly should not be decisive. In this view, patients' right of informed refusal of treatment is not a matter for medical discretion. It is the responsibility of the judiciary to decide on the validity of patient's treatment refusals and the effect of advance directives. In fact, so the argument runs, physicians' dilemmas are bound to be eased where courts of law have taken an activist posture to protect the decisionmaking autonomy of competent patients. To that end, judges ought not to shy away from granting declaratory relief such as an advance authorization to withhold or withdraw life support.

In the most recent judicial pronouncement on end-of-life medical decision-making, the Israeli Supreme Court made a plea for a systematic legislative solution to the issues involved. The desired legislative scheme should address the conditions required for informed refusal of life-preserving treatment by respirators and feeding devices. It should also demarcate the boundary between forbidden active termination of life and permissible forgoing of life-prolonging treatment, set out the necessary evidentiary standards, and designate representatives who will speak for patients unable to express their own will. However, given current socio-political realities, the prospects of the Knesset (the Israeli Legislature) passing such a comprehensive measure are very slim indeed. In all likelihood, and much in the mold of present practice, the judicial system will continue to be called upon to adjust the contending values, to balance the conflicting claims of rights and responsibilities, and generally to make the hard choices that characterize end-of-life medical treatment dilemmas.

D. Embryo Protection

I. Amniocentesis Testing

In 1980, the Minister of Health promulgated the Public Health Regulations (Amniocentesis Test)[9] designed to provide for the prenatal diagnosis of genetic disorders, diseases and defects. Any woman who was at least thirty-seven years old at the beginning of her pregnancy, or when an authorized physician considers that it is reasonably possible that her fetus might suffer from prenatally detectable genetic disorders, diseases or defects, is entitled under the Regulations to an amniocentesis test to be performed at an authorized hospital. The diagnostic test may not be performed prior to the sixteenth week or later than the twentieth week following the woman's last period. An amniocentesis test may be authorized even later than the twentieth week if the circumstances so indicate. Amniocentesis may not be performed except

[9] Official Gazette, Regulations, no. 4100 p. 1160, 13 March 1980.

with the prior written consent of the woman. Before giving her consent the woman must be fully informed as to the essence of the procedure and the risks involved to her and the fetus. The standard consent form prescribed by the Regulations for that purpose is rather detailed. It specifies the surgical nature of the procedure, its purposes, hazards and limits. Diagnostic amniocentesis may only be performed by a physician possessing the requisite experitse and subject to certain specific clinical instructions. Negative results of the test are delivered in writing to the woman and the physician attending to her pregnancy. Where the results point to the possibility of genetic disorders, diseases or defects, an authorized physician will explain the situation to the woman and deliver the results in writing to her attending physician. When a pregnancy is interrupted in consequence of the amniocentesis results, the aborted fetus will be subjected to certain verifying tests.

II. Abortion

Under section 313 of the Penal Law, 5737-1977[10] an interruption of a woman's pregnancy, by medical treatment or otherwise, constitutes a punishable criminal offense. However, no criminal responsibility is borne by a qualified medical practitioner for interrupting a woman's pregnancy when it is necessary to do so forthwith in order to save her life or to prevent grave irreparable injury to her or where the pregnancy is interrupted in the course of other medical treatment performed on the woman's body when the practitioner did not know of the pregnancy before and its interruption is necessary for that treatment. Moreover, a gynaecologist does not bear criminal responsibility for interrupting a woman's pregnancy if it is performed at a recognized medical institution and approval has been given in advance by a committee of three, consisting of a medical practitioner specializing in obstetrics and gynaecology, another qualified medical practitioner and a social worker. Section 316 of the Penal Law provides that the committee may, after obtaining the woman's informed consent, approve the interruption of pregnancy on each of the following grounds:

(1) the woman is under marriage age or over forty years of age;

(2) the pregnancy is due to relations prohibited by the criminal law (e.g., rape) or incestuous relations, or to extramarital relations;

(3) the child is likely to have a physical or mental defect;

(4) continuance of the pregnancy is likely to endanger the woman's life or cause her physical or mental harm.

By and large, the exercise of discretion by these statutory pregnancy interruption committees, within the framework of the authorized grounds for

[10] Laws of the State of Israel, Special Volume, Penal Law, 5737-1977.

abortion, has been liberal and permissive. For purposes of the present report, attention should be focused on the third ground, which sanctions abortion when the child (if born) is likely to have a physical or mental defect. The phraseology adopted by the legislature lends itself readily to an interpretation supporting a lenient policy on abortion for eugenic reasons. The physical or mental defect justifying interruption of pregnancy need not necessarily be extensive or grievous. An ordinary, perhaps even a relatively minor, defect may suffice. Furthermore, the defect need only be "likely", as distinct from being certain, proven, or established. The term "likely" seems to denote, in this context, a mere reasonable possibility, which may fall short of a near certainty or high probability. The possible risk of such defects may stem from a variety of causes such as an exposure of the pregnant woman to certain diseases, an exposure of the fetus to radiation, medications or other substances taken by the pregnant woman, and a known history of familial genetic traits with a likely hereditary effect. This lenient policy on the interruption of pregnancy for eugenic reasons reveals a normative attitude that rejects any thesis which would condemn the abortion of defective embryos as unjustified discrimination against them.

The position on abortion of the Israeli Penal Law does not indicate any prohibition on the use of fetal cells, tissues or limbs (resulting from spontaneous or authorized interruptions of pregnancy) for therapeutic or scientific purposes. By the same token, the vitality of fetal tissue for, say, therapeutic transplantation as well as the indispensability of embryonic stem cells for scientific research do not in themselves provide a ground for the legitimate interruption of pregnancy. Hence the statutory committees are unauthorized to sanction abortion solely for these ends. It also follows that the above mentioned "Helsinki committees" (i.e. the institutional review boards operating under the Public Health Regulations (Human Experimentation), 1980) may not permit interruption of pregnancy for the sake of therapeutic or scientific human research.

III. Extra-Corporeal Fertilization

In 1987, the Minister of Health promulgated regulations dealing with various aspects of extra-corporeal fertilization. The regulations are titled "Public Health (Extra-Corporeal Fertilization) Regulations, 1987".[11] They prohibit the retrieval, fertilization, freezing and implantation of a fertilized egg except in a medical facility authorized for these purposes by the Director General of the Health Ministry and under the terms of the Regulations. An authorized medical facility performing extra-corporeal fertilization shall not disclose

[11] Official Gazette, Regulations, no. 5035 p. 978, 11 June 1987.

information concerning the identity of sperm or egg donors. Ova may be recovered only for purposes of extra-corporeal fertilization and subsequent implantation in a woman's womb following such fertilization. An egg may be recovered only from a woman undergoing medical treatment due to infertility problems and following an authorized physician's determination that the egg's retrieval is likely to advance such treatment. A retrieved egg may be fertilized by sperm obtained from the husband of the woman whose egg it is or from a donor or from a recognized sperm bank. An egg retrieved from a married woman for her own implantation may be fertilized by a donor's sperm or by sperm obtained from a sperm bank only with the written prior consent of the woman in question and her husband. Fertilization of a donated egg with the sperm of the husband of the woman in whom the fertilized egg is to be implanted requires the written prior consent of both woman and husband. Single women are explicitly recognized in the Regulations as eligible for fertilized egg implantation, provided that the eggs are their own and that the procedure is supported by a report submitted by a social worker. An egg fertilized by the sperm of the husband prior to the spouses' divorce will be implanted in the divorced woman only with the consent of her former husband. An egg retrieved from a married woman whose husband subsequently dies may be donated with her consent. If the husband dies following the fertilization of his wife's egg with his own sperm, the fertilized egg shall not be implanted in the widow before at least a year has elapsed since the retrieval of the egg and its fertilization and upon obtaining a supportive report by a social worker. If the wife dies following fertilization of her egg by her husband's sperm, no use shall be made of the fertilized egg.

The proscription of ovum retrieval save for purposes of fertilization and subsequent implantation in a woman's womb, as well as the sanctioning of egg recovery only from women undergoing infertility tretment and for the sake of its advancement, imply a ban on embryo research in the sense of forbidding the deliberate formation of embryos solely for purposes of experimentation. Research on fertilized ova presents a baffling dilemma. There can be no denying of the significant scientific value and substantial clinical usefulness of embryo research (for example, for purposes of exploring spontaneous abortion, investigating transmitted genetic diseases, and improving extra-corporeal fertilization techniques). But, admittedly, serious ethical and legal problems arise where human embryos are used as emperimental subjects. One must also realize that embryo research is readily associated with the explosive issue of abortion. Against this controversial background, much can be said in support of the balancing of all contending values and concerns with a view to hammering out an acceptable solution somewhere between a complete authorization and a total prohibition of embryo research. Thus, due concern for the human life potentiality embodied in, or symbolized by, an embryo can be shown by forbidding the deliberate formation of embryos solely for purposes of experimentation, namely, using them exclusively as means for a research end. Yet such a concern loses much of its weight when research may only be conducted on embryos initially formed in the course and for the sake of infertility treatment and not replaced or donated for implantation for some bona fide reason. It goes without saying that an authorization of research on spare embryos must not provide an undue inducement to the over-generation of embryos in the course of infertility treatment so as to guarantee the accumulation of a surplus. Nor should such an authorization hamper the availability of embryos for donation for reproduction purposes.

One should note that on 9 September 1985 – that is, a couple of years before the promulgation of the Public Health (Extra-Corporeal Fertilization) Regulations, 1987- the Israeli Ministry of Health distributed a circular on In Vitro Fertilization in which it is stated, laconically and decisively, that "no experiments may be conducted on embryos". Nonetheless, the circular incorporates a general escape clause stipulating that, irrespective of its proscriptions, in exceptional cases one could apply to the Director General of the Ministry of Health for a permit, specifying in detail the case in question and the reasons for the extraordinary request. Todate, the 1985 circular has not been revoked, replaced or amended officially. Based on information I was able to receive from knowledgeable and reliable professional sources it appears that, in practice, embryos are not deliberately formed for purposes of research. Some research has been done on defective embryos that were not destined for reimplantation or freezing with a view to future reproductive use. Embryo biopsies were approved by "Helsinki committees" (institutional review boards) for the sake of conducting chromosome investigations. Embryo preimplantation diagnostic genetic tests are conducted for medical-therapeutic purposes.

IV. Surrogacy

Under the Agreements on the Carrying of Embryos (Agreement's Confirmation and the Newborn's Status) Act, 1996,[12] implantation of a fertilized ovum in the womb of a surrogate, who will carry it to term and then deliver the newborn to its designated parents, is sanctioned if certain prescribed conditions are met. Once satisfied that this is the case and having examined all the data submitted and heard all the parties to the agreement, the authorization committee may approve a surrogacy agreement if convinced 1) that all parties entered the agreement consensually and of their own free will, having understood both the meaning and consequences thereof, 2) that no risk of injury exists to the health of the surrogate or to the welfare of the child to be born, and 3) that none of the stipulations of the surrogacy agreement is detrimental to the rights of the planned child or of any of the parties to the agreement. Extra-corporeal fertilization and fertilized egg implantation may

[12] Official Gazette, Statutes, no. 1577, 17 March 1996.

only be performed at an officially certified medical facility and under a duly approved surrogacy agreement. The surrogate or the designated parents are obligated to notify a duly authorized social worker of the child's birth. The surrogate should deliver the child to the custody of the designated parents as soon as possible after the birth. A court of law will then issue a parenthood order, following which the designated parents become the child's exclusive parents and guardians and the newborn is regarded as their child for all intents and purposes. Any endeavor on the part of the surrogate to withdraw from the agreement and retain the child will not be sanctioned by the court unless it is satisfied that a change in circumstances has justified the surrogate's retraction from the agreement and that the welfare of the child will not be compromised as a result. No such retraction can be sanctioned after issuance of a parenthood order decreeing the designated parents as the exclusive parents and guardians of the child.

E. Prohibition of Genetics-Based Discrimination

There are no statutory concrete standards in Israeli law that explicitly address problems of discrimination of a person by dint of his or her genetic make-up. Nonetheless, some such problems can be dealt with, at least partially, through recourse to general principles of constitutional and administrative law as well as by invoking relevant general prescriptions of labor, insurance, privacy and patients' rights laws. Moreover, in December 1998 a proposed Bill of a Protection of Genetic Information Act was put on the Knesset's (Israeli Parliament) legislative agenda.[13]

In the preamble of the proposed Bill it is stated that while recent achievements in genetic scientific research hold much promise for the betterment of the human condition, the accumulation of genetic information is also prone to trigger stigmatization and discrimination of people based on their genetic profile, particularly as regards employment and health and life insurance. The drafters of the proposed Bill proclaim that its underlying objective is to strike an appropriate balance between the profound societal interest in the advance of scientific research and the legitimate concern of individuals for the protection of the privacy and confidentiality of their genetic makeup. To that end it is proposed to apply to genetic information the norms that generally govern the confidentiality of medical information and the privacy of the physician – patient special relationship.

The proposed Protection of Genetic Information Bill holds some forty-four clauses. It addresses such problem-areas as licensing of genetic testing and counseling; DNA sampling; disclosure of genetic information; minors and incompetents; use of genetic information by law enforcement authorities; and

[13] Official Gazette, Proposed Statutes, no. 2786 p. 290, 30 December 1998.

penal sanctions. Two proposed clauses relate specifically to the prohibition of discrimination. Clause 27 enjoins employers from conditioning the recruitment or promotion of employees on genetic testing. Such testing may, however, be authorized at certain work places where it is deemed necessary for the protection of the health of employees. Under Clause 28, insurers are prohibited from eliciting genetic information from those who seek insurance. It is further forbidden for insurers to refuse, deny or restrict insurance coverage as well as to raise premium rates or otherwise affect insurance terms and conditions based on genetic information. Insurers are also enjoined from utilizing genetic information as an incentive for the marketing of any kind of insurance coverage.

Chapter V of the proposed Protection of Genetic Information Bill deals with minors and incompetents. Clause 23(a) forbids the procurement, and testing, of a DNA sampling from a minor less than sixteen years of age unless the person responsible for the minor consents in writing and one of the following conditions is met: (1) the minor has symptoms indicating an illness or incapacity the diagnosis of which requires genetic testing; (2) testing is needed in order to investigate the existence of a gene responsible for the carrying of an illness or incapacity that, according to reasonable medical evaluation, is amenable to medical treatment conducive to prevention, postponement of eruption or improvement of the minor's condition. Clause 23(b) decrees that the written consent of a minor who has reached the age of sixteen is also required (in addition to the consent of the person responsible for him or her) for the procurement and testing of a DNA sampling. Clause 24(a) provides that genetic testing of a minor not for his or her own sake is also permissible, following the obtaining of the required consent, if the testing is needed for the sake of investigating the existence in the minor's next of kin of a gene responsible for the carrying of an illness or incapacity that, in accordance with reasonable medical evaluation, is amenable to medical treatment conducive to prevention, postponement of eruption or improvement of the condition of the said next of kin. Genetic testing of a minor is permissible as well for the purpose of establishing genetic compatibility between the minor and his or her next of kin (for example, in order to identify a matching bone-marrow donor). Genetic testing of a minor under this sub-clause must not cause any harm to his or her physical or mental health. Clause 24(b) stipulates that genetic testing as aforesaid of a minor for the sake of a person who is not a next of kin is subject to judicial sanctioning. Under clause 25, the procurement of a DNA sampling from a minor who has reached the age of sixteen for the purpose of conducting investigatory research is conditioned on, inter alia, the minor giving instructions as to the safeguarding of his or her identifying data. Also, when reaching the age of eighteen, the person involved may revoke, qualify or alter the consent priorly given regarding his or her participation in genetic research.

F. Ban on Certain Genetic Interventions

In 1999, the Knesset (Israeli Parliament) enacted the Prohibition of Genetic Intervention (Human Cloning and Genetic Modification of Reproductive Cells) Act.[14] The proclaimed purpose of this Act is to prescribe a five-year period during which certain genetic interventions in humans may not be conducted so as to facilitate an assessment of the moral, legal, social and scientific connotations of such interventions and their impact on human dignity. The banned interventions are cloning of a human being (defined as "the creation of a whole human being who is absolutely identical, genetically-chromosomically, to another – a human being or an embryo, whether alive or dead") and the creation of a human being through the use of reproductive cells (human sperm or egg) that were subjected to germ line gene modification. The Act provides for the establishment of a multi-disciplinary advisory board that is mandated to follow medical, scientific and biotechnological developments in the field of human genetic research, to submit to the Minister of Health an annual report on such developments, to advise the Minister on these matters, and to offer recommendations in regard to the said prohibitions. The Act further stipulates that the Minister may authorize, by promulgating regulations, the conduct of specific genetic interventions involving the use of reproductive cells that were subjected to germ line gene modification, if the Minister considers that such genetic interventions are not violative of human dignity, upon the recommendation of the advisory board and subject to prescribed conditions. In such regulations the Minister will set forth the conditions and procedures for granting an authorization, means of monitoring the actual conduct of the authorized intervention, and reporting requirements. The granting of an authorization must precede the actual performance of the specific genetic intervention in question. Violators of the five-years ban prescribed by this Act are liable to up to two years imprisonment. Patently, the ban applies only to the two kinds of genetic intervention addressed (human cloning and genetic modification of reproductive cells) but not to other possible modes of genetic intervention.

G. A Concluding Observation

Is the Convention on Human Rights and Biomedicine of the Council of Europe a suitable model for a world-wide regulation from an Israeli normative perspective?

In terms of its underlying format and style, often building on broad principles and fluid concepts, the Convention seems compatible with and adaptable to

[14] Official Gazette, Statutes, no. 1697 p. 47, 7 January 1999.

the Common Law features of the legal culture prevailing in Israel. A host of problem-areas in the Israeli legal system are hardly regulated by minute hard-and-fast statutory prescriptions. Hence much leeway is left to the focused exercise of discretion in concrete situations by authoritative decision-makers (such as judges, administrators and members of ethics committees) within the normative framework of general, sometimes equivocal and open-ended, standards.

More specifically, with regard to the human embryo and the human genome (including embryo protection in research and the generation of human cells – perhaps even therapeutic, non-reproductive cloning), it appears that the overall normative environment in Israel is somewhat less dogmatic and proscriptive, more pragmatic and permissive than the general regulatory posture featured by the Convention.

Conversely, as regards patients' autonomy concerning end-of-life decision-making and biomedical research on minors and adults without capacity to consent, it seems that the prevailing normative position in Israel is to some extent more restrictive, more paternalistically protective of incompetent subjects of biomedical research, minors in particular, when compared with the overall attitude displayed by the Convention. Thus, the assessment of the anticipated risks to the welfare of individual subjects, as an independent factor unrelated to informed consent, is likely to weigh more heavily with Israeli decisionmakers such as research ethics committees. Also, the Israeli judiciary appears to be far more involved in decisionmaking concerning end-of-life medical treatment and biomedical experimentation on minors and other incompetents than is the case, so it seems, in certain European countries.

With these qualifying remarks in mind, my ultimate reply to the question of the possible suitability of the Convention as a world-wide regulatory model from an Israeli viewpoint is a cautious "yes".

J – Landesbericht Japan

Prof. Dr. Michitaro Urakawa

Waseda-Universität/Tokio

A. Diskussion über das Thema »Menschenrechtsübereinkommen zur Biomedizin des Europarates« in Japan

Um das Jahr 1996, als das Menschenrechtsübereinkommen durch den Europarat angenommen wurde, beschäftigte man sich zwar auch in Japan bereits eingehender mit biomedizinischer Forschung, aber den menschenrechtlichen Aspekten wurde in jener Zeit noch keine besondere Aufmerksamkeit gewidmet. Obwohl Japan als Nichtmitgliedstaat an der Ausarbeitung des Übereinkommens beteiligt war, gab es bislang weder auf politischer noch auf wissenschaftlicher Ebene eine offizielle Diskussion hinsichtlich dieser Problematik. Deshalb haben wir es nicht unterzeichnet und auch nicht ratifiziert. Unter den momentan gegebenen Umständen scheint eine Ratifizierung vorläufig wohl kaum möglich zu sein.

Trotz aller bisherigen unzureichenden Diskussionen bezüglich dieser Thematik ändert sich heutzutage langsam die Situation, nicht zuletzt aufgrund der Auseinandersetzungen um das Klonen von Menschen und um die humanen embryonalen Stammzellen. Mit diesen Auseinandersetzungen nimmt auch das Interesse für das Menschenrechtsübereinkommen zur Biomedizin des Europarates zu.

In meinem Bericht möchte ich auf unser Verhalten gegenüber diesen Problemen eingehen und auf die Regelungen, die sich bisher daraus ergeben haben.

B. Biomedizinische Forschung an Einwilligungsunfähigen

I. Arzneimittelprüfung an Einwilligungsunfähigen

Für die Arzneimittelprüfung hat das Ministerium für Gesundheit und Wohlfahrt im Oktober 1989 die GCP(good clinical practice)-Richtlinie erlassen. In dieser Richtlinie wurden die ethischen Anforderungen bei Arzneimittelversuchen am Menschen bestimmt. Sie wurde nach der ICH (International Conference on Harmonisation of Technical Requirements for Registration of

Pharmaceuticals for Human Use)-GCP-Guideline (ICH-GCP) im April 1997 abgeändert. Diese neue Richtlinie bezieht ihre rechtliche Grundlage aus dem Arzneimittelgesetz (Yakuji-Ho) und ist eine Verordnung des Ministeriums. Die ICH-GCP besagt im ersten Paragraphen der Einleitung, dass Recht, Sicherheit und Wohlfahrt des Probanden nach der Deklaration von Helsinki zu schützen sind. Das heißt, dass diese neue GCP in Japan im Wesentlichen auch der revidierten Deklaration von Helsinki unterliegt. Sie konkretisiert offensichtlich die Anforderungen an die Arzneimittelprüfung.

Die GCP verlangt die Einrichtung einer Überprüfungskommission dort, wo die Arzneimittelprüfung durchgeführt wird. Darauf wurde an medizinischen Hochschulen und Fakultäten neben der Ethik-Kommission auch eine Überprüfungskommission gegründet.

GCP bedeutet bei der Arzneimittelprüfung grundsätzlich die Aufklärung des Probanden und seine Einwilligung (GCP 50 Abs. l) einzuholen. Beim Einwilligungsunfähigen bedarf es einer Aufklärung und Einwilligung des Vertreters (GCP 50Abs. 2). Der Vertreter muss der Lebenspartner, die Eltern, der Vormund bzw. eine entsprechende Person sein, die aufgrund ihrer persönlichen und geistigen Beziehung zum Probanden eine Entscheidung zu dessen Gunsten treffen kann. Nichttherapeutische Versuche gegenüber Einwilligungsunfähigen sind grundsätzlich ausgeschlossen. Sofern jedoch das Ziel des Versuchs mit den einwilligungsfähigen Probanden nicht erreicht wird, und im Falle eines geringfügigen Risikos, soll es genügen, wenn der Antrag des klinischen Versuchs mit der Einwilligung des Vertreters der Überprüfungskommission vorgelegt wird und die Kommission ihn genehmigt (GCP 50Abs.4).

Somit dürfen nach den GCP-Kriterien klinische Versuche, die einwilligungsunfähige Probanden, wie z.B. Minderjährige oder Demenzkranke benötigen, nur zugelassen werden, soweit von der Überprüfungskommission das Risiko als gering anerkannt wird und dabei auch die Einwilligung des Vertreters vorliegt.

Nach der Stellungnahme der Zentralkommission für Arzneimittel zur GCP, soll die Einwilligung des Probanden vorliegen, falls eine etwaige Fähigkeit für das Verständnis der Versuche vorhanden sein sollte. Der zuständige Arzt muss je nach seinem Verständnis den einwilligungsunfähigen Probanden aufklären und eine Einwilligung erhalten.

II. Klinische Versuche an einwilligungsunfähigen Menschen

Bis zur Jahreswende 1990, also etwa vor 10 Jahren, machten viele Ärzte keinen genauen Unterschied zwischen konventionellen und neuen diagnostischen und therapeutischen Maßnahmen. Neue diagnostische und therapeutische Maßnahmen wurden angewandt, ohne deren Risiko deutlich zu machen und ohne jegliche Einwilligung einzuholen.

So manche Patienten, die hinterher von den Vorgängen erfuhren, machten die betreffenden Ärzte zivilrechtlich verantwortlich. In den letzten Jahren ist es bei der Anwendung neuer therapeutischer Maßnahmen üblich, dass der Arzt diese dem Patienten erklärt und seine Einwilligung einholt. Die interne Ethikkommission der Klinik überprüft daraufhin die Zusammenhänge und dabei kommt nicht selten die Deklaration von Helsinki zur Anwendung.

Die Anwendung neuer diagnostischer und therapeutischer Maßnahmen an Einwilligungsunfähigen, wie Minderjährigen oder Demenzkranken, erfolgt nach vorheriger ärztlicher Aufklärung und Einholung der Einwilligung von deren gesetzlichen Vertretern. Falls die Probanden minderjährige Kinder sein sollten und sofern diese in der Lage sind, die Bedeutung des Versuchs zu verstehen, holen die Ärzte zusätzlich auch deren Einwilligung ein. Nach Erhalt der Einwilligung des Vertreters (und des verständnisfähigen Minderjährigen), legen die Ärzte der Ethikkommission den Versuchs- und Therapieplan zur Überprüfung vor. Da bei uns keine besonderen Richtlinien für die medizinische Forschung vorhanden sind, wird dabei die Deklaration von Helsinki berücksichtigt. Somit ist bei neuen therapeutischen Versuchen und Maßnahmen grundsätzlich die »nichttherapeutische Forschung« untersagt.

Jedoch sind nach einem Bericht, der sich mit der Situation der Ethikkommission an den medizinischen Fakultäten der Universitäten auseinandersetzt, die Kommissionen sehr verschieden in ihrer Zusammensetzung, ihren Aufgaben und ihrer Verantwortung. Aufgrund dieser Verschiedenheit ist man zur Skepsis geneigt, ob sie tatsächlich den Überprüfungsaufgaben nachkommen können.

C. Absicherung der Patientenautonomie am Ende des Lebens

Da dieses Thema bereits im japanischen Landesbericht zum Deutschen Juristentag detailliert dargestellt wurde, möchte ich mich hier nur auf eine Zusammenfassung beschränken.

Nach § 202 des japanischen StGB ist Tod auf Verlangen sowie Beihilfe zur Selbsttötung strafbar. Daher könnten Unterlassen lebensverlängernder ärztlicher Maßnahmen und Abbrechen der Behandlung (passive Sterbehilfe) nach § 202 strafbar sein, wenn auch der schwerkranke Patient den Arzt bittet, die Schmerzen durch die Verkürzung seines Lebens zu beseitigen.

Aber durch die rapide technische Entwicklung in der Intensivmedizin wurde gewissermaßen die Problematik der Verlängerung des Leidens des Sterbens relativiert. Hinsichtlich dieser Situation ergibt sich die Frage der Sterbebegleitung, vor allem der Abgrenzung der Intensivbehandlung am Ende des Lebens. Die heute vorherrschende Meinung tendiert dahin, dass man, aufgrund des Selbstbestimmungsrechtes des Patienten, eine Therapie nicht fortsetzen sollte, wenn keine Aussicht auf Besserung besteht.

Darüber berichtete die Sonderkommission »Tod und Medizin« des »Science Council of Japan« im Jahre 1994;

(a) Bedeutung des Behandlungsabbruchs in der terminalen Lebensphase

Die Entscheidung des Arztes soll grundsätzlich und auch in der Sterbephase auf dem Willen des Patienten basieren. Wenn ein einsichts- und einwilligungsfähiger Patient eine lebensverlängernde Behandlung im Endstadium verweigert, sollte dies der Arzt respektieren, auch wenn dadurch das Leben verkürzt wird. Würde er gegen den Willen des Patienten eine weitere Behandlung vornehmen, wäre dies eine Übermaßbehandlung. In Ausführung des Patientenwillens ist der Verzicht auf medizinische Maßnahmen kein Verstoß gegen das ärztliche Berufsethos. Das Einstellen und Abbrechen lebensverlängernder Maßnahmen in der terminalen Phase des Lebens ist weder Selbst- noch Fremdtötung, sondern ermöglicht dem Todkranken ein natürliches Sterben. Der betreffende Arzt trägt daher keine rechtliche Verantwortung. Beim Behandlungsabbruch sollten aber schmerzlindernde Maßnahmen, unter Beachtung des Patientenwillens, nicht eingestellt werden.

(b) Abbruch einer lebensverlängernden Behandlung bei einwilligungsunfähigen Patienten

Handelt es sich um Sterbehilfe oder »death with dignity« bei einem bewusstlosen oder zustimmungsunfähigen Patienten, muss zuerst seine Erkrankung als irreversibel unheilbar diagnostiziert sein. Falls eine frühere Erklärung (living will) vorliegen sollte, ist sie zu berücksichtigen und daraufhin die entsprechende ärztliche Maßnahme einzustellen. Sollte keine schriftliche Zustimmung vorhanden sein, soll der mutmaßliche Patientenwille über einen nahen Familienangehörigen ermittelt werden.

(c) Voraussetzungen für das Abbrechen einer lebenserhaltenden Behandlung
Diesbezüglich sind drei Voraussetzungen zu beachten:

1) Der Zustand des Patienten muss therapeutisch aussichtslos sein. Nach genau bestimmten Bedingungen sollen mehrmalige Untersuchungen von anderen Fachärzten als dem behandelnden Arzt zu übereinstimmenden Diagnosen gelangen. Der Ablauf dieser Untersuchungen soll präzis dokumentiert werden.

2) »Death with dignity« erfordert die Vorlage der Willenserklärung des Patienten, die er im willensfähigen Zustand abgefasst haben muss. Falls der Wille des Patienten nicht feststellbar ist, soll sein mutmaßlicher Wille mit Hilfe eines nahen Verwandten oder eines Betreuers ermittelt werden. Nach dem vermuteten Willen der Zustimmung kann

der Arzt auch eine medizinische Maßnahme abbrechen. Ist der mutmaßliche Wille des Patienten nicht zu erkennen, darf die lebenserhaltende Behandlung nicht eingestellt werden. Gibt ein nahestehender Familienangehöriger anstelle des Patienten seine Zustimmung zum Einstellen der lebensverlängernden Behandlung, darf dies nicht akzeptiert werden.

3) Das Einstellen medizinischer Maßnahmen, wie z.B. das Abschalten eines künstlichen Respirators usw., kann nur auf ärztliche Entscheidung hin erfolgen und nur vom behandelnden Arzt ausgeführt werden. Vor dem Einstellen der Behandlung ist es jedoch wünschenswert, dass der Arzt den Familienangehörigen des Patienten eine ausführliche Aufklärung zukommen lässt und ihre Zustimmung einholt.

Über Voraussetzungen der Abbrechung der lebensverlängernden ärztlichen Maßnahmen gibt es zwar noch keine Entscheidung des Obersten Gerichtshofs, aber im Urteil des Euthanasie-Falls der Tokai-Universitätsklinik hat das Distriktsgericht Yokohama am 28.3.1995 folgende Rechtfertigungsgründe für den Behandlungsabbruch in Todesnähe vorgelegt, die den oben genannten Voraussetzungen der Sonderkommission »Tod und Medizin« des »Science Council of Japan« ähnlich sind:

(a) Der Patient mit einer irreversiblen, therapeutisch aussichtslosen Krankheit muss kurz vor dem Übergang zur Sterbephase stehen. Die Feststellung der unmittelbar bevorstehenden unvermeidlichen Todesphase muss von mehreren Ärzten getroffen werden. Zwischen einzustellender Behandlung und Unvermeidbarkeit des Todeseintritts muss eine Korrelation bestehen. Der ärztliche Behandlungsabbruch, der direkt zum Tod führt, kann nur dann gestattet werden, wenn der Patient sich in der Sterbephase befindet.

(b) Da das Selbstbestimmungsrecht des Patienten für die Einstellung einer Behandlung maßgeblich sein muss, soll zum Zeitpunkt des Abbruchs grundsätzlich die Willenserklärung des Patienten vorliegen, die das Abbrechen oder Einstellen der lebensverlängernden Behandlung ausdrücklich verlangt. Die Ärzte müssen daher dem Patienten die Diagnose eröffnen, ihn ausreichend aufklären und seine Einwilligung einholen, um dem Selbstbestimmungsrecht des Patienten gerecht zu werden. Bei einem einwilligungsunfähigen Patienten kann die Behandlung nach seinem mutmaßlichen Willen abgebrochen werden. Ist ein früheres Patiententestament (living will) vorhanden, kann dieses als Anhaltspunkt dienen. Falls seit Erstellung zuviel Zeit verstrichen ist oder der Patientenwille nicht mehr eindeutig feststellbar ist, ist der mutmaßliche Wille des Patienten aus dem direkten Familienkreis zu ermitteln. Liegt auch keine frühere Willenserklärung des Patienten vor, kann der Arzt nach Beachtung der allgemeinen gesellschaftlichen Meinung, eine sinnlose Behandlung nicht fortzusetzen und unter Berücksichtigung des Umstandes, dass nur wenige Leute vorbereitet sind, ein Patiententestament abzufassen, über einen nahestehenden Familienangehörigen auf die mutmaßliche Zustimmung des Patienten schließen und die Behandlung einstellen. Im Zweifelsfall ist jedoch der Lebenserhaltung Vorrang zu geben. Um eine richtige Entscheidung zu fällen, sollen die Ärzte möglichst viele Informationen über den Patienten und seine Lebenssituation einholen und es muss nachdrücklich betont werden, dass stets mehrere Ärzte und ärztliches Pflegepersonal kooperativ zusammenarbeiten sollen.

(c) Der Behandlungsabbruch bezieht sich auf alle Behandlungsarten, wie z.B. Verabreichung von Medikamenten, Chemotherapie, Hämodialyse, künstliche Beatmung, Bluttransfusion, Nahrungs- und Wasserzufuhr und alle anderen lebenserhaltenden Maßnahmen. Die Entscheidung, welche Behandlung und wann diese abgebrochen werden kann, soll stets unter Berücksichtigung der Todesnähe des Patienten und der Beschleunigung seines Lebensendes gefällt werden.

D. Menschliche Genomforschung und ihre Nutzanwendungen

I. Richtlinien für die menschliche Genomforschung und ihre Nutzanwendungen

In Japan ist die Kontrolle der Forschung des menschlichen Genoms und seine Nutzanwendung noch nicht gesetzlich geregelt. Die Regelung in diesem Bereich erfolgt durch Richtlinien und interne Empfehlungen in den betreffenden Forschungsgemeinschaften für die ihnen angehörigen Mitglieder ohne jeglichen Zwangscharakter.

1. Gentherapie

1) Richtlinie zum therapeutischen Versuch der Gentherapie, Bekanntmachung Nr. 23 vom Gesundheits- und Wohlfahrtsministerium vom 8.2.1994

2) Richtlinie zum therapeutischen Versuch der Gentherapie in der Universitätsklinik, Bekanntmachung Nr. 79 vom Kultusministerium vom 9.6.1994

Zur Regelung der Gentherapie in den Krankenhäusern wurden die oben genannten zwei Richtlinien erlassen. Wenn Ärzte einen gentherapeutischen Versuch durchführen wollen, muss ein für das Versuchsprojekt verantwortlicher Arzt einen Antrag für den Versuch beim Direktor der Krankenanstalt stellen und seine Genehmigung einholen. Bei der Genehmigung muss der Direktor der Krankenanstalt die Meinungen der in der Anstalt errichteten Prüfungskommission und des Kultusministers bzw. des Gesundheits- und Wohlfahrtsministers berücksichtigen. Jede Krankenanstalt, die eine Gentherapie durchführen will, muss eine unabhängige Prüfungskommission einsetzen. In einigen Krankenhäusern oder Kliniken übernimmt die Ethikkommission diese Funktion. Nach diesen beiden Richtlinien kommen folgende Krankheiten und deren Voraussetzungen für die Gentherapie in Frage:

a) wenn der Patient an einer lebensbedrohenden Krankheit (Krebs, AIDS etc.) leidet

b) wenn die Gentherapie für wirksamer eingeschätzt wird und deshalb allen anderen Therapien vorzuziehen ist

c) wenn der für den Patienten zu erwartende Nutzen wesentlich höher eingeschätzt wird als das Risiko

Die Gentherapie ist untersagt, wenn sie sich auf die Keimbahnzellen bezieht, da die Befürchtung besteht, dass dies einen Einfluss auf zukünftige Generationen haben könnte.

In diesen Richtlinien werden auch nachstehende Punkte zur Aufklärung und Einwilligung geregelt:

a) Ziel und Methode der Behandlung

b) Besserungsaussichten und Behandlungsrisiko

c) Alternative Therapie und deren Besserungsaussichten sowie Behandlungsrisiko

d) keine Benachteiligung in der Behandlung des Patienten, der eine Gentherapie ablehnt

e) Widerrufsrecht des Patienten zu jeder Zeit

f) sonstige zum Schutz des Patientenrechts erforderliche Angelegenheiten

Die Einwilligung muss schriftlich erteilt oder dokumentiert werden. Falls der Patient einwilligungsunfähig sein sollte, kann sein gesetzlicher Vertreter an seiner Stelle zustimmen.

2. Pränataldiagnostik Diesbezüglich sind folgende zwei Richtlinien maßgebend:

1) Richtlinie für die genetische Beratung und Pränataldiagnostik von Japanese Society of Human Genetics (Dezember 1994)

2) Stellungnahme für die Pränataldiagnostik des Geburtsfehlers, insbesondere die Villi-Untersuchung im frühen Stadium der Schwangerschaft von Japan Society of Obstrics and Gynecology (Januar 1988)

Die erste richtet sich an das Personal, das sich mit der Beratung im Zusammenhang mit genetischen Problemen beschäftigt, die letztere an die Gynäkologen, die der Japan Society of Obstrics and Gynecology angehören. Da beide einen ähnlichen Inhalt aufweisen, möchte ich hier nur auf die zweite Stellungnahme eingehen. Diese beinhaltet:

1) Die Notwendigkeit der vorherigen Beratung der Eltern über:
   a) das mögliche Auftreten und die Gefahren von Erbkrankheiten am Embryo
   b) die Methode der Pränataldiagnostik, deren Möglichkeiten und Grenzen
   c) Nebenwirkungen der Untersuchung
2) Nur hierfür qualifizierte Ärzte dürfen diese Untersuchung durchführen.
3) Nur bei geschlechtsgebundenen Erbkrankheiten darf der Arzt über das Geschlecht des Embryos eine Aussage treffen.
4) Da das Verhalten jedes Individuums gegenüber Erbkrankheiten unterschiedlich ist, sollen die behandelnden Ärzte bei Untersuchung und nachheriger Behandlung die letzte Entscheidung den betreffenden Eltern überlassen.

Aufgrund dieser Stellungnahme kann bei Erbkrankheiten, die mit Hilfe von DNA-Abschnitten determinierbar sind, auf Wunsch der betreffenden Eltern die DNA-Diagnose bei der Villi-Untersuchung vorgenommen werden. Falls Erbkrankheiten am Embryo festgestellt werden, ist der Schwangerschaftsabbruch allein aus diesem Grund gesetzlich verboten. Die Mutter kann jedoch eine Schwangerschaft aus wirtschaftlichen oder gesundheitlichen Gründen bis zur 21. Woche abbrechen (Mutterschutzgesetz 14).

3. Präimplantationsdiagnostik Die »Japan Society of Obstrics and Gynecology« hat im Oktober 1998 nachfolgende Stellungnahme zur Präimplantationsdiagnostik an seine Mitglieder, d. h. Gynäkologen gerichtet:

(a) Präimplantationsdiagnostik für befruchtetes Ovum für In-Vitro-Fertilisation oder Embryo-Transfer (IVF-ET) darf ausschließlich zum Feststellen von schweren Erbkrankheiten angewandt werden. Außer für schwere genetische Krankheiten darf Präimplantationsdiagnostik keinesfalls angewandt werden.

(b) Bei der Anwendung der Präimplantationsdiagnostik muss sich der Arzt bei der »Japan Society of Obstrics and Gynecology« melden, die zu diagnostizierende Krankheit angeben und die Genehmigung bekommen. Die Gesellschaft bewertet im Einzelnen, ob die Krankheit die Voraussetzungen der schweren genetischen Krankheit erfüllt oder nicht. Der Arzte muss jedes Jahr bei der Gesellschaft über die Durchführung und das Ergebnis der Diagnostik berichten.

(c) Vor der Meldung bei der »Japan Society of Obstrics and Gynecology muss der Arzt für die Durchführung der Präimplantationdiagnostik eine Zustimmung der im Krankenhaus errichteten Ethikkommission bekommen.

(d) Zur Durchführung der Präimplantationdiagnostik ist es unerlässlich, dass die gemeinsamen Wünsche und die Entscheidung des betreffenden Ehepaares vorliegen. Der Arzt muss im voraus Sinn und zu erwartende Ergebnisse dieser Diagnostik, sowie den Unterschied zwischen herkömmlicher und neuer Methode erklären und die Einwilligung der Patienten erhalten.

4. Genetische Diagnose Die Ethikkommission der wissenschaftlichen Arbeitsgemeinschaft für familiäre Tumore hat im Juni 2000 eine revidierte Richtlinie für die wissenschaftliche Forschung und Behandlung des familiären Tumors bei der Anwendung der genetischen Diagnose erlassen, die prinzipiell auf der Deklaration von Helsinki basiert. Darin werden die Ärzte bei der Durchführung aufgefordert, die Aufklärung der Patienten ausgeführt und deren Einwilligung vorliegen zu haben. Zusätzlich sollen noch eine vorherige Überprüfung durch die entsprechende Ethikkommission und eine genetische Beratung für den Patienten und seine Familienangehörigen stattgefunden haben.

5. Genomanalyse Im Rahmen des neuen Förderungsplanes der Industrie, (»Millennium Projekt«) hat das Gesundheits- und Wohlfahrtsministerium am 30. Mai dieses Jahres eine Richtlinie erlassen, die sich auf die Bioethik bezieht und sich »die Richtlinie zur Genomanalyse im Hinblick auf die Bioethik« nennt. Sie hat für alle Beteiligten des Projektes verbindlichen Charakter und weist im Wesentlichen folgende Bestimmungen auf.

1) Datenschutz

   a) Die persönlichen Daten der Spender, die Proben zur Verfügung gestellt haben, dürfen nicht außerhalb des Institutes bzw. in anderen Instituten benutzt werden.

   b) Bei der Anwendung der Proben, die für die Genomanalyse zur Verfügung gestellt werden, müssen persönliche Daten anonymisiert werden.

   c) In dem Institut, das sich mit der Genomanalyse beschäftigt, muss eine für den Datenschutz zuständige Person angestellt werden.

2) Bioethik

a) Die Proben dürfen erst nach der Aufklärung und Einwilligung der Spender für die Genomanalyse zur Verfügung gestellt werden.

b) Wer an dem Projekt beteiligt ist, muss der Ethikkomrnission einen Forschungsplan zur Überprüfung vorlegen, der auch die Unterlagen für die Aufklärung inkludiert.

c) Bei der Anwendung der Proben, die schon vorher vorhanden sind, muss die Ethikkommission vor der Genehmigung der Forschung feststellen, ob die Billigung der Spender vorliegt und wie weit die Aufklärung durchgeführt wurde.

d) Bei der Eröffnung der Forschungsergebnisse dem Spender gegenüber muss stets der Spenderwille berücksichtigt werden.

3) Genetische Beratung

a) Damit die Probenspender mit der Angst gegenüber ihrer Erbkrankheit fertig werden, muss gegebenenfalls eine Beratung durchgeführt und dazu eine entsprechende Einrichtung vorbereitet werden.

4) Kontrolle der Forschung etc.

a) Bevor der Leiter des Institutes den Forschungsplan genehmigt, muss er mit der Ethikkommission Rücksprache halten.

b) Das Forschungsinstitut, das eine Genomanalyse durchführt, muss in derselben Organisation eine Ethikkommission einrichten.

Der Ethikkommission stellen sich folgende Aufgaben:

Überprüfung des Forschungsplans hinsichtlich des Datenschutzes, der Bioethik und der genetische Beratung sowie Beratungen für den Forschungsplan.

Bei der Einrichtung der Ethikkommission sind folgende Punkte zu beachten:

Mehr als die Hälfte der Mitglieder soll aus Bereichen außerhalb des Forschungsinstituts stammen. Sie sollen sich aus den Fachbereichen, Ethik bzw. Jura und solchen Experten zusammensetzen, die die allgemeine Meinung der Gesellschaft reflektieren können.

Die Schlussfolgerungen der Überprüfung des Forschungsplans sollen veröffentlicht werden, soweit dies nicht persönliche Daten und das geistige Eigentum berührt.

E. Embryonenschutz in der Forschung

Aufgrund des Abschlussberichts auf der Weltgipfelkonferenz im Juni 1997 in Denver, sind die Mitgliedstaaten verpflichtet, eine entsprechende Maßnahme zu treffen, um die Klonierung in der Verwendung des Somazellnukleus zu verbieten. Im Hinblick auf die Embryonenforschung, die besonders in den letzten Jahren stark zugenommen hat, wurde im April 2000 ein Gesetzesentwurf zur Einschränkung in Bezug auf das Klonen im Parlament eingebracht.[1]

Wegen Auflösung des Parlaments, anlässlich des Ablebens von Ministerpräsident Obuchi, wurde dieser Entwurf jedoch noch nicht weiterbehandelt. Über den Gesetzentwurf, der nur die Rückführung von bestimmten Embryonen in die Gebärmutter des Menschen bzw. von Tieren mit Strafe sanktioniert, geht es um einige kritische Meinungen. Zusammenfassend möchte ich diesen Entwurf kurz skizzieren:

1) Das Gesetz untersagt den Transfer folgender Embryonen in den Uterus einer Person oder eines Säugetieres (Artikel 3):

   - eines Embryos von einem Menschen, der durch Transfer/Verschmelzung
   - eines Zellkernes von einer Soma- oder Fötalzelle in ein Ei entstanden ist, dessen ursprünglicher Zellkern entfernt wurde
   - eines Embryos, der durch Befruchtung einer menschlichen und einer nichtmenschlichen Keimzelle entstanden ist
   - eines Embryos, der durch Transfer/Verschmelzung eines Zellkernes von einer menschlichen Zelle und einem Ei eines Säugetieres entstanden ist, dessen ursprünglicher Zellkern entfernt wurde
   - eines Embryos, der sich aus einem menschlichen und einem nichtmenschlichen Embryo oder Zelle zusammensetzt

2) Die Regierung hat Maßnahmen zu ergreifen, um die richtige Handhabung folgender und der oben unter 1) angeführten Embryonen sicher zu stellen: (Diese Embryonen werden hier als »Spezifische Embryonen« bezeichnet.)

   - eines menschlichen Embryos, der durch die Trennung von Blastomeren oder durch die Teilung von Blastozysten entstanden ist
   - eines menschlichen Embryos, der durch Transfer/Verschmelzung eines Zellkernes von einer menschlichen embryonalen Zelle in ein menschliches Ei entstanden ist, dessen ursprünglicher Zellkern entfernt wurde
   - eines Embryos, der durch Transfer/Verschmelzung eines Zellkernes von einer nichtmenschlichen Zelle und einem menschlichen Ei entstanden ist, dessen ursprünglicher Zellkern entfernt wurde
   - eines Embryos, der sich aus einem menschlichen Embryo und einem anderen menschlichen Embryo oder Zellen zusammensetzt

[1]Das Gesetz zur Einschränkung in Bezug auf das Klonen am Menschen vom 6.12.2000 wird im Juni 2001 in Kraft treten.

- eines Embryos, der sich aus einem nichtmenschlichen Embryo und menschlichen Zellen zusammensetzt

3) Die im Gesetz angeführten Hauptmaßnahmen sind:

i Erstellung der Richtlinie, die sich auf die Handhabung von »Spezifischen Embryonen« bezieht, unter Bezugnahme der Meinung des Council for Science and Technology (Artikel 4)

ii Obligation für Personen, die die Absicht haben, sich mit Spezifischen Embryonen zu beschäftigen, ihren Plan der Regierung bekannt zu geben (Artikel 6); Obligation, die Tätigkeiten an Spezifischen Embryonen nach der Bekanntgabe auf 60 Tage auszusetzen (diese Zeitspanne könnte verkürzt werden) (Artikel 8) und die Entsorgung Spezifischer Embryonen der Regierung mitzuteilen (Artikel 11)

iii Erlass einer Anordnung für Personen, deren geplante Handhabung Spezifischer Embryonen nicht der Richtlinie entspricht, ihren Plan zu ändern oder zu verwerfen (Artikel 7)

iv die Personen anzuweisen, deren Handhabung Spezifischer Embryonen nicht der Richtlinie entspricht, die Handhabung zu verbessern inklusive Nichtfortsetzung der Handhabung (Artikel 12)

v die Personen, die ihren Plan bekannt geben, anzuweisen, einen Bericht über die Handhabung einzureichen und an Ort und Stelle, wo man sich mit Spezifischen Embryonen beschäftigt, eine Untersuchung durch eine Regierungsbehörde vorzunehmen (Artikel 14, 15)

4) Gesetzesstrafen

i Die Person, die Artikel 3 dieses Gesetzes verletzt, sollte mit einer Freiheitsstrafe von nicht länger als 5 Jahren und/oder einer Geldstrafe von nicht mehr als 5 Millionen Yen bestraft werden.

ii Die Person, die ihren Plan nicht der Regierung mitteilt oder die Anordnung der Regierung in Bezug auf die Handhabung Spezifischer Embryonen missachtet, sollte mit einer Freiheitsstrafe von nicht länger als einem Jahr oder einer Geldstrafe von nicht mehr als einer Million Yen bestraft werden.

iii Bei Verletzung von Artikel 8 ist eine Freiheitsstrafe bis zu sechs Monaten oder eine Geldstrafe bis zu 500.000 Yen vorgesehen.

F. Verwendung humaner embryonaler Stammzellen, Gentransfer zur Zellentwicklung

Der Beratungsausschuss (Advisory Board) des Premierministers, der Council for Science and Technology hat im März 2000 einen Bericht eingereicht, in dem die Verwendung humaner embryonaler Stammzellen mit Vorbehalt bewilligt wird.

Ich möchte hier kurz dessen inhaltliche Hauptpunkte wiedergeben:

I. Voraussetzungen für die Gewinnung humaner embryonaler Stammzellen

i Der menschliche Embryo, der für die Gewinnung verwendet werden könnte, muss

- nach Unfruchtbarkeitsbehandlungen als Ganzes bestehen bleiben. (Die Erzeugung eines Embryos zur Gewinnung embryonaler Stammzellen ist verboten)
- innerhalb 14 Tage nach der Befruchtung hegen.
- eingefroren sein.
- eine unentgeltliche Spende sein.
- angemessenen »Informed Consent« Voraussetzungen entsprechen.

ii Die Notwendigkeit der Gewinnung eines neuen ES-Zellstranges sollte dargestellt werden.

iii Es sollte nur eine minimale Anzahl von Embryonen verwendet werden.

II. Voraussetzungen für die Verwendung humaner embryonaler Stammzellen

i Beschränkung der Verwendung von ES-Zellen auf:

- grundlegende biologische Forschung, um den Mechanismus der menschlichen Entwicklung, Differenzierung und Regeneration zu klären
- medizinische Forschung, um eine neue medizinische Behandlung oder ein neues Medikament zu entwickeln

ii Klinische Tests bleiben bis zur Erstellung klinischer Vorschriften verboten.

iii Eine ausreichende Forschungsarbeit mit ES-Zellen von Säugetieren und humanen somatischen Stammzellen sollte geleistet werden, bevor man ES-Zellen verwendet.

iv Verbot

- Forschung, die in der Geburt eines menschlichen Individuums resultiert oder dazu beiträgt (Zellkern-Transfer etc.)
- Injektion von ES-Zellen in einen menschlichen Embryo oder Fötus
- Entwicklung von Lebewesen aus Tierembryonen, die mit ES-Zellen gespritzt wurden
- Einrichtungen ohne Regierungsgenehmigung für die Gewinnung von ES-Zellen dürfen diese nicht an andere Institutionen verteilen.

III. Forschungskontrolle

- Der Forschungsplan muss nicht nur vom Leiter des Instituts unter Bezugnahme der Meinung der im Institut errichteten Prüfungskommission, sondern auch von der Regierung genehmigt werden.

G. Schluss

Die Regelungen, die sich auf die Biomedizin beziehen, sind, wie oben erwähnt, nicht durch Gesetze, sondern durch Richtlinien geregelt. D.h. sie sind nicht normzwingend kontrolliert, sondern durch wissenschaftliche Gesellschaften, u.a. reguliert. Außerdem sind diese Richtlinien nicht in umfassender Weise konzipiert, sondern gelten nur für einen bestimmten engen Bereich. Infolgedessen sind manche Regelungen unpräzise, und viele Forschungen unterliegen keiner Kontrolle.

Anlässlich dieser Situation bereitet gegenwärtig das Ministerium für Wohlfahrt und Gesundheit eine Richtlinie vor, die sich umfassend mit bioethischen Problemen der Genomanalysen befassen soll. Jedoch sind im Moment weder Inhalt noch Umfang bekannt.

H. The draft of the regulation relating to techniques of human cloning and other technique

Preliminary Translation

(Summary)

a. Object of the Law (article 1)

The object of the Law is to harmonize the development of science and technology with the society and the way of life by

- prohibiting the transportation of embryos made by the technique of human cloning, hybrid and chimera into a uterus of a person or a mammal
- taking measures to ensure the proper handling of embryos made by the technique of human cloning, hybrid and chimera and other similar technique.

This is because

- to create a human clone who is genetically identical to a certain man already born,
- to create an individual existence which is difficult or sometimes impossible to define whether it is human being or not threaten human dignity, safety of human lives and bodies and protection of social order, and
- to create artificially an individual existence similar to the individuals above could threaten human dignity, safety of human lives and bodies and protection of social order.

b. Contents of the Law

1. 1-1 The Law prohibits the transportation of the following embryos into a uterus of a person or a mammal, (article 3)
    - human embryo made by the transfer/fusion of a nucleus from a somatic or fetal cell into an enucleated egg
    - embryo made by the fertilization of human germ cell and non-human germ cell
    - embryo made by the transfer/fusion of a nucleus from a human cell and an enucleated egg from a mammal
    - embryo made by the aggregation of a human embryo and a non-human embryo or cell
2. 2-1 The Government must take measures to ensure the proper handling of the following embryos and the embryos referred to 1-1 above. (These embryos should be called »Specific Embryos«.)
    - human embryo made by the separation of blastomere or by the division of a blastocyst

- human embryo made by the transfer/fusion of a nucleus from human embryonic cell into an enucleated human egg
- embryo made by the transfer/fusion of a nucleus from a non-human cell and an enucleated human egg
- embryo made by the aggregation of a human embryo and a human embryo or cells embryo made by the aggregation of a non-human embryo and human cells

3. 2-2 The main measures listed on the Law are,
   i to make the Guideline concerning the handling of Specific Embryos after referring to the opinion of the Council on Arts, Science and Technology (article 4),
   ii to oblige people who intend to treat Specific Embryos to notify their plan to the Government (article 6), to oblige them to suspend treating Specific Embryos as long as 60 days (this term could be shortened) after their notification (article 8), and to oblige them to notify the disposal of Specific Embryos to the Government (article 11),
   iii to order people whose plan to handle Specific Embryos does not meet the Guideline to change or to abolish their plan (article 7) iv to order people whose handling of Specific Embryos does not meet the Guideline to improve the handling including discontinuation of the handling (article 12)
   iv to order the person who notify their plan to submit a report of the handling, and to make an on-the-spot investigation by the Government to the place where Specific Embryos are handled (articlel4,15)
4. 3-1 Penalty
   i The person who violates article 3 of this Law should be imprisoned no longer than 5 years and/or fined no more than 5 million yen.
   ii The person who doesn't notify his plan to the Government or violates the order from the Government concerning the handling of Specific Embryos should be imprisoned no longer than 1 year or fined no more than 1 million yen.
   iii The person who violates the article 8 of this Law should be imprisoned no longer than 6 months or fined no more than 500,000 yen.
5. Notice:
   According to the reports of the Bioethics Committee of the Council for Science and Technology, the Guideline specified in the article 4 of this Law should include,
   i prohibition of the transportation of all Specific Embryos into a uterus of a person or a mammal
   ii prohibition of the creation of Specific Embryos with a certain exemption which are indispensable in important medical or basic research.

NZ – Country Report New Zealand

Prof. Dr. P.D.G. Skegg *

University of Otago
New Zealand

This Country Report seeks to provide an indication of the extent to which current New Zealand law (and, in the absence of law, practice) is consistent with the standards or requirements embodied in the European *Convention for the Protection of Human Rights and Dignity of the Human Being with regard to the application of Biology and Medicine: Convention on Human Rights and Biomedicine* (1997, European Treaty Series – No 164). This will be done by way of commentary on Articles 1 to 22 of the Convention.

CHAPTER I – GENERAL PROVISIONS

Article 1 – *Purpose and object*

Parties to this Convention shall protect the dignity and identity of all human beings and guarantee everyone, without discrimination, respect for their integrity and other rights and fundamental freedoms with regard to the application of biology and medicine.

Each Party shall take in its internal law the necessary measures to give effect to the provisions of this Convention.

There are many aspects of New Zealand statute law which assist in protecting the interests specified in Article 1 'with regard to the application of biology and medicine'. Important among them are some of the provisions of the New Zealand Bill of Rights Act 1990, the Human Rights Act 1993, and the Health and Disability Commissioner Act 1994 (which provided for the making of the Code of Health and Disability Services Consumers' Rights). Bodily integrity also receives a measure of protection from some aspects of non-statute law, such as the common law of torts.

Article 2 - *Primacy of the human being*

The interests and welfare of the human being shall prevail over the sole interest of society or science.

New Zealand law could be said to place a high value on the 'interests and welfare' of individual human beings. However, these interests do not stand alone. New Zealand law therefore provides qualifications – which, at least for the most part, can be said to be 'necessary in a democratic society in the interest of public safety, for the prevention of crime, for the protection of public health or for the protection of the rights and freedoms of others' in terms of Article 26 of the Convention.

*Professor Skegg is grateful to his colleagues Associate Professor JB Dawson and Mrs NS Peart for their helpful comments on an earlier version of this paper.

(For the benefit of New Zealand readers who do not have immediate access to the full text of the Convention, it is convenient to point out that the first paragraph of Article 26 provides that no restrictions are to be placed on 'the exercise of the rights and protective provisions' contained in the Convention, *other than* those which are 'prescribed by law and are necessary in a democratic society' for the reasons specified (quoted above). The second paragraph provides that the restrictions contemplated in the first paragraph may not be placed on Articles 11, 13, 14, 16, 17, 19, 20 and 21.)

Article 3 – *Equitable access to health care*

Parties, taking into account health needs and available resources, shall take appropriate measures with a view to providing, within their jurisdiction, equitable access to health care of appropriate quality.

The concerns and realism ('and available resources') that lie behind Article 3 are reflected in New Zealand law and practice.

'[E]quitable access to health care'

Successive reforms of the New Zealand health care system have sought to ensure 'equitable access to health care of appropriate quality': see, for example, the statement of Government Health Policy which preceded the enactment of the Health and Disability Services Act 1993 (*Your Health and the Public Health*, Minister of Health, 1991).

In 1992 the Government appointed a 'Core Services Committee', which was given the task of identifying those health services (and disability support services) to which the public should have access. (An early version of the terms of reference is set out in *Core Health and Disability Support Services for 1993/94: First Report of the National Advisory Committee on Core Health and Disability Support Services* (1992), 5.) However, the Committee was of the view that, rather than provide a list of services which were within, or without, the 'core', it would be more helpful to focus on high volume high cost elective services and develop criteria which would identify the circumstances in which these services would be provided within the public health system.

This led on to the development of 'priority criteria' (see eg *National Advisory Committee on Core Health and Disability Support Services: Fourth Annual Report* (1995), 25-27, 45-54; *National Advisory Committee on Health and Disability: Fifth Annual Report* (1996), 15-18, 43) and to a booking system for some elective services (see eg Benedict Hefford and Andrew Holmes, 'Booking systems for elective services: the New Zealand experience' (1999) 22 *Australian Health Review* (4), 61-73; see also the commentary by Don Hindle, ibid 74-77). These developments have led to more equitable access to some health care services.

The Human Rights Act 1993 contains a lengthy list of 'prohibited grounds of discrimination' (s21), and renders unlawful the failure to provide 'services' (which would include health care services) by reason of one of these prohibited grounds (s44). These grounds include sex, marital status, ethical or religious belief or political opinion, colour or race or ethnicity, employment status, sexual orientation, or disability (but see s52). One provision deals specifically with indirect discrimination (s65). It provides that:

> Where any conduct, practice, requirement, or condition that is not apparently in contravention of any provision of this Part of this Act has the effect of treating a person or group of persons differently on one of the prohibited grounds of discrimination in a situation where such treatment would be unlawful under any provision of this Part of this Act other than this section, that conduct, practice, condition, or requirement shall be unlawful under that provision *unless the person whose conduct or practice is in issue, or who imposes the condition or requirement, establishes good reason for it.* (Emphasis added in this and all other quotations.)

(For a helpful discussion of the application of the Human Rights Act in a health care context, see Ron Paterson, 'Access to Health and Disability Services and the Human Rights Act' (1995) 1 *Human Rights Law and Practice* 5-13.)

The New Zealand Bill of Rights Act 1990 also provides a right to freedom from discrimination on specified grounds (s19). (See also Right 2 of the Code of Health and Disability Services Consumers' Rights.)

'[H]ealth care of appropriate quality'

The Health and Disability Commissioner Act 1994 specifically requires the inclusion in the Code of Health and Disability Services Consumers' Rights (hereinafter 'Code of Rights', or 'Code') of a provision or provisions relating to the duties of health care providers 'to provide services of an appropriate standard' (Health and Disability Commissioner Act 1994, s20(1)(f)). (On the Code and the consequences of its breach, see generally PDG Skegg 'The New Zealand Code of Health and Disability Services Consumers' Rights' (1997) 5 *Journal of Law and Medicine* 124-136.)

Accordingly, Right 4 of the Code of Rights provides:

> *Right to Services of an Appropriate Standard*
>
> (1) Every consumer has the right to have services provided with reasonable care and skill.
> (2) Every consumer has the right to have services provided that comply with legal, professional, ethical, and other relevant standards.
> (3) Every consumer has the right to have services provided in a manner consistent with his or her needs.
> (4) Every consumer has the right to have services provided in a manner that minimises the potential harm to, and optimises the quality of life of, that consumer.
> (5) Every consumer has the right to co-operation among providers to ensure quality and continuity of services.

(The rights are listed in clause 2 of the Code, which is itself set out in the Schedule to the Health and Disability Commissioner (Code of Health and Disability Services Consumers' Rights) Regulations 1996.)

The development of practice guidelines has been another way in which an attempt has been made to ensure 'health care of appropriate standard'. (For the web-site of the New Zealand Guidelines Group, see `http://www.nzgg.org.nz/` (accessed 30 October 2000).)

'[T]aking into account health needs and available resources'

New Zealand statute law contains express recognition of the constraints which may result from limits on available resources, in the face of almost unlimited health needs. For example, section 4 of the Health and Disability Services Act 1993 commences by stating that:

> The purpose of this Act is to reform the public funding and provision of health services and disability services in order to –
> (a) Secure for the people of New Zealand –
> (i) The best health; and
> (ii) The best care or support for those in need of those services; and
> (iii) The greatest independence for people with disabilities –
> *that is reasonably achievable within the amount of funding provided...*

(The purpose clause of the 'New Zealand Public Health and Disability Bill' – introduced into Parliament in August 2000, and intended to replace the Health and Disability Services Act 1993 – qualifies four of the stated purposes with the same words 'that is reasonably achievable within the amount of funding provided': see cl 3(a)(i),(ii),(iii), (c)).

Clause 3 of the Code of Rights states that a provider is not in breach of the Code if the provider has taken 'reasonable actions in the circumstances' to give effect to the rights, and comply with the duties, in the Code. It then goes on to provide that

> (3) For the purposes of this clause, 'the circumstances' means all the relevant circumstances, including the consumer's clinical circumstances *and the provider's resource constraints.*

Article 4 - *Professional standards*

Any intervention in the health field, including research, must be carried out in accordance with relevant professional obligations and standards.

Where there are 'relevant professional obligations and standards', New Zealand law usually has the effect of requiring that any 'intervention in the health field, including research' is carried out in accordance with them.

As indicated above, Right 4(2) of the Code of Rights provides that:

> Every consumer has the right to have services provided that comply with legal, *professional*, ethical, and other relevant standards.

Right 9 of the Code (which is headed 'Rights in respect of Teaching or Research') makes clear that:

> The rights in this Code extend to those occasions when a consumer is participating in, or it is proposed that a consumer participate in, teaching or research.

(For an interesting discussion, which questions whether the Code of Rights applies to non-therapeutic research interventions carried out by people who are not registered health professionals, see Anthony Angelo, 'Country Report New Zealand' in E Deutsch and J Taupitz (hrsg), *Forschungsfreiheit und Forschungskontrolle in der Medizin / Freedom and Control in Biomedical Research* (2000), 115, 123. In practice, members of Ethics Committees and others have proceeded on the assumption that the Code of Rights applies to all health research interventions.)

The Medical Practitioners Act 1995 constituted the latest medical disciplinary body, the Medical Practitioners Disciplinary Tribunal (s96), and specified the grounds on which a medical practitioner may be disciplined (s109). They include cases where the tribunal is satisfied that the practitioner:

> (a) Has been guilty of disgraceful conduct in a professional respect; or
> (b) Has been guilty of professional misconduct; or
> (c) Has been guilty of conduct unbecoming a medical practitioner, and that conduct reflects adversely on the practitioner's fitness to practise medicine;...

There are related provisions concerning other health care professions (see eg Dental Act 1988, s54; Nurses Act 1977, s10). These and similar provisions could be used to discipline members of health care professions who did not comply with 'relevant professional obligations and standards'.

CHAPTER II – CONSENT

Article 5 - *General rule*

An intervention in the health field may only be carried out after the person concerned has given free and informed consent to it.

This person shall beforehand be given appropriate information as to the purpose and nature of the intervention as well as on its consequences and risks.

The person concerned may freely withdraw consent at any time.

Article 5 could be said to reflect the 'General rule' in New Zealand law. Several areas of New Zealand law have a bearing on the need to obtain consent, and on the duty to provide information about a proposed procedure. For the present purpose, it is convenient to focus on some provisions of the Code of Rights. They illustrate the congruence of New Zealand law and Article 5.

Right 7(1) of the Code states that:

> Services may be provided to a consumer only if that consumer makes an informed choice and gives informed consent, except where any enactment, or the common law, or any other provision of this Code provides otherwise.

Right 7(7) specifically provides that:

> Every consumer has the right to refuse services and to withdraw consent to services.

There is no express reference in Right 7, or other parts of the Code, to 'free' consent, or to consent being 'freely' given. In respect of 'health care procedures' (which include health research carried out by a health care provider) a reference to 'free' consent has not been necessary, as s2 of the Health and Disability Commissioner Act 1994 provides in part that:

> In this Act, unless the context otherwise requires,–
>
> . . .
>
> 'Informed consent', in relation to a health consumer on or in respect of whom there is carried out any health care procedure, means consent to that procedure where that consent –
>
> (a) Is *freely given*, by the health consumer or, where applicable, by any person who is entitled to consent on that health consumer's behalf; and
>
> (b) Is obtained in accordance with such requirements as are prescribed by the Code:

Initially by virtue of the Acts Interpretation Act 1924 (s7), and now by virtue of the Interpretation Act 1999 (s34), this definition of 'informed consent' (with its express reference to 'freely given') applies to the Code as it does to the Act itself.

Right 6 of the Code provides a right to information about a proposed procedure and (importantly) alternatives. It is as follows:

> RIGHT 6
>
> *Right to be Fully Informed*
>
> (1) Every consumer has the right to the information that *a reasonable consumer, in that consumer's circumstances*, would *expect* to receive, including –
>
> (a) An explanation of his or her condition; and
>
> (b) An explanation of the options available, including an assessment of the expected risks, side effects, benefits, and costs of each option; and
>
> (c) Advice of the estimated time within which the services will be provided; and
>
> (d) Notification of any proposed participation in teaching or research, including whether the research requires and has received ethical approval; and
>
> (e) Any other information required by legal, professional, ethical, and other relevant standards; and
>
> (f) The results of tests; and
>
> (g) The results of procedures.

(2) Before making a choice or giving consent, every consumer has the right to the information that *a reasonable consumer, in that consumer's circumstances, needs* to make an informed choice or give informed consent.
(3) Every consumer has the right to honest and accurate answers to questions relating to services, *including* questions about –
 (a) The identity and qualifications of the provider; and
 (b) The recommendation of the provider; and
 (c) How to obtain an opinion from another provider; and
 (d) The results of research.
(4) Every consumer has the right to receive, on request, a written summary of information provided.

The criterion of what a 'reasonable consumer, in that consumer's circumstances' would 'expect to receive' (Right 6(1)) or 'needs' (Right 6(2)) provides a good deal of flexibility, but in addition to this Clause 3 of the Code provides:

(1) A provider is not in breach of this Code if the provider has taken *reasonable actions in the circumstances* to give effect to the rights, and comply with the duties, in this Code.
(2) The onus is on the provider to prove that it took reasonable actions.
(3) For the purposes of this clause, "the circumstances" means all the relevant circumstances, *including the consumer's clinical circumstances and the provider's resource constraints.*

Right 5 of the Code also has a bearing on the communication of information. It provides:

RIGHT 5

Right to Effective Communication

(1) Every consumer has the right to effective communication in a form, language, and manner that enables the consumer to understand the information provided. Where necessary and reasonably practicable, this includes the right to a competent interpreter.
(2) Every consumer has the right to an environment that enables both consumer and provider to communicate openly, honestly, and effectively.

The reference in Article 5, paragraph 2, to 'appropriate information' raises the issue of what information is inappropriate. Very occasionally, a health professional may be justified in withholding information on the ground that it would have a directly harmful effect on the patient (cf *Rogers* v *Whitaker* (1992) 175 CLR 479, 490, 494; see also *Battersby* v *Tottman and the State of South Australia* (1984) 35 SASR 577, (1985) 37 SASR 524). The (unhelpfully entitled) principle of 'therapeutic privilege' may survive in the context of the Code of Rights, either because 'a reasonable consumer, in that consumer's circumstances' would not expect (Right 6(1)) or need (Right 6(2)) such information, or else because a provider is only required to take 'reasonable actions in the circumstances' to give effect to the rights and comply with the duties in the Code (cl 3).

Although a competent person may withdraw consent at any time, such withdrawal would not necessarily preclude a doctor from removing a catheter which was being used in the course of cardiac catheterisation, or from sewing up a surgical incision (cf *Ciarlariello* v *Schacter* [1993] 2 SCR 119, 136, 142). Sometimes the circumstances surrounding a withdrawal of consent may raise questions about the patient's continued competence.

Article 6 - *Protection of persons not able to consent*

1. Subject to Articles 17 and 20 below, an intervention may only be carried out on a person who does not have the capacity to consent, for his or her direct benefit.

Subject to the Articles which follow, this is broadly in line with New Zealand law: whether it reflects it exactly depends upon how restrictive a view is taken of 'direct' benefit.

2. Where, according to law, a minor does not have the capacity to consent to an intervention, the intervention may only be carried out with the authorisation of his or her representative or an authority or a person or body provided for by law.

The opinion of the minor shall be taken into consideration as an increasingly determining factor in proportion to his or her age and degree of maturity.

New Zealand law relating to medical interventions on minors is complex and in some respects uncertain. For the most part, however, provisions of the Convention set out above could serve as an adequate statement of the New Zealand legal position.

New Zealand statute law specifies the persons who may sometimes consent to an intervention on a minor who does not have capacity to consent. The relevant provision is to be found in section 25(3) of the Guardianship Act 1968. As amended, it states:

> Where the consent of any other person to any medical, surgical, or dental procedure (including a blood transfusion) to be carried out on a child is necessary or sufficient, consent may be given –
> (a) By a guardian of the child; or
> (b) If there is no guardian in New Zealand or no such guardian can be found with reasonable diligence or is capable of giving consent, by a person in New Zealand who has been acting in the place of a parent; or
> (c) If there is no person in New Zealand who has been so acting, or if no such person can be found with reasonable diligence or is capable of giving consent, by a District Court Judge or the chief-executive [of Deparment of Child, Youth and Family Services].

Additionally, the High Court (Judicature Act 1908, ss16-17; Guardianship Act 1968, ss10A-10B) and the Family Court (Guardianship Act 1968, ss10A-10B) have powers which can result in the authorisation of medical interventions on minors who lack the capacity to consent.

In some exceptional cases, medical treatment may be provided for a minor even though the minor is not competent to consent and no authorised person is available to consent on the minor's behalf. See, for example, Right 7(4) of the Code of Rights, which provides that:

> Where a consumer is not competent to make an informed choice and give informed consent, and no person entitled to consent on behalf of the consumer is available, the provider may provide services where –
> (a) It is in the best interests of the consumer; and
> (b) Reasonable steps have been taken to ascertain the views of the consumer; and
> (c) Either, –
>   (i) If the consumer's views have been ascertained, and having regard to those views, the provider believes, on reasonable grounds, that the provision of the services is consistent with the informed choice the consumer would make if he or she were competent; or
>   (ii) If the consumer's views have not been ascertained, the provider takes into account the views of other suitable persons who are interested in the welfare of the consumer and available to advise the provider.

The common law principle of necessity will sometimes provide a defence of similar scope for the purpose of other forms of potential liability: see the extracts from the speech of Lord Goff in *In re F (Mental Patient: Sterilisation)* [1990] 2 AC 1, 71-77, quoted in the commentary following Article 8, below. (Necessity also has a role in relation to the Code, by virtue to the reference to 'the common law' in Right 7(1), quoted in the commentary to Article 5, above.)

The opinion of a minor is likely to be taken into consideration as 'an increasingly determining factor in proportion to his or her age and degree of maturity' (cf Code of Rights, Right 7(2)).

3. Where, according to law, an adult does not have the capacity to consent to an intervention because of a mental disability, a disease or for similar reasons, the intervention may only be carried out with the authorisation of his or her representative or an authority or a person or body provided for by law.

The individual concerned shall as far as possible take part in the authorisation procedure.

Part II of the Protection of Personal and Property Rights Act 1988 makes provision for the appointment of 'welfare guardians' for people who wholly lack the capacity to make (or communicate) decisions about their personal care and welfare. Such welfare guardians have power to authorise a wide range of medical interventions (s18(2); as to restrictions on this power, see s18(1)). A person who holds an enduring power of attorney made by a then competent (but now incompetent) person has similar powers (Protection of Personal and Property Rights Act 1988, s98).

In addition, New Zealand statute law provides for the High Court (Judicature Act 1908, ss16-17) and the Family Court (Protection of Personal and Property Rights Act 1988, s 10(1)) to authorise an intervention. There are also powers (and restrictions) under the Mental Health (Compulsory Assessment and Treatment) Act 1992 (esp Part V).

There is, however, no general doctrine of New Zealand law whereby a spouse, relative, or 'next of kin' of an incompetent adult may give legally effective authorisation to an intervention which would otherwise be unlawful.

It does not follow that interventions are always unlawful if they have not been authorised by a welfare guardian, a person holding an enduring power of attorney, or a Court. Many will be lawful in terms of the common law doctrine of necessity, to be discussed in connection with Article 8 below. In addition, the Code of Rights includes a provision which is of some importance in this context. Right 7(1) of the Code was quoted above, but it is convenient to repeat it here. It provides:

> Services may be provided to a consumer only if that consumer makes an informed choice and gives informed consent, except where any enactment, or the common law, *or any other provision of this Code* provides otherwise.

The 'other provision of this Code [which] provides otherwise' is Right 7(4), quoted above, which it is also convenient to repeat here. It states that:

> Where a consumer is not competent to make an informed choice and give informed consent, and no person entitled to consent on behalf of the consumer is available, the provider may provide services where –
> (a) It is in the best interests of the consumer; and
> (b) Reasonable steps have been taken to ascertain the views of the consumer; and
> (c) Either, –
> (i) If the consumer's views have been ascertained, and having regard to those views, the provider believes, on reasonable grounds, that the provision of the services is consistent with the informed choice the consumer would make if he or she were competent; or
> (ii) If the consumer's views have not been ascertained, the provider takes into account the views of other suitable persons who are interested in the welfare of the consumer and available to advise the provider.

Although Right 7 (4) applies only for the purpose of the Code, it is likely that the New Zealand common law will develop in a way consistent with it.

4. The representative, the authority, the person or the body mentioned in paragraphs 2 and 3 above shall be given, under the same conditions, the information referred to in Article 5.

There is a dearth of relevant case law, but there is no reason to believe that a New Zealand Court would dissent from the approach adopted in this paragraph. The Code of Rights may be said to give effect to it. The Code is expressed in terms of the rights of consumers, and the interpretation clause (cl 4) provides that for the purpose of many provisions of the Code (including all of Right 6, quoted above, which is headed *Right to be Fully Informed)*
' "Consumer"... includes a person entitled to give consent on behalf of that consumer.'

It is, however, as well to stress that many incompetent adults do not have anyone who is authorised to consent on their behalf.

5. The authorisation referred to in paragraphs 2 and 3 above may be withdrawn at any time in the best interests of the person concerned.

This is consistent with the Code of Rights. Right 7(7) provides that 'Every consumer has the right to refuse services and to withdraw consent to services', and Right 7(7) is one of the provisions where 'consumer' includes a person entitled to give consent on behalf of a consumer (cl 4, quoted in part above).

Article 7 - *Protection of persons who have mental disorder*

Subject to protective conditions prescribed by law, including supervisory, control and appeal procedures, a person who has a mental disorder of a serious nature may be subjected, without his or her consent, to an intervention aimed at treating his or her mental disorder only where, without such treatment, serious harm is likely to result to his or her health.

This is more restrictive than New Zealand law, but some of the differences between Article 7 and the Mental Health (Compulsory Assessment and Treatment) Act 1992, as amended, could be considered justifiable in terms of the criteria set out in Article 26 of the Convention (summarised in the commentary following Article 2, above).

Article 8 - *Emergency situation*

When because of an emergency situation the appropriate consent cannot be obtained, any medically necessary intervention may be carried out immediately for the benefit of the health of the individual concerned.

New Zealand statute law does not provide any express justification for treatment provided without consent in an emergency (though note Right 7(4) of the Code of Rights, quoted in connection with Article 6, para 3, above). Nor is there New Zealand case law that sets out the limits of the common law principle which applies. However, the absence of case law does not reflect uncertainty as to whether there is a relevant justification. On the contrary, it reflects the widespread acceptance that there is a relevant common law justification. Hence doctors and others will often be acting lawfully when they provide treatment for adults who are unable to consent, and where no-one else has consented to or otherwise authorised the intervention.

The position is similar to that in English law – subject to the qualification that New Zealand law does make provision for someone to be authorised to consent on behalf of an incompetent adult (Protection of Personal and Property Rights Act 1988) and New Zealand Courts have the power to authorise interventions (Judicature Act 1908, ss16-17, Protection of Personal and Property Rights Act 1988, s 10(1)). It is instructive to look to the leading English case of *In re F (Mental Patient: Sterilisation)* [1990] 2 AC 1, 71-77, where Lord Goff provided a helpful account of the common law doctrine which is available in emergency **and other** cases, where the adult patient is incapable of consenting to medical treatment.

Starting with 'the fundamental principle, now long established, that every person's body is inviolate', Lord Goff asked: 'On what principle can medical treatment be justified when given without consent?' He said:

> We are searching for a principle on which, in limited circumstances, recognition may be given to a need, in the interests of the patient, that treatment should be given to him in circumstances where he is (temporarily or permanently) disabled from consenting to it. It is this criterion of a need which points to the principle of necessity as providing justification.

Lord Goff continued: 'That there exists in the common law a principle of necessity which may justify action which would otherwise be unlawful is not in doubt.' He pointed out that:

> Emergency is... not the criterion or even a pre-requisite; it is simply a frequent origin of the necessity which impels intervention. *The principle is one of necessity, not of emergency.*

Lord Goff said that:

> to fall within the principle, not only (1) must there be a necessity to act when it is not practicable to communicate with the assisted person, but also (2) the action taken must be such as a reasonable person would in all the circumstances take, acting in the best interests of the assisted person.

He said that, as a general rule, if these criteria are fulfilled, interference with the assisted person's person or property (as the case may be) will not be unlawful.

Lord Goff took the example of a railway accident, in which injured passengers are trapped in the wreckage. 'It is', he said,

> this principle which may render lawful the actions of other citizens – railway staff, passengers or outsiders – who rush to give aid and comfort to the victims: the surgeon who amputates the limb of an unconscious passenger to free him from the wreckage; the ambulance man who conveys him to hospital; the doctors and nurses who treat him and care for him while he is still unconscious.

He then said:

> Take the example of an elderly person who suffers a stroke which renders him incapable of speech or movement. It is by virtue of this principle that the doctor who treats him, the nurse who cares for him, even the relative or friend or neighbour who comes in to look after him, will commit no wrong when he or she touches his body.

Lord Goff said:

> The two examples I have given illustrate, in the one case, an emergency and, in the other, a permanent or semi-permanent state of affairs. Another example of the latter kind is that of a mentally disordered person who is disabled from giving consent. I can see no good reason why the principle of necessity should not be applicable in his case as it is in the case of the victim of a stroke. Furthermore, in the case of a mentally disordered person, as in the case of a stroke victim, the permanent state of affairs calls for a wider range of care than may be requisite in an emergency which arises from accidental injury. *When the state of affairs is permanent, or semi-permanent, action properly taken to preserve the life, health or well-being of the assisted person may well transcend such measures as surgical operation or substantial medical treatment and may extend to include such humdrum matters as routine medical or dental treatment, even simple care such as dressing and undressing and putting to bed.*

Lord Goff continued:

> The distinction I have drawn between cases of emergency, and cases where the state of affairs is (more or less) permanent, is relevant in another respect. We are here concerned with medical treatment, and I limit myself to cases of that kind. Where, for example, a surgeon performs an operation without his consent on a patient temporarily rendered unconscious in an accident, he should do no more than is reasonably required, in the best interests of the patient, before he recovers consciousness. ... But where the state of affairs is permanent or semi-permanent, as may be so in the case of a mentally disordered person, there is no point in waiting to obtain the patient's consent. The need to care for him is obvious; and the doctor must then act in the best interests of his patient, just as if he had received his patient's consent so to do. Were this not so, much useful treatment and care could, in theory at least, be denied to the unfortunate.

This common law justification will often be available in New Zealand, not simply in circumstances of emergency but also in connection with the provision of long-term care for incompetent persons. There is, however, some uncertainty about when health professionals and others can safely rely on this common law principle and when they should seek Court authorisation or the appointment of a welfare guardian (or act only in accordance with statutory powers).

Article 9 - *Previously expressed wishes*

The previously expressed wishes relating to a medical intervention by a patient who is not, at the time of the intervention, in a state to express his or her wishes shall be taken into account.

Right 7(5) of the Code of Rights provides that 'Every consumer may use an advance directive in accordance with the common law', and the Code's interpretation clause (cl 4) provides an extensive definition of advance directive:

> "Advance directive" means a written or oral directive –
> (a) By which a consumer makes a choice about a possible future health care procedure; and
> (b) That is intended to be effective only when he or she is not competent

A prior and applicable refusal of treatment must not merely be 'taken into account'. At least in most circumstances, effect must be given to it.

A prior and applicable request for (and consent to) treatment will ensure that a health professional will not incur liability for proceeding without consent. However, it will not necessarily create an obligation to proceed. There will be cases where an expressed wish to receive treatment will have no effect. The treatment might not be medically appropriate. Alternatively, there may be other patients who are more suitable recipients of the available treatment (cf *Shortland* v *Northland Health Ltd* [1998] 1 NZLR 433 (CA)).

CHAPTER III – PRIVATE LIFE AND RIGHT TO INFORMATION

Article 10 - *Private life and right to information*

1. Everyone has the right to respect for private life in relation to information about his or her health.

The New Zealand law relating to medical confidentiality, and also to the privacy of health information, is complex and extensive. However, it may be said to reflect the values which lie behind Article 10.1.

The Health Information Privacy Code ('HIPC') has a particularly important role in protecting the interest in the privacy of health information. The Health Information Privacy Code (1994/1/1) was issued by the Privacy Commissioner in exercise of a power conferred by s46 of the Privacy Act 1993. The relevant legislation provides broad definitions of 'agency' (Privacy Act 1993, s2 and HIPC cl 3, 4(1),(2)) and 'health information' (HIPC, cl 3, 4(1)), and Rule 11(1) of the HIPC is now as follows:

> A health agency that holds health information must not disclose the information unless the agency believes, on reasonable grounds:
> (a) that the disclosure is to:
> (i) the individual concerned; or

(ii) the individual's representative where the individual is dead or is unable to exercise his or her rights under these rules;

(b) that the disclosure is authorised by:
   (i) the individual concerned; or
   (ii) the individual's representative where the individual is dead or is unable to give his or her authority under this rule;

(c) that the disclosure of the information is one of the purposes in connection with which the information was obtained;

(d) that the source of the information is a publicly available publication;

(e) that the information is information in general terms concerning the presence, location, and condition and progress of the patient in a hospital, on the day on which the information is disclosed, and the disclosure is not contrary to the express request of the individual or his or her representative;

(f) that the information to be disclosed concerns only the fact of death and the disclosure is by a registered health professional, or by a person authorised by a health agency, to a person nominated by the individual concerned, or the individual's representative, partner, spouse, principal caregiver, next of kin, whanau, close relative or other person whom it is reasonable in the circumstances to inform;

(g) the information to be disclosed concerns only the fact that an individual is to be, or has been, released from compulsory status under the Mental Health (Compulsory Assessment and Treatment) Act 1992 and the disclosure is to the individual's principal caregiver.

Rule 11(2) provides that compliance with paragraph 1(b) of rule 11(1) is not necessary if the health agency believes on reasonable grounds that it is either not desirable or not practicable to obtain authorisation from the individual concerned and one of the many circumstances specified in rule 11(2) obtains. (The full text of the Health Information Privacy Code is available (in pdf format) by way of `http://www.privacy.org.nz/shealthf.html` (accessed 30 October 2000).)

2. Everyone is entitled to know any information collected about his or her health. However, the wishes of individuals not to be so informed shall be observed.

Rule 6 of the Health Information Privacy Code provides individuals with a right of access to personal health information which is held about them. It is as follows:

(1) Where a health agency holds health information in such a way that it can readily be retrieved, the individual concerned is entitled:
   (a) to obtain from the agency confirmation of whether or not the agency holds such health information; and
   (b) to have access to that health information.

(2) Where, in accordance with paragraph (1)(b), an individual is given access to health information, the individual must be advised that, under rule 7, the individual may request the correction of that information.

(3) The application of this rule is subject to:
   (a) Part IV of the Act (which sets out reasons for withholding information) [see under Article 10, paragraph 3, below];

(b) Part V of the Act (which sets out procedural provisions relating to access to information); and
(c) clause 6 (which concerns charges).
(4) This rule applies to health information obtained before or after the commencement of this code.

Section 22F of the Health Act 1956 (which was inserted into that Act by the Health Amendment Act (No 2) 1993) provides a further entitlement of access to health information. Section 22F (1) now states:

> Every person who holds health information of any kind shall, at the request of the individual about whom the information is held, or a representative of that individual, or any other person that is providing, or is to provide, services to that individual, disclose that information to that individual or, as the case requires, to that representative or to that other person.

Section 22F(2) sets out grounds for refusing to disclose information under the section, including (s22F(2)(b)):

> Where the information is requested by someone other than the individual about whom it is held (not being a representative of that individual), the holder of the information has reasonable grounds for believing that that individual does not wish the information to be disclosed

Rule 11(4) of the Health Information Privacy Code now provides that where under section 22F(1) of the Health Act 1956, the individual concerned or a representative of that individual requests the disclosure of health information to that individual or representative, a health agency:

(a) must treat any request by that individual as if it were a health information privacy request made under rule 6; and
(b) may refuse to disclose information to the representative if:
  (i) the disclosure of the information would be contrary to the individual's interests;
  (ii) the agency has reasonable grounds for believing that the individual does not or would not wish the information to be disclosed; or
  (iii) there would be good grounds for withholding the information under Part IV of the Act if the request had been made by the individual concerned.

Right 6 of the Code of Rights (quoted in connection with Article 5, above) also has a bearing on the entitlement to know of information collected about one's health: see especially Right 6(1)(g) ('results of tests'), Right 6(1)(f) ('results of procedures').

3. In exceptional cases, restrictions may be placed by law on the exercise of the rights contained in paragraph 2 in the interests of the patient.

Most of the reasons for withholding information which are set out in Part IV of the Privacy Act 1993 (see Rule 6(3)(a), quoted above) have no application to health information. However, some of the provisions of s29(1) will sometimes be applicable. Section 29(1) of the Privacy Act 1993 provides in part:

> An agency may refuse to disclose any information requested pursuant to principle 6 if –
> (a) The disclosure of the information would involve the unwarranted disclosure of the affairs of another individual or of a deceased individual; or . . .
> (c) After consultation undertaken (where practicable) by or on behalf of the agency with an individual's medical practitioner, the agency is satisfied that –
> (i) The information relates to that individual; and
> (ii) The disclosure of the information (being information that relates to the physical or mental health of the individual who requested it) would be likely to prejudice the physical or mental health of that individual; or
> (d) In the case of an individual under the age of 16, the disclosure of that information would be contrary to that individual's interests

CHAPTER IV – HUMAN GENOME

Article 11 - *Non-discrimination*

Any form of discrimination against a person on grounds of his or her genetic heritage is prohibited.

In a New Zealand legal context, 'person' is usually taken to refer to someone who was fully born, not to a human embryo or fetus, or to a child in the course of birth (Crimes Act 1961, s159(1), *Wall* v *Livingstone* [1982] 1 NZLR 734, 740 – although note *In the matter of P (an unborn child)* [1995] NZFLR 577). Hence many would not think that there was any inconsistency between Article 11 and the practice of killing fetuses before birth on the ground that the doctor believes – whether because of the child's genetic heritage or otherwise – that there is a 'substantial risk' that 'the child, if born, would be so physically or mentally abnormal as to be seriously handicapped' (Crimes Act 1961, s187A(1)(aa)).

Under New Zealand law (Human Rights Act 1993, esp ss21, 44)) it is unlawful to discriminate in the provision of services (including health services), and facilities (including insurance), on one or more of many specified grounds. Some of these grounds – such as physical disability or impairment, physical illness, and psychiatric illness (all of which come within the meaning of 'disability', for the purpose of the relevant provisions) – are ones where 'genetic heritage' will sometimes have played a part. Others – colour, race – are ones where 'genetic heritage' will always be significant. There is, however, no express prohibition against discriminating on grounds of genetic heritage as such. (Measures to enable persons or groups who 'need or may reasonably be supposed to need' assistance or advancement, in order to achieve an equal place with other members of the community, will not usually breach the Act: s73(1).)

Where genetic heritage leads to or contributes to some form of disability, the question of whether any discrimination is lawful will sometimes depend on the application of section 52 of the Human Rights Act. It provides that:

> It shall not be a breach of section 44 of this Act for a person who supplies facilities or services –
> (a) To refuse to provide those facilities or services to any person if –
> (i) That person's disability requires those facilities or services to be provided in a special manner; and
> (ii) The person who supplies the facilities or services cannot reasonably be expected to provide them in that special manner; or
> (b) To provide those facilities or services to any person on terms that are more onerous than those on which they are made available to other persons, if –
> (i) That person's disability requires those facilities or services to be provided in a special manner; and
> (ii) The person who supplies the facilities or services cannot reasonably be expected to provide them without requiring more onerous terms.

The Human Rights Act provides a specific exception in relation to insurance. Section 48 provides that:

> (1) It shall not be a breach of section 44 of this Act to offer or provide annuities, life insurance policies, accident insurance policies, or other policies of insurance, whether for individual persons or groups of persons, on different terms or conditions for each sex or for persons with a disability or for persons of different ages if the different treatment –
> (a) Is based on –
> (i) Actuarial or statistical data, upon which it is reasonable to rely, relating to life-expectancy, accidents, or sickness; or
> (ii) Where no such data is available in respect of persons with a disability, reputable medical or actuarial advice or opinion, upon which it is reasonable to rely, whether or not contained in an underwriting manual; and
> (b) Is reasonable having regard to the applicability of the data or advice or opinion, and of any other relevant factors, to the particular circumstances.
> (2) In assessing, for the purposes of this section, whether it is reasonable to rely on any data or advice or opinion, and whether different treatment is reasonable, the Commission or the Complaints Division may –
> (a) Require justification to be provided for reliance on the data or advice or opinion and for the different treatment; and
> (b) Request the views of the Government Actuary on the justification for the reliance and for the different treatment.

Life insurers do take account of a family history of, for example, heart disease, as this gives some indication of 'genetic heritage'. However, New Zealand insurance companies do not require applicants to submit to genetic testing (of the sort which leads to the interpretation of DNA makeup). If individuals had already been tested, they would be expected to disclose this information, along (as is usual) with any other information which might have a bearing on the risk which the insurer was undertaking to cover.

Were New Zealand insurers to change their practice and require genetic testing, this would not have the same serious long-term consequences for afflicted individuals that it would have in some other countries. This is because the cost of most of New Zealand's health care and social welfare provision (including retirement benefits) is borne by the state, without insurance playing any part.

Article 12 - *Predictive genetic tests*

Tests which are predictive of genetic diseases or which serve either to identify the subject as a carrier of a gene responsible for a disease or to detect a genetic predisposition or susceptibility to a disease may be performed only for health purposes or for scientific research linked to health purposes, and subject to appropriate genetic counselling.

New Zealand law does not prohibit the carrying out of tests which are predictive of genetic diseases for purposes other than 'health purposes' (or for scientific research linked to 'health purposes'). There is, for example, no legal obstacle to people seeking to be tested so they are better informed when making career or investment decisions.

There is also no legal prohibition on tests which serve to identify the subject as a carrier of a gene responsible for a disease, or to detect a genetic predisposition or susceptibility to a disease, for purposes other than those specified in Article 12. (For a discussion of some related issues, see I Winship and J Marbrook 'Ethical Considerations for Research in Human Genetics' (1998), a paper endorsed by the New Zealand Health Research Council Ethics Committee and available on its website `http://www.hrc.govt.nz/genethic.htm` (accessed 30 October 2000).)

Article 13 - *Interventions on the human genome*

An intervention seeking to modify the human genome may only be undertaken for preventive, diagnostic or therapeutic purposes and only if its aim is not to introduce any modification in the genome of any descendants.

New Zealand law does not at present prohibit attempts to modify the human genome, or to restrict such activities to circumstances where it is being attempted for preventive, diagnostic or therapeutic purposes. There is not at present any law preventing attempts to modify the genome of descendants of any human being.

Whether there should be any such prohibitions or restrictions in a New Zealand context will be amongst the matters to be considered by the Royal Commission on Genetic Modification. The Royal Commission was constituted in May 2000 and is to report by 1 June 2001 (see generally `http://www.gmcommission.govt.nz/` (accessed 30 October 2000)). It is chaired by the former Chief Justice of New Zealand, Sir Thomas Eichelbaum.

In recent years, the development of guidelines for ethical review of protocols involving clinical and research use of human genes has been a responsibility of the Health Research Council Ethics Committee itself (see the New Zealand Health Research Council's *Guidelines on Ethics in Health Research:* `http://www.hrc.govt.nz/ethicgui.htm` (accessed 30 October 2000)). The Gene Technology Advisory Committee (GTAC) was constituted as a subcommittee of the Health Research

Council Ethics Committee to provide advice to accredited ethics committees about matters which are likely to be beyond the expertise of their members (see *National Standard for Ethics Committees* (1996), 45-46).

Whatever the recommendations of the Royal Commission on Genetic Modification, interventions on the human genome are most unlikely to proceed without ethical clearance being obtained.

Article 14 - *Non-selection of sex*

The use of techniques of medically assisted procreation shall not be allowed for the purpose of choosing a future child's sex, except where serious hereditary sex-related disease is to be avoided.

New Zealand law does not prohibit the use of techniques of medically assisted procreation so as to choose 'a future child's sex', whether or not this is done with the intention of avoiding serious hereditary sex-related disease. However, there is no reason to believe that such techniques have been employed in New Zealand.

In practice, the use of techniques of medically assisted procreation to choose 'a future child's sex' would not occur until after the matter had been considered by the National Ethics Committee on Assisted Human Reproduction (NECAHR). The committee was established by the Minister of Health under section 46 of the Health and Disability Services Act 1993. (The Assisted Human Reproduction Bill, which was introduced into Parliament in 1998 by the then Minister of Justice and which is currently before the Health Select Committee (due to report back 30 November 2000), provides expressly for the National Ethics Committee on Assisted Human Reproduction and specifies its functions (clauses 6-8)).

CHAPTER V – SCIENTIFIC RESEARCH

Article 15 - *General rule*

Scientific research in the field of biology and medicine shall be carried out freely, subject to the provisions of this Convention and the other legal provisions ensuring the protection of the human being.

The constraints on scientific research in the field of biology and medicine are partly, but by no means entirely, imposed by law. In New Zealand as elsewhere, limits on funding prevent much potentially valuable research. Some scientific research does not take place because of cultural considerations or sensitivities.

Ethics committees impose significant restrictions on research, sometimes in consequence of their (mis-)understanding the relevant law, sometimes quite apart from the law. New Zealand has an extensive network of ethics committees, accredited by either the Health Research Council Ethics Committee or the Director-General of Health. There are Regional Ethics Committees covering all of the country, and also Institutional Ethics Committees. (For a list of accredited ethics committees, see the Health Research Council's *Guidelines on Ethics in Health Research:* `http://www.hrc.govt.nz/ethguid`. (accessed 30 October 2000).)

Proposals for health research involving human subjects are usually scrutinised by ethics committees. In practice, the fact that most ethics committees are not expressly constituted by statute, that the *National Standard for Ethics Committees* does not have express statutory force, and there is no statute which expressly provides that all health research involving human subjects requires ethical clearance, does not reduce the effectiveness of the arrangements. There are many incentives to obtaining ethical clearance (including funding) and strong disincentives to proceeding without such clearance (including the possibility of disciplinary action). (Much useful information about the current system of ethical review is provided in Professor Angelo's paper, cited in connection with Article 4, above.)

There are legal provisions with a bearing on certain forms of scientific research which are not solely concerned with the protection of human beings: see eg Hazardous Substances and New Organisms Act 1996 (' "Organism"– (a) Does not include a human being or a genetic structure derived from a human being... :' s2).

Article 16 – *Protection of persons undergoing research*

Research on a person may only be undertaken if all the following conditions are met:

- **i there is no alternative of comparable effectiveness to research on humans,**
- **ii the risks which may be incurred by that person are not disproportionate to the potential benefits of the research,**
- **iii the research project has been approved by the competent body after independent examination of its scientific merit, including assessment of the importance of the aim of the research, and multidisciplinary review of its ethical acceptability,**
- **iv the persons undergoing research have been informed of their rights and the safeguards prescribed by law for their protection,**
- **v the necessary consent as provided for under Article 5 has been given expressly, specifically and is documented. Such consent may be freely withdrawn at any time.**

The requirements set out in this Article are ones to which effect will often be given by Ethics Committees, when dealing with applications for ethical approval of research proposals.

Article 17 - *Protection of persons not able to consent to research*

1. Research on a person without the capacity to consent as stipulated in Article 5 may be undertaken only if all the following conditions are met:

- **i the conditions laid down in Article 16, sub-paragraphs i to iv, are fulfilled;**
- **ii the results of the research have the potential to produce real and direct benefit to his or her health;**
- **iii research of comparable effectiveness cannot be carried out on individuals capable of giving consent;**
- **iv the necessary authorisation provided for under Article 6 has been given specifically and in writing, and**

v the person concerned does not object.

2. Exceptionally and under the protective conditions prescribed by law, where the research has not the potential to produce results of direct benefit to the health of the person concerned, such research may be authorised subject to the conditions laid down in paragraph 1, sub-paragraphs i, iii, iv and v above, and to the following additional conditions:

i the research has the aim of contributing, through significant improvement in the scientific understanding of the individual's condition, disease or disorder, to the ultimate attainment of results capable of conferring benefit to the person concerned or to other persons in the same age category or afflicted with the same disease or disorder or having the same condition.

ii the research entails only minimal risk and minimal burden for the individual concerned.

There is uncertainty about the circumstances in which research can be carried out on persons who are incapable of consenting to the research (and did not, when competent, consent in advance to the research being carried out when they became incompetent). It is, indeed, arguable that in New Zealand law it is always unlawful to proceed with any form of research intervention on an incompetent person if there is no likelihood of the research being to the benefit of the subject's health.

Section 10 of the New Zealand Bill of Rights Act 1990 provides that: 'Every person has the right not to be subjected to medical or scientific experimentation without that person's consent.' But it is not necessarily to be taken at face value, as in the context of the adjoining s11 –'Everyone has the right to refuse to undergo any medical treatment' – 'Everyone' has been taken to mean 'Every person who is competent to consent' (*Re S* [1992] 1 NZLR 363, 374 per Barker J). A similar qualification may be possible in the context of s10 also. Even if that were not the case, s10 would still be subject to 'such reasonable limits prescribed by law as can be demonstrably justified in a free and democratic society.' (s5). (Note also s3, which provides that the Bill of Rights applies only to acts done by 'the legislative, executive, or judicial branches of the government of New Zealand'; or by 'any person or body in the performance of any *public* function, power, or duty conferred or imposed on that person or body by or pursuant to law'.)

Article 17 is broadly consistent with the approach adopted by some Ethics Committees in New Zealand. However, it could not be adopted directly into New Zealand law. This is because in the case of adults who are not competent to consent, the incompetent person will rarely have a personal representative who can consent on that person's behalf. (Most incompetent persons have no such representative. Where there is a representative – either a welfare guardian or an attorney with a relevant enduring power of attorney – that representative is precluded by statute from giving an effective consent to the incompetent person taking part 'in any medical experiment', other than one to be conducted 'for the purpose of saving that person's life or of preventing serious damage to that person's health' (Protection of Personal and Property Rights Act 1988, ss18(1)(f), 98(4)).

Article 18 - *Research on embryos in vitro*

1. Where the law allows research on embryos in vitro, it shall ensure adequate protection of the embryo.

2. The creation of human embryos for research purposes is prohibited.

New Zealand law does not restrict research on embryos in vitro. Nor does it prohibit the creation of human embryos for research purposes. There is, however, no reason to believe that research on embryos in vitro (or the creation of embryos for research purposes) is taking place in New Zealand. If researchers wished to embark on such activities, they would be expected to obtain the approval of an accredited Ethics Committee.

CHAPTER VI – ORGAN AND TISSUE REMOVAL FROM LIVING DONORS FOR TRANSPLANTATION PURPOSES

Article 19 – *General rule*

1. Removal of organs or tissue from a living person for transplantation purposes may be carried out solely for the therapeutic benefit of the recipient and where there is no suitable organ or tissue available from a deceased person and no other alternative therapeutic method of comparable effectiveness.

2. The necessary consent as provided for under Article 5 must have been given expressly and specifically either in written form or before an official body.

There is no New Zealand statute law which deals expressly with the removal, for the purpose of transplantation, of organs and tissues from a living person. Nor are there any decided cases. However, with the possible qualification of procedures specified in Article 20, removal would not take place except in the circumstances specified in Article 19, para 1.

By virtue of the Code of Health and Disability Services Consumers' Rights ('Code of Rights'), consent would normally need to be in writing. This is because Right 7(6) of the Code of Rights provides in part that:

> Where informed consent to a health care procedure is required, it must be in writing if –
>
> ...
>
> (c) The consumer will be under general anaesthetic; or
> (d) There is a significant risk of adverse effects on the consumer.

New Zealand law does not make provision for consent to be given before an official body.

Article 20 – *Protection of persons not able to consent to organ removal*

1. No organ or tissue removal may be carried out on a person who does not have the capacity to consent under Article 5.

2. Exceptionally and under the protective conditions prescribed by law, the removal of regenerative tissue from a person who does not have the capacity to consent may be authorised provided the following conditions are met:

i there is no compatible donor available who has the capacity to consent,
ii the recipient is a brother or sister of the donor,
iii the donation must have the potential to be life-saving for the recipient,
iv the authorisation provided for under paragraphs 2 and 3 of Article 6 has been given specifically and in writing, in accordance with the law and with the approval of the competent body,
v the potential donor concerned does not object.

There is no New Zealand statute law which deals expressly with these matters, and they have not come before any court in New Zealand.

Even in the circumstances specified in Article 20, para 2, it is not certain that a New Zealand court would authorise the removal of regenerative (much less non-regenerative) tissue from a person who does not have the capacity to consent. But equally it is not certain that a court would never authorise the removal of, say, a kidney from someone if there was a good prospect of that kidney saving the life of a relative whose survival was highly beneficial to the 'donor'. Given the uncertainty, a doctor would be unwise to proceed without seeking judicial approval (cf *Re G* [1997] 2 NZLR 201). In such proceedings, the judge would probably take account of the views adopted by the relevant ethics committee (cf *Shortland* v *Northland Health Ltd* [1998] 1 NZLR 433, 443).

CHAPTER VII – PROHIBITION OF FINANCIAL GAIN AND DISPOSAL OF A PART OF THE HUMAN BODY

Article 21 - *Prohibition of financial gain*

The human body and its parts shall not, as such, give rise to financial gain.

Part 3A of the Health Act 1956 prohibits trading in human blood and other 'controlled human substance'. 'Blood' is now defined in this context (s92A (a)) as including:

(i) A substance derived from human blood:
(ii) A human organ, or human bone marrow, or human tissue, including the placenta, of a kind that is suitable as a source from which to

derive a constituent of blood that may be used therapeutically or in the preparation of a substance for therapeutic use

(In the context of the relevant provisions of the Act, it does not include any substance derived from human blood that is intended for use in quality control or as a diagnostic product, or any substance containing a fraction of human blood that the Governor-General by Order in Council declares not to be blood for the purposes of that part of the Act.)

Section 92B of the Health Act now provides in part that:

(1) No person may require or accept financial or other consideration for the blood or any controlled human substance of that person.

(2) No person may provide financial or other consideration for the taking of blood or any controlled human substance from the body of a person for administration to another person.

Similarly, section 92D (1) of the Act now provides that:

> No person who administers blood or any controlled human substance to another person may require or accept financial or other consideration for that blood or that substance from the person to whom it is administered.

There is, however, provision for the Minister of Health to exempt any person or class of person from these provisions (s92E).

There are no comparable provisions relating to sale of human organs generally. If there was any reason to believe that organs were being sold for transplantation or other purposes, it is highly likely that the practice would be prohibited by legislation. Even in the absence of a legislative prohibition, a medical practitioner who was implicated in any such arrangement would probably be found to have committed a serious disciplinary offence. A doctor would certainly be most unwise to proceed without the approval of an ethics committee – and it is most unlikely that such approval would be forthcoming.

Article 22 - *Disposal of a removed part of the human body*

When in the course of an intervention any part of a human body is removed, it may be stored and used for a purpose other than that for which it was removed, only if this is done in conformity with appropriate information and consent procedures.

The relevant New Zealand law applies not only to body parts but also to 'bodily substances' which are removed in the course of a 'health care procedure' (as defined in the Health and Disability Commissioner Act 1994, s2). Right 7(10) of the Code of Rights provides:

> Any body parts or bodily substances removed or obtained in the course of a health care procedure may be stored, preserved, or utilised only with the informed consent of the consumer.

It is preceded by Right 7(9), which states that:

> Every consumer has the right to make a decision about the return or disposal of any body parts or bodily substances removed or obtained in the course of a health care procedure.

As with all the other 'rights' in the Code, Right 7(10) must be read subject to clause 3 of the Code. Clause 3 provides:

> (1) A provider is not in breach of this Code if the provider has taken *reasonable actions in the circumstances* to give effect to the rights, and comply with the duties, in this Code.
> (2) The onus is on the provider to prove that it took reasonable actions.
> (3) For the purposes of this clause, "the circumstances" means *all the relevant circumstances*, including the consumer's clinical circumstances and the provider's resource constraints.

It cannot be said that Right 7(10) of the Code has had entirely satisfactory consequences in New Zealand. The Health and Disability Commissioner, Mr Ron Paterson, has identified two types of 'problematic' cases. The first comprise those where the research study was not contemplated at the time consent to storage was given, so it may no longer be practicable to obtain consent. The second type comprises those cases where the research use was known in advance, but to seek consent would adversely affect the validity of the proposed research.

The Commissioner has given examples of both types of case. An example of the first involved a proposal to test stored tissue or blood samples to test for the prevalence of an emergent disease. An example of the second involved a sentinel surveillance study undertaken through sexual health clinics (prior to the promulgation of the Code) which used unlinked anonymous samples (from de-identified leftover blood) to test for HIV prevalence. Had consent been sought, there was a significant risk that individuals who were more likely to have been exposed to the virus would 'self-select' out of the study, thereby skewing the sample.

The Commissioner agrees that 'an absolutist position' may hinder valuable public health research, and has pointed out that New Zealand has recognised the need for an exception in the related privacy context (see Health Information Privacy Code, rules 10(e)(iii) and 11(2)(c)(iii)). He has raised the issue of how, in this context, the private and the public interest should be balanced. He pointed out:

> The issue is not an academic one. The AIDS Epidemiology Group advises that a research proposal to monitor the HIV epidemic in women by neonatal blood screening was abandoned, because the informed consent requirements in Right 7(10) were considered to be impractical and impacted on the scientific validity of the study. Similar problems would be likely to occur with possible monitoring studies of proteins linked to CJD by testing stored tonsils and appendices removed during surgery.

The Commissioner is of the view that Right 7(10) 'should undoubtedly apply in relation to the vast majority of cases'. However, he has suggested a possible compromise, whereby the following words could be added to Right 7(10):

> ... unless it is not reasonably practicable to obtain informed consent and the utilisation is for research purposes for which approval has been given by an ethics committee.

As an alternative, he has suggested that the Code could be left unchanged, but he could signal (as in some sense he now has) that in cases where it is not reasonably practicable to obtain consent, and the use is for research purposes for which approval has been given by an ethics committee, the provider will be found to have taken reasonable actions to give effect to Right 7(10). (For the full text of the Commissioner's discussion, see his article 'Informed Consent and Research: Balancing Interests' , *New Zealand GP* , 5 April 2000, available at `http://www.hdc.org.nz/media/articles.html` (accessed 27 October 2000).)

A Concluding Comment

This Country Report has sought to provide an indication of the extent to which current New Zealand law (and, in the absence of law, practice) is consistent with the standards or requirements embodied in the *Convention on Human Rights and Biomedicine*. In a great many areas New Zealand law is broadly consistent with the Convention. Where New Zealand law is less restrictive, or entirely absent, this has often been because informal regulation has been regarded as adequate, or because there has been no proposal or practice which has required a legislative response.

P – Country Report Portugal

André Dias Pereira

Centro de Direito Biomédico, Faculdade de Direito, Universidade de Coimbra.

A. Introduction

Portugal entered the new Millennium opening its law to the biomedical challenges. In fact, our country ratified the *European Convention on Human Rights and Biomedicine* and its *additional Protocol* in the beginning of this year[1].

This ratification is considered to be of great importance for our health law, because, for the first time, some important aspects are more specifically regulated, *v.g.*, the value of professional standards (art. 4), the previously expressed wishes (art. 9) the right not to know (art.10, 2); and the juridical implications of genome knowledge (Chapter IV), research on embryos (art.18) and the utilisation of part of the human body (Chapter VII).

On the other hand, some particular norms are not in accordance with our legal system. Therefore, according to our constitutional norms[2] the Convention changes our law, in fields like the clinical experiments on minors and incapable persons (art. 17, 2) and organ and tissue removal from living donors for transplantation purposes (Chapter VI)[3].

We will analyse some particular aspects of this subject, explaining the portuguese law and the influence of the Convention on Human Rights and Biomedicine and its additional Protocol.

B. Clinical experiments on Minors and Incapable persons

The intention of Decree-Law n° 97/94, of 9 April, is "to create the framework that guarantees the right to physical and moral integrity of such persons as are the object of clinical trials, with respect to the international recommendations on ethics [made at] Helsinki and Tokyo, the World Health Organisation and the European Community".

---

[1] President's Decree (Decreto do Presidente da República) n°1/2001, DR n° 2, 1ª Série A, 3 of January and Parliament's Resolution (Resolução da Assembleia da República) n°1/2001, DR n° 2, 1ª Série A 3 of January.

[2] Article 8, 2 of the Portuguese Constitution.

[3] See Law n° 12/93, 22 April – Organ and tissue removal and transplantation.

According to article 2 of DL 97/94, "*the individual well-being of the person must take precedence, in any clinical trial, over the interests of science and the community.*" This concern – which we can already find in the Helsinki Declaration[4] – is one of the normative-philosophical pillars of the Oviedo Convention: "*The interests of the human being shall prevail over the sole interest of society or science.*" (article 2)[5].

On the other hand, clinical trials must be preceded by tests on animals and can only be "conducted on human beings when the results of that experimentation make it possible to conclude that the risks to the person submitting to the trial are proportionate to the foreseeable benefits to that person" (article 4, n° 2) – thereby enshrining the *risk-benefit weighting* (article 4, n° 2)[6].

Even though our law does not clearly point towards *the essential character of the research*, Guilherme de OLIVEIRA argues that this requisite is imposed, on the basis of "human dignity" and that clinical trials should be conducted with the "strictest respect for the physical and mental integrity of the persons involved". "There is an imperative to reduce to the barest minimum all experimentation on human beings" [7].

Both in the law on Clinical trials, and in the general regime of the Criminal Code, the distinction between *pure experimentation* and *therapeutic experimentation* ap-

[4] Principle 5 of the Declaration of Helsinki, last amended by the 52nd WMA General Assembly, Edinburgh, Scotland, October 2000.

[5] As Paula Marinho da SILVA has said, *Convenção dos Direitos do Homem e da Biomedicina Anotada* (Annotated Convention on Human Rights and Biomedicine) Edições Cosmos, Lisboa, 1997, p.35, "... the first international texts on interventions on the human being make no express reference to this principle. In the Nuremberg Code (1947), for example, it says the trial "must be capable of yielding results important to society (?)".

[6] This corresponds to the requirements of the Convention envisaged in article 16, points i and ii.

[7] Guilherme de OLIVEIRA, "Direito Biomédico e investigação clínica", in: *Temas de Direito da Medicina*, p. 191.

plies[8]. As a rule, and within certain conditions, therapeutic experimentation and pure or scientific experimentation are allowed in Portugal[9].

Nevertheless, in the case of **minors and incapable persons**, DL 97/94 establishes in article 10, n° 4, that: "*In the case of minors and incapable persons, clinical trials can only be conducted when they will result in direct clinical benefit to the subject*"[10].

This position seems to be a little extreme, in view of which a tide has been gaining substance in the doctrine, which appeals to a weighing of the dimension of the affront against the gains or advantages expected. This doctrine invokes values such as solidarity and educating for solidarity and against egoism.

Luís ARCHER does not agree with "*the provision in Portuguese law, which forbids the participation of minors in biomedical research form, which they will gain no direct benefit*". The Author argues openly for a regime of "*the Council of Europe's recent Convention on Human rights and Biomedicine that accepts, exceptionally and under very stringent conditions, that research may be permitted on persons who lacked the capacity to consent, where such research would not be of direct benefit to*

[8]"Therapeutic experimentation is the trial on a human person of a procedure of treatment, diagnosis or prevention, which may be of direct benefit to the health of that person, at the same time as it leads to the advancement of knowledge. 'Cognitive' experimentation is experimentation that is susceptible of advancing knowledge and not containing benefit to the health of the subjects of the experiment" – HOTTOIS/PARIZEAU explain in, *Dicionário da Bioética*, p. 248. In therapeutic experimentation, cases of innovative treatments are included, that is, in situations where, 'the lack of properly tested and scientifically validated treatment compels the physician to employ – in the interests of the patient – therapeutic methods whose consequences are impossible to anticipate or safely control." Costa ANDRADE, *Consentimento e Acordo* p. 469. Similarly, Paula Ribeiro de FARIA, *Aspectos Jurídico-Penais dos Transplantes*, p. 53. Defending the lawfulness of recourse to *therapeutic innovation*, Luís ARCHER, "Dimensões Éticas da investigação Biomédica", in *A Excelência da Investigação na Essência da Universidade – Homenagem a Egas Moniz*, p. 49.

[9]Under the terms of n° 3 of article 4, "Clinical trials may be conducted on healthy persons when there is no foreseeable risk to their physical and mental integrity."

[10]Similarly, article 60 of the Deontological Code: It is lawful to perform experiments on children and incapable persons, "as long as it is dictated by the interest of the same", and article 64 (Experimentation in incurable illness) "In the event of incurable illness, in the current state of medical knowledge, including the terminal phase of such illnesses, the testing of new medical treatments or new surgical techniques must have reasonable probabilities of being useful and pay special heed to the physical and moral well-being of the patient, without imposing suffering, discomfort or unnecessary or disproportionate burdens on him/her in view of the expected benefits."

their health and only represented a minimal risk to them, but would be of benefit to other persons who might be in a similar condition."[11]

We are faced with the dilemma arising from the conflict between the values of the individual (dignity, integrity, autonomy) and the interests of society (developing cures and treatments for mental disorders and the advancement of scientific knowledge). On the other hand, we are presented with a crisis of legitimising the surrogate consent of the legal representative, since research is not done in the interests of the person represented and that, more especially, it does not directly defend his/her interests.

As we have seen, there is a contradiction between Portuguese law (article 10, n° 4 of DL 97/94, of 9 April) and article 17 n° 2 of the Convention. This allows, in conditions of the utmost care, pure experimentation on minors and incapable persons; national law allows only therapeutic experimentation. We shall take into account the "wider protection" rule (art. 27 of the Convention). So far, thus, our law does not allow pure experimentation on minors and incapable persons.

However, bearing in mind the *binding force* (DL 97/95, of 10 May, article 7, 2) of the *Ethics Committees*[12] and their function of monitoring current protocols (DL 97/94, of 9 April, article 8); considering, further, that the fundamental principles of

---

[11] LUÍS ARCHER, "Dimensões Éticas da Investigação Biomédica" in *A excelência da Investigação Na Essência da Universidade – Homenagem a Egas Moniz*, Faculdade de Medicina da Universidade de Coimbra, Coimbra, 1999, p.49-50.

[12] Decree-Law n° 97/95, of 10 May, establishes the composition, powers and working methods of the Ethics Committees. It thus falls to the responsibility of the Ethics Committees to strive for the observance of ethical standards in the practice of the medical sciences, as a way of protecting and guaranteeing human dignity, analysing and deliberating on topics of medical practice that involve questions of ethics. The ECs have a multidisciplinary membership, comprising seven members, appointed from physicians, pharmacists, jurists, theologians, psychologists, sociologists and professionals from other areas of the social and human sciences.

They may both issue opinions on ethical questions in the domain of the respective health service or institution, and pronounce on scientific research protocols (a typical facet of an Ethics Committee for Clinical Research). In their function as Institutional Review Boards, Ethics Committees have power that is not merely consultative, but *binding*.

Portuguese legislation has thus complied with the requirement in point iii of article 16 of the Convention of the Rights of Man and Biomedicine: "*the research project has been approved by the competent body after independent examination of its scientific merit, including assessment of the importance of the aim of the research, and a multidisciplinary review of its ethical acceptability.*"

Previously, Act n° 14/90 of 9 June had created the *Conselho Nacional de Ética para as Ciências da Vida* (National Ethics Board for Life Sciences). This Board – following the French model – is an independent body that works with the *Presidência do Conselho de Ministros* (Prime Minister's Office). The Board systematically examines the ethical problems raised by scientific advances. The Opinions of the Board have had a visible impact on the process of drawing up legislation. Apart from this, as an "independent body", the Board can issue critical appraisals of an the Portuguese Constitution (human dignity and autonomy of the person) are not violated in their "essential core" (article 18, n° 3, CRP), we are of the opinion that the Oviedo Convention should be well-received in the Portuguese legal system[13]. We consider that the value of scientific research (article 42 CRP) and the health of future generations, as well as the dignity of incapable persons who thus, themselves have the chance of making a contribution to the community, emerge with renewed strength as a result of the Convention's solution. The same solution should also be valid in the case of the *elderly population* in a state of lacking capacity to consent[14].

Consent to the carrying out of a clinical trial is subject to the general rules, that is: *"With respect to minors or incapable persons, consent must be given by their legal representatives."*

But the law goes still further, granting here – like the Convention, in point v of article 17 n° 1 ("*the person concerned does not object*") – *a right of veto on the part of minors and incapable persons*, since it further requires the "consent of minors who are capable of understanding and manifesting their wishes" (article 10, n° 5 of Act n° 97/94, of 9 April)[15,16].

Is the consent of the legal representative sufficient in the case of pure experiments? The convention does not give just one answer to this question, leaving it to the individual State to establish its regulation: "*the intervention may only be carried out with the authorisation of his or her* representative *or an* authority *or a* person *or* body *provided by law*" (article 6, 2, with reference to article 17, n°1 point iv).

---

ethical nature on any legal provisions published. Indeed, they have done so in some cases.

As we shall see, only the Draft bill for the Utilisation of Assisted Procreation Techniques, drawn up by the *Comissão para o Enquadramento Legislativo das Novas Tecnologias*, in 1987, allows the use of embryos for research purposes. Moreover, one of the conditions to which this research would be subjected would be that the "research project should merit a *favourable opinion* from the bioethical board" (article 40, sub-paragraph a) of the 1987 Draft bill. This is a reflection of the importance that national doctrine has traditionally attributed to Ethics Committees.

[13] Although it leads to a revocation of the norms in DL n° 97/94, of 10 May, that prohibit pure experimentation on minors and incapable persons.

[14] Walter Osswald, "Ensaios Clínicos", in *Comissões de Ética* (Ethics Committees), p. 80.

[15] "In the event of a divergence between the decision of the legal representative and the minor who is sufficiently mature to decide for him-/herself, it appears that the minor's wishes should prevail." Guilherme de OLIVEIRA states, *op. cit.*, p. 199.

[16] Similarly, Costa ANDRADE: "The wishes of the representative should by no means supersede those of the incapable person" if that person has the "judgement necessary to assess his/her faculties and understanding at the moment of apprehension" (article 38, n°2 of the Criminal Code), "Experimentação Humana, Perspectiva Jurídico-Criminal" (Human Experimentation, a Criminal-Legal Perspective), in *A Excelência da Investigação na Essência da Universidade – Homenagem a Egas Moniz* (The Excellence of Research in the Essence of the University – a Tribute to Egas Moniz), Coimbra, 1999, p. 74.

As regards Portuguese law, we understand that for non-scientific experiments to be carried out on minors and incapable persons, consent must be requested of the *legal representative*, and there is no justification for resorting to a judicial decision. This is because in our domestic law there is no strong tradition of involving the courts in decisions concerning the family and health. The hypothesis that we understand is that of transplants between the living, in which case "the collection from adults lacking capacity by reason of mental abnormality can only be carried out on *judicial authorisation*" (article 8, 5 of Act n° 12/93, of 22 April), with "donations of non-regenerable substances by minors or incapable persons always prohibited" (article 6, 3 of Act n° 12/93, of 22 April).

In any case, we do not feel we ought to be more demanding in the case of experiments than in the case of organ transplants between the living.

C. Patient Autonomy at the end of life

In the analysis of the legal regime governing medical-surgical treatments in incapable adult patients it is important to distinguish various situations of *legal incapacity*, from others in which there is a *de facto incapacity* which could be temporary (injury or unconscious patient) but which could also be long-lasting, intermittent or not (e.g. a mentally ill person who has already attained the age of majority, but in relation to whom prohibition or incapacity has not been requested) or definitive (e.g. patients in chronic vegetative state).

In the first type of situation, it is undoubtedly necessary for the legal representative to be informed and that his/her consent is obtained. However, in those cases and inasmuch as the incapable person understands the situation, that is, being in a condition to understand the reason for the treatment or surgery, its significance and consequences, should not only be informed but also give his/her consent[17].

When, for whatever reason, it is not possible to obtain the consent of the legal representative (guardian), *it is incumbent on the physician* to assess and decide upon the complex issue of knowing whether the incapable person does or does not have the capacity reasonably to understand the implications of the treatment that is proposed for him/her and to make a proper decision on whether such treatment should or should not be postponed until a later date, so that the consent of the legal representatives may be obtained.

In cases in which the patient has legal capacity but is, for whatever reason, *de facto incapable* of understanding the information that is given to him/her, on which the decision granting or refusing consent to a particular treatment or operation is to be based, it is normally held to be obligatory to inform the *relatives* of the patient, especially the spouse. However, we immediately come up against the difficulty of actually finding out who the relatives are and who among them should be informed. Or, the relatives may be known, but it may be impossible or impracticable to contact them in time. It has to be maintained that the kind of treatment or intervention that the physician may legitimately carry out in these circumstances depends on

[17] João Álvaro DIAS, *Procriação Assistida...*, p. 286.

the probable duration of the incapacity of the patient and the greater or lesser possibility of contacting such relatives, if there are any.

"The greater the likely duration of the patient's incapacity and difficulty (which could amount to genuine impossibility) of contacting relatives the broader the span of treatments or interventions that the physician is empowered to carry out, since it would not be reasonable, according to the *leges artis*, to defer such care as may be shown to be required to safeguard the interests of the patient." [18].

Figueiredo DIAS, for his part, believes that "The widespread conviction among the population and the medical fraternity alike that the wishes of the *relations* or *persons closest* is decisive here is without foundation: these wishes are, on the contrary, *criminally-legally irrelevant, except insofar as they may serve as an element for determining the presumed wishes of the patient.*" [19]

We believe that we should pay heed to the provision in the Deontological Code of the *Ordem dos Médicos* (Medical Association), which, in article 38, states:

n° 2 – "*In the case of children or incapable persons, the Physician should aim to respect as far as possible the options of the patient, in accordance with the capacity of discernment that he can recognise in them, always acting honestly in the defence of the best interests of the patient.*"

n°3: "*If the patient or the family, having been duly informed, refuse the tests or treatment indicated by the Physician, then he/she may refuse to provide care...*".

n°4: "*If life is endangered, refusal of immediate treatment that the situation imposes, may only be undertaken, whenever possible, by the individual, personally, expressly and freely.*"

This enables us to conclude that: 1) the Physician should try to listen to the family, so that he/she can learn the presumed wishes of the patient; 2) if the family refuses a particular treatment, the physician is entitled to refuse to continue caring for the patient; 3) In no case where the opinion of the family leads to a situation whereby the patient's life is endangered is this binding, nor does it justify the non-intervention of the physician; only the patient him-/herself may reject treatment.[20,21]

[18] Álvaro DIAS, *op. cit.*, p. 290.

[19] Figueiredo DIAS, *Comentário Conimbricense ao Código Penal*, Tomo I, Coimbra Editora, 1999, p. 14 [my emphasis].

[20] This is the understanding of the *Conselho Consultivo da Procuradoria Geral da República* (Attorney General's Consultative Committee), which has pronounced on paternal power in situations of urgency in *Parecer 8/91* (published in *Pareceres*, Vol. II, page 337). The Committee concluded that: "The clarification mentioned (the medical clarification) notwithstanding, if the parents maintain their refusal to let the patient be admitted, and the de facto situation is such that there is fear that life is in danger or that serious harm to the minor's health will ensue, with his/her clinical condition not being compatible with resort to the law, *the medical decision to admit* [the minor] *shall prevail*".

[21] Similarly, Álvaro DIAS, *Procriação Assistida...*, p. 289, note 126, for whom "the physician may lawfully intervene even without the consent of the parents if three

When a person is in a **chronic vegetative state**, certain problems relative to the autonomy of the individual at the end of life are raised[22].

Portugal has no specific legislation on Patient Wills, nor on health-care proxies. However, these outlines would seem acceptable under our system: "There is nothing to prevent a person making what is called a Living Will, on the other hand, appointing a proxy to take care of health issues could, by analogy, be framed within the civil discipline of the institution of power of attorney" [23].

The validity of such documents is one thing, their efficacy is another. Would physicians be bound by such prior manifestations of wishes?

For João LOUREIRO, "the physician should, *prima facie*, respect the directions of the patient or of his/her *ad hoc* representative. Once the patient is in a situation of unconsciousness, he/she should be protected by precedent autonomy, in the certainty that the problem of actuality – *rectius*, of the absence of it – of consent is posed".

For most of the doctrine, however, only an indicative value vis-à-vis the wishes of the patient would be conferred. Costa ANDRADE says: "With the prevailing doctrine, we do not believe that a value other than an indicative one can be bestowed on them, and they should not be considered in terms of being binding, in the sense of their violation alone determining the criminal liability of the physician" since "the patient will only enables one to know what the patient wanted at the time he/she wrote it; but it does not permit inferences safely to be drawn relative to what he/she wants at the time of treatment." Thus they are not binding in absolute terms, such that their violation would imply, by itself, the criminal liability of the physician. Indeed, if the physician has knowledge of possible changes of wishes he

requirements are cumulatively met. First, if it is not reasonable, in the circumstances, or impossible in the time available, to obtain a judicial remedy relative to consent or to have the court appoint a special guardian for the purpose. Second, that the intervention is necessary to save the life of the child, prevent irreversible injury to his/her health or to prevent prolonged suffering. Finally, that in spite of all reasonable efforts being made to obtain consent, this has been refused without justificatory reasons".

[22] The legal criterion for death is established in article 2 of Act n° 141/99, of 28 August, according to which "death corresponds to the irreversible cessation of the functions of the brain stem," and not to neo-cortical death.

[23] João Loureiro, "Metáfora do Vegetal, Metáfora do Pessoal", Cadernos de Biética, p. 41.

Regarding the constitutional possibility of the figure, it will always be said that this is but a form of exercising autonomy on the part of the citizen, that it will not call into question the meeting of certain requirements, preventing a blank cheque being issued, so that the decision is not understood as a decision of the representative, without any reference to the directions of the person represented. Thus, this power of attorney cannot be *in rem suam*, in which the powers of representation are conferred in the interests of actual holder of the proxy. The need for clear procedural guarantees indicates the desirability of specific legislation, with this mechanism of representation being required to operate with the patient's will."

must take the latest wish into consideration; also if doubts are raised the decision should be made in favour of life (*in dubio pro vita*)[24][25].

It should be noted, however, that neither Author completely disregards the value of these wills. There "is a marked difference between patients who, at some time, by any means, express their opinion on this matter, and those who have never done so"[26].

We have come to the conclusion that, in Portugal, consent in anticipation should be given only an indicative value. The medical team should, moreover, be wary of cases in which significant variations in the patient's opinion are ascertained, or where a long time has elapsed[27]. It would be incumbent on the physician to talk to the family to find out and decide what therapeutic course to follow.

This position conforms with the Oviedo Convention, article 9 of which states: "*The previously expressed wishes relating to medical intervention by a patient who is not, at the time of the intervention, in a state to express his or her wishes shall be taken into account.*"

In our opinion the Portuguese State should now enact legislation, in order to regulate all these wishes and to fulfil its obligations towards the Council of Europe.[28]

With regard to the health-care proxies, especially if the proxy is the spouse of the patient, we believe that the medical team should not be indifferent to their opinion. On the one hand, there has been a delegation of powers by the patient, and, on the other, respect for the strong legal position that our legal system confers on the spouse has to be guaranteed[29,30].

---

[24] COSTA ANDRADE, *Consentimento e Acordo*, p. 457-458.

[25] Cf., also., FIGUEIREDO DIAS, *Comentário*, p. 14.

[26] RUI NUNES; "Humanização Na Doença Terminal", *Comissões de Ética*, p.137.

[27] Rodrigues, João Vaz, *O Consentimento Informado para o Acto Médico no Ordenamento Juridíco Português*, Coimbra Editora, 2001.

[28] In some literature we can find the idea that in the southern countries, these perspectives are not well accepted and that the legislators wouldn't have the courage to implement these rules. The *Lley 21/2000, 29 December, of the Generalitat de Catalunya*, Catalonia, Spain, is a recent example showing that those ideas are overruled by the reality.

[29] Article 1672 of the Civil Code establishes the personal duties of spouses: respect, fidelity, co-habitation, co-operation and care.

[30] On this issue, see: CNECV, *Aspectos Éticos das pessoas em situação de doença*, Colecção Bioética V, 1998 and the Opinion 11/CNECV/95 on "Aspectos éticos dos Cuidados de Saúde Relacionados com o Final da Vida".

D. The prohibition of discrimination by reason of genetic inheritance

I. Pre-implantation and Prenatal diagnosis

In our constitutional norms we can find the main principles to deal with this new technological and ethical challenges. Article 1 of the Portuguese Constitution determines the *respect for human dignity.* Article 25 defends individuals against any offence to their physical or moral integrity. This rule is the basis for the need to respect individual autonomy in two distinct ways: firstly, it requires that informed consent is obtained prior to carrying out any medical intervention relative to genome analysis; secondly, it reserves for the individual full power to decide on the knowledge and disclosure of results of genetic tests[31].

Article 26 recognises the *right to personal identity,* and the *free development of the personality* and *privacy* (n°1)[32]. Since 1997, n° 3 has laid down:

"*The law guarantees the personal dignity and* genetic identity of the human being, *namely with respect to the creation, development and use of the technologies and the scientific research*"[33].

Article 71 contains a programmatic rule on the protection of the disabled citizens[34]. Article 42 protects the freedom of scientific research, as a basic right.

If one recognises the embryo as a person at the level of bioethics, such a fact must have consequences in Bio-law. But even if one refuses to endow the embryo with human personality, this does not mean there is an absence of protection in the legal sphere. This is the clear outcome of rulings made in various constitutional courts (e.g., Portuguese Constitutional Court, German Federal Constitutional Court, and Spanish Constitutional Court), which uphold the life of the unborn as a protected

---

[31] Guilherme de Oliveira, "Portuguese General Report", *Genome Analysis Legal Rules – Practical Application*, Coimbra, 1994.

[32] Regarding this issue, Paulo Mota Pinto, "O Direito ao Livre Desenvolvimento da Personalidade", *Portugal – Brasil Ano 2000*, Studia Iuridica, Coimbra Editora, 1999.

[33] On the right to genetic identity, see João Loureiro, "O direito à identidade genética", *Portugal-Brasil Ano 2000*, Coimbra Editora, 1999.

[34] Article 71:

"1- Physically or mentally disabled citizens enjoy full rights and are subject to the duties determined in the Constitution, except the exercise of those which they are legally unable to use.

2- The State must operate a national health policy for the prevention and treatment, rehabilitation and integration of disabled citizens and provide support to their families, implement a welfare policy and respect of the rights of disabled persons and assume the costs of their integration, without prejudice to the rights and duties of parents and guardians.

3 – The State supports disabled citizens' organizations."

good, independently of it enjoying fundamental rights[35]. In fact, our Constitutional Court has always understood that embryos and foetuses are *a protected good* for the purposes of Article 24 (right to life), n°1 (which states, "*Human life is inviolable.*") Embryos therefore merit Constitutional protection[36]; albeit with some limitations.[37].

This new rule (Article 26, n° 3) expressly protects *all human beings*, which is a strong emphasis on the protection of both persons and unborn children, with respect to genetic issues.

Several medical centres in our country can provide prenatal diagnosis of hereditary diseases. When diagnosis shows that the infant would be at risk of suffering from a genetic disease, Portuguese criminal law permits abortion.

Article 142, n°1, c) of the Criminal Code allows abortion if, during pregnancy, it can be proved that the neonate will suffer from a severe disease or disability of an incurable nature. Abortion has to be performed within 24 weeks of conception, except where the foetus is unviable, when abortion can be carried out at any time.

At European level, Principles 2 and 6 of Recommendation 13 (1990) (Committee of Ministers of the Council of Europe) lays down that prenatal genetic screening and prenatal genetic diagnosis undertaken for the purpose of identifying a risk to the health of an unborn child should be aimed only at detecting a *serious risk to the health of the child* and may only take place with the free and informed consent of the person concerned[38].

In Portugal, Order 5411/97 (DR, II, 6-8-1997) defines prenatal diagnosis as "a set of procedures that are carried out to determine whether an embryo or foetus has or does not have a congenital abnormality" (article 1). This regulation regards the pregnant women at risk[39] as those in the following situations: a) aged over 35; b)

---

[35] João Loureiro, "A European Status of The Embryo?", Boletim da Faculdade de Direito da Universidade de Coimbra, 1998, p. 761.

[36] Judgements by the Tribunal Constitucional (Constitutional Court) (TC) N°25/84, 23 of April; N°85/85, 29 of May and N°. 288/98, 17 April.

[37] The Portuguese National Council on Ethics for Life Sciences accepts the cautious rule, that in the light of doubts and considering the particular fragility of the embryo, the latter must be treated as if it were worthy of protection from the very beginning: see *Relatório-Parecer sobre Reprodução Medicamente Assistida*, 1993 and *Relatório-Parecer* 23/CNECV/97 proposed Bill "Procriação Medicamente Assistida" (Medically Assisted Procreation). See, further: *Poderes e Limites da Genética*, Colecção Bioética IV, 1997 and *Parecer 21/CNECV/97* on *"implicações éticas da Clonagem"* (ethical implications of Cloning).

[38] The provision of genetic services should be based on respect for the principle of self-determination of the persons concerned. For this reason, any genetic testing, even when offered systematically, should be subject to their express, free and informed consent (*Recommendation 3 (1992) on genetic testing and screening for health care purposes*).

[39] As Guilherme de OLIVEIRA writes in, "O Direito do Diagnóstico Pré-Natal", in *Temas de Direito da Medicina*, p. 205: "All rights to provision by the State re-

having a previous child with chromosomopathy, a parent with slight or stable chromosomopathy; c) ultrasonic indication of congenital foetal abnormality; d) altered values of maternal serum markers; e) high risk of recurrence of chromosome handedness genetic disease; f) high risk of teratogenic effect (infectious, drug-induced, or any other).

Considering the danger these operations present to the foetus, this Determination prescribes that invasive techniques shall only be used if there is a *large probability* of that a serious genetic disease will be detected. The test should be performed after genetic counselling and with free, informed and *written* consent (Article 3).

The law does not say which diseases are serious in terms of performing legal abortion.[40] Doctors follow the international good medical practice.[41]

Choosing a baby's sex is not expressly banned in any regulation concerned with pre-implantation and prenatal diagnosis. Nevertheless, such a prohibition clearly arises from Article 13 of the Constitution which forbids any form of discrimination, particularly by reason of sex. As abortion is a criminal offence, only justified in the classic cases described in Article 142 (therapeutic, eugenic and criminological indications), termination of pregnancy with a view to choosing the sex of the baby would be unlawful and punishable. Yet there is no criminal protection for situations in which the sex is chosen for an *in vitro* embryo.

Rui NUNES states that, "It is up to the medical profession to abandon the attitude of neutrality and impartiality that it has steadily adopted with respect to genetic counselling, and to reject from the very beginning every request to choose a baby's sex that does not have as its purpose the prevention of a sex-linked genetic disorder." This Author holds that "the implementation of prohibitive legislation does not seem to be the best solution, since it would be very hard to apply"[42]. For our part, we have misgivings about whether mere individual conscience or medical ethics is capable of defining an adequate protection for the principle of non-selectivity in terms of sex.

In conclusion, the regulation established in Article 14 of the Convention is seen to be very useful, but in this respect, too, the Portuguese State has shown considerable inertia, violating the norms of the Council of Europe.

---

cognised by the Constitution are accomplished subject to what is possible", in the framework of a universal scarcity of resources, which calls for the weighting of users' needs. Universal medical practice thus recommends – and the Law accepts – a prior definition of certain categories belonging to 'risk classes' to whom preferential access may be given, without prejudice to the admission of other women who present with a clinical picture that recommends that such type of care be given".

[40] Ordinance n° 189/98, 21 March, establishes a Committee to harmonise the criteria in the different Portuguese hospitals.

[41] Act n° 120/99, of 11th August, (Article 10) prohibits selectivity. The heath care institutions cannot choose in which cases (allowed by the law) they will perform an abortion.

[42] Rui NUNES, "O diagnóstico pré-implantatório", in: *Bioética*, p. 187.

II. Labour Law

The law on Safety, Hygiene and Health in the Workplace (Lei de Segurança, Higiene e Saúde no Trabalho – DL 441/91, of 14 January, adopting the Directive 89/391/EEC) establishes that companies are obliged to "organize, at all levels, the evaluation of the risks concerning the safety and the health of the workers" (Article 8, 2, b); employers are obliged to "ensure that exposure to chemical, physical and biological agents in the workplace does not give rise to any risks to the worker's health"(c). Furthermore, they are also obliged to "ensure the adequate vigilance of employees' health, bearing in mind the risks that they are exposed at work"(h).

Decree-Law (DL) 26/94, of 1 February (with the alterations of Act (L) 7/95, of 29 March) contains some important rules. Article 16 (Health Examinations), n°1 establishes: "Employers shall promote the realization of health examinations in order to ascertain the employee's physical and mental fitness for the job, as well as the work and its conditions relative to the worker's health." Article 19 prescribes the employees' duty to cooperate, notably to attend for medical examinations.

The Portuguese legislator has always borne in mind the physical suitability of the worker, the need to check for the absence of infectious diseases, and was always mindful of pregnant women and young people. But it also can be said that the more recent legal texts refer expressly to *all kinds of risks* that could arise from presence in the workplace; and *hypersensitive groups* are taken into account, as well as pregnant women and young people.[43]

However, it is doubtful whether genetic tests or the obligation to disclose the results of any previous medical tests can be made a precondition for employment or just grounds for dismissal.[44,45]

---

[43] Guilherme de OLIVEIRA, Juridical Implications on Genome Knowledge, Law & Human Genome Review, 7/1997.

[44] The Resolution of the European Parliament of 16 March 1989 on the ethical and legal problems of genetic engineering requires the prohibition of the selection of workers according to genetic criteria... (14); and demands the prohibition of genetic testing before a contract for employment is entered into; this shall always be voluntary... only the candidate shall have access to the results... violations of this regulation should be prosecuted (16).

The Convention on Human Rights and Biomedicine prohibits any form of discrimination against a person on the grounds of his or her genetic heritage (Article 11); and predictive tests may be performed only for health purposes (Article 12).

The UNESCO Declaration on the Human Genome declares that: "Everyone has the right to the respect for their dignity and for their rights regardless of these characteristics."

[45] Concerning the problem of AIDS, see *Advice-report N° 16/CNECV/96, of 17/01/96*: (National Ethics Council for Life Sciences) testing for AIDS tests is, in principle, not lawful, since every person has the right to work (Article 58, Portuguese Constitution). There are, though, some special cases: e.g. Doctors who are HIV positive, because of the high risk of contamination.

See also the *Advice-report N° 26/95 da Procuradoria Geral da República* (Attorney General), *DR IIª Série, 24/04/97.*

We shall take into consideration some antagonistic topics: the right to self-determination with regard to genetic information; the right to privacy, and to confidentiality; the right to work and to be an active member of society; the right to not know and not be discriminated against on the basis of genetic characteristics; employers' duty to have suitable working conditions; serious risks to third parties; the financial interests of the employer.

We believe it seems desirable to insist on supplementary requirements before genetic testing is performed: 1) that the relation between the worker's hypersensitiveness and the conditions prevailing in the workplace be clearly defined; 2) that the inquiry be made exclusively in the interests of safeguarding the health of the individual submitted to the tests or in defence of the integrity of a third party, which cannot otherwise be defended.[46]

Independent and neutral doctors should, in any case, conduct these examinations, in order to protect the privacy and confidentiality of the worker.

With respect to the first hypothesis (the work will affect the worker alone), the employer has an obligation to create suitable working conditions, and genetic testing would be a way to avoid fulfilling his duty![47]

For the second hypothesis, we must accept compulsory examinations for some particular jobs, like the classical example of pilots with a gene that creates a risk of suffering a heart attack during the flight[48].

The *Conselho Nacional de Ética para as Ciências da Vida* (CNECV) recently published a Preliminary Working Paper on the Human Genome (31/CNECV/2000)[49].

According to this document, the carrying out of genetic tests with the aim of detecting the geno-toxic effects of substances or other factors found in the workplace is justified. However, if the employee has not given his/her consent, after having been fully informed, his/her decision must be respected and he/she may not be dismissed for this reason.

The same solution should hold good for genetic screening for predispositions, with the aim of preventing workers who may have a predisposition from having jobs that entail a high risk of exposure. In both cases, the intention is to protect the employee, but they should in no case whatsoever degenerate into tests for detecting hereditary diseases in general, which might lead to the genetic discrimination of employees, or become a form of saving costs relative to the improvement of safety conditions in the workplace.

Another solution would be the pre-symptom diagnosis of diseases that manifest themselves later on and which are neither caused nor affected by the working envir-

---

[46] If a worker is asked about his genetic heritage by the employer, outside this situations, since this is an unlawful question, we submit that he has the *right to lie*.

[47] Cf. Paragraph 118 of the Explanatory Report to the Convention on Human Rights and Biomedicine.

[48] Similarly, Luís ARCHER, *Bioética*, p. 232.

[49] Preliminary Working Paper on the Human Genome (31/CNECV/2000), `http://www.cnecv.gov.pt`

onment, but could lead to the employee becoming disabled in the future. According to the National Ethics Board, the employer can only influence employment on the basis of the present, not future, state of health of the applicant. "Excluding persons from the possibility of working, on the basis of genetic tests, is only ethically acceptable when proved to be absolutely necessary for the health of the employee or the safety of third parties." [50]

The **confidentiality of data** is guaranteed and the right of access is granted only to official inspection authorities. The potentially more informative character of tests based on DNA techniques suggests there is a need to reinforce caution, to guarantee confidentiality. Article 17 of DL 26/94 states that the worker, when leaving a job, has the right to claim "a copy of his medical file", but not the original. As Guilherme de OLIVEIRA says, "This norm would be better changed" [51].

III. Insurance Law

In Portugal, as in other European countries, life insurance contracts are based upon a declaration by the insured about their health history. The insurer, who does not impose the performance of any medical examination in cases where the amount implied in the insurance contract is considered normal, takes this declaration to be true.

If the amount involved is high, insurance companies progressively require more examinations.

DL n° 176/95 of 26 July, Article 5, regulates the duty to inform in cases of insurance contracts that require medical examinations. Article 20 prescribes: [regarding] insurance contracts that depend on medical examinations, in the event of an insurance company refusing to conclude a contract, or agreeing to it on payment of a higher premium, due to the applicant's state of health, as revealed by examinations, the applicant may only be informed of this situation *by a doctor*, unless it can be reasonably supposed that such circumstances were already known to him/her.

On the other hand – in spite of the danger of discrimination in terms of genetic heritage – the insurance contract stands on the declaration of good faith made by the candidate. The Commercial Code establishes that the omission of any relevant and known facts by the insured party renders the insurance contract *void* (Article 429). In this context, the candidate should answer all questions truthfully[52].

In our country there is a National Health System, which is universal and free for everyone. It does not mean that our health services work well, but if one takes

[50]Preliminary Working Paper on the Human Genome (31CNECV/2000), `http://www.cnecv.gov.pt`

[51]Guilherme de OLIVEIRA, Juridical Implications on genome Knowledge, *Law & Human Genome Review*, 7/1997.

[52]Guilherme de OLIVEIRA, Juridical Implications on genome Knowledge, *Law & Human Genome Review*, 7/1997.

into account the (usually) low family income, one can appreciate that the health insurance market is still very small.

Insurance companies are therefore more interested in finding new clients, preferably in the under 55 year-old age group, than they are worried about reducing their costs by using genetic testing. Therefore, this problem is not yet a factor in the practice of our companies.

Nevertheless, for the purposes of obtaining a mortgage, banks usually require a life insurance policy. Insurance companies, for their part, demand clinical tests to be carried out before underwriting the contract.

In this context, the Ombudsman has made a recommendation to the Minister of finance[53]. This suggests carrying out a survey of the current situation regarding the requirement by insurers that clinical tests should be undertaken to detect serious or terminal disorders and in what circumstances this obligation exists. But it should also be ascertained what action the insurers would take if diseases affecting the life expectancy of applicants for insurance were confirmed by such tests[54].

It is interesting to note that the Ombudsman does not call into question "the need to establish conditions and limits involving the insurances operations so as to safeguard the companies", bearing in mind the credibilization and stability of the insurance sector.

The suggested course is that of "the legal creation of a *public fund* to guarantee situations regarded by insurance companies as being high risk", which they would normally reject. This *Fund* could be activated subsidiarily against real established guarantees.

The doctrine is of the opinion that it would be reasonable to argue that it will be difficult to deny insurers the resort to *special means* in case of contracts of *special value*. It would therefore be fair to accept that insurers should be authorised to know the results of tests previously conducted in competent medical institutions. It seems less acceptable to allow new tests to be conducted as a condition for the conclusion of a contract, unless there is very strong evidence that the candidate suffers from a genetic disease that he knows or should reasonably know of.[55]

If the contract is within the normal values practised in that branch of activity it does not seem acceptable for insurers to demand submission to any test or the disclosure of previously conducted tests as a condition for the conclusion of the contract[56].

---

[53]Recommendation n° 4/B/00 by the Ombudsman, `http://www.provedor-jus.pt`

[54]Individuals testing positive for HIV have been most subject to discrimination in Portugal, which violates Recommendation n° R(89) 14, of 24 October 1989 by the Council of Ministers of the Council of Europe.

[55]Guilherme de OLIVEIRA, Juridical Implications on genome Knowledge, *Law & Human Genome Review*, 7/1997.
Similarly, Luís ARCHER, *Bioética*, p. 233.

[56]Guilherme de OLIVEIRA, Juridical Implications on genome Knowledge, *Law & Human Genome Review*, 7/1997.

Much less acceptable were it, if the recourse to an insurance scheme were the only or the best way for citizens to provide for health care.

In conclusion, Portuguese law is still poorly developed in terms of general legislation on this issue, but its principles and constitutional norms (especially Article 13, Principle of equality and non-discrimination) are in harmony with Articles 11 and 12 of the European Convention on Human Rights and Biomedicine.

On the 12th July 2001, the Paliament approved the "Recommendations for the safeguard of the privacy of genetic information". They follow the solutions of the Convention.

E. Genetic testing for health purposes

The Minister of Health issued Order n° 9108/97 (DR IIª Série, 13-10-1997) which establishes the principles and guidelines with which molecular biological techniques should conform when applied in the realm of the National Health Service. This Order accepts genetic testing in the following cases:

- Clinical diagnosis (aimed at confirming the presence of a genetic disease to institute treatment or rehabilitation, namely, the aetiological diagnosis of genetic disorders in any age group and in patients suffering from cancer).
- Diagnosis of heterozygous status (detection permits identification of carriers of autosomal defects).
- Pre-symptomatic diagnosis (identifies individuals carrying a defective gene and who are very likely to develop a disease in later years, that is, when adult, situations such as Portuguese familial paramyloidosis, Machado-Joseph disease, Huntington's chorea and polycystic renal disease).
- Prenatal diagnosis, which should never be carried out except with the aim of making an earlier pre-symptomatic diagnosis.

Carrying out molecular biological examinations is subject to the strictest control. First, it must be justified through a report signed by the patient's attending physician and confirmed by the dead of department and by the director of clinical services of the hospital or, if the examinations are to be conducted in non-hospital institutions, the report must be confirmed by the director of the health centre and by the sub-regional health co-ordinator.

Such control is further tightened in the case of examinations carried out on children and adolescents. In principle, genetic testing can only be done in cases where *a medical intervention to reduce, delay or prevent clinical consequences is possible,* and express permission must be given in writing by the parents (Article 7 of the ministerial Order, cited above).

If no medical intervention to reduce, delay or prevent clinical consequences is possible, then testing is not justified. However, "*exceptionally, these examinations may be permitted if requested by a young person who is intending to start a family*".

Bearing in mind that the minimum age for marrying or to benefit from the legal regime of de facto cohabitation is 16 years (cf. Article 1601, sub-paragraph a) and Article 2, sub-paragraph a)) of Act n° 135/99 of 28 August (Law of Protection of de Facto Cohabitation), we believe that this exceptional regime is only valid for young people who have reached this age.

On the other hand, the detection of incurable diseases is possible for adult individuals. Knowledge of fatal clinical cases can help to advance the curing of such diseases, or at the very least to developing palliative treatment. On the individual level, there will of course be patients who prefer not to know what awaits them, but there will also be others who consider it an advantage to know their future.

Article 4 of Order 9108/97 refers to situations like the Familial Amyloidotic Polyneuropathy (FAP), Machado-Joseph disease, Huntington's disease and the renal polycystic disease. Genetic testing is possible, but the law expressly requires prior counselling, genealogical investigation, psychological support and, of course, informed consent by the patient.

Follow up studies of the situation in Portugal is able to show some interesting data. An initial conclusion by experts estimates that 90% of persons at high risk demand genetic testing; only 10% refuse to know if they carry the defective gene. The second conclusion is quite peculiar: carriers continue to marry and have children they know will die in great suffering, disregarding all efforts at genetic counselling.[57]

In Portugal, compulsory screening for a given metabolic condition is not acceptable[58]. "The problem of clinical coercion in disregard of individual autonomy is far from new in medicine, as demonstrated by *compulsory vaccination programmes*, for example. The age-old spectre of *epidemic* justifies the public interest and curtailing of individual freedoms in the fight against the spread of infection.

The sense of well-being associated with improved health and longevity, thanks to advances in medicine, has served to instil a great awareness in society with respect to prevention and treatment. This favourable attitude to health care means that a sensible suggestion can often prove more effective than legal imperative.

Portugal is a prime example. Within a few short years after a major drive was undertaken to inform the public of the PKU "heel test", all new-born babies are now being screened for serious conditions that can be prevented easily: phenylketonuria and hypothyroidism.

It is interesting to note that screening started almost twenty years ago and was supported by strong publicity in the media; in 1991 this national program screened 96.6% of all births; nowadays almost every baby is tested" [59]. It is well known that treatment is easy and poses no ethical dilemmas.

[57] Guilherme de Oliveira, Portuguese General Report, *Genome Analysis*, Coimbra, 1994.

[58] In some states in America, screening is compulsory for certain diseases such as phenylketonuria, cystic fibrosis and sickle cell anaemia.

[59] Guilherme de OLIVEIRA, Juridical Implications on genome Knowledge, *Law & Human Genome Review*, 7/1997, p.64-65.

In conclusion, in our opinion, the State should first guarantee a widespread campaign to inform the public about genetic testing and screening procedures, and second, do its utmost to ensure equality of access to genetic testing, without being deterred by financial considerations[60].

F. The protection of embryos and research

The basic structure of our legal system in the sphere of medically assisted procreation is supplied by constitutional norms, such as those enshrining the right to freedom of cultural and scientific creation (Article 42), the protection of the family (Article 67)[61], and, indirectly to the protection of health (Article 64).

The Portuguese criminal legal system today still does not have provisions that regulate the legal question opened by modern biomedical techniques adequately[62]. Mention should be made of DL 319/86, of 26 September. This law forbids artificial insemination with *fresh semen from a donor*. Heterologous artificial insemination should only be carried out, according to Article 1-1 of the aforementioned law, with semen collected, processed and preserved by "public or private bodies that have been expressly authorised for the purpose by the Ministry of Health". The Decree-Law in question sought to establish the conditions for authorising the acts necessitated by medically assisted procreation techniques, which would meanwhile be defined in a regulatory decree, which has not yet happened.

Reality has not waited for the legislator and several centres for assisted reproduction currently operate in Portugal. In some of these centres, efforts are already being made to avoid creating surplus embryos, but this practice is not widespread.

During the past 15 years there has been an extensive debate on issues of assisted procreation which are manifested in 11 (!) draft bills, reports and opinions[63,64].

It has not been possible, however, to arrive at a consensus that would viabilise the promulgation of a law.

---

[60] Principles 1 and 4, Recommendation 3 (1992).

[61] Article 67, n° 2, sub-paragraph e) enjoins the State, to protect the family, "To regulate assisted procreation, in terms that safeguard the dignity of the human person". For its part, Act 3/84, of 24 March (sex education and family planning), in its Article 9, establishes that "the State must promote and make it possible to study and treat situations of infertility and intensify both the study and the *practice of artificial insemination* as a method of overcoming infertility".

[62] The only crime related to assisted procreation established in our system is "Artificial Procreation without Consent", Article 168 of the Criminal Code, that strictly aims to defend *freedom to be a mother*, cf. Anabela RODRIGUES, *Comentário Conibricense ao Código Penal*, p. 501.

[63] Cf. Appendix.

[64] For anlysis of the evolution over the last 15 years, cf. Luís ARCHER, "Procriação medicamente assistida, evolução do pensamento ético de 1986 a 1999", *Brotéria*, vol. 150, March 2000.

Analysis of the different draft bills shows that some basic aspects of the question of medically assisted reproduction have remained essentially constant:

- Requirement of authorisation and supervision of Medically Assisted Procreation Units by the Ministry of Health;
- Subsidiary, not alternative, nature of MAPs;
- Restricted admissibility of stable heterosexual couples;
- Requirement of clear, unequivocal informed consent, made in writing;
- Unacceptability of surrogate mothers;
- Unacceptability of choosing characteristics of the unborn;
- *Unacceptability of creation of embryos for research purposes*;
- *Unacceptability of cloning human individuals and inter-species fertilisation.*

Other aspects show a measure of divergence. With respect to the fate of embryos, the 1987 Draft bill envisaged several hypotheses: implantation in the womb of the genetic mother; donation to other beneficiaries, and, if this was viable, *utilisation for research purposes*; and, finally, *it did not forbid the destruction of surplus embryos*[65].

As Guilherme de OLIVEIRA, explains, faced with the existence of "surplus embryos, and once all other possible fates are exhausted (a new attempt at gestation by the progenitor and donation to another couple), experimentation on embryos, despite the problems of consent and, above all, the demand for their destruction after experimentation, "*it must be recognised that progress in assisted procreation techniques and advances in the fight against the transmission of hereditary disorders can only be achieved by experimenting on embryos, in the same way that remedies for mental disorders or pregnant women can only be tested on mental patients or pregnant women.*"[66]

In this Draft bill, however, it was a *crime* "to use the embryos for purposes or in conditions not allowed" (Article 52), as well as "to create embryos for the purposes of investigation and to implant embryos which have been the object of research (Article 54)."

The Opinion of the Comissão Nacional de Ética para as Ciências da Vida (3/CNE/93) held it to be ethically unacceptable to destroy embryos or to use them for *non-therapeutic research.* The Committee was based on the 1989 Recommendation of the European Parliament and on the 1990 German law (*Gesetz zum Schutz von Embryonen, vom 13. Dezember 1990*).

---

[65] The report justifies this solution of *ultima ratio*, since "when the actual beneficiaries cannot or do not wish to use the embryos" (surplus) they cannot be "forced to use them". Faced with this situation, donation and research is admitted (for which it is required, among other requisites, that the research project in view for which the embryos are going to be used would merit a favourable opinion from the Conselho Nacional de Bioética,). *Report* of the "Comissão Para o Enquadramento Legislativo das Novas Tecnologias", Publicações do Centro de Direito Biomédico da Faculdade de Direito da Universidade de Coimbra, n°1, 1990, p.32.

[66] Guilherme de OLIVEIRA, "Aspectos Jurídicos da Procriação Assistida", *Temas de Direito da Medicina*, p. 25.

This ethical unacceptability of non-therapeutic research on embryos was confirmed two years later, in the Opinion-Report 15/CNECV/95 on experimentation on the embryo, which suggested that "*in the absence of formal proof that the embryo neither is a person nor has human life (it is highly improbable that such proof is ever going to be forthcoming), it is extremely unlawful to conduct non-beneficial research upon it, which will, on the contrary, lead to its destruction*", concluding that "*in the light of consensual ethical principles and bearing in mind the human nature of the embryo, all systematic and planned research on the embryo should be forbidden, even though such prohibition has a scientific cost*"[67,68].

The 1995 Draft bill, in this series, envisaged the prohibition of the destruction of embryos (Article 24), the *prohibition of the utilisation of surplus embryos for non-therapeutic research* (Article 27) and the obligation to "proceed in such a way that there is no place for the creation of surplus embryos (Article 23, n° 1), inseminating only the maximum number of oöcytes to whose transfer consent has been given..." (Article 23, n° 2).

Bill n° 135/VII, approved by the Council of Ministers on 30 July 1997, upheld this position, ordaining the *prohibition of the creation or utilisation of embryos for the purposes of research or scientific experimentation.* It accepts, however, "research when this has the sole purpose of benefiting the embryo itself"[69], as well as only permitting pre-implantation genetic diagnostic techniques of acknowledged scientific worth in terms of their beneficial outcome relative to the embryo.

Article 31 establishes the criminalisation of the improper use of embryos:

---

[67] Conselho Nacional de Ética para as Ciências da Vida, *Documentação*, vol. III, (1995-1996), Prime Minister's Office, Lisbon, 1997, pp. 105 and 108.

[68] In Opinion 15/CNECV/95 the National Committee concluded that, *each and every systematic and planned experimentation on the embryo should be banned.* In the Report that precedes the Opinion it is stated that "research experiments, in this context, do not include clinical trials, observations or technical manipulations the application of which could reasonably foresee a greater probability of the development of the embryos, or even attempts at treatment on embryos. Such research forms part of experimentation for the benefit of the life of the manipulated embryo itself, and is thus wholly acceptable, under the usual conditions."

[69] There is, therefore, a consensus with regard to the lawfulness of conducting therapeutic experiments on the embryo. João LOUREIRO, "European Status of the Embryo?", *Boletim da Faculdade de Direito*, 1998, p. 759, considers that: "However the experimentation on the embryo, even therapeutic experimentation, knows other limits. In face of the pluripotential character of the embryo cells in the first days a merely somatic gene therapy is thinkable. Does Article 13 of the Convention admit this type of therapeutic experiment?

The answer is negative in face of the final part of this article ("only if its aim is not to introduce any modification in the genome of any descendants"). Even if we literally interpret this normative segment, understanding the modification of the genome as only a lateral consequence, not desired, still, article 18, with the requirement of adequate protection would remove the possibility of, in the actual state of science, pursuing that type of therapy."

> "*1. The creation of embryos for the purposes of research and the implantation of embryos that may have been the object of experimentation constitutes a crime punishable by 1 to 5 years in prison.*
> *2. Assigning embryos for purposes or in conditions not permitted by law constitutes a crime punishable by up to 2 years in prison.*"

Decree 415/VII by the Assembleia da República essentially retains what was established in Bill n° 135/VII on this issue, but it added to it the requirement to limit the number of oöcytes to be inseminated to five ("up to the limit of five oöcytes", Article 20, n° 2).

This limitation of 5 oöcytes led to strong opposition by part of the scientific and medical community and could have been one of the reasons why the President vetoed it.

Thus, as a result of the differences running through the scientific community, there is as yet no general law that regulates MAP. And so, the protection of the embryo (in experimentation) appears to be quite fragile.

This situation seems to us to be the most problematic aspect in relation to a future ratification of the Convention by Portugal.

According to Article 18 (Research on embryos *in vitro*):

"*1. Where the law allows research on embryos in vitro, **it shall ensure adequate protection of the embryo.***"

So, the Portuguese State has not yet decided on pure and simple banning. On the other hand, any experimentation, taking place in our country is done without legal and ethical control. Thus, as Portugal ratified the Convention, without prior regulating this important question, it is *ab inicio* violating the Convention's norms, since it does not "ensure the adequate protection of the embryo".

G. Legal questions associated with genetic manipulation

At present, Portugal has no specific legislation concerning either the manipulation of the human genome or genetic analysis in general.

Efforts have been made to follow EC rules on genetically modified organisms or products, and their guidelines have been introduced in the Portuguese legal system.

The concept of genetic rights is being replaced by the expression "genetic heritage", thus implying that the genome is, in a way, a common heritage of mankind. According to the Universal Declaration on the Human Genome and Human Rights, dated 11 November 1997 and approved by UNESCO, *"The human genome incorporates the basic oneness of all members of the human species, as well as the acknowledgment of its intrinsic dignity and its diversity. In a symbolic sense, it is a heritage of mankind".*

Although Portugal already has a level of Constitutional protection of genetic individuality, general Portuguese legislation (e.g. penal and civil) does not yet give the human genome the protection it is entitled to – at least expressly, through specific legislation[70].

The Portuguese Constitution has counted on its catalogue of fundamental rights, since 1997, the *right to genetic identity* (Article 26, n° 3).

In the doctrine, several voices argue that, "the right of the human being to genetic identity must lead to a prohibition of cloning". João LOUREIRO explains that, "Cloning pursues distinct ends (procreation, diagnostic, experimentation for commercial and industrial interests, as a reservoir of tissues and organs), and *should not be confused with the cloning of cells or specific sequences of DNA*.

In favour of cloning with the aim of procreation, one can mention the freedom to procreate, scientific research and, in special cases, the prevention of certain mitochondrial illnesses and to ensure the right to health protection.

Against cloning, and tilting the balance towards prohibition, João LOUREIRO underlines:

- The contingent risks to the clone, such as a shorter life span, higher propensity to cancer, doubts in the area of fertility and, in the event of descendents, one wonders if these would be affected by a rate of genetic anomalies higher than the average;
- The "right to chance";
- The right not to know, in order to assure the "right to an open future" (Feinberg);
- Right to biological bi-parentality, even in the light of its relative fragility;
- Finally, to sum up, the right to an identity.

In relation to cloning by embryo splitting, some of the arguments do not hold. But, even here, there is a disregard for autonomy; furthermore, the rights of the clone's physical integrity are affected, as well as the right to personal identity of the clone. Finally, the status of the human embryo points towards the "*prohibition of experimentation* necessary to the success of the cloning processes." [71]

Another author[72] has argued for the total and absolute *banning of human cloning*, on the nodal basis of *the fundamental right to personal identity* (Art. 26, 1 Portuguese Constitution).[73]

For its part, the Conselho Nacional de Ética para as Ciências da Vida has issued the following Opinion on cloning:

---

[70] Dias, A.; Vieira, D.N.; Corte-Real, F., *Genome Analysis – The portuguese situation*, unpublished.

[71] João LOUREIRO, "O Direito à identidade genética", *cit.*, pp.385-386.

[72] Paulo OTERO, *Personalidade e Identidade Pessoal e Genética do Ser Humano...*, p. 67; Similarly, Stela BARBAS, *Direito ao Património Genético*, p. 191 and ff.

[73] Article 26 ,1. "The rights to *personal identity*, to the *development of the personality*, (...) to maintain the intimacy of private and family life and to the legal protection against any form of discrimination are recognised for everyone."

1. There cannot be the slightest object to cloning plants and non-human animals, as long as the internationally accepted norms for experimenting on animals are observed and measures are taken to preserve the biodiversity that is essential to life.
2. *The cloning of human beings is ethically unacceptable and should be banned, given the seriousness of the problems it poses to the dignity of the human person, to the equilibrium of the human species and to life within society.*[74]

At the level of legislation, even in 1987 the Bill on the Utilisation of Assisted Procreation Techniques (drawn up by the Comissão Para o Enquadramento Legislativo das Novas Tecnologias (Committee For the Legislative Framing of New Technologies)) forbade cloning. This view was maintained in Article 5 n° 1 of Bill n° 135/VII, which banned the use of assisted procreation techniques for deliberately creating identical human beings, specifically by *cloning*, or for generating *chimaeras* or to *attempt inter-species fertilisation.* The law on assisted procreation techniques passed by the Assembleia da República, on 17 July 1999, banned cloning and *criminalized* the infringement this prohibition[75].

We can thus conclude that the predominant legislative thinking in Portugal does not run counter to European texts, particularly with reference to the Additional Protocol on Cloning, with respect to the question of reproductive human cloning and other forms of genetic manipulation.

Therapeutic cloning has not been very much taken into consideration by the doctrine and the National Ethics Committee. Our scientific community agrees with this technological possibility and sees it as a hope for the future medicine.

[74] Conselho Nacional de Ética para as Ciências da Vida, Documentação, vol. IV (1997), p. 38. The *VI Relatório sobre o Estado de Aplicação das Novas Tecnologias à Vida Humana* (1999), `http://www.cnecv.gov.pt/` recommended the urgent ratification of the Additional Protocol on Cloning.

[75] At international level, as we know, there are various texts that forbid cloning: the Resolution of the 50th World Health Assembly on 14 May 1997; the "Universal Declaration on the Human Genome and the Rights of Human", adopted on 11 November 1997 (Article 11); the Resolution of the European Parliament on 16 March 1989, in relation to the ethical and legal issues of genetic manipulation, held that criminal punishment was the only possible reaction to human cloning, leading to its Resolution of 11 March 1997, specifically devoted to human cloning – just as had already been established in its earlier Resolution, of 28 October 1993, on the cloning of human embryos – affirming that this should continue to be forbidden, requesting an express measure concerning this, in worldwide terms, as well as asking States to adopt measures for criminally punishing any violations of the ban on cloning; the Advisory Group on the ethics of biotechnology, in an opinion requested by the European Commission on 28 February 1997, held that the European Community should express its clear condemnation of reproductive human cloning; and, finally, the Additional Protocol to the Convention on the Rights of Human and Biomedicine, banning the cloning of human beings (Article 1, n° 1).

H. Conclusion

Portugal is a democratic State of Law that is based on the primacy of the dignity of the human being[76]. Its society and medical science have been following international developments on issues like clinical trials (normally as part of multi-national programmes, monitoring the efficacy of medicinal products), caring for persons in the last stages of their lives, medically assisted procreation and gene therapy.

With regard to legislative development, there has been some degree of delay in certain matters, such as assisted procreation and the status of the embryo. In areas like the autonomy of the dying, euthanasia and assisted suicide, the debate is more or less stagnant and there has been no political incentive to encourage further discussion.

In general, it may be said that the prevailing perspectives in Portuguese doctrine are normally cautious and conservative.

The National Ethics Board has published Opinion 30/CNECV/2000, in which it says that the Portuguese State ought to ratify the Convention on the Human Rights and Biomedicine[77].

It is highly positive for Portugal to ratify the Convention. Nevertheless, the Portuguese State should have first legislated on matters such as research on the embryos, both going ahead with the radical solution to ban non-therapeutic experimentation, or regulating the circumstances in which it may take place.

However, there is a certain amount of discord at the level of non-therapeutic experimentation on minors and incapable persons. Whereas the Portuguese law has adopted the extreme solution of a total ban, the Convention would accept this type of clinical trial, with caution and strict control. We think that in this particular, we only have a situation of conflict of hierarchically unequal norms (Article 17, n° 2 of the convention would prevail over the law on clinical trials), and so ratification leads to a change in the legal regime, with which we are in agreement. We may recall that, traditionally, the Ethics Committees are generally trusted among us, and their opinions on clinical trials are binding.

With respect to the human genome, the thinking of the Portuguese scientific community is in complete harmony with the norms outlined in Chapter IV of the

---

[76] Article 1 (Portuguese Republic): "Portugal is a sovereign Republic, *based on the dignity of the human person* and on the will of the people and pledges to construct a free, just and united society".

[77] Parecer 30/CNECV/2000 on the ratification of the Convention for the Protection of the Rights of Man and the Dignity of the Human Being in the light of Application of Biology and Medicine, (`http://www.cnecv.gov.pt/`).

The National Ethics Board points out that certain provisions of the Convention (concerning consent, the human genome, research on embryos and the utilisation of part of the human body) are lacking weighting in the revision of Portugal's domestic legislation. In those areas where domestic regulations already exist, the rules on consent by incapable persons for the conduct of clinical trials and the transplantation of organs and tissues should be re-examined.

Convention. The inertia of our legislator is the aspect that could lead to problems in the future, particularly in the areas of pre-implantation diagnosis (where there is no criminal protection for the embryo) and in the insurance business and labour relations. We believe that ratification of the Convention should be accompanied by legislative and supervisory measures that aim to guarantee the principles of non-discrimination and the protection of our genetic heritage. The Parliament is now discussing the Project-Law 455/VIII on the "personal genetic information". Thus, in some months there will be more detailed rules on this issue.[78]

However, the recent ratification of the Convention and the additional Protocol is a very important step forward to a new juridical approach to the bioethical problems in Portugal. On the other hand, the number of countries that did not ratify the Convention is loosing its weight as those where the Oviedo Convention is part of law are increasing. It is, indeed, a signal that the Convention is and will be a very important international standard in bio-law.

I. Legislation and other documents

- Constitution of the Portuguese Republic.
- Resolução n°1/2001 da Assembleia da República, de 3 de Janeiro, (Parliament's Resolution) approves the European Convention on Human Rights and Biomedicine and its first additional Protocol on the prohibition of human cloning.
- Decreto do Presidente da República n°1/2001, de 3 de Janeiro, (President's Decrre) ratifies the European Convention on Human Rights and Biomedicine and its first additional Protocol on the prohibition of human cloning.
- Despacho [Order] n° 5411/97, DR IIª Série of 6 August 1997, on prenatal diagnosis.
- Despacho 9108/97, DR IIª Série of 13 October 1997, on examinations of a molecular biological nature.
- Portaria [Ordinance] n°189/98, of 21 March (establishing the procedure for carrying out voluntary abortion, observing the cases of non-punishable criminal abortion and of the functioning of the Technical Certification Committees in case of "foeto-pathic indication")
- Decreto-Lei [Decree-Law] n° 97/94, of 9 April – Clinical Trials.
- Decreto-Lei n° 97/95, of 10 May – Comissões de Ética para a Saúde [Ethics Committees for Health].
- Lei [Act] n°14/90, of 9 June (Conselho Nacional de Ética para as Ciências da Vida (National Ethics Board for the Life Sciences) (CNECV)
- Decreto-Lei n° 259/2000, of 17 October (Reproductive health care: sexual education and family planning)
- Lei n°12/93, of 22 April (Collection and Transplantation of Organs)
- Lei n°3/84, of 24 March
- Lei n° 120/99, of 11 August.
- Lei n° 12/93, de 22 de Abril (Organ and tissue removal and transplantation law).

[78] See the Opinion-Report 37/CNECV/01 on this Project of Law 455/VIII. The general appreciation of the CNECV is positive.

- Decreto-Lei n° 319/86 of 25 September – Conditions for Authorising Acts relative to Artificial Human Procreation.
- Decreto-Lei n° 441/91, of 14 January (transposing EEC Directive 89/391) – Law on Safety, Hygiene and Health in the Workplace.
- Decreto-Lei n° 26/94, of 1 February (with changes to Lei 7/95, of 29 March) – Services for Safety, Hygiene and Health in the Workplace.
- Decreto-Lei n° 176/95 of 26 July – Duty to inform and insurance contract regime.
- Projecto de Lei n° 455/VIII (personal genetic information)
- Resoluçcio da Assembleia da Republica n° 47/2001 (Human dignity and genetic identity), DR, I-a Série-A, n° 160, 12 July 2001.
- Resoluçcio da Assembleia da Republican° 48/2001 (Safeguard of genetic information), DR, I-a Série-A, n° 160, 12 July 2001.

Draft bills on Medically assisted Procreation:

- "Draft bill on the Utilisation of Assisted Procreation Techniques", drawn up by the "Comissão para o Enquadramento Legislativo das Novas Tecnologias" (Committee for the Legislative Framing of New Technologies), submitted to the minister for Justice on 28 July 1987.
- "Relatório-Parecer sobre Reprodução Medicamente Assistida" (Opinion-Report on Medically Assisted Reproduction) by the Conselho Nacional de Ética para as Ciências da Vida (National Ethics Board for the Life Sciences) (3/CNE/93). in *Documentação*, Vol. I (1991-1993), Lisboa, 1993, pp. 75-103.
- "Relatório e Programa do Grupo de Trabalho para o estudo da Medicina Familiar" (Report and Programme of the Working Group for the Study of Family Medicine), Ministry of Health, 1993.
- "Projecto de proposta de Lei que visa regular as técnicas de procriação medicamente assistida" (Draft bill for the regulation of medically assisted procreation techniques), Ministry of Health, 1995.
- "Relatório e Parecer 23/CNECV/97 sobre o Projecto de Proposta de Lei relativa à procriação medicamente assistida" (Report and Opinion 23/CNECV/97 on the Draft Bill concerning medically assisted procreation), *Documentação*, vol. IV (1997), Lisboa, 1998, pp. 3-96.
- "Proposta de Lei n° 135/VII que regula as técnica de procriação medicamente assistida" (Draft bill n° 135//VII to regulate medically assisted procreation techniques), approved by the Council of Ministers on 30 July 1997, *Diário da República*, II^a Série-A, n° 69, 1st August 1997.
- "Relatório e Parecer da Comissão para a Paridade, Igualdade de Oportunidades e Família" (Report and Opinion of the Committee for Parity, Equality of Opportunity and Family)by the Assembleia da República on Draft bill n° 135/VII, in *DR*, II^a SérieA, n° 31, 13 February 1998.
- "Relatório e Parecer da Comissão de Assuntos Constitucionais, Direito, Liberdades e Garantias" (Report and Opinion for the Committee for Constitutional Affairs, Law, Freedoms and Guarantees) by the Assembleia da República on Draft bill n° 135/VII, in *DR* II^a Série-A, n° 57, of 6 June 1998.
- "Relatório e Parecer da Comissão da Saúde" (Report and Opinion of the Health Committee) by the Assembleia da República on Draft bill n° 135/VII, in *DR* II^a Série-A, n° 57, of 6 June1998.
- "Decreto 415/VII que regula as técnicas de procriação medicamente assistida" (Decree 415/VII to regulate medically assisted procreation techniques), passed

by the Assembleia da República on 17 June 1999, in *DR* IIª Série-A, n° 80, 16 July 1999.

- "Mensagem do Sr. Presidente da República fundamentando o veto por inconstitucionalidade que exerceu e devolvendo o decreto para reapreciação" (Message from the President of the Republic establishing the basis for the veto by virtue of inconstitutionality that he exercised and sending back the decree for reappraisal), in *DR* IIª Série-A, n° 82, 3 August 1999.

Judgements by the Tribunal Constitucional (Constitutional Court) in which the status of the embryo is discussed:

- Tribunal Constitucional judgement n° 25/84, 12 April; (in: *Acórdãos do Tribunal Constitucional* n° 2.)
- Tribunal Constitucional judgement n° 85/85, of 29 May; (in: *Acórdãos do Tribunal Constitucional,* n°5.)
- Tribunal Constitucional judgement n° 288/98, 17 April, (Diário da República, I-A, Suplemento n° 91, of 18 April.)

J. Portuguese Bibliography

ANDRADE, Manuel da Costa,, "Direito Penal e Modernas Técnicas Biomédicas" [Criminal Law and Modern Biomedical Technique], *Revista de Direito e Economia*, 12, 1986.

ANDRADE, Manuel da Costa, *Consentimento e Acordo em Direito Penal* [Informed consent and Agreement], Coimbra Editora, 1991.

ANDRADE, Manuel da Costa, "Experimentação Humana, Perspectiva Jurídico--Criminal" [Human Experimentation, A Criminal-Legal Perspective], in *A Excelência da Investigação na Essência da Universidade – Homenagem a Egas Moniz*, Coimbra, 1999.

ARAÚJO, Fernando, *A Procriação Assistida e o Problema da Santidade da Vida* [Assisted Procreation and the Question of the Sanctity of Life], Almedina, 1999.

ARCHER, Luís/ BISCAIA, Jorge/ OSSWALD, Walter, *Bioética*, Lisboa, S. Paulo, 1996.

ARCHER, Luís, *Desafios da Nova Genética* [Challenges of the New Genetics], Lisboa, 1992.

ARCHER, Luís, "Terapia genética e engenharia genética de melhoramento" [Gene therapy and improved genetic engineering] , in AAVV, *Bioética*, Lisboa, S. Paulo, 1996, pp. 236-245.

ARCHER, Luís, "Problemas éticos da análise do genoma humano" [Ethical problems in the analysis of the human genome], in AAVV, *Bioética*, Lisboa, S. Paulo, 1996, pp. 230-236.

ARCHER, Luís, "Bioética: Avassaladora, porquê?" [Bioethics: Conqueror, why?], *Brotéria*, vol. 142 (1996).

ARCHER, Luís, "Dimensões Éticas da investigação Biomédica" [Ethical Dimensions in Biomedical research], in *A Excelência da Investigação na Essência da Universidade – Homenagem a Egas Moniz*, Coimbra, 1999.

ARCHER, Luís, "Procriação Medicamente Assistida, evolução do pensamento ético de 1986 a 1999" [Mecially Assisted Procreation, evolution of ehtical thinking from 1986 to 1999], *Brotéria*, vol. 150, March 2000.

ARCHER, Luís, "Engenharia Genética – Esperanças e Medos" [Genetic Engineering – Hopes and Fears], Cadernos de Bioética, n°15, 1997, pp. 49-54.

ARCHER, Luís, "Genética predizente e eugenismo" [Predictive Genetics and eugenics], in: *Bem da Pessoa e Bem Comum*, Coimbra, 1998.

ARCHER, Luís, "A Aventura da Descoberta do Genoma Humano" [The Adventure of Discovering the Human Genome], *Colóquio/Ciências*. Revista de Cultura Científica, n° 20, Fundação Calouste Gulbenkian, Lisboa, 1997.

ASCENSÀO, José de Oliveira, "Direito e Bioética" [Law and Bioethics], in *Direito da Súde e Bioética*, Lex, Lisboa, 1991.

ASCENSÀO, José de Oliveira, "Procriação Assistida e Direito" [Assisted Procreation and the Law], in: *Estudos de Homenagem ao Professor Doutor Pedro Sares Martínez*, Coimbra, 1999.

ASCENSÀO, José de Oliveira, Embrião e Personalidade Jurídica, in Vida e Direito – Reflexões sobre um Referendo [The Embryo and the Legal Person, in Life and Law – Reflections on a Referendum], Pricipia, Cascais, 1998.

BARBAS, Stela Neves, *Direito ao Património Genético* [The Law on Genetic Heritage], Almedina, 1998.

BARBAS, Stela Neves, "Contrato de trabalho em face das novas possibilidades de diagnóstico" [The employment contract in the light of new diagnostic possibilities], *Brotéria*, 5/6, May/June 2000, vol. 150.

BRONZE, Fernando José, *A Metodonomologia entre a Semelhança e a Diferença* [The *Methodognomology* between Like and Unlike], Coimbra Editora, 1994.

CAMPOS, Diogo Leite, *Lições de Direitos de Personalidade* [Lessons on the Rights to Personality], 2° edição, Coimbra, 1992.

CARDOSO, Augusto Lopes, "O Papel do Conselho acional de Ética para as Ciências da Vida e em especial a sua autoresponsabilidade" [The Role of the National Ethics Board for the Life Sciences, in particular its auto-responsibility], *Brotéria*, Vol. 141, pp. 439-451.

CENTRO DE DIREITO BIOMÉDICO, *Procriação Assistida – Colóquio Interdiciplinar (12-13 de Dezembro de 1991),* [Assisted Procreation – Interdisciplinary Procreation, 12-13 December 1991], PUblished by the Centro de Direito Biomédico da Faculdade de Direito da Universidade de Coimbra, n° 2, 1993.

CENTRO DE DIREITO BIOMÉDICO, *Transplantações – Colóquio Interdiciplinar (25 de Março de 1993)* [Transplantations – Interdisciplinary Coloquium, 25 March

1993], Published by the Centro de Direito Biomédico da Faculdade de Direito da Universidade de Coimbra, n° 3, 1993.

CENTRO DE DIREITO BIOMÉDICO, *A Lei de Saúde Mental e o Internamento Compulsivo*, Coimbra, 2000.

CENTRO DE DIREITO BIOMÉDICO/INSTITUT FÜR ARZT UND ARZENEIMITTELRECHT UNIVERSITÄT GÖTTINGEN, *Genome Analysis Legal Rules – Practical Application*, reports of The workshop 11th - 14th June 1992, Coimbra, 1994.

COMISSÀO PARA O ENQUADRAMENTO DAS NOVAS TECNOLOGIAS [Committee for the Framing of New Technologies], *Utilização de Técnicas de Procriação Assistida (Projectos)* [Utilisation of Assisted Procreation Techniques (Draft Bills)], Published by the Centro de Direito Biomédico da Faculdade de Direito da Universidade de Coimbra, n° 1, 1990.

CONSELHO NACIONAL DE ÉTICA PARA AS CIÊNCIAS DA VIDA [National Ethics Board for the Life Sciences]:

- "Relatório-Parecer sobre Reprodução Medicamente Assistida 3/CNE/93)" [Opinion-Report on Medically assisted Procreation], *in Documentação*, Vol. I (1991-1993); also published in: *Separata III Relatório-Parecer sobre Reprodução Medicamente Assistida*, 1993; and in English, French and German: *Separata-IV Report on Medically Assisted Reproduction*, 1993; *Rapport-Avissur Procréation Médicalement Assistée, Bericht-Gutachten über medizinisch unterstützte Fortpflanzung.*
- Parecer 4/CNE/93 sobre "Ensaios Clínicos de Medicamentos"; published in English, Separata VI "Opinion on the Clinical Evaluation of Drugs", 1993; and in French, "Avis sur les Essais Cliniques de Medicaments".
- "Opinion 9/CNECV/94 on the Draft Decree-Law on Ethics Committees", in *Documentação*, Vol. II (1993-1994), pp. 159-162.
- "Parecer sobre Aspectos Éticos dos Cuidados de Saúde Relacionados com o Final da Vida (11/CNECV/95)" , In *Documentação*, Vol. III (1995-1996), Lisboa, 1996, pp. 15-25. Also published in English, Separata V "Opinion on the Ethical Aspects o Health Care Regarding the End of Life", 1995, and in French "Avis sur les Aspects Ethiques des Soins de Santé Ayant Trait a la Fin de la Vie".
- "Relatório-Parecer (15/CNECV/95) Sobre a Experimentação do Embrião" [Opinion-Report On Experimentation on the Embryo], in *Documentação,* vol. III, pp. 95-125.
- "Relatório-Parecer sobre a Obrigatoriedade dos Testes da SIDA (16/CNECV/96)" [Opinion-Report on Complusory Testing for AIDS], *in Documentação,* vol. III
- Parecer 21/CNECV/97 sobre Implicações Éticas d Clonagem [Opinion on the Ethical Implications of Cloning], in *Documentação*, vol. IV (1997),
- "Relatório e Parecer 23/CNECV/97 sobre o Draft bill de Proposta de Lei relativa à procriação medicamente assistida" [Report and Opinion on the Draft Bill relative to medically assisted procreation], *Documentação*, vol. IV (1997), Lisboa, 1998, pp. 3-96.
- *Comissões de Ética* [Ethics Committees], Colecção Bioética – II, 1996.

- *Poderes e Limites da Genética* [Powers and Limits of Genetics], Colecção Bioética IV, 1997.
- *Aspectos Éticos das Pessoas em situação de Doença* [Ethical Aspects of Persons when Ill], Colecção Bioética – V, 1998.
- *VI Relatório sobre o Estado de Aplicação das Novas Tecnologias à Vida Humana* [VI Report on the State of Application of New Technologies to Human Life], 1999.
- *Documento Preliminar de Trabalho sobre o Genoma Humano* (31/CNECV/2000) [Preliminary Working Paper on the Human Genome]. `http://www.cnecv.gov.pt/`
- *Parecer sobre a ratificação da Convenão para a Protecção dos Direitos do Homem e da Dignidade do Ser Humano face às Aplicações da Biologia e da Medicina* (Convention on the Rights of Human and Biomedicine) (30/CNECV/2000) [Opinion on the ratification of the Convention for the Protection of the Rights of Man and the Dignity of the Human Being in the light of the Applications of Biology and Medicine]. `http://www.cnecv.gov.pt/`
- Relatório-Parecer 37/CNECV/01 sobre o Projecto de Lei n° 455/VIII "Informação Genética Pessoal". `http://www.cnecv.gov.pt`

COSTA, Cardoso da, "Engenharia genética. Genética e pessoa humana. Notas para uma pesquisa jurídica" [Genetic Engineering. Genetics and the human person. Notes for a legal investigation], in: *Genética e Pessoa Humana*, Coimbra, 1991.

DIAS, João Álvaro, *Procriação Assistida e Responsabilidade Médica* [Assisted Procreation and Medical Liability], Studia Iuridica, 21, Coimbra Editora, 1996.

DIAS, João Álvaro, "Procriação Medicamente Assistida, Dignidade e Vida" [Medically Assisted Procreation, Dignity and Life], in: AB UNO AD OMNES – 75 Anso da Coimbra Editora 1920-1995, Coimbra, 1998.

DIAS, A.; Vieira, D.N.; Corte-Real, F., *Genome Analysis – The portuguese situation*, unpublished.

DIAS, Jorge de Figueiredo, *Comentário Conimbricense ao Código Penal* [Coimbran Commentary on the Criminal Code], Tomo I, Coimbra Editora, 1999,

DIAS, Jorge de Figueiredo/ Monteiro, Jorge Sinde, *Responsabilidade Médica em Portugal* [Medical Liability in Portugal], Separata do Boletim do Ministério da Justiça, Lisboa, 1984.

DIAS, Jorge de Figueiredo/ Monteiro, Jorge Sinde, "Responsabilidade Médica na Europa Ocidental, Considerações de 'lege ferenda'" [Medical Liability in Western Europe, Considerations of *lege ferenda*], *Scientia Iuridica*, XXXIII, Jan-Abril, 1984.

FARIA, Paula Ribeiro de, *Aspectos Jurídico-Penais dos Transplantes* [Criminal-Legal Aspects of Transplants], Universidade católica Portuguesa – Editora, Porto, 1995.

LOUREIRO, João, "Metáfora do Vegetal ou Metáfora do Pessoal? – Considerações Jurídicas em torno do estado Vegetativo Crónico" [Metaphor of the Vegetable or Metaphor of the Person? – Legal Consideration on the Chronic Vegetative state], *Cadernos de Bioética*, 8.

LOUREIRO, João, "O Direito à Identidade Genética" [The Right to a Genetic Identity], *Portugal-Brasil Ano 2000*, Coimbra Editora, 1999

LOUREIRO, João, "A European Status of The Embryo?", *Boletim da Faculdade de Direito da Universidade de Coimbra*, 1998, p. 761.

LOUREIRO, João, "Tomemos a Sério os Direitos do Embrião e do Feto" [Let us take the Rights of the Embryo Seriously], *Cadernos de Bioética*, n° 14, July 1997, pp. 3-63.

LOUREIRO, João, "Aborto: algumas questões jurídico-constitucionais (A propósito de uma reforma legislativa) [Abortion: some constitutional-legal questions (With respect to legislative reform)]", *Boletim da Faculdade de Direito*, 74, 1998.

MARQUES, João Paulo Remédio, Patentes de Genes Humanos?, Centro de Direito Biomédico, Coimbra, 2001.

MONIZ, Helena, "Notas sobre a protecção de dados pessoais perante a informática (o caso especial dos dados pessoais relativos à saúde), *Revista Portuguesa de Ciência Criminal 7* (1997), p. 231-298.

MONTEIRO, Jorge Sinde, *vide* Dias, Jorge de Figueiredo/ Monteiro, Jorge Sinde, *Responsabilidade Médica em Portugal* [Medical Liability in Portugal], Separata do Boletim do Ministério da Justiça, Lisboa, 1984.

MONTEIRO, Jorge Sinde, ANDRADE, Costa, COSTA, Faria, with the collaboration of André PEREIRA, "Country Report Portugal", in: DEUTSCH/ TAUPITZ, *Freedom and Control of Biomedical Research, The planned revision of the Declaration of Helsinki,* Springer, 1999.

MONTEIRO, Jorge Sinde/ PEREIRA, André Dias, "Landesbericht Portugal", in Jochen Taupitz (Ed.) *Regulations of Civil Law to Safeguard the Autonomy of Patients at the End of Their Life – An International Documentation*, Springer, 2000, pp. 819-866.

MOTA, Henrique, Biomedicina e Novos Direitos do Homem – Uma aplicaçãodo princípio da não tipicidade dos direitos fundamentais (Article 16°, n°1 da Constituição) [Biomedicine and New Rights of Man – an application of the principle of the non-typicity of basic rights (ARticle 16, n° 1 of the Constitution)], unplublished, Unversidade Católica Portuguesa, Lisboa, 1988.

MOURA, José Souto, "O Diagnóstico Pré-Natal" [Prental Diagnosis], in *Revista Portuguesa de Ciência Criminal*, Ano 4, 3°, 1994, p. 321-336.

NEVES, Maria do Céu Patrão (co-ordinator), Comissões de Ética: das bases teóricas à actividade quotidiana [Ethics Committees: from theoretical base to daily functioning], Centro de Estudos de Bioética, Polo dos Açores, 1996.

NUNES, Rui; "Humanização Na Doença Terminal" [Humanisation in Terminal Illness], in *Comissões de Ética – das Bases Teóricas à actividade prática,* Centro de Estudos de Bioética, Polo dos Açores.

NUNES, Rui, "Experimentação em Embriões Humanos" [Experimentation on Human Embryos], *Cadernos de Bioética*, n° 14, July 1997.

NUNES, Rui, "O diagnóstico pré-implantatório" [Pre-implantation diagnosis], in: *Bioética*, p. 183-189.

NUNES, Rui, *Diagnóstico Pré-natal da Doença Genética* [Prenatial Diagnosis of Genetic Disease], Porto, 1995.

OLIVEIRA, Guilherme Freire Falcão de, *Mãe há só uma, Duas!* [There is only one Mother, Two!] , Coimbra, 1992.

OLIVEIRA, Guilherme Freire Falcão de, *Temas de Direito da Medicina* [Topics of the Law of Medicine], Coimbra Editora, 1999.

OLIVEIRA, Guilherme de, "Portuguese General Report", *Genome Analysis Legal Rules – Practical Application*, Coimbra, 1994.

OLIVEIRA, Guilherme de, "Juridical Implications on genome Knowledge", *Law & Human Genome Review*, 6/1997, pp. 51-62 e 7/1997, pp. 59-98.

OSSWALD, Walter, "Ensaios Clínicos" [Clinical Trials], in *Comissões de Ética – das Bases Teóricas à actividade prática,* Centro de Estudos de Bioética, Polo dos Açores.

Walter, OSSWALD, "A Morte Anunciada" [Death Annonced], *Cadernos de Bioética*, 12, October 1996.

OTERO, Paulo, *Personalidade e Identidade Pessoal e Genética do Ser Humano: Um perfil constitucional de Bioética* [Personality and Personal Identity and Genetics of the Human Being: A constitutional profile of Bioethics], Almedina, 1999.

PEREIRA, André Dias, *vide* Monteiro, Jorge Sinde/ Pereira, André Dias, "Landesbericht Portugal", in Jochen Taupitz (Ed.) *Regulations of Civil Law to Safeguard the Autonomy of Patients at the End of Their Life – An International Documentation*, Springer, 2000, p. 819-866.

PEREIRA, Pedro Silva, "O Direito e a Reprodução Artificial" [The Law and Artificial Reproduction], *Revista Jurídica*, Associação Académica da Faculdade de Direito de Lisboa, n°11 e 12, 1989.

PINTO, Carlos da Mota, *Teoria Geral do Direito Civil*, 3ª Edição [General Theory of Civil Law, 3rd Edition], Coimbra Editora, 1986.

PINTO, Paulo da Mota, "O Direito ao Livre Desenvolvimento da Personalidade" [The Right to Free Development of the Personality], *Portugal – Brasil Ano 2000*, Studia Iuridica, Coimbra Editora, 1999.

PROCURADORIA GERAL DA REPÚBLICA [Attorney General of the Republic]:

- *Relatório Parecer n° 26/95 da Procuradoria Geral da República* [Attorney General's Report Opinion n° 26/95], DR IIª Série, de 24/04/97.
- *Parecer n° 8/91 da Procuradora Geral da República* [Attorney General's Opinion n° 8/91], in: *Pareceres,* vol. II, *Boletim do Ministério da Justiça*, Lisboa.

PROVEDOR DE JUSTIÇA [Ombudsman], Recomendação n° 4/B/00 (Artigo 20°, n° 1, alínea b), da Lei n° 9/91 [Recommendation n° 4/B/00 (Article 20, n° 1, sub-paragraph b) of Act n° 9/91] of 9 April. `http://www.provedor-jus-pt/`

PUREZA, José Manuel, *O Património Comum da Humanidade rumo a um Direito Internacional da Solidariedade?* [The Common Heritage of Humanity: way to an International Law of Solidarity?], Coimbra, 1995.

RAPOSO, Mário, "Procriação assistida – Aspectos éticos e jurídicos" [Assisted Procreation – Ethical and legal aspects], in: *Direito da Saúde e da Bioética*, Lex, Lisboa, 1991.

RELATìRIO E PROGRAMA DO GRUPO DE TRABALHO PARA O ESTUDO DE MEDICINA FAMLIAR, *Fertilidade e Reprodução Humana* [Fertility and Human Reproduction], Ministério da Saúde, 1993.

RODRIGUES, Anabela, *Comentário Conimbricense* ao Código Penal [Coimbran Commentary on the Criminal Code], Coimbra, 1999.

RODRIGUES, João Vaz, *O Consentimento Informado para o Acto Médico No Ordenamento Jurídico Português*, Centro de Direito Biomédico, Coimbra, 2001.

SILVA, Paula Martinho da, *Convenção dos Direitos do Homem e da Biomedicina Anotada* [Annotated Convention on the Rights of Man and Biomedicine], ed. Cosmos, Lisboa, 1997.

SOUSA, Marcelo Rebelo de/ ALEXANDRINO, José de Melo, *Constituição da República Portuguesa Comentada* [Commentary on the Constitution of the Portuguese Republic], Lex, Lisboa, 2000.

SOUSA, Rabindranath Capelo de, *O Direito Geral de Personalidade* [General Right to Personality], Coimbra Editora, 1995.

VARELA, Antunes, "A inseminação artificial e a filiação perante o Direito Português e o Direito Brasileiro" [Artificial insemination and filiation relative to Portuguese Law and Brazilian Law], Revista de Legislação e de Jurisprudência, ano 127, p. 162 and ff.

ROK – Landesbericht Südkorea

Prof. Dr. Min-Joong Kim

Einleitung

1) Für den gesamten Bereich der biomedizinischen Forschung speziell gibt es in Korea noch keine allgemeine gesetzliche Regelung. Aber im Rahmen der Bioethik findet heute die Diskussion über die mit der medizinischen Forschung zusammenhängende juristische Problematik statt.
Die Koreanische Verfassung garantiert grundsätzlich die Freiheit der wissenschaftlichen Forschung im Bereich von Biologie und Medizin. Im geltenden koreanischen Recht finden sich die Regelungen zur biomedizinischen Forschung mit Menschen insbesondere im Koreanischen Rahmengesetz über die Gesundheit und Medizin und Arzneimittelgesetz. § 12 des *Koreanischen Rahmengesetzes über Gesundheit und Medizin* gewährleistet das Selbstbestimmungsrecht im Bereich der medizinische Behandlung, wozu auch die informed consent in die biomedizinische Forschung mit Menschen zählt. Danach darf die medizinische Forschung nur durchgeführt werden, wenn der Proband seine Einwilligung hierzu erteilt hat, nachdem er über die Notwendigkeit der medizinischen Forschung aufgeklärt worden ist. Und das Koreanische Arzneimittelgesetz vom 13.01.1971 konkretisiert dieses Selbstbestimmungsrecht als erstes durch Regelungen zum Schutz des Probanden bei der klinischen Arzneimittelprüfung. Insbesondere in der *Richtlinie zur Durchführung des Koreanischen Arzneimittelgesetzes* wird unter anderem für die klinische Prüfung von Arzneimitteln gefordert, daß der Proband seine schriftliche Einwilligung erteilt hat, und er außerdem im voraus über ihren Sinn und Zweck aufgeklärt worden ist (§ 28 *Richtlinie zur Durchführung des KAMG*).
2) In Korea fehlt es noch an einer gesetzlichen Grundlage für die Fortpflanzungsmedizin und insbesondere Gesetzen zum Schutz von in vitro Embryonen. Das Koreanische *Gesetz für die Förderung der Gentechnologie* vom 31.12.1983 regelt an sich nur die Unterstützung und Sicherheit der gentechnischen Verfahren. Der Änderungsentwurf dieses Gesetzes, der zur Zeit unter der Beratung des Koreanischen Parlaments liegt, will darüber hinausgehend de rechtlichen Aspekte der gentechnischen Verfahren am Menschen regeln. Schließlich gibt es auch einen vom Parlament vorgelegten Gesetzentwurf, der das Klonen von Menschen verbietet und zur Straftat erklärt.

A. Biomedizinische Forschung an nicht einwilligungsfähigen Kindern und Jugendlichen

I. Zulässigkeit der biomedizinischen Forschung an nichteinwilligungsfähigen Minderjährigen

Problematisch ist insbesondere die biomedizinische Forschung Minderjährigen (z.B. Säuglingen, Kleinkindern, Kindern und Jugendlichen)[1], denn im Rahmen der biomedizinischen Forschung an Minderjährigen ergeben sich eine Reihe von rechtlichen Besonderheiten. Vor allem wegen der Gefahr von Langzeitschäden sind Minderjährige besonders schutzwürdige Personen in der biomedizinischen Forschung.

Grundsätzlich ist die biomedizinische Forschung an Minderjährigen nicht verboten. Die herrschende Meinung im koreanischen Schrifttum hält medizinische Versuche mit einwilligungsunfähigen Minderjährigen für zulässig. Auch aus den Grundrechten in der Koreanischen Verfassung läßt sich eine Untersagung medizinischer Versuche an einwilligungsunfähigen Kindern und Jugendlichen nicht herleiten.

In der medizinischen Forschung ist der potentiell eigennützige Versuch vom fremdnützigen Experiment zu unterscheiden. Beim eigennützigen Forschung dienen die Heilversuche wenigstens dem gesundheitlichen Wohl des einzelnen einwilligungsunfähigen Patienten, der am Versuch beteiligt sind. Daher kann problemlos die biomedizinische Forschung an nicht einwilligungsfährigen Minderjährigen vorgenommen werden, wenn sie zum therapeutischen Nutzen des teilnehmenden Patienten bestimmt ist. Das fremdnützige Experiment, wobei der minderjährige Proband in dem Dienst des medizinischen Fortschritts gestellt wird, ist hingegen nicht zulässig, es sei denn, der Gesetzgeber hat es ausdrücklich erlaubt. Zur Zeit gibt es in Korea aber kein Gesetz, das rein wissenschaftliche Experimente regelt.

II. Einwilligung des minderjährigen Probanden

1. Informierte Einwilligung Nach Schrifttum und Rechtsprechung in Korea ist die biomedizinische Forschung am Menschen tatbestandsmäßig als Körperverletzung anzusehen. Wie bei jeder medizinischen Behandlung gilt auch für die biomedizinische Forschung, daß die aufgeklärte Einwilligung des minderjährigen Probanden grundsätzlich ein rechtfertigender Tatbestand darstellt. Daher muß der Patient oder Proband wissen, in welcher Form der Behandlung oder biomedizinischen Forschung

[1] Nach § 4 Koreanisches BGB ist Minderjähriger, wer das zwanzigste Lebensjahr noch nicht vollendet hat. Ein Minderjähriger ist geschäftsunfähig und bedarf zu einem Rechtsgeschäft der Einwilligung seines gesetzlichen Vertreters (§ 5 I KBGB). Das Koreanische BGB kennt aber keine am Lebensalter orientierten Stufen der Geschäftsunfähigkeit und unterscheidet nicht zwischen geschäftsunfähigen und beschränkt geschäftsfähigen Personen.

er einwilligt.[2] Insofern ist die rechtswirksame Einwilligung eines Minderjährigen in die biomedizinische Forschung zum einen erforderlich, daß er alt genug ist, um die Bedeutung und Tragweite der forschenden Heilversuche zu erfassen, und darüber hinaus, daß eine ausreichende Aufklärung seitens des Arztes vorliegt.

Da die Einwilligung nicht als eine Willenserklärung gilt, hängt die Einwilligungsbefugnis des Probanden nicht von der Geschäftsfähigkeit im Sinne des Koreanischen BGB ab, sondern entscheidend von der notwendigen Einsichtsfähigkeit. Für die Einwilligung des Minderjährigen in die biomedizinische Forschung gibt es aber keine festen Altersgrenzen. Grundsätzlich ist es so, daß ein minderjähriger Proband seine Einwilligung in die biomedizinische Forschung erteilen kann, sofern er nach der geistigen und sittlichen Reife die entsprechende Einsichtsfähigkeit besitzt. Deshalb ist die biomedizinische Forschung an Minderjährigen zulässig, wenn er in der Lage ist, Wesen, Bedeutung und Tragweite der Forschung abzusehen und seinen Willen hiernach zu bestimmen.

2. Einwilligung durch den gesetzlichen Vertreter Grundsätzlich darf die biomedizinische Forschung am Menschen nur durchgeführt werden, wenn der Proband selbst in sie nach Aufklärung einwilligt. Die Einwilligung des Probanden in die Forschung erfüllt die Anforderung eines Rechtfertigungstatbestandes nicht, wenn er willensunfähig und nicht in der Lage ist, nach seiner gewissenshaften Einschätzung wenigstens in groben Zügen zu erfassen, was mit ihm geschieht.

Bei Kindern und jüngeren Minderjährigen fehlt meistens die Willensfähigkeit. Für einwilligungsunfähig-minderjährige Kindern und Jugendlichen handeln die Sorgeberechtigten[3]. Nach Koreanischem BGB liegt die Entscheidung über die Zulässigkeit der biomedizinischen Forschung an minderjährigen Einwilligungsunfähigen daher prinzipiell bei den Eltern, es gilt der Grundsatz der Gesamtvertretung(§ 909 II KBGB[4]). Daraus ergibt sich, daß es grundsätzlich der Einwilligung beider Elternteile in die biomedizinische Forschung eines einwilligungsunfähigen Kindes bedarf. Bei

---

[2]Nach § 28 Koreanischer *Richtlinie zur Durchführung des Arzneimittelgesetz* ist der Proband nicht nur über den Inhalt und das Risiko der klinischen Arzneimittelprüfung aufzuklären, sondern ihm ist auch Inhalt und Verfahren der Entschädigung für entstandene Schäden klarzumachen, und des weiteren muß die Einwilligung schriftlich erteilt werden.

[3]Nach Koreanischem BGB sind grundsätzlich beide Eltern als Inhaber der elterlichen Gewalt sorgeberechtigt (§ 911 KBGB), ist jedoch ein Elternteil zur Ausübung der elterlichen Gewalt außerstande, so übt der andere Teil sie allein aus (§ 909 III KBGB). Wenn ein Minderjährige sich nicht unter elterlicher Gewalt befindet oder wenn die Eltern nicht imstande sind, die elterliche Gewalt auszuüben, wird ein Pfleger bestellt (§ 928 KBGB). § 9 des *Koreanischen Gesetzes für das Wohl des Kindes* regelt weitergehend, daß der Betreuer des Kindes verpflichtet ist, für die Erhaltung und Verbesserung der Gesundheit des Kindes als das ihm übertragene Geschäft mit der besten Sorgfalt zu besorgen.

[4]§ 909 KBGB Inhaber der elterlichen Gewalt

(2) Die Eltern eines minderjährigen Kindes üben die elterliche Gewalt gemeinschaftlich aus. Bei Meinungsverschiedenheiten jedoch entscheidet auf

Meinungsverschiedenheiten zwischen Eltern entscheidet das Gericht darüber, was im Widerspruch zum Wohl des Kindes steht (§ 909 II KBGB). Der Grundsatz der Gesamtvertretung bedeutet aber nicht, daß ein Elternteil allein die Vertretung nicht wahrnehmen darf. Kann ein Elternteil sich nicht einverständlich äußern, so darf der andere Teil allein in die medizinische Forschung an nicht einwilligungsfähigen Kindern und Jugendlichen einwilligen (§ 909 III KBGB[5]). Wenn ein Minderjähriger sich nicht unter elterlicher Gewalt befindet oder die Eltern nicht imstande sind, die Einwilligung für das Kind zu erteilen, gilt für die biomedizinische Forschung an minderjährigen Einwilligungsunfähigen weiterhin der Grundsatz der stellvertretenden Einwilligung durch den Pfleger (§ 928 KBGB[6]).

Insbesondere § 28 *Richtlinie zur Durchführung des Koreanischen Arzneimittelgesetzes* trifft für die klinische Prüfung von Arzneimitteln an Einwilligungsunfähigen eine Sondervorschrift. Wenn dem Probanden die Willens- und Einsichtsfähigkeit fehlt, ist die Einwilligung von denjenigen einzuholen, die an Stelle der nicht zur Einwilligung fähigen Kindern und Jugendlichen zu entscheiden haben. Die klinische Arzneimittelprüfung an nicht einwilligungsfähigen Minderjährigen ist danach zulässig, wenn der gesetzliche Vertreter oder Pfleger zugestimmt hat.

Im übrigen sind die Sorgeberechtigten bei der stellvertretenden Einwilligung an das Wohl des Kindes gebunden. Sie sind deshalb nicht befugt, zum Nachteil der nicht einwilligungsfähigen Minderjährigen unvernünftige Entscheidungen zu treffen. Wenn eine offensichtlich kindeswohlwidrige Einwilligung der Sorgeberechtigten vorliegt, kann die elterliche Gewalt oder die Vertretungsmacht des Pflegers durch Gerichtsurteil entzogen werden (§§ 928, 940 KBGB[7]).

Antrag des Betroffenen das Gericht darüber, wer die elterliche Gewalt ausüben soll.

[5] § 909 KBGB Inhaber der elterlichen Gewalt

(3) Ist ein Elternteil zur Ausübung der elterlichen Gewalt außerstande, so übt der andere Teil sie allein aus.

[6] § 928 KBGB Vormundschaft über Minderjährige

Ein Vormund wird bestellt, wenn ein Minderjähriger sich nicht unter elterlicher Gewalt befindet oder wenn die Eltern nicht imstande sind, das Kind bei Rechtsgeschäften zu vertreten und sein Vermögen zu verwalten.

[7] § 940 KBGB Entlassung durch Gericht

Das Gericht kann auf Antrag des Mündels oder eines seiner in § 777 genannten Verwandten den Vormund entlassen, wenn dieser sich einer groben Verletzung seiner Pflichten schuldig gemacht oder in der Führung der Vormundschaft eine gesetzwidrige Handlung begangen hat oder aus anderen Gründen als Vormund ungeeignet erscheint.

B. Biomedizinische Forschung an nicht einwilligungsfähigen Erwachsenen

I. Psychisch Kranke

Soweit einwilligungsfähige Erwachsenen von der biomedizinischen Forschung betroffen werden, legitimiert entscheidend ihr autonomer Entschluß. Aber im Zusammenhang mit der Forschung am Menschen stellen die volljährigen psychisch Kranke eine rechtlich besonders problematische Gruppe dar.

Das Koreanische *Gesetz über die psychische Gesundheit* legt fest, daß jeder Patient mit einer psychischen Krankheit die Achtung der Würde eines jeden Menschen genießt (§ 2 I KGpG). Zusätzlich ergibt sich aus der Koreanischen Verfassung, daß psychisch Kranke auch ein Grundrecht auf Leben und körperliche Unversehrtheit haben und autonom bestimmen können, was mit ihnen geschieht.

Psychische Störungen können aber die Einwilligungsfähigkeit einschränken oder ausschliessen. Wer an einer anhaltenden psychischen Krankheit leidet, wird nach Koreanischem BGB durch das Gericht für entmündigt erklärt (§ 12 KBGB[8]). Der entmündigte psychisch Kranke erhält einen Vormund (§ 929 KBGB). Dem Vormund obliegt es, in die medizinische Forschung am psychisch Behinderten nach der Aufklärung einzuwilligen, es sei denn, daß der Kranke selbt einwilligen kann. Besitzt ein unter Vormundschaft stehender psychisch Kranker die nötige Willensfähigkeit, so vermag er in die medizinische Forschung wirksam einzuwilligen.

Das Koreanische BGB kennt nicht die Gebrechlichkeitspflegerschaft im Sinne des inzwischen auch in Deutschland durch das Betreuhungsgesetz aufgehobenen § 1910 Deutsches BGB. Nur für einen nicht einwilligungsfähigen psychisch Kranken kann daher kein Pfleger bei der Einwilligung in die medizinische Forschung bestellt werden. Für die Einwilligung der Vertreter gibt es mit § 28 der *Richtlinie zur Durchführung des Koreanischen Arzneimittelgesetzes* aber eine gesetzliche Grundlage - freilich bezogen auf die klinische Prüfung eines Arzneimittels. Die Richtlinie zur Durchführung des Koreanischen Arzneimittelgesetzes besagt hier, daß die Vertreter (Eltern, Ehepartner, Vormund, Pfleger etc.) an die Stelle des Probanden einwilligen dürfen, wenn er wegen Fehlen der Einsichts- und Willensfähigkeit seine Einwilligung in die Arzneimittelprüfung nicht geben kann. Auch nach §§ 21, 22 des Koreanischen *Gesetzes über psychische Gesundheit* gelten die Unterhaltsverpflichteten (nachstehende Verwandte, Ehegatte) und Pfleger im Sinne des Koreanischen BGB als die Betreuer des psychisch Kranken, die sich an seinem Wohl und Rechtsschutz zu orientieren haben.

§ 26 des Koreanischen *Arzneimittelgesetzes* enthält außerdem eine Sondervorschrift für die klinische Prüfung eines Arzneimittels bei Personen, die auf behördliche An-

---

[8] § 12 KBGB lautet:

> Wer sich in einem anhaltenden Zustand krankhafter Störung der Geistestätigkeit befindet, wird auf Antrag einer der in § 9 KBGB bezeichneten Personen durch das Gericht für entmündigt erklärt.

ordnung in einer Anstalt verwahrt sind. Danach darf die klinische Prüfung beim in der Anstalt untergebrachten psychisch Kranken nicht durchgeführt werden, es sei denn, daß die klinische Arzneimittelprüfung, wie z.B. psychochirurgische Versuche oder ein Test neuer Psychopharmake, außerhalb von Anstalten gar nicht durchführbar ist.

II. Bewußtlose

1. Mutmaßliche Einwilligung Vorübergehend willensunfähig sind die Personen, die im Augenblick der notwendigen biomedizinischen Forschung bewußtlos sind. Die medizinische Forschung an Bewußtlosen ist grundsätzlich zulässig, wenn es sich um therapeutische Heilversuche handelt. Ist der Proband auf der Grund einer Bewußtlosigkeit weder in der Lage, Inhalt der medizinischen Forschung selbst einzusehen und seine Entscheidungen hiernach zu bestimmen, noch repräsentiert durch einen gesetzlichen Vertreter, so kommt bei dringlichen Heilversuchen die mutmaßliche Einwilligung der Bewußtlosen in Betracht. In Anlehnung an § 734 II KBGB[9], der die Geschäftsführung ohne Auftrag regelt, sind Heilvesuche an Bewußtlosen zulässig, wenn sie seinem wirklichen oder mutmaßlich anzunehmenden Willen entsprechen. Die mutmaßliche Einwilligung kann jedoch nur herangezogen werden, wenn der Heilversuch an Bewußtlosen unaufschiebbar erscheint.

2. Antizipierte Einwilligung Im Koreanischen Gesetz gibt es derzeit keine Bestimmung über die Rechtsverbindlichkeit der antizipierten, also vorab erklärten Einwilligung, die der bewußtlose Kranke selbst in früherer Zeit gegeben hat. Die antizipierte Einwilligung kommt nur in Betracht, wenn der Proband im Zeitpunkt der aktuellen Forschung nicht mehr einwilligungsfähig ist.

Die Wirksamkeit der antizipierten Einwilligung ist in Korea noch umstritten. Nach herrschender Meinung ist die antizipierte Einwilligung der stellvertretenden Einwilligung oder der mutmaßlichen Einwilligung vorzuziehen. Eine in früherer Zeit erteilte Einwilligung bindet den Forscher jedoch nur, solange sie konkret die Teilnahme an einem bestimmten Forschungsvorhaben (z.B. Demenzforschung) umfassen kann.

3. Einwilligung durch den gesetzlichen Vertreter Nichteinwilligungsfähige können an klinischen Arzneimittelprüfungen als Probanden teilnehmen. Da aber die *Richtlinie zur Durchführung des Koreanischen Arzneimittelgesetzes* bei Arzneimittelprüfungen eine Einwilligung verlangt, darf an Stelle des nicht einwilligungsfähigen Bewußtlosen der gesetzliche Vertreter einwilligen, wenn sie dem Wohl des Bewußtlosen dienen.

---

[9] § 734 KBGB Inhalt der Geschäftsführung ohne Auftrag

> (2) Der Geschäftsführer hat das Geschäft mit Rücksicht auf den wirklichen oder mutmaßlichen Willen des Geschäftsherrn zu führen, wenn er den Willen kennt oder vermuten kann.

In Ausnahmefällen sind die biomedizinischen Forschungsvorhaben unter Beteiligung des Bewußtlosen zulässig. Unter dem Aspekt des § 28 der *Richtlinie zur Durchführung des Koreanischen Arzneimittelgesetzes* kann die Einwilligung ersetzt werden, wenn die medizinische Forschung einen unmittelbaren Nutzen für die Gesundheit des Bewußtlosen erwarten läßt. Eine bewußtlose Person darf mit der Einwilligung des gesetzlichen Vertreter der biomedizinischer Forschung unterzogen werden.

III. Geschäftsunfähige oder beschränkt geschäftsfähige Personen

Geschäftsunfähige oder beschränkt geschäftsfähige Personen[10] können jedoch ihre Einwilligung in die biomedizinische Forschung geben. Da die Einwilligung keine Willenserklärung ist und daher unter Einwilligungsfähigkeit nur die von der Geschäftsfähigkeit zu unterscheidende Einsichtsfähigkeit zu verstehen ist, ist eine geschäftsunfähige oder beschränkt geschäftsfähige Person auch in der Lage, die Einwilligung nach Aufklärung selbst zu geben, sofern sie Wesen, Bedeutung und Tragweite der biomedizinischen Forschung einzusehen und ihren Willen hiernach zu bestimmen vermag. Ist die beschränkt geschäftsfähige oder geschäftsunfähige Person einsichts- und einwilligungsfähig, so bedarf es nur ihrer Einwilligung, und ohne ihre Einwilligung darf keine biomedizinische Forschung vorgenommen werden.

Der Grundsatz der stellvertretenden Einwilligung für Minderjährige durch den gesetzlichen Vertreter gilt auch für geschäftsunfähige oder beschränkt geschäftsfähige Personen. Für die biomedizinische Forschung an Geschäftsunfähigen oder beschränkt geschäftsfähigen Personen kann der Forscher die freie Einwilligung der Personensorgeberechtigten nach entsprechender Aufklärung über die Maßnahmen einholen (§ 929 KBGB[11]). Auch hier ist § 28 der *Richtlinie zur Durchführung des Koreanischen Arzneimittelgesetzes* die Grundlage der klinischen Arzneimittelprüfungen mit geschäftsunfähigen oder beschränkt geschäftsfähigen Personen, die bei analoger Anwendung wiederum den Heilversuch abdeckt.

---

[10] Die beschränkt entmündigte Person ist beschränkt geschäftsunfähig. Nach Koreanischem BGB kann eine Person infolge Geistesschwäche oder wegen Verschwendung seines Vermögens durch das Gericht für beschränkt entmündigt erklärt werden(§ 9 KBGB). Geschäftsunfähig ist nach § 12 KBGB solche entmündigte Person, die wegen Geisteskrankheit entmündigt ist. An die Stelle der beschränkt entmündigten oder voll entmündigten Personen handeln im Rechtsverkehr ihre gesetzlichen Vertreter (§ 929 KBGB).

[11] § 929 KBGB Vormundschaft über Entmündigte

> Ein Vormund wird auch für denjenigen bestellt, der für voll oder beschränkt entmündigt erklärt wird.

C. Absicherung der Patientenautonomie am Ende des Lebens

I. Selbstbestimmungsrecht des Patienten

In der verfassungsrechtlichen Diskussion über die Absicherung der Patientenautonomie spielt vor allen Dingen das Selbstbestimmungsrecht des Patienten eine entscheidende Rolle. Art. 12 Abs. 1 der Koreanischen Verfassung gibt jedem das Grundrecht auf Leben und körperliche Unversehrtheit und bestimmt, daß die Freiheit der Person unverletzlich ist. Jeder Heileingriff berührt deshalb den Schutzbereich des Selbstbestimmungsrechts in der Koreanischen Verfassung, da dabei die körperliche Unversehrtheit des Patienten betroffen ist. Beim medizinischen Eingriff wird davon ausgegangen, daß der Heileingriff den Tatbestand des Art. 12 Abs. 1 der Koreanischen Verfassung erfüllt und daher durch einen Unrechtausschliessungsgrund gerechtfertigt werden muß. Daraus ergibt sich, daß die ärztliche Heilbehandlung grundsätzlich von einer durch jeweils ausreichende Aufklärung wirksamen Einwilligung des Patienten gedeckt sein muß, um als verfassungsmäßig angesehen werden zu können. Daher gilt heute das aus der Koreanischen Verfassung fließende Selbstbestimmungsrecht des Patienten als normativer Grund der Aufklärungspflicht im Arztrecht.

Nach der koreanischen Rechtsprechung und Literatur umfaßt im übrigen Art. 10 der Koreanischen Verfassung das Selbstbestimmungsrecht des Patienten. Die Koreanische Verfassung gewährt in Art. 10 den Schutz der menschlichen Würde und Menschenwert und ein allgemeines Persönlichkeitsrecht. Eigenmächtige, nicht vom Willen des Patienten gedeckte Heileingriffe stehen der Unverletzlichkeit der menschlichen Persönlichkeit entgegen, hat das Koreanische Verfassungsgericht als Entschliessungs- und Handlungsfreiheit interpretiert, dem folgt in ständiger Rechtsprechung der oberste Koreanische Gerichtshof.

Das Prinzip der Selbstbestimmung des Patienten ist jedoch nicht schlechthin schrankenlos, selbst wenn es den verfassungsrechtlichen Grundrechtsschutz genießt. Soweit die Rechte anderer verletzt werden können und es gegen die verfassungsmäßige Ordnung verstößt, wird der Selbstbestimmung des Patienten Grenzen gesetzt, die sich aus dem in Art. 12 der Koreanischen Verfassung nominierten Gesetzesvorbehalt ergeben[12].

II. Patientenautonomie aus zivilrechtlicher Sicht

Nach allgemein anerkannter Meinung und ständiger Rechtsprechung in Korea stellt der ärztliche Heileingriff tatbestandlich eine Körperverletzung dar, die durch die Einwilligung des Patienten gerechtfertigt ist. Die Einwilligung des Patienten, die nur

[12] Beispiele hierfür bietet die gesetzliche Impfpflicht, oder die Pflicht, bei bestimmten ansteckenden Krankheiten eine Behandlung zu dulden, wobei sogar unmittelbarer Zwang zu ihrer Durchführung angewendet werden darf.

wirksam ist, wenn er darüber informiert ist, worin er einwilligt, ist unentbehrliche Voraussetzung für jeden ärztlichen Eingriff und jede Behandlungsmaßnahme.

Der Einwilligung des Patienten steht die Verweigerung einer angeordneten medizinischen Behandlung durch den Patienten gleich, wie es für die antizipierte Behandlungsanordnung in Form des Patiententestaments typisch ist. Rechtliche Grundlage bildet das Selbstbestimmungsrecht des Patienten, das in Art. 12 Abs. 1 und Art. 10 der Koreanischen Verfassung verfassungsrechtlich garantiert ist.

Das Erfordernis der Einwilligung des Patienten in der medizinischen Behandlung ergibt sich darüber hinaus aus § 750 Koreanisches BGB.[13] Die koreanische Literatur und Rechtsprechung sieht in § 750 Koreanisches BGB das allgemeine Persönlichkeitsrecht formuliert, das als subjektives Recht auf Achtung der Persönlichkeit und aktive Handlungsfreiheit aufzufassen ist. Das allgemeine Persönlichkeitsrecht umfaßt die Befugnis, sich auch während der ärztlichen Behandlung selbst zu bestimmen.

Ausgeübt ermöglicht die Patientenautonomie oder das Selbstbestimmungsrecht des Patienten eine im Vorbereich der Erkrankung oder des Sterbevorgangs vorab geäußerte Zustimmung oder Verweigerung zu bestimmten medizinischen Behandlungen oder Heileingriffen, die letztlich nur auf eine qualvolle künstliche Verlängerung eines infausten Lebenszustandes abzielen. Der Wille des urteilsfähigen Patienten bindet den behandelnden Arzt und setzt ihn somit auch die Grenzen seiner ärztlichen Berufspflichten.

III. Formen der Hilfe im Sterben

1. Indirekte Sterbehilfe Hierunter versteht man bei Todkranken mit unerträglichen Schmerzen die Anwendung schmerzlindernder Mittel, die aber den Todeseintritt als Nebenfolge beschleunigen. In der koreanischen Literatur besteht es über die Straflosigkeit der indirekten Sterbehilfe Einigkeit. Die indirekte Sterbehilfe ist nicht strafbar, wenn der Patient unheilbar krank ist, unerträgliche Schmelzen hat, bewußt Sterbehilfe gefordet hat und die Sterbehilfe für die Verhinderung von weiteren Schmerzen erforderlich ist.

Probleme wirft die juristische Begründung der Straflosigkeit der indirekten Sterbehilfe auf. Die wohl herrschende Meinung geht davon aus, daß eine Rechtfertigung der indirekten Sterbehilfe unter dem Aspekt des § 20 Koreanisches StGB in Betracht kommt.[14]

---

[13] Nach § 750 Koreanisches BGB ist derjenige, der vorsätzlich oder fahrlässig einen anderen widerrechtlich verletzt, dem anderen zum Ersatz des daraus entstehenden Schadens verpflichtet.

[14] § 20 KStGB Rechtfertigende Handlung:

> Eine Handlung, die dem Gesetz oder dem Handelsbrauch entspricht oder die in der Gesellschaft geltende Sitte nicht verletzt, ist nicht strafbar.

In Rahmen der indirekten Sterbehilfe soll daher die Patientenautonomie oder das Selbstbestimmungsrecht des Patienten den Inhalt der ärztlichen Verpflichtungen oder das Leben des Patienten beschränken, so daß auf Grund der Patientenautonomie am Ende des Lebens dem Patienten therapeutische Maßnahme vorgenommen werden dürfen, die als unbeabsichtigte Nebenwirkung den Eintritt des Todes beschleunigen.

2. Aktive Sterbehilfe Unter aktiver Sterbehilfe wird der ärztliche Eingriff zur gezielten Tötung verstanden, um weitere Schmerzen zu verhindern. Nach wie vor steht die öffentliche Meinung in Korea der aktiven Sterbehilfe kritisch gegenüber.

Nach dem geltenden koreanischen Recht ist die aktive Sterbehilfe eines Schwerkranken auf dessen Wunsch im Prinzip eine strafbare Handlung. Wenn ein Arzt dem Patienten eine tödliche Injektion gibt, ist er als Mörder nach § 250 Koreanisches StGB strafbar. Die aktive Sterbehilfe ist aber nach § 252 I Koreanisches StGB strafbar, wenn der Arzt durch das ausdrückliche und ernstliche Verlangen des Patienten zur Tötung bestimmt worden ist. Es liegt damit klar auf der Hand, daß in der aktiven Sterbehilfe in aller Regel die ärztliche Verpflichtung, das Leben des Patienten zu erhalten, besteht.

3. Passive Sterbehilfe Passive Sterbehilfe ist die Beendigung einer begonnenen Behandlung oder Nichtaufnahme der medizinischen Maßnahmen. Mit anderen Worten: Bei passiver Sterbehilfe geht es um Abbruch oder Unterlassung der lebenserhaltenden Behandlung.

Dabei ist die Frage jedoch umstritten, ob passive Sterbehilfe veboten ist oder ob sie in Ausnahmefällen stattfinden darf. Nach überwiegender Meinung in Korea bleibt passive Sterbehilfe durch den Arzt unter Beachtung des Selbstbestimmungsrechts des Patienten straffrei, wenn folgende Bedingungen erfüllt sind:

(a) Der Patient muß selbst ausdrücklich und ernstlich mehrfach um Sterbehilfe gebeten haben;
(b) Der Patient muß an einer tödlichen Krankheit ohne Aussicht auf Besserung seines Zustandes leiden;
(c) Der Patient muß über alternative Schmerztherapien informiert worden sein.

IV. Patiententestament

1. Definition: Patiententestament Im Endzustand einer sicher zum Tode führenden, unheilbaren Krankheit kann ein Patient z.B. fordern, alle denkbaren und ärztlich möglichen Behandlungen zu ergreifen, um sein Leben zeitlich zu verlängern. Andererseits kann ein Patient aber versuchen, mit einer Patientenanweisung medizinisch lebenserhaltende Behandlungsmaßnahmen oder Heileingriffe nicht durchzuführen.

Die Patientenanweisung an den Arzt könnte in einem Patiententestament[15] enthalten sein. Das Patiententestament ist also die vom potentiellen Patienten vorweggenommene Verweigerung zum medizinischen Eingriff und bezieht sich in der Regel auf den Fall, daß sich ein Kranker bereits in einem terminalen Krankheitsstadium oder im Sterben befindet.

Wie der Begriff des Patiententestaments zu bestimmen ist, bleibt in der koreanischen Literatur und Rechtsprechung bis jetzt aber offen. In einigen Meinungen liest man zum Begriff des Patiententestaments, daß das Patiententestament ein Behandlungsveto der potentiellen Patienten ebenso wie tödlichen Erkrankten bedeutet, durch das der Arzt im Falle einer terminalen Erkrankung schriftlich angewiesen wird, auf lebensverlängernde Behandlungsmaßnahmen zu unterlassen. Folgt man der koreanischen Literaturmeinung, nach der sowohl ein Gesunder als auch ein Todkranker ein Patiententestament errichten kann, darf der für die Behandlung zuständige Arzt sich nicht über die testamentarisch dokumentierten Behandungsanweisungen des Patienten hinwesetzen.

2. Inhalt des Patiententestaments

a. Inhalt Grundsätzlich soll das Patiententestament den Willen des Patienten klarstellen, wenn sich er nicht mehr in der Lage ist, eine verbindliche Ablehnung ärztlicher Behandlungen abzugeben. Der Patient kann zum Beispiel verhindern, daß er gegen seinen Willen jahrelang im Falle einer zum Tode führenden Erkrankung mit Hilfe der maschinellen Medizin künstlich am Leben erhalten wird. Der Inhalt sollte zweifellos besagen, daß der Patient im terminalen Gesundheitszustand weder diagnostische noch therapeutische Heilbehandlung wünscht, die letztlich dazu dienen, sein Leben schmerzvoll zu verlängern.[16]

b. Form Nach Koreanischem BGB muß ein Testament in aller Regel schriftlich niedergelegt werden (§ 1060 KBGB[17]). Fraglich ist aber, ob das auch für das Patiententestament gelten soll. An sich besteht kein Formzwang, da Erklärungen in medizinischen Angelegenheiten auch in Form des Patiententestaments grundsätzlich formfrei erfolgen können. Das Patiententestament kann daher sowohl schriftlich, in mündlicher Form als auch durch schlüssiges Verhalten erfolgen.

---

[15] Im allgemeinen wird darunter eine schriftliche Erklärung eines potentiellen Patienten verstanden, nach der in bestimmten künftigen Krankheitssituationen künstliche Hilfsmittel nicht eingesetzt werden sollen.

[16] Weitergehend sind die folgenden Inhalte für das Patiententestament bedeutsam:
(a) An Patienten sollen keine ärztliche Maßnahmen vorgenommen werden;
(b) Der Patient wünscht keine Heilbehandlung von Begleitererkrankungen;
(c) Eine Heilbehandlung muß abgebrochen werden.

[17] § 1060 KBGB Formerfordernis für ein Testament
Ein Testament, das von einer in diesem Gesetz vorgeschriebenen Form abweichend errichtet wird, ist unwirksam.

Das formelle Patiententestament ist jedoch in jedem Fall zu empfehlen, um ausschließlich Beweiszwecken dem Arzt gegenüber zu dienen.[18] Nach der Auffassung in der Literatur und medizinischen Empfehlungen wird dem Patienten nahegelegt, folgende Gesichtspunkte seines Patiententestaments zu prüfen und sicherzustellen:

(a) Der Patient soll mit seinem Arzt oder vielleicht einem Rechtsanwalt sprechen.
(b) Das Patiententestament soll per Hand aufgeschrieben werden.
(c) Die Unterschrift von zwei Augenzeugen ist notwendig, um zu bezeugen, daß der Patient einwilligungsfähig war.
(d) Dem Patiententestament soll eine notarielle Beglaubigung beigelegt werden.
(e) Das Patiententestament muß aktuell sein.

3. Rechtsnatur des Patiententestaments Nach Koreanischem BGB bezieht sich eine letztwillige Verfügung auf die Zeit nach dem Tod des Testators. Das Koreanische BGB kennt die vermögensrechtlichen Vorverfügungen wie z.B. das Testament (§§ 1060 ff. KBGB) oder den Schenkung von Todes wegen (§ 562 KBGB[19]), durch die jemand über sein Vermögen für die Zeit nach seinem Tod eine Regelung trifft. Aber im Patiententestament wird die letztwillige Verfügung für medizinische Behandlung auf einen Zeitpunkt vorgezogen, zu dem der Testator unheilbar krank, aber noch lebend ist. Das Patiententestament regelt mit dem künstlich-apparativ verlängerten Sterbevorgang zeitlich eine Situation vor dem Tod. Deshalb ist das Patiententestament kein Testament im Sinne des Koreanischen Bürgerlichen Gesetzbuchs, sein Begriff ist sowohl dem KBGB als auch anderen koreanischen Gesetzen fremd.

In Korea wurde bisher zur Rechtsnatur des Patiententestaments nicht einheitlich Stellung genommen. Nach heute ganz überwiegender Auffassung in der koreanischen Literatur handelt es sich beim Patiententestament nicht um eine rechtsgeschäftliche Willenserklärung, sondern um eine schriftliche, einseitige Erklärung, durch die der potentielle Patient das rechtliche Schicksal seines Lebens für die Zeit in einem lebensbedrohenden Krankheitszustand oder bereits im Sterbensvorgang regelt. Generell läßt sich somit sagen, daß das Patiententestament die voraus geäußerte Verweigerungserklärung einer künstlichen Lebensverlängerung in Form eines schriftlichen Dokumentes darstellt.

---

[18] Nach koreanischem Gesetz trägt der Arzt die Beweislast für das Vorliegen des Patiententestaments, da der Arzt grundsätzlich die Beweislast dafür trägt, daß der Patient der Behandlung zugestimmt hat.

[19] § 562 KBGB Schenkung von Todes wegen

> Für eine Schenkung, die mit dem Tod des Schenkers wirksam wird, gelten die Vorschriften über das Vermächtnis entsprechend.

4. Zulässigkeit des Patiententestaments

a. Verbindlichkeit Die Wirksamkeit und Rechtsverbindlichkeit des Patiententestaments ist sowohl in Korea als auch international heftig umstritten. Bisher gibt es keine koreanische Rechtsprechung dazu, ob die vorab erklärte Verweigerung auch dann gilt, wenn der Wille des Patienten in einem Patiententestament niedergelegt wurde. In der Literatur wird teilweise das Patiententestament mit der Begründung abgelehnt, die Information gehe der Einwilligung voraus, und der Patient müsse wissen, wozu er seine Zustimmung verweigere. Folgt man der oben gesagten Auffassung, nach der jeder Patient grundsätzlich über sein Krankheitsbild vom Arzt aufgeklärt und informiert werden muß, bevor er einwilligt oder seine Zustimmung verweigert, so sei das Patiententestament mangels ärztlicher Aufklärung und Information rechtlich ausgeschlossen. Von der heute überwiegenden Mehrheit der koreanischen Juristen wird aber die antizipierte Verweigerung des Patienten für wirksam gehalten, wenn die im Patiententestament erteilte Lebensverkürzung die einzige Möglichkeit ist, die Schmerzen des Patienten zu beenden.

Dabei ist die Frage aber noch umstritten, ob die Einwilligung in einen ärztlichen Eingriff oder das schriftlich erklärte Patiententestament ein Rechtsgeschäft im Sinne des Koreanischen BGB (§§ 103 ff. KBGB) bedeutet oder ob die Verbindlichkeit der von potentiellem Patienten vorab geäußerten Verweigerungserklärung nach Regelungen der rechtsgeschäftlichen Willenserklärung im Koreanischen BGB zu beurteilen ist. Nach der in Korea herrschenden Meinung handelt es sich beim Patiententestament nicht um ein Rechtsgeschäft (§§ 103 ff. KBGB), sondern um die Ermächtigung zur Vornahme der Tathandlungen im Rahmen der medizinischen Behandlung, die als Rechtfertigungsgrund die Widerrechtlichkeit der unterlassenen ärztlichen Heileingriffen ausschließt.

b. Widerruflichkeit Eine der wichtigsten Problemkreise im Rahmen der Patientenautonomie am Ende des Lebens betrifft die Frage, ob die antizipierte schriftliche Verweigerungserklärung des Patienten jederzeit widerrufen werden kann. Nach koreanischem Gesetz ist ein Widerruf der rechtlich verbindlichen Willenserklärung nur möglich, wenn dem Erklärungsempfänger vorher oder gleichzeitig ein Widerruf zugeht. Jedes Vermögenstestament im Sinne des koreanischen Erbrechts ist unverbindlich, denn der Testator kann es jederzeit ohne Bedingungen zurücknehmen oder ersetzen.

Es besteht Einigkeit in der koreanischen Literatur dahingehend, daß die Einwilligung in medizinische Eingriffe zu jeder Zeit rückgängig gemacht werden kann. Ähnliche Meinungen finden sich auch in Diskussionen über das Patiententestament. Bejaht man die Widerruflichkeit der Einwilligung nach Aufklärung, so ergibt sich auch daraus, daß eine antizipierte Behandlungsanweisung an den Arzt in Form einer Verweigerung zu künstlicher Lebenserhaltungsmaßnahme oder eines Patiententestaments jederzeit widerrufen werden kann. Der Widerruf des Patiententestaments braucht nicht förmlich erteilt zu werden, und er sollte auch nicht schriftlich geschehen.

Die Problematik des Widerrufs des Patiententestaments liegt im Falle des bewußtlosen bzw. urteilsunfähigen Patienten. Ist der Patient infolge der Bewußtlosigkeit nicht in der Lage, seinen Willen rückgängig zu machen, kommt ein Widerruf des Patienten nicht mehr in Betracht. Nach der ganz überwiegenden Auffassung in der koreanischen Literatur ist beim Bewußtlosen davon auszugehen, daß der wirkliche Wille des dauerbewußtlosen Patienten in erster Linie entscheidet, sei er mündlich oder schriftlich kundgetan, oder sei er allein aus den Umständen zu schließen. Fehlt es an einer Äußerung gegen das Patiententestament, so können die Angehörigen befragt werden, die das menschlich nächste Interesse am Leben des bewußtlosen Kranken haben.

Vom mutmaßlichen Willen des kommunikations- bzw. verständnisunfähigen Patienten muß ausgegangen werden, wenn keine Angehörigen vorhanden sind, oder ihre Auskünfte keine Aufschlüsse ergeben. Zivilrechtlich ist der mutmaßliche Wille in Korea im § 734 I Koreanisches BGB[20] geregelt. Berücksichtigt wird aber hierbei, daß die im Vorfeld der Erkrankung verfaßte Erklärung zunächst gilt. Der Arzt kann deshalb nicht seine medizinische Auffassung an die Stelle des wirklichen oder mutmaßlichen Willens des bewußtlosen Patienten setzen und nur entsprechend seiner Erkenntnis handeln.

c. Willensmängel Nach Koreanischem BGB ist eine Willenserklärung bei Willensmängeln entweder unwirksam oder durch Anfechtung zu beseitigen (§§ 107 ff. KBGB[21]). Einigkeit besteht allerdings, daß im Patiententestament die Regelun-

[20] § 734 KBGB Inhalt der Geschäftsführung ohne Auftrag

(1) Wer ein Geschäft für einen anderen besorgt, ohne ihm gegenüber dazu verpflichtet zu sein, hat das Geschäft nach dessen Beschaffenheit so zu führen, wie es dem Interesse des Geschäftsherrn am besten entspricht.

[21] § 107 KBGB Mangel der Ernstlichkeit

(1) Eine Willenserklärung, die der Erklärende nicht ernstlich gemeint hat, ist trotzdem wirksam. Die Erklärung ist jedoch nichtig, wenn der andere Teil die Nichternstlichkeit kannte oder kennen mußte.
(2) Die Nichtigkeit der Erklärung des Absatzes 1 kann dem gutgläubigen Dritten nicht entgegengehalten werden.

§ 108 KBGB Scheingeschäft

(1) Wird eine Willenserklärung, die einem anderen gegenüber abzugeben ist, mit dessen Einverständnis nur zum Schein abgegeben, so ist sie nichtig.
(2) Die Nichtigkeit der Erklärung des Absatzes 1 kann dem gutgläubigen Dritten nicht entgegengehalten werden.

§ 109 KBGB Willenserklärung wegen Irrtums

(1) Eine Willenserklärung, die wegen Irrtums über einen wesentlichen Inhalt des Rechtsgeschäfts abgegeben worden ist, ist anfechtbar. Die Anfechtung ist jedoch ausgeschlossen, wenn der Erklärende infolge grober Fahrlässigkeit diesem Irrtum unterlegen ist.

gen der Willenserklärung (§§ 107 ff. KBGB) zur Anwendung kommen, da nach der koreanischen Literatur und Rechtsprechung auch in der rechtfertigenden Einwilligung des Patienten zum Heileingriff die Vorschriften über Willensmängel analog Anwendung finden.

Behält sich der Patient insgeheim vor, die antizipierte Verweigerung nicht zu wollen, so ist nach § 107 Koreanisches BGB die Erklärung nichtig, wenn der für medizinische Behandlungen zuständige Arzt den geheimen Vorbehalt kennt. Wird das Patiententestament nur zum Schein abgegeben, so ist es auch unwirksam, denn eine Scheingeschäft gemäß § 108 KBGB nichtig ist. Die Patientenverfügung zu Lebzeiten kann angefochten werden, wenn der Patient die antizipierte Verfügungserklärung infolge von Täuschung oder Drohung abgegeben hat (§ 110 KBGB). Darüber hinaus kann das irrtumsbehaftete Patiententestament angefochten werden, wenn der Irrtum einen wesentlichen Teil der Inhalte des Patiententestaments darstellt (§ 109 KBGB).

D. Das Verbot der Diskriminierung einer Person wegen ihres genetischen Erbes, insbesondere aus dem Blickwinkel der Pränatal- und Präimplantationsdiagnostik (auch des Arbeits- und Versicherungsrechts)

I. Pränatal- und Präimplantationsdiagnostik

1. Pränatale Diagnostik Interventionen im Rahmen der Pränataldiagnostik gehören heute bei einer Schwangerschaft zur medizinischen Routine. Bei der pränatalen (vorgeburtlichen) Diagnostik handelt es sich um eine Untersuchung von genetischen Krankheitsdispositionen durch die Analyse einzelner Gene beim ungeborenen Kind.

Das zentrale juristische Problem der Pränataldiagnostik ist die Frage nach der Zulässigkeit eines Schwangerschaftsabbruchs im Falle des Nachweises eines Gendefekts

---

(2) Die Anfechtung der Erklärung des Absatzes 1 kann dem gutgläubigen Dritten nicht entgegengehalten werden.

§ 110 KBGB Willenserklärung durch Täuschung oder Drohung

(1) Anfechtbar ist auch eine Willenserklärung, die durch arglistige Täuschung oder widerrechtlich durch Drohung veranlaßt worden ist.
(2) Hat ein Dritter die arglistige Täuschung oder die widerrechtliche Drohung bei Abgabe der Willenserklärung verübt, die einem anderen gegenüber abzugeben war, so ist die Willenserklärung nur dann anfechtbar, wenn dieser einen solchen Sachverhalt kannte oder kennen mußte.
(3) Die Anfechtung der Absätze 1 und 2 kann dem gutgläubigen Dritten nicht entgegengehalten werden.

mit Krankheitswert. Ist aufgrund eines positiven Befundes bei der pränatalen Diagnostik eine Erbkrankheit zu erwarten, so besteht für Betroffenen quasi ein sozialer Zwang zum Schwangerschaftsabbruch. Die Abtreibung von nicht geborenen Kindern führt schließlich dazu, daß die Existenzberechtigung jedes behinderten Menschen in Frage gestellt wird.

Nach § 14 des Koreanischen *Gesetzes für die Gesundheit von Mutter und Kind* vom 28.11.1987 ist der Schwangerschaftsabbruch straffrei, wenn eine medizinische Indikation vorliegt. Bei positiven Befunden der erblichen Krankheit von Schwangeren oder deren Ehegatten ist danach bei einer medizinischen Indikation ein Tatbestand gegeben, der den Abbruch der Schwangerschaft legalsiert.

2. Präimplantationsdiagnostik Die Präimplantationsdiagnostik ist eine genetische Diagnostik, die im Zusammenhang mit einer künstlichen Befruchtung durchgeführt wird. Bei der präimplantationalen Diagnostik geht es um menschliche Embryonen vor der Einpflanzung. Dabei wird einem im Reagenzglas gezeugten Embryo eine Zelle entfernt, die genetisch untersucht wird. Findet man dabei eine schwere genetische Schädigung, so wird der Embryo nicht in die Gebärmutter transferiert. Unter Präimplantationsdiagnostik versteht man aber auch die Diagnostik an einem Embryo mit Ziel der Veränderung der Erbmaterials, die zu einer Erkrankung führt.

In Korea fehlt es an einer spezialgesetzlichen Grundlage für die Zulässigkeit der Präimplantationsdiagnostik. Dazu gibt es auch keine Richtlinien, Leitlinien, Empfehlungen und Stellungnahmen. Man hält die Präimplantationsdiagnostik trotzdem unter engen Voraussetzungen für zulässig. Dagegen sind Geschlechtsbestimmungen ohne Krankheitsbezug aber keine Indikation zur Präimplantationsdiagnostik. Die Indikation kann nur solchen Eltern gestellt werden, deren Kinder ein Risiko der irreversiblen und mit schwerwiegendem Leid verbundenen Erkrankungen besteht. Einige Kritiker sind aber der Ansicht, daß die Untersuchung menschlicher Embryonen in vitro verboten werden soll.

II. Arbeits- und Versicherungsrecht

1. Arbeitsrecht Nach dem geltenden koreanischen Arbeitsrecht steht dem Arbeitgeber vor der Einstellung des Arbeitnehmer das Recht zu, bestimmte ärztliche Untersuchungen zu verlangen. Auf diese Weise könnten viele Arbeitnehmer mit einer Disposition zu einer schweren genetisch bedingten Krankheit vom Arbeitsmarkt ausgegrenzt werden. Eine Genomanalyse im Zusammenhang mit einem Arbeitsverhältnis ist daher nur zum Zweck arbeitsmedizinischer Vorsorge zulässig.

Arbeitsfähige behinderte Menschen sollen auf dem Arbeitsmarkt Möglichkeiten erhalten, eine der Behinderung angepaßte Arbeit zu finden. Die Arbeitgeber dürfen daher behinderten Personen eine Anstellung nicht verweigern, wenn sie die nötigen Qualifikationen für die betreffende Stelle erfüllen. Im Koreanischen *Gesetz über die Förderung der Arbeit für Behinderte* vom 13. 01. 1990 findet sich die Antidiskriminierungsbestimmung. Hinsichtlich der Diskriminierung einer Person mit Behinderungen enthält das Gesetz ein grundsätzliches Verbot(§ 4 II KGBAB). Das

Koreanische *Gesetz für das Wohl der Behinderten* vom 08.02 1999 regelt auch das Verbot der Diskriminierung wegen der Behinderung in allen Bereichen des gesellschaftlichen Lebens.

2. Versicherungsrecht Nach koreanischem Versicherungsrecht besteht für den potentiellen Versicherungsnehmer die Obliegenheit, gefahrerhöhende Umstände bei Abschluß einer Versicherung mitzuteilen. Auch gibt es spezielle Versicherungsverträge, bei denen eine gesetzlich normierte Pflicht des Versicherungsnehmers zur ärztlichen Untersuchung besteht. Vor allem ist es jedoch weitgehend möglich, daß der Versicherer vom Versicherungsnehmer eine genetische Analyse verlangt, wenn die Erkenntnis von gefahrerhöhenden Umständen auf dem Weg der Genomanalyse gewonnen wird.

In Korea gibt es noch kein Gesetz über das Verbot der Diskriminierung des Versichrungsnehmers wegen seiner genetischen Krankheit. Aber beim Abschluß der Versicherung kann der Versicherer Auskunft über Erkenntnisse aus genetischen Untersuchungen beanspruchen, wenn konkrete Anhaltspunkte für eine schwerwiegende Erbkrankheit erkennbar ist. Daraus könnte sich eine Diskriminierung genetisch behinderter Personen ergeben, wenn der Versicherer nach den durch die Genomanalyse festgestellten gefahrerhöhenden Umständen über den Abschluß der Versicherung oder die Höhe der Versicherungsprämie bestimmt.

E. Bindung genetischer Tests an Gesundheitszwecke

I. Gesetzentwurf über das Verbot des Klonens von Menschen

Bis heute gibt es in Korea bedauerlicherweise keine eigenständige gesetzliche Regelung über die Genomanalyse. Nach § 4 des *Gesetzentwurfes über das Verbot des Klonens von Menschen* sind die genetischen Tests nur zur Prognose und Erkennung von genetischen Krankheiten (z.B. Krebs) zu Gesundheitszwecken oder für gesundheitsbezogene wissenschaftliche Forschung erlaubt. Dort soll auch geregelt werden, daß der Eingriff in das menschliche Genom nicht vorgenommen werden darf, wenn er auf eine Veränderung des Genoms von Nachkommen abzielt und eine unbeabsichtigte Beeinflussung von Nachkommen als Nebenwirkung auftreten kann. Mit der Revision über das Gesetz für die Förderung der Gentechnologie soll geregelt werden, daß genetische Tests grundsätzlich nicht erlaubt sind und nur für Gesundheitszwecke und Forschung im Gesundheitsbereich vorgenommen werden dürfen.

II. Verbot der Geschlechtswahl nach dem Medizingesetz

Nach Koreanischem *Medizingesetz* vom 16.02.1973 ist Untersuchung beim Fötus für die Wahl des Geschlechts nicht erlaubt. Daher ist es verboten, mit Hilfe genetischer Eigriffe das Geschlecht eines künftigen Kindes aktiv zu bestimmen.

F. Der Schutz von Embryonen in der Forschung

I. Gegenwärtige Rechtslage

Die gentechnische Forschung unterliegt gegenwärtig in erster Linie den Bestimmungen des *Gesetzes für die Förderung der Biotechnologie*, das am 31.12.1983 vom koreanischen Parlament verabschiedet wurde. Zweck des Gesetzes ist die Förderung der Biotechnologie und der Schutz von Umwelt, Natur und Gesundheit vor den Gefahren der Anwendung biotechnischer Verfahren. Die Anwendung gentechnischer Verfahren am Menschen fällt aber nicht in den Anwendungsbereich dieses Gesetzes. Daher gibt es derzeit in Korea keine speziellgesetzliche Bestimmmung, die Fragen des Embryonenschutzes regelt.

II. Änderungsgesetz für die Förderung der Biotechnologie

Das *Änderungsgesetz für die Förderung der Biotechnologie* soll Fragen des Schutzes der in vitro gezeugten Embryonen klären. Der Entwurf des Änderungsgesetzes hält die Verwendung von menschlichen Embryonen zu Forschungszwecken ausnahmsweise unter den eng geschriebenen Voraussetzungen zulässig.

G. Rechtsfragen einer Züchtung menschlicher Zellen (Verwendung humaner embryonaler Stammzellen, Gentransfer zur Zellentwicklung)

In Korea gibt es noch keine spezielle gesetzliche Bestimmungen über die Züchtung menschlicher Zellen. Es besteht aber kein Zweifel daran, daß grundsätzlich jede Manipulation am menschlichen Leben nicht zulässig ist. Die öffentliche Meinung geht auch davon aus, daß die genetisch identische Reproduktion von Menschen verhindert werden soll. So hat z.B. das Koreanische Komitee UNESCO die rechtliche Zulässigkeit des Klonens zur Herstellung von Menschen untersucht. Als Ergebnis der Consensus Conference der Koreanischen Komitee UNESCO vom 13.09.1999 in Seoul verabschiedete das Koreanische Komitee UNESCO in einem Sitzungsprotokoll zum Verbot des Klonens von Menschen eine von der Öffentlichkeit vielbeachtete Stellungnahme.

Der *Gesetzentwurf über das Verbot des Klonens von Menschen* soll die Grenzen für die Gentechnologie ziehen, und das Klonen von Menschen, das unnatürliche Schaffen von identischen Doppelgängern verbieten. Danach ist das Klonen von Menschen strafbar: Wer künstlich bewirkt, daß ein menschlicher Embryo mit identischen Erbinformation wie anderer Embryo, ein Fötus oder ein Verstorbener entsteht, wird mit Freiheitsstrafe bis zu zwei Jahren bestraft(§§ 4, 19 *Gestzentwurf über das Verbot des Klonens von Menschen*). Dabei sind alle Techniken umfaßt, die dem künstlichen Erschaffen eines genidentischen Menschen dienen, sei es im Zusammenhang mit der Technik des Klonens von Zellen als sochen, Verwendung humaner embryonaler

Zellen im Rahmen des Klonens oder im Zusammenhang mit dem Embryonalzellteilung (Embryo Splitting) oder Zellkernübertragung. Die Klonierung bei Verwendung menschlichen Erbguts ist daher ohne Rücksicht auf die Art der angewandten Technik strafbar.

Vor allem ist die Herstellung eines menschlichen Klons zu kommerziellen Interessen oder zur Schaffung eines Organ- oder Gewebespenders soll verboten. Nach dem Gesetzentwurf hinsichtlich des Verbot des Klonens von Menschen soll aber die Verwendung von menschlicher embryonaler Zellsubstanz zu genetischen Forschungszwecken und zu therapeutischen Zwecken, z.B. bei Krebs und zahlreichen Erbkrankheiten, zulässig sein. Forschungsarbeiten im Rahmen der Embryonenforschung stehen grundsätzlich unter den Genehmigungsvorbehalten der Bioethikkommission.

Ein prinzipielles Verbot der Klonierung von Menschen soll auch für die Erzeugung von Chimären- und Hybridwesen aus Mensch und Tier gelten. Der *Gesetzentwurf über das Verbot des Klonens von Menschen* soll insbesondere die Schaffung von Mensch-Tier-Hybriden oder von Chimären durch Verschmelzung mehrerer befruchterer Eizellen unter Strafe stellen.

H. Die Bedeutung einer unabhängigen und interdisziplinären Prüfung von Forschungsvorhaben (z.B. durch Ethikkommissionen)

I. Zur klinischen Arzneimittelprüfung

In Korea gibt es erst seit einigen Jahren eine Ethikkommission für klinische Arzneimittelprüfungen. Die *Korea Food and Drug Administration* (KFDA) erließ Richtlinie über die Verwaltung der klinischen Arzneimittelprüfung, wonach die Pflicht zur Anrufung von Ethikkommissionen - in Korea Institutional Review Board (IRP) genannt - vor der Durchführung der klinischen Prüfung eines Arzneimittels gesetzlich vorgeschrieben ist. Die Richtlinie bestimmt, daß vor der klinischen Prüfung eines Arzneimittels eine Ethikkommission angerufen werden muß. Die Ethikkommission ist nach Richtlinie in der Regel an klinischen Prüfungsinstituten zu errichten und besteht aus fünf Mitgliedern aus dem medizinischen, juristischen und religiösen Bereich. In erster Linie sind sie dazu berufen, Recht, Sicherheit, Wohl des Probanden zu schützen und den Probanden vor gefährlicher Prüfung zu bewahren. Zu diesem Zweck hat die Ethikkommission im wesentlichen folgende Aufgaben:

(a) Sie hat zu prüfen, ob sich der Forscher durch genügende Vorprüfungen in einen Wissensstand versetzt hat, der es ihm ermöglicht, sowohl die Gefahr der Prüfung als auch deren Erfolgsaussichten richtig abzuschätzen.
(b) Sie muß beurteilen, ob es ethisch verantwortbar ist, den Probanden den Gefahren der Prüfung auszusetzen.
(c) Sie muß prüfen, ob die Einwilligung des Probanden nach hinreichender Aufklärung gesichert ist.

(d) Sie muß überwachen, ob die Prüfung im Einklang mit den Gesetzen und Richtlinien durchgeführt wird.

In Korea wird jede Entscheidung einer lokalen Ethikkommission von der zentralen, der *Korea Food and Drug Administration* unterstehenden Ethikkommission überprüft. Die zentrale Ethikkommission kann die Entscheidung der lokalen Ethikkommission revidieren.

II. Zur biomedizinischen Forschung

Die gesetzliche Verpflichtung zur Beratung durch Ethikkommissionen bei biomedizinischen Vorschungsvorhaben ist in Korea noch nicht normiert. Die Anrufung zur Beratung von medizinischen Forschungsvorhaben ist ausschließlich durch die ärztliche Berufsordnung geregelt. Für den Bereich der Biotechnologie hat aber das Koreanische *Gesetz für die Förderung der Biotechnologie* festgelegt, daß die biotechnologische Forschung nur begonnen werden darf, wenn sie zuvor von der Kommission für die gesamt biotechnologische Politik zustimmend bewertet worden ist.

Für die Kontrolle der biomedizinischen Forschung gibt es in Korea einen *Gesetzentwurf über das Verbot des Klonens von Menschen* (Cloning Prohibition Act), der zur Zeit in Beratung bei der Koreanischen Parlamentarischen Versammlung liegt. Wenn das Gesetz verabschiedet, wird damit hinsichtlich des Klonen von Menschen erstmalig in Korea eine gesetzliche Grundlage für die Tätigkeit von Bioethikkommissionen geschaffen. Nach § 4 dieses Entwurfes ist die Forschung des Klonens von Menschen nur unter Aufsicht der Bioethikkommission zulässig. Zunächst erstreckt sich diese Regelung ausschließlich auf die klinische Forschung, sie dürfte jedoch Auswirkungen auf alle Bereiche der biomedizinischen Forschung haben. Insbesondere besteht nach dem Änderungsentwurf zum Koreanischen Gesetz für die Förderung der Gentechnologie die Pflicht, eine Ethikkommission für die Biotechnologie oder Ethikkimmission für die Sicherheit der Biotechnologie vor der Durchführung der biotechnologischen Forschung anzurufen.

SLO – Country Report Slovenia

Prof. Dr. Jože V. Trontelj

The National Medical Ethics Committee
University Institute of Clinical Neurophysiology,
Medical Center Ljubljana

A. Introduction

Slovenia has had an ethics committee at the national level since late seventies, thus among the first countries in Europe. It was initiated by the late Dr. Janez Milčinski, Professor of Forensic Medicine. Already in the mid-sixties, a committee was set up at the Faculty of Medicine, University of Ljubljana, with a task of reviewing ethical acceptability of all research protocols submitted as theses for D.Sc. Degree in medical sciences. It developed guidelines for the researchers based on the provisions of the original Helsinki Declaration, including the suggested format of the application for ethical evaluation of a protocol with the accompanying documents. The guidelines were updated with the Tokyo version of the Declaration (Milčinski, 1977, 1978). Fifth year medical students, and more recently, both second and fifth year students have been given excellent courses in medical ethics and deontology, and postgraduates in family medicine have a course in medical ethics and medico-legal matters. Considerable attention has been given to research ethics. Since 1977, Slovenia has had a National Medical Ethics Committee (NMEC), reviewing all medical research protocols in the country, but also entrusted with broader tasks and competence in ethical matters in medicine.

This longstanding respectable tradition in medical ethics has certainly influenced ethical sensitivity and attitudes of medical practitioners and researchers in the country; as a result, we have seen very few cases of ethically objectionable research on human beings during the past four decades. Furthermore, Slovenia has enjoyed an early and effective legislation in ethical and legal aspects of medicine.

The tasks of the Committee were redefined in 1995, when new statutory regulation was passed by the government. The NMEC is now a consultative body, whose task is to study ethical issues in medicine and give opinion upon request by the Parliament, Minister of Health, National Health Council, Chamber of Physicians, various health institutions and citizens. The NMEC may also adopt its position on ethical issues upon its own initiative.

In the recent years, the NMEC has substantially contributed to drafting the laws on organ transplantation, on medically assisted procreation and on gene technology. It has also been asked to comment on a number of other laws in the parliamentary procedure. The documents prepared by, and the discussions held in the Steering Committee on Bioethics of the Council of Europe on these topics have been of great value during the drafting of these laws.

The NMEC has also published a number of position papers: on euthanasia and physician-assisted suicide, on the status of non-medical healing practices, on the right of Jehovah's witnesses to refuse blood transfusion on behalf of their children, on enforced medical examination of persons in police investigation, on the Convention for the Protection of Human Rights and Dignity of the Human Being With Regard to the Application of Biology and Medicine, and on the Additional protocol to the Convention on the prohibition of cloning of human beings. It is presently preparing an opinion on withdrawing of treatment and nursing care of patients in permanent vegetative state. The members have been active in public debate on a number of these and other issues and have often presented the views of the Committee in public media. Moreover, they have been available to practising physicians for an *ad hoc* advice in ethical problems associated with medical care in individual cases.

The Committee currently still reviews a majority of research projects involving human subjects in Slovenia, although a reform of this system is being contemplated, whereby a specialised research ethics committee will be set up. Slovenia participated in the DEBRA project of the Council of Europe with the support by the European Union on ethical review of biomedical research on man and had a bilateral seminar in 1998 and a regional meeting in 1999.

The NMEC Chairman is also serving as the Slovene delegate to the Steering Committee on Bioethics of the Council of Europe (the CDBI), a member of its Bureau and a member of its Working Party drafting the Protocol on Biomedical Research.

B. Recent developments

In July 2000, a law on *medically assisted reproduction* (MAR) was passed after a two years' discussion in various bodies, which attracted considerable public attention. A lobby backed by private interests pledged for a rather liberal law that would leave relatively free hands to fertility clinics, opening the way for a variety of ethically questionable practices. The original draft law submitted by the Ministry of Health and backed by the National Medical Ethics Committee was more restrictive, but as a result of some political manipulation, the above mentioned liberal draft was the first to enter the parliamentary procedure. It took a lot of time and effort to amend this bill and the NMEC had a crucial role in reintroducing the ethically important provisions. Among other things, the law prohibits posthumous fertilisation, assisted conception in females beyond the normal reproductive age, trafficking with gametes and embryos. It imposes strict rules for the use of supernumerary embryos in research. It prohibits the creation of embryos for research. MAR techniques may not be used for the selection of sex except in a case where severe sex-linked disease is to be avoided. MAR techniques may also not be used in order to acquire cells, tissues or organs for transplantation. Any attempt at altering the genome of the gametes or embryo with a view to changing the genetic traits of the future child is prohibited. Surrogate motherhood and embryo donation are prohibited. MAR with donated gametes (either sperm or oocytes, but not both) is allowed as an exception, with the approval of an independent committee, provided for by the law.

One of the provisions only allows prenatal and pre-implantation diagnosis for genetic disorders of a severe nature. Attempts were made by some parliamentarians to relax this provision, but were unsuccessful. Another provision only allowed MAR for married or stable extramarital heterosexual couples. The exclusion of single women provoked considerable public debate, and an outrage of feminist and lesbian groups. The law also calls for an efficient supervisory monitoring by an independent body, similar to HFEA in the U.K., to ensure not only the proper professional standards but also respect for ethical views and interests of the society. The requirement of a specified internal review effectively rules out the possibility of offering the MAR services by small private clinics.

These principles gained support at a recent interdisciplinary conference of medical professionals and lawyers. After a long and heated political and public debate both in the Parliament and in the media, the Parliament's Committee for Health, Family and Social Affairs finally adopted most of the views of the National Medical Ethics Committee and nearly all were accepted by the Parliament.

However, a group of parliamentarians from the Liberal Democratic Party was quick to propose an amendment to the law which would authorise medically assisted reproduction also to single women without a male partner, regardless of whether they have a fertility problem or not. Considering the changed balance of power after the parliamentary elections in 2000 and the strong pressures involved, the amendment has considerable chances of being accepted.[1]

The field of *biotechnology* is another topic of both professional and public interest. A recent symposium open to general public allowed for a balanced public debate on the ethical issues arising from the use of gene technology, particularly in agriculture and animal farming, but also in human medicine. A draft law is presently in the parliamentary procedure, and until it is adopted, a moratorium is in place, e.g. on all field experiments in agriculture as well as on importation of genetically modified food. The symposium allowed voices of lay public to be heard, e.g., the consumers' organisation, environmentalists, NGOs for sustainable development, etc., resulting in a reasonably good and tolerant discussion.

In March 2000, a new *law on transplantation* entered into force. The law is in nearly full accordance with the provisions of the Draft Protocol on Organ Transplantation to the Oviedo Convention, as adopted by the Steering Committee on Bioethics in June 2000. The law has made possible the founding of Slovenia-Transplant, a non-profit organisation for international exchange of organs. An independent committee for ethical issues in transplantation has also been set up. Transplantation medicine is well established in Slovenia, and public attitude towards organ donation after death is rather favourable, with only about 30 % of the cases where relatives refuse to give their consent. Electronic health and social security card, which was introduced

[1] This in fact happened. However, the opposition asked for a legislative referendum, which took place after a 2 months' heated public discussion. The most fervently debated provision was the one that made assisted reproduction available to women without male partners and with no fertility problem. In June 2001, the public vote rejected the amended law with a nearly 3:1 majority.

in the recent months, optionally contains the holder's statement about whether he or she wishes or does not wish to donate organs after death. The coded information is only accessible in a special procedure in order to protect the holder from any possible misuse. Recently, and in connection with the law, a public debate was opened on the concept of brain death and on reliability of its diagnosis, in which the National Medical Ethics Committee had a final word.

The *hospice movement* is growing fast and recently held its first symposium on palliative care. In addition, the Open Society Institute of Slovenia organised an Albert Schweitzer Conference on Hospice and Palliative Care, with a strong international faculty. A conference of the Slovene Society for the Treatment of Pain also focused on ethics in the management and research of pain, in particular in terminal disease. Upon the initiative of the NMEC, the conference submitted a formal appeal to the National Health Council and the Parliament's Committee for Health, Family and Social Affairs to start implementing the Recommendation 1418 by the Council of Europe's Parliamentary Assembly on Protection of the human rights and dignity of the terminally ill and the dying.

Recently, a law has been passed on *animal protection*, which among other things, regulates the use and protection of animals in experimental medicine and in teaching university students.

A growing number of parents are refusing to have their children vaccinated against infectious diseases as part of the obligatory immunisation programme. The National Medical Ethics Committee was requested to adopt its views on *parents' right to refuse vaccination in the name of their infants and children*. The opinion was published and has triggered a vivid public debate, both in the media and in meetings between the professionals and the lay public.[2]

Slovenia is among the few so-called *countries in transition* in which public health care system hasn't collapsed due to economic or political reasons. Nevertheless, it shares the world-wide problems of the increasing gap between the possibilities offered by medicine and their affordability for public money. Changes in organisation and financing of public health care are inevitable and there is considerable debate on *ethics of resource distribution in public health*.

[2] A society for free choice (in the vaccination programme) was formed which launched an initiative to the Constitutional Court to determine if the current legal provisions on compulsory vaccination are in fact in disagreement with the constitutional right to protection of personal integrity and self-determination. The Constitutional Court decided that it is not.

TJ – Landesbericht China

Prof. Dr. Dai Kuisheng

Deutsch-Chinesisches Institut für Wirtschaftsrecht,
Universität Nanjing

A. Sterbehilfe in China

Die Begriffe »Euthanasie« oder »Sterbehilfe« sind in der chinesischen Geschichte nicht auffindbar. Erst in den achtziger Jahren des letzten Jahrhunderts begann man über das Thema nachzudenken und ein Begriff wurde gefunden (anlesi, mit den Zeichen für Frieden, Freude und Sterben). Seither hat sich in vielen wissenschaftlichen Kreisen eine weitgreifende Diskussion entwickelt.

I. Stand der öffentlichen Diskussion

Als Pionierleistung gilt die erste Volksbefragung aus dem Jahre 1986 in den Städten Beijing und Wuhan, durchgeführt von dem Gelehrten Qiu Renzong aus der Chinesischen Akademie für Sozialwissenschaft. Die Umfrage ergab, dass 62 % der befragten Personen Sterbehilfe generell befürworten.

Im November 1987 befragten die Professoren Guo und Geng aus einer Medizinhochschule in der Provinz Hubei Arbeiter, Bauern und Ärzten in der Stadt Baodin. Auch hier sprachen sich 61,59% der Befragten für Sterbehilfe aus.

1988 hat Professor Wang aus dem Institut für Geriatrie im Ostchina-Krankenhaus in Schanghai berichtet, dass nach seinen Erkenntnissen 54,4%-63,6% der Shanghaier Bevölkerung Sterbehilfe befürworten. Gleichzeitig wurden Zahlen von Umfragen in Beijing veröffentlicht, wonach 79,8% von 500 befragten Personen sich für Sterbehilfe in China ausgesprochen haben.

Fast gleichzeitig mit den oben genannten Umfragen begann auch in verschiedenen Zeitungen und Zeitschriften die Berichterstattung über Fälle der Sterbehilfe. Wie z. B.: »Sterbehilfe in Schanghai in aller Stille durchgeführt« (aus der Tageszeitung Befreiung vom 12.06.1988), »Fälle der Sterbehilfe mit Kleinkindern werden seit Jahren in aller Stille durchgeführt« (aus: Beijinger Jugend vom 12.07.1988), »Sie ist durch Sterbehilfe gestorben« (aus: Beijing-Zeitung vom 02.02.1990). Dieser Artikel behandelt den Prozess wegen Sterbehilfe gegen Zhou Tingying, dem Vizedirektor eines Computerzentrums der Chinesischen Akademie. Sowie ein Artikel aus einer Kantoner Zeitschrift mit dem Untertitel: »Wieso befürworte ich Sterbehilfe?«,erschienen im Juni 1992 in der Zeitschrift Jahresblatt für Sonderbezirke veröffentlicht.

II. Wissenschaftliche Diskussion

Da das Thema Sterbehilfe immer weiter in das öffentliche Interesse rückt, wurden in den 80'er Jahren zwei große Symposien zu diesem Thema durchgeführt

Am 24.12.1987 fand das 1. Symposion in Beijing statt, gemeinsam organisiert vom Institut für Philosophie der Chinesischen Akademie und dem Chinesischen Institut für Naturdialektik. In den Grundsätzen gab es keine größeren Auseinandersetzungen. Allgemein wurde Sterbehilfe befürwortet und keine wichtigeren Fragestellungen in rechtlicher, ethischer oder sozialer Hinsicht formuliert. Die allgemeine Meinung hielt Sterbehilfe in China für akzeptierbar, allerdings konnten auch die Grenzen der Sterbehilfe nicht definiert werden.

Im Zentral-Volksrundfunk wurden Auszüge der Diskussionen des Symposions ausgestrahlt und die Zuhörer gebeten, sich zu diesem Thema zu äußern. Für viel Öffentlichkeit sorgte Deng Yingchao, Frau des verstorbenen Ministerpräsidenten Zhou Enlai, die dem Rundfunk schrieb: »Ich unterstütze Ihre mutige Sendung und Ihren Vorschlag zur offenen Diskussion. Ich sehe Sterbehilfe als ein materialistisches Problem. In meinem Testament habe ich festgelegt, dass ich auf medizinische Eingriffe verzichte, wenn es mit mir zu Ende geht und mein Leben nur durch medizinische Hilfe verlängert werden kann.« Auch generell sprach sich Deng Yingchao für Sterbehilfe aus.

Der Erfolg dieses Symposion lag vor allem in der Öffentlichmachung der Diskussion. Seitdem widmet die Öffentlichkeit diesem Thema viel Aufmerksamkeit.

Vom 5. bis 8. Juli 1998 fand das erste landesweite Symposion unter dem Titel »Soziologische, ethische und rechtliche Probleme der Sterbehilfe« an der Medizin-Universität in Shanghai statt. An diesem Symposion nahmen 100 Gelehrte und Experten aus Medizin, Recht und Ethik aus 17 Provinzen und regierungsunmittelbaren Städten in China teil. Diskutiert wurden alle medizinischen, rechtlichen, soziologischen und ethischen Probleme der Sterbehilfe, dabei konnte viel tiefer in der Materie eingestiegen werden als in dem vorangegangenen Symposion im Jahr 1987. Es bestand Einigkeit darüber, dass hier nicht nur medizinische und rechtliche sondern auch soziologische und ethischer Probleme gelöst werden müssten. Obwohl im Grundsatz Einigkeit herrschte, wurden Einzelfragen streitig diskutiert. Ob Sterbehilfe ethisch vertretbar ist? Welchen gesellschaftlichen Wert sie hat? Ob gesetzliche Regelungen notwendig sind? u.s.w.

Betreffend die Frage, ob Sterbehilfe gesetzlich geregelt werden müsste, kristallisierten sich zwei Standpunkte heraus: Ein Teil der Teilnehmer hielten die baldige Verabschiedung eines Gesetzes zur Regelung von Sterbehilfe wegen des starken Bedürfnisses in der Gesellschaft für angezeigt, während ein anderer Teil eine gesetzliche Regelung für zu früh erachtete, weil die Diskussion noch nicht abgeschlossen sei.

Zur Begründung wurde ausgeführt: Eine gesetzliche Regelung bedarf einer umfangreichen und eingehenden Diskussion, die bisher nicht durchgeführt wurde. Eine unzureichende gesetzliche Regelung führt zu Missbrauch. Und schließlich muss der Schwerpunkt vorerst auf der Behandlung und Pflege der Kranken liegen, bevor Sterbehilfe zur Erleichterung für den Sterbenden durchgeführt werden darf.

Obwohl das Symposion zu diesen Fragen keine einheitlichen Ergebnisse hervorbrachte, gilt es als bahnbrechend in der chinesischen Diskussion. Das Symposion hat Grundlagen für den weiteren wissenschaftlichen Austausch geschaffen.

III. Euthanasie bei der Justizpraxis in China

Wie oben aufgezeigt trifft Sterbehilfe allgemein in der Volksmeinung auf Akzeptanz. Mit der steigenden gesellschaftlichen Zustimmung steigt offenbar auch die Zahl der Fälle, in denen Sterbehilfe öffentlich bekannt wird. In Ermangelung spezieller gesetzlicher Regelungen bleibt auch in China nur der Rückgriff auf die allgemeinen Regelungen der Tötungsdelikte im chinesischen Strafgesetzbuch. Danach ist aktive Sterbehilfe ohne Zweifel strafbar.

In den achtziger Jahren wurden mehrere Fälle von Sterbehilfe gerichtlich verhandelt, darunter auch der Hanzhong-Fall, der die Gerichte sechs Jahre beschäftigte und schon deshalb zu den bekanntesten Fällen des Landes gehört.

Folgender Tatbestand:

Die Mutter des Angeklagten Wang Mingchen, Frau Xia Suwen, 59 Jahre alt, war seit Oktober 1984 krank. Der Arzt stellte die Diagnose Leberzirrhose / Bauchwassersucht. Im Juni 1986 verschlechterte sich der Zustand der Kranken. Wang Mingchen ließ sie im Infektionskrankenhaus der Stadt Hanzhong behandeln. Der Arzt Pu bestätigte die Diagnose Leberzirrhose-Bauchwassersucht. Am 28. Juni wurde festgestellt, dass es für einen Behandlung zu spät sei. Bald darauf baten Wang Mingchen und seine jüngere Schwester den Arzt Pu, das Leben ihrer Mutter zu beenden. Pu verweigert zunächst seine Hilfe. Nachdem Wang und seine Schwester erklärten, dass sie die Verantwortung für alle schwerwiegenden Folgen zu übernehmen bereit wären, stellte der Arzt ein Rezept über 100 mg eines chinesischen Schlafmittels aus. Wang unterschrieb das Rezept und verlangte daraufhin noch am gleichen Tag von der Krankenschwester, das Schlafmittel zu injizieren. Die Krankenschwester (eine Praktikantin) weigerte sich erst, spritzte dann aber 75 mg des Schlafmittels in die Venen der Mutter. In der Nacht stellte ein anderer Arzt namens Lie ein weiteres Rezept über 100 mg Schlafmittel aus und spritzte es der Kranken. Am 29. Juni war Xia tot.

Im Juli 1986 zeigten zwei weitere Töchter der Mutter (zwei ältere Schwestern von Wang Mingchen) ihre Geschwister und die behandelnden Ärzte bei der Staatsanwaltschaft an. Im September wurden die Ärzte Pu und Lie und die Geschwister Wang verhaftet. Im Dezember wurden alle vier wieder freigelassen. Im September 1987 wurde Pu und der Bruder Wang wieder verhaftet. Am 8. Februar 1989 erhob die Staatsanwaltschaft der Stadt Hanzhong beim Volksgericht der Stadt Hanzhong Anklage wegen absichtlicher Tötung.

Am 15. März 1990 verhandelte das Volksgericht diesen Fall. In der Anklageschrift wurde dem Oberarzt vorgeworfen, die ärztliche Behandlungsordnung absichtlich missachtet und die Praktikantin zur Injektion gezwungen zu haben. Er hat den in der Nachtschicht behandelten Arzt angewiesen, das selbe Medikament zu rezeptieren und sich damit auch den Weisungen des Direktors des Krankenhauses widersetzt. Diese rechtswidrige Sterbehilfe erfüllt den Tatbestand des § 132 des Strafgesetzes der VR China (absichtliche Tötung).

Der Staatsanwalt hat im Prozess folgendes erklärt:

1) Die Angeklagten handelten mit dem Vorsatz (Subjektivabsicht), den baldigen Tod der Kranken herbeizuführen.
2) Die Angeklagten haben auch objektiv, den Eintritt des Todes beschleunigt und damit das Leben der Kranken verkürzt.
3) Die Angeklagten wussten, dass sie rechtswidrig und entgegen den Weisungen des Vorgesetzten handeln.

Deswegen ist der Tatbestand der vorsätzlichen Tötung bei beiden Angeklagten erfüllt. Der Staatsanwalt stellte fest, dass eine es der wichtigen Aufgaben des »Strafgesetzes der VR China« sei, die Unverletzlichkeit einer persönlicher Rechte zu schützen. Das Leben eines jeden Bürgers ist ein solches persönliches Recht und muss von Recht und Gesetz geschützt werden. Die Tat der Angeklagten berge in sich auch die soziale Gefahr der Nachahmung. Ein Verzicht auf Bestrafung im vorliegenden Fall stieße das Tor zur willkürlichen Anwendung von lebensverkürzenden Maßnahmen unter dem Deckmantel einer legalen Sterbehilfe auf. Mangels einer gesetzlichen Regelung sei Sterbehilfe in China nach wie vor rechtswidrig und deshalb weiterhin nach den Normen des Strafrechts zu beurteilen.

Der Verteidiger der Angeklagten erklärte, dass die Ursachen des Todes von Xia Suwen ihre unheilbare Krankheit, Leberzirrhose in der letzten Periode, schwere Ermattung der Leberzelle und dadurch bedingte schwerwiegende Beeinträchtigungen des Gehirns gewesen seien. Das Schlafmittel sei zwar kontraindiziert, könnte aber in der verabreichten Menge regelmäßig nicht den Tod eines Menschen herbeiführen. Die Kranke sei nicht vergiftet worden sondern an Ihrer Erkrankung gestorben. Zwischen den Handlungen der Angeklagten und dem Tod von Xia bestehe keine Kausalität. Der Verteidiger wandte darüber hinaus ein, dass es für eine strafrechtliche Verfolgung von lebensverkürzenden Maßnahmen bei Schwerstkranken keine vernünftige Begründung gäbe. Das chinesische Strafrecht verlange für die Strafwürdigkeit einer Handlung Sozialgefährlichkeit, Strafrechtswidrigkeit und Strafbarkeit. Auch wenn nach dem chinesischen Recht Sterbehilfe nicht ausdrücklich erlaubt sei, so können sie doch mangels Strafrechtswidrigkeit und Sozialgefährlichkeit nicht unter strafrechtliche Normen subsumiert werden.

Nach der geltenden Strafrechtstheorie bedarf es für die Strafbarkeit einer Handlung: ein Subjekt und ein Objekt des Verbrechens sowie die Erfüllung eines subjektiven und eines objektiven Tatbestands. Für die Erfüllung des Tatbestands einer vorsätzlichen Tötung fehle im vorliegenden Fall die Einsicht, eine strafbare Handlung zu begehen (Verbotsirrtum). Die Angeklagten handelten, um die Qualen der Kranken zu verkürzen und waren sich nicht der Begehung einer Straftat bewusst.

Außerdem entfiele für lebensverkürzende Maßnahmen unter den folgenden Bedingungen die Strafwürdigkeit: Ursache des Todes sind die unerträglichen Qualen der Kranken und deren Willen, dem Leben ein Ende zu bereiten. Die lebensverkürzenden Maßnahmen stellen sich als eine barmherzige Handlung dar und entsprechen dem Interesse der Kranken.[1]

In seinem Urteil begründet das Gericht wie folgt begründet: Die Hauptursache des Todes der Xia war die Gehirnkrankheit in Verbindung mit der Leberzirrhose. Die Injektion von 175 mg des Schlafmittel hätte bei einem gesunden Menschen nicht den Tod verursachen können. Das Schlafmittel ist nicht kausal für den Tod, sondern hat lediglich den Ohnmachtszustand der Kranken vertieft und das Sterben und damit die Qualen verkürzt. Am 7. Mai 1991 hat das Gericht nach einer mehr als ein Jahr dauernden Verhandlung entschieden, dass beide Angeklagten die Tat zwar absichtlich begangen und dadurch das Lebensrecht der Bürgerin entzogen haben, mangels Schwere der Schuld und mangels Gefährlichkeit der Tatbegehung jedoch kein Verbrechen vorliegt. Am 15. Juni hat das Gericht zweiter Instanz letztinstanzlich entschieden, dass die vorangegangen Entscheidung des mittleren Volksgerichts aufrechterhalten wird und eine Strafbarkeit von Pu Leisheng und Wang Mingchen nicht vorliegt.

Damit erging in dem sechs Jahre lang andauernden Hanzhong-Prozess schließlich ein endgültiges Urteil. Dieses gilt als Meilenstein in der chinesischen Strafrechtsgeschichte.

Befasste sich das Gericht und die darüber geführte Diskussion hier eingehend mit den streitigen Fragen der aktiven Sterbehilfe, so herrscht im Rahmen der passiven Sterbehilfe grundsätzlich Einigkeit. Hier findet sich ein gesellschaftlicher Konsens, der sowohl von den Juristen als auch von den Ärzten des Landes getragen wird. Passive Sterbehilfe gilt nicht als rechtswidrig und damit auch nicht als strafwürdig. Dabei geht die öffentliche Meinung von folgenden Prämissen aus:

1) Abbruch der Behandlungen auf Wunsch der Familie
   Gewöhnlich werden Sterbende und unheilbare Kranke zu Hause gepflegt. Dabei ist gesellschaftlich akzeptiert, dass eine ärztliche Behandlung auch aus wirtschaftlichen Gründen auf Aufforderung der Familienangehörigen abgebrochen wird. Trifft die Familie eine solche Entscheidung, wird diese regelmäßig sowohl von den Krankenhäusern und als auch von den Justizabteilungen akzeptiert.
2) Ärztliche Entscheidung, die Behandlung abzubrechen
   Wegen des Mangels an Behandlungsapparaten müssen Behandlungen von unheilbaren Krankheiten oder die lebenserhaltenden Maßnahmen von Komapatienten abgebrochen werden, um anderen Patienten zur Verfügung zu stehen.
   Da die Behandlungsqualität eines Krankenhauses in China oftmals an Hand der Sterberate im Krankenhaus beurteilt wird, werden Patienten mit als unheilbar diagnostizierten Krankheiten nicht zur Behandlung in die Krankenhäusern aufgenommen.
   Die Ärzte werden von der gesetzlichen Verantwortung frei, so lange die Behandlung auf Aufforderung des Kranken oder seiner Familienangehörigen abgebrochen wird oder der Kranke auf Aufforderung der Ärzte das Krankenhaus verlassen hat. In der Provinz Jiangxi wurde im Jahr 1987 ein Arzt freigesprochen, der auch gegen den Willen der Familie die ärztliche Behandlung abgebrochen hat.

[1] Shou Zaoqing: »Protokoll der Gerichtsverhandlung im ersten Fall von Euthanasie in unserem Land«, aus der Zeitschrift: Rechtswissenschaft, 1990, Nr. 3.

Offensichtlich ist passive Sterbehilfe in der Beurteilung durch die Gerichte schon lange unumstritten.

B. Selektion bei der Implantation

Die Techniken zur künstlichen Fortpflanzung finden seit einigen Jahren auch in China Anwendung. Da diese Methoden in China noch neu sind, ist die darüber in China geführte Diskussion wenig weit fortgeschritten und die Probleme im Rahmen der Pränatal- und Präimplantationsdiagnostik noch nicht formuliert.

Auch findet die Selektion aufgrund genetischer Analysen noch auf einer anderen Ebene statt. Es werden verschiedene Eizellen bzw. Samenzellen von ausgewählten Spendern, darunter ausgezeichnete Intellektuelle, Künstler, Sportler, Manager usw., gesammelt und verwendet. Eine weitergehende Genanalyse findet nicht statt.

In China verwendet man heute verschiedene Formen der künstlichen Befruchtung, z.B. AIH (Artificial Insamination by Husband), AID (Artificial Insemination by Donor) und IVF (in Vitro Fertilization). Chinesische Juristen und Gelehrte weisen seit langem auf die vielen rechtlichen Probleme hin, die sich aus einer künstlichen Befruchtung ergeben. Insbesondere die rechtliche Beziehung zwischen dem Kind und dem Spender bei AID ist immer noch ungeklärt. Auch die Fragestellungen im Rahmen der IVF, wie z. B. die Frage nach der Freigabe der Daten der Samen- und Eispender und die Freistellung von elterlichen Pflichten bzw. Einschränkung der elterlichen Rechte, Kommerzialisierung von Eizellen, Rechte und Pflichten der Leihmutter (surrogate mother) usw., sind noch nicht geklärt.

Erwähnt werden sollen hier zwei Fälle aus Shanghai, die für Schlagzeilen gesorgt haben und eine Richtung der juristischen Praxis aufzeigen. Im 1. Fall entschied das Gericht, dass zwischen dem Mann (Auftraggeber) und dem in seinem Auftrag durch IVF gezeugten Kind eine Blutsverwandtschaft besteht, die wie eine Adoptivbeziehung behandelt werden muss. D. h. der Mann ist dem Kind gegenüber unterhaltspflichtig. Im 2. Fall bestätigte das angerufene Gericht diese Linie mit der Begründung, dass das Kind auf Wunsch und mit beiderseitiger Einwilligung des Ehepaares während der Ehebeziehung geboren wurde und somit die Übernahme der elterlichen Pflichten bereits vollzogen wurde.

Eine weitere Anwendung der IVF wurden in China anhand des folgenden Falles diskutiert: Im Mai 2000 gebar in der Stadt Chendu die 28-jährige Liu Shaoqing »beauftragte Mutter« für ihren älteren Bruder und dessen Frau ein Baby. Es hatte eine IVF stattgefunden, weil die Ehefrau des Bruders keine Kinder austragen konnte. Nach der Geburt wollte die Leihmutter Liu das Kind nicht an die Familie des Bruders herausgeben und das Kind statt dessen als ihr eigenes aufziehen. Dieser Fall wurde in der Öffentlichkeit breit diskutiert. Unbestritten ist, dass hier das chinesische Recht lückenhaft ist. Die Frage, wem die Vormundschaft für das Kind zusteht ist ungeklärt. Aus Reihen der behandelnden Ärzte wird vor allem das Verhalten der Leihmutter kritisiert.

C. Rechtliche Probleme des Schwangerschaftsabbruchs

In China herrscht seit vielen Jahren eine strikte Familienplanungspolitik. Wie Sie alle wissen, darf in China eine Familie nur ein, bzw. in Ausnahmefällen zwei Kinder haben. Die 2. oder 3. Schwangerschaft muss abgebrochen werden. Nach der chinesischen Verfassung und dem Ehegesetz sind die Familien verpflichtet, diese Ein-Kind-Politik zu beachten. Gesetzlich nicht geregelt sind die Fragen, die auftauchen, wenn eine Frau erneut schwanger wird. Verwaltungsvorschriften schreiben lediglich vor, dass ein Schwangerschaftsabbruch in einem Krankenhaus unter Aufsicht eines Arztes vorgenommen werden muss. Schwangerschaftsabbrüche sind in China sehr häufig und gesellschaftlich geduldet, problematisch ist hier jedoch der weitreichende Missbrauch nach Feststellung des Geschlechts der Leibesfrucht. Immer noch gilt in China die Prämisse: männlich stark, weiblich schwach. Der Wunsch nach einem Sohn ist durch die Ein-Kind-Politik eher noch verstärkt worden. Weibliche Foeten werden oft abgetrieben, in der Hoffnung, dass das nächste Kind ein Junge sein wird. Der Missbrauch der Techniken zur pränatalen Bestimmung des Geschlechts hat bereits dazu geführt, dass das Verhältnis zwischen Männern und Frauen zahlenmäßig nicht mehr ausgeglichen ist. In einer Stadt in der Provinz Shandong belief sich das Verhältnis im Jahr 1993 bereits auf 144,6 Jungen zu 100 Mädchen.Zur Durchsetzung der Familienplanungspolitik sind Schwangerschaftsabbrüche unvermeidbar. Trotzdem ist ein Abbruch nach einer Geschlechtsfeststellung in China verboten. Jede Institution für Gesundheitswesen ist also verpflichtet, den Wunsch der Familie auf Feststellung des Geschlechts des Embryos abzuwehren. Mangels schriftlicher Fixierung dieses Grundsatzes, kann eine Zuwiderhandlung nicht strafrechtlich belangt werden. Nach Feststellung des Geschlechts kann ein Abbruch jederzeit vorgenommen werden, ohne dass es einer Begründung bedürfte. Die momentane Gesetzeslage kann diesem Missbrauch nicht begegnen.

In Juristenkreisen wird eine gesetzliche Regelung längst für notwendig erachtet, ebenso wie eine Sanktionierung der pränatalen Geschlechtsbestimmung.

Gegenwärtig fehlt es in China noch an dem Know-How, das ermöglichen würde, vor der Implantation einer Eizelle, das Geschlecht zu bestimmen. Auch für diesen Fall, müsste die Selektion aufgrund des Geschlechts gesetzlich verboten werden, um negativen Entwicklungen auch in diesem Bereich vorzubeugen.

D. Arbeits- und versicherungsrechtliche Problematik

Die neuen Probleme im Rahmen einer solchen Diagnosetechnik müssten im Arbeits- und Versicherungsrecht ebenfalls berücksichtigt werden, bisher sind hierzu aber keine Regelungen getroffen worden.

Im Hinblick auf die neue Gesetzgebung zur Krankenversicherung in China möchte ich hier noch auf folgendes hinweisen: Mit steigenden Bevölkerungszahlen und technischer Entwicklung der Medizin stiegen die Kosten im Gesundheitssektor in der VR China in den letzten Jahren rapide. Lagen die nationalen Kosten für medizinische Behandlungen der Arbeitnehmer 1978 noch bei 2,7 Milliarden RMB, so betrugen die Aufwendungen 1997 ca. 77,4 Milliarden RMB und damit das 28-fache von den Kosten aus dem Jahre 1978.

Ende letzten Jahres und zu Beginn diesen Jahres wurden zahlreiche Verordnungen und Beschlüsse zur Reformierung des Sozialversicherungssystems erlassen. Neben der neuen »Verordnung zur Arbeitslosenversicherung« und der vorläufigen Verordnung zur Erhebung von Sozialversicherungsbeiträgen«, welche beide am 22.1.1999 in Kraft traten, wurde der »Beschluss des Staatsrats über die Errichtung eines Grundkrankenversicherungssystems für Arbeitnehmer in Städten und Gemeinden« (im folgenden: Beschluss) am 14.12.1998 verabschiedet. Damit wurde eine Reform des Gesundheitswesens auf nationaler Ebene eingeleitet.

Im Vergleich zur Renten- und Arbeitslosenversicherung weist der Beschluss einige Besonderheiten auf, die einer genaueren Betrachtung wert sind. Insbesondere ist der Kreis der Versicherten bei der Grundkrankenversicherung erheblich weiter als jener der Renten- und Arbeitslosenversicherung. Bei der Renten- und der Arbeitslosenversicherung sind nur städtische Unternehmen und Einheiten mit Wirtschaftscharakter versicherungspflichtig. An der Grundkrankenversicherung hingegen partizipieren darüber hinaus Institutionen, öffentliche Einheiten, gesellschaftliche Vereinigungen und gemeinnützige Einrichtungen. Eine derartige Ausweitung des Versichertenkreises könnte in Zukunft auch für die Renten- und Arbeitslosenversicherung folgen.

Die Grundkrankenversicherung soll durch Beiträge der Arbeitnehmer und Unternehmen sowie durch Zinsen des angesparten Kapitals finanziert werden. Es ist für die reformierte Krankenversicherung nicht vorgesehen, dass der Staat finanzielle Zuschüsse leistet. Nur bei der Krankenversorgung von Rentnern sollen die lokalen Volksregierungen unterstützend tätig werden. Ferner werden öffentlichen Bediensteten weiterhin Krankenbeihilfen gewährt, damit das bisher gewährleistete Niveau bei der Krankenversorgung gehalten werden kann.

Die Krankenversicherung soll nur eine Grundversorgung gewährleisten. Das chinesische Ministerium für Arbeit und soziale Sicherheit betont, dass ein Leistungsniveau, wie in den entwickelten Ländern in China vorerst nicht realisierbar ist. Es könne lediglich ein Leistungsniveau im Rahmen der Möglichkeiten etabliert werden. Gemäß dem Beschluss werden Dienst- und Sachleistungen im Rahmen der Krankenversicherung gewährt. Krankengeld wird in diesem Beschluss dagegen nicht geregelt. Zu den Leistungen, welche von der Krankenversicherung übernommen werden, zählen ärztliche Untersuchungen, Behandlungen und Krankenhausaufenthalte. Ähnlich wie bei den Dienstleistungen gestalten sich die Sachleistungen. Zunächst können Versicherte nur in bestimmten Apotheken, welche mit den Sozialversicherungsträgern Verträge abgeschlossen haben und von den Sozialversicherungsträgern auf ihre Qualität hin geprüft wurden, Medikamente, die ebenfalls vorher festgelegt wurden, erhalten. Verschiedene Sachleistungen, wie z. B. Körperersatzstücke, Brillen, Zahnprothesen etc., werden von der Grundkrankenversicherung nicht übernommen. Teilweise werden Sachleistungen, wie z. B. mechanische Apparate oder Geräte, die innere Körperfunktionen ersetzen, gezahlt.

Die Beitragserhebung erfolgt gemäß der »Verordnung für die Erhebung von Sozialversicherungsbeiträgen« entweder durch eine Steuerbehörde oder durch einen Sozialversicherungsträger, welcher der jeweiligen Behörde für Arbeit und soziale Sicherheit unterstellt ist. Von diesen Trägern werden die Gelder verwaltet und Leistungen ausgezahlt. Die öffentlich verwalteten Fonds und die individuellen Konten sollen getrennt kalkuliert und verwaltet werden.

Das neu geschaffene Versicherungssystem soll die bisherige Absicherung durch die Arbeitseinheit ablösen. Auch in China wird der Solidargedanke der Krankenversicherung immer wieder in Frage gestellt. Dennoch fehlt es an detaillierten Regelungen, um eine Risikobegrenzung für den Versicherten zu gewährleisten. Nur in den seltensten Fälle werden körperliche Untersuchungen für die Einstufung bei der Krankenversicherung verlangt. Ein Diskriminierung aufgrund Genanalysen ist daher in China noch nicht vorstellbar; auch in den Fachdiskussionen taucht dieses Problem noch nicht auf.

Ich hoffe, Ihnen hier einen kleinen Überblick über den Stand der Diskussion in China verschafft zu haben. Wie Sie wohl heraus gehört haben, ist das Problembewusstsein in China nicht so differenziert wie im Westen. Ein Grund dafür liegt auch in dem technischen Vorsprung des Westens. Ich bin Ihnen und Herrn Professor Taupitz sehr dankbar, dass ich heute hier sein darf. Ich verspreche mir sehr viel von der hier geführten Fachdiskussion und hoffe, die hier erlangten Erkenntnisse nach China zurücktragen zu können. Ich bin davon überzeugt, dass diese Diskussionen in naher Zukunft auch in China geführt wird.

TR – Landesbericht Türkei

Prof. Dr. jur. Mustafa Dural

Universität Yeditepe/Istanbul, Türkei

A. Einleitung

Das Menschenrechtsübereinkommen zur Biomedizin des Europarates vom 4. April 1997 ist zwar von der Türkei am Tag seines Erlasses unterzeichnet, aber bis heute noch nicht im Parlament ratifiziert worden. Die Unterzeichnung erfolgte vorbehaltlich der Bestimmungen nach Art. 36 des Übereinkommens bezüglich der Personen unter 18 Jahre (die Volljährigkeit nach dem türkischen Recht). Aufgrund des Übereinkommens des Europarates wurde eine *Krankenrechteordnung* (KRO) erarbeitet, die am 1.8.1998 amtlich veröffentlicht wurde und in Kraft getreten ist. Obwohl diese Krankenrechteordnung (vorbehaltlich der besonderen Regelungen für Personen unter 18 Jahre) inhaltlich fast dem Menschenrechtsübereinkommen gleicht, sind darin Regelungen, die das menschliche Genom betreffen, ausgelassen worden. Daneben gibt es auch keine anderen speziellen Regelungen, die sich auf menschliche Gene beziehen. Deshalb ist anzunehmen, dass – wie unten dargestellt wird – genetische Versuche und die genetische Forschung den allgemeinen Bestimmungen des Medizinrechts und des Strafgesetzes unterliegen.

Die Nichtregelung der Forschungen an menschlichen Genen ist wahrscheinlich darauf zurückzuführen, dass in der Türkei mangels hinreichend entwickelter Gentechnologie, auch die Forschung in diesem Bereich sehr spärlich ist und in sehr wenigen Einrichtungen vorgenommen wird. Nachfragen haben ergeben, dass medizinische Eingriffe ins menschliche Genom grundsätzlich pränatal und präimplantativ vorgenommen werden, und dies nur dann, wenn eine Gefahr für die Gesundheit des Embryos vorliegt. Auch die medizinische Ethikkommission hat hierzu noch keine Stellungnahme geäußert.

Daneben hat ein aktueller Fall gezeigt, dass das Gesundheitsministerium (wenn auch nicht mit medizinischen oder juristischen Argumenten begründet) gegen die genetische Forschung ist. Im erwähnten Fall wurde für einen jungen Arzt, der angeblich Leukämie hatte, eine große Blutspenden-Kampagne veranstaltet. Über 165.000 Blutspenden wurden zur Analyse nach Deutschland und in die USA geschickt. Das Gesundheitsministerium leitete gegen die Initiatoren Ermittlungen mit der Begründung ein, dass durch die Analyse des gespendeten Blutes im Ausland der *genetische Code* der türkischen Nation festgestellt und dadurch die nationale Sicherheit der Türkei gefährdet werden könnte. Hierbei muss aber bemerkt werden, dass die behauptete Leukämie-Erkrankung nur vorgetäuscht war, weil der betreffende er*krankte* Arzt mit Erhebung der Ermittlungen plötzlich gesund wurde.

B. Voraussetzungen der wissenschaftlichen Forschungen auf dem Gebiet des menschlichen Genoms

Wie oben bemerkt wurde, gibt es in der Türkei für die genetische Forschung keine besonderen Regelungen, weshalb in diesem Bereich die Bestimmungen über die allgemeine medizinische Forschung zur Anwendung kommen. Deshalb wird hier kurz auf diese eingegangen (auch in einer nahen Zukunft ist m. E. eine besondere Regelung aus Glaubens- (und in Verbindung damit aus politischen) Gründen nicht zu erwarten).

Nach Art. 17 Abs. 2 der Verfassung kann medizinische Forschungen am Menschen nur mit der Einwilligung der jeweiligen Person vorgenommen werden. Wie diese Forschung vorgenommen werden kann, ist in Art. 32 ff. der Krankenrechtsordnung (KRO) geregelt. Nach dem ersten Absatz dieses Artikels bedarf es für einen Forschungseingriff neben der schriftlichen Einwilligung des Freiwilligen auch der Genehmigung des Gesundheitsministeriums.

Während der Forschung sind alle Vorsichtsmaßnahmen zum Schutz der Gesundheit und der Persönlichkeitsrechte des Freiwilligen zu treffen. Können die eventuellen Schäden nicht im voraus festgestellt werden, so ist die Forschung abzubrechen, auch wenn für die Weiterführung die Einwilligung des Freiwilligen vorliegt (Art. 33 Abs. 2 KRO). A fortiori ist die Forschung vom Gesundheitsministerium nicht zu genehmigen, wenn die gesundheitlichen Gefahren voraussehbar sind.

C. Die Einwilligung hinsichtlich medizinischer Forschung im Einzelnen

I. Die einwilligungsfähigen Personen

Einwilligungsfähig ist jene Person, die die volle Geschäftsfähigkeit besitzt, d.h., volljährig, urteilsfähig und nicht bevormundet bzw. entmündigt worden ist. Ist der Freiwillige voll geschäftsfähig, so kann nur er die Einwilligung zur Forschung abgeben. Wichtig ist, dass der Erklärende im Zeitpunkt der Abgabe der Einwilligung voll geschäftsfähig ist. Der vorübergehende Verlust der Geschäftsfähigkeit im Zeitpunkt der *Abgabe der Einwilligung* ist ungültig.

Wird die vorübergehende Urteilsunfähigkeit zu einer dauerhaften, so gelten die Bestimmungen über die nichteinwilligungsfähigen Personen, die nachfolgend erörtert werden.

Vor der Einwilligungserklärung ist der Freiwillige über das Ziel, die Vor- und Nachteile der Forschung in Kenntnis zu setzen, und ihm ist zu erklären, dass er jederzeit seine Einwilligung widerrufen kann (Art. 33 Abs. 2 KRO). Außerdem hat man sich zu vergewissern, dass die Einwilligung ohne Zwang und moralischen Druck abgegeben worden ist (Art. 34 Abs. 2 KRO).

In diesem Zusammenhang ist abschließend zu bemerken, dass bei den einwilligungsfähigen Personen die Einwilligung hinsichtlich genetischer Forschung nach diesen Vorschriften nicht an gesundheitliche Zwecke gebunden ist.

II. Die einwilligungsunfähigen Personen

Einwilligungsunfähige Personen sind jene, die nicht die volle Geschäftsfähigkeit besitzen. Diese können beschränkt geschäftsunfähig oder voll geschäftsunfähig sein.

1. Die beschränkt geschäftsunfähigen Personen Beschränkt geschäftsunfähig sind jene Personen, die urteilsfähig aber unmündig oder entmündigt sind. Obwohl diese Personen die Urteilsfähigkeit besitzen, können sie in eine medizinischen Behandlung oder einen Eingriff nicht einwilligen. Laut Art. 70 des Gesetzes über die Ausübung der Medizin und benachbarten Künste (GAMK) (Tebabet ve şuatabati Sanatlarinin Tar zi Icrasi Hakkinda Kanun) und Art. 24 KRO ist die Einwilligung in einen medizinischen Eingriff vom gesetzlichen Vertreter abzugeben. Diese Personen werden laut Art. 26 KRO vom Arzt nur *angehört,* was bedeutet, dass ihre Meinung für den Arzt unverbindlich ist. Maßgebend ist nur die Einwilligung des gesetzlichen Vertreters.

Untersteht die Person der elterlichen Gewalt und besitzen beide Elternteile die elterliche Gewalt, so ist die Einwilligung von beiden abzugeben. Können sie sich darüber nicht einigen, so ist der Wille des Vaters maßgebend (Art. 263 Abs. 2 türk. ZGB). Hat nur ein Elternteil die elterliche Gewalt, ist nur dieser zur Einwilligung berechtigt. Steht die beschränkt geschäftsfähige Person unter Vormundschaft, so wird die Einwilligung allein vom Vormund abgegeben.

Verweigern die Eltern oder der Vormund die Einwilligung dann kann der Unmündige oder Entmündigte nach Art. 24 Abs. 2 KRO ein Gerichtsurteil erwirken. Allerdings gibt es Ausnahmen hiervon, bei denen die Einwilligung des gesetzlichen Vertreters nicht gilt und auch ein Gerichtsurteil nicht erwirkt werden kann. So ist z.B. die Einwilligung des gesetzlichen Vertreters für die Organentnahme ungültig, weil nach Art. 6 des Transplantationgesetzes der Spender das 18. Lebensjahr vollendet haben muss, wobei zu bemerken ist, dass kontrovers diskutiert wird, ob ein urteilsfähiger Entmündigter mit der Zustimmung des gesetzlichen Vertreters seine Organe spenden darf oder nicht.

Auch die Einwilligung des gesetzlichen Vertreters bezüglich wissenschaftlicher Forschung ist ungültig da, wie oben erwähnt (1), diese laut Art. 32 Abs. 1 KRO allein von der Einwilligung des Freiwilligen abhängt.

III. Voll geschäftsunfähige Personen

Voll geschäftsunfähig sind jene Personen, die urteilsunfähig sind. Art. 70 der medizinischen Deontologie-Verordnung und Art. 24 KRO sehen für die medizinische Behandlung und den Eingriff die Einwilligung des gesetzlichen Vertreters vor. Doch kann der gesetzliche Vertreter die Einwilligung zu einem medizinischen Eingriff nicht abgeben, wo die Gesetze für den Eingriff ausdrücklich die Einwillgung *des Patienten* voraussetzen. Das ist erstens bei der Organspende der Fall. Denn Art. 5 und Art. 6 des Organtransplantationsgesetzes setzen für die Organentnahmen ausdrücklich die Urrteilsfähigkeit voraus. Daß von den urteilsunfähigen Personen (und Entmündigten) Organe nicht entnommen werden dürfen, wird auch im Art. 29 KRO wiederholt.

Zweitens kann der gesetzliche Vertreter im Namen des Urteilsunfähigen für ein *reines* wissenschaftliches Experiment seine Zustimmung nicht abgegeben, weil Art. 32 KRO dafür ausschließlich die Einwilligung des Freiwilligen voraussetzt. Aber der gesetzliche Vertreter kann seine Zustimmung zu einem medizinischen Experiment abgeben, wenn es nicht *rein* wissenschaftlich ist, sondern zugleich die Hoffnung besteht, es könne dem Patienten nutzen.[1]

[1] Zu Details siehe *Dural*, Landesbericht Türkei, in *Zivilrechtliche Regelungen zur Absicherung der Patientenautonomie am Ende des Lebens*, Berlin/Heidelberg/... 2000, S. 951 ff.

USA – Country Report United States of America

Prof. Timothy Stoltzfus Jost

Washington and Lee University

Introduction

To understand the law as it protects biomedical research subjects and patients in the United States, it is first necessary to have a basic understanding of the United States legal system. The United States is a federation of states. Legislative and regulatory competency exists, therefore, both at the federal and state level. The legislative competency of the federal government is limited to those areas where the states have ceded jurisdiction to the federal government. In most areas of law, federal and state legislative jurisdiction are concurrent, and both federal and state law must be complied with, though in a few areas, such as patent law, federal regulation is exclusive. Where, however, the federal government has legislative competency, and federal and state laws conflict, federal law takes precedence. In the context of biomedical research and medical care, federal jurisdiction is based primarily on the power of the federal government to regulate commerce among the states and to oversee the spending of federal money. The commerce power is broad, but is also not unlimited. Some matters, in particular areas that the states have traditionally governed through criminal law and that do not involve commercial relationships, are beyond the reach of the Commerce Power. The spending power is the jurisdictional basis of the federal "Common Rule" governing research involving human subjects, the main source of authority on most of the topics addressed by this Report.

To understand the law in this area, it is also important to understand the sources of legal authority in the United States. At the top of the hierarchy of legal authority is the federal Constitution, which limits the power of government with respect to its subjects. Both the federal and state government must comply with the federal Constitution, which, among other things, guarantees procedural fairness, equal treatment, and certain substantive rights. Statutes adopted by Congress or state legislatures are second in order of authority, followed by regulations properly promulgated by administrative agencies within their scope of authority. Any issue not addressed by the Constitution or by federal or state legislation or regulation, is subject to the common law, judge-made law based on Anglo-American legal precedents.

The most important authority governing biomedical research is the federal "Common Rule," published jointly by the Food and Drug Administration and the federal Department of Health and Human Services in 1981, and reissued in 1991 as a Common Rule for fifteen federal departments and agencies.[1] This Rule provides protection of human subjects involved in research funded by the federal government. Research involving drugs and medical devices for which approval will be sought by the federal Food and Drug Administration must also be conducted under FDA human subject protection rules that are very similar to the Common Rule.[2]

Two categories of research are not legally subject to this rule, however. The first is nonfederally-funded research not intended to develop a drug or device that must be approved by the FDA. In fact, however, most research funded through nonfederal government sources is carried on within institutions that monitor research in accordance with the federal Common Rule, because institutions that carry on any federally funded research must provide the federal government with a statement of the principles governing all of their research, and it is usually simplest for institutions to adopt uniform rules governing both federally-funded research and other research not covered by the Rule.[3] The second category is clinical experimentation involving medical and surgical procedures in individual cases. While new drugs and devices cannot be released without FDA approval, the development of medical and surgical therapies and procedures not involving drugs or devices is not federally regulated. Although medical and surgical procedures in some instances are investigated under federally-funded protocols, subject to the requirements of the Common Rule, innovative procedures are also developed as individual physicians treat individual patients. One can argue whether innovative therapies are in fact research, as they often involve single interventions intended to solve a clinical problem rather than controlled experiments designed to test a hypothesis and carried out under a research protocol. Insofar as practitioners make public the nature and results of these interventions, however, the interventions do contribute to generalizable knowledge, and thus can be considered research under some definitions. In fact, much of what is now standard medical practice in the United States has evolved through this sort of clinical experimentation.

In addition to the Common Rule, there are a few other federal laws governing biomedical research and treatment issues. Examples include federal statutes governing research involving fetuses and embryos and prohibiting cloning, and federal statutes prohibiting the sale of human organs. The reach of these laws is generally limited to federally-funded research, but some, such as the prohibition on sale of human organs, are adopted under the commerce power, and reach all conduct governed by them within the country, whether or not related to federal spending.

Research not governed by the federal law is subject to the law of the state in which the research is carried out. A number of states have statutes regulating some aspects of research. Some states, for example, prohibit research performed on embryos or

[1] 56 Fed. Reg. 28002 (June 18, 1991). The Common Rule now covers seventeen federal departments and agencies.

[2] 21 C.F.R. Part 50.

[3] Department of Health and Human Services (DHHS), Office of Inspector General (OIG), Institutional Review Boards: Their Role in Reviewing Approved Research (OEI-01-97-00190, 1998) at B-1.

fetal tissue or involuntary patients in state mental hospitals.[4] Other states regulate research involving areas where particular abuses are possible or have taken place in the past, such as psychosurgery or research involving controlled substances.[5] State laws regulating consent for medical treatment by minors or incompetents may address the issue of consent for research.[6] Few states attempt to regulate research more comprehensively,[7] and state statutes regulating research may provide expressly for preemption by federal law for federally-funded research regulated by the Common Rule.[8] Finally, licensed professionals are subject to discipline by their respective state licensure boards if they engage in unethical research.

State common law also imposes certain obligations on researchers. The most important common law obligation is that the researcher must obtain informed consent from the research subject. The law of informed consent is applied rigorously when research or experimental procedures are involved, and research done without consent may result in battery liability.[9] A researcher can also be sued for "malresearch" if research is performed negligently, but the subject would only be able to recover if physical injury in fact resulted from the research.[10] Physicians and health care institutions are generally regarded as being in a fiduciary relationship with their patients, and can be held liable they abuse this trust to pursue their own interests.[11] Common law cases involving research, or even experimentation, are very rare in the United States.

Whether law governing research is federal or state, it must comply with the federal Constitution. Though constitutional issues arise rarely, the Constitution has been invoked on several occasions to strike down criminal law penalizing fetal research, as those laws were unduly vague.[12] The Supreme Court's decision of Roe v. Wade,[13] and many subsequent decisions, also place limits on the ability of the federal and state government to regulate abortions. Finally, the Supreme Court's

---

[4] See e.g. 410 Ill.Comp.Stat.Ann. 50/3; Mass. Gen. Laws Ann. Ch. 112, § 12J (fetal research); Mo. Ann. Stat. § 630.115(8) (mental patients).

[5] Cal. Health & Safety Code § 11480 (hallucinogenic drugs); Ore. Rev. Stat. § 426.385 (psychosurgery).

[6] See e.g., Cal. Health & Safety Code § 24175(b).

[7] Cal. Health and Safety Code §§ 24170 - 24179; N.Y. Pub. Health Law §§ 2440-2446.

[8] N.Y. Pub. Health Law § 2445.

[9] See Estrada v. James, 321 S.E.2d 240 (N.C.App. 1984) (informed consent); Mink v. Univ. of Chicago, 460 F.Supp. 713 (N.D. Ill. 1978)(battery).

[10] See Karp v. Cooley, 493 F.2D 408 (5th Cir. 1974); Richard S. Saver, Critical Care Research and Informed Consent, 75 N.C. L. Rev. 205, 225-226 (1996).

[11] See Moore v. Regents, Univ. of Calif., 793 P.2d 479 (Cal. 1990). See also, Grimes v. Kennedy Kriegert Institute, Inc., 2001 WL 924552 (Md. Ct. App. 2001)(relationship between researcher and research subject created duty of care, which made researcher liable for negligently caused injuries.)

[12] See section F below.

[13] 410 U.S. 113 (1973).

Cruzan decision[14] places minimal constraints on the ability of states to regulate decision-making at the end of life.

With this background, I will proceed to address the topics raised by the Symposium program:

A. Biomedical Research Involving Children and Youth Incapable of Giving Consent

Research involving children is governed by a special subpart of the common rule, Subpart D.[15] Though the protection of children is generally seen as the province of the states in our federal system, there is little state law addressing this issue.[16] The federal rule has recently grown in importance because of new regulations issued by the Food and Drug Administration requiring drug manufactures to provide information and data regarding pediatric use, which will in turn often require pediatric drug trials.[17] Similarly, the National Institutes of Health, which fund medical research in the United States, have recently issued Guidelines to increase the inclusion of children in research.[18] Both of these initiatives were in response to Congressional concern that research involving drugs and medicine were not adequately addressing the needs of children. Both, however, rely on compliance with the Subpart D of the common rule for assuring the ethics and legality of pediatric research.

Subpart D applies to all federally-funded research, including in most instances research conducted outside the United States.[19] Certain kinds of research, including research involving: normal educational practices; educational tests, surveys, interviews or observation of public behavior where personally identifiable information is required by federal law to be kept confidential; publicly available data or data involving unidentifiable subjects; the procedures or methods of public benefit or

[14]Cruzan v. Missouri Dept. of Health, 497 U.S. 261 (1990).

[15]For background to this Rule, see Robert J. Levine, Ethics and Regulation of Clinical Research, 235-257 (2d ed. 1996). See also Lainie Friedman Ross, Children as Research Subjects: A Proposal to Revise the Current Federal Regulations Using A Moral Framework, 8 Stan. L. & Pol'y Rev. 159 (1997).

[16]See Leonard H. Glantz, Research with Children, 24 Am.J.L. Med. 213 (1998); Leonard H. Glantz, The Law of Human Experimentation with Children, in Children as Research Subjects: Science, Ethics and Law, 103 (Michael A. Grodin and Leonard H. Glantz, eds. 1994); Robert J. Katerberg, Institutional Review Boards: Research on Children, and Informed Consent of Parents, 24 J.College & Univ. L. 545 (1998).

[17]See Food and Drug Administration, Regulations Requiring Manufacturers to Assess the Safety and Effectiveness of New Drugs and Biological Products in Pediatric Patients, 63 Fed. Reg. 66632 (1998).

[18]NIH Policy and Guidelines on the Inclusion of Children as Participants in Research Involving Human Subjects (6 March 1998), `http://www.grants.nih.gov/grants/guide/notice-files/not98-024.html`.

[19]45 C.F.R. § 46.401(a)(1) & (2).

service programs; or taste or food quality evaluation studies, are generally not subject to the Common Rule and are also excluded from the requirements of Subpart D.[20] Other confidential research based on educational tests, surveys, interviews or observations of public behavior, which are generally exempt from coverage under the Common Rule, must comply with Subpart D except for surveys involving the observation of public activities in which the investigator does not participate.[21]

Subpart D defines "children" as "persons who have not attained the legal age for consent to treatments or procedures involved in the research, under the applicable law of the jurisdiction in which the research will be conducted."[22] The age of majority in the United States is generally 18. On the other hand, many states have laws recognizing the rights of "mature minors" to consent to treatment. Indeed, the United States Supreme Court in Bellotti v. Baird[23] recognized a constitutional right on the part of mature minors to be able independently to consent to an abortion without parental consent under some circumstances. Thus in at least some states, some persons under 18 would not be subject to the rule. As the mature minor exception developed in the context of consent to beneficial treatment, however, all minors should probably be considered children for the purposes of nonbeneficial research.[24] Indeed, except in situations involving minors approaching the age of majority where the involvement of parents would be inadvisable for a good reason, parental permission should be sought.

Research involving children, like all research governed by the Common Rule, must be approved by an Institutional Review Board (IRB). The IRB must assure compliance with all requirements of the Subpart.[25]

Though the Common Rule generally requires consent to research, Subpart B is based on related but independent notions of "assent" and "permission."[26] Generally IRB's must assure that researchers secure assent to research from children who are capable of providing assent, considering the age, maturity and psychological state of the children.[27] The National Commission for Protection of Human Subjects, on whose report the Subpart is based, suggested that assent would normally be required for children above age seven. Assent requires affirmative agreement, mere failure to object is not enough.[28] Where a child is not capable of assenting to research, the research may still proceed if it, "holds out a prospect of direct benefit that is important to the health or well-being of the [child] and is available only in the context of the research."[29]

---

[20] 46 C.F.R. § 46.401(b).

[21] 45 C.F.R. § 46.401.

[22] 46 C.F.R. § 402(a).

[23] 443 U.S. 622 (1979).

[24] See Glantz, Research with Children, supra note 16, at 230.

[25] 45 C.F.R. § 46.403.

[26] 45 C.F.R. § 46.402(b) & (c).

[27] 45 C.F.R. § 406.408(a).

[28] 45 C.F.R. § 46.402(b).

[29] 45 C.F.R. § 46.408(a).

The validity of a research project is also dependent on the parents or guardians of the child "permitting" the research., i.e. agreeing to it.[30] For some types of research, permission of one parent is adequate, but for other types, both parents must give permission if both are available and have custody of the child.[31] An IRB may waive the requirement of parental permission where the study involves populations or conditions for which parental permission is not "reasonable," but must then require alternative protections for the children participating in the study.[32] The Rule suggests that this might be appropriate for studies involving parental neglect or abuse, but a state court recently held similar state research regulations to be unconstitutional where there had been no adjudication of neglect or abuse by a court.[33] Permission must be documented in accordance with Common Rule provisions for informed consent, and assent must be documented as required by the IRB.[34] "Permission" and "Assent" presumably must be based on adequate information as to the nature and risks of the research, and a federal court has enjoined a research project involving children where the researchers failed to give the parents and children sufficient information.[35]

The nature of assent and permission that must be secured for research involving children depends, under Subpart B, on the nature of the research. "Research not involving greater than minimal risk," can be approved by an IRB if there is adequate provision for soliciting the assent of children and permission of at least one parent.[36] "Minimal Risk" is defined by the Common Rule to include risks "not greater... than those ordinarily encountered in daily life or during the performance of routine physical or psychological examinations or tests."[37]

Research involving greater than minimal risk may be approved by an IRB if 1) the intervention or procedure holds out the prospect of direct benefit to the individual child, or, for monitoring procedures, is likely to contribute to the child's well-being; 2) the risk is justified by the anticipated benefit to the children; 3) the relationship between the risk and benefit is at least as favorable as that presented by alternatives approaches; and 4) assent of the child and permission of at least one parent is solicited.[38] Consistent with general principles that give the parent alone the right to consent to beneficial medical treatment, an IRB can permit research affording a child direct benefit without requiring the child's assent.[39]

---

[30] 45 C.F.R. § 46.402.

[31] 45 C.F.R. § 46.408.

[32] 45 C.F.R. § 46.407(c).

[33] See T.D. v. New York State Office of Mental Health, 228 A.D. 2d 95, 124-26; 650 N.Y.S.2d 173, 192-93 (App. Div. 1996).

[34] 45 C.F.R. § 46.408(d) & (e).

[35] Merrikan v. Cressman, 364 F.Supp. 913 (E.D. Pa. 1973).

[36] 45 C.F.R. § 46.604.

[37] 45 C.F.R. § 46.102(i).

[38] 45 C.F.R. § 46.406.

[39] 45 C.F.R. § 46.408(a). But see Grimes v. Kennedy Krieger Institute, Inc. 2001 WL 924552 (Md. App. 2001) (holding there parents may never consent to potentially hazardous nontherapeutic research involving their children).

Research involving greater than minimal risks, and no prospect of direct benefit to the child, but likely to yield generalizable knowledge about the child's disorder or condition, can be approved with the assent of a child and both the child's parents where the risk 1) represents "a minor increase over minimal risk;" 2) the research experience is reasonably commensurate with those inherent in the child's "actual or expected medical, dental, psychological, social, or educational situations," and 3) the general knowledge to be gained is "of vital importance for the understanding or amelioration of the subject's disorder or condition."[40] The terms used in this section–in particular "a minor increase over minimal risk" are not defined, leaving room for abuse. Also the "reasonably commensurate" provision would seem to subject children under medical care for serious medical problems to greater risk than those who are healthy. Some commentators, however, support the indefiniteness of the rule as providing needed discretion for IRBs.

A final provision of the Subpart leaves the door open to research presenting greater risks with approval by the Secretary of Health and Human Services, after opportunity for public comment and consultation with relevant experts, where necessary to "understand, prevent, or alleviate a serious problem affecting the health or welfare of children."[41]

Though the requirements of Subpart D conform to those of the European Convention on Human Rights and Biomedicine in requiring the written consent of the minor's parent or guardian (Arts. 7(2); 17(1)(iv)); consideration of the minor's opinion (Art. 7(2); the lack of objection by the minor (Art. 17(1)(v)); and approval by an IRB (Art. 16(iii)). Subpart D deviates from the Convention by permitting research of no immediate "real and direct benefit" to the subject (Art. 17(1)(ii)), even though the research entails more than "minimal risk and minimal burden," (Art. 17(1)(ii)). There is also no explicit requirement in the rule that comparable research could not be carried out on subjects capable of giving consent. (Art. 17(1)(iii)).

B. Biomedical Research Involving Incompetent Adults

In contrast to the situation of children, the Common Rule does not include a special subpart dealing with research involving incompetent adults. Rather it provides special rules for two categories of adults thought to require special protection–pregnant women and prisoners–as well as particular rules that address more generally the issue of vulnerable populations.[42] In addition, recent amendments in the FDA research rules arguably diminish protection for a particular group of vulnerable adults, persons requiring emergency treatment.[43] There is, however, considerable controversy in the United States with respect to research involving the mentally disabled, and, to a lesser extent, the elderly. Though rules proposed by HHS in the late 1970s

[40] 45 C.F.R. 46.406.

[41] 45 C.F.R. § 46.407.

[42] 45 C.F.R. Part 46, Subparts B and C.

[43] 21 C.F.R. § 50.24.

to protect the mentally disabled were never adopted, the National Bioethics Advisory Commission has recently recommended revisiting this issue, which has also received attention in the states and in the courts.[44]

Subpart B of the Common Rule deals with additional protections for research involving pregnant women, fetuses, and human in vitro fertilization.[45] Subpart B requires the creation of a separate Ethical Advisory Board to advise HHS on research regarding these subjects, to review ethical issues raised by particular proposals or certain categories of proposals, and to identify classes of proposals which must be considered by the Ethical Advisory Board before approval.[46] The Subpart further requires heightened scrutiny by IRBs of selection processes and consent compliance with respect to these types of research.[47]

The Subpart also imposes substantive limitations on research involving pregnant women. The risk to the fetus posed by this research must be minimal unless the purpose of the activity is the meet the health needs of the mother or the particular fetus, and in any event, the risk must be the least possible consistent with achieving the objectives of the activity.[48] Researchers may play no role in any decisions affecting the timing, method or procedures used for an abortion; may not offer inducements for an abortion; and may not introduce procedural changes in an abortion that might cause greater than minimal risk to a pregnant woman or fetus.[49] Most importantly, no research can be done on a pregnant woman unless the purpose of the research is to benefit the health of the mother; the fetus is put only at minimal risk; the fetus is put at no greater risk than necessary; and both the mother, and in most instances the father, consent.[50]

Research involving prisoners is also strictly controlled because of an awareness that prisoners have been used abusively as research subjects in the past and are peculiarly vulnerable to being coerced into research.[51] IRBs that approve research involving prisoners must have no association with the prison involved and at least one member of the IRB must be a prisoner or a prisoner representative with appropriate knowledge and background.[52] IRBs that review research involving prisoners must assure that advantages offered an inmate research subject are not such as would impair the decision to participate; that risks be such as would be acceptable to nonprisoner volunteers; that subjects are selected fairly; that information is presented in a language understandable by inmates; that parole boards do not take

[44] See, discussing these developments, Diane E. Hoffmann, Jack Schwartz, Evan G. De Renzo, Regulating Research with Decisionally Impaired Individuals: Are We Making Progress, 3 DePaul J. Health Care L. 547 (2000).

[45] The latter two topics will be considered below at F.

[46] 45 C.F.R. § 46.204.

[47] 45 C.F.R. § 46.205.

[48] 45 C.F.R. § 46.206.

[49] 45 C.F.R. § 46.205(4).

[50] 45 C.F.R. § 46.207.

[51] Levine, supra note 15, at 277 et seq.

[52] 45 C.F.R. § 46.304.

into account research participation in release decisions; and that follow-up examinations and care are provided if needed.[53] Substantively, research must be limited to studies of the causes, effects, and processes of incarceration and criminal behavior or studies of prisons or of prisoners as incarcerated persons, and in either case pose no more than minimal risk.[54] Research may also be permitted regarding problems peculiarly affecting prisoners or practices which are reasonably likely to improve the health and well-being of the research subject, but only where additional protections are provided, including in some circumstances published notice and approval by HHS.[55] Other forms of biomedical research on prisoners is prohibited.

With respect to a third category of vulnerable adult subjects, human subjects in life-threatening situations and incapable of giving or refusing consent, recent Food and Drug Administration (FDA) regulations permit research with respect to products that must be approved by the FDA to go forward (including placebo-controlled research) if available treatments are unproven or unsatisfactory.[56] Certain preconditions, including a reasonable relationship between risks associated with the investigation and risks expected from the condition and standard therapy for it, as well as an attempt to contact authorized representatives, must also be met to obtain IRB approval.[57]

With respect to other vulnerable populations, protection is quite limited. Provisions of the Common Rule dealing with IRB membership provide that IRB's that regularly review research involving vulnerable categories of persons should include one or more individuals knowledgeable about and experienced in working with these subjects.[58] IRB's are supposed to assure that selection of subjects for research is equitable, and "should be particularly cognizant of the special problems of research involving vulnerable populations, such as children, prisoners, pregnant women, mentally disabled persons, or economically or educationally disadvantaged persons."[59] IRB's are supposed to assure the provision of "additional safeguards" to protect the rights and welfare of vulnerable subjects.[60] Finally, informed consent must be obtained from a subject's "legally authorized" representative where a subject is incapable to consent.[61]

There is a long history of abuse in the United States, in research involving the mentally disabled (which, according to some observers, continues until this day).[62]

---

[53] 45 C.F.R. § 46.305.

[54] 45 C.F.R. § 46.306(a)(2)(i) and (ii).

[55] 45 C.F.R. § 46.306.

[56] 21 C.F.R. § 50.24. See Richard S. Saver, Critical Care Research and Informed Consent, 75 N. C. L. Rev. 205 (1996).

[57] 21 C.F.R. § 50.24.

[58] 45 C.F.R. § 46.107.

[59] 45 C.F.R. § 46.111(a)(3).

[60] 45 C.F.R. § 46.111(b).

[61] 45 C.F.R. § 46.116.

[62] See Symposium, Conducting Medical Research on the Decisionally Impaired, 1 J. of Health Care L. & Pol'y 1-201 (1999); Robert Michels, Are Research Ethics Bad for

The National Commission for the Protection of Human Subjects of Biomedical and Behavioral Research, whose report laid the groundwork for what became the Common Rule, proposed special rules for research involving "those institutionalized as mentally infirm."[63] Though the Department of Health and Human Services proposed rules to this end in 1978, these rules proved very controversial, and were never finalized.[64]

Debate on this topic has quickened in the recent past. First, in 1996 a New York appellate court upheld a lower court decision holding unconstitutional New York Office of Mental Health research regulations that permitted research presenting more than minimal risk on institutionalize patients without their consent where patients were not given notice that their competency to consent was being evaluated, there were no appropriate procedures governing the assessment, consent was permitted by "close friends" or others without judicial authorization, and where an objection to participation could be overridden without judicial review.[65] The law of several other states also prohibits or places strict limits on research involving the mentally disabled.[66]

Second, a number of prestigious commissions have thoughtfully considered the issue in recent years, including the National Bioethics Advisory Commission (NBAC),[67] the Maryland Attorney General's Working Group on this issue,[68] and the National

---

Our Mental Health? 340 New Eng. J. Med. 1427 (1999); Alexander Morgan Capron, Ethical and Human-Rights Issues in Research on Mental Disorders That May Affect Decision-Making Capacity, 340 New Eng. J. Med. 1430 (1999); Alexander Morgan Capron, Incapacitated Research, 27 Hastings Ctr. Rept. 25 (1997); Beverly Woodward, Challenges to Human Subjects Protection in US Medical Research, 282 JAMA 1947 (1999).

[63] Levine, supra note 15, at 266-269.

[64] The issue is, however, addressed by a chapter in the Institutional Review Board Guidebook put out by HHS, as well as by guidelines issued by some of the National Institute of Health Institutes that fund research. See Alison Wichman, Protecting Vulnerable Research Subjects: Practical Realities of Institutional Review Board Review and Approval, 1 J.Health Care L. & Pol'y 88, 98-99 (1998).

[65] T.D. v. New York State Office of Mental Health, 228 A.D.2d 95, 650 N.Y.S.2d 173 (1996).

[66] See Clarence J. Sundram, In Harm's Way: Research Subjects who are Decisionally Impaired, 1 J. Health Care L. & Pol'y 36, 63 (1998) (listing California, Massachusetts, Illinois, and California as banning research involving the mentally disabled).

[67] See National Bioethics Advisory Commission, Report, Research Involving Persons with Mental Disorders that may Affect Decisionmaking Capacity (1999); James F. Childress, The National Bioethics Advisory Commission: Bridging the Gaps in Human Subjects Research Protection, 1 J. Health Care L. & Pol'y 105 (1998).

[68] Diane E. Hoffmann and Jack Schwartz, Proxy Consent to Participation of the Decisionally Impaired in Medical Research–Maryland's Policy Initiative, 1 J. Health Care L.& Pol'y 123 (1998).

Alliance for the Mentally Ill.[69] All would strengthen protections for the mentally disabled. The NBAC proposal, for example, would permit the mentally disabled to object to participation in research, would require notification of subjects that their competency was being questioned or that they were being enrolled in research; would normally limit research to that presenting minimal risk or direct medical benefit, unless there was authorization from a competent participant or by an advanced directive; and would require legally authorized representatives to be authorized by a court or by statute.

These recommendations have proved quite controversial, however, and have not yet resulted in federal legislative or regulatory action. There has also been a good deal of discussion in the recent past for expanding protections for other vulnerable groups such as the terminally ill, or elderly, though these recommendations have also not yet resulted in government action.[70]

Except for the case of pregnant women, the Common Rule permits across the board research that would not be permitted by Article 17(1) of the European Convention, in that there is no requirement that research be limited to that directly beneficial to the subject's health, and there is no required showing that the research cannot be carried out on persons capable of giving consent (though this is implicit in the rules affecting prisoners). Moreover, the Common Rule, contrary to Article 17,(1)(v) seems to allow research to go forward over the objection of an incompetent, if surrogate consent is obtained. Additionally, research not complying with Article 17(1) is not limited to the conditions provided in Art. 17(2).

C. Protection of Autonomy at the End of Life

The problem of decisionmaking at the end of life, as it has developed over the past two and a half decades in the United States, is highly complex, and only the most superficial overview of it can be presented in this report. Its complexity is compounded by the fact that this area of law is basically left to the states, and the law has developed rather differently from state to state. Though there have been three United States Supreme Court decisions considering right-to-die issues,[71] these decisions have basically affirmed the principle that the states have primary responsibility for policy-making in this area, subject only to the broadest constitutional constraints. Federal legislation has also played a minor role with respect to right to die issues. This report will briefly consider four topics: 1) right

[69] Laurie M. Flynn & Ronald S. Honberg, Achieving Proper Balance in Research With Decisionally-Incapacitated Subjects: NAMI's Perspectives on the Working Group's Proposal, 1 J. Health Care L. & Pol'y 174 (1998).

[70] See e.g. D. Christian Addicott, Regulating Research on the Terminally Ill: A Proposal for Heightened Safeguards, 15 J. Contemp. Health L. & Pol'y 479 (1999); Marshall B. Kapp, Decisional Capacity, Older Human Research Subjects, and IRBs: Beyond Forms and Guidelines, 9 Stan.L. & Pol'y Rev. 359 (1998).

[71] Washington v. Glucksberg, 521 U.S. 702 (1997); Vacco v. Quill, 521 U.S. 793 (1997); and Cruzan v. Missouri Dept. of Health, 497 U.S. 261 (1990).

to die decisions involving competent adults, 2) decisions involving incompetent adults 3) decisions involving children, and 4) assisted suicide and euthanasia.[72]

I. Competent Adults

It is now well established law that competent adults have the right to choose to forgo life sustaining treatment, just as they have the right to choose to undergo (or forgo) any other form of treatment.[73] While ancillary issues, such as the competence of the patient, may be given special consideration when the treatment under question will be life sustaining, the substantive right to refuse life sustaining treatment is identical to the substantive right to deny any other form of proposed medical intervention.[74] Currently there is no court which fails to recognize this right, even though the constitutional, statutory and common law bases of the right may vary from jurisdiction to jurisdiction.

II. Incompetent Adults

The right to choose to forgo life sustaining treatment is a manifestation of a patient's autonomy interest. Obviously, it is much more difficult to vindicate that interest in the case of an incompetent patient than in the case of a patient who is competent. Incompetent patients, by definition, cannot make treatment choices. Any choice regarding treatment must be made by someone other than the patient, such as a proxy decisionmaker. The law must address three significant issues that determine the form and outcome of proxy decisionmaking for incompetent patients: (1) the selection of the proxy decision maker; (2) the substantive principles that must guide that decision maker; and (3) the process that must be followed when the proxy decision maker is appointed and the decision is made.

The proxy decision maker is most often a member of the patient's family. In most circumstances physicians may reasonably depend upon the unanimous decision of the patient's family to make decisions regarding the termination of life sustaining treatment. Over the past several years most states have also enshrined the principles of proxy decisionmaking in their statutes, which generally provide a hierarchy of proxy decision makers upon which healthcare providers can depend.

---

[72] This discussion of these topics is drawn from Barry R. Furrow, Thomas L. Greaney, Sandra H. Johnson, Timothy Stoltzfus Jost, and Robert L. Schwartz, Health Law (2d ed. 2000). It was written primarily by Robert L. Schwartz, and is used here with permission from West Group.

[73] See Cruzan v. Director, Missouri Dept. of Health, 497 U.S. 261, 269-77 (1990). The Court adverted to this right, without formally confirming it, in Washington v. Glucksberg, 521 U.S. 702 (1997). The statutory right of every competent adult to make all health care decisions is explicitly provided in the Uniform Health Care Decisions Act.

[74] See id. at 270, 110 S.Ct. at 2847.

There is also agreement on the substantive principles to be applied by proxy decision makers. Because the purpose of the appointment of a proxy decision maker is to vindicate the autonomy interest of the patient, that decision maker must apply the values and interests of the patient, not his own values and interests.[75] Ideally, the proxy decision maker would make exactly the decision that the patient, if competent, would make. Such decisionmaking employs the principle of "substituted judgment."[76] The success of any attempt at applying "substituted judgment" depends on the sensitivity of the decision maker and the amount and specificity of the information left by the incompetent patient about the kind of treatment he would desire. There are few cases where the "substituted judgment" choice is simple. In reality, most cases are fraught with the uncertainty that naturally arises out of decisions about which we all have some ambivalence.

In cases where the patient has never been competent, the application of the principle of "substituted judgment" is logically impossible. An alternative standard must be applied by the decision maker. This alternative, the "best interest" standard, requires that the proxy make the choice that she believes is in the best interest of the patient, without regard to the inquiry into what choice the patient would make.[77] Such decisionmaking, however, cannot be intended to serve the interest of the patient's autonomy. It serves the interest of beneficence, which becomes the guiding principle only where there is no possibility of vindicating the autonomy interest.

Different states impose different procedures upon proxy decision makers. Although many states provide by statute for the procedure to be followed in the appointment of the decision maker and, where necessary, the judicial confirmation of that choice,

---

[75] In making this subjective determination, courts usually consider a patient's statements prior to his incapacity. For example, the Washington Supreme Court held that, "prior statements may be probative in determining the wishes of an incompetent patient, with the age and maturity of the patient, the context of the statements, and the connection of the statements to the debilitating event being factors to be weighed," in making a substituted judgment decision. Matter of Welfare of Colyer, 660 P.2d 738, 748 (Wash.1983). The Uniform Health Care Decisions Act requires that one making a health care decision on behalf of another act "in accordance with the principal's individual instructions, if any, and other wishes to the extent known to the agent. ... In determining the principal's best interest, the agent shall consider the principal's personal values to the extent known to the agent." Uniform Health Care Decisions Act, §§ 2(e), 5(f).

[76] See e.g., Foody v. Manchester Memorial Hospital, 482 A.2d 713 (Conn.Super.1984); In re Severns, 425 A.2d 156 (Del.Ch.1980); In re Estate of Longeway, 139 Ill.Dec. 780, 549 N.E.2d 292 (Ill.1989).

[77] See Rasmussen v. Fleming, 741 P.2d 674, 689 (Ariz.1987) (holding that the best interest standard requires that a surrogate decision maker assess such broad and undefined factors "as relief from suffering, the preservation or restoration of functioning, and quality and extent of sustained life"); Conservatorship of Drabick, 245 Cal.Rptr. 840 (Cal.App.1988).

these same statutes generally do not specify any procedure to be followed by the proxy decision maker in making the decision itself.[78]

Where an incompetent patient has been competent and possessed discernible values and interests, the proxy decision maker is obliged to apply the patient's values and interests in an attempt to make the decision that the patient would have made if she were, at that moment, competent. This task is made easier when the patient has left an indication of her values and interests, or, better still, when the patient has addressed the kinds of treatment she would desire if she were to become incompetent. A number of devices have been developed to facilitate efforts by competent people who wish to plan for their medical decision making should they become incompetent. These include the "living will" or "right to die" statement (now called an "individual instruction" under the Uniform Health Care Decisions Act); the durable power of attorney for health care decisionmaking; and the values history. These documents, often called "advance directives," have been given a range of formal legal effects in different jurisdictions.[79] In addition, patients are increasingly encouraged to talk with their physicians, family members, and others likely to be present for any decision that must be made when the patient becomes incompetent. The courts have increasingly recognized the significance of statements made under these circumstances, even if they do not have the formal legal effect of written advance directives.

Following the widespread publicity that attended the first United States right to die case, the Karen Quinlan case,[80] several states adopted statutes that formally recognized some forms of written directives describing some circumstances in which certain kinds of medical care could be terminated. These statutes were sometimes denominated "living will" acts, sometimes "right to die" acts, and occasionally "natural death" acts. Virtually every state has now adopted provisions for living wills. The statutes vary widely from state to state; some allow for the creation of very powerful documents, and others are little more than political window dressing without any substantive value.

A Uniform Rights of the Terminally Ill Act was promulgated in 1989, but it has had only scant effect in state legislatures: no legislature has adopted the Act in the form in which the Commissioners issued it. The Uniform Health Care Decisions Act ("UHCDA"), which was approved in 1994, would substantially recast the living will. Under that uniform act, an "individual instruction" may direct virtually any healthcare decision. As of 1999, only three states have adopted this uniform act.[81]

---

[78]Compare Utah Code Ann. 1953, 75–2–1107 with W.Va. Code, 16–30B–8.

[79]While most states have promulgated different statutes to deal with these different documents, the trend is to combine living will, durable power and family consent laws into a single statute. See Ariz.Rev.Stat. § 36–3201 through 36–3252; Fla.Stat.Ann. § 765.101–.401; Md.Code, Health–General, § 9–601 through 9–618, and Va.Code 1950, § 54.1–2981 through 54.1–2993.

[80]In re Quinlan, 355 A.2d 647 (N.J.1976) cert. denied sub nom. Garger v. New Jersey, 429 U.S. 922, 97 S.Ct. 319, 50 L.Ed.2d 289 (1976).

[81]Maine, Mississippi, and New Mexico.

Living wills are generally available to competent adults,[82] but in some states can be executed on behalf of children following a prescribed judicial process.[83] In most cases a living will becomes effective immediately after it is executed. Sometimes, however, a waiting period—analogous to a commercial sales cooling off period—delays the effective date of the document.[84] In many states and under the Uniform Rights of the Terminally Ill Act, the living will is suspended during the term of a pregnancy, at least as long as the fetus might be born alive if life sustaining treatment is continued.[85] Under most statutes, a living will never expires (although, of course, it may be revoked or changed). Under other statutes, however, a living will has a finite life, and must be renewed periodically or it will expire.[86]

Living wills generally apply in the case of terminal illness. What constitutes a terminal illness is variously defined,[87] or not defined at all. The Uniform Rights of the Terminally Ill Act applies in the case of a "terminal condition"[88] (rather than a terminal illness), which is defined as a condition that is "incurable and irreversible."[89] The laws of some states also permit living wills to be used in the event of some nonterminal conditions such as "irreversible coma"[90] or "persistent vegetative state."[91]

Living will statutes do not apply to all forms of treatment. In some states the statute applies only to life sustaining treatment[92] or to maintenance medical care, terms that are often defined (if at all) in ambiguous or circular ways. About half of the states explicitly exclude nutrition and hydration from the list of treatments

---

[82]See e.g., Iowa Code Ann. § 144A.3(1).

[83]See Va. Code 1950, §§ 54.1–2981 to 54.1–2992; see also V.T.C.A., Health & Safety Code § 672.006.

[84]See e.g., Minn. Stat.Ann. § 145B.05.

[85]See Unif. Rights of the Terminally Ill Act, § 6(c), 9B U.L.A. 121 (Supp. 1993); see also Gregory Gelfand, Living Will Statutes: The First Decade, 1987 Wis. L.Rev. 737, 816–17 (1987).

[86]See e.g., West's Ann.Cal. Health & Safety Code § 7189.5 (living will is only valid for five years); see also Gelfand, supra note 85, at 765.

[87]Colorado's statute defines terminal condition as "an incurable or irreversible condition for which the administration of lifesustaining procedures will serve only to postpone the moment of death." West's Colo. Rev. Stat.Ann. § 15–18–103(10). The Wisconsin living will statute defines "terminal illness" as one "that a reasonable medical judgment finds would cause death imminently." Wis. Stat. Ann. 154.01(8). Hawaii and Montana use the phrase "within a relatively short period of time." Haw. Rev. Stat. § 327D–2; Mont. Code Ann. 50–9–102(7).

[88]Unif. Rights of the Terminally Ill Act, § 3, 9B U.L.A. 170 (Supp. 1999).

[89]Unif. Rights of the Terminally Ill Act, § 1, 9B U.L.A. 163 (Supp. 1999).

[90]La. Stat. Ann.–Rev.Stat. 40:1299.58.210.

[91]Idaho Code § 39–4503(3); Haw.Rev.Stat. § 327D–2; Tenn.Code Ann. § 32–11–103(9). Ohio and Arkansas extend the application of their living will statutes to patients in a permanent unconscious state. See Ohio Rev.Code § 2133.01(u); Ark.Code Ann. § 20–17–201(11).

[92]See e.g., Tenn. Code Ann. § 32–11–103(5).

that may be withdrawn. Excluding Missouri, the state courts that have addressed this issue have ignored or sidestepped these legislative exceptions by assuming that the statutory exceptions were meant to apply only to nonmedical feeding, not to the provision of nutrition and hydration through medical apparatus.[93] In any case, there is some question about the constitutional validity of such exclusions, especially after the Cruzan case.[94]

Living will statutes usually require that living wills comply with certain formalities, including often a requirement of witnesses. Living will statutes usually permit virtually any indication that a patient wishes to revoke the document to serve as an effective revocation, to assure that individuals are not locked into decisions they made much earlier and under different circumstances.

The consequences of a living will vary from state to state. Few states actually require health care workers to carry out the formal legal requests of the patient. As a general matter, statutes permit health care workers to carry out the patient's requests without fear of other legal consequences, including criminal and civil liability.[95] Most statutes also provide that taking actions permitted by the document does not constitute suicide for any purpose, and that the physician's (and others') cooperation in the process does not constitute assisting suicide. Finally, many statutes require physicians who do not wish to carry out the requests of the patient to transfer the patient to another health care provider who will.

The second common form of advanced directive is the durable power of attorney, which is now recognized by statute in most states. A durable power of attorney is a document executed by a competent person to appoint another to make health care decisions for him when he becomes incompetent to make them himself.

Durable powers generally may be limited in time, scope, or method of decision making, at the discretion of the principal executing the document. While agents are expected to apply principles of substituted judgment when making health care decisions, and thus to make the decisions that the principal would make if she were competent, durable powers may specify other bases of decision, at the discretion of the principal. There are virtually no practical limits to the restrictions and conditions that may be placed on agents in durable powers of attorney for health care decisionmaking.

No court has addressed the question of whether an agent appointed by a durable power of attorney would prevail if he made a health care decision inconsistent with that directed by a living will. While the specificity of the conditions to which the living will apply would seem to give it priority over the more general power, the dynamic nature of the durable power suggests that the appointed agent should have priority. In any case, of course, the agent must consider the existence of the living will when making his decision on the part of the principal.

---

[93] McConnell v. Beverly Enterprises–Connecticut, Inc., 553 A.2d 596 (Conn.1989); Corbett v. D'Alessandro, 487 So.2d 368, 370–71 (Fla. App. 1986).

[94] See Gelfand, supra note 85, at 750–751 n.49.

[95] See e.g., Haw. Rev. Stat. § 327D–18.

Powers of attorney have been recognized at common law for centuries.[96] At common law, however, all such powers became invalid upon the incapacity of the principal, who was expected to supervise the activities of the agent.[97] Thus, at common law a power of attorney could not be employed to make health care decisions—if the principal were competent he would not need the power, and if he were not competent the power would be ineffective. As a response to a recognition of the fact that powers of attorney were often useful in situations where an individual was no longer competent, certain provisions of the Uniform Probate Code were amended to modify the common law rule and allow the principal to choose whether the power of attorney would become effective, remain in effect, or terminate upon his or her incapacity.[98] Some version of the Uniform Probate Code provision creating durable powers has now been adopted by most of the states, and the rule that the power of attorney is always revoked by the incapacity of the principal has been changed by statute in every state.[99]

There is great variety in the durable power statutes promulgated specifically for health care purposes. Some of the earliest statutes—like California's—are very narrow and restrictive;[100] while others are as broad as the Uniform Probate Code provision.[101] Some statutes provide sample forms, while others provide mandatory

---

[96] Jeffrey Kolb, Indiana Power of Attorney Act, 25 Ind. L. Rev. 1345, 1347–48 (1992); Evan R. Collins et al., Drafting the Durable Power of Attorney—A System's Arrival 5 (2d ed. 1991).

[97] See Restatement (Second) of Agency § 120 cmt. a (1958) ("[T]o the extent that agency is a consensual relation, it cannot exist after the death or incapacity of the principal or the agent. This was the common law viewpoint and consistent with the older theory as to contractual relations to the effect that the minds of the parties must "meet" before a contract can be made. From this point of view, an agreement that an agency should continue after the death [or incapacity] of a principal is a legal impossibility.").

[98] See William M. McGovern, Jr., Trusts, Custodianship, and Durable Powers of Attorney, 27 Real Prop., Prob. & Tr. J. 1, 18 (1992).

[99] David M. English, The UPC and the New Durable Powers, 27 Real Prop., Prob. & Tr. J., 333, 337 (1992).

[100] See West's Ann. Cal. Civ. Code § 2433 (enumerating strict requirements for form of durable power of attorney for health care).

[101] According to the Uniform Probate Code,
A durable power of attorney is a power of attorney by which a principal designates another his attorney in fact in writing and the writing contains the words "This power of attorney shall not be affected by subsequent disability or incapacity of the principal, or lapse of time," or "This power of attorney shall become effective upon the disability or incapacity of the principal," or similar words showing the intent of the principal that the authority conferred shall be exercisable notwithstanding the principal's subsequent disability or incapacity, and unless it states a time of termination, notwithstanding the lapse of time since the execution of the instrument.
Unif. Probate Code § 5–501, 8 U.L.A. 420 (1996).

forms.[102] Moreover, a few state statutes require that a named agent agree to serve in that capacity.[103] Although most statutes (and the Uniform Probate Code) do not require that the agent formally accept his authority, it is certainly the better practice to seek the agreement of the agent when the durable power is executed. If nothing else, seeking that acceptance allows the principal and the named agent to talk about the principal's expectations and the agent's intentions.

Most incompetent patients facing decisions concerning the termination of life sustaining treatment have not, however, executed living wills or durable powers of attorney. In fact, the vast majority of Americans have not made any formal advance directives.[104] In most instances, therefore, health care providers turn to the family for direction as to how to proceed with end of life decisions.

Growing concern over the formal legal status of family decision making in the 1980s caused many state legislatures to recognize the practice and regulate it by statute.[105] These "family consent" statutes vary from state to state. Some have been added to state living will statutes to provide a backup mechanism for making decisions regarding life sustaining treatment on behalf of those who did not execute any advance directive; others are freestanding statutes that either apply to life sustaining treatment or health care decisions generally. While most statutes discourage families and health care workers from seeking judicial review of the vast majority of health care decisions made under the statutes,[106] some require judicial confirmation of decisions which result in the death of the patient.[107]

Despite their differences, family consent statutes have many common attributes. They become effective only when the patient is incompetent, and some require a certificate that the patient is incompetent before the family is authorized to

[102] "A written power of attorney for health care shall provide no other authority than the authority to make health care decisions on behalf of the principal and shall be in the following form * * *." Or. Rev. Stat. § 127.530 (emphasis added). For detailed analysis of statutory forms, see English, supra note 99, at 363–76.

[103] See e.g., Mich. Comp. Laws Ann. § 700.496(6); Or. Rev. Stat. § 127.525.

[104] In 1995 the General Accounting Office reported, "Surveys indicated that, in general, only 10 to 25 percent of Americans have documented their end-of-life choices or appointed a health care agent... (with some estimates as low as 5 percent.)" GAO/HEHS 95-135 Aug.28, 1995.

[105] See generally Jan Ellen Rein, Preserving Dignity and Self–Determination of the Elderly in the Face of Competing Interests and Grim Alternatives: A Proposal for Statutory Refocus and Reform, 60 Geo. Wash. L. Rev. 1818 (1992).

[106] See e.g., W.Va. Code § 16–30B–7 (providing that court approval is not required); see also In re Lawrance, 579 N.E.2d 32 (Ind.1991); DeGrella v. Elston, 858 S.W.2d 698 (Ky.1993) (stating that court approval is intrusive upon a private matter and unnecessarily expensive).

[107] See e.g., Ohio Rev. Code Ann. § 2123.08 (requiring probate court approval before withdrawing artificial nutrition and hydration). In addition, Maryland's Attorney General interpreted the former Maryland statute as requiring court approval for the termination of lifesustaining procedures. 73 Op. Att'y Gen. 162 (Md. October 17, 1988).

make any health care decision. They authorize designated close family members to act on behalf of the patient, although the procedure for designation of the family member varies from state to state. All of the statutes prescribe a hierarchy of family members. All family consent statutes provide that a patient's specific designations of health care decision makers (through a durable power of attorney, for example) or of particular decisions (through a living will, for example) take priority over a family member exercising authority under the statute.[108] Thus, there can be no conflict between a living will or durable power and a family member's decisions: the decisions made in the living will, or by the agent appointed by the durable power, prevail over the family member's decisions.

Like living will statutes, family consent laws usually are permissive, not mandatory, upon health care providers. Family members and health care providers who act in accordance with consent given under the terms of the acts are relieved of liability for depending on such consent.[109] Some family consent statutes formally recognize the principle of substituted judgment, and require authorized family members to attempt to discover what the patient would wish if competent.[110]

When there is no advance directive, and when there is no family consent (or similar) statute applicable to provide for decision making for an incompetent patient, courts have attempted to serve the principle of autonomy by allowing others to make health care decisions on behalf of incompetent patients. Because the guiding principle is that the wishes of the patient should be carried out, courts attempt to apply a substituted judgment test in these cases.[111] Virtually all courts (except, arguably, those in New York[112], Missouri[113] and Michigan[114]) permit substitute decision making for formerly competent patients, with the decision maker (sometimes a family member, sometimes someone else appointed by the court, sometimes the court itself) considering all potentially trustworthy sources of information and determining, with sufficient reliability, what decision the patient would make if that patient were competent.

In determining how to evaluate requests to terminate lifesustaining treatment for incompetent patients, courts have often articulated the principle that "it is best to

---

[108]See e.g., N.C. Gen. Stat. § 90–322 (b) (requiring that no advance directive exist in order for the family to have decision making authority, and placing an appointed health care agent in the first class of the hierarchy, above guardian of the person, thereby allowing the health care agent to go beyond the written powers of attorney, but not contrary to its instructions, in order to act as a surrogate decision maker where the document is unclear).

[109]See e.g., West's Fla. Stat. Ann. § 765.10.

[110]See e.g., W.Va. Code § 16–30B–8 (providing that the surrogate shall make decisions in accordance with the patient's wishes and religious and moral beliefs as well as in accordance with the patient's best interest).

[111]See e.g., Woodland v. Angus, 820 F.Supp. 1497, 1517 (D.Utah 1993).

[112]In re Westchester County Medical Center on Behalf of O'Connor, 534 N.Y.S.2d 886, 531 N.E.2d 607 (N.Y.1988).

[113]Cruzan v. Harmon, 760 S.W.2d 408 (Mo.1988).

[114]In re Martin, 538 N.W.2d (Mich. 1995).

err, if at all, in favor of preserving life."[115] The United States Supreme Court, in Cruzan, explicitly noted the constitutionality of incorporating such a principle in state law.[116] Effectively, many courts have set the continuation of life (and thus the continuation of treatment) as the default position; unless there is a substantial amount of evidence supporting the position that the patient would elect the termination of treatment, it is to be presumed that the patient would elect to have treatment continued.

When a patient has never been competent—when, for example, the patient is profoundly mentally disabled and has been so since birth—it is extremely difficult to apply the substituted judgment standard to determine what kind of life sustaining treatment that patient would want under any particular circumstances. For this reason, many courts simply apply an objective "best interests" standard in these cases.

III. Children

Under United States law, children have traditionally been treated as legally incompetent to make most significant decisions, including decisions regarding their own health care. On the other hand, children are not in the same position as comatose (or many otherwise incompetent) adults. In some ways they are likely to be far better at making health care decisions—for example, they can sense and evaluate information provided to them—and in some ways they may be less well equipped to make those decisions—for example, they have not had the maturity of a lifetime to develop the values that a substituted judgment is expected to carry to fruition. As a consequence, courts have treated children as a class of patients different from both competent adults and incompetent adults for the purpose of making decisions concerning life sustaining treatment. Further, while such decisions for newborns are governed by federal regulations, decisions for other children are most generally guided by principles of common law that vary from state to state.

As a general matter, parents are legally authorized to make important decisions for their children. The parents' authority to make decisions for their children is recognized as a matter of United States constitutional law, state constitutional and statutory law, and prevailing state common law. In some states, legislatures have formally acknowledged family authority in their statutes.[117] All courts also recognize that, as a matter of common law, parents have the right to make health care decisions for their minor children.[118]

---

[115] In re Conroy, 486 A.2d 1209, 1233 (N.J.1985).

[116] Cruzan v. Director, Missouri Dept. of Health, 497 U.S. 261, 283, 110 S.Ct. 2841, 2854, 111 L.Ed.2d 224 (1990).

[117] See e.g., Del. Code Tit. 10, § 902(a) (the preservation of the family is "fundamental to the maintenance of a stable, democratic society. ..."); and Del. Code Tit. 16, § 901 (abuse, neglect reporting statute designed to ensure strength of "parental care.").

[118] See e.g., Newmark v. Williams, 588 A.2d 1108, 1115 (Del.1991).

The parents' right to make health care decisions for their child is not, however, unrestrained. First, some courts have permitted older children who otherwise can meet the standard of competence for adults to make their own decisions under the "mature minor"[119] doctrine. Even when children are not permitted to make their own health care decisions, they may be permitted to participate in those decisions in a formal way that appropriately recognizes their level of maturity and understanding. It is difficult to imagine a court allowing the termination of life sustaining treatment in the case of a child who objected to the termination, even if the parents were to request it.

Second, in those rare cases in which the parents disagree over what constitutes appropriate treatment for their child, courts simply cannot carry out the wishes of the parents. By carrying out the directions of one parent, the court necessarily would be rejecting the directions of the other.[120] When either of the parents or the child wishes to have life sustaining treatment maintained, courts have not been willing to reject the default position that treatment should be continued, however those same courts would allocate decisionmaking authority among the parents and the child under other circumstances.

The most significant limitation on parental authority to control the health care decisionmaking of their children is found in state child abuse and neglect statutes. Under the statutes of virtually every state, parents who deny their children adequate medical care neglect their children, and the state is authorized to exercise its parens patriae authority and to take custody of the children to assure that all of their basic needs (including their needs for medical care) are met. The question for many courts, thus, has been whether a parental decision to terminate life sustaining treatment for a child constitutes the denial of necessary medical care to that child: if it does, the state must take custody of the child and order treatment; if it does not, the parental decision must be carried into effect.

There are two ways in which courts have gone about deciding whether parental decisions to terminate life sustaining treatment constitute child neglect. Some courts have concluded that any decision denying life sustaining treatment to a child is per se an act of neglect of that child. These courts perceive the issue solely as a medical one, not one that involves the application of important values to medical facts.[121]

---

[119] See e.g., In re E.G., 139 Ill.Dec. 810, 815–16, 549 N.E.2d 322, 327–28 (Ill.1989); In re Application of Long Island Jewish Med. Ctr., 557 N.Y.S.2d 239, 243 (Sup.1990) (both upholding a minor's decision regarding his or her own medical care, but only when the child presented clear and convincing evidence that he or she was mature enough to exercise an adult's judgment and to understand the consequences of the decision).

[120] See In re Doe, 418 S.E.2d 3 (Ga.1992). See also In re Baby "K", 16 F.3d 590 (4th Cir. 1994).

[121] See In re Hamilton, 657 S.W.2d 425 (Tenn.App.1983) (ordering necessary medical treatment for a child against her father's wishes). Some believe that this is the presumption of the Baby Doe regulations, which govern treatment decisions for severely ill infants under one year of age.

Other courts have applied a more sophisticated balancing test to determine when the denial of life sustaining treatment for a child constitutes neglect of that child. These courts, following the Massachusetts Supreme Court decision in Custody of a Minor[122] and the useful opinion of the Delaware Supreme Court in Newmark balance the interests of the parents, the child, and the state.[123] If the prognosis without treatment is good—if the child's condition is not a life threatening one, for example—the courts are very unlikely to intervene and order treatment inconsistent with that desired by the parents.[124] When the prognosis with treatment is very good—when treatment promises a virtually certain cure to what would otherwise be a terminal condition—the courts will usually order treatment, even if that is inconsistent with the parents' desires.[125] For example, courts routinely order blood transfusions for children of Jehovah's Witnesses when there is medical testimony that such transfusions—which are relatively quick, painless, and involve comparatively little intrusion—offer the only hope of survival for the patient. If the prognosis with treatment, however, is only somewhat better than the prognosis without treatment, the court will not intervene without also considering the third factor—the pain and invasiveness of the proposed treatment.[126]

Different kinds of judicial actions are available in different states to test the propriety of a parental decision to withhold or withdraw life sustaining treatment from a child. Most states which have addressed the issue have been willing to consider whether children denied life sustaining treatment are neglected under child protective services statutes. Some states have permitted the issue to be raised in the course of guardianship actions outside of the scope of child protective services statutes. Some states have permitted the issue to be raised through declaratory judgment actions or other actions based in the general common law jurisdiction of the courts. Finally, a few states have commenced criminal actions against parents who have effectively denied their children access to life sustaining treatment.

---

[122] 379 N.E.2d 1053 (Mass.1978).

[123] See Newmark v. Williams, 588 A.2d 1108, 1114–17 (Del.1991).

[124] Id. at 1117; see also In re Green, 292 A.2d 387, 392 (Pa.1972) (refusing to authorize corrective spine surgery on a minor); In re Seiferth, 127 N.E.2d 820, 823 (N.Y.1955) (refusing to authorize the parent to correct a cleft palate and harelip on a fourteen-yearold minor); but cf. In re Sampson, 317 N.Y.S.2d 641, 657–58 (Fam.Ct.1970), affirmed 328 N.Y.S.2d 686, 278 N.E.2d 918 (N.Y.1972) (authorizing corrective surgery on a minor where the parents' only objection was a blood transfusion).

[125] See Application of President & Directors of Georgetown College, Inc., 331 F.2d 1000, 1007 (D.C.Cir.1964), rehearing denied 331 F.2d 1010, cert. denied 377 U.S. 978, 84 S.Ct. 1883, 12 L.Ed.2d 746 (1964) (finding a greater than 50% change of saving patient's life with a blood transfusion); Jehovah's Witnesses In State of Washington v. King Co. Hospital Unit No. 1, 278 F.Supp. 488, 503 (W.D.Wash.1967) affirmed 390 U.S. 598, 88 S.Ct. 1260, 20 L.Ed.2d 158 (1968) (authorizing a blood transfusion where it was deemed "safe" and necessary).

[126] See e.g., Newmark v. Williams, 588 A.2d 1108, 1117 (Del.1991); In re Burns, 519 A.2d 638, 645 (Del.1986).

IV. Physician Assisted Death and Euthanasia

Because consent is not a defense to homicide crimes, and because the law makes no distinction between a "good death" and any other kind of death, euthanasia is criminal homicide in every state in the United States, whether it is committed by a physician, another health care worker, a family member, or anyone else. This has not, however, precluded the practice of "terminal sedation," the current practice of physicians prescribing sufficient pain medication to assure that terminally ill patients are kept comfortable in their last few days of life, even when this hastens death.[127]

In traditional legal analysis, there is simply no way to square the formal law of homicide with these generally approved attempts to keep patients comfortable in their last hours or days of life. The practice of providing large doses of pain medications under these circumstances is often justified under the "doctrine of double effect." Under this principle, the actor is not deemed to intend to cause the death of the patient if the actor's only intent is to eliminate suffering. The secondary effect of the act may be the death of the patient, but the one causing the death does not have to bear the moral burden of causing that death if the intent were the permissible one of relieving suffering.

The legal acceptance of the doctrine of double effect was assumed in Washington v. Glucksberg[128], where Justice O'Connor pointed out that "[t]he parties and amici agree that... a patient who is suffering from a terminal illness and who is experiencing great pain has no legal barriers to obtaining medications, from qualified physicians, to alleviate that suffering, even to the point of causing unconsciousness and hastening death."[129] She was willing to join in the majority because "[t]here is no dispute that dying patients... can obtain palliative care, even when doing so would hasten their deaths."[130]

Suicide and assisted suicide in the United States are analyzed differently from euthanasia. Though all of the United States have abrogated laws making suicide a crime, most states (but not all) do prohibit aiding or assisting the suicide of another. Some treat assisting suicide rather harshly; in Illinois and Ohio it has been treated as murder. Hawaii and Indiana only prohibit causing suicide, not assisting it.[131] A few states have no laws against causing or assisting suicide and there are very few prosecutions under those statutes that proscribe participation in another's suicide in any event.[132]

---

[127] For a general discussion, see Margaret A. Somerville, The Song of Death: The Lyrics of Euthanasia, 9 Contemp. Health L. & Policy (1993).

[128] Washington v. Glucksberg 521 U.S. 702, 117 S.Ct. 2258(1997).

[129] Id. At 737, 117 S.Ct. at 2302. (Opinion of O'Connor, J.).

[130] Id. At 737, 117 S.Ct. at 2303.

[131] See Wayne R. LaFave and Austin W. Scott Jr., Criminal Law, 2nd Ed., § 7.8–7.12 (1986); George Smith, Final Choices: Autonomy in Health Care Decisions (1989).

[132] For a good history of the statutes and case law enforcing assisted suicide statutes, see George P. Smith, All's Well That Ends Well: Toward a Policy of Assisted Rational Suicide or Merely Enlightened Self–Determination?, 22 U.C. Davis L. Rev.

While the United States Supreme Court had indicated in the Cruzan case that state statutes criminalizing assisting suicide were constitutional,[133] a position subsequently confirmed in Washington v. Glucksberg,[134] there was no interest in enforcing criminal sanctions against physicians assisting suicide until Dr. Jack Kevorkian began his campaign publicizing and using his "suicide machine," which allowed patients—sometimes young, relatively healthy patients, in his case—to terminate their own lives. In the early 1990s Dr. Kevorkian chose Michigan as the venue for the operation of his machine because it was one of the states that did not make aiding or assisting suicide a crime. Ultimately, after several successful legal defenses in criminal cases arising out of his assisted suicides, he was successfully convicted of second degree murder based on a euthanasia that was recorded and subsequently televised nationally, and is now serving a 22 year sentence.

In 1997 two cases involving claims that the Constitution protected individual acts of physician assisted death, at least under some circumstances, came before the Supreme Court. The first was a review Compassion in Dying v. Washington,[135] in which the Court of Appeals had held that Washington's ban on physician-assisted suicide violated the Due Process Clause of the Fourteenth Amendment. The second was Quill v. Vacco,[136] in which the Second Circuit held that New York's statutory ban on assisted suicide violated the Equal Protection Clause of the Fourteenth Amendment.

The Supreme Court, unanimous in its result but divided in the reasons for it, reversed both the Ninth and Second Circuits. In Washington v. Glucksberg[137], Justice Rehnquist, writing for the Court, announced that the Due Process Clause protects those rights and liberties which are "deeply rooted in this nation's history and tradition."[138] The Court then concluded neither suicide nor assisted suicide has been well accepted in this society, and that it could not meet this "deeply rooted" test. The Court continued by stating that Washington has a state interest in the preservation of human life which would justify its limitation of assisted suicide in any case. Several concurring Justices suggested that they might reconsider this issue if physician assisted death were necessary to allow a patient to avoid arbitrary and severe suffering, but, because both Washington and New York permitted all necessary palliative care to be provided, that issue was not before the Court.[139]In Vacco v. Quill[140] the Supreme Court found that New York's ban on assisted suicide did not violate the Equal Protection Clause because there is a distinction between hasten-

---

275, 290–91 (1989) and George P. Smith, Final Choices: Autonomy in Health Care Decisions (1989).

[133]Cruzan v. Director, Missouri Dept. of Health, 497 U.S. 261, 110 S.Ct. 2841, 111 L.Ed.2d 224 (1990).

[134]Washington v. Glucksberg 521 U.S. 702, 117 S.Ct. 2258(1997).

[135]79 F.3d 790 (9th Cir.1996).

[136]80 F.3d 716 (2nd Cir. 1997).

[137]117 S.Ct. 2258 (1997).

[138]Id at 2268.

[139]See Opinions of O'Conner, Stevens, Ginsburg and Breyer.

[140]117 S.Ct. 2293 (1997).

ing death by withdrawing life support and hastening death by assisted suicide. The legislatures of several states have considered statutes that would have offered legal recognition to physician assisted death under some circumstances. Until 1994 all were unsuccessful. However, in 1994 the Oregon electorate approved an initiative that created the Oregon Death with Dignity Act.[141]

The Oregon Death with Dignity Act provides for a physician to prescribe a lethal dose of medication to a patient; the patient must then take the medication herself.[142] The Act prohibits a physician from directly acting in a way that would end the patient's life, thus prohibiting active euthanasia. A patient seeking assistance under the Act must be diagnosed with a terminal illness – defined as one that will lead to death within six months – by two physicians. The Act also requires that either physician must refer the patient to counseling if the physician believes the patient to be suffering from a mental disorder or depression that would cause impaired judgment. No life-ending medication may be prescribed until the patient is no longer suffering from such a condition.

A patient seeking to employ the Death With Dignity Act must be over the age of eighteen and a resident of Oregon. The patient must be capable of communicating health care decisions. The Act provides that the patient make two verbal requests for the prescription from her physician separated by at least 15 days, and at least one written request, which must be made at least 48 hours before the prescription is written. The Act does not allow a patient to qualify solely based upon age or disability.

Those who oppose physician assisted death have been concerned with the Oregon experiment, and some have sought to have Congress pass legislation that would make it impossible for Oregon to carry out the provisions of the Death With Dignity Act. For example, such legislation could make it illegal to prescribe drugs regulated by the Drug Enforcement Agency (DEA), to cause the death of a patient. As of the summer of 2000 such legislation had not yet become law.

The law of the United States on end of life decisionmaking is generally consistent with Articles 5, 6 and 9 of the European Convention, in that it is based on the principle of informed consent, and generally seeks to support decisions for the benefit of persons who are not competent to make decisions, taking into account the previously expressed wishes of such incompetent persons.

D. and E. Discrimination on the Basis of Genetic Heritage/Use of Predictive Genetic Tests for Purposes Other Than Health Purposes

I believe that these two topics are best treated together when considering United States law. We have no general prohibition against using predictive tests for non health-related purposes. Rather, discrimination based on genetic predisposition is

---

[141] Or. Rev. Stat. §§ 127.800-.897 (1995).

[142] See Or.Rev.Stat. §§ 127.800-.897.

prohibited in specific contexts. The effect, however, is much the same. Issues involving genetic information are legally significant in four particular settings in the United States: 1) prenatal and preimplantation diagnostics; 2) discrimination in employment; 3) discrimination in insurance; and 4) privacy of genetic information. Each of these will be discussed in turn.

I. Prenatal and Preimplantation Diagnostics

The status of an embryo under the law of the United States is unclear. The landmark constitutional case of Roe v. Wade, recognizing a woman's constitutionally projected right to choose to have an abortion, rejected the position that the unborn are persons, subject to constitutional protection, though it did recognize the right of states to protect fetuses after the first trimester of pregnancy.[143] Some common law cases examining the rights of couples who have contributed gametes to the creation of embryos, however, have recognize that these embryos have an intermediate status–less than persons, yet more than property, and worthy of some respect.[144] Federal and state law, discussed below, limiting research on embryos, also recognizes that the embryo has a special status.[145] Prenatal and preimplantation diagnostic testing, however, is generally permitted in the United States.

About half the states have statutes prohibiting or limiting research involving fetuses or embryos. By one recent count, ten states ban embryological research.[146] Six of these, however, exempt preimplantation screening, while the remaining four permit preimplantation screening shown to be beneficial or without risk to the embryo.[147] Two further states prohibit research prior to an abortion or when the embryo is intended to be aborted.[148] The three federal court cases that have struck down state laws prohibiting research on embryos on constitutional grounds, however, have based their decisions on the argument that the statutes, which prohibited fetal experimentation while permitting diagnostic or therapeutic testing, were unconstitutionally vague.[149] In sum, even where embryo or fetal research is limited, prenatal or preimplantation diagnostic testing is generally permitted.

Further, a right to terminate or refuse a pregnancy based on accurate genetic information is widely accepted in the United States. Twenty-one states now recognize suits by parents for "wrongful birth" based on negligent failure to diagnose genetic

---

[143] 410 U.S. 113, 156-58 (1973).

[144] See Davis v. Davis, 842 S.W.2d 588 (Tenn. 1992); Kass v. Kass, 663 N.Y.S.2d 581 (App. Div. 1997).

[145] See Christine L. Feiler, Human Embryo Experimentation: Regulation and Relative Rights, 66 Fordham L. Rev. 2435 (1998).

[146] See June Coleman, Playing God or Playing Scientist: A Constitutional Analysis of Laws Banning Embryological Procedures, 27 Pac. L. J. 1331, 1354 (1996).

[147] Id.

[148] Id. at 1354-55.

[149] Jane L. v. Bangerter, 61 F.3d 1493 (10th Cir. 1995); Margaret S. v. Edwards, 794 F.2d 994 (5th Cir. 1986); Lifchez v. Hartigan, 735 F.Supp. 1361 (N.D. Ill. 1990).

defects in offspring.[150] These cases generally assume, of course, that the parents would have aborted the fetus had they been accurately advised as to its genetic condition. As such, they do not recognize any rights on the part of the fetus. On the other hand, seven states bar such claims by statute, though the courts of one such state, North Carolina, have allowed a malpractice case based on defective genetic advising to proceed, noting that the parents could have chosen not to conceive had they been properly informed.[151] Three states also permit "wrongful birth" cases brought by children who claimed that they would prefer not to have been born to living with their disabilities, but nine states bar such claims by statute.[152]

Some in the United States argue that abortion or rejection of an embryo based on the prospect of disability is discriminatory–that it is based on misunderstanding about the nature of disability and devalues persons with disabilities.[153] On the whole, however, American's generally seem to believe that persons who choose to procreate should have the right to seek accurate genetic information about their prospective children, and to refuse , at least, to bear children who would be seriously disabled.

II. Discrimination in Employment

Title I of the Americans with Disabilities Act (ADA) prohibits discrimination in hiring or in the terms and conditions of employment against "a qualified individual with a disability" based on that disability.[154] This statute covers all employers with fifteen or more employers.[155] A number of the states have similar statutes.

The term "disability" is defined under the ADA to include individuals who 1) have a physical or mental impairment that substantially limits one or more of the major life activities, 2) have a record of having such an impairment, or 3) are "regarded as" having such an impairment.[156] Having an identified genetic predisposition to a particular condition is not, in most instances, a present disability, but if an employer takes actions against an employee based on genetic predisposition, the employer is arguably "regarding" the employee as disabled. Though "regarded as" claims are difficult to win in the courts, the Equal Employment Opportunity Commission, charged with enforcing the ADA, has stated in its compliance manual that persons discriminated against on the basis of genetic information are regarded as

[150] Lori Andrews, Liability Issues in Genetics: Recent Trends, presented at ASLME Health Law Teacher's Conference, June 9, 2000.

[151] Id.

[152] Id.

[153] See Dena S. Davis, Genetic Dilemmas an the Child's Right to an Open Future, 28 Rutgers L. J. 549 (1997); Erik Parens and Adrienne Asch, The Disability Rights Critique of Prenatal Genetic Testing, Special Supplement, The Hastings Center Report, Sept./Oct. 1999.

[154] 42 U.S.C. § 12112(a).

[155] 42 U.S.C. § 12111(5).

[156] 42 U.S.C. § 12102(2).

disabled.[157] A recent Executive Order also prohibits discrimination in federal employment based on genetic information.[158]

The ADA also limits the ability of employers to require their employees to submit to genetic tests. The ADA prohibits employers from requiring prospective employees to submit to preemployment medical examinations and inquiries, including, presumably, genetic tests.[159] Once an offer of employment has been made to a prospective employee, an employer may require a preemployment examination if 1) all entering employees must take the exam; 2) the information collected thereby is kept in a separate confidential medical file, and 3) the results of the test are used only as permitted by the ADA.[160] Any examinations must be job-related and consistent with business necessity.[161] The protection offered by the ADA in the employment context is far from absolute, however. An individual whose offer of employment is withdrawn after medical testing need not be told why, or even what tests were performed, and will have to prove discrimination if he or she sues based on the ADA.[162] The protection offered by the ADA is less, therefore, than that provided by Article 12 of the European Convention, which simply prohibits genetic testing except for health or scientific research purposes.

III. Discrimination in Insurance

Unlike other nations in the world, the United States depends primarily on private insurance to finance health care. Though we have public insurance programs available to elderly persons, indigent children, and the disabled, most able-bodied adults and their families must purchase private health insurance. Discrimination in the provision of private insurance is, therefore, a serious issue for Americans.

Most insured Americans receive group health insurance through their place of employment (if their employer chooses to provide it as an employee benefit), though some (probably about 15% of privately-insured persons) purchase individual insurance policies directly from insurers. The markets for group and individual insurance are regulated quite differently, indeed markets for large groups (over 50 employees) are regulated rather differently than small group (2-50 employees) markets. Health insurance is regulated primarily at the state level, though some federal laws apply as well.

Potentially the most important law affecting insurer discrimination on the basis of genetic characteristics is, again, the Americans with Disabilities Act (ADA). When

[157] See Joseph S. Alper, Does the ADA Provide Protection Against Discrimination on the Basis of Genotype, 23 J.L.Med. & Ethics 167, 168 (1995).

[158] Exec. order 13145, Feb. 8, 2000, 65 Fed.Reg. 6877 (2000).

[159] 42 U.S.C. § 12112(d)(2)(A).

[160] 42 U.S.C. § 12112(d)(3).

[161] 42 U.S.C. § 12112(d)(4)(A).

[162] Anne Lawton, Regulating Genetic Destiny: A Comparative Study of Legal Constraints in Europe and the United States, 11 Emory Int. L. Rev. 365, 401-402 (1997).

the ADA[163] was adopted in 1990, it was widely believed that the Act would limit the ability of employers and insurers to vary the terms and conditions of coverage by medical condition.[164] A spate of recent cases, however, indicate that the impact of the ADA on health care financing will be very limited.

As noted in the previous subsection, Title I of the ADA prohibits discrimination "against a qualified individual with a disability because of the disability of such individual in regard to ... [the] terms, conditions, and privileges of employment."[165] Under the statue and regulations, proscribed discrimination extends to "fringe benefits."[166] Title II similarly prohibits discrimination by public entities.[167] Title III proscribes discrimination "on the basis of disability in the full and equal enjoyment of the goods, services, facilities, privileges, advantages, or accommodations of any place of public accommodation ...."[168] "Public accommodation" is specifically defined to include an "insurance office."[169] Finally, Title V of the Act contains a specific "safe harbor" providing that the ADA is not to be construed to restrict insurers, health maintenance organizations (HMOs), employers, or plan administrators from "underwriting risks, classifying risks, or administering such risks that are based on or not inconsistent with State law," as long as the entity does not use this provision "as a subterfuge to evade the purposes" of the ADA.[170]

The ADA would seem to prohibit insurers and employers administering benefit plans from imposing coverage terms and conditions that discriminate against persons with particular disabilities, including, arguably, genetic characteristics that are regarded as disabilities. Cases have in fact been brought under the ADA challenging insurance policies that provided less coverage for treatment of mental than for treatment of physical conditions,[171] that capped coverage for AIDS but not

[163] 42 U.S.C.A. §§ 12101–12113. The ADA applies to employers who employ 15 or more employees in each of 20 or more weeks a year. 42 U.S.C.A. § 12111(5)(A).

[164] See early commentary on the ADA and insurance issues, Michael A. Dowell, The Americans With Disabilities Act: The Responsibilities of Health Care Providers, Insurers and Managed Care Organizations, 25 J. Health & Hosp. L. 289 (1992); Ronald S. Cooper, The Treatment of Employee Benefit Programs Under the Americans with Disabilities Act of 1990, 17 J. Pension Plan. & Compliance 37 (1991); Lawrence O. Gostin, The Americans With Disabilities Act and the U.S. Health System, 11 Health Aff., Fall 1992 at 248, 253–254.

[165] 42 U.S.C.A. § 12112.

[166] 42 U.S.C.A. § 12112(b)(4); 29 C.F.R. § 1630.4(f).

[167] 42 U.S.C.A. § 12132.

[168] 42 U.S.C.A. § 12182.

[169] 42 U.S.C.A. § 12181(7)(F).

[170] 42 U.S.C.A. § 12201(c). See 29 C.F.R. §§ 1630.16(f) & App. to Pt. 1630, at § 1630.16(f).

[171] Rogers v. Dept.of Health and Environmental Control, 174 F.3d 431 (4th Cir. 1999); Ford v. Schering-Plough Corp., 145 F.3d 601 (3rd Cir. 1998); EEOC v. CNA Ins. Cos., 96 F.3d 1039 (7th Cir. 1996).

for other conditions,[172] or that excluded coverage for particular services, like heart transplants[173] or infertility.[174]

Though some of these cases have succeeded, they have increasingly run into serious difficulties. First, several courts have held that the ADA does not require employers or insurers to offer any particular form of coverage, but merely prohibits them from offering different terms and conditions of coverage to disabled persons than those offered to nondisabled persons.[175] The ADA does not demand that all disabilities be treated similarly, but only that disabled persons not be disfavored in comparison to nondisabled persons.[176] Discrimination against coverage of particular conditions by insurance, moreover, is not even necessarily discrimination against persons with a disability unless the condition itself is a disability or unless discrimination in coverage of a particular condition disproportionately affects disabled persons. An employer or insurer who offers limited coverage for mental illness and unlimited for physical conditions is in compliance, as long as it offers the same terms and conditions of coverage to all of its employees, regardless of disability.[177]

Second, there is considerable debate as to when and whether the ADA applies to insurers outside of the employment context. Though Title III clearly covers insurers, a number of courts that have addressed the issue have held that it only requires physical accessibility to insurance offices and does not extend to the terms and conditions of the products the insurers offer,[178] though the EEOC Guidelines and a number of lower courts have recognized that Title III might extend to the contents of insurance policies as well.[179] Of course, if insurance is offered through an

---

[172]Doe v. Mutual of Omaha, 179 F.3d 557 (7th Cir. 1999).

[173]Lenox v. Healthwise of Ky. Ltd., 149 F.3d 453 (6th Cir. 1998).

[174]Krauel v. Iowa Methodist Medical Center, 95 F.3d 674 (8th Cir. 1996). See D'Andra Millsap, Sex, Lies and Health Insurance: Employer-Provided Health Insurance Coverage of Abortion and Infertility Services and the ADA, 22 Am.J. Law & Med. 51 (1996).

[175]Doe v. Mutual of Omaha Ins. Co., 179 F.3d 557 (7th Cir. 1999); Ford v. Schering-Plough Corp., 145 F.3d 601 (3rd Cir. 1998).

[176]Lenox v. Healthwise of Ky, Ltd., 149 F.3d 453 (6th Cir. 1998); Parker v. Metropolitan Life Ins. Co., 121 F.3d 1006 (6th Cir. 1997) (en banc); EEOC v. CNA Insurance Co., 96 F.3d 1039 (7th Cir. 1996).

[177]Rogers v. Dept.of Health and Environmental Control, 174 F.3d 431 (4th cir. 1999).

[178]Lenox v. Healthwise of Ky., Ltd., 149 F.3d 453 (6th Cir. 1998); Parker v. Metropolitan Life Ins. Co., 121 F.3d 1006 (6th Cir, 1997) (en banc). See also Pallozzi v. Allstate Life Ins. Co., 998 F.Supp. 204 (N.D. N.Y. 1998); Pappas v. Bethesda Hosp. Assn, 861 F.Supp. 616 (S.D.Ohio 1994).

[179]See Carparts Distribution Ctr., Inc. v. Automotive Wholesaler's Ass'n of New England, 37 F.3d 12 (1st Cir. 1994); Winslow v. IDS Life Ins. Co., 29 F.Supp.2d 557 (D.Minn. 1998); Doukas v. Metropolitan Life Ins., Co., 950 F.Supp. 422 (D.N.H. 1996); Cloutier v. Prudential Ins. Co., 964 F.Supp. 299 (N.D. Cal. 1997); Kotev v. First Colony Life Ins., Co., 927 F.Supp. 1316 (C.D.Cal. 1996); Crabner v. United of Omaha Life Ins. Co., 994 F.Supp. 1185 (N.D.Cal. 1998).

employer, discrimination is prohibited under Title I even if the insurer's practices are not covered by Title III.

Third, several courts have read Title V's insurance "safe harbor" broadly to protect insurer practices that are not intentional stratagems to effectuate discrimination beyond the particular benefit at issue, following Supreme Court precedent in interpreting the term "subterfuge" in other areas.[180] Other courts, however, have required actuarial support for treating different conditions differently, particularly when the insurance practice is also suspect under state law.[181]

The ADA is far from dead as a means of challenging egregious insurance practices. The absolute refusal of an employer or insurer to provide health insurance on the basis of disability, for example, genetic predisposition to a particular condition, would probably violate the Act.[182] Moreover, the EEOC continues to press for a broader reading of the Act to combat unjustifiable discriminatory treatment of disabling conditions. But the ADA has increasingly proved a disappointment for advocates who had hoped that it would lead to more equitable and rational insurance coverage.

Discrimination based on genetic characteristics is also limited by a second federal law, the Health Insurance Portability and Accountability Act of 1996 (HIPAA). HIPAA prohibits consideration of genetic information as a preexisting condition (in the absence of a diagnosis of a related condition) in preexisting condition exclusions in group health policies or individual policies afforded persons who lose group coverage under the statute.[183] HIPAA also prohibits discrimination against individuals within covered groups in determining eligibility to enroll of premiums on the basis of genetic information.[184]

As is generally true with respect to insurance regulation in the United States, however, discrimination in insurance based on genetic characteristics is regulated primarily at the state level[185] Forty-four states have adopted statutes limiting access

---

[180] Ford v. Schering-Plough Corp., 145 F.3d 601 (3rd Cir. 1998) and Krauel v. Iowa Methodist Medical Center, 95 F.3d 674, 678-9 (8th Cir. 1996); relying on Public Employees Retirement System of Ohio v. Betts, 492 U.S. 158, 175 (1989).

[181] Winslow v. IDS Life Ins. Co., 29 F.Supp.2d 557 (D.Minn. 1998); Morgenthal v. American Telephone and Telegraph Co., 1999 WL 187055 (S.D.N.Y. 1999); Crabner v. United of Omaha Life Ins. Co., 994 F.Supp. 1185 (N.D. Cal. 1998); Piquard v. City of East Peoria, 887 F.Supp. 1106 (N.D. Ill.1995). The EEOC's interpretive guidelines also support the position that an employer cannot discriminate in the terms on which insurance is offered on the basis of disability unless the disparate treatment is attributable to legitimate risk classification and underwriting. EEOC, Interim Enforcement Guidelines, 12 (June 8, 1993).

[182] Winslow v. IDS Life Ins.Co., 29 F.Supp.2d 557 (D. Minn. 1998).

[183] 29 U.S.C.A. § 1181(b)(1)(B); 42 U.S.C.A. §§ 300gg(b)(1); 300gg-41.

[184] 29 U.S.C.A. § 1182(a)(1)(F).

[185] See among the many excellent articles discussing this topic, Barbara Berry, The Human Genome Project and the End of Insurance, 7 U.Fla.J.L. & Pub. Pol'y 205 (1996); Richard A. Epstein, The Legal Regulation of Genetic Discrimination: Old Responses to New Technology, 74 B.U.L. Rev. 1 (1994); Mark Hall, Insurers' Use of

to and use of genetic information by insurers.[186] All of these laws address the use of genetic information in health insurance underwriting, but some extend also to life, disability, or other forms of insurance. These laws take various forms.

First, the earliest genetic information statutes simply prohibited discrimination based on specific genetic traits, such as the sickle-cell trait, the hemoglobin C trait, or the Tay-Sachs trait.[187] Since some of these conditions are predominantly found in certain racial or ethnic groups, these statutes reflected to a degree long-standing prohibitions against underwriting based on racial or ethnic characteristics.

Second, the statutes of some states prohibit underwriting based on genetic information that is not justified on the basis of actuarial data.[188] These statutes can also be viewed as simply a specific application of more general state law requirements of fair and nondiscriminatory underwriting.

Third, as concern about genetic discrimination increased, state laws were adopted to prohibit insurers from requiring applicants or insureds to submit to genetic tests.[189] At the present time these laws impose minimal obligations on insurers, as genetic tests are still expensive and not wholly reliable, and thus to date are not commonly required by insurers.[190] To the extent, moreover, that these laws leave the door open for insurers to request insureds to supply information they have already obtained from genetic tests they have voluntarily undergone, these laws do not leave insurers unprotected from adverse selection.

Genetic Information, 37 Jurimetrics J. 13 (1996); Eric Mills Holmes, Solving the Insurance/Genetic Fair/Unfair Discrimination Dilemma in Light of the Human Genome Project, 85 Ky.L.J. 503 (1997); John V. Jacobi, The Ends of Health Insurance, 30 U.C. Davis L. Rev. 311 (1997); Karen H. Rothenberg, Genetic Information and Health Insurance: State Legislative Approaches, 23 J.L.Med. & Ethics 312 (1995). Mark A. Rothstein and Sharona Hoffman, Genetic Testing, Genetic Medicine, and Managed Care, 34 Wake Forest L. Rev. 849 (1999); Deborah A. Stone, The Implications of the Human Genome Project for Access to Health Insurance, in The Human Genome Project and the Future of Health Care, 133 (Thomas H. Murray, Mark A. Rothstein and Robert F. Murray Jr., 1996). See also, Task Force on Genetic Information and Insurance, NIH-DOE Working Group on Ethical, Legal and Social Implications of Human Genome Research, Genetic Information and Health Insurance (1993).

[186] The most recently available survey of state laws affecting genetic discrimination as of this writing is William F. Mulholland, II and Ami S. Jaeger, Genetic Privacy and Discrimination: A Survey of State Legislation, 39 Jurimetrics 317 (1999) (as of January 15, 1999).

[187] See eg. N.C. Gen Stat. § 58-65-70 (1975); Fla. Stat. Ann. § 626.9707 (1978); Md. Code Ann., Ins., § 223 (1986).

[188] See Ariz. Rev. Stat. Ann. § 20-448; Mont. Code Ann. § 33-18-206.

[189] See e.g. Ala. Code § 27-53-2.

[190] See Holmes, supra note 185, at 555.

This protection is not afforded insurers by a fourth type of laws that limit access to genetic information to exclude access by insurers.[191] These laws provide greater protection for the privacy and confidentiality of genetic information, and underwriting based on genetic information. They also, however, pose difficult problems in terms of defining genetic information and separating it from other forms of health information.[192]

A fifth group of laws simply limits the ability of insurers to consider genetic information in underwriting.[193] These laws could have much broader effects than those simply prohibiting genetic testing, as they potentially bar consideration of genetic information gained through health records or questionnaires and not simply from tests. Similar laws prohibit the denial of insurance on the basis of genetic traits, but permit the adjusting of premiums or benefits to reflect genetic information, or permit denial, but not refusal of renewal, based on genetic traits.[194] Still other statutes prohibit the treatment of genetic traits as preexisting conditions.

Finally, a sixth group of statutes, not specifically directed at genetic information, require guaranteed issue and community rating generally, thus totally eliminating genetic information, as well as many other factors, from underwriting consideration.[195] Some states combine one or more of these approaches.

While these state laws are important, their reach is to some extent limited by federal law. The Employee Retirement Income Security Act of 1974 (ERISA) prohibits states from regulating self-insured employee benefit plans. To the extent, therefore, that employers themselves insure their employees rather than purchasing insurance, they are free from state regulation (though subject to federal regulation). These states laws, therefore, do not reach from 30% to 40% of privately insured individuals, who are insured by self-insured plans.

IV. Access to Genetic Information

Protecting the confidentiality of health information is generally the task of the states in the United States. The federal government has traditionally dealt with this subject only with respect to federal programs or activities. Though most of the states have laws dealing with some aspects of genetic information privacy, such as access to such information by insurers or employers, few deal with it across the board.[196]

---

[191] See e.g. Colo. Rev. Stat. Ann. 10-3-1104.7; Ga. Rev. Code Tit. 33, ch. 54.

[192] See Rothenberg, supra note 185 at 313.

[193] See e.g Cal. Ins. Code § 10123.3(d); Tex. Rev. Civ. Stat. art. 21.402; N.J. Stat. Ann. § 10:5-12.

[194] See e.g. Alaska Stat. § 21.54.100; Conn. Gen. Stat. § 38a-816; Mont. Code Ann. § 33-18-206; Wis. Stat. Ann. § 631.89.

[195] Consol. L. New York Ann., Ins. L. § 3231.

[196] See Mulholland and Jaeger, supra note 186.

Indeed, few states have comprehensive legislation dealing with the confidentiality of medical information in general.[197] Many states have statutes protecting the confidentiality of hospital records, while the professional licensure statutes and codes of many states also require confidential treatment of patient information by professionals.[198] Several states also recognize common law tort remedies for breaches of the confidentiality of patient records.[199] There are often, however, significant gaps in the protection states provide confidentiality of health information (including genetic information), particularly after the information leaves the hands of a health care professional or institution, and enters the possession of third parties.

State medical information protection provisions generally provide numerous exceptions for situations where disclosure is permitted, or even required, for public health, law enforcement, health facility oversight, protection of third parties, or other reasons. Two leading cases, Pate v. Threlkel[200] and Safer v. Estate of Pack,[201] address the question of whether physicians might have an obligation to disclose genetic information regarding their own patients to protect descendants or other relatives of their patients from genetic conditions. In Pate, the Court held that under Florida law, a doctor could be held liable for failing to inform his own patient of the genetic nature of a medical problem (if medical custom would have required disclosure), and that a child who subsequently contracted the condition could sue the doctor for failure to warn the parent, who presumably would have warned the child, thus saving the child from a damaging delay in diagnosis. In Safer, the New Jersey court went further, holding that a doctor may have an obligation to warn family members directly of the genetic nature of his or her patient's condition where the patient seems unlikely him or herself to warn other family members.

In 1996 Congress committed the federal government to developing protections for the privacy of electronically stored patient information in the Health Insurance Portability and Accountability Act. On 28 December, 2001, the federal Department of Health and Human Services proposed regulations to implement this mandate.[202] These regulations will not go into effect until 2003, but will thereafter expand to some extent the protection currently offered medical information in most states.

The rules govern medical information held by health plans, health care providers, and health care clearinghouses.[203] They take the precedence over state law, except to the extent that state laws are more protective of information.[204] In general they prohibit disclosure of individually identifiable health information without pa-

---

[197]See generally, Lawrence O. Gostin, Health Information Privacy, 80 Cornell L. Rev. 451 (1995): Paul M. Schwartz, The Protection of Privacy in Health Care Reform, 48 Vand.L.Rev. 295 (1995).

[198]See Barry Furrow, Thomas Greaney, Sandra Johnson, Timothy Jost, Robert Schwartz, Health Law §§ 4-22 - 4-23 (2d Ed. 2000).

[199]Biddle v. Warren General Hosp., 86 Ohio. St. 3d 395, 715 N.E.2d 518 (1999).

[200]661 So.2d 278 (Fla. 1995).

[201]677 A.2d 1188 (N.J. Super. Ct. App. Div. 1996).

[202]65 Fed .Reg. 85461 (2001).

[203]45 C.F.R. § 160.102.

[204]45 C.F.R. § 160.203.

tient consent, even for treatment or payment purposes, though information can be disclosed without consent under certain circumstances, as for public health protection or law enforcement.[205] In particular, disclosure to employers or to insurers for making initial eligibility or underwriting determinations would require patient authorization. Under the regulations information may be disclosed only to the minimum extent necessary to accomplish the purpose of the disclosure.[206] Individuals have the right to restrict uses and disclosures of information pertaining to themselves under some circumstances.[207] Individuals also have a right to information on the disclosure practices of health plans and providers,[208] as well as right of access to their own health information.[209]

The proposed rules have engendered a tremendous controversy in the United States, with some commentators feeling they have gone too far, others that they have not gone far enough. Particularly problematic is the general principle reflected in the rules that providers can disclose patient information to insurers for payment purposes without consent. But the rules will increase protection of genetic information to a considerable extent in jurisdictions where protections are currently minimal.

F. Protection of Embryos in Research

In the United States both federal and state law regulate research involving both embryos and fetuses.[210] The federal law has separate provisions respecting research involving embryos and fetuses. State laws regulating research also tend to make this distinction, though not all do.

Federal law prohibits the use of federal funds for the creation of human embryos for research purposes, or for funding research in which embryos are "destroyed, discarded, or knowingly subjected to risk of injury or death greater than that allowed for research on fetuses in utero." This prohibition is not found in codified legislation, but has rather since the late 1990s been regularly adopted as part of the bill that appropriates money for the Department of Health and Human Services.[211]

---

[205] 45 C.F.R. §§ 164.502, 164.506(a), 164.512.

[206] 45 C.F.R. § 164.502(b).

[207] 45 C.F.R. § 164.510.

[208] 45 C.F.R. § 164.520.

[209] 45 C.F.R. § 164.526.

[210] See National Bioethics Advisory Commission (NBAC), I Ethical Issues in Human Stem Cell Research, 29-44 (1999); Lori Andrews, State Regulation of Embryo Stem Cell Research, in NBAC, II Ethical Issues in Stem Cell Research, Commissioned Papers, A-1 (2000); Ellen J. Flannery & Gail H. Javitt, Analysis of Federal Laws Pertaining to Funding of Human Pluripotent Stem Cell Research, in Id., at D-1; Christine L. Feiler, supra note 145; Ronald M. Green, Stopping Embryo Research, 9 Health Matrix 235 (1999).

[211] Most recently as Section 510 of the 2001 appropriations bill.

This statute, however, has no effect on privately-funded research, which is not regulated by the federal government. It also, as will be described more fully in the next section, may not limit research involving stem cells derived from embryos.

Nine states ban research involving embryos (eight through general bans on research involving human conceptuses), while a tenth bans research after the fourteenth day or after implantation.[212] The penalties available for violation of these prohibitions can be quite high, including imprisonment in some states. In other states, however, there is nothing to limit private research involving embryos. As noted above, several state laws limiting embryo research have been found to be unconstitutional on the grounds that they were too vague to inform researchers as to what was prohibited.[213]

Research involving fetuses is more closely regulated. The provisions of the Common Rule pertaining to research involving pregnant women, discussed above in section B, also apply to fetal research (as well as to research involving in vitro fertilization).[214] In addition to these requirements the rules provide that no fetus in utero may be involved as a subject of federally funded activity unless 1) the purpose of the activity is to meet the health needs of the particular fetus and the fetus will only be put at risk to the minimal extent necessary or 2) the research poses minimal risk to the fetus and is needed for the development of important biomedical knowledge not otherwise attainable.[215] In addition, both the mother, and in most instances the father, must consent to the research.[216]

Fetuses ex utero may not be used in research until it is determined whether the fetus is viable unless the research poses no added risk to the fetus and is necessary for developing important biomedical knowledge, or unless the activity is intended to increase the likelihood of survival.[217] Research is forbidden on nonviable fetuses if the research would artificially maintain vital functions in the fetus or terminate fetal respiration or the fetal heartbeat.[218] Even if these requirements are met, the activity must also be intended to develop important biomedical knowledge not otherwise available and may only be carried out if the mother, and usually the father, consent.[219] Research involving dead fetuses, macerated fetal material or cells, or tissue or organs excised from a dead fetus must be conducted in accordance with state law.[220]

In addition to the Common Rule provisions, additional federal statutory provisions limit federal funding of fetal research. First, 42 U.S.C. § 289, prohibits federal funding of research involving nonviable fetuses or fetuses whose viability has not

---

[212] Andrews, supra note 210, at A-4.

[213] See supra note 149.

[214] These regulations define fetus to mean "the product of human conception from the time of implantation" until viability. 45 C.F.R. § 46.203(c)).

[215] 45 C.F.R. § 46.208(a).

[216] 45 C.F.R. § 46.208(b).

[217] 45 C.F.R. § 46.209(a).

[218] 45 C.F.R. § 45.209(b)(1) & (2).

[219] 45 C.F.R. § 46.209(b)(3) & (d).

[220] 45 C.F.R. § 46.211.

yet been determined unless the research will enhance the health, well-being or chances of survival of the fetus, or unless the research does not pose added risk of suffering, injury or death to the fetus and is intended to develop important biomedical knowledge not otherwise ascertainable.[221] The statute also requires that the level of research risk imposed on fetuses intended to be aborted must not be higher than the level of risk applied to fetuses carried to term.[222]

Finally, a 1993 federal statute, adopted by Congress after President Clinton lifted a ban on fetal tissue transplantation research that had been imposed in the late 1980s,[223] imposes criminal penalties for purchasing or selling fetal tissue, as well as for the acquisition or transfer of fetal tissue for transplantation where the fetus was obtained pursuant to an induced abortion and where the donation was made for a specified person or for a relative of the donor, or where the donor was paid costs associated with the abortion.[224] The statue also imposes informed consent requirements and limits research to therapeutic research.[225]

Twenty-six states impose some limits on fetal research.[226] Some ban research on dead fetuses, more on fetuses derived from abortions. Some state laws only apply to research on live fetuses. In some states women or couples who donate embryos or fetuses for research are subject to criminal sanctions. Many states also prohibit the sale of embryos or fetuses for research.

It is generally agreed that consent should be obtained from the donor before conducting research on embryos or fetuses, but form consent is often obtained by fertility clinics for the use of left-over embryos for research without specifying the nature of the research.

The law of the United States would seem to be consistent with Article 18 of the European Convention in that prohibits the creation of human embryos solely for research purposes, at least for research funded by federal funds, but it does little beyond this to protect embryos used in research.

G. Legal Issues Involving Stem Cell Research

One of the most contentious issues involving fetuses and embryos currently being debated in the United States is whether or not to permit stem cell research based on material derived from embryos or fetuses. There is currently no federal statute specifically governing stem cell research, though proposed legislation is pending. Since stem cells can be derived, however, either from human embryos or fetal tissue, stem cell research is affected by the statutes and regulations governing embryo and fetal research in general, discussed above. Stem cell research has also proved to be

[221] 42 U.S.C. § 289g.

[222] 42 U.S.C. § 289g(b).

[223] 42 U.S.C. §§ 289g-1 & 298g-2.

[224] 42 U.S.C. § 289g-2.

[225] 42 U.S.C. § 289g-1.

[226] See Andrews, supra note 210.

a very contentious political issue, given the conflicting desires to protect embryos on one hand and to promote possibly life-saving research on the other.

In January of 1999, the General Counsel of the Department of Health and Human Services (DHHS) under the former Clinton administration issued a legal opinion that federal prohibitions on funding research involving human embryos did not prohibit stem cell research since human pluripotent stem cells are not embryos.[227] The opinion also stated that stem cell research based on fetal tissue was permitted if it complied with the federal provisions dealing with fetal research, outlined above. A report from the National Bioethics Advisory Commission basically concurred in these results.[228]

In August of 2000, the National Institute of Health issued guidelines for federally-funded research involving human pluripotent stem cells.[229] These guidelines permitted embryo-based research only where the embryos had been created for infertility treatment and were not needed for this purpose. The guidelines prohibited payments or other inducements for the embryos. They required that embryo donors give informed consent to the donation for research, with the information provided to the donors meeting detailed requirements. The guidelines also required that the researcher proposing to derive or use the stem cells be a different person than the physician responsible for the fertility treatment, so as to lessen conflicts of interest. Additionally, the Guidelines required that consent to the use of the embryos for research be obtained only once the embryos were frozen and at the time when the decision was made to dispose of excess embryos. No restrictions were permitted on who could be the recipient of transplants of cell materials derived from the stem cells.

Under the August 2000 guidelines, research involving stem cells derived from fetal tissue had to comply with the provisions of the Common Rule and of the federal statutes governing fetal tissue research and fetal tissue transplantation.[230] The fetal tissue provisions of the guidelines dealing with informed consent and prohibition of purchase of fetal tissue are essentially identical to those pertaining to embryo research.

On 9 August, 2001, President Bush suspended the guidelines with respect to embryonic stem cells and articulated a new position on the topic.[231] Under President Bush's guidelines, federal funds may only be used to fund research on sixty-four stem cell lines that had already been created from embryos with donor consent and without financial incentives prior to President Bush's statement, i.e. prior to 9:00

[227]Medical Research: NIH Says Federal Law no Bar to Financing Stem Cell Research, BNA's Health Care Daily Report, Jan. 27, 1999.

[228]NBAC, supra note 210.

[229]65 Fed. Reg. 51976 (2000).

[230]2 U.S.C. 289g-l, 42 U.S.C. 289g-2(a), and 45 CFR 46.210.

[231]See, Medical Research: President Bush Backs Federal Funding for Limited Embryonic Stem Cell Study, BNA's Health Care Daily Report, Aug. 13, 2001.

p.m. EDT on 9 August 2001. Federal funds cannot be used for research involving stem cells created from embryos destroyed after President Bush's announcement.[232]

Stem cell research is also subject to the state law in which the research is conducted.[233] Six states totally ban research involving fetuses, their organs, tissues, or remains, and would prohibit research on stem cell lines derived from fetuses if the stem cells were regarded as fetal tissue, which seems to be the position of the federal government. State laws in other states require informed consent of the donor of the fetus. Finally the laws of a number of states, as well as sections 10(a) and (b) of the revised Uniform Anatomical Gift Act, prohibit the sale of fetal tissue.

The laws of about ten states also limit or prohibit research involving embryos, which could reach embryo-based stem cell research.[234] Five states currently prohibit payment for embryos for research purposes, eight more prohibit the purchase of embryos for any purpose, and five have ambiguous statutes that could be interpreted as limiting sale of embryos. As noted above, however, several state statutes prohibiting embryo research have been held unconstitutional.

There currently exists a prohibition on the use of federal funds for research involving cloning, which would affect potential stem cell research based on cloning. Federal legislation further banning cloning research has been proposed, but not yet adopted. The issue of cloning has, not surprisingly, provoked considerable academic commentary in the United States, and was the subject of an extended study by the National Bioethics Advisory Commission.[235]

Stem cell research remains quite controversial in the United States, with powerful commercial interests touting its prospective advantages, while religious leaders decry its dangers. It is likely that the federal government and many states will permit continued stem cell research, subject to protective guidelines like those currently proposed. If the next election, however, brings in a more conservative administration, stem cell research may be halted.

---

[232] National Institutes on Health (NIH) Update on Existing Embryonic Stem Cells, `http://www.nih.gov/nes/stemcell/082701list.htm`.

[233] These are discussed in NBAC and Andrews, supra note 210.

[234] NBAC and Andrews, supra note 210.

[235] See NBAC, Cloning Human Beings, Vol. 1, Reports and Recommendations, Vol. 2, Commissioned Papers (1997); Henry T. Greely, Banning "Human Cloning": A Study in the Difficulties of Defining Science, 8 So. Cal. Interdisciplinary L. J. 131 (1998); John Robertson, Liberty, Identity and Human Cloning, 76 Tex. L.Rev. 1371 (1998).

H. Provision for an Independent and Interdisciplinary Evaluation of Research

As noted at the outset, the vast majority of research in the United States is regulated by the federal Common Rule.[236] One of the two fundamental protections provided for human subjects involved in research under the Common rule is oversight by an Institutional Review Board (IRB) (the other is informed consent.) Though institutions engaged in research are subject to monitoring by HHS's Office for Human Research Protections (OHRP) and by the FDA's Center for Drug Evaluation and Research,[237] primary responsibility for regulating human subjects research resides in the IRBs of research institutions, which effectively exercise delegated authority from the federal government to regulate research.[238]

American IRBs are very different from their counterparts in other countries.[239] American IRBs operating under the Common Rule have responsibility to "approve, require modification in (to secure approval), or disapprove" human subjects research.[240] They are also responsible for monitoring research on an on-going basis, conducting continuing reviews of on-going research at least annually.[241] IRBs have further authority to suspend or terminate approval of research "that is not being conducted in accordance with the IRB's requirements or that has been associated with unexpected serious harm to subjects."[242] IRB's are, finally, responsible for maintaining extensive records regarding their own activities and the research they monitor.[243]

---

236 The Common Rule appears at fifteen different places in the Code of Federal Regulations, as it governs fifteen federal agencies. The most important iterations of the rule appear at Part 46 of 45 CFR and governs research funded by the Department of Health and Human Services, and these rules will be cited here.

237 Within the FDA, human subjects oversight is also carried on by the Center for Biologics Evaluation and Research and Center for Devices and Radiological Health. See United States General Accounting Office, Scientific Research: Continued Vigilance Critical to Protecting Human Subjects (GAO/HEHS-96-72, 1996), at 6.

238 Under 45 C.F.R. § 46.123, the federal department or agency funding research can suspend or terminate funding if it finds that the institution in which the research is being conducted has failed to comply with the requirements of the Common Rule.

239 See describing the role of the IRB, Dietrich Rössler, Die Ethik-Kommissionen in den USA heute, 16 MedR (8), 358 (1998).

240 45 C.F.R. § 46.109(a). IRB's must notify investigators of their decision to approve or disapprove of research, or of modifications which the IRB requires, and to allow researchers the opportunity to respond to disapprovals or requests for modification in person or in writing. 45 C.F.R. § 46.109(d). See Robert J. Levine, Ethics and Regulation of Clinical Research 210-212 (1981).

241 45 C.F.R. § 46.109(e). They also have the authority to observe or have a third party observe the research or consent process. Id.

242 45 C.F.R. § 46.113.

243 45 C.F.R. § 46.115.

There are approximately 3,000 to 5,000 IRBs in the United States, most of which are found in universities, hospitals, or private research facilities, though a few are free standing.[244] IRB's must have at least five members who are qualified through experience and expertise both to review research activities and to understand legal and ethical constraints on human subjects research.[245] IRBs are supposed to be diverse in membership, including men and women, members of various professions, scientists and nonscientists, and members knowledgeable and experienced in working with various categories of vulnerable subjects (e.g. children, the mentally disabled, prisoners) with which research monitored by the IRB is regularly involved.[246] At least one IRB member should be from outside the institution, and no member of an IRB participating in its review of a project may have a conflicting interest in the project.[247]

The Common Rule specifies the criteria that IRBs are supposed to apply in reviewing and approving research. These include:

- risks to subjects should be minimized through the use of procedures that do not unnecessarily expose subjects to risk and, whenever appropriate, through continuing to use procedures that are already being performed on the subject;[248]
- risks to subjects should be "reasonable in relation to anticipated benefits, if any, to subjects, and the importance of the knowledge that may reasonably be expected to result;"[249]
- subjects are to be selected equitably, taking into account the purposes and settings of the research, and considering particularly the special problems of vulnerable populations;[250]
- informed consent is to be solicited from each prospective subject or that subject's legal representative in accordance with consent regulations, and consent must be appropriately documented;[251]
- collected data is to be monitored under the research plan to ensure safety for subjects
- provision shall be made for protecting the privacy of subjects and the confidentiality of data;[252] and
- safeguards are to be assured for subjects vulnerable to coercion or undue influence.[253]

---

[244] GAO, supra note 237, at 6.

[245] 45 C.F.R. § 46.107.

[246] 45 C.F.R. § 46.107(a), (b) & (c).

[247] 45 C.F.R. § 46.107(d) & (e).

[248] 45 C.F.R. § 46.111(a)(1).

[249] 45 C.F.R. 46.111(a)(2). The IRB is not supposed to consider risks and benefits of therapies research subjects would receive even if not participating in the research, or the risks attributable to possible long range effects of knowledge gained in the research in its risk-benefit calculus.

[250] 45 C.F.R. § 46.111(b)(3).

[251] 45 C.F.R. § 46.111(a)(4) & (5).

[252] 45 C.F.R. § 46.111(a)(7).

[253] 45 C.F.R. § 46.111(b).

There has been increasing concern in recent years that the IRBs may not be capable of carrying the primary burden of human subjects protection. Both the United States General Accounting Office (the investigative arm of Congress) and the Department of Health and Human Services Office of Inspector General have investigated the IRB program in recent years.[254] The GAO and OIG found that IRBs are often overworked and underresourced. Ten percent of IRBs review from 1000 to 2500 proposals annually.[255] The GAO found instances where IRBs had reviewed as many as 200 proposals in one meeting, spending as little as one to two minutes per proposal.[256] In particular, periodic review of continuing proposals is pro forma.[257] IRBs rarely look beyond documentation or visit research sites.[258] At the same time, the increasing cost pressures posed by managed care puts increasing demands on the time of IRB members, giving them less time to devote to IRB review.[259] Conflicts of interest are a serious problem because IRB members are often closely linked to the researchers whose projects they are considering, and are subject to institutional pressure to attract and retain research funding.[260] Commercial research sponsors put increasing pressure on IRBs for quick reviews and shop for "customer-focused" IRBs.[261] The cost-pressures institutions experience from managed care make them more dependent on commercial sponsorship for research funding.[262] Conflicts of interest are a particularly serious concern with independent, for-profit, IRBs, which primarily review commercially sponsored research.[263] The increasing prevalence of large, multicenter, studies, in some instances involving as many as 100 sites, makes it more difficult for any one IRB to have significant influence over research design.[264]

---

[254] GAO, supra note 237; Department of Health and Human Services (DHHS), Office of Inspector General (OIG), Institutional Review Boards: Their Role in Reviewing Approved Research (OEI-01-97-00190) (hereafter, OIG, IRB); DHHS, OIG, Institutional Review Boards: A Time for Reform (OEI-01-97-00193, 1988) (hereafter OIG, Time for Reform).

[255] OIG, IRB, supra note 254, at 9.

[256] GAO, supra note 237, at 17.

[257] OIG, IRB, supra note 254, at 7.

[258] OIG, Time for Reform, supra note 254, at 6.

[259] Id. at 6.

[260] GAO, supra note 237, at 18.

[261] OIG, Time for Reform, supra note 254, at 5.

[262] OIG, Time for Reform, supra note 254, at 7.

[263] DHHS, OIG, Institutional Review Boards: The Emergence of Independent Boards (OEI-01-97-00192, June 1998). Some of these IRBs are owned by contract research organizations and allow equity owners to participate in the review process. On the other hand, because these boards are not part of the institutions doing research, some believe that they can provide a more detached and independent source of review.

[264] GAO, supra note 237, at 22. Some of these multicenter projects are subject to additional monitoring. The National Cancer Institute, for example, requires cooperative-group projects it funds to be reviewed by an independent Data Safety Monitoring Board and requires intensive audits of these projects every six months, but neither

Following the 1998 Office of Inspector Report, and the widely reported death of a research subject in a gene therapy transfer project in the fall of 1999, the Office of Protections from Research Risks (OPRR), suspended some or all federally funded research at seven institutions.[265] The FDA also stepped up its enforcement activities.[266] The Department of Health and Human Services also created a new Office for Human Research Protections (OHRP) in the Secretary's office, abolishing the OPRR, which has been perceived as suffering a conflict of interest since in was located in the National Institutes of Health, whose job is to promote research.

Despite this progress, disturbing problems continue. A Spring 2000 review of the Office of Inspector General,[267] found little progress in improving human subject protections. Subsequent OIG reports found serious problems in the process of recruiting human research subjects,[268] and with FDA oversight of drug trials.[269] Both the House and Senate also held hearings on research abuses in the spring of 2000.

In August of 2001, the National Bioethics Advisory Commission published a report, Ethical and Policy Issues in Research Involving Human Subjects, which called for further reforms in human research subjects protection.[270] In particular, it called for the creation of a new, independent federal office that would have responsibility for protecting all human subjects in research, federally or privately funded. The NBAC Report also called for certification of investigators, LRB members, and IRB staff; and for accreditation of research sponsors and institutions, and of independent LRBs. It recommended that IRBs should include members representing the interest of participants, who are unaffiliated with the institution, and whose primary interest is in nonscientific areas, and that these persons should collectively represent at least 25 percent of IRB membership.

Finally, the Institute of Medicine also has a committee studying the protection of human research participants, which has already published a report cautiously recommending accreditation of human participant protection programs,[271] and will issue a more comprehensive report in 2002.

---

the DSMB nor the audit teams routinely share the results of their investigations with IRBs with oversight responsibility. OIG, IRB, supra note 254, at 10.

265 Office of Inspector General, Protecting Human Research Subjects, 9 (OEI-01-97-00197, 2000).

266 Statement of William F. Raub, Gene Therapy, Hearings Before the Subcommittee on Public Health Committee on Health, Education, Labor, and Pensions, United States Senate, 25 May 2000.

267 See Protecting Human Research Subjects, supra note 265.

268 HHS OIG, Recruiting Human Subjects, Pressures in Industry-Sponsored Clinical Research, OEI-01-7-00195 (June 2000); HHS OIG, Recruiting Human Subjects, Sample Guidelines for Practice, OEI-01-97-00196 (June 2000).

269 DHHS OIG, Protecting Human Research Subjects: Status of Recommendations (OEI-05-99-00350, June 2000).

270 National Bioethics Advisory Commission, Ethical and Policy Issues in Research Involving Human Subjects, available at `http://www.bioethics.gov`.

271 Institute of Medicine, Preserving Public Trust: Accreditation and Human Research Participant Protection Programs (2001).

In sum, the IRB requirements of the Common Rule would seem to basically comply with the requirements of Article 16(iii), though one could certainly question the independence and multidisciplinary credentials of many United States IRBs.

Conclusion: The European Convention on Biomedicine: A Model for the United States?

Although the Convention leaves open the possibility of its adoption by non-European states, it is exceedingly unlikely that the United States would accept this invitation. First, many of the issues addressed by the Convention are historically within the competence of our states rather than the federal government. Extension of federal authority in these areas would be problematic, and possibly of questionable constitutional validity. At least as important, however, is the fact that the United States has long been exceedingly reluctant to endorse any international conventions recognizing social or human rights conventions, and it is unlikely that an exception would be made for the Convention.

This is not to say, however, that the Convention differs radically from American law and practice. As should now be clear, on many issues they agree. In fact, by my own count, over seventy percent of the substantive paragraphs of the Convention are more or less in accord with American law.

Where there are differences, however, they seem to vary consistently in the same direction. American practice is consistently more favorable to research and commercial development, less protective of patients and research subjects, and more reliant on informed consent as the primary protection for patients and subjects. Adoption of several of the provisions of the Convention would, I believe, be viewed by certain interests in the United States as placing excessive limitations on research and commerce, and to that extent be opposed. In fact, the only way I could foresee principles like those in the Convention being adopted by the United States would be if they were part of a general trade agreement as preconditions to the protection of property rights, for example, internationally recognized patent rights in stem cell or gene research products.

This is not to say that we do not have enormous problems with biomedical research in the United States, or that we could not learn much from others. We could, I am sure, certainly benefit from broader awareness of the European Convention, and wider debate regarding its principles. But to be realistic, one must acknowledge that it is unlikely to have a major impact on development in the United States.

Teil IV

Ergebnisse

Ergebnisse

I. Das »Menschenrechtsübereinkommen zur Biomedizin« kann als geeigneter Ausgangspunkt betrachtet werden, die erforderliche weltweite Auseinandersetzung mit jenen aktuellen Fragen anzuregen und zu fördern, die mit der Anwendung von Biologie und Medizin auf den Menschen verbunden sind. Hieraus ergibt sich die Notwendigkeit, sich der jeweils leitenden und weitgehend akzeptierten ethischen und rechtlichen Überzeugungen bewußt zu werden.

II. Wegen des grenzüberschreitenden Charakters der Forschung und Anwendung von Biologie und Medizin bedürfen nationale Regeln der Ergänzung durch einvernehmliche internationale Festlegungen. Es ist deshalb zu begrüßen, daß die Konvention einen wichtigen Beitrag zur internationalen Normbildung leistet und verbindliche internationale Regelungen einführt und fortentwickelt.

III. Das Gewicht dieser Regelungen wird in dem Maße wachsen, in dem Staaten sie annehmen und sich an ihrer Fortentwicklung beteiligen. Die Fortentwicklung obliegt vor allem den Vertragsstaaten, Nichtvertragsstaaten aber insbesondere auch dann, wenn zum Beispiel in föderal aufgebauten Mehrrechtsstaaten innerstaatliche Zuständigkeitsregeln auf den Gebieten der Biologie und Medizin einem förmlichen Beitritt entgegenstehen.

IV. Die Möglichkeit, über das Schutzniveau der Konvention hinausgehende nationale Regelungen zu schaffen oder beizubehalten, wie es von der Konvention ausdrücklich vorgesehen und gebilligt wird, erleichtert die Akzeptanz der Konventionsregeln und fördert so den Prozeß der internationalen Normbildung.

V. Die Konvention enthält wichtige Schutzprinzipien zur medizinischen Forschung mit Menschen, die bislang lediglich in nichtstaatlichen normativen Texten (wie zum Beispiel der Deklaration von Helsinki des Weltärztebundes) verankert waren und nunmehr in den Vertragsstaaten der Konvention (über das Berufsrecht einzelner Berufsgruppen hinaus) rechtsverbindlich werden. Die Konvention trägt aber auch umgekehrt zur Weiterentwicklung wesentlicher und unverzichtbarer Prinzipien nichtstaatlicher Normbildung bei.

VI. Die Konvention hält grundlegende Übereinstimmungen in wichtigen Fragen fest, auch wenn in anderen bedeutsamen Fragen derzeit nicht überwindbare Dissense erkennbar werden. Einigkeit besteht zum Beispiel über den Vorrang des Individuums gegenüber den Interessen der Gesellschaft und der Wissenschaft. Offen bleibt dagegen zum Beispiel der Umfang des Schutzes am Beginn des menschlichen Lebens.

VII. Bei der Weiterentwicklung der Konvention sowie anderer normativer Texte auf internationaler Ebene sollten folgende Aspekte besondere Berücksichtigung finden:

1. Formelkompromisse sollten vermieden werden. Zudem ist der jeweils erreichbare und geeignete Grad der Rechtsverbindlichkeit zu bestimmen.

2. Die Patientenautonomie sollte gestärkt werden.

Wünsche, die ein nicht mehr einwilligungsfähiger Patient früher im Hinblick auf eine medizinische Intervention (Behandlung oder Nichtbehandlung) geäußert hat, sollten verbindlich sein, sofern sie die fragliche Situation hinreichend konkret erfassen, davon ausgegangen werden kann, daß der Betroffene frei verantwortlich im Bewußtsein der Tragweite seiner Entscheidung gehandelt hat und Änderungen dieser früheren Entscheidung nicht erkennbar sind. Dies gilt insbesondere auch hinsichtlich einer etwaigen Behandlung am Lebensende. Der Umstand, ob der Betroffene über die Tragweite seiner Entscheidung ärztlich beraten wurde, sollte angemessene Berücksichtigung finden.

Hat der Patient einen Gesundheitsbevollmächtigten benannt, sollten dessen Entscheidungen bindend sein, soweit sie dem Wohl des Patienten nicht zuwiderlaufen.

3. Das Recht des Patienten auf wirksame ärztliche Behandlung, insbesondere auch Schmerztherapie, sowie auf Befriedigung seiner Grundbedürfnisse wie Pflege sollte deutlicher formuliert werden.

4. Dem Schutzbedürfnis besonders verletzlicher Personen und Personengruppen in der Forschung sollte besondere Beachtung geschenkt werden, ohne daß dies allerdings zu einem diskriminierenden Ausschluß bestimmter Betroffenengruppen (etwa bezogen auf Alter oder Erkrankungsart) aus der Forschung führen darf. Erforderlich ist eine gezielte Herausarbeitung des jeweiligen Schutzbedürfnisses und der Kriterien für die Notwendigkeit einer Einbeziehung in die Forschung, was gegebenenfalls zu einer Trennung bisher gemeinsam betrachteter Gruppen (zum Beispiel Kinder und einwilligungsunfähige Erwachsene) führen kann.

5. Es sollten international einheitliche Regeln zu den Kriterien und zur Feststellung der Einwilligungsfähigkeit / Einwilligungsunfähigkeit angestrebt werden.

6. Im Bereich der Forschung sollte dem Selbstbestimmungsrecht des Betroffenen verstärkt Rechnung getragen werden: Der Einsatz von Patientenverfügungen und Bevollmächtigungen für Forschungszwecke sollte gefördert, die Voraussetzungen ihrer Verbindlichkeit sollten festgeschrieben werden. Unklarheiten zur Autorisierung von Vertretern sollten abgebaut werden. Allerdings sollte (wie bisher) auf objektive und verfahrensförmige Voraussetzungen der Forschung nicht verzichtet werden.

7. Es sollten Mindeststandards hinsichtlich des rechtlichen Status, der Zuständigkeit, der Zusammensetzung und des Verfahrens von Ethikkommissionen für Forschungsvorhaben mit Menschen einschließlich der Zusammenarbeit der Ethikkommissionen sowie hinsichtlich des Rechtscharakters ihrer Voten festgeschrieben werden.

Sofern bei multizentrischen Studien *eine* Ethikkommission als führende Kommission votiert, sollte das Recht zur Mitberatung regionaler Ethikkommissionen in Kenntnis der örtlichen Gegebenheiten und zur Verlaufskontrolle gewährleistet sein.

Unter Beachtung der gebotenen Vertraulichkeit sollten eine ausreichende Transparenz und Verantwortlichkeit der Arbeit von Ethikkommissionen hergestellt werden.

Insbesondere bei Zustimmung von Ethikkommissionen zur medizinischen Forschung mit nicht einwilligungsfähigen Personen sollte eine Begründung des Votums gefordert werden, die die argumentative Abwägung der Ethikkommission erkennen läßt.

Ethikkommissionen sollten das Recht haben, eine Studie zu begleiten (Monitoring). Schwere und unerwartete Ereignisse sollten der zuständigen Ethikkommission gemeldet werden müssen, damit diese die Gelegenheit erhält, ihr erteiltes Votum zu überprüfen und ggf. zu modifizieren.

8. Das Verbot der Diskriminierung einer Person wegen ihres genetischen Erbes gemäß Art. 11 des Übereinkommens bedarf weiterer Präzisierung.

9. Es sollte überlegt werden, die Bindung genetischer Tests an Gesundheitszwecke durch einen Arztvorbehalt für genetische Tests zu ersetzen. Die Definition des Begriffs »Gesundheitszwecke« erweist sich für die Begründung der Zulässigkeit genetischer Tests weder positiv noch negativ als hinreichend oder erschöpfend.

Die Zulässigkeit der Vornahme genetischer Tests im Versicherungs- und im Arbeitswesen sollte näher geregelt werden. Im Versicherungsbereich sollte der Unterscheidung zwischen Grund- und Zusatzbedarf sowie dem Problem der Ausnutzung eines Wissensvorsprungs seitens des Versicherungsinteressenten (Antiselektion) angemessen Rechnung getragen werden.

Sofern genetische Tests überhaupt zur Eigenanwendung durch Laien zugelassen werden, sollte die Werbung näher geregelt werden.

10. Die Forschung mit menschlichen Embryonen sollte unter engen Voraussetzungen und in engen Grenzen zulässig sein. Die Forschung ist in jedem Fall auf den Zeitraum der ersten Tage nach der Gametenverschmelzung und auf die Verwendung von Embryonen zu beschränken, die für eine gesetzlich zulässige künstliche Befruchtung hergestellt wurden, aber aus Gründen, die bei der Spenderin der Eizelle liegen, auf Dauer nicht mehr zu diesem Zweck eingesetzt werden können. Zudem sollte die Forschung gewichtige, insbesondere den Embryo betreffende Erkenntnisse erwarten lassen und von vergleichbarer Wirksamkeit nicht auf andere Weise möglich sein. Die Zulässigkeit sollte die informierte Zustimmung beider Gametenspender voraussetzen.

Die Forschung mit menschlichen Embryonen sollte nur nach Zustimmung einer eigens dafür zuständigen, interdisziplinär zusammengesetzten Kommission durchgeführt werden dürfen und in ihrem Fortgang von dieser kontrolliert werden.

11. Die Forschung mit humanen embryonalen Stammzellen zur Entwicklung neuartiger Therapien und zur Grundlagenforschung dient der Verwirklichung hochrangiger Ziele. Rechtlich und ethisch bedenklich ist dagegen die Forschung mit embryonalen Stammzellen zur Entwicklung von Verfahren des reproduktiven Klonens und der Keimbahnintervention.

Im Vergleich der verschiedenen Möglichkeiten, die zur Gewinnung humaner embryonaler Stammzellen angewandt werden können, sind diejenigen unter rechtlichen und ethischen Gesichtspunkten als problematisch und infolgedessen besonders rechtfertigungsbedürftig zu betrachten, die mit der Entnahme von Stammzellen aus menschlichen Embryonen verbunden sind.

Results

I. The "Convention on Human Rights and Biomedicine" can be regarded as an appropriate starting point for stimulating and promoting a necessary worldwide discussion regarding issues associated with the application of biology and medicine to human beings. This discussion must grow out of an awareness of the relevant leading and generally accepted ethical and legal principles.

II. Owing to the cross-border nature of research and of the application of biology and medicine, national regulations require complements that are accepted internationally. Therefore, the fact that the Convention makes an important contribution to the establishment of international legal standards, and both introduces and develops binding international regulations, is to be welcomed.

III. The importance of these regulations will increase to the degree to which states accept them and participate in their development. The onus for development lies principally with the Contracting States. Non-contracting states may also participate in the development of the regulations, even though the state may not be able to adopt the convention because, for example, in federal states competence for human rights with respect to medicine may lie with a subnational rather than the national legislative body.

IV. The opportunity of creating or retaining national regulations that go beyond the level of protection provided by the Convention is expressly envisaged and approved by the Convention. This facilitates acceptance of the regulations of the Convention and thus promotes the process of establishing international legal standards.

V. The Convention contains important principles for the protection of human beings involved in medical research, which to date have only been anchored in non-governmental normative texts (such as the World Medical Association Declaration of Helsinki) and now become legally binding in the Contracting States of the Convention and reach beyond the professional law of certain occupational groups. Conversely, however, the Convention also contributes to the further development of important and indispensable principles for the establishment of standards by bodies other than governments.

VI. The Convention sets down fundamental agreements on important issues, even if insurmountable disagreement currently precludes the resolution of other significant issues. There is, for example, unanimity on the primacy of the individual over the sole interest of society and science. By contrast, an example of the issues remaining open isthe scope of protection to be afforded at the beginning of human life.

VII. During the further development of the Convention and other normative texts at the international level, the following aspects should be given particular consideration:

1. "Formula compromises" should be avoided. In addition, the attainable and appropriate degree to which the particular legal provisions should be binding should be determined.

2. The patients' autonomy should be strengthened.

Where a patient no longer capable of consenting has previously expressed his/her wishes relating to a medical intervention (demanding or refusing treatment), these wishes should be binding provided that they describe the situation at issue in a sufficiently concrete manner that it can be assumed that the person concerned acted of his/her own free will in the knowledge of the full impact of his/her decision, and that there have been no apparent modifications of this earlier decision. This applies in particular in relation to any treatment at the end of the patient's life. Appropriate attention should be paid to whether the person concerned received medical counselling on the full impact of his/her decision.

If the patient has given to a named proxy the power to make decisions concerning the patient's health, the proxy's decisions should be binding provided they do not adversely affect the patient's well-being.

3. The right of the patient to effective medical treatment, including pain relief in particular, and to fulfilment of his/her basic needs such as care, should be formulated more clearly.

4. Particular attention should be paid to the need for protection of especially vulnerable persons and groups of persons involved in research. This must not lead, however to the discriminatory exclusion from research of certain groups of affected persons (for instance based on age or type of disease). What is required in each case is the specific elaboration of the relevant need for protection and of the criteria for necessary involvement in research. This can then lead to a distinction between groups that have until now been viewed as one (for example, children and adults not capable of giving consent).

5. The objective should be uniform international regulations governing both the conditions and the definition for the capacity/incapacity to consent.

6. Additionally, in the area of research more attention should be paid to the right to self-determination of the persons concerned. The use of living wills and the transfer of decision-making powers to a proxy for the purposes of research should be promoted, and the conditions under which such documents are to be binding should be specified. Any lack of clarity concerning the authorisation of representatives/proxies should be removed. However objective and procedural conditions governing the permissibility of research should not be ignored.

7. Minimum standards should be laid down concerning the legal status, responsibilities, composition and procedures of ethics committees for research projects involving human beings, including standards for co-operation amongst separate ethics committees and relating to the legal nature of their decisions.

Where *one* ethics committee acts as the leading committee in making decisions concerning multi-centre studies, regional ethics committees should have the right to be involved in consultation using their knowledge of the local situation, and to check on progress.

To the extent that it is consistent with confidentiality requirements, the work of ethics committees should be transparent and accountable.

In particular in cases where an ethics committee approves medical research involving persons not capable of consenting, the committee should be required to give the reasons for its decision in a form that makes the committee's weighing of arguments clear.

Ethics committees should have the right to monitor a study. Reporting of serious and unexpected events to the ethics committee responsible should be mandatory, so that the committee has the opportunity to review its previous decision and where appropriate to modify it.

8. The prohibition of discrimination against a person on the grounds of his/her genetic heritage set out in Article 11 of the Convention requires more precise definition.

9. Consideration should be given to replacing the requirement that genetic tests be linked to health purposes with the exclusive right of the medical profession to carry out genetic tests. The definition of the term "health purposes" has proved itself to be neither sufficient nor exhaustive as either a positive or a negative requirement for determining when genetic tests should be permitted.

Allowing genetic tests in the insurance and labour sectors should be regulated in more detail. In the insurance sector greater importance should be attached to differentiating between basic and additional coverage, and to the problem of exploitation of privileged knowledge on the part of the applicant for insurance (adverse selection).

Where lay pesons are allowed to carry out genetic tests advertising should be regulated in more detail.

10. Research on human embryos should be subject to strict conditions and allowed only within narrow limits. Research should always be restricted to the first few days after fusion of the gametes, and also restricted to the use of those embryos that have been created for legally permissible artificial fertilisation, but that can in the long term no longer be used for this purpose for reasons relating to the egg donor. In addition, research should only be permitted where there is the expectation of important findings affecting embryos in particular, and where the research is not possible with comparable efficacy using other methods. Permission for such research should require informed consent from the donors of both gametes.

Research on human embryos should only be carried out with the prior consent of a commission that has been convened especially for this purpose and has an interdisciplinary composition. The progress of the research should be monitored by this commission.

11. Research on human embryonic stem cells for developing novel therapies and for the purposes of basic research does serve the realisation of important objectives. By contrast, research on embryonic stem cells for developing procedures for reproductive cloning and germ-line intervention is legally and ethically questionable.

When the various means of extracting human embryonic stem cells are compared, those that are associated with the removal of stem cells from living human embryos are problematic from legal and ethical points of view, and therefore need special justification.

Liste der Autoren

Prof. Dr. Jan P. Beckmann
Postfach 940
Deutschland – 58084 Hagen
jan.beckmann@fernuni-hagen.de

Prof. Dr. Christian Berger
Universität Leipzig/Lehrstuhl für Bürgerliches Recht, Zivilprozeßrecht und Urheberrecht
Burgstr. 27
Deutschland – 04109 Leipzig
cberger@uni-leipzig.de

Dr. Fiona Bergin
Dalhousie University
Kanada – Halifax B3H 4R2
fbergin@kilcom1.ucis.dal.ca

Manuela Brewe
Institut für Deutsches, Europäisches und Internationales Medizinrecht, Gesundheitsrecht und Bioethik (IMGB)
A 5
Deutschland – 68131 Mannheim
mbrewe@uni-mannheim.de

Prof. Dr. Dagmar Císařová
Karls-Universität Prag
Tschechische Republik – Prag
cisarova@ius.prf.cuni.cz

Prof. Dr. Elmar Doppelfeld
Vorsitzender des Arbeitskreises medizinischer Ethikkommissionen
Leiter der Medizinisch-Wissenschaftlichen Redaktion des Deutschen Ärzteblattes
Ottostrasse 12
Deutschland – 50859 Köln

Prof. Dr. Mustafa Dural
Universität Yedipe/Hukuk Fakültesi
Selmani Pak Cad. Tophanelioğlu sok.
No. 2
Türkei – Üsküdar/Istanbul
sustun@yeditepe.edu.tr

Prof. Dr. Olivier Guillod
Université de Neuchâtel/Institut de droit de la santé
Av. du 1er Mars 26
Schweiz – 2001 Neuchâtel
olivier.guillod@droit.unine.ch

Ina Haarhoff
Universität Leipzig/Lehrstuhl für Bürgerliches Recht, Zivilprozeßrecht und Urheberrecht
Burgstr. 27
Deutschland – 04109 Leipzig
haarhoff@uni-leipzig.de

Prof. Dr. Hanfried Helmchen
Freie Universität Berlin/Psychiatrische Klinik und Poliklinik
Eschenallee 3
Deutschland – 14050 Berlin
helmchen@zedat.fu-berlin.de

Prof. Dr. Ludger Honnefelder
Universität Bonn/Institut für Wissenschaft und Ethik
Niebuhrstraße 51
Deutschland – 53113 Bonn
honnefelder@uni-bonn.de

Assistant Prof. PhD Ulla Hybel
Aarhus Universitet/Juridisk Institut
Afdelingen for Privatret
Bartholins Allé, bygning 340
Dänemark – 8000 Arhus C
uh@jura.au.dk

Nino Kalandadse
Universität Mannheim
Rheinhäuserstr. 30
Deutschland – 68165 Mannheim
nino.K@gmx.de

Prof. Dr. Min-Joong Kim
Chonbuk National University/College of Law
Korea (Republik) – Chonju 561-756
kimmj@moak.chonbuk.ac.kr

Prof. DDr. Christian Kopetzki
Universität Wien/Institut für Staats- und Verwaltungsrecht
Schottenbastei 10 -16
Österreich – 1010 Wien
christian.kopetzki@univie.ac.at

Prof. Dr. Dai Kuisheng
Universität Nanjing/Institut für Wirtschaftsrecht
Volksrepublik China – Nanjing
daiks@21cn.com

Prof. Dr. Raimo Lahti
Universität Helsinki
Puistokatu 11B3
Finnland – Helsinki
raimo.lahti@helsinki.fi

Dr. Jenő Lőrincz
Semmelweis University Budapest/Institute of Behavioural Sciences
1089 Nagyvárad tér 4
Ungarn – H-C89 Budapest
lorjen@net.sote.hu

Prof. Dr. Ngaire Naffine
University of Adelaide/Law School
Australien – Adelaide, 5005
ngaire.naffine@adelaide.edu.au

Prof. Dr. Herman Nys
School of Medicine/Centre of Biomedical Ethics and Law
Kapucijnenvoer 35
Belgien – Leuven 3000
herman.nys@med.kuleuven.ac.be

Prof. Dr. Avv. Salvatore Patti
Università degli Studi di Roma „La Sapienza“/Dipartimento di teoria dello stato
Via Barberini, 3
Italien – Roma, 00187
studiopatti@iol.it

Prof. Dr. Michel Penneau
C.H.R.U. Angers, Médicine Légale
Rue Larrey, 4
Frankreich – 49033 Angers

André Dias Pereira
Universidade de Coimbra/Faculdade de Direito
Pátio da Universidade
Portugal – Coimbra Codex, 3049
andreper@fd.uc.pt

Ruth Reusser
Bundesamt für Justiz
Schweiz – 3003 Bern
ruth.reusser@bj.admin.ch

Prof. Dr. Eibe Riedel
Universität Mannheim/Lehrstuhl für Deutsches und
Ausländisches Öffentliches Recht, Völkerrecht und
Europarecht
Schloß Westflügel
Deutschland – 68131 Mannheim
riedel@jura.uni-mannheim.de

Prof. Dr. Povl Riis
Danish Representative on ethics in EU and Council of Europe
Nerievej 7
Dänemark – 2900 Hellerup

Prof. Dr. Christian Rittner
Johannes Gutenberg-Universität/Institut für Rechtsmedizin
Am Pulverturm 3
Deutschland – 55131 Mainz
rittner@mail.uni-mainz.de

Prof. Dr. Ioannis K. Rokas
IKRP Rokas & Partners
25, Boukourestiou Street
Griechenland – Athen, 10671
greece@rokas.com

Prof. Dr. Dr. Carlos Romeo-Casabona
Cátedra Interuniversitaria
Fundación BBV de Derecho y Genoma Humano
Apartado de Correos, 1
Spanien – Bilbao 48080
cromeo@genomelaw.deusto.es

Holger Schelling
Haselweg 14
Deutschland – 78052 Marbach

Prof. Dr. iur Dr. med. h.c. Hans-Ludwig Schreiber
Universität Göttingen/Akademie für Ethik in der Medizin
Goßlerstraße 19
Deutschland – 37073 Göttingen
h-l.schreiber@jura.uni-goettingen.de

Prof. Dr. em. Franz Josef Schulte
Fachbereich Medizin
Martinistr. 22
Deutschland – 20246 Hamburg
profschulte@aol.com

Prof. Dr. Amos Shapira
Tel Aviv University/The Buchmann Faculty of Law
Ramat Aviv
Israel – Tel Aviv 69978
shapiral@post.tau.ac.il

Dr. Georgios K. Siganidis
IKRP Rokas & Partners
25, Boukourestiou Street
Griechenland – Athen, 10671
greece@rokas.com

Prof. Dr. P. D. G. Skegg
University of Otago/Faculty of Law
P.O. Box 56
Neuseeland – Dunedin
peter.skegg@stonebow.otago.ac.nz

Dr. Olga Sovová
Rechtsanwältin
Bartákova 34
Tschechische Republik – 140 00 Praha 4 - Pankrác

Gabrielle Steffen, LL.M.
Université de Neuchâtel/Institut de droit de la santé
Av. du 1er Mars 26
Schweiz – 2001 Neuchâtel
gabrielle.steffen@droit.unine.ch

Prof. Dr. Timothy Stoltzfus Jost
Robert L. Willett Family Professor
Washington and Lee University School of Law
USA – Lexington, Va. 24450
jostt@wlu.edu

Prof. Dr. Jochen Taupitz
Institut für Deutsches, Europäisches und Internationales Medizinrecht, Gesundheitsrecht und Bioethik (IMGB)
Schloß, Westflügel
Deutschland – 68131 Mannheim
taupitz@rumms.uni-mannheim.de

Prof. Dr. Michitaro Urakawa
Waseda University/School of Law
Shinjuku-ku Nishiwaseda 1-6-1
Japan – Tokyo 169-8050
urakawa@mn.waseda.ac.jp

Prof. Dr. João Baptista Villela
Bundesuniversität von Minas Gerais
Rua Mondovi, 477
Brasilien – Belo Horizonte, MG 31340-590
villelaw@gold.com.br

GPSR Compliance

The European Union's (EU) General Product Safety Regulation (GPSR) is a set of rules that requires consumer products to be safe and our obligations to ensure this.

If you have any concerns about our products, you can contact us on ProductSafety@springernature.com

In case Publisher is established outside the EU, the EU authorized representative is:

Springer Nature Customer Service Center GmbH
Europaplatz 3
69115 Heidelberg, Germany

Batch number: 10844661

Printed by Printforce, the Netherlands